(주)교학사

머 리 말

　이 단어 사전은 초등학생부터 중학생 및 고등학교 저학년을 주 대상으로 삼아 영어를 영어로 이해하고 말하는 데 도움이 되도록 기획했습니다.

　영어를 영어로 생각하는 습관을 길러주기 위해 단어 풀이마다 영어를 영어로 풀이하여 단어에 대한 이해력 강화에 주력하였고 흔히 쓰이는 표현의 예문을 실어 영어 학습에 흥미를 가지게 하였으며 보충하여 그 단어와 관련된 여러 가지 정보 및 일본어, 중국어 표현도 수록하였습니다.

이 사전의 주요 특징은

1. **표제어** : 초등학교, 중·고등학교 교과 과정의 기본 어휘를 포함한 5,000여 단어를 표제어로 삼았습니다.
2. **발음 기호** : 미국식 발음 기호를 수록하였고 우리말 발음 표기도 병기하였지만 우리말 표기 부분은 영어 발음이 숙달되기 전까지만 참고하기 바랍니다.
3. **변화형** : 동사 변화, 형용사·부사의 비교급, 명사의 복수형도 수록하였습니다.
4. **영영 수록** : 단어마다 우리말 해석과 더불어 풀이를 영어로 하여 영영 사전의 기능도 겸할 수 있게 하였습니다.
5. **일본어, 중국어 수록** : 영어 단어에 일본어, 중국어 표현도 실어 실용성을 강화하였습니다.
6. **컬러 사진** : 사진을 실어 생동감 있는 사전이 되도록 하였습니다.

　아무쪼록 학생들이 벗삼아 가지고 다니며 언제든지 펼쳐 볼 수 있는 실용적인 단어 사전으로 자리매김하길 바라며 더 좋은 사전이 될 수 있도록 많은 관심과 독려를 바랍니다.

이 사전의 활용법

1. 단어는 이렇게 찾으면 됩니다.

(1) 표제어의 배열

　표제어는 알파벳순으로 배열하였습니다.

(2) 단어의 철자

　단어는 미국식 철자 중심으로 표기하였습니다.

(3) 표제어 앞의 별표(＊)

　교육과정에 제시된 기본 어휘를 바탕으로 ＊는 초등학교 과정에서 익혀두어야 할 중요 단어를, ＊는 중학교 과정에 나오는 기본 단어를 나타냅니다.

(4) 음절 끊는 법

　표제어는 음절을 모두 중점(·)으로 끊어서 구분하였습니다. 이 음절의 구분은 발음과 악센트에 관계가 있으므로 평소에 눈여겨 두어야 합니다. 단어가 한 행을 넘어가는 경우에는 반드시 중점에서 끊고 하이픈(－)으로 연결하여 단어의 나머지 부분을 다음 행으로 넘깁니다.

2. 발음은 이렇게 익혀야 합니다.

(1) 국제 음성 기호와 우리말 발음 표기

　발음은 국제 음성 기호로 표시하고 동시에 우리말로 표기하였으므로 발음 기호를 몰라도 우선은 발음할 수 있게 하였습니다. 그러나 우리말 발음 표기는 초보자를 위한 참고 자료에 지나지 않으므로 정확한 영어 발음을 위해서는 그때그때 발음 기호를 눈여겨 익혀야 합니다.

(2) 발음의 악센트

　발음의 악센트는 모음 위에 (´)로 제1악센트를, (`)로 제2악센트를 표시하였으며 우리말 발음표기에서는 강하게 발음되는 곳을 고딕체로 표시하였습니다.

(3) 발음의 강형과 약형

　같은 단어에서 강·약의 두 가지 발음이 있을 때는 we [《약》 wi 위 ; 《강》 wí: 위-]처럼 《 》안에 강·약을 표시하였습니다.

(4) 품사에 따라 발음이 다를 경우

　같은 단어일지라도 품사에 따라 발음이 다른 단어는 present 몡 [préznt 프레즌트], 탄 [prizént 프리젠트]처럼 표시하였습니다.

3. 어형 변화는 이렇게 찾아보면 됩니다.

(1) 명사의 복수형

　보기 : *cap [kǽp 캡]

　　　명 (복수 caps [kǽps])

(2) 동사의 변화형

　보기 : *change [tʃéindʒ 체인지]

　　　동 (3단현 changes [tʃéindʒ], 과거·과거분사 changed [tʃéindʒd],
　　　현재분사 changing [tʃéindʒiŋ])

(3) 형용사·부사의 비교급

　보기 : *ear·ly [ə́ːrli 얼-리]

　　　형 (비교급 earlier [ə́ːrliər], 최상급 earliest [ə́ːrliist])

　　　*ac·tive [ǽktiv 액티브]

　　　형 (비교급 more active, 최상급 most active)

　　　*well [wél 웰]

　　　부 (비교급 better [bétər], 최상급 best [bést])

4. 단어의 품사와 그 뜻은 이렇게 찾습니다.

(1) 단어의 품사 표시와 그 밖의 기호

　품사는 아래처럼 명 등으로 표시하였습니다. 그리고 동사는 타동사, 자동사를 모두 포함하는 변화형 앞에 동, 타동사 타, 자동사 자로 구분하였으며 그 밖의 기호는 다음과 같습니다.

　1) 명 명사　　　부 부사　　　동 동사　　　자 자동사

　　　타 타동사　　　감 감탄사　　　관 관사　　　약 약어

　　　전 전치사　　　형 형용사　　　접 접속사　　　조 조동사

　2) 《영》 영국용법, 《미》 미국용법, 《구어》 구어용법, 《게시》 게시문

　3) 《반》 반의어, 《동》 동의어

　4) 단어의 쓰임과 그 단어에 관련된 내용을 보충하거나 문법적으로 설명하여 단어에 대한 이해를 높이도록 하였다.

　5) 영 : 단어를 영어로 풀이하여 사전의 기능을 강화하였습니다.

　6) 일 : 영어 단어에 해당하는 일본어 단어를 표기하였습니다.

　7) 중 : 영어 단어에 해당하는 중국어 단어를 표기하였습니다.

(2) 단어의 뜻과 동의어·반의어

단어가 비슷한 뜻일 때는 콤마를 쓰고 그 뜻이 조금 바뀔 때는 세미콜론을 썼으며 뜻이 크게 바뀔 때는 1, 2…으로 기술하였습니다. 또 표제어의 중요한 뜻은 고딕체로 표시하였으며 필요에 따라서는 그 뜻의 동의어·반의어 등을 기술하였습니다.

5. 괄호의 용도는 이렇게 알아두면 됩니다.

(1) [　]

    1) 앞의 말과 바꿔 쓸 수 있는 경우에 사용하였습니다.

      보기 : …쪽으로[에]

    2) 어법 및 문법에 관한 지시가 기술되어 있습니다.

      보기 : [지시 형용사]

(2) (　)

뜻의 보충 설명에 사용되고 있습니다.

    보기 : (노력하여) 얻다

6. 용례와 숙어는 이렇게 활용합니다.

(1) 용례

이 사전에서는 가급적 예문을 싣도록 노력하였고 예문은 ¶으로 표시를 하여 구분했으며 필요한 곳에는 사진도 실었습니다.

(2) 숙어

숙어는 각기 표제어의 품사에 따라 그 뜻을 기술한 맨 끝에 별색의 이탤릭의 알파벳순으로 배열하였습니다.

[éi 에이]
the first letter of the English alphabet
영어 알파벳의 첫번째 글자

***a** [《약》ə 어 ; 《강》éi 에이]

관 [부정관사] **1** 하나의
영 *A* means one.
¶ I have *a* younger sister.
나는 여동생이 한 명 있다.
일 一つの ひとつの(히또쓰노) 중 一
yī(이)
2 어떤
영 *A* means any.
¶ in *a* sense
어떤 의미로는
일 ある(아루) 중 哪些 nǎxiē(나세)

up 발음상 자음으로 시작되는 명사 앞에는 a를 쓰고, 모음으로 시작되는 명사 앞에는 an 을 쓴다.

---

a·ban·don [əbǽndən 어밴던]

타 (3단현 abandons [əbǽndənz], 과거·과거분사 abandoned [əbǽn-dənd], 현재분사 abandoning [əbǽn-dəniŋ])
포기하다, 버리다
영 To *abandon* means to give up.
¶ *Abandon* ship!
배를 포기하라!
일 放棄する ほうきする(호-끼스루)
중 放弃 fàngqì(팡치)

---

ab·bey [ǽbi 애비]

명 (복수 abbeys [ǽbiz])
사원, 대수도원
영 An *abbey* is a group of buildings where monks or nuns live and work.

¶ Westminster *Abbey*
웨스트민스터 사원

일 寺院 じいん(지인) 중 寺院 sìyuàn
(쓰위엔)

***a·bil·i·ty** [əbíləti 어빌러티]

명 (복수 abilities [əbílətiz])
1 능력
영 *Ability* is the power to do some-thing.
¶ First of all you must know your *ability*. 무엇보다 먼저 너는 너의 능력을 알아야만 한다.
일 能力 のうりょく(노-료꾸) 중 能力 nénglì(넝리)
2 [abilities로] 재능
영 *Abilities* are skill.
일 才能 さいのう(사이노-) 중 才干 cáigàn(차이간)

***a·ble** [éibl 에이블]

형 …할 수 있는
영 *Able* means in a situation in which it is possible for you to do something.
¶ She is *able* to speak English.
그녀는 영어로 말할 수 있다.

일 できる(데끼루) 중 能…的 néng…de(넝…더)

be able to 는 can과 같은 뜻으로 쓰지만 can은 다른 조동사를 붙여 쓸 수 없다.

---

a·board [əbɔ́ːrd 어보-드]

부 (배·비행기·기차 등을) 타고
영 *Aboard* means on or into a train, ship, or aircraft.
¶ All *aboard*!
모두 승선[승차, 탑승]해 주십시오!
일 乗って のって(놋떼) 중 乗 chéng(청)

---

*a·bout [əbáut 어바우트]

전 [əbàut 어바우트] …에 관하여
영 *About* means relating to a particular subject.
¶ She told me all *about* her family.
그녀는 내게 가족에 관하여 전부 말해 주었다.
일 関して かんして(칸시떼) 중 关于 guānyú(관위)

부 약, 대략
영 *About* means almost.
¶ My dad's *about* 40 years old.
우리 아빠는 약 40살이시다.
일 約 やく(야꾸) 중 大约 dàyuē(다웨)
숙어 *be about to* do 막 …하려고 하다
¶ He *was about to* start, when it rained.
그가 막 떠나려는 데 비가 왔다.

---

*a·bove [əbʌ́v 어버브]

전 위에
영 *Above* means over or in a higher place than something.
¶ The peak rose *above* the clouds.
봉우리는 구름 위에 우뚝 솟아 있었다.

일 上に うえに(우에니) 중 在…之上 zài…zhīshàng(짜이…즈상)
숙어 *above all* 특히, 무엇보다도
¶ *Above all*, you must work hard.
무엇보다도 너는 열심히 일해야 한다.

on은 「물건에 닿아서 위에」, over는 「바로 위에」, above는 「떨어져서 위에」를 나타낸다.

---

*a·broad [əbrɔ́ːd 어브로-드]

부 외국에[으로]
영 *Abroad* means in or to another country.
¶ She wants to go *abroad*.
그녀는 외국에 나가고 싶어한다.
일 外国に がいこくに(가이꼬꾸니) 중 在…国外 zài…guówài(짜이…궈와이)

---

ab·sence [ǽbsns 앱슨스]

명 부재, 결석
영 *Absence* is an occasion when you are not in a place where people except you to be.
¶ Did anything happen in my *absence*?
내가 부재 중일 때 무슨 일이 있었니?
일 不在 ふざい(후자이) 중 不在 búzài(부짜이)

---

*ab·sent [ǽbsnt 앱슨트]

형 부재의, 결석한
영 *Absent* means not present.
일 不在の ふざいの(후자이노) 중 不在的 búzàide(부짜이더)
숙어 *be absent from* …에 결석하다
¶ Who *is absent from* school today?
오늘은 누가 결석했나요?

---

ab·so·lute [ǽbsəlùːt 앱설루-트]

형 **1** 완전한

영 ***Absolute*** means complete.
일 まったくの(맛따꾸노) 중 完全的 wánquánde(완취엔더)
2 절대의
영 ***Absolute*** means without any limit.
일 絶対の ぜったいの(젯따이노) 중 绝对的 juéduìde(줴두이더)

***ab·so·lute·ly** [æ̀bsəlù:tly 앱설루-틀리]
부 **1** 완전히
영 ***Absolutely*** means completely.
¶ It's *absolutely* impossible.
그것은 완전히 불가능하다.
일 まったく(맛따꾸) 중 完全 wánquán(완취엔)
2 [æ̀bsəlú:tly 앱설루-틀리] [대답으로] 물론, 그렇고 말고
영 ***Absolutely*** means certainly.
일 もちろん(모찌롱) 중 当然 dāngrán(당란)

---

ab·sorb [əbsɔ́:rb 업소-브]
타 (3단현 absorbs [əbsɔ́:rbz], 과거·과거분사 absorbed [əbsɔ́:rbd], 현재분사 absorbing [əbsɔ́:rbiŋ])
흡수하다
영 To ***absorb*** means to soak up liquid.
¶ The earth *absorbs* water.
대지는 물을 흡수한다.
일 吸収する きゅうしゅうする(큐-슈-스루) 중 吸收 xīshōu(시서우)

---

ab·surd [əbsə́:rd 업서-드]
형 불합리한, 터무니없는
영 ***Absurd*** means silly, or ridiculous.
¶ The story was *absurd*.
그 이야기는 터무니없었다.
일 不合理な ふごうりな(후고-리나)
중 荒谬的 huāngmiùde(황뮤더)

---

a·buse [əbjú:z 어뷰-즈]
타 (3단현 abuses [əbjú:ziz], 과거·과거분사 abused [əbjú:zd], 현재분사 abusing [əbjú:ziŋ])
남용하다
영 To ***abuse*** means to use something too much or in the wrong way.
¶ He *abused* his power.
그는 권력을 남용했다.
일 乱用する らんようする(랑요-스루)
중 滥用 lànyòng(란융)

---

ac·a·dem·ic [æ̀kədémik 애커데믹]
형 대학의, 학원의
영 ***Academic*** means relating to education in a college or university.
¶ the *academic* curriculum
대학 교과 과정
일 大学の だいがくの(다이가꾸노) 중 学院的 xuéyuànde(쉐위엔더)

---

a·cad·e·my [əkǽdəmi 어캐더미]
명 (복수 academies [əkǽdəmiz])
전문학교 ; 학원 ; 학회
영 An ***academy*** is a school that teaches special subjects.
일 専門学校 せんもんがっこう(셈몬각꼬-) 중 学院 xuéyuàn(쉐위엔)

****ac·cent** [ǽksent 액센트]
명 (복수 accents [ǽksents])
악센트, 강세
영 An ***accent*** is the way that you pronounce words.
¶ the primary *accent*
제1 악센트
일 アクセント(아꾸센또) 중 重音 zhòngyīn(중인)

---

*ac·cept [æksépt 액셉트]

타 (3단현 accepts [æksépts], 과거·과거분사 accepted [ækséptid], 현재분사 accepting [ækséptiŋ])
받아들이다
영 To *accept* means to take something that you are offered.
¶ She *accepted* his proposal.
그녀는 그의 청혼을 받아들였다.
일 受け取る うけとる(우께토루) 중 接受 jiēshòu(제서우)

*ac·ci·dent [ǽksədənt 액서던트]

명 (복수 accidents [ǽksədənts])
사고
영 An *accident* is something you did not want or expect to happen.
¶ *Accidents* will happen.
사고란 생기게 마련이다.
일 事故 じこ(지꼬) 중 事故 shìgù(스구)
숙어 *by accident* 우연히
¶ I saw him *by accident*.
나는 우연히 그를 보았다.

ac·ci·den·tal [æksədéntl 액서덴틀]

형 우연한
영 *Accidental* means happening without being planned or intended.
¶ an *accidental* meeting
우연한 만남
일 偶然の ぐうぜんの(구-젠노) 중 偶然的 ŏuránde(어우란더)

ac·com·pa·ny [əkʌ́mpəni 어컴퍼니]

타 (3단현 accompanies [əkʌ́mpəniz], 과거·과거분사 accompanied [əkʌ́mpənid], 현재분사 accompanying [əkʌ́mpəniiŋ])
동반하다, 같이 가다
영 To *accompany* means to go somewhere with someone.
¶ He will *accompany* you.
그는 너와 같이 갈 것이다.
일 同伴する どうはんする(도-한스루)
중 陪伴 péibàn(페이반)

ac·com·plish [əkʌ́mpliʃ 어캄플리시]

타 (3단현 accomplishes [əkʌ́mpliʃiz], 과거·과거분사 accomplished [əkʌ́mpliʃt], 현재분사 accomplishing [əkʌ́mpliʃiŋ])
완수하다, 이루다, 끝마치다
영 To *accomplish* means to do something successfully.
¶ *accomplish* one's purpose
목적을 이루다
일 成し遂げる なしとげる(나시토게루) 중 完成 wánchéng(완청)

*ac·cord·ing [əkɔ́ːrdiŋ 어코-딩]

부 1 …에 따르면, …에 의하면
영 *According* means as shown by something or said by someone.
¶ *According* to the weather report, today is rainy.
일기예보에 의하면 오늘은 비가 온다.
¶ *According* as he says, he must be rich.
그의 말에 따르면 그는 부자임에 틀림없다.
일 よると(요루또) 중 按着 ànzhe(안저)

🔄 **up** according to 뒤에는 명사나 대명사가 오고 according as 뒤에는 절이 온다.

2 …에 따라서, …대로
영 *According* means in a way that is suitable.
일 従って したがって(시따갓떼) 중 按照 ànzhào(안자오)

ac·cor·di·on [əkɔ́:rdiən 어코-디언]

명 아코디언

영 An *accordion* is a musical instrument that you squeeze to make sound and play by pressing keys and buttons.

¶ He is a famous *accordion* player.
그는 유명한 아코디언 연주가다.

일 アコーディオン(아꼬-디온) 중 手风琴 shǒufēngqín(서우펑친)

---

*ac·count** [əkáunt 어카운트]

명 (복수 accounts [əkáunts])

1 설명 ; 보고

영 An *account* is a description of something that has happened.

¶ Please give us an *account* of the incident.
그 사건에 대해서 설명해 주세요.

일 説明 せつめい(세쓰메-) 중 说明 shuōmíng(쉬밍)

2 계좌

영 An *account* is an arrangement to keep money in a bank.

일 口座 こうざ(코-자) 중 账户 zhànghù(장후)

숙어 *on account of* …때문에

---

ac·cu·rate [ǽkjurət 애큐럿]

형 정확한

영 *Accurate* means exactly correct.

¶ John is *accurate* at figures.
존은 계산이 정확하다.

일 正確な せいかくな(세-까꾸나) 중 准确的 zhǔnquède(준춰더)

---

ac·cuse [əkjú:z 어큐-즈]

타 (3단현 accuses [əkjú:ziz], 과거·과거분사 accused [əkjú:zd], 현재분사 accusing [əkjú:ziŋ])

고발하다, 고소하다

영 To *accuse* means to say that someone has done something wrong.

¶ He is *accused* of robbery.
그는 강도죄로 고발되어 있다.

일 告発する こくはつする(코꾸하쓰스루) 중 控告 kònggào(쿵가오)

---

ac·cus·tomed [əkʌ́stəmd 어커스텀드]

형 익숙해진, 길들여진

영 *Accustomed* means customary.

¶ I am *accustomed* to getting up early.
나는 일찍 일어나는 데 익숙해져 있다.

일 慣れた なれた(나레따) 중 习惯的 xíguànde(시관더)

---

*ache** [éik 에이크]

자 (3단현 aches [éiks], 과거·과거분사 ached [éikt], 현재분사 aching [éikiŋ])

아프다

영 To *ache* means to hurt.

¶ My head *aches*.
나는 머리가 아프다.

일 痛む いたむ(이따무) 중 疼痛 téngtòng(텅퉁)

---

*a·chieve** [ətʃí:v 어치-브]

타 (3단현 achieves [ətʃí:vz], 과거·과거분사 achieved [ətʃí:vd], 현재분사 achieving [ətʃí:viŋ])

달성하다, 이루다

영 To *achieve* means to do something successfully.

¶ We *achieved* our plan.
우리는 목적을 달성했다.

일 達成する たっせいする(탓세-스루) 중 达到 dádào(다다오)

---

a·chieve·ment [ətʃí:vmənt 어치-브먼트]

A

명 달성, 성취
영 ***Achievement*** is success in doing or getting what you worked for.
일 達成 たっせい(탓세－) 중 达到 dádào(다다오)

---

ac·id [ǽsid 애시드]
형 신, 신맛이 나는
영 ***Acid*** means sour.
¶ *acid* fruit
신맛이 나는 과일
일 すっぱい(습빠이) 중 酸的 suānde(쏸더)

---

ac·knowl·edge [əknɑ́lidʒ 어크날리지]
타 (3단현 acknowledges [əknɑ́lidʒiz], 과거·과거분사 acknowledged [əknɑ́lidʒd], 현재분사 acknowledging [əknɑ́lidʒiŋ])
인정하다, 승인하다
영 To ***acknowledge*** means to admit that something is true.
¶ They *acknowledged* the report as true.
그들은 그 보고가 사실이라고 인정했다.
일 認める みとめる(미또메루) 중 承认 chéngrèn(청런)

---

a·corn [éikɔːrn 에이콘－]
명 도토리
영 An ***acorn*** is the nut that grows on an oak tree.
¶ The squirrel carried an *acorn* in its mouth.
다람쥐는 입으로 도토리를 날랐다.
일 どんぐり(동구리) 중 橡子 xiàngzi(샹쯔)

---

ac·quain·tance [əkwéintəns 어퀘인턴스]
명 (복수 acquaintances [əkwéintənsiz])
아는 사람
영 An ***acquaintance*** is someone you have met but do not know very well.
¶ He is not a friend, but an *acquaintance*.
그는 친구가 아니라 아는 사람이다.
일 知り合い しりあい(시리아이) 중 熟人 shúrén(수런)

---

ac·quire [əkwáiər 어콰이어]
타 (3단현 acquires [əkwáiərz], 과거·과거분사 acquired [əkwáiərd], 현재분사 acquiring [əkwáiəriŋ])
취득하다, 얻다
영 To ***acquire*** means to obtain or get something.
¶ He *acquired* a good reputation.
그는 좋은 평판을 얻었다.
일 取得する しゅとくする(슈또꾸스루)
중 取得 qǔdé(취더)

---

a·cre [éikər 에이커]
명 (복수 acres [éikərz])
에이커
영 An ***acre*** is a measurement of area equal to 4,046.8 square meters.
일 エーカー(에－까－) 중 英亩 yīngmǔ(잉무)

---

* **a·cross** [əkrɔ́ːs 어크로－스]
전 **1** …을 가로질러 (《반》 along …을 따라)
영 ***Across*** means from one side of something to the other side.
¶ We ran *across* the field.
우리는 들을 가로질러 달렸다.
일 横切って よこぎって(요꼬깃떼) 중 横越 héngyuè(헝웨)

2 …의 건너편에

영 *Across* means on the other side of something.

¶ The bank is right *across* the bus stop.
은행은 버스 정류장 바로 건너편에 있다.

일 向こう側に　むこうがわに(무꼬-가와니) 중 在…那一边 zài…nàyībiān(짜이…나이볜)

****act** [ǽkt 액트]

명 (복수 acts [ǽkts])
행위, 행동
영 An *act* is something that you do.
¶ a brave *act*
용감한 행위
일 行為　こうい(코-이) 중 行为 xíngwéi(싱웨이)

자 (3단현 acts [ǽkts], 과거·과거분사 acted [ǽktid], 현재분사 acting [ǽktiŋ])
행동하다, 행하다
영 To *act* means to do something.
¶ I never *act* selfishly.
나는 결코 이기적으로 행동하지 않는다.
일 行動する　こうどうする(코-도-스루)
중 做 zuò(쮜)

***ac·tion** [ǽkʃən 액션]

명 (복수 actions [ǽkʃənz])
행동
영 *Action* is something that you do to achieve a result.
¶ It's time for *action*.
행동을 할 때다.
일 行動　こうどう(코-도-) 중 行动 xíngdòng(싱둥)

***ac·tive** [ǽktiv 액티브]

형 (비교급　more active, 최상급 most active)
활동적인
영 *Active* means energetic and busy.
¶ an *active* person
활동적인 사람
일 活動的な　かつどうてきな(카쓰도-떼끼나) 중 活跃的 huóyuède(훠웨더)

***ac·tiv·i·ty** [æktívəti 액티버티]

명 (복수 activities [æktívətiz])
활동
영 *Activity* is something that you do.
¶ Do you take part in the outdoor *activities*?
너는 야외 활동에 참여할 거니?
일 活動　かつどう(카쓰도-) 중 活动 huódòng(훠둥)

---

ac·tor [ǽktər 액터]

명 (복수 actors [ǽktərz])
배우, 남자 배우
영 An *actor* is someone who performs in a play or film.
¶ a film *actor*
영화 배우
일 俳優　はいゆう(하이유-) 중 演员 yǎnyuán(옌위엔)

---

ac·tress [ǽktrəs 액트러스]

명 (복수 actresses [ǽktrəsiz])
여자 배우, 여배우
영 An *actress* is a woman who performs in a play or film.
일 女優　じょゆう(조유-) 중 女演员 nǚyǎnyuán(뉘옌위엔)

---

ac·tu·al [ǽktʃuəl 액추얼]

형 (비교급　more actual, 최상급 most actual)

실제의, 현실의
영 *Actual* means real.
일 実際の　じっさいの(짓사이노)　중 实际的 shíjìde(스지더)

- -

*ac·tu·al·ly [ǽktʃuəli 액추얼리]
부 실제로, 현실적으로
영 *Actually* means really.
¶ He is *actually* strong.
그는 실제로 힘이 세다.
일 実際に　じっさいに(짓사이니)　중 实际地 shíjìde(스지더)

- -

ad [ǽd 애드]
명 (복수 ads [ǽdz])
광고
영 An *ad* is a short term for advertisement.
¶ a newspaper *ad*
신문 광고
일 広告　こうこく(코-꼬꾸)　중 广告 guǎnggào(광가오)
숙어 *put an ad* 광고를 내다
¶ He is going to *put an ad* in the newspaper to find his dog.
그는 개를 찾기 위해 신문 광고를 낼 것이다.

- -

A.D. [éidí: 에이디-]
약 서기, 기원후(《반》B.C. 기원전)
영 *A.D.* is used to show that a date comes after the birth of Christ.
일 西暦　せいれき(세-레끼)　중 公元 gōngyuǎn(궁위엔)
up A.D.는 라틴어 Anno Domini 의 약어로 "in the year of the Lord"의 뜻이다.

- -

a·dapt [ədǽpt 어댑트]
타 (3단현 adapts [ədǽpts], 과거·

과거분사 adapted [ədǽptid], 현재분사 adapting [ədǽptiŋ])
적응시키다, 적합하게 하다
영 To *adapt* means to change your behavior or ideas to fit a new situation.
일 適応させる　てきおうさせる(테끼오-사세루)　중 使适应 shǐshìyìng(스스잉)

- -

*add [ǽd 애드]
타 (3단현 adds [ǽdz], 과거·과거분사 added [ǽdid], 현재분사 adding [ǽdiŋ])
1 더하다
영 To *add* means to put together.
¶ *Add* two and three, and you get five.
2에 3을 더하면 5가 된다.
일 加える　くわえる(쿠와에루)　중 加 jiā(쟈)
2 덧붙여 말하다
영 To *add* means to say something extra about what you have just said.
¶ He *added* that he would come again soon.
그는 곧 다시 오겠다고 덧붙여 말했다.
일 言い足す　いいだす(이-다스)　중 补充说 bǔchōngshuō(부충쉬)

- -

ad·di·tion [ədíʃən 어디션]
명 (복수 additions [ədíʃənz])
덧셈
영 *Addition* is the adding together of two or more numbers to come up with a sum.
일 足し算　たしざん(타시장)　중 加法 jiāfǎ(쟈파)

- -

ad·di·tion·al [ədíʃənəl 어디셔널]
형 추가의, 부가적인
영 *Additional* means extra.

¶ What's the *additional* charge?
추가 요금은 얼마입니까?
⑪ 追加の　ついかの(쓰이까노) ⓒ 附加的 fùjiāde(푸쟈더)

✱✱ad·dress [ədrés 어드레스]

ⓝ (복수 addresses [ədrésiz])
1 주소
ⓔ An *address* is the name of a place.
¶ He wrote down his name and *address*.
그는 그의 이름과 주소를 적었다.
⑪ 住所 じゅうしょ(주-쇼) ⓒ 地址 dìzhǐ(디즈)
2 연설
ⓔ An *address* is a formal speech.
¶ He gave a welcoming *address*.
그는 환영 연설을 했다.
⑪ 演説　えんぜつ(엔제쓰) ⓒ 演说 yǎnshuō(옌쉬)

---

ad·e·quate [ǽdikwət 애디퀫]

ⓐ 충분한
ⓔ *Adequate* means just enough.
¶ We need not only *adequate* water but clean water.
우리는 충분한 물 뿐만 아니라 오염되지 않은 물을 필요로 한다.
⑪ 十分な　じゅうぶんな(주-분나) ⓒ 足够的 zúgòude(쭈거우더)

---

ad·jec·tive [ǽdʒiktiv 애직티브]

ⓝ (복수 adjectives [ǽdʒiktivz])
형용사
ⓔ An *adjective* is a word that describes a noun or pronoun.
⑪ 形容詞　けいようし(케-요-시) ⓒ 形容词 xíngróngcí(싱룽츠)

---

ad·just [ədʒʌ́st 어저스트]

ⓣ (3단현 adjusts [ədʒʌ́sts], 과거·과거분사 adjusted [ədʒʌ́stid], 현재분사 adjusting [ədʒʌ́stiŋ])
조절하다, 맞추다
ⓔ To *adjust* means to move or change something slightly.
¶ He *adjusted* his seat and mirror before driving away.
그는 차를 몰고 떠나기 전에 의자와 거울을 조절했다.
⑪ 調節する　ちょうせつする(초-세쓰스루) ⓒ 调整 tiáozhěng(탸오정)

---

ad·min·is·tra·tion [ədmìnəstréiʃən 어드미너스트레이션]

ⓝ (복수 administrations [ədmìnəstréiʃənz])
관리, 경영
ⓔ *Administration* is the activities that are involved in managing and organizing the affairs of a company, institution, etc.
¶ The *administration* of a large project is very complicated.
큰 프로젝트의 관리는 매우 복잡하다.
⑪ 管理　かんり(칸리) ⓒ 管理 guǎnlǐ(관리)

---

ad·mi·ra·ble [ǽdmərəbl 애드머러블]

ⓐ 칭찬 받을 만한
ⓔ *Admirable* means deserving praise or admiration.
⑪ 賞賛すべき　しょうさんすべき(쇼-산스베끼) ⓒ 令人钦佩的 lìngrénqīnpèide(링런친페이더)

✱ad·mire [ədmáiər 어드마이어]

ⓣ (3단현 admires [ədmáiərz], 과거·과거분사 admired [ədmáiərd], 현재분사 admiring [ədmáiəriŋ])

A

감탄하다
(영) To *admire* means to look at something and think how beautiful or impressive it is.
¶ I *admired* the painting.
나는 그 그림에 감탄했다.
(일) 感嘆する　かんたんする(칸딴스루)
(중) 赞赏 zànshǎng(짠상)

---

ad·mis·sion [ədmíʃən 어드미션]
(명) (복수 admissions [ədmíʃənz])
입장, 입회, 입학
(영) *Admission* is permission that is given to someone to enter a building or place, or to become a member of a school, club, etc.
¶ *Admission* free.
무료 입장.
(일) 入場　にゅうじょう(뉴-조-) (중) 人場 rùchǎng(루창)

---

*ad·mit [ədmít 어드밋]
(타) (3단현 admits [ədmíts], 과거·과거분사 admitted [ədmítid], 현재분사 admitting [ədmítiŋ])
1 인정하다
(영) To *admit* means to confess to something, or agree that something is true.
¶ She *admitted* her faults.
그녀는 자신의 잘못을 인정했다.
(일) 認める　みとめる(미또메루) (중) 承认 chéngrèn(청런)
2 들어가게 하다
(영) To *admit* means to allow someone or something to enter.
(일) 入れる　いれる(이레루) (중) 准许进入 zhǔnxǔjìnrù(준쉬진루)

---

*a·dopt [ədápt 어답트]
(타) (3단현 adopts [ədápts], 과거·

과거분사 adopted [ədáptid], 현재분사 adopting [ədáptiŋ])
1 채용하다
(영) To *adopt* means to accept an idea or a way of doing things.
(일) 採用する　さいようする(사이요-스루) (중) 采用 cǎiyòng(차이용)
2 양자[양녀]로 삼다
(영) To *adopt* means to take someone else's child into your family and become his or her legal parents.
¶ They *adopted* the little boy.
그들은 그 소년을 양자로 삼았다.
(일) 養子にする　ようしにする(요-시니스루) (중) 收养 shōuyǎng(서우양)

---

*a·dult [ədʌ́lt 어덜트]
(명) (복수 adults [ədʌ́lts])
성인, 어른
(영) An *adult* is a person who is a grown-up.
¶ This film is for *adults* only.
이 영화는 성인용이다.
(일) 大人　おとな(오또나) (중) 成人 chéng-rén(청런)

---

*ad·vance [ədvǽns 어드밴스]
(자) (3단현 advances [ədvǽnsiz], 과거·과거분사 advanced [ədvǽnst], 현재분사 advancing [ədvǽnsiŋ])
나아가다
(영) To *advance* means to move forward.
¶ The parade *advanced* slowly.
행렬은 천천히 나아갔다.
(일) 進む　すすむ(스스무) (중) 进 jìn(진)

---

*ad·van·tage [ədvǽntidʒ 어드밴티지]
(명) (복수 advantages [ədvǽntidʒ-iz])

유리
영 *Advantage* is something that helps you or is useful to you.
¶ with *advantage*
유리하게
일 有利　ゆうり(유-리) 중 有利条件 yóulìtiáojiàn(유리탸오졘)

---

ad·ven·ture [ədvéntʃər 어드벤처]

명 (복수 adventures [ədvéntʃərz]) 모험
영 An *adventure* is an exciting or dangerous experience.
¶ He had a lot of *adventures*.
그는 많은 모험을 했다.
일 冒険　ぼうけん(보-껜) 중 冒险 màoxiǎn(마오셴)

---

ad·ver·tise [ǽdvərtàiz 애드버타이즈]

타 (3단현 advertises [ǽdvərtàiz-iz], 과거·과거분사 advertised [ǽdvərtàizd], 현재분사 advertising [ǽdvərtàiziŋ])
광고하다, 선전하다
영 To *advertise* means to give information about something that you want to sell.
일 広告する　こうこくする(코-꼬꾸스루)
중 做广告 zuòguǎnggào(쮜광가오)

---

ad·ver·tise·ment [ǽdvərtáizmənt 애드버타이즈먼트]

명 (복수 advertisements [ǽdvərtáizmənts])
광고, 선전
영 An *advertisement* is a public notice, usually published in the press or broadcast over the air, that calls attention to something.

¶ I see *advertisements* for cereal on television.
나는 텔레비전에서 시리얼 광고를 본다.
일 広告　こうこく(코-꼬꾸) 중 广告 guǎnggào(광가오)

---

ad·vice [ədváis 어드바이스]

명 충고, 조언, 권고
영 *Advice* is a suggestion about what someone should do.
¶ They refused my *advice*.
그들은 내 충고를 들으려고도 하지 않았다.
일 忠告　ちゅうこく(추-꼬꾸) 중 忠告 zhōnggào(중가오)

 부정 관사를 붙이지 않고 복수형으로도 하지 않는다.

---

*ad·vise [ədváiz 어드바이즈]

타 (3단현 advises [ədváiziz], 과거·과거분사 advised [ədváizd], 현재분사 advising [ədváiziŋ])
충고하다, 조언하다, 권하다
영 To *advise* means to give someone information or suggestions.
¶ They *advised* Tom not to go to Africa.
그들은 톰에게 아프리카에 가지 말라고 충고했다.
일 忠告する　ちゅうこくする(추-꼬꾸스루) 중 忠告 zhōnggào(중가오)

---

*af·fair [əféər 어페어]

명 (복수 affairs [əféərz])
1 사건
영 An *affair* is a special event.
¶ the Watergate *affair*
워터게이트 사건
일 事件　じけん(지껜) 중 事件　shìjiàn

A

(스젠)

2 [affairs로] 일, 사무
영 *Affairs* are matters connected with private or public life.
일 仕事 しごと(시고또) 중 事务 shìwù (스우)

---

* **af·fect** [əfékt 어펙트]
타 (3단현 affects [əfékts], 과거·과거분사 affected [əféktid], 현재분사 affecting [əféktiŋ])
1 영향을 미치다
영 To *affect* means to influence or change someone or something.
¶ His accident *affected* him badly.
그의 사고는 그에게 나쁜 영향을 미쳤다.
일 影響する えいきょうする(에-꾜-스루) 중 影响 yīngxiǎng(잉샹)
2 감동시키다
영 To *affect* means to make someone feel strong emotions.
일 感動させる かんどうさせる(칸도-사세루) 중 感动 gǎndòng(간둥)

---

af·fec·tion [əfékʃən 어펙션]
명 애정, 사랑
영 *Affection* is a great liking for someone or something.
¶ I have a deep *affection* for Korea.
나는 한국에 대한 애정이 깊다.
일 愛情 あいじょう(아이조-) 중 爱慕 àimù(아이무)

---

* **af·ford** [əfɔ́:rd 어포-드]
타 (3단현 affords [əfɔ́:rdz], 과거·과거분사 afforded [əfɔ́:rdid], 현재분사 affording [əfɔ́:rdiŋ])
여유가 있다
영 To *afford* means to have enough money to buy or pay for something.

¶ Many people can *afford* to buy cars.
많은 사람들이 자동차를 살 여유가 있다.
일 余裕がある よゆうがある(요유-가 아루) 중 足以 zúyǐ(쭈이)

---

* **a·fraid** [əfréid 어프레이드]
형 **1** 두려워하는, 무서워하는
영 *Afraid* means frightened.
¶ Don't be *afraid*.
두려워하지 마라.
¶ The child was *afraid* of dogs.
그 아이는 개를 무서워했다.
일 恐れる おそれる(오소레루) 중 害怕的 hàipàde(하이파더)
2 걱정하는
영 *Afraid* means worried.
일 心配する しんぱいする(심빠이스루) 중 担心的 dānxīnde (단신더)
3 유감스러운, 미안한
영 *Afraid* means sorry.
¶ I'm *afraid* I can't help you.
미안하지만 나는 너를 도와줄 수 없어.
일 残念ながら ざんねんながら(잔넨나가라) 중 遗憾的 yíhànde(이한더)

Af·ri·ca [ǽfrikə 애프리커]
명 아프리카
¶ Their ancestors came from *Africa*.
그들의 조상들은 아프리카에서 왔다.
일 アフリカ(아후리까) 중 非洲 Fēizhōu(페이저우)

Af·ri·can [ǽfrikən 애프리컨]
형 아프리카의
영 *African* means relating to Africa.
일 アフリカの(아후리까노) 중 非洲的 Fēizhōude(페이저우더)

명 (복수 Africans [ǽfrikənz])

아프리카 사람
영An ***African*** is someone from Africa.
¶ Are you an *African*?
당신은 아프리카 사람입니까?
일 アフリカ人 アフリカじん(아후리까진) 중非洲人 Fēizhōurén(페이저우런)

****af·ter** [ǽftər 애프터]

전 [ǽftər 애프터] **1** [시간] …후에
영***After*** means later than.
¶ I took a bath *after* supper.
나는 저녁 식사 후에 목욕을 했다.
¶ *After* school we play tennis.
방과 후에 우리는 테니스를 한다.
일 後に あとに(아또니) 중 在…之后 zài…zhīhòu(짜이…즈허우)
2 [순서] …뒤에, …다음에
영***After*** means following behind.
¶ Come *after* me.
내 뒤에 외라.
일 後に あとに(아또니) 중 随…之后 suí…zhīhòu(쑤이…즈허우)
숙어 *after all* 결국
¶ *After all*, he didn't come.
결국 그는 오지 않았다.
숙어 *one after another* 차례로, 잇달아

부 뒤에, 이후에
영***After*** means later than someone or something else.
일 後に あとに(아또니) 중在后 zàihòu(짜이허우)

****af·ter·noon** [ǽftərnúːn 애프터눈-]

명 (복수 afternoons [ǽftərnúːnz])
오후
영***Afternoon*** is the time of day between noon and evening.
¶ He came at three in the *afternoon*.
그는 오후 3시에 왔다.

일午後 ごご(고고) 중 下午 xiàwǔ(샤우)
숙어 *Good afternoon.* 안녕하십니까 《오후 인사》.

---

af·ter·ward [ǽftərwərd 애프터워드]

부 그후
영***Afterward*** means later.
¶ They lived happily ever *afterward*.
그후로 쭉 그들은 행복하게 살았다.
일後で あとで(아또데) 중后来 hòulái(허우라이)

***a·gain** [əgén 어겐]

부 다시, 다시 한 번, 또
영***Again*** means one more time.
¶ See you *again*.
다시 만나자.
¶ Say it *again*.
다시 한 번 말씀해 주세요.
일 再び ふたたび(후따따비) 중 再 zài(짜이)

***a·gainst** [əgènst 어겐스트]

전 **1** …에 반대하여(《반》 for …에 찬성하여)
영***Against*** means opposed to.
¶ He was *against* the plan.
그는 그 계획에 반대했다.
일 反対して はんたいして(한따이시떼) 중 反对 fǎnduì(판두이)
2 향하여
영***Against*** means toward something.
¶ He threw the ball *against* the wall.
그는 벽을 향하여 공을 던졌다.
일 向かって むかって(무깟떼) 중 向 xiàng(샹)

***age** [éidʒ 에이지]

명 (복수 ages [éidʒiz])
1 나이
영 *Age* is the number of years that someone has lived or that something has existed.
¶ She is my *age*.
그녀는 나와 같은 나이다.
일 年齢 ねんれい(넨레-) 중 年齢 niánlíng(녠링)
2 [보통 Age로] 시대
영 *Age* is a period of time in history.
¶ the Stone *Age*
석기 시대
일 時代 じだい(지다이) 중 时代 shídài (스다이)

---

a·gen·cy [éidʒənsi 에이전시]

명 (복수 agencies [éidʒənsiz])
대리점, 대행사
영 An *agency* is an office or a business that provides a service to the public.
¶ an advertising *agency*
광고 대리점
일 代理店 だいりてん(다이리뗀) 중 代理商 dàilǐshāng(다이리상)

---

a·gent [éidʒənt 에이전트]

명 (복수 agents [éidʒənts])
대리인
영 An *agent* is someone who arranges things for other people.
일 代理人 だいりにん(다이리닝) 중 代理人 dàilǐrén(다이리런)

---

a·go [əgóu 어고우]

부 …전에
영 *Ago* means before now.
¶ He went out a few minutes *ago*.
그는 몇 분 전에 외출했다.
일 前に まえに(마에니) 중 以前 yǐqián (이첸)

ago는 지금부터 전에, before는 과거의 어느 때로부터 「이전에」라는 뜻으로 쓰인다.

---

*a·gree [əgríː 어그리-]

자 (3단현 agrees [əgríːz], 과거·과거분사 agreed [əgríːd], 현재분사 agreeing [əgríːiŋ])
1 찬성하다
영 To *agree* means to say yes to something.
¶ I *agree* to this plan.
나는 이 계획에 찬성한다.
일 賛成する さんせいする(산세-스루)
중 赞成 zànchéng(짠청)
2 일치하다
영 To *agree* means to have the same opinion as someone else.
¶ I *agree* with you.
나는 너와 의견이 같다.
일 一致する いっちする(잇찌스루) 중 一致 yízhì(이즈)

---

a·gree·ment [əgríːmənt 어그리-먼트]

명 (복수 agreements [əgríːmənts])
일치 ; 동의, 찬성
영 *Agreement* is having the same opinion as someone else.
일 一致 いっち(잇찌) 중 一致 yízhì(이즈)

---

ag·ri·cul·ture [ǽgrikʌltʃər 애그리컬처]

명 농업
영 *Agriculture* is farming.
¶ *Agriculture* is the first industry.
농업은 1차 산업이다.
일 農業 のうぎょう(노-교-) 중 农业 nóngyè(눙예)

***a·head** [əhéd 어헤드]

부 앞쪽에

영 *Ahead* means in front of something or someone.

¶ He was *ahead* of the others in the race.

그는 경주에서 다른 사람들보다 앞쪽에서 달렸다.

일 前方に　ぜんぽうに(젬뽀-니) 중 在前 zàiqián(짜이첸)

---

aid [éid 에이드]

타 (3단현 aids [éidz], 과거·과거분사 aided [éidid], 현재분사 aiding [éidiŋ])

돕다, 원조하다

영 To *aid* means to help someone.

¶ He *aided* the earthquake victims.

그는 지진 피해자들을 도왔다.

일 助ける　たすける(타스께루) 중 帮助 bāngzhù(방주)

명 원조, 도움

영 *Aid* is money, food, or services that an organization or government gives to help people.

일 援助 えんじょ(엔조) 중 援助 yuánzhù(위엔주)

***aim** [éim 에임]

자 (3단현 aims [éimz], 과거·과거분사 aimed [éimd], 현재분사 aiming [éimiŋ])

1 겨누다

영 To *aim* means to point something at a person or thing you want to hit, throw, or shoot.

¶ He *aimed* at the target.

그는 표적을 겨누었다.

일 狙う　ねらう(네라우) 중 瞄准 miáozhǔn(먀오준)

2 …하려고 하다

영 To *aim* means to intend to achieve something.

¶ I *aim* to become a pianist.

나는 피아니스트가 되려고 한다.

일 目指す　めざす(메자스) 중 想当 xiǎngdāng(샹당)

****air** [éər 에어]

명 (복수 airs [éərz])

공기

영 *Air* is the gases around the Earth, which we breathe.

¶ People want fresh *air*.

사람들은 신선한 공기를 원한다.

일 空気　くうき(쿠-끼) 중 空气 kōngqì(쿵치)

---

air·line [éərlàin 에얼라인]

명 (복수 airlines [éərlàinz])

항공 회사

영 An *airline* is a company that carries passengers by plane.

일 航空会社 こうくうかいしゃ(코-꾸-카이샤) 중 航空公司 hángkōnggōngsī(항쿵궁쓰)

---

air·mail [éərmèil 에어메일]

명 항공 우편

영 *Airmail* is a postal service by which letters and packages, etc. are carried by plane.

일 航空郵便 こうくうゆうびん(코-꾸-유-빙) 중 航空邮件 hángkōngyóujiàn(항쿵유젠)

숙어 *by airmail* 항공 우편으로

****air·plane** [éərplèin 에어플레인]

명 (복수 airplanes [éərplèinz])

비행기

A

영 An *airplane* is a machine with wings that flies in the air.
¶ I want to travel by *airplane*.
나는 비행기로 여행하고 싶다.
일 飛行機　ひこうき(히꼬-끼)　중 飞机 fēijī(페이지)

---

air·port [éərpɔ̀ːrt 에어포-트]
명 (복수 airports [éərpɔ̀ːrts])
공항
영 An *airport* is a place where airplanes take off and land.
¶ Incheon International *Airport*
인천 국제 공항
일 空港　くうこう(쿠-꼬-)　중 机场 jīchǎng(지챵)

---

a·larm [əláːrm 얼람-]
명 (복수 alarms [əláːrmz])
경보기
영 An *alarm* is a device with a bell, buzzer, or siren that wakes people or warns them of danger.
¶ The fire *alarm* rang.
화재 경보기가 울렸다.
일 警報器　けいほうき(케-호-끼)　중 警报器 jǐngbàoqì(징바오치)

---

a·larm clock [əláːrm klɑ̀k 얼람- 클락]
명 자명종
영 An *alarm clock* is a type of clock that can be set to ring or buzz at a particular time.
¶ It's my *alarm clock*.
그것은 내 자명종이다.
일 目ざまし時計　めざましどけい(메자마시도께-)　중 闹钟 nàozhōng(나오중)

---

al·bum [ǽlbəm 앨범]

명 (복수 albums [ǽlbəmz])
앨범, 사진첩
영 An *album* is a book in which you keep photographs, stamps, etc.
¶ Is this your *album*?
이것이 너의 사진첩이니?
일 アルバム(아루바무)　중 相册 xiàngcè(샹처)

---

al·co·hol [ǽlkəhɔ̀ːl 앨커홀-]
명 알코올
영 *Alcohol* is drinks such as beer or wine that can make you drunk.
일 アルコール(아루꼬-루)　중 酒精 jiǔjīng(쥬징)

---

al·ien [éiljən 에일련]
명 (복수 aliens [éiljənz])
1 외국인
영 An *alien* is a foreigner.
¶ He is an illegal *alien*.
그는 불법 체류 외국인이다.
일 外国人　がいこくじん(가이꼬꾸진)
중 外国人 wàiguórén(와이궈런)
2 우주인, 외계인
영 An *alien* is a creature from another planet.
일 宇宙人　うちゅうじん(우쭈-진)　중 宇宙人 yǔzhòurén(위저우런)

---

a·like [əláik 얼라이크]
형 닮은, 같은
영 *Alike* means looking the same.
¶ You and your sister are *alike*.
너와 네 여동생은 꼭 닮았다.
일 似ている　にている(니떼이루)　중 相似的 xiāngsìde(샹쓰더)

---

a·live [əláiv 얼라이브]
형 살아 있는

영 *Alive* means living.
¶ The flowers are still *alive*.
그 꽃들은 아직 살아 있다.
일 生きている　いきている(이끼떼이루)
중 活的　huóde(훠더)

＊all [ɔ́ːl 올-]

형 전부의, 모든
영 *All* means with nothing left out.
¶ *All* my friends like her.
모든 나의 친구들이 그녀를 좋아한다.
일 全部の　ぜんぶの(젬부노)　중 全部的
quánbùde(취엔부더)

대 **1** 전부, 모든 것
영 *All* is everything.
¶ She read it *all*.
그녀는 그것을 전부 읽었다.
일 全部　ぜんぶ(젬부)　중 完全　wán-
quán(완취엔)
2 전원, 모두
영 *All* are everyone.
¶ We *all* went to Busan by bus.
우리는 모두 버스를 타고 부산에 갔
다.
일 全員　ぜんいん(젱잉)　중 每个人
měigèrén(메이거런)
숙어 *above all* 특히, 그중에서도
숙어 *after all* 결국
숙어 *not at all* 전혀 …이 아니다
¶ I do*n't* want to leave *at all*.
나는 전혀 떠나고 싶지 않다.

부 전부, 모두
영 *All* means completely.
일 すっかり(슥까리)　중 全部地　quán-
bùde(취엔부더)
숙어 *all right* (1) [ɔ́ːl ràit 올- 라이트]
좋아, 알았어
¶ Will you open the window?—*All
right*.
창문 좀 열어주시겠습니까? −좋아요.

(2) [ɔ́ːl ráit 올- 라이트] 괜찮습니다
¶ I'm sorry. −That's *all right*.
죄송합니다. −괜찮습니다.

＊al·low [əláu 얼라우]

타 (3단현 allows [əláuz], 과거·과
거분사 allowed [əláud], 현재분사
allowing [əláuiŋ])
허락하다, 허가하다
영 To *allow* means to let someone do
something.
¶ Swimming is not *allowed* here.
여기서는 수영이 금지되어 있다.
일 許す　ゆるす(유루스)　중 允许　yǔn-
xǔ(윈쉬)

＊al·most [ɔ́ːlmoust 올-모우스트]

부 거의
영 *Almost* means close to.
¶ It's *almost* time for school.
거의 학교에 갈 시간이다.
일 殆ど　ほとんど(호똔도)　중 几乎
jīhū(지후)

＊＊a·lone [əlóun 얼로운]

형 홀로의, 혼자인
영 *Alone* means by yourself.
¶ She likes to be *alone* in her room.
그녀는 방에 혼자 있는 것을 좋아한
다.
일 一人の　ひとりの(히또리노)　중 孤独
的　gūdúde(구두더)

부 혼자서, 홀로
영 *Alone* means without anyone else.
¶ She lives *alone*.
그녀는 홀로 살고 있다.
일 一人で　ひとりで(히또리데)　중 孤独
地　gūdúde(구두더)

***a·long** [əlɔ̀:ŋ 얼롱–]

전 따라서
영 *Along* means in a line with.
¶ They walked *along* the street.
그들은 그 길을 따라서 걸었다.
일 沿って そって(솟떼) 중 沿着 yánzhe
(옌저)

***a·loud** [əláud 얼라우드]

부 소리내어
영 *Aloud* means loud enough so that others can hear you.
¶ Read the textbook *aloud*.
교과서를 소리내어 읽어라.
일 声を出して こえをだして(코에오다시떼) 중 出声地 chūshēngde(추성더)

***al·pha·bet** [ǽlfəbèt 앨퍼벳]

명 (복수 alphabets [ǽlfəbèts])
알파벳
영 An *alphabet* is all the letters of a language arranged in order.
¶ Can you say the *alphabet*?
알파벳을 말할 수 있니?
일 アルファベット(아루화벳또) 중 字母表 zìmǔbiǎo(쯔무뱌오)

***al·ready** [ɔ:lrédi 올–레디]

부 이미, 벌써
영 *Already* means before this.
¶ I have had lunch *already*.
나는 이미 점심을 먹었다.
일 もう(모–) 중 무已 zǎoyǐ(짜오이)

 보통 긍정문에서는 already를 쓰고 의문문이나 부정문에서는 yet을 쓴다.

***al·so** [ɔ́:lsou 올–소우]

부 또한, 역시
영 *Also* means as well.

¶ He *also* has a car.
그도 또한 차가 있다.
일 また(마따) 중 也 yě(예)
숙어 *not only ~ but also…* ~뿐만 아니라 …도 또한
also는 보통 동사 앞 또는 be 동사, 조동사 뒤에 쓴다.

---

al·ter [ɔ́:ltər 올–터]

타 (3단현 alters [ɔ́:ltərz], 과거·과거분사 altered [ɔ́:ltərd], 현재분사 altering [ɔ́:ltəriŋ])
바꾸다, 변경하다
영 To *alter* means to change something.
¶ We've *altered* our plans.
우리는 계획을 바꿨다.
일 変える かえる(카에루) 중 改変 gǎibiàn(가이볜)

***al·though** [ɔ:lðóu 올–도우]

접 …이지만, 비록 …이라도
영 *Although* means in spite of the fact that.
¶ *Although* they were poor, they were happy.
그들은 비록 가난했지만 행복했다.
일 …であるが(…데아루가) 중 虽然 suīrán(쑤이란)

---

al·to·geth·er [ɔ̀:ltəgéðər 올–터게더]

부 완전히, 전혀
영 *Altogether* means completely, or entirely.
¶ It is not *altogether* false.
완전히 거짓말은 아니다.
일 まったく(맛따꾸) 중 完全地 wánquánde(완취엔더)

****al·ways** [ɔ́ːlweiz 올-웨이즈]

🔤 늘, 항상, 언제나

🔤 *Always* means all the time or every time.

¶ He will *always* be with me.
그는 항상 나와 함께 할 것이다.

🔤 いつも(이쓰모) 🔤 总是 zǒngshì(쭝스)

 always는 보통 be 동사나 조동사 뒤 또는 일반 동사 앞에 쓴다.

---

am [《약》əm 엄 ; 《강》ǽm 앰]

🔤 (과거형 was [《약》wəz ; 《강》wáz], 과거분사 been [《약》bin ; 《강》bín], 현재분사 being [bíːiŋ]) be의 1인칭 단수 현재형

¶ I *am* a student.
나는 학생이다.

***A.M., a.m.** [éiém 에이엠]

🔤 오전(의)

🔤 *A.M.* means before midday.

¶ I get up at 7 *A.M.*
나는 오전 7시에 일어난다.

¶ School begins at 9 *A.M.*
수업은 오전 9시에 시작한다.

🔤 午前 ごぜん(고젠) 🔤 上午 shàngwǔ(상우)

---

am·a·teur [ǽmətʃùər 애머추어]

🔤 (복수 amateurs [ǽmətʃùərz])

🔤 An *amateur* is someone who takes part in a sport or other activity for pleasure rather than for money.

🔤 アマチュア(아마쭈아) 🔤 业余爱好者 yèyú'àihàozhě(예위아이하오저)

***a·maze** [əméiz 어메이즈]

🔤 (3단현 amazes [əméiziz], 과거·

과거분사 amazed [əméizd], 현재분사 amazing [əméiziŋ])

놀라게 하다

🔤 To *amaze* means to make someone feel very surprised.

¶ I was *amazed* at his knowledge.
나는 그의 지식에 놀랐다.

🔤 びっくりさせる(빅꾸리사세루) 🔤 使惊奇 shǐjīngqí(스징치)

---

am·bi·tion [æmbíʃən 앰비션]

🔤 (복수 ambitions [æmbíʃənz])
대망, 야심, 야망

🔤 *Ambition* is a strong desire to do or achieve something.

🔤 大望 たいもう(타이모-) 🔤 雄心 xióngxīn(슝신)

---

am·bi·tious [æmbíʃəs 앰비셔스]

🔤 대망을 품은, 야심적인

🔤 *Ambitious* means having a strong desire to be successful or powerful.

🔤 大望を抱いた たいもうをいだいた(타이모-오이다이따) 🔤 雄心勃勃的 xióngxīnbóbóde(슝신보보더)

***am·bu·lance** [ǽmbjuləns 앰뷸런스]

🔤 (복수 ambulances [ǽmbjulənsiz])
구급차

🔤 An *ambulance* is a vehicle that takes ill or injured people to the hospital.

¶ Call an *ambulance*!
구급차를 불러라!

🔤 救急車 きゅうきゅうしゃ(큐-뀨-샤) 🔤 救护车 jiùhùchē(쥬후처)

****A·mer·i·ca** [əmérikə 어메리커]

명 미국

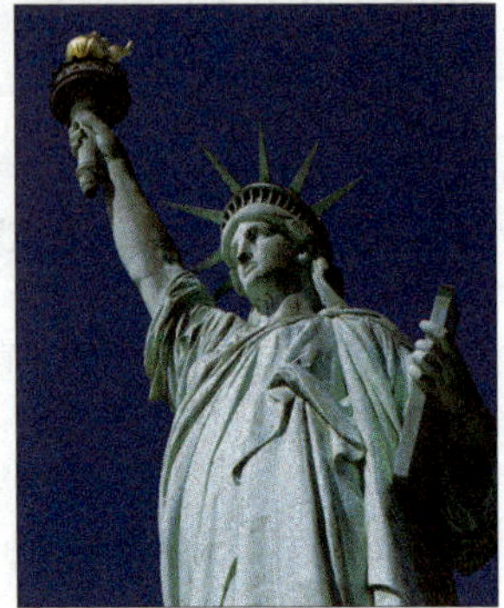

▲ 자유의 여신상

¶ My uncle lives in *America*.
나의 아저씨는 미국에 사신다.
일 アメリカ(아메리까) 중 美国 Měiguó
(메이궈)

****A·mer·i·can** [əmérikən 어메리
퀸]
형 미국의
영 *American* means relating to the
United States.
¶ *American* government
미국 정부
일 アメリカの(아메리까노) 중 美国的
Měiguóde(메이궈더)

명 (복수 Americans [əmérikənz])
미국 사람
영 An *American* is someone born or
living in the United States.
¶ She is an *American*.
그녀는 미국 사람이다.
일 アメリカじん(아메리까진) 중 美国人
Měiguórén(메이궈런)

***a·mong** [əmʌ́ŋ 어멍]
전 …의 사이에
영 *Among* means with or in the
middle of things or people.

¶ He is standing *among* young people.
그는 젊은 사람들 사이에 서 있다.
일 間に あいだに(아이다니) 중 在…中
间 zài…zhōngjiān(짜이…중젠)

among은 셋 이상의 사이를
말하며 둘 사이는 between ~
and...로 나타낸다.

***a·mount** [əmáunt 어마운트]
자 (3단현 amounts [əmáunts], 과
거·과거분사 amounted [əmáunt-
id], 현재분사 amounting [əmáunt-
iŋ])
총계 …에 이르다
영 To *amount* means to add up to a
total of a particular amount.
¶ The loss from the fire *amounts* to
five million dollars.
화재에 의한 손실은 총 5백만 달러
에 이른다.
일 総計…になる そうけい…になる
(소−께−…니나루) 중 合计 héjì(허지)

명 총계, 총액 ; 양
영 An *amount* is how much of some-
thing you have.
일 総計 そうけい(소−께−) 중 总数
zǒngshù(쫑수)
숙어 *in amount* 합하여, 합계하여
¶ I paid 50 dollars *in amount*.
나는 합하여 50 달러를 냈다.

***a·muse** [əmjúːz 어뮤−즈]
타 (3단현 amuses [əmjúːziz], 과
거·과거분사 amused [əmjúːzd],
현재분사 amusing [əmjúːziŋ])
즐겁게 하다, 재미나게 하다
영 To *amuse* means to make some-
one smile or laugh.
¶ Her jokes *amused* me.
그녀의 농담이 나를 즐겁게 했다.
일 楽しませる たのしませる(타노시마

세루) 중 使发笑 shǐfāxiào(스파샤오)

---

a·muse·ment [əmjúːzmənt 어뮤-즈먼트]

명 (복수 amusements [əmjúːz-mənts])
즐거움 ; 오락
영 *Amusement* is the feeling you have when something makes you laugh or smile.
일 楽しみ たのしみ(타노시미) 중 逗乐 dòulè(더우러)

---

a·mus·ing [əmjúːziŋ 어뮤-징]

형 재미있는, 우스운
영 *Amusing* means funny and enter-taining.
¶ The story was so *amusing*.
그 이야기는 아주 재미있었다.
일 おもしろい(오모시로이) 중 有趣的 yǒuqùde(유취더)

****an** [《약》 ən 언 ; 《강》 ǽn 앤]

관 [부정관사] 하나의 ; 어떤
영 *An* is a form of a.
¶ Is that *an* apple or *an* orange?
저것은 사과입니까, 아니면 오렌지입니까?
일 一つの ひとつの(히토쓰노) 중 一 yī(이)

발음이 모음으로 시작되는 명사 앞에 붙이고, 자음으로 시작되는 명사 앞에는 a를 붙인다.

---

a·nal·y·sis [ənǽləsis 어낼러시스]

명 (복수 analyses [ənǽləsìːz])
분석, 분해
영 *Analysis* is careful examination of

something in order to understand it better or find out what it consists of.
¶ We made an *analysis* of the food.
우리는 그 식품의 분석을 했다.
일 分析 ぶんせき(분세끼) 중 分析 fēnxī(편시)

---

an·a·lyze [ǽnəlàiz 애널라이즈]

타 (3단현 analyzes [ǽnəlàiziz], 과거·과거분사 analyzed [ǽnə-làizd], 현재분사 analyzing [ǽnə-làiziŋ])
분석하다, 분해하다
영 To *analyze* means to examine something carefully in order to understand it.
¶ Let's *analyze* the problem before we act.
행동하기 전에 그 문제를 분석하자.
일 分析する ぶんせきする(분세끼스루) 중 分析 fēnxī(편시)

***an·ces·tor** [ǽnsestər 앤세스터]

명 (복수 ancestors [ǽnsestərz])
선조, 조상
영 Your *ancestors* are members of your family who lived a long time ago, usually before your grandparents.
¶ Their *ancestors* came from Italy.
그들의 조상들은 이탈리아에서 왔다.
일 先祖 せんぞ(센조) 중 祖先 zǔxiān(쭈셴)

---

an·chor [ǽŋkər 앵커]

명 (복수 anchors [ǽŋkərz])
닻
영 An *anchor* is a heavy object that helps a ship stay in one place.
일 錨 いかり(이까리) 중 锚 máo(마오)

***an·cient** [éinʃənt 에인션트]

A

형 고대의
영 **Ancient** means belonging to a time long ago.
¶ The *ancient* Egyptians built the pyramids.
고대 이집트인들은 피라미드를 세웠다.
일 古代の こだいの(코다이노) 중 古代的 gǔdàide(구다이더)

****and** [《약》ən*d* 언드 ; 《강》ǽn*d* 앤드]

접 …와, 그리고
영 **And** is used to join two words or parts of sentences.
¶ I like Korean *and* music.
나는 국어와 음악을 좋아한다.
¶ He *and* Tom are close friends.
그와 톰은 친한 친구다.
일 と(토) 중 和 hé(허)

***an·gel** [éindʒəl 에인절]

명 (복수 angels [éindʒəlz])
천사
영 An *angel* is a spirit who is God's servant in heaven.
¶ She is like an *angel*.
그녀는 천사 같다.
일 天使 てんし(텐시) 중 天使 tiānshǐ(텐스)

***an·ger** [ǽngər 앵거]

명 분노, 화, 노여움
영 **Anger** is the strong feeling of being very annoyed.
¶ He cried with *anger*.
그는 화가 나서 소리쳤다.
일 怒り いかり(이까리) 중 愤怒 fènnù(펀누)

***an·gle** [ǽngl 앵글]

명 (복수 angles [ǽnglz])
각, 각도
영 An *angle* is the figure formed by two lines that start at the same point.
¶ These lines meet at a right *angle*.
이 선들은 직각으로 만난다.
일 角 かく(카꾸) 중 角 jiǎo(쟈오)

***an·gry** [ǽngri 앵그리]

형 (비교급 angrier [ǽngriər], 최상급 angriest [ǽngriist])
성난, 화가 난
영 **Angry** means feeling or showing anger.
¶ What are you so *angry* about?
너는 무슨 일로 그토록 화가 났니?
일 怒った おこった(오꼿따) 중 生气的 shēngqìde(성치더)

↰up 사물에 대해서는 about, at을 쓰고 사람에 대해서는 with를 쓰는 것이 일반적이다.

****an·i·mal** [ǽnəməl 애너멀]

명 (복수 animals [ǽnəməlz])
동물
영 An *animal* is anything alive that is not a plant.
¶ There are a lot of *animals* at the zoo.
동물원에는 많은 동물이 있다.
일 動物 どうぶつ(도-부쓰) 중 动物 dòngwù(둥우)

***an·kle** [ǽnkl 앵클]

명 (복수 ankles [ǽnklz])
발목
영 An *ankle* is the joint that connects your foot to your leg.
¶ He broke his *ankle*.
그는 발목이 부러졌다.
일 足首 あしくび(아시꾸비) 중 脚腕儿

jiǎowàr(쟈오왈)

---

an·ni·ver·sa·ry [ænivə́ːrsəri 애니버−서리]

📖 (복수 anniversaries [ænivə́ːr-səriz])
기념일
📖 An *anniversary* is the day of the year when something important happened in an earlier year.
¶ It was his wedding *anniversary*.
그의 결혼 기념일이었다.
📖 記念日 きねんび(키넴비) 📖 周年纪念 zhōuniánjìniàn(저우녠지녠)

***an·nounce** [ənáuns 어나운스]

📖 (3단현 announces [ənáunsiz], 과거·과거분사 announced [ənáunst], 현재분사 announcing [ənáunsiŋ])
발표하다, 알리다
📖 To *announce* means to say something officially or publicly.
¶ The result of the test will be *announced* on March 1.
시험 결과는 3월 1일에 발표한다.
📖 発表する はっぴょうする(합뾰−스루) 📖 宣布 xuānbù(쉬엔부)

---

an·nounce·ment [ənáunsmənt 어나운스먼트]

📖 (복수 announcements[ənáunsmənts])
발표, 공표
📖 An *announcement* is an important official statement about something that has happened or will happen.
📖 発表 はっぴょう(합뾰−) 📖 宣布 xuānbù(쉬엔부)

---

an·nounc·er [ənáunsər 어나운서]

📖 (복수 announcers [ənáunsərz])
아나운서
📖 An *announcer* is someone who introduces programs on television or radio.
📖 アナウンサー(아나운사−) 📖 播音员 bōyīnyuán(보인위엔)

***an·noy** [ənɔ́i 어노이]

📖 (3단현 annoys [ənɔ́iz], 과거·과거분사 annoyed [ənɔ́id], 현재분사 annoying [ənɔ́iiŋ])
괴롭히다, 성가시게 굴다
📖 To *annoy* means to bother someone.
¶ I am *annoyed* by his frequent visits.
나는 그 남자가 자주 찾아와서 성가시다.
📖 困らせる こまらせる(코마라세루) 📖 使烦恼 shǐfánnǎo(스판나오)

---

an·nu·al [ǽnjuəl 애뉴얼]

📖 해마다의, 한해의
📖 *Annual* means happening once every year or over a period of one year.
📖 毎年の まいねんの(마이넨노) 📖 每年的 měiniánde(메이녠더)

---

an·oth·er [ənʌ́ðər 어너더]

📖 또 하나의, 또 한 사람의
📖 *Another* means one more of the same kind of thing.
¶ Will you have *another* cup of coffee?
커피 한 잔 더 드시겠어요?
📖 もうひとつの(모−히또쓰노) 📖 再一个的 zàiyígède(짜이이거더)

📖 또 하나, 또 한 사람, 다른 것
📖 *Another* is a different one.

A

¶ I don't like this. Please show me *another*.
이것은 마음에 안 드니 다른 것을 보여 주세요.
일 もうひとつ(모-히또쓰) 중 另一个 lìngyígè(링이거)
[숙어] *one after another* 차례로
¶ The boys discussed the problems *one after another*.
소년들은 문제들을 하나씩 차례로 토론했다.

*****an·swer** [ǽnsər 앤서]
타 (3단현 answers [ǽnsərz], 과거·과거분사 answered [ǽnsərd], 현재분사 answering [ǽnsəriŋ])
대답하다 ; 답장하다
영 To *answer* means to say or write something as a reply.
¶ Can you *answer* the question?
너는 그 질문에 대답할 수 있니?
일 答える こたえる(코따에루) 중 回答 húidá(후이다)

명 (복수 answers [ǽnsərz])
대답
영 An *answer* is what you give when someone asks a question.
일 答え こたえ(코따에) 중 回答 húidá(후이다)

*****ant** [ǽnt 앤트]
명 (복수 ants [ǽnts])
개미
영 An *ant* is a small insect that lives in a large group.
¶ He works like an *ant*.
그는 개미처럼 부지런히 일한다.
일 アリ(아리) 중 蚂蚁 máyǐ(마이)

Ant·arc·tic [æntá:rktik 앤타-크틱]
명 남극
영 The *Antarctic* is the area around the South Pole.
일 南極 なんきょく(낭꼬꾸) 중 南极 nánjí(난지)

---

an·ten·na [ænténə 앤테너]
명 (복수 antennas [ænténəz]) 안테나
영 An *antenna* is a wire that receives radio and television signals.
일 アンテナ(안떼나) 중 天线 tiānxiàn(톈셴)

---

an·them [ǽnθəm 앤섬]
명 (복수 anthems [ǽnθəmz])
성가 ; 국가
영 An *anthem* is a religious or national song.
¶ The Korean national *anthem* was played in honor of the victory.
그 승리를 기념하여 애국가가 연주되었다.
일 聖歌 せいか(세-까) 중 圣歌 shèng-gē(성거)

---

anx·i·e·ty [æŋzáiəti 앵자이어티]
명 (복수 anxieties [æŋzáiətiz])
걱정
영 *Anxiety* is a feeling of worry or fear.
일 心配 しんぱい(심빠이) 중 忧虑 yōulù(유뤼)

****anx·ious** [ǽŋkʃəs 앵크셔스]
형 걱정하는, 근심하는
영 *Anxious* means worried.
¶ Were you *anxious* during the flight?
너는 비행하는 동안 걱정했니?

일 心配な しんぱいな(심빠이나) 중 忧虑的 yōulùde(유뤼더)
숙어 *be anxious about* …에 대해 염려하다
¶ Her mother *is* always *anxious about* her health.
그녀의 어머니는 항상 그녀의 건강을 염려하신다.

***an·y** [《약》əni 어니 ; 《강》éni 에니]
형 얼마간의, 무엇인가, 누군가
영 *Any* means some.
¶ Do you have *any* other questions?
뭔가 다른 질문이 있습니까?
일 いくらかの(이꾸라까노) 중 任一个 rènyígè(런이거)

대 얼마간, 무언가, 누군가
영 *Any* is a way of suggesting people or things without naming them.
¶ Do you know *any* of these students?
너는 이 학생들 중에서 누군가 아는 사람이 있니?
일 いくらか(이꾸라까) 중 任何 rènhé(런허)

***an·y·bod·y** [énibàdi 에니바디]
대 누군가 ; 아무도 ; 누구든지
영 *Anybody* is any person.
¶ Is *anybody* absent today?
오늘 누군가 결석한 사람 있나요?
¶ *Anybody* can do it.
누구든지 그것을 할 수 있다.
일 だれか(다레까) 중 任何人 rènhérén(런허런)

---

an·y·how [énihàu 에니하우]
부 어떻게 해서든지
영 *Anyhow* means in any case.
¶ I must finish this work *anyhow*.
나는 어떻게 해서든 이 일을 끝내야

한다.
일 どうしても(도-시떼모) 중 不管怎样 bùguǎnzěnyàng(부관쩐양)

---

an·y·more [ènimɔ́:r 에니모-]
부 이제는, 더 이상
영 *Anymore* means now, or from now on.
¶ I don't play the piano *anymore*.
나는 더 이상 피아노를 치지 않는다.
일 今は いまは(이마와) 중 不再 búzài(부짜이)

***an·y·one** [éniwʌ̀n 에니원]
대 누군가 ; 아무에게도 ; 누구든지
영 *Anyone* is anybody.
¶ Will *anyone* tell us?
누군가 말해 보겠어요?
¶ *Anyone* can come to the party.
누구든지 그 파티에 올 수 있다.
일 だれか(다레까) 중 任何人 rènhérén(런허런)

***an·y·thing** [éniθìŋ 에니싱]
대 무엇인가 ; 아무것도 ; 무엇이든지
영 *Anything* is any thing.
¶ Is there *anything* you like?
뭔가 마음에 드시는 게 있습니까?
¶ I didn't buy *anything*.
나는 아무것도 사지 않았다.
일 なにか(나니까) 중 任何事物 rènhéshìwù(런허스우)

---

an·y·time [énitàim 에니타임]
부 언제라도, 언제든지
영 *Anytime* means at any hour or date, or whenever.
¶ Visit us *anytime*.
언제라도 방문해 주세요.

A

일 いつでも(이쓰데모) 중 任何时候 rènhéshíhòu(런허스허우)

---

an·y·way [éniwèi 에니웨이]

부 어쨌든, 아무튼
영 *Anyway* means that something doesn't matter.
¶ Thanks *anyway*.
아무튼 고마워.
일 いずれにしても(이즈레니시떼모) 중 无论如何 wúlùnrùhé (우룬루허)

****an·y·where** [énihwèər 에니훼어, 에니웨어]

부 어딘가에 ; 어디든지 ; 아무데도
영 *Anywhere* means in or to any place.
¶ Did you go *anywhere* yesterday?
어제 어딘가에 갔었니?
¶ I didn't go *anywhere*.
나는 아무데도 가지 않았다.
일 どこかに(도꼬까니) 중 任何地方 rènhédìfang(런허디팡)

***a·part** [əpá:rt 어파-트]

부 떨어져서, 따로
영*Apart* means away from each other.
¶ The two houses are a kilometer *apart*.
그 두 집은 1킬로미터 떨어져 있다.
일 離れて はなれて(하나레떼) 중 相隔 xiānggé(샹거)

***a·part·ment** [əpá:rtmənt 어파-트먼트]

명 (복수 apartments [əpá:rtmənts])
《미》 아파트(《영》 flat)
영 An *apartment* is a room or a group of rooms that people live in.
¶ He lives in a tall *apartment* build-ing.
그는 고층 아파트에 산다.
일 アパート(아빠-또) 중 公寓 gōngyù (궁위)

---

a·pol·o·gy [əpálədʒi 어팔러지]

명 (복수 apologies [əpálədʒiz])
사과, 사죄
영 An *apology* is something that you say or write to show that you are sorry.
¶ I owe you an *apology*.
내가 너에게 사과를 할게.
일 わび(와비) 중 道歉 dàoqián (다오쳰)

***ap·par·ent** [əpǽrənt 어패런트]

형 명백한, 분명한
영 *Apparent* means obvious or clear.
¶ It is *apparent* that he likes you.
그가 너를 좋아하는 것은 분명하다.
일 明白な めいはくな(메-하꾸나) 중 明显的 míngxiǎnde(밍셴더)

---

ap·par·ent·ly [əpǽrəntli 어패런틀리]

부 명백하게, 분명히
영 *Apparently* means obviously or clearly.
일 明白に めいはくに(메-하꾸니) 중 显然 xiǎnrán(셴란)

***ap·peal** [əpí:l 어필-]

자 (3단현 appeals [əpí:lz], 과거·과거분사 appealed [əpí:ld], 현재분사 appealing [əpí:liŋ])
청하다, 간청하다
영 To *appeal* means to ask for some-thing urgently.
¶ We *appealed* to the doctor for help.
우리는 의사에게 도움을 청했다.

일 求める もとめる(모또메루) 중 恳求 kěnqiú(컨츄)

***ap·pear** [əpíər 어피어]

자 (3단현 appears [əpíərz], 과거·과거분사 appeared [əpíərd], 현재분사 appearing [əpíəriŋ])

1 나타나다, 출현하다

영 To *appear* means to come into view.
¶ The stars *appear* at night.
별은 밤에 나타난다.
일 現れる あらわれる(아라와레루) 중 出現 chūxiàn(추셴)

2 …같이 보이다

영 To *appear* means to seem.
¶ She *appears* to be happy.
그녀는 행복해 보인다.
일 見える みえる(미에루) 중 看来 kànlái(칸라이)

---

ap·pear·ance [əpíərəns 어피어런스]

명 (복수 appearances [əpíərənsiz])
나타남, 출현 ; 외관
영 An *appearance* is an arrival by someone or something.
¶ The sudden *appearance* of the dog surprised me.
개가 갑자기 나타나서 나는 깜짝 놀랐다.
일 現れること あらわれること(아라와레루코또) 중 出現 chūxiàn(추셴)

---

ap·pe·tite [ǽpitàit 애피타이트]

명 (복수 appetites [ǽpitàits])
식욕
영 *Appetite* is desire for food.
¶ He has a big *appetite*.
그는 식욕이 왕성하다.
일 食欲 しょくよく(쇼꾸요꾸) 중 食欲

shíyù(스위)

---

ap·plaud [əplɔ́ːd 어플로-드]

타 (3단현 applauds [əplɔ́ːdz], 과거·과거분사 applauded [əplɔ́ːdid], 현재분사 applauding [əplɔ́ːdiŋ])

박수갈채하다
영 To *applaud* means to show that you like something by clapping your hands.
¶ The audience *applauded* him.
청중은 그에게 박수갈채를 보냈다.
일 拍手喝采する はくしゅかっさいする(하꾸슈깟사이스루) 중 鼓掌喝彩 gǔzhǎnghècǎi(구장허차이)

****ap·ple** [ǽpl 애플]

명 (복수 apples [ǽplz])
사과

영 An *apple* is a round fruit with red, yellow, or green skin.
¶ She gave me an *apple*.
그녀는 나에게 사과를 주었다.
일 リンゴ(링고) 중 苹果 píngguǒ(핑궈)

---

ap·pli·ca·tion [ǽpləkéiʃən 애플러케이션]

명 (복수 applications [ǽpləkéiʃənz])
신청서 ; 신청, 지원
영 An *application* is a written request for something.
¶ fill in the *application*

A

신청서에 기입하다
일 申込書 もうしこみしょ(모-시코미쇼) 중 申请书 shēnqǐngshū(션칭수)

***ap·ply** [əplái 어플라이]

동 (3단현 applies [əpláiz], 과거·과거분사 applied [əpláid], 현재분사 applying [əpláiiŋ])
타 적용하다, 응용하다
영 To **apply** means to be relevant.
¶ *Apply* the rule to it.
그 규칙을 그것에 적용해라.
일 適用する てきようする(테끼요-스루) 중 适用 shìyòng(스용)
자 신청하다, 지원하다
영 To **apply** means to ask for something in writing.
¶ He *applied* to many colleges.
그는 많은 대학에 지원했다.
일 申し込む もうしこむ(모-시코무)
중 申请 shēnqǐng(션칭)

***ap·point** [əpɔ́int 어포인트]

타 (3단현 appoints [əpɔ́ints], 과거·과거분사 appointed [əpɔ́intid], 현재분사 appointing [əpɔ́intiŋ])
임명하다, 지명하다
영 To **appoint** means to choose someone for a job.
¶ He was *appointed* principal.
그는 교장에 임명되었다.
일 任命する にんめいする(님메-스루)
중 任命 rènmìng(런밍)

---

ap·point·ment [əpɔ́intmənt 어포인트먼트]

명 (복수 appointments [əpɔ́intmənts])
1 약속
영 An **appointment** is the arrangement to meet someone at a certain time.
¶ I have an *appointment* at three.
나는 3시에 약속이 있다.
일 約束 やくそく(야꾸소꾸) 중 约会 yuēhuì(웨후이)
2 임명
영 **Appointment** is the act of naming or choosing someone for a job.
일 任命 にんめい(님메-) 중 任命 rènmìng(런밍)

***ap·pre·ci·ate** [əprí:ʃièit 어프리-시에이트]

타 (3단현 appreciates [əprí:ʃièits], 과거·과거분사 appreciated [əprí:ʃièitid], 현재분사 appreciating [əprí:ʃièitiŋ])
1 진가를 인정하다 ; 감상하다
영 To **appreciate** means to enjoy or value somebody or something.
일 真価を認める しんかをみとめる(싱까오미또메루) 중 赏识 shǎngshí(상스)
2 감사하다
영 To **appreciate** means to be grateful for something.
¶ I *appreciate* your kindness.
당신의 친절에 감사드립니다.
일 感謝する かんしゃする(칸샤스루)
중 感谢 gǎnxiè(간셰)

***ap·proach** [əpróutʃ 어프로우치]

자 (3단현 approaches [əpróutʃiz], 과거·과거분사 approached [əpróutʃt], 현재분사 approaching [əpróutʃiŋ])
다가오다, 접근하다
영 To **approach** means to move nearer to someone or something.
¶ A storm is *approaching*.
폭풍이 다가오고 있다.
일 近づく ちかづく(치까즈꾸) 중 接近

jiējìn(제진)

----

ap·pro·pri·ate [əpróupriət 어프로우프리엇]

형 적당한, 적절한, 어울리는
영 *Appropriate* means suitable or right.
¶ This dress is not *appropriate* for a party.
이 드레스는 파티에 안어울린다.
일 適当な てきとうな(테끼또-나) 중 合适的 héshìde(허스더)

----

ap·prov·al [əprú:vəl 어프루-벌]

명 찬성 ; 승인
영 *Approval* is the belief that someone or something is good or doing something right.
¶ He nodded in *approval* to it.
그는 머리를 끄덕거려 그것에 찬성했다.
일 賛成 さんせい(산세-) 중 赞同 zàntóng(짠퉁)

----

*ap·prove [əprú:v 어프루-브]

타 (3단현 approves [əprú:vz], 과거·과거분사 approved [əprú:vd], 현재분사 approving [əprú:viŋ])
찬성하다 ; 승인하다
영 To *approve* means to believe that someone or something is acceptable or good.
¶ I *approve* your choice.
나는 네 선택을 찬성한다.
일 賛成する さんせいする(산세-스루)
중 赞同 zàntóng(짠퉁)

**A·pril [éiprəl 에이프럴]

명 4월
영 *April* is the fourth month of the year.
¶ I was born in *April*.
나는 4월에 태어났다.
일 四月 しがつ(시가쓰) 중 四月 sìyuè(쓰웨)

----

a·pron [éiprən 에이프런]

명 에이프런, 앞치마
영 An *apron* is an article of clothing that you wear to protect your clothes when you are cooking, painting, etc.
¶ She puts on her *apron*.
그녀는 앞치마를 두르고 있다.
일 エプロン(에쁘론) 중 围裙 wéiqún(웨이췬)

----

apt [ǽpt 앱트]

형 적절한, 적당한
영 *Apt* means very suitable.
일 適切な てきせつな(테끼세쓰나) 중 适合的 shìhéde(스허더)
숙어 *be apt to* …하기 쉽다
¶ She *is apt to* catch cold.
그녀는 감기에 잘 걸린다.

----

arch [á:rtʃ 아-치]

명 (복수 arches [á:rtʃiz])
아치
영 An *arch* is a curved structure.
¶ an *arch* of triumph
개선문

일 アーチ(아-찌) 중 拱 gǒng(궁)

A

are [((약)) ər 어 ; ((강)) áːr 아－]

재조 (과거형 were [((약)) wər ; ((강)) wə́ːr], 과거분사 been [((약)) bin ; ((강)) bíːn], 현재분사 being [bíːiŋ]) be의 2인칭 단수 및 1·2·3인칭 복수의 현재형
¶ *Are* you an American?
당신은 미국인입니까?
¶ We *are* students.
우리는 학생이다.

---

ar·e·a [ɛ́əriə 에어리어]

명 (복수 areas [ɛ́əriəz])
지역 ; 면적
영 An *area* is a part of a place.
¶ Canada is one of the cold *areas*.
캐나다는 추운 지역 중 하나다.
일 地域 ちいき(치이끼) 중 地区 dìqū (디취)

---

are·n't [áːrnt 안－트]

are not의 단축형

---

ar·gue [áːrgjuː 아－규－]

재 (3단현 argues [áːrgjuːz], 과거·과거분사 argued [áːrgjuːd], 현재분사 arguing [áːrgjuːiŋ])
논하다, 의논하다
영 To *argue* means to give your opinion about something.
¶ I *argued* with my father about the matter.
나는 아버지와 그 일에 대해 의논했다.
일 論じる ろんじる(론지루) 중 论说 lùnshuō(룬쉬)

---

ar·gu·ment [áːrgjumənt 아－규먼트]

명 (복수 arguments [áːrgjumənts])
의논 ; 말다툼, 언쟁
영 An *argument* is a set of reasons you use to try to prove that something is true or untrue, right or wrong, etc.
일 議論 ぎろん(기론) 중 争论 zhēnglùn(정룬)

---

a·rise [əráiz 어라이즈]

재 (3단현 arises [əráiziz], 과거형 arose [əróuz], 과거·과거분사 arisen [ərízn], 현재분사 arising [əráiziŋ])
일어나다, 생기다
영 To *arise* means to come into being.
¶ Many accidents *arise* from carelessness.
많은 사고가 부주의에서 일어난다.
일 起こる おこる(오꼬루) 중 出現 chūxiàn(추셴)

---

a·ris·en [ərízn 어리즌]

재 arise의 과거분사
¶ Another problem has *arisen*.
또 다른 문제가 생겼다.

---

a·rith·me·tic [əríθmətik 어리스머틱]

명 산수, 산술 ; 셈
영 *Arithmetic* is the science of numbers and computation.
¶ She is poor at *arithmetic*.
그녀는 산수가 서투르다.
일 算数 さんすう(산스－) 중 算术 suànshù(쏸수)

---

arm [áːrm 암－]

명 (복수 arms [áːrmz])
팔
영 An *arm* is the part of your body between your shoulder and your hand.
¶ She has a coat on her *arm*.

A

그녀는 팔에 코트를 걸치고 있다.
[일] 腕 うで(우데) [중] 臂 bì(비)
[숙어] *arm in arm* 팔짱을 끼고
¶ They are walking *arm in arm*.
그들은 팔짱을 끼고 걷고 있다.

---

arm·chair [á:rmtʃèər 암-체어]

[명] 안락의자
[영] An *armchair* is a comfortable chair with supports for your arms.
¶ Sit in the *armchair*.
안락의자에 앉아라.
[일] ひじ掛けいす ひじかけいす(히지까께이스) [중] 扶手椅 fúshǒuyǐ(푸서우이)

---

*ar·my [á:rmi 아-미]

[명] (복수 armies [á:rmiz])
육군 ; 군대
[영] The *army* is a large group of people trained to fight on land.
¶ He entered the *army*.
그는 육군에 입대했다.
[일] 陸軍 りくぐん(리꾸군) [중] 陆军 lùjūn(루쥔)

---

a·rose [əróuz 어로우즈]

[자] arise의 과거형

**a·round [əráund 어라운드]

[부] 여기저기에, 사방에
[영] *Around* means on all sides.
¶ I traveled *around* in America.
나는 미국을 여기저기 여행했다.
[일] あちこちに(아찌꼬찌니) [중] 四处 sìchù(쓰추)
[숙어] *all around* 사방에, 도처에

[전] [əràund 어라운드] …의 주위에, 둘레에
[영] *Around* means surrounding.

¶ There is a fence *around* the pond.
연못 주위에 울타리가 있다.
[일] 周囲に しゅういに(슈-이니) [중] 在…周围 zài…zhōuwéi(짜이…저우웨이)

---

a·rouse [əráuz 어라우즈]

[타] (3단현 arouses [əráuziz], 과거·과거분사 aroused [əráuzd], 현재분사 arousing [əráuziŋ])
불러 일으키다, 자극하다
[영] To *arouse* means to stir up a feeling.
¶ The picture *aroused* my interest in history.
그 사진을 보고 나는 역사에 흥미가 생겼다.
[일] 呼び起こす よびおこす(요비오꼬스) [중] 引起 yǐnqǐ(인치)

---

*ar·range [əréindʒ 어레인지]

[타] (3단현 arranges [əréindʒiz], 과거·과거분사 arranged [əréindʒd], 현재분사 arranging [əréindʒiŋ])
정리하다, 가지런히 하다
[영] To *arrange* means to place things so that they look attractive.
¶ *Arrange* the books on your desk.
네 책상 위의 책을 정리해라.
[일] 整理する せいりする(세-리스루) [중] 整理 zhěnglǐ(정리)

---

*ar·range·ment [əréindʒmənt 어레인지먼트]

[명] (복수 arrangements [əréindʒmənts])
정리, 정돈
[영] *Arrangement* is the act of arranging things in a particular position or order.
[일] 整理 せいり(세-리) [중] 整理 zhěnglǐ(정리)

A

*ar·rest [ərést 어레스트]

타 (3단현 arrests [ərésts], 과거·과거분사 arrested [əréstid], 현재분사 arresting [əréstiŋ])

체포하다

영 To *arrest* means to stop and hold someone by the power of law.

¶ The police *arrested* the man for theft.

경찰은 그 남자를 절도죄로 체포했다.

일 逮捕する　たいほする(타이호스루)

중 逮捕 dǎibǔ(다이부)

---

ar·riv·al [əráivəl 어라이벌]

명 (복수 arrivals [əráivəlz])

도착

영 *Arrival* is the act of getting to a place.

¶ She awaited his *arrival*.

그녀는 그가 도착하기를 기다렸다.

일 到着 とうちゃく(토-짜꾸) 중 到达 dàodá(다오다)

---

*ar·rive [əráiv 어라이브]

자 (3단현 arrives [əráivz], 과거·과거분사 arrived [əráivd], 현재분사 arriving [əráiviŋ])

도착하다

영 To *arrive* means to come to a place.

¶ Our plane *arrived* late.

우리 비행기는 늦게 도착했다.

¶ We'll *arrive* in Chicago at 11:20.

우리는 11시 20분에 시카고에 도착할 것이다.

일 到着する　とうちゃくする(토-짜꾸스루) 중 到达 dàodá(다오다)

↻ up 어떤 장소·마을 등에는 at, 대도시나 나라 등에는 in을 쓴다.

---

ar·row [ǽrou 애로우]

명 (복수 arrows [ǽrouz])

화살

영 An *arrow* is a thin stick that has a point at one end and feathers at the other.

¶ *Arrows* are shot from bows.

화살은 활로 쏜다.

일 矢 や(야) 중 箭 jiàn(젠)

---

*art [áːrt 아-트]

명 (복수 arts [áːrts])

예술 ; 미술

영 *Art* is the skill of creating something beautiful by drawing, painting, or making things with your hands.

¶ It's a great work of *art*.

그것은 위대한 예술 작품이다.

일 芸術 げいしゅつ(게-슈쓰) 중 艺术 yìshù(이수)

---

*ar·ti·cle [áːrtikl 아-티클]

명 (복수 articles [áːrtiklz])

물품, 물건

영 An *article* is an object or a thing.

¶ a missing *article*

분실물

일 品物 しなもの(시나모노) 중 物品 wùpǐn(우핀)

---

*ar·ti·fi·cial [àːrtəfíʃəl 아-터피셜]

형 인공의, 인조의, 인위적인

영 *Artificial* means false, not real, or not natural.

¶ These *artificial* roses are quite lifelike.

이 인조 장미는 꼭 진짜같다.

일 人工の じんこうの(징꼬-노) 중 人工的 réngōngde(런궁더)

---

art·ist [áːrtist 아-티스트]

명 (복수 artists [áːrtists])
예술가 ; 화가
영 An *artist* is someone who produces art, especially paintings.
일 芸術家 げいしゅつか(게-슈쓰까)
중 艺术家 yìshùjiā(이수쟈)

**as [《약》 əz 어즈 ; 《강》 ǽz 애즈]

접 …같이, …만큼
영 *As* means in comparision with.
¶ He is as tall *as* I.
그는 나와 키가 같다.
일 同じくらい おなじくらい(오나지쿠라이) 중 如…一样 rú…yíyàng(루…이양)

부 …같이, …같을 정도로
영 *As* means to the same degree.
일 同様に どうように(도-요-니) 중 同样地 tóngyàngde(통양더)

---

ash [ǽʃ 애시]

명 재
영 *Ash* is what is left after something burns.
일 灰 はい(하이) 중 灰 huī(후이)

---

a·shamed [əʃéimd 어셰임드]

형 부끄러워하는
영 *Ashamed* means feeling embarrassed or guilty about something.
¶ I am *ashamed* of my deed.
나는 내 행동을 부끄럽게 생각한다.
일 恥じた はじた(하지따) 중 羞愧的 xiūkuīde(슈쿠이더)

---

*A·sia [éiʒə 에이저]

명 아시아
일 アジア(아지아) 중 亚洲 Yàzhōu(야저우)

A·sian [éiʒən 에이전]

형 아시아의
영 *Asian* means relating to or coming from Asia.
일 アジアの(아지아노) 중 亚洲的 Yàzhōude(야저우더)

명 (복수 Asians[éiʒənz])
아시아 사람
영 An *Asian* is someone from Asia.
¶ He is an *Asian*.
그는 아시아 사람이다.
일 アジア人 アジアじん(아지아진) 중 亚洲人 Yàzhōurén(야저우런)

---

a·side [əsáid 어사이드]

부 곁에, 옆에
영 *Aside* means to one side, or out of the way.
¶ Move your chair *aside*.
의자를 옆으로 치워주세요.
일 わきに(와끼니) 중 在旁边 zàipángbiān(짜이팡볜)

**ask [ǽsk 애스크]

동 (3단현 asks [ǽsks], 과거·과거분사 asked [ǽskt], 현재분사 asking [ǽskiŋ])
타 **1** 묻다, 질문하다
영 To *ask* means to say a question.
¶ May I *ask* you a question?
질문해도 됩니까?
일 尋ねる たずねる(타즈네루) 중 问 wèn(원)
2 부탁하다, 청하다
영 To *ask* means to make a request for help, advice, or information.
¶ Can I *ask* you a favor?
부탁 좀 드려도 될까요?

일 頼む　たのむ(타노무)　중 请求 qǐngqiú(칭츄)
재 묻다 ; 부탁하다
¶ May I *ask* about your family?
당신의 가족에 대해 물어봐도 좋습니까?
일 尋ねる　たずねる(타즈네루)　중 问 wèn(원)

***a·sleep** [əslíːp 어슬리-프]
형 잠들어 있는
영 *Asleep* means sleeping.
¶ The baby is *asleep*.
그 아기는 자고 있다.
일 眠っている　ねむっている(네뭇떼이루)　중 睡着的 shuìzháode(수이자오더)

---

as·pect [ǽspekt 애스펙트]
명 (복수 aspects [ǽspekts])
양상, 국면 ; 외관
영 An *aspect* is one part of a situation, plan, or subject.
일 様相　ようそう(요-소-)　중 样子 yàngzi(양쯔)

---

ass [ǽs 애스]
명 (복수 asses [ǽsiz])
당나귀
영 An *ass* is a donkey.
일 ロバ(로바)　중 驴 lú(뤼)

---

as·sem·ble [əsémbl 어셈블]
동 (3단현 assembles [əsémblz], 과거·과거분사 assembled [əsémbld], 현재분사 assembling [əsémbliŋ])
타 모으다, 집합시키다
영 To *assemble* means to gather together in one place.
¶ He *assembled* the members of the team.
그는 팀의 구성원을 집합시켰다.
일 集める　あつめる(아쓰메루)　중 聚集 jùjí(쥐지)
재 모이다
¶ The students *assembled* in the hall.
학생들은 강당에 모였다.
일 集まる　あつまる(아쓰마루)　중 聚集 jùjí(쥐지)

---

as·sem·bly [əsémbli 어셈블리]
명 (복수 assemblies [əsémbliz])
집회, 집합
영 An *assembly* is a meeting of lots of people.
일 集会　しゅうかい(슈-까이)　중 集会 jíhuì(지후이)

---

as·sign [əsáin 어사인]
타 (3단현 assigns [əsáinz], 과거·과거분사 assigned [əsáind], 현재분사 assigning [əsáiniŋ])
할당하다, 나누어 주다
영 To *assign* means to give something to someone.
일 割り当てる　わりあてる(와리아떼루)
중 分配 fēnpèi(펀페이)

***as·sist** [əsíst 어시스트]
타 (3단현 assists [əsísts], 과거·과거분사 assisted [əsístid], 현재분사 assisting [əsístiŋ])
돕다, 거들다
영 To *assist* means to help someone do something.
¶ She *assisted* her child to eat.
그녀는 아이가 먹는 것을 도와주었다.
일 手伝う　てつだう(테쓰다우)　중 帮助 bāngzhù(방주)

---

as·sist·ance [əsístəns 어시스턴스]

명 원조, 도움

영 *Assistance* is help or support.

¶ She gave *assistance* to the boy in doing his homework.

그녀는 아들이 숙제하는 것을 도와주었다.

일 援助 えんじょ(엔조) 중 援助 yuánzhù(위엔주)

---

as·sist·ant [əsístənt 어시스턴트]

명 (복수 assistants [əsístənts])

조수, 보조자

영 An *assistant* is a person who helps someone else do a task or job.

일 助手 じょしゅ(조슈) 중 助手 zhùshǒu(주서우)

***as·so·ci·ate** [əsóuʃièit 어소우시에이트]

동 (3단현 associates [əsóuʃièits], 과거·과거분사 associated [əsóuʃièitid], 현재분사 associating [əsóuʃièitiŋ])

자 교제하다

영 To *associate* means to spend time with someone.

¶ You should not *associate* with him.

너는 그와 교제해서는 안된다.

일 交際する こうさいする(코-사이스루) 중 结交 jiéjiāo(제쟈오)

타 연상하다

영 To *associate* means to connect with something else in one's mind.

¶ What do you *associate* with winter?

겨울하면 무엇을 연상합니까?

일 連想する れんそうする(렌소-스루) 중 联想 liánxiǎng(롄샹)

---

as·so·ci·a·tion [əsòusiéiʃən 어소우시에이션]

명 (복수 associations [əsòusiéiʃənz])

협회, 단체

영 An *association* is an organization, a club, or a society.

일 協会 きょうかい(쿄-까이) 중 协会 xiéhuì(셰후이)

***as·sume** [əsú:m 어숨-]

타 (3단현 assumes [əsú:mz], 과거·과거분사 assumed [əsú:md], 현재분사 assuming [əsú:miŋ])

가정하다, 추측하다

영 To *assume* means to suppose that something is true, without checking it.

¶ Let's *assume* what he says to be true.

그가 하는 말이 진실이라고 가정하자.

일 仮定する かていする(카떼-스루) 중 假定 jiǎdìng(쟈딩)

---

as·sure [əʃúər 어슈어]

타 (3단현 assures [əʃúərz], 과거·과거분사 assured [əʃúərd], 현재분사 assuring [əʃúəriŋ])

보증하다, 확신시키다

영 To *assure* means to promise something, or say something positively.

¶ I *assure* you of his diligence.

나는 너에게 그가 근면하다고 보증한다.

일 保証する ほしょうする(호쇼-스루) 중 保证 bǎozhèng(바오정)

---

as·ton·ish [əstániʃ 어스타니시]

타 (3단현 astonishes [əstániʃiz], 과거·과거분사 astonished [əstániʃt], 현재분사 astonishing [əstániʃiŋ])

A

놀라게 하다
영 To *astonish* means to make some-one feel very surprised.
¶ The news *astonished* me.
그 소식에 나는 깜짝 놀랐다.
일 びっくりさせる(빅꾸리사세루) 중 使椋讶 shǐjīngyà(스징야)

----

as·tro·naut [ǽstrənɔ̀ːt 애스트러노-트]
명 우주 비행사
영 An *astronaut* is someone who travels in space.
일 宇宙飛行士 うちゅうひこうし(우쮸-히꼬-시) 중 宇航员 yǔhángyuán (위항위엔)

***at** [《약》ət 엇 ; 《강》ǽt 앳]
전 **1** …에서, …에
영 *At* means where a person or a thing is.
¶ She is *at* school now.
그녀는 지금 학교에 있다.
일 で(데) 중 在 zài(짜이)

🔵up 일반적으로 at은 좁은 장소, in은 넓은 장소에 사용되나, 넓이에 관계 없이 at은 어느 장소를 한 점으로 생각할 때, in은 어느 장소를 넓게 생각할 때 쓴다.

2 …에
영 *At* means when something happens.
¶ We meet *at* noon.
우리는 정오에 만난다.
일 に(니) 중 在 zài(짜이)

🔵up 일반적으로 at은 시간의 한 점, in은 어느 기간 동안, on은 특정한 날에 쓴다.

3 …향하여, …쪽으로
영 *At* means toward.
¶ Look *at* the blackboard.
칠판을 주목해 주세요.
일 めがけて(메가께떼) 중 向 xiàng(샹)

----

ate [éit 에이트]
타 eat의 과거형
¶ We *ate* our lunch in the garden.
우리는 정원에서 점심을 먹었다.

----

ath·lete [ǽθliːt 애슬리-트]
명 (복수 athletes [ǽθliːts])
운동 선수
영 An *athlete* is someone who competes in sports.
일 運動選手 うんどうせんしゅ(운도-센슈) 중 运动员 yùndòngyuán(윈둥위엔)

----

ath·let·ic [æθlétik 애슬레틱]
형 운동 경기의
영 *Athletic* means relating to athletics.
¶ an *athletic* meet
운동회
일 運動競技の うんどうきょうぎの(운도-꾜-기노) 중 运动的 yùndòngde(윈둥더)

----

ath·let·ics [æθlétiks 애슬레틱스]
명 운동 경기
영 *Athletics* are sports in general.
¶ The *athletics* start tomorrow.
경기는 내일 시작한다.
일 運動競技 うんどうきょうぎ(운도-꾜-기) 중 竞技 jìngjì(징지)

----

at·las [ǽtləs 애틀러스]
명 (복수 atlases [ǽtləsiz])
지도책
영 An *atlas* is a book of maps.
일 地図帳 ちずちょう(치즈쪼-) 중 地图集 dìtújí(디투지)

----

*at·mos·phere [ǽtməsfìər 앳머스피어]

명 (복수 atmospheres [ǽtməsfìərz])

1 대기

영 The *atmosphere* is the mixture of gases that surrounds a planet.

일 大気 たいき(타이끼) 중 大气 dàqì (다치)

2 공기

영 An *atmosphere* is the air in a particular place.

¶ The *atmosphere* of this room is cold.
이 방의 공기는 차갑다.

일 空気 くうき(쿠-끼) 중 空气 kōngqì (쿵치)

3 분위기

영 An *atmosphere* is a mood or feeling created by a place or a work of art.

¶ The *atmosphere* of the party was friendly.
파티의 분위기는 정겨웠다.

일 雰囲気 ふんいき(훙이끼) 중 气氛 qìfēn(치펀)

---

at·om [ǽtəm 애텀]

명 (복수 atoms [ǽtəmz])
원자

영 An *atom* is the smallest part of an element that can exist alone.

일 原子 げんし(겐시) 중 原子 yuánzǐ (위엔쯔)

---

a·tom·ic [ətámik 어타믹]

형 원자의

영 *Atomic* means to do with atoms.

¶ an *atomic* number
원자 번호

일 原子の げんしの(겐시노) 중 原子的 yuánzǐde(위엔쯔더)

---

*at·tach [ətǽtʃ 어태치]

타 (3단현 attaches [ətǽtʃiz], 과거·과거분사 attached [ətǽtʃt], 현재분사 attaching [ətǽtʃiŋ])
붙이다, 달다

영 To *attach* means to join or fix one thing to another.

¶ He *attached* a label to a parcel.
그는 소포에 꼬리표를 붙였다.

일 取り付ける とりつける(토리쓰께루) 중 贴 tiē(톄)

---

*at·tack [ətǽk 어택]

타 (3단현 attacks [ətǽks], 과거·과거분사 attacked [ətǽkt], 현재분사 attacking [ətǽkiŋ])
공격하다

영 To *attack* means to try to hurt someone or something.

¶ Our army *attacked* the enemy during the night.
아군은 야간에 적을 공격했다.

일 攻撃する こうげきする(코-게끼스루) 중 攻击 gōngjī(궁지)

---

*at·tempt [ətémpt 어템프트]

타 (3단현 attempts [ətémpts], 과거·과거분사 attempted [ətémptid], 현재분사 attempting [ətémptiŋ])
시도하다, 꾀하다

영 To *attempt* means to try to do something.

¶ He *attempted* to swim across the lake.
그는 호수를 헤엄쳐 건너려고 했다.

일 試みる こころみる(코꼬로미루) 중 试图 shìtú(스투)

명 (복수 attempts [ətémpts])
시도, 계획

영 An *attempt* is an act of trying to

do something.
¶ He made an *attempt* to run away.
그는 도망가려고 했다.
일 試み こころみ(코꼬로미) 중 尝试
chángshì(창스)

---

* **at·tend** [əténd 어텐드]
타 (3단현 attends [əténdz], 과거·
과거분사 attended [əténdid], 현
재분사 attending [əténdiŋ])
출석하다, 참석하다
영 To *attend* means to be present in a
place or at an event.
¶ I'll *attend* the meeting.
나는 그 모임에 참석할 것이다.
일 出席する しゅっせきする(슛세끼스
루) 중 出席 chūxí(추시)

---

* **at·ten·tion** [əténʃən 어텐션]
명 (복수 attentions [əténʃənz])
주의, 주목
영 *Attention* is concentration and
careful thought.
¶ The speaker had everyone's *attention*.
그 연설자는 모든 사람의 주의를 끌
었다.
일 注意 ちゅうい(추-이) 중 注意
zhùyì(주이)
숙어 *pay attention to* 주의를 기울이
다
¶ Don't *pay attention to* what he said.
그가 한 말에 주의를 기울이지 마라.

---

at·tic [ǽtik 애틱]
명 (복수 attics [ǽtiks])
다락방
영 An *attic* is the space or room
below the roof of a house.
일 屋根裏 やねうら(야네우라) 중 阁楼
gélóu(거러우)

---

* **at·ti·tude** [ǽtitjùːd 애티튜-드]
명 (복수 attitudes [ǽtitjùːdz])
태도
영 An *attitude* is your opinions and
feelings about someone or something.
¶ I don't like your *attitude*.
나는 너의 태도가 마음에 안든다.
일 態度 たいど(타이도) 중 态度 tàidù
(타이두)

---

* **at·tract** [ətrǽkt 어트랙트]
타 (3단현 attracts [ətrǽkts], 과거·
과거분사 attracted [ətrǽktid], 현
재분사 attracting [ətrǽktiŋ])
1 (주의를) 끌다
영 To *attract* means to make some-
one like somthing or feel interested
in it.
¶ The building *attracted* my attention.
그 건물은 내 주의를 끌었다.
일 引く ひく(히꾸) 중 吸引 xīyǐn(시인)
2 매혹하다
영 To *attract* means to like someone
in a sexual way.
일 魅惑する みわくする(미와꾸스루)
중 诱惑 yòuhuò(유훠)

---

at·trac·tive [ətrǽktiv 어트랙티브]
형 매력있는, 매혹적인
영 *Attractive* means pleasant or
pretty to look at.
¶ She has something *attractive* about
her.
그녀에게는 매력적인 뭔가가 있다.
일 魅力のある みりょくのある(미료꾸
노아루) 중 有吸引力的 yǒuxīyǐnlìde(유
시인리더)

---

* **au·di·ence** [ɔ́ːdiəns 오-디언스]
명 (복수 audiences [ɔ́ːdiənsiz])

청중, 관중
영 An *audience* is a group of people gathered to hear and see something.
¶ The *audience* burst out laughing at his joke.
청중은 그의 농담에 폭소했다.
일 聴衆 ちょうしゅう(초-슈-) 중 听众 tīngzhòng(팅중)

＊＊Au・gust [ɔ́:gəst 오-거스트]
명 8월
영 *August* is the eighth month of the year.
¶ We go to the beach in *August*.
우리는 8월에 해변으로 간다.
일 八月 はちがつ(하찌가쓰) 중 八月 bāyuè(바웨)

＊＊aunt [ǽnt 앤트]
명 (복수 aunts [ǽnts])
아주머니, 고모, 이모, 숙모
영 Your *aunt* is your father's sister, your mother's sister, or your uncle's wife.
일 おば(오바) 중 大妈 dàmā(다마)

＊Aus・tra・lia [ɔ:stréiljə 오-스트레일려]
명 오스트레일리아

▲ 오페라하우스

일 オーストラリア(오-스또라리아) 중 澳大利亚 Àodàlìyà(아오다리야)

＊Aus・tra・lian [ɔ:stréiljən 오-스트레일련]
형 오스트레일리아의 ; 오스트레일리아 사람의
영 *Australian* means relating to Australia.
일 オーストラリアの(오-스또라리아노)
중 澳大利亚的 Àodàlìyàde(아오다리야더)

명 (복수 Australians [ɔ:stréiljənz]) 오스트레일리아 사람
영 An *Australian* is someone from Australia.
일 オーストラリア人 オーストラリアじん(오-스또라리아진) 중 澳大利亚人 Àodàlìyàrén(아오다리야런)

＊Aus・tri・a [ɔ́:striə 오-스트리어]
명 오스트리아

▲ 쇤브룬 궁전

일 オーストリア(오-스또리아) 중 奥地利 Àodìlì(아오디리)

＊au・thor [ɔ́:θər 오-서]
명 (복수 authors [ɔ́:θərz])
저자, 작가
영 An *author* is the writer of a book, play, or poem.
¶ He is the *author* of this book.
그는 이 책의 저자다.
일 著者 ちょしゃ(초샤) 중 作者 zuòzhě(쭤저)

***au·thor·i·ty** [əθɔ́:rəti 어소-러티]

명 (복수 authorities [əθɔ́:rətiz])

1 권위, 권력

영 *Authority* is the right to do something or to tell other people what to do.

일 権威 けんい(켕이) 중 权威 quánwēi(취엔웨이)

2 [authorities로] 당국

영 The *authorities* are a group of people with power in a certain area.

¶ the school *authorities*

학교 당국

일 当局 とうきょく(토-꾜꾸) 중 当局 dāngjú(당쥐)

---

au·to [ɔ́:tou 오-토우]

명 (복수 autos [ɔ́:touz])

automobile의 단축형

---

au·to·mat·ic [ɔ̀:təmǽtik 오-터매틱]

형 자동의, 자동식의

영 *Automatic* means working by itself with little or no direct human control.

¶ an *automatic* door

자동문

일 自動の じどうの(지도-노) 중 自动的 zìdòngde(쯔둥더)

***au·to·mo·bile** [ɔ́:təmoubì:l 오-터모우빌-]

명 (복수 automobiles [ɔ́:təmoubì:lz])

자동차

영 An *automobile* is a car.

¶ People drive *automobiles* on road.

사람들은 도로에서 자동차를 몬다.

일 自動車 じどうしゃ(지도-샤) 중 汽车 qìchē(치처)

***au·tumn** [ɔ́:təm 오-텀]

명 (복수 autumns [ɔ́:təmz])

가을

영 *Autumn* is the season between summer and winter, when the weather becomes cooler.

¶ They will marry this *autumn*.

그들은 올 가을에 결혼할 것이다.

일 秋 あき(아끼) 중 秋季 qiūjì(츄지)

***a·vail·a·ble** [əvéiləbl 어베일러블]

형 이용할 수 있는 ; 입수할 수 있는

영 *Available* means ready to be used or bought.

¶ This ticket is *available* for three days.

이 표는 3일간 유효하다.

일 利用できる りようできる(리요-데끼루) 중 可利用的 kělìyòngde(커리융더)

***av·e·nue** [ǽvənjù: 애버뉴-]

명 (복수 avenues [ǽvənjù:z])

큰 거리

영 An *avenue* is a wide road in a town or city.

일 大通り おおどおり(오-도-리) 중 大街 dàjiē(다제)

***av·er·age** [ǽvəridʒ 애버리지]

명 (복수 averages [ǽvəridʒiz])

평균, 평균값

영 An *average* is the result obtained by adding several amounts together and then dividing this total by the number of amounts.

¶ The *average* of 4, 5 and 6 is 5.

4, 5, 6의 평균값은 5다.
일 平均 へいきん(헤-낀) 중 平均 píngjūn(핑쥔)

***a·void** [əvɔ́id 어보이드]
타 (3단현 avoids [əvɔ́idz], 과거·과거분사 avoided [əvɔ́idid], 현재분사 avoiding [əvɔ́idiŋ])
피하다
영 To **avoid** means to stay away from a person or place.
¶ He could not *avoid* the coming car.
그는 앞에서 다가오는 차를 피할 수 없었다.
일 避ける さける(사께루) 중 避免 bìmiǎn(비몐)

---

a·wait [əwéit 어웨이트]
타 (3난현 awaits [əwéits], 과거·과거분사 awaited [əwéitid], 현재분사 awaiting [əwéitiŋ])
기다리다
영 To **await** means to wait for or expect someone or something.
¶ She was *awaiting* him.
그녀는 그를 기다리고 있었다.
일 待つ まつ(마쓰) 중 等待 děngdài (덩다이)

****a·wake** [əwéik 어웨이크]
동 (3단현 awakes [əwéiks], 과거형 awoke [əwóuk] 또는 awaked [əwéikt], 과거분사 awaked 또는 awoken [əwóukən] 또는 awoke, 현재분사 awaking [əwéikiŋ])
타 깨우다 ; 일깨우다
영 To **awake** means to wake up.
¶ The noise *awoke* him.
그 소음 때문에 그는 잠이 깼다.
일 目を覚まさせる めをさまさせる

(메오사마사세루) 중 醒 xǐng(싱)
자 깨다 ; 알아차리다
일 目が覚める めがさめる(메가사메루)
중 叫醒 jiàoxǐng(쟈오싱)

형 깨어 있는
영 *Awake* means not asleep.
¶ She stayed *awake* all night.
그녀는 밤새도록 깨어 있었다.
일 目が覚めた めがさめた(메가사메따)
중 醒着的 xǐngzhede(싱저더)

***a·ward** [əwɔ́:rd 어워드]
명 (복수 awards [əwɔ́:rdz])
상
영 An **award** is something that is given to a person who has done something special.
¶ The highest *award* went to him.
최고상은 그가 받았다.
일 賞 しょう(쇼-) 중 奖 jiǎng(쟝)

***a·ware** [əwéər 어웨어]
형 알고 있는, 알아차린
영 *Aware* means realizing that something is true, exists, or is happening.
¶ I am *aware* of my fault.
나는 내 잘못을 알고 있다.
일 気づいている きづいている(키즈이떼이루) 중 知道的 zhīdàode(즈다오더)

****a·way** [əwéi 어웨이]
부 **1** 떨어져서, 멀리
영 *Away* means distant from a place.
¶ How far *away* is your school?
학교는 얼마나 멉니까?
일 離れて はなれて(하나레떼) 중 离开地 líkāide(리카이더)
2 저쪽으로
영 *Away* means moving from a place,

A

person, or thing.
¶ She ran *away* from me.
그녀는 나에게서 도망쳤다.
[일] あちらへ(아찌라에) [중] 向那边 xiàngnàbiān(샹나볜)
3 부재하여, 외출하여
[영] ***Away*** means not at home, or not present.
¶ Mother is *away* today.
어머니는 오늘 외출하셨다.
[일] 不在で ふざいで(후자이데) [중] 不在 búzài(부짜이)

---

awe [ɔ́: 오–]
[명] 두려움, 경외
[영] ***Awe*** is a feeling of admiration and respect, mixed with a little fear.
[일] 畏敬 いけい(이께–) [중] 敬畏 jìngwèi(징웨이)

***aw·ful** [ɔ́:fl 오–플]
[형] **1** 무서운, 두려운
[영] ***Awful*** means terrible or horrible.
[일] 恐ろしい おそろしい(오소로시–)
[중] 可怕的 kěpàde(커파더)
2 지독한, 굉장한
[영] ***Awful*** means very great.
¶ The pain is *awful*.
통증이 심했다.
[일] ひどい(히도이) [중] 极度的 jídùde(지두더)

---

aw·ful·ly [ɔ́:fli 오–플리]
[부] 대단히, 지독하게
[영] ***Awfully*** means very.
¶ It is *awfully* cold today.
오늘은 굉장히 춥다.
[일] 非常に ひじょうに(히조–니) [중] 非常 fēicháng(페이창)

***awk·ward** [ɔ́:kwərd 오–쿼드]
[형] (비교급 awkwarder [ɔ́:kwərdər], 최상급 awkwardest [ɔ́:kwərdist])
1 서투른, 솜씨없는
[영] ***Awkward*** means difficult to use.
[일] 無器用な ぶきような(부끼요–나)
[중] 笨拙的 bènzhuóde(번줘더)
2 난처한
[영] ***Awkward*** means embarrassing.
[일] やっかいな(약까이나) [중] 尴尬的 gāngàde(간가더)

---

a·woke [əwóuk 어워크]
[동] awake의 과거·과거분사

---

a·wo·ken [əwóukən 어워컨]
[동] awake의 과거분사

***ax** [ǽks 액스]
[명] (복수 axes [ǽksiz])
도끼
[영] An ***ax*** is a tool with a sharp blade on the end of a handle.
[일] おの(오노) [중] 斧子 fǔzi(푸쯔)

[bí: 비-]
the second letter of the English alphabet
영어 알파벳의 두번째 글자

ba·by [béibi 베이비]

명 (복수 babies [béibiz])
갓난아기
영 A *baby* is a newly born or very young child.
¶ A *baby* was crying upstairs.
갓난아기가 위층에서 울고 있었다.
일 赤ん坊 あかんぼう(아깜보-) 중 嬰儿 yīng'ér(잉얼)

ba·by-sit·ter [béibisìtər 베이비시터]

명 베이비시터
영 A *baby-sitter* is someone who is paid to stay with and look after children.
일 ベビーシッター(베비-싯따-) 중 代人照看孩子的人 dàirénzhàokànhàiziderén(다이런자오칸하이쯔더런)

back [bǽk 백]

명 (복수 backs [bǽks])
1 등
영 A *back* is the rear part of your body.
¶ My *back* hurts.
나는 등이 아프다.
일 背中 せなか(세나까) 중 背 bèi(베이)
2 [보통 the back으로] 뒤
영 *The back* is the opposite of the front.
¶ There is a well at *the back* of the house.
집 뒤에 우물이 하나 있다.
일 後ろ うしろ(우시로) 중 后面 hòumiàn(허우몐)

back·ground [bǽkgràund 백그라운드]

명 (복수 backgrounds [bǽkgràundz])
배경
영 A *background* is the part of a picture that is behind the main subject.
일 背景 はいけい(하이께-) 중 背景 bèijǐng(베이징)

back·ward [bǽkwərd 백워드]

부 뒤쪽으로
영 *Backward* means toward the back.
¶ He walked *backward*.
그는 뒷걸음질 쳤다.
일 後ろへ うしろへ(우시로에) 중 向后 xiànghòu(샹허우)

back·yard [bǽkjá:rd 백야-드]

명 뒤뜰, 뒷마당
영 A *backyard* is the yard behind a house.
¶ He planted vegetables in the *backyard*.
그는 뒤뜰에 채소를 심었다.
일 裏庭 うらにわ(우라니와) 중 后院 hòuyuàn(허우위엔)

ba·con [béikən 베이컨]

명 베이컨

영 **Bacon** is smoked or salted meat from the back or sides of a pig.
¶ a slice of *bacon*
베이컨 한 조각
일 ベーコン(베-꼰) 중 咸猪肉 xiánzhūròu(셴주러우)

****bad** [bǽd 배드]
형 (비교급 worse[wə́ːrs], 최상급 worst [wə́ːrst])
1 나쁜 (《반》good 좋은)
영 **Bad** means not good.
¶ He has a *bad* habit.
그는 나쁜 습관이 있다.
일 悪い わるい(와루이) 중 坏的 huàide (화이더)
2 해로운
영 **Bad** means harmful.
¶ Smoking is *bad* for the health.
흡연은 건강에 해롭다.
일 有害な ゆうがいな(유-가이나) 중 有害的 yǒuhàide(유하이더)
3 심한
영 **Bad** means serious.
¶ She had a *bad* cold.
그녀는 심한 감기에 걸렸다.
일 ひどい(히도이) 중 严重的 yánzhòngde(옌중더)
숙어 *That's too bad.* 그것 참 안됐군.

---

badge [bǽdʒ 배지]
명 (복수 badges [bǽdʒiz])
배지, 휘장
영 A **badge** is a small sign with a picture, name, or message on it that you pin to your clothes.
일 バッジ(밧지) 중 徽章 huīzhāng(후이장)

***bad・ly** [bǽdli 배들리]
부 (비교급 worse [wə́ːrs], 최상급

worst [wə́ːrst])
나쁘게 (《반》well 잘)
영 **Badly** means not well.
일 悪く わるく(와루꾸) 중 不好地 bùhǎode(부하오더)

***bad・min・ton** [bǽdmintn 배드민튼]
명 배드민턴
영 **Badminton** is a game similar to tennis in which players use rackets to hit a shuttlecock back and forth over a high net.
¶ I can't play *badminton* very well.
나는 배드민턴을 잘하지 못한다.
일 バドミントン(바도민똥) 중 羽毛球 yǔmáoqiú(위마오츄)

****bag** [bǽg 배그]
명 (복수 bags [bǽgz])
가방
영 A **bag** is a container for carrying things.
¶ I have a book in my *bag*.
나는 가방에 책이 한 권 있다.
일 かばん(카방) 중 包 bāo(바오)

***bag・gage** [bǽgidʒ 배기지]
명 (《미》) 수화물 (《영》 luggage)
영 **Baggage** is the bags that you carry when you are traveling.
¶ a piece of *baggage*
수화물 1개
일 手荷物 てにもつ(테니모쓰) 중 行李 xínglǐ(싱리)

***bake** [béik 베이크]
타 (3단현 bakes [béiks], 과거・과거분사 baked [béikt], 현재분사 baking [béikiŋ])

굽다
영 To *bake* means to cook food in an oven, especially bread or cakes.
¶ We *baked* a cake for dessert.
우리는 후식용 케이크를 구웠다.
일 焼く やく(야꾸) 중 烤 kǎo(카오)

bak·er [béikər 베이커]

명 (복수 bakers [béikərz])
빵 굽는 사람
영 A *baker* is someone whose job is to bake bread, cakes, etc.
일 パンを焼く人 パンをやくひと(팡오야꾸히또) 중 面包师 miànbāoshī(몐바오스)

bak·er·y [béikəri 베이커리]

명 (복수 bakeries [béikəriz])
빵집, 제과점
영 A *bakery* is a place where bread, cakes, cookies, etc. are made or sold.
일 パン屋 パンや(팡야) 중 面包房 miànbāofāng(몐바오팡)

*bal·ance [bǽləns 밸런스]

명 균형
영 *Balance* is the ability to keep steady and not fall over.
¶ He fell when he lost his *balance*.
그는 균형을 잃고 쓰러졌다.
일 均衡 きんこう(킹꼬-) 중 平衡 píng-héng(핑헝)

*bald [bɔ́ːld 볼-드]

형 (비교급 balder [bɔ́ːldər], 최상급 baldest [bɔ́ːldist])
대머리의
영 *Bald* means having little or no hair on your head.
¶ I'm going *bald*.
나는 대머리가 되어가고 있다.

일 はげた(하게따) 중 秃头的 tūtóude(투터우더)

*ball [bɔ́ːl 볼-]

명 (복수 balls [bɔ́ːlz])
공, 볼
영 A *ball* is a round object used in games.
¶ He kicked a *ball*.
그는 공을 찼다.
일 球 たま(타마) 중 球 qiú(츄)

bal·let [bǽlei 밸레이]

명 (복수 ballets [bǽleiz])
발레
영 *Ballet* is a performance that uses dance and music.
일 バレエ(바레-) 중 芭蕾舞 bālěiwǔ(바레이우)

*bal·loon [bəlúːn 벌룬-]

명 (복수 balloons [bəlúːnz])
1 풍선
영 A *balloon* is a small bag made of thin rubber that is blown up.
¶ Can you blow up these *balloons*?
이 풍선들을 불 수 있니?
일 風船 ふうせん(후-센) 중 汽球 qìqiú(치츄)
2 기구
영 A *balloon* is a very large bag made of cloth and filled with hot air or gas.
일 気球 ききゅう(키뀨-) 중 热汽球 rèqìqiú(러치츄)

ball·point pen [bɔ́ːlpɔ̀int pén 볼-포인트 펜]

명 볼펜
영 A *ballpoint pen* is a pen with a tiny ball at its tip that lets ink flow as

you write.
일　ボールペン(보-루뻰)　중　圆珠笔 yuánzhūbǐ(위엔주비)

B **bam·boo** [bæmbú: 뱀부-]

명　대나무
영　*Bamboo* is a tall plant with hard hollow stems.
일　竹 たけ(타께)　중　竹子 zhúzi(주쯔)

***ba·nan·a** [bənǽnə 버내너]

명　(복수 bananas [bənǽnəz])
바나나

영　A *banana* is a tropical fruit that is long, curved, and yellow.
¶ He slipped on a *banana* peel.
그는 바나나 껍질에 미끄러졌다.
일　バナナ(바나나)　중　香蕉 xiāngjiāo (샹쟈오)

***band**¹ [bǽnd 밴드]

명　(복수 bands [bǽndz])
끈, 띠
영　A *band* is a narrow piece of something, with one end joined to the other to form a circle.
일　ひも(히모)　중　带子 dàizi(다이쯔)

***band**² [bǽnd 밴드]

명　(복수 bands [bǽndz])
악단
영　A *band* is a group of people who play music together.
¶ The *band* was playing old Beatles songs.
그 악단은 옛 비틀즈 노래를 연주하고 있었다.
일　楽団 がくだん(가꾸단)　중　乐团 yuètuán(웨퇀)

---

ban·jo [bǽndʒou 밴조우]

명　(복수 banjos, banjoes [bǽndʒouz])
밴조
영　A *banjo* is a musical instrument like a guitar, with four or five strings, a circular body, and a long neck.
일　バンジョー(반조-)　중　班卓琴 bānzhuóqín(반줘친)

****bank**¹ [bǽŋk 뱅크]

명　(복수 banks [bǽŋks])
은행
영　A *bank* is the company or place where you can keep your money or borrow money.
¶ She put some money in the *bank*.
그녀는 은행에 약간의 돈을 저축했다.
일　銀行 ぎんこう(깅꼬-)　중　银行 yínháng(인항)

***bank**² [bǽŋk 뱅크]

명　(복수 banks [bǽŋks])
둑, 제방
영　A *bank* is the land along the side of a river or lake.
¶ We walked along the *bank*.
우리는 둑을 따라 산책했다.
일　土手 どて(도떼)　중　岸 àn(안)

***bar** [bá:r 바-]

명　(복수 bars [bá:rz])

1 막대기
영 A *bar* is a long narrow piece of metal or wood.
¶ an iron *bar*
쇠막대기
일 棒 ぼう(보-) 중 棒 bàng(방)
2 술집, 바
영 A *bar* is a place where alcoholic drinks are sold and can be drunk.
일 酒場 さかば(사까바) 중 酒吧 jiǔbā(쥬바)

---

*__**bar·ber**__ [bá:rbər 바-버]
명 (복수 barbers [bá:rbərz])
이발사
영 A *barber* is someone who cuts hair and trims or shaves beards.
¶ I am a *barber*.
나는 이발사다.
일 理髪師 りはつし(리히쓰시) 중 理发師 lǐfàshī(리파스)

이발소는 《영》barber's(shop), 《미》barbershop이라 한다.

---

bare [béər 베어]
형 (비교급 barer [béərər], 최상급 barest [béərist])
벌거벗은, 드러낸
영 *Bare* means wearing no clothes, or not covered.
¶ He was walking around with *bare* feet.
그는 맨발로 걸어다니고 있었다.
일 裸の はだかの(하다까노) 중 裸的 luǒde(뤄더)

---

bar·gain [bá:rgən 바-건]
명 (복수 bargains [bá:rgənz])
특매품
영 A *bargain* is something that you buy for less than the usual price.
일 特売品 とくばいひん(토꾸바이힝) 중 廉价品 liánjiàpǐn(렌쟈핀)

---

*__**bark**__ [bá:rk 바-크]
자 (3단현 barks [bá:rks], 과거·과거분사 barked [bá:rkt], 현재분사 barking [bá:rkiŋ])
짖다
영 To *bark* means to make the sound that a dog makes.
¶ The dog *barked* at him.
그 개는 그를 보고 짖었다.
일 ほえる(호에루) 중 叫 jiào(쟈오)

---

bar·ley [bá:rli 발-리]
명 보리
영 *Barley* is a common cereal plant.
일 大麦 おおむぎ(오-무기) 중 大麦 dàmài(다마이)

---

barn [bá:rn 반-]
명 헛간
영 A *barn* is a farm building where crops, animals, and equipment are kept.
일 物置 ものおき(모노오끼) 중 谷仓 gǔcāng(구창)

---

*__**base**__ [béis 베이스]
명 (복수 bases [béisiz])
1 토대, 기초
영 A *base* is the bottom part of something.
일 土台 どだい(도다이) 중 基础 jīchǔ(지추)
2 (야구의) 베이스
영 A *base* is one of the four corners of a baseball field.
¶ The *bases* are loaded.

만루다.
일 ベース(베-스) 중 壘 lěi(레이)

---

base·ball [béisbɔ̀ːl 베이스볼-]

명 (복수 baseballs [béisbɔ̀ːlz])
야구
영 *Baseball* is a game in which two teams try to score points by hitting a ball and running around four bases.
¶ I play *baseball* with my friends.
나는 친구들과 함께 야구를 한다.
일 野球 やきゅう(야뀨-) 중 棒球 bàngqiú(방츄)

---

base·ment [béismənt 베이스먼트]

명 (복수 basements [béismənts])
지하실
영 A *basement* is an area or room in a building below ground level.
일 地下室 ちかしつ(치까시쓰) 중 地下室 dìxiàshì(디샤스)

---

ba·sic [béisik 베이식]

형 기초의, 기본적인
영 *Basic* means forming the main or most necessary part of something.
¶ a *basic* knowledge
기초 지식
일 基礎の きその(키소노) 중 基础的 jīchǔde(지추더)

---

ba·sin [béisn 베이슨]

명 (복수 basins [béisnz])
세면기, 대야, 세면대
영 A *basin* is a large bowl used for washing, usually fixed to a wall.
일 洗面器 せんめんき(셈멩끼) 중 洗脸盆 xǐliǎnpén(시렌펀)

---

bas·ket [bǽskit 배스킷]

명 (복수 baskets [bǽskits])
바구니
영 A *basket* is a container made of cane, wire, etc.
¶ a shopping *basket*
시장 바구니
일 かご(카고) 중 篮子 lánzi(란쯔)

---

bas·ket·ball [bǽskitbɔ̀ːl 배스킷볼-]

명 농구
영 *Basketball* is a game played by two teams with a large ball and two baskets.
¶ Let's play *basketball* after school.
방과 후에 농구하자.
일 バスケットボール(바스껫또보-루)
중 篮球 lánqiú(란츄)

---

bat¹ [bǽt 뱃]

명 (복수 bats [bǽts])
(야구 등의) 배트
영 A *bat* is a long wooden stick used for hitting the ball in baseball and other games.
¶ swing a *bat*
배트를 휘두르다
일 バット(밧또) 중 球棒 qiúbàng(츄방)

---

bat² [bǽt 뱃]

명 (복수 bats [bǽts])
박쥐
영 A *bat* is a small animal that looks like a mouse with wings.
¶ *Bats* sleep during the day and fly around at night.
박쥐는 낮에 자고 밤에 날아다닌다.
일 コウモリ(코-모리) 중 蝙蝠 biǎnfú(볜푸)

***bath** [bǽθ 배스]

명 (복수 baths [bǽðz])
목욕
영 A *bath* is the act of washing your body in the water that you put in a bathtub.
¶ You need to take a *bath* before you go to bed.
자기 전에 너는 목욕을 해야 한다.
일 入浴 にゅうよく(뉴-요꾸) 중 洗澡 xǐzǎo(시짜오)

---

bathe [béið 베이드]

타 (3단현 bathes [béiðz], 과거·과거분사 bathed [béiðd], 현재분사 bathing [béiðiŋ])
목욕시키다
영 To *bathe* means to give someone a bath.
¶ He *bathed* the children and put them to bed.
그는 아이들을 목욕시켜서 재웠다.
일 入浴させる にゅうよくさせる(뉴-요꾸사세루) 중 洗澡 xǐzǎo(시짜오)

***bath·room** [bǽθrùːm 배스룸-]

명 (복수 bathrooms [bǽθrùːmz])
욕실, 화장실
영 A *bathroom* is a room that contains a sink and a toilet and often a bathtub or a shower.
¶ Where is the *bathroom*?
욕실은 어디 있나요?
일 浴室 よくしつ(요꾸시쓰) 중 浴室 yùshì(위스)

---

bath·tub [bǽθtʌb 배스터브]

명 욕조, 목욕통
영 A *bathtub* is a very big container that you fill with water and sit in to take a bath.
일 浴槽 よくそう(요꾸소-) 중 浴缸 yùgāng(위강)

---

bat·ter·y [bǽtəri 배터리]

명 전지, 배터리
영 A *battery* is a container filled with chemicals that produces electrical power.
일 電池 でんち(덴찌) 중 电池 diànchí(뎬츠)

***bat·tle** [bǽtl 배틀]

명 (복수 battles [bǽtlz])
전투, 싸움
영 A *battle* is a fight between two armies or groups, especially during a war.
¶ win a *battle*
전투에서 이기다
일 戦闘 せんとう(센또-) 중 战斗 zhàndòu(잔더우)

---

bay [béi 베이]

명 (복수 bays [béiz])
만, 후미
영 A *bay* is a part of the sea that extends into the land.
일 湾 わん(왕) 중 湾 wān(완)

---

ba·zaar [bəzáːr 버자-]

명 바자, 자선시
영 A *bazaar* is a sale held to raise money for charity.
¶ A church *bazaar* is held every month.
교회 바자는 매달 열린다.
일 バザー(바자-) 중 集市 jíshì(지스)

B.C. [bíːsíː 비-시-]

B

약 기원전(《반》A.D. 기원후)
영 ***B.C.*** is used to show that a date comes before the birth of Christ.
일 紀元前 きげんぜん(키겐젠) 중 公元前 gōngyuánqián(궁위엔첸)
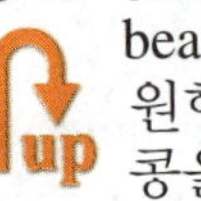 B.C.는 before Christ의 약어다.

*****be** [(《약》) bi 비 ; (《강》) bí: 비-]
자 (현재형 (I) am, (we, you, they) are, (he, she, it) is, 과거형 (I, he, she, it) was, (we, you, they) were, 과거분사 been, 현재분사 being)
1 …이다, …이 되다
영 To ***be*** means to happen.
¶ Tomorrow will *be* sunny.
내일은 맑을 것이다.
일 …である(…데아루) 중 是 shì(스)
2 …이 있다
영 To ***be*** means to live or fill space.
¶ He will *be* at home tomorrow.
그는 내일 집에 있을 것이다.
일 いる(이루), ある(아루) 중 在 zài(짜이)
조동사 뒤에는 언제나 원형 동사가 오므로 be를 쓴다.

*****beach** [bí:tʃ 비-치]
명 (복수 beaches [bí:tʃiz])
해변, 바닷가
영 A ***beach*** is a strip of sand or pebbles where land meets water.
¶ Is there a *beach* near here?
이 근처에 해변이 있나요?
일 浜 はま(하마) 중 海灘 hǎitān(하이탄)

*****bean** [bí:n 빈-]
명 (복수 beans [bí:nz])
콩
영 A ***bean*** is a seed that is eaten as a vegetable.
일 豆 まめ(마메) 중 豆 dòu(더우)
bean은 우묵한 곳이 있는 타원형의 콩을, pea는 공모양의 콩을 말한다.

*****bear¹** [béər 베어]
명 (복수 bears [béərz])
곰
영 A ***bear*** is a large strong animal with thick fur.
일 クマ(쿠마) 중 熊 xióng(슝)

*****bear²** [béər 베어]
타 (3단현 bears [béərz], 과거형 bore [bɔ́:r], 과거·과거분사 borne 또는 born [bɔ́:rn], 현재분사 bearing [béəriŋ])
1 지탱하다
영 To ***bear*** means to support the weight of something.
¶ Is the ice thick enough to *bear* my weight?
얼음은 내 몸무게를 지탱할 만큼 두껍니?
일 支える ささえる(사사에루) 중 承受 chéngshòu(청서우)
2 (열매·꽃 등을) 맺다
영 To ***bear*** means to produce fruit or flowers.
¶ This tree *bears* a lot of apples.
이 나무는 사과가 많이 열린다.
일 結ぶ むすぶ(무스부) 중 結果 jiéguǒ(졔궈)
3 참다, 견디다
영 To ***bear*** means to endure difficulty.
¶ I can't *bear* this cold.
나는 이 추위를 참을 수 없다.
일 がまんする(가만스루) 중 忍受 rěnshòu(런서우)

---

beard [bíərd 비어드]

[명] (복수 beards [bíərdz])
턱수염
[영] A ***beard*** is the hair that grows on a man's chin.
¶ He wears a *beard*.
그는 턱수염을 기르고 있다.
[일] あごひげ(아고히게) [중] 胡须 húxū (후쉬)

beast [bíːst 비-스트]

[명] (복수 beasts [bíːsts])
동물, 짐승
[영] A ***beast*** is a wild animal, especially a large or dangerous one.
¶ Lions, tigers, and dogs are all *beasts*.
사자, 호랑이, 그리고 개는 모두 짐승이다.
[일] 動物 どうぶつ(도-부쓰) [중] 动物 dòngwù(둥우)

***beat** [bíːt 비-트]

[타] (3단현 beats [bíːts], 과거형 beat, 과거분사 beaten [bíːtn] 또는 beat, 현재분사 beating [bíːtiŋ])
1 치다, 연타하다
[영] To ***beat*** means to hit something again and again.
¶ *beat* a drum
북을 치다
[일] 打つ うつ(우쓰) [중] 打 dǎ(다)
2 이기다
[영] To ***beat*** means to defeat someone in a game or contest.
¶ Can you *beat* her in the race?
너는 경주에서 그녀를 이길 수 있겠니?
[일] 打ち負かす うちまかす(우찌마까스) [중] 打败 dǎbài(다바이)

****beau·ti·ful** [bjúːtiful 뷰-티풀]

[형] (비교급 more beautiful, 최상급 most beautiful)
아름다운, 예쁜
[영] ***Beautiful*** means very pretty to look at or listen to.
¶ The sunset was *beautiful*.
저녁놀은 아름다웠다.
[일] 美しい うつくしい(우쓰꾸시-) [중] 美的 měide(메이더)

***beau·ty** [bjúːti 뷰-티]

[명] (복수 beauties [bjúːtiz])
아름다움, 미
[영] ***Beauty*** is the quality of being beautiful.
¶ the *beauty* of nature
자연의 아름다움
[일] 美しさ びつくしさ(우쓰꾸시사) [중] 美 měi(메이)

****be·cause** [bikɔ́ːz 비코-즈]

[접] …이므로, …때문에
[영] ***Because*** means for the reason that.
¶ People like him *because* he is kind.
사람들은 그가 친절하기 때문에 그를 좋아한다.
[일] なので(나노데) [중] 因为 yīnwèi(인웨이)
[숙어] *because of* …때문에
¶ I did not go out *because of* the rain.
나는 비가 왔기 때문에 외출하지 않았다.

****be·come** [bikʌ́m 비컴]

[자] (3단현 becomes [bikʌ́mz], 과거형 became [bikéim], 과거분사 become, 현재분사 becoming [bikʌ́miŋ])
…이 되다
[영] To ***become*** means to begin to be something, or to develop in a

B

particular way.
¶ He *became* a doctor.
그는 의사가 되었다.
일 なる(나루) 중 成为 chéngwéi(청웨이)

***bed** [béd 베드]
명 (복수 beds [bédz])
침대
영 A *bed* is a piece of furniture that you sleep on.
¶ a double *bed*
2인용 침대
일 ベッド(벳도) 중 床 chuáng(촹)
숙어 *go to bed* 잠자리에 들다, 자다
¶ What time do you *go to bed*?
너는 몇 시에 자니?

***bed·room** [bédrù:m 베드룸-]
명 (복수 bedrooms [bédrù:mz])
침실
영 A *bedroom* is a room that people use for sleeping.
¶ There are two *bedrooms* upstairs.
2층에는 침실이 두 개 있다.
일 寝室 しんしつ(신시쓰) 중 卧室 wòshì(워스)

---

bed·side [bédsàid 베드사이드]
명 침대 곁
영 *Bedside* is the area next to a bed.
일 ベッドのそば(벳도노소바) 중 床边 chuángbiān(촹볜)

---

bed·time [bédtàim 베드타임]
명 취침 시간
영 *Bedtime* is the time when someone usually goes to bed.
¶ It's past your *bedtime*!
잘 시간이 지났네!

일 就寝時刻 しゅうしんじこく(슈-신지꼬꾸) 중 就寝时间 jiùqǐnshíjiān(쥬친스젠)

****bee** [bí: 비-]
명 (복수 bees [bí:z])
꿀벌
영 A *bee* is a yellow and black insect that flies, makes honey, and can sting you.
¶ He was stung by a *bee*.
그는 벌에 쏘였다.
일 ミツバチ(미쓰바찌) 중 蜜蜂 mìfēng(미펑)

****beef** [bí:f 비-프]
명 쇠고기
영 *Beef* is the meat from a bull or cow.
¶ Do you like *beef*?
쇠고기를 좋아하니?
일 牛肉 ぎゅうにく(규-니꾸) 중 牛肉 niúròu(뉴러우)

---

bee·hive [bí:hàiv 비-하이브]
명 (복수 beehives [bí:hàivz])
꿀벌집
영 A *beehive* is a nest or house for a swarm of bees.
일 ミツバチの巣 ミツバチのす(미쓰바찌노스) 중 蜂窝 fēngwō(펑워)

---

been [《약》 bin 빈 ; 《강》 bín 빈]
자 be의 과거분사

---

beer [bíər 비어]
명 (복수 beers [bíərz])
맥주
영 *Beer* is an alcoholic drink made

from malt, barley, and hops.
¶ He drank a bottle of *beer*.
그는 맥주를 한 병 마셨다.
일 ビール(비-루) 중 啤酒 píjiǔ(피쥬)

***be·fore** [bifɔ́:r 비포-]
전 **1** [시간이] …의 이전에
영 *Before* means earlier than.
¶ He arrived *before* noon.
그는 정오 전에 도착했다.
일 前に　まえに(마에니) 중 在…之前 zài…zhīqián(짜이…즈첸)
2 [위치] …의 앞에 ; [순서] …보다 앞서
영 *Before* means ahead of someone or something else in a list or order.
¶ He walked *before* me.
그는 내 앞에서 걸어갔다.
일 先に　さきに(사끼니) 중 在…之前 zài…zhīqián(짜이…즈첸)

부 이전에
영 *Before* means at an earlier time.
¶ I have never seen a tiger *before*.
나는 전에 호랑이를 본 적이 없다.
일 前に　まえに(마에니) 중 以前 yǐqián(이첸)

🔁up　before는 과거의 어느 때를 기준으로 보아 「그 이전」의 뜻이고 ago는 현재를 기준으로 보아 「전에」의 뜻이다.

접 …하기 전에, …에 앞서
영 *Before* means earlier than the time when something happens.
¶ She washes her hands *before* she eats.
그녀는 음식을 먹기 전에 손을 씻는다.
일 …する前に　…するまえに(…스루마에니) 중 在…之前 zài…zhīqián(짜이…즈첸)

***beg** [bég 베그]
자 (3단현 begs [bégz], 과거·과거분사 begged [bégd], 현재분사 begging [bégiŋ])
구걸하다, 청하다
영 To *beg* means to ask for money or other help.
¶ He *begged* for food.
그는 먹을 것을 구걸했다.
일 物ごいをする　ものごいをする(모노고이오스루) 중 乞讨 qǐtǎo(치타오)

---

be·gan [bigǽn 비갠]
동 begin의 과거형

***be·gin** [bigín 비긴]
동 (3단현 begins [bigínz], 과거형 began [bigǽn], 과거분사 begun [bigʌ́n], 현재분사 beginning [bigíniŋ])
자 시작되다
영 To *begin* means to start.
¶ What time does school *begin*?
수업은 몇 시에 시작하니?
일 始まる　はじまる(하지마루) 중 开始 kāishǐ(카이스)
타 시작하다
¶ It suddenly *began* to rain.
갑자기 비가 오기 시작했다.
일 始める　はじめる(하지메루) 중 开始 kāishǐ(카이스)

---

be·gin·ner [bigínər 비기너]
명 (복수 beginners [bigínərz])
초보자
영 A *beginner* is someone who has just started to do or learn something.
일 初心者 しょしんしゃ(쇼신샤) 중 初学者 chūxuézhě(추쉐저)

B

*be·gin·ning [bigíniŋ 비기닝]
명 (복수 beginnings [bigíniŋz])
처음, 시작
영 A **beginning** is the start or first part of something.
¶ Read it again, from the *beginning*.
그것을 처음부터 다시 읽어라.
일 初め はじめ(하지메) 중 开始 kāishǐ (카이스)

be·gun [bigʌ́n 비건]
동 begin의 과거분사

be·have [bihéiv 비헤이브]
자 (3단현 behaves [bihéivz], 과거·과거분사 behaved [bihéivd], 현재분사 behaving [bihéiviŋ])
행동하다
영 To **behave** means to act.
¶ *behave* well
예의바르게 행동하다
일 ふるまう(후루마우) 중 行为 xíngwéi (싱웨이)

be·hav·ior [bihéivjər 비헤이벼]
명 행동, 행위
영 **Behavior** is the things that a person or animal does, or the way in which they do them.
일 ふるまい(후루마이) 중 行为 xíngwéi (싱웨이)

**be·hind [bəhàind 버하인드]
전 **1** [장소] …의 뒤에
영 **Behind** means at the back of.
¶ He hid *behind* the tree.
그는 나무 뒤에 숨었다.
일 後ろに うしろに(우시로니) 중 在…后面 zài…hòumiàn(짜이…허우멘)
2 [시간] …보다 늦게
영 **Behind** means later than.
¶ The bus is *behind* time.
버스가 늦어지고 있다.
일 …より遅れて …よりおくれて(…요리오꾸레떼) 중 晚于 wǎnyú(완위)

be·ing [bíːiŋ 비-잉]
명 (복수 beings [bíːiŋz])
생물, 인간
영 A **being** is a person or creature that is alive.
¶ a human *being*
인간
일 生き物 いきもの(이끼모노) 중 生物 shēngwù(성우)

be·lief [bəlíːf 벌리-프]
명 (복수 beliefs [bəlíːfs])
믿음, 신념
영 **Belief** is the feeling that something is definitely true.
일 信じること しんじること(신지루코또) 중 信念 xìnniàn(신녠)

*be·lieve [bəlíːv 벌리-브]
타 (3단현 believes [bəlíːvz], 과거·과거분사 believed [bəlíːvd], 현재분사 believing [bəlíːviŋ])
믿다
영 To **believe** means to feel sure that something is true.
¶ He *believed* his cousin's story.
그는 자기 사촌의 이야기를 믿었다.
일 信じる しんじる(신지루) 중 相信 xiāngxìn(샹신)

**bell [bél 벨]
명 (복수 bells [bélz])
종, 벨
영 A **bell** is an instrument that makes

B

a ringing sound.
¶ The *bell* is ringing.
종이 울리고 있다.
일 鐘 かね(카네) 중 钟 zhōng(중)

---

* **be·long** [bəlɔ́:ŋ 벌롱-]
자 (3단현 belongs [bəlɔ́:ŋz], 과거·
과거분사 belonged [bəlɔ́:ŋd], 현재
분사 belonging [bəlɔ́:ŋiŋ])
…에 속하다, …의 것이다
영 To *belong* means to be owned by
somebody.
¶ This guitar *belongs* to me.
이 기타는 내 것이다.
일 所属する しょぞくする(쇼조꾸스루)
중 属于 shǔyú(수위)

---

* **be·low** [bəlòu 벌로우]
전 …보다 아래에
영 *Below* means lower than.
¶ The sun set *below* the horizon.
태양이 지평선 아래로 졌다.
일 …より下に …よりしたに(…요리시
따니) 중 在…下面 zài…xiàmiàn(짜
이…샤몐)

** **belt** [bélt 벨트]
명 (복수 belts [bélts])
벨트, 띠
영 A *belt* is a strip of leather or other
material that you wear around your
waist.
일 ベルト(베루또) 중 腰带 yāodài(야오
다이)

---

bench [béntʃ 벤치]
명 (복수 benches [béntʃiz])
벤치, 긴의자
영 A *bench* is a long seat.
¶ We sat on a *bench* and ate lunch.

우리는 벤치에 앉아서 점심을 먹었다.
일 ベンチ(벤찌) 중 长凳 chángdèng
(창덩)

---

* **bend** [bénd 벤드]
자 (3단현 bends [béndz], 과거·과
거분사 bent [bént], 현재분사
bending [béndiŋ])
굽다, 구부러지다
영 To *bend* means to make a curve.
¶ The road *bends* sharply.
길이 갑자기 굽어 있다.
일 曲がる まがる(마가루) 중 弯曲
wānqū(완취)

---

* **be·neath** [biníːθ 비니-스]
전 …의 밑에
영 *Beneath* means under or below
something.
¶ There is a cat *beneath* the table.
테이블 밑에 고양이가 한 마리 있다.
일 下に したに(시따니) 중 在…下面
zài…xiàmiàn(짜이…샤몐)

---

ben·e·fit [bénəfit 베너핏]
명 (복수 benefits [bénəfits])
이익, 이득
영 *Benefit* is the money or other
advantages that you get from some-
thing.
¶ This book was of *benefit* to me.
이 책은 내게 유익했다.
일 利益 りえき(리에끼) 중 利益 lìyì(리
이)

---

ber·ry [béri 베리]
명 (복수 berries [bériz])
베리, 딸기류
영 A *berry* is a small soft fruit with
very small seeds.

일 ベリー(베리-) 중 浆果 jiāngguǒ(쟝궈)

***be·side** [bisàid 비사이드]

전 …의 곁에
영 **Beside** means next to or very close to someone or something.
¶ His schoolbag is *beside* the chair.
그의 책가방은 의자 옆에 있다.
일 そばに(소바니) 중 在…旁边 zài…pángbiān(짜이…팡볜)

---

be·sides [bisáidz 비사이즈]

전 [bisàidz 비사이즈] …이외에도
영 **Besides** means in addition to something or someone.
¶ *Besides* the teacher, many students went there.
선생님 이외에도 많은 학생들이 거기에 갔다.
일 ほかにも(호까니모) 중 除此以外 chúcǐyǐwài(추츠이와이)

부 더욱이, 게다가
영 **Besides** means also, or in addition to this.
¶ I hate boats and, *besides*, I can't swim.
나는 배가 싫다. 게다가 수영도 못한다.
일 さらに(사라니) 중 还有 háiyǒu(하이유)

****best** [bést 베스트]

형 가장 좋은(《반》worst 가장 나쁜)
영 **Best** means better than anyone or anything else.
¶ She is my *best* friend.
그녀는 나의 가장 좋은 친구다.
일 いちばんよい(이찌방요이) 중 最好

的 zuìhǎode(쭈이하오더)

부 가장 잘, 제일
영 **Best** means more than anyone or anything else.
¶ Which song do you like *best*?
너는 어떤 노래를 가장 좋아하니?
일 最もよく もっともよく(못또모요꾸)
중 最好地 zuìhǎode(쭈이하오더)

---

best·sell·er [béstsélər 베스트셀러]

명 베스트셀러
영 A **bestseller** is a new book that a lot of people have bought.
일 ベスト セラー(베스또세라-) 중 畅销书 chàngxiāoshū(창샤오수)

***bet** [bét 벳]

타 (3단현 bets [béts], 과거·과거분사 bet 또는 betted [bétid], 현재분사 betting [bétiŋ])
걸다, 내기하다
영 To **bet** means to risk money on the result of a race, game, or other future event.
¶ I *bet* $10 on that horse.
나는 저 말에 10 달러를 걸었다.
일 賭ける かける(카께루) 중 打赌 dǎdǔ(다두)

---

be·tray [bitréi 비트레이]

타 (3단현 betrays [bitréiz], 과거·과거분사 betrayed [bitréid], 현재분사 betraying [bitréiiŋ])
배반하다
영 To **betray** means to behave dishonestly toward someone who loves you or trusts you.
¶ Don't *betray* your friends.
친구를 배반하지 마라.

ⓔ 裏切る うらぎる(우라기루) ⓒ 背叛 bèipàn(베이판)

---

bet·ter [bétər 베터]

ⓗ 더 좋은, 보다 나은(《반》worse 더 나쁜)
ⓔ *Better* means higher in quality, or more suitable.
¶ We need a *better* computer.
우리는 더 좋은 컴퓨터가 필요하다.
ⓔ いっそう良い いっそうよい(잇소-요이) ⓒ 更好的 gènghǎode(겅하오더)

ⓑ 보다 잘, 보다 좋게
ⓔ *Better* means to a higher standard or degree.
¶ He can speak English *better* than I can.
그는 나보다 영어를 더 잘한다.
ⓔ いっそうよく(잇소-요꾸) ⓒ 更好地 gènghǎode(겅하오더)

---

be·tween [bitwíːn 비트윈-]

ⓟ …의 사이에
ⓔ *Between* means in the middle of two other things.
¶ The car is parked *between* two trucks.
그 차는 두 트럭 사이에 주차되어 있다.
ⓔ 間に あいだに(아이다니) ⓒ 在…之间 zài…zhījiān(짜이…즈졘)
[숙어] *between ~ and...* ~와 …의 사이에
¶ He is always here *between 5 and 6* o'clock.
그는 5시와 6시 사이에는 항상 여기에 있다.

보통 둘 사이에는 between을 쓰고 셋 이상의 사이에는 among을 쓴다.

---

be·yond [bijànd 비얀드]

ⓟ …의 저쪽에, …을 넘어서
ⓔ *Beyond* means on the far side of something.
¶ The town is *beyond* the river.
그 마을은 강 건너편에 있다.
ⓔ 向こうに むこうに(무꼬-니) ⓒ 在…的那一边 zài…denàyìbiān(짜이…더나이볜)

Bi·ble [báibl 바이블]

ⓝ [the Bible로] 성서
ⓔ *The Bible* is the holy book of the Christian religion.
ⓔ 聖書 せいしょ(세-쇼) ⓒ 圣经 shèngjīng(성징)

---

bi·cy·cle [báisikl 바이시클]

ⓝ (복수 bicycles [báisiklz])
자전거
ⓔ A *bicycle* is a vehicle with two wheels that you ride by pushing the pedals with your feet.
¶ I go to school by *bicycle*.
나는 자전거로 학교에 간다.
ⓔ 自転車 じてんしゃ(지뗀샤) ⓒ 自行车 zìxíngchē(쯔싱처)

---

big [bíg 빅]

ⓗ (비교급 bigger [bígər], 최상급 biggest [bígist])
큰 (《반》little 작은)
ⓔ *Big* means large in size.
¶ He lives in a *big* house.
그는 큰 집에 살고 있다.
ⓔ 大きい おおきい(오-끼-) ⓒ 大的 dàde(다더)

big은 형태·정도·중요성 등이 감각적으로 큰, large는 형태·수량이 객관적으로 큰,

great는 형태·정도·중요성 등이 놀랄 정도로 크다는 뜻이다.

---

bill¹ [bíl 빌]

명 (복수 bills [bílz])

계산서, 청구서

영 A ***bill*** is a piece of paper telling you how much money you owe for something that you have bought.

¶ I paid the *bill* for the lunch.

나는 점심값을 지불했다.

일 勘定書 かんじょうがき(칸조-가끼)

중 账单 zhàngdān(장단)

---

bill² [bíl 빌]

명 (복수 bills [bílz])

부리

영 A ***bill*** is a bird's beak.

¶ Ducks have big *bills*.

오리는 부리가 크다.

일 くちばし(쿠찌바시) 중 鸟嘴 niǎozuǐ(냐오쭈이)

---

bind [báind 바인드]

타 (3단현 binds [báindz], 과거·과거분사 bound [báund], 현재분사 binding [báindiŋ])

묶다, 매다

영 To ***bind*** means to tie something firmly with string or rope.

¶ *Bind* his legs with rope.

그의 다리를 밧줄로 묶어라.

일 縛る しばる(시바루) 중 捆 kǔn(쿤)

---

bi·og·ra·phy [baiágrəfi 바이아그러피]

명 (복수 biographies [baiágrəfiz])

전기, 일대기

영 A ***biography*** is a book that tells someone's life story.

일 伝記 でんき(뎅끼) 중 传记 zhuànjì(쫜지)

---

bi·ol·o·gy [baiálədʒi 바이알러지]

명 생물학

영 ***Biology*** is the scientific study of living things.

일 生物学 せいぶつがく(세-부쓰가꾸)

중 生物学 shēngwùxué(성우쉐)

---

bird [bə́:rd 버-드]

명 (복수 birds [bə́:rdz])

새

영 A ***bird*** is an animal with wings and feathers that lays eggs and can usually fly.

¶ The early *bird* catches the worm.

일찍 일어나는 새가 벌레를 잡는다.

일 鳥 とり(토리) 중 鸟 niǎo(냐오)

---

birth [bə́:rθ 버-스]

명 (복수 births [bə́:rθs])

출생, 탄생

영 ***Birth*** is the moment when someone is born.

¶ Write the date of your *birth*.

너의 생년월일을 써라.

일 出生 しゅっせい(슛세-) 중 出生 chūshēng(추성)

---

birth·day [bə́:rθdèi 버-스데이]

명 (복수 birthdays [bə́:rθdèiz])

생일

영 A ***birthday*** is the day of your birth.

¶ When is your *birthday*?

생일이 언제입니까?

일 誕生日 たんじょうび(탄조-비) 중 生日 shēngrì(성르)

bis·cuit [bískit 비스킷]

명 (복수 biscuits [bískits])
《미》 작은 빵 ; 《영》 비스킷
영 A *biscuit* is a small round bread.
일 小型パン　こがたパン(코가따빵) 중 饼干 bǐnggān(빙간)

---

*bit [bít 빗]

명 (복수 bits [bíts])
작은 조각, 조금
영 A *bit* is a small piece or amount of something.
¶ The vase broke into *bits*.
꽃병은 산산조각 났다.
일 小片　しょうへん(쇼-헨) 중 小片 xiǎopiàn(샤오펜)
숙어 *a bit of* 조금의, 소량의
¶ He put *a bit of* pepper into his soup.
그는 수프에 후추를 조금 넣었다.

---

*bite [báit 바이트]

타 (3단현 bites [báits], 과거형 bit [bít], 과거분사 bit 또는 bitten [bítn], 현재분사 biting [báitiŋ])
물다, 물어뜯다
영 To *bite* means to cut or crush something with your teeth.
¶ A dog *bit* me in the hand.
개가 내 손을 물었다.
일 かむ(카무) 중 咬 yǎo(야오)

---

bit·ter [bítər 비터]

형 (비교급 bitterer [bítərər], 최상급 bitterest [bítərist])
쓴 (《반》sweet 달콤한)
영 *Bitter* means having a strong taste, like coffee without sugar.
¶ This medicine is *bitter*.
이 약은 쓰다.
일 苦い　にがい(니가이) 중 苦的 kǔde

(쿠더)

**black [blǽk 블랙]

형 (비교급 blacker [blǽkər], 최상급 blackest [blǽkist])
검은, 검은색의
영 *Black* means having the darkest color, like coal or the sky at night.
¶ This *black* cat is very cute.
이 검은 고양이는 매우 귀엽다.
일 黒い　くろい(쿠로이) 중 黑的 hēide (헤이더)

명 검정, 검은색
영 *Black* is the dark color of coal or of the sky at night.
일 黒　くろ(쿠로) 중 黑色 hēisè(헤이써)

---

black·board [blǽkbɔ:rd 블랙보-느]

명 (복수 blackboards [blǽkbɔ:rdz])
칠판
영 A *blackboard* is a board with a dark smooth surface, usually in a school, which you write on with chalk.
¶ Write your name on the *blackboard*.
너의 이름을 칠판에 써라.
일 黒板　こくばん(코꾸방) 중 黑板 hēibǎn(헤이반)

---

*blame [bléim 블레임]

타 (3단현 blames [bléimz], 과거·과거분사 blamed [bléimd], 현재분사 blaming [bléimiŋ])
비난하다, 책망하다
영 To *blame* means to say that someone is responsible for something wrong or bad.
¶ He *blamed* me for my failure.
그는 나의 실패를 비난했다.
일 非難する　ひなんする(히난스루) 중

责备 zébèi(쩌베이)

****blan·ket** [blǽŋkit 블랭킷]

명 (복수 blankets [blǽŋkits])
모포, 담요
영 A *blanket* is a thick cover that keeps you warm in bed.
¶ an electric *blanket*
전기 담요
일 毛布 もうふ(모-후) 중 毛毯 máotǎn(마오탄)

***bless** [blés 블레스]

타 (3단현 blesses [blésiz], 과거·과거분사 blessed [blést], 현재분사 blessing [blésiŋ])
축복하다
영 To *bless* means to ask God to look after someone or something.
¶ God *bless* you!
신의 은총이 있기를!
일 祝福する しゅくふくする(슈꾸후꾸스루) 중 祝福 zhùfú(주푸)

***blind** [blǽind 블라인드]

형 (비교급 blinder [blǽindər], 최상급 blindest [blǽindist])
눈 먼, 장님의
영 *Blind* means not able to see.
¶ He is *blind* in the left eye.
그는 왼쪽 눈이 보이지 않는다.
일 目の見えない めのみえない(메노미에나이) 중 盲的 mángde(망더)

명 (복수 blinds [blǽindz])
햇볕 가리개, 블라인드
영 A *blind* is a covering for a window that can be pulled down over it.
일 ブラインド(부라인도) 중 窗帘 chuānglián(창롄)

***block** [blάk 블락]

명 (복수 blocks [blάks])
1 덩어리
영 A *block* is a solid piece of wood, stone, etc.
일 かたまり(카따마리) 중 块 kuài(콰이)
2 블록 ; 구획
영 A *block* is the distance or area from one street to another.
¶ Go down two *blocks*.
두 블록 내려 가세요.
일 ブロック(부록꾸) 중 街区 jiēqū(졔취)

타 (3단현 blocks [blάks], 과거·과거분사 blocked [blάkt], 현재분사 blocking [blάkiŋ])
막다, 방해하다
영 To *block* means to stop something from getting past or from happening.
¶ A fallen tree was *blocking* the road.
쓰러진 나무가 길을 막고 있었다.
일 ふさぐ(후사구) 중 阻碍 zǔ'ài(쭈아이)

***blood** [blΛd 블러드]

명 피, 혈액
영 *Blood* is the red liquid that is pumped through your body by your heart.
¶ What is your *blood* type?
당신의 혈액형은 무엇입니까?
일 血 ち(치) 중 血 xuè(쉐)

---

bloom [blú:m 블룸-]

자 (3단현 blooms [blú:mz], 과거·과거분사 bloomed [blú:md], 현재분사 blooming [blú:miŋ])
꽃이 피다
영 To *bloom* means to have flowers.
¶ This plant *blooms* in summer.
이 식물은 여름에 꽃이 핀다.

일 咲く　さく(사꾸)　중 开花 kāihuā(카이화)

----

blouse [bláus 블라우스]

명 (복수 blouses [bláusiz])
블라우스
영 A *blouse* is a loose shirt worn by women and girls.
¶ She wore a white *blouse*.
그녀는 하얀 블라우스를 입었다.
일 ブラウス(부라우스)　중 短衫 duǎnshān(똰산)

----

* **blow** [blóu 블로우]

자 (3단현 blows [blóuz], 과거형 blew [blú:], 과거분사 blown [blóun], 현재분사 blowing [blóuiŋ])
불다
영 To *blow* means to move creating an air current.
¶ It is *blowing* hard.
바람이 세게 불고 있다.
일 吹く　ふく(후꾸)　중 吹 chuī(추이)

----

* **blue** [blú: 블루-]

명 파랑, 푸른색
영 *Blue* is the color of the sky on a clear day.
¶ The sky was a deep *blue*.
하늘은 짙은 파랑이었다.
일 青 あお(아오)　중 蓝色 lánsè(란써)

----

* **board** [bɔ́:rd 보-드]

명 (복수 boards [bɔ́:rdz])
판자
영 A *board* is a flat piece of wood.
¶ The floor was made of *boards*.
바닥이 판자로 되어 있었다.
일 板 いた(이따)　중 木板 mùbǎn(무반)

boast [bóust 보우스트]

자 (3단현 boasts [bóusts], 과거·과거분사 boasted [bóustid], 현재분사 boasting [bóustiŋ])
자랑하다
영 To *boast* means to talk proudly about what you can do or what you own in order to impress people.
¶ He *boasts* of being rich.
그는 부자라고 자랑한다.
일 自慢する　じまんする(지만스루)　중 夸耀 kuāyào(콰야오)

** **boat** [bóut 보우트]

명 (복수 boats [bóuts])
보트, 작은 배
영 A *boat* is a vehicle used for traveling on water.
¶ I crossed the river in a *boat*.
나는 보트를 타고 강을 건넜다.
일 ボート(보-또)　중 小船 xiǎochuán(샤오촨)

** **bod·y** [bádi 바디]

명 (복수 bodies [bádiz])
몸, 육체 (《반》mind 마음)
영 A *body* is all the parts that a person or an animal is made of.
¶ He has a strong *body*.
그는 몸이 튼튼하다.
일 体 からだ(카라다)　중 身体 shēntǐ(선티)

----

* **boil** [bɔ́il 보일]

타 (3단현 boils [bɔ́ilz], 과거·과거분사 boiled [bɔ́ild], 현재분사 boiling [bɔ́iliŋ])
1 끓이다
영 To *boil* means to heat a liquid until it starts to bubble and give off steam.

B

¶ She *boiled* water for tea.
그녀는 차를 마시기 위해 물을 끓였다.
일 沸かす わかす(와까스) 중 沸騰 fèiténg(페이텅)
2 삶다, 찌다
영 To *boil* means to cook something in boiling water.
¶ Please *boil* us two eggs.
계란 두 개 삶아 주세요.
일 煮る にる(니루) 중 煮 zhǔ(주)

---

bold [bóuld 보울드]

형 (비교급 bolder [bóuldər], 최상급 boldest [bóuldist])
대담한
영 *Bold* means confident and willing to take risks.
¶ He made a *bold* decision.
그는 대담한 결정을 했다.
일 大胆な だいたんな(다이딴나) 중 大胆的 dàdǎnde(다단더)

---

*bomb [bɑ́m 밤]

명 (복수 bombs [bɑ́mz])
폭탄
영 A *bomb* is a weapon made of material that will explode.
¶ an atomic *bomb*
원자 폭탄
일 爆弾 ばくたん(바꾸딴) 중 炸弹 zhàdàn(자단)

---

*bone [bóun 보운]

명 (복수 bones [bóunz])
뼈
영 A *bone* is one of the hard parts that form the frame of a human or animal body.
¶ He broke a *bone* in his ankle.
그는 발목뼈가 부러졌다.
일 骨 ほね(호네) 중 骨 gǔ(구)

---

*book [búk 북]

명 (복수 books [búks])
책, 서적
영 A *book* is a set of printed pages held together in a cover so that you can read them.
¶ Open your *books* to page 20.
책 20쪽을 펴시오.
일 本 ほん(홍) 중 书 shū(수)

---

book·store [búkstɔ̀ːr 북스토-]

명 (복수 bookstores [búkstɔ̀ːrz])
책방, 서점
영 A *bookstore* is a store that sells books.
일 本屋 ほんや(홍야) 중 书店 shūdiàn(수뎬)

---

*boot [búːt 부-트]

명 (복수 boots [búːts])
[보통 boots로] 《미》 장화, 부츠
영 A *boot* is a type of shoe that covers your ankle and sometimes part of your leg.
¶ a pair of *boots*
장화 한 켤레
일 長靴 ながぐつ(나가구쓰) 중 靴子 xuēzi(쉐쯔)

---

*bor·der [bɔ́ːrdər 보-더]

명 (복수 borders [bɔ́ːrdərz])
국경, 경계
영 A *border* is the dividing line between one country or region and another.
¶ He crossed the *border*.
그는 국경을 넘었다.

ⓘ 国境 こっきょう(콕꾜-) ⓒ 国界 guójiè(궈졔)

---

bore¹ [bɔ́ːr 보-]

ⓣ (3단현 bores [bɔ́ːrz], 과거·과거분사 bored [bɔ́ːrd], 현재분사 boring [bɔ́ːriŋ])
뚫다
ⓔ To *bore* means to make a hole in something with a drill.
¶ He *bored* a hole in the board.
그는 판자에 구멍을 뚫었다.
ⓘ あける(아께루) ⓒ 钻孔 zuānkǒng (쫜쿵)

---

bore² [bɔ́ːr 보-]

ⓣ (3단현 bores [bɔ́ːrz], 과거·과거분사 bored [bɔ́ːrd], 현재분사 boring [bɔ́ːriŋ])
지루하게 하다
ⓔ To *bore* means to make someone feel dull.
¶ This game *bores* me.
이 게임은 지루하다.
ⓘ たいくつさせる(타이꾸쓰사세루) ⓒ 使厌烦 shǐyànfán(스옌판)

---

bore³ [bɔ́ːr 보-]

ⓣ bear²의 과거형

---

bor·ing [bɔ́ːriŋ 보-링]

ⓗ 지루한, 따분한
ⓔ *Boring* means not interesting in any way.
ⓘ たいくつな(타이꾸스나) ⓒ 厌烦的 yànfánde(옌판더)

---

born¹ [bɔ́ːrn 본-]

ⓗ 타고난, 천성의
ⓔ *Born* means naturally gifted at something.
¶ He is a *born* poet.
그는 타고난 시인이다.
ⓘ 生まれながらの うまれながらの(우마레나가라노) ⓒ 天生的 tiānshēngde(톈셩더)

---

born² [bɔ́ːrn 본-]

ⓣ bear²의 과거분사

---

borne [bɔ́ːrn 본-]

ⓣ bear²의 과거분사

---

bor·row [bárou 바로우]

ⓣ (3단현 borrows [bárouz], 과거·과거분사 borrowed [bároud], 현재분사 borrowing [bárouiŋ])
빌리다(《반》lend 빌려주다)
ⓔ To *borrow* means to take something to use for a while.
¶ Can I *borrow* your book?
책을 빌릴 수 있니?
ⓘ 借りる かりる(카리루) ⓒ 借 jiè(졔)

---

boss [bɔ́ːs 보-스]

ⓜ (복수 bosses [bɔ́ːsiz])
상사, 사장
ⓔ A *boss* is the person who employs you or who is in charge of your work.
ⓘ 上司 じょうし(조-시) ⓒ 上司 shàngsi(상쓰)

---

both [bóuθ 보우스]

ⓓ 양쪽, 양자
ⓔ *Both* is two people or things.
¶ *Both* of them like him.
그들 둘 다 그를 좋아한다.
ⓘ 両方 りょうほう(료-호-) ⓒ 双方 shuāngfāng(쐉팡)

혱 양쪽의, 둘다의
영 *Both* means referring to the one and the other.
¶ *Both* my parents are doctors.
나의 부모님은 두 분 다 의사시다.
일 両方の りょうほうの(료-호-노) 중 双方的 shuāngfāngde(쑤앙팡더)

---

* **both·er** [báðər 바더]
타 (3단현 bothers [báðərz], 과거·과거분사 bothered [báðərd], 현재분사 bothering [báðəriŋ])
괴롭히다
영 To *bother* means to give trouble to or annoy someone.
¶ Don't *bother* your dad.
아빠를 괴롭히지 마라.
일 悩ます なやます(나야마스) 중 烦扰 fánrǎo(판라오)

** **bot·tle** [bátl 바틀]
명 (복수 bottles [bátlz])
병
영 A *bottle* is a glass or plastic container with a narrow neck and mouth and no handle.
¶ He filled a *bottle* with water.
그는 병에 물을 가득 채웠다.
일 びん(빙) 중 瓶子 píngzi(핑쯔)

---

* **bot·tom** [bátəm 바텀]
명 (복수 bottoms [bátəmz])
밑바닥 (《반》top 꼭대기)
영 A *bottom* is the lowest part of something.
¶ I can't touch the *bottom* of the pool.
나는 수영장 밑바닥에 발이 닿지 않는다.
일 底 そこ(소꼬) 중 底 dǐ(디)

---

bought [bɔ́ːt 보-트]
타 buy의 과거·과거분사

---

bounce [báuns 바운스]
자 (3단현 bounces [báunsiz], 과거·과거분사 bounced [báunst], 현재분사 bouncing [báunsiŋ])
튀다
영 To *bounce* means to move back after hitting something.
¶ The ball *bounced* off the wall.
공이 벽에 맞고 튀어나왔다.
일 はずむ(하즈무) 중 弹起 tánqǐ(탄치)

---

bound [báund 바운드]
타 bind의 과거·과거분사

---

bound·a·ry [báundəri 바운더리]
명 (복수 boundaries [báundəriz])
경계(선)
영 A *boundary* is the line, fence, etc. that separates one area from another.
일 境界(線) きょうかい(せん)(쿄-까이(센)) 중 界线 jièxiàn(제셴)

---

* **bow¹** [báu 바우]
자 (3단현 bows [báuz], 과거·과거분사 bowed [báud], 현재분사 bowing [báuiŋ])
인사하다
영 To *bow* means to bend your head or the top part of your body forward.
¶ He *bowed* to his teacher.
그는 선생님께 인사했다.
일 おじぎをする(오지기오스루) 중 鞠躬 jūgōng(쥐궁)

---

* **bow²** [bóu 보우]
명 (복수 bows [bóuz])

1 활
[영] A ***bow*** is a curved piece of wood with a stretched string attached to it, used for shooting arrows.
¶ I shot arrows with a *bow*.
나는 활로 화살을 쏘았다.
[일] 弓 ゆみ(유미) [중] 弓 gōng(궁)
2 (악기의) 활
[영] A ***bow*** is a long flat piece of wood with strings stretched along it, used for playing stringed instruments.
¶ a violin *bow*
바이올린의 활
[일] 弓 ゆみ(유미) [중] 琴弓 qíngōng(친궁)

****bowl** [bóul 보울]
[명] (복수 bowls [bóulz])
사발, 주발
[영] A ***bowl*** is a deep dish.
¶ Mix the eggs and butter in a large *bowl*.
계란과 버터를 큰 사발에 넣고 섞어라.
[일] ボール(보-루) [중] 碗 wǎn(완)

---

bowl·ing [bóuling 보울링]
[명] 볼링
[영] ***Bowling*** is an indoor game in which you roll a heavy ball to try to knock down a group of objects shaped like bottles.
¶ Let's go *bowling*!
볼링하러 가자!
[일] ボウリング(보-링구) [중] 保龄球 bǎolíngqiú(바오링츄)

****box** [báks 박스]
[명] (복수 boxes [báksiz])
상자
[영] A ***box*** is a container, especially one with four flat sides.
¶ There are cookies in the *box*.
상자 안에 과자가 들어 있다.
[일] 箱 はこ(하꼬) [중] 箱 xiāng(샹)

---

box·ing [báksiŋ 박싱]
[명] 권투, 복싱
[영] ***Boxing*** is the sport of fighting while wearing big leather gloves.
[일] ボクシング(보꾸싱구) [중] 拳击 quánjī (취엔지)

****boy** [bɔ́i 보이]
[명] (복수 boys [bɔ́iz])
소년 (《반》 girl 소녀)
[영] A ***boy*** is a child who will grow up to be a man.
¶ Do you know that *boy*?
너는 저 소년을 아니?
[일] 少年 しょうねん(쇼-넨) [중] 男孩 nánhái(난하이)

---

boy·friend [bɔ́ifrènd 보이프렌드]
[명] (복수 boyfriends [bɔ́ifrèndz])
남자 친구
[영] A ***boyfriend*** is a boy or man with whom you have a romantic relationship.
¶ Have you met her *boyfriend*?
너는 그녀의 남자 친구를 만난 적 있니?
[일] ボーイフレンド(보-이후렌도) [중] 男朋友 nánpéngyou(난펑유)

---

boy·hood [bɔ́ihùd 보이후드]
[명] 소년 시절, 소년기
[영] ***Boyhood*** is the time during which someone is a boy.
¶ He spent his *boyhood* in Ohio.
그는 소년 시절을 오하이오에서 보냈다.

B

일 少年時代 しょうねんじだい(쇼-넨지다이) 중 童年 tóngnián(퉁녠)

----

brace·let [bréislit 브레이슬릿]

명 팔찌
영 A *bracelet* is a chain or a large ring that is worn around your arm as jewelry.
일 腕輪 うでわ(우데와) 중 手镯 shǒuzhuó(서우줘)

----

*brain [bréin 브레인]

명 (복수 brains [bréinz])
뇌
영 A *brain* is the organ inside your head that controls how you think, feel, and move.
일 脳 のう(노-) 중 脑 nǎo(나오)

----

brake [bréik 브레이크]

명 (복수 brakes [bréiks])
브레이크, 제동기
영 A *brake* is a device to slow down or stop a vehicle.
일 ブレーキ(부레-끼) 중 制动器 zhìdòngqì(즈둥치)

----

*branch [bræntʃ 브랜치]

명 (복수 branches [bræntʃiz])
가지
영 A *branch* is a part of a tree that grows out of its trunk like an arm.
¶ He broke a *branch* from the tree.
그는 나뭇가지를 꺾었다.
일 枝 えだ(에다) 중 树枝 shùzhī(수즈)

----

brass [bræs 브래스]

명 놋쇠, 황동
영 *Brass* is a yellow metal made from copper and zinc.

일 真ちゅう しんちゅう(신쭈-) 중 黄铜 huángtóng(황퉁)

----

*brave [bréiv 브레이브]

형 (비교급 braver [bréivər], 최상급 bravest [bréivist])
용감한
영 *Brave* means behaving with courage in a frightening situation.
¶ a *brave* soldier
용감한 병사
일 勇敢な ゆうかんな(유-깐나) 중 勇敢的 yǒnggǎnde(융간더)

Bra·zil [brəzíl 브러질]

명 브라질

▲ 국회의사당

일 ブラジル(부라지루) 중 巴西 Bāxī(바시)

----

*bread [bréd 브레드]

명 빵
영 *Bread* is a baked food made from flour, water, and often yeast.
¶ There is some *bread* in the basket.
바구니 안에 빵이 좀 있다.
일 パン(팡) 중 面包 miànbāo(몐바오)

----

*break [bréik 브레이크]

동 (3단현 breaks [bréiks], 과거형 broke [bróuk], 과거분사 broken [bróukən], 현재분사 breaking

[bréikiŋ])
㉣ 깨뜨리다, 부수다
㉰ To *break* means to damage something so that it is in pieces.
¶ Who *broke* the window?
누가 창문을 깼니?
㉵ 壊す こわす(코와스) ㉱ 打破 dǎpò (다포)
㉯ 깨지다, 부서지다
¶ Glass *breaks* easily.
유리는 깨지기 쉽다.
㉵ 壊れる こわれる(코와레루) ㉱ 毁坏 huǐhuài(후이화이)
숙어 *break down* 고장나다
¶ My car *broke down* yesterday.
내 차가 어제 고장났다.
숙어 *break out* 일어나다
¶ War *broke out* in Korea on June 25, 1950.
1950년 6월 25일, 한국에서 전쟁이 일어났다.

----

* **break·fast** [brékfəst 브렉퍼스트]
㉯ (복수 breakfasts [brékfəsts])
아침밥, 아침 식사
㉰ *Breakfast* is the first meal of the day.
¶ What does he have for *breakfast*?
그는 아침 식사로 무엇을 먹습니까?
㉵ 朝食 ちょうしょく(초-쇼꾸) ㉱ 早餐 zǎocān(짜오찬)

----

breast [brést 브레스트]
㉯ (복수 breasts [brésts])
유방
㉰ A *breast* is one of the two round raised parts on a woman's chest.
㉵ 乳房 ちぶさ(치부사) ㉱ 乳房 rǔfáng(루팡)

----

* **breath** [bréθ 브레스]

㉯ (복수 breaths [bréθs])
호흡, 숨
㉰ *Breath* is the air you take in and let out when you breathe.
¶ Take a deep *breath*.
심호흡을 해라.
㉵ 呼吸 こきゅう(코뀨-) ㉱ 呼吸 hūxī(후시)
숙어 *out of breath* 숨을 헐떡거리며
¶ All the runners were *out of breath*.
주자들은 모두 숨을 헐떡였다.

----

breathe [brí:ð 브리-드]
㉯ (3단현 breathes [brí:ðz], 과거·과거분사 breathed [brí:ðd], 현재분사 breathing [brí:ðiŋ])
호흡하다, 숨쉬다
㉰ To *breathe* means to take air in and out of your lungs.
¶ He *breathed* out deeply.
그는 깊이 숨을 내쉬었다.
㉵ 呼吸する こきゅうする(코뀨-스루)
㉱ 呼吸 hūxī(후시)

----

breed [brí:d 브리-드]
㉣ (3단현 breeds [brí:dz], 과거·과거분사 bred [bréd], 현재분사 breeding [brí:diŋ])
사육하다, 재배하다
㉰ To *breed* means to keep animals or plants so that you can produce more of them and control their quality.
¶ He *breeds* horses.
그는 말을 사육하고 있다.
㉵ 飼育する しいくする(시이꾸스루)
㉱ 饲养 sìyǎng(쓰양)

----

breeze [brí:z 브리-즈]
㉯ 산들바람, 미풍
㉰ A *breeze* is a gentle wind.
㉵ そよ風 そよかぜ(소요까제) ㉱ 微风

wēifēng(웨이펑)

---

brick [brík 브릭]

圀 (복수 bricks [bríks])
벽돌
圀 A *brick* is a block of hard-baked clay, used for building.
¶ The house is made of *brick*.
그 집은 벽돌로 지어졌다.
圀 れんが(렝가) 圀 砖 zhuān(좐)

***bridge** [brídʒ 브리지]

圀 (복수 bridges [brídʒiz])
다리
圀 A *bridge* is a structure built over a river, road, etc. so that people or vehicles can get to the other side.
¶ *Harbor* Bridge
(시드니의) 하버 브리지

¶ They built a *bridge* across the river.
그들은 강에 다리를 놓았다.
圀 橋 はし(하시) 圀 桥 qiáo(챠오)

***brief** [brí:f 브리-프]

圀 (비교급 briefer [brí:fər], 최상급 briefest [brí:fist])
1 단시간의, 짧은
圀 *Brief* means continuing for a short time.
¶ a *brief* visit
짧은 방문
圀 短時間の たんじかんの(탄지깐노)

圀 短暫的 duǎnzànde(똰짠더)
2 간결한, 간단한
圀 *Brief* means using only a few words.
¶ The letter was very *brief*.
그 편지는 매우 간결했다.
圀 簡潔な かんけつな(캉께쓰나) 圀 简洁的 jiǎnjiéde(졘졔더)

***bright** [bráit 브라이트]

圀 (비교급 brighter [bráitər], 최상급 brightest [bráitist])
밝은, 빛나는
圀 *Bright* means shining strongly, or with plenty of light.
¶ The stars are *bright* tonight.
오늘밤은 별이 밝다.
圀 明るい あかるい(아까루이) 圀 明亮的 míngliàngde(밍량더)

****bring** [bríŋ 브링]

圀 (3단현 brings [bríŋz], 과거·과거분사 brought [brɔ́:t], 현재분사 bringing [bríŋiŋ])
가져오다, 데려오다
圀 To *bring* means to take someone or something with you to a place or person.
¶ *Bring* me the book.
그 책을 내게 가져오너라.
圀 持って来る もってくる(못떼쿠루)
圀 带来 dàilái(다이라이)
숙어 *bring about* 일으키다, 가져오다
¶ The storm *brought about* a lot of damage.
그 폭풍은 수많은 피해를 가져왔다.
숙어 *bring up* 기르다
¶ She *brought up* three children by herself.
그녀는 혼자 힘으로 세 아이를 길렀다.

Brit·ish [brítiʃ 브리티시]

명 [the British로] 영국 사람
영 *The British* are the people of Great Britain.
일 英国人　えいこくじん(에-꼬꾸진)
중 英国人　Yīngguórén(잉궈런)

형 영국의 ; 영국 사람의
영 *British* means relating to or coming from Great Britain.
¶ the *British* government
영국 정부
일 英国の　えいこくの(에-꼬꾸노) 중 英国的　Yīngguóde(잉궈더)

broad [brɔ́:d 브로-드]

형 (비교급 broader [brɔ́:dər], 최상급 broadest [brɔ́:dist])
넓은 (《반》narrow 좁은)
영 *Broad* means very wide.
¶ a *broad* road
넓은 도로
일 広い　ひろい(히로이) 중 宽的　kuānde(콴더)

broad·cast [brɔ́:dkæst 브로-드캐스트]

타 (3단현 broadcasts [brɔ́:dkæsts], 과거·과거분사 broadcast 또는 broadcasted [brɔ́:dkæstid], 현재분사 broadcasting [brɔ́:dkæstiŋ])
방송하다
영 To *broadcast* means to send out a program on television or radio.
¶ The game was *broadcast* on television.
그 경기는 텔레비전으로 방송되었다.
일 放送する　ほうそうする(호-소-스루) 중 广播　guǎngbō(광보)

명 방송
영 A *broadcast* is a television or radio program.
¶ The next news *broadcast* is at 9 o'clock
다음 뉴스 방송은 9시에 있다.
일 放送　ほうそう(호-소-) 중 广播　guǎngbō(광보)

broke [bróuk 브로우크]

동 break의 과거형

bro·ken [bróukən 브로우컨]

동 break의 과거분사

bronze [bránz 브란즈]

명 (복수 bronzes [bránziz])
청동
영 *Bronze* is a hard reddish brown metal that is a mixture of copper and tin.
일 青銅　せいどう(세-도-) 중 青铜　qīngtóng(칭퉁)

brook [brúk 브룩]

명 시내, 개울
영 A *brook* is a small stream.
일 小川　おがわ(오가와) 중 溪　xī(시)

broom [brú:m 브룸-]

명 비
영 A *broom* is a brush with a long handle that you use for removing dirt from the floor or ground.
¶ sweep with a *broom*
비로 쓸다
일 ほうき(호-끼) 중 扫帚　sàozhou(싸오저우)

B

**broth·er [brʌ́ðər 브러더]

몡 (복수 brothers [brʌ́ðərz])
형제, 형, 동생(《반》sister 자매)
영 A *brother* is a boy or man who has the same parents as you do.
¶ Do you have any *brothers*?
너는 형제가 있니?
일 兄弟 きょうだい(쿄-다이) 중 兄弟 xiōngdì(슝디)

영어에서는 형과 동생을 구별하지 않고 brother라고 한다. 특히 구별할 필요가 있을 때는 형일 경우 an older brother, 《미》 a big brother, 《영》 an elder brother라고 하고 동생일 경우 a younger brother, 《미》 a little brother라고 하는데 보통은 서로 이름을 부른다.

brought [brɔ́ːt 브로-트]

타 bring의 과거·과거분사

**brown [bráun 브라운]

몡 갈색, 밤색
영 *Brown* is the color of wood, chocolate, leather, or coffee.
일 茶色 ちゃいろ(차이로) 중 褐色 hèsè(허써)

*brush [brʌ́ʃ 브러시]

몡 (복수 brushes [brʌ́ʃiz])
솔, 붓
영 A *brush* is something used for cleaning or painting.
일 ブラシ(부라시) 중 刷子 shuāzi(솨쯔)

타 (3단현 brushes [brʌ́ʃiz], 과거·과거분사 brushed [brʌ́ʃt], 현재분사 brushing [brʌ́ʃiŋ])
솔질하다, 닦다
영 To *brush* means to clean or make something neat.
¶ She *brushed* his hat.
그녀는 그의 모자를 솔질했다.
일 ブラシをかける(부라시오카께루) 중 刷 shuā(솨)

bru·tal [brúːtl 브루-틀]

형 잔인한, 잔혹한
영 *Brutal* means cruel and violent.
¶ a *brutal* murderer
잔인한 살인자
일 残忍な ざんにんな(잔닌나) 중 残忍的 cánrěnde(찬런더)

*bub·ble [bʌ́bl 버블]

몡 (복수 bubbles [bʌ́blz])
거품
영 A *bubble* is a round drop of something filled with air.
¶ soap *bubbles*
비눗방울
일 泡 あわ(아와) 중 泡 pào(파오)

buck·et [bʌ́kit 버킷]

몡 (복수 buckets [bʌ́kits])
양동이
영 A *bucket* is a plastic, wooden, or metal container with a handle, used for carrying liquids or other things.
¶ I carried water in a *bucket*.
나는 양동이로 물을 날랐다.
일 バケツ(바께쓰) 중 水桶 shuǐtǒng(수이퉁)

bud [bʌ́d 버드]

몡 싹, 눈
영 A *bud* is a small shoot on a plant that grows into a flower or leaf.
일 芽 め(메) 중 芽 yá(야)

***bug** [bʌ́g 버그]

명 (복수 bugs [bʌ́gz])
벌레, 곤충
영 A *bug* is an insect.
¶ She hates *bugs*.
그녀는 벌레를 싫어한다.
일 虫 むし(무시) 중 虫子 chóngzi(충쯔)

***build** [bíld 빌드]

타 (3단현 builds [bíldz], 과거·과거분사 built [bílt], 현재분사 building [bíldiŋ])
짓다, 세우다
영 To *build* means to make a building, road, bridge, etc.
¶ They are *building* a new house.
그들은 새 집을 짓고 있다.
일 建てる たてる(타떼루) 중 建筑 jiànzhù(졘주)

****build·ing** [bíldiŋ 빌딩]

명 (복수 buildings [bíldiŋz])
건물, 빌딩
영 A *building* is a structure with walls and a roof.
¶ There are lots of tall *buildings* in the city.
도시에는 많은 고층 건물들이 있다.
일 建物 たてもの(타떼모노) 중 建筑物 jiànzhùwù(졘주우)

---

built [bílt 빌트]

타 build의 과거·과거분사

---

bulb [bʌ́lb 벌브]

명 (복수 bulbs [bʌ́lbz])
1 알뿌리, 구근
영 A *bulb* is a root shaped like a ball that grows into a plant.
¶ a tulip *bulb*
튤립의 알뿌리
일 球根 きゅうこん(큐-꼰) 중 球茎 qiújīng(츄징)
2 전구
영 A *bulb* is the glass part of an electric light that the light shines from.
일 電球 でんきゅう(뎅뀨-) 중 电灯泡 diàndēngpào(뗀덩파오)

---

bull [búl 불]

명 (복수 bulls [búlz])
황소
영 A *bull* is a male cow.
일 雄牛 おうし(오우시) 중 公牛 gōngniú(궁뉴)

---

bul·let [búlət 불럿]

명 (복수 bullets [búləts])
탄알, 총알
영 A *bullet* is a small pointed metal object fired from a gun.
일 弾丸 だんがん(당간) 중 子弹 zǐdàn(쯔단)

---

bun·dle [bʌ́ndl 번들]

명 (복수 bundles [bʌ́ndlz])
다발, 꾸러미
영 A *bundle* is a group of things that are fastened or tied together.
¶ a *bundle* of letters
편지 한 다발
일 束 たば(타바) 중 捆 kǔn(쿤)

***bur·den** [bə́ːrdn 버-든]

명 (복수 burdens [bə́ːrdnz])
짐
영 A *burden* is a heavy load that someone has to carry.

¶ He carried a heavy *burden*.
그는 무거운 짐을 날랐다.
일 荷物 にもつ(니모쓰) 중 负担 fùdān
(푸단)

B

bu·reau [bjúərou 뷰어로우]

명 (복수 bureaus, bureaux [bjúə-rouz])
《미》 (관청의) 국, 부
영 A *bureau* is a government department or part of a government department.
일 局 きょく(쿄꾸) 중 局 jú(쥐)

-----

bur·glar [bə́ːrglər 버-글러]

명 강도, 도둑
영 A *burglar* is someone who breaks into a building and steals things.
일 強盗 ごうとう(고-또-) 중 窃贼 qièzéi(체쩨이)

-----

*burn [bə́ːrn 번-]

타 (3단현 burns [bə́ːrnz], 과거·과거분사 burned [bə́ːrnd] 또는 burnt [bə́ːrnt], 현재분사 burning [bə́ːrn-iŋ])
불태우다, 불사르다
영 To *burn* means to be on fire.
¶ She *burned* old papers.
그녀는 오래된 서류를 불태웠다.
일 燃やす もやす(모야스) 중 燃烧 rán-shāo(란사오)

-----

burst [bə́ːrst 버-스트]

자 (3단현 bursts [bə́ːrsts], 과거·과거분사 burst, 현재분사 bursting [bə́ːrstiŋ])
파열하다, 폭발하다, 터지다
영 To *burst* means to explode or break apart suddenly.

¶ The balloon *burst*.
풍선이 터졌다.
일 破裂する はれつする(하레쓰스루)
중 爆炸 bàozhà(바오자)

-----

*bur·y [béri 베리]

타 (3단현 buries [bériz], 과거·과거분사 buried [bérid], 현재분사 burying [bériiŋ])
파묻다, 매장하다
영 To *bury* means to put in the earth or the sea.
¶ He *buried* it deep in the ground.
그는 그것을 땅 속에 깊이 파묻었다.
일 埋める うめる(우메루) 중 埋葬 mái-zàng(마이짱)

**bus [bʌ́s 버스]

명 (복수 buses, busses [bʌ́siz])
버스
영 A *bus* is a large vehicle used for carrying passengers.
¶ I go to school by *bus*.
나는 버스로 학교에 간다.
일 バス(바스) 중 公共汽车 gōnggòng-qìchē(궁궁치처)
숙어 *get off a bus* 버스에서 내리다
숙어 *get on a bus* 버스를 타다
숙어 *miss the bus* 버스를 놓치다

-----

bush [búʃ 부시]

명 (복수 bushes [búʃiz])
관목
영 A *bush* is a large plant with many branches.
일 低木 ていぼく(테-보꾸) 중 灌木 guànmù(관무)

-----

*busi·ness [bíznəs 비즈너스]

명 (복수 businesses [bíznəsiz])
사업, 장사 ; 일, 업무
영 *Business* is the work that someone does to earn money.
¶ He is a man of *business*.
그는 사업가다.
일 商売 しょうばい(쇼-바이) 중 生意 shēngyì(성이)
숙어 *on business* 사업차

busi·ness·man [bíznəsmæn 비즈너스맨]

명 (복수 businessmen [bíznəsmèn])
실업가, 사업가
영 A *businessman* is someone who works at a fairly high level in a company or who owns a business.
¶ He wants to be a *businessman*.
그는 사업가가 되고 싶어한다.
일 実業家 じつぎょうか(지쓰교-까) 중 商人 shāngrén(상런)

*bus·y [bízi 비지]

형 (비교급 busier [bíziər], 최상급 busiest [bíziist])
바쁜
영 *Busy* means having a lot of things to do.
¶ She is very *busy* today.
그녀는 오늘 매우 바쁘다.
일 忙しい いそがしい(이소가시-) 중 繁忙的 fánmángde(판망더)

**but [《약》bət 벗 ; 《강》bʌ́t 벗]

접 그러나, 그렇지만
영 *But* means on the other hand.
¶ I want to play, *but* I have to work.
나는 놀고 싶지만 일을 해야 한다.
일 しかし(시까시) 중 但是 dànshì(단스)
숙어 *not only ~ but (also) ...* ~뿐만 아니라 ...도 또한
¶ Eat *not only* meat, *but also* vegetables.
고기 뿐만 아니라 야채도 먹어라.

*but·ter [bʌ́tər 버터]

명 버터
영 *Butter* is a soft yellow food that is made from cream or milk.
¶ I spread *butter* on bread.
나는 빵에 버터를 발랐다.
일 バター(바따-) 중 奶油 nǎiyóu(나이유)

*but·ter·fly [bʌ́tərflài 버터플라이]

명 (복수 butterflies [bʌ́tərflàiz])
나비
영 A *butterfly* is an insect that has four large wings with bright colors.
¶ We used to catch *butterflies* in the field.
우리는 들판에서 나비를 잡곤 했다.
일 チョウ(초-) 중 蝴蝶 húdié(후뎨)

*but·ton [bʌ́tn 버튼]

명 (복수 buttons [bʌ́tnz])
단추
영 A *button* is a round piece of plastic, metal, etc. that is sewn onto clothing and used as a fastener.
¶ One of your *buttons* is undone.
단추 한 개가 끌러져 있다.
일 ボタン(보딴) 중 纽扣 niǔkòu(뉴커우)

**buy [bái 바이]

타 (3단현 buys [báiz], 과거·과거분사 bought [bɔ́ːt], 현재분사 buying [báiiŋ])
사다 (《반》 sell 팔다)
영 To *buy* means to give money for

something.
¶ He *bought* the house cheap.
그는 집을 싸게 샀다.
일 買う かう(카우) 중 买 mǎi(마이)

----

buy·er [báiər 바이어]
명 사는 사람, 구매자
영 A *buyer* is someone who wants to buy something.
일 買い手 かいて(카이떼) 중 购买者 gòumǎizhě(거우마이저)

----

buzz [bʌz 버즈]
자 (3단현 buzzes [bʌziz], 과거·과거분사 buzzed [bʌzd], 현재분사 buzzing [bʌziŋ])
윙윙거리다
영 To *buzz* means to make a continuous noise like the sound of a bee.
¶ Bees are *buzzing* around the flowers.
벌들이 꽃 주위에서 윙윙거리고 있다.
일 ブンブンいう(붕붕이우) 중 嗡嗡叫 wēngwēngjiào(윙윙쟈오)

----

by [bai 바이]

전 **1** 곁에, 옆에
영 *By* means near something.
¶ She was sitting at a table *by* the window.
그녀는 창문 옆 테이블에 앉아 있었다.
일 側に そばに(소바니) 중 在…旁边 zài…pángbiān(짜이…팡볜)
2 …까지는
영 *By* means not later than.
¶ I will be back *by* seven o'clock.
나는 7시까지는 돌아올 것이다.
일 …までには(…마데니와) 중 到…之前 dào…zhīqián(다오…즈첸)

----

bye [bái 바이]
감 안녕
영 *Bye* is goodbye.
일 さようなら(사요-나라) 중 再见 zàijiàn(짜이졘)

----

bye-bye [báibái 바이바이]
감 안녕
영 *Bye-Bye* is goodbye.
일 さようなら(사요-나라) 중 再见 zàijiàn(짜이졘)

Cc

[síː 시-]
the third letter of the English alphabet
영어 알파벳의 세번째 글자

cab [kǽb 캐브]

명 (복수 cabs [kǽbz])
택시
영 A *cab* is a car that people pay to ride in.
¶ We took a *cab* to the airport.
우리는 택시를 타고 공항에 갔다.
일 タクシー(타꾸시-) 중 出租汽车 chūzūqìchē(추쭈치처)

*cab·bage [kǽbidʒ 캐비지]

명 (복수 cabbages [kǽbidʒiz])
양배추

영 A *cabbage* is a large vegetable with green or purple leaves shaped into a round head.
일 キャベツ(캬베쓰) 중 洋白菜 yáng-báicài(양바이차이)

cab·in [kǽbin 캐빈]

명 (복수 cabins [kǽbinz])
1 오두막집
영 A *cabin* is a small house built of rough boards or logs.
일 小屋 こや(코야) 중 小屋 xiǎowū (샤오우)
2 (여객선의) 객실
영 A *cabin* is a small room in which you sleep on a ship.
일 客室 きゃくしつ(캬꾸시쓰) 중 客艙 kècāng(커창)

cab·i·net [kǽbənit 캐버닛]

명 (복수 cabinets [kǽbənits])
1 캐비닛
영 A *cabinet* is a piece of furniture with shelves or drawers.
¶ The room is furnished with a *cabinet*.
그 방에는 캐비닛이 비치되어 있다.
일 キャビネット(캬비넷또) 중 柜 guì (구이)
2 [보통 the Cabinet으로] 내각
영 A *cabinet* is a group of advisors for the head of a government.
일 内閣 ないかく(나이까꾸) 중 内阁 nèigé(네이거)

ca·ble [kéibl 케이블]

명 (복수 cables [kéiblz])
케이블
영 A *cable* is a thick wire or rope.
일 ケーブル(케-부루) 중 缆 lǎn(란)

ca·fé [kæféi 캐페이]

명 (복수 cafés [kæféiz])
(간단한 식사를 파는) 레스토랑 ; 커피점
영 A *café* is a small restaurant.

(일) 軽食堂 けいしょくどう(케-쇼꾸도-)
(중) 小餐馆 xiǎocānguǎn (샤오찬관)

---

caf·e·te·ri·a [kæ̀fətíəriə 캐퍼티어리어]

(명) 카페테리아
(영) A *cafeteria* is a self-service res-taurant.
¶ She has lunch in the *cafeteria* every day.
그녀는 매일 카페테리아에서 점심을 먹는다.
(일) カフェテリア(카훼떼리아) (중) 自助餐馆 zìzhùcānguǎn(쯔주찬관)

---

cage [kéidʒ 케이지]

(명) (복수 cages [kéidʒiz])
새장 ; (동물의) 우리
(영) A *cage* is a container in which birds or other kinds of animals are kept.
¶ Look at the bird singing in the *cage*.
새장 안에서 노래하는 새를 보아라.
(일) 鳥かご とりかご(토리까고) (중) 笼子 lóngzi(룽쯔)

---

*cake [kéik 케이크]

(명) (복수 cakes[kéiks])
케이크
(영) A *cake* is a sweet food made by baking a mixture of flour, butter, eggs, and sugar.
¶ a slice of *cake*
케이크 한 조각
(일) ケーキ(케-끼) (중) 蛋糕 dàngāo(단가오)

---

*cal·cu·late [kǽlkjulèit 캘큘레이트]

(타) (3단현 calculates [kǽlkjulèits], 과거·과거분사 calculated [kǽlkjulèitid], 현재분사 calculating [kǽlkjulèitiŋ])
계산하다
(영) To *calculate* means to work out by using arithmetic.
¶ She *calculated* our food expenses.
그녀가 식비를 계산했다.
(일) 計算する けいさんする(케-산스루)
(중) 计算 jìsuàn(지쏸)

**cal·en·dar [kǽləndər 캘런더]

(명) (복수 calendars [kǽləndərz])
달력
(영) A *calendar* is something that shows all the days, weeks, and months of a year.
¶ I collect beautiful *calendars*.
나는 멋있는 달력을 모은다.
(일) カレンダー(카렌다-) (중) 日历 rìlì(르리)

---

calf [kǽf 캐프]

(명) (복수 calves [kǽvz])
송아지
(영) A *calf* is a baby cow.
(일) 子牛 こうし(코우시) (중) 小牛 xiǎoniú(샤오뉴)

**call [kɔ́ːl 콜-]

(동) (3단현 calls [kɔ́ːlz], 과거·과거분사 called [kɔ́ːld], 현재분사 calling [kɔ́ːliŋ])
(타) **1** (큰소리로) …을 부르다
(영) To *call* means to say or shout something so that someone can hear you.
¶ I heard someone *calling* me.
누군가가 나를 부르는 소리가 들렸다.

ⓘ 呼ぶ よぶ(요부) ⓒ 叫喊 jiàohǎn
(쟈오한)

2 …을 …이라고 부르다
ⓔ To *call* means to give someone or something a name.
¶ She *calls* her doll Emily.
그녀는 자기 인형을 에밀리라고 부른다.
ⓙ 名づける　なづける(나즈께루) ⓒ
把…叫做 bǎ…jiàozuò(바…쟈오쮜)

3 …에게 전화를 걸다
ⓔ To *call* means to telephone someone.
¶ *Call* me later.
나중에 전화해.
ⓙ 電話をかける　でんわをかける(뎅와오카께루) ⓒ 打电话 dǎdiànhuà(다뗸화)

4 …을 불러오다
ⓔ To *call* means to ask or order someone to come to you.
¶ *Call* the police!
경찰을 불러 주세요!
ⓙ 呼び寄せる　よびよせる(요비요세루)
ⓒ 召唤 zhāohuàn(자오환)

ⓩ **1** (큰소리로) 부르다
¶ He *called* from upstairs.
그가 위층에서 (큰소리로) 불렀다.
ⓙ 呼ぶ よぶ(요부) ⓒ 叫喊 jiàohǎn
(쟈오한)

2 들르다, 방문하다
ⓔ To *call* means to visit someone for a short time.
¶ I was out when he *called*.
그가 방문했을 때 나는 없었다.
ⓙ 立ち寄る たちよる(타찌요루) ⓒ 访问 fǎngwèn(팡원)

3 전화하다
¶ Who's *calling*, please?
(전화에서) 누구십니까?
ⓙ 電話する でんわする(뎅와스루) ⓒ
打电话 dǎdiànhuà(다뗸화)

ⓢ *call after* …의 이름을 따서 부르다

ⓢ *what is called* 소위, 이른바

ⓝ (복수 calls [kɔ́ːlz])
1 부르는 소리, 외침
ⓔ A *call* is a loud sound made by someone.
¶ a *call* for help
도와 달라고 외치는 소리
ⓙ 따び さけび(사께비) ⓒ 呼叫 hūjiào(후쟈오)

2 전화를 걸기
ⓔ A *call* is an action of talking to someone by telephone.
¶ a long-distance *call*
장거리 전화
ⓙ 電話をかけること でんわをかけること(뎅와오카께루코또) ⓒ 电话 diàn-huà(뗸화)

3 들르기, (짧은) 방문
ⓔ A *call* is a short visit to someone.
¶ make a *call*
방문하다
ⓙ 立ち寄り たちより(타찌요리) ⓒ 访问 fǎngwèn(팡원)

---

* **calm** [ká:m 캄-]

ⓐ (비교급 calmer [ká:mər], 최상급 calmest [ká:mist])
1 잔잔한, 고요한
ⓔ *Calm* means quiet and not moving.
¶ She looked at the *calm* sea.
그녀는 고요한 바다를 바라보았다.
ⓙ 静かな しずかな(시즈까나) ⓒ 平静的 píngjìngde(핑징더)

2 평온한, (마음이) 가라앉은
ⓔ *Calm* means relaxed and not angry or upset.
ⓙ 平静な へいせいな(헤-세-나) ⓒ 安静的 ānjìngde(안징더)

ⓝ **1** 고요

영 *Calm* is a lack of wind or motion.
¶ a *calm* before the storm
폭풍 전의 고요
일 静けさ しずけさ(시즈께사) 중 平静 píngjìng(핑징)
2 평온, 평정
영 *Calm* is the absense of nervousness, anger, etc. in a person.
일 平静 へいせい(헤-세-) 중 安静 ānjìng(안징)

타 (3단현 calms [ká:mz], 과거·과거분사 calmed [ká:md], 현재분사 calming [ká:miŋ])
진정시키다, 가라앉히다
영 To *calm* means to soothe.
¶ *Calm* yourself!
진정하십시오!
일 静める しずめる(시즈메루) 중 镇静下来 zhènjìngxiàlái(전징샤라이)

---

came [kéim 케임]
자 come의 과거형

---

cam·el [kǽməl 캐멀]
명 (복수 camels [kǽməlz])
낙타
영 A *camel* is a mammal with one or two humps on its back.
¶ *Camels* can carry people across the desert.
낙타는 사막을 가로질러 사람들을 나를 수 있다.
일 ラクダ(라꾸다) 중 骆驼 luòtuo(뤄뛰)

---

*cam·er·a [kǽmərə 캐머러]
명 (복수 cameras [kǽmərəz])
카메라, 사진기
영 A *camera* is a machine for taking photographs.

¶ When did you buy that *camera*?
너는 저 카메라를 언제 샀니?
일 カメラ(카메라) 중 照相机 zhàoxiàngjī(자오샹지)

---

cam·er·a·man [kǽmərəmǽn 캐머러맨]
명 (복수 cameramen [kǽmərəmèn])
카메라맨, 촬영기사
영 A *cameraman* is someone who operates a camera for a television or film company.
일 カメラマン(카메라만) 중 摄影师 shèyǐngshī(서잉스)

신문·잡지의 카메라맨은 photographer라 한다.

---

*camp [kǽmp 캠프]
명 (복수 camps [kǽmps])
캠프장, 야영지
영 A *camp* is an outdoor area, usually with tents or cabins, where people stay for a while.
¶ I met John at the *camp*.
나는 존을 야영지에서 만났다.
일 キャンプ場 キャンプじょう(걈뿌조-) 중 宿营地 sùyíngdì(쑤잉디)

자 (3단현 camps [kǽmps], 과거·과거분사 camped [kǽmpt], 현재분사 camping [kǽmpiŋ])
야영하다
영 To *camp* means to set up a tent or shelter in a place and stay there for a short time.
¶ We went *camping* in Yellowstone Park.
우리는 옐로스톤 공원에 야영하러 갔다.

▲ 옐로스톤 국립공원

일 野営する　やえいする(야에-스루)
중 宿営 sùyíng(쑤잉)

---

*cam·paign [kæmpéin 캠페인]

명 (복수 campaigns [kæmpéinz])
운동, 캠페인
영 A *campaign* is a series of actions organized over a period of time in order to achieve or win something.
¶ an election *campaign*
선거 운동
일 運動　うんどう(운도-)　중 运动 yùndòng(윈둥)

---

camp·fire [kæmpfàiər 캠프파이어]

명 (복수 campfires [kæmpfàiərz])
캠프 파이어
영 A *campfire* is a fire lit at the site of a camp for warmth and for cooking.
일 キャンプファイヤー(캬뿌화이야-)
중 营火 yínghuǒ(잉훠)

---

cam·pus [kæmpəs 캠퍼스]

명 (복수 campuses [kæmpəsiz])
교정, 캠퍼스
영 A *campus* is the land and buildings of a school, college, or university.
¶ I met her on the *campus*.
나는 그녀를 교정에서 만났다.
일 校庭　こうてい(코-떼-)　중 校园 xiàoyuán(샤오위엔)

**can¹ [((약)) kən 컨 ; ((강)) kǽn 캔]

조 (과거형 could [((약)) kəd ; ((강)) kúd])
1 [능력·가능] …할 수 있다
영 *Can* means to be able to.
¶ I *can* speak French.
나는 프랑스어를 할 수 있다.
일 できる(데끼루)　중 能 néng(넝)
2 [허가·가벼운 명령] …해도 좋다
영 *Can* means to be allowed to do something.
¶ You *can* do as you like.
네가 좋은 대로 해도 좋다.
일 …してもよい(…시떼모요이)　중 可以 kěyǐ(커이)

---

can² [kǽn 캔]

명 (복수 cans [kǽnz])
깡통
영 A *can* is a metal container.
¶ She bought two *cans* of paint.
그녀는 페인트 두 통을 샀다.
일 缶 かん(캉)　중 罐头 guàntóu(관터우)

---

*Can·a·da [kǽnədə 캐너더]

명 캐나다

▲ 밴프 국립공원의 루이스호

¶ She comes from *Canada*.
그녀는 캐나다 출신이다.
일 カナダ(카나다)　중 加拿大 Jiānádà(쟈나다)

---

*Ca·na·di·an [kənéidiən 커네이

디언]

형 캐나다의 ; 캐나다 사람의

영 *Canadian* means relating to or coming from Canada.

일 カナダの(카나다노) 중 加拿大的 Jiānádàde(쟈나다더)

명 (복수 Canadians [kənéidiənz]) 캐나다 사람

영 A *Canadian* is someone from Canada.

일 カナダ人 カナダじん(카나다진) 중 加拿大人 Jiānádàrén(쟈나다런)

---

ca·nal [kənǽl 커낼]

명 (복수 canals [kənǽlz]) 운하

영 A *canal* is a channel that is dug across land.

¶ the Panama *Canal* 파나마 운하

일 運河 うんが(웅가) 중 运河 yùnhé (윈허)

---

ca·nar·y [kənéəri 커네어리]

명 (복수 canaries [kənéəriz]) 카나리아

영 A *canary* is a bright yellow bird noted for its singing ability.

일 カナリア(카나리아) 중 金丝雀 jīnsīquè(진쓰췌)

---

*can·cel [kǽnsəl 캔설]

타 (3단현 cancels [kǽnsəlz], 과거·과거분사 canceled [kǽnsəld], 현재분사 canceling [kǽnsəliŋ]) 취소하다

영 To *cancel* means to decide that something you have planned will not happen.

¶ I had to *cancel* my trip.

나는 여행을 취소해야 했다.

일 取り消す とりけす(토리케스) 중 取消 qǔxiāo(취샤오)

---

can·cer [kǽnsər 캔서]

명 암

영 A *cancer* is a serious disease in which some cells in the body grow faster than normal cells and destroy healthy organs and tissues.

일 癌 がん(강) 중 癌 ái(아이)

---

can·di·date [kǽndidèit 캔디데이트]

명 (복수 candidates [kǽndidèits]) 후보자, 지원자

영 A *candidate* is someone who is applying for a job or running in an election.

¶ a *candidate* for president 대통령 후보자

일 候補者 こうほしゃ(코-호샤) 중 候选人 hòuxuǎnrén(허우쉬엔런)

---

*can·dle [kǽndl 캔들]

명 (복수 candles [kǽndlz]) 초, 양초

영 A *candle* is a stick of wax with a piece of string in it.

¶ There were thirteen *candles* on the cake.

케이크에는 초가 13개 있었다.

일 ろうそく(로-소꾸) 중 蜡烛 làzhú (라주)

**can·dy [kǽndi 캔디]

명 (복수 candies [kǽndiz]) 캔디

영 A *candy* is a small piece of food made with sugar or syrup and often

chocolate, nuts, or other flavorings.
¶ You eat too much *candy*.
너는 캔디를 너무 많이 먹는다.
[일] キャンディー(칸디-) [중] 糖果 táng-guǒ(탕궈)

---

cane [kéin 케인]
[명] (복수 canes [kéinz])
지팡이
[영] A ***cane*** is a long thin stick, usually with a curved handle.
[일] つえ(쓰에) [중] 手杖 shǒuzhàng(서우장)

---

can·not [kǽnɑt 캐낫]
[조] can[1]의 부정형

---

ca·noe [kənúː 커누-]
[명] (복수 canoes [kənúːz])
카누
[영] A ***canoe*** is a narrow boat that you move through the water by paddling.
¶ go in a *canoe*
카누로 가다
[일] カヌー(카누-) [중] 独木舟 dúmùzhōu(두무저우)

---

can't [kǽnt 캔트]
can not 의 단축형

---

can·vas [kǽnvəs 캔버스]
[명] (복수 canvases [kǽnvəsiz])
캔버스, 화포
[영] A ***canvas*** is a surface for painting made from canvas cloth stretched over a wooden frame.
¶ Artists paint on *canvas*.
화가들은 캔버스에 그림을 그린다.
[일] キャンバス(캰바스) [중] 油画布 yóuhuàbù(유화부)

⁑**cap** [kǽp 캡]
[명] (복수 caps [kǽps])
1 모자
[영] A ***cap*** is a soft flat hat with a peak at the front.
¶ Take off your *cap*.
모자를 벗으세요.
¶ Put on your *cap*.
모자를 쓰세요.
[일] 帽子 ぼうし(보-시) [중] 帽子 màozi(마오쯔)
[up] cap은 테가 없고 앞에 챙이 있는 모자를 말하고 hat은 테가 있는 모자를 말한다.
2 뚜껑
[영] A ***cap*** is the top of a bottle, jar, or pen.
¶ a bottle *cap*
병뚜껑
[일] ふた(후따) [중] 盖 gài(가이)

***ca·pa·ble** [kéipəbl 케이퍼블]
[형] **1** 유능한
[영] ***Capable*** means adept and skillful.
¶ He is a *capable* doctor.
그는 유능한 의사다.
[일] 有能な ゆうのうな(유-노-나) [중] 有能力的 yǒunénglìde(유넝리더)
2 할 수 있는
[영] ***Capable*** means able to do things well.
[일] できる(데끼루) [중] 有…可能的 yǒu…kěnéngde(유…커넝더)

---

ca·pac·i·ty [kəpǽsəti 커패서티]
[명] (복수 capacities [kəpǽsətiz])
1 수용력, 정원 ; 용량
[영] A ***capacity*** is the amount that something can hold.

¶ The theater has a seating *capacity* of 800.
그 극장의 수용 인원은 800명이다.
일 収容力　しゅうようりょく(슈-요-료꾸)　중 容积 róngjī(룽지)
2 능력
영 *Capacity* is an ability to do something.
¶ *capacity* for reading
독해력
일 能力　のうりょく(노-료꾸)　중 能力 nénglì(넝리)

***cap·i·tal** [kǽpətl 캐퍼틀]
명 (복수 capitals [kǽpətlz])
1 수도
영 A *capital* is the city in a country or state where the government is based.
¶ Seoul is the *capital* of Korea.
서울은 한국의 수도다.
일 首都　しゅと(슈또)　중 首都 shǒudū(서우두)
2 대문자
영 A *capital* is a large letter of the alphabet.
¶ write in *capitals*
대문자로 쓰다
일 大文字　おおもじ(오-모지)　중 大写字母 dàxiězìmǔ(다셰쯔무)
3 자본
영 *Capital* is an amount of money used to start a business.
일 資本　しほん(시혼)　중 资本 zīběn(쯔번)

***cap·tain** [kǽptən 캡턴]
명 (복수 captains [kǽptənz])
1 선장
영 A *captain* is the person in charge of a ship.
일 船長　せんちょう(센쪼-)　중 船长

chuánzhǎng(촨장)
2 주장
영 A *captain* is the leader of a sports team.
¶ the *captain* of the football team
축구팀 주장
일 主将　しゅしょう(슈쇼-)　중 队长 duìzhǎng(두이장)

---

cap·ture [kǽptʃər 캡처]
명 (복수 captures [kǽptʃərz])
체포
영 A *capture* is the act of catching someone.
일 逮捕　たいほ(타이호)　중 逮捕 dǎibǔ(다이부)

타 (3단현 captures [kǽptʃərz], 과거·과거분사 captured [kǽptʃərd], 현재분사 capturing [kǽptʃəriŋ])
체포하다
영 To *capture* means to catch someone.
¶ A murderer was *captured*.
살인범이 체포되었다.
일 逮捕する　たいほする(타이호스루)
중 逮捕 dǎibǔ(다이부)

***car** [kάːr 카-]
명 (복수 cars [kάːrz])
자동차, 차
영 A *car* is a vehicle with four wheels and an engine.
¶ Did you come by *car*?
너는 자동차로 왔니?
일 自動車　じどうしゃ(지도-샤)　중 汽车 qìchē(치처)

****card** [kάːrd 카-드]
명 (복수 cards [kάːrdz])
카드
영 A *card* is a piece of folded stiff

paper sent on birthdays and special occasions.
¶ a birthday *card*
생일 카드
[일] カード(카-도) [중] 卡片 kǎpiàn(카펜)

card·board [kɑ́ːrdbɔ̀ːrd 카-드보-드]
[명] 판지
[영] ***Cardboard*** is very thick stiff paper used for making boxes and other things.
[일] 板紙 いたがみ(이따가미) [중] 硬纸板 yìngzhǐbǎn(잉즈반)

***care** [kέər 케어]
[명] (복수 cares [kέərz])
1 주의, 조심
[영] ***Care*** is carefulness to avoid damage, mistakes, etc.
¶ Handle with *care*.
(짐 등의) 취급 주의.
[일] 注意 ちゅうい(추-이) [중] 注意 zhùyì(주이)
2 돌봄
[영] ***Care*** is the process of looking after someone.
¶ These children are under my *care*.
이 아이들은 내가 돌보고 있다.
[일] 世話 せわ(세와) [중] 照料 zhàoliào(자오랴오)
3 걱정, 근심
[영] ***Care*** is a worry or fear about something.
¶ He is free from *care*.
그는 걱정이 없다.
[일] 心配 しんぱい(심빠이) [중] 忧虑 yōulǜ(유뤼)
[숙어] *take care* 조심하다
¶ *Take care* not to catch cold.
감기에 걸리지 않도록 조심해라.
[숙어] *take care of* …을 돌보다
¶ She will *take* good *care of* these children.
그녀는 이 아이들을 잘 돌볼 것이다.

***ca·reer** [kəríər 커리어]
[명] (복수 careers [kəríərz])
직업 ; 경력
[영] A ***career*** is the work or the series of jobs that a person has.
[일] 職業 しょくぎょう(쇼꾸교-) [중] 职业 zhíyè(즈예)

***care·ful** [kέərful 케어풀]
[형] (비교급 more careful, 최상급 most careful)
주의 깊은, 신중한
[영] ***Careful*** means trying very hard not to make mistakes, damage something, or cause problems.
¶ a *careful* driver
신중한 운전사
[일] 注意深い ちゅういぶかい(추-이부까이) [중] 细心的 xìxīnde(시신더)

***care·ful·ly** [kέərfuli 케어풀리]
[부] (비교급 more carefully, 최상급 most carefully)
주의 깊게, 신중하게
[영] ***Carefully*** means in a careful way.
¶ Please listen *carefully*.
주의 깊게 들으세요.
[일] 注意深く ちゅういぶかく(추-이부까꾸) [중] 细心地 xìxīnde(시신더)

***care·less** [kέərləs 케얼러스]
[형] (비교급 more careless, 최상급 most careless)
부주의한, 경솔한
[영] ***Careless*** means not paying enough

attention to what you are doing.
¶ I was *careless*.
내가 부주의했다.
[일] 不注意な ふちゅういな(후쮸-이나)
[중] 粗心的 cūxīnde(추신더)

---

car·na·tion [kɑːrnéiʃən 카-네이션]
[명] 카네이션
[영] A ***carnation*** is a white, pink, or red flower that smells nice.
[일] カーネーション(카-네-숀) [중] 康乃馨 kāngnǎixīn(캉나이신)

---

car·ni·val [kɑ́ːrnəvl 카-너블]
[명] 사육제, 카니발
[영] ***Carnival*** is a public celebration, often with rides, games, and parades.
[일] 謝肉祭 しゃにくさい(샤니꾸사이)
[중] 狂欢节 kuánghuānjié(광환제)

---

car·ol [kǽrəl 캐럴]
[명] (복수 carols [kǽrəlz])
캐럴
[영] A ***carol*** is a joyful song that people sing at Christmas.
[일] キャロル(캬로루) [중] 圣诞颂歌 shèngdànsònggē(성단쑹거)

***car·pen·ter** [kɑ́ːrpəntər 카-펀터]
[명] (복수 carpenters [kɑ́ːrpəntərz])
목수
[영] A ***carpenter*** is someone who builds and fixes houses and other things made of wood.
¶ A *carpenter* builds houses.
목수는 집을 짓는다.
[일] 大工 だいく(다이꾸) [중] 木工 mùgōng(무궁)

***car·pet** [kɑ́ːrpit 카-핏]
[명] (복수 carpets [kɑ́ːrpits])
융단, 카펫, 깔개
[영] A ***carpet*** is a thick floor covering made of a woven fabric.
¶ A *carpet* is laid in the room.
그 방에는 융단이 깔려 있다.
[일] じゅうたん(주-딴) [중] 地毯 dìtǎn(디탄)

***car·rot** [kǽrət 캐럿]
[명] (복수 carrots [kǽrəts])
당근

[영] A ***carrot*** is a long orange vegetable that grows under the ground.
¶ Horses like *carrots*.
말은 당근을 좋아한다.
[일] ニンジン(닌진) [중] 胡萝卜 húluóbo(후뤄보)

****car·ry** [kǽri 캐리]
[타] (3단현 carries [kǽriz], 과거·과거분사 carried [kǽrid], 현재분사 carrying [kǽriiŋ])
1 나르다, 운반하다
[영] To ***carry*** means to hold onto something and take it somewhere.
¶ We must *carry* those boxes.
우리는 저 상자들을 날라야 한다.
[일] 運ぶ はこぶ(하꼬부) [중] 运送 yùnsòng(윈쑹)
2 휴대하다, 지니다
[영] To ***carry*** means to have something

with you.
¶ I never *carry* much cash.
나는 결코 많은 현금을 가지고 다니지 않는다.
일 携帯する けいたいする(케-따이스루) 중 携帯 xiédài(셰다이)
숙어 *carry on* …을 계속하다
숙어 *carry out* (계획 등을) 실행하다 ; (의무 등을) 이행하다

---

* **cart** [ká:rt 카-트]

명 (복수 carts [ká:rts])
손수레, 카트
영 A *cart* is a large wire basket on wheels that you use when shopping in a supermarket.
¶ a shopping *cart*
쇼핑 카트
일 手押し車 ておしぐるま(테오시구루마) 중 手推车 shǒutuīchē(서우투이처)

---

* **car·toon** [kɑːrtúːn 카-툰-]

명 풍자 만화
영 A *cartoon* is a funny drawing or series of drawings.
¶ political *cartoons*
정치 만화
일 風刺漫画 ふうしまんが(후-시망가) 중 漫画 mànhuà(만화)

---

carve [ká:rv 카-브]

타 (3단현 carves [ká:rvz], 과거·과거분사 carved [ká:rvd], 현재분사 carving [ká:rviŋ])
새기다, 조각하다
영 To *carve* means to cut a shape out of a piece of wood, stone, or other substance.
¶ He *carved* his name on the wall.
그는 자기 이름을 벽에 새겼다.
일 彫る ほる(호루) 중 雕刻 diāokè(댜

오커)

---

* **case¹** [kéis 케이스]

명 (복수 cases [kéisiz])
상자, 케이스
영 A *case* is a box or container that holds something.
¶ a camera *case*
카메라 케이스
일 箱 はこ(하꼬) 중 箱子 xiāngzi(샹쯔)

---

* **case²** [kéis 케이스]

명 (복수 cases [kéisiz])
1 경우
영 A *case* is a particular situation.
¶ in this *case*
이 경우에는
일 場合 ばあい(바아이) 중 情况 qíngkuàng(칭쾅)
2 실례, 예, 사례
영 A *case* is an example of something.
¶ a common *case*
흔한 예
일 実例 じつれい(지쓰레-) 중 实例 shílì(스리)
3 사건
영 A *case* is a crime that the police are investigating.
일 事件 じけん(지껭) 중 案件 ànjiàn(안젠)
숙어 *in any case* 어쨌든
숙어 *in case of* …의 경우에는

---

* **cash** [kǽʃ 캐시]

명 (복수 cashes [kǽʃiz])
현금
영 *Cash* is money in the form of bills and coins.
¶ pay in *cash*
현금으로 지급하다
일 現金 げんきん(겡낀) 중 現金 xiàn

jīn(셴진)

타 (3단현 cashes [kǽʃiz], 과거·과거분사 cashed [kǽʃt], 현재분사 cashing [kǽʃiŋ])
현금으로 하다
영 To *cash* means to exchange a check for money.
¶ Will you *cash* this check for me?
이 수표를 현금으로 바꿔주시겠습니까?
일 現金にする げんきんにする(겡낀니스루) 중 兌現 duìxiàn(두이셴)

---

* **cas·sette** [kəsét 커셋]

명 (복수 cassettes [kəséts])
카세트
영 A *cassette* is a small flat plastic box that contains recording tape.
일 カセット(카셋또) 중 卡式磁带 kǎshìcídài(카스츠다이)

---

cast [kǽst 캐스트]

명 (복수 casts [kǽsts])
1 배역
영 A *cast* is the actors in a play, movie, or television program.
일 配役 はいやく(하이야꾸) 중 角色 juésè(줴써)
2 깁스, 석고 붕대
영 A *cast* is a hard plaster covering that supports a broken arm or leg.
¶ a leg *cast*
다리 깁스
일 ギプス(기쁘스) 중 石膏 shígāo(스가오)

** **cas·tle** [kǽsl 캐슬]

명 (복수 castles [kǽslz])
성
영 A *castle* is a very big building

with high walls and towers.
¶ The *castle* stands on the hill.
성은 언덕 위에 서 있다.
일 城 しろ(시로) 중 城堡 chéngbǎo(청바오)

---

* **ca·su·al** [kǽʒuəl 캐주얼]

형 (비교급 more casual, 최상급 most casual)
1 우연한, 뜻하지 않은
영 *Casual* means not planned.
¶ a *casual* meeting
우연한 만남
일 偶然の ぐうぜんの(구-젠노) 중 偶然的 ǒuránde(어우란더)
2 평상복의, 캐주얼한
영 *Casual* means not formal.
¶ *casual* clothes
평상복
일 ふだん着の ふだんぎの(후당기노)
중 便服的 biànfúde(볜푸더)

** **cat** [kǽt 캣]

명 (복수 cats [kǽts])
고양이
영 A *cat* is a small furry animal with sharp claws and whiskers.
¶ I have two *cats*.
나는 고양이를 두 마리 기른다.
일 猫 ねこ(네꼬) 중 猫 māo(마오)

---

cat·a·log [kǽtəlɔ̀ːg 캐털로-그]

명 (복수 catalogs [kǽtəlɔ̀ːgz])
목록
영 A *catalog* is a book or pamphlet listing things you can buy from a company or works of art in an exhibition.
일 目録 もくろく(모꾸로꾸) 중 目录 mùlù(무루)

---

catch [kǽtʃ 캐치]

타 (3단현 catches [kǽtʃiz], 과거·과거분사 caught [kɔ́ːt], 현재분사 catching [kǽtʃiŋ])

1 잡다
영 To *catch* means to grab hold of something moving through the air.
¶ *catch* a ball
볼을 잡다
일 捕らえる　とらえる(토라에루) 중 接住 jiēzhù(제주)

2 붙잡다, 체포하다
영 To *catch* means to get something or someone you are chasing.
¶ The police *caught* the thieves.
경찰은 도둑들을 잡았다.
일 捕まえる　つかまえる(쓰까마에루) 중 逮住 dǎizhù(다이주)

3 타다(《반》 miss 타지 못하다)
영 To *catch* means to get on a bus, train, etc.
¶ She did not *catch* the last train.
그녀는 마지막 기차를 놓쳤다.
일 乗る　のる(노루) 중 乘 chéng(청)

4 (병에) 걸리다
영 To *catch* means to get an illness.
¶ She often *catches* cold in spring.
그녀는 봄에 자주 감기에 걸린다.
일 かかる(카까루) 중 患 huàn(환)

---

catch·er [kǽtʃər 캐처]

명 포수, 캐처
영 A *catcher* is the baseball player behind home plate who catches the balls thrown by the pitcher.
일 捕手 ほしゅ(호슈) 중 接手 jiēshǒu (제서우)

Cath·o·lic [kǽθəlik 캐설릭]

형 가톨릭의
영 *Catholic* means relating to the part of the Christian religion whose leader is the Pope.
일 カトリックの(카또릭꾸노) 중 天主教的 tiānzhǔjiàode(톈주쟈오더)

명 가톨릭 교도
영 A *Catholic* is a member of the Roman Catholic church.
일 カトリック教徒 カトリックきょうと(카또릭꾸쿄－또) 중 天主教徒 tiānzhǔjiàotú(톈주쟈오투)

---

cat·tle [kǽtl 캐틀]

명 [보통 집합적으로 ; 복수 취급]
소 ; 가축《전체》
영 *Cattle* are cows, bulls, and steers that are raised for food or for their hides.
¶ The *cattle* are eating grass in the field.
소가 들에서 풀을 뜯고 있다.
일 ウシ(우시) 중 牛 njú(뉴)

cattle은 암수를 가리지 않고 소를 가리키는 말이며, cow 는 암소를, ox는 식육용으로 거세한 수소를, bull은 거세하지 않은 수소를 가리킨다.

---

caught [kɔ́ːt 코－트]

타 catch의 과거·과거분사

---

cause [kɔ́ːz 코－즈]

명 (복수 causes [kɔ́ːziz])
원인
영 *Cause* is the reason that something happens.
¶ *cause* and effect
원인과 결과
일 原因 げんいん(겡인) 중 原因 yuányīn(위엔인)

C

타 (3단현 causes [kɔ́:ziz], 과거·과거분사 caused [kɔ́:zd], 현재분사 causing [kɔ́:ziŋ])
원인이 되다, 일으키다
영 To *cause* means to make something happen.
¶ The man almost *caused* an accident.
그 남자는 사고를 일으킬 뻔했다.
일 原因となる　げんいんとなる(겡인또나루) 중 使发生 shǐfāshēng(스파성)

---

cave [kéiv 케이브]
명 (복수 caves [kéivz])
동굴
영 A *cave* is a hollow place that goes deep under the ground.
일 ほら穴　ほらあな(호라아나) 중 洞穴 dòngxué(둥쉐)

***cease** [síːs 시-스]
동 (3단현 ceases [síːsiz], 과거·과거분사 ceased [síːst], 현재분사 ceasing [síːsiŋ])
자 멈추다
영 To *cease* means to stop.
¶ The noise *ceased* at last.
마침내 소음이 멎었다.
일 止む　やむ(야무) 중 停止 tíngzhǐ(팅즈)
타 그만두다, 중지하다
¶ The factory *ceased* production.
그 공장은 생산을 중지했다.
일 止める　やめる(야메루) 중 停止 tíngzhǐ(팅즈)

***ceil·ing** [síːliŋ 실-링]
명 (복수 ceilings [síːliŋz])
천장 (《반》floor 바닥)
영 A *ceiling* is the upper surface inside a room.
¶ I looked up at the *ceiling*.
나는 천장을 올려다보았다.
일 天井　てんじょう(텐조-) 중 顶棚 dǐngpéng(딩펑)

***cel·e·brate** [séləbrèit 셀러브레이트]
타 (3단현 celebrates [séləbrèits], 과거·과거분사 celebrated [séləbrèitid], 현재분사 celebrating [séləbrèitiŋ])
축하하다
영 To *celebrate* means to do something enjoyable on a special occasion.
¶ We *celebrated* his birthday with a party.
우리는 파티를 열어서 그의 생일을 축하했다.
일 祝う　いわう(이와우) 중 庆祝 qìngzhù(칭주)

---

cel·e·bra·tion [sèləbréiʃən 셀러브레이션]
명 (복수 celebrations [sèləbréiʃənz])
1 축하 행사
영 A *celebration* is an occasion or party when you celebrate something.
¶ hold a *celebration*
축하 행사를 열다
일 祝賀会　しゅくがかい(슉가까이) 중 庆典 qìngdiǎn(칭뎬)
2 축하
영 *Celebration* is the act of celebrating.
일 祝い　いわい(이와이) 중 庆祝 qìngzhù(칭주)

***cell** [sél 셀]
명 (복수 cells [sélz])
세포
영 A *cell* is a basic microscopic part

of an animal or a plant.
일 細胞 さいぼう(사이보-) 중 细胞 xìbāo(시바오)

---

cel·lar [sélər 셀러]
명 지하실
영 A *cellar* is a room below ground level in a house.
일 地下室 ちかしつ(치까시쓰) 중 地下室 dìxiàshì(디샤스)

---

cel·lo [tʃélou 첼로우]
명 (복수 cellos [tʃélouz])
첼로
영 A *cello* is a large stringed instrument that rests on the floor.
일 チェロ(체로) 중 大提琴 dàtíqín(다티친)

---

ce·ment [simént 시멘트]
명 시멘트
영 *Cement* is a gray powder used in building.
¶ a bag of *cement*
시멘트 한 포대
일 セメント(세멘또) 중 水泥 shuǐní(수이니)

---

cem·e·ter·y [sémətèri 세머테리]
명 (복수 cemeteries [sémətèriz])
공동 묘지
영 A *cemetery* is a place where dead people are buried.
일 共同墓地 きょうどうぼち(쿄-도-보찌) 중 墓地 mùdì(무디)

---

*cent [sént 센트]
명 (복수 cents [sénts])
센트
영 A *cent* is a unit of money in the

United States, Canada, etc.
¶ A dollar is 100 *cents*.
1달러는 100센트다.
일 セント(센또) 중 分 fēn(펀)

---

*cen·ter [séntər 센터]
명 (복수 centers [séntərz])
1 중심, 중앙, 한가운데
영 A *center* is the middle of something.
¶ We moved the table to the *center* of the room.
우리는 방 한가운데로 테이블을 옮겼다.
일 中心 ちゅうしん(추-신) 중 中心 zhōngxīn(중신)
2 (활동 등의) 중심지, 센터
영 A *center* is a place where people go to do a particular activity.
¶ This is a *center* of trade.
이곳은 무역의 숭심지다.
일 中心地 ちゅうしんち(추-신찌) 중 中心 zhōngxīn(중신)
숙어 *in the center of* …의 한가운데에
¶ There is a hospital *in the center of* the town.
시내 한가운데에 병원이 하나 있다.

---

cen·ti·me·ter [séntəmìːtər 센티미-터]
명 (복수 centimeters [séntəmìːtərz])
센티미터
영 A *centimeter* is a unit of length in the metric system.
일 センチメートル(센찌메-또루) 중 公分 gōngfēn(궁펀)

---

*cen·tral [séntrəl 센트럴]
형 중심의, 중앙의, 중심부의(《반》

local 지방의)
영 *Central* means in the middle.
¶ The park is in the *central* part of the city.
공원은 시내 중심부에 있다.
일 中心の　ちゅうしんの(추-신노) **중** 中心的 zhōngxīnde(중신더)

***cen·tu·ry** [séntʃəri 센처리]
명 (복수 centuries [séntʃəriz])
세기, 백년
영 A *century* is a period of 100 years.
¶ Now we are working hard for the 21st *century*.
지금 우리는 21세기를 위해 열심히 일하고 있다.
일 世紀　せいき(세-끼) **중** 世纪 shìjì(스지)

---

ce·re·al [síəriəl 시어리얼]
명 1 곡물
영 A *cereal* is a grain crop grown for food.
일 穀物　こくもつ(코꾸모쓰) **중** 谷类粮食 gǔlèiliángshí(구레이량스)
2 시리얼
영 A *cereal* is a breakfast food usually made from grain and eaten with milk.
일 シリアル(시리아루) **중** 谷类食品 gǔlèishípǐn(구레이스핀)

***cer·e·mo·ny** [sérəmòuni 세러모우니]
명 (복수 ceremonies [sérəmòuniz])
의식
영 A *ceremony* is a formal event that happens in public on special occasions.
¶ a wedding *ceremony*
결혼식
일 儀式　ぎしき(기시끼) **중** 仪式 yíshì

(이스)

***cer·tain** [sə́ːrtn 서-튼]
형 1 어떤… ; …라고 하는
영 *Certain* means mentioning a person or thing that you are not naming or describing exactly.
¶ A *certain* Mr. Brown telephoned you.
브라운씨라는 분이 네게 전화를 했다.
일 ある(아루) **중** 某 mǒu(머우)
2 확신하는 ; 확실한
영 *Certain* means completely sure.
¶ Are you *certain* about that?
너는 그것에 대해서 확신하니?
일 確信している　かくしんしている(카꾸신시떼이루) **중** 无疑的 wúyíde(우이더)
숙어 *for certain* 확실히

***cer·tain·ly** [sə́ːrtnli 서-튼리]
부 [대답으로] 물론이지
영 *Certainly* means without any doubt.
¶ May I ask you a question?–*Certainly*.
질문해도 됩니까?–물론이지.
일 もちろん(모찌롱) **중** 当然 dāngrán(당란)

---

cer·tif·i·cate [sərtífəkit 서티퍼킷]
명 (복수 certificates [sərtífəkits])
증명서
영 A *certificate* is a piece of paper that officially states that something is a fact.
¶ a birth *certificate*
출생 증명서
일 証明書　しょうめいしょ(쇼-메-쇼) **중** 证明书 zhèngmíngshū(정밍수)

***chain** [tʃéin 체인]

명 (복수 chains [tʃéinz])
1 쇠사슬
영 A *chain* is a series of metal rings connected together.
일 鎖 くさり(쿠사리) 중 链 liàn(롄)
2 연속, 연쇄
영 A *chain* is a series of connected things.
¶ a *chain* of events
일련의 사건들
일 連続 れんぞく(렌조꾸) 중 连串 liánchuàn(롄촨)

****chair** [tʃéər 체어]
명 (복수 chairs [tʃéərz])
의자
영 A *chair* is a piece of furniture that you sit on, with a seat, legs, and a back.
¶ My English book is on the *chair*.
내 영어책은 의자 위에 있다.
일 いす(이스) 중 椅子 yǐzi(이쯔)

---

chair·man [tʃéərmən 체어먼]
명 (복수 chairmen [tʃéərmən])
의장
영 A *chairman* is someone who is in charge of a meeting or committee.
¶ He was elected *chairman* of the meeting.
그는 그 회의 의장으로 선출되었다.
일 議長 ぎちょう(기쪼-) 중 主席 zhǔxí(주시)

****chalk** [tʃɔ́ːk 초-크]
명 (복수 chalks [tʃɔ́ːks])
분필, 초크
영 *Chalk* is a small stick that is used for writing or drawing.
¶ That *chalk* is red.
저 분필은 빨간색이다.

일 白墨 はくぼく(하꾸보꾸) 중 粉笔 fěnbǐ(펀비)

---

chal·lenge [tʃǽlindʒ 챌린지]
명 (복수 challenges [tʃǽlindʒiz])
도전
영 A *challenge* is something difficult that requires extra work or effort to do.
일 挑戦 ちょうせん(초-센) 중 挑战 tiǎozhàn(탸오잔)

***cham·pi·on** [tʃǽmpiən 챔피언]
명 (복수 champions [tʃǽmpiənz])
우승자, 챔피언
영 A *champion* is the winner of a competition or a tournament.
¶ He became the world tennis *champion*.
그는 세계 테니스 우승자가 되었다.
일 優勝者 ゆうしょうしゃ(유-쇼-샤) 중 冠军 guànjūn(관쥔)

---

cham·pi·on·ship [tʃǽmpiən-ʃìp 챔피언십]
명 결승전
영 A *championship* is a contest or final game of a series that determines which team or player will be the overall winner.
일 決勝戦 けっしょうせん(켓쇼-센) 중 冠军赛 guànjūnsài(관쥔싸이)

***chance** [tʃǽns 챈스]
명 (복수 chances [tʃǽnsiz])
1 기회
영 A *chance* is an opportunity to do something.
¶ I had the *chance* to learn to ski.
나는 스키를 배울 기회를 얻었다.

C

일 機会 きかい(키까이) 중 机会 jīhuì
(지후이)

2 가망, 가능성
영 A *chance* is the possibility of something happening.
¶ He has a good *chance* to succeed.
그가 성공할 가능성은 충분하다.
일 見込み みこみ(미꼬미) 중 可能性 kěnéngxìng(커넝싱)

****change** [tʃéindʒ 체인지]

동 (3단현 changes [tʃéindʒiz], 과거·과거분사 changed [tʃéindʒd], 현재분사 changing [tʃéindʒiŋ])
타 **1** 바꾸다
영 To *change* means to make different.
¶ I can never *change* the plan.
나는 그 계획을 결코 바꿀 수 없다.
일 変える かえる(카에루) 중 改変 gǎibiàn(가이볜)
2 교환하다
영 To *change* means to exchange.
¶ They *changed* seats with each other.
그들은 서로 좌석을 바꾸었다.
일 交換する こうかんする(코-깐스루)
중 交換 jiāohuàn(쟈오환)
자 **1** 바뀌다
영 To *change* means to become different.
¶ Times have *changed*.
시대가 바뀌었다.
일 変わる かわる(카와루) 중 改変 gǎibiàn(가이볜)
2 갈아입다
영 To *change* means to put on other clothes.
¶ I *changed* into a new dress.
나는 새옷으로 갈아입었다.
일 着替える きがえる(키가에루) 중 更衣 gēngyī(경이)

명 (복수 changes [tʃéindʒiz])
1 변화
영 A *change* is the process or result of something or someone becoming different.
¶ a *change* in the weather
날씨 변화
일 変化 へんか(헹까) 중 変化 biànhuà(볜화)
2 거스름돈
영 *Change* is the money you get back when you pay more money than something costs.
¶ Here's your *change*.
거스름돈 여기 있습니다.
일 小銭 こぜに(코제니) 중 零钱 língqián(링첸)

---

chan·nel [tʃǽnl 채늘]

명 (복수 channels [tʃǽnlz])
1 해협
영 A *channel* is a narrow stretch of water between two areas of land.
¶ the English *Channel*
영국 해협
일 海峡 かいきょう(카이꾜-) 중 海峡 hǎixiá(하이샤)
2 채널
영 A *channel* is a television or radio station.
일 チャンネル(찬네루) 중 频道 píndào(핀다오)

***chap·ter** [tʃǽptər 챕터]

명 (복수 chapters [tʃǽptərz])
(책·논문 등의) 장
영 A *chapter* is one of the parts into which a book is divided.
¶ *Chapter* Eight = the eighth *chapter*
제8장
일 章 しょう(쇼-) 중 章 zhāng(장)

---

* **char·ac·ter** [kǽrəktər 캐릭터]

몡 (복수 characters [kǽrəktərz])

1 성격 ; 특징, 특질

옝 *Character* is the qualities that make a person, place, or thing different from any other.

¶ A person's *character* is formed in childhood.

사람의 성격은 어릴 때 형성된다.

일 性格 せいかく(세-까꾸) 중 性格 xìnggé(싱거)

2 등장 인물

옝 A *character* is a person in a book, play, story, or movie.

일 登場人物 とうじょうじんぶつ(토-조-짐부쓰) 중 人物 rénwù(런우)

3 문자, 기호

옝 A *character* is a letter, mark, or sign used in writing, printing, or on a computer.

¶ Chinese *characters*

한자

일 文字 もんじ(몬지) 중 字 zì(쯔)

---

char·ac·ter·is·tic [kǽrəktər-ístik 캐릭터리스틱]

혱 특유의, 독특한

옝 *Characteristic* means typical.

일 特有の とくゆうの(토꾸유-노) 중 特有的 tèyǒude(터유더)

---

char·coal [tʃɑ́ːrkòul 차-코울]

몡 숯

옝 *Charcoal* is a form of carbon made from incompletely burned wood.

일 炭 すみ(스미) 중 木炭 mùtàn(무탄)

---

* **charge** [tʃɑ́ːrdʒ 차-지]

몡 (복수 charges [tʃɑ́ːrdʒiz])

1 요금

옝 *Charge* is the amount of money you have to pay for something.

¶ We deliver free of *charge*.

배달은 무료입니다.

일 料金 りょうきん(료-낑) 중 价钱 jiàqián(쟈첸)

2 책임, 관리

옝 *Charge* is the position of having control over or responsibility for something or someone.

일 責任 せきにん(세끼닌) 중 责任 zérèn(쩌런)

타 (3단현 charges [tʃɑ́ːrdʒiz], 과거·과거분사 charged [tʃɑ́ːrdʒd], 현재분사 charging [tʃɑ́ːrdʒiŋ])

청구하다

옝 To *charge* means to ask someone to pay a particular price for something.

일 請求する せいきゅうする(세-뀨-스루) 중 索价 suǒjià(쒀자)

---

* **char·i·ty** [tʃǽrəti 채러티]

몡 (복수 charities [tʃǽrətiz])

자선

옝 *Charity* is money or other help that is given to people in need.

¶ a *charity* concert

자선 음악회

일 慈善 じぜん(지젠) 중 慈善 císhàn(츠산)

---

* **charm** [tʃɑ́ːrm 참-]

몡 (복수 charms [tʃɑ́ːrmz])

매력

옝 A *charm* is the special quality someone or something has that makes people like him, her, or it.

¶ She has a great *charm*.

그녀는 대단히 매력이 있다.

일 魅力 みりょく(미료꾸) 중 魅力

mèilì(메이리)

----

charm·ing [tʃɑ́ːrmiŋ 차-밍]

형 (비교급 more charming, 최상급 most charming)
매력적인, 멋진
영 *Charming* means attractive.
¶ a *charming* smile
매력적인 미소
일 魅力的な みりょくてきな(미료꾸테끼나) 중 迷人的 mírénde(미런더)

----

*chase [tʃéis 체이스]

타 (3단현 chases [tʃéisiz], 과거·과거분사 chased [tʃéist], 현재분사 chasing [tʃéisiŋ])
쫓다, 추격하다
영 To *chase* means to run after someone in order to catch the person or make him or her go away.
¶ The policeman is *chasing* the thief.
경찰은 도둑을 쫓고 있다.
일 追いかける おいかける(오이카께루)
중 追逐 zhuīzhū(주이주)

----

*chat [tʃǽt 챗]

자 (3단현 chats [tʃǽts], 과거·과거분사 chatted [tʃǽtid], 현재분사 chatting [tʃǽtiŋ])
잡담하다
영 To *chat* means to talk in a friendly and informal way.
¶ We are *chatting* about the weather.
우리는 날씨에 관해 이야기하고 있다.
일 雑談する ざつだんする(자쓰단스루)
중 闲谈 xiántán(셴탄)

명 (복수 chats [tʃǽts])
잡담
영 *Chat* is a friendly informal conversation.

일 雑談 ざつだん(자쓰단) 중 闲谈 xiántán(셴탄)

**cheap [tʃíːp 치-프]

형 (비교급 cheaper [tʃíːpər], 최상급 cheapest [tʃíːpist])
값이 싼
영 *Cheap* means not expensive.
¶ This hat is *cheaper* than that one.
이 모자는 저것보다 더 값이 싸다.
일 安い やすい(야스이) 중 廉价的 liánjiàde(롄쟈더)

부 (비교급 cheaper [tʃíːpər], 최상급 cheapest [tʃíːpist])
싸게
영 *Cheap* means at a low price.
¶ buy things *cheap*
물건을 싸게 사다
일 安く やすく(야스꾸) 중 廉价地 liánjiàde(롄쟈더)

----

cheat [tʃíːt 치-트]

타 (3단현 cheats [tʃíːts], 과거·과거분사 cheated [tʃíːtid], 현재분사 cheating [tʃíːtiŋ])
속이다
영 To *cheat* means to act dishonestly in order to win a game or get what you want.
¶ He always *cheated* me at games.
그는 늘 게임할 때 나를 속였다.
일 だます(다마스) 중 欺骗 qīpiàn(치펜)

**check [tʃék 첵]

동 (3단현 checks [tʃéks], 과거·과거분사 checked [tʃékt], 현재분사 checking [tʃékiŋ])
타 확인하다, 대조하다
영 To *check* means to look at something in order to make sure that it is

all right.

¶ *Check* your answer with his.
네 답을 그의 답과 대조해 보아라.
일 確かめる　たしかめる(타시까메루)
중 核对 héduì(허두이)
자 확인하다, 조사하다

¶ I'll *check* to make sure.
확실히 하기 위해 조사하겠다.
일 確認する　かくにんする(카꾸닌스루)
중 査对 cháduì(차두이)
숙어 *check in* (숙박 등의) 절차를 밟다, 체크인하다
숙어 *check out* (정산하고 호텔 등을) 나오다, 체크아웃하다

명 (복수 checks [tʃéks])
1 확인, 대조
영 A *check* is a careful look at or test of something.
일 確認　かくにん(카꾸닌) 중 检查 jiǎnchá(젠차)
2 《미》 수표
영 A *check* is a printed piece of paper on which someone writes to tell the bank to pay money from his or her account.
¶ He paid by *check*.
그는 수표로 지급했다.
일 小切手　こぎって(코깃떼) 중 支票 zhīpiào(즈퍄오)
3 《미》 계산서(《영》 bill)
영 A *check* is a list you are given in a restaurant showing what you have eaten and how much you must pay.
일 勘定書　かんじょうがき(칸조-가끼)
중 帐单 zhàngdān(장단)

---

* **cheek** [tʃíːk 치-크]
명 (복수 cheeks [tʃíːks])
뺨
영 A *cheek* is the soft round part of your face below each of your eyes.

¶ She has rosy *cheeks*.
그녀의 양 볼은 불그스레하다.
일 ほお(호-) 중 面頬 miànjiá(몐쟈)

---

* **cheer** [tʃíər 치어]
타 (3단현 cheers [tʃíərz], 과거·과거분사 cheered [tʃíərd], 현재분사 cheering [tʃíəriŋ])
갈채하다, 성원하다, 응원하다
영 To *cheer* means to shout encouragement or approval.
¶ We *cheered* our baseball team.
우리는 우리편 야구팀을 응원했다.
일 かっさいする(캇사이스루) 중 喝彩 hècǎi(허차이)

명 (복수 cheers [tʃíərz])
갈채, 성원, 응원
영 A *cheer* is a shout of encouragement.
¶ He received *cheers* from the audience.
그는 청중들로부터 갈채를 받았다.
일 かっさい(캇사이) 중 喝彩 hècǎi(허차이)
숙어 *Cheers!* 건배!

---

cheer·ful [tʃíərful 치어풀]
형 (비교급 more cheerful, 최상급 most cheerful)
쾌활한, 기분 좋은
영 *Cheerful* means happy and lively.
일 快活な　かいかつな(카이까쓰나) 중 高兴的 gāoxìngde(가오싱더)

---

* **cheese** [tʃíːz 치-즈]
명 (복수 cheeses [tʃíːziz])
치즈
영 A *cheese* is a food made from the solid parts of milk after the milk has turned sour.

¶ Say *cheese*!
자, 웃으세요《사진 찍을 때 하는 말》!
일 チーズ(치-즈) 중 乳酪 rǔlào(루라오)

---

chem·i·cal [kémikəl 케미컬]

형 화학의, 화학적인
영 *Chemical* means to do with or made by chemistry.
¶ a *chemical* reaction
화학 반응
일 化学の かゞくの(카가꾸노) 중 化学的 huàxuéde(화쉐더)

명 (복수 chemicals [kémikəlz])
[흔히 chemicals로] 화학 약품
영 A *chemical* is a substance used in chemistry.
일 化学薬品 かゞくやくひん(카가꾸야꾸힝) 중 化学药品 huàxuéyàopǐn(화쉐야오핀)

---

*chem·ist [kémist 케미스트]

명 (복수 chemists [kémists])
화학자
영 A *chemist* is a person trained in chemistry.
일 化学者 かゞくしゃ(카각샤) 중 化学家 huàxuéjiā(화쉐쟈)

---

*chem·is·try [kémistri 케미스트리]

명 화학
영 *Chemistry* is the scientific study of substances, what they are composed of, and how they react with each other.
일 化学 かゞく(카가꾸) 중 化学 huàxué(화쉐)

---

*cher·ry [tʃéri 체리]

명 (복수 cherries [tʃériz])
체리, 버찌
영 A *cherry* is a small round soft red fruit with a large seed.
일 サクランボ(사꾸람보) 중 櫻桃 yīngtao(잉타오)

---

*chess [tʃés 체스]

명 체스, 서양장기
영 *Chess* is a game for two people with 16 pieces each, played on a board marked with squares of alternating colors.
¶ Let's play *chess*.
체스를 두자.
일 チェス(체스) 중 国际象棋 guójìxiàngqí(궈지샹치)

---

*chest [tʃést 체스트]

명 (복수 chests [tʃésts])
가슴, 흉부
영 A *chest* is the front part of your body between your neck and waist.
¶ I have a pain in my *chest*.
나는 가슴이 아프다.
일 胸 むね(무네) 중 胸 xiōng(슝)

---

chest·nut [tʃésnʌt 체스넛]

명 밤
영 A *chestnut* is a large, reddish brown nut that grows in a prickly case.
일 クリ(쿠리) 중 栗子 lìzi(리쯔)

---

*chew [tʃú: 추-]

타 (3단현 chews [tʃú:z], 과거·과거분사 chewed [tʃú:d], 현재분사 chewing [tʃú:iŋ])
…을 씹다
영 To *chew* means to break something into small pieces with the teeth.

¶ He *chews* his food well.
그는 음식을 잘 씹어 먹는다.
🔵 かむ(카무) 🀄 嚼 jiáo(쟈오)

****chick·en** [tʃíkin 치킨]

🔵 (복수 chickens [tʃíkinz])
1 (어린) 닭, 병아리
🔵 A *chicken* is a common type of fowl that is raised on farms for its meat and eggs.
🔵 ひよこ(히요꼬) 🀄 小鸡 xiǎojī(샤오지)
2 닭고기
🔵 *Chicken* is the meat from a chicken, used as food.
¶ fried *chicken*
튀긴 닭고기
🔵 鶏肉 けいにく(케-니꾸) 🀄 鸡肉 jīròu(지러우)

***chief** [tʃíːf 치-프]

🔵 (복수 chiefs [tʃíːfs])
장, 우두머리
🔵 A *chief* is a person who is the leader of a group.
¶ a branch *chief* 지점장
🔵 長 ちょう(초-) 🀄 首領 shǒulǐng(서우링)

🔵 **1** (지위 등이) 최고의
🔵 *Chief* means highest in rank.
🔵 最高の さいこうの(사이꼬-노) 🀄 最高的 zuìgāode(쭈이가오더)
2 주요한, 주된
🔵 *Chief* means main.
¶ the *chief* rivers of Korea
한국의 주요한 강
🔵 主要な しゅような(슈요-나) 🀄 主要的 zhǔyàode(주야오더)

---

chief·ly [tʃíːfli 치-플리]

🔵 주로
🔵 *Chiefly* means mainly.
🔵 主に おもに(오모니) 🀄 主要地 zhǔyàode(주야오더)

****child** [tʃáild 차일드]

🔵 (복수 children [tʃíldrən])
1 어린이, 아이
🔵 A *child* is a young girl or boy.
¶ This *child* is 5 years old.
이 아이는 다섯 살이다.
🔵 子供 こども(코도모) 🀄 儿童 értóng(얼퉁)
2 자식
🔵 A *child* is a son or daughter.
¶ She has one *child*.
그녀는 자식이 하나다.
🔵 子 こ(코) 🀄 子女 zǐnǚ(쯔뉘)

---

child·hood [tʃáildhùd 차일드후드]

🔵 유년 시절, 어릴 때
🔵 *Childhood* is the time when you are a child.
¶ I had a happy *childhood*.
나는 행복한 유년 시절을 보냈다.
🔵 幼時 ようじ(요-지) 🀄 幼年 yòunián(유녠)

---

child·ish [tʃáildiʃ 차일디시]

🔵 유치한
🔵 *Childish* means immature and silly.
¶ *childish* behavior
유치한 행동
🔵 幼稚な ようちな(요-찌나) 🀄 幼稚的 yòuzhìde(유즈더)

---

chil·dren [tʃíldrən 칠드런]

🔵 child의 복수

C

***chim·ney** [tʃímni 침니]

명 (복수 chimneys [tʃímniz])
굴뚝
영 A *chimney* is an upright pipe or hollow structure that carries smoke away from a fire.
일 煙突 えんとつ(엔또쓰) 중 烟囱 yāncōng(옌충)

***chim·pan·zee** [tʃìmpænzí: 침팬지-]

명 침팬지
영 A *chimpanzee* is an Africn animal like a monkey without a tail.
일 チンパンジー(침빤지-) 중 黑猩猩 hēixīngxing(헤이싱싱)

****chin** [tʃín 친]

명 (복수 chins [tʃínz])
턱
영 The *chin* is the part of your face between your mouth and your neck.
¶ She has a pointed *chin*.
그녀는 턱이 뾰족하다.
일 下あご したあご(시따아고) 중 下颌 xiàhé(샤허)

chin은 보통 아래턱을 가리키며 턱 전체를 가리킬 때는 jaw라 한다.

***Chi·na** [tʃáinə 차이너]

명 중국

▲ 만리장성

일 中国 ちゅうごく(추-고꾸) 중 中国 Zhōngguó(중궈)

****Chi·nese** [tʃàiní:z 차이니-즈]

형 중국 (사람)의
영 *Chinese* means relating to or coming from China.
일 中国(人)の ちゅうごく(じん)の (추-고꾸(진)노) 중 中国(人)的 Zhōngguó(rén)de(중궈(런)더)

명 (복수 Chinese)
[the Chinese로] 중국 사람
영 *The Chinese* are the people of China.
일 中国人 ちゅうごくじん(추-고꾸진)
중 中国人 Zhōngguórén(중궈런)

***choc·o·late** [tʃákələt 차컬럿]

명 (복수 chocolates [tʃákələts])
초콜릿
영 *Chocolate* is a food, especially a candy, made from beans that grow on the tropical cacao tree.
일 チョコレート(초꼬레-또) 중 巧克力 qiǎokèlì(챠오커리)

***choice** [tʃɔ́is 초이스]

명 (복수 choices [tʃɔ́isiz])
1 선택
영 *Choice* is the act of choosing someone or something.
¶ I think I made the right *choice*.
나는 옳은 선택을 했다고 생각한다.
일 選択 せんたく(센따꾸) 중 选择 xuǎnzé(쉬엔쩌)
2 선택한 것, 선택한 사람
영 A *choice* is the thing or person that someone has chosen.
일 選ばれた物 えらばれたもの(에라바레따모노) 중 被选中的东西 bèixuǎn-

zhòngdedōngxi(베이쉬엔중더둥시)

---

* **choose** [tʃúːz 추-즈]

타 (3단현 chooses [tʃúːziz], 과거형 chose [tʃóuz], 과거분사 chosen [tʃóuzn], 현재분사 choosing [tʃúːziŋ])
고르다, 선택하다
영 To *choose* means to pick out one person or thing from several.
¶ Can I *choose* one of them?
그것들 중에서 하나를 골라도 될까요?
일 選ぶ えらぶ(에라부) 중 选择 xuǎn-zé(쉬엔쩌)

---

* **chop·sticks** [tʃápstìks 찹스틱스]

명 [복수] 젓가락
영 *Chopsticks* are narrow sticks for eating food.
¶ He can't use the *chopsticks*.
그는 젓가락을 사용할 줄 모른다.
일 箸 はし(하시) 중 筷子 kuàizi(콰이쯔)

---

* **cho·rus** [kɔ́ːrəs 코-러스]

명 (복수 choruses [kɔ́ːrəsiz])
합창
영 A *chorus* is the part of a song that is repeated after each verse.
일 合唱 がっしょう(갓쇼-) 중 合唱 héchàng(허창)

---

* **Christ** [kráist 크라이스트]

명 그리스도
영 *Christ* is Jesus, the figure that Christians worship as the son of God.
일 キリスト(키리스또) 중 基督 jīdū(지두)

---

* **Christ·mas** [krísməs 크리스머스]

명 크리스마스
영 *Christmas* is the Christian festival on December 25 that celebrates the birth of Jesus.
¶ a *Christmas* present
크리스마스 선물
일 クリスマス(쿠리스마스) 중 圣诞节 shèngdànjié(성단제)

** **church** [tʃə́ːrtʃ 처-치]

명 (복수 churches [tʃə́ːrtʃiz])
1 교회
영 A *church* is a building used by Christians for worship.
일 教会 きょうかい(쿄-까이) 중 教堂 jiàotáng(쟈오탕)
2 [관사 없이] 예배
영 *Church* is the religious services in a church.
¶ She goes to *church* every Sunday.
그녀는 일요일마다 예배 보러 간다.
일 礼拝 れいはい(레-하이) 중 礼拜 lǐbài(리바이)

---

cig·a·rette [sìɡərét 시거렛]

명 (복수 cigarettes [sìɡəréts])
담배
영 A *cigarette* is a thin roll of tobacco covered with paper that people smoke.
¶ a pack of *cigarettes*
담배 한 갑
일 紙巻きたばこ かみまきたばこ(카미마끼타바꼬) 중 香烟 xiāngyān(샹옌)

---

* **cin·e·ma** [sínəmə 시너머]

명 (복수 cinemas [sínəməz])
《영》 영화관(《미》 movie theater)
영 A *cinema* is a movie theater.
일 映画館 えいがかん(에-가깡) 중 电

影院 diànyìngyuàn(뎬잉위엔)

***cir·cle** [sə́:*r*kl 서-클]

명 (복수 circles [sə́:*r*klz])

1 원

영 A *circle* is a round shape.

¶ He drew a *circle* with a pair of compasses.

그는 컴퍼스로 원을 그렸다.

일 円 えん(엔) 중 圓 yuán(위엔)

2 동아리, 단체

영 A *circle* is a group of people who know each other or have a common interest.

일 仲間 なかま(나까마) 중 社团 shètuán(서퇀)

***cir·cum·stance** [sə́:*r*kəm-stæns 서-컴스탠스]

명 (복수 circumstances [sə́:*r*kəm-stænsiz])

사정, 상황

영 A *circumstance* is the facts or conditions that affect a situation, action, event, etc.

일 事情 じじょう(지조-) 중 情况 qíngkuàng(칭쾅)

---

cir·cus [sə́:*r*kəs 서-커스]

명 (복수 circuses [sə́:*r*kəsiz])

서커스

영 A *circus* is a traveling show in which clowns, acrobats, and animals perform.

일 サーカス(사-까스) 중 马戏 mǎxì(마시)

***cit·i·zen** [sítəzn 시터즌]

명 (복수 citizens [sítəznz])

1 시민, 주민

영 A *citizen* is a resident of a particular town or city.

¶ a *citizen* of Seoul

서울 시민

일 市民 しみん(시밍) 중 市民 shìmín(스민)

2 국민

영 A *citizen* is a member of a particular country who has the right to live there.

일 国民 こくみん(코꾸밍) 중 公民 gōngmín(궁민)

****cit·y** [síti 시티]

명 (복수 cities [sítiz])

시, 도시

영 A *city* is a very large or important town.

¶ Seoul is the largest *city* in Korea.

서울은 한국에서 가장 큰 도시다.

일 市 し(시) 중 城市 chéngshì(청스)

***civ·il** [sívəl 시벌]

형 민간의, 일반인의

영 *Civil* means not related to military or religious organizations.

일 民間の みんかんの(밍깐노) 중 民间的 mínjiānde(민졘더)

---

civ·i·li·za·tion [sìvəlizéiʃən 시벌리제이션]

명 문명

영 *Civilization* is an advanced stage of human organization, technology, and culture.

¶ machine *civilization*

기계 문명

일 文明 ぶんめい(붐메-) 중 文明 wénmíng(원밍)

---

*claim [kléim 클레임]

타 (3단현 claims [kléimz], 과거·과거분사 claimed [kléimd], 현재분사 claiming [kléimiŋ])

1 요구하다

영 To *claim* means to say that something belongs to you or that you have a right to have it.

일 要求する ようきゅうする(요-뀨-스루) 중 要求 yāoqiú(야오츄)

2 주장하다

영 To *claim* means to say that something is true.

¶ He *claimed* innocence.
그는 결백하다고 주장했다.

일 主張する しゅちょうする(슈쪼-스루) 중 主张 zhǔzhāng(주장)

---

*clap [klǽp 클랩]

타 (3단현 claps [klǽps], 과거·과거분사 clapped [klǽpt], 현재분사 clapping [klǽpiŋ])

박수치다

영 To *clap* means to hit your hands together loudly and continuously.

일 拍手する はくしゅする(하꾸슈스루) 중 拍手 pāishǒu(파이서우)

**class [klǽs 클래스]

명 (복수 classes [klǽsiz])

1 학급, 반

영 A *class* is a group of students who learn together.

¶ We are in the same *class*.
우리는 같은 반이다.

일 学級 がっきゅう(각뀨-) 중 班级 bānjí(반지)

2 계급

영 A *class* is a group of people in society with a similar way of life or range of income.

¶ the working *classes*
노동자 계급

일 階級 かいきゅう(카이뀨-) 중 阶级 jiējí(제지)

---

*clas·si·fy [klǽsəfài 클래서파이]

타 (3단현 classifies [klǽsəfàiz], 과거·과거분사 classified [klǽsəfàid], 현재분사 classifying [klǽsəfàiiŋ])

분류하다

영 To *classify* means to put things into groups according to their ego, type, etc.

¶ *classify* books by subject
분야별로 책을 분류하다

일 分類する ぶんるいする(분루이스루) 중 分类 fēnlèi(펀레이)

---

class·mate [klǽsmèit 클래스메이트]

명 (복수 classmates [klǽsmèits])
학급 친구

영 A *classmate* is someone who is in the same class as another.

일 同級生 どうぎゅうせい(도-뀨-세-) 중 同学 tóngxué(통쉐)

---

*class·room [klǽsrùːm 클래스룸-]

명 (복수 classrooms [klǽsrùːmz])
교실

영 A *classroom* is a room in a school where students are taught.

일 教室 きょうしつ(쿄-시쯔) 중 教室 jiàoshì(쟈오스)

---

claw [klɔː 클로-]

명 갈고리 발톱

영 A *claw* is a hard, curved nail on the foot of an animal or a bird.

일 かぎつめ(카기쯔메) 중 钩爪 gōuzhǎo(거우자오)

---

clay [kléi 클레이]

명 점토, 찰흙
영 *Clay* is a kind of earth that can be shaped when wet and baked to make bricks or pottery.
일 粘土 ねんど(넨도) 중 粘土 niántǔ(넨투)

---

clean [klí:n 클린-]

형 (비교급 cleaner [klí:nər], 최상급 cleanest [klí:nist])
깨끗한(《반》dirty 더러운)
영 *Clean* means not dirty or messy.
¶ Her room is small and *clean*.
그녀의 방은 작고 깨끗하다.
일 きれいな(키레-나) 중 干净 gānjìng(간징)

타 (3단현 cleans [klí:nz], 과거·과거분사 cleaned [klí:nd], 현재분사 cleaning [klí:niŋ])
청소하다
영 To *clean* means to remove the dirt from something.
일 そうじする(소-지스루) 중 打扫 dǎsǎo(다싸오)

---

clear [klíər 클리어]

형 (비교급 clearer [klíərər], 최상급 clearest [klíərist])
1 맑게 갠, 맑은
영 *Clear* means bright with no rain or clouds.
¶ a *clear* sky
맑은 하늘
일 晴れた はれた(하레따) 중 晴朗的 qínglǎngde(칭랑더)
2 투명한, 맑은
영 *Clear* means easy to see through.

¶ *clear* water
맑은 물
일 透明な とうめいな(토-메-나) 중 清澈的 qīngchède(칭처더)
3 명백한, 확실한
영 *Clear* means impossible to doubt.
¶ *clear* evidence
확실한 증거
일 明白な めいはくな(메-하꾸나) 중 明确的 míngquède(밍췌더)

동 (3단현 clears [klíərz], 과거·과거분사 cleared [klíərd], 현재분사 clearing [klíəriŋ])
타 치우다
영 To *clear* means to remove things that are covering or blocking a place.
¶ *Clear* the table.
식탁을 치워라.
일 取り除く とりのぞく(토리노조꾸) 중 清理 qīnglǐ(칭리)
자 (날씨가) 개다
영 To *clear* means to become bright.
¶ The sky *cleared*.
하늘이 맑게 갰다.
일 晴れる はれる(하레루) 중 晴 qíng(칭)

---

clear·ly [klíərli 클리얼리]

부 (비교급 more clearly, 최상급 most clearly)
확실히
영 *Clearly* means without any doubt.
일 はっきりと(학끼리또) 중 明确地 míngquède(밍췌더)

---

clerk [klə́:rk 클러-크]

명 (복수 clerks [klə́:rks])
1 점원
영 A *clerk* is a salesperson in a store.
일 店員 てんいん(텡잉) 중 店員 diàn-

yuán(뗀위엔)

2 사무원

영 A *clerk* is someone who keeps records in an office, a bank, etc.

일 事務員 じむいん(지무잉) 중 职员 zhíyuán(즈위엔)

***clev·er** [klévər 클레버]

형 (비교급 cleverer [klévərər], 최상급 cleverest [klévərist])
영리한, 머리가 좋은 (《반》foolish 어리석은)

영 *Clever* means able to understand things or do things quickly and easily.

¶ a *clever* child
영리한 아이

일 利口な りこうな(리꼬-나) 중 伶俐的 línglìde(링리더)

***cli·ent** [kláiənt 글라이인드]

명 (복수 clients [kláiənts])
의뢰인

영 A *client* is someone who uses the services of a professional person.

일 依頼人 いらいにん(이라이닝) 중 委托人 wěituōrén(웨이퉈런)

---

cliff [klíf 클리프]

명 (복수 cliffs [klífs])
절벽

영 A *cliff* is a high, steep rock face.

¶ From the *cliff*, we could see the valley below.
절벽에서 아래 계곡을 볼 수 있었다.

일 がけ(가께) 중 悬崖 xuányá(쉬엔야)

---

cli·mate [kláimət 클라이멋]

명 (복수 climates [kláiməts])
기후

영 A *climate* is the usual weather in a place.

¶ a warm *climate*
따뜻한 기후

일 気候 きこう(키꼬-) 중 气候 qìhòu(치허우)

***climb** [kláim 클라임]

타 (3단현 climbs [kláimz], 과거·과거분사 climbed [kláimd], 현재분사 climbing [kláimiŋ])
오르다, 기어오르다

영 To *climb* means to move upward.

¶ *climb* a mountain
산에 오르다

일 登る のぼる(노보루) 중 攀登 pāndēng(판덩)

---

cling [klíŋ 클링]

재 (3단현 clings [klíŋz], 과거·과거분사 clung [klʌ́ŋ], 현재분사 clinging [klíŋiŋ])
달라붙다, 매달리다

영 To *cling* means to stick to or hold on to something or someone very tightly.

¶ The wet shirt *clung* to his body.
젖은 셔츠가 그의 몸에 달라붙었다.

일 くっつく(쿳쓰꾸) 중 紧贴 jǐntiē(진톄)

***clin·ic** [klínik 클리닉]

명 진료소, 의원

영 A *clinic* is a room or building where people can go for medical treatment or advice.

¶ a dental *clinic*
치과 의원

일 診療所 しんりょうじょ(신료-조) 중 诊所 zhěnsuǒ(전쒀)

***clip** [klíp 클립]

명 (복수 clips [klíps])
클립
영 A *clip* is a small metal or plastic fastener.
일 留め具 とめぐ(토메구) 중 回形针 huíxíngzhēn(후이싱전)

C **clock** [klák 클락]
명 (복수 clocks [kláks])
시계
영 A *clock* is an instrument in a room or building that shows the time.
¶ My *clock* is on the desk.
내 시계는 책상 위에 있다.
일 時計 とけい(토께-) 중 时钟 shízhōng(스중)

up clock은 보통 휴대용이 아닌 괘종 시계·탁상 시계 등을 말하며 손목 시계는 watch라 한다.

---

close¹ [klóuz 클로우즈]
동 (3단현 closes [klóuziz], 과거·과거분사 closed [klóuzd], 현재분사 closing [klóuziŋ])
타 **1** 닫다(《반》open 열다)
영 To *close* means to shut something.
¶ Please *close* the window.
창문을 닫으시오.
일 閉じる とじる(토지루) 중 关闭 guānbì(관비)
2 끝내다, 종료하다
영 To *close* means to end something.
¶ The police have *closed* the investigation.
경찰은 조사를 끝냈다.
일 終える おえる(오에루) 중 结束 jiéshù(제수)
자 닫히다
영 To *close* means to become shut.
¶ The door *closed* by itself.
문이 저절로 닫혔다.

일 閉じる とじる(토지루) 중 关闭 guānbì(관비)

---

close² [klóus 클로우스]
형 (비교급 closer [klóusər], 최상급 closest [klóusist])
1 가까운
영 *Close* means not far from someone or something.
¶ We live *close* to the school.
우리는 학교 가까이에 산다.
일 近い ちかい(치까이) 중 接近的 jiējìnde(제진더)
2 주의 깊은
영 *Close* means careful.
일 注意深い ちゅういぶかい(추-이부까이) 중 严密的 yánmìde(옌미더)

부 (비교급 closer [klóusər], 최상급 closest [klóusist])
가까이에
영 *Close* means near.
¶ Come *closer* to me.
내게 좀 더 가까이 와라.
일 近くに ちかくに(치까꾸니) 중 靠近地 kàojìnde(카오진더)

---

clos·et [klázit 클라짓]
명 (복수 closets [klázits])
벽장
영 A *closet* is a small room used for storing clothes and other things.
일 クローゼット(쿠로-젯또) 중 衣橱 yīchú(이추)

---

cloth [klɔ́:θ 클로-스]
명 천, 직물
영 *Cloth* is material that is used to make clothes, blankets, and other things.

일 布 ぬの(누노) 중 布 bù(부)

 천의 뜻으로는 부정 관사를 붙이지 않고 복수형으로도 하지 않는다.

****clothes** [klóuð z 클로우드즈]

명 [복수] 옷
영 *Clothes* are things such as shirts, skirts, or pants that people wear.
¶ She has a lot of *clothes*.
그녀는 옷이 많다.
일 衣服 いふく(이후꾸) 중 衣服 yīfu(이푸)

---

cloth·ing [klóuðiŋ 클로우딩]

명 의류, 의복《몸에 걸치는 것 전체》
영 *Clothing* is garments worn to cover the body.
¶ two articles of *clothing*
의류 2점
일 衣類 いるい(이루이) 중 衣服 yīfu(이푸)

****cloud** [kláud 클라우드]

명 (복수 clouds [kláudz])
구름
영 A *cloud* is a white or gray mass in the sky, from which rain falls.
¶ There wasn't a *cloud* in the sky.
하늘에는 구름 한 점 없었다.
일 雲 くも(쿠모) 중 云 yún(윈)

***cloud·y** [kláudi 클라우디]

형 (비교급 cloudier [kláudiər], 최상급 cloudiest [kláudiist])
흐린, 구름이 낀 (《반》fine 갠)
영 *Cloudy* means covered with clouds.
¶ It was *cloudy* all day.
온종일 날이 흐렸다.
일 曇った くもった(쿠못따) 중 多云

的 duōyúnde(둬윈더)

***clown** [kláun 클라운]

명 어릿광대
영 A *clown* is an entertainer who wears funny clothes, has a painted face, and tries to make people laugh.
일 道化 どうけ(도-께) 중 小丑 xiǎochǒu(샤오처우)

***club** [kláb 클러브]

명 (복수 clubs [klábz])
클럽, 동호회
영 A *club* is a group of people who meet regularly to enjoy a common interest.
¶ Our book *club* meets on Friday.
우리 독서 클럽은 금요일에 모인다.
일 クラブ(쿠라부) 중 俱乐部 jùlèbù(쥐러부)

***clue** [klú: 클루-]

명 (복수 clues [klú:z])
실마리, 단서
영 A *clue* is something that helps you find an answer to a question or a mystery.
¶ look for *clues*
단서를 찾다
일 手がかり てがかり(테가까리) 중 线索 xiànsuǒ(셴쒀)

---

coach [kóutʃ 코우치]

명 (복수 coaches [kóutʃiz])
코치
영 A *coach* is someone who trains a person or team in a sport.
¶ a baseball *coach*
야구 코치
일 コーチ(코-찌) 중 教练 jiàoliàn(쟈오

렌)

***coal** [kóul 코울]

몡 (복수 coals [kóulz])
석탄
영 *Coal* is a black mineral that dug from the earth and burned for heat.
¶ a lump of *coal*
석탄 덩어리
일 石炭 せきたん(세끼딴) 중 煤 méi (메이)

***coast** [kóust 코우스트]

몡 (복수 coasts [kóusts])
해안
영 A *coast* is the land that is next to the sea.
¶ Our town lies on the *coast*.
우리 마을은 해안에 있다.
일 海岸 かいがん(카이간) 중 海岸 hǎi'àn(하이안)

****coat** [kóut 코우트]

몡 (복수 coats [kóuts])
1 외투, 코트
영 A *coat* is a piece of clothing that you wear over other clothes to keep you warm.
¶ He took off his *coat*.
그는 코트를 벗었다.
일 外套 がいとう(가이또-) 중 外套 wàitào(와이타오)
2 털가죽
영 A *coat* is an animal's fur.
일 毛皮 けがわ(케가와) 중 动物皮毛 dòngwùpímáo(둥우피마오)

---

cock [kák 칵]

몡 수탉
영 A *cock* is a fully grown male chicken.
일 おんどり(온도리) 중 公鸡 gōngjī (궁지)

---

co·coa [kóukou 코우코우]

몡 코코아
영 *Cocoa* is a brown powder made from the roasted beans of the cacao tree and used to make chocolate.
일 ココア(코꼬아) 중 可可 kěkě(커커)

---

co·co·nut [kóukənʌt 코우커넛]

몡 코코넛, 야자나무의 열매
영 A *coconut* is a very large brown nut which is white inside and has liquid in the middle.
일 ココナツ(코꼬나쓰) 중 椰子 yēzi(예 쯔)

***code** [kóud 코우드]

몡 (복수 codes [kóudz])
암호
영 A *code* is a system of words, letters, symbols, or numbers used instead of ordinary words to send messages or store information.
¶ in *code*
암호로
일 暗号 あんごう(앙고-) 중 代码 dàimǎ(다이마)

---

co·ed·u·ca·tion [kòuèdʒə-kéiʃən 코우에저케이션]

몡 남녀공학
영 *Coeducation* is the system of teaching boys and girls together in the same school.
일 男女共学 だんじょきょうがく(단 조쿄-가꾸) 중 男女同校 nánnǚtóngxiào (난뉘퉁샤오)

****cof·fee** [kɔ́:fi 코-피]

명 (복수 coffees [kɔ́:fiz])
커피
영 *Coffee* is a hot dark brown drink that has a slightly bitter taste.
¶ We ordered two *coffees*.
우리는 커피 두 잔을 주문했다.
일 コーヒー(코-히-) 중 咖啡 kāfēi(카페이)

***coin** [kɔ́in 코인]

명 (복수 coins [kɔ́inz])
동전
영 A *coin* is a round piece of money made of metal.
¶ Do you have some *coins*?
동전 좀 있니?
일 硬貨 こうか(코-까) 중 硬币 yìngbì(잉비)

Coke [kóuk 코우크]

명 (복수 Cokes [kóuks])
코카콜라《상표명》
영 *Coke* is a sweet brown soft drink.
일 コカコーラ(코까꼬-라) 중 可口可乐 kěkǒukělè(커커우커러)

****cold** [kóuld 코울드]

형 (비교급 colder [kóuldər], 최상급 coldest [kóuldist])
추운, 찬(《반》hot 더운)
영 *Cold* means having a low temperature.
¶ It's very cold.
(날씨가) 꽤 춥다.
일 寒い さむい(사무이) 중 寒冷的 hánlěngde(한렁더)

명 **1** [흔히 a cold로] 감기
영 A *cold* is a common mild illness that causes sneezes, a sore throat, and sometimes a cough and a slight fever.
¶ I have a *cold*.
나는 감기에 걸렸다.
일 かぜ(카제) 중 感冒 gǎnmào(간마오)
2 [흔히 the cold로] 추위
영 The *cold* is a low temperature or cold weather.
¶ I don't like the *cold* of winter.
나는 겨울 추위가 싫다.
일 寒さ さむさ(사무사) 중 寒冷 hánlěng(한렁)

---

col·lar [kálər 칼러]

명 (복수 collars [kálərz])
칼라
영 A *collar* is the part of a shirt, blouse, coat, etc. that fits around your neck and is usually folded down.
일 えり(에리) 중 衣领 yīlǐng(이링)

***col·lect** [kəlékt 컬렉트]

타 (3단현 collects [kəlékts], 과거·과거분사 collected [kəléktid], 현재분사 collecting [kəléktiŋ])
모으다
영 To *collect* means to gather things together.
¶ He likes to *collect* coins.
그는 동전 모으는 것을 좋아한다.
일 集める あつめる(아쓰메루) 중 收集 shōují(서우지)

---

col·lec·tion [kəlékʃən 컬렉션]

명 (복수 collections [kəlékʃənz])
수집한 것
영 A *collection* is a group of things gathered over a long time.
일 収集物 しゅうしゅうぶつ(슈-슈-부쓰) 중 收藏品 shōucángpǐn(서우창핀)

col·lec·tor [kəléktər 컬렉터]

몡 수집가

옝 A *collector* is someone who collects things that are interesting or attractive.

¶ a stamp *collector*

우표 수집가

몋 収集家 しゅうしゅうか(슈-슈-까)

묭 收藏家 shōucángjiā(서우창쟈)

***col·lege** [kálidʒ 칼리지]

몡 (복수 colleges [kálidʒiz])

(단과) 대학

옝 A *college* is a place of higher learning where students can continue to study after they have finished high school.

¶ He is in *college*.

그는 대학 재학 중이다.

몋 (単科)大学 (たんか)だいがく((탕까)다이가꾸) 묭 学院 xuéyuàn(쉐위엔)

---

co·lon [kóulən 코울런]

몡 콜론

옝 A *colon* is the mark (:) used in writing to introduce a list, examples, etc.

몋 コロン(코론) 묭 冒号 màohào(마오하오)

---

col·o·ny [káləni 칼러니]

몡 (복수 colonies [káləniz])

식민지

옝 A *colony* is a country or area that is ruled by a more powerful country.

¶ Algeria was formerly a French *colony*.

알제리는 예전에 프랑스의 식민지였다.

몋 植民地 しょくみんち(쇼꾸민찌) 묭

殖民地 zhímíndì(즈민디)

****col·or** [kʌlər 컬러]

몡 (복수 colors [kʌlərz])

색, 색깔

옝 *Color* is red, blue, yellow, etc.

¶ What *color* is your new car?

네 새 차는 무슨 색이니?

몋 色 いろ(이로) 묭 色 sè(써)

타 (3단현 colors [kʌlərz], 과거·과거분사 colored [kʌlərd], 현재분사 coloring [kʌləriŋ])

색칠하다

옝 To *color* means to make something red, yellow, black, etc.

¶ She *colored* the flower red.

그녀는 꽃을 빨갛게 색칠했다.

몋 色をつける いろをつける(이로오쓰께루) 묭 着色 zhuósè(쥐써)

***col·or·ful** [kʌlərful 컬러풀]

혱 다채로운, 색채가 풍부한

옝 *Colorful* means having a lot of bright colors.

몋 多彩な たさいな(타사이나) 묭 鮮艳的 xiānyànde(셴옌더)

---

col·umn [káləm 칼럼]

몡 (복수 columns [káləmz])

칼럼

옝 A *column* is an article by a particular writer that appears regularly in a newspaper or magazine.

몋 コラム(코라무) 묭 专栏 zhuānlán(좐란)

****comb** [kóum 코움]

몡 (복수 combs [kóumz])

빗

영 A *comb* is a flat piece of metal or plastic with a row of teeth, used for making your hair smooth and neat.
일 くし(쿠시) 중 梳子 shūzi(수쯔)

---

com·bat [kámbæt 캄뱃]

명 싸움, 전투
영 *Combat* is fighting between people or armies.
일 戦い たたかい(타따까이) 중 战斗 zhàndòu(잔더우)

---

*com·bine [kəmbáin 컴바인]

타 (3단현 combines [kəmbáinz], 과거·과거분사 combined [kəmbáind], 현재분사 combining [kəmbáiniŋ])
결합시키다
영 To *combine* means to join or mix two or more things together.
일 結びつける むすびつける(무스비쓰께루) 중 使结合 shǐjiéhé(스제허)

**come [kám 컴]

자 (3단현 comes [kámz], 과거형 came [kéim], 과거분사 come, 현재분사 coming [kámiŋ])
오다(《반》go 가다) ; (상대방쪽으로) 가다
영 To *come* means to move toward a person or place.
¶ *Come* this way, please.
이쪽으로 오세요.
일 来る くる(쿠루) 중 来 lái(라이)
숙어 *come back* 돌아오다
숙어 *come by* 들르다
숙어 *come in* 들어가다
¶ May I *come in*?
들어가도 되니?

---

com·e·dy [kámədi 카머디]

명 (복수 comedies [kámədiz])
희극, 코미디(《반》tragedy 비극)
영 *Comedy* is a funny play or film.
일 喜劇 きげき(키게끼) 중 喜剧 xǐjù(시쮜)

---

com·fort [kámfərt 컴퍼트]

타 (3단현 comforts [kámfərts], 과거·과거분사 comforted [kámfərtid], 현재분사 comforting [kámfərtiŋ])
위로하다
영 To *comfort* means to make someone feel less worried or upset.
¶ We *comforted* each other.
우리는 서로 위로했다.
일 慰める なぐさめる(나구사메루) 중 安慰 ānwèi(안웨이)

명 위로
영 *Comfort* is the feeling of being relaxed and free from pain or worries.
일 慰め なぐさめ(나구사메) 중 安慰 ānwèi(안웨이)

---

*com·fort·a·ble [kámfərtəbl 컴퍼터블]

형 (비교급 more comfortable, 최상급 most comfortable)
편안한
영 *Comfortable* means relaxed in your body or your mind.
¶ a *comfortable* chair
편안한 의자
일 くつろいだ(쿠쓰로이다) 중 舒适的 shūshìde(수스더)

---

*com·ic [kámik 카믹]

형 우스운

C

영 *Comic* means funny or amusing.
¶ a *comic* story
우스운 이야기
일 こっけいな(콕께-나) 중 滑稽的 huájìde(화지더)

명 (복수 comics [kámiks])
1 희극 배우
영 A *comic* is someone who tells jokes and funny stories.
일 喜劇俳優 きげきはいゆう(키게끼하이유-) 중 喜剧演员 xǐjùyǎnyuán(시쥐엔위엔)
2 [the comics로] (신문의) 만화란
영 *The comics* are the part of a newspaper that has comic strips.
일 漫画欄 まんがらん(망가란) 중 连环漫画 liánhuánmànhuà(롄환만화)
3 만화책
영 A *comic* is a magazine that tells stories using sets of pictures.
일 漫画本 まんがほん(망가홍) 중 连环漫画册 liánhuánmànhuàcè(롄환만화처)

com·ing [kʌ́miŋ 커밍]

자 come의 현재분사

형 (다가) 오는, 다음의
영 *Coming* means happening soon.
¶ the *coming* winter
오는 겨울
일 来たるべき きたるべき(키따루베끼) 중 正在来到的 zhèngzàiláidàode(정짜이라이다오더)

com·ma [kámə 카머]

명 콤마
영 A *comma* is the mark (,) used for dividing parts of a sentence or items in a list.

일 コンマ(콤마) 중 逗号 dòuhào(더우하오)

---

*com·mand [kəmǽnd 커맨드]

타 (3단현 commands [kəmǽndz], 과거·과거분사 commanded [kəmǽndid], 현재분사 commanding [kəmǽndiŋ])
명령하다
영 To *command* means to order someone to do something.
¶ He *commanded* me to go.
그는 내게 가라고 명령했다.
일 命令する めいれいする(메-레-스루) 중 命令 mìnglìng(밍링)

명 (복수 commands [kəmǽndz])
명령
영 A *command* is an order that must be obeyed.
¶ Shoot when I give the *command*.
내가 (쏘라는) 명령을 내릴 때 쏴라.
일 命令 めいれい(메-레-) 중 命令 mìnglìng(밍링)

---

*com·ment [káment 카멘트]

명 (복수 comments [káments])
논평
영 A *comment* is a remark or note that expresses your opinion.
일 論評 ろんぴょう(롬뾰-) 중 评论 pínglùn(핑룬)

자 (3단현 comments [káments], 과거·과거분사 commented [kámentid], 현재분사 commenting [kámentiŋ])
논평하다
영 To *comment* means to give an opinion about someone or something.
일 論評する ろんぴょうする(롬뾰-스

루) 중 评论 pínglùn(핑룬)

---

com·merce [kámə:rs 카머-스]

명 상업, 무역
영 *Commerce* is the buying and selling of things in order to make money.
¶ international *commerce*
국제 무역
일 商業 しょうぎょう(쇼-교-) 중 商业 shāngyè(상예)

---

*com·mer·cial [kəmə́:rʃəl 커머-셜]

형 **1** 상업상의
영 *Commercial* means relating to business and the buying and selling of things.
¶ *commercial* activities
상업 활동
일 商業上の しょうぎょうじょうの (쇼-교-조-노) 중 商业的 shāngyède (상예더)
2 영리적인
영 *Commercial* means having profit as a main aim.
일 営利的な えいりてきな(에-리떼끼나) 중 营利的 yínglìde(잉리더)

명 (복수 commercials [kəmə́:r-ʃəlz])
광고 방송, 커머셜
영 A *commercial* is a television or radio advertisement.
일 広告放送 こうこくほうそう(코-꼬꾸호-소-) 중 商业广告 shāngyèguāng-gào(상예광가오)

---

*com·mit [kəmít 커밋]

타 (3단현 commits [kəmíts], 과거·

과거분사 committed [kəmítid], 현재분사 committing [kəmítiŋ])
(죄 등을) 범하다, 저지르다
영 To *commit* means to do something wrong or illegal.
¶ *commit* a crime
죄를 범하다
일 犯す おかす(오까스) 중 犯 fàn(판)

---

com·mit·tee [kəmíti 커미티]

명 (복수 committees [kəmítiz])
위원회
영 A *committee* is a group of people chosen to do a particular job, make decisions, etc.
일 委員会 いいんかい(이잉까이) 중 委员会 wěiyuánhuì(웨이위엔후이)

---

*com·mon [kámən 카먼]

형 (비교급 more common 또는 commoner [kámənər], 최상급 most common 또는 commonest [kámənist])
1 보통의, 평범한
영 *Common* means ordinary and not special in any way.
일 ふつうの(후쓰-노) 중 普通的 pǔtōngde(푸퉁더)
2 공통의, 공유의
영 *Common* means shared by two or more people or things.
¶ This defect is *common* to all of us.
이 결점은 우리 모두가 공통으로 가지고 있다.
일 共通の きょうつうの(쿄-쓰-노) 중 共同的 gòngtōngde(궁퉁더)

---

com·mon·ly [kámənli 카먼리]

부 보통, 일반적으로
영 *Commonly* means often or usually.
¶ He is *commonly* known as Tom.

그는 보통 톰으로 알려져 있다.
일 ふつう(후쓰-) 중 通常地 tōng-chángde(퉁창더)

---

*__com·mu·ni·cate__ [kəmjúːnə-kèit 커뮤-너케이트]

동 (3단현 communicates [kəmjúː-nəkèits], 과거·과거분사 communi-cated [kəmjúːnəkèitid], 현재분사 communicating [kəmjúːnəkèitiŋ])
타 전달하다, 알리다
영 To __communicate__ means to express your thoughts or feelings clearly.
¶ We __communicate__ ideas and feelings by language.
우리는 언어로 생각과 감정을 전달한다.
일 伝達する でんたつする(덴따쓰스루)
중 传达 chuándá(촨다)
자 통신하다, 연락하다
영 To __communicate__ means to ex-change information or conversation with other people, using words, signs, writing, etc.
¶ We __communicate__ mostly by e-mail.
우리는 주로 이메일로 연락한다.
일 通信する つうしんする(쓰-신스루)
중 通讯 tōngxùn(퉁쉰)

---

*__com·mu·ni·ca·tion__ [kəmjùː-nəkéiʃən 커뮤-너케이션]

명 (복수 communications [kəmjùː-nəkéiʃənz])
전달
영 __Communication__ is the process of speaking, writing, etc. by which peo-ple exchange information or express their thoughts and feelings.
¶ mass __communication__
대중 전달, 매스컴
일 伝達 でんたつ(덴따쓰) 중 传达

chuándá(촨다)

---

*__com·mu·ni·ty__ [kəmjúːnəti 커뮤-너티]

명 (복수 communities [kəmjúːnə-tiz])
지역 사회, 공동체
영 A __community__ is a group of people who live in the same area or who have something in common with each other.
일 地域社会 ちいきしゃかい(치이끼샤까이) 중 社区 shèqū(서취)

__com·pact disc__ [kámpækt dísk 캄팩트 디스크]

명 콤팩트 디스크, 시디
영 A __compact disc__ is a small circular piece of hard plastic on which music or computer information is recorded.
일 コンパクトディスク(콤빠꾸또디스꾸) 중 激光唱片 jīguāngchàngpiàn(지광창펜)

__com·pan·ion__ [kəmpǽnjən 컴패니언]

명 (복수 companions [kəmpǽnjənz])
동료, 친구
영 A __companion__ is someone with whom you spend time.
일 仲間 なかま(나까마) 중 同伴 tóngbàn(퉁반)

---

*__com·pa·ny__ [kʌ́mpəni 컴퍼니]

명 (복수 companies [kʌ́mpəniz])
1 회사
영 A __company__ is a business that makes or sells things or provides a service.
¶ What __company__ do you work for?

어떤 회사에 근무하십니까?
ⓐ 会社 かいしゃ(카이샤) ⓒ 公司 gōngsī(궁쓰)
2 교제
ⓔ *Company* is companionship.
ⓐ 付き合い つきあい(쓰끼아이) ⓒ 交際 jiāojì(쟈오지)
3 손님
ⓔ *Company* is one or more guests.
¶ I am expecting *company* for the weekend.
주말에 손님이 온다.
ⓐ 来客 らいきゃく(라이꺄꾸) ⓒ 客人 kèrén(커런)
4 (배우 등의) 일행, 극단
ⓔ A *company* is a group of performers.
¶ a ballet *company*
발레단
ⓐ 一行 いっこう(익꼬) ⓒ 劇団 jùtuán(지퇀)

* * *

***com·pare** [kəmpéər 컴페어]
ⓣ (3단현 compares [kəmpéərz], 과거·과거분사 compared [kəmpéərd], 현재분사 comparing [kəmpéəriŋ])
1 비교하다
ⓔ To *compare* means to judge one thing against another and notice similarities and differences.
¶ *compare* two cameras
두 카메라를 비교하다
ⓐ 比較する ひかくする(히까꾸스루) ⓒ 比较 bǐjiào(비쟈오)
2 비유하다
ⓔ To *compare* means to say that something or someone is similar to someone or something else.
¶ Life is often *compared* to a voyage.
인생은 흔히 항해에 비유된다.
ⓐ 例える たとえる(타또에루) ⓒ 比作

bǐzuò(비쭤)

* * *

com·pass [kʌ́mpəs 컴퍼스]
ⓝ (복수 compasses [kʌ́mpəsiz])
1 나침반
ⓔ A *compass* is an instrument for finding directions, with a magnetic needle that always points north.
ⓐ 羅針盤 らしんばん(라심반) ⓒ 指南针 zhǐnánzhēn(즈난전)
2 [보통 compasses로] 컴퍼스
ⓔ A *compass* is an instrument that has two legs connected by a flexible joint, used for drawing circles.
¶ a pair of *compasses*
컴퍼스 한 자루
ⓐ コンパス(콤빠스) ⓒ 圆规 yuánguī(위엔구이)

* * *

***com·pete** [kəmpíːt 컴피-드]
ⓙ (3단현 competes [kəmpíːts], 과거·과거분사 competed [kəmpíːtid], 현재분사 competing [kəmpíːtiŋ])
경쟁하다, 싸우다
ⓔ To *compete* means to try hard to outdo others at a task, race, or contest.
ⓐ 競争する きょうそうする(쿄-소-스루) ⓒ 竞争 jìngzhēng(징정)

* * *

com·pe·ti·tion [kàmpətíʃən 캄퍼티션]
ⓜ (복수 competitions [kàmpətíʃənz])
1 경쟁
ⓔ *Competition* is a situation in which two or more people are trying to get the same thing.
ⓐ 競争 きょうそう(쿄-소-) ⓒ 竞争 jìngzhēng(징정)

* * *

2 시합, 경기
영 A *competition* is a contest of some kind.
¶ He decided to enter the *competition*.
그는 시합에 참가하기로 결정했다.
일 試合 しあい(시아이) 중 比赛 bǐsài(비싸이)

C

***com·plain** [kəmpléin 컴플레인]
자 (3단현 complains [kəmpléinz], 과거·과거분사 complained [kəmpléind], 현재분사 complaining [kəmpléiniŋ])
불평하다
영 To *complain* means to say that you are unhappy about something.
¶ He is always *complaining*.
그는 늘 불평만 하고 있다.
일 不平を言う ふへいをいう(후헤-오이우) 중 抱怨 bàoyuàn(바오위엔)

---

com·plaint [kəmpléint 컴플레인트]
명 (복수 complaints [kəmpléints])
불평, 불만
영 *Complaint* is a statement saying that you are unhappy about something.
¶ He accepted it without *complaint*.
그는 그것을 불평 없이 받아들였다.
일 不平 ふへい(후헤-) 중 抱怨 bàoyuàn(바오위엔)

***com·plete** [kəmplíːt 컴플리-트]
형 **1** 전부 갖춘, 완비된
영 *Complete* means having all the parts that are needed or wanted.
¶ a *complete* edition
전집
일 全部そろった ぜんぶそろった(젬부소롯따) 중 完整的 wánzhěngde(완정

더)
2 완성한, 완료된
영 *Complete* means finished.
일 完成した かんせいした(칸세-시따)
중 完成的 wánchéngde(완청더)

타 (3단현 completes [kəmplíːts], 과거·과거분사 completed [kəmplíːtid], 현재분사 completing [kəmplíːtiŋ])
완성하다, 마무리하다
영 To *complete* means to finish something.
¶ The book took five years to *complete*.
그 책은 완성하는 데 5년 걸렸다.
일 完成する かんせいする(칸세-스루)
중 完成 wánchéng(완청)

***com·plete·ly** [kəmplíːtli 컴플리-틀리]
부 (비교급 more completely, 최상급 most completely)
완전히, 철저히
영 *Completely* means totally.
¶ I *completely* forgot about her birthday.
그녀의 생일을 완전히 잊고 있었다.
일 完全に かんぜんに(칸젠니) 중 完全地 wánquánde(완취엔더)

***com·plex** [kɑmpléks 캄플렉스]
형 (비교급 more complex, 최상급 most complex)
1 복잡한
영 *Complex* means complicated.
¶ *complex* questions
복잡한 질문
일 複雑な ふくざつな(후꾸자쓰나) 중 复杂的 fùzáde(푸짜더)
2 복합의
영 *Complex* means having a large

number of parts.
일 複合の ふくごうの(후꾸고-노) 중
复合的 fùhéde(푸허더)

명 [kámpleks 캄플렉스] (복수 com-plexes [kámpleksiz])
1 복합[종합] 건물, 단지
영 A *complex* is a group of buildings that are close together and are used for a particular purpose.
일 複合ビル ふくごうビル(후꾸고-비루) 중 综合性建筑 zōnghéxìngjiàn-zhù(쭝허싱졘주)
2 콤플렉스
영 A *complex* is a set of strong feelings that you cannot control or forget about and that causes problems for you.
일 コンプレックス(콤뿌렉꾸스) 중 情结 qíngjié(칭졔)

------

*__com·pli·cat·ed__ [kámpləkèit-id 캄플러케이티드]
형 복잡한
영 *Complicated* means difficult to understand or deal with.
일 複雑な ふくざつな(후꾸자쓰나) 중 复杂的 fùzáde(푸짜더)

------

*__com·pose__ [kəmpóuz 컴포우즈]
타 (3단현 composes [kəmpóuziz], 과거·과거분사 composed [kəm-póuzd], 현재분사 composing [kəmpóuziŋ])
작곡하다
영 To *compose* means to write a piece of music.
일 作曲する さっきょくする(삭꾜꾸스루) 중 作曲 zuòqǔ(쭤춰)

------

com·pos·er [kəmpóuzər 컴포우제]
명 작곡가
영 A *composer* is someone who writes music.
일 作曲家 さっきょくか(삭꾜꾸까) 중 作曲家 zuòqǔjiā(쭤춰쟈)

------

com·po·si·tion [kàmpəzíʃən 캄퍼지션]
명 (복수 compositions [kàmpə-zíʃənz])
1 작곡
영 *Composition* is the art or process of writing music.
일 作曲 さっきょく(삭꾜꾸) 중 作曲 zuòqǔ(쭤춰)
2 작문
영 A *composition* is a short essay written as a school exercise.
¶ Write a short *composition* in English.
영어로 짧은 작문을 지어라.
일 作文 さくぶん(사꾸붕) 중 作文 zuòwén(쭤원)

------

*__com·pre·hend__ [kàmprihénd 캄프리헨드]
타 (3단현 comprehends [kàmpri-héndz], 과거·과거분사 compre-hended [kàmprihéndid], 현재분사 comprehending [kàmprihén-diŋ])
이해하다
영 To *comprehend* means to understand.
¶ That math problem was hard to *comprehend*.
그 수학 문제는 이해하기 힘들었다.
일 理解する りかいする(리까이스루)
중 理解 lǐjiě(리졔)

------

com·pre·hen·sion [kɑ̀mpri-hénʃən 캄프리헨션]

몡 이해(력)

옝 *Comprehension* is understanding, or the power to understand.

일 理解(力) りかい(りょく)(리까이 (료꾸)) 줭 理解(力) lǐjiě(lì)(리제(리))

C

* **com·put·er** [kəmpjúːtər 컴퓨-터]

몡 (복수 computers [kəmpjúːtərz]) 컴퓨터

옝 A *computer* is an electronic machine that stores information and uses programs to help you find, organize, or change the information.

일 コンピューター(콤뷰-따-) 줭 电脑 diànnǎo(뎬나오)

* **con·cen·trate** [kɑ́nsəntrèit 칸선트레이트]

톱 (3단현 concentrates [kɑ́nsəntrèits], 과거·과거분사 concentrated [kɑ́nsəntrèitid], 현재분사 concentrating [kɑ́nsəntrèitiŋ]) 집중하다

옝 To *concentrate* means to focus your thoughts and attention on something.

¶ He *concentrated* his attention on his work

그는 자기 일에 주의를 집중했다.

일 集中する しゅうちゅうする(슈-쮸-스루) 줭 集中 jízhōng(지중)

* **con·cern** [kənsə́ːrn 컨선-]

톱 (3단현 concerns [kənsə́ːrnz], 과거·과거분사 concerned [kənsə́ːrnd], 현재분사 concerning [kənsə́ːrniŋ])

1 관계가 있다

옝 To *concern* means to involve some-

one or be of interest to him or her.

¶ It does not *concern* me. 나와는 관계가 없다.

일 関係がある かんけいがある(캉께-가아루) 줭 涉及 shèjí(서지)

2 걱정하다

옝 To *concern* means to worry.

일 心配する しんぱいする(심빠이스루) 줭 担心 dānxīn(단신)

몡 (복수 concerns [kənsə́ːrnz]) 관심사 ; 걱정거리

옝 A *concern* is something important that worries you or involves you.

일 関心事 かんしんじ(칸신지) 줭 关心事 guānxīnshì(관신스)

con·cern·ing [kənsə́ːrniŋ 컨서-닝]

젼 …에 관하여

옝 *Concerning* means about.

일 ついて(쓰이떼) 줭 关于 guānyú(관위)

* **con·cert** [kɑ́nsəːrt 칸서-트]

몡 (복수 concerts [kɑ́nsəːrts]) 음악회, 콘서트

옝 A *concert* is a performance by musicians or singers.

¶ Why don't you go to the *concert*? 음악회에 가보는 것이 어때?

일 音楽会 おんがくかい(옹각까이) 줭 音乐会 yīnyuèhuì(인웨후이)

* **con·clude** [kənklúːd 컨클루-드]

톱 (3단현 concludes [kənklúːdz], 과거·과거분사 concluded [kənklúːdid], 현재분사 concluding [kənklúːdiŋ])

1 결론을 내리다

옝 To *conclude* means to arrive at a

decision or realization based on the facts that you have.

일 結論を下す けつろんをくだす(케쓰롱오쿠다스) 중 断定 duàndìng(똰딩)

2 끝내다

영 To **conclude** means to finish or end something.

¶ We *concluded* the meeting.
우리는 회의를 끝냈다.

일 終える おえる(오에루) 중 结束 jiéshù(제수)

---

* **con·clu·sion** [kənklúːʒən 컨클루-전]

명 (복수 conclusions [kənklúːʒənz])

1 결론

영 A *conclusion* is something that you decide after considering all the information you have.

¶ I've come to the *conclusion* that she's lying.
나는 그녀가 거짓말하고 있다는 결론에 이르렀다.

일 結論 けつろん(케쓰롱) 중 决定 juédìng(쮀딩)

2 결말, 끝맺음

영 *Conclusion* is the end or final part of something.

¶ the *conclusion* of the story
이야기의 결말

일 終わり おわり(오와리) 중 结束 jiéshù(제수)

---

con·crete [kánkriːt 칸크리-트]

명 콘크리트

영 *Concrete* is a building material made from a mixture of sand, gravel, cement, and water.

일 コンクリート(콩꾸리-또) 중 混凝土 hùnníngtǔ(훈닝투)

---

* **con·di·tion** [kəndíʃən 컨디션]

명 (복수 conditions [kəndíʃənz])

1 (건강) 상태, 컨디션

영 *Condition* is general health or physical fitness.

¶ Runners try to stay in good *condition*.
주자들이 좋은 컨디션을 유지하려고 노력하고 있다.

일 状態 じょうたい(조-따이) 중 状态 zhuàngtài(쫭타이)

2 [보통 conditions로] 사정, 상황

영 *Conditions* are the general state of a person, an animal, or a thing.

일 事情 じじょう(지조-) 중 情况 qíngkuàng(칭쾅)

3 조건

영 A *condition* is something that is needed before another thing can happen or be allowed.

일 条件 じょうけん(조-껭) 중 条件 tiáojiàn(탸오졘)

---

* **con·duct** [kəndʌ́kt 컨덕트]

타 (3단현 conducts [kəndʌ́kts], 과거·과거분사 conducted [kəndʌ́ktid], 현재분사 conducting [kəndʌ́ktiŋ])

1 행하다, 실시하다

영 To *conduct* means to do something.

일 行う おこなう(오꼬나우) 중 行为 xíngwéi(싱웨이)

2 (악단 등을) 지휘하다

영 To *conduct* means to stand in front of a group of musicians and direct their playing.

일 指揮する しきする(시끼스루) 중 指挥 zhǐhuī(즈후이)

명 [kándʌkt 칸덕트] 행동, 행실

영 *Conduct* is behavior.

¶ admirable *conduct*

칭찬할 만한 행동
일 ふるまい(후루마이) 중 行为 xíng-wéi(싱웨이)

---

con·duc·tor [kəndʌ́ktər 컨덕터]

명 (복수 conductors [kəndʌ́ktərz])
지휘자
영 A *conductor* is someone who stands in front of a group of musicians and directs it as it plays.
¶ He is a famous orchestra *conductor*.
그는 유명한 교향악단 지휘자다.
일 指揮者 しきしゃ(시끼샤) 중 指挥 zhǐhuī(즈후이)

---

cone [kóun 코운]

명 (복수 cones [kóunz])
원뿔
영 A *cone* is an object or a shape with a round base and a point at the top.
일 円錐 えんすい(엔스이) 중 圆锥体 yuánzhuītǐ(위엔주이티)

---

con·fer·ence [kánfərəns 칸퍼런스]

명 (복수 conferences [kánfərənsiz])
회의
영 A *conference* is a formal meeting for discussing ideas and opinions.
¶ an international *conference*
국제 회의
일 会議 かいぎ(카이기) 중 会议 huìyì(후이이)

---

con·fess [kənfés 컨페스]

타 (3단현 confesses [kənfésiz], 과거·과거분사 confessed [kənfést], 현재분사 confessing [kənfésiŋ])
고백하다, 자백하다
영 To *confess* means to admit that you have done something wrong or illegal.
¶ He *confessed* his crimes.
그는 자신의 죄를 고백했다.
일 告白する こくはくする(코꾸하꾸스루) 중 坦白 tǎnbái(탄바이)

---

con·fi·dence [kánfədəns 칸퍼던스]

명 1 신뢰, 신용
영 *Confidence* is the feeling that you can trust someone or something to be good or successful.
일 信頼 しんらい(신라이) 중 信赖 xìnlài(신라이)
2 자신, 확신
영 *Confidence* is a strong belief in your ability to do things well.
¶ Act with *confidence*.
자신 있게 행동해라.
일 自信 じしん(지신) 중 自信 zìxìn(쯔신)

---

*con·fi·dent [kánfədənt 칸퍼던트]

형 (비교급 more confident, 최상급 most confident)
자신 있는, 확신하는
영 *Confident* means having a strong belief in your own abilities.
¶ She was *confident* in her ability.
그녀는 자기 능력을 자신했다.
일 自信がある じしんがある(지신가아루) 중 自信的 zìxìnde(쯔신더)

---

con·flict [kánflikt 칸플릭트]

명 (복수 conflicts [kánflikts])
1 투쟁, 전투
영 A *conflict* is a war or a period of fighting.
일 闘争 とうそう(토-소-) 중 斗争

dòuzhēng(더우정)

2 대립, 충돌

영 A *conflict* is a serious disagreement.

¶ a *conflict* of opinion(s)
의견 대립

일 対立 たいりつ(타이리쓰) 중 冲突 chōngtū(충투)

---

* **con·fuse** [kənfjúːz 컨퓨-즈]

타 (3단현 confuses [kənfjúːziz], 과거·과거분사 confused [kənfjúːzd], 현재분사 confusing [kənfjúːziŋ])
혼동하다

영 To *confuse* means to think wrongly that a person or thing is someone or something else.

¶ She *confused* me with my twin brother.
그녀는 나를 쌍둥이 형과 혼동했다.

일 混同する こんどうする(콘도-스루) 중 混同 hùntóng(훈퉁)

---

con·fu·sion [kənfjúːʒən 컨퓨-전]

명 혼동

영 *Confusion* is a situation in which you wrongly think that a person or thing is someone or something else.

일 混同 こんどう(콘도-) 중 混同 hùntóng(훈퉁)

---

* **con·grat·u·late** [kəngrætʃulèit 컨그래츌레이트]

타 (3단현 congratulates [kəngrætʃulèits], 과거·과거분사 congratulated [kəngrætʃulèitid], 현재분사 congratulating [kəngrætʃulèitiŋ])
축하하다

영 To *congratulate* means to tell someone that you are pleased be-

cause something good has happened to the person or he or she has done something well.

¶ He heartily *congratulated* her on her marriage.
그는 진심으로 그녀의 결혼을 축하했다.

일 祝う いわう(이와우) 중 祝贺 zhùhè (주허)

---

con·grat·u·la·tions [kəngrætʃuléiʃənz 컨그래츌레이션즈]

명 [복수] 축하의 말, 축사

영 *Congratulations* are words used in order to congratulate someone.

¶ *Congratulations* on your graduation!
졸업 축하해!

일 祝いの言葉 いわいのことば(이와이노코또바) 중 贺词 hècí(허츠)

Con·gress [káŋgrəs 캉그러스]

명 《미》 국회, 의회(《영》 Parliament)

▲ 미국 국회 의사당

영 *Congress* is the government body of the United States that makes laws, made up of the Senate and the House of Representatives.

일 国会 こっかい(콕까이) 중 国会 guóhuì(궈후이)

---

* **con·nect** [kənékt 커넥트]

타 (3단현 connects [kənékts], 과거·

connection

과거분사 connected [kənéktid], 현재분사 connecting [kənéktiŋ])
연결시키다
영 To *connect* means to join together two or more things, ideas, or places.
¶ *Connect* the printer to the computer.
프린터를 컴퓨터에 연결시켜라.
일 結び付ける　むすびつける(무스비쓰께루)　중 连接 liánjiē(롄졔)

---

*con·nec·tion [kənékʃən 커넥션]

명 (복수 connections [kənékʃənz])
1 관계
영 A *connection* is a link between objects, people, ideas, etc.
¶ I have no *connection* with him.
나는 그와는 아무런 관계도 없다.
일 関係　かんけい(캉께-)　중 关系 guānxì(관시)
2 [connections로] 연고, 연줄
영 *Connections* are people you know, especially people who might be useful to you in your career.
¶ He used his *connections* to get a job.
그는 취직을 하려고 연줄을 이용했다.
일 縁故　えんこ(엔꼬)　중 路子 lùzi(루쯔)

---

con·quer [káŋkər 캉커]

타 (3단현 conquers [káŋkərz], 과거·과거분사 conquered [káŋkərd], 현재분사 conquering [káŋkəriŋ])
정복하다
영 To *conquer* means to get control of land or people by force.
¶ In 1066 the Normans *conquered* England.
1066년에 노르만인은 잉글랜드를 정복했다.

일 征服する　せいふくする(세-후꾸스루)　중 征服 zhēngfú(정푸)

---

con·science [kánʃəns 칸션스]

명 (복수 consciences [kánʃənsiz])
양심
영 *Conscience* is your knowledge of what is right and wrong that makes you feel guilty when you have done something wrong.
¶ It's a matter of *conscience*.
그것은 양심의 문제다.
일 良心　りょうしん(료-싱)　중 良心 liángxīn(량신)

---

con·scious [kánʃəs 칸셔스]

형 (비교급 more conscious, 최상급 most conscious)
1 알아차린, 의식한
영 *Conscious* means aware of something.
일 気づいている　きづいている(키즈이떼이루)　중 觉察到的 juéchádàode(줴차다오더)
2 의식이 있는, 제정신의
영 *Conscious* means awake and able to think and perceive.
¶ He was injured but *conscious*.
그는 부상을 당했지만 의식이 있었다.
일 意識がある　いしきがある(이시끼가 아루)　중 清醒的 qīngxǐngde(칭싱더)

---

con·sent [kənsént 컨센트]

자 (3단현 consents [kənsénts], 과거·과거분사 consented [kənséntid], 현재분사 consenting [kənséntiŋ])
동의하다
영 To *consent* means to give your permission for something to happen.
¶ He *consented* that I go.

그는 내가 가는 것에 동의했다.
일 同意する　どういする(도-이스루)
중 同意 tóngyì(퉁이)

명 동의
영 ***Consent*** is permission to do something.
¶ parental *consent*
부모의 동의
일 同意 どうい(도-이) 중 同意 tóngyì (퉁이)

---

con·se·quence [kánsikwèns 칸시퀜스]

명 (복수 consequences [kánsi-kwènsiz])
결과
영 A ***consequence*** is the result of an action.
¶ She never thinks about the *consequences* of her actions.
그녀는 결코 자신의 행동의 결과에 대해 생각하지 않는다.
일 結果 けっか(켁까) 중 结果 jiéguǒ (졔궈)

---

*con·sid·er [kənsídər 컨시더]

동 (3단현 considers [kənsídərz], 과거·과거분사 considered [kən-sídərd], 현재분사 considering [kənsídəriŋ])
타 **1** 잘 생각하다
영 To ***consider*** means to think about something very carefully, especially before making a decision.
¶ Let's *consider* this problem.
이 문제를 잘 생각해 보자.
일 熟考する じゅっこうする(죽꼬-스루) 중 细想 xìxiǎng(시샹)
2 …을 …라고 생각하다
영 To ***consider*** means to think of someone or something in a particular

way or have a particular opinion.
¶ Everyone *considers* him a great scientist.
누구나 그를 위대한 과학자라고 생각한다.
일 思う おもう(오모우) 중 认为 rènwéi (런웨이)
3 고려하다
영 To ***consider*** means to take something into account.
¶ *Consider* the fact that he is only a beginner.
그가 초보자라는 사실을 고려해라.
일 考慮に入れる こうりょにいれる(코-료니이레루) 중 考慮 kǎolǜ(카오뤼)
자 잘 생각하다
영 To ***consider*** means to think about something carefully before diciding what to do.
¶ *Consider* well before you decide.
결정히기 전에 잘 생각해 봐라.
일 よく考える よくかんがえる(요꾸 캉가에루) 중 细想 xìxiǎng(시샹)

---

con·sid·er·a·ble [kənsídərəbl 컨시더러블]

형 상당한, 꽤 많은
영 ***Considerable*** means large enough to be important or have an effect.
¶ a *considerable* income
상당한 수입
일 かなりの(카나리노) 중 相当大的 xiāngdāngdàde(샹당다더)

---

con·sid·er·a·tion [kənsìd-əréiʃən 컨시더레이션]

명 (복수 considerations [kənsìd-əréiʃənz])
잘 생각하기
영 ***Consideration*** is careful thought that you give to something before making a decision.

일 熟考 じゅっこう(죽꼬-) 중 细想 xìxiǎng(시샹)

***con·sist** [kənsíst 컨시스트]

재 (3단현 consists [kənsísts], 과거·과거분사 consisted [kənsístid], 현재분사 consisting [kənsístiŋ])
…으로 되다, …으로 이루어져 있다
영 To *consist* means to be made of or contain particular things or people.
¶ The committee *consists* of five members.
그 위원회는 5명으로 이루어져 있다.
일 成る なる(나루) 중 构成 gòuchéng(거우청)

---

con·so·nant [kánsənənt 칸서넌트]

명 (복수 consonants [kánsənənts])
자음
영 A *consonant* is a speech sound that is not a vowel.
일 子音 しいん(시잉) 중 辅音 fǔyīn(푸인)

---

con·stant [kánstənt 칸스턴트]

형 (비교급 more constant, 최상급 most constant)
불변의, 일정한
영 *Constant* means staying at the same rate or level all the time.
¶ The driver of the car proceeded at a *constant* speed.
자동차 운전자는 일정한 속도로 차를 몰았다.
일 不変の ふへんの(후헨노) 중 不变的 búbiànde(부볜더)

---

con·struct [kənstrʌ́kt 컨스트럭트]

타 (3단현 constructs [kənstrʌ́kts], 과거·과거분사 constructed [kənstrʌ́ktid], 현재분사 constructing [kənstrʌ́ktiŋ])
건설하다, 건조하다
영 To *construct* means to build or make something.
¶ The Empire State Building was *constructed* in 1931.
엠파이어 스테이트 빌딩은 1931년에 건설되었다.
일 建設する けんせつする(켄세쓰스루)
중 建设 jiànshè(졘서)

---

con·struc·tion [kənstrʌ́kʃən 컨스트럭션]

명 건설, 건조
영 *Construction* is the process of building something large.
¶ The bridge is under *construction*.
다리는 건설 중이다.
일 建設 けんせつ(켄세쓰) 중 建设 jiànshè(졘서)

---

con·sult [kənsʌ́lt 컨설트]

타 (3단현 consults [kənsʌ́lts], 과거·과거분사 consulted [kənsʌ́ltid], 현재분사 consulting [kənsʌ́ltiŋ])
상담하다
영 To *consult* means to go to a person for advice.
일 相談する そうだんする(소-단스루)
중 咨询 zīxún(쯔쉰)

***con·tact** [kántækt 칸택트]

명 (복수 contacts [kántækts])
접촉
영 *Contact* is communication with a person, organization, country, etc.
¶ There is little *contact* between the two tribes.

두 부족 간에는 접촉이 거의 없다.
⑪ 接触 せっしょく(셋쇼꾸) ㊥ 接触 jiēchù(제추)

㊀ (3단현 contacts [kántækts], 과거·과거분사 contacted [kántæktid], 현재분사 contacting [kántæktiŋ])
접촉하다
㊁ To *contact* means to get in touch with someone.
⑪ 接触する せっしょくする(셋쇼꾸스루) ㊥ 接触 jiēchù(제추)

----

*con·tain [kəntéin 컨테인]

㊀ (3단현 contains [kəntéinz], 과거·과거분사 contained [kəntéind], 현재분사 containing [kəntéiniŋ])
포함하다, 들어있다
㊁ To *contain* means to have something inside.
¶ Dictionaries *contain* much useful information.
사전에는 많은 유용한 정보가 들어 있다.
⑪ 含む ふくむ(후꾸무) ㊥ 包含 bāohán(바오한)

----

con·tain·er [kəntéinər 컨테이너]

㊃ 컨테이너
㊁ A *container* is a box, jar, barrel, etc. that is used to hold something.
⑪ コンテナ(콘떼나) ㊥ 集装箱 jízhuāngxiāng(지좡샹)

----

con·tem·po·rar·y [kəntémpərèri 컨템퍼레리]

㊄ 현대의
㊁ *Contemporary* means up-to-date or modern.
¶ a *contemporary* writer
현대 작가

⑪ 現代の げんだいの(겐다이노) ㊥ 当代的 dāngdàide(당다이더)

㊃ (복수 contemporaries [kəntémpərèriz])
동시대 사람
㊁ A *contemporary* is someone who lives at the same time as someone else.
¶ Mozart and his *contemporaries*
모차르트와 그 동시대 사람들
⑪ 同時代の人 どうじだいのひと(도-지다이노히또) ㊥ 同时代的人 tóngshídàiderén(퉁스다이더런)

----

*con·tent [kəntént 컨텐트]

㊄ (비교급 more content, 최상급 most content)
만족하는
㊁ *Content* means satisfied.
¶ She is *content* with her job.
그녀는 자기 직업에 만족한다.
⑪ 満足している まんぞくしている(만조꾸시떼이루) ㊥ 满意的 mǎnyìde(만이더)

----

*con·tents [kántents 칸텐츠]

㊃ [복수] 내용물
㊁ *Contents* are the things that are inside something or that make it up.
⑪ 内容物 ないようぶつ(나이요-부쓰)
㊥ 容纳物 róngnàwù(룽나우)

----

*con·test [kántest 칸테스트]

㊃ (복수 contests [kántests])
경쟁, 콘테스트
㊁ A *contest* is a competition.
¶ a speech *contest*
웅변 대회
⑪ 競争 きょうそう(쿄-소-) ㊥ 竞争

jìngzhēng(징정)

---

con·ti·nent [kántənənt 칸터넌트]

명 (복수 continents [kántənənts])
대륙

영 A *continent* is one of the seven large land masses of the earth.

¶ Australia is the smallest *continent* in the world.
오스트레일리아는 세계에서 가장 작은 대륙이다.

일 大陸 たいりく(타이리꾸) 중 大陆 dàlù(다루)

up 7대륙은 보통 Asia, North America, South America, Europe, Australia, Africa, Antarctica를 말한다.

***con·tin·ue** [kəntínjuː 컨티뉴-]

동 (3단현 continues [kəntínjuːz], 과거·과거분사 continued [kəntínjuːd], 현재분사 continuing [kəntínjuːiŋ])

타 계속하다

영 To *continue* means to go on doing something.

¶ We *continued* working.
우리는 일을 계속했다.

일 続ける つづける(쓰즈께루) 중 使继续 shǐjìxù(스지쉬)

자 계속되다

¶ The rain *continued* for a week.
비는 일주일 동안 계속되었다.

일 続く つづく(쓰즈꾸) 중 继续 jìxù(지쉬)

숙어 *To be continued.* 다음 호에 계속.

---

con·tin·u·ous [kəntínjuəs 컨티뉴어스]

형 (비교급 more continuous, 최상급 most continuous)
연속적인, 끊임없는

영 *Continuous* means continuing to happen or exist without stopping or pausing.

¶ a *continuous* noise
끊임없는 소음

일 連続的な れんぞくてきな(렌조꾸떼끼나) 중 连续的 liánxùde(롄쉬더)

---

con·tract [kántrækt 칸트랙트]

명 (복수 contracts [kántrækts])
계약

영 A *contract* is a legal agreement between people or companies stating the terms by which one will work for the other or sell to the other.

¶ He made a *contract* with his lawyer yesterday.
그는 어제 변호사와 계약을 맺었다.

일 契約 けいやく(케-야꾸) 중 契约 qìyuē(치웨)

---

con·trar·y [kántreri 칸트레리]

형 반대의

영 *Contrary* means opposite.

¶ The teacher and her students have *contrary* ideas.
선생님과 학생들은 반대의 생각을 가지고 있다.

일 反対の はんたいの(한따이노) 중 相反的 xiāngfǎnde(샹판더)

***con·trast** [kəntræst 컨트래스트]

타 (3단현 contrasts [kəntrǽsts], 과거·과거분사 contrasted [kəntrǽstid], 현재분사 contrasting [kəntrǽstiŋ])

대비시키다

영 To *contrast* means to compare two people, ideas, objects, etc. to

show how they are different from each other.
¶ The novel *contrasts* good and evil.
그 소설은 선과 악을 대비시킨다.
🗾 対比させる たいひさせる(타이히사세루) 🀄 使对比 shǐduìbǐ(스두이비)

🅜 [kántræst 칸트래스트] (복수 con-trasts [kántræsts])
대비, 대조
🅔 A *contrast* is a difference between two people, situations, ideas, etc. that are being compared.
🗾 対比 たいひ(타이히) 🀄 对比 duìbǐ(두이비)

---

* **con·trib·ute** [kəntríbju:t 컨트리뷰-트]
🅥 (3단현 contributes [kəntríbju:ts], 과거·과거분사 contributed [kəntríbju:tid], 현재분사 contributing [kəntríbju:tiŋ])
🇹 …을 기부하다
🅔 To *contribute* means to give help or money to a person or an organization.
¶ He *contributed* a large amount of money to the school.
그는 학교에 많은 돈을 기부했다.
🗾 寄付する きふする(키후스루) 🀄 捐助 juānzhù(쥐엔주)
🇿 기부하다
¶ He *contributes* to many charities.
그는 많은 자선 사업에 기부하고 있다.
🗾 寄付する きふする(키후스루) 🀄 捐助 juānzhù(쥐엔주)

---

* **con·tri·bu·tion** [kàntrəbjú:ʃən 칸트러뷰-션]
🅜 공헌
🅔 A *contribution* is something that is given or done to help something

else be successful.
¶ She made a great *contribution* to science.
그녀는 과학에 크게 공헌했다.
🗾 貢献 こうけん(코-껭) 🀄 贡献 gòngxiàn(궁셴)

---

* **con·trol** [kəntróul 컨트로울]
🇹 (3단현 controls [kəntróulz], 과거·과거분사 controlled [kəntróuld], 현재분사 controlling [kəntróuliŋ])
1 지배하다, 통제하다
🅔 To *control* means to make something or someone do what you want.
🗾 支配する しはいする(시하이스루) 🀄 支配 zhīpèi(즈페이)
2 억누르다, 억제하다
🅔 To *control* means to hold back.
¶ *control* oneself
자제하다
🗾 抑える おさえる(오사에루) 🀄 控制 kòngzhì(쿵즈)

---

con·ven·ience [kənví:njəns 컨비-니언스]
🅜 (복수 conveniences [kənví:njənsiz])
편리한 것
🅔 A *convenience* is something that is useful and easy to use.
🗾 便利なもの べんりなもの(벤리나모노) 🀄 便利设施 biànlìshèshī(벤리서스)

---

* **con·ven·ient** [kənví:njənt 컨비-니언트]
🅗 (비교급 more convenient, 최상급 most convenient)
편리한
🅔 *Convenient* means useful to you because it makes something easier or

saves you time.
¶ This dictionary is *convenient*.
이 사전은 편리하다
일 便利な べんりな(벤리나) 중 便利的 biànlìde(벤리더)

---

*__con·ver·sa·tion__ [kὰnvərséiʃən 칸버세이션]

명 대화, 회화
영 *Conversation* is a talk between two or more people in which people ask questions, exchange news, etc.
¶ They had a pleasant *conversation* during dinner.
그들은 저녁을 먹는 동안 즐거운 대화를 나눴다.
일 対話 たいわ(타이와) 중 谈话 tánhuà(탄화)

__con·vince__ [kənvíns 컨빈스]

타 (3단현 convinces [kənvínsiz], 과거·과거분사 convinced [kənvínst], 현재분사 convincing [kənvínsiŋ])
확신시키다
영 To *convince* means to make someone feel certain that something is true.
¶ Her arguments didn't *convinced* me.
그녀의 주장에도 불구하고 나는 확신이 서지 않았다.
일 確信させる かくしんさせる(카꾸신사세루) 중 使确信 shǐquèxìn(스췌신)
숙어 *be convinced of* …을 확신하다
¶ I *am convinced of* his success.
나는 그의 성공을 확신한다.

**__cook__ [kúk 쿡]

타 (3단현 cooks [kúks], 과거·과거분사 cooked [kúkt], 현재분사 cooking [kúkiŋ])
…을 요리하다
영 To *cook* means to prepare and heat food for a meal
¶ I'll *cook* dinner for my mother.
내가 엄마에게 저녁을 해 드려야지.
일 料理する りょうりする(료-리스루) 중 烹调 pēngtiáo(펑탸오)

명 (복수 cooks [kúks])
요리사
영 A *cook* is someone whose job is to prepare food.
¶ He works as a *cook*.
그는 요리사로 일한다.
일 料理人 りょうりにん(료-리닝) 중 厨师 chúshī(추스)

---

*__cook·ie__ [kúki 쿠키]

명 (복수 cookies [kúkiz])
((미)) 쿠키 ((영)) biscuit)
영 A *cookie* is a small, flat, sweet food.
¶ Don't eat too much *cookie*.
쿠키를 너무 많이 먹지 마라.
일 クッキー(쿡끼-) 중 甜饼干 tiánbǐnggān(톈빙간)

__cook·ing__ [kúkiŋ 쿠킹]

명 요리
영 *Cooking* is the act of making food and cooking it.
일 料理 りょうり(료-리) 중 烹调 pēngtiáo(펑탸오)

---

*__cool__ [kú:l 쿨-]

형 (비교급 cooler [kú:lər], 최상급 coolest [kú:list])
1 서늘한, 시원한
영 *Cool* means not very cold.
¶ It is *cool* today.
오늘은 날씨가 서늘하다.

（일）涼しい すずしい(스즈시-) （중）涼的 liángde(량더)
2 냉정한, 침착한
（영）*Cool* means calm and not nervous or excited.
¶ Keep *cool*!
침착해라!
（일）冷静な れいせいな(레-세-나) （중）冷静的 lěngjìngde(렁징더)

（타）(3단현 cools [kú:lz], 과거·과거분사 cooled [kú:ld], 현재분사 cooling [kú:liŋ])
…을 차게 하다, 시원하게 하다
（영）To *cool* means to lower the temperature of something.
¶ I *cooled* soft drinks in the refrigerator.
나는 청량 음료를 냉장고에 넣어 차게 했다.
（일）冷やす ひやす(히야스) （중）使冷却 shǐlěngquè(스렁췌)

---

*co·op·er·ate [kouápərèit 코우아퍼레이트]
（자）(3단현 cooperates [kouápərèits], 과거·과거분사 cooperated [kouápərèitid], 현재분사 cooperating [kouápərèitiŋ])
협력하다, 협동하다
（영）To *cooperate* means to work together.
¶ I will closely *cooperate* with you.
난 너와 긴밀히 협력하겠다.
（일）協力する きょうりょくする(쿄-료꾸스루) （중）协作 xiézuò(셰쭤)

---

co·op·er·a·tion [kouàpəréiʃən 코우아퍼레이션]
（명）협력, 협동
（영）*Cooperation* is the act of working with someone else to achieve what you both want.
¶ Thank you for your *cooperation*.
협력해 주셔서 감사합니다.
（일）協力 きょうりょく(쿄-료꾸) （중）协作 xiézuò(셰쭤)

---

cop·per [kápər 카퍼]
（명）구리, 동(銅)
（영）*Copper* is a reddish brown metal that conducts heat and electricity well.
（일）銅 どう(도-) （중）铜 tóng(퉁)

---

*cop·y [kápi 카피]
（명）(복수 copies [kápiz])
복사, 사본
（영）A *copy* is a thing that is just like something else.
¶ Please keep two *copies* of this.
이것을 두 장 복사해 주세요.
（일）写し うつし(우쓰시) （중）副本 fùběn(푸번)

（타）(3단현 copies [kápiz], 과거·과거분사 copied [kápid], 현재분사 copying [kápiiŋ])
복사하다
（영）To *copy* means to make a thing that is exactly like something else.
¶ I *copied* a tape for him.
나는 테이프를 복사해 그에게 주었다.
（일）写す うつす(우쓰스) （중）复印 fùyìn(푸인)

---

cord [kɔ́:rd 코-드]
（명）(복수 cords [kɔ́:rdz])
1 끈
（영）A *cord* is a length of string or rope.
¶ I tied the package with some *cord*.

나는 꾸러미를 끈으로 묶었다.
일 ひも(히모) 중 绳 shéng(성)
2 (전기)코드, 선
영 A *cord* is wire covered with plastic for connecting equipment to a supply of electricity.
¶ Did you unplug the electric *cord*?
코드를 플러그에서 뽑았니?
일 コード(코-도) 중 电线 diànxiàn(뎬셴)

---

core [kɔ́:r 코-]

명 (복수 cores [kɔ́:rz]》
(과일 등의) 속, 심
영 A *core* is the hard center part of an apple, pear, etc., which often contains seeds.
일 しん(신) 중 果核 guǒhé(궈허)

---

cork [kɔ́:rk 코-크]

명 코르크
영 *Cork* is soft bark used as a stopper in bottles or to make mats, etc.
일 コルク(코루꾸) 중 软木塞 ruǎnmùsāi(롼무싸이)

---

*corn [kɔ́:rn 콘-]

명 《미》 옥수수 (《영》 maize)

영 *Corn* is a tall plant with yellow seeds that are cooked and eaten as a vegetable.
¶ a field of *corn*
옥수수 밭

일 トウモロコシ(토-모로꼬시) 중 玉米 yùmǐ(위미)

up 《영》에서는 corn을 밀(wheat)이라 한다.

---

*cor·ner [kɔ́:rnər 코-너]

명 (복수 corners [kɔ́:rnərz])
모퉁이
영 A *corner* is a place where two lines or sides come together.
¶ The post office is on the *corner*.
우체국은 길모퉁이에 있다.
일 角 かど(카도) 중 角 jiǎo(쟈오)

---

corn·flakes [kɔ́:rnflèiks 콘-플레이크스]

명 콘플레이크
영 *Cornflakes* are a type of breakfast food made from corn.
일 コーンフレーク(콘-후레-꾸) 중 玉米片 yùmǐpiàn(위미펜)

---

cor·po·ra·tion [kɔ̀:rpəréiʃən 코-퍼레이션]

명 (복수 corporations [kɔ̀:rpəréiʃənz])
법인, 사단 법인
영 A *corporation* is a group of people who are allowed by law to run a company, college, or town as a single person.
¶ a public *corporation*
공사
일 法人 ほうじん(호-징) 중 法人 fǎrén(파런)

---

*cor·rect [kərékt 커렉트]

형 (비교급 more correct, 최상급 most correct)

옳은
영 *Correct* means true, or right.
¶ You are *correct*.
네가 옳다.
일 正しい ただしい(타다시-) 중 正确的 zhèngquède(정췌더)

타 (3단현 corrects [kərékts], 과거·과거분사 corrected [kəréktid], 현재분사 correcting [kəréktiŋ])
고치다, 정정하다
영 To *correct* means to make something right.
¶ He *corrected* his pronunciation.
그는 발음을 고쳤다.
일 直す なおす(나오스) 중 改正 gǎizhèng(가이정)

---

* **cor·re·spond** [kɔ̀:rəspánd 코-러쓰판드]
자 (3단현 corresponds [kɔ̀:rəspándz], 과거·과거분사 corresponded [kɔ̀:rəspándid], 현재분사 corresponding [kɔ̀:rəspándiŋ])
1 일치하다
영 To *correspond* means to be in agreement.
¶ Our goals *corresponded*.
우리의 목표는 일치했다.
일 一致する いっちする(잇찌스루) 중 一致 yīzhì(이즈)
2 서신 왕래하다, 교신하다
영 To *correspond* means to write letters to each other.
일 文通する ぶんつうする(분쓰-스루)
중 通信 tōngxìn(통신)

---

cos·mos [kázməs 카즈머스]
명 [the cosmos로] 우주
영 *The cosmos* is the universe.
일 宇宙 うちゅう(우쭈-) 중 宇宙

yǔzhòu(위저우)

---

* **cost** [kɔ́:st 코-스트]
명 (복수 costs [kɔ́:sts])
1 가격, 비용
영 *Cost* is the amount of money you must pay in order to buy, do, or produce something.
¶ What is the *cost* of this bicycle?
이 자전거는 얼마입니까?
일 値段 ねだん(네당) 중 价格 jiàgé(쟈거)
2 희생
영 *Cost* is something that you must give or lose in order to get something else.
일 犠牲 ぎせい(기세-) 중 牺牲 xīshēng(시성)
숙어 *at all costs* = *at any cost* 어떻게 해서든지, 무슨 일이 있어도
¶ I will get the book *at all costs*.
나는 어떻게 해서든지 그 책을 사고야 말겠다.

타 (3단현 costs [kɔ́:sts], 과거·과거분사 cost, 현재분사 costing [kɔ́:stiŋ])
1 값이 … 나가다
영 To *cost* means to have a certain price.
¶ How much does this *cost*?
이것은 얼마입니까?
일 値段である ねだんである(네당데아루) 중 价钱为 jiàqiánwéi(쟈쳰웨이)
2 희생시키다
영 To *cost* means to make someone give up or lose something.
일 犠牲させる ぎせいさせる(기세-사세루) 중 使牺牲 shǐxīshēng(스시성)

---

cos·tume [kástjuːm 카스튬-]
명 (복수 costumes [kástjuːmz])

복장
영 A *costume* is clothes worn by people at a particular time or in a particular place.
일 服装　ふくそう(후꾸소-)　중 服装 fúzhuāng(푸좡)

C **cot·tage** [kátidʒ 카티지]
명 (복수 cottages [kátidʒiz])
작은 집, 오두막
영 A *cottage* is a small house in the country, especially an old one.
일 小さな家　ちいさないえ(치-사나이에)　중 小屋 xiǎowū(샤오우)

---

cot·ton [kátn 카튼]
명 솜, 면화
영 *Cotton* is a kind of cloth that is made from the cotton plant.
¶ This skirt is made of *cotton*.
이 스커트는 면으로 만든다.
일 綿　わた(와따)　중 棉 mián(몐)

---

*cough** [kɔ́ːf　코-프]
자 (3단현 coughs [kɔ́ːfs], 과거·과거분사 coughed [kɔ́ːft], 현재분사 coughing [kɔ́ːfiŋ])
기침하다
영 To *cough* means to make a sudden, harsh noise as you force air out of your lungs.
¶ He *coughed* violently.
그는 심하게 기침했다.
일 せきをする(세끼오스루)　중 咳嗽 késou(커써우)
명 (복수 coughs [kɔ́ːfs])
기침
영 A *cough* is the action of coughing.
¶ He has a *cough*.

그는 기침을 하고 있다.
일 せき(세끼)　중 咳嗽 késou(커써우)

---

could [《약》kəd 커드 ; 《강》kúd 쿠드]
조 can의 과거형

---

could't [kúdnt 쿠든트]
could not의 단축형

---

coun·cil [káunsl 카운슬]
명 (복수 councils [káunslz])
협의회
영 A *council* is a group of people who make rules, laws, or decisions, or give advice.
일 協議会　きょうぎかい(쿄-기까이)
중 协调会 xiétiáohuì(셰탸오후이)

---

coun·sel·or [káunsələr 카운설러]
명 카운슬러, 조언자
영 A *counselor* is someone trained to help with problems or give advice.
¶ He felt better after seeing the school *counselor*
그는 학교 상담교사를 찾은 후 기분이 좋아졌다.
일 カウンセラー(카운세라-)　중 顾问 gùwèn(구원)

---

*count** [káunt 카운트]
동 (3단현 counts [káunts], 과거·과거분사 counted [káuntid], 현재분사 counting [káuntiŋ])
타 **1** …을 세다, 계산하다
영 To *count* means to find out how many of something there are.
¶ *Count* the apples in this basket.
이 바구니 안에 있는 사과를 세어라.
일 数える　かぞえる(카조에루)　중 数

shǔ(수)
2 수에 넣다, 포함하다
영 To *count* means to include some-
one or something in a total
¶ There are five in our family, *count-
ing* me.
나를 포함해서 우리 가족은 5명이다.
일 数に入れる　かずにいれる(카즈니이
레루) 중 把…算入 bǎ…suànrù(바…쏸
루)
자 세다
영 To *count* means to say numbers in
order.
¶ *Count* from one to ten.
1에서 10까지 세어 보세요.
일 数を数える　かずをかぞえる(카즈
오카조에루) 중 数 shǔ(수)

---

count·er [káuntər 카운터]

명 카운터
영 A *counter* is the place where you
pay or are served in a shop, bank,
restaurant, etc.
¶ Please pay for the goods at the
counter.
카운터에서 물건 값을 내주십시오.
일 カウンター(카운따-) 중 柜台 guì-
tái(구이타이)

---

count·less [káuntlis 카운틀리스]

명 셀 수 없는, 무수한
영 *Countless* means very many.
¶ We had *countless* arguments.
우리는 무수히 논쟁을 했다.
일 数えきれない　かぞえきれない(카
조에키레나이) 중 无数的 wúshùde(우수
더)

---

coun·try [kʌ́ntri 컨트리]

명 (복수 countries [kʌ́ntriz])
1 나라

영 A *country* is a part of the world
with its own borders and government.
일 国 くに(쿠니) 중 国家 guójiā(궈쟈)
2 [the country로] 시골
영 *The country* is land that is away
from towns or cities.
¶ My parents live in the *country*.
부모님은 시골에 사신다.
일 いなか(이나까) 중 农村 nóngcūn(눙
춘)

---

*cou·ple [kʌ́pl 커플]

명 (복수 couples [kʌ́plz])
1 한 쌍, 두 개
영 A *couple* is two of something.
¶ We bought *couple* tires for our car.
우리는 자동차 타이어를 두 개 샀
다.
일 一対 いっつい(잇쓰이) 중 一对
yíduì(이두이)
2 한 쌍의 남녀《부부·연인 등》
영 A *couple* is two people paired to-
gether.
¶ a married *couple*
부부
일 男女一組 だんじょひとくみ(단조
히또꾸미) 중 一对男女 yíduìnánnǚ(이
두이난뉘)

---

cou·pon [kúːpɑn 쿠-판]

명 쿠폰, 할인권
영 A *coupon* is a small piece of
paper that gives you a discount on
something.
¶ a discount *coupon*
할인 쿠폰
일 クーポン(쿠-뽄) 중 赠券 zèngquàn
(쩡취엔)

---

*cour·age [kə́ːridʒ 커-리지]

명 용기

영 *Courage* is bravery or fearlessness.

¶ His victory gave Koreans great *courage*.

그의 승리는 한국인들에게 큰 용기를 주었다.

일 勇気 ゆうき(유-끼) 중 勇气 yǒng-qì(융치)

C

* **course** [kɔ́:rs 코-스]

명 (복수 courses [kɔ́:rsiz])

1 진로

영 A *course* is a route.

¶ The ship took a northern *course*.

배는 북쪽으로 진로를 잡았다.

일 進路 しんろ(신로) 중 方向 fāng-xiàng(팡샹)

2 교과 과정, 강좌

영 A *course* is a series of lessons.

¶ She finished her *course* in high school this year.

그녀는 올해 고등학교 과정을 마쳤다.

일 教科課程 きょうかかてい(쿄-까까떼-) 중 课程 kèchéng(커청)

3 (경기 등의) 코스

영 A *course* is an area where a sport is played.

¶ a 9-hole golf *course*

9홀 골프 코스

일 コース(코-스) 중 场地 chǎngdì(창디)

숙어 *of course* 물론

¶ I believe you, *of course*.

나는 물론 너를 믿는다.

---

* **court** [kɔ́:rt 코-트]

명 (복수 courts [kɔ́:rts])

1 법정

영 A *court* is a place where legal cases are heard and decided.

일 法廷 ほうてい(호-떼-) 중 法庭

fǎtíng(파팅)

2 (테니스 등의) 코트

영 A *court* is an area where games such as basketball, tennis, and volleyball are played.

¶ The players are on *court*.

선수들은 코트에 있다.

일 コート(코-또) 중 球场 qiúchǎng(츄창)

** **cous·in** [kʌ́zn 커즌]

명 (복수 cousins [kʌ́znz])

사촌

영 A *cousin* is a child of your aunt or uncle.

¶ He is my *cousin*.

그는 내 사촌이다.

일 いとこ(이또꼬) 중 堂·表兄弟 táng·biǎoxiōngdì(탕·뱌오슝디)

---

* **cov·er** [kʌ́vər 커버]

타 (3단현 covers [kʌ́vərz], 과거·과거분사 covered [kʌ́vərd], 현재분사 covering [kʌ́vəriŋ])

1 덮다

영 To *cover* means to put something over something else.

¶ *Cover* the table with a cloth.

식탁을 식탁보로 덮어라.

일 おおう(오-우) 중 遮盖 zhēgài(저가이)

2 포함하다

영 To *cover* means to include or to provide for.

¶ Does your insurance *cover* storm damage?

네가 들은 보험에 폭풍 피해가 포함됩니까?

일 包含する ほうがんする(호-간스루) 중 包含 bāohán(바오한)

숙어 *be covered with* …로 덮이다

¶ The mountain *is covered with* white snow.
그 산은 흰 눈으로 덮여 있다.

몡 (복수 covers [kʌ́vərz])
1 덮개
영 A *cover* is something that protects something else by covering it.
¶ Put a *cover* on the pot.
항아리 뚜껑을 덮어라.
일 おおい(오-이) 중 盖子 gàizi(가이쯔)
2 (책 등의) 표지
영 A *cover* is the outer front or back part of a book, magazine, etc.
¶ He has a book in leather *covers*.
그는 가죽 표지 책을 한 권 갖고 있다.
일 表紙 ひょうし(효-시) 중 封面 fēngmiàn(펑몐)

* **cow** [káu 카우]
몡 (복수 cows [káuz])
암소(《반》ox 수소)
영 A *cow* is an adult female of cattle.
¶ We keep *cows* for milk.
우유를 얻기 위해 암소를 키운다.
일 雌牛 めうし(메우시) 중 母牛 mǔniú(무뉴)

cow·ard [káuərd 카우어드]
몡 겁쟁이
영 A *coward* is someone who is easily scared and runs away from frightening situations.
¶ Don't be *coward*!
겁먹지 마라.
일 おくびょう者 おくびょうもの(오꾸뵤-모노) 중 儒夫 nuòfū(눠푸)

cow·boy [káubɔ̀i 카우보이]

몡 (복수 cowboys [káubɔ̀iz])
카우보이
영 A *cowboy* is a man who takes care of cattle on a ranch.
¶ A *cowboy* is chasing a cow.
카우보이가 소를 쫓고 있다.
일 カウボーイ(카우보-이) 중 牧牛人 mùniúrén(무뉴런)

crab [kráeb 크랩]
몡 게
영 A *crab* is a creature that lives in water and has a hard shell, eight legs, and two claws, or pincers.
일 カニ(카니) 중 蟹 xiè(세)

crack [kráek 크랙]
몡 (복수 cracks [kráeks])
1 갑작스런 날카로운 소리
영 A *crack* is a sudden loud sharp sound.
¶ the *crack* of thunder
천둥소리
일 急な鋭い音 きゅうなするどいおと(큐-나스루도이오또) 중 爆裂声 bàolièshēng(바오례성)
2 갈라진 금, 틈
영 A *crack* is a narrow open space.
¶ There is a *crack* in the wall.
벽에 금이 갔다.
일 割れ目 われめ(와레메) 중 裂缝 lièfèng(례펑)

동 (3단현 cracks [kráeks], 과거·과거분사 cracked [kráekt], 현재분사 cracking [kráekiŋ])
타 깨뜨리다
영 To *crack* means to break or split, often with a loud, sharp noise.
¶ We *cracked* the ice.
우리는 얼음을 깨뜨렸다.

ⓘ 割る わる(와루) ⓒ 使破裂 shǐpòliè
(스포레)
ⓙ 깨지다
ⓘ 割れる　われる(와레루) ⓒ 破裂
pòliè(포레)

---

crack·er [krǽkər 크래커]

ⓜ 크래커
ⓔ A *cracker* is a type of hard dry bread that is thin and flat.
ⓘ クラッカー(쿠락까ー) ⓒ 薄脆饼干 bócuìbǐnggān(보추이빙간)

---

cra·dle [kréidl 크레이들]

ⓜ (복수 cradles [kréidlz])
요람
ⓔ A *cradle* is a small bed for a young baby.
¶ from the *cradle* to the grave
요람에서 무덤까지
ⓘ 揺りかご ゆりかご(유리까고) ⓒ 揺篮 yáolán(야오란)

---

crane [kréin 크레인]

ⓜ (복수 cranes [kréinz])
크레인, 기중기
ⓔ A *crane* is a machine with a long arm used to lift and move heavy objects.
¶ We use a *crane* to lift the piano.
피아노를 들어 올리는데 크레인을 쓴다.
ⓘ クレーン(쿠렌ー) ⓒ 起重机 qǐzhòngjī(치중지)

---

crash [krǽʃ 크래시]

ⓜ (복수 crashes [krǽʃiz])
요란한 소리《쨍그랑·와르르 등》
ⓔ A *crash* is a loud noise.
¶ The dishes fell with a *crash*.

접시들이 쨍그랑 소리를 내며 떨어졌다.
ⓘ すさまじい音 すさまじいおと(스사마지ー오또) ⓒ 爆裂声 bàolièshēng(바오레성)

ⓙ (3단현 crashes [krǽʃiz], 과거·과거분사 crashed [krǽʃt], 현재분사 crashing [krǽʃiŋ])
요란한 소리를 내다
ⓔ To *crash* means to make a loud noise.
ⓘ すさまじい音を立てる すさまじいおとをたてる(스사마지ー오또오타떼루) ⓒ 发出爆裂声 fāchūbàolièshēng(파추바오레성)

---

crawl [krɔ́ːl 크롤ー]

ⓙ (3단현 crawls [krɔ́ːlz], 과거·과거분사 crawled [krɔ́ːld], 현재분사 crawling [krɔ́ːliŋ])
기다
ⓔ To *crawl* means to move on your hands and knees.
¶ Babies *crawl* until they learn to walk.
아기들은 걸음마를 배울 때까지 긴다.
ⓘ はう(하우) ⓒ 爬行 páxíng(파싱)

---

*cray·on [kréiɑn 크레이안]

ⓜ (복수 crayons [kréiɑnz])
크레용
ⓔ A *crayon* is a colored wax stick used for drawing and coloring.
¶ She draws pictures with *crayons*.
그녀는 크레용으로 그림을 그린다.
ⓘ クレヨン(쿠레용) ⓒ 颜色笔 yánsèbǐ(옌써비)

---

*cra·zy [kréizi 크레이지]

ⓗ (비교급 crazier [kréiziər], 최상급 craziest [kréiziist])

1 미친

㉭ *Crazy* means insane or foolish.

¶ Are you *crazy*?

너 미쳤니?

㉝ 狂気の　きょうきの(쿄-끼노)　㊥ 疯狂的 fēngkuángde(펑쾅더)

2 열중한, 열광적인

㉭ *Crazy* means very enthusiastic.

¶ He is *crazy* about jazz music.

그는 재즈 음악에 푹 빠져 있다.

㉝ 熱中した　ねっちゅうした(넷쭈-시따)　㊥ 热衷的 rèzhōngde(러중더)

---

cream [krí:m 크림-]

㊅ 크림

㉭ *Cream* is a thick white liquid that comes from milk.

¶ Butter is made from *cream*.

버터는 크림으로 만든다.

㉝ クリーム(쿠리-무)　㊥ 奶油 nǎiyóu (나이유)

부정 관사를 붙이지 않고 복수형으로도 하지 않는다.

---

* **cre・ate** [kriéit 크리에이트]

㉵ (3단현 creates [kriéits], 과거·과거분사 created [kriéitid], 현재분사 creating [kriéitiŋ])

창조하다, 창작하다

㉭ To *create* means to make or design something.

¶ All men are *created* equal.

인간은 모두 평등하게 창조되었다.

㉝ 創造する　そうぞうする(소-조-스루)　㊥ 创造 chuàngzào(촹짜오)

---

* **cre・a・tion** [kri:éiʃən 크리에이션]

㊅ 창조

㉭ *Creation* is the act of making something.

¶ the *creation* of the world

천지 창조

㉝ 創造　そうぞう(소-조-)　㊥ 创造 chuàngzào(촹짜오)

---

crea・ture [krí:tʃər 크리-처]

㊅ (복수 creatures [krí:tʃərz])

생물

㉭ A *creature* is a living being, human or animal.

㉝ 生き物 いきもの(이끼모노)　㊥ 生物 shēngwù(성우)

---

cred・i・ble [krédəbl 크레더블]

㉟ 신용할 수 있는, 확실한

㉭ *Credible* means believable.

¶ *credible* information

믿을 만한 정보

㉝ 信用できる　しんようできる(싱요-데끼루)　㊥ 可信的 kěxìnde(커신더)

---

* **cred・it card** [krédit kà:rd 크레딧 카-드]

㊅ 신용 카드

㉭ A *credit card* is a small plastic card that you use to buy goods or services and pay for them later.

¶ Can I pay by *credit card*?

신용 카드로 지불해도 되나요?

㉝ クレジット カード(쿠레짓또카-도)

㊥ 信用卡 xìnyòngkǎ(신융카)

---

creep [krí:p 크리-프]

㉺ (3단현 creeps [krí:ps], 과거·과거분사 crept [krépt], 현재분사 creeping [krí:piŋ])

기다, 포복하다

㉭ To *creep* means to crawl along the ground.

¶ A baby *creeps* on its hands and knees.
아기는 손과 무릎으로 긴다.
일 はう(하우) 중 爬行 páxíng(파싱)

---

* **crew** [krúː 크루-]
명 (복수 crews [krúːz])
승무원, 탑승원
영 A *crew* is a team of people who work together on a ship, an aircraft, or a specific job.
¶ All the *crew* were saved.
승무원은 전원 구조되었다.
일 乗務員 じょうむいん(조-무잉) 중 乗务员 chéngwùyuán(청우위엔)

---

crick·et [kríkit 크리킷]
명 크리킷
영 *Cricket* is an outdoor game played by two teams of 11 players with smooth, flat bats; a small, hard ball; and two wickets.
일 クリケット(쿠리껫또) 중 板球 bǎnqiú(반츄)

---

* **crime** [kráim 크라임]
명 (복수 crimes [kráimz])
죄, 범죄
영 A *crime* is anything that is against the law.
¶ Don't commit a *crime*.
죄를 짓지 마라.
일 罪 つみ(쓰미) 중 罪 zuì(쭈이)

up crime은 법률적인 죄를 가리키며, 도덕적·종교적인 죄는 sin을 쓴다.

---

* **cri·sis** [kráisis 크라이시스]
명 (복수 crises [kráisiːz])
위기

영 *Crisis* is a time of danger and difficulty.
¶ an economic *crisis*
경제 위기
일 危機 きき(키끼) 중 危机 wēijī(웨이지)

---

crit·i·cal [krítikəl 크리티컬]
형 (비교급 more critical, 최상급 most critical)
1 비판적인
영 *Critical* means finding fault.
¶ *critical* remarks
비판적인 말
일 批判的な ひはんてきな(히한떼끼나) 중 批判的 pīpànde(피판더)
2 위기의, 위험한
영 *Critical* means dangerous or serious.
¶ She is in *critical* condition
그녀는 위기에 처해 있다.
일 危機の ききの(키끼노) 중 危机的 wēijīde(웨이지더)
3 중대한, 중요한
영 *Critical* means important.
¶ Newspapers play a *critical* role in our society.
신문은 우리 사회에 중요한 역할을 한다.
일 重大な じゅうだいな(주-다이나) 중 重要的 zhòngyàode(중야오더)
4 비평의, 평론의
영 *Critical* means making a careful judgment about whether someone or something is good or bad.
¶ a *critical* writer
비평가, 평론가
일 批評の ひひょうの(히효-노) 중 批评的 pīpíngde(피핑더)

---

crit·i·cism [krítəsìzm 크리터시즘]
명 (복수 criticisms [krítəsìzmz])

1 비판, 비난
영 *Criticism* is remarks that show what you think is bad about someone or something.
¶ I cannot stand his *criticism*.
나는 그의 비판에는 참을 수 없다.
일 批判 ひはん(히한) 중 批判 pīpàn(피판)
2 비평, 평론
영 *Criticism* is the activity of giving a professional judgment of a movie, play, book, etc.
¶ literary *criticism*
문학 평론
일 批評 ひひょう(히효-) 중 批评 pīpíng(피핑)

---

* **crit·i·cize** [krítəsàiz 크리터사이즈]
타 (3단현 criticizes [krítəsàiziz], 과거·과거분사 criticized [krítəsàizd], 현재분사 criticizing [krítəsàiziŋ])
1 …을 비판하다
영 To *criticize* means to tell someone what he or she has done wrong.
일 批判する ひはんする(히한스루) 중 批判 pīpàn(피판)
2 …을 비평하다
영 To *criticize* means to point out the good and bad parts in a book, movie, play, television program, etc.
일 批評する ひひょうする(히효-스루) 중 批评 pípíng(피핑)

---

croc·o·dile [krákədàil 크라커다일]
명 (복수 crocodiles [krákədàilz])
악어
영 A *crocodile* is a large reptile with a long body and a long mouth with sharp teeth that lives in rivers and lakes in hot countries.
일 クロコダイル(쿠로꼬다이루) 중 鳄鱼 èyú(어위)

---

* **crop** [kráp 크랍]
명 (복수 crops [kráps])
1 농작물
영 A *crop* is a plant such as corn, wheat, etc. that farmers grow and sell.
¶ The heavy snow did a lot of damage to the *crops*.
폭설로 농작물이 큰 피해를 입었다.
일 農作物 のうさくぶつ(노-사꾸부쓰) 중 作物 zuòwù(쮜우)
2 수확량
영 A *crop* is the amount of food produced in a single harvest.
일 收穫量 しゅうかくりょう(슈-까꾸료-) 중 收成 shōuchéng(서우청)

---

* **cross** [krɔ́ːs 크로-스]
타 (3단현 crosses [krɔ́ːsiz], 과거·과거분사 crossed [krɔ́ːst], 현재분사 crossing [krɔ́ːsiŋ])
1 건너다, 횡단하다
영 To *cross* means to go from one side to the other.
¶ We *crossed* the street.
우리는 길을 건넜다.
일 横切る よこぎる(요꼬기루) 중 穿过 chuānguò(촨궈)
2 교차시키다
영 To *cross* means to intersect.
¶ He *crossed* his legs.
그는 다리를 꼬고 앉았다.
일 交差させる こうささせる(코-사사세루) 중 使交叉 shǐjiāochā(스쟈오차)
3 가로줄을 긋다
영 To *cross* means to draw a line through.
일 横線を引く おうせんをひく(오-셍오히꾸) 중 划横线 huàhéngxiàn(화헝

C

셴)

📖 (복수 crosses [krɔ́:siz])
1 십자가
📖 A *cross* is an upright post with a horizontal bar that crosses it.
🗾 十字架 じゅうじか(주-지까) 🀄 十字架 shízìjià(스쯔쟈)
2 십자형《×, +》
📖 A *cross* is a mark (× or +), formed by two lines that meet and pass beyond each other.
🗾 十字 じゅうじ(주-지) 🀄 十字形 shízìxíng(스쯔싱)

---

cross·roads [krɔ́:sròudz 크로-스로우즈]
📖 교차점, 십자로
📖 A *crossroads* is a place where one road crosses another.
🗾 交差点 こうさてん(코-사뗑) 🀄 十字路口 shízìlùkǒu(스쯔루커우)

crossroads는 복수형으로 단수·복수 취급한다.

---

cross·walk [krɔ́:swɔ̀:k 크로-스워-크]
📖 《미》 횡단보도
📖 A *crosswalk* is a marked place where people can cross a road safely.
🗾 横断歩道 おうだんほどう(오-단호도-) 🀄 人行横道 rénxínghéngdào(런싱형다오)、

---

crow [króu 크로우]
📖 까마귀
📖 A *crow* is a large, black bird that makes a loud sound.
🗾 カラス(카라스) 🀄 乌鸦 wūyā(우야)

---

* **crowd** [kráud 크라우드]
📖 (복수 crowds [kráudz])
군중
📖 A *crowd* is a large group of people in one place.
¶ There is a *crowd* in front of the station.
역 앞에 군중이 있다.
🗾 群衆 ぐんしゅう(군슈-) 🀄 群众 qúnzhòng(췬중)

---

crown [kráun 크라운]
📖 (복수 crowns [kráunz])
왕관
📖 A *crown* is a headdress worn by a king or queen made from gold or silver and jewels.
¶ What a beautiful *crown*!
정말 아름다운 왕관이구나!
🗾 王冠 おうかん(오-깐) 🀄 王冠 wángguān(왕관)

---

* **cru·el** [krú:əl 크루-얼]
📖 (비교급 crueler [krú:ələr], 최상급 cruelest [krú:əlist])
잔인한
📖 *Cruel* means deliberately hurting people or animals.
¶ They were *cruel* to animals.
그들은 동물을 학대했다.
🗾 残忍な ざんにんな(잔닌나) 🀄 残忍的 cánrěnde(찬런더)

** **cry** [krái 크라이]
📖 (3단현 cries [kráiz], 과거·과거분사 cried [kráid], 현재분사 crying [kráiiŋ])
1 울다
📖 To *cry* means to have tears fall from your eyes.

¶ People sometimes *cry* when they are sad.
사람들은 슬플 때 가끔 운다.
일 泣く なく(나꾸) 중 哭 kū(쿠)
2 소리치다
영 To *cry* means to shout out.
¶ The policeman *cried* to me to stop.
경찰관이 내게 멈추라고 소리쳤다.
일 叫ぶ さけぶ(사께부) 중 叫喊 jiào-hǎn(쟈오한)
숙어 *cry out* 큰소리로 외치다
¶ She *cried out* for help.
그녀는 도와달라고 큰소리로 외쳤다.

---

cuck·oo [kú:ku: 쿠-쿠-]

명 (복수 cuckoos [kú:ku:z])
뻐꾸기
영 A *cuckoo* is a bird with a distinct call and long tail that lays its eggs in other bird's nests.
일 カッコウ(칵꼬-) 중 布谷鸟 bùgǔ-niǎo(부구냐오)

---

*cu·cum·ber [kjú:kʌmbər 큐-컴버]

명 (복수 cucumbers [kjú:kʌmbərz])
오이

영 A *cucumber* is a long, green vegetable with a soft center filled with seeds.
일 キュウリ(큐-리) 중 黄瓜 huáng-guā(황과)

---

cul·ti·vate [kʌ́ltəvèit 컬터베이트]

타 (3단현 cultivates [kʌ́ltəvèits], 과거·과거분사 cultivated [kʌ́ltə-vèitid], 현재분사 cultivating [kʌ́l-təvèitiŋ])
경작하다, 갈다
영 To *cultivate* means to prepare and use land for growing crops and plants.
일 耕す たがやす(타가야스) 중 耕作 gēngzuò(경쮜)

---

*cul·ture [kʌ́ltʃər 컬쳐]

명 (복수 cultures [kʌ́ltʃərz])
문화
영 *Culture* is the arts, beliefs, behavior, ideas, etc. of a particular society.
¶ the *culture* of ancient Greece
고대 그리스 문화
일 文化 ぶんか(붕까) 중 文化 wén-huà(원화)

---

cun·ning [kʌ́niŋ 커닝]

형 교활한, 영리한
영 *Cunning* means intelligent in a dishonest way.
¶ as *cunning* as fox
여우처럼 교활한
일 ずるい(즈루이) 중 狡猾的 jiǎohuá-de(쟈오화더)

---

*cup [kʌ́p 컵]

명 (복수 cups [kʌ́ps])
1 컵, 잔
영 A *cup* is a small container for holding liquids, often with a handle.
¶ a coffee *cup*
커피 잔
일 カップ(캅뿌) 중 杯 bēi(베이)
2 우승컵
영 A *cup* is a specially shaped container that is given as a prize in a competition.

일 優勝杯 ゆうしょうはい(유-쇼-하이) 중 奖杯 jiǎngbēi(쟝베이)

***cup·board** [kʌ́bərd 커버드]

명 찬장
영 A *cupboard* is a cabinet or closet for storing dishes, food, etc.
¶ The cup is in the *cupboard*.
컵은 찬장에 있다.
일 食器棚 しょっきだな(쇽끼다나) 중 碗柜 wǎnguì(완구이)

***cure** [kjúər 큐어]

타 (3단현 cures [kjúərz], 과거·과거분사 cured [kjúərd], 현재분사 curing [kjúəriŋ])
치료하다
영 To *cure* means to make someone better when he or she has been sick.
¶ This medicine *cured* me.
이 약으로 나는 병이 나았다.
일 治療する ちりょうする(치료-스루)
중 治疗 zhìliáo(즈랴오)

명 (복수 cures [kjúərz])
치료(약)
영 A *cure* is a drug or course of treatment that makes someone better.
¶ undergo a *cure*
치료를 받다
일 治療(薬) ちりょう(やく)(치료-(야꾸)) 중 治疗 zhìliáo(즈랴오)

---

cu·ri·os·i·ty [kjùəriásəti 큐어리아서티]

명 호기심
영 *Curiosity* is the desire to know about something.
¶ I went there from *curiosity*.
나는 호기심에서 그 곳에 갔다.
일 好奇心 こうきしん(코-끼신) 중 好

奇心 hàoqíxīn(하오치신)

***cu·ri·ous** [kjúəriəs 큐어리어스]

형 (비교급 more curious, 최상급 most curious)
호기심이 많은
영 *Curious* means eager to find out.
¶ She was a *curious* girl.
그녀는 호기심이 많은 소녀였다.
일 好奇心の強い こうきしんのつよい (코-끼신노쓰요이) 중 好奇的 hàoqíde(하오치터)
숙어 *be curious about* …에 호기심이 있다
¶ She is *curious about* everything.
그녀는 모든 것에 호기심을 갖고 있다.

***curl** [kə́ːrl 컬-]

명 곱슬머리, 컬
영 *Curl* is a curved lock of hair.
¶ She has beautiful *curls*.
그녀는 곱슬머리가 아름답다.
일 巻き毛 まきけ(마끼께) 중 卷发 juǎnfà(쥐엔파)

***cur·rent** [kə́ːrənt 커-런트]

명 (복수 currents [kə́ːrənts])
1 흐름
영 A *current* is a continuous movement of water or air in a particular direction.
¶ the *current* of a river
강의 흐름
일 流れ ながれ(나가레) 중 流 liú(류)
2 전류
영 A *current* is a flow of electricity through a wire.
¶ a direct *current*
직류
일 電流 でんりゅう(덴류-) 중 电流 diànliú(뎬류)

형 (비교급 more current, 최상급 most current)
현재의, 현행의
영 *Current* means happening now.
¶ *current* English
시사 영어
일 現在の げんざいの(겐자이노) 중 現今的 xiànjīnde(셴진더)

---

cur·ry [kə́:ri 커-리]

명 (복수 curries [kə́:riz])
카레
영 A *curry* is a dish of meat or vegetables cooked in a spicy sauce.
¶ *curry* and rice
카레라이스
일 カレー(카레) 중 咖喱 gālí(가리)

---

*cur·tain [kə́:rtn 커-튼]

명 (복수 curtains [kə́:rtnz])
커튼 ; (무대의) 막
영 A *curtain* is a piece of fabric pulled across a window or stage to cover it.
¶ She drew the *curtains*.
그녀는 커튼을 쳤다.
일 カーテン(카-텐) 중 窗帘 chuāng-lián(촹롄)

---

*curve [kə́:rv 커-브]

명 (복수 curves [kə́:rvz])
곡선
영 A *curve* is a round line.
¶ draw a *curve*
곡선을 그리다
일 曲線 きょくせん(교꾸센) 중 曲线 qǔxiàn(취셴)

---

*cush·ion [kúʃən 쿠션]

명 (복수 cushions [kúʃənz])
방석, 쿠션

영 A *cushion* is a type of pillow used to make chairs or sofas more comfortable.
일 座ぶとん ざぶとん(자부똥) 중 垫子 diànzi(뎬쯔)

---

*cus·tom [kʌ́stəm 커스텀]

명 (복수 customs [kʌ́stəmz])
관습, 풍습
영 A *custom* is a tradition in a culture or society.
¶ So many countries, so many *customs*.
《속담》 나라가 다르면 풍습도 다르다.
일 慣習 かんしゅう(칸슈-) 중 习惯 xíguàn(시관)

---

cus·tom·er [kʌ́stəmər 커스터머]

명 (복수 customers [kʌ́stəmərz])
손님, 고객
영 A *customer* is a person who buys something.
일 客 きゃく(캬꾸) 중 顾客 gùkè(구커)

---

*cut [kʌ́t 컷]

동 (3단현 cuts [kʌ́ts], 과거·과거분사 cut, 현재분사 cutting [kʌ́tiŋ])
타 **1** 자르다
영 To *cut* means to divide something into pieces by using a knife, scissors, or other sharp thing.
¶ He *cut* the pizza into eight pieces.
그는 피자를 8조각으로 잘랐다.
일 切る きる(키루) 중 切 qiē(체)
2 깎다
영 To *cut* means to make something shorter by taking away a part.
¶ We *cut* the grass once a week.
우리는 일주일에 한 번 잔디를 깎는다.

（일） 씨る　かる(카루)　（중） 剪 jiǎn(젠)

3 줄이다

（영）To **cut** means to reduce something.

¶ He had to *cut* expenses.

그는 비용을 줄여야 했다.

（일） 減じる　げんじる(겐지루)　（중） 減少 jiǎnshǎo(젠사오)

4 (칼 등으로) 베다

（영）To **cut** means to injure yourself or someone else with a knife or some-thing else that is sharp.

¶ She *cut* her finger with a knife.

그녀는 칼에 손가락을 베었다.

（일） 切る　きる(키루)　（중） 割 gē(거)

5 끊다, 중단하다

（영）To **cut** means to stop or interrupt.

¶ The storm *cut* the power last night.

어젯밤에 폭풍으로 인해 전력이 끊겼다.

（일） 止める　とめる(토메루)　（중） 中断 zhōngduàn(중돤)

（자） 잘라지다《부사와 함께 쓴다》

（일） 切れる　きれる(키레루)　（중） 切 qiē (체)

¶ The meat did not *cut* easily.

그 고기는 잘 잘라지지 않았다.

（숙어） *cut in* 말참견하다 ; (차 등이) 끼어들다

¶ Don't *cut in* like that.

그런 식으로 끼어들지 말아라.

***cute** [kjú:t 큐-트]

（형） (비교급 cuter [kjú:tər], 최상급 cutest [kjú:tist])

귀여운

（영） *Cute* means charming, pretty, or attractive.

¶ a *cute* girl

귀여운 여자 아이

（일） かわいらしい(카와이라시-)　（중） 可爱的 kě'àide(커아이더)

***cy·cle** [sáikl 사이클]

（명） (복수 cycles [sáiklz])

주기

（영） A *cycle* is a series of events that are repeated over and over again.

¶ The four seasons of the year make a *cycle*.

1년의 4계절은 한 주기를 이룬다.

（일） 周期　しゅうき(슈-끼)　（중） 周期 zhōuqī(저우치)

Dd [díː 디-]
the fourth letter of the English alphabet
영어 알파벳의 네번째 글자

****dad** [dǽd 대드]

명 (복수 dads [dǽdz])
《구어》 아빠
영 *Dad* is a name for your father.
¶ Is your *dad* at home?
아빠 집에 계시니?
일 お父さん　おとうさん(오또-상)　중
爸爸 bàba(바바)

****dad·dy** [dǽdi 대디]

명 (복수 daddies [dǽdiz])
《구어》 아빠
영 *Daddy* is a name for your father.
¶ I'm home, *daddy*!
아빠, 다녀왔습니다.
일 お父ちゃん　おとうちゃん(오또-짱)
중 爸爸 bàba(바바)

---

daf·fo·dil [dǽfədìl 대퍼딜]

명 나팔수선화
영 A *daffodil* is a plant that has
yellow, bell-like flowers and long,
narrow leaves.
일 ラッパスイセン(랍빠스이센)　중 黄
水仙花 huángshuǐxiānhuā(황수이셴화)

---

dag·ger [dǽgər 대거]

명 단검, 단도
영 A *dagger* is a short pointed knife
used as a weapon.
일 短劍　たんけん(탕껜)　중 短剑 duǎn-
jiàn(돤졘)

***dai·ly** [déili 데일리]

형 매일의, 일상의
영 *Daily* means happening, done, or
produced every day.
¶ You had better read a *daily* news-
paper.
너는 일간 신문을 읽는 게 좋겠다.
일 毎日の　まいにちの(마이니찌노)　중
每天的 měitiānde(메이톈더)

부 매일, 날마다
영 *Daily* means every day.
¶ He takes a walk *daily*.
그는 매일 산책한다.
일 毎日　まいにち(마이니찌)　중 每天
měitiān(메이톈)

***dair·y** [déəri 데어리]

명 (복수 dairies [déəriz])
낙농장
영 A *dairy* is a place on a farm where
milk is kept, and butter and cheese
are made.
일 酪農場　らくのうじょう(라꾸노-죠-)
중 制酪场 zhìlàochǎng(즈라오창)

---

dai·sy [déizi 데이지]

명 (복수 daisies [déiziz])
데이지
영 A *daisy* is a flower with a round
yellow center and white petals.
일 ヒナギク(히나기꾸)　중 雏菊 chújú
(추쥐)

***dam** [dǽm 댐]

명 (복수 dams [dǽmz])
댐, 둑
영 A *dam* is a wall that is built across a river to hold back water.
일 ダム(다무) 중 水坝 shuǐbà(수이바)

***dam·age** [dǽmidʒ 대미지]

명 손해, 피해
영 *Damage* is the harm that something does.
¶ The company paid the total *damage*.
회사가 모든 손해를 배상했다.
일 損害 そんがい(송가이) 중 损害 sǔnhài(쑨하이)

***damp** [dǽmp 댐프]

형 (비교급 damper [dǽmpər], 최상급 dampest [dǽmpist])
습기가 있는, 축축한
영 *Damp* means slightly wet, or moist.
¶ This room is *damp* in rainy day.
비 오는 날에는 이 방은 습기가 찬다.
일 湿気のある しっきのある(식끼노아루) 중 潮湿的 cháoshīde(차오스더)

****dance** [dǽns 댄스]

자 (3단현 dances [dǽnsiz], 과거·과거분사 danced [dǽnst], 현재분사 dancing [dǽnsiŋ])
춤추다
영 To *dance* means to move your body to music.
¶ Will you *dance* with me?
저와 춤추시겠어요?
일 踊る おどる(오도루) 중 跳舞 tiàowǔ(탸오우)

명 (복수 dances [dǽnsiz])
1 무용, 춤
영 A *dance* is the way you move your body to music.
¶ a folk *dance*
민속 무용
일 踊り おどり(오도리) 중 舞蹈 wǔdǎo(우다오)
2 무도회, 댄스파티
영 A *dance* is a social event or party where you dance.
¶ give a *dance*
무도회를 열다
일 ダンスパーティー(단스파-티-) 중 舞会 wǔhuì(우후이)

---

danc·er [dǽnsər 댄서]

명 (복수 dancers [dǽnsərz])
춤추는 사람, 댄서
영 A *dancer* is a person who dances.
¶ They both are good *dancers*.
그들은 둘 다 춤을 잘 춘다.
일 踊る人 おどるひと(오도루히또) 중 跳舞者 tiàowǔzhě(탸오우저)

***dan·ger** [déindʒər 데인저]

명 (복수 dangers [déindʒərz])
1 위험(한 상태)《반》safety 안전)
영 *Danger* is a situation that is not safe.
¶ She ran into *danger*.
그녀는 위험에 빠졌다.
일 危険 きけん(키껜) 중 危险 wēixiǎn(웨이셴)
2 위험한 것[인물]
영 A *danger* is something or someone that may cause harm or injury.
¶ Icy roads are a *danger* to drivers.
빙판길은 운전자에게 위험한 곳이다.
일 危険な物 きけんなもの(키껜나모노) 중 危险物 wēixiǎnwù(웨이셴우)

---

*dan·ger·ous [déindʒərəs 데인저러스]

형 위험한, 위태로운(《반》safe 안전한)

영 *Dangerous* means able or likely to harm you.

¶ The work is too *dangerous* for you.
그 일은 너에게는 너무 위험하다.

일 危険な きけんな(키껜나) 중 危险的 wēixiǎnde(웨이셴더)

---

*dare [déər 데어]

타 (3단현 dares [déərz], 과거·과거분사 dared [déərd], 현재분사 daring [déəriŋ])
감히 …하다, 대담하게 …하다

영 To *dare* means to be brave enough to do something.

¶ He wanted to ask her, but he didn't *dare*.
그는 그녀에게 물어보고 싶었지만, 감히 그러지 못했다.

일 あえて…する(아에떼…스루) 중 敢 gǎn(간)

**dark [dá:rk 다-크]

형 (비교급 darker [dá:rkər], 최상급 darkest [dá:rkist])

1 어두운(《반》light 밝은)

영 *Dark* means without light.

¶ It's getting *dark*.
날이 어두워지고 있다.

일 暗い くらい(쿠라이) 중 黑暗的 hēiànde(헤이안더)

2 (색이) 짙은

영 *Dark* means containing more black than white.

¶ *dark* brown
짙은 갈색

일 濃い こい(코이) 중 深色的 shēnsède(선써더)

명 어둠

영 *Dark* means lack or absense of light.

¶ He is afraid of the *dark*.
그는 어둠을 무서워한다.

일 暗がり くらがり(쿠라가리) 중 黑暗 hēiàn(헤이안)

숙어 *after dark* 해가 지고 나서, 어두워진 후에

숙어 *before dark* 해가 지기 전에, 어두워지기 전에

---

dark·ness [dá:rknəs 다-크너스]

명 어둠, 암흑(《반》light 밝음)

영 *Darkness* means a place or time when there is no light.

¶ They lost their way in the *darkness*.
그들은 어둠 속에서 길을 잃었다.

일 暗さ くらさ(쿠라사) 중 黑暗 hēiàn(헤이안)

---

dar·ling [dá:rliŋ 다-링]

명 (복수 darlings [dá:rliŋz])
가장 사랑하는 사람, 귀여운 사람

영 A *darling* is someone who is dearly loved.

¶ My *darling*!
여보!, 당신!

일 かわいいひと(카와이이히또) 중 亲爱的人 qīnàiderén(친아이더런)

---

dash [dǽʃ 대시]

동 (3단현 dashes [dǽʃiz], 과거·과거분사 dashed [dǽʃt], 현재분사 dashing [dǽʃiŋ])

자 돌진하다

영 To *dash* means to go somewhere very quickly.

¶ She *dashed* down the stairs.
그녀는 계단을 뛰어 내려갔다.

일 突進する とっしんする(톳신스루)

D

중 猛冲 měngchōng(멍충)
타 내던지다
영 To *dash* means to make something hit violently against something else.
¶ She *dashed* a plate against the wall.
그녀는 접시를 벽에 내던졌다.
일 たたきつける(타따끼쓰께루) 중 猛掷 měngzhì(멍즈)

명 (복수 dashes[dǽʃiz])
돌진, 돌격
영 A *dash* is a quick run or rush.
¶ She made a *dash* for the exit.
그녀는 출구를 향해 돌진했다.
일 突進 とっしん(톳신) 중 猛冲 měng-chōng(멍충)

*__da·ta__ [déitə 데이터]

명 자료, 데이터
영 *Data* is information or facts.
¶ He's collecting *data* for his report.
그는 보고서를 위해 자료를 수집하고 있다.
일 データ(데-따) 중 资料 zīliào(쯔랴오)
up 원래는 datum [déitəm]의 복수형인데 현재는 단수·복수로 다 쓴다.

*__date__ [déit 데이트]

명 (복수 dates [déits])
1 날짜
영 A *date* is a particular day, month, or year.
¶ What's the *date* today?
오늘이 며칠이니?
일 日付 ひづけ(히즈께) 중 日期 rìqī(르치)
2 (이성과의) 만날 약속, 데이트
영 A *date* is an appointment to meet someone, especially a girlfriend or boyfriend.
¶ They made a *date* to go to the movies.
그들은 영화 보러 갈 약속을 했다.
일 デート(데-또) 중 约会 yuēhuì(웨후이)
숙어 *out of date* 시대에 뒤진, 구식의
숙어 *up to date* 최신(식)의

**__daugh·ter__ [dɔ́:tər 도-터]

명 (복수 daughters [dɔ́:tərz])
딸(《반》son 아들)
영 A *daughter* is a person's female child.
¶ He has three *daughters*.
그에게는 딸이 셋 있다.
일 娘 むすめ(무스메) 중 女儿 nǚ'ér(뉘얼)

*__dawn__ [dɔ́:n 돈-]

명 (복수 dawns [dɔ́:nz])
새벽, 동틀녘
영 *Dawn* is the beginning of the day.
¶ I sometimes get up at *dawn*.
나는 때때로 새벽에 일어난다.
일 夜明け よあけ(요아께) 중 黎明 límíng(리밍)

**__day__ [déi 데이]

명 (복수 days [déiz])
1 하루, 날
영 A *day* is a 24-hour period, from midnight to midnight.
¶ What *day* is it today?
오늘은 무슨 요일입니까?
일 一日 いちにち(이찌니찌) 중 天 tiān(톈)
2 낮(《반》night 밤)
영 *Day* is the time when it is light outside.

¶ It will be hot during the *day*.
낮 동안은 더울 것이다.
[일] 昼間 ひるま(히루마) [중] 白天 báitiān (바이톈)

[숙어] *all day (long)* 하루 종일
¶ It's rained *all day*.
하루 종일 비가 내렸다.

[숙어] *day and night*=*night and day* 밤낮으로, 끊임없이
¶ My neighbor's dog barks *day and night*.
우리 이웃집의 개는 늘 짖어댄다.

[숙어] *day by day* 나날이, 매일매일
¶ *Day by day* he began to feel better.
하루하루 그는 좋아지기 시작했다.

---

day·dream [déidrìːm 데이드림-]
[명] 공상, 백일몽
[영] A ***daydream*** is a pleasant dream you have while you are awake.
[일] 空想 くうそう(쿠-소-) [중] 白日梦 báirìmèng(바이르멍)

---

day·light [déilàit 데일라이트]
[명] 일광, 햇빛
[영] ***Daylight*** is the light of the sun during daytime hours.
[일] 日光 にっこう(닉꼬-) [중] 日光 rìguāng(르광)

---

day·time [déitàim 데이타임]
[명] 주간, 낮(《반》 nighttime 야간)
[영] ***Daytime*** is the hours of daylight, from dawn till dusk.
¶ I can't sleep in the *daytime*.
나는 낮에는 잘 수 없다.
[일] 昼間 ひるま(히루마) [중] 白天 báitiān (바이톈)

***dead** [déd 데드]
[형] 죽은(《반》 alive 산, living 살아 있는)
[영] ***Dead*** means not alive.
¶ She has been *dead* for ten years.
그녀가 죽은 지 10년이 된다.
[일] 死んだ しんだ(신다) [중] 死的 sǐde (쓰더)

---

dead·ly [dédli 데들리]
[형] 치명적인
[영] ***Deadly*** means very dangerous and likely to cause death.
¶ a *deadly* wound
치명상
[일] 致命的な ちめいてきな(치메-떼끼나) [중] 致命的 zhìmìngde(즈밍더)

***deaf** [déf 데프]
[형] (비교급 deafer [défər], 최상급 deafest [défist])
귀가 먼, 귀가 들리지 않는
[영] ***Deaf*** means not able to hear.
¶ She is *deaf* in her right ear.
그녀는 오른쪽 귀가 들리지 않는다.
[일] 耳の聞こえない みみのきこえない(미미노키꼬에나이) [중] 聋的 lóngde(룽더)

***deal**[1] [díːl 딜-]
[자] (3단현 deals [díːlz], 과거·과거분사 dealt [délt], 현재분사 dealing [díːliŋ])
1 다루다, 처리하다
[영] To ***deal*** means to cover a subject or an area.
¶ This book *deals* with computer games.
이 책은 컴퓨터 게임을 다루고 있다.
[일] 扱う あつかう(아쓰까우) [중] 对付 duìfu(두이푸)
2 장사하다, 취급하다

D

D

㉠To **deal** means to do business.
¶ The merchant *deals* in wool and cotton.
그 상인은 양모와 면화 장사를 한다.
㉰ 商う あきなう(아끼나우) ㉗ 买卖 mǎimài(마이마이)

---

* **deal²** [dí:l 딜-]

㉤ **1** 협정, 계약
㉠A **deal** is an agreement.
㉰ 協定 きょうてい(쿄-떼-) ㉗ 协议 xiéyì(셰이)
2 다량, 다액
㉠A **deal** is a large quantity of something.
㉰ 多量 たりょう(타료-) ㉗ 大量 dàliàng(다량)
㉢ *a good[great] deal of* 상당히 많은
¶ I need *a great deal of* money.
나는 상당히 많은 돈이 필요하다.

---

dealt [délt 델트]

㉜ deal의 과거·과거분사

---

* **dear** [díər 디어]

㉠ (비교급 dearer [díərər], 최상급 dearest [díərist])
1 사랑스러운, 소중한
㉠ **Dear** means highly valued or much loved.
¶ She is a *dear* friend.
그녀는 소중한 친구다.
㉰ いとしい(이또시-) ㉗ 亲爱的 qīnàide(친아이더)
2 [편지 첫머리에 ; 보통 Dear...로]
친애하는, 사랑하는
㉠ **Dear** is used before a name at the beginning of a letter.
¶ *Dear* John

사랑하는 존
㉰ 親愛なる しんあいなる(싱아이나루)
㉗ 亲爱的 qīnàide(친아이더)

㉣ 어머나, 아이구
㉠ **Dear** is a word used when you are surprised, annoyed, or upset.
¶ Oh *dear*! That's too bad.
저런, 그것 참 안됐다.
㉰ おや(오야) ㉗ 哎呀 āiya(아이야)

---

dear·ly [díərli 디얼리]

㉞ 대단히, 몹시
㉠ **Dearly** means very much.
¶ She loves me *dearly*.
그녀는 나를 대단히 사랑한다.
㉰ とても(토떼모) ㉗ 非常 fēicháng(페이창)

---

* **death** [déθ 데스]

㉤ 죽음, 사망(《반》 life 삶, birth 탄생)
㉠ **Death** is the end of life.
¶ I heard of his sudden *death*.
그의 갑작스런 사망 소식을 들었다.
㉰ 死 し(시) ㉗ 死 sǐ(쓰)

---

* **de·bate** [dibéit 디베이트]

㉤ (복수 debates [dibéits])
토론, 논쟁
㉠ A **debate** is a discussion between sides with different views.
¶ They gave a *debate* on the matter.
그들은 그 문제에 대해 토론했다
㉰ 討論 とうろん(토-론) ㉗ 讨论 tǎolùn(타오룬)

㉫ (3단현 debates [dibéits], 과거·과거분사 debated [dibéitid], 현재분사 debating [dibéitiŋ])
…을 토론하다, 토의하다

영 To *debate* means to consider or discuss something.
일 討論する　とうろんする(토-론스루)
중 争论 zhēnglùn(정룬)

***debt** [dét 뎃]

명 (복수 debts [déts])
빚, 부채
영 A *debt* is an amount of money or something else that you owe.
¶ I am in *debt*.
나는 빚이 있다.
일 借金 しゃっきん(샥낑) 중 借款 jiè-kuǎn(제콴)

---

dec·ade [dékeid 데케이드]

명 (복수 decades [dékeidz])
10년간
영 A *decade* is a period of 10 years.
¶ for two *decades*
20년 동안
일 十年間　じゅうねんかん(주-넹깡)
중 十年 shínián(스녠)

---

de·cay [dikéi 디케이]

자 (3단현 decays [dikéiz], 과거·과거분사 decayed [dikéid], 현재분사 decaying [dikéiiŋ])
썩다, 부패하다
영 To *decay* means to rot or break down.
¶ Leaves *decay* to make soil.
나뭇잎은 썩어 흙이 된다.
일 腐る　くさる(쿠사루) 중 腐烂 fǔlàn(푸란)

명 부패, 부식
영 *Decay* is the breaking down of plant or animal matter by natural causes.
일 腐敗 ふはい(후하이) 중 腐朽 fǔxiǔ

(푸슈)

***de·ceive** [disí:v 디시-브]

타 (3단현 deceives [disí:vz], 과거·과거분사 deceived [disí:vd], 현재분사 deceiving [disí:viŋ])
속이다, 기만하다
영 To *deceive* means to make someone believe something that is not true.
¶ He would never *deceive* her.
그는 결코 그녀를 속이려고 하지 않았다.
일 だます(다마스) 중 欺骗 qīpiàn(치펜)

****De·cem·ber** [disémbər 디셈버]

명 12월《Dec.로 약한다》
영 *December* is the last month of the year.
¶ We got married in *December*.
우리는 12월에 결혼했다.
일 十二月　じゅうにがつ(주-니가쓰)
중 十二月　shí'èryuè(스얼웨)

Dec.12=12 Dec.는 December (the) twelfth 또는 the twelfth of December라고 읽는다.

***de·cide** [disáid 디사이드]

동 (3단현 decides [disáidz], 과거·과거분사 decided [disáidid], 현재분사 deciding [disáidiŋ])
타 결심하다, 결정하다
영 To *decide* means to make a choice or judgment about something.
¶ We *decided* to go at once.
우리는 즉시 가기로 결심했다.
일 決心する　けっしんする(켓신스루)
중 決定 juédìng(줴딩)
자 결정하다, 결심하다
¶ I haven't *decided* yet.
나는 아직 결정하지 않았다.
일 決定する　けっていする(켓떼-스루)

중 決定 juédìng(줴딩)

---

*__de·ci·sion__ [disíʒən 디시젼]

명 (복수 decisions [disíʒənz])
결정, 결심
영 A _decision_ is a choice or judgment that you make.
¶ We'll make a _dicision_ by Friday.
우리가 금요일까지 결정하겠다.
일 決定 けってい(켓떼-) 중 決定 juédìng(줴딩)

---

deck [dék 덱]

명 (복수 decks [déks])
(배의) 갑판
영 A _deck_ is the floor of a boat or ship.
¶ Let's go on _deck_.
갑판으로 나가자.
일 デッキ(덱끼) 중 甲板 jiǎbǎn(쟈반)

---

dec·la·ra·tion [dèkləréiʃən 데클러레이션]

명 (복수 declarations [dèkləréiʃənz])
선언, 포고
영 _Declaration_ is the act of announcing something, or the announcement made.
¶ a _declaration_ of war
선전 포고
일 宣言 せんげん(센겐) 중 宣言 xuānyán(쉬엔옌)

---

*__de·clare__ [dikléər 디클레어]

타 (3단현 declares [dikléərz], 과거·과거분사 declared [dikléərd], 현재분사 declaring [dikléəriŋ])
1 선언하다
영 To _declare_ means to announce something formally.
¶ He was _declared_ guilty.
그는 유죄를 선고 받았다.
일 宣言する せんげんする(셍겐스루)
중 宣告 xuāngào(쉬엔가오)
2 단언하다, 언명하다
영 To _declare_ means to say something firmly.
¶ He _declared_ his position.
그는 자신의 입장을 분명히 밝혔다.
일 断言する だんげんする(당겐스루)
중 断言 duànyán(돤옌)

---

*__dec·o·rate__ [dékərèit 데커레이트]

타 (3단현 decorates [dékərèits], 과거·과거분사 decorated [dékərèitid], 현재분사 decorating [dékərèitiŋ])
장식하다, 꾸미다
영 To _decorate_ means to make something look more attractive by adding pretty things to it.
¶ The table is _decorated_ with many flowers.
그 테이블은 많은 꽃들로 장식되어 있다.
일 飾る かざる(카자루) 중 裝飾 zhuāngshì(좡스)

---

dec·o·ra·tion [dèkəréiʃən 데커레이션]

명 (복수 decorations [dèkəréiʃənz])
장식, 장식품
영 _Decoration_ is something pretty that you add to something in order to make it look more attractive.
¶ Christmas decorations
크리스마스 장식
일 裝飾 そうしょく(소-쇼꾸) 중 裝飾 zhuāngshì(좡스)

---

*__de·crease__[1] [dikríːs 디크리-스]

동 (3단현 decreases [dikríːsiz], 과

거·과거분사 decreased [dikríːst], 현재분사 decreasing [dikríːsiŋ])
困 줄다, 감소하다
영 To *decrease* means to become less, smaller, or fewer.
¶ The number of visitors has *decreased*.
방문자 수가 줄었다.
일 減る へる(헤루) 중 減少 jiǎnshǎo (젠사오)
타 줄이다, 감소시키다
¶ *decrease* pollution
오염을 줄이다
일 減らす へらす(헤라스) 중 減少 jiǎnshǎo(젠사오)

---

*de·crease² [díːkriːs 디-크리-스]
명 (복수 decreases [díːkriːsiz])
감소
영 A *decrease* is a loss, or the amount by which something grows less.
¶ a *decrease* in sales
판매 감소
일 減少 げんしょう(겐쇼-) 중 減少 jiǎnshǎo(젠사오)

---

ded·i·cate [dédikèit 데디케이트]
타 (3단현 dedicates [dédikèits], 과거·과거분사 dedicated [dédikèit-id], 현재분사 dedicating [dédi-kèitiŋ])
1 바치다, 헌정하다
영 To *dedicate* means to say that a book, movie, song, etc. has been written, made, or sung in honor of someone.
¶ *Dedicated* to my wife.
내 아내에게 바칩니다.
일 獻呈する けんていする(켄떼-스루)
중 供奉 gòngfèng(궁펑)
2 헌신하다
영 To *dedicate* means to give all your attention and effort to one thing.
¶ He *dedicated* his life to scientific research.
그는 생애를 과학 연구에 바쳤다.
일 献身する けんしんする(켄신스루)
중 献身 xiànshēn(셴선)

---

deed [díːd 디-드]
명 (복수 deeds [díːdz])
행동, 행위(《동》act)
영 A *deed* is something that someone does.
¶ *Deeds* are better than words.
(필요할 때의) 행동은 말보다 낫다.
일 行為 こうい(코-이) 중 行为 xíngwéi (싱웨이)

**deep [díːp 디-프]
형 (비교급 deeper [díːpər], 최상급 deepest [díːpist])
1 깊은(《반》shallow 얕은)
영 *Deep* means going a long way down.
¶ This lake is *deepest* here.
이 호수는 여기가 가장 깊다.
일 深い ふかい(후까이) 중 深的 shēnde (선더)
2 (감정·생각이) 깊은
영 *Deep* means very intense and strong.
¶ He is in *deep* sorrow.
그는 깊은 슬픔에 잠겨 있다.
일 心からの こころからの(코꼬로까라노) 중 深厚的 shēnhòude(선허우더)

---

deep·ly [díːpli 디-플리]
부 깊게, 깊이
영 *Deeply* means a long way into something.
¶ Dig the hole *deeply*.
구멍을 깊게 파라.
일 深く ふかく(후까꾸) 중 深深地 shēn-

D

shēnde(선선더)

***deer** [díər 디어]

몡 (복수 deer 《단수·복수 동형》)
사슴

옝 A **deer** is an animal with four legs, a small tail, and brown fur.

¶ A *deer* runs very fast.
사슴은 매우 빨리 달린다.

일 シカ(시까)　중 鹿 lù(루)

***de·feat** [difíːt 디피-트]

타 (3단현 defeats [difíːts], 과거·과거분사 defeated [difíːtid], 현재분사 defeating [difíːtiŋ])
패배시키다, 이기다

옝 To **defeat** means to beat someone in a war or a competition.

¶ We *defeated* the enemy.
우리는 적을 패배시켰다.

일 打ち負かす　うちまかす(우찌마까스)
중 战胜 zhànshèng(잔성)

몡 (복수 defeats [difíːts])
패배(《반》victory 승리)

옝 **Defeat** is failure to win or succeed.

¶ He acknowledged his *defeat*.
그는 패배를 인정했다.

일 敗北　はいぼく(하이보꾸)　중 失败 shībài(스바이)

***de·fend** [difénd 디펜드]

타 (3단현 defends [diféndz], 과거·과거분사 defended [diféndid], 현재분사 defending [diféndiŋ])

1 지키다, 방어하다(《반》attack 공격하다)

옝 To **defend** means to protect something or someone from harm.

¶ They are fighting to *defend* their rights.
그들은 자신들의 권리를 지키기 위해 싸우고 있다.

일 守る まもる(마모루)　중 保卫 bǎowèi(바오웨이)

2 변호하다

옝 To **defend** means to support someone or some idea by arguing.

¶ She *defended* her son's conduct.
그녀는 아들의 행위를 변호했다.

일 弁護する　べんごする(벵고스루)
중 辩护 biànhù(벤후)

---

de·fense [diféns 디펜스]

몡 (복수 defenses [difénsiz])
방어, 방위(《반》offense 공격)

옝 **Defense** is the act of protecting something or someone from attack.

¶ The best *defense* is offense.
최선의 방어는 공격이다.

일 防御 ぼうぎょ(보-교)　중 防御 fángyù(팡위)

---

de·fine [difáin 디파인]

타 (3단현 defines [difáinz], 과거·과거분사 defined [difáind], 현재분사 defining [difáiniŋ])
정의하다, 규정짓다

옝 To **define** means to explain or describe something exactly.

¶ A dictionary *defines* words.
사전은 단어를 정의한다.

일 定義する　ていぎする(테-기스루)
중 下定义 xiàdìngyì(샤딩이)

---

def·i·nite [défənit 데퍼닛]

혱 **1** 확실한, 확정적인

옝 **Definite** means certain.

¶ Give me a *definite* answer.
확실한 대답을 주세요.

일 確実な　かくじつな(카꾸지쓰나)　중

确切的 quèqiède(췌쳬더)
2 명확한, 명백한
영 *Definite* means clear.
¶ *definite* improvement
명백한 개선
일 明確な めいかくな(메-까꾸나) 중
明确的 míngquède(밍췌더)

------

def·i·ni·tion [dèfəníʃən 데퍼니션]

명 정의, 말뜻
영 A *definition* is an explanation of the meaning of a word or phrase.
¶ Give a *definition* to this words.
이 단어에 정의를 내려라.
일 定義 ていぎ(테-기) 중 定义 dìngyì (딩이)

------

*de·gree [digrí: 디그리-]

명 (복수 degrees [digríːz])
1 정도, 단계
영 *Degree* is a step in a series.
¶ It's a question of *degree*.
그것은 정도의 문제다.
일 程度 ていど(테-도) 중 程度 chéngdù (청두)
2 (온도의) 도
영 A *degree* is a unit for measuring temperature.
¶ three *degrees* below zero
영하 3도
일 度 ど(도) 중 度 dù(두)
3 (각도의) 도
영 A *degree* is a unit for measuring the size of an angle.
¶ There are 90 *degrees* in a right angle.
직각은 90도다.
일 度 ど(도) 중 度 dù(두)

------

*de·lay [diléi 딜레이]

동 (3단현 delays [diléiz], 과거·과

거분사 delayed [diléid], 현재분사 delaying [diléiiŋ])
타 **1** 지연시키다
영 To *delay* means to make someone or something late.
¶ The accident *delayed* his arrival.
사고로 그의 도착이 지연되었다.
일 遲らせる おくらせる(오꾸라세루)
중 耽搁 dānge(단거)
2 연기하다
영 To *delay* means to put something off until later.
¶ We *delayed* the picnic until next week.
우리는 소풍을 다음 주까지 연기했다.
일 延期する えんきする(엥끼스루) 중 延期 yánqī(옌치)
자 꾸물거리다, 지체하다
영 To *delay* means to be late.
¶ Don't *delay*.
꾸물거리지 마라.
일 ぐずぐずする(구즈구즈스루) 중 拖延 tuōyán(퉈옌)

------

del·e·gate¹ [déligit 델리깃]

명 (복수 delegates [déligits])
대표자
영 A *delegate* is someone who has been chosen to represent a group at a meeting.
일 代表 だいひょう(다이효-) 중 代表 dàibiǎo(다이뱌오)

------

del·e·gate² [déligèit 델리게이트]

타 (3단현 delegates [déligèits], 과거·과거분사 delegated [déligèit-id], 현재분사 delegating [déligèit-iŋ])
(권한 등을) 위임하다
영 To *delegate* means to give part of your work or responsibilities to

someone else.

¶ She *delegated* the authority to him.
그녀는 그 권한을 그에게 위임했다.
일 委任する　いにんする(이닌스루) 중
委派　wěipài(웨이파이)

---

del·i·cate [délikət 델리컷]

형 **1** 세심한 주의가 필요한, 다루기 어려운
영 ***Delicate*** means needing to be done very carefully in order to avoid causing problems.
¶ a *delicate* operation
까다로운 수술
일 細心の注意を要する　さいしんのちゅういをようする(사이신노추-이오요-스루) 중 娇弱的　jiāoruòde(쟈오뤄더)
2 우아한, 고운
영 ***Delicate*** means small and attractive.
¶ She has long *delicate* fingers.
그녀의 손가락은 길고 곱다.
일 優美な　ゆうびな(유-비나) 중 精美的　jīngměide(징메이더)

---

*de·li·cious [dilíʃəs 딜리셔스]

형 맛있는
영 ***Delicious*** means very pleasing to taste or smell.
¶ We enjoyed a *delicious* lunch.
우리는 맛있는 점심을 즐겼다.
일 おいしい(오이시-) 중 美味的　měiwèide(메이웨이더)

---

*de·light [diláit 딜라이트]

타 (3단현 delights [diláits], 과거·과거분사 delighted [diláitid], 현재분사 delighting [diláitiŋ])
매우 기쁘게 하다
영 To ***delight*** means to give someone great pleasure and enjoyment.
¶ He was *delighted* at the news.

그는 그 소식을 듣고 기뻐했다.
일 おおいに喜ばせる　おおいによろこばせる(오-이니요로꼬바세루) 중 使高兴　shǐgāoxìng(스가오싱)

명 기쁨, 즐거움
영 ***Delight*** is great pleasure.
¶ She opened the present with *delight*.
그녀는 기뻐하며 선물을 풀어 보았다.
일 大喜び　おおよろこび(오-요로꼬비)
중 高兴　gāoxìng(가오싱)

---

de·light·ful [diláitful 딜라이트풀]

형 즐거운, 매우 유쾌한
영 ***Delightful*** means very nice, pleasant, and enjoyable.
¶ It was a *delightful* day.
매우 즐거운 하루였다.
일 楽しい　たのしい(타노시-) 중 愉快的　yúkuàide(위콰이더)

---

*de·liv·er [dilívər 딜리버]

타 (3단현 delivers [dilívərz], 과거·과거분사 delivered [dilívərd], 현재분사 delivering [dilívəriŋ])
1 배달하다, 전하다
영 To ***deliver*** means to take something to someone.
¶ The mailman *delivers* letters everyday.
우편 집배원은 매일 편지를 배달한다.
일 配達する　はいたつする(하이따쓰루) 중 投递　tóudì(터우디)
2 (연설을) 하다, (의견을) 말하다
영 To ***deliver*** means to say.
¶ He will *deliver* a speech at the meeting tomorrow.
그는 내일 회의에서 연설을 한다.

㈜ 述べる のべる(노베루) 㭠 发表 fābiǎo(파뱌오)

---

de·liv·er·y [dilívəri 딜리버리]

㈑ (복수 deliveries [dilívəriz])

1 배달

㈐ ***Delivery*** is the act of bringing something to someone or somewhere.

¶ make a *delivery* of letters
편지를 배달하다

㈜ 配達 はいたつ(하이따쓰) 㭠 投递 tóudì(터우디)

2 배달물

㈐ A ***delivery*** is something that is delivered.

㈜ 配達品 はいたつひん(하이따쓰힝) 㭠 投递的邮件 tóudìdeyóujiàn(터우디더유젠)

---

*de·mand [dimǽnd 디맨드]

㈑ (복수 demands [dimǽndz])

1 수요(《반》supply 공급)

㈐ ***Demand*** is the need or desire that people have for goods or services.

¶ There is a great *demand* for this article.
이 물품은 수요가 많다.

㈜ 需要 じゅよう(주요-) 㭠 需要 xūyào(쉬야오)

2 요구, 요청

㈐ A ***demand*** is a very determined request for something.

㈜ 要求 ようきゅう(요-뀨-) 㭠 要求 yāoqiú(야오추)

㈒ (3단현 demands [dimǽndz], 과거·과거분사 demanded [dimǽndid], 현재분사 demanding [dimǽndiŋ])

요구하다

㈐ To ***demand*** means to ask for

something firmly.

¶ My wife *demanded* an answer of me.
아내는 나에게 대답을 요구했다.

㈜ 要求する ようきゅうする(요-뀨-스루) 㭠 要求 yāoqiú(야오추)

---

de·moc·ra·cy [dimákrəsi 디마크러시]

㈑ (복수 democracies [dimákrəsiz])

1 민주주의

㈐ ***Democracy*** is a way of governing a country in which the people choose their leaders in elections.

㈜ 民主主義 みんしゅしゅぎ(민슈슈기) 㭠 民主主义 mínzhǔzhǔyì(민주주이)

2 민주 국가

㈐ A ***democracy*** is a country that allows its people to elect government officials.

㈜ 民主国家 みんしゅこっか(민슈꼭까) 㭠 民主国家 mínzhǔguójiā(민주궈쟈)

---

dem·o·crat·ic [dèməkrǽtik 데머크래틱]

㈗ 민주주의의

㈐ ***Democratic*** means to do with or in favor of democracy.

㈜ 民主主義の みんしゅしゅぎの(민슈슈기노) 㭠 民主的 mínzhǔde(민주더)

---

dem·on·strate [démənstrèit 데먼스트레이트]

㈓ (3단현 demonstrates [démənstrèits], 과거·과거분사 demonstrated [démənstrèitid], 현재분사 demonstrating [démənstrèitiŋ])

㈒ 증명하다

㈐ To ***demonstrate*** means to show that something is true.

¶ He *demonstrate* that the earth is round.

그는 지구가 둥글다는 것을 증명했다.
일 証明する しょうめいする(쇼-메-스루) 중 证明 zhèngmíng(정밍)
재 시위 운동을 하다, 시위하다
영 To *demonstrate* means to protest or support something in public with a lot of other poeple.
¶ Huge crowds *demonstrated* against war.
많은 사람들이 전쟁에 반대하는 시위를 했다.
일 デモをする(데모오스루) 중 示威 shìwēi(스웨이)

dem·on·stra·tion [dèmən-stréiʃən 데먼스트레이션]

명 (복수 demonstrations [dèmən-stréiʃənz])
시위 (운동)
영 A *demonstration* is an event at which a lot of people meet to protest or support something in public.
¶ a *demonstrations* against a new law
새 법률에 반대하는 시위
일 デモ(데모) 중 示威 shìwēi(스웨이)

den [dén 덴]

명 굴, 동굴
영 A *den* is a place where wild animals rest or sleep.
일 穴 あな(아나) 중 洞穴 dòngxuè(둥쉐)

Den·mark [dénmɑːrk 덴-마크]

명 덴마크
일 デンマーク(덴마-꾸) 중 丹麦 Dān-mài(단마이)

den·tist [déntist 덴티스트]

명 (복수 dentists [déntists])
치과 의사
영 A *dentist* is a doctor who takes care of people's teeth.
¶ The *dentist* showed the children how to brush their teeth.
치과 의사가 아이들에게 칫솔질하는 법을 보여주었다.
일 歯科医 しかい(시까이) 중 牙医 yáyī(야이)

*de·ny [dinái 디나이]

타 (3단현 denies [dináiz], 과거·과거분사 denied [dináid], 현재분사 denying [dináiiŋ])
1 부정하다, 부인하다(《반》affirm 긍정하다)
영 To *deny* means to say that something is not true.
¶ It's no use *denying* the fact.
사실을 부정해도 소용없다.
일 否定する ひていする(히떼-스루) 중 否定 fǒudìng(퍼우딩)
2 거절하다
영 To *deny* means to refuse to allow someone to have or do something.
¶ He *denied* their request.
그는 그들의 요구를 거절했다.
일 拒む こばむ(코바무) 중 拒绝 jùjué(쥐줴)

de·part [dipɑːrt 디파-트]

재 (3단현 departs [dipɑːrts], 과거·과거분사 departed [dipɑːrtid], 현재분사 departing [dipɑːrtiŋ])
출발하다(《반》 arrive, reach 도착하다)
영 To *depart* means to leave, especially to go on a journey.
¶ The train *departs* at 7:15.
기차는 7시 15분에 출발한다.
일 出発する しゅっぱつする(슙빠쓰루) 중 出发 chūfā(추파)

***de·part·ment** [dipá:rtmənt 디파-트먼트]

명 (복수 departments [dipá:rtmənts])

부, 부문 ; 학부, 과(科)

영 A *department* is a part of a store, hospital, university, etc., that has a particular function or purpose.

¶ the export *department*
수출부

¶ This university has a department of science.
이 대학교에는 이학부가 있다.

일 部 ぶ(부) 중 部 bù(부)

---

de·part·ment store [dipá:rtmənt stɔ̀:r 디파-트먼트 스토-]

명 (복수 department stores [dipá:rtmənt stɔ̀:rz])

백화점

영 A *department store* is a large store with sections or departments for the different kinds of things sold.

일 デパート (데빠-또) 중 百货商店 bǎihuòshāngdiàn(바이훠상뎬)

***de·par·ture** [dipá:rtʃər 디파-처]

명 (복수 departures [dipá:rtʃərz])
출발(《반》 arrival 도착)

영 *Departure* is the action of leaving a place, especially to travel in an airplane, car, etc.

¶ She packed her case ready for *departure*.
그녀는 출발할 수 있게 가방을 꾸렸다.

일 出発 しゅっぱつ(슙빠쓰) 중 出发 chūfā(추파)

***de·pend** [dipénd 디펜드]

재 (3단현 depends [dipéndz], 과거·과거분사 depended [dipéndid], 현재분사 depending [dipéndiŋ])

1 의지하다, 의존하다

영 To *depend* means to rely on someone or something.

¶ I have no one but you to *depend* on.
나는 너밖에 의지할 사람이 없다.

일 たよる(타요루) 중 依赖 yīlài(이라이)

2 …에 좌우되다, …에 달려 있다

영 To *depend* means to be directly affected by something else.

¶ It *depends* entirely on the weather.
그것은 전적으로 날씨에 달려 있다.

일 しだいである(시다이데아루) 중 取决于 qǔjuéyú(취줴위)

---

de·pen·dent [dipéndənt 디펜던트]

형 의지하고 있는, 이존하고 있는

영 *Dependent* means needing someone or something else in order to exist, be successful, etc.

¶ He is *dependent* on his parents.
그는 부모에게 의지하고 있다.

일 たよっている(타욧떼이루) 중 依靠的 yīkàode(이카오더)

---

de·pos·it [dipázit 디파짓]

타 (3단현 deposits [dipázits], 과거·과거분사 deposited [dipázitid], 현재분사 depositing [dipázitiŋ])

1 두다, 놓다

영 To *deposit* means to place, or to lay down.

¶ She *deposited* her hat on the chair.
그녀는 모자를 의자 위에 놓았다.

일 置く おく(오꾸) 중 放置 fàngzhì(팡즈)

2 맡기다, 예금하다

영 To *deposit* means to put money into a bank account.

¶ *deposit* money in a bank
은행에 돈을 맡기다
일 預ける あずける(아즈께루) 중 储存 chǔcún(추춘)

***de·pressed** [diprést 디프레스트]

형 우울한, 낙담한

영 *Depressed* means very unhappy.

¶ Somehow I feel *depressed* today.
나는 오늘 어쩐지 기분이 우울하다.
일 ゆううつな(유-우쓰나) 중 沮喪的 jǔsàngde(쥐쌍더)

***depth** [dépθ 뎁스]

명 (복수 depths [dépθs])
깊이

영 *Depth* is the distance from the top of something to the bottom of it.

¶ This pond is two meters in *depth*.
이 연못은 깊이가 2미터다.
일 深さ ふかさ(후까사) 중 深 shēn(선)

---

de·rive [diráiv 디라이브]

동 (3단현 derives [diráivz], 과거·과거분사 derived [diráivd], 현재분사 deriving [diráiviŋ])

타 얻다, 이끌어내다

영 To *derive* means to take or receive something.

¶ We *derive* knowledge from books.
우리는 책에서 지식을 얻는다.
일 得る える(에루) 중 得到 dédào(더다오)

자 …에서 유래하다, 나오다

영 To *derive* means to develop or come from something else.

¶ This story *derives* from an old legend.
이 이야기는 옛날 전설에서 유래한 것이다.

일 由来する ゆらいする(유라이스루)
중 起源 qǐyuán(치위엔)

***de·scend** [disénd 디센드]

동 (3단현 descends [diséndz], 과거·과거분사 descended [diséndid], 현재분사 descending [diséndiŋ])

자 내려가다

영 To *descend* means to move from a higher level to a lower one.

¶ They started to *descend* from the hilltop.
그들은 언덕 위에서 내려가기 시작했다.
일 下る くだる(쿠다루) 중 下来 xiàlái (샤라이)

타 …을 내려가다

¶ He slowly *descended* the steps.
그는 천천히 계단을 내려갔다.
일 下る くだる(쿠다루) 중 下来 xiàlái (샤라이)

---

de·scend·ant [diséndənt 디센던트]

명 자손

영 A *descendant* is someone who is related to a person who lived a long time ago.
일 子孫 しそん(시손) 중 子孙 zǐsūn(쯔쑨)

---

de·scent [disént 디센트]

명 내려감, 하강

영 *Descent* is the process of going down.

¶ The plane began its *descent*.
비행기가 하강하기 시작했다.
일 降下 こうか(코-까) 중 下降 xiàjiàng (샤쟝)

*de·scribe [diskráib 디스크라이브]

㉣ (3단현 describes [diskráibz], 과거·과거분사 described [diskráibd], 현재분사 describing [diskráibiŋ])
묘사하다, 모습을 말하다
㉠ To *describe* means to say what someone of something is like by giving details.
¶ Can you *describe* that scene?
그 장면을 설명할 수 있습니까?
㉢ 描写する びょうしゃする(뵤-샤스루) ㉝ 描述 miáoshù(먀오수)

de·scrip·tion [diskrípʃən 디스크립션]

㉤ (복수 descriptions [diskrípʃənz])
묘사, 서술
㉠ *Description* is a piece of writing or speech that gives details about what someone or something is like.
¶ Give a brief *description* of the event.
그 사건을 간략하게 진술해 보아라.
㉢ 記述 きじゅつ(기주쓰) ㉝ 描写 miáoxiě(먀오셰)

*des·ert [dézəːrt 데저트]

㉤ (복수 deserts [dézəːrts])
사막
㉠ A *desert* is a hot place with very little water and a lot of sand.
¶ The Sahara *desert* is in Africa.
사하라 사막은 아프리카에 있다.
㉢ 砂漠 さばく(사바꾸) ㉝ 沙漠 shāmò(사모)

*de·serve [dizə́ːrv 디저-브]

㉣ (3단현 deserves [dizə́ːrvz], 과거·과거분사 deserved [dizə́ːrvd], 현재분사 deserving [dizə́ːrviŋ])
…할 만하다, …할 가치가 있다
㉠ To *deserve* means to earn something because of the way you behave.
¶ His conduct *deserves* praise.
그의 행동은 칭찬받을 만하다.
㉢ 値する あたいする(아따이스루) ㉝ 值得 zhídé(즈더)

*de·sign [dizáin 디자인]

㉤ (복수 designs [dizáinz])
1 디자인, 설계
㉠ *Design* is the way that something has been planned and made.
¶ The car's *disign* has been improved.
그 자동차는 디자인이 좋아졌다.
㉢ デザイン(데자인) ㉝ 设计 shèjì(서지)
2 무늬, 모양
㉠ A *design* is a pattern used to decorate somcthing.
¶ curtains with a floral *design*
꽃무늬가 있는 커튼
㉢ 模様 もよう(모요-) ㉝ 图案 tú'àn(투안)

㉣ (3단현 designs [dizáinz], 과거·과거분사 designed [dizáind], 현재분사 designing [dizáiniŋ])
디자인하다, 설계하다
㉠ To *design* means to draw something that could be built or made.
¶ He *designed* this car.
그는 이 차를 디자인했다.
㉢ デザインする(데자인스루) ㉝ 设计 shèjì(서지)

de·sign·er [dizáinər 디자이너]

㉤ 디자이너, 설계자
㉠ A *designer* is someone whose job is to make plans or patterns for clothes, jewelry, etc.

¶ She is famous fashion *designer*.
그녀는 유명한 패션 디자이너다.
일 デザイナー(데자이나-) 중 设计师 shèjìshī(서지스)

----

de·sir·a·ble [dizáiərbl 디자이어러블]

형 바람직한, 합당한
영 *Desirable* means worth having or doing because it is useful, popular, or good.
¶ It is *desirable* for you to go.
네가 가는 것이 바람직하다.
일 望ましい のぞましい(노조마시-)
중 值得要的 zhídéyàode(즈더야오더)

----

*de·sire [dizáiər 디자이어]

타 (3단현 desires [dizáiərz], 과거·과거분사 desired [dizáiərd], 현재분사 desiring [dizáiəriŋ])
바라다, 원하다
영 To *desire* means to want or hope for something very much.
¶ We all *desire* happiness.
우리는 모두 행복을 바란다.
일 望む のぞむ(노조무) 중 渴望 kěwàng(커왕)

명 (복수 desires [dizáiərz])
욕망, 소망
영 A *desire* is a strong hope or wish.
¶ He has a *desire* to travel.
그는 여행을 하고 싶어한다.
일 欲望 よくぼう(요꾸보-) 중 渴望 kěwàng(커왕)

**desk [désk 데스크]

명 (복수 desks [désks])
책상
영 A *desk* is a kind of table for writing or doing work.

¶ Is this your *desk*?
이것이 너의 책상이니?
일 机 つくえ(쓰꾸에) 중 办公桌 bàn-gōngzhuō(반궁줘)

up desk는 공부 또는 업무 등에 쓰는 책상을 말하고 table은 식사·회의 등에 쓰는 식탁이나 탁자를 말한다.

----

de·spair [dispéər 디스페어]

명 절망, 자포자기
영 *Despair* is a feeling that you have no hope at all.
¶ He was in *despair* at the result.
그는 그 결과에 절망했다.
일 絶望 ぜつぼう(제쓰보-) 중 绝望 juéwàng(줴왕)

자 (3단현 despairs [dispéərz], 과거·과거분사 despaired [dispéərd], 현재분사 despairing [dispéəriŋ])
절망하다, 단념하다
영 To *despair* means to lose hope completely.
¶ He is *despairing* of his future.
그는 자신의 장래에 절망하고 있다.
일 絶望する ぜつぼうする(제쓰보-스루) 중 绝望 juéwàng(줴왕)

----

des·per·ate [déspərət 데스퍼럿]

형 절망적인, 자포자기의
영 *Desperate* means without or nearly without hope.
일 絶望的な ぜつぼうてきな(제쓰보-떼끼나) 중 绝望的 juéwàngde(줴왕더)

----

de·spite [dispáit 디스파이트]

전 …에도 불구하고
영 *Despite* means without being prevented or affected by something.
¶ *Despite* the doctors' efforts, the

patient died.
의사들의 노력에도 불구하고 환자가 죽었다.
[일] かかわらず(카까와라즈) [중] 尽管 jǐnguǎn(진관)

---

*des·sert [dizə́:rt 디저-트]
[명] (복수 desserts [dizə́:rts])
디저트, 후식
[영] ***Dessert*** is sweet food served after the main part of a meal.
¶ We had fruit salad for *dessert*.
우리는 디저트로 과일 샐러드를 먹었다.
[일] デザート(데자-또) [중] 甜点 tiándiǎn(톈뎬)

---

des·ti·na·tion [dèstinéiʃən 데스티네이션]
[명] 목적지
[영] A ***destination*** is the place that a person or vehicle is traveling to.
[일] 目的地 もくてきち(모꾸떼끼찌) [중] 目的地 mùdìdì(무디디)

---

*de·stroy [distrɔ́i 디스트로이]
[타] (3단현 destroys [distrɔ́iz], 과거·과거분사 destroyed [distrɔ́id], 현재분사 destroying [distrɔ́iiŋ])
파괴하다, 부수다 (《반》 construct 건설하다)
[영] To ***destroy*** means to ruin something or someone completely.
¶ The storm *destroyed* the whole ship.
폭풍우로 배가 모두 파괴됐다.
[일] 破壊する はかいする(하까이스루) [중] 破坏 pòhuài(포화이)

---

de·struc·tion [distrʌ́kʃən 디스트럭션]
[명] 파괴(《반》 construction 건설)
[영] ***Destruction*** is the act or process of destroying something or of being destroyed.
¶ the *destruction* of the city
도시의 파괴
[일] 破壊 はかい(하까이) [중] 破坏 pòhuài(포화이)

---

*de·tail [ditéil 디테일]
[명] (복수 details [ditéilz])
세부, 상세한 부분
[영] A ***detail*** is a fact or piece of information about something.
¶ She told me all the *details*.
그녀는 내게 세밀한 부분을 전부 말해 주었다.
[일] 細部 さいぶ(사이부) [중] 细节 xìjié(시졔)
[숙어] *in detail* 상세하게, 자세히

---

de·tec·tive [ditéktiv 디텍티브]
[명] (복수 detectives [ditéktivz])
형사, 탐정
[영] A ***detective*** is a person who investigates crimes, usually for or with the police.
¶ a private *detective*
사립 탐정
[일] 刑事 けいじ(케-지) [중] 侦探 zhēntàn(전탄)

---

de·ter·mi·na·tion [ditə̀:rminéiʃən 디터-미네이션]
[명] (복수 determinations [ditə̀:rminéiʃənz])
결심
[영] ***Determination*** is the quality of trying to do something even when it is difficult.
[일] 決心 けっしん(켓신) [중] 决心 juéxīn

D

(줴신)

---

*de·ter·mine [ditə́ːrmin 디터-민]

타 (3단현 determines [ditə́ːrminz], 과거·과거분사 determined [ditə́ːrmind], 현재분사 determining [ditə́ːrminiŋ])

결정하다

영 To ***determine*** means to decide something, or to influence a decision about something.

¶ Our decision will *determine* his future.

우리의 결정으로 그의 장래가 결정될 것이다.

일 決定する けっていする(켓떼-스루)

중 决定 juédìng(줴딩)

---

*de·vel·op [divéləp 디벨럽]

동 (3단현 develops [divéləps], 과거·과거분사 developed [divéləpt], 현재분사 developing [divéləpiŋ])

타 발전시키다, 발달시키다

영 To ***develop*** means to build on something, or to make something grow.

¶ Science has *developed* our society.

과학은 우리 사회를 발전시켰다.

일 発展させる はってんさせる(핫뗀사세루) 중 使发展 shǐfāzhǎn(스파잔)

자 발전하다, 발달하다

¶ Plants *develop* from seeds.

식물은 씨에서 성장한다.

일 発展する はってんする(핫뗀스루)

중 发展 fāzhǎn(파잔)

---

*de·vel·op·ment [divéləpmənt 디벨럽먼트]

명 발전, 발달

영 ***Development*** is the process of gradually becoming bigger, better, stronger, or more advanced.

¶ economic *development*

경제 발전

일 発展 はってん(핫뗀) 중 发展 fāzhǎn(파잔)

---

de·vice [diváis 디바이스]

명 (복수 devices [diváisiz])

장치

영 A ***device*** is a piece of equipment that does a particular job.

¶ a safety *device*

안전 장치

일 装置 そうち(소-찌) 중 装置 zhuāngzhì(좡즈)

---

*dev·il [dévəl 데벌]

명 (복수 devils [dévəlz])

악마

영 A ***devil*** is an evil spirit.

일 悪魔 あくま(아꾸마) 중 恶魔 èmó(어모)

---

*de·vise [diváiz 디바이즈]

타 (3단현 devises [diváiziz], 과거·과거분사 devised [diváizd], 현재분사 devising [diváiziŋ])

고안하다, 생각해내다

영 To ***devise*** means to think something up, or to invent something.

¶ Let's *divise* a way to escape.

달아날 방법을 생각해보자.

일 考案する こうあんする(코-안스루)

중 想出 xiǎngchū(샹추)

---

*de·vote [divóut 디보우트]

타 (3단현 devotes [divóuts], 과거·과거분사 devoted [divóutid], 현재

분사 devoting [divóutiŋ])
(시간·노력·돈·등을) 바치다
영 To *devote* means to give your time, effort, or attention to some purpose.
¶ He *devoted* his life to helping the poor.
그는 가난한 사람들을 돕는데 일생을 바쳤다.
일 ささげる(사사게루) 중 把…奉献给 bǎ…fèngxiàngěi(바…펑셴게이)

---

dew [djú: 듀-]
명 이슬
영 *Dew* is the small drops of water that form on outdoor surfaces during the night.
¶ The grass was wet with evening *dew*.
풀은 밤이슬로 젖어 있었다.
일 露 つゆ(쓰유) 중 露 lù(루)

---

*__di·al__ [dáiəl 다이얼]
명 (복수 dials [dáiəlz])
(라디오·전화기 등의) 다이얼
영 A *dial* is a disk on certain devices, such as a television set or telephone, that is moved to operate the device.
¶ Turn the *dial* of the radio.
라디오의 다이얼을 돌려라.
일 ダイヤル(다이야루) 중 拨号盘 bōhàopán(보하오판)

타 (3단현 dials [dáiəlz], 과거·과거분사 dialed [dáiəld], 현재분사 dialing [dáiəliŋ])
…에 전화를 걸다, 다이얼을 돌리다
영 To *dial* means to press the buttons or turn the dial on a telephone.
¶ You have *dialed* the wrong number.
전화를 잘못 거셨습니다.

電話をかける　でんわをかける(뎅와오카께루) 중 打电话给 dǎdiànhuàgěi(다뎬화게이)

---

di·a·log(ue) [dáiələ̀:g 다이얼로-그]
명 대화
영 *Dialogue* is conversation, especially in a play, movie, television program, or book.
¶ I had a long *dialogue* with him.
나는 그와 오랜 시간 대화를 했다.
일 対話 たいわ(타이와) 중 对话 duìhuà(두이화)

---

*__di·a·mond__ [dáiəmənd 다이어먼드]
명 (복수 diamonds [dáiəməndz])
1 다이아몬드, 금강석
영 A *diamond* is a very hard, clear, valuable stone, used in jewelry.
¶ a *diamond* ring
다이아몬드 반지
일 ダイヤモンド(다이야몬도) 중 钻石 zuànshí(쫜스)
2 마름모꼴
영 A *diamond* is a shape with four equal sides, like a square standing on one of its corners.
일 ひし形 ひしがた(히시가따) 중 菱形 língxíng(링싱)

---

*__di·a·ry__ [dáiəri 다이어리]
명 (복수 diaries [dáiəriz])
일기, 일기장
영 A *diary* is a book in which you write down things that have happened to you.
일 日記 にっき(닉끼) 중 日记 rìjì(르지)
숙어 *keep a diary* 일기를 쓰다

¶ Do you *keep a diary*?
너는 일기를 쓰니?

---

dic·tate [díkteit 딕테이트]

타 (3단현 dictates [díkteits], 과거·과거분사 dictated [díkteitid], 현재분사 dictating [díkteitiŋ])
받아쓰게 하다, 구술하다
영 To *dictate* means to talk aloud so that someone can write down what you say.
¶ He *dictated* a letter to his secretary.
그는 비서에게 편지를 받아쓰게 했다.
일 書き取らせる　かきとらせる(카끼토라세루) 중 口述 kǒushù(커우수)

---

*dic·ta·tion [diktéiʃən 딕테이션]

명 (복수 dictations [diktéiʃənz])
받아쓰기, 구술
영 *Dictation* is the act of saying words for someone to write down.
¶ We have *dictation* today.
오늘 받아쓰기가 있다.
일 書き取ること　かきとること(카끼토루코또) 중 听写 tīngxiě(팅세)

---

*dic·tio·nar·y [díkʃənèri 딕셔네리]

명 (복수 dictionaries [díkʃənèriz])
사전
영 A *dictionary* is a book that shows how words are spelled and what they mean.
¶ Can I use your *dictionary*?
사전 좀 써도 될까요?
일 辞書 じしょ(지쇼) 중 词典 cídiǎn(츠뎬)

---

did [《약》did 디드 ; 《강》díd 디드]

동 조 do의 과거형

---

did·n't [dídnt 디든트]

did not의 단축형

---

die [dái 다이]

자 (3단현 dies [dáiz], 과거·과거분사 died [dáid], 현재분사 dying [dáiiŋ])
죽다(《반》live 살아 있다)
영 To *die* means to become dead.
¶ She *died* young.
그녀는 젊은 나이에 죽었다.
일 死ぬ　しぬ(시누) 중 死 sǐ(쓰)
숙어 *die away* (바람·소리 등이) 잠잠해지다
¶ The wind *died away*.
바람이 잠잠해졌다.

---

*di·et [dáiət 다이엇]

명 (복수 diets [dáiəts])
1 일상 음식
영 *Diet* is the kind of food that you eat each day.
¶ a meat *diet*
육식
일 日常の食物　にちじょうのしょくもつ(니찌조－노쇼꾸모쓰) 중 饮食 yǐnshí(인스)
2 식이요법, 다이어트
영 A *diet* is a prescribed or selected eating plan, usually for losing weight.
¶ I'm on a *diet*.
나는 다이어트를 하고 있다.
일 ダイエット(다이엣또) 중 减肥饮食 jiǎnféiyǐnshí(젠페이인스)

---

*dif·fer [dífər 디퍼]

자 (3단현 differs [dífərz], 과거·과거분사 differed [dífərd], 현재분사 differing [dífəriŋ])

다르다
영 To **differ** means to be different.
¶ Table manners *differ* among countries.
식사 예절은 나라마다 다르다.
일 違う　ちがう(치가우)　중 不同 bùtóng (부퉁)

---

* **dif·fer·ence** [dífərəns 디퍼런스]
명 (복수 differences [dífərənsiz])
다름, 차이
영 **Difference** is the way in which things are not like each other.
¶ There is a great *difference* between the two.
그 둘 사이에는 큰 차이가 있다.
일 違い　ちがい(치가이)　중 差別 chābié (차베)
숙어 *make a difference* 차이가 나다

---

* **dif·fer·ent** [dífərənt 디퍼런트]
형 다른(《반》same 같은)
영 **Different** means not alike.
¶ You are quite *different* from him.
너와 그는 무척 다르다.
일 違う　ちがう(치가우)　중 不同的 bùtóngde(부퉁더)

---

* **dif·fi·cult** [dífikʌlt 디피컬트]
형 어려운, 곤란한(《반》easy 쉬운)
영 **Difficult** means not easy.
¶ This book is too *difficult* for me.
이 책은 나에게 너무 어렵다.
일 むずかしい(무즈까시-)　중 困难的 kùnnánde(쿤난더)

---

* **dif·fi·cul·ty** [dífikʌlti 디피컬티]
명 곤란, 곤경(《반》ease 쉬움)
영 **Difficulty** is a problem or something that causes trouble.

¶ She had great *difficulty* in understanding him.
그녀는 그를 이해하는 데 무척 고생했다.
일 むずかし さ(무즈까시사)　중 困难 kùnnán(쿤난)

---

* **dig** [díg 디그]
타 (3단현 digs [dígz], 과거·과거분사 dug [dʌg], 현재분사 digging [dígiŋ])
(땅을) 파다, 파내다
영 To **dig** means to use shovel or spade to move earth.
¶ He *dug* a hole.
그는 구덩이를 팠다.
일 掘る　ほる(호루)　중 掘 jué(줴)

---

di·gest [daidʒést 다이제스트]
타 (음식을) 소화하다
영 To **digest** means to break food down into a form that is easily taken in and used by the body.
¶ Food is *digested* in the stomach.
음식물은 위에서 소화된다.
일 消化する　しょうかする(쇼-까스루)
중 消化 xiāohuà(샤오화)

---

dig·ni·ty [dígnəti 디그너티]
명 위엄
영 **Dignity** is calm serious behavior, even in difficult situations, that makes people respect you.
¶ The judge behaved with *dignity*.
판사는 위엄 있게 행동했다.
일 威厳　いげん(이겡)　중 威严 wēiyán(웨이옌)

---

* **dil·i·gent** [dílədʒənt 딜러전트]
형 부지런한, 근면한(《반》idle, lazy

게으른, 태만한)

㋙ *Diligent* means working hard and carefully.

¶ He is a *diligent* boy.

그는 부지런한 소년이다.

㋙ 勤勉な　きんべんな(킴벤나) ㋚ 勤勉的　qínmiǎnde(친몐더)

---

dim [dím 딤]

㋛ **1** 어둑한

㋙ *Dim* means somewhat dark.

¶ The room was *dim*.

그 방은 어둠침침했다.

㋙ 薄暗い　うすぐらい(우스구라이) ㋚ 暗的　ànde(안더)

2 흐릿한

㋙ *Dim* means formless, or hard to see.

¶ His eyesight is getting *dim*.

그는 시력이 흐릿해지고 있다.

㋙ ぼんやりして見えない　ぼんやりしてみえない(봉야리시떼미에나이) ㋚ 模糊的　móhude(모후더)

---

dime [dáim 다임]

㋘ (복수 dimes [dáimz])

《미》10센트 은화

㋙ A *dime* is a small coin of the United States and Canada that is worth 10 cents.

¶ That toy cost a *dime*.

그 장난감은 10센트였다.

㋙ ダイム(다이무) ㋚ 一角硬币　yījiǎoyìngbì(이쟈오잉비)

---

dine [dáin 다인]

㋝ (3단현 dines [dáinz], 과거·과거분사 dined [dáind], 현재분사 dining [dáiniŋ])

(저녁) 식사를 하다

㋙ To *dine* means to have a meal, especially dinner, in a formal way.

¶ We usually *dine* at eight.

우리집은 보통 8시에 저녁을 먹는다.

㋙ 食事をする　しょくじをする(쇼꾸지오스루) ㋚ 用餐　yòngcān(융찬)

㋜ *dine in* 집에서 식사하다

㋜ *dine out* 외식하다

---

din·ing room [dáiniŋ rùːm 다이닝 룸-]

㋘ (복수 dining rooms [dáiniŋ rùːmz])

식당

㋙ A *dining room* is a room to eat in.

¶ There is a *dining room* next to the kitchen.

부엌 옆에 식당이 있다.

㋙ 食堂　しょくどう(쇼꾸도-) ㋚ 餐厅　cāntīng(찬팅)

---

*din·ner** [dínər 디너]

㋘ (복수 dinners [dínərz])

1 정찬, 저녁 식사

㋙ *Dinner* is the main meal of the day, usually eaten in the evening.

¶ Is *dinner* ready?

저녁 식사가 준비됐나요?

㋙ ディナー(디나-) ㋚ 晩餐　wǎncān(완찬)

보통 부정관사를 붙이지 않고 복수형으로도 쓰지 않는다.

2 만찬회

㋙ A *dinner* is a formal banquet.

¶ a bridal *dinner*

결혼 피로연

㋙ 晩餐会　ばんさんかい(반상까이) ㋚ 晩宴　wǎnyàn(완옌)

---

di·no·saur [dáinəsɔ̀ːr 다이너소-]

㋘ 공룡

㋙ A *dinosaur* was a very large

animal that lived millions of years ago and no longer exists.
ⓘ 恐竜 きょうりゅう(쿄-류-) ⓒ 恐龙 kǒnglóng(쿵룽)

---

dip [díp 딥]

ⓣ (3단현 dips [díps], 과거·과거분사 dipped [dípt], 현재분사 dipping [dípiŋ])
잠깐 담그다
ⓔ To **dip** means to put something into a liquid and quickly lift it out again.
¶ She *dipped* her feet into the water.
그녀는 발을 물에 잠깐 담갔다.
ⓘ ちょっと浸す ちょっとひたす(촛또히따스) ⓒ 浸 jìn(진)

---

dip·lo·mat [dípləmæt 디플러맷]

ⓝ 외교관
ⓔ A **diplomat** is a person who represents his or her country's government in a foreign country.
ⓘ 外交官 がいこうかん(가이꼬-깐)
ⓒ 外交官 wàijiāoguān(와이쟈오관)

---

dip·per [dípər 디퍼]

ⓝ 국자
ⓔ A **dipper** is a cup with a long handle used to scoop liquid out of a large container.
ⓘ ひしゃく(히샤꾸) ⓒ 长柄勺 chángbǐngsháo(창빙사오)

---

*di·rect [dirékt 디렉트]

ⓗ (비교급 more direct 또는 directer [diréktər], 최상급 most direct 또는 directest [diréktist])
일직선의, 똑바른(《동》straight)
ⓔ **Direct** means in a straight line, or

by the shortest route.
¶ Draw a *direct* line here.
여기에 직선을 그으시오.
ⓘ まっすぐな(맛스구나) ⓒ 笔直的 bǐzhíde(비즈더)

ⓐ 직행하여, 똑바로
ⓔ **Direct** means without stopping or changing direction.
¶ He went *direct* to America.
그는 미국으로 직행했다.
ⓘ 直行で ちょっこうで(촉꼬-데) ⓒ 直达地 zhídáde(즈다더)

ⓣ (3단현 directs [dirékts], 과거·과거분사 directed [diréktid], 현재분사 directing [diréktiŋ])
1 길을 가르쳐 주다
ⓔ To **direct** means to tell someone the way to go.
¶ Can you *direct* me to the airport?
공항 가는 길을 좀 가르쳐 주세요?
ⓘ 道を教える みちをおしえる(미찌오오시에루) ⓒ 指路 zhǐlù(스루)
2 감독하다, 지도하다
ⓔ To **direct** means to supervise people, especially in a play, movie, or television program.
ⓘ 監督する かんとくする(칸또꾸스루) ⓒ 指导 zhǐdǎo(즈다오)

---

*di·rec·tion [dirékʃən 디렉션]

ⓝ (복수 directions [dirékʃənz])
1 방향
ⓔ A **direction** is the way that someone or something is moving or pointing.
¶ I have no sense of *direction*.
나는 방향 감각이 없다.
ⓘ 方向 ほうこう(호-꼬-) ⓒ 方向 fāngxiàng(팡샹)
2 감독, 지도
ⓔ **Direction** is guidance or super-

vision.
일 監督 かんとく(칸또꾸) 중 指導 zhǐdǎo(즈다오)

---

di·rect·ly [diréktli 디렉틀리]

부 **1** 직접, 곧장
영 *Directly* means with no other person, action, process, etc. involved.
¶ We sell *directly* to the customer.
우리들은 고객을 상대로 직접 판매한다.
일 直接に ちょくせつに(초꾸세쓰니)
중 直接地 zhíjiēde(즈제더)
2 바로
영 *Directly* means exactly.
¶ She sat *directly* behind us.
그녀는 바로 우리 뒤에 앉았다.
일 まさに(마사니) 중 即刻 jíkè(지커)

---

di·rec·tor [diréktər 디렉터]

명 (복수 directors [diréktərz])
감독
영 A *director* is the person in charge of making a play, a movie, or a radio or television program.
¶ a film *director*
영화 감독
일 監督 かんとく(칸또꾸) 중 导演 dǎoyǎn(다오옌)
2 관리자, (회사의) 중역
영 A *director* is someone who controls or manages an organization or company.
일 管理者 かんりしゃ(칸리샤) 중 主管 zhǔguǎn(주관)

---

*dirt [dá:rt 더-트]

명 **1** 흙
영 *Dirt* is earth, or soil.
¶ The ground is made of *dirt* and rocks.
땅은 흙과 바위로 되어 있다.

일 土 つち(쓰찌) 중 土 tǔ(투)
2 먼지, 쓰레기
영 *Dirt* is mud, dust, and other unclean substances.
¶ The car was covered with *dirt*.
그 차는 먼지로 덮여 있었다.
일 汚れ よごれ(요고레) 중 灰尘 huīchén(후이천)

**dirt·y [dá:rti 더-티]

형 (비교급 dirtier [dá:rtiər], 최상급 dirtiest [dá:rtiist])
1 더러운, 불결한(《반》clean 깨끗한)
영 *Dirty* means not clean.
¶ The water was very *dirty*.
물은 아주 더러웠다.
일 汚れた よごれた(요고레따) 중 脏的 zāngde(짱더)
2 비열한, 부정한
영 *Dirty* means unfair.
¶ a *dirty* trick
비열한 수법
일 卑劣な ひれつな(히레쓰나) 중 卑鄙的 bēibǐdc(베이비더)

---

dis·a·gree [dìsəgrí: 디서그리-]

자 (3단현 disagrees [dìsəgrí:z], 과거·과거분사 disagreed [dìsəgrí:d], 현재분사 disagreeing [dìsəgrí:iŋ])
의견이 맞지 않다
영 To *disagree* means to have a different opinion from someone else.
¶ I *disagree* with you.
나는 너와 의견이 맞지 않는다.
일 意見が合わない いけんがあわない(이껭 가아와나이) 중 意见不合 yījiànbùhé(이젠부허)

---

*dis·ap·pear [dìsəpíər 디서피어]

자 (3단현 disappears[dìsəpíərz], 과거·과거분사 disappeared [dìs-

əpíərd], 현재분사 disappearing [dìsəpíəriŋ])
사라지다(《반》appear 나타나다)
영 To *disappear* means to stop being seen.
¶ The sun *disappeared* behind a cloud.
해가 구름 뒤로 사라졌다.
일 見えなくなる　みえなくなる(미에나꾸나루)　중 消失　xiāoshī(샤오스)

---

* **dis·ap·point** [dìsəpɔ́int 디서포인트]
타 (3단현 disappoints [dìsəpɔ́ints], 과거·과거분사 disappointed [dìsəpɔ́intid], 현재분사 disappointing [dìsəpɔ́intiŋ])
실망시키다, 낙담시키다
영 To *disappoint* means to make someone unhappy because something they hoped for did not happen.
¶ His son *disappointed* him.
그의 아들은 그를 실망시켰다.
일 失望させる　しつぼうさせる(시쓰보-사세루)　중 使失望 shǐshīwàng(스스왕)

---

dis·ap·point·ed [dìsəpɔ́intid 디서포인티드]
형 실망한, 낙담한
영 *Disappointed* means unhappy because something you hoped for did not happen, or was not as good as you expected.
¶ He was *disappointed* at the result.
그는 결과에 실망했다.
일 失望した　しつぼうした(시쓰보-시따)　중 失望的 shīwàngde(스왕더)

---

dis·ap·point·ment [dìsəpɔ́intmənt 디서포인트먼트]
명 실망, 낙담

영 *Disappointment* is a feeling of sadness because something is not as good as you expected or has not happened.
일 失望　しつぼう(시쓰보-)　중 失望 shīwàng(스왕)

---

* **di·sas·ter** [dizǽstər 디재스터]
명 (복수 disasters [dizǽstərz])
재해, 재난
영 *Disaster* is an event that causes great damage, loss, or suffering, such as a flood or a serious train wreck.
¶ Earthquakes and floods are natural *disasters*.
지진과 홍수는 자연 재해다.
일 災害　さいがい(사이가이)　중 灾害 zāihài(짜이하이)

---

dis·charge [distʃáːrdʒ 디스차-지]
타 (3단현 discharges [distʃáːrdʒiz], 과거·과거분사 discharged [distʃáːrdʒd], 현재분사 discharging [distʃáːrdʒiŋ])
1 퇴원시키다 ; 석방하다
영 To *discharge* means to officially allow someone to go or to send him or her away from a place.
¶ He was *discharged* from the hospital.
그는 병원에서 퇴원했다.
일 退院させる　たいいんさせる(타이인사세루)　중 出院 chūyuàn(추위엔)
2 (물·연기 등을) 방출하다, 배출하다
영 To *discharge* means to send out gas, liquid, smoke etc.
¶ The chimney *discharges* smoke.
굴뚝에서 연기가 난다.
일 放出する　ほうしゅつする(호-슈쓰스루)　중 排出 páichū(파이추)

***dis·ci·pline** [dísəplin 디서플린]

몡 (복수 disciplines [dísəplinz])
규율, 통제
옝 *Discipline* is control over the way that you or other people behave.
¶ maintain strict *discipline*
엄한 규율을 유지하다
일 規律 きりつ(키리쓰) 중 纪律 jìlǜ(지뤼)

---

dis·con·tin·ue [dìskəntínjuː 디스컨티뉴-]

타 (3단현 discontinues [dìskən-tínjuːz], 과거·과거분사 discontin-ued [dìskəntínjuːd], 현재분사 dis-continuing [dìskəntínjuːiŋ])
그만두다, 중지하다
옝 To *discontinue* means to stop something that is done regularly.
¶ He *discontinued* taking lessons.
그는 레슨 받는 것을 중지했다.
일 止める やめる(야메루) 중 停止 tíngzhǐ(팅즈)

---

dis·count¹ [dískaunt 디스카운트]

몡 할인
옝 *Discount* is a price cut.
¶ The store sells its goods at (a) 25 percent *discount*.
그 가게에서는 물건을 25퍼센트 할인해서 판다.
일 割引 わりびき(와리비끼) 중 折扣 zhékòu(저커우)

---

dis·count² [diskáunt 디스카운트]

타 (3단현 discounts [diskáunts], 과거·과거분사 discounted [dis-káuntid], 현재분사 discounting [diskáuntiŋ])
할인하다

옝 To *discount* means to reduce the price of something.
¶ They *discounted* 5 % for vegetables.
그들은 야채를 5퍼센트 할인했다.
일 割り引く わりびく(와리비꾸) 중 折扣 zhékòu(저커우)

***dis·cour·age** [diskə́ːridʒ 디스커-리지]

타 (3단현 discourages [diskə́ːridʒ-iz], 과거·과거분사 discouraged [diskə́ːridʒd], 현재분사 discourag-ing [diskə́ːridʒiŋ])
실망시키다, 자신을 잃게 하다
옝 To *discourage* means to lose your enthusiasm or confidence.
¶ He was *discouraged* at the news.
그는 그 소식을 듣고 실망했다.
일 失望させる しつぼうさせる(시쓰보-사세루) 중 使泄气 shǐxièqì(스세치)

***dis·cov·er** [diskʌ́vər 디스커버]

타 (3단현 discovers [diskʌ́vərz], 과거·과거분사 discovered [dis-kʌ́vərd], 현재분사 discovering [diskʌ́vəriŋ])
1 발견하다
옝 To *discover* means to find something.
¶ Columbus *discovered* America in 1492.
콜럼버스는 1492년에 아메리카를 발견했다.
일 発見する はっけんする(학껜스루)
중 发现 fāxiàn(파셴)
2 …을 알다, …을 깨닫다
옝 To *discover* means to find out about something.
¶ He *discovered* that he was surround-ed.
그는 자신이 포위된 것을 알았다.

일 知る　しる(시루) 중 发觉 fājué(파줴)

---

dis·cov·er·y [diskΛvəri 디스커버리]

명 (복수 discoveries [diskΛvəriz])
발견
영 *Discovery* is the act of finding something that was hidden or not known before.
¶ He made a surprising *discovery*.
그는 놀라운 발견을 했다.
일 発見　はっけん(학껜) 중 发现 fāxiàn (파셴)

---

*dis·cuss [diskΛs 디스커스]

타 (3단현 discusses [diskΛsiz], 과거·과거분사 discussed [diskΛst], 현재분사 discussing [diskΛsiŋ])
토론하다, 의논하다
영 To *discuss* means to talk over something.
¶ I *discussed* the matter with them.
나는 그들과 그 문제에 대해 토론했다.
일 論じる　ろんじる(론지루) 중 讨论 tǎolùn(타오룬)

---

*dis·cus·sion [diskΛʃən 디스커션]

명 (복수 discussions [diskΛʃənz])
토론, 의논
영 *Discussion* is the act of discussing something.
¶ We had a long *discussion*.
우리는 긴 토론을 했다.
일 討論　とうろん(토-론) 중 讨论 tǎolùn(타오룬)
숙어 *under discussion* 토의 중

---

*dis·ease [dizí:z 디지-즈]

명 (복수 diseases [dizí:ziz])
병, 질병
영 A *disease* is a specific illness.
¶ My uncle has heart *disease*.
삼촌은 심장병이 있으시다.
일 病気　びょうき(뵤-끼) 중 疾病 jíbìng(지빙)

up disease는 sickness, illness와 거의 같은 뜻으로 쓰이지만 병명이 알려져 있는 경우에는 disease를 쓴다.

---

dis·guise [disgáiz 디스가이즈]

타 (3단현 disguises [disgáiziz], 과거·과거분사 disguised [disgáizd], 현재분사 disguising [disgáiziŋ])
변장시키다
영 To *disguise* means to change your appearance or voice so that people cannot recognize you.
¶ She was *disguised* as an old woman.
그녀는 노파로 변장했다.
일 変装させる　へんそうさせる(헨소-사세루) 중 伪装 wěizhuāng(웨이쨩)

---

*dis·gust·ing [disgΛstiŋ 디스거스팅]

형 메스꺼운, 역겨운
영 *Disgusting* means very unpleasant and offensive to others.
¶ The room had a *disgusting* smell.
그 방은 역겨운 냄새가 났다.
일 胸のむかつくような　むねのむかつくような(무네노무까쓰꾸요-나) 중 令人作呕的 lìngrénzuò'ǒude(링런쭤어우더)

**dish [díʃ 디시]

명 (복수 dishes [díʃiz])
1 (움푹한 큰) 접시
영 A *dish* is a round container for food that is deeper than a plate.

¶ He washed all the *dishes* after supper.
그는 저녁 식사 후 접시를 전부 닦았다.
일 皿 さら(사라) 중 盘 pán(판)
2 요리, 음식
영 A *dish* is food made in a certain way.
¶ What is your favorite *dish*?
네가 제일 좋아하는 요리는 무엇이냐?
일 料理 りょうり(료-리) 중 菜肴 càiyáo(차이야오)

---

disk [dísk 디스크]

명 **1** 평평한 원반
영 A *disk* is a flat, circular object.
일 平円盤 へいえんばん(헤-엠반) 중 平圆盘 píngyuánpán(핑위엔판)
2 디스크
영 A *disk* is a small flat piece of plastic or metal used for storing information in a computer.
일 ディスク(디스꾸) 중 磁盘 cípán(츠판)

---

*dis·like [disláik 디슬라이크]

타 (3단현 dislikes [disláiks], 과거·과거분사 disliked [disláikt], 현재분사 disliking [disláikiŋ])
싫어하다
영 To *dislike* means to not like someone or something.
¶ She *dislikes* reading.
그녀는 책 읽는 것을 싫어한다.
일 嫌う きらう(키라우) 중 厌恶 yànwù(옌우)

---

dis·miss [dismís 디스미스]

타 (3단현 dismisses [dismísiz], 과거·과거분사 dismissed [dismíst],
현재분사 dismissing [dismísiŋ])
해고하다
영 To *dismiss* means to fire someone from a job.
¶ You are *dismissed*.
너는 해고다.
일 解雇する かいこする(카이꼬스루) 중 解雇 jiěgù(제구)

---

dis·o·bey [dìsəbéi 디서베이]

타 (3단현 disobeys [dìsəbéiz], 과거·과거분사 disobeyed [dìsəbéid], 현재분사 disobeying [dìsəbéiiŋ])
따르지 않다, 어기다
영 To *disobey* means to go against the rules or someone's wishes.
¶ He *disobeyed* our orders.
그는 우리의 명령을 어겼다.
일 従わない したがわない(시따가와나이) 중 违抗 wěikàng(웨이캉)

---

dis·or·der [disɔ́ːrdər 디소-더]

명 혼란, 무질서
영 *Disorder* is lack of order.
¶ fall into *disorder*
혼란에 빠지다
일 混乱 こんらん(콘란) 중 混乱 hùnluàn(훈롼)

---

*dis·play [displéi 디스플레이]

타 (3단현 displays [displéiz], 과거·과거분사 displayed [displéid], 현재분사 displaying [displéiiŋ])
전시하다, 진열하다
영 To *display* means to put things in a place where people can see them easily.
¶ The children's work is *displayed* on the wall.
아이들의 작품이 벽에 전시되어 있

다.
일 展示する　てんじする(텐지스루)　중
陈列　chénliè(천례)

형 (복수 displays [displéiz])
전시, 진열
영 **Display** is an arrangement of objects for people to look at.
일 展示　てんじ(텐지)　중 展览　zhǎnlǎn (잔란)

***dis·tance** [dístəns 디스턴스]
명 (복수 distances [dístənsiz])
거리, 간격
영 A **distance** is the amount of space between two places or things.
¶ It's a great **distance** from here to the village.
여기서 그 마을까지는 거리가 멀다.
일 距離　きょり(쿄리)　중 距离　jùlí(쮜리)
숙어 **at a distance** 약간 떨어져서

***dis·tant** [dístənt 디스턴트]
형 1 (거리·시간 등이) 먼
영 **Distant** means not close in space or time.
¶ The stars are **distant** from the earth.
그 별들은 지구에서 먼 곳에 있다.
일 遠い　とおい(토-이)　중 远的 yuǎnde(위엔더)
2 (관계가) 먼
영 **Distant** means not closely related.
¶ He is a **distant** relative of mine.
그는 나의 먼 친척이다.
일 遠い　とおい(토-이)　중 远亲的 yuǎnqīnde(위엔친더)

---

dis·tinct [dístíŋkt 디스팅크트]
형 (비교급 more distinct 또는 distincter [dístíŋktər], 최상급 most distinct 또는 distinctest [distíŋktist])
1 전혀 다른, 별개의
영 **Distinct** means clearly different.
¶ Lions are **distinct** from tigers.
사자는 호랑이와 전혀 다르다.
일 まったく別の　まったくべつの(맛따꾸베쓰노)　중 不同的　bùtóngde(부퉁더)
2 명백한
영 **Distinct** means very clear.
¶ a **distinct** difference
명백한 차이
일 明白な　めいはくな(메-하꾸나)　중 清楚的　qīngchǔde(칭추더)

---

dis·tinc·tion [distíŋkʃən 디스팅크션]
명 (복수 distinctions [distíŋkʃənz])
구별, 차이
영 A **distinction** is a clear difference between things.
일 区別　くべつ(쿠베쓰)　중 区别　qūbié (취베)

***dis·tin·guish** [distíŋgwiʃ 디스팅귀시]
타 (3단현 distinguishes [distíŋgwiʃiz], 과거·과거분사 distinguished [distíŋgwiʃt], 현재분사 distinguishing [distíŋgwiʃiŋ])
구별하다, 식별하다
영 To **distinguish** means to tell the difference between things.
¶ Can you **distinguish** between a frog and a toad?
개구리와 두꺼비를 구별할 수 있니?
일 区別する　くべつする(쿠베쓰스루)　중 区别　qūbié(취베)

---

dis·tress [distrés 디스트레스]
명 괴로움, 비탄
영 **Distress** is a feeling of great pain

or sadness.
¶ She is in *distress.*
그녀는 비탄에 빠져 있다.
㉠ 苦しみ くるしみ(쿠루시미) ㉢ 悲痛 bēitòng(베이퉁)

---

*__dis·trib·ute__ [distríbjuːt 디스트리뷰-트]
타 (3단현 distributes [distríbjuːts], 과거·과거분사 distributed [distríbjuːtid], 현재분사 distributing [distríbjuːtiŋ])
나누어 주다
영 To ***distribute*** means to give things out.
¶ He *distributed* the candy among his friends.
그는 사탕을 친구들에게 나누어 주었다.
일 配る くばる(쿠바루) 중 分发 fēnfā (펀파)

---

dis·tri·bu·tion [dìstrəbjúːʃən 디스트러뷰-션]
명 분배
영 ***Distribution*** is the act of giving something to each person in a large group.
일 分配 ぶんぱい(붐빠이) 중 分配 fēnpèi(펀페이)

---

dis·trict [dístrikt 디스트릭트]
명 (복수 districts [dístrikts])
지역, 지구
영 A ***district*** is a particular area of a city, country, etc.
¶ a business *district*
상업 지구
일 地域 ちいき(치이끼) 중 地区 dìqū (디취)

---

*__dis·turb__ [distə́ːrb 디스터-브]
타 (3단현 disturbs [distə́ːrbz], 과거·과거분사 disturbed [distə́ːrbd], 현재분사 disturbing [distə́ːrbiŋ])
방해하다
영 To ***disturb*** means to interrupt somebody when he or she is doing something.
¶ I'm sorry to *disturb* you.
방해해서 미안합니다.
일 じゃまをする(자마오스루) 중 打扰 dǎrǎo(다라오)

---

ditch [dítʃ 디치]
명 (복수 ditches [dítʃiz])
도랑, 개천
영 A ***ditch*** is a long, narrow trench that drains water away.
일 みぞ(미조) 중 沟 gōu(거우)

---

*__dive__ [dáiv 다이브]
자 (3단현 dives [dáivz], 과거·과거분사 dived [dáivd], 현재분사 diving [dáiviŋ])
뛰어들다
영 To ***dive*** means to go into the water with your head first.
¶ He *dived* into the pool from the diving board.
그는 다이빙대에서 풀로 뛰어들었다.
일 飛び込む とびこむ(토비코무) 중 跳水 tiàoshuǐ(탸오수이)

---

*__di·vide__ [diváid 디바이드]
동 (3단현 divides [diváidz], 과거·과거분사 divided [diváidid], 현재분사 dividing [diváidiŋ])
타 **1** 나누다, 쪼개다
영 To ***divide*** means to split into parts.
¶ He *divided* the apple into two

halves.
그는 그 사과를 둘로 나누었다.
[일] 分ける わける(와께루) [중] 分 fēn(펀)
2 (어떤 수를) 나누다
[영] To ***divide*** means to calculate how many times one number is contained in a larger number.
¶ 8 *divided* by 2 is 4.
8 나누기 2는 4다.
[일] 割る わる(와루) [중] 除 chú(추)
3 분배하다
[영] To ***divide*** means to share something.
¶ She *divided* her property between her two sons.
그녀는 재산을 두 아들에게 분배했다.
[일] 分配する ぶんぱいする(붐빠이스루)
[중] 分配 fēnpèi(펀페이)
[자] 나누어지다, 갈라지다
[일] 分かれる わかれる(와까레루) [중] 分 fēn(펀)

---

di·vi·sion [divíʒən 디비전]
[명] (복수 divisions [divíʒənz])
1 나눔, 분할
[영] ***Division*** is the act of separating something into two or more parts, groups, etc.
[일] 分けること わけること(와께루코또)
[중] 分割 fēngē(펀거)
2 나눗셈
[영] ***Division*** is the act of dividing one number by another.
¶ do *division*
나눗셈을 하다
[일] 割算 わりざん(와리장) [중] 除法 chúfǎ(추파)

---

di·vorce [divɔ́ːrs 디보–스]
[명] (복수 divorces [divɔ́ːrsiz])
이혼
[영] A ***divorce*** is the ending of a marriage by a court of law.
¶ He will get a *divorce* from his wife.
그는 아내와 이혼할 것이다.
[일] 離婚 りこん(리꼰) [중] 离婚 líhūn(리훈)

****do** [dúː 두–]
[동] (3단현 does [dʌ́z], 과거형 did [díd], 과거분사 done [dʌ́n], 현재분사 doing [dúːiŋ])
[타] **1** 하다, 행하다
[영] To ***do*** means to perform an action.
¶ What shall I *do* next?
다음은 무엇을 할까요?
[일] する(스루) [중] 做 zuò(쭤)
2 [완료형 또는 수동태로] 마치다, 끝내다
[영] To ***do*** means to complete.
¶ I've *done* it.
끝났다.
[일] 終える おえる(오에루) [중] 完成 wánchéng(완청)
3 만들다, 제작하다
[영] To ***do*** means to create.
¶ They were *doing* a musical program.
그들은 음악 프로그램을 제작하고 있었다.
[일] 作る つくる(쓰꾸루) [중] 制作 zhìzuò(즈쭤)
[자] **1** [보통 will과 함께] 쓸모가 있다, 충분하다
[영] To ***do*** means to be acceptable.
¶ That will *do*.
그거면 충분하다.
[일] 間に合う まにあう(마니아우) [중] 足够 zúgòu(쭈거우)
2 지내다, 살아나가다
[영] To ***do*** means to get along.
¶ How are you *doing*?
어떻게 지내니?

D

일 やっていく(얏떼이꾸) 중 进行 jìnxíng(진싱)
3 행하다, 행동하다
영 To *do* means to behave or act in a certain way.
¶ *Do* as you're told.
들은 대로 행해라.
일 行う おこなう(오꼬나우) 중 做 zuò (쭤)
숙어 *do away with* …을 폐지하다
숙어 *do one's best* 최선을 다하다
숙어 *How do you do?* 처음 뵙겠습니다.
숙어 *Well done!* 잘했다!

---

dock [dάk 닥]
명 부두
영 A *dock* is a place to tie up a boat.
일 ドック(독꾸) 중 船坞 chuánwù(촨우)

---

doc·tor [dάktər 닥터]
명 (복수 doctors [dάktərz])
1 의사
영 A *doctor* is someone trained and licensed to treat sick and injured people.
¶ My father is a *doctor*.
나의 아버지는 의사시다.
일 医者 いしゃ(이샤) 중 医生 yīshēng (이성)
2 [흔히 Doctor로] 박사
영 A *doctor* is someone who has the highest degree given by universities.
¶ a *Doctor* of Literature
문학 박사
일 博士 はかせ(하까세) 중 博士 bóshì (보스)

---

doc·u·ment [dάkjumənt 다큐먼트]

명 (복수 documents [dάkjumənts])
문서, 서류
영 A *document* is a piece of paper containing important information.
¶ official *documents*
공문서
일 文書 ぶんしょ(분쇼) 중 文件 wénjiàn(원졘)

---

does [《약》 dəz 더즈 ; 《강》 dʌz 더즈]
동 do의 3인칭 단수 현재형
¶ He *does* his homework every night.
그는 매일 밤 숙제를 한다.

---

does·n't [dʌznt 더즌트]
does not의 단축형

---

dog [dɔ́ːg 도-그]
명 (복수 dogs [dɔ́ːgz])
개
영 A *dog* is an animal that has four legs and barks.
¶ I don't like a *dog*.
나는 개를 좋아하지 않는다.
일 犬 いぬ(이누) 중 狗 gǒu(거우)

---

do·ing [dúːiŋ 두-잉]
동 do의 현재분사

---

doll [dάl 달]
명 (복수 dolls [dάlz])
인형
영 A *doll* is a small model of a human being used as a child's toy.
¶ She is playing with a *doll*.
그녀는 인형을 가지고 놀고 있다.
일 人形 にんぎょう(닝교-) 중 玩偶 wánǒu(완어우)

dol·lar [dálər 달러]

명 (복수 dollars [dálərz])
달러
영 A *dollar* is the unit of money.
¶ These pants cost ten *dollars*.
이 바지는 10달러다.
일 ドル(도루) 중 美元 měiyuán(메이위엔)

 미국·캐나다·오스트레일리아 등의 화폐 단위로 1 달러는 100cents며 기호는 $, $다.

*dol·phin [dálfin 달핀]

명 돌고래
영 A *dolphin* is an intelligent water mammal with a long snout, related to whales, but smaller.
일 イルカ(이루까) 중 海豚 hǎitún(하이툰)

do·mes·tic [dəméstik 더메스틱]

형 1 가정의, 가사의
영 *Domestic* means relating to family relationships and life at home.
¶ *domestic* peace
가정의 평화
일 家庭の かていの(카떼-노) 중 家庭的 jiātíngde(쟈팅더)
2 국내의
영 *Domestic* means happening within one country and not involving any other countries.
¶ a *domestic* flight
국내선
일 国内の こくないの(코꾸나이노) 중 国内的 guónèide(궈네이더)

done [dʌ́n 던]

통 do의 과거분사

*don·key [dáŋki 당키]

명 (복수 donkeys [dáŋkiz])
당나귀
영 A *donkey* is a mammal with long ears, related to the horse, but smaller.
¶ The boy was riding the *donkey*.
소년은 당나귀를 타고 있었다.
일 ロバ(로바) 중 驴 lú(뤼)

don't [dóunt 도운트]

do not의 단축형

door [dɔ́:r 도-]

명 (복수 doors [dɔ́:rz])
1 문
영 A *door* is a barrier that opens and closes at the entrance or exit of a building, room, etc.
¶ Open the *door*.
문을 열어라.
일 ドア(도아) 중 门 mén(먼)
2 한 집, 한 채
영 A *door* is a house or a building.
¶ He lives three *doors* off.
그는 세 집 건너에 산다.
일 一軒 いっけん(익껜) 중 家 jiā(쟈)
숙어 *from door to door* 집집마다
숙어 *next door* 이웃집에
숙어 *out of door* 집 밖에서

door·bell [dɔ́:rbèl 도-벨]

명 문간의 초인종
영 A *doorbell* is a bell or buzzer outside a door.
일 戸口のベル とぐちのベル(토구찌노베루) 중 门铃 ménlíng(먼링)

door·way [dɔ́:rwèi 도-웨이]

명 (복수 doorways [dɔ́:rwèiz])
문간, 출입구

영 A *doorway* is the space where a door opens into a room or building.
일 戸口 とぐち(토구찌) 중 门口 ménkǒu(먼커우)

---

dot [dát 닷]

명 점, 작은 점
영 A *dot* is a small round mark or spot.
일 点 てん(텡) 중 点 diǎn(뎬)

타 (3단현 dots [dáts], 과거·과거분사 dotted [dátid], 현재분사 dotting [dátiŋ])
…에 점을 찍다
영 To *dot* means to mark something by putting a dot on it or above it.
¶ *dot* a j
j에 점을 찍다
일 点を打つ てんをうつ(텡오우쓰) 중 打点于 dǎdiǎnyú(다뎬위)

---

*dou·ble [dʌbl 더블]

형 **1** 두배의, 갑절의
영 *Double* means twice the usual amount, size, or number.
¶ This robot can do *double* work.
이 로봇은 일을 두배로 할 수 있다.
일 二倍の にばいの(니바이노) 중 两倍的 liǎngbèide(량베이더)
2 2인용의
영 *Double* means intended to be used by two people.
¶ a *double* bed
2인용 침대
일 二人用の ににんようの(니닝요-노)
중 双人的 shuāngrénde(쏑런더)
3 이중의
영 *Double* means combining or involving two things of the same type.
¶ *double* windows
이중창

일 二重の にじゅうの(니주-노) 중 双重的 shuāngchóngde(쏑충더)

명 (복수 doubles [dʌblz])
1 두배, 갑절
영 *Double* is something that is twice as big or twice as much as usual.
¶ Ten is the *double* of five.
10은 5의 두배다.
일 二倍 にばい(니바이) 중 两倍 liǎngbèi(량베이)
2 [doubles로] 복식 경기(《반》singles 단식 경기)
영 *Doubles* is a tennis game played by two pairs of players.
일 ダブルス(다부루스) 중 双打 shuāngdǎ(쏑다)

동 (3단현 doubles [dʌblz], 과거·과거분사 doubled [dʌbld], 현재분사 doubling [dʌbliŋ])
타 두배로 하다
영 To *double* means to make something do twice as big or twice as much.
¶ I will *double* you salary.
너의 급료를 두배로 해 주겠다.
일 二倍にする にばいにする(니바이니스루) 중 使加倍 shǐjiābèi(스쟈베이)
자 두배가 되다
영 To *double* means to become twice as big or twice as much.
¶ Prices have *doubled* in the last twenty years.
물가는 지난 20년 동안 두배가 되었다.
일 二倍になる にばいになる(니바이니나루) 중 加倍 jiābèi(쟈베이)

---

*doubt [dáut 다우트]

명 (복수 doubts [dáuts])
의심, 의혹, 의문
영 A *doubt* is a feeling of not be-

lieving or of not being certain.
¶ I have no *doubt* that it is true.
나는 그것이 사실임을 의심하지 않는다.
일 疑い　うたがい(우따가이)　중 怀疑 huáiyí(화이이)

타 (3단현 doubts [dáuts], 과거·과거분사 doubted [dáutid], 현재분사 doubting [dáutiŋ])
의심하다(《반》believe 믿다)
영 To *doubt* means to not be certain.
¶ I *doubted* my own eyes.
나는 내 눈을 의심했다.
일 疑う　うたがう(우따가우)　중 怀疑 huáiyí(화이이)

긍정문에서는 접속사로 if 또는 whether를 쓰고, 부정문·의문문에서는 that을 쓴다.

---

dough·nut [dóunʌt 도우넛]

명 도넛
영 A *doughnut* is a small round cake that is usually shaped like a ring.
¶ I like to eat *doughnuts* for breakfast.
나는 아침식사로 도넛을 즐겨 먹는다.
일 ドーナツ(도-나쓰)　중 油炸圈饼 yóuzháquānbǐng(유자취엔빙)

---

dove [dʌv 더브]

명 (복수 doves [dʌvz])
비둘기
영 A *dove* is a type of small white bird often used as a sign of peace.
¶ a *dove* of peace
평화의 비둘기
일 ハト(하또)　중 鸽 gē(거)
pigeon보다 비교적 작고 평화의 상징으로 쓰인다.

---

*down [dáun 다운]

부 아래로, 아래쪽으로(《반》up 위로)
영 *Down* means toward a lower place or position.
¶ He bent *down* to tie his shoelace.
그는 구두끈을 매기 위해 아래로 몸을 구부렸다.
일 下へ　したへ(시따에)　중 向下 xiàngxià(샹샤)

전 [dàun 다운] …의 아래쪽으로, …을 내려가
영 *Down* means from a higher to a lower place.
¶ She went *down* the stairs.
그녀는 계단을 내려갔다.
일 下へ　したへ(시따에)　중 向下 xiàngxià(샹샤)

---

down·stairs [dáunstéərz 다운스테어즈]

부 아래층으로[에]
영 *Downstairs* means down the stairs or to a lower floor.
¶ I went *downstairs* to watch TV.
나는 TV를 보려고 아래층으로 내려갔다.
일 階下へ　かいかへ(카이까에)　중 往楼下 wǎnglóuxià(왕러우샤)

---

down·town [dáuntáun 다운타운]

명 도심지, 중심가, 번화가
영 *Downtown* is the business center of a city or town.
일 都心 としん(토싱)　중 商业区 shāngyèqū(상예취)

부 도심지로[에]
영 *Downtown* means to or in the business center of a city or town.
일 都心へ としんへ(토싱에)　중 往商业

区 wǎngshāngyèqū(왕상예취)

***doz·en** [dʌ́zn 더즌]

몡 (복수 dozens [dʌ́znz])
1다스, 12개
옝 A *dozen* is a group of 12.
¶ Give me a *dozen* eggs, please.
달걀 12개 좀 주세요.
일 一ダース いちダース(이찌다-스) 중
一打 yīdá(이다)
숙어 *by the dozen* 다스 단위로
숙어 *dozens of* 수십의, 많은
¶ She has *dozens of* dresses.
그녀는 드레스가 수십 벌이다.

Dr. [dάktər 닥터]

doctor 의 약자
¶ *Dr.* Smith
스미스 박사

---

draft [drǽft 드래프트]

몡 (복수 drafts [drǽfts])
초안, 초고
옝 A *draft* is a piece of writing, a
drawing, or a plan that is not yet in
its finished form.
일 下書き したがき(시따가끼) 중 草稿
cǎogǎo(차오가오)

---

drag [drǽg 드래그]

타 (3단현 drags [drǽgz], 과거·과
거분사 dragged [drǽgd], 현재분사
dragging [drǽgiŋ])
끌다
옝 To *drag* means to pull something
along the floor or the ground.
¶ I *dragged* the heavy trunk.
나는 무거운 트렁크를 질질 끌었다.
일 引く ひく(히꾸) 중 拖 tuō(퉈)

drag·on [drǽgən 드래건]

몡 용
옝 A *dragon* is a large imaginary
animal that has wings, a long tail,
and can breathe out fire.
일 龍 りゅう(류-) 중 龙 lóng(룽)

***dra·ma** [drɑ́ːmə 드라-머]

몡 (복수 dramas [drɑ́ːməz])
극 ; 희곡, 각본
옝 A *drama* is a play for the theater,
television, radio, etc.
¶ a silent *drama*
무언극
일 劇 げき(게끼) 중 戏剧 xìjù(시쮜)

---

dra·mat·ic [drəmǽtik 드러매틱]

형 1 극의, 연극의
옝 *Dramatic* means related to the
theater.
¶ *dramatic* criticism
극비평
일 劇の げきの(게끼노) 중 戏剧的 xì-
jùde(시쮜더)
2 극적인
옝 *Dramatic* means very noticeable.
¶ a *dramatic* event
극적인 사건
일 劇的な げきてきな(게끼떼끼나) 중
戏剧性的 xìjùxìngde(시쮜싱더)

---

drank [drǽŋk 드랭크]

동 drink의 과거형
¶ She *drank* all of her milk.
그녀는 우유를 다 마셨다.

****draw** [drɔ́ː 드로-]

동 (3단현 draws [drɔ́ːz], 과거형
drew [drúː], 과 거 분 사 drawn
[drɔ́ːn], 현재분사 drawing [drɔ́ːiŋ])

태 **1** 그리다 ; 긋다
영 To *draw* means to make a picture with a pencil, pen, etc.
¶ I *draw* your face.
나는 너의 얼굴을 그린다.
일 描く えがく(에가꾸) 중 画 huà(화)
2 끌다, 끌어당기다(《반》push 밀다)
영 To *draw* means to pull something.
¶ The wagon was *drawn* by horses.
그 짐수레를 말들이 끌었다.
일 引く ひく(히꾸) 중 拖 tuō(퉈)
자 그림을 그리다
¶ He *draws* well.
그는 그림을 잘 그린다.
일 絵を描く えをえがく(에오에가꾸)
중 画图 huàtú(화투)

***drawer** [drɔ́:r 드로-]
명 (복수 drawers [drɔ́:rz])
서랍
영 A *drawer* is a sliding box in a piece of furniture.
¶ My sweaters are in the bottom *drawer*.
내 스웨터들은 맨 아래 서랍에 있다.
일 引き出し ひきだし(히끼다시) 중 抽屉 chōutì(처우티)

---

draw·ing [drɔ́:iŋ 드로-잉]
명 (복수 drawings [drɔ́:iŋz])
그림, 스케치
영 A *drawing* is a picture you make a pen or pencil.
¶ a *drawing* in pen
펜화
일 絵 え(에) 중 描绘 miáohuì(먀오후이)

---

drawn [drɔ́:n 드론-]
동 draw의 과거분사

****dream** [drí:m 드림-]
명 (복수 dreams [drí:mz])
1 꿈
영 A *dream* is a picture in your mind that you have when you are asleep.
¶ I had a *dream* about you last night.
나는 어젯밤에 네 꿈을 꾸었다.
일 夢 ゆめ(유메) 중 梦 mèng(멍)
2 이상, 꿈
영 A *dream* is something that you hope will happen.
¶ Her *dream* was to become a pianist.
그녀의 꿈은 피아니스트가 되는 것이었다.
일 理想 りそう(리소-) 중 理想 lǐxiǎng(리샹)

자 (3단현 dreams [drí:mz], 과거·과거분사 dreamed [drí:md] 또는 dreamt [drémt], 현재분사 dreaming [drí:miŋ])
꿈을 꾸다
영 To *dream* means to have a dream while you are asleep.
¶ Do you *dream* every night?
너는 매일 밤 꿈을 꾸니?
일 夢を見る ゆめをみる(유메오미루)
중 梦见 mèngjiàn(멍졘)

****dress** [drés 드레스]
명 (복수 dresses [drésiz])
1 여성복, 드레스
영 A *dress* is a piece of clothing worn by women and girls that covers the body from shoulders to legs.
¶ a girl in a white *dress*
하얀 드레스를 입은 소녀
일 ドレス(도레스) 중 女装 nǚzhuāng(뉘좡)
2 의복, 복장
영 *Dress* is clothes in general.
¶ I don't care much about *dress*.

나는 복장에 별로 신경쓰지 않는다.
ⓘ 衣服 いふく(이후꾸) ⓒ 衣服 yīfu(이푸)

ⓥ (3단현 dresses [drésiz], 과거·과거분사 dressed [drést], 현재분사 dressing [drésiŋ])
ⓙ 옷을 입다
ⓔ To *dress* means to put clothes on.
¶ I got up quickly and *dressed*.
나는 재빨리 일어나서 옷을 입었다.
ⓘ 服を着る ふくをきる(후꾸오키루)
ⓒ 穿衣 chuānyī(촨이)
ⓣ 옷을 입히다
ⓔ To *dress* means to put clothes on someone.
¶ She *dressed* her son in his best.
그녀는 아들에게 나들이옷을 입혔다.
ⓘ 服を着せる ふくをきせる(후꾸오키세루) ⓒ 给…穿衣 gěi…chuānyī(게이…촨이)

dress·ing [drésiŋ 드레싱]

ⓝ **1** 소스, 드레싱
ⓔ *Dressing* is a type of sauce for salads.
ⓘ ドレッシング(도렛싱구) ⓒ 调料 tiáoliào(탸오랴오)
2 붕대
ⓔ A *dressing* is a covering for a wound.
ⓘ 包帯 ほうたい(호-따이) ⓒ 绷带 bēngdài(벙다이)

drew [drú: 드루-]

ⓥ draw의 과거형

dried [dráid 드라이드]

ⓥ dry의 과거·과거분사

drill [dríl 드릴]

ⓝ 드릴
ⓔ A *drill* is a tool used for making holes.
¶ an electric *drill*
전기 드릴
ⓘ ドリル(도리루) ⓒ 钻孔机 zuān-kǒngjī(좐쿵지)

drink [dríŋk 드링크]

ⓝ (복수 drinks [dríŋks])
1 마실 것, 음료
ⓔ A *drink* is a liquid that you swallow.
¶ a hot *drink* 뜨거운 음료
ⓘ 飲み物 のみもの(노미모노) ⓒ 饮料 yǐnliào(인랴오)
2 술
ⓔ A *drink* is an alcoholic liquid.
¶ be in *drink*
술에 취해 있다
ⓘ 酒 さけ(사께) ⓒ 酒 jiǔ(쥬)

ⓣ (3단현 drinks [dríŋks], 과거형 drank [drǽŋk], 과거분사 drunk [drʌ́ŋk], 현재분사 drinking [dríŋk-iŋ])
마시다
ⓔ To *drink* means to swallow liquid.
¶ I *drink* a glass of milk every day.
나는 매일 우유를 한 잔 마신다.
ⓘ 飲む のむ(노무) ⓒ 饮 yǐn(인)

drive [dráiv 드라이브]

ⓣ (3단현 drives [dráivz], 과거형 drove [dróuv], 과거분사 driven [drívən], 현재분사 driving [dráiv-iŋ])
운전하다
ⓔ To *drive* means to operate and control a vehicle.
¶ *drive* a car

차를 운전하다
일 運転する　うんてんする(운뗀스루)
중 驾驶　jiàshǐ(쟈스)

명 (복수 drives [dráivz])
드라이브, 자동차 여행
영 A *drive* is a trip in a car.
¶ Let's go for a *drive*.
드라이브 가자.
일 ドライブ(도라이부) 중 驾车旅行
jiàchēlǚxíng(쟈처뤼싱)

---

driv·en [drívən 드리번]
타 drive의 과거분사

***driv·er** [dráivər 드라이버]
명 (복수 drivers [dráivərz])
운전자, 운전 기사
영 A *driver* is someone who drives.
¶ He's a good *driver*.
그는 운전을 잘 한다.
일 運転する人　うんてんするひと(운
뗀스루히또) 중 驾驶员　jiàshǐyuán(쟈스
위엔)

***drop** [dráp 드랍]
동 (3단현 drops [dráps], 과거·과
거분사 dropped [drápt], 현재분사
dropping [drápiŋ])
자 떨어지다
영 To *drop* means to fall down.
¶ A book *dropped* from the desk.
책이 책상에서 떨어졌다.
일 落ちる　おちる(오찌루) 중 落下 luò-
xià(뤄샤)
타 떨어뜨리다
영 To *drop* means to let something
fall.
¶ Don't *drop* the dish.
접시를 떨어뜨리지 마라.
일 落とす　おとす(오또스) 중 掉下

diàoxià(댜오샤)
숙어 *drop by* 잠깐 들르다
¶ On my way home, I *dropped by* a
store.
집에 가는 길에 가게에 잠깐 들렀다.
숙어 *drop off* 떨어지다 ; (차에서)
내리다
숙어 *drop out* 중퇴하다 ; (경기 등
에서) 탈락하다

명 (복수 drops [dráps])
1 방울
영 A *drop* is a small quantity of liquid.
¶ a tear *drop*
눈물 방울
일 しずく(시즈꾸) 중 滴 dī(디)
2 소량, 미량
영 A *drop* is any small amount.
일 少量 しょうりょう(쇼-료-) 중 微
量 wēiliàng(웨이량)

---

drove [dróuv 드로우브]
타 drive의 과거형

---

drown [dráun 드라운]
동 (3단현 drowns [dráunz], 과거·
과거분사 drowned [dráund], 현재
분사 drowning [dráuniŋ])
타 익사시키다
영 To *drown* means to die by staying
under water and not getting air to
breathe.
¶ He *drowned* himself.
그는 익사했다.
일 溺死させる　できしさせる(데끼시사
세루) 중 使淹死 shǐyānsǐ(스옌쓰)
자 익사하다
¶ A girl nearly *drowned* in the lake.
한 소녀가 호수에서 익사할 뻔했다.
일 溺死する　できしする(데끼시스루)
중 淹死 yānsǐ(옌쓰)

D

D

*drug [drʌ́g 드러그]

명 (복수 drugs [drʌ́gz])

1 약, 약품

영 A *drug* is a medicine that can help make a sick person feel better.

¶ a sleeping *drug*

수면제

일 薬 くすり(쿠스리) 중 药品 yàopǐn (야오핀)

2 마약

영 A *drug* is a chemical substance that people take because of its effect on them.

¶ *Drugs* are dangerous.

마약은 위험하다.

일 麻薬 まやく(마야꾸) 중 毒品 dúpǐn (두핀)

drug·store [drʌ́gstɔ̀ːr 드러그스토-]

명 (복수 drugstores [drʌ́gstɔ̀ːrz])

드러그스토어

영 A *drugstore* is a store where medicines and other items are sold.

일 ドラッグストア(도락구스또아) 중 杂货店 záhuòdiàn(짜훠뗸)

약품류 외 일용 잡화나 화장품·담배·책·문구 등도 팔고, 가벼운 식사 및 차 코너도 겸한다.

*drum [drʌ́m 드럼]

명 (복수 drums [drʌ́mz])

드럼, 북

영 A *drum* is a musical instrument that makes a sound when it is hit.

¶ I play the *drums* in a band.

나는 밴드에서 드럼을 친다.

일 ドラム(도라무) 중 鼓 gǔ(구)

drum·mer [drʌ́mər 드러머]

명 드러머, 고수

영 A *drummer* is someone who plays the drums.

일 ドラマー(도라마-) 중 鼓手 gǔshǒu (구서우)

drunk [drʌ́ŋk 드렁크]

타 drink의 과거분사

drunk·en [drʌ́ŋkən 드렁컨]

형 술취한

영 *Drunken* means drunk.

일 酔っぱらった よっぱらった(욥빠 랏따) 중 酒醉的 jiǔzuìde(쥬쭈이더)

**dry [drái 드라이]

형 (비교급 drier [dráiər], 최상급 driest [dráiist])

1 마른, 건조한

영 *Dry* means without water.

¶ Is the paint *dry* yet?

페인트가 벌써 말랐니?

일 かわいた(카와이따) 중 干的 gānde (간더)

2 지루한

영 *Dry* means dull and boring.

¶ a *dry* lecture

지루한 강의

일 たいくつな(타이꾸쓰나) 중 枯燥的 kūzàode(쿠짜오더)

동 (3단현 dries [dráiz], 과거·과거분사 dried [dráid], 현재분사 drying [dráiiŋ])

타 말리다

영 To *dry* means to make something dry.

¶ *dry* a towel

수건을 말리다

일 かわかす(카와까스) 중 干燥 gānzào (간짜오)

Ⓐ 마르다
Ⓔ To *dry* means to become dry.
¶ Your clothes will soon *dry*.
네 옷은 곧 마를 것이다.
Ⓙ かわく(카와꾸) Ⓒ 干 gān(간)

---

dry·er [dráiə*r* 드라이어]

Ⓝ 건조기, 드라이어
Ⓔ A *dryer* is a machine that dries something.
Ⓙ 乾燥機 かんそうき(칸소-끼) Ⓒ 烘干机 hōnggānjī(훙간지)

**duck [dʌ́k 덕]

Ⓝ (복수 ducks [dʌ́ks])
오리
Ⓔ A *duck* is a bird with webbed feet that swims and feeds in water.
¶ There is a family of *ducks* in the pond.
연못에는 오리 가족이 있다.
Ⓙ アヒル(아히루) Ⓒ 鴨 yā(야)

---

*due [djú: 듀-]

Ⓗ 도착할 예정인
Ⓔ *Due* means expected to arrive at a particular time.
¶ The train is *due* at 5:00.
열차는 5시에 도착할 예정이다.
Ⓙ 到着予定である とうちゃくよていである(토-짜꾸요떼-데아루) Ⓒ 预定应到的 yùdìngyīngdàode(위딩잉다오더)

---

dug [dʌ́g 더그]

Ⓣ dig의 과거·과거분사

---

duke [djú:k 듀-크]

Ⓝ (복수 dukes [djú:ks])

공작
Ⓔ A *duke* is a noble man with the highest social rank below a prince.
Ⓙ 公爵 こうしゃく(코-샤꾸) Ⓒ 公爵 gōngjué(궁줴)

---

*dull [dʌ́l 덜]

Ⓗ (비교급 duller [dʌ́lə*r*], 최상급 dullest [dʌ́list])
1 흐릿한 ; 흐린
Ⓔ *Dull* means not bright or shiny.
¶ *dull* brown walls
흐릿한 갈색 벽
Ⓙ はっきりしない(학끼리시나이) Ⓒ 暗的 ànde(안더)
2 지루한, 재미없는(《반》interesting 재미있는)
Ⓔ *Dull* means not interesting or exciting.
¶ The movie was *dull*.
그 영화는 지루했다.
Ⓙ たいくつな(타이꾸쓰나) Ⓒ 乏味的 fáwèide(파웨이더)
3 (머리 등이) 둔한
Ⓔ *Dull* means not perceptive or intelligent.
¶ a *dull* child
둔한 아이
Ⓙ 鈍い にぶい(니부이) Ⓒ 迟钝的 chídùnde(츠둔더)
4 무딘(《반》sharp 날카로운)
Ⓔ *Dull* means not sharp.
¶ a *dull* knife
무딘 칼
Ⓙ 鈍い にぶい(니부이) Ⓒ 钝的 dùnde(둔더)

---

*dumb [dʌ́m 덤]

Ⓗ (비교급 dumber [dʌ́mə*r*], 최상급 dumbest [dʌ́mist])
1 우둔한

영 *Dumb* means stupid.
일 ばかな(바까나) 중 愚笨的 yúbènde (위번더)
2 말을 못하는, 벙어리의
영 *Dumb* means unable to speak.
일 口のきけない くちのきけない(쿠찌노키께나이) 중 哑的 yǎde(야더)

---

*dur·ing** [djúəriŋ 듀어링]
전 **1** …동안 (내내)
영 *During* means the whole time.
¶ These animals sleep *during* the day.
이 동물들은 낮 동안 내내 잔다.
일 …の間ずっと …のあいだずっと(…노아이다즛또) 중 在…期间 zài…qījiān(짜이…치졘)
2 …사이에
영 *During* means within a particular time.
¶ She died *during* the night.
그녀는 밤 사이에 죽었다.
일 …の間に …のあいだに(…노아이다니) 중 在…的时候 zài…deshíhòu(짜이…더스허우)

---

*dust** [dʌst 더스트]
명 먼지, 티끌
영 *Dust* is tiny pieces of dirt.
¶ *Dust* lay thick on the shelf.
선반에 먼지가 수북이 쌓였다.
일 ちり(치리) 중 灰尘 huīchén(후이천)

---

dust·y [dʌsti 더스티]
형 먼지투성이의, 먼지가 많은
영 *Dusty* means covered or filled with dust.
¶ a *dusty* room
먼지투성이인 방
일 ほこりっぽい(호꼬립뽀이) 중 灰尘覆盖的 huīchénfùgàide(후이천푸가이

더)

Dutch [dʌtʃ 더치]
형 네덜란드의
영 *Dutch* means relating to the Netherlands.
일 オランダの(오란다노) 중 荷兰的 Hélánde(허란더)
명 **1** 네덜란드어
영 *Dutch* is the language used in the Netherlands.
일 オランダ語 オランダご(오란다고) 중 荷兰语 Hélányǔ(허란위)
2 [the Dutch로] 네덜란드 사람
영 *The Dutch* are the people of the Netherlands.
일 オランダ人 オランダじん(오란다진) 중 荷兰人 Hélánrén(허란런)

---

*du·ty** [djúːti 듀-티]
명 (복수 duties [djúːtiz])
1 의무, 본분, 책무
영 *Duty* is something that you have to do because it is morally or legally right.
¶ It is his *duty* to help her.
그녀를 돕는 것은 그의 의무다.
일 義務 ぎむ(기무) 중 义务 yìwù(이우)
2 [흔히 duties로] 직무, 임무
영 *Duties* are something that you have to do because it is part of your job.
¶ the *duties* of a teacher
교사의 직무
일 職務 しょくむ(쇼꾸무) 중 职务 zhíwù(즈우)
숙어 *be off duty* 근무 중이 아니다
숙어 *be on duty* 근무 중이다

---

dwarf [dwɔːrf 드워-프]

명 (복수 dwarfs [dwɔ́:rfs])
난쟁이
영 A *dwarf* is an imaginary creature
that looks like a small man.
¶ Snow White and the Seven *Dwarfs*
백설공주와 일곱 난쟁이
일 小人 こびと(코비또) 중 侏儒 zhūrú
(주루)

---

dye [dái 다이]

명 (복수 dyes [dáiz])
염료
영 A *dye* is a substance used to
change the color of something.
일 染料 せんりょう(센료-) 중 染料
rǎnliào(란랴오)

타 (3단현 dyes [dáiz], 과거·과거분
사 dyed [dáid], 현재분사 dyeing
[dáiiŋ])

염색하다
영 To *dye* means to give something a
different color using a dye.
¶ She *dyed* the dress red.
그녀는 그 드레스를 빨갛게 염색했다.
일 染める　そめる(소메루) 중 染 rǎn
(란)

---

dy·ing [dáiiŋ 다이잉]

자 die의 현재분사

---

dy·na·mite [dáinəmàit 다이너마이트]

명 다이너마이트
영 *Dynamite* is a very powerful
explosive.
일 ダイナマイト(다이나마이또) 중 炸药
zhàyào(자야오)

Ee [íː 이–]
the fifth letter of the English alphabet
영어 알파벳의 다섯번째 글자

each [íːtʃ 이–치]
형 각각의
영 *Each* means every one of two or more.
¶ She gave two pencils to *each* boy.
그녀는 각각의 소년에게 연필을 두 자루씩 주었다.
일 おのおのの(오노오노노) 중 每个 měige(메이거)

부 각각
영 *Each* means for one.
¶ Tickets cost $ 8 *each*.
티켓은 1장에 각각 8달러다.
일 それぞれ(소레조레) 중 各个 gègè(거거)

대 각자
영 *Each* is every one.
일 おのおの(오노오노) 중 各自 gèzì(거쯔)
숙어 *each other* 서로
¶ They trust *each other*.
그들은 서로 신뢰한다.

ea·ger [íːgər 이–거]
형 열심인
영 *Eager* means very interested in doing something.
¶ He is *eager* in collecting stamps.
그는 우표수집에 열심이다.
일 熱心な ねっしんな(넷신나) 중 热心的 rèxīnde(러신더)

ea·gle [íːgl 이–글]
명 (복수 eagles [íːglz])
독수리
영 An *eagle* is a large bird with long wings and strong claws.
일 ワシ(와시) 중 鹰 yīng(잉)

ear [íər 이어]
명 (복수 ears [íərz])
귀
영 An *ear* is the part of the body used for hearing.
¶ Does the animal have long *ears*?
그 동물은 귀가 긴가요?
일 耳 みみ(미미) 중 耳 ěr(얼)

ear·ly [ə́ːrli 얼–리]
부 (비교급 earlier [ə́ːrliər], 최상급 earliest [ə́ːrliist])
일찍
영 *Early* means near the time when something begins.
¶ He gets up *early*.
그는 일찍 일어난다.
일 早く はやく(하야꾸) 중 早 zǎo(짜오)

형 (비교급 earlier [ə́ːrliər], 최상급 earliest [ə́ːrliist])
이른, 빠른
영 *Early* means before the usual time.
¶ the *early* spring
이른 봄
일 早い はやい(하야이) 중 早的 zǎo-

de(짜오더)

***earn** [ə́:rn 언-]

태 (3단현 earns [ə́:rnz], 과거·과거분사 earned [ə́:rnd], 현재분사 earning [ə́:rniŋ])
벌다
영 To **earn** means to get money for work that you do.
¶ She *earns* $ 27,000 a year.
그녀는 1년에 27,000달러를 번다.
일 稼ぐ かせぐ(카세구) 중 赚得 zhuàndé(쫜더)

---

ear·nest [ə́:rnist 어-니스트]

형 진지한
영 **Earnest** means serious and eager.
¶ She wore an *earnest* expression.
그녀는 진지한 표정을 하고 있었다.
일 まじめな(마지메나) 중 认真的 rènzhēnde(런전더)

---

ear·phone [íərfòun 이어포운]

명 (복수 earphones [íərfòunz])
이어폰
영 An **earphone** is a small speaker that fits over or in the ear and turns an electrical signal into sound.
일 イヤホン(이야혼) 중 耳机 ěrjī(얼지)

---

ear·ring [íəriŋ 이어링]

명 귀고리
영 An **earring** is a piece of jewelry worn on or through the ear.
¶ She wore silver *earrings*.
그녀는 은 귀고리를 하고 있었다.
일 イヤリング(이야링구) 중 耳环 ěrhuán(얼환)

***earth** [ə́:rθ 어-스]

명 1 [the earth로] 지구
영 **The earth** is the planet on which we live.
¶ There are a lot of animals on *the earth*.
지구상에는 많은 동물들이 있다.
일 地球 ちきゅう(치뀨-) 중 地球 dìqiú(디츄)
2 흙, 토양
영 **Earth** is soil.
¶ Cover the seeds with *earth*.
씨앗을 흙으로 덮어라.
일 土 つち(쓰찌) 중 土 tǔ(투)
3 대지
영 **Earth** is the ground.
¶ Rain waters the *earth*.
비가 대지를 적신다.
일 大地 だいち(다이찌) 중 大地 dàdì(다디)

---

earth·quake [ə́:rθkwèik 어-스퀘이크]

명 (복수 earthquakes [ə́:rθkwèiks])
지진
영 An **earthquake** is a sudden, violent shaking of the earth.
¶ We had a strong *earthquake* last night.
어젯밤에 강진이 있었다.
일 地震 じしん(지신) 중 地震 dìzhèn(디전)

---

ease [í:z 이-즈]

명 (복수 eases [í:ziz])
1 안락, 편안
영 **Ease** is freedom from worry, pain, or trouble.
¶ He led a lifetime of *ease*.
그는 편안한 생애를 보냈다.
일 安楽 あんらく(안라꾸) 중 舒适 shūshì(수스)
2 쉬움

영 *Ease* is absence of difficulty or painful effort.
¶ They won with *ease*.
그들은 쉽게 이겼다.
일 容易 ようい(요-이) 중 容易 róngyì(룽이)

***eas·i·ly** [íːzəli 이-절리]
부 쉽게, 수월하게
영 *Easily* means without difficulty.
¶ She found the house *easily*.
그녀는 그 집을 쉽게 찾았다.
일 容易に よういに(요-이니) 중 容易地 róngyìde(룽이더)

***east** [íːst 이-스트]
명 1 [the east로] 동쪽
영 *The east* is the direction from which the sun rises.
¶ The sun rises in *the east*.
해는 동쪽에서 뜬다.
일 東 ひがし(히가시) 중 东 dōng(둥)
2 [the East로] 동양
영 *The East* is the countries in Asia.
일 東洋 とうよう(토-요-) 중 东方 dōngfāng(둥팡)

Eas·ter [íːstər 이-스터]
명 부활절
영 *Easter* is the Christian holiday on which people celebrate the resurrection of Jesus.
일 復活祭 ふっかつさい(훅까쓰사이) 중 复活节 fùhuójié(푸훠제)
🔄up 그리스도의 부활을 기념하는 축제로 3월 21일 이후의 보름달 다음에 오는 일요일에 행한다. 그날은 색칠한 삶은 달걀을 선물하는 관습이 있다.

***east·ern** [íːstərn 이-스턴]

형 1 동쪽의(《반》 western 서쪽의)
영 *Eastern* means in or from the east part of a country or an area.
¶ the *eastern* shore of the island
섬의 동쪽 해안
일 東の ひがしの(히가시노) 중 东的 dōngde(둥더)
2 [Eastern으로] 동양의
영 *Eastern* means in or from the countries in Asia.
¶ *Eastern* culture
동양 문화
일 東洋の とうようの(토-요-노) 중 东方的 dōngfāngde(둥팡더)

****eas·y** [íːzi 이-지]
형 (비교급 easier [íːziər], 최상급 easiest [íːziist])
1 쉬운(《반》 difficult 어려운)
영 *Easy* means not difficult.
¶ This is a very *easy* question.
이것은 아주 쉬운 문제다.
일 易しい やさしい(야사시-) 중 容易的 róngyìde(룽이더)
2 안락한, 편안한(《반》 uneasy 불편한)
영 *Easy* means comfortable and relaxing.
¶ an *easy* chair
안락 의자
일 安楽な あんらくな(안라꾸나) 중 舒适的 shūshìde(수스더)

****eat** [íːt 이-트]
타 (3단현 eats [íːts], 과거형 ate [éit], 과거분사 eaten [íːtn], 현재분사 eating [íːtiŋ])
먹다
영 To *eat* means to put food into your mouth and to chew it and swallow it.
¶ We *ate* our sandwiches.
우리는 샌드위치를 먹었다.

⑨ 食べる　たべる(타베루) ㊥ 吃　chī(츠)

---

eat·en [íːtn 이-튼]

㉣ eat의 과거분사

---

ech·o [ékou 에코우]

㉤ (복수 echoes [ékouz])
메아리
㊀ An *echo* is a sound that comes back again.
⑨ こだま(코다마) ㊥ 回响　huíxiǎng (후이샹)

---

ec·o·nom·ic [èkənámik 에커나믹]

㉨ 경제의
㊀ *Economic* means relating to trade, industry, and managing money.
¶ an *economic* policy
경제 정책
⑨ 経済の　けいざいの(케-자이노) ㊥ 经济上的　jīngjìshàngde(징지상더)

---

*e·con·o·my [ikánəmi 이카너미]

㉤ (복수 economies [ikánəmiz])
1 경제
㊀ *Economy* is the way a country runs its industry, trade, and finance.
¶ national *economy*
국민 경제
⑨ 経済　けいざい(케-자이) ㊥ 经济　jīngjì(징지)
2 절약
㊀ *Economy* is the careful use of money and other things to cut down on waste.
¶ Please use the water with *economy*.
물을 절약해 쓰십시오.
⑨ 節約　せつやく(세쓰야꾸) ㊥ 节约　jiéyuē(졔웨)

---

*edge [édʒ 에지]

㉤ (복수 edges [édʒiz])
1 (칼 등의) 날
㊀ An *edge* is the sharp side of a cutting tool.
¶ the *edge* of the knife
칼날
⑨ 刃　は(하) ㊥ 刀　rèn(런)
2 가장자리, 끄트머리
㊀ An *edge* is the line or place where something ends.
¶ He sat on the *edge* of the bed.
그는 침대 가장자리에 앉았다.
⑨ ふち(후찌) ㊥ 边　biān(볜)

---

ed·i·tor [édətər 에더터]

㉤ (복수 editors [édətərz])
편집자
㊀ An *editor* is someone who checks the contents of a book and gets it ready to be published.
¶ the sports *editor* of a newspaper
신문의 스포츠난 편집자
⑨ 編集者　へんしゅうしゃ(헨슈-샤)
㊥ 编辑　biānjí(볜지)

---

*ed·u·cate [édʒukèit 에주케이트]

㉣ (3단현 educates [édʒukèits], 과거·과거분사 educated [édʒukèitid], 현재분사 educating [édʒukèitiŋ])
교육하다, 가르치다
㊀ To *educate* means to give knowledge or a skill.
¶ I want to be a teacher and *educate* young children.
나는 선생님이 되어 어린 아이들을 가르치고 싶다.
⑨ 教育する　きょういくする(쿄-이꾸 스루) ㊥ 教育　jiàoyù(쟈오위)

---

*ed·u·ca·tion [èdʒukéiʃən 에주

케이션]

명 교육

영 *Education* is the process of gaining or giving knowledge and skills.

¶ She is interested in *education*.
그녀는 교육에 관심이 있다.
일 教育 きょういく(쿄-이꾸) 중 教育 jiàoyù(쟈오위)

---

ed·u·ca·tion·al [èdʒukéiʃən-əl 에주케이셔널]

형 교육적인

영 *Educational* means teaching you something that you did not know.

¶ The games are *educational*.
그 게임들은 교육적이다.
일 教育的な きょういくてきな(쿄-이꾸떼끼나) 중 有教育意义的 yǒu-jiàoyùyìyìde(유쟈오위이이더)

---

*ef·fect [ifékt 이펙트]

명 **1** 결과
영 *Effect* is the result of something.
¶ cause and *effect*
원인과 결과
일 結果 けっか(켁까) 중 结果 jiéguǒ(졔궈)

2 영향(력)
영 An *effect* is influence, or the power to make something happen.
¶ My parents' divorce had a great *effect* on me.
부모님의 이혼이 내게 큰 영향을 미쳤다.
일 影響(力) えいきょう(りょく)(에-꾜-(료꾸)) 중 影响(力) yǐngxiǎng(lì)(잉샹(리))

---

ef·fec·tive [iféktiv 이펙티브]

형 (비교급 more effective, 최상급 most effective)

효과적인
영 *Effective* means working very well.
¶ an *effective* treatment
효과적인 처치
일 効果的な こうかてきな(코-까떼끼나) 중 有效的 yǒuxiàode(유샤오더)

---

*ef·fort [éfərt 에퍼트]

명 (복수 efforts [éfərts])
노력
영 *Effort* is an attempt to do something.
¶ I made an *effort* to understand him.
나는 그를 이해하려고 노력했다.
일 努力 どりょく(도료꾸) 중 努力 nǔlì(누리)

**egg [ég 에그]

명 (복수 eggs [égz])
알, 계란
영 An *egg* is a smooth round shell with a baby animal inside of it.
¶ a boiled *egg*
삶은 계란
일 卵 たまご(타마고) 중 蛋 dàn(단)

E·gypt [í:dʒipt 이-집트]

명 이집트

▲ 아부심벨 신전

일 エジプト(에지뿌또) 중 埃及 Āijí(아이지)

E·gyp·tian [idʒípʃən 이집션]

몡 이집트 사람
옝 An *Egyptian* is a person who was born or lives in Egypt.
일 エジプト人　エジプトじん(에지뿌또진)　중 埃及人　Āijírén(아이지런)

---

eight [éit 에이트]

몡 8, 여덟
옝 *Eight* is the whole number that comes after seven and before nine.
¶ Lesson *Eight*
제8과
일 八　はち(하찌)　중 八　bā(바)

---

eigh·teen [èitíːn 에이틴-]

몡 18, 열여덟
옝 *Eighteen* is the whole number that comes after seventeen and before nineteen.
일 十八　じゅうはち(주-하찌)　중 十八　shíbā(스바)

---

eighth [éitθ 에이트스]

몡 **1** 8번째, 여덟번째
옝 *Eighth* is constituting number eight in a sequence.
일 八番目　はちばんめ(하찌밤메)　중 第八　dìbā(디바)
2 8분의 1
옝 *Eighth* is each of eight equal parts into which something is or may be divided.
일 八分の一　はちぶんのいち(하찌분노이찌)　중 八分之一　bāfēnzhīyī(바펀즈이)

---

eight·y [éiti 에이티]

몡 80, 여든
옝 *Eighty* is the whole number that comes after seventy-nine and before eighty-one.
일 八十　はちじゅう(하찌주-)　중 八十　bāshí(바스)

---

ei·ther [íːðər 이-더]

휑 **1** 어느 쪽이든, 어느 하나의
옝 *Either* means one or the other of two.
¶ You can park on *either* side.
어느 쪽이든 주차해도 된다.
일 どちらかの(도찌라까노)　중 任一的　rènyīde(런이더)
2 각각의, 양쪽의
옝 *Either* means each of two.
¶ John and Tom sat on *either* side of the car.
존과 톰은 차의 양쪽에 앉았다.
일 おのおのの(오노오노노)　중 每一的　měiyīde(메이이더)

때 어느 한 쪽, 어느 하나
옝 *Either* is one of two.
¶ Take *either* of them.
둘 중 아무거나 하나 가져라.
일 どちらか一方　どちらかいっぽう(도찌라까입뽀-)　중 任何一个　rènhéyígè(런허이거)

붐 ～도 또한(…아니다)
옝 *Either* means also.
¶ If he is not going, I won't *either*.
그가 가지 않으면 나도 또한 가지 않겠다.
일 …もまた(…모마따)　중 也　yě(예)

---

el·bow [élbou 엘보우]

몡 (복수 elbows [élbouz])
팔꿈치
옝 An *elbow* is the joint that connects the upper and lower parts of your arm.

¶ Don't put your *elbows* on the table.
식탁에 팔꿈치를 올려 놓지 마세요.
일 ひじ(히지) 중 肘 zhǒu(저우)

---

el·der [éldər 엘더]
형 [old의 비교급] 연상의, 손위의
영 *Elder* means older.
¶ my *elder* brother
나의 형
일 年上の　としうえの(토시우에노) 중
年长的 niánzhǎngde(녠장더)

---

el·dest [éldist 엘디스트]
형 [old의 최상급] 제일 손위의
영 *Eldest* means the oldest in a group.
¶ My *eldest* daughter is 17.
제일 큰 딸은 17살이다.
일 最も年上の　もっともとしうえの(못또모토시우에노) 중 最年长的 zuìniánzhǎngde(쭈이녠장더)

---

*e·lect [ilékt 일렉트]
타 (3단현 elects [ilékts], 과거·과거분사 elected [iléktid], 현재분사 electing [iléktiŋ])
선거하다, 뽑다
영 To *elect* means to choose someone by voting.
¶ We *elected* him mayor.
우리는 그를 시장으로 뽑았다.
일 選挙する　せんきょする(셍꾜스루)
중 选举 xuǎnjǔ (쉬엔쥐)

---

*e·lec·tion [ilékʃən 일렉션]
명 (복수 elections [ilékʃənz])
선거
영 An *election* is the act or process of choosing someone by voting.
¶ He won the *election* by only 15 votes.
그는 겨우 15표차로 선거에서 승리했다.
일 選挙 せんきょ(셍꾜) 중 选举 xuǎnjǔ (쉬엔쥐)

---

*e·lec·tric [iléktrik 일렉트릭]
형 전기의
영 *Electric* means relating to electricity.
¶ an *electric* shaver
전기 면도기
일 電気の　でんきの(뎅끼노) 중 电的 diànde(뎬더)

---

*e·lec·tric·i·ty [ilèktrísəti 일렉트리서티]
명 전기
영 *Electricity* is a form of energy caused by the motion of electrons and protons.
¶ They try to save *electricity*.
그들은 전기를 아끼려고 노력한다.
일 電気 でんき(뎅끼) 중 电 diàn(뎬)

---

el·e·gant [éligənt 엘리건트]
형 우아한, 세련된
영 *Elegant* means graceful and stylish.
¶ a tall *elegant* woman
키가 크고 우아한 여성
일 優雅な ゆうがな(유-가나) 중 雅致的 yǎzhìde(야즈더)

---

el·e·ment [éləmənt 엘러먼트]
명 (복수 elements [éləmənts])
요소
영 An *element* is one of the simple, basic parts of something.
¶ Speed is an important *element* of the game.

속도가 그 경기의 중요한 요소다.
일 要素 ようそ(요-소) 중 因素 yīnsù
(인쑤)

---

*el·e·men·ta·ry [èləméntəri
엘러멘터리]
형 초보의
영 *Elementary* means simple or
basic.
¶ My knowledge of mathematics is
very *elementary*.
내 수학 지식은 아주 초보적인 것이다.
일 初歩の しょほの(쇼호노) 중 初步的
chūbùde(추부더)

---

el·e·men·ta·ry school [èlə-
méntəri skù:l 엘러멘터리 스쿨-]
명 《미》초등학교(《영》primary school)
영 An *elementary school* is a school
in the U.S. for the first six or eight
years of a child's education.
일 小学校 しょうがっこう(쇼-각꼬-)
중 小学 xiǎoxué(샤오쉐)

---

el·e·phant [éləfənt 엘러펀트]
명 (복수 elephants [éləfənts])
코끼리
영 An *elephant* is a large mammal
with a long trunk and ivory tusks.
일 ゾウ(조-) 중 象 xiàng(샹)

---

*el·e·va·tor [éləvèitər 엘러베이터]
명 (복수 elevators [éləvèitərz])
《미》엘리베이터, 승강기(《영》lift)
영 An *elevator* is a machine that
carries people or goods up and down
between different levels of a build-
ing.
¶ I decided to take the *elevator*.
나는 엘리베이터를 타기로 했다.

일 エレベーター(에레베-따-) 중 电梯
diàntī(뗀티)

---

*e·lev·en [ilévən 일레번]
명 11, 열하나
영 *Eleven* is the whole number that
comes after ten and before twelve.
일 十一 じゅういち(주-이찌) 중 十一
shíyī(스이)

---

e·lev·enth [ilévənθ 일레번스]
명 **1** 열한번째
영 *Eleventh* is constituting number
eleven in a sequence.
일 十一番目 じゅういちばんめ(주-이
찌밤메) 중 第十一 dìshíyī(디스이)
2 11분의 1
영 *Eleventh* is each of eleven equal
parts into which something is or may
be divided.
일 十一分の一 じゅういちぶんの
いち(주-이찌분노이찌) 중 十一分之一
shíyīfēnzhīyī(스이펀즈이)

---

*else [éls 엘스]
부 **1** 그 밖에, 그 외에
영 *Else* means other or different.
¶ He wanted to see someone *else*.
그는 누군가 다른 사람을 만나고 싶
어했다.
일 そのほかに(소노호까니) 중 另外
lìngwài(링와이)
2 [or else로] 그렇지 않으면
영 *Else* means if not.
¶ Be careful, *or else* you will make a
mistake.
주의해라, 그렇지 않으면 실수한다.
일 さもないと(사모나이또) 중 否则
fǒuzé(퍼우쩌)

---

else·where [élshwèər 엘스훼어,

엘스웨어]
뷔 다른 곳에서, 다른 곳으로
영 *Elsewhere* means in or to another place.
¶ Most of the city's residents were born *elsewhere*.
그 도시 주민 중 대다수가 다른 곳에서 태어났다.
일 どこかよその場所で どこかよそのばしょで(도꼬까요요소노바쇼데) 중 在別处 zàibiéchù(짜이볘추)

E

*em·bar·rass [imbǽrəs 임배러스]
타 (3단현 embarrasses [imbǽrəsiz], 과거·과거분사 embarrassed [imbǽrəst], 현재분사 embarrassing [imbǽrəsiŋ])
당황하게 하다, 난처하게 하다
영 To *embarrass* means to make someone feel ashamed, stupid, or uncomfortable.
¶ Don't *embarrass* me with such questions.
그런 질문으로 나를 당황하게 하지 마라.
일 まごつかせる(마고쓰까세루) 중 使窘迫 shǐjiǒngpò(스즁포)

e·mer·gen·cy [imə́ːrdʒənsi 이머-전시]
명 (복수 emergencies [imə́ːrdʒənsiz])
비상 사태, 위급
영 An *emergency* is a sudden and dangerous situation that must be dealt with quickly.
¶ Do not use the bells except in *emergencies*.
비상 사태가 아니면 벨을 사용하지 마시오.
일 緊急事態 きんきゅうじたい(킹뀨-지따이) 중 緊急情况 jǐnjíqíngkuàng

(진지칭쾅)

em·i·grate [émigrèit 에미그레이트]
자 (3단현 emigrates [émigrèits], 과거·과거분사 emigrated [émigrèitid], 현재분사 emigrating [émigrèitiŋ])
(다른 나라로) 이주하다, 이민가다
영 To *emigrate* means to leave your own country in order to live in another one.
¶ They *emigrated* to France.
그들은 프랑스로 이주했다.
일 移住する いじゅうする(이주-스루)
중 移居外国 yíjūguówài(이쥐궈와이)

*e·mo·tion [imóuʃən 이모우션]
명 (복수 emotions [imóuʃənz])
감정
영 *Emotion* is a strong feeling, such as happiness, love, anger, or grief.
¶ She trembled with *emotion*.
그녀는 감정에 겨워서 몸을 부들부들 떨었다.
일 感情 かんじょう(칸조-) 중 感情 gǎnqǐng(간칭)

e·mo·tion·al [imóuʃənəl 이모우셔널]
형 감정의 ; 감정적인
영 *Emotional* means to do with your feelings.
일 感情の かんじょうの(칸조-노) 중 感情的 gǎnqǐngde(간칭더)

em·per·or [émpərər 엠퍼러]
명 황제
영 An *emperor* is the male ruler of an empire.

¶ the *emperors* of Rome
로마 황제
일 皇帝 こうてい(코-떼-) 중 皇帝
huángdì(황디)

---

em·pha·sis [émfəsis 엠퍼시스]

명 (복수 emphases [émfəsìːz])
강조
영 *Emphasis* is importance given to something.
¶ He placed great *emphasis* on this point.
그는 이 점을 크게 강조했다.
일 強調 きょうちょう(쿄-쪼-) 중 强调 qiángdiào(챵댜오)

---

*em·pha·size [émfəsàiz 엠퍼사이즈]

타 (3단현 emphasizes [émfəsàiziz], 과거·과거분사 emphasized [émfəsàizd], 현재분사 emphasizing [émfəsàiziŋ])
강조하다, 중요시하다
영 To *emphasize* means to show that an opinion, idea, quality, etc. is important.
¶ My teacher *emphasized* the importance of grammar.
우리 선생님은 문법의 중요성을 강조했다.
일 強調する きょうちょうする(쿄-쪼-스루) 중 强调 qiángdiào(챵댜오)

---

em·pire [émpaiər 엠파이어]

명 (복수 empires [émpaiərz])
제국
영 An *empire* is a group of countries that have same ruler.
¶ the British *Empire*
대영제국
일 帝国 ていこく(테-꼬꾸) 중 帝国 dìguó(디궈)

---

*em·ploy [implɔ́i 임플로이]

타 (3단현 employs [implɔ́iz], 과거·과거분사 employed [implɔ́id], 현재분사 employing [implɔ́iiŋ])
고용하다
영 To *employ* means to pay someone to work for you.
¶ The factory *employs* 2,000 people.
그 공장에서는 2,000명을 고용하고 있다.
일 雇う やとう(야또-) 중 雇用 gùyòng(구융)

---

em·ploy·ee [implɔ́iiː 임플로이이-]

명 (복수 employees [implɔ́iiːz])
종업원, 고용인
영 An *employee* is a person who works for and is paid by another person or business.
¶ That firm has seventy *employees*.
저 회사의 종업원은 70명이다.
일 従業員 じゅうぎょういん(주-교-인) 중 雇员 gùyuán(구위엔)

---

em·ploy·er [implɔ́iiər 임플로이어]

명 (복수 employers [implɔ́iiərz])
고용주, 사용자
영 An *employer* is a person, company, or organization that employs people.
¶ The shoe factory is the largest *employer* in this area.
그 신발 공장은 이 지역에서 가장 큰 고용업체다.
일 雇い主 やといぬし(야또이누시) 중 雇主 gùzhǔ(구주)

---

em·ploy·ment [implɔ́imənt 임

플로이먼트]

명 (복수 employments [implɔ́i-
mənts])

1 고용
영 *Employment* is the act of paying
someone to work for you.
¶ We are opposed to the *employment*
of children.
우리는 어린이를 고용하는 것을 반
대한다.
일 雇用 こよう(코요-) 중 雇用 gùyòng
(구융)

2 직업, 일
영 *Employment* is work that you do
to earn money.
¶ Are you in full-time *employment*?
당신은 정규직인가요?
일 職業 しょくぎょう(쇼꾸교-) 중 职
业 zhíyè(즈예)

***emp·ty** [émpti 엠프티]

형 (비교급 emptier [émptiər], 최상
급 emptiest [émptiist])
빈
영 *Empty* means with nothing inside.
¶ We picked up the *empty* cans.
우리는 빈 깡통을 주웠다.
일 空の　からの(카라노) 중 空的
kōngde(쿵더)

***en·a·ble** [inéibl 이네이블]

타 (3단현 enables [inéiblz], 과거·
과거분사 enabled [inéibld], 현재분
사 enabling [inéibliŋ])
가능하게 하다
영 To *enable* means to make it
possible for someone to do something.
¶ This work *enabled* me to make a
living.
이 일 덕분에 나는 생계를 유지할
수 있었다.

일 できるようにする(데끼루요-니스루)
중 使能够　shǐnénggòu(스넝거우)

***en·cour·age** [inkə́:ridʒ 인커-리
지]

타 (3단현 encourages [inkə́:ridʒiz],
과거·과거분사 encouraged [in-
kə́:ridʒd], 현재분사 encouraging
[inkə́:ridʒiŋ])
용기를 돋우다, 격려하다
영 To *encourage* means to give
someone confidence by praising or
supporting the person.
¶ The teacher *encouraged* us to do
our best.
선생님께서 최선을 다하라고 우리를
격려해 주셨다.
일 勇気づける　ゆうきづける(유-끼즈
께루) 중 鼓励　gǔlì(구리)

---

en·cy·clo·pe·di·a [insài-
kləpí:diə 인사이클러피-디어]

명 백과사전
영 An *encyclopedia* is a book or set
of books with information about
many different subjects.
일 百科事典 ひゃっかじてん(햑까지뗑)
중 百科全书 bǎikēquánshū(바이커취엔
수)

****end** [énd 엔드]

명 (복수 ends [éndz])
1 끝, 마지막 (《반》 beginning 시작)
영 An *end* is the last part of a period
of time, activity, book, etc.
¶ He is coming home at the *end* of
the week.
그는 주말에 집에 돌아간다.
일 終わり　おわり(오와리) 중 结束
jiéshù(졔수)
2 (가늘고 긴 것의) 끝, 끄트머리

[영] An ***end*** is the part of a place or long object that is furthest from its beginning or center.
¶ I went to the *end* of the line.
나는 줄 끝으로 갔다.
[일] 端 はし(하시) [중] 末端 mòduān(모돤)
[숙어] *come to an end* 끝나다
¶ The conversation seemed to have *come to an end.*
대화가 끝날 것 같았다.
[숙어] *in the end* 결국, 마침내
¶ *In the end*, we decided to go to Florida.
결국 우리는 플로리다로 가기로 했다.

[동] (3단현 ends [éndz], 과거·과거분사 ended [éndid], 현재분사 ending [éndiŋ])
[자] 끝나나 (《반》 begin 시작하다)
[영] To ***end*** means to stop.
¶ The TV show *ends* at 11:30.
그 텔레비전 프로그램은 11시 30분에 끝난다.
[일] 終わる おわる(오와루) [중] 结束 jiéshù(제수)
[타] 끝내다
¶ The teacher *ended* the lesson just before lunch.
선생님은 점심시간 직전에 수업을 끝내셨다.
[일] 終える おえる(오에루) [중] 结束 jiéshù(제수)

---

end·ing [éndiŋ 엔딩]

[명] 결말, 끝남
[영] An ***ending*** is the end of a story, movie, play, etc.
¶ The movie had a happy *ending*.
그 영화는 행복하게 끝났다.
[일] 終わり おわり(오와리) [중] 结局 jiéjú(제쥐)

---

end·less [éndləs 엔들러스]

[형] 끝없는, 영원한
[영] ***Endless*** means continuing for a very long time.
[일] 終わりのない おわりのない(오와리노나이) [중] 无尽的 wújìnde(우진더)

---

en·dure [indjúər 인듀어]

[타] (3단현 endures [indjúərz], 과거·과거분사 endured [indjúərd], 현재분사 enduring [indjúəriŋ])
견디다, 참다
[영] To ***endure*** means to be in a difficult or painful situation for a long time without complaining.
¶ I cannot *endure* your insults any longer.
나는 너의 무례함을 더는 못 참겠다.
[일] 耐える たえる(타에루) [중] 忍耐 rěnnài(런나이)

---

*en·e·my [énəmi 에너미]

[명] (복수 enemies [énəmiz])
1 적
[영] An ***enemy*** is a person who hates someone else.
¶ The cruel ruler had many *enemies*.
그 잔인한 통치자에게는 적이 많았다.
[일] 敵 てき(테끼) [중] 敌人 dírén(디런)
2 적국
[영] An ***enemy*** is a country that is at war with another country.
¶ The two countries that were *enemies* are now friends.
적대국이었던 두 나라가 지금은 우방이다.
[일] 敵国 てっこく(텍꼬꾸) [중] 敌国

E

díguó(디궈)

---

*en·er·gy [énərdʒi 에너지]
명 (복수 energies [énərdʒiz])
1 에너지
영 *Energy* is power that is used to produce heat, make machines work, etc.
¶ We need to save money and *energy*.
우리는 돈과 에너지를 절약할 필요가 있다.
일 エネルギー(에네루기-) 중 能源 néngyuán(넝위엔)
2 활기, 정력
영 *Energy* is the strength to do active things without getting tired.
¶ Kids are always full of *energy*.
아이들은 항상 활기가 넘친다.
일 活力 かつりょく(카쓰료꾸) 중 活力 huólì(훠리)

---

en·gage [ingéidʒ 인게이지]
동 (3단현 engages [ingéidʒiz], 과거·과거분사 engaged [ingéidʒd], 현재분사 engaging [ingéidʒiŋ])
타 **1** 끌다, 사로잡다
영 To *engage* means to make someone remain interested in something.
¶ The toy didn't *engage* her attention for long.
장난감으로 그녀의 주의를 오래 끌 수 없었다.
일 引く ひく(히꾸) 중 吸引 xīyǐn(시인)
2 약속하다 ; 약혼하다
영 To *engage* means to promise to do something, especially to pledge oneself to marry.
¶ She *engaged* (herself) to do it.
그녀는 그것을 하겠다고 약속했다.
일 約束する やくそくする(야꾸소꾸스루) 중 保证 bǎozhèng(바오정)
자 종사하다

영 To *engage* means to do an activity.
¶ *engage* in business
사업을 하다
일 従事する じゅうじする(주-지스루) 중 从事 cóngshì(충스)
숙어 *be engaged in* …에 종사하고 있다, 몰두하고 있다
¶ He *is engaged in* social work.
그는 사회 사업에 종사하고 있다.

---

en·gage·ment [ingéidʒmənt 인게이지먼트]
명 (복수 engagements [ingéidʒmənts])
1 약혼
영 An *engagement* is an agreement between two people to marry.
¶ Their *engagement* was announced last week.
그들의 약혼이 지난 주에 공식 발표되었다.
일 婚約 こんやく(콩야꾸) 중 订婚 dìnghūn(딩훈)
2 약속
영 An *engagement* is an official arrangement for someone important to do something.
¶ She has an *engagement* today.
그녀는 오늘 약속이 있다.
일 約束 やくそく(야꾸소꾸) 중 约会 yuēhuì(웨후이)

---

en·gine [éndʒin 엔진]
명 (복수 engines [éndʒinz])
1 엔진
영 An *engine* is a machine that uses energy to make other machines work.
¶ An *engine* is a part of a car.
엔진은 자동차의 한 부분이다.
일 エンジン(엔진) 중 发动机 fādòngjī(파둥지)
2 기관차

영 An *engine* is the first car of a train that pulls the other cars.

¶ An engineer drives the *engine* of a train.

기관사가 열차의 기관차를 운전한다.

일 機関車 きかんしゃ(키깐샤) 중 机车 jīchē(지처)

---

en·gi·neer [èndʒəníər 엔저니어]

명 **1** 기사

영 An *engineer* is someone who is trained to design and build machines, vehicles, bridges, roads, or other structures.

¶ Her father is an *engineer*.

그녀의 아버지는 기사다.

일 技師 ぎし(기시) 중 工程師 gōng-chéngshī(궁청스)

2 기관사

영 An *engineer* is someone who drives a train.

일 機関士 きかんし(키깐시) 중 司机 sījī(쓰지)

---

*En·gland [íŋglənd 잉글런드]

명 영국 ; 잉글랜드

▲ 타워 브리지

일 イギリス(이기리스) 중 英国 Yīngguó(잉궈)

up 좁은 뜻으로는 브리튼 섬 중에서 스코틀랜드와 웨일스를 뺀 부분인 잉글랜드를 나타내며, 넓은 뜻으로는 영국의 의미로

쓴다.

---

*En·glish [íŋgliʃ 잉글리시]

명 **1** 영어

영 *English* is the language used in Britain, the U.S., Australia, and some other countries.

¶ He's Chinese, but his *English* is excellent.

그는 중국 사람이지만 영어를 아주 잘한다.

일 英語 えいご(에-고) 중 英语 Yīngyǔ(잉위)

2 영국 사람

영 The *English* are the people of England.

일 イギリス人 イギリスじん(이기리스진) 중 英国人 Yīngguórén(잉궈런)

형 **1** 영어의

영 *English* means relating to the English language.

¶ *English* literature

영문학

일 英語の えいごの(에-고노) 중 英语的 Yīngyǔde(잉위더)

2 영국의

영 *English* means relating to or coming from England.

¶ the *English* people

영국 국민

일 イギリスの(이기리스노) 중 英国的 Yīngguóde(잉궈더)

---

*En·glish·man [íŋgliʃmən 잉글리시먼]

명 (복수 Englishmen [íŋgliʃmən])

영국 사람

영 An *Englishman* is a man who comes from England.

일 イギリス人 イギリスじん(이기리스

진) ㊥ 英国人 Yīngguórén(잉궈런)

****en·joy** [indʒɔ́i 인조이]

타 (3단현 enjoys [indʒɔ́iz], 과거·과거분사 enjoyed [indʒɔ́id], 현재분사 enjoying [indʒɔ́iiŋ])
즐기다
영 To ***enjoy*** means to get pleasure from doing something.
¶ I *enjoyed* my vacation last week.
나는 지난 주에 휴가를 즐겼다.
일 楽しむ たのしむ(타노시무) ㊥ 享受 xiǎngshòu(샹서우)
숙어 *enjoy* one*self* 즐겁게 지내다
¶ Did you *enjoy* your*self* at the party?
파티에서 재미있게 놀았니?

---

en·joy·a·ble [indʒɔ́iəbl 인조이어블]

형 즐거운
영 ***Enjoyable*** means giving you pleasure.
¶ an *enjoyable* afternoon
즐거운 오후
일 楽しい たのしい(타노시-) ㊥ 快乐的 kuàilède(콰이러더)

---

en·joy·ment [indʒɔ́imənt 인조이먼트]

명 즐거움, 기쁨
영 ***Enjoyment*** is pleasure.
¶ Music gives me great *enjoyment*.
음악은 내게 큰 즐거움을 준다.
일 楽しみ たのしみ(타노시미) ㊥ 乐趣 lèqù(러취)

---

en·large [inlɑ́ːrdʒ 인라-지]

타 (3단현 enlarges [inlɑ́ːrdʒiz], 과거·과거분사 enlarged [inlɑ́ːrdʒd], 현재분사 enlarging [inlɑ́ːrdʒiŋ])
크게 하다, 확대하다
영 To ***enlarge*** means to make bigger.
¶ We want to *enlarge* this photo.
우리는 이 사진을 확대하고 싶다.
일 大きくする おおきくする(오-끼꾸스루) ㊥ 扩大 kuòdà(쿼다)

---

e·nor·mous [inɔ́ːrməs 이노-머스]

형 거대한
영 ***Enormous*** means extremely large.
¶ The new building is *enormous*.
그 새 건물은 굉장히 크다.
일 巨大な きょだいな(쿄다이나) ㊥ 巨大的 jùdàde(쥐다더)

***e·nough** [inʌ́f 이너프]

형 충분한
영 ***Enough*** means as much as is needed.
¶ We have *enough* food.
우리에겐 충분한 음식이 있다.
일 十分な じゅうぶんな(주-분나) ㊥ 充足的 chōngzúde(충쭈더)

부 충분히, (…하기에) 족할 만큼
영 ***Enough*** means to the amount or degree that you need or want.
¶ The water wasn't hot *enough* for a bath.
물이 목욕을 할 만큼 뜨겁지 않았다.
일 十分に じゅうぶんに(주-분니) ㊥ 充分地 chōngfènde(충펀더)

대 충분한 양[수]
영 ***Enough*** is as much or as many as you need or want.
¶ I have had *enough*.
많이 먹었습니다.
일 十分な量 じゅうぶんなりょう(주-분나료-) ㊥ 充分的量 chōngfèndeliàng(충펀더량)

---

en·ter [éntər 엔터]

통 (3단현 enters [éntərz], 과거·과거분사 entered [éntərd], 현재분사 entering [éntəriŋ])

타 **1** 들어가다

영 To *enter* means to go into a place.

¶ Don't *enter* the room.
그 방에는 들어가지 마시오.

일 入る　はいる(하이루)　중 进人 jìnrù (진루)

2 가입하다, 입학하다

영 To *enter* means to become a member of something especially a profession or an institution.

¶ He *entered* a club.
나는 동호회에 가입했다.

일 加入する　かにゅうする(카뉴-스루)
중 加人 jiārù(쟈루)

자 들어가다

¶ *Enter* by this door.
이 문으로 들어가십시오.

일 入る　はいる(하이루)　중 进人 jìnrù (진루)

---

en·ter·prise [éntərpràiz 엔터프라이즈]

명 (복수 enterprises [éntərpràiziz])

1 기업

영 An *enterprise* is a company or business.

¶ private *enterprise*
사기업

일 企業　きぎょう(키교-)　중 企业 qǐyè (치예)

2 사업

영 An *enterprise* is a large and complicated project.

¶ The film festival is a huge *enterprise*.
그 영화제는 대규모 사업이다.

일 事業　じぎょう(지교-)　중 事业 shìyè (스예)

---

en·ter·tain [èntərtéin 엔터테인]

타 (3단현 entertains [èntərtéinz], 과거·과거분사 entertained [èntərtéind], 현재분사 entertaining [èntərtéiniŋ])

1 즐겁게 하다

영 To *entertain* means to amuse and interest someone.

¶ Her stories *entertained* us for hours.
그녀의 이야기는 몇 시간 동안 우리를 즐겁게 해주었다.

일 楽しませる　たのしませる(타노시마세루)　중 使欢乐 shǐhuānlè(스환러)

2 대접하다

영 To *entertain* means to invite people to your home for a party, a visit, or a meal.

¶ I often have to *entertain* clients.
나는 고객을 대접해야만 할 경우가 많다.

일 もてなす(모떼니스)　중 款待 kuǎndài (콴다이)

---

en·ter·tain·ment [èntərtéinmənt 엔터테인먼트]

명 (복수 entertainments [èntərtéinmənts])

오락

영 *Entertainment* is things such as television, movies, etc. that amuse or interest people.

일 娯楽　ごらく(고라꾸)　중 娱乐 yúlè (위러)

---

en·thu·si·asm [inθjúːziæzm 인슈-지애즘]

명 (복수 enthusiasms [inθjúːziæzmz])

열광

영 *Enthusiasm* is great excitement or interest.

¶ He welcomed us with *enthusiasm*.

그는 우리를 열광적으로 환영했다.
일 熱狂 ねっきょう(넥꾜-) 중 热情 rèqíng(러칭)

---

en·thu·si·as·tic [inθjùːziǽs-tik 인슈-지애스틱]

형 열광적인, 열렬한
영 *Enthusiastic* means interested and excited.
¶ an *enthusiastic* crowd
열광적인 군중
일 熱狂的な ねっきょうてきな(넥꾜-떼끼나) 중 热情的 rèqíngde(러칭더)

---

*en·tire** [intáiər 인타이어]

형 전부의, 전체의
영 *Entire* means whole.
¶ I've spent the *entire* day cooking.
나는 그날 온종일 요리를 하며 보냈다.
일 全部の ぜんぶの(젬부노) 중 全部的 quánbùde(취엔부더)

---

en·tire·ly [intáiərli 인타이어리]

부 완전히, 아주
영 *Entirely* means completely.
¶ She *entirely* agrees with you.
그녀는 완전히 너와 의견이 일치한다.
일 まったく(맛따꾸) 중 完全地 wánquánde(완취엔더)

---

*en·trance** [éntrəns 엔트런스]

명 (복수 entrances [éntrənsiz])
1 입구
영 An *entrance* is the way into a place.
¶ We got in through the back *entrance*.
우리는 뒤쪽 출입구를 통해 들어갔다.
일 入り口 いりぐち(이리구찌) 중 入口 rùkǒu(루커우)
2 입장, 입학

영 *Entrance* is the right to go into a place.
¶ There's a $30 *entrance* fee.
30달러의 입장료가 있다.
일 入場 にゅうじょう(뉴-조-) 중 入场 rùchǎng(루창)

---

en·try [éntri 엔트리]

명 (복수 entries [éntriz])
들어가기, 입장
영 *Entry* is the act of going into a place.
¶ Refugees were refused *entry* to the country.
난민들은 입국을 거부당했다.
일 入ること はいること(하이루코또) 중 进入 jìnrù(진루)

---

*en·ve·lope** [énvəlòup 엔벌로우프]

명 (복수 envelopes [énvəlòups])
봉투
영 An *envelope* is a folded piece of paper for holding things.
¶ She opened the *envelope*.
그녀는 봉투를 열었다.
일 封筒 ふうとう(후-또-) 중 信封 xìnfēng(신펑)

---

*en·vi·ron·ment** [inváiərən-mənt 인바이어런먼트]

명 (복수 environments [inváiərən-mənts])
환경
영 The *environment* is the air, the water, the earth, and all the other things around us.
¶ new laws to protect the *environment*
새로운 환경 보호법
일 環境 かんきょう(캉꾜-) 중 环境

huánjìng(환징)

---

en·vi·ron·men·tal [invàiə-rənméntl 인바이어런멘틀]

형 환경의
영 *Environmental* means relating to the land, water, and air on Earth.
¶ *environmental* pollution
환경 오염
일 環境の　かんきょうの(캉꾜-노)　중 环境的　huánjìngde(환징더)

---

*en·vy [énvi 엔비]

명 (복수 envies [énviz])
부러움, 질투
영 *Envy* is the feeling of wanting something that someone else has.
¶ He gazed with *envy* at the car.
그는 그 자동차를 부러워하며 쳐다보았다.
일 うらやみ(우라야미)　중 羨慕 xiàn-mù(셴무)

타 (3단현 envies [énviz], 과거·과거분사 envied [énvid], 현재분사 envying [énviiŋ])
부러워하다
영 To *envy* means to wish you had something that someone else has.
¶ I *envy* you your ability.
나는 너의 능력이 부럽다.
일 うらやむ(우라야무)　중 羨慕 xiàn-mù(셴무)

---

*e·qual [í:kwəl 이-퀄]

형 **1** 같은
영 *Equal* means the same in amount or size.
¶ The two ropes are *equal* in length.
두 밧줄은 길이가 같다.
일 等しい　ひとしい(히또시-)　중 相等

的 xiāngděngde(샹덩더)
2 평등한
영 *Equal* means having the same rights and opportunities as everyone else.
¶ All people are *equal*.
모든 사람은 평등하다.
일 平等の　びょうどうの(뵤-도-노)　중 平等的 píngděngde(핑덩더)

타 (3단현 equals [í:kwəlz], 과거·과거분사 equaled [í:kwəld], 현재분사 equaling [í:kwəliŋ])
…와 같다
영 To *equal* means to be the same size, number, or amount as something else.
¶ Four plus four *equals* eight.
4 더하기 4는 8이다.
일 等しい　ひとしい(히또시-)　중 等于 děngyú(덩위)

---

e·qual·ly [í:kwəli 이-퀄리]

부 **1** 똑같이
영 *Equally* means in equal parts or amounts.
¶ Divide it *equally*.
똑같이 나누어라.
일 等しく　ひとしく(히또시꾸)　중 相等地 xiāngděngde(샹덩더)
2 평등하게
영 *Equally* means in a way that is fair because it is the same for everyone.
¶ We tried to treat everyone *equally*.
우리는 누구나 평등하게 대하려고 했다.
일 平等に　びょうどうに(뵤-도-니)　중 平等地 píngděngde(핑덩더)

---

e·qua·tor [ikwéitər 이퀘이터]

명 적도

영 The *equator* is an imaginary line around the middle of the earth, halfway between the North and South Poles.

일 赤道 せきどう(세끼도-) 중 赤道 chìdào(츠다오)

***e·quip** [ikwíp 이퀴프]

타 (3단현 equips [ikwíps], 과거·과거분사 equipped [ikwípt], 현재분사 equipping [ikwípiŋ])

설치하다, 갖추다

영 To *equip* means to provide with the things that are needed.

¶ The hotel's rooms are *equipped* with a TV and telephone.

호텔 객실에는 텔레비전과 전화기가 갖추어져 있다.

일 備えつける そなえつける(소나에쓰께루) 중 裝备 zhuāngbèi(쫭베이)

---

e·quip·ment [ikwípmənt 이퀴프먼트]

명 설비, 장비

영 *Equipment* is the tools and machines needed for a particular purpose.

¶ I like the kitchen *equipment* in this house.

나는 이 집의 부엌 설비가 마음에 든다.

일 設備 せつび(세쓰비) 중 设备 shèbèi(서베이)

---

e·quiv·a·lent [ikwívələnt 이퀴벌런트]

형 동등한, 같은

영 *Equivalent* means having the same value or meaning as something else.

일 同等の どうとうの(도-또-노) 중 相等的 xiāngděngde(샹덩더)

---

e·rase [iréis 이레이스]

타 (3단현 erases [iréisiz], 과거·과거분사 erased [iréist], 현재분사 erasing [iréisiŋ])

지우다

영 To *erase* means to rub something out with an eraser.

¶ He *erased* everything on the blackboard.

그는 칠판에 쓰여 있는 것을 모두 지웠다.

일 消す けす(케스) 중 擦掉 cādiào(차댜오)

---

e·ras·er [iréisər 이레이서]

명 (복수 erasers [iréisərz])

지우개

영 An *eraser* is something we use to make marks disappear.

일 消しゴム けしゴム(케시고무) 중 擦子 cāzi(차쯔)

***er·rand** [érənd 에런드]

명 (복수 errands [érəndz])

심부름

영 An *errand* is a short trip that you make to take a message or buy something.

¶ Mother called me to run an *errand* for her.

엄마는 심부름을 보내려고 나를 부르셨다.

일 使い つかい(쓰까이) 중 差事 chāishì(차이스)

***er·ror** [érər 에러]

명 (복수 errors [érərz])

잘못, 실수

영 An *error* is a mistake.
¶ Point out *errors*, if any.
잘못이 있으면 지적해라.
일 誤り　あやまり(아야마리)　중 错误 cuòwù(춰우)

---

* **es·ca·la·tor** [éskəlèitər 에스컬레이터]

명 (복수 escalators [éskəlèitərz])
에스컬레이터
영 An *escalator* is a set of stairs that move up or down.
¶ take an *escalator*
에스컬레이터를 타다
일 エスカレーター(에스까레-따-)　중 自动楼梯　zìdònglóutī(쯔둥러우티)

---

* **es·cape** [iskéip 이스케이프]

동 (3단현 escapes [iskéips], 과거·과거분사 escaped [iskéipt], 현재분사 escaping [iskéipiŋ])
자 탈출하다, 달아나다
영 To *escape* means to break free from a place.
¶ The soldier *escaped* from the enemy's camp.
그 병사는 적의 수용소에서 탈출했다.
일 脱出する　だっしゅつする(닷슈쓰루)　중 逃脱　táotuō(타오퉈)
타 모면하다
영 To *escape* means to avoid something bad.
¶ The driver narrowly *escaped* death.
그 운전사는 가까스로 죽음을 모면했다.
일 免れる　まぬかれる(마누까레루)　중 避免　bìmiǎn(비몐)

명 (복수 escapes [iskéips])
탈출
영 An *escape* is the act of breaking free from a place.

¶ His *escape* from prison was soon discovered.
그의 탈옥은 곧 발각되었다.
일 脱出　だっしゅつ(닷슈쓰)　중 逃脱　táotuō(타오퉈)

---

* **es·pe·cial·ly** [ispéʃəli 이스페셜리]

부 특별히, 특히
영 *Especially* means more than anything else.
¶ I *especially* liked the boy.
나는 특별히 그 소년을 좋아했다.
일 特に　とくに(토꾸니)　중 特別　tèbié(터볘)

up specially는 어떤 특별한 용도·목적에 「특히」란 뜻이고, especially는 다른 것과 비교하여 그것보다 훨씬 정도가 높고 우수함을 뜻한다.

---

es·say [ései 에세이]

명 (복수 essays [éseiz])
수필
영 An *essay* is a piece of writing about a particular subject.
일 随筆　ずいひつ(즈이히쓰)　중 随笔　suíbǐ(쑤이비)

---

es·sence [ésns 에슨스]

명 (복수 essences [ésnsiz])
본질
영 *Essence* is the most important quality of something that makes it what it is.
일 本質　ほんしつ(혼시쓰)　중 本质　běnzhì(번즈)

---

es·sen·tial [isénʃəl 이센셜]

형 (비교급 more essential, 최상급

most essential)

필수의, 아주 중요한

영 *Essential* means important and necessary.

¶ It is *essential* to book tickets early.

일찍 표를 예약하는 게 필수다.

일 必須の ひっすの(힛스노) 중 必要的 bìyàode(비야오더)

---

es·tab·lish [istǽbliʃ 이스태블리시]

타 (3단현 establishes [istǽbliʃiz], 과거·과거분사 established [istǽb-liʃt], 현재분사 establishing [istǽb-liʃiŋ])

설립하다

영 To *establish* means to set up a business, a society, or an organization.

¶ The company was *established* in 1974.

그 회사는 1974년에 설립되었다.

일 設立する せつりつする(세쓰리쓰스루) 중 建立 jiànlì(졘리)

---

es·tab·lish·ment [istǽbliʃ-mənt 이스태블리시먼트]

명 (복수 establishments [istǽbliʃ-mənts])

설립

영 *Establishment* is the act of starting an organization, etc.

일 設立 せつりつ(세쓰리쓰) 중 建立 jiànlì(졘리)

---

es·ti·mate [éstəmèit 에스터메이트]

타 (3단현 estimates [éstəmèits], 과거·과거분사 estimated [éstəmèit-id], 현재분사 estimating [éstəmèit-iŋ])

어림잡다

영 To *estimate* means to form an opinion about something.

¶ They *estimate* that the repairs will take two years.

수리하는데 2년 걸린다고 그들은 어림잡고 있다.

일 見積もる みつもる(미쓰모루) 중 估计 gūjì(구지)

---

etc. [etsétərə 엣세터러]

약 …등등, …따위

영 *Etc.* means that the list is not complete.

¶ I have to cook, do the dishes, make beds, *etc.*

나는 식사 준비, 설거지, 침대 정돈 등을 해야만 한다.

일 など(나도) 중 等等 děngděng(덩덩)

etc.를 읽을 때는 "and so forth"라고도 한다.

---

e·ter·nal [itə́:rnl 이터-늘]

형 영원한

영 *Eternal* means lasting forever.

¶ God is *eternal*.

신은 영원한 존재다.

일 永遠の えいえんの(에-엔노) 중 永久的 yǒngjiǔde(융쥬더)

---

et·i·quette [étikèt 에티켓]

명 예의, 에티켓

영 *Etiquette* is the rules for polite behavior.

일 礼儀 れいぎ(레-기) 중 礼节 lǐjié(리졔)

---

eu·ro [jú∂rou 유어로우]

명 (복수 euros [jú∂rouz])

유로

영 An *euro* is the unit of money used

by most countries in the European Union.
¶ The price is given in dollars or *euros*.
가격은 달러나 유로로 되어 있다.
일 ユーロ(유-로) 중 欧元 ōuyuán(어우위엔)

Eu·rope [júərəp 유어럽]

명 유럽
영 *Europe* is one of the seven continents that includes land north of the Mediterranean Sea and west of the Ural mountains.
일 ヨーロッパ(요-롭빠) 중 欧洲 Ōuzhōu(어우저우)

Eu·ro·pe·an [jùərəpíːən 유어러피-언]

형 유럽의 ; 유럽 사람이
영 *European* means from Europe or to do with Europe.
일 ヨーロッパの(요-롭빠노) 중 欧洲的 Ōuzhōude(어우저우더)

명 (복수 Europeans [jùərəpíːənz]) 유럽 사람
영 An *European* is someone from Europe.
일 ヨーロッパ人 ヨーロッパじん(요-롭빠진) 중 欧洲人 Ōuzhōurén(어우저우런)

---

eve [íːv 이-브]

명 (복수 eves [íːvz])
(축제일 등의) 전날(밤)
영 *Eve* is the evening or day before an important or special day.
¶ Christmas *Eve*
크리스마스 전날밤
일 前夜 ぜんや(젱야) 중 前夜 qiányè(쳰예)

*e·ven [íːvən 이-번]

부 1 …조차(도)
영 *Even* means though it seems unlikely.
¶ *Even* a child knows that!
어린아이조차도 그건 알걸!
일 …さえ(…사에) 중 甚至 shènzhì(션즈)
2 [비교급을 강조하여] 더욱 더
영 *Even* means to a greater degree.
¶ This book is *even* better than that.
이 책이 저 책보다 더 좋다.
일 さらに(사라니) 중 甚至…还 shènzhì…hái(션즈…하이)
숙어 *even if* [*though*] 비록 …할지라도

형 (비교급 evener [íːvənər] 또는 more even, 최상급 evenest [íːvənist] 또는 most even)
1 평평한, 고른
영 *Even* means smooth and level.
¶ an *even* surface
평평한 표면
일 平らな たいらな(타이라나) 중 平的 píngde(핑더)
2 동등한
영 *Even* means equal.
¶ an *even* distribution of wealth
부의 균등한 분배
일 等しい ひとしい(히또시-) 중 均等的 jūnděngde(쥔뎡더)
3 짝수의(《반》 odd 홀수의)
영 *Even* means of a number divisible by two.
¶ an *even* number
짝수
일 偶数の ぐうすうの(구-스-노) 중 偶数的 ǒushùde(어우수더)

---

*eve·ning [íːvniŋ 이-브닝]

명 (복수 evenings [íːvniŋz])

저녁
영 **Evening** is the time of day when it starts to get dark.
¶ I usually see him in the *evening*.
나는 주로 저녁에 그를 만난다.
일 夕方 ゆうがた(유-가따) 중 晚上 wǎnshàng(완상)

***e·vent** [ivént 이벤트]
1 사건
영 An *event* is something that happens, especially something interesting or important.
¶ His visit was quite an *event*.
그의 방문은 대단한 사건이었다.
일 事件 じけん(지껜) 중 事件 shìjiàn(스젠)
2 (경기의) 종목
영 An *event* is one of the activities that is held during a sports competition.
¶ The next *event* will be the 100 meters.
다음 종목은 100미터 달리기다.
일 種目 しゅもく(슈모꾸) 중 項目 xiàngmù(샹무)

***ev·er** [évər 에버]
부 **1** [의문문·부정문·최상급의 문장에서] 이제까지, 지금까지
영 **Ever** means at any time.
¶ Have you *ever* been to London?
너는 런던에 가본 적이 있니?
일 今までに いままでに(이마마데니) 중 至今 zhìjīn(즈진)
2 [의문문을 강조하여] 도대체
영 **Ever** means in any way.
¶ What *ever* do you mean?
도대체 너는 무슨 말을 하려는거니?
일 いったい(잇따이) 중 到底 dàodǐ(다오디)
3 [긍정문에서] 언제나, 늘

영 **Ever** means all the time.
¶ He is *ever* the same.
그는 여전하다.
일 つねに(쓰네니) 중 总是 zǒngshì(쭝스)

---

ev·er·last·ing [èvərlǽstiŋ 에벌래스팅]
형 영원한
영 **Everlasting** means lasting forever or for a very long time.
일 永遠の えいえんの(에-엔노) 중 永远的 yǒngyuǎnde(융위엔더)

****ev·ery** [évri 에브리]
형 **1** 모든, 온갖
영 **Every** means all or each one of a group.
¶ *Every* person in our class went on the trip.
우리 반 모두가 여행을 갔다.
일 すべての(스베떼노) 중 全部的 quánbùde(취엔부더)

🔄 **up** every 뒤의 명사는 반드시 단수형이며, all 뒤의 명사는 반드시 복수형이다.

2 …마다, 매…
영 **Every** is used to say how often something happens.
¶ I go swimming *every* evening.
나는 저녁마다 수영하러 간다.
일 毎 ごと(고또) 중 每 měi(메이)
숙어 *every now and then* 때때로
¶ She gives me a ring *every now and then*.
그녀는 가끔 내게 전화를 한다.
숙어 *every time* …할 때마다
¶ *Every time* I call him, he's out.
내가 전화를 걸 때마다 그는 외출하고 없다.

ev·ery·bod·y [évribàdi 에브리바디]

때 모든 사람, 누구나(《동》everyone)
영 *Everybody* is every person.
¶ *Everybody* in this class likes him.
이 교실 안에 있는 모든 사람은 그를 좋아한다.
일 すべての人 すべてのひと(스베떼노히또) 중 每个人 měigèrén(메이거런)

---

ev·ery·day [évridèi 에브리데이]

형 매일의 ; 일상의
영 *Everyday* means ordinary, usual, or happening every day.
¶ an *everyday* event
매일의 사건
일 毎日の まいにちの(마이니찌노) 중 每天的 měitiānde(메이톈더)

---

ev·ery·one [évriwʌ̀n 에브리원]

때 모든 사람, 누구나(《동》everybody)
영 *Everyone* is every person.
¶ *Everyone* at the party had a good time.
파티에 온 사람은 누구나 즐거운 시간을 보냈다.
일 すべての人 すべてのひと(스베떼노히또) 중 每个人 měigèrén(메이거런)

강조할 때는 every one이라고 떼어 쓴다.

---

ev·ery·thing [évriθìŋ 에브리싱]

때 모든 것, 무엇이든 다
영 *Everything* is each and every thing.
¶ Tell me *everything* about it.
그것에 관해서 무엇이든 다 내게 말해라.

일 すべての事 すべてのこと(스베떼노코또) 중 事事 shìshì(스스)

---

ev·ery·where [évrihwèər 에브리훼어, 에브리웨어]

부 어디에나, 도처에
영 *Everywhere* means in all places.
¶ You can find it *everywhere*.
그것은 어디에서나 볼 수 있다.
일 どこでも(도꼬데모) 중 到处 dàochù(다오추)

---

ev·i·dence [évədəns 에버던스]

명 (복수 evidences [évədənsiz])
증거
영 *Evidence* is facts or signs that prove the existence or truth of something.
¶ There is no *evidence* that he cheated on the test.
그가 시험 중 부정행위를 했다는 증거는 없다.
일 証拠 しょうこ(쇼-꼬) 중 证据 zhèngjù(정쮜)

---

ev·i·dent [évədənt 에버던트]

형 명백한, 분명한
영 *Evident* means clear and obvious.
¶ It is *evident* that you don't believe what I'm saying.
내가 하는 말을 네가 안 믿는 게 분명하다.
일 明白な めいはくな(메-하꾸나) 중 明白的 míngbáide(밍바이더)

---

e·vil [íːvəl 이-벌]

형 (비교급 eviler [íːvələr] 또는 more evil, 최상급 evilest [íːvəlist] 또는 most evil)
나쁜
영 *Evil* means very bad or harmful,

or morally wrong.

¶ His *evil* deeds will be remembered.
그의 악행은 잊혀지지 않을 것이다.
일 悪い　わるい(와루이)　중 坏的　huài-de(화이더)

명 (복수 evils [íːvəlz])
악
영 *Evil* is something that is very bad or harmful, or that is morally wrong.
¶ discern good from *evil*
선과 악을 분간하다
일 悪　あく(아꾸)　중 邪恶　xié'è(셰어)

-----

ex·act [igzǽkt 이그잭트]

형 (비교급 exacter [igzǽktər] 또는 more exact, 최상급 exactest [igzǽkt-ist] 또는 most exact)
정확한
영 *Exact* means perfectly correct and accurate.
¶ What's the *exact* meaning of the word?
그 말의 정확한 의미는 무엇입니까?
일 正確な　せいかくな(세-까꾸나)　중 确切的　quèqiède(췌체더)

ex·act·ly [igzǽktli 이그잭틀리]

부 **1** 정확하게
영 *Exactly* means accurately.
¶ Repeat *exactly* what he said.
그가 한 말을 그대로 되풀이해 보아라.
일 正確に　せいかくに(세-까꾸니)　중 确切地　quèqiède(췌체더)
2 [대답으로] 그렇고 말고, 그렇소
영 *Exactly* is used to show that you agree completely with someone.
¶ If we don't go now, we'll be too late. – *Exactly*.
지금 가지 않으면 지각할 겁니다. – 그렇습니다.

일 まったくそのとおり(맛따꾸소노토-리)　중 确实如此　quèshírúcǐ(췌스루츠)

-----

ex·am [igzǽm 이그잼]

명 (복수 exams [igzǽmz])
시험
영 *Exam* is short for examination.
¶ I didn't do well on my English *exam*.
나는 영어 시험을 잘 보지 못했다.
일 試験　しけん(시껜)　중 考试　kǎoshì(카오스)

-----

ex·am·i·na·tion [igzǽmənéi-ʃən 이그재머네이션]

명 (복수 examinations [igzǽmənéi-ʃənz])
1 시험, 테스트
영 An *examination* is an official test that you take to show how much you know about a subject.
¶ He passed the *examination*.
그는 시험에 합격했다.
일 試験　しけん(시껜)　중 考试　kǎoshì(카오스)
2 검사, 조사
영 An *examination* is a careful check or inspection.
¶ He was given a medical *examination*.
그는 건강 검진을 받았다.
일 検査　けんさ(켄사)　중 检查　jiǎnchá(젠차)

-----

ex·am·ine [igzǽmin 이그재민]

타 (3단현 examines [igzǽminz], 과거·과거분사 examined [igzǽmind], 현재분사 examining [igzǽmininŋ])
1 시험하다
영 To *examine* means to test someone's knowledge of a subject.
¶ The teacher *examined* the pupils in English.

선생님은 학생들에게 영어 시험을 보게 했다.
[일] 試験する しけんする(시겐스루) [중] 考试 kǎoshì(카오스)
2 검사하다, 조사하다
[영] To ***examine*** means to look carefully at something.
¶ The police *examined* the house for evidence.
경찰은 증거를 찾으려고 그 집을 조사했다.
[일] 検査する けんさする(켄사스루) [중] 检查 jiǎnchá(젠차)

***ex·am·ple** [igzǽmpl 이그잼플]
[명] (복수 examples [igzǽmplz])
1 예, 보기(《동》instance)
[영] An ***example*** is something typical of a larger group of things.
¶ It makes a good *example*.
그것은 좋은 예가 된다.
[일] 例 れい(레-) [중] 例子 lìzi(리쯔)
2 본보기, 모범(《동》model)
[영] An ***example*** is a model for others to follow.
¶ Parents should set an *example* for their children.
부모는 자식들에게 모범을 보여야 한다.
[일] 手本 てほん(테홍) [중] 榜样 bǎngyàng(방양)
[숙어] *for example* 예를 들면

---

ex·cel [iksél 익셀]
[동] (3단현 excels [iksélz], 과거·과거분사 excelled [ikséld], 현재분사 excelling [ikséliŋ])
[타] …보다 뛰어나다, …보다 낫다
[영] To ***excel*** means to do something very well, or much better than most people.
¶ She *excels* others at playing the piano.
그녀는 남보다 피아노 연주가 뛰어나다.
[일] すぐれている(스구레떼이루) [중] 优于 yōuyú(유위)
[자] 뛰어나다
¶ What sports does he *excel* in?
그는 어떤 스포츠를 특출나게 잘 하니?
[일] すぐれる(스구레루) [중] 优于 yōuyú(유위)

***ex·cel·lent** [éksələnt 엑설런트]
[형] 우수한, 뛰어난
[영] ***Excellent*** means very good.
¶ He got *excellent* results on the exam.
그는 시험에서 우수한 성적을 받았다.
[일] 優秀な ゆうしゅうな(유-슈-나)
[중] 出色的 chūsède(추써더)

***ex·cept** [iksépt 익셉트]
[전] …을 제외하고, …외에는
[영] ***Except*** means apart from.
¶ This store is open every day *except* Tuesdays.
이 가게는 화요일 외에는 매일 영업을 한다.
[일] 除いては のぞいては(노조이떼와)
[중] 除…之外 chú…zhīwài(추…즈와이)
[숙어] *except for* …을 제외하고는
¶ *Except for* her, everybody was in favor of the idea.
그녀를 제외하고는 모두 그 생각에 찬성이었다.

---

ex·cep·tion [iksépʃən 익셉션]
[명] (복수 exceptions [iksépʃənz])
예외
[영] An ***exception*** is something that is

E

not included in a general rule or statement.

¶ There's an *exception* to every rule.
모든 법칙에는 예외가 있다.
일 例外 れいがい(레-가이) 중 例外 lìwài(리와이)

---

* **ex·change** [ikstʃéindʒ 익스체인지]

타 (3단현 exchanges [ikstʃéindʒiz], 과거·과거분사 exchanged [ikstʃéindʒd], 현재분사 exchanging [ikstʃéindʒiŋ])

1 교환하다, 바꾸다
영 To *exchange* means to give one thing and receive another.
¶ We *exchanged* presents.
우리는 선물을 교환했다.
일 交換する こうかんする(코-깐스루)
중 交換 jiāohuàn(쟈오환)

2 환전하다
영 To *exchange* means to change money from one type of currency to another.
¶ Would you *exchange* euros for dollars, please?
유로를 달러로 환전해 주실래요?
일 両替する りょうがえする(료-가에스루) 중 兑換 duìhuàn(두이환)

---

* **ex·cite** [iksáit 익사이트]

타 (3단현 excites [iksáits], 과거·과거분사 excited [iksáitid], 현재분사 exciting [iksáitiŋ])
흥분시키다
영 To *excite* means to make someone feel happy, interested, or eager.
¶ His speech *excited* the crowd.
그의 연설은 군중을 흥분시켰다.
일 興奮させる こうふんさせる(코-훈사세루) 중 使激动 shǐjīdòng(스지둥)

---

ex·cit·ed [iksáitid 익사이티드]

형 흥분한
영 *Excited* means happy, interested, or hopeful because something good has happened or will happen.
¶ I am a little *excited* now.
나는 지금 약간 흥분되어 있다.
일 興奮した こうふんした(코-훈시따)
중 激动的 jīdòngde(지둥더)

---

ex·cite·ment [iksáitmənt 익사이트먼트]

명 (복수 excitements [iksáitmənts])
흥분
영 *Excitement* is the feeling of being excited.
¶ Their eyes sparkled with *excitement*.
그들의 눈은 흥분으로 빛났다.
일 興奮 こうふん(코-훈) 중 兴奋 xìngfèn(싱펀)

---

ex·cit·ing [iksáitiŋ 익사이팅]

형 (비교급 more exciting, 최상급 most exciting)
흥분시키는
영 *Exciting* means making you feel excited.
¶ The world is an *exciting* place.
세상은 흥미진진한 곳이다.
일 興奮させる こうふんさせる(코-훈사세루) 중 令人兴奋的 lìngrénxìngfènde(링런싱펀더)

---

ex·claim [ikskléim 익스클레임]

타 (3단현 exclaims [ikskléimz], 과거·과거분사 exclaimed [ikskléimd], 현재분사 exclaiming [ikskléimiŋ])
외치다, 큰소리로 말하다
영 To *exclaim* means to say something suddenly or with force, especially because you are surprised or

excited.

¶ "That's it!" he *exclaimed*.

"바로 그거야!"라고 그가 소리질렀다.

🖲 叫ぶ　さけぶ(사께부)　🀄 呼喊 hūhǎn(후한)

---

ex·cla·ma·tion [èksklǝméiʃǝn 엑스클러메이션]

🖲 외침

🖲 An *exclamation* is something you say suddenly and loudly because you are surprised or angry.

🖲 叫び　さけび(사께비)　🀄 叫喊 jiàohǎn(쟈오한)

---

ex·cur·sion [ikskə́ːrʒǝn 익스커-전]

🖲 소풍

🖲 An *excursion* is a short journey, often to a place of interest.

¶ I met a party of children on their school *excursion*.

나는 학교 소풍을 온 아이들 일행을 만났다.

🖲 遠足　えんそく(엔소꾸)　🀄 远足 yuǎnzú(위엔쭈)

**ex·cuse [ikskjúːz 익스큐-즈]

🖲 (3단현 excuses [ikskjúːziz], 과 거·과거분사 excused [ikskjúːzd], 현재분사 excusing [ikskjúːziŋ]) 용서하다

🖲 To *excuse* means to forgive someone, usually for something that is not very serious.

¶ Please *excuse* me for being so late.

늦은 걸 용서해 주십시오.

🖲 許す　ゆるす(유루스)　🀄 原谅 yuán-liàng(위엔량)

🖲 *Excuse me.* 실례합니다. ; 죄송합니다.

🖲 [ikskjúːs 익스큐-스] 변명

🖲 An *excuse* is a reason you give to explain why you have done something wrong.

¶ There is no *excuse* for such behavior.

그런 행동엔 변명의 여지가 없다.

🖲 言いわけ　いいわけ(이-와께)　🀄 辩解 biànjiě(벤제)

---

ex·ec·u·tive [igzékjutiv 이그제큐티브]

🖲 (복수 executives [igzékjutivz]) 중역, 임원

🖲 An *executive* is someone who has a senior job in a company and is involved in planning its future.

¶ He is an *executive* in an insurance company.

그는 보험회사의 중역이다.

🖲 重役　じゅうやく(주-야꾸)　🀄 业务主管 yèwùzhǔguǎn(예우주관)

---

*ex·er·cise [éksǝrsàiz 엑서사이즈]

🖲 (복수 exercises [éksǝrsàiziz])

1 연습

🖲 An *exercise* is a piece of work that you do in order to practice a skill.

¶ piano *exercises*

피아노 연습

🖲 練習　れんしゅう(렌슈-)　🀄 练习 liànxí(렌시)

2 운동

🖲 *Exercise* is physical activity that you do in order to stay strong and healthy.

¶ Bike riding is good *exercise*.

자전거 타기는 좋은 운동이다.

🖲 運動　うんどう(운도-)　🀄 运动 yùndòng(윈둥)

3 연습문제

영 An *exercise* is a set of written questions to test a student's knowledge.

¶ For homework, do *exercises* 1 and 2.
숙제로 연습문제 1번과 2번을 풀어라.
일 練習問題 れんしゅうもんだい(렌슈-몬다이) 중 习题 xítí(시티)

---

ex·haust [igzɔ́ːst 이그조-스트]

타 (3단현 exhausts [igzɔ́ːsts], 과거·과거분사 exhausted [igzɔ́ːstid], 현재분사 exhausting [igzɔ́ːstiŋ])
1 지치게 하다
영 To *exhaust* means to make someone very tired.

¶ The trip totally *exhausted* us.
여행으로 우리는 녹초가 되었다.
일 疲れさせる つかれさせる(쓰까레사세루) 중 使精疲力尽 shǐjīngpílìjìn(스징피리진)
2 다 써버리다
영 To *exhaust* means to use something up completely.

¶ We *exhausted* our funds.
우리는 자금을 다 써버렸다.
일 使い尽くす つかいつくす(쓰까이쓰꾸스) 중 用完 yòngwán(용완)

---

*ex·hib·it [igzíbit 이그지빗]

타 (3단현 exhibits [igzíbits], 과거·과거분사 exhibited [igzíbitid], 현재분사 exhibiting [igzíbitiŋ])
전시하다
영 To *exhibit* means to show something to the public.

¶ Her painting is to be *exhibited* at an art gallery.
그녀의 그림이 미술관에 전시될 예정이다.
일 展示する てんじする(텐지스루) 중 展出 zhǎnchū(잔추)

---

ex·hi·bi·tion [èksibíʃən 엑시비션]

명 전람회
영 An *exhibition* is a public display of works of art, historical objects, etc.
일 展覧会 てんらんかい(텐랑까이) 중 展览会 zhǎnlǎnhuì(잔란후이)

---

*ex·ist [igzíst 이그지스트]

자 (3단현 exists [igzísts], 과거·과거분사 existed [igzístid], 현재분사 existing [igzístiŋ])
존재하다 ; 생존하다
영 To *exist* means to be real or alive.

¶ Do ghosts really *exist*?
유령은 실제로 존재합니까?
일 存在する そんざいする(손자이스루)
중 存在 cúnzài(춘짜이)

---

ex·is·tence [igzístəns 이그지스턴스]

명 존재
영 *Existence* is the state of existing.

¶ Do you believe in the *existence* of God?
신의 존재를 믿습니까?
일 存在 そんざい(손자이) 중 存在 cúnzài(춘짜이)

---

*ex·it [égzit 에그짓]

명 (복수 exits [égzits])
출구(《반》 entrance 입구)
영 An *exit* is the way out of a room or a building.

¶ Please leave the theater by the nearest *exit*.
가장 가까운 출구로 극장을 나가주십시오.
일 出口 でぐち(데구찌) 중 出口 chūkǒu

(추커우)

---

ex·pand [ikspǽnd 익스팬드]

동 (3단현 expands [ikspǽndz], 과거·과거분사 expanded [ikspǽnd-id], 현재분사 expanding [iks-pǽndiŋ])

자 확대되다

영 To *expand* means to get bigger.

¶ A balloon *expands* when you blow air into it.

풍선은 공기를 불어넣으면 부푼다.

일 拡大する　かくだいする(카꾸다이스루)　중 扩大 kuòdà(쿼다)

타 팽창시키다

영 To *expand* means to increase in size.

¶ Heat *expands* metals.

열은 금속을 팽창시킨다.

일 膨張させる　ぼうちょうさせる(보-쪼-사세루)　중 使膨胀 shǐpéngzhàng(스펑장)

---

*ex·pect [ikspékt 익스펙트]

타 (3단현 expects [ikspékts], 과거·과거분사 expected [ikspéktid], 현재분사 expecting [ikspéktiŋ])

1 기대하다

영 To *expect* means to look forward to something.

¶ Everyone *expected* him to win the Olympic gold medal.

그가 올림픽 금메달을 따기를 모두가 기대했다.

일 期待する　きたいする(키따이스루)　중 期待 qīdài(치다이)

2 예상하다

영 To *expect* means to think that something will happen.

¶ When do you *expect* him back?

그가 언제 돌아올까요?

일 予想する　よそうする(요소-스루)

중 预料 yùliào(위랴오)

---

ex·pec·ta·tion [èkspektéiʃən 엑스펙테이션]

명 (복수 expectations [èkspektéiʃənz])

예상 ; 기대

영 *Expectation* is the belief or hope that something will happen.

¶ the *expectation* that prices will rise

물가가 오를 거라는 예상

일 予想　よそう(요소-)　중 预料 yùliào(위랴오)

---

ex·pense [ikspéns 익스펜스]

명 (복수 expenses [ikspénsiz])

비용

영 *Expense* is the amount of money you spend on something.

¶ Keeping a car is a considerable *expense*.

자동차를 보유하는 데 상당한 비용이 든다.

일 費用　ひよう(히요-)　중 费用 fèiyòng(페이융)

---

*ex·pen·sive [ikspénsiv 익스펜시브]

형 (비교급 more expensive, 최상급 most expensive)

값비싼

영 *Expensive* means costing a lot of money.

¶ She is wearing a very *expensive* ring.

그녀는 아주 값비싼 반지를 끼고 있다.

일 高価な　こうかな(코-까나)　중 昂贵的 ángguìde(앙구이더)

---

*ex·pe·ri·ence [ikspíəriəns 익

스피어리언스]
명(복수 experiences [ikspíəriənsiz])
경험
영 An *experience* is something that happens to you.
¶ I had a very strange *experience* last week.
나는 지난 주에 무척 생소한 경험을 했다.
일 経験 けいけん(케-껜) 중 经验 jīngyàn(징옌)

타 (3단현 experiences [ikspíəriənsiz], 과거·과거분사 experienced [ikspíəriənst], 현재분사 experiencing [ikspíəriənsiŋ])
경험하다
영 To *experience* means to be happening to you or affecting you.
¶ For the first time, we *experienced* defeat.
처음으로 우리는 패배를 경험했다.
일 経験する けいけんする(케-껜스루)
중 经历 jīnglì(징리)

---

ex·per·i·ment [ikspérəmənt 익스페러먼트]

명(복수 experiments [ikspérəmənts])
실험
영 An *experiment* is a scientific test to try out a theory or to see the effect of something.
¶ animal *experiments*
동물 실험
일 実験 じっけん(직껜) 중 实验 shíyàn(스옌)

---

ex·pert [ékspəːrt 엑스퍼-트]

명(복수 experts [ékspəːrts])
전문가
영 An *expert* is someone with special skills or knowledge of a subject.
¶ She is a well-known *expert* on the problem.
그녀는 그 문제에 관하여 잘 알려진 전문가다.
일 專門家 せんもんか(셈몽까) 중 专家 zhuānjiā(좐쟈)

---

*ex·plain [ikspléin 익스플레인]

타 (3단현 explains [ikspléinz], 과거·과거분사 explained [ikspléind], 현재분사 explaining [ikspléiniŋ])
설명하다
영 To *explain* means to tell about something so that other people can understand it.
¶ The teacher *explained* the meaning of the word.
선생님은 그 단어의 의미를 설명했다.
일 説明する せつめいする(세쓰메-스루) 중 说明 shuōmíng(쉬밍)

---

ex·pla·na·tion [èksplənéiʃən 엑스플러네이션]

명 (복수 explanations [èksplənéiʃənz])
설명
영 An *explanation* is something you say or write to describe how something works or to make something easier to understand.
¶ an *explanation* of how to use the program
프로그램 사용법에 대한 설명
일 説明 せつめい(세쓰메-) 중 说明 shuōmíng(쉬밍)

---

*ex·plode [iksplóud 익스플로우드]

동 (3단현 explodes [iksplóudz], 과거·과거분사 exploded [iksplóudid], 현재분사 exploding [iksplóud-iŋ])

재 **1** 폭발하다

영 To *explode* means to break open suddenly and with a loud noise.

¶ The moment he touched the parcel, it *exploded*.
그가 그 소포를 건드리는 순간 폭발했다.

일 爆発する ばくはつする(바꾸하쓰스루) 중 爆炸 bàozhà(바오자)

2 (감정 등이) 폭발하다

영 To *explode* means to suddenly express strong emotions.

¶ He *exploded* in rage at the news.
그는 그 소식을 듣고 버럭 화냈다.

일 爆発する ばくはつする(바꾸하쓰스루) 중 爆发 bàofā(바오파)

타 폭발시키다

¶ *explode* a bomb
폭탄을 폭발시키다

일 爆発させる ばくはつさせる(바꾸하쓰사세루) 중 使爆炸 shǐbàozhà(스바오자)

---

ex·plore [iksplɔ́:r 익스플로-]

타 (3단현 explores [iksplɔ́:rz], 과거·과거분사 explored [iksplɔ́:rd], 현재분사 exploring [iksplɔ́:riŋ])
탐험하다

영 To *explore* means to go into a place you have never been before to see what is there.

¶ Some people like to *explore* caves and jungles.
동굴이나 밀림을 탐험하기 좋아하는 사람들도 있다.

일 探検する たんけんする(탕껜스루) 중 探险 tànxiǎn(탄셴)

---

ex·plor·er [iksplɔ́:rər 익스플로-

러]

명 (복수 explorers [iksplɔ́:rərz])
탐험가

영 An *explorer* is a person who travels to places that are far away to discover new things.

¶ *explorers* in space
우주 탐험가

일 探検家 たんけんか(탕껭까) 중 探险家 tànxiǎnjiā(탄셴쟈)

---

ex·plo·sion [iksplóuʒən 익스플로우전]

명 (복수 explosions [iksplóuʒənz])
1 폭발

영 An *explosion* is an occasion when something such as a bomb explodes.

¶ An *explosion* of gas broke the windows in our building.
가스 폭발로 건물 유리창이 깨졌다.

일 爆発 ばくはつ(바꾸하쓰) 중 爆炸 bàozhà(바오자)

2 급격한 증기

영 An *explosion* is a sudden increase or growth.

¶ a population *explosion*
인구의 급증

일 急増 きゅうぞう(큐-조-) 중 激增 jīzēng(지쩡)

Ex·po [ékspou 엑스포우]

명 (복수 Expos [ékspouz])
박람회, 엑스포

영 An *Expo* is a large public event at which you show or sell products, art, etc.

일 博覧会 はくらんかい(하꾸랑까이) 중 博览会 bólǎnhuì(보란후이)

---

*ex·port [ekspɔ́:rt 엑스포-트]

타 (3단현 exports [ekspɔ́:rts], 과거·

과거분사 exported [ekspɔ́ːrtid], 현재분사 exporting [ekspɔ́ːrtiŋ])
수출하다(《반》import 수입하다)
영 To *export* means to send products to another country to be sold there.
¶ We *export* goods to over 20 different countries.
우리는 20개국이 넘는 여러나라에 상품을 수출한다.
일 輸出する　ゆしゅつする(유슈쓰스루)
중 出口　chūkǒu(추커우)

명 [ékspɔːrt 엑스포-트] (복수 exports [ékspɔːrts])
1 수출
영 *Export* is the act of selling something to another country.
¶ the *export* of coffee
커피 수출
일 輸出　ゆしゅつ(유슈쓰)　중 出口 chūkǒu(추커우)
2 수출품
영 An *export* is a product that is sold to another country.
¶ Cars are important *exports* of Korea.
자동차는 한국의 주요 수출품이다.
일 輸出品　ゆしゅつひん(유슈쓰힌)　중 输出品　shūchūpǐn(수추핀)

---

ex·pose [ikspóuz 익스포우즈]
타 (3단현 exposes [ikspóuziz], 과거·과거분사 exposed [ikspóuzd], 현재분사 exposing [ikspóuziŋ])
1 드러내다, 노출하다
영 To *expose* means to show something that is usually covered or hidden.
¶ Don't *expose* your skin to direct sunlight.
피부를 직사광선에 노출시키지 마세요.
일 さらす(사라스)　중 暴露 bàolù(바오루)
2 폭로하다
영 To *expose* means to reveal the truth about someone or something.
일 暴露する　ばくろする(바꾸로스루)
중 揭露　jiēlù(제루)

---

* **ex·press** [iksprés 익스프레스]
타 (3단현 expresses [iksprésiz], 과거·과거분사 expressed [iksprést], 현재분사 expressing [iksprésiŋ])
표현하다
영 To *express* means to show what you feel or think by saying, doing, or writing something.
¶ I cannot *express* how glad I am.
내가 얼마나 기쁜지 말로 다 나타낼 수가 없다.
일 表現する　ひょうげんする(효-겐스루)　중 表达　biǎodá(뱌오다)

형 급행의
영 *Express* means very fast.
¶ an *express* train
급행 열차
일 急行の　きゅうこうの(큐-꼬-노)　중 快的　kuàide(콰이더)

명 (복수 expresses [iksprésiz])
급행 열차
영 An *express* is a fast train that stops at only a few stations.
¶ I caught the 10:30 *express* to New York.
나는 10시 30분발 뉴욕행 급행 열차를 탔다.
일 急行列車　きゅうこうれっしゃ(큐-꼬-렛샤)　중 快车　kuàichē(콰이처)

---

ex·pres·sion [ikspréʃən 익스프레션]
명 (복수 expressions [ikspréʃənz])

1 표현
영 An *expression* is the act of showing your feelings.
¶ Crying is a healthy *expression* of grief.
울음은 건전한 슬픔의 표현이다.
일 表現 ひょうげん(효-겐) 중 表达 biǎodá(뱌오다)
2 표정
영 An *expression* is the look on someone's face.
¶ a puzzled *expression*
난처한 표정
일 表情 ひょうじょう(효-조-) 중 表情 biǎoqíng(뱌오칭)

---

ex·press·way [ikspréswèi 익스프레스웨이]
명(복수 expressways [ikspréswèiz])
고속도로
영 An *expressway* is a wide highway on which cars, trucks, etc., can go long distances without traffic lights or stop signs.
일 高速道路 こうそくどうろ(코-소꾸도-로) 중 高速公路 gāosùgōnglù(가오쑤궁루)

***ex·tend** [iksténd 익스텐드]
타 (3단현 extends [iksténdz], 과거·과거분사 extended [iksténdid], 현재분사 extending [iksténdiŋ])
1 연장하다 ; 뻗다
영 To *extend* means to make something longer, or to stretch out.
¶ They *extended* the subway line to the airport.
지하철 노선을 공항까지 연장했다.
일 延ばす のばす(노바스) 중 延长 yáncháng(옌창)
2 확대하다, 확장하다
영 To *extend* means to make greater or larger.
¶ plans to *extend* the road network
도로망 확장 계획
일 広げる ひろげる(히로게루) 중 扩大 kuòdà(쿼다)

---

ex·ten·sion [iksténʃən 익스텐션]
명(복수 extensions [iksténʃənz])
확장, 확대
영 An *extension* is the process of making something bigger or longer.
¶ The city is building an *extension* to the subway line.
그 도시는 지하철 노선 확장 공사를 하고 있다.
일 拡張 かくちょう(카꾸쪼-) 중 扩大 kuòdà(쿼다)

---

ex·ten·sive [iksténsiv 익스텐시브]
형 광대한, 넓은
영 *Extensive* means spreading over a wide area.
일 広大な こうだいな(코-다이나) 중 广大的 guǎngdàde(광다더)

---

ex·tent [ikstént 익스텐트]
명 정도 ; 크기
영 *Extent* is the size, level, or scale of something.
¶ What is the *extent* of the damage?
피해가 어느 정도입니까?
일 程度 ていど(테-도) 중 程度 chéngdù(청두)

---

ex·tin·guish [ikstíŋgwiʃ 익스팅귀시]
타 (3단현 extinguishes [ikstíŋgwiʃiz], 과거·과거분사 extinguished [ikstíŋgwiʃt], 현재분사 extinguish-

ing [ikstíŋgwiʃiŋ])

1 끄다

영 To *extinguish* means to put out a flame, a fire, or a light.

¶ Please *extinguish* all cigarettes.
담뱃불을 전부 꺼주십시오.

일 消す けす(케스) 중 熄灭 xīmiè(시메)

2 (희망 등을) 잃게 하다

영 To *extinguish* means to put an end to a feeling or a belief.

¶ All hope was *extinguished*.
모든 희망을 잃었다.

일 失わせる うしなわせる(우시나와세루) 중 使破灭 shǐpòmiè(스포메)

***ex·tra** [ékstrə 엑스트러]

형 여분의

영 *Extra* means more than you need.

¶ I keep *extra* batteries for my radio.
나는 라디오에 쓸 여분의 건전지를 갖고 있다.

일 余分の よぶんの(요분노) 중 额外的 éwàide(어와이더)

---

ex·traor·di·nar·y [ikstrɔ́:r-dənèri 익스트로-더네리]

형 이상한 ; 비범한

영 *Extraordinary* means very unusual or remarkable.

¶ an *extraordinary* talent
보기 드문 재능

일 異常な いじょうな(이조-나) 중 非常的 fēichángde(페이창더)

***ex·treme** [ikstrí:m 익스트림-]

명 (복수 extremes [ikstrí:mz])
극단, 극도

영 An *extreme* is one of two ends or opposites.

¶ *extremes* of love and hate
애증의 양극단

일 極端 きょくたん(쿄꾸딴) 중 极端 jíduān(지돤)

형 극단적인

영 *Extreme* means very great.

¶ *extreme* cold
극한

일 極端な きょくたんな(쿄꾸딴나) 중 极端的 jíduānde(지돤더)

---

ex·treme·ly [ikstrí:mli 익스트림-리]

부 대단히, 매우

영 *Extremely* means to a very great degree.

¶ She's *extremely* pretty.
그녀는 대단히 예쁘다.

일 とても(토떼모) 중 非常 fēicháng(페이창)

****eye** [ái 아이]

명 (복수 eyes [áiz])

1 눈

영 An *eye* is the part of the body that you see with.

¶ You have blue *eyes*.
너는 눈이 파랗다.

일 目 め(메) 중 眼睛 yǎnjīng(옌징)

2 시력

영 An *eye* is the ability to see.

¶ She has sharp *eyes*.
그녀는 시력이 좋다.

일 視力 しりょく(시료꾸) 중 视力 shìlì(스리)

3 안목

영 An *eye* is a particular way of judging or understanding something.

¶ have an *eye* for paintings
그림을 보는 안목이 있다

일 眼識 がんしき(간시끼) 중 眼光

yǎnguāng(옌광)
[숙어] *keep an eye on...* …을 감시하다

---

* **eye·brow** [áibràu 아이브라우]

명 (복수 eyebrows [áibràuz])
눈썹
영 An *eyebrow* is the line of hair that grows above each of your eyes.
¶ thick *eyebrows*
짙은 눈썹
일 まゆ(마유) 중 眉 méi(메이)

---

eye·lid [áilìd 아일리드]

명 눈꺼풀

영 An *eyelid* is the upper or lower fold of skin that covers the eye when it is closed.
일 まぶた(마부따) 중 眼瞼 yǎnjiǎn(옌젠)

---

eye·sight [áisàit 아이사이트]

명 시력
영 *Eyesight* is the ability to see.
¶ Grandma is slowly losing her *eyesight*.
할머니는 시력을 천천히 잃어가고 있다.
일 視力 しりょく(시료꾸) 중 視力 shìlì(스리)

Ff [éf 에프]
the sixth letter of the English alphabet
영어 알파벳의 여섯번째 글자

---

*__fa·ble__ [féibl 페이블]

명 (복수 [féiblz])
우화
영 A *fable* is a story that teaches a lesson.
¶ Aesop's *Fables*
이솝 우화
일 寓話 ぐうわ(구-와) 중 寓言 yùyán (위엔)

**__face__ [féis 페이스]

명 (복수 faces [féisiz])
1 얼굴
영 A *face* is the front part of your head.
¶ I wash my *face*.
나는 얼굴을 씻는다.
일 顔 かお(카오) 중 脸 liǎn(롄)
2 표면
영 A *face* is the front, outer, or upper surface of something.
일 表面 ひょうめん(효-멘) 중 表面 biǎomiàn(뱌오몐)
숙어 *face to face* 정면으로, 마주 대하여

타 (3단현 faces [féisiz], 과거·과거분사 faced [féist], 현재분사 facing [féisiŋ])
…을 향하다
영 To *face* means to turn your face toward something.
¶ He stood *facing* the camera.
그는 카메라를 향해 섰다.

일 面する めんする(멘스루) 중 面向 miànxiàng(몐샹)

---

fac·sim·i·le [fæksíməli 팩시멀리]

명 팩시밀리, 팩스
영 A *facsimile* is an exact copy of something written or of a work of art.
일 ファクシミリ(화꾸시미리) 중 传真 chuánzhēn(촨전)

**__fact__ [fækt 팩트]

명 (복수 facts [fækts])
사실
영 A *fact* is something that is true.
¶ It is a *fact* that he has succeeded.
그가 성공했다는 것은 사실이다.
일 事実 じじつ(지지쯔) 중 事实 shìshí (스스)
숙어 *in fact* 사실은, 실은
¶ *In fact*, I really don't know.
실은, 나는 정말 모른다.

---

*__fac·to·ry__ [fæktəri 팩터리]

명 (복수 factories [fæktəriz])
공장
영 A *factory* is a building where a lot of people work together to make something.
¶ He works at a car *factory*.
그는 자동차 공장에서 일한다.
일 工場 こうじょう(코-조-) 중 工厂 gōngchǎng(궁창)

fade [féid 페이드]

재 (3단현 fades [féidz], 과거·과거분사 faded [féidid], 현재분사 fading [féidiŋ])
바래다
영 To *fade* means to become paler in color.
일 あせる(아세루) 중 退色 tuìshǎi(투이사이)

---

*fail [féil 페일]

동 (3단현 fails [féilz], 과거·과거분사 failed [féild], 현재분사 failing [féiliŋ])
재 실패하다(《반》 succeed 성공하다)
영 To *fail* means to not succeed in doing something that you try to do.
¶ He *failed* in his business.
그는 사업에 실패했다.
일 失敗する しっぱいする(십빠이스루)
중 失敗 shībài(스바이)
타 낙제하다, 낙방하다 (《반》 pass 합격하다)
영 To *fail* means to not pass an exam or a test.
¶ She *failed* her driving test.
그녀는 운전면허 시험에 떨어졌다.
일 落第する らくだいする(라꾸다이스루) 중 不及格 bùjígé(부지거)

---

fail·ure [féiljər 페일러]

명 (복수 failures [féiljərz])
실패
영 *Failure* is a lack of success in achieving or doing something.
¶ His plan ended in *failure*.
그의 계획은 실패로 끝났다.
일 失敗 しっぱい(십빠이) 중 失敗 shībài(스바이)

---

*faint [féint 페인트]

형 (비교급 fainter [féintər], 최상급 faintest [féintist])
희미한
영 *Faint* means not clear or strong.
¶ I heard a *faint* sound.
나는 희미한 소리를 들었다.
일 かすかな(카스까나) 중 微弱的 wēiruòde(웨이뤄더)

재 (3단현 faints [féints], 과거·과거분사 fainted [féintid], 현재분사 fainting [féintiŋ])
기절하다
영 To *faint* means to become dizzy and lose consciousness for a short time.
일 気絶する きぜつする(키제쓰스루) 중 晕倒 yūndǎo(윈다오)

---

*fair [féər 페어]

형 (비교급 fairer [féərər], 최상급 fairest [féərist])
공평한, 공정한
영 *Fair* means reasonable, right, and accepted by most people.
¶ She was *fair* with her children.
그녀는 자식들을 공평하게 대했다.
일 公平な こうへいな(코-헤-나) 중 公正的 gōngzhèngde(궁정더)

명 (복수 fairs [féərz])
박람회
영 A *fair* is an event at which people or businesses show and sell their products.
일 博覧会 はくらんかい(하꾸랑까이) 중 博览会 bólǎnhuì(보란후이)

---

fair·ly [féərli 페얼리]

부 (비교급 more fairly, 최상급 most fairly)

공평하게
영 *Fairly* means in a way that is fair and reasonable.
일 公平に こうへいに(코-헤-니) 중 公正地 gōngzhèngde(궁정더)

---

fair·y [féəri 페어리]

명 (복수 fairies [féəriz])
요정
영 A *fairy* is a magical creature such as a tiny person with wings, found in fairy tales.
일 妖精 ようせい(요-세-) 중 妖精 yāojing(야오징)

---

faith [féiθ 페이스]

명 신념
영 *Faith* is a strong feeling of trust in someone or something.
일 信念 しんねん(신넨) 중 信念 xìnniàn(신녠)

---

fall [fɔ́ːl 폴-]

자 (3단현 falls [fɔ́ːlz], 과거형 fell [fél], 과거분사 fallen [fɔ́ːlən], 현재분사 falling [fɔ́ːliŋ])
1 떨어지다 ; (비·눈 등이) 내리다
영 To *fall* means to drop down to the ground.
¶ The snow was *falling* fast.
눈이 펄펄 내리고 있었다.
일 落ちる おちる(오찌루) 중 落下 luòxià(뤄샤)
2 넘어지다 ; 쓰러지다
영 To *fall* means to suddenly go down onto the ground when you are standing, walking, etc.
¶ One day John *fell* on the stairs.
어느날 존은 계단에서 넘어졌다.
일 倒れる たおれる(타오레루) 중 跌倒 diēdǎo(데다오)

3 (어떤 상태가) 되다
영 To *fall* means to become.
일 なる(나루) 중 成为 chéngwéi(청웨이)
숙어 *fall on* (날짜 등이) …에 해당하다
¶ Christmas *falls on* Sunday this year.
금년 크리스마스는 일요일이다.

명 (복수 falls [fɔ́ːlz])
1 《미》 가을(《영》 autumn)
영 *Fall* is the season between summer and winter.
¶ *Fall* starts in September.
가을은 9월에 시작된다.
일 秋 あき(아끼) 중 秋天 qiūtiān(츄톈)
2 [falls로] 폭포
영 *Falls* are water that falls straight down over a cliff.
¶ Niagara *Falls*
나이아가라 폭포

일 滝 たき(타끼) 중 瀑布 pùbù(푸부)

---

fall·en [fɔ́ːlən 폴-런]

자 fall의 과거분사

---

*false [fɔ́ːls 폴-스]

형 (비교급 falser [fɔ́ːlsər], 최상급 falsest [fɔ́ːlsist])
잘못된 (《반》 correct 옳은) ; 거짓의 (《반》 true 진실의)
영 *False* means not true or correct.
¶ He gave a *false* answer.

그는 틀린 대답을 했다.
일 まちがった(마찌갓따) 중 不正确的
búzhèngquède(부정췌더)

---

fame [féim 페임]

명 명성, 유명
영 *Fame* is being well-known.
일 名声 めいせい(메-세-) 중 名声
míngshēng(밍성)

---

*fa·mil·iar [fəmíljər 퍼밀려]

형 (비교급 more familiar, 최상급
most familiar)
1 잘 알려져 있는
영 *Familiar* means well-known to
you and easy to recognize.
¶ a voice *familiar* to me
내 귀에 익은 목소리
일 よく知られている よくしられて
いる(요꾸시라레떼이루) 중 众所周知的
zhòngsuǒzhōuzhīde(중쒀저우즈더)
2 잘 알고 있는
영 *Familiar* means having a good
knowledge of.
¶ I am *familiar* with the roads here.
나는 이곳 길을 잘 알고 있다.
일 よく知っている よくしっている
(요꾸싯떼이루) 중 熟悉的 shúxīde(수시
더)

---

fam·i·ly [fǽməli 패멀리]

명 (복수 families [fǽməliz])
가족
영 A *family* is a group of people
related to one another, especially
parents and their children.
¶ My *family* is a large one.
나의 가족은 대가족이다.
일 家族 かぞく(카조꾸) 중 家庭
jiātíng(쟈팅)

 집합체로 말할 때에는 단수,
구성원 한 사람 한 사람을 가
리킬 때에는 복수형을 쓴다.

---

*fa·mous [féiməs 페이머스]

형 (비교급 more famous, 최상급
most famous)
유명한
영 *Famous* means known about a lot
of people.
일 有名な ゆうめいな(유-메-나) 중
著名的 zhùmíngde(주밍더)
숙어 *be famous for* …로 유명하다
¶ This village *is famous for* its scenic
beauty.
이 마을은 아름다운 경치로 유명하다.

---

*fan[1] [fǽn 팬]

명 (복수 fans [fǽnz])
부채 ; 선풍기
영 A *fan* is a machine or an object
that you use to blow or wave air onto
you in order to keep cool.
¶ This *fan* is out of order.
이 선풍기는 고장났다.
일 うちわ(우찌와) 중 扇子 shànzi(산쯔)

---

*fan[2] [fǽn 팬]

명 (복수 fans [fǽnz])
팬, 열렬한 애호가
영 A *fan* is a person who is very
interested in or enthusiastic about
something.
¶ a soccer *fan*
축구팬
일 ファン(환) 중 狂热爱好者 kuáng-
rè'àihàozhě(쾅러아이하오저)

---

*fan·cy [fǽnsi 팬시]

명 (복수 fancies [fǽnsiz])

공상

영 *Fancy* is imagination.

¶ He is full of *fancy*.

그는 공상만 하고 있다.

일 空想 くうそう(쿠-소-) 중 空想 kōngxiǎng(쿵샹)

형 (비교급 fancier [fǽnsiər], 최상급 fanciest [fǽnciist])

장식적인

영 *Fancy* means prettier or better than usual.

일 飾りたてた かざりたてた(카자리타떼따) 중 別致的 biézhìde(볘즈더)

----

fan·tas·tic [fæntǽstik 팬태스틱]

형 (비교급 more fantastic, 최상급 most fantastic)

아주 멋진

영 *Fantastic* means extremely good.

일 すばらしい(스바라시-) 중 极好的 jíhǎode(지하오더)

****far** [fá:r 파-]

부 (비교급 farther [fá:rðər] 또는 further [fá:rðər], 최상급 farthest [fá:rðist] 또는 furthest [fá:rðist])

비교급·최상급의 farther, farthest는 거리를, further, furthest는 정도를 나타내는 것이 원칙이지만 실제로는 그다지 구별하지 않는다.

1 [장소·거리·시간] 멀리에

영 *Far* means at a great distance.

¶ Have you traveled *far*?

여행을 멀리 갔었니?

일 遠くに とおくに(토-꾸니) 중 远 yuǎn(위엔)

2 [정도] 훨씬

영 *Far* means very much, or to a great degree.

¶ It is *far* better to go by train.

기차로 가는 게 훨씬 낫다.

일 ずっと(즛또) 중 很 hěn(헌)

숙어 *far away* 아득히 먼 곳에

¶ His friends live *far away*.

그의 친구들은 먼 곳에 살고 있다.

숙어 *far from* …로부터 멀리 떨어진

¶ Seoul is *far from* Busan.

서울은 부산에서 멀다.

형 (비교급 farther [fá:rðər] 또는 further [fá:rðər], 최상급 farthest [fá:rðist] 또는 furthest [fá:rðist])

먼

영 *Far* means distant or not near.

¶ He came from a *far* country.

그는 먼 나라에서 왔다.

일 遠い とおい(토-이) 중 远的 yuǎnde(위엔더)

*** fare** [féər 페어]

명 (복수 fares [féərz])

운임, 요금

영 A *fare* is the cost of traveling on a bus, subway, train, plane, etc.

¶ Bus *fares* are going up again.

버스 요금이 또 오르려 한다.

일 運賃 うんちん(운찐) 중 票价 piào-jià(퍄오쟈)

----

fare·well [fèərwél 페어웰]

명 (복수 farewells [fèərwélz])

작별 인사

영 A *farewell* is the action of saying goodbye.

일 別れのあいさつ わかれのあいさつ(와까레노아이사쓰) 중 告別 gàobié(가오볘)

****farm** [fá:rm 팜-]

명 (복수 farms [fá:rmz])

농장
영 A *farm* is a place where people raise animals and plants.
¶ My uncle works on the *farm*.
나의 삼촌은 농장에서 일하신다.
일 農場　のうじょう(노-조-)　중 农场 nóngchǎng(눙창)

---

farm·er [fáːrmər 파-머]
명 (복수 farmers [fáːrmərz])
농부, 농장주인
영 A *farmer* is someone who owns a farm or works on a farm.
¶ Many *farmers* are cutting rice.
많은 농부들이 벼를 베고 있다.
일 農夫　のうふ(노-후)　중 农夫 nóng-fū(눙푸)

---

farm·yard [fáːrmjàːrd 팜-야-드]
명 (복수 farmyards [fáːrmjàːrdz])
농가의 마당
영 A *farmyard* is an area with farm buildings around it.
일 農家の庭　のうかのにわ(노-까노니와)　중 农家场院 nóngjiāchǎngyuàn (눙쟈창위엔)

---

far·ther [fáːrðər 파-더]
부 형 far의 비교급

---

far·thest [fáːrðist 파-디스트]
부 형 far의 최상급

---

fas·ci·nate [fǽsənèit 패서네이트]
타 (3단현 fascinates [fǽsənèits], 과거·과거분사 fascinated [fǽsənèitid], 현재분사 fascinating [fǽsənèitiŋ])

매혹하다
영 To *fascinate* means to attract and hold the attention of.
일 魅惑する　みわくする(미와꾸스루)　중 迷住 mízhù(미주)

---

fash·ion [fǽʃən 패션]
명 (복수 fashions [fǽʃənz])
유행
영 A *fashion* is a style of clothing that is popular at a certain time.
¶ This hat is now in *fashion*.
이 모자는 지금 유행하고 있다.
일 流行　りゅうこう(류-꼬-)　중 流行 liúxíng(류싱)

F

fast [fǽst 패스트]
형 (비교급 faster [fǽstər], 최상급 fastest [fǽstist])
빠른 (《반》slow 느린)；더 가는
영 *Fast* means moving in a hurry, or quick.
¶ My watch is two minutes *fast*.
내 시계는 2분 빠르다.
일 速い　はやい(하야이)　중 快的 kuài-de(콰이더)

부 (비교급 faster [fǽstər], 최상급 fastest [fǽstist])
빨리 (《반》slowly 천천히)
영 *Fast* means at a great speed, or in not much time.
¶ The player runs very *fast*.
그 선수는 아주 빨리 달린다.
일 速く　はやく(하야꾸)　중 快地 kuài-de(콰이더)

---

fas·ten [fǽsn 패슨]
타 (3단현 fastens [fǽsnz], 과거·과거분사 fastened [fǽsnd], 현재분사 fastening [fǽsniŋ])

단단히 묶다, 고정시키다
영 To *fasten* means to tie, attach, or close firmly.
¶ Please *fasten* your seat belts.
안전띠 좀 매주세요.
일 しっかりとめる(식까리토메루) 중 扎牢 zhāláo(자라오)

---

fast food [fǽst fúːd 패스트 푸-드]

명 패스트푸드, 즉석 요리
영 *Fast food* is food such as hamburgers, fried chicken, and pizza that is prepared and served quickly by restaurants.
일 ファーストフード(화-스또후-도) 중 快餐 kuàicān(콰이찬)

F

*fat [fǽt 팻]

형 (비교급 fatter [fǽtər], 최상급 fattest [fǽtist])
살찐, 뚱뚱한 (《반》 thin 마른)
영 *Fat* means heavy or plump.
¶ My daughter is very *fat* and short.
내 딸은 아주 뚱뚱하고 키가 작다.
일 太った ふとった(후똣따) 중 肥胖的 féipàngde(페이팡더)

---

fate [féit 페이트]

명 (복수 fates [féits])
운명
영 *Fate* is a power that is believed to control what happens in people's lives.
¶ *Fate* brought us together.
우리가 만난 건 운명이었다.
일 運命 うんめい(움메-) 중 命运 mìngyùn(밍윈)

**fa·ther [fáːðər 파-더]

명 (복수 fathers [fáːðərz])

아버지
영 A *father* is a male parent.
¶ My *father* is a teacher.
나의 아버지는 선생님이시다.
일 父 ちち(치찌) 중 父亲 fùqin(푸친)

---

*fau·cet [fɔ́ːsit 포-싯]

명 (복수 faucets [fɔ́ːsits])
수도꼭지 (《영》 tap)
영 A *faucet* is something you use to turn water on and off.
¶ turn on a *faucet*
수도꼭지를 틀다
일 蛇口 じゃぐち(쟈구찌) 중 龙头 lóngtóu(룽터우)

---

*fault [fɔ́ːlt 폴-트]

명 (복수 faults [fɔ́ːlts])
1 잘못, 실수
영 A *fault* is a mistake in something.
¶ Failing the test was my own *fault*.
시험에 떨어진 건 내 잘못이었다.
일 誤り あやまり(아야마리) 중 错误 cuòwù(춰우)
2 결점, 단점
영 A *fault* is a weakness in someone's character.
¶ all my *faults* 나의 모든 결점
일 欠点 けってん(켓뗀) 중 缺点 quēdiǎn(췌뎬)

---

*fa·vor [féivər 페이버]

명 (복수 favors [féivərz])
호의 ; 친절한 행위 ; 부탁
영 *Favor* is an act of kindness beyond what is usual.
¶ Would you do me a *favor*?
부탁이 있습니다만.
일 好意 こうい(코-이) 중 好意 hǎoyì(하오이)

---

*__fa·vor·ite__ [féivərit 페이버릿]

형 마음에 드는, 좋아하는
영 *Favorite* means being liked best.
¶ My *favorite* sport is basketball.
내가 가장 좋아하는 운동은 농구다.
일 お気に入りの おきにいりの(오끼니이리노) 중 特別喜爱的 tèbiéxǐ'àide(터베시아이더)

명 (복수 favorites [féivərits])
가장 좋아하는 것, 가장 좋아하는 사람
영 A *favorite* is the person or thing that you like best.
일 大好きなもの だいすきなもの(다이스끼나모노) 중 特別喜爱的物 tèbiéxǐ'àidewù(터베시아이더우)

__fax__ [fǽks 팩스]

facsimile의 단축형

---

*__fear__ [fíər 피어]

명 (복수 fears [fíərz])
두려움
영 *Fear* is what you feel when you are afraid.
¶ Her eyes were filled with *fear*.
그녀의 눈에는 두려움이 가득했다.
일 恐れ おそれ(오소레) 중 害怕 hàipà(하이파)

타 (3단현 fears [fíərz], 과거·과거분사 feared [fíərd], 현재분사 fearing [fíəriŋ])
두려워하다
영 To *fear* means to be afraid.
¶ I have nothing to *fear*.
나는 아무것도 두려워하지 않는다.
일 恐れる おそれる(오소레루) 중 害怕 hàipà(하이파)

*__feast__ [fíːst 피-스트]

명 (복수 feasts [fíːsts])
축하연, 잔치
영 A *feast* is a large, fancy meal for a lot of people on a special occasion.
¶ They are going to have a big *feast*.
그들은 큰 잔치를 열 것이다.
일 祝宴 しゅくえん(슈꾸엔) 중 盛宴 shèngyàn(성옌)

---

*__feath·er__ [féðər 페더]

명 (복수 feathers [féðərz])
깃, 깃털
영 A *feather* is one of the light, fluffy parts that cover a bird's body.
¶ This *feather* is soft.
이 깃털은 부드럽다.
일 羽 はね(하네) 중 羽毛 yǔmáo(위마오)

---

*__fea·ture__ [fíːtʃər 피-처]

명 (복수 features [fíːtʃərz])
1 특징
영 A *feature* is an important part or quality of something.
¶ Group work is a *feature* of classroom lessons.
그룹 활동은 교실 수업의 특징이다.
일 特徴 とくちょう(토꾸쪼-) 중 特征 tèzhēng(터정)
2 [features로] 얼굴의 생김새, 용모
영 *Features* are the different parts of your face.
일 顔だち かおだち(카오다찌) 중 面貌 miànmào(몐마오)

---

*__Feb·ru·ar·y__ [fébruèri 페브루에리]

명 2월
영 *February* is the second month of

the year.
¶ There is ice in *February*.
2월에는 얼음이 언다.
일 二月　にがつ(니가쓰)　중 二月　èryuè
(얼웨)

---

fed [féd 페드]

통 feed의 과거·과거분사

---

*fee [fí: 피-]

명 (복수 fees [fí:z])
사례 ; 요금
영 A *fee* is the amount of money that someone charges for a service.
¶ an admission *fee*
입장료
일 謝礼　しゃれい(샤레-)　중 酬金 chóujīn(처우진)

---

*feed [fí:d 피-드]

타 (3단현 feeds [fí:dz], 과거·과거분사 fed [féd], 현재분사 feeding [fí:diŋ])
먹을 것을 주다
영 To *feed* means to give food to an animal or a person.
¶ You'd better *feed* this bread to the ducks.
너는 이 빵을 오리에게 주는 게 좋겠다.
일 食物を与える　しょくもつをあたえる(쇼꾸모쓰오아따에루)　중 喂 wèi(웨이)

---

*feel [fí:l 필-]

통 (3단현 feels [fí:lz], 과거·과거분사 felt [félt], 현재분사 feeling [fí:liŋ])
타 1 만지다
영 To *feel* means to touch something with your fingers.

¶ *Feel* my forehead. Does it seem hot?
내 이마를 만져봐. 열이 있는 것 같지?
일 触れる　ふれる(후레루)　중 触 chù(추)
2 느끼다
영 To *feel* means to have a certain emotion or sensation.
¶ I *felt* my heart beat.
나는 심장이 뛰는 것을 느꼈다.
일 感じる　かんじる(칸지루)　중 感覚 gǎnjué(간줴)
자 …한 기분이 들다
영 To *feel* means to think or to have an opinion.
¶ She *felt* that he would succeed.
그녀는 그가 성공하리라고 생각했다.
일 気分である　きぶんである(키분데아루)　중 感到 gǎndào(간다오)
숙어 *feel sorry for* …를 가엾게 여기다
¶ I *feel sorry for* her.
나는 그녀가 가엾다.

---

*feel·ing [fí:liŋ 필-링]

명 (복수 feelings [fí:liŋz])
[feelings로] 감정
영 *Feelings* are a way of knowing how you are.
¶ Don't try to hide your *feelings*.
네 감정을 숨기려고 하지 마라.
일 感情　かんじょう(칸조-)　중 感情 gǎnqíng(간칭)

---

feet [fí:t 피-트]

명 foot의 복수
¶ Her *feet* were cold.
그녀의 발은 차가웠다.

---

fell [fél 펠]

자 fall의 과거형

¶ An apple *fell* from the tree.
사과 한 개가 나무에서 떨어졌다.

***fel·low** [félou 펠로우]
圏 (복수 fellows [félouz])
1 사내 ; 녀석
영 A *fellow* is a man or a boy.
¶ He is an honest *fellow*.
그는 정직한 녀석이다.
일 男 おとこ(오또꼬) 중 男人 nánrén
(난런)
2 친구 ; 동료
영 A *fellow* is a member of a society in a school or university.
¶ She was laughed at by all her *fellow*.
그녀는 모든 친구들한테 웃음거리가 되었다.
일 仲間 なかま(나까마) 중 伙伴 huǒbàn(훠반)

---

felt [félt 펠트]
동 feel의 과거·과거분사

***fe·male** [fí:meil 피-메일]
명 (복수 females [fí:meilz])
여성
영 A *female* is a girl or a woman.
일 女性 じょせい(조세-) 중 女人 nǚrén(뉘런)

***fence** [féns 펜스]
명 (복수 fences [fénsiz])
울타리
영 A *fence* is a structure made of wood, metal, etc. that surrounds a piece of land.
¶ He put a *fence* around his house.
그는 집 둘레에 울타리를 쳤다.
일 囲い かこい(카꼬이) 중 篱笆 líba

(리바)

fence는 목재·금속·철망 등으로 만든 울타리를 말하고, wall은 돌·벽돌 등의 담을 말한다.

---

fenc·ing [fénsiŋ 펜싱]
명 펜싱, 검술
영 *Fencing* is the sport of fighting with long, thin swords.
일 フェンシング(훼싱구) 중 击剑 jī-jiàn(지졘)

---

fer·ry [féri 페리]
명 (복수 ferries [fériz])
페리, 연락선
영 A *ferry* is a boat or ship that regularly carries people and cars across a stretch of water.
일 フェリー(훼리-) 중 渡轮 dùlún(두룬)

***fes·ti·val** [féstəvəl 페스터벌]
명 (복수 festivals [féstəvəlz])
축제 ; 축제일
영 A *festival* is a special time to celebrate.
¶ The Song *Festival* will be made in this city.
이 도시에서 가요제가 열릴 것이다.
일 祝祭 しゅくさい(슈꾸사이) 중 节日 jièrì(졔르)

***fe·ver** [fí:vər 피-버]
명 열 ; 열병
영 *Fever* is a body temperature that is higher than normal.
¶ He has a high *fever*.
그는 고열이 있다.
일 熱 ねつ(네쓰) 중 热 rè(러)

***few** [fjú: 퓨-]

휑 (비교급 fewer [fjú:ər], 최상급 fewest [fjú:ist])

1 [few로] 조금 밖에 없는, 거의 없는

영 *Few* means not many.

¶ She made *few* mistakes.

그녀는 실수를 거의 하지 않았다.

일 少ししかない すこししかない(스꼬시시까나이) 중 几乎没有的 jīhūméiyǒude(지후메이유더)

2 [a few로] 조금은 있는, 얼마인가의

영 *A few* means having a small number of things or people.

¶ He has *a few* friends in England.

그는 영국에 친구가 몇 명 있다.

일 少しはある すこしはある(스꼬시와아루) 중 几个 jǐgè(지거)

숙어 *quite a few* 상당히 많은

few는 셀 수 있는 명사 앞에 쓰며 「수가 적은」의 뜻이고, 양에는 little을 쓴다.

대 **1** [few로 ; 부정적인 용법] 거의 없는 것, 거의 없는 사람

영 *Few* is not many of something or someone.

¶ *Few* came to the party.

파티에 온 사람은 거의 없었다.

일 ほとんどないもの(호똔도나이모노) 중 几乎没有 jīhūméiyǒu(지후메이유)

2 [a few로 ; 긍정적인 용법] 소수의 사람, 소수의 것

영 *A few* is a small number.

¶ I know *a few* of these people.

나는 이 사람들 중 몇 명을 알고 있다.

일 少数の人 しょうすうのひと(쇼-스-노히또) 중 一些 yìxiē(이셰)

---

fic·tion [fíkʃən 픽션]

명 (복수 fictions [fíkʃənz])

지어낸 이야기 ; 소설

영 A *fiction* is stories that are written about people and things that are not real.

일 作り話 つくりばなし(쓰꾸리바나시) 중 虚构 xūgòu(쉬거우)

***field** [fí:ld 필-드]

명 (복수 fields [fí:ldz 필-즈])

1 벌판, 들

영 A *field* is an area of land that has no trees.

¶ They are working in the *fields*.

그들은 들에서 일하고 있다.

일 野原 のはら(노하라) 중 原野 yuányě(위엔예)

2 경기장

영 A *field* is an area of ground where sports are played.

일 競技場 きょうぎじょう(쿄-기조-) 중 运动场 yùndòngchǎng(윈둥창)

3 분야, 영역

영 A *field* is an area of study or interest.

¶ What is your *field* of study?

연구 분야가 무엇입니까?

일 分野 ぶんや(붕야) 중 领域 lǐngyù(링위)

---

fierce [fíərs 피어스]

휑 (비교급 fiercer [fíərsər], 최상급 fiercest [fíərsist])

사나운, 난폭한

영 *Fierce* means wild and dangerous.

¶ A hungry lion is *fierce*.

굶주린 사자는 사납다.

일 獰猛な どうもうな(도-모-나) 중 凶猛的 xiōngměngde(슝멍더)

***fif·teen** [fìftí:n 피프틴-]

명 15, 열다섯

영 *Fifteen* is one more than fourteen.

¶ Five and ten are *fifteen*.

5 더하기 10은 15다.
일 十五　じゅうご(주-고)　중 十五
shíwǔ(스우)

---

*fif·teenth [fìftí:nθ 피프틴-스]

명 15번째, 열다섯번째
영 *Fifteenth* is next after fourteenth.
일 十五番目　じゅうごばんめ(주-고밤
메)　중 第十五　dìshíwǔ(디스우)

**fifth [fífθ 피프스]

명 (복수 fifths [fífθs])
5번째, 다섯번째
영 *Fifth* is next after fourth.
일 五番目　ごばんめ(고밤메)　중 第五
dìwǔ(디우)

---

fif·ti·eth [fíftiiθ 피프티이스]

명 50번째, 쉰번째
영 *Fiftieth* is next after forty-ninth.
일 五十番目　ごじゅうばんめ(고주-밤
메)　중 第五十　dìwǔshí(디우스)

**fif·ty [fífti 피프티]

명 (복수 fifties [fíftiz])
50, 쉰
영 *Fifty* is one more than forty-nine.
¶ Five times ten equals *fifty*.
5 곱하기 10은 50이다.
일 五十　ごじゅう(고주-)　중 五十
wǔshí(우스)

---

*fight [fáit 파이트]

자 (3단현 fights [fáits], 과거·과거
분사 fought [fɔ́:t], 현재분사 fight-
ing [fáitiŋ])
싸우다, 다투다
영 To *fight* means to have an argu-
ment or a quarrel.

¶ They didn't *fight* any more.
그들은 더 이상 싸우지 않았다.
일 戦う　たたかう(타따까우)　중 打架
dǎjià(다쟈)
숙어 *fight against* …와 싸우다
¶ He *fought against* his enemy.
그는 적과 싸웠다.

명 (복수 fights [fáits])
싸움, 전투
영 A *fight* is a battle between animals,
persons, or groups.
¶ We gave them a *fight*.
우리는 그들과 일전을 벌였다.
일 戦い　たたかい(타따까이)　중 战斗
zhàndòu(잔더우)

---

fight·ing [fáitiŋ 파이팅]

명 전투, 싸움
영 *Fighting* is an occasion when
people or groups fight each other in a
war, in the street, etc.
일 戦闘　せんとう(센또-)　중 战斗
zhàndòu(잔더우)

---

*fig·ure [fígjər 피겨]

명 (복수 figures [fígjərz])
1 숫자
영 A *figure* is a written number.
¶ add up the *figures* 수를 합산하다
일 数字　すうじ(스-지)　중 数字　shùzì
(수쯔)
2 (사람의) 모습
영 A *figure* is a person's shape.
¶ I saw a *figure* in the dark.
나는 어둠속에서 사람 모습을 보았
다.
일 姿　すがた(스가따)　중 体态　tǐtài(티
타이)
3 인물, 유명인, 명사
영 A *figure* is a well-known person.

¶ a major *figure*
중요 인물
일 人物　じんぶつ(짐부쓰)　중　人物
rénwù(런우)

---

file [fáil 파일]

명 (복수 files [fáilz])
1 정리함, 서류철
영 A *file* is a box or folder for papers or documents.
일 整理箱　せいりばこ(세-리바꼬)　중 文件夹　wénjiànjiā(원졘쟈)
2 (컴퓨터의) 파일
영 A *file* is a set of data held in a computer.
일 ファイル(화이루)　중 档案　dàng'àn(당안)

---

*fill [fíl 필]

동 (3단현 fills [fílz], 과거·과거분사 filled [fíld], 현재분사 filling [fíliŋ])
타 가득하게 하다, 채우다
영 To *fill* means to make something full.
¶ He *filled* the bottle with water.
그는 병에 물을 가득 채웠다.
일 いっぱいにする(입빠이니스루)　중 裝满　zhuāngmǎn(쫭만)
자 가득 차다
영 To *fill* means to become full.
¶ Her eyes *filled* with tears.
그녀의 눈은 눈물로 가득 찼다.
일 いっぱいになる(입빠이니나루)　중 裝满　zhuāngmǎn(쫭만)
숙어 *fill in* 써 넣다
¶ *Fill in* your name and telephone number.
이름과 전화번호를 써 넣으시오.
숙어 *fill up* 가득 채우다
¶ *Fill* it *up*, please.

(차에 기름을) 가득 채워 주세요《주유소에서 주문할 때》.

---

*film [fílm 필름]

명 (복수 films [fílmz])
1 필름
영 *Film* is a roll of thin plastic that you put in a camera so you can take photographs or motion pictures.
일 フィルム(휘루무)　중 胶片　jiāopiàn(쟈오펜)
2 영화
영 A *film* is a movie.
¶ Shall we go and see a *film*?
우리 영화 보러 가지 않을래?
일 映画　えいが(에-가)　중 电影　diàn-yǐng(뎬잉)

---

*fin [fín 핀]

명 (물고기의) 지느러미
영 A *fin* is one of the thin parts on the side of its body that a fish uses to swim.
일 ひれ(히레)　중 鳍　qí(치)

---

*fi·nal [fáinl 파이늘]

형 최종의, 마지막의
영 *Final* means last.
¶ She won the *final* victory.
그녀는 최후의 승리를 얻었다.
일 最終の　さいしゅうの(사이슈-노)
중 最终的　zuìzhōngde(쭈이중더)

명 (복수 finals [fáinlz])
1 [보통 finals로] 결승전
영 A *final* is the last and most important game, race, etc. in a competition.
¶ play in the *finals*
결승전에서 뛰다

일 決勝戰 けっしょうせん(켓쇼-센)
중 决赛 juésài(줴싸이)
2 [보통 finals] 기말시험, 최종시험
영 A *final* is the last and usually most important examination in a school term.
¶ How did your *finals* go?
기말시험을 잘 봤니?
일 期末試験 きまつしけん(키마쓰시껜)
중 期末考试 qīmòkǎoshì(치모카오스)

***fi·nal·ly** [fáinəli 파이널리]
부 최후로, 마침내
영 *Finally* means at the end.
¶ *Finally* his dream came true.
마침내 그의 꿈이 실현되었다.
일 最後に さいごに(사이고니) 중 最后 zuìhòu(쭈이허우)

----

fi·nan·cial [finǽnʃəl 피낸셜]
형 재정상의, 금융의
영 *Financial* means relating to money or the management of money.
일 財政上の ざいせいじょうの(자이세-조-노) 중 財政的 cáizhèngde(차이정더)

****find** [fáind 파인드]
타 (3단현 finds [fáindz], 과거·과거분사 found [fáund], 현재분사 finding [fáindiŋ])
1 찾아내다, 발견하다(《반》 lose 잃다)
영 To *find* means to discover or come across something.
¶ I can't *find* my keys.
나는 열쇠를 찾을 수가 없다.
일 見つける みつける(미쓰께루) 중 找到 zhǎodào(자오다오)
2 알다, 깨닫다
영 To *find* means to learn about

something or someone.
¶ You will *find* the game interesting.
너는 그 게임이 재미있다는 것을 알게 될거야.
일 知る しる(시루) 중 发现 fāxiàn(파셴)
숙어 *find out* 알아내다
¶ You must *find out* how to get there.
너는 거기에 가는 방법을 알아내야 한다.

****fine** [fáin 파인]
형 (비교급 finer [fáinər], 최상급 finest [fáinist])
1 훌륭한, 멋진
영 *Fine* means very good or excellent.
¶ This is a really *fine* view.
이것은 정말 멋진 광경이다.
일 すばらしい(ㅅ바라시-) 중 优秀的 yōuxiùde(유슈더)
2 갠, 맑은
영 *Fine* means not cloudy or rainy.
¶ It will be *fine* tomorrow.
내일은 갤 것이다.
일 晴れた はれた(하레따) 중 晴朗的 qínglǎngde(칭랑더)
3 건강한 ; 기분 좋은
영 *Fine* means healthy and well.
¶ How are you? – I'm *fine*, thanks.
안녕하세요? –덕분에 잘 지내요.
일 元気な げんきな(겡끼나) 중 健康的 jiànkāngde(졘캉더)

****fin·ger** [fíŋgər 핑거]
명 (복수 fingers [fíŋgərz])
손가락
영 A *finger* is one of the long parts at the end of your hand.
¶ We ate with our *fingers*.
우리는 손가락으로 먹었다.

일 指 ゆび(유비) 중 手指 shǒuzhǐ(서우즈)

엄지손가락은 a thumb, 집게손가락은 the index finger, 가운뎃손가락은 the middle finger, 약손가락은 the ring finger, 새끼손가락은 the little finger라 한다.

****fin·ish** [fíniʃ 피니시]

타 (3단현 finishes [fíniʃiz], 과거·과거분사 finished [fíniʃt], 현재분사 finishing [fíniʃiŋ])
끝내다(《반》begin 시작하다)
영 To *finish* means to end or complete something.
¶ I can *finish* the work right now.
나는 지금 당장 그 일을 끝낼 수 있다.
일 終える おえる(오에루) 중 完成 wánchéng(완청)

***fire** [fáiər 파이어]

명 (복수 fires [fáiərz])
불 ; 화재
영 *Fire* is flames, heat, and light produced by burning.
¶ Paper takes *fire* easily.
종이는 불에 잘 탄다.
일 火 ひ(히) 중 火 huǒ(훠)

타 (3단현 fires [fáiərz], 과거·과거분사 fired [fáiərd], 현재분사 firing [fáiəriŋ])
발사하다
영 To *fire* means to shoot a gun or other weapon.
일 発射する はっしゃする(핫샤스루)
중 射击 shèjī(서지)

---

fire en·gine [fáiər èndʒin 파이어 엔진]

명 소방차

영 A *fire engine* is a large truck that carries ladders and other things to help firefighters put out a fire.
일 消防車 しょうぼうしゃ(쇼-보-샤)
중 消防车 xiāofángchē(샤오팡처)

---

fire·fight·er [fáiərfàitər 파이어 파이터]

명 소방관
영 A *firefighter* is someone who is trained to put out fires.
일 消防士 しょうぼうし(쇼-보-시) 중 消防队员 xiāofángduìyuán(샤오팡두이위엔)

---

fire·place [fáiərplèis 파이어플레이스]

명 난로 ; 벽난로
영 A *fireplace* is a structure in which a fire can burn safely.
¶ We sat round the *fireplace*.
우리는 난로 주위에 둘러앉았다.
일 暖炉 だんろ(단로) 중 暖炉 nuǎnlú(놘루)

---

fire sta·tion [fáiər stèiʃən 파이어 스테이션]

명 소방서
영 A *fire station* is a building where fire engines are kept and where firefighters wait until they are needed to put out fires.
일 消防署 しょうぼうしょ(쇼-보-쇼)
중 消防站 xiāofángzhàn(샤오팡잔)

---

fire·works [fáiərwə̀ːrks 파이어 워-크스]

명 불꽃
영 *Fireworks* are an object that burns or explodes to produce colored lights

and noises in the sky.
¶ *Fireworks* were displayed at the royal wedding.
왕실 결혼식에 불꽃을 쏘아 올렸다.
일 花火　はなび(하나비)　중　烟火　yānhuǒ(옌훠)

---

firm [fə́:*r*m 펌-]

형 (비교급 firmer [fə́:*r*mər], 최상급 firmest [fə́:*r*mist])
단단한, 굳은
영 *Firm* means strong and solid.
¶ *firm* muscles
단단한 근육
일 かたい(카따이)　중　牢固的　láogùde (라오구더)

명 회사
영 A *firm* is a business or company.
¶ a law *firm*
법률 회사
일 会社　かいしゃ(카이샤)　중　公司 gōngsī(궁쓰)

***first** [fə́:*r*st 퍼-스트]

형 첫번째의 ; 최초의 (《반》 last 마지막의)
영 *First* means earliest in time.
¶ He took the *first* bus.
그는 첫 버스를 탔다.
일 第一の　だいいちの(다이이찌노)　중 第一的　dìyīde(디이더)
숙어 *for the first time* 처음으로
¶ I visited Korea *for the first time*.
나는 처음으로 한국을 방문했다.

부 첫번째로, 맨 먼저
영 *First* means before anything or anyone else.
¶ Who's going *first*?
누가 맨 먼저 갈래?

일 第一に　だいいちに(다이이찌니) 중 首先　shǒuxiān(서우셴)

명 첫번째, 최초의 사람[것]
영 *First* is a person or thing that acts or happens earliest.
¶ She was the *first* to arrive.
그녀는 첫번째로 도착했다.
일 第一　だいいち(다이이찌)　중　第一 dìyī(디이)
숙어 *at first* 처음에(는)
¶ She looked young *at first*.
처음에는 그녀가 어려 보였다.

*****fish** [fíʃ 피시]

명 (복수 fish, fishes [fíʃiz])
물고기 ; 생선
영 A *fish* is an animal that lives in the water.
¶ I caught five *fish* in the river.
나는 강에서 물고기를 다섯 마리 잡았다.
일 魚　さかな(사까나)　중　鱼　yú(위)

up 복수형은 many fish처럼 단·복수 동형이지만 종류가 다른 물고기를 나타낼 때는 many fishes 또는 many kinds of fish로 쓴다.

자 (3단현 fishes [fíʃiz], 과거·과거분사 fished [fíʃt], 현재분사 fishing [fíʃiŋ])
낚시질하다, 물고기를 잡다
영 To *fish* means to catch fish.
일 釣りをする　つりをする(쓰리오스루)　중 钓鱼 diàoyú(댜오위)

---

fish·er·man [fíʃərmən 피셔먼]

명 (복수 fishermen [fíʃərmən])
어부 ; 낚시꾼
영 A *fisherman* is someone who

catches fish for a job or as a sport.
일 漁夫 ぎょふ(교후) 중 漁夫 yúfū(위
푸)

---

fish·ing [fíʃiŋ 피싱]

명 낚시질
영 *Fishing* is the sport or job of
catching fish.
일 釣り つり(쓰리) 중 钓鱼 diàoyú(댜
오위)

---

*fist [físt 피스트]

명 (복수 fists [físts])
주먹
영 A *fist* is a tightly closed hand.
¶ He struck me with his *fist*.
그는 주먹으로 나를 때렸다.
일 握りこぶし にぎりこぶし(니기리꼬
부시) 중 拳 quán(취엔)

---

*fit [fít 핏]

형 (비교급 fitter [fítər], 최상급
fittest [fítist])
알맞은, 적합한
영 *Fit* means appropriate or good
enough.
¶ This water isn't *fit* to drink.
이 물은 마시기에 적합하지 않다.
일 適した てきした(테끼시따) 중 适合
的 shìhéde(스허더)

타 (3단현 fits [fíts], 과거·과거분사
fitted [fítid], 현재분사 fitting
[fítiŋ])
딱 맞다 ; 적합하다
영 To *fit* means to be the right size.
¶ These pants *fit* me well.
이 바지는 내게 딱 맞는다.
일 ぴったり合う ぴったりあう(핏따리
아우) 중 合身 héshēn(허선)

---

five [fáiv 파이브]

명 (복수 fives [fáivz])
5, 다섯
영 *Five* is the number that comes
after four and before six.
¶ He's *five* years old.
그는 다섯살이다.
일 五 ご(고) 중 五 wǔ(우)

---

*fix [fíks 픽스]

타 (3단현 fixes [fíksiz], 과거·과거
분사 fixed [fíkst], 현재분사 fixing
[fíksiŋ])
1 수리하다, 고치다
영 To *fix* means to repair something.
¶ I *fixed* my bike.
나는 자전거를 고쳤다.
일 修理する しゅうりする(슈-리스루)
중 修理 xiūlǐ(슈리)
2 (날짜·장소 등을) 정하다
영 To *fix* means to decide on some-
thing.
¶ Have you *fixed* a date for the wed-
ding?
결혼식 날짜는 정했니?
일 決める きめる(키메루) 중 决定
juédìng(줴딩)
3 고정시키다, 붙이다
영 To *fix* means to place or fasten
firmly.
¶ She *fixed* the shelf to the wall.
그녀는 벽에 선반을 달았다.
일 固定する こていする(코떼-스루)
중 使固定 shǐgùdìng(스구딩)

---

flag [flǽg 플래그]

명 (복수 flags [flǽgz])
기
영 A *flag* is a piece of cloth with a
pattern on it that is a symbol of a
country, an organization, etc.

¶ a national *flag*
국기
일 旗 はた(하따) 중 旗 qí(치)

***flame** [fléim 플레임]
명 (복수 flames [fléimz])
[보통 flames로] 불꽃, 화염
영 A *flame* is a tongue of heat and light given off by a fire.
¶ The car burst into *flames*.
그 차는 갑자기 화염에 휩싸였다.
일 炎 ほのお(호노-) 중 火焰 huǒyàn (훠옌)

***flash** [flǽʃ 플래시]
명 (복수 flashes [flǽʃiz])
1 번쩍임, 섬광
영 A *flash* is a short burst of light.
일 ひらめき(히라메끼) 중 闪光 shǎnguāng(산광)
2 순식간
영 A *flash* is a very brief period of time.
일 またたく間 またたくま(마따따꾸마) 중 瞬间 shùnjiān(순젠)

자 (3단현 flashes [flǽʃiz], 과거·과거분사 flashed [flǽʃt], 현재분사 flashing [flǽʃiŋ])
번쩍이다
영 To *flash* means to show a bright light for a short moment.
¶ The lightning *flashed*.
번개가 번쩍였다.
일 ぴかっと光る ぴかっとひかる(피깟또히까루) 중 闪光 shǎnguāng(산광)

---

flash·light [flǽʃlàit 플래시라이트]
명 (복수 flashlights [flǽʃlàits])
회중 전등, 손전등
영 A *flashlight* is a small lamp that you can carry in your hand.
일 懐中電灯 かいちゅうでんとう(카이쭈-덴또-) 중 手电筒 shǒudiàntǒng (서우뗀퉁)

***flat**[1] [flǽt 플랫]
형 (비교급 flatter [flǽtər], 최상급 flattest [flǽtist])
평평한, 납작한
영 *Flat* means smooth and even.
¶ The top of the hill is *flat*.
그 언덕 위는 평평하다.
일 平らな たいらな(타이라나) 중 平的 píngde(핑더)

***flat**[2] [flǽt 플랫]
명 《영》 아파트(《미》 apartment)
영 A *flat* is an apartment.
일 アパート(아빠-또) 중 公寓 gōngyù (궁위)

***fla·vor** [fléivər 플레이버]
명 맛, 풍미
영 *Flavor* is the taste of food or drink.
¶ the strong *flavor* of the cheese
치즈의 강한 맛
일 味 あじ(아지) 중 味 wèi(웨이)

***flesh** [fléʃ 플레시]
명 살
영 *Flesh* is the soft part of your body that covers your bones.
일 肉 にく(니꾸) 중 肉 ròu(러우)

---

flew [flú: 플루-]
동 fly[1]의 과거형
¶ All the birds *flew* away.
새들이 모두 날아가버렸다.

F

flight [fláit 플라이트]

명 **1** 날기, 비행

영 *Flight* is the act of flying through the air.

¶ a bird in *flight*

날고 있는 새

일 飛ぶこと とぶこと(토부코또) 중 飞行 fēixíng(페이싱)

2 비행기 여행

영 A *flight* is a journey by aircraft.

¶ How was your *flight*?

비행기 여행은 어땠습니까?

일 飛行機旅行 ひこうきりょこう(히꼬-끼료꼬-) 중 空中旅行 kōngzhōng-lǚxíng(쿵중뤼싱)

F

***float** [flóut 플로우트]

자 (3단현 floats [flóuts], 과거·과거분사 floated [flóutid], 현재분사 floating [flóutiŋ])

1 뜨다

영 To *float* means to rest on water or air.

¶ Oil *floats* on water.

기름은 물에 뜬다.

일 浮く うく(우꾸) 중 浮 fú(푸)

2 떠다니다

영 To *float* means to move lightly and easily.

일 漂う ただよう(타다요-) 중 漂浮 piāofú(파오푸)

---

flock [flák 플락]

명 (양·염소 등의) 떼, 무리

영 A *flock* is a group of animals of one kind that live, travel, or feed together.

¶ a *flock* of geese

거위 떼

일 群れ むれ(무레) 중 群 qún(췬)

***flood** [flʌ́d 플러드]

명 (복수 floods [flʌ́dz])

홍수

영 A *flood* is what happens when water comes up over the edges of a river.

¶ These dams prevented *floods*.

이 댐들이 홍수를 막아주었다.

일 洪水 こうずい(코-즈이) 중 洪水 hóngshuǐ(홍수이)

****floor** [flɔ́:r 플로-]

명 (복수 floors [flɔ́:rz])

1 마루

영 A *floor* is the flat surface that you walk or stand on inside a building.

¶ We sat on the *floor*.

우리는 마루에 앉았다.

일 床 ゆか(유까) 중 地面 dìmiàn(디몐)

2 (건물의) 층

영 A *floor* is a story in a building.

¶ My room is on the second *floor*.

내 방은 2층에 있다.

일 階 かい(카이) 중 层 céng(청)

***flour** [fláuər 플라우어]

명 밀가루

영 *Flour* is a powder made from grain, usually wheat.

¶ Bread is made from *flour*.

빵은 밀가루로 만든다.

일 小麦粉 こむぎこ(코무기꼬) 중 面粉 miànfěn(몐펀)

***flow** [flóu 플로우]

자 (3단현 flows [flóuz], 과거·과거분사 flowed [flóud], 현재분사 flowing [flóuiŋ])

흐르다

영 To *flow* means to move along

smoothly, like a river.
¶ All rivers *flow* into the sea.
모든 강은 바다로 흐른다.
⑨ 流れる　ながれる(나가레루) ⑧ 流动
liúdòng(류둥)

---

flow·er [fláuər 플라우어]
⑨ (복수 flowers [fláuərz])
꽃
⑨ A *flower* is the colored part of a plant that produces seeds or fruit.
¶ It's a pretty *flower*.
그것은 예쁜 꽃이다.
⑨ 花　はな(하나) ⑧ 花　huā(화)

---

flown [flóun 플로운]
⑧ fly¹의 과거분사

---

fly¹ [flái 플리이]
⑧ (3단현 flies [fláiz], 과거형 flew [flú:], 과거분사 flown [flóun], 현재분사 flying [fláiiŋ])
⑨ 날다 ; 비행기로 날다
⑨ To *fly* means to move through the air.
¶ The little bird can't *fly* well.
그 작은 새는 잘 날지 못한다.
⑨ 飛ぶ　とぶ(토부) ⑧ 飞　fēi(페이)
⑧ 날리다
⑨ To *fly* means to float in the air.
¶ He was *flying* a kite in the park.
그는 공원에서 연을 날리고 있었다.
⑨ 飛ばす　とばす(토바스) ⑧ 使飞
shǐfēi(스페이)

---

fly² [flái 플라이]
⑨ (복수 flies [fláiz])
파리
⑨ A *fly* is an insect with two very thin wings.

⑨ ハエ(하에) ⑧ 苍蝇 cāngying(창잉)

---

fo·cus [fóukəs 포우커스]
⑨ (복수 focuses [fóukəsiz], foci [fóusai])
(렌즈의) 초점
⑨ *Focus* is the point where rays of light meet after being bent by a lens.
⑨ 焦点　しょうてん(쇼-뗑) ⑧ 焦点
jiāodiǎn(쟈오뗀)

---

fog [fɔ́:g 포-그]
⑨ (짙은) 안개
⑨ *Fog* is a cloud that is close to the ground.
¶ We couldn't see the road because of the *fog*.
안개 때문에 길이 보이지 않았다.
⑨ 霧　きり(키리) ⑧ 雾 wù(우)

---

fold [fóuld 포울드]
⑨ (3단현 folds [fóuldz], 과거·과거분사 folded [fóuldid], 현재분사 folding [fóuldiŋ])
접다
⑨ To *fold* means to bend.
¶ *Fold* the paper in half.
그 종이를 반으로 접어라.
⑨ 折る　おる(오루) ⑧ 折叠 zhédié(저데)

---

folk [fóuk 포우크]
⑨ (복수 folk, 《미》 folks [fóuks])
[folks로] 사람들
⑨ *Folks* are people.
¶ They are just simple country *folks*.
그들은 소박한 시골 사람들이다.
⑨ 人々　ひとびと(히또비또) ⑧ 人们
rénmen(런먼)

지금은 보통 people을 많이 쓴다.

---

folk dance [fóuk dæns 포우크 댄스]

명 민속 무용
영 A *folk dance* is a kind of dance that is native to a particular area or group.
일 民俗舞踊 みんぞくぶよう(민조꾸부요-) 중 民族舞 mínzúwǔ(민쭈우)

---

fol·low [fálou 팔로우]

타 (3단현 follows [fálouz], 과거·과거분사 followed [fáloud], 현재분사 following [fálouiŋ])
1 뒤따라가다
영 To *follow* means to go behind.
¶ The boy *followed* his father.
그 소년은 아버지를 뒤따라갔다.
일 後について行く あとについてゆく(아또니쓰이떼유꾸) 중 跟随 gēnsuí(건쑤이)
2 [순서] …의 다음에 오다
영 To *follow* means to come after.
¶ March *follows* February.
3월은 2월 다음에 온다.
일 次に来る つぎにくる(쓰기니쿠루)
중 接着 jiēzhe(제저)

---

fol·low·ing [fálouiŋ 팔로우잉]

형 다음의
영 *Following* means next in time or order of occurrence.
¶ They met the *following* day.
그들은 다음날 만났다.
일 次の つぎの(쓰기노) 중 接着的 jiēzhede(제저더)

---

fond [fánd 판드]

형 (비교급 fonder [fándər], 최상급 fondest [fándist])
좋아하는
영 *Fond* means liking someone or something.
¶ I am very *fond* of music.
나는 음악을 아주 좋아한다.
일 好きである すきである(스끼데아루) 중 喜欢的 xǐhuande(시환더)

---

food [fú:d 푸-드]

명 (복수 foods [fú:dz])
음식물, 먹을 것
영 *Food* is what we eat.
¶ We can't live without *food*.
우리는 먹을 것 없이는 살 수 없다.
일 食べ物 たべもの(타베모노) 중 食物 shíwù(스우)

---

fool [fú:l 풀-]

명 (복수 fools [fú:lz])
바보, 어리석은 사람
영 A *fool* is a person who lacks good sense.
¶ They made a *fool* of him.
그들은 그를 바보 취급했다.
일 愚か者 おろかもの(오로까모노) 중 傻子 shǎzi(사쯔)

---

fool·ish [fú:liʃ 풀-리시]

형 (비교급 more foolish, 최상급 most foolish)
어리석은, 바보 같은
영 *Foolish* means not wise.
¶ He is a *foolish* young man.
그는 어리석은 젊은이다.
일 愚かな おろかな(오로까나) 중 愚蠢的 yúchǔnde(위춘더)

---

foot [fút 풋]

명 (복수 feet [fíːt])
1 발
영 A *foot* is the part of your body at the end of your leg.
¶ Don't step on my *foot*.
내 발을 밟지 마라.
일 足 あし(아시) 중 脚 jiǎo(쟈오)
2 피트《약 30.5 센티미터》
영 A *foot* is a unit of length.
일 フィート(휘-또) 중 英尺 yīngchǐ
(잉츠)
숙어 *on foot* 걸어서, 도보로
¶ I go to school *on foot*.
나는 걸어서 학교에 간다.

---

* **foot·ball** [fútbɔ̀ːl 풋볼-]
명 축구, 풋볼
영 *Football* is a game played by two teams on a large field with goals at each end.
¶ They play *football* at school.
그들은 학교에서 축구를 한다.
일 フットボール(홋또보-루) 중 足球 zúqiú(쭈츄)
《미》에서는 football이 보통 American football을 가리키나 《영》에서는 soccer 또는 rugby 를 가리킨다.

---

foot·print [fútprìnt 풋프린트]
명 발자국
영 A *footprint* is a mark made by a foot or shoe.
일 足跡 あしあと(아시아또) 중 足迹 zújì(쭈지)

---

foot·step [fútstèp 풋스텝]
명 (복수 footsteps [fútstèps])
1 발걸음
영 A *footstep* is the act of placing the foot on the ground or floor.

일 足取り あしどり(아시도리) 중 脚步 jiǎobù(쟈오부)
2 발소리
영 A *footstep* is the sound that the foot makes when it hits the ground or floor.
¶ He heard somebody's *footsteps* coming up the stairs.
그는 누군가 계단을 올라오는 발소 리를 들었다.
일 足音 あしおと(아시오또) 중 脚步声 jiǎobùshēng(쟈오부성)

---

* **for** [《약》 fər 퍼 ; 《강》 fɔ́ːr 포-]
전 **1** [용도] …을 위해서
영 *For* means intended to be used on or with.
¶ This is a present *for* him.
이것은 그에게 줄 선물이다.
일 ために(타메니) 중 为 wèi(웨이)
2 [목적] …하기 위해서
영 *For* means in order to get or do something.
¶ Let's go *for* a walk.
산책하러 가자.
일 ために(타메니) 중 为了 wèile(웨이 러)
3 [방향] …을 향하여
영 *For* means toward.
¶ He took a bus *for* Seoul.
그는 서울행 버스를 탔다.
일 行きの ゆきの(유끼노) 중 向 xiàng(샹)
4 [시간] …동안
영 *For* means indicating the length of a period of time.
¶ Can you stay here *for* a week?
너는 여기에서 일주일 동안 머물 수 있니?
일 間 あいだ(아이다) 중 在…时间 zài…shíjiān(짜이…스졘)
5 [원인] …때문에

영 *For* means due to.
¶ I can't see anything *for* the fog.
나는 안개 때문에 아무것도 볼 수 없다.
일 ために(타메니) 중 因为 yīnwèi(인웨이)

for·bade [fərbǽd 퍼배드]

타 forbid의 과거형

*for·bid [fərbíd 퍼비드]

타 (3단현 forbids [fərbídz], 과거형 forbade [fərbǽd], 과거분사 forbidden [fərbídn], 현재분사 forbidding [fərbídiŋ])
금지하다
영 To *forbid* means to order someone not to do something.
¶ Swimming is *forbidden* here.
여기에서 수영은 금지되어 있다.
일 禁じる きんじる(킨지루) 중 禁止 jìnzhǐ(진즈)

for·bid·den [fərbídn 퍼비든]

타 forbid의 과거분사

*force [fɔ́:rs 포-스]

명 (복수 forces [fɔ́:rsiz])
힘, 세력
영 *Force* is strength or power.
¶ The batter hit the ball with great *force*.
타자는 힘껏 공을 쳤다.
일 力 ちから(치까라) 중 力 lì(리)

타 (3단현 forces [fɔ́:rsiz], 과거·과거분사 forced [fɔ́:rst], 현재분사 forcing [fɔ́:rsiŋ])
강요하다, 억지로 …시키다
영 To *force* means to make someone

do something he or she does not want to do.
일 強要する きょうようする(쿄-요-스루) 중 强迫 qiǎngpò(챵포)

*fore·cast [fɔ́:rkæst 포-캐스트]

명 예측, 예상 ; 예보
영 A *forecast* is a description of what is likely to happen in the future.
¶ I listened to the weather *forecast*.
나는 일기 예보를 귀담아 들었다.
일 予測 よそく(요소꾸) 중 预测 yùcè(위처)

타 (3단현 forecasts [fɔ́:rkæsts], 과거·과거분사 forecast 또는 forecasted [fɔ́:rkæstid], 현재분사 forecasting [fɔ́:rkæstiŋ])
예측하다, 예상하다 ; 예보하다
영 To *forecast* means to say what is likely to happen in the future.
¶ Could you *forecast* who will win?
누가 우승할 걸로 예상하니?
일 予測する よそくする(요소꾸스루)
중 预测 yùcè(위처)

fore·fa·ther [fɔ́:rfɑ̀:ðər 포-파-더]

명 [보통 forefathers로] 조상, 선조
영 A *forefather* is an ancestor.
¶ Several of his *forefathers* emigrated to America.
그의 조상 중 몇 사람은 미국으로 이주했다.
일 祖先 そせん(소센) 중 祖先 zǔxiān(쭈셴)

fore·fin·ger [fɔ́:rfiŋgər 포-핑거]

명 집게손가락
영 A *forefinger* is the finger next to

your thumb.
일 人さし指 ひとさしゆび(히또사시유비) 중 食指 shízhǐ(스즈)

---

fore·head [fɔ́:rid 포-리드]

명 이마
영 A *forehead* is the part of your face above your eyes and below your hair.
¶ He has a broad *forehead*.
그는 이마가 훤하다.
일 額 ひたい(히따이) 중 额 é(어)

---

*for·eign [fɔ́:rin 포-린]

형 외국의
영 *Foreign* means not from your own country.
¶ She has many *foreign* stamps.
그녀는 많은 외국 우표를 가지고 있다.
일 外国の がいこくの(가이꼬꾸노) 중 外国的 wàiguóde(와이궈더)

---

for·eign·er [fɔ́:rinər 포-리너]

명 (복수 foreigners [fɔ́:rinərz])
외국인
영 A *foreigner* is someone who is from a country that is not your own.
¶ I met a *foreigner*.
나는 외국인을 만났다.
일 外国人 がいこくじん(가이꼬꾸진)
중 外国人 wàiguórén(와이궈런)

---

*for·est [fɔ́:rist 포-리스트]

명 (복수 forests [fɔ́:rists])
숲, 삼림
영 A *forest* is a large area thickly covered with trees and plants.
¶ We were lost in the *forest*.
우리는 숲 속에서 길을 잃었다.
일 森 もり(모리) 중 森林 sēnlín(썬린)

---

for·ev·er [fərévər 퍼레버]

부 영원히
영 *Forever* means for all time.
¶ I'll love you *forever*.
나는 영원히 너를 사랑할거야.
일 永遠に えいえんに(에-엔니) 중 永远 yǒngyuǎn(융위엔)

---

for·gave [fərgéiv 퍼게이브]

타 forgive의 과거형

---

*for·get [fərgét 퍼겟]

타 (3단현 forgets [fərgéts], 과거형 forgot [fərgát], 과거분사 forgotten [fərgátn] 또는 forgot, 현재분사 forgetting [fərgétiŋ])
잊다
영 To *forget* means to not remember something.
¶ I have *forgotten* his name.
나는 그의 이름을 잊어 버렸다.
일 忘れる わすれる(와스레루) 중 忘记 wàngjì(왕지)

---

*for·give [fərgív 퍼기브]

타 (3단현 forgives [fərgívz], 과거형 forgave [fərgéiv], 과거분사 forgiven [fərgívən], 현재분사 forgiving [fərgíviŋ])
용서하다
영 To *forgive* means to pardon someone, or to stop blaming.
¶ Please *forgive* me.
제발 용서해 주세요.
일 許す ゆるす(유루스) 중 原谅 yuán-liàng(위엔량)

---

for·giv·en [fərgívən 퍼기번]

타 forgive의 과거분사

for·got [fərgát 퍼갓]

㉣ forget의 과거·과거분사

---

for·got·ten [fərgátn 퍼가튼]

㉣ forget의 과거분사

---

*fork [fɔ́ːrk 포-크]

㊀ (복수 forks [fɔ́ːrks])
포크
㊂ A *fork* is a tool with prongs used for eating food.
¶ I use a *fork* at the table.
나는 식사할 때 포크를 사용한다.
㊐ フォーク(호-꾸) ㊅ 餐叉 cānchā(찬차)

---

*form [fɔ́ːrm 폼-]

㊀ (복수 forms [fɔ́ːrmz])
1 모양
㊂ A *form* is shape.
¶ Clouds have many different *forms*.
구름은 여러 가지 다양한 모양을 띤다.
㊐ 形 かたち(카따찌) ㊅ 形状 xíngzhuàng(싱쫭)
2 형태, 종류
㊂ A *form* is type or kind.
¶ Heat is a *form* of energy.
열은 에너지의 한 형태다.
㊐ 形態 けいたい(케-따이) ㊅ 类型 lèixíng(레이싱)
3 서식, 서류, 용지
㊂ A *form* is an official document with spaces where you have to provide information.
㊐ 書式 しょしき(쇼시끼) ㊅ 表格 biǎogé(뱌오거)

㉣ (3단현 forms [fɔ́ːrmz], 과거·과거분사 formed [fɔ́ːrmd], 현재분사 forming [fɔ́ːrmiŋ])
모양을 이루다, 형성하다
㊂ To *form* means to make up or create something.
¶ The children *formed* a circle.
아이들은 원을 만들었다.
㊐ 形づくる かたちづくる(카따찌즈꾸루) ㊅ 形成 xíngchéng(싱청)

---

for·mal [fɔ́ːrməl 포-멀]

㊁ (비교급 more formal, 최상급 most formal)
정식의, 격식을 차린
㊂ *Formal* means proper and not casual.
¶ We wore *formal* dress at the party.
우리는 그 파티에 정장을 입었다.
㊐ 正式の せいしきの(세-시끼노) ㊅ 正式的 zhèngshìde(정스더)

---

*for·mer [fɔ́ːrmər 포-머]

㊁ **1** 이전의, 앞의
㊂ *Former* means previous or earlier.
¶ his *former* wife
그의 전처
㊐ 以前の いぜんの(이젠노) ㊅ 以前的 yǐqiánde(이쳰더)
2 [the former로 ; 대명사적으로] 전자, 앞의 것(《반》 the latter 후자)
㊂ *The former* is the first of two things that you have been talking about.
㊐ 前者 ぜんしゃ(젠샤) ㊅ 前者 qiánzhě(쳰저)

---

for·mer·ly [fɔ́ːrmərli 포-멀리]

㊃ 이전에, 옛날에
㊂ *Formerly* means in the past, or at an earlier time.
¶ New York was *formerly* called New Amsterdam.
뉴욕을 이전에 뉴암스테르담으로 불

렀다.
일 以前に いぜんに(이젠니) 중 以前 yǐqián(이쳰)

---

for·ti·eth [fɔ́ːrtiiθ 포-티이스]

명 40번째, 마흔번째
영 *Fortieth* is the number that comes after thirty-ninth and before forty-first.
일 四十番目 よんじゅうばんめ(욘주-밤메) 중 第四十 dìsìshí(디쓰쓰)

---

for·tu·nate [fɔ́ːrtʃunət 포-추넛]

형 행운의, 운이 좋은
영 *Fortunate* means lucky.
¶ That was *fortunate* for him.
그것이 그에게는 행운이었다.
일 幸運な こううんな(코-운나) 중 幸运的 xìngyùnde(싱윈더)

---

*for·tune [fɔ́ːrtʃun 포-춘]

명 (복수 fortunes [fɔ́ːrtʃunz])
1 운, 운명
영 *Fortune* is fate or destiny.
일 運 うん(운) 중 命运 mìngyùn(밍윈)
2 행운
영 *Fortune* is chance or good luck.
일 幸運 こううん(코-운) 중 幸运 xìngyùn(싱윈)
3 재산, 부
영 A *fortune* is a large amount of money.
¶ a man of *fortune*
재산가
일 財産 ざいさん(자이산) 중 財产 cáichǎn(차이찬)

**for·ty [fɔ́ːrti 포-티]

명 (복수 forties [fɔ́ːrtiz])

40, 마흔
영 *Forty* is the number that comes after thirty-nine and before forty-one.
¶ My aunt is *forty* years old.
나의 아주머니는 40살이다.
일 四十 よんじゅう(욘주-) 중 四十 sìshí(쓰스)

---

*for·ward [fɔ́ːrwərd 포-워드]

부 앞으로(《반》 backward 뒤로)
영 *Forward* means toward the front.
¶ He took a step *forward*.
그는 한걸음 앞으로 나아갔다.
일 前へ まえへ(마에에) 중 向前 xiàngqián(샹쳰)
숙어 *look forward to* …을 기다리다, …을 고대하다
¶ I am *looking forward to* seeing you again.
나는 너를 다시 만나기를 고대하고 있다.

---

fought [fɔ́ːt 포-트]

자 fight의 과거·과거분사

---

found[1] [fáund 파운드]

타 find의 과거·과거분사

---

found[2] [fáund 파운드]

타 (3단현 founds [fáundz], 과거·과거분사 founded [fáundid], 현재분사 founding [fáundiŋ])
설립하다
영 To *found* means to set up or start something.
¶ He *founded* the hospital in 1980.
그는 1980년에 그 병원을 설립했다.
일 設立する せつりつする(세쓰리쓰루) 중 设立 shèlì(서리)

*__foun·da·tion__ [faundéiʃən 파운데이션]

명 1 토대, 기초
영 A *foundation* is a solid structure on which a building is built.
일 土台 どだい(도다이) 중 基础 jīchǔ (지추)
2 근거
영 A *foundation* is the base or basis of something.
¶ That rumor has no *foundation*.
그 소문은 근거가 없다.
일 根拠 こんきょ(콩꾜) 중 根据 gēnjù (건쥐)
3 설립
영 *Foundation* is the action of establishing an organization, institution, etc.
일 設立 せつりつ(세쓰리쓰) 중 设立 shèlì(서리)

----

*__foun·tain__ [fáuntən 파운턴]

명 (복수 fountains [fáuntənz])
분수 ; 샘
영 A *fountain* is a stream or jet of water used for drinking or for decoration.
일 噴水 ふんすい(훈스이) 중 喷泉 pēnquán(펀취엔)

__foun·tain pen__ [fáuntən pèn 파운턴 펜]

명 만년필
영 A *fountain pen* is a pen with a point that is supplied with ink from a container inside the pen.
일 万年筆 まんねんひつ(만넨히쓰) 중 自来水笔 zìláishuǐbǐ(쯔라이수이비)

----

*__four__ [fɔ́:r 포-]

명 (복수 fours [fɔ́:rz])
4, 넷
영 *Four* is the number that comes after three and before five.
¶ School is over at *four*.
학교는 4시에 끝난다.
일 四 し(시) 중 四 sì(쓰)

----

*__four·teen__ [fɔ̀:rtí:n 포-틴-]

명 (복수 fourteens [fɔ̀:rtí:nz])
14, 열넷
영 *Fourteen* is the number that comes after thirteen and before fifteen.
일 十四 じゅうよん(주-용) 중 十四 shísì(스쓰)

----

*__four·teenth__ [fɔ̀:rtí:nθ 포-틴-스]

명 14번째, 열네번째
영 *Fourteenth* is the number that comes after thirteenth and before fifteenth.
일 十四番目 じゅうよんばんめ(주-욤밤메) 중 第十四 dìshísì(디스쓰)

----

*__fourth__ [fɔ́:rθ 포-스]

명 (복수 fourths [fɔ́:rθs])
4번째, 네번째
영 *Fourth* is the number that comes after third and before fifth.
일 四番目 よんばんめ(욤밤메) 중 第四 dìsì(디쓰)

----

*__fox__ [fáks 팍스]

명 (복수 foxes [fáksiz])
여우
영 A *fox* is a wild animal related to the dog, with thick fur, a pointed nose and ears, and a bushy tail.
¶ A *fox* is a wild animal.
여우는 야생동물이다.

일 キツネ(키쓰네) 중 狐 hú(후)

***frame** [fréim 프레임]

명 (복수 frames [fréimz])
틀, 액자
영 A *frame* is a border that surrounds and holds something.
¶ a window *frame*
창틀
일 枠 わく(와꾸) 중 框 kuàng(쾅)

***France** [frǽns 프랜스]

명 프랑스

▲ 루브르 박물관

일 フランス(후란스) 중 法国 Fǎguó(파궈)

****free** [frí: 프리-]

형 (비교급 freer [frí:ər], 최상급 freest [frí:ist])
1 자유로운
영 *Free* means not held back or kept in.
¶ We are all *free* in this country.
이 나라에서는 모두가 자유롭다.
일 自由な じゆうな(지유-나) 중 自由的 zìyóude(쯔유더)
2 무료의, 공짜의
영 *Free* means not costing any money.
¶ I have three *free* tickets.
나는 무료 입장권이 3장 있다.
일 無料の むりょうの(무료-노) 중 免

费的 miǎnfèide(몐페이더)

***free·dom** [frí:dəm 프리-덤]

명 자유, 해방
영 *Freedom* is the right to do and say what you like.
일 自由 じゆう(지유-) 중 自由 zìyóu(쯔유)

---

free·way [frí:wèi 프리-웨이]

명 (복수 freeways [frí:wèiz])
간선도로
영 A *freeway* is a wide highway that you can travel on without paying tolls.
일 幹線道路 かんせんどうろ(칸센도-로) 중 高速公路 gāosùgōnglù(가오쑤궁루)

***freeze** [frí:z 프리-즈]

동 (3단현 freezes [frí:ziz], 과거형 froze [fróuz], 과거분사 frozen [fróuzn], 현재분사 freezing [frí:z-iŋ])
자 얼다
영 To *freeze* means to become solid or icy at a very low temperature.
¶ The water pipes *froze*.
수도관이 얼었다.
일 凍る こおる(코-루) 중 结冰 jiébīng(졔빙)
타 얼게 하다
¶ The ground was *frozen* solid.
땅이 꽁꽁 얼었다.
일 凍らせる こおらせる(코-라세루) 중 使结冰 shǐjiébīng(스졔빙)

***French** [fréntʃ 프렌치]

형 프랑스의 ; 프랑스 사람의
영 *French* means relating to or com-

F

ing from France.
일 フランスの(후란스노) 중 法国的 Fǎ-guóde(파궈더)

명 [the French로] 프랑스 사람
영 ***The French*** are the people of France.
일 フランス人 フランスじん(후란스진) 중 法国人 Fǎguórén(파궈런)

---

fre·quent [frí:kwənt 프리-퀀트]

형 (비교급 more frequent, 최상급 most frequent)
빈번한, 자주 일어나는
영 ***Frequent*** means happening very often.
일 頻繁な ひんぱんな(힘빤나) 중 頻繁的 pínfánde(핀판더)

---

*fre·quent·ly [frí:kwəntli 프리-퀀틀리]

부 (비교급 more frequently, 최상급 most frequently)
빈번히, 자주
영 ***Frequently*** means very often.
¶ He *frequently* arrived late.
그는 자주 늦게 도착했다.
일 頻繁に ひんぱんに(힘빤니) 중 頻繁地 pínfánde(핀판더)

---

*fresh [fréʃ 프레시]

형 (비교급 fresher [fréʃər], 최상급 freshest [fréʃist])
1 신선한, 싱싱한
영 ***Fresh*** means recently picked or prepared.
¶ *fresh* fish
싱싱한 생선
일 新鮮な しんせんな(신센나) 중 新鮮的 xīnxiānde(신셴더)
2 상쾌한

영 ***Fresh*** means cool or refreshing.
¶ I could smell the *fresh* air of the spring.
나는 상쾌한 봄 내음을 맡을 수 있었다.
일 すがすがしい(스가스가시-) 중 凉爽的 liángshuǎngde(량쐉더)

---

fresh·man [fréʃmən 프레시먼]

명 (복수 freshmen [fréʃmən])
((미)) 1학년생, 신입생
영 A ***freshman*** is someone in the first year of high school or college.
일 一年生 いちねんせい(이찌넨세-) 중 新生 xīnshēng(신성)

up ((미))의 4년제 대학·고등학교에서는 1학년생부터 차례로 freshman, sophomore, junior, senior라 하며 3년제에서는 freshman, junior, senior라 하고 2년제에서는 junior, senior라 한다.

**Fri·day [fráidèi 프라이데이]

명 (복수 Fridays [fráidèiz])
금요일
영 ***Friday*** is the sixth day of the week.
¶ We have no classes this *Friday*.
우리는 이번 금요일에 수업이 없다.
일 金曜日 きんようび(킹요-비) 중 星期五 xīngqīwǔ(싱치우)

---

fried [fráid 프라이드]

타 fry의 과거·과거분사

**friend [frénd 프렌드]

명 (복수 friends [fréndz])
친구
영 A ***friend*** is someone whom you enjoy being with and know well.

¶ He is my *friend*.
그는 내 친구다.
일 友達　ともだち(토모다찌) 중 朋友
péngyou(펑유)
숙어 *make friends with* …와 친해지
다
¶ I *made friends with* her.
나는 그녀와 친해졌다.

---

* **friend·ly** [fréndli 프렌들리]
형 (비교급 friendlier [fréndliər],
최상급 friendliest [fréndliist])
친한, 사이가 좋은
영 *Friendly* means kind and helpful.
¶ You must be *friendly* with your
neighbors.
너는 이웃들과 사이좋게 지내야 한다.
일 親しい　したしい(시따시-) 중 友好
的 yǒuhǎode(유하오터)

---

friend·ship [fréndʃip 프렌드십]
명 우정, 우애
영 *Friendship* is the feelings that
exist between friends.
¶ Nothing is more important than
friendship to us.
우리에게 우정보다 더 중요한 것은
없다.
일 友情　ゆうじょう(유-조-) 중 友谊
yǒuyì(유이)

---

* **fright·en** [fráitn 프라이튼]
타 (3단현 frightens [fráitnz], 과거·
과거분사 frightened [fráitnd], 현
재분사 frightening [fráitniŋ])
무서워하게 하다, 깜짝 놀라게 하다
영 To *frighten* means to scare some-
one.
¶ I was *frightened* at the news.
나는 그 뉴스를 듣고 깜짝 놀랐다.
일 怖がらせる　こわがらせる(코와가라

세루) 중 使惊恐　shǐjīngkǒng(스징쿵)

---

* **frog** [frɔ́:g 프로-그]
명 (복수 frogs [frɔ́:gz])
개구리
영 A *frog* is a small, green or brown
animal with webbed feet and long
back legs.
일 カエル(카에루) 중 青蛙　qīngwā(칭
와)

---

* **from** [《약》frəm 프럼 ; 《강》frám
프람]
전 **1** [장소·시간] …에서
영 *From* means starting at.
¶ Our family moved *from* the city to
the country.
우리 가족은 도시에서 시골로 이사
했다.
¶ I waited for you *from* six until seven.
나는 6시부터 7시까지 너를 기다렸다.
일 から(카라) 중 从　cóng(충)
2 [기원·출신] …에서, …출신의
영 *From* means indicating the source
of someone or something.
¶ This book is *from* my uncle.
이 책은 아저씨에게서 받은 것이다.
¶ I am *from* Seoul.
나는 서울 출신이다.
일 から(카라) 중 出自　chūzì(추쯔)
3 [분리] …로부터, …에서 떨어진
영 *From* means in relative distance
to.
¶ Her school is 2 kilometers *from* her
house.
그녀의 학교는 집에서 2킬로미터 떨
어져 있다.
일 から(카라) 중 离　lí(리)
숙어 *from door to door* 집집마다
숙어 *from time to time* 때때로
¶ She came to see me *from time to*

time.
그녀는 때때로 나를 만나러 왔다.

****front** [frʌnt 프런트]

몡 (복수 **fronts** [frʌnts])
[보통 the front로] 앞 ; 정면(《반》 back 뒤)
영 *The front* is the part of something that comes first or faces forward.
¶ Look to *the front.*
앞을 보세요.
일 前部　ぜんぶ(젬부)　중 前面 qián-miàn(첸몐)
숙어 *in front of* …의 앞에
¶ His car is *in front of* the bank.
그의 차는 은행 앞에 있다.

***fron·tier** [frʌntíər 프런티어]

몡 국경 ; 국경 지방
영 A *frontier* is the border of a country, or the area near the border.
일 国境　こっきょう(콕꾜-)　중 国境 guójìng(궈징)

***frost** [frɔ́ːst 프로-스트]

몡 서리
영 *Frost* is powdery ice that forms on things in freezing weather.
¶ Flowers die when the *frost* comes.
서리가 내리면 꽃은 시든다.
일 霜　しも(시모)　중 霜 shuāng(쑹)

----

froze [fróuz 프로우즈]

동 freeze의 과거형

----

fro·zen [fróuzn 프로우즌]

동 freeze의 과거분사

****fruit** [frúːt 프루-트]

몡 (복수 **fruits** [frúːts])
과일
영 A *fruit* is the fleshy, juicy product of a plant that contains one or more seeds.
¶ Will you have some more *fruit* or juice?
과일이나 주스를 좀 더 드시겠어요?
일 果物　くだもの(쿠다모노)　중 水果 shuǐguǒ(수이궈)

***fry** [frái 프라이]

타 (3단현 **fries** [fráiz], 과거·과거분사 **fried** [fráid], 현재분사 **frying** [fráiiŋ])
(기름으로) 튀기다
영 To *fry* means to cook food in hot fat or oil.
¶ Shall I *fry* the eggs or boil them?
계란을 프라이로 할까요, 삶을까요?
일 揚げる　あげる(아게루)　중 油炸 yóuzhá(유자)

***fu·el** [fjúːəl 퓨-얼]

몡 (복수 **fuels** [fjúːəlz])
연료
영 *Fuel* is something that is used as a source of heat or energy.
¶ Coal, wood, and oil are *fuels.*
석탄, 나무, 석유는 연료다.
일 燃料　ねんりょう(넨료-)　중 燃料 ránliào(란랴오)

****full** [fúl 풀]

형 (비교급 **fuller** [fúlər], 최상급 **fullest** [fúlist])
1 가득한
영 *Full* means not holding any more.
¶ The train was *full.*
기차는 만원이었다.
일 いっぱいの(입빠이노)　중 满的

mǎnde(만더)

2 완전한

영 *Full* means whole or complete.

¶ Please write down your *full* name.
성명을 써 주세요.

일 完全な　かんぜんな(칸젠나)　중 完全的　wánquánde(완취엔더)

숙어 *be full of* …로 가득 차다

---

ful·ly [fúli 풀리]

부 충분히, 완전히

영 *Fully* means wholly or completely.

¶ They were *fully* satisfied.
그들은 충분히 만족했다.

일 十分に　じゅうぶんに(주-분니)　중 完全地　wánquánde(완취엔더)

***fun** [fʌ́n 펀]

명 즐거움 ; 재미있는 일

영 *Fun* is enjoyment, or an activity that is enjoyable.

¶ We had a lot of *fun* at the party.
파티는 아주 즐거웠다.

일 楽しみ　たのしみ(타노시미)　중 乐趣　lèqù(러취)

숙어 *make fun of* …을 놀리다

***func·tion** [fʌ́ŋkʃən 펑크션]

명 (복수 functions [fʌ́ŋkʃənz])
기능 ; 역할

영 A *function* is the usual purpose of a thing, or the job that someone usually does.

일 機能　きのう(키노-)　중 功能　gōngnéng(궁넝)

***fund** [fʌ́nd 펀드]

명 (복수 funds [fʌ́ndz])
자금, 기금

영 A *fund* is money kept for a spe-

cial purpose.

¶ a scholarship *fund*
장학 기금

일 資金　しきん(시낑)　중 资金　zījīn(쯔진)

---

fun·da·men·tal [fʌ̀ndəméntl 펀더멘틀]

형 기본적인, 근본적인

영 *Fundamental* means basic and necessary.

일 基本的な　きほんてきな(키혼떼끼나)　중 基本的　jīběnde(지번더)

---

fu·ner·al [fjúːnərəl 퓨-너럴]

명 장례식

영 A *funeral* is the ceremony held after someone has died.

¶ More than 150 people attended the *funeral*.
150명이 넘는 사람들이 장례식에 참석했다.

일 葬式　そうしき(소-시끼)　중 葬礼　zànglǐ(짱리)

***fun·ny** [fʌ́ni 퍼니]

형 (비교급 funnier [fʌ́niər], 최상급 funniest [fʌ́niist])
우스운, 재미있는

영 *Funny* means amusing or humorous.

¶ The story is *funny*.
그 이야기는 재미있다.

일 おかしい(오까시-)　중 可笑的　kěxiàode(커샤오더)

***fur** [fə́ːr 퍼-]

명 (복수 furs [fə́ːrz])
모피

영 *Fur* is the thick, soft, hairy coat of an animal.

¶ a *fur* coat
모피 코트
일 毛皮　けがわ(케가와)　중　毛皮
máopí(마오피)

---

* **fur·ni·ture** [fə́:rnitʃər 퍼-니처]

명 가구
영 *Furniture* is the movable things such as chairs, tables, and beds that are needed in a home or an office.
¶ There is much *furniture* in the room.
그 방에는 가구가 많다.
일 家具　かぐ(카구)　중　家具 jiāju(쟈쥐)
↪up furniture는 부정 관사를 붙이지 않으며 복수형으로도 하지 않는다.

F

---

fur·ther [fə́:rðər 퍼-더]

부 [far의 비교급] 더 멀리
영 *Further* means at a greater distance.
¶ I can't walk any *further*.
나는 더 이상 걸을 수 없다.
일 もっと遠く　もっととおく(못또토-꾸)　중　更远地 gèngyuǎnde(경위엔더)

형 [far의 비교급] **1** 더 먼
영 *Further* means more distant or remote.
일 さらに遠い　さらにとおい(사라니토-이)　중　更远的 gèngyuǎnde(경위엔더)
2 그 위의, 그 이상의
영 *Further* means additional.
¶ *further* information
그 이상의 정보
¶ Are there any *further* questions?
다른 질문은 없습니까?
일 その上の　そのうえの(소노우에노)　중　进一步的 jìnyíbùde(진이부더)

---

* **fu·ture** [fjú:tʃər 퓨-처]

명 (복수 futures [fjú:tʃərz])
[the future로] 미래, 장래
영 *The future* is the time to come.
¶ You have to do your best for the *future*.
너는 미래를 위해서 최선을 다해야 한다.
일 未来　みらい(미라이)　중　未来 wèilái(웨이라이)
숙어 *in the future* 미래에, 장래에
¶ What do you want to be *in the future*?
너는 장래에 무엇이 되고 싶니?

 [dʒíː 지ー]
the seventh letter of the English alphabet
영어 알파벳의 일곱번째 글자

*gain [géin 게인]

타 (3단현 gains [géinz], 과거·과거분사 gained [géind], 현재분사 gaining [géiniŋ])
얻다 ; 벌다(《반》lose 잃다)
영 To *gain* means to get something.
¶ He *gained* great wealth.
그는 막대한 부를 얻었다.
일 得る える(에루) 중 获得 huòdé(훠더)

명 (복수 gains [géinz])
[gains로] 이익, 이득
영 *Gains* are a profit.
¶ No pains, no *gains*.
《속담》 노력 없이는 이득도 없다.
일 利益 りえき(리에끼) 중 利益 lìyì(리이)

gal·ax·y [gǽləksi 갤럭시]

명 (복수 galaxies [gǽləksiz])
[the Galaxy로] 은하수
영 *The Galaxy* is a very large group of stars and planets.
일 天の川 あまのがわ(아마노가와) 중 银河 yínhé(인허)

gal·ler·y [gǽləri 갤러리]

명 (복수 galleries [gǽləriz])
화랑, 미술관
영 A *gallery* is a place where paintings, sculpture, photographs, etc. are exhibited and sometimes sold.
일 画廊 がろう(가로ー) 중 画廊 huàláng(화랑)

*game [géim 게임]

명 (복수 games [géimz])
경기, 시합 ; 놀이
영 A *game* is an activity with rules that can be played by one or more people.
¶ We won a *game*.
우리는 경기를 이겼다.
일 競技 きょうぎ(쿄ー기) 중 竞赛 jìngsài(징싸이)

*gap [gǽp 갭]

명 (복수 gaps [gǽps])
갈라진 틈, 틈새
영 A *gap* is a space between things.
¶ I filled the *gap* in the wall.
나는 그 벽의 틈새를 막았다.
일 割れ目 われめ(와레메) 중 裂口 lièkǒu(레커우)

ga·rage [gərάːdʒ 거라ー지]

명 (복수 garages [gərάːdʒiz])
차고
영 A *garage* is a building used for storing vehicles.
일 車庫 しゃこ(샤꼬) 중 车库 chēkù(처쿠)

《미》에서는 자기 집 차고 등에서 필요없게 된 물건을 팔기도 하는데 그것을 garage sale이라 한다.

gar·den [gá:rdn 가-든]

명 (복수 gardens [gá:rdnz])
정원, 뜰
영 A *garden* is a place where flowers, vegetables, etc. are grown.
¶ There are tall trees in the *garden*.
정원에는 커다란 나무들이 있다.
일 庭 にわ(니와) 중 庭院 tíngyuán (팅위엔)

---

gar·den·er [gá:rdnər 가-드너]

명 정원사, 원예사
영 A *gardener* is someone who does gardening as a job.
¶ His father is a *gardener*.
그의 아버지는 정원사다.
일 庭師 にわし(니와시) 중 花匠 huājiàng(화쟝)

---

*gar·lic [gá:rlik 갈-릭]

명 마늘

영 *Garlic* is a small plant like an onion with a very strong taste.
¶ Do you like the food with *garlic*?
마늘이 들어간 음식을 좋아하니?
일 ニンニク(닌니꾸) 중 大蒜 dàsuàn (다쏸)

---

*gas [gǽs 개스]

명 (복수 gases [gǽsiz], 《미》 gasses [gǽsiz])
1 기체, 가스
영 A *gas* is a substance that will spread to fill any space that contains it.
일 気体 きたい(키따이) 중 气体 qìtǐ (치티)
2 (조리·난방용) 가스
영 *Gas* is a clear substance like air that is burned to give heat for cooking and heating.
¶ Turn the *gas* off when you leave home.
외출할 때는 가스를 잠그시오.
일 ガス(가스) 중 煤气 méiqì(메이치)
3 《미》 휘발유, 가솔린
영 *Gas* is short for gasoline.
일 ガソリン(가소린) 중 汽油 qìyóu(치유)

---

gas·o·line [gǽsəlì:n 개설린-]

명 《미》 휘발유, 가솔린
영 *Gasoline* is a liquid fuel made from oil, which is used in many vehicles.
일 ガソリン(가소린) 중 汽油 qìyóu (치유)

---

gas sta·tion [gǽs stèiʃən 개스 스테이션]

명 주유소
영 A *gas station* is a place that sells gasoline, oil, and other things needed to keep motor vehicles running.
일 ガソリンスタンド(가소린스딴도) 중 加油站 jiāyóuzhàn(쟈유쟌)

---

*gate [géit 게이트]

명 (복수 gates [géits])
문, 출입구
영 A *gate* is a door in a fence.
¶ The *gate* is not open now.
그 문은 지금 열려 있지 않다.

일 門 もん(몽) 중 门 mén(먼)

***gath·er** [gǽðər 개더]

통 (3단현 gathers [gǽðərz], 과거·과거분사 gathered [gǽðərd], 현재분사 gathering [gǽðəriŋ])

타 모으다 ; (꽃 등을) 따다

영 To *gather* means to collect or pick things.

¶ They are *gathering* fruit.

그들은 과일을 따고 있다.

일 集める あつめる(아쓰메루) 중 收集 shōují(서우지)

자 모이다, 집합하다

영 To *gather* means to come together in a group.

¶ A large crowd *gathered*.

많은 군중이 모였다.

일 集まる あつまる(아쓰마루) 중 集合 jíhé(지허)

---

gave [géiv 게이브]

타 give의 과거형

---

gear [gíər 기어]

명 기어, 변속기

영 A *gear* is the machinery in a vehicle that you use to go at different speeds.

¶ shift *gears*

기어를 바꾸다

일 ギア(기아) 중 齿轮 chǐlún(츠룬)

---

geese [gíːs 기-스]

명 goose의 복수

***gen·er·al** [dʒénərəl 제너럴]

형 **1** 전체적인, 전반적인

영 *General* means relating to the whole of something.

일 全体的な ぜんたいてきな(젠따이떼끼나) 중 全体的 quántǐde(취엔티더)

2 일반의, 일반적인

영 *General* means not detailed or specialized.

¶ *general* knowledge

일반 지식

일 一般の いっぱんの(입빤노) 중 一般的 yìbānde(이반더)

명 (복수 generals [dʒénərəlz])

대장, 장군

영 A *general* is a very high-ranking officer in the army, air force, or marines.

일 大将 たいしょう(타이쇼-) 중 大将 dàjiàng(다쟝)

---

gen·er·al·ly [dʒénərəli 제너럴리]

부 일반적으로, 대개, 대체로

영 *Generally* means considering something as a whole.

¶ I *generally* get up at seven.

나는 대개 7시에 일어난다.

일 一般的に いっぱんてきに(입빤떼끼니) 중 一般地 yìbānde(이반더)

숙어 *generally speaking* 일반적으로 말하면

***gen·er·a·tion** [dʒènəréiʃən 제너레이션]

명 **1** 같은 세대의 사람들

영 A *generation* is all the people born around the same time.

¶ the postwar *generation*

전후 세대의 사람들

일 同世代の人々 どうせだいのひとびと(도-세다이노히또비또) 중 同代人 tóngdàirén(퉁다이런)

2 세대
영 A *generation* is the average amount of time between the birth of parents and that of their children.
¶ a *generation* gap
세대 차이
일 世代　せだい(세다이)　중 世代 shìdài(스다이)

***gen·er·ous** [dʒénərəs 제너러스]
형 후한, 활수한 ; 관대한
영 *Generous* means happy to use your time and money to help others.
¶ He is *generous* with his money.
그는 돈을 잘 쓴다.
일 気前のよい　きまえのよい(키마에노요이)　중 慷慨的　kāngkǎide(캉카이더)

G ***gen·i·us** [dʒíːnjəs 지-니어스]
명 (복수 geniuses [dʒíːnjəsiz])
천재
영 A *genius* is an unusually intelligent or talented person.
¶ She is a *genius* in music.
그녀는 음악의 천재다.
일 天才　てんさい(텐사이)　중 天才 tiāncái(톈차이)

***gen·tle** [dʒéntl 젠틀]
형 (비교급 gentler [dʒéntlər], 최상급 gentlest [dʒéntlist])
온화한, 상냥한, 친절한
영 *Gentle* means kind.
¶ She is *gentle* with everyone
그녀는 모든 사람에게 친절하다.
일 優しい　やさしい(야사시-)　중 温和的　wēnhéde(원허더)

***gen·tle·man** [dʒéntlmən 젠틀먼]
명 (복수 gentlemen [dʒéntlmən])
신사
영 A *gentleman* is a man who is polite and behaves well.
¶ He looks like a *gentleman*.
그는 신사처럼 보인다.
일 紳士　しんし(신시)　중 绅士 shēnshì(선스)

***gen·tle·men** [dʒéntlmən 젠틀먼]
명 gentleman의 복수

---

gen·u·ine [dʒénjuin 제뉴인]
형 진짜의(《반》false 가짜의)
영 *Genuine* means real and not fake.
¶ a *genuine* diamond
진짜 다이아몬드
일 本物の　ほんものの(홈모노노)　중 真的 zhēnde(전더)

---

ge·og·ra·phy [dʒiágrəfi 지아그러피]
명 (복수 geographies [dʒiágrəfiz])
지리학
영 *Geography* is the study of the earth, including its people, resources, climate, and physical features.
¶ Are you interested in *geography*?
너는 지리학에 관심이 있니?
일 地理学　ちりがく(치리가꾸)　중 地理学 dìlǐxué(디리쒜)

***Ger·man** [dʒə́ːrmən 저-먼]
형 독일의 ; 독일 사람의
영 *German* means relating to Germany or its people.
일 ドイツ(人)の　ドイツ(じん)の(도이쓰(진)노)　중 德国(人)的 Déguó(rén)de(더궈(런)더)

명 (복수 Germans [dʒɔ́ːrmənz])
독일 사람
영 A *German* is someone from Germany.
일 ドイツ人 ドイツじん(도이쓰진) 중 德国人 Déguórén(더궈런)

---

*__Ger·ma·ny__ [dʒɔ́ːrməni 저-머니]
명 독일

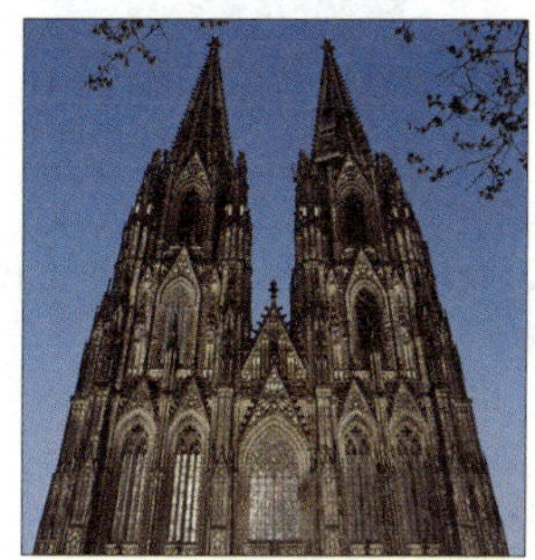

▲ 쾰른 대성당

일 ドイツ(도이쓰) 중 德国 Déguó(더궈)

---

*__ges·ture__ [dʒéstʃər 제스처]
명 (복수 gestures [dʒéstʃərz])
몸짓, 손짓, 제스처
영 A *gesture* is an action that shows a feeling.
¶ He made an angry *gesture*.
그는 화난 몸짓을 했다.
일 身ぶり みぶり(미부리) 중 姿勢 zīshì(쯔스)

**__get__ [gét 겟]
동 (3단현 gets [géts], 과거형 got [gát], 과거분사 got 또는 《미》 gotten [gátn], 현재분사 getting [gétiŋ])
타 **1** 얻다 ; 받다
영 To *get* means to obtain or receive something.
¶ I *got* a letter from her.

나는 그녀에게서 편지를 받았다.
일 得る える(에루) 중 得到 dédào(더다오)
2 가져오다
영 To *get* means to go and take.
¶ Please go and *get* the paper.
신문 좀 갖다 주세요.
일 取ってくる とってくる(톳떼쿠루) 중 拿来 nálái(나라이)
자 **1** 도착하다, 이르다
영 To *get* means to arrive somewhere.
¶ We *got* home at five.
우리는 5시에 집에 도착했다.
일 着く つく(쓰꾸) 중 到达 dàodá(다오다)
2 …이 되다
영 To *get* means to become.
¶ It was *getting* dark.
점점 어두워졌다.
일 なる(나루) 중 成为 chéngwéi (청웨이)
숙어 *get along* 살아가다, 지내다
¶ How are you *getting along*?
어떻게 지내고 계십니까?
숙어 *get away* 가버리다
숙어 *get off* (버스 등에서) 내리다
¶ She *got off* at the next stop.
그녀는 다음 정류장에서 내렸다.
숙어 *get on* (버스 등에) 타다
숙어 *get to* …에 도착하다
¶ We *got to* the beach.
우리는 해변에 도착했다.
숙어 *get up* 일어나다
¶ What time did you get up this morning?
너는 오늘 아침 몇 시에 일어났니?

---

ghost [góust 고우스트]
명 유령
영 A *ghost* is a spirit of a dead person believed to haunt people or places.

일 幽霊 ゆうれい(유−레−) 중 幽灵 yōulíng(유링)

---

*gi·ant [dʒáiənt 자이언트]

명 (복수 giants [dʒáiənts])
거인
영 A *giant* is a very tall strong man in stories.
일 巨人 きょじん(쿄징) 중 巨人 jùrén (쥐런)

형 거대한
영 *Giant* means much bigger than usual.
¶ a *giant* TV screen
거대한 TV스크린
일 巨大な きょだいな(쿄다이나) 중 巨大的 jùdàde(쥐다더)

---

*gift [gíft 기프트]

명 (복수 gifts [gífts])
선물
영 A *gift* is something special that one person gives to another person.
¶ He sent her a Christmas *gift*.
그는 그녀에게 크리스마스 선물을 보냈다.
일 贈り物 おくりもの(오꾸리모노) 중 礼物 lǐwù(리우)

---

gi·raffe [dʒərǽf 저래프]

명 (복수 giraffes [dʒərǽfs])
기린
영 A *giraffe* is a tall African animal with a very long neck and legs and dark spots on its coat.
일 キリン(키린) 중 长颈鹿 chángjǐnglù(창징루)

**girl [gə́ːrl 걸−]

명 (복수 girls [gə́ːrlz])
여자 아이, 소녀(《반》 boy 소년) ; 젊은 미혼 여성
영 A *girl* is a female child or young woman.
¶ The *girl* is very cute.
그 소녀는 매우 귀엽다.
일 女の子 おんなのこ(온나노코) 중 少女 shàonǚ(사오뉘)

---

girl·friend [gə́ːrlfrènd 걸−프렌드]

명 여자 친구
영 A *girlfriend* is a female friend.
일 ガールフレンド(가−루후렌도) 중 女朋友 nǚpéngyou(뉘펑유)

---

*give [gív 기브]

타 (3단현 gives [gívz], 과거형 gave [géiv], 과거분사 given [gívən], 현재분사 giving [gíviŋ])
주다
영 To *give* means to hand something to another person.
¶ I *gave* him an album.
나는 그에게 앨범을 주었다.
일 与える あたえる(아따에루) 중 给 gěi(게이)
숙어 *give back* 되돌려 주다
숙어 *give up* 포기하다, 그만두다
¶ They didn't *give up* hope.
그들은 희망을 포기하지 않았다.

---

giv·en [gívən 기번]

타 give의 과거분사

**glad [glǽd 글래드]

형 (비교급 gladder [glǽdər], 최상급 gladdest [glǽdist])
기쁜, 기꺼이 …하는

영 *Glad* means pleased or happy.

¶ I am very *glad* to meet you.

당신을 만나뵙게 되어서 매우 기쁩니다.

일 うれしい(우레시-) 중 高兴的 gāoxìngde(가오싱더)

---

glance [glǽns 글랜스]

자 (3단현 glances [glǽnsiz], 과거·과거분사 glanced [glǽnst], 현재분사 glancing [glǽnsiŋ])

힐끗 보다

영 To *glance* means to look at something very briefly.

¶ He *glanced* at her face.

그는 그녀의 얼굴을 힐끗 보았다.

일 ちらっと見る　ちらっとみる(치랏또미루) 중 扫视 sǎoshì(싸오스)

***glass [glǽs 글래스]

명 (복수 glasses [glǽsiz])

1 유리

영 *Glass* is a hard material that you can see through.

¶ This bottle is made of *glass*.

이 병은 유리 제품이다.

일 ガラス(가라스) 중 玻璃 bōli(보리)

2 컵, 잔

영 A *glass* is a container for drinking, made from glass or plastic.

¶ There are three *glasses* on the table.

테이블 위에 컵이 세 개 있다.

일 グラス(구라스) 중 杯 bēi(베이)

---

*glass·es [glǽsiz 글래시즈]

명 안경

영 *Glasses* are lenses set in frames, worn to improve a person's eyesight.

¶ I bought a pair of *glasses*.

나는 안경을 샀다.

일 めがね(메가네) 중 眼镜 yǎnjìng(옌

징)

---

glide [glǽid 글라이드]

자 (3단현 glides [glǽidz], 과거·과거분사 glided [glǽidid], 현재분사 gliding [glǽidiŋ])

미끄러지다

영 To *glide* means to move smoothly and easily.

일 すべる(스베루) 중 滑动 huádòng(화둥)

---

glid·er [glǽidər 글라이더]

명 글라이더

영 A *glider* is a light airplane that flies without an engine.

일 グライダー(구라이다-) 중 滑翔机 huáxiángjī(화샹지)

---

globe [glóub 글로우브]

명 (복수 globes [glóubz])

지구의

영 A *globe* is a ball with a map of the world on it.

일 地球儀 ちきゅうぎ(치뀨-기) 중 地球仪 dìqiúyí(디츄이)

---

*glo·ry [glɔ́ːri 글로-리]

명 영광, 명예

영 *Glory* is great fame or honor.

¶ That was to her *glory*.

그것은 그녀에게는 영광이었다.

일 栄光 えいこう(에-꼬-) 중 光荣 guāngróng(광룽)

---

*glove [glʌ́v 글러브]

명 (복수 gloves [glʌ́vz])

1 [보통 gloves로] 장갑

영 A *glove* is a covering for the hand

worn for protection against cold or dirt.

¶ Take off your *gloves*.
장갑을 벗어라.

일 手袋 てぶくろ(테부꾸로) 중 手套 shǒutào(서우타오)

2 (야구·권투용) 글러브

영 A *glove* is a leather covering for the hand worn by players of sports.

일 グローブ(구로-부) 중 棒球手套 bàngqiúshǒutào(방츄서우타오)

------

* **glue** [glúː 글루-]

명 접착제, 풀

영 *Glue* is a substance used to make one surface stick to another.

¶ quick-drying *glue*
순간 접착제

일 接着剤 せっちゃくざい(셋짜꾸자이)

중 胶 jiāo(쟈오)

G

** **go** [góu 고우]

자 (3단현 goes [góuz], 과거형 went [wént], 과거분사 gone [gɔ́ːn], 현재분사 going [góuiŋ])

1 가다

영 To *go* means to move from one place to another.

¶ I *go* to school at eight.
나는 8시에 학교에 간다.

일 行く いく(이꾸) 중 去 qù(취)

2 떠나다, 출발하다

영 To *go* means to leave a place.

¶ It is time to *go*.
출발할 시간이다.

일 去る さる(사루) 중 离去 líqù(리취)

3 (기계 등이) 움직이다, 작동하다

영 To *go* means to work properly.

¶ The machine does not *go* well.
그 기계는 잘 작동하지 않는다.

일 動く うごく(우고꾸) 중 运转 yùn-

zhuǎn(윈쫜)

숙어 *be going to* …할 예정이다

¶ We *are going to* have a party.
우리는 파티를 열 예정이다.

숙어 *go down* 내려가다

¶ He *went down* the hill.
그는 언덕을 내려갔다.

숙어 *go into* …에 들어가다

¶ I *went into* the room.
나는 방에 들어갔다.

숙어 *go on* 계속하다

¶ He *went on* working.
그는 일을 계속했다.

숙어 *go out* 외출하다, 나가다

숙어 *go (a)round* 주위를 돌다

¶ The earth *goes around* the sun.
지구는 태양 주위를 돈다.

숙어 *go up* 올라가다, 오르다

숙어 *go with* …와 함께 가다

¶ I want to *go with* you.
나는 너와 함께 가고 싶다.

숙어 *go without* …없이 지내다

¶ I sometimes *go without* breakfast.
나는 때때로 아침식사를 하지 않고 지냅니다.

------

* **goal** [góul 고울]

명 (복수 goals [góulz])

1 결승점

영 A *goal* is the area into which a player tries to put the ball in order to win a point.

일 決勝点 けっしょうてん(켓쇼-뗑)

중 得分数 défēnshù(더펀수)

2 골

영 A *goal* is the action in a game or sport of making the ball go into a particular area to win a point.

일 ゴール(고-루) 중 球门 qiúmén(츄먼)

3 목표, 목적

영 A *goal* is something that you hope to achieve in the future.

¶ What is your *goal* in life?
네 인생의 목표는 무엇이니?
일 目標 もくひょう(모꾸효-) 중 目标
mùbiāo(무뱌오)

---

goal·keep·er [góulkìːpər 고울
키-퍼]
명 (축구 등의) 골키퍼
영 A *goalkeeper* is the player on a
sports team who tries to stop the ball
from going into the goal.
¶ He is a famous *goalkeeper*.
그는 유명한 골키퍼다.
일 ゴールキーパー(고-루끼-빠-) 중 守
门员 shǒuményuán(서우먼위엔)

***goat** [góut 고우트]
명 (복수 goats [góuts])
염소
영 A *goat* is an animal with horns
and a beard.
일 ヤギ(야기) 중 山羊 shānyáng(산양)

***god** [gád 가드]
명 (복수 gods [gádz])
1 신
영 A *god* is a supernatural being who
is worshiped.
일 神 かみ(카미) 중 神 shén(선)
2 [God로] 신, 하나님
영 *God* is the creator and ruler of the
universe.
일 神 かみ(카미) 중 神 shén(선)
숙어 *God bless you!* 너에게 축복이
있기를!
숙어 *Oh God!=My God!=Oh my
God!* 아 야단났다!, 이런 큰일이군!

---

god·dess [gádis 가디스]
명 (복수 goddesses [gádisiz])

여신
영 A *goddess* is a female supernatural
being who is worshiped.
일 女神 めがみ(메가미) 중 女神 nǚ-
shén(뉘선)

****gold** [góuld 고울드]
명 **1** 금 ; 금화
영 *Gold* is a precious metal used in
jewelry and sometimes for money.
¶ pure *gold*
순금
일 金 きん(킨) 중 金 jīn(진)
2 금색
영 *Gold* is a bright shiny yellow color.
일 金色 きんしょく(킨쇼꾸) 중 金色
jīnsè(진써)

형 **1** 금의, 금으로 만든
영 *Gold* means made of gold.
¶ He wore a *gold* watch.
그는 금시계를 찼다.
일 金の きんの(킨노) 중 金的 jīnde(진더)
2 금색의
영 *Gold* means having the color of
gold.
일 金色の きんしょくの(킨쇼꾸노) 중
金色的 jīnsède(진써더)

---

gold·en [góuldn 고울든]
형 금색의
영 *Golden* means having a bright
shiny yellow color.
¶ She has *golden* hair.
그녀는 금발이다.
일 金色の きんしょくの(킨쇼꾸노) 중
金色的 jīnsède(진써더)

***golf** [gálf 갈프]
명 골프
영 *Golf* is a game in which players

use clubs to hit a small white ball around a special course and into a hole.
일 ゴルフ(고루후) 중 高尔夫球 gāoěrfūqiú(가오얼푸츄)

---

gone [góːn 곤-]

재 go의 과거분사

---

good [gúd 구드]

형 (비교급 better [bétər], 최상급 best [bést])

1 좋은, 훌륭한(《반》bad 나쁜)
영 *Good* means of high quality.
¶ That's a *good* idea.
그것 참 좋은 생각이다.
일 よい(요이) 중 好的 hǎode(하오더)

2 행실이 바른 ; 착한
영 *Good* means well-behaved.
¶ There's a *good* boy.
참 착한 아이구나.
일 行儀がよい ぎょうぎがよい(교-기가요이) 중 乖的 guāide(과이더)

3 친절한
영 *Good* means kind or helpful.
¶ She is very *good* to children.
그녀는 아이들에게 매우 친절하다.
일 親切な しんせつな(신세쓰나) 중 亲切的 qīnqiède(친체더)

4 적합한, 알맞은
영 *Good* means fit.
¶ This water is *good* to drink.
이 물은 마시기에 적합하다.
일 適している てきしている(테끼시떼이루) 중 适合的 shìhéde(스허더)

5 유능한, 잘하는
영 *Good* means clever or skillful.
¶ He is a very *good* singer.
그는 노래를 아주 잘한다.
일 有能な ゆうのうな(유-노-나) 중 擅长的 shàncángde(샨창더)

숙어 *be good at* …을 잘하다
¶ She *is* very *good at* math.
그녀는 수학을 매우 잘한다.
숙어 *Good afternoon.* 안녕하세요《오후 인사》
숙어 *Good evening.* 안녕하세요《저녁 인사》
숙어 *Good morning.* 안녕하세요《아침 인사》
숙어 *Good night.* 안녕히 주무세요《밤 인사》

---

good-bye [gùd bái 구드바이]

감 안녕 ; 안녕히 가십시오
영 *Good-bye* is a word said to some-one who is leaving.
일 さようなら(사요-나라) 중 再见 zàijiàn(짜이젠)

---

goods [gúdz 구즈]

명 [복수] 상품, 물건, 제품
영 *Goods* are things that are sold, or things that someone owns.
¶ leather *goods*
가죽 제품
일 商品 しょうひん(쇼-힝) 중 商品 shāngpǐn(상핀)

---

goose [gúːs 구-스]

명 (복수 geese [gíːs])
거위
영 A *goose* is a water bird that is similar to a duck but larger.
일 ガチョウ(가쪼-) 중 鹅 é(어)

---

go·ril·la [gərílə 거릴러]

명 고릴라
영 A *gorilla* is a very large, strong ape with dark fur found in Africa.
일 ゴリラ(고리라) 중 大猩猩 dàxīng-

xing(다성싱)

---

gos·sip [gásəp 가섭]
명 잡담, 한담
영 *Gossip* is idle talk about other people's personal business.
일 うわさ話　うわさばなし(우와사바나시) 중 闲话　xiánhuà(셴화)

---

got [gát 갓]
동 get의 과거·과거분사

---

got·ten [gátn 가튼]
동 get의 과거분사

***gov·ern** [gʌ́vərn 거번]
타 (3단현 governs [gʌ́vərnz], 과거·과거분사 governed [gʌ́vərnd], 현재분사 governing [gʌ́vərniŋ])
다스리다, 통치하다
영 To *govern* means to control a country, organization, etc. using laws.
¶He *governed* the country wisely.
그는 나라를 잘 다스렸다.
일 治める　おさめる(오사메루) 중 统治 tǒngzhì(퉁즈)

***gov·ern·ment** [gʌ́vərnmənt 거번먼트]
명 **1** 통치, 정치
영 *Government* is the control and administration of a country, state, or organization.
¶democratic *government*
민주 정치
일 統治 とうち(토-찌) 중 统治 tǒngzhì(퉁즈)
2 [흔히 Government로] 정부, 내각
영 The *government* is the group of people who rule or govern a country or state.
¶the United States *Government*
미합중국 정부
일 政府 せいふ(세-후) 중 政府 zhèngfǔ(정푸)

---

gov·er·nor [gʌ́vərnər 거버너]
명 (복수 governors [gʌ́vərnərz])
주지사
영 A *governor* is the person in charge of governing a U.S. state.
¶the *Governor* of California
캘리포니아 주지사
일 州知事 しゅうちじ(슈-찌지) 중 州长 zhōuzhǎng(저우장)

---

gown [gáun 가운]
명 가운
영 A *gown* is a long dress worn by a woman on formal occasions.
¶a wedding *gown*
웨딩 가운
일 ガウン(가운) 중 女礼服 nǚlǐfú(뉘리푸)

---

grab [grǽb 그래브]
타 (3단현 grabs [grǽbz], 과거·과거분사 grabbed [grǽbd], 현재분사 grabbing [grǽbiŋ])
움켜쥐다, 붙잡다
영 To *grab* means to take hold of something suddenly and roughly.
¶The baby *grabbed* my hair.
아기가 내 머리를 움켜쥐었다.
일 ひっつかむ(힛쓰까무) 중 抓住 zhuāzhù(좌주)

---

grace [gréis 그레이스]
명 (복수 graces [gréisiz])

G

우아함
영 *Grace* is an elegant way of moving.
¶ She dances with *grace*.
그녀는 우아하게 춤춘다.
일 優雅さ ゆうがさ(유-가사) 중 优雅
yōuyǎ(유야)

***grade** [gréid 그레이드]
명 (복수 grades [gréidz])
1 등급 ; 계급
영 A *grade* is a particular standard or level of quality that a product, material, etc. has.
¶ This is the best *grade* of wine.
이것은 최고급 포도주다.
일 等級 とうきゅう(토-뀨-) 중 等级 děngjí(덩지)
2 《미》 학년
영 A *grade* is a class or year in a school.
¶ What *grade* are you in?
너는 몇 학년이니?
일 学年 がくねん(가꾸넨) 중 年级 niánjí(녠지)
3 성적
영 A *grade* is a mark given for work done in school.
¶ She got a *grade* of 90 in math.
그녀는 수학에서 90점을 받았다.
일 成績 せいせき(세-세끼) 중 成绩 chéngjì(청지)

***grad·u·al** [grǽdʒuəl 그래주얼]
형 점차의, 점진적인
영 *Gradual* means happening, developing, or changing slowly over a long time.
¶ *gradual* changes
점진적인 변화
일 漸次の ぜんじの(젠지노) 중 逐渐的 zhújiànde(주젠더)

---

grad·u·al·ly [grǽdʒuəli 그래주얼리]
부 서서히, 차차
영 *Gradually* means in a way that happens or develops slowly over time.
¶ Her health *gradually* got better.
그녀의 건강은 차츰 좋아졌다.
일 徐徐に じょじょに(조조니) 중 渐渐地 jiànjiànde(젠젠더)

***grad·u·ate** [grǽdʒuət 그래주엇]
명 (복수 graduates [grǽdʒuəts])
졸업생
영 A *graduate* is someone who has completed his or her studies at a school, college, or university.
¶ a *graduate* of Oxford
옥스퍼드 대학 졸업생
일 卒業生 そつぎょうせい(소쓰교-세-) 중 毕业生 bìyèshēng(비예셩)

자 [grǽdʒuèit 그래주에이트](3단현 graduates [grǽdʒuèits], 과거·과거분사 graduated [grǽdʒuèitid], 현재분사 graduating [grǽdʒuèitiŋ])
졸업하다
영 To *graduate* means to finish a course of study in a school and receive a diploma.
¶ He *graduated* from college last year.
그는 작년에 대학을 졸업했다.
일 卒業する そつぎょうする(소쓰교-스루) 중 毕业 bìyè(비예)

---

grad·u·a·tion [grǽdʒuéiʃən 그래주에이션]
명 졸업

옝 *Graduation* is the time when you complete a school education.
일 卒業 そつぎょう(소쓰교-) 중 毕业 bìyè(비예)

---

* **grain** [gréin 그레인]
명 (복수 grains [gréinz])
1 낟알 ; 곡물
옝 A *grain* is the seed of a cereal plant.
일 穀粒 こくつぶ(코꾸쓰부) 중 谷粒 gǔlì(구리)
2 알갱이
옝 A *grain* is a very small particle.
일 粒 つぶ(쓰부) 중 粒 lì(리)

---

* **gram** [grǽm 그램]
명 (복수 grams [grǽmz])
그램
옝 A *gram* is a unit of measurement equal to one thousandth of a kilogram.
¶ This camera weighs 600 *grams*.
이 카메라의 무게는 600 그램이다.
일 グラム(구라무) 중 克 kè(커)

---

* **gram·mar** [grǽmər 그래머]
명 문법
옝 *Grammar* is the rules of speaking or writing a language.
¶ English *grammar*
영문법
일 文法 ぶんぽう(붐뽀-) 중 语法 yǔfǎ(위파)

---

grand [grǽnd 그랜드]
형 (비교급 grander [grǽndər], 최상급 grandest [grǽndist])
웅대한, 광대한
옝 *Grand* means large and impressive.
¶ He lives in a *grand* house.
그는 대저택에 살고 있다.
일 雄大な ゆうだいな(유-다이나) 중 雄伟的 xióngwěide(슝웨이더)

---

grand·child [grǽndtʃàild 그랜드차일드]
명 (복수 grandchildren [grǽndtʃìldrən])
손자, 손녀
옝 A *grandchild* is the child of your son or daughter.
일 孫 まご(마고) ; 孫娘 まごむすめ(마고무스메) 중 孙子 sūnzi(쑨쯔) ; 孙女 sūnnǚ(쑨뉘)

** **grand·fa·ther** [grǽndfàːðər 그랜드파-더]
명 (복수 grandfathers [grǽndfàːðərz])
할아버지, 조부
옝 A *grandfather* is the father of your mother or father.
¶ My *grandfather* is seventy years old.
우리 할아버지는 일흔살이시다.
일 祖父 そふ(소후) 중 祖父 zǔfù(쭈푸)

** **grand·moth·er** [grǽndmʌðər 그랜드머더]
명 (복수 grandmothers [grǽndmʌðərz])
할머니, 조모
옝 A *grandmother* is the mother of your mother or father.
일 祖母 そぼ(소보) 중 祖母 zǔmǔ(쭈무)

---

grand·par·ent [grǽndpéərənt 그랜드페어런트]

명 (복수 grandparents [grǽn*d*péər-
ənts])
조부, 조모 ; [grandparents로] 조부모
영 A *grandparent* is the parent of
one of your parents.
¶ My *grandparents* live in the country.
우리 조부모님은 시골에 사신다.
일 祖父 そふ(소후) ; 祖母 そぼ(소보)
중 祖父 zǔfù(쭈푸) ; 祖母 zǔmǔ(쭈무)

grand·son [grǽn*d*sʌ̀n 그랜드선]

명 (복수 grandsons [grǽn*d*sʌ̀nz])
손자
영 A *grandson* is the son of your son
or daughter.
일 孫 まご(마고) 중 孙子 sūnzi(쑨쯔)

grant [grǽnt 그랜트]

타 (3단현 grants [grǽnts], 과거·과
거분사 granted [grǽntid], 현재분
사 granting [grǽntiŋ])
주다, 수여하다
영 To *grant* means to give something.
¶ He was *granted* scholarship.
그는 장학금을 받았다.
일 与える あたえる(아따에루) 중 授予
shòuyǔ(서우위)

*grape [gréip 그레이프]

명 (복수 grapes [gréips])
포도

영 A *grape* is a small round green or
purple fruit that grows on a vine.

¶ Wine is made from *grapes*.
포도주는 포도로 만든다.
일 ブドウ(부도-) 중 葡萄 pútáo(푸타오)

graph [grǽf 그래프]

명 그래프, 도표
영 A *graph* is a diagram that shows
the relationship between numbers or
amounts.
¶ a bar *graph*
막대 그래프
일 グラフ(구라후) 중 图表 túbiǎo(투뱌
오)

grasp [grǽsp 그래스프]

타 (3단현 grasps [grǽsps], 과거·
과거분사 grasped [grǽspt], 현재
분사 grasping [grǽspiŋ])
붙잡다, 꽉 쥐다
영 To *grasp* means to seize some-
thing and hold it tightly.
¶ I *grasped* his arm firmly.
나는 그의 팔을 꽉 붙잡았다.
일 つかまえる(쓰까마에루) 중 抓牢
zhuāláo(좌라오)

grass [grǽs 그래스]

명 (복수 grasses [grǽsiz])
풀 ; 풀밭, 잔디밭
영 *Grass* is a green plant that grows
in lawns and fields.
¶ I was lying on the *grass*.
나는 잔디밭에 누워 있었다.
일 草 くさ(쿠사) 중 草 cǎo(차오)

grass·hop·per [grǽshɑ̀pər 그
래스하퍼]

명 메뚜기
영 A *grasshopper* is an insect that
eats plants and has long back legs

adapted for leaping.
[일] バッタ(밧따) [중] 蚱蜢 zhàměng(자멍)

---

*grate·ful [gréitful 그레이트풀]
[형] (비교급 more grateful, 최상급 most grateful)
감사하고 있는, 고마워하는
[영] *Grateful* means thankful.
¶ I am very *grateful* for your kindness.
당신의 친절에 매우 감사드립니다.
[일] 感謝している かんしゃしている(칸샤시떼이루) [중] 感谢的 gǎnxiède(간세더)

---

grave[1] [gréiv 그레이브]
[명] (복수 graves [gréivz])
묘, 무덤
[영] A *grave* is a place where a dead person is buried.
¶ We visited my grandfather's *grave*.
우리는 할아버지 무덤을 찾아갔다.
[일] 墓 はか(하까) [중] 墓 mù(무)

---

grave[2] [gréiv 그레이브]
[형] (비교급 graver [gréivər], 최상급 gravest [gréivist])
중대한 ; 근엄한, 진지한
[영] *Grave* means very serious.
¶ a *grave* mistake
중대한 실수
[일] 重大な じゅうだいな(주-다이나) [중] 重大的 zhòngdàde(중다더)

---

grav·i·ty [grǽvəti 그래버티]
[명] 인력, 중력
[영] *Gravity* is the force that makes objects fall to the ground.
¶ the laws of *gravity*
중력의 법칙
[일] 引力 いんりょく(인료꾸) [중] 引力 yǐnlì(인리)

**gray [gréi 그레이]
[형] (비교급 grayer [gréiər], 최상급 grayest [gréiist])
회색의, 잿빛의
[영] *Gray* means having the color of black mixed with white.
¶ She has big *gray* eyes.
그녀의 눈은 크고 잿빛이다.
[일] 灰色の はいいろの(하이이로노) [중] 灰色的 huīsède(후이써더)

[명] 회색, 잿빛
[영] *Gray* is a color made from black mixed with white.
¶ He was dressed in *gray*.
그는 회색 옷을 입고 있었다.
[일] 灰色 はいいろ(하이이로) [중] 灰色 huīsè(후이써)

**great [gréit 그레이트]
[형] (비교급 greater [gréitər], 최상급 greatest [gréitist])
1 큰, 거대한 ; 많은
[영] *Great* means large or a lot.
¶ He bought a *great* house.
그는 큰 집을 샀다.
[일] 大きい おおきい(오-끼-) [중] 大的 dàde(다더)
2 위대한, 훌륭한
[영] *Great* means excellent or very important.
¶ He is a *great* player.
그는 훌륭한 운동 선수다.
[일] 偉大な いだいな(이다이나) [중] 伟大的 wěidàde(웨이다더)
3 굉장한, 대단한
[영] *Great* means wonderful or very good.
¶ That's *great*!
그것 참 대단하구나!

G

일 非常な ひじょうな(히조-나) 중 极好的 jíhǎode(지하오더)

Great Brit·ain [gréit brítn 그레이트 브리튼]

명 대브리튼 섬 ; 영국

▲ 빅 벤

일 グレートブリテン(구레-또부리뗀) 중 大不列顛 Dàbùlièdiān(다부례뗸)

대브리튼섬은 England, Scotland, Wales로 이루어진다.

---

great·ly [gréitli 그레이틀리]

부 매우, 대단히, 몹시
영 *Greatly* means extremely or very much.
¶ Your English has improved *greatly*.
너의 영어는 대단히 향상되었다.
일 非常に ひじょうに(히조-니) 중 非常 fēicháng(페이창)

Greece [grí:s 그리-스]

명 그리스

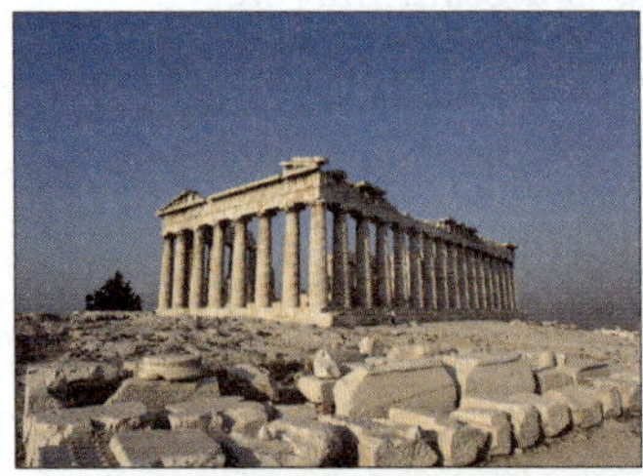

▲ 파르테논 신전

일 ギリシャ(기리샤) 중 希腊 Xīlà(시라)

---

greed·y [grí:di 그리-디]

형 (비교급 greedier [grí:diər], 최상급 greediest [grí:diist])
탐욕스러운
영 *Greedy* means wanting more of something than you need.
¶ She is *greedy* of money.
그녀는 돈에 욕심이 많다.
일 貪欲な どんよくな(동요꾸나) 중 貪婪的 tānlánde(탄란더)

Greek [grí:k 그리-크]

형 그리스의 ; 그리스 사람의
영 *Greek* means relating to or coming from Greece.
일 ギリシャ(人)の ギリシャ(じん)の(기리샤(진)노) 중 希腊(人)的 Xīlà(rén)de(시라(런)더)

명 그리스 사람
영 A *Greek* is someone from Greece.
일 ギリシャ人 ギリシャじん(기리샤진) 중 希腊人 Xīlàrén(시라런)

*** green** [grí:n 그린-]

형 (비교급 greener [grí:nər], 최상급 greenest [grí:nist])
녹색의, 푸른
영 *Green* means having the color of grass.
¶ The leaves are *green*.
나뭇잎들이 푸르다.
일 緑の みどりの(미도리노) 중 绿的 lùde(뤼더)

명 녹색
영 *Green* is the color of grass.
¶ *Green* is my favorite color.
녹색은 내가 제일 좋아하는 색이다.

일 緑 みどり(미도리) 중 绿色 lǜsè(뤼써)

---

green·house [grí:nhàus 그린-하우스]

명 (복수 greenhouses [grí:nhàuziz])
온실
영 A *greenhouse* is a glass building in which you grow plants that need to be protected from the weather.
일 温室 おんしつ(온시쓰) 중 温室 wēnshì(원스)

---

*__greet__ [grí:t 그리-트]

타 (3단현 greets [grí:ts], 과거·과거분사 greeted [grí:tid], 현재분사 greeting [grí:tiŋ])
인사하다, 환영하다
영 To *greet* means to say hello to someone or welcome him or her.
¶ "Good morning!" she *greeted*.
안녕하세요!라고 그녀는 인사했다.
일 あいさつする(아이사쓰스루) 중 问候 wènhòu(원허우)

---

greet·ing [grí:tiŋ 그리-팅]

명 (복수 greetings [grí:tiŋz])
인사
영 A *greeting* is something that you say or do when you meet someone.
¶ We exchanged *greetings*.
우리는 인사를 나누었다.
일 あいさつ(아이사쓰) 중 问候 wènhòu(원허우)

---

grew [grú: 그루-]

동 grow의 과거형

grief [grí:f 그리-프]

명 (복수 griefs [grí:fs])
깊은 슬픔, 비탄
영 *Grief* is a feeling of great sadness.
¶ She is in deep *grief*.
그녀는 깊은 슬픔에 잠겨 있다.
일 深い悲しみ ふかいかなしみ(후까이카나시미) 중 悲伤 bēishāng(베이상)

---

grieve [grí:v 그리-브]

자 (3단현 grieves [grí:vz], 과거·과거분사 grieved [grí:vd], 현재분사 grieving [grí:viŋ])
몹시 슬퍼하다
영 To *grieve* means to feel very sad.
¶ She *grieved* for her dead mother.
그녀는 어머니의 죽음을 몹시 슬퍼했다.
일 深く悲しむ ふかくかなしむ(후까꾸카나시무) 중 悲伤 bēishāng(베이상)

---

grind [gráind 그라인드]

타 (3단현 grinds [gráindz], 과거·과거분사 ground [gráund], 현재분사 grinding [gráindiŋ])
빻아서 가루로 만들다
영 To *grind* means to crush something into a powder.
¶ They *grind* wheat into flour.
그들은 밀을 빻아서 가루로 만든다.
일 ひいて粉にする ひいてこなにする(히-떼코나니스루) 중 磨 mò(모)

---

grip [gríp 그립]

타 (3단현 grips [gríps], 과거·과거분사 gripped [grípt], 현재분사 gripping [grípiŋ])
[illegible]JM 잡다, 꼭 쥐다
영 To *grip* means to hold something very tightly.
¶ She *gripped* her mother's hand.
그녀는 어머니의 손을 꼭 잡았다.

일 しっかりつかむ(식까리쓰까무) 중 緊握 jǐnwò(진워)

명 (복수 grips [gríps])
꽉 잡음
영 A *grip* is a tight hold on something.
¶ He took a *grip* on the rope.
그는 밧줄을 꽉 잡았다.
일 しっかりつかむこと(식까리쓰까무코또) 중 緊握 jǐnwò(진워)

---

gro·cer [gróusər 그로우서]
명 (복수 grocers [gróusərz])
식료 잡화상
영 A *grocer* is someone who owns or runs a store selling food and household goods.
일 食料雜貨商人 しょくりょうざっかしょうにん(쇼꾸료-작까쇼-닝) 중 食品雜貨商 shípǐnzáhuòshāng(스핀짜훠상)

*****gro·cer·y** [gróusəri 그로우서리]
명 (복수 grouceries [gróusəriz])
1 식료 잡화점
영 A *grocery* is a store that sells food and other things used in the home.
¶ I bought eggs at the *grocery*.
우리는 식료 잡화점에서 계란을 샀다.
일 食料雜貨店 しょくりょうざっかてん(쇼꾸료-작까뗑) 중 食品雜貨店 shípǐnzáhuòdiàn(스핀짜훠뗀)
2 [grouceries로] 식료 잡화류
영 *Groceries* are the food and other things that are sold in a grocery.
일 食料雜貨類 しょくりょうざっかるい(쇼꾸료-작까루이) 중 食品雜貨 shípǐnzáhuò(스핀짜훠)

*****ground** [gráund 그라운드]

명 (복수 grounds [gráundz])
1 [the ground로] 지면, 땅 ; 토지
영 *The ground* is the surface of the earth.
¶ *The ground* is covered with snow.
땅은 눈으로 덮여 있다.
일 地面 じめん(지멘) 중 地面 dìmiàn(디몐)
2 장소 ; 운동장
영 A *ground* is land used for a certain activity.
¶ a baseball *ground*
야구장
일 場所 ばしょ(바쇼) 중 場所 chǎngsuǒ(창쒀)

*****group** [grú:p 그루-프]
명 (복수 groups [grú:ps])
떼, 집단, 그룹
영 A *group* is several people or things that are all together in the some place.
¶ A *group* of children are playing in the park.
아이들이 모여서 공원에서 놀고 있다.
일 群れ むれ(무레) 중 群 qún(췬)

*****grow** [gróu 그로우]
동 (3단현 grows [gróuz], 과거형 grew [grú:], 과거분사 grown [gróun], 현재분사 growing [gróuiŋ])
자 **1** 성장하다, 자라다
영 To *grow* means to develop and become bigger over a period of time.
¶ Children *grow* fast.
아이들은 빨리 자란다.
일 成長する せいちょうする(세-쬬-스루) 중 成長 chéngzhǎng(청장)
2 …로 되다
영 To *grow* means to become.

¶ The weather will *grow* colder.
날씨가 점점 추워질 것이다.
🇯 なる(나루) 🇨 变得　biàndé(볜더)
🇹 기르다, 재배하다
🇪 To *grow* means to plant something and look after it so that it lives and gets bigger.
¶ She *grows* roses.
그녀는 장미를 기른다.
🇯 育てる　そだてる(소다떼루) 🇨 种植 zhòngzhí(중즈)
[숙어] *grow up* 어른이 되다, 성장하다
¶ You'll *grow up* soon.
너는 곧 어른이 될 거야.

---

grown [gróun 그로운]
🇩 grow의 과거분사

---

*__growth__ [gróuθ 그로우스]
🇲 성장, 발육 ; 발달
🇪 *Growth* is the process of growing.
¶ the quick *growth* of a child
아이의 급속한 발육
🇯 成長　せいちょう(세-쪼-) 🇨 成长 chéngzhǎng(청장)

---

*__guard__ [gá:rd 가-드]
🇲 (복수 guards [gá:rdz])
경호원 ; 보초
🇪 A *guard* is someone who protects or keeps watch over a person or place.
¶ The *guards* are in front of the building.
경호원들이 건물 앞에 있다.
🇯 ボディーガード(보디-가-도) 🇨 警卫 jǐngwèi(징웨이)

🇹 (3단현 guards [gá:rdz], 과거·과거분사 guarded [gá:rdid], 현재분사 guarding [gá:rdiŋ])

지키다, 보호하다
🇪 To *guard* means to protect a person or place from attack.
¶ The dog *guarded* the house.
그 개는 집을 지켰다.
🇯 守る　まもる(마모루) 🇨 保卫 bǎowèi(바오웨이)

---

*__guess__ [gés 게스]
🇹 (3단현 guesses [gésiz], 과거·과거분사 guessed [gést], 현재분사 guessing [gésiŋ])
1 추측하다
🇪 To *guess* means to give an answer that may be right but that you cannot be sure of.
¶ I *guess* her age to be thirty.
나는 그녀의 나이를 30살로 본다.
🇯 推測する　すいそくする(스이소꾸스루) 🇨 猜測　cāicè(차이처)
2 …라고 생각하다
🇪 To *guess* means to suppose or believe something.
¶ I *guess* so.
나는 그렇게 생각해.
🇯 思う　おもう(오모우) 🇨 想 xiǎng(샹)

---

*__guest__ [gést 게스트]
🇲 (복수 guests [gésts])
1 손님
🇪 A *guest* is someone who has been invited to visit or to stay in another's home.
¶ We have *guests* at dinner tonight.
우리는 오늘 밤 저녁 식사에 손님들을 초대했다.
🇯 客　きゃく(캬꾸) 🇨 客人　kèrén(커런)
2 (호텔 등의) 숙박객
🇪 A *guest* is someone staying in a hotel, a motel, or an inn.

일 宿泊客　しゅくはくきゃく(슈꾸하꾸꺄꾸)　중 旅客　lǚkè(뤼커)

---

guid·ance [gáidns 가이든스]

명 지도
영 *Guidance* is advice or counsel.
일 指導　しどう(시도-)　중 指导　zhǐdǎo(즈다오)

---

*guide [gáid 가이드]

타 (3단현 guides [gáidz], 과거·과거분사 guided [gáidid], 현재분사 guiding [gáidiŋ])
안내하다 ; 지도하다
영 To *guide* means to help someone, to usually by showing the person around a place or by leading the person across difficult country.
일 案内する　あんないする(안나이스루)　중 向导　xiàngdǎo(샹다오)

명 (복수 guides [gáidz])
안내인, 가이드 ; 지도자
영 A *guide* is someone whose job is to show a place to tourists.
¶ He hired a *guide*.
그는 가이드를 고용했다.
일 案内人　あんないにん(안나이닝)　중 向导　xiàngdǎo(샹다오)

---

guide·book [gáidbùk 가이드북]

명 여행 안내서, 가이드북
영 A *guidebook* is a book containing maps and information about a place.
일 旅行案内書　りょこうあんないしょ(료꼬-안나이쇼)　중 旅行指南　lǚxíngzhǐnán(뤼싱즈난)

---

guilt [gílt 길트]

명 유죄, 죄

영 *Guilt* is the fact of having committed a crime or done something wrong.
일 有罪　ゆうざい(유-자이)　중 有罪　yǒuzuì(유쭈이)

---

*guilt·y [gílti 길티]

형 (비교급 guiltier [gíltiər], 최상급 guiltiest [gíltiist])
유죄의, 죄를 범한
영 *Guilty* means having committed a crime or done something wrong.
¶ He was *guilty* of robbery.
그는 강도죄를 범했다.
일 有罪の　ゆうざいの(유-자이노)　중 有罪的　yǒuzuìde(유쭈이더)

---

*gui·tar [gitá:r 기타-]

명 (복수 guitars [gitá:rz])
기타
영 A *guitar* is a musical instrument with strings.
¶ He was playing the *guitar*.
그는 기타를 치고 있었다.
일 ギター(기따-)　중 吉他　jítā(지타)

---

gum [gʌ́m 검]

명 **1** 고무
영 *Gum* is a sticky substance in the stems of some trees.
일 ゴム(고무)　중 树胶　shùjiāo(수쟈오)
2 추잉검
영 *Gum* is a sweet substance used for chewing.
일 チューインガム(추-잉가무)　중 口香糖　kǒuxiāngtáng(커우샹탕)

---

*gun [gʌ́n 건]

명 (복수 guns [gʌ́nz])
총 ; 대포

영 A *gun* is a weapon that is used to shoot something.
일 銃　じゅう(주-) 중 枪　qiāng(챵)

---

guy [gái 가이]
명 (복수 guys [gáiz])
남자, 녀석, 놈
영 A *guy* is a man or a boy.
¶ He's a nice *guy*.
그는 멋진 녀석이다.
일 やつ(야쓰) 중 家伙　jiāhuo(쟈훠)

---

gym [dʒím 짐]
명 (복수 gyms [dʒímz])
체육관

영 A *gym* is short for gymnasium.
일 体育館　たいいくかん(타이이꾸깐)
중 体育馆　tǐyùguǎn(티위관)

---

gym·na·si·um [dʒimnéiziəm 짐네이지엄]
명 (복수 gymnasiums [dʒimnéiziəmz] 또는 gymnasia [dʒimnéiziə])
체육관, 실내 경기장
영 A *gymnasium* is a large room or building with special equipment for doing exercises and physical training.
일 体育館　たいいくかん(타이이꾸깐)
중 体育馆　tǐyùguǎn(티위관)

G

Hh

[éitʃ 에이치]
the eighth letter of the English alphabet
영어 알파벳의 여덟번째 글자

***hab·it** [hǽbit 해빗]

명 (복수 habits [hǽbits])
습관, 버릇
영 A *habit* is something you do often.
¶ I gave up all bad *habits*.
나는 나쁜 습관들을 모두 버렸다.
일 習慣 しゅうかん(슈-깐) 중 习惯 xíguàn(시관)

---

had [hǽd 해드]

타 have의 과거·과거분사

---

had·n't [hǽdnt 해든트]

had not의 단축형

***hair** [héər 헤어]

명 머리털
영 *Hair* is the things like thin threads that grow on your head.
¶ Her *hair* is short and black.
그녀의 머리털은 짧고 검다.
일 髪の毛 かみのけ(카미노케) 중 头发 tóufà(터우파)

---

hair·cut [héərkʌ̀t 헤어컷]

명 이발
영 A *haircut* is the act of having your hair cut by someone.
¶ You need to have a *haircut*.
너는 이발을 해야 겠다.
일 散髪 さんぱつ(삼빠쓰) 중 理发

lǐfà(리파)

****half** [hǽf 해프]

명 (복수 halves [hǽvz])
절반, 2분의 1
영 A *half* is one of two pieces that are the same size.
¶ *Half* of the pears were bad.
배의 절반은 썩었다.
일 半分 はんぶん(함분) 중 一半 yíbàn (이반)

형 절반의, 2분의 1의
영 *Half* means being one of two equal parts.
¶ *Half* the students are girls.
학생 가운데 절반이 여학생이다.
일 半分の はんぶんの(함분노) 중 一半的 yíbànde(이반더)

---

half·way [hǽfwéi 해프웨이]

형 도중의, 중간의
영 *Halfway* means half the distance from one point to another.
¶ the *halfway* point
중간 지점
일 中途の ちゅうとの(추-또노) 중 中途的 zhōngtúde(중투더)

***hall** [hɔ́:l 홀-]

명 (복수 halls [hɔ́:lz])
1 홀, 집회장 ; 회관
영 A *hall* is a public building or large

room used for meetings or other public events.
¶ a dance *hall*
무도회장
일 大広間 おおひろま(오-히로마) 중 大厅 dàtīng(다팅)
2 현관
영 A *hall* is an area of a house just inside the front door.
¶ Leave your luggage in the *hall*.
짐은 현관에 두시오.
일 玄関 げんかん(겡깐) 중 门厅 méntīng(먼팅)

Hal·low·een [hælouíːn 핼로우인-]
명 만성절 전야
영 *Halloween* is the evening of October 31, believed in the past to be the night when witches and ghosts were active.
일 ハロウィーン(하로원-) 중 万圣节前夕 wànshèngjiéqiánxī(완성제졘시)

⏎up Halloween에 아이들은 도깨비 등의 특이한 복장을 하고 이웃집을 돌아다니며 "Trick or treat."(과자를 안주면 장난을 칠거야)을 외치고 과자 등을 건네 받는다.

---

halves [hævz 해브즈]
명 half의 복수

---

ham [hæm 햄]
명 햄
영 *Ham* is the meat from the upper part of a pig's leg that has been salted and sometimes smoked.
¶ a *ham* sandwich
햄 샌드위치

일 ハム(하무) 중 火腿 huǒtuǐ(훠투이)

---

ham·burg·er [hæmbəːrgər 햄버-거]
명 (복수 hamburgers [hæmbəːrgərz])
햄버거
영 A *hamburger* is a round, flat piece of cooked beef, usually served on a bun.
일 ハンバーガー(함바-가-) 중 汉堡包 hànbǎobāo(한바오바오)

---

* # ham·mer [hæmər 해머]
명 (복수 hammers [hæmərz])
망치, 해머
영 A *hammer* is a tool with a metal head on a handle, used for hitting things such as nails.
¶ hit a nail with a *hammer*
망치로 못을 박다
일 金づち かなづち(카나즈찌) 중 铁锤 tiěchuí(톄추이)

** # hand [hænd 핸드]
명 (복수 hands [hændz])
1 손
영 A *hand* is the part of your body at the end of your arm.
¶ Wash your *hands* before breakfast.
아침을 먹기 전에 손을 씻어라.
일 手 て(테) 중 手 shǒu(서우)
2 (시계) 바늘
영 A *hand* is one of the pointers on a clock.
¶ the second *hand*
초침
일 針 はり(하리) 중 指针 zhǐzhēn(즈전)
숙어 *hand in hand* 손을 맞잡고
숙어 *shake hands with* …와 악수하

다
¶ I *shook hands with* her.
나는 그녀와 악수했다.

hand·bag [hǽn*d*bæg 핸드배그]

몡 핸드백 ; 손가방
영 A *handbag* is a bag in which a woman carries her wallet and small things.
일 ハンドバッグ(한도박구) 중 手提包 shǒutíbāo(서우티바오)

*hand·ker·chief [hǽŋkərtʃif 행커치프]

몡 (복수 handkerchiefs [hǽŋkər-tʃifs])
손수건
영 A *handkerchief* is a piece of cloth that you use for drying your nose or eyes.
일 ハンカチ(항까찌) 중 手帕 shǒupà(서우파)

*han·dle [hǽndl 핸들]

몡 (복수 handles [hǽndlz])
손잡이
영 A *handle* is the part of something that is used for holding or opening it.
¶ Turn the *handle* to the right.
손잡이를 오른쪽으로 돌려라.
일 取っ手 とって(톳떼) 중 把手 bǎ-shǒu(바서우)

*hand·some [hǽnsəm 핸섬]

혱 얼굴이 잘 생긴
영 *Handsome* means attractive in appearance.
¶ Our teacher is a *handsome* man.
우리 선생님은 미남이시다.
일 顔立ちのよい かおだちのよい(카

오다찌노요이) 중 英俊的 yīngjùnde(잉 쥔더)

hand·writ·ing [hǽndràitiŋ 핸드라이팅]

몡 손으로 씀
영 *Handwriting* is writing done by a person, not a machine.
일 肉筆 にくひつ(니꾸히쓰) 중 手写 shǒuxiě(서우세)

hand·y [hǽndi 핸디]

혱 (비교급 handier [hǽndiər], 최상급 handiest [hǽndiist])
다루기 쉬운, 편리한
영 *Handy* means useful and easy to use.
일 取り扱いに便利な とりあつかいにべんりな(토리아쓰까이니벤리나) 중 便于使用的 biànyúshǐyòngde(벤위스용더)

*hang [hǽŋ 행]

동 (3단현 hangs [hǽŋz], 과거·과거분사 hung [hʌ́ŋ], 현재분사 hanging [hǽŋiŋ])
타 걸다, 매달다
영 To *hang* means to be attached from above.
¶ He *hung* his new calendar on the wall.
그는 벽에 새 달력을 걸었다.
일 かける(카께루) 중 挂 guà(과)
재 걸리다, 매달리다
¶ Her hat was *hanging* on the door knob.
그녀의 모자가 문 손잡이에 걸려 있었다.
일 かかる(카까루) 중 悬挂 xuánguà(쉬엔과)
숙어 *hang up* 전화를 끊다
¶ She said good night and *hung up*.

그녀는 잘 자라고 말하고서 전화를 끊었다.

---

hang·er [hǽŋər 행어]
명 옷걸이
영 A *hanger* is a thing for hanging clothes on, made of a curved piece of metal, wood, or plastic with a hook on it.
¶ There are a few empty *hangers* in my closet.
내 벽장에 빈 옷걸이가 몇 개 있다.
일 ハンガー(항가-) 중 衣架 yījià(이쟈)

---

*hap·pen [hǽpən 해편]
자 (3단현 happens [hǽpənz], 과거·과거분사 happened [hǽpənd], 현재분사 happening [hǽpəniŋ])
일어나다, 생기다
영 To *happen* means to take place or to occur.
¶ Where did the accident *happen*?
어디서 사고가 일어났니?
일 起こる おこる(오꼬루) 중 发生 fāshēng(파성)

---

hap·pen·ing [hǽpəniŋ 해퍼닝]
명 사건
영 A *happening* is a strange or unusual event.
¶ a strange *happening* 기묘한 사건
일 できごと(데끼고또) 중 事件 shìjiàn(스졘)

---

hap·pi·ly [hǽpili 해필리]
부 행복하게, 즐겁게
영 *Happily* means in a happy way.
¶ They lived *happily* ever after.
그들은 그 후로 내내 행복하게 살았다.

일 幸福に こうふくに(코-후꾸니) 중 幸福地 xìngfúde(싱푸더)

---

hap·pi·ness [hǽpinəs 해피너스]
명 행복
영 *Happiness* is the state of being happy.
¶ I wish you every *happiness*.
당신의 행복을 빕니다.
일 幸福 こうふく(코-후꾸) 중 幸福 xìngfú(싱푸)

---

*hap·py [hǽpi 해피]
형 (비교급 happier [hǽpiər], 최상급 happiest [hǽpiist])
행복한, 기쁜
영 *Happy* means pleased and contented.
¶ I am very *happy*.
나는 아주 행복합니다.
일 幸福な こうふくな(코-후꾸나) 중 幸福的 xìngfúde(싱푸더)

---

*har·bor [há:rbər 하-버]
명 (복수 harbors [há:rbərz])
항구
영 A *harbor* is a place where ships shelter.
¶ enter a *harbor*
항구로 들어오다
일 港 みなと(미나또) 중 港口 gǎngkǒu(강커우)

---

*hard [há:rd 하-드]
형 (비교급 harder [há:rdər], 최상급 hardest [há:rdist])
1 굳은, 단단한(《반》 soft 부드러운)
영 *Hard* means firm and solid.
¶ Rocks are *hard* and pillows are soft.
바위는 단단하고 베개는 푹신하다.

H

일 かたい(카따이) 중 硬的 yìngde(잉더)

2 어려운, 곤란한(《반》easy 쉬운)
영 *Hard* means difficult.
¶ This puzzle is very *hard* to do.
이 수수께끼는 풀기가 아주 어렵다.
일 むずかしい(무즈까시-) 중 困难的 kùnnánde(쿤난더)

3 열심인, 근면한
영 *Hard* means done or working with much steady effort.
¶ a *hard* worker
근면한 사람
일 熱心な ねっしんな(넷신나) 중 刻苦的 kèkǔde(커쿠더)

부 (비교급 harder [hɑ́ːrdər], 최상급 hardest [hɑ́ːrdist])
열심히
영 *Hard* means with much effort.
¶ I study English *hard*.
나는 영어를 열심히 공부한다.
일 熱心に ねっしんに(넷신니) 중 努力地 nǔlìde(누리더)

***hard·ly** [hɑ́ːrdli 하-들리]
부 거의 …않다
영 *Hardly* means almost not at all.
¶ I can *hardly* believe it.
나는 그것을 거의 믿을 수가 없다.
일 ほとんど…ない(호똔도…나이) 중 简直不 jiǎnzhíbù(젠즈부)

---

hard·ship [hɑ́ːrdʃip 하-드십]
명 고난
영 *Hardship* is difficulty or suffering.
일 苦難 くなん(쿠난) 중 艰难 jiānnán(젠난)

---

hard·ware [hɑ́ːrdwèər 하-드웨어]
명 (컴퓨터의) 하드웨어(《반》soft-ware 소프트웨어)
영 *Hardware* is computer equipment, such as a printer, a monitor, or a key-board.
일 ハードウェア(하-도웨아) 중 硬件 yìngjiàn(잉젠)

---

hare [héər 헤어]
명 (복수 hares [héərz])
산토끼
영 A *hare* is an animal like a large rabbit with long strong back legs.
¶ *Hares* have longer legs and ears than rabbits.
산토끼는 토끼보다 다리와 귀가 더 길다.
일 ノウサギ(노우사기) 중 野兔 yětù(예투)

***harm** [hɑ́ːrm 함-]
명 해, 손해
영 *Harm* is damage, hurt, or injury.
일 害 がい(가이) 중 损害 sǔnhài(쑨하이)

---

harm·ful [hɑ́ːrmful 함-풀]
형 해로운
영 *Harmful* means causing harm.
¶ Drinking is *harmful* to our health.
음주는 건강에 해롭다.
일 有害な ゆうがいな(유-가이나) 중 有害的 yǒuhàide(유하이더)

---

har·mon·i·ca [hɑːrmɑ́nikə 하-마니커]
명 하모니카
영 A *harmonica* is a small musical instrument that you play by blowing into it and moving it from side to side.
일 ハーモニカ(하-모니까) 중 口琴

kǒuqín(커우친)

---

har·mo·ny [háːrməni 하-머니]
명 (복수 harmonies [háːrməniz])
화합, 조화
영 *Harmony* is friendly relations.
¶ The team worked in *harmony*.
그 팀은 사이좋게 일했다.
일 和合 わごう(와고-) 중 融洽 róng-qià(룽챠)

---

harp [háːrp 하-프]
명 하프
영 A *harp* is a large musical instru-ment with strings stretched on a frame with three corners.
일 ハープ(하-뿌) 중 竪琴 shùqín(수친)

---

*__har·vest__ [háːrvist 하-비스트]
명 (복수 harvests [háːrvists])
수확, 추수
영 *Harvest* is the gathering in of crops that are ripe, or the crops gathered in.
일 収穫 しゅうかく(슈-까꾸) 중 收获 shōuhuò(서우훠)

---

has [hǽz 해즈]
타 have의 3인칭 단수 현재형

---

has·n't [hǽznt 해즌트]
has not의 단축형

---

*__haste__ [héist 헤이스트]
명 서두름, 급함
영 *Haste* is speed or quickness in moving or acting.
¶ Make *haste*, or you will miss your train.
서둘러라, 그렇지 않으면 기차를 놓

치겠다.
일 急ぐこと いそぐこと(이소구코또)
중 匆忙 cōngmáng(충망)

---

has·ten [héisn 헤이슨]
동 (3단현 hastens [héisnz], 과거·과거분사 hastened [héisnd], 현재분사 hastening [héisniŋ])
자 서두르다, 서둘러 가다
영 To *hasten* means to move quickly.
¶ She *hastened* to open the door.
그녀는 서둘러 문을 열었다.
일 急ぐ いそぐ(이소구) 중 赶快 gǎn-kuài(간콰이)
타 서두르게 하다
영 To *hasten* means to make some-one or something move or happen faster.
일 急がせる いそがせる(이소가세루)
중 催促 cuīcù(추이추)

****hat** [hǽt 햇]
명 (복수 hats [hǽts])
모자
영 A *hat* is something you wear on your head.
¶ put on[off] one's *hat*
모자를 쓰다[벗다]
일 帽子 ぼうし(보-시) 중 帽子 màozi (마오쯔)

↰up hat은 테가 있는 모자고 cap은 학생 모자, 운동 모자처럼 테가 없는 모자다.

****hate** [héit 헤이트]
타 (3단현 hates [héits], 과거·과거분사 hated [héitid], 현재분사 hating [héitiŋ])
몹시 싫어하다, 미워하다
영 To *hate* means to have very strong feelings against someone or some-

thing.
¶ I *hate* music like that.
나는 그런 음악을 몹시 싫어한다.
일 ひどく嫌う　ひどくきらう(히도꾸키라우) 중 嫌恶 xiánwù(셴우)

˚have [hǽv 해브]
탸 (3단현 has [hǽz], 과거·과거분사 had [hǽd], 현재분사 having [hǽviŋ])
1 가지고 있다
영 To *have* means to own or possess something.
¶ I *have* a book.
나는 책을 가지고 있다.
일 持っている　もっている(못떼이루)
중 有 yǒu(유)
2 먹다, 마시다
영 To *have* means to eat or drink something.
¶ We *had* hot dogs and fruit.
우리는 핫도그와 과일을 먹었다.
일 食べる　たべる(타베루) 중 吃 chī(츠)
3 경험하다 ; 보내다
영 To *have* means to experience or enjoy something.
¶ *Have* a nice weekend.
주말을 즐겁게 보내라.
일 経験する　けいけんする(케-껜스루)
중 体验 tǐyàn(티옌)
숙어 *have to* do …해야 한다
¶ You *have to* do it over again.
너는 다시 한 번 그걸 해야만 한다.
숙어 *have to do with* …와 관계가 있다
¶ What do you *have to do with* the matter?
너는 그 문제와 무슨 관계가 있니?

---

have·n't [hǽvnt 해븐트]

have not의 단축형

---

hawk [hɔ́:k 호-크]
명 매
영 A *hawk* is a large wild bird that eats small birds and animals.
일 タカ(타까) 중 鹰 yīng(잉)

---

hay [héi 헤이]
명 건초
영 *Hay* is a kind of tall grass that has been cut and dried.
¶ Horses and cows eat *hay*.
말과 소는 건초를 먹는다.
일 干し草 ほしくさ(호시꾸사) 중 干草 gāncǎo(간차오)

˚he [《약》 *hi* 히 ; 《강》 hí: 히-]
대 (복수 they [ðei])
그는, 그가
영 *He* is the male person or animal mentioned before.
¶ *He* is my brother.
그는 내 동생이다.
일 彼は　かれは(카레와) 중 他 tā(타)

˚head [héd 헤드]
명 (복수 heads [hédz])
머리
영 A *head* is the top part of your body where your brain, eyes, nose, and mouth are.
¶ He turned his *head* to look at her.
그는 그녀를 보려고 머리를 돌렸다.
일 頭 あたま(아따마) 중 头 tóu(터우)

---

head·ache [hédèik 헤데이크]
명 (복수 headaches [hédèiks])
두통

¶ I had a *headache* all day long.
나는 하루 종일 머리가 아팠다.
일 頭痛 ずつう(즈쓰-) 중 头痛 tóu-tòng(터우퉁)

head·light [hédlàit 헤들라이트]

명 전조등, 헤드라이트
영 A *headlight* is one of the large lights at the front of a vehicle.
일 前照灯 ぜんしょうとう(젠쇼-또-)
중 前照灯 qiánzhàodēng(첸자오덩)

head·line [hédlàin 헤들라인]

명 큰 제목
영 A *headline* is the title of a news-paper article, printed in large letters.
일 見出し みだし(미다시) 중 标题 biāo-tí(뱌오티)

head·phone [hédfòun 헤드포운]

명 (복수 headphones [hédfòunz])
[보통 headphones로] 헤드폰
영 *Headphones* are small speakers that you wear in or over your ears.
일 ヘッドフォン(헷도혼) 중 耳机 ěrjī(얼지)

health [hélθ 헬스]

명 건강
영 *Health* is the state of being without illness or disease.
¶ I wish you *health* and happiness.
건강하고 행복하세요.
일 健康 けんこう(켕꼬-) 중 健康 jiàn-kāng(젠캉)

health·y [hélθi 헬시]

형 (비교급 healthier [hélθiər], 최상급 healthiest [hélθiist])
건강한
영 *Healthy* means not sick.
¶ He looks *healthy*.
그는 건강해 보인다.
일 健康な けんこうな(켕꼬-나) 중 健康的 jiànkāngde(젠캉더)

heap [hí:p 히-프]

명 (복수 heaps [hí:ps])
쌓아올린 것, 더미
영 A *heap* is a large pile of things.
¶ a *heap* of newspapers
신문 더미
일 積み重ね つみかさね(쓰미카사네)
중 堆 duī(두이)

hear [híər 히어]

동 (3단현 hears [híərz], 과거·과거분사 heard [hə́:rd], 현재분사 hearing [híəriŋ])
타 듣다
영 To *hear* means to sense sounds through your ears.
¶ I *heard* the bell.
나는 벨소리를 들었다.
일 聞く きく(키꾸) 중 听见 tīngjiàn(팅졘)
자 들리다
¶ Rabbits *hear* well because of their large ears.
토끼는 귀가 커서 소리가 잘 들린다.
일 聞こえる きこえる(키꼬에루) 중 听见 tīngjiàn(팅졘)

hear는 대체로 「(자연히) 들려 오다」의 뜻이고, listen to는 「(들으려고 하여) 듣다」의 뜻이다.

heard [hə́:rd 허-드]

동 hear의 과거·과거분사

hear·ing [híəriŋ 히어링]

명 청각, 청력

영 *Hearing* is the sense that you use to hear sounds.

¶ Her *hearing* is poor.

그녀는 귀가 잘 안 들린다.

일 聴覚 ちょうかく(초-까꾸) 중 听觉 tīngjué(팅줴)

---

hear·ing aid [híəriŋ èid 히어링 에이드]

명 보청기

영 A *hearing aid* is something worn in or behind one or both ears to help someone hear better.

일 補聴器 ほちょうき(호쪼-끼) 중 助听器 zhùtīngqì(주팅치)

---

* **heart** [háːrt 하-트]

명 (복수 hearts [háːrts])

1 심장

영 A *heart* is the organ in your chest that pumps blood all through your body.

¶ His *heart* is beating fast.

그의 심장이 빠르게 뛰고 있다.

일 心臓 しんぞう(신조-) 중 心脏 xīnzàng(신짱)

2 마음

영 *Heart* is the part of you that is able to feel strong emotions.

¶ The story moved my *heart*.

그 이야기는 내 마음을 움직였다.

일 心 こころ(코꼬로) 중 心肠 xīncháng(신창)

숙어 *learn ... by heart* …을 암기하다

¶ We had to *learn* the poem *by heart*.

우리는 그 시를 외워야만 했다.

---

* **heat** [híːt 히-트]

명 **1** 열

영 *Heat* is great warmth.

¶ the *heat* of the sun

태양열

일 熱 ねつ(네쓰) 중 热 rè(러)

2 더위

영 *Heat* is very hot weather.

¶ I can't work in this *heat*.

나는 이 더위 속에서 일할 수 없다.

일 暑さ あつさ(아쓰사) 중 暑热 shǔrè(수러)

타 (3단현 heats [híːts], 과거·과거분사 heated [híːtid], 현재분사 heating [híːtiŋ])

가열하다, 데우다

영 To *heat* means to warm or cook something.

¶ Shall I *heat* up some milk?

우유를 데울까요?

일 熱する ねっする(넷스루) 중 加热 jiārè(쟈러)

---

heat·er [híːtər 히-터]

명 난방기구, 히터

영 A *heater* is a device that produces heat.

일 暖房器具 だんぼうきぐ(담보-끼구) 중 加热器 jiārèqì(쟈러치)

---

* **heav·en** [hévən 헤번]

명 천국(《반》 hell 지옥)

영 *Heaven* is the place where some people believe that good people go after they die.

일 天国 てんごく(텡고꾸) 중 天国 tiānguó(톈궈)

** **heav·y** [hévi 헤비]

형 (비교급 heavier [héviər], 최상급 heaviest [héviist])

무거운(《반》 light 가벼운)
영 *Heavy* means weighing a lot.
¶ This bag is too *heavy*.
이 가방은 너무 무겁다.
일 重い おもい(오모이) 중 重的 zhòng-de(중더)

---

he'd [hi:d 히-드]

he had, he would의 단축형

---

*heel [hí:l 힐-]

명 (복수 heels [hí:lz])
뒤꿈치
영 A *heel* is the back part of your foot.
일 かかと(카까또) 중 脚后跟 jiǎo-hòugēn(쟈오허우건)
숙어 *at* someone*'s heels* 남의 뒤를 바짝 따라서
¶ The dog followed *at his heels*.
그 개는 그의 뒤를 바짝 따랐다.

---

height [háit 하이트]

명 (복수 heights [háits])
높이, 키
영 *Height* is how tall someone or something is.
¶ His *height* is 3 feet.
그의 키는 3피트다.
일 高さ たかさ(타까사) 중 高度 gāo-dù(가오두)

---

held [héld 헬드]

타 hold의 과거·과거분사

---

hel·i·cop·ter [hélikàptər 헬리캅터]

명 (복수 helicopters [hélikàptərz])
헬리콥터
영 A *helicopter* is an aircraft with large rotating blades on top.
일 ヘリコプター(헤리꼬뿌따-) 중 直升飞机 zhíshēngfēijī(즈성페이지)

---

*hell [hél 헬]

명 (복수 hells [hélz])
지옥(《반》 heaven 천국)
영 *Hell* is the place where some people believe that bad people go when they die.
일 地獄 じごく(지고꾸) 중 地獄 dìyù(디위)

---

he'll [hi:l 힐-]

he shall, he will의 단축형

**hel·lo [həlóu 헐로우]

감 안녕하세요 ; 어보세요
영 *Hello* is a word said in greeting when you meet a person or speak on the telephone.
¶ *Hello*, Tom. 안녕, 톰.
¶ *Hello*, who's speaking, please?
여보세요, 누구십니까?
일 こんにちは(콘니찌와) 중 你好 nǐhǎo(니하오)

---

*hel·met [hélmit 헬밋]

명 (복수 helmets [hélmits])
헬멧, 철모
영 A *helmet* is a hard hat that is worn to protect the head.
일 ヘルメット(헤루멧또) 중 头盔 tóukuī(터우쿠이)

**help [hélp 헬프]

동 (3단현 helps [hélps], 과거·과거분사 helped [hélpt], 현재분사

H

helping [hélpiŋ])
㉺ 돕다, 거들다
㉵ To *help* means to do something for someone else.
¶ May I *help* you? 도와드릴까요?
㉲ 助ける たすける(타스께루) ㉱ 帮助 bāngzhù(방주)
㉳ 돕다
¶ Is there anything I can do to *help*? 제가 도와줄 일이 있나요?
㉲ 助ける たすける(타스께루) ㉱ 帮助 bāngzhù(방주)

㉴ (복수 helps [hélps])
도움, 원조
㉵ *Help* is the action of helping someone.
¶ Thanks for all your *help*.
여러분 모두의 도움에 감사드립니다.
㉲ 助け たすけ(타스께) ㉱ 帮助 bāngzhù(방주)

H **help · ful** [hélpful 헬프풀]
㉶ (비교급 more helpful, 최상급 most helpful)
도움이 되는, 유용한
㉵ *Helpful* means useful.
¶ His advice was very *helpful* to me.
그의 충고는 내게 큰 도움이 되었다.
㉲ 助けになる たすけになる(타스께니나루) ㉱ 有帮助的 yǒubāngzhùde(유방주더)

---

help · less [hélpləs 헬플러스]
㉶ 도움이 없는, 도움을 얻을 수 없는
㉵ *Helpless* means unable to take care of yourself or protect yourself.
㉲ 助けのない たすけのない(타스께노나이) ㉱ 无助的 wúzhùde(우주더)

---

* **hen** [hén 헨]
㉴ (복수 hens [hénz])
암탉(《반》rooster 수탉)
㉵ A *hen* is a female chicken.
¶ A *hen* can lay eggs.
암탉은 알을 낳는다.
㉲ めんどり(멘도리) ㉱ 母鸡 mǔjī(무지)

---

her [《약》hər 허 ; 《강》hə́:r 허-]
㉰ **1** [she의 소유격] 그녀의
¶ That's *her* new car.
저것은 그녀의 새 차다.
㉲ 彼女の かのじょの(카노조노) ㉱ 她的 tāde(타더)
2 [she의 목적격] 그녀를, 그녀에게
¶ I saw *her* yesterday.
나는 어제 그녀를 봤다.
㉲ 彼女を かのじょを(카노조오) ㉱ 她 tā(타)

** **here** [híər 히어]
㉷ 여기에, 여기서(《반》there 저기에)
㉵ *Here* means at or in this place.
¶ Put the bag *here*.
여기에 가방을 놓으세요.
㉲ ここに(코꼬니) ㉱ 这里 zhèlǐ(저리)
㉸ *here and there* 여기저기에
¶ Some birds were flying *here and there*.
새 몇 마리가 여기저기 날고 있었다.
㉸ *Here you are.* 자, 여기 있어요.

---

* **he · ro** [hí:rou 히-로우]
㉴ (복수 heroes [hí:rouz])
1 영웅
㉵ A *hero* is someone we think of as special because of the good or brave things that a person has done.
¶ He became the world champion

and a national *hero*.
그는 세계 챔피언이 되어 국민적 영웅이 되었다.
일 英雄 えいゆう(에-유-) 중 英雄 yīngxióng(잉슝)
2 (소설·연극 등의) 주인공
영 A *hero* is the main character in a book, play, or any kind of story.
일 主人公 しゅじんこう(슈징꼬-) 중 主人公 zhǔréngōng(주런궁)

----

hers [hə́ːrz 허-즈]

대 (복수 theirs [ðéərz])
[she의 소유 대명사] 그녀의 것
¶ That pen is *hers*.
저 펜은 그녀의 것이다.
일 彼女のもの かのじょのもの(카노조노모노) 중 她的 tāde(타더)

----

her·self [hərsélf 허셀프]

대 (복수 themselves [ðəmsélvz])
그녀 자신을, 그녀 자신에게
¶ She hid *herself*.
그녀는 자신의 몸을 숨겼다.
일 彼女自身を かのじょじしんを(카노조지싱오) 중 她自己 tāzìjǐ(타쯔지)

----

he's [hiːz 히-즈]

he is, he has의 단축형

----

hes·i·tate [hézətèit 헤저테이트]

자 (3단현 hesitates [hézətèits], 과거·과거분사 hesitated [hézətèitid], 현재분사 hesitating [hézətèitiŋ])
주저하다, 망설이다
영 To *hesitate* means to pause before you do something.
¶ He *hesitated* a moment and then said, "Yes."
그는 잠시 망설이다가 「예」라고 말

했다.
일 ためらう(타메라우) 중 躊躇 chóuchú(처우추)

----

*hi [hái 하이]

감 안녕 ; 야아
영 *Hi* is a word used as a greeting.
¶ *Hi*! How are you?
안녕! 잘 지내니?
일 やあ(야-) 중 你好 nǐhǎo(니하오)

----

hid [híd 히드]

동 hide의 과거·과거분사

----

hid·den [hídn 히든]

동 hide의 과거분사

----

*hide [háid 하이드]

동 (3단현 hides [háidz], 과거형 hid [híd], 과거분사 hidden [hídn] 또는 hid, 현재분사 hiding [háidiŋ])
타 감추다, 숨기다
영 To *hide* means to put something in a place where no one else can see or find it.
¶ He *hid* the box in the kitchen.
그는 그 상자를 부엌에 감추었다.
일 隠す かくす(카꾸스) 중 隐藏 yǐncáng(인창)
자 숨다
영 To *hide* means to go where you cannot be seen.
¶ I *hid* behind the large tree.
나는 큰 나무 뒤에 숨었다.
일 隠れる かくれる(카꾸레루) 중 隐藏 yǐncáng(인창)

**high [hái 하이]

형 (비교급 higher [háiər], 최상급

highest [háiist])
높은(《반》low 낮은)
영 *High* means far up from the ground.
¶ The bird was *high* in the sky.
새가 하늘 높이 날고 있었다.
¶ How *high* is the building?
그 건물의 높이는 얼마입니까?
일 高い　たかい(타까이)　중 高的　gāo-de(가오더)

↰up high는 보통 건물이나 산이 「높고 크다」의 뜻이고, tall은 사람이나 식물이 「크고 가냘프다」의 뜻이다.

부 (비교급 higher [háiər], 최상급 highest [háiist])
높이, 높게
영 *High* means at or to a level that is far above the ground.
¶ Eagles fly *high* in the sky.
독수리는 하늘 높이 난다.
일 高く　たかく(타까꾸)　중 高　gāo(가오)

***high school** [hái skù:l 하이 스쿨-]
명 (복수 high schools [hái skù:lz])
《미》고등학교, 하이 스쿨
영 A *high school* is a school that usually includes grades nine through twelve or ten through twelve.
¶ He's still at *high school*.
그는 아직 고등학교에 다닌다.
일 高等学校　こうとうがっこう(코-또-각꼬-)　중 高级中学　gāojízhōng-xué(가오지중쉐)

---

high·way [háiwèi 하이웨이]
명 (복수 highways [háiwèiz])
간선 도로, 하이웨이
영 A *highway* is a main public road.
¶ The *highway* is four lanes wide.

그 간선 도로는 4차선이다.
일 幹線道路　かんせんどうろ(칸센도-로)　중 公路　gōnglù(궁루)

---

hike [háik 하이크]
명 하이킹, 도보 여행
영 A *hike* is a long walk in the country.
¶ Let's go on a *hike* this Sunday.
이번 주 일요일에 하이킹 가자.
일 ハイキング(하이낑구)　중 远足　yuǎn-zú(위엔쭈)

자 (3단현 hikes [háiks], 과거·과거분사 hiked [háikt], 현재분사 hiking [háikiŋ])
하이킹을 하다, 도보 여행을 하다
영 To *hike* means to take a long walk in the country.
일 ハイキングをする(하이낑구오스루)
중 远足　yuǎnzú(위엔쭈)

---

hik·ing [háikiŋ 하이킹]
명 하이킹, 도보 여행
영 *Hiking* is an outdoor activity in which you take long walks in the country.
¶ go *hiking*
하이킹하러 가다
일 ハイキング(하이낑구)　중 远足　yuǎn-zú(위엔쭈)

***hill** [híl 힐]
명 (복수 hills [hílz])
언덕, 작은 산
영 A *hill* is an area of high land, like a small mountain.
¶ There is a house on the *hill*.
언덕 위에 집 한 채가 있다.
일 丘　おか(오까)　중 小山　xiǎoshān(샤

오산)

---

hill·side [hílsàid 힐사이드]

명 (복수 hillsides [hílsàidz])
언덕의 중턱, 산허리
영 A *hillside* is the side of a hill.
일 丘の中腹 おかのちゅうふく(오까노 추-후꾸) 중 山腰 shānyāo(산야오)

---

him [《약》 him 힘 ; 《강》 hím 힘]

대 [he의 목적격] 그를, 그에게
¶ Do you know *him*?
너는 그를 알고 있니?
¶ We gave *him* a camera.
우리는 그에게 카메라를 주었다.
일 彼を かれを(카레오) 중 他 tā(타)

---

him·self [himsélf 힘셀프]

대 (복수 themselves [ðəmsélvz])
그 자신을, 그 자신에게
¶ He introduced *himself* to the people around him.
그는 주위의 사람들에게 자신을 소개했다.
일 彼自身を かれじしんを(카레지싱오)
중 他自己 tāzìjǐ(타쯔지)

---

hint [hínt 힌트]

명 (복수 hints [hínts])
암시, 힌트
영 A *hint* is a clue or helpful tip.
¶ Come on, give me a *hint*.
제발, 힌트 좀 주세요.
일 暗示 あんじ(안지) 중 暗示 ànshì(안스)

***hip** [híp 힙]

명 (복수 hips [híps])
엉덩이
영 A *hip* is one of the two parts on each side of your body between the top of your legs and your waist.
일 ヒップ(힙뿌) 중 臀部 túnbù(툰부)

***hire** [háiər 하이어]

타 (3단현 hires [háiərz], 과거·과거분사 hired [háiərd], 현재분사 hiring [háiəriŋ])
고용하다
영 To *hire* means to employ someone.
¶ She *hired* a new employee.
그녀는 새 종업원을 고용했다.
일 雇う やとう(야또-) 중 雇用 gùyòng(구용)

---

his [《약》 hiz 히즈 ; 《강》 híz 히즈]

대 **1** [he의 소유격] 그의
¶ I know *his* father well.
나는 그의 아버지를 잘 알고 있다.
일 彼の かれの(카레노) 중 他的 tāde(타더)
2 [he의 소유 대명사] 그의 것
¶ This book is *his*.
이 책은 그의 것이다.
일 彼のもの かれのもの(카레노모노)
중 他的 tāde(타더)

---

his·tor·i·cal [histɔ́:rikəl 히스토-리컬]

형 역사의, 역사적인
영 *Historical* means doing with people or events of the past.
¶ In London there are many *historical* places.
런던에는 역사적인 명소가 많다.
일 歴史の れきしの(레끼시노) 중 历史的 lìshǐde(리스더)

***his·to·ry** [hístəri 히스터리]

명 (복수 histories [hístəriz])
역사
영 ***History*** is all the things that happened in the past.
¶ There are many great men in the *history* of Korea.
한국 역사에는 위인들이 많다.
일 歷史 れきし(레끼시) 중 历史 lìshǐ (리스)

***hit** [hít 힛]
타 (3단현 hits [híts], 과거·과거분사 hit, 현재분사 hitting [hítiŋ])
1 치다, 때리다
영 To ***hit*** means to strike something with your hand or with an object.
¶ The boy *hit* me on the head.
그 소년이 내 머리를 때렸다.
일 打つ うつ(우쯔) 중 打 dǎ(다)
2 부딪치다
영 To ***hit*** means to knock or bump into something.
¶ She *hit* her knee on the chair.
그녀는 무릎을 의자에 부딪쳤다.
일 ぶつかる(부쓰까루) 중 碰撞 pèngzhuàng(펑쫭)

명 (복수 hits [híts])
성공, 히트
영 A ***hit*** is a very successful and popular film, song, play, etc.
¶ The new play was a big *hit*.
새 연극은 대성공을 거두었다.
일 成功 せいこう(세-꼬-) 중 成功 chénggōng(청궁)

****hob·by** [hǽbi 하비]
명 (복수 hobbies [hǽbiz])
취미
영 A ***hobby*** is something that people do just for fun.

¶ His *hobby* is fishing.
그의 취미는 낚시다.
일 趣味 しゅみ(슈미) 중 爱好 àihào (아이하오)

⤶up reading(독서)이나 walk(산책) 등은 hobby가 아니다. hobby 란 스스로 무엇인가를 만들거나, 우표나 동전 등을 수집한다던가 하는 실제의 활동을 가리킨다.

---

hock·ey [hάki 하키]
명 **1** (필드) 하키
영 ***Hockey*** is a team game played on a rectangular field using curved sticks and a small ball.
일 ホッケー(혹께-) 중 曲棍球 qǔgùnqiú(취군츄)
2 아이스 하키
영 ***Hockey*** is a team game played on ice with sticks and a flat disc called a puck.
일 アイスホッケー(아이스혹께-) 중 冰球 bīngqiú(빙츄)

****hold** [hóuld 호울드]
타 (3단현 holds [hóuldz], 과거·과거분사 held [héld], 현재분사 holding [hóuldiŋ])
1 쥐다, 잡다, 들다
영 To ***hold*** means to take something in your hands or arms.
¶ *Hold* the cup carefully.
컵을 조심해서 쥐어라.
¶ She was *holding* the cat in her arm.
그녀는 고양이를 팔에 안고 있었다.
일 持っている もっている(못떼이루)
중 握着 wòzhe(워저)
2 수용할 수 있다
영 To ***hold*** means to have space for something.
¶ The school bus *holds* 50 people.

그 통학 버스에는 50명이 탈 수 있다.
일 収容できる しゅうようできる(슈-요-데끼루) 중 容纳 róngnà(룽나)
3 열다, 개최하다
영 To *hold* means to have a meeting, party, etc.
¶ The meeting will be *held* tomorrow.
회의는 내일 열린다.
일 催す もよおす(모요-스) 중 举行 jǔxíng(쥐싱)
숙어 *hold up* 들어 올리다
¶ She *held up* her right hand.
그녀는 오른손을 들어 올렸다.

---

* **hole** [hóul 호울]
명 (복수 holes [hóulz])
구멍
영 A *hole* is an empty or open place in something.
¶ There's a *hole* in your sock.
네 양말에 구멍이 나 있다.
일 穴 あな(아나) 중 洞 dòng(둥)

---

* **hol·i·day** [hálədei 할러데이]
명 (복수 holidays [hálədeiz])
휴일 ; 축제일
영 A *holiday* is a day when you do not have to go to work, school, etc.
¶ We spent our *holiday* at the sea-shore.
우리는 휴일을 바닷가에서 지냈다.
일 休日 きゅうじつ(큐-지쓰) 중 假日 jiàrì(쟈르)

---

* **ho·ly** [hóuli 호울리]
형 (비교급 holier [hóuliər], 최상급 holiest [hóuliist])
신성한
영 *Holy* means relating to God or a higher being.
일 神聖な しんせいな(신세-나) 중 神

圣的 shénshèngde(선성더)

** **home** [hóum 호움]
명 (복수 homes [hóumz])
1 집, 가정
영 A *home* is the place where you usually live, especially with your family.
¶ my sweet *home*
즐거운 나의 집
일 家 いえ(이에) 중 家 jiā(쟈)

up home은 가족이 생활하는 장소로서의 「가정」을 가리키고, house는 건물로서의 「가옥」을 가리킨다.
2 고향 ; 고국
영 *Home* is the place where you come from or your country.
일 ふるさと(후루사또) 중 故乡 gùxiāng(구샹)
숙어 *at home* 집에 있는 ; 편히
¶ Please make yourself *at home*.
부디 편히 쉬십시오.

부 집으로, 집에
영 *Home* means to or at the place where you live.
¶ I came *home* at four.
나는 4시에 집으로 돌아왔다.
일 家へ いえへ(이에에) 중 在家 zàijiā(짜이쟈)

---

home·land [hóumlænd 호움랜드]
명 고국, 모국
영 A *homeland* is the country where you were born.
일 故国 ここく(코꼬꾸) 중 祖国 zǔguó(쭈궈)

---

home·made [hóumméid 호움메

이드]
형 집에서 만든
영 *Homemade* means made at home.
¶ *homemade* pie
집에서 만든 파이
일 自家製の　じかせいの(지까세-노)
중 自制的 zìzhìde(쯔즈더)

---

home·room [hóumrùːm 호움룸-]

명 《미》 홈룸
영 A *homeroom* is a classroom in which students meet with their teacher before studying begins.
일 ホームルーム(호-무루-무) 중 年级教室 niánjíjiàoshì(녠지쟈오스)

up 학급 전원을 모이게 해서 지도 교사가 생활 지도 등을 하는 수업 또는 교실을 가리킨다.

---

home·sick [hóumsìk 호움식]

형 집을 그리워하는
영 *Homesick* means feeling sad because you are away from your home.
일 ホームシックの(호-무식꾸노) 중 思家的 sījiāde(쓰쟈더)

---

*home·work [hóumwə̀ːrk 호움워-크]

명 숙제
영 *Homework* is work that a teacher asks students to do at home.
¶ I do my *homework* after dinner.
나는 저녁을 먹고 나서 숙제를 한다.
일 宿題 しゅくだい(슈꾸다이) 중 作业 zuòyè(쭤예)

---

*hon·est [ánəst 아너스트]

형 정직한
영 *Honest* means not lying, stealing,

or cheating.
¶ I think she is *honest*.
나는 그녀가 정직하다고 생각한다.
일 正直な　しょうじきな(쇼-지끼나)
중 正直的 zhèngzhíde(정즈더)

---

hon·es·ty [ánəsti 아너스티]

명 정직
영 *Honesty* is the quality of being honest.
¶ Everyone praises his *honesty*.
누구나 그가 정직하다고 칭찬한다.
일 正直 しょうじき(쇼-지끼) 중 正直 zhèngzhí(정즈)

---

*hon·ey [hʌ́ni 허니]

명 (복수 honeys [hʌ́niz])
벌꿀, 꿀
영 *Honey* is a sweet liquid that is made by bees.
¶ This *honey* is very sweet.
이 꿀은 무척 달다.
일 ハチミツ(하찌미쓰) 중 蜂蜜 fēngmì(펑미)

---

*hon·or [ánər 아너]

명 (복수 honors [ánərz])
명예 ; 영광
영 *Honor* is something that makes you feel proud and glad.
¶ It's a great *honor* to receive this award.
이 상을 받는 건 대단한 명예다.
일 名誉 めいよ(메-요) 중 荣誉 róngyù(룽위)

---

hon·or·a·ble [ánərəbl 아너러블]

형 명예로운 ; 존경할 만한
영 *Honorable* means morally correct,

and deserving respect and admiration.
¶ an *honorable* achievement
명예로운 업적
일 名誉ある　めいよある(메-요아루)
중 荣誉的 róngyùde(룽위더)

---

hood [húd 후드]

명 두건, 후드
영 A *hood* is the part of a jacket or coat that goes over your head.
일 フード(후-도) 중 风帽 fēngmào(펑마오)

---

* hook [húk 훅]

명 (복수 hooks [húks])
갈고리, 훅
영 A *hook* is a curved piece of metal or plastic used to fasten or hold something.
¶ a hat *hook* 모자걸이
일 かぎ(카기) 중 钩 gōu(거우)

---

hop [háp 합]

자 (3단현 hops [háps], 과거·과거분사 hopped [hápt], 현재분사 hopping [hápiŋ])
깡충깡충 뛰다
영 To *hop* means to make a short jumping on one foot.
¶ He *hopped* from one foot to the other. 그는 발을 바꾸어가며 깡충깡충 뛰었다.
일 ぴょんぴょん跳ぶ　ぴょんぴょんとぶ(푬뿐토부) 중 跳跃 tiàoyuè(탸오웨)

** hope [hóup 호우프]

동 (3단현 hopes [hóups], 과거·과거분사 hoped [hóupt], 현재분사 hoping [hóupiŋ])
타 바라다, 희망하다
영 To *hope* means to expect something.
¶ I *hope* you will succeed.
나는 네가 성공하길 바란다.
일 望む　のぞむ(노조무) 중 希望 xīwàng(시왕)
자 바라다, 기대하다
영 To *hope* means to wish for something.
¶ I am *hoping* for your help.
나는 네가 도와주기를 바라고 있다.
일 望む　のぞむ(노조무) 중 希望 xīwàng(시왕)
명 희망, 기대
영 *Hope* is a feeling of expectation.
¶ Don't give up *hope*.
희망을 버리지 마라.
일 希望 きぼう(키보-) 중 希望 xīwàng(시왕)

---

hope·ful [hóupful 호우프풀]

형 희망이 있는
영 *Hopeful* means believing that what you want is likely to happen.
¶ I am *hopeful* about the result.
나는 결과에 기대를 품고 있다.
일 希望を持った　きぼうをもった(키보-오못따) 중 充满希望的 chōngmǎnxīwàngde(충만시왕더)

---

hope·less [hóupləs 호우플러스]

형 희망이 없는, 절망적인
영 *Hopeless* means without hope.
일 希望を失った　きぼうをうしなった(키보-오우시낫따) 중 绝望的 juéwàngde(줴왕더)

---

* ho·ri·zon [həráizn 허라이즌]

명 지평선, 수평선
영 A *horizon* is the line where the

sky and the earth or sea seem to meet.
¶ The sun dropped below the *horizon*.
태양이 지평선 아래로 졌다.
일 地平線 ちへいせん(치헤-셴) 중 地平线 dìpíngxiàn(디핑셴)

---

* **horn** [hɔ́:*r*n 혼-]

명 (복수 horns [hɔ́:*r*nz])
1 뿔
영 A *horn* is a hard pointed thing that grows in pairs on the heads of some animals.
¶ Bulls and goats have two *horns* on their heads.
황소와 염소는 머리에 두 개의 뿔이 있다.
일 角 つの(쓰노) 중 角 jiǎo(쟈오)
2 호른
영 A *horn* is a brass musical instrument that you blow.
일 ホルン(호룬) 중 号 hào(하오)

---

hor·ri·ble [hɔ́:*r*əbl 호-러블]

형 무서운, 끔찍한
영 *Horrible* means causing horror or fear.
¶ a *horrible* crime
무서운 범죄
일 恐ろしい おそろしい(오소로시-)
중 可怕的 kěpàde(커파더)

---

hor·ror [hɔ́:*r*ə*r* 호-러]

명 공포, 두려움
영 *Horror* is great fear, terror, or shock.
일 恐怖 きょうふ(쿄-후) 중 恐怖 kǒngbù(쿵부)

** **horse** [hɔ́:*r*s 호-스]

명 (복수 horses [hɔ́:*r*siz])
말
영 A *horse* is a large animal that people ride on and use for pulling things.
¶ The *horse* is very fast.
그 말은 아주 빠르다.
일 馬 うま(우마) 중 马 mǎ(마)

---

horse·back [hɔ́:*r*sbæk 호-스백]

명 말등
영 *Horseback* is the back of a horse.
¶ go on *horseback*
말을 타고 가다
일 馬の背 うまのせ(우마노세) 중 马背 mǎbèi(마베이)

** **hos·pi·tal** [háspitl 하스피틀]

명 (복수 hospitals [háspitlz])
영 A *hospital* is a place where you receive medical treatment and are looked after when you are sick or injured.
¶ a general *hospital*
종합 병원
일 病院 びょういん(뵤-잉) 중 医院 yīyuàn(이위엔)

---

host [hóust 호우스트]

명 (복수 hosts [hóusts])
주인
영 A *host* is a person who entertains guests.
¶ Our *host* greeted us at the door.
주인이 문에서 우리를 맞이했다.
일 主人 しゅじん(슈진) 중 主人 zhǔrén(주런)

---

host·ess [hóustəs 호우스터스]

명 (복수 hostesses [hóustəsiz])

여주인
영 A *hostess* is a woman who enter-tains guests.
일 女主人 おんなしゅじん(온나슈진)
중 女主人 nǚzhǔrén(뉘주런)

***hot** [hát 핫]
형 (비교급 hotter [hátər], 최상급 hottest [hátist])
1 뜨거운 ; 더운(《반》 cold 차가운 ; 추운)
영 *Hot* means having a high temper-ature.
¶ The soup is really *hot*.
그 수프는 정말 뜨겁다.
¶ It is *hot* in August.
8월에는 날씨가 덥다.
일 あつい(아쓰이) 중 热的 rède(러더)
2 매운
영 *Hot* means very spicy and strong in taste.
¶ Kimchi is *hot*, but it's good.
김치는 맵지만 맛있다.
일 からい(카라이) 중 辣的 làde(라더)

---

hot dog [hát dɔ̀ːg 핫 도-그]
명 핫 도그
영 A *hot dog* is a long sausage, usually eaten in a bun.
일 ホットドッグ(홋또독구) 중 热狗 rè-gǒu(러거우)

***ho·tel** [hòutél 호우텔]
명 호텔, 여관
영 A *hotel* is a building where you pay to sleep and eat when you are traveling or on holiday.
¶ I stayed at a *hotel*.
나는 호텔에 묵었다.
일 ホテル(호떼루) 중 旅馆 lǚguǎn(뤼관)

***hour** [áuər 아우어]
명 (복수 hours [áuərz])
1시간
영 An *hour* is a unit of time equal to 60 minutes.
¶ There are 24 *hours* in one day.
하루는 24시간이다.
일 一時間 いちじかん(이찌지깐) 중 一小时 yìxiǎoshí(이샤오스)

***house** [háus 하우스]
명 (복수 houses [háuziz])
집, 주택
영 A *house* is a building where people live.
¶ Her *house* has six rooms in it.
그녀의 집에는 방이 6개 있다.
일 家 いえ(이에) 중 住宅 zhùzhái(주자이)

---

house·hold [háushòuld 하우스호울드]
명 집안 사람, 가족
영 A *household* is all the people who live together in one house.
¶ a large *household*
대가족
일 家中の者 かちゅうのもの(카쭈-노모노) 중 家眷 jiājuàn(쟈쥐엔)

---

hous·es [háuziz 하우지즈]
명 house의 복수

---

house·wife [háuswàif 하우스와이프]
명 (복수 housewives [háuswàivz])
주부
영 A *housewife* is a married woman who works at home doing the cooking, cleaning, etc.

¶ I'm a *housewife* and mother of two boys.
나는 주부며 두 아들의 엄마다.
일 主婦　しゅふ(슈후)　중 家庭主妇 jiātíngzhǔfù(쟈팅주푸)

---

house·wives [háuswàivz 하우스와이브즈]

명 housewife의 복수

****how** [háu 하우]

부 **1** 어떻게, 어떤 방법으로
영 *How* means in what way, or by what means.
¶ I don't know *how* to drive a car.
나는 자동차를 어떻게 운전하는지 모른다.
일 どのように(도노요-니)　중 怎样 zěnyàng(쩐양)
2 얼마나, 얼마만큼
영 *How* means to what extent, amount, or degree.
¶ *How* cold is it outside?
바깥 날씨가 얼마나 춥니?
¶ *How* much are those peaches?
저 복숭아는 얼마입니까?
일 どれほど(도레호도)　중 多少 duōshǎo (둬사오)
3 어떤 상태로
영 *How* means in what condition.
¶ *How* is your mother these days?
요즘 어머니는 어떠십니까?
일 どんな状態で　どんなじょうたいで(돈나조-따이데)　중 怎样 zěnyàng(쩐양)
숙어 *How about ...?* …은 어떠니?
¶ *How about* a cup of coffee?
커피 한 잔 어때?

****how·ev·er** [hàuévər 하우에버]

부 아무리 …해도

영 *However* means in whatever way, or to whatever extent.
¶ *However* tired you may be, you must do it.
아무리 지쳤어도 너는 그것을 해야만 한다.
일 どんなに…でも(돈나니…데모)　중 无论如何 wúlùnrúhé(우룬루허)

접 그러나, 그렇지만
영 *However* means in spite of that.
¶ It's very cold, *however*, we still plan to go.
날씨가 몹시 춥지만 우리는 여전히 갈 작정이다.
일 しかし(시까시)　중 然而 rán'ér(란얼)

---

hug [hʌg 허그]

타 (3단현 hugs [hʌgz], 과거·과거분사 hugged [hʌgd], 현재분사 hugging [hʌgiŋ])
꼭 껴안다
영 To *hug* means to hold someone or something tightly to show love or friendship.
¶ He *hugged* his children.
그는 아이들을 꼭 껴안았다.
일 抱きしめる だきしめる(다끼시메루)
중 紧抱 jǐnbào(진바오)

***huge** [hjúːdʒ 휴-지]

형 (비교급 huger [hjúːdʒər], 최상급 hugest [hjúːdʒist])
거대한
영 *Huge* means very, very big.
¶ Their house is *huge*.
그들의 집은 매우 크다.
일 巨大な きょだいな(쿄다이나)　중 巨大的 jùdàde(쥐다더)

---

hum [hʌm 험]

재 (3단현 hums [hʌmz], 과거·과거분사 hummed [hʌmd], 현재분사 humming [hʌmiŋ])
콧노래를 부르다
영 To *hum* means to sing a melody with your mouth closed.
¶ We *hum* when we feel happy.
우리는 기분이 좋을 때 콧노래를 부른다.
일 鼻歌をうたう　はなうたをうたう(하나우따오우따우) 중 哼曲子 hēngqǔzi (헝취쯔)

---

* **hu·man** [hjúːmən 휴-먼]
형 인간의
영 *Human* means belonging to or relating to people.
¶ a *human* being 인간
일 人間の　にんげんの(닝겐노) 중 人的 rénde(런더)

---

hu·man·i·ty [hjuːmǽnəti 휴-매너티]
명 (복수 humanities [hjuːmǽnətiz])
1 인류
영 *Humanity* is all human beings.
일 人類 じんるい(진루이) 중 人类 rénlèi(런레이)
2 인정 ; 인간성
영 *Humanity* is kindness and sympathy toward other people.
¶ a man of great *humanity*
인정이 많은 사람
일 人情 にんじょう(닌조-) 중 仁慈 réncí(런츠)

---

hum·ble [hʌmbl 험블]
형 겸손한
영 *Humble* means not thinking yourself better or more important than other people.

¶ a *humble* attitude
겸손한 태도
일 けんそんな(켄손나) 중 谦逊的 qiānxùnde(첸쉰더)

---

* **hu·mor** [hjúːmər 휴-머]
명 유머, 익살
영 *Humor* is the funny or amusing aspect of something.
¶ She has no sense of *humor*.
그녀에게는 유머 감각이 없다.
일 ユーモア(유-모아) 중 幽默 yōumò (유모)

---

hu·mor·ous [hjúːmərəs 휴-머러스]
형 익살맞은, 유머러스한
영 *Humorous* means funny and enjoyable.
일 こっけいな(콕께 나) 중 幽默的 yōumòde(유모더)

** **hun·dred** [hʌndrəd 헌드러드]
명 (복수 hundreds [hʌndrədz])
100, 백
영 A *hundred* is the number 100.
일 百 ひゃく(햐꾸) 중 一百 yìbǎi(이바이)

---

hun·dredth [hʌndrədθ 헌드러드스]
명 100번째, 백번째
영 *Hundredth* is the number in a series that matches the number 100.
일 百番目 ひゃくばんめ(햐꾸밤메) 중 第一百 dìyìbǎi(디이바이)

---

hung [hʌŋ 헝]
동 hang의 과거·과거분사

*hun·ger [hʌ́ŋgər 헝거]

명 배고픔 ; 굶주림
영 *Hunger* is the feeling you have when you need to eat.
¶ The baby was crying with *hunger*.
아기가 배가 고파 울고 있었다.
일 空腹 くうふく(쿠-후꾸) 중 饥饿 jī'è(지어)

**hun·gry [hʌ́ŋgri 헝그리]

형 (비교급 hungrier [hʌ́ŋgriər], 최상급 hungriest [hʌ́ŋgriist])
배고픈 ; 굶주린
영 *Hungry* means wanting to eat something.
¶ I'm awfully *hungry*.
나는 몹시 배가 고프다.
일 空腹の くうふくの(쿠-후꾸노) 중 饥饿的 jī'ède(지어더)

*hunt [hʌ́nt 헌트]

동 (3단현 hunts [hʌ́nts], 과거·과거분사 hunted [hʌ́ntid], 현재분사 hunting [hʌ́ntiŋ])
자 사냥을 하다
영 To *hunt* means to chase and kill deer, geese, or other wild animals for food or sport.
일 狩りをする かりをする(카리오스루)
중 打猎 dǎliè(다례)
타 사냥하다
¶ They *hunted* foxes in the forest.
그들은 숲에서 여우를 사냥했다.
일 狩る かる(카루) 중 打猎 dǎliè(다례)

hunt·er [hʌ́ntər 헌터]

명 사냥꾼
영 A *hunter* is someone who hunts.
¶ Once upon a time there was a *hunter*.
옛날 옛적에 한 사냥꾼이 살았다.
일 猟師 りょうし(료-시) 중 猎人 lièrén(례런)

hunt·ing [hʌ́ntiŋ 헌팅]

명 사냥
영 *Hunting* is the act of chasing and killing animals for food or sport.
일 狩り かり(카리) 중 打猎 dǎliè(다례)

hur·rah [hurɔ́ː 후로-]

갑 만세
영 *Hurrah* is a word used when people cheer.
¶ *Hurrah* for the Queen!
여왕 폐하 만세!
일 万歳 ばんざい(반자이) 중 好哇 hǎowa(하오와)

hur·ri·cane [hə́ːrəkèin 허-러케인]

명 (복수 hurricanes [hə́ːrəkèinz])
허리케인, 큰 폭풍
영 A *hurricane* is a storm with very strong winds and a large amount of rain.
일 ハリケーン(하리껜-) 중 飓风 jùfēng(쥐펑)

*hur·ry [hə́ːri 허-리]

동 (3단현 hurries [hə́ːriz], 과거·과거분사 hurried [hə́ːrid], 현재분사 hurrying [hə́ːriiŋ])
자 서두르다
영 To *hurry* means to do things as fast as possible.
¶ If you don't *hurry*, you'll be late for the meeting.
서두르지 않으면 모임에 늦을 거야.
일 急ぐ いそぐ(이소구) 중 匆忙 cōng-

máng(충망)
타 서둘러 하다
¶ She *hurried* her work.
그녀는 서둘러 일을 했다.
일 急いでする いそいでする(이소이데
스루) 중 匆忙 cōngmáng(충망)
숙어 *hurry up* 서두르다
¶ *Hurry up*! Here comes the bus.
서둘러! 버스가 온다.

---

* **hurt** [hə́ːrt 허-트]
동 (3단현 hurts [hə́ːrts], 과거·과
거분사 hurt, 현재분사 hurting
[hə́ːrtiŋ])
타 다치게 하다
영 To *hurt* means to cause physical
or emotional pain.
¶ She *hurt* her elbow when she fell.
그녀는 넘어져서 팔꿈치를 다쳤다.
일 傷つける きずつける(기즈쓰께루)
중 使受伤 shǐshòushāng(스서우상)
자 아프다
영 To *hurt* means to be in pain.
¶ My head *hurts*. 머리가 아프다.
일 痛む いたむ(이따무) 중 疼痛 téng-
tòng(텅퉁)

---

* **hus·band** [hʌ́zbənd 허즈번드]
명 (복수 husbands [hʌ́zbəndz])
남편(《반》wife 아내)

영 A *husband* is the male partner in
a marriage.
일 夫 おっと(옷또) 중 丈夫 zhàngfu
(장푸)

---

hut [hʌ́t 헛]
명 오두막
영 A *hut* is a very simple, small
house.
¶ Some people live in *huts*.
오두막에서 사는 사람들도 있다.
일 小屋 こや(코야) 중 小屋 xiǎowū
(샤오우)

---

hy·dro·gen [háidrədʒən 하이드
러전]
명 수소
영 *Hydrogen* is a colorless gas that is
lighter than air and catches fire
easily.
일 水素 すいそ(스이소) 중 氢 qīng(칭)

---

hy·phen [háifn 하이픈]
명 하이픈
영 A *hyphen* is the punctuation
mark(−) used in a word made of two
or more parts or words.
일 ハイフン(하이훈) 중 连字号 liánzì-
hào(롄쯔하오)

[ái 아이]
the ninth letter of the English alphabet
영어 알파벳의 아홉번째 글자

****I** [ai 아이]

때 (복수 we [《약》 wi ; 《강》 wíː])
나는, 내가
영 *I* is the person who is speaking or writing.
¶ *I* am happy.
나는 행복하다.
¶ *I* like apples.
나는 사과를 좋아한다.
일 私は わたしは(와따시와) 중 我 wǒ(워)

***ice** [áis 아이스]

명 (복수 ices [áisiz])
얼음
영 *Ice* is water that has frozen.
¶ Her hands were as cold as *ice*.
그녀의 손은 얼음처럼 차가웠다.
일 氷 こおり(코-리) 중 冰 bīng(빙)

----

ice·berg [áisbə̀ːrg 아이스버-그]

명 빙산
영 An *iceberg* is a huge piece of ice that floats in the ocean.
일 氷山 ひょうざん(효-잔) 중 冰山 bīngshān(빙산)

***ice cream** [áis krìːm 아이스 크림-]

명 (복수 ice creams [áis krìːmz])
아이스크림
영 *Ice cream* is a frozen sweet food made of milk or cream and sugar.
¶ Don't eat too much *ice cream*.

아이스크림을 너무 많이 먹지 마라.
일 アイスクリーム(아이스꾸리-무) 중 冰淇淋 bīngqílín(빙치린)

----

i·cy [áisi 아이시]

형 (비교급 icier [áisiər], 최상급 iciest [áisiist])
얼음처럼 찬 ; 얼음으로 덮인
영 *Icy* means very cold, or covered with ice.
일 氷のように冷たい こおりのようにつめたい(코-리노요-니쓰메따이) 중 冰冷的 bīnglěngde(빙렁더)

I'd [aid 아이드]

I would, I should, I had의 단축형

****i·de·a** [aidíːə 아이디-어]

명 (복수 ideas [aidíːəz])
1 생각, 아이디어
영 An *idea* is a thought or plan carefully formed in the mind.
¶ That's a good *idea*.
그거 좋은 생각이다.
¶ A good *idea* occurred to them.
좋은 생각이 그들에게 떠올랐다.
일 考え かんがえ(캉가에) 중 主意 zhǔyì(주이)
2 의견, 견해
영 An *idea* is an opinion.
¶ What is your *idea* about this problem?
이 문제에 대해서 네 의견은 어떠니?

일 意見　いけん(이껜)　중 意见　yìjiàn
(이젠)
숙어 *have no idea* 모르다
¶ Well, I *have no idea*.
글쎄, 난 모르겠어.

---

i·de·al [aidíːəl 아이디-얼]
형 이상의, 이상적인
영 *Ideal* means very suitable or
perfect.
¶ It's *ideal* weather for a picnic.
소풍을 가기에 이상적인 날씨다.
일 理想の　りそうの(리소-노)　중 理想
的　lǐxiǎngde(리샹더)

---

i·den·ti·fi·ca·tion [aidèn-
təfikéiʃən 아이덴터피케이션]
명 신분 증명
영 *Identification* is something that
proves who you are.
일 身分の証明　みぶんのしょうめい
(미분노쇼-메-)　중 身份证明　shēnfèn-
zhèngmíng(선펀정밍)

---

i·den·ti·fy [aidéntəfài 아이덴터
파이]
타 (3단현 identifies [aidéntəfàiz],
과거·과거분사 identified [aidén-
təfàid], 현재분사 identifying [ai-
déntəfàiiŋ])
확인하다, 식별하다
영 To *identify* means to recognize or
tell what something is or who
someone is.
¶ She *identified* her umbrella at once.
그녀는 자기 우산을 즉시 알아냈다.
일 確認する　かくにんする(카꾸닌스
루)　중 确认　quèrèn(쿼런)

---

i·den·ti·ty [aidéntəti 아이덴터

티]
명 (복수 identities [aidéntətiz])
신원, 신분
영 *Identity* is who someone is.
¶ Please prove your *identity*.
신원을 밝혀 주십시오.
일 身元　みもと(미모또)　중 身份　shēn-
fèn(선펀)

---

id·i·om [ídiəm 이디엄]
명 숙어, 관용구
영 An *idiom* is a group of words that
have a different meaning from the
usual meaning of the separate words.
일 熟語　じゅくご(주꾸고)　중 惯用语
guànyòngyǔ(관용위)

****i·dle** [áidl 아이들]
형 (비교급 idler [áidlər], 최상급
idlest [áidlist])
1 게으른
영 *Idle* means lazy.
¶ He is an *idle* boy.
그는 게으른 소년이다.
일 怠惰な　たいだな(타이다나)　중 懒惰
的　lǎnduòde(란둬더)
2 일하지 않는, 쓰이지 않는
영 *Idle* means not working or being
used.
일 働いていない　はたらいていない
(하따라이떼이나이)　중 不工作的　bù-
gōngzuòde(부궁쭤더)

---

i·dle·ness [áidlnəs 아이들너스]
명 게으름
영 *Idleness* is laziness.
일 怠惰　たいだ(타이다)　중 懒惰　lǎn-
duò(란둬)

---

i·dol [áidl 아이들]

명 (복수 idols [áidlz])
우상
영 An *idol* is someone that you admire very much.
¶ She is the *idol* of the younger boys.
그녀는 젊은이들의 우상이다.
일 偶像　ぐうぞう(구-조-) 중 偶像 ǒuxiàng(어우샹)

****if** [if 이프]
접 1 만약 …이라면
영 *If* is a word used to talk about something that might happen.
¶ *If* it is fine tomorrow, we will go on a picnic.
내일 날씨가 좋으면 우리는 소풍을 갈 것이다.
¶ *If* it's dark, I have to go home.
어두워지면 집으로 돌아가야 한다.
일 もし…ならば(모시…나라바) 중 如果 rúguǒ(루궈)
2 …인지 어떤지
영 *If* is a word used to mention a fact, situation, or event that someone asks about, or is not certain about.
¶ I wonder *if* he is at home.
그가 집에 있는지 모르겠다.
일 …かどうか(…카도-까) 중 是否 shìfǒu(스퍼우)

---

ig·no·rance [ígnərəns 이그너런스]
명 무지, 무식
영 *Ignorance* is lack of knowledge or information about something.
일 無知 むち(무찌) 중 无知 wúzhī(우즈)

---

ig·no·rant [ígnərənt 이그너런트]
형 무지의, …을 모르는
영 *Ignorant* means not knowing facts or information that you should

know.
¶ He was a brutal, *ignorant* man.
그는 잔인하고 무지한 사람이었다.
일 無知の　むちの(무찌노) 중 无知的 wúzhīde(우즈더)

***ig·nore** [ignɔ́ːr 이그노-]
타 (3단현 ignores [ignɔ́ːrz], 과거·과거분사 ignored [ignɔ́ːrd], 현재분사 ignoring [ignɔ́ːriŋ])
무시하다
영 To *ignore* means to take no notice of something.
¶ We *ignored* his advice.
우리는 그의 충고를 무시했다.
일 無視する　むしする(무시스루) 중 不顾 búgù(부구)

****ill** [íl 일]
형 (비교급 worse [wə́ːrs], 최상급 worst [wə́ːrst])
1 병든(《반》well 건강한)
영 *Ill* means sick.
¶ She was *ill* in bed.
그녀는 아파서 누워 있었다.
일 病気の　びょうきの(뵤-끼노) 중 生病的 shēngbìngde(성빙더)
2 나쁜
영 *Ill* means bad.
¶ I heard the *ill* news.
나는 나쁜 소식을 들었다.
일 悪い　わるい(와루이) 중 坏的 huàide(화이더)

I'll [ail 아일]
I will, I shall의 단축형

---

ill·ness [ílnəs 일너스]
명 병
영 *Illness* is a disease of the body or

mind.
¶ She is absent because of *illness*.
그녀는 병으로 결석했다.
일 病気 びょうき(뵤-끼) 중 疾病
jíbìng(지빙)

---

il·lus·tra·tion [ìləstréiʃən 일러스트레이션]
명 삽화
영 An *illustration* is a picture in a book, magazine, etc.
일 挿絵 さしえ(사시에) 중 插图 chātú(차투)

I'm [aim 아임]
I am의 단축형
¶ *I'm* sorry. *I'm* late.
늦어서 미안해.

---

*__im·age__ [ímidʒ 이미지]
명 (복수 images [ímidʒiz])
1 영상, 모습
영 An *image* is a picture you have in your mind.
¶ He had a mental *image* of his parents.
그는 부모님의 모습을 마음 속으로 그려보았다.
일 映像 えいぞう(에-조-) 중 形象 xíngxiàng(싱샹)
2 (그림·조각 등의) 상
영 An *image* is a representation, such as a picture or a statue.
일 像 ぞう(조-) 중 像 xiàng(샹)

---

i·mag·i·na·tion [imædʒənéiʃən 이매저네이션]
명 상상력, 상상
영 *Imagination* is the ability to form pictures in your mind of things that are not present or real.
¶ His writings are full of *imagination*.
그의 작품은 상상력이 풍부하다.
일 想像力 そうぞうりょく(소-조-료꾸) 중 想像力 xiǎngxiànglì(샹샹리)

---

*__i·mag·ine__ [imædʒin 이매진]
타 (3단현 imagines [imædʒinz], 과거·과거분사 imagined [imædʒind], 현재분사 imagining [imædʒiniŋ])
상상하다
영 To *imagine* means to picture something in your mind.
¶ *Imagine* that you are on the planet Mars.
네가 화성에 있다고 상상해 보아라.
일 想像する そうぞうする(소-조-스루) 중 想像 xiǎngxiàng(샹샹)

---

im·i·tate [ímitèit 이미테이트]
타 (3단현 imitates [ímitèits], 과거·과거분사 imitated [ímitèitid], 현재분사 imitating [ímitèitiŋ])
모방하다, 흉내내다
영 To *imitate* means to copy or mimic someone or something.
¶ She *imitated* her mother's handwriting.
그녀는 어머니의 필적을 흉내냈다.
일 模倣する もほうする(모호-스루) 중 模仿 mófǎng(모팡)

---

im·i·ta·tion [ìmitéiʃən 이미테이션]
명 **1** 모방, 흉내
영 *Imitation* is the act of copying.
일 模倣 もほう(모호-) 중 模仿 mófǎng(모팡)
2 모조품, 가짜 물건
영 An *imitation* is a copy of something.

¶ Beware of *imitations*.
모조품에 주의.
일 模造品　もぞうひん(모조-힝)　중 仿制品　fǎngzhìpǐn(팡즈핀)

---

*im·me·di·ate [imíːdiət 이미-디엇]
형 즉석의, 즉시의
영 *Immediate* means happening or done at once.
¶ I want an *immediate* answer.
나는 대답을 즉시 듣고 싶다.
일 即座の　そくざの(소꾸자노)　중 立即的　lìjíde(리지더)

---

*im·me·di·ate·ly [imíːdiətli 이미-디어틀리]
부 곧, 즉시
영 *Immediately* means now or at once.
¶ Come here *immediately*!
즉시 이리 와라.
일 直ちに　ただちに(타다찌니)　중 立即　lìjí(리지)

---

im·pa·tient [impéiʃənt 임페이션트]
형 1 참을 수 없는
영 *Impatient* means not able to stay calm and wait for someone or some-thing.
¶ He is *impatient* of delay.
그는 늦어지는 것을 참을 수 없다.
일 がまんできない(가만데끼나이)　중 不耐烦的　búnàifánde(부나이판더)
2 몹시 …하고 싶어하는
영 *Impatient* means very eager for something to happen.
¶ The children are *impatient* to go.
아이들은 몹시 가고 싶어한다.
일 待ち遠しがる　まちどおしがる(마찌

도-시가루)　중 切盼的　qièpànde(체판더)

---

im·po·lite [ìmpəláit 임펄라이트]
형 버릇없는, 무례한
영 *Impolite* means not polite.
¶ He is *impolite* to her.
그는 그녀에게 무례하다.
일 無作法な　ぶさほうな(부사호-나)
중 无礼的　wúlǐde(우리더)

---

*im·port [impɔ́ːrt 임포-트]
타 (3단현 imports[impɔ́ːrts], 과거·과거분사 imported [impɔ́ːrtid], 현재분사 importing [impɔ́ːrtiŋ])
수입하다
영 To *import* means to bring into a place or country from elsewhere.
¶ Russia *imports* a lot of grain.
러시아는 곡물을 많이 수입한다.
일 輸入する　ゆにゅうする(유뉴-스루)
중 进口　jìnkǒu(진커우)

---

*im·por·tance [impɔ́ːrtəns 임포-턴스]
명 중요성, 중대성
영 *Importance* is the quality of being important.
¶ It is a matter of great *importance*.
그것은 대단히 중요한 일이다.
일 重要性　じゅうようせい(주-요-세-)
중 重要性　zhòngyàoxìng(중야오싱)

---

*im·por·tant [impɔ́ːrtənt 임포-턴트]
형 (비교급 more important, 최상급 most important)
중요한, 중대한
영 *Important* means having a big effect or influence.
¶ It is *important* to study English.

영어를 공부하는 것은 중요하다.
¶ Nothing is more *important* than health.
건강보다 더 중요한 것은 없다.
열 重要な　じゅうような(주-요-나)
중 重要的　zhòngyàode(중야오더)

---

*im·pos·si·ble [impásəbl 임파서블]

형 (비교급 more impossible, 최상급 most impossible)
불가능한 (《반》 possible 가능한)
영 *Impossible* means not able to be done or to happen.
¶ It is *impossible* to cross the river.
강을 건너는 것은 불가능하다.
열 不可能な　ふかのうな(후까노-나)
중 不可能的　bùkěnéngde(부커넝더)

---

im·press [imprés 임프레스]

타 (3단현 impresses [imprésiz], 과거·과거분사 impressed [imprést], 현재분사 impressing [imprésiŋ])
인상을 주다
영 To *impress* means to make people think highly of you.
¶ He *impressed* me as an intelligent person.
그는 나에게 총명한 사람이라는 인상을 주었다.
열 印象を与える　いんしょうをあたえる(인쇼-오아따에루) 중 给…印象 gěi…yìnxiàng(게이…인샹)

---

im·pres·sion [impréʃən 임프레션]

명 (복수 impressions [impréʃənz])
인상
영 *Impression* is an idea or a feeling.
¶ What is your first *impression* of

Korea?
한국의 첫인상은 어떻습니까?
열 印象　いんしょう(인쇼-) 중 印象 yìnxiàng(인샹)

---

im·pres·sive [imprésiv 임프레시브]

형 (비교급 more impressive, 최상급 most impressive)
인상적인
영 *Impressive* means causing admiration.
¶ Her speech was very *impressive*.
그녀의 연설은 매우 인상적이었다.
열 印象的な　いんしょうてきな(인쇼-떼끼나) 중 印象的　yìnxiàngde(인샹더)

---

*im·prove [imprú:v 임프루-브]

동 (3단현 improves [imprú:vz], 과거·과거분사 improved [imprú:vd], 현재분사 improving [imprú:viŋ])
타 개선하다, 향상시키다
영 To *improve* means to make something better.
¶ You have to *improve* your English.
너는 영어 실력을 향상시켜야 한다.
열 改善する　かいぜんする(카이젠스루)
중 改善　gǎishàn(가이산)
자 좋아지다, 개선되다
영 To *improve* means to get better.
¶ He has been *improving*.
그는 좋아지고 있다.
열 よくなる(요꾸나루) 중 改善 gǎishàn(가이산)

---

im·prove·ment [imprú:vmənt 임프루-브먼트]

명 (복수 improvements [imprú:vmənts])
개선, 향상
영 *Improvement* is the state of being

improved.
¶ She has shown much *improvement* in English.
그녀는 영어 실력이 굉장히 향상되었다.
일 改善 かいぜん(카이젠) 중 改善 gǎishàn(가이산)

---

im·pulse [ímpʌls 임펄스]
명 (복수 impulses [ímpʌlsiz])
충동
영 An *impulse* is a sudden desire to do something.
¶ I felt an *impulse* to run away.
나는 도망치고 싶은 충동을 느꼈다.
일 衝動 しょうどう(쇼-도-) 중 冲动 chōngdòng(충둥)

***in** [in 인]
전 **1** 안에
영 *In* means inside.
¶ There is only one bed *in* this room.
이 방 안에는 침대가 하나 밖에 없다.
일 中に なかに(나까니) 중 在…里 zài…lǐ(짜이…리)
2 안으로, 속으로
영 *In* means into.
¶ They came *in* the house.
그들은 집 안으로 들어왔다.
일 中へ なかへ(나까에) 중 人…中 rù…zhōng(루…중)
3 동안에, 중에
영 *In* means during.
¶ It is very cold here *in* winter.
여기는 겨울에 매우 춥다.
일 間に まに(마니) 중 在 zài(짜이)
in은 월·년·계절 등 비교적 긴 시간을 나타낼 때 쓰고, on은 날이나 요일에 쓰며, at은 시각이나 때의 한 시점을 나타낼 때 쓴다.

부 [ín 인] 안에, 안으로(《반》out 밖에)
영 *In* means inside a certain place.
¶ Come *in*.
들어와.
일 中に なかに(나까니) 중 进 jìn(진)

---

inch [íntʃ 인치]
명 (복수 inches [íntʃiz])
인치《약 2.5 센티미터》
영 An *inch* is an amount of length.
¶ There are twelve *inches* in one foot.
1피트는 12인치다.
일 インチ(인찌) 중 英寸 yīngcùn(잉춘)

---

in·ci·dent [ínsədənt 인서던트]
명 사건, 일
영 An *incident* is something that happens.
¶ That was a strange *incident*.
그것은 이상한 사건이었다.
일 できごと(데끼고또) 중 事件 shìjiàn (스졘)

---

in·clined [inkláind 인클라인드]
형 …하고 싶은
영 *Inclined* means wanting to do something.
¶ I am *inclined* to accept their invitation.
나는 그들의 초대를 받아들이고 싶다.
일 したい気になる したいきになる (시따이끼니나루) 중 倾向于…的 qīngxiàngyú…de(칭샹위…더)

***in·clude** [inklú:d 인클루-드]
타 (3단현 includes [inklú:dz], 과거·과거분사 included [inklú:did], 현재분사 including [inklú:diŋ])
포함하다

영 To *include* means to contain something or someone as part of something else.
¶ This price *includes* the tax.
이 가격에는 세금이 포함되어 있다.
일 含む ふくむ(후꾸무) 중 包含 bāo-hán(바오한)

---

*in·come [ínkʌm 인컴]
명 (복수 incomes [ínkʌmz])
수입, 소득
영 An *income* is the money that someone earns or receives regularly.
¶ You should live according to your *income*.
수입에 맞게 생활을 해야 한다.
일 收入 しゅうにゅう(슈-뉴-) 중 收入 shōurù(서우루)

---

*in·crease [inkríːs 인크리-스]
동 (3단현 increases [inkríːsiz], 과거·과거분사 increased [inkríːst], 현재분사 increasing [inkríːsiŋ])
자 늘다, 증가하다
영 To *increase* means to grow in size or number.
¶ The population of this town is *increasing* rapidly.
이 도시의 인구는 급속도로 증가하고 있다.
일 増える ふえる(후에루) 중 増加 zēngjiā(쩡쟈)
타 늘리다, 증가시키다
¶ He *increased* speed.
그는 속력을 증가시켰다.
일 増す ます(마스) 중 増加 zēngjiā(쩡쟈)

---

*in·deed [indíːd 인디-드]
부 정말로, 참으로

영 *Indeed* means certainly.
¶ It is *indeed* beautiful weather.
정말로 좋은 날씨다.
일 まったく(맛따꾸) 중 真正地 zhēn-zhèngde(전정더)

---

in·de·pen·dence [ìndipén-dəns 인디펜던스]
명 독립
영 *Independence* is political freedom from control by another country.
¶ India won *independence* from Britain in 1947.
인도는 1947년 영국으로부터 독립했다.
일 独立 どくりつ(도꾸리쓰) 중 独立 dúlì(두리)

---

*in·de·pen·dent [ìndipéndənt 인디펜던트]
형 (비교급 more independent, 최상급 most independent)
독립한
영 *Independent* means not controlled by another government or organization.
일 独立した どくりつした(도꾸리쓰시따) 중 独立的 dúlìde(두리더)

---

*in·dex [índeks 인덱스]
명 (복수 indexes [índeksiz], indices [índəsìːz])
색인, 목록
영 An *index* is an alphabetical list that shows you where to find things in a book.
일 索引 さくいん(사꾸인) 중 索引 suǒyǐn(쒀인)

In·di·a [índiə 인디어]

명 인도

▲ 타지마할

¶ They live in *India*.
그들은 인도에 살고 있다.
일 インド(인도) 중 印度 Yìndù(인두)

In·di·an [índiən 인디언]

형 **1** 인도의 ; 인도 사람의
영 *Indian* means to do with India or its people.
일 インドの(인도노) 중 印度的 Yìndùde (인두더)
2 (아메리칸) 인디언의
영 *Indian* means to do with Ameri-can Indians.
¶ I have an *Indian* doll.
나는 인디언 인형이 하나 있다.
일 インディアンの(인디안노) 중 印第安人的 Yìndì'ānrénde(인디안런더)

명 (복수 Indians [índiənz])
1 인도 사람
영 An *Indian* is someone who is from India.
일 インド人 インドじん(인도진) 중 印度人 Yìndùrén(인두런)
2 (아메리칸) 인디언
영 An *Indian* is a Native American.
¶ He is an *Indian*.
그는 인디언이다.
일 インディアン(인디안) 중 印第安人 Yìndì'ānrén(인디안런)

---

*in·di·cate [índikèit 인디케이트]

타 (3단현 indicates [índikèits], 과거·과거분사 indicated [índikèitid], 현재분사 indicating [índikèitiŋ])
가리키다, 표시하다
영 To *indicate* means to point something out clearly.
¶ That sign *indicates* where the rest room is.
저 표지는 화장실이 있는 곳을 가리킨다.
일 指し示す さししめす(사시시메스)
중 指示 zhǐshì(즈스)

---

in·di·rect [ìndirékt 인디렉트]

형 (비교급 more indirect, 최상급 most indirect)
우회적인, 간접의
영 *Indirect* means not in a straight line.
¶ We took the *indirect* route to the coast.
우리는 바닷가로 가는 우회로를 택했다.
일 まっすぐでない(맛스구데나이) 중 迂回的 yúhuíde(위후이더)

---

*in·di·vid·u·al [ìndivídʒuəl 인디비주얼]

형 (비교급 more individual, 최상급 most individual)
각각의, 개인의
영 *Individual* means single and separate.
¶ We use *individual* towels.
우리는 각자의 타월을 쓰고 있다.
일 個々の ここの(코꼬노) 중 个别的 gèbiéde(거베더)

명 (복수 individuals [ìndivídʒuəlz])
개인
영 An *individual* is a person.

일 個人 こじん(코진) 중 个人 gèrén(거런)

---

*__in·door__ [índɔ́ːr 인도-]

형 실내의(《반》outdoor 야외의)

영 *Indoor* means used, done, or built inside.

¶ Basketball has become a very popular *indoor* sport.

농구는 아주 인기있는 실내 운동이 되었다.

일 室内の しつないの(시쓰나이노) 중 室内的 shìnèide(스네이더)

__in·dus·tri·al__ [indʌ́striəl 인더스트리얼]

형 산업의, 공업의

영 *Industrial* means to do with businesses and factories.

¶ *industrial* pollution

산업 공해

일 産業の さんぎょうの(싱교-노) 중 产业的 chǎnyède(찬예더)

__in·dus·tri·ous__ [indʌ́striəs 인더스트리어스]

형 근면한, 부지런한

영 *Industrious* means always working hard.

일 勤勉な きんべんな(킴벤나) 중 勤奋的 qínfènde(친펀더)

---

*__in·dus·try__ [índəstri 인더스트리]

명 (복수 industries [índəstriz])

산업, 공업

영 *Industry* is manufacturing companies and other businesses, taken together.

¶ the film *industry*

영화 산업

일 産業 さんぎょう(상교-) 중 产业 chǎnyè(찬예)

__in·fant__ [ínfənt 인펀트]

명 (복수 infants [ínfənts])

유아, 소아

영 An *infant* is a newborn child.

일 幼児 ようじ(요-지) 중 婴儿 yīng'ér(잉얼)

---

*__in·fe·ri·or__ [infíəriər 인피어리어]

형 (…보다) 못한, 열등한(《반》superior 우수한)

영 *Inferior* means not good, or not as good as someone or something else.

¶ Her work is *inferior* to mine.

그녀의 작품은 내 것보다 못하다.

일 劣った おとった(오똣따) 중 低的 dīde(디더)

---

*__in·flu·ence__ [ínfluːəns 인플루-언스]

타 (3단현 influences [ínfluːənsiz], 과거·과거분사 influenced [ínfluːənst], 현재분사 influencing [ínfluːənsiŋ])

영향을 미치다

영 To *influence* means to have an effect on someone or something.

¶ The idea *influenced* many writers.

그 사상은 많은 작가들에게 영향을 미쳤다.

일 影響を及ぼす えいきょうをおよぼす(에-꾜-오오요보스) 중 影响 yīngxiǎng(잉샹)

명 영향(력)

영 *Influence* is the power to change how things develop or how people behave.

¶ I have no *influence* with him.

나는 그에게 영향을 주지 못한다.
📖 影響 えいきょう(에-꾜-) 🀄 影响 yǐngxiǎng(잉샹)

---

*__in·form__ [infɔ́:rm 인폼-]

🔲 (3단현 informs [infɔ́:rmz], 과거·과거분사 informed [infɔ́:rmd], 현재분사 informing [infɔ́:rmiŋ])
알리다, 고하다
📖 To __inform__ means to tell someone something.
¶ He __informed__ me that he was leaving.
그는 나에게 떠난다고 알렸다.
📖 知らせる しらせる(시라세루) 🀄 通知 tōngzhī(퉁즈)

---

*__in·for·mal__ [ìnfɔ́:rməl 인포-멀]

🔲 비공식의
📖 __Informal__ means relaxed and casual.
¶ an __informal__ meeting
비공식 모임
📖 非公式の ひこうしきの(히꼬-시끼노) 🀄 非正式的 fēizhèngshìde(페이정스더)

---

*__in·for·ma·tion__ [ìnfərméiʃən 인퍼메이션]

🔲 정보, 지식
📖 __Information__ is facts and knowledge.
¶ I have no __information__ on that.
나는 그것에 대한 정보가 없다.
📖 情報 じょうほう(조-호-) 🀄 情报 qíngbào(칭바오)

__in·hab·it__ [inhǽbit 인해빗]

🔲 (3단현 inhabits [inhǽbits], 과

거·과거분사 inhabited [inhǽbitid], 현재분사 inhabiting [inhǽbitiŋ])
살다, 거주하다
📖 To __inhabit__ means to live in a particular place.
¶ The woods are __inhabited__ by deer.
그 숲에는 사슴들이 살고 있다.
📖 住む すむ(스무) 🀄 居住于 jūzhù-yú(쥐주위)

live와 달리 inhabit은 타동사로 쓰이고, 민족·집단 등의 복수를 나타내는 명사를 주어로 취한다.

__in·hab·it·ant__ [inhǽbitənt 인해비턴트]

🔲 (복수 inhabitants [inhǽbitənts])
주민, 거주자
📖 An __inhabitant__ is one of the people who live in a particular place.
¶ He is not an __inhabitant__ of this town.
그는 이 도시의 주민이 아니다.
📖 住民 じゅうみん(주-민) 🀄 居民 jūmín(쥐민)

__in·her·it__ [inhérit 인헤릿]

🔲 (3단현 inherits [inhérits], 과거·과거분사 inherited [inhéritid], 현재분사 inheriting [inhéritiŋ])
물려받다, 상속하다
📖 To __inherit__ means to receive money, property, or a title from someone who has died.
¶ I __inherited__ the house from my uncle.
나는 삼촌에게서 집을 물려받았다.
📖 受け継ぐ うけつぐ(우께쓰구) 🀄 继承 jìchéng(지청)

__i·ni·tial__ [iníʃəl 이니셜]

🔲 (복수 initials [iníʃəlz])

머리글자
영　An *initial* is the first letter of a name or word.
¶ N.Y. are the *initials* of New York.
N.Y.는 뉴욕의 머리글자다.
일　頭文字　かしらもじ(카시라모지)　중
首字母　shǒuzìmǔ(서우쯔무)

형　처음의, 최초의
영　*Initial* means first, or at the begin-ning.
¶ the *initial* stage of a disease
병의 초기 단계
일　初めの　はじめの(하지메노)　중　最初
的　zuìchūde(쭈이추더)

----

in·jec·tion [indʒékʃən 인젝션]

명　주사
영　An *injection* is an act of putting a liquid, especially a drug, into your body by using a special needle.
¶ The nurse gave me an *injection*.
간호사가 나에게 주사를 놓아주었다.
일　注射　ちゅうしゃ(추-샤)　중　注射
zhùshè(주서)

----

*in·jure [índʒər 인저]

타　(3단현 injures [índʒərz], 과거·과거분사 injured [índʒərd], 현재분사 injuring [índʒəriŋ])
상처를 입히다, 다치게 하다
영　To *injure* means to hurt a person or animal.
¶ They were *injured* in the accident.
그들은 사고로 다쳤다.
일　傷つける　きずつける(키즈쓰께루)
중　伤害　shānghài(상하이)

----

in·ju·ry [índʒəri 인저리]

명　(복수 injuries [índʒəriz])
부상, 상처

영　An *injury* is damage or harm.
¶ I suffered severe *injuries*.
나는 큰 부상을 당했다.
일　傷害　しょうがい(쇼-가이)　중　伤害
shānghài(상하이)

----

ink [íŋk 잉크]

명　잉크
영　*Ink* is a colored liquid used for writing and printing.
¶ The letter was written in *ink*.
그 편지는 잉크로 쓰여졌다.
일　インク(잉꾸)　중　墨水　mòshuǐ(모수
이)

----

*inn [ín 인]

명　(복수 inns [ínz])
여인숙, 여관
영　An *inn* is a small hotel that often includes a restaurant.
¶ I want to stay at an *inn*.
나는 여인숙에 묵고 싶다.
일　宿屋　やどや(야도야)　중　小旅馆
xiǎolǚguǎn(샤오뤼관)

----

in·ner [ínər 이너]

형　내부의, 안쪽의(《반》outer 외부의)
영　*Inner* means inside, or near the center.
¶ an *inner* room
안방
일　内側の　うちがわの(우찌가와노)　중
内部的　nèibùde(네이부더)

----

in·no·cence [ínəsəns 이너선스]

명　무죄, 결백
영　*Innocence* is the fact that some-one is not guilty of a crime.
¶ Can you prove your *innocence*?
너의 무죄를 증명할 수 있느냐?

일 無罪 むざい(무자이) 중 无罪 wúzuì (우쭈이)

---

in·no·cent [ínəsənt 이너선트]

형 (비교급 more innocent, 최상급 most innocent)
무죄의, 결백한
영 *Innocent* means not guilty.
¶ He was *innocent* of the murder.
그는 그 살인 사건의 범인이 아니었다.
일 無罪の むざいの(무자이노) 중 无罪的 wúzuìde(우쭈이더)

---

in·quire [inkwáiər 인콰이어]

타 (3단현 inquires [inkwáiərz], 과거·과거분사 inquired [inkwáiərd], 현재분사 inquiring [inkwáiəriŋ])
묻다, 문의하다
영 To *inquire* means to ask about someone or something.
¶ I *inquired* her name.
나는 그녀의 이름을 물었다.
일 尋ねる たずねる(타즈네루) 중 询问 xúnwèn(쉰원)

---

*in·sect [ínsekt 인섹트]

명 (복수 insects [ínsekts])
곤충
영 An *insect* is a small creature with six legs and a body divided into three parts.
¶ What does the *insect* live on?
그 곤충은 무엇을 먹고 사니?
¶ He is collecting *insects*.
그는 곤충 채집을 하고 있다.
일 昆虫 こんちゅう(콘쭈-) 중 昆虫 kūnchóng(쿤충)

---

in·side [ìnsáid 인사이드]

명 (복수 insides [ìnsáidz])
[보통 the inside로] 내부, 안쪽(《반》 outside 외부)
영 *The inside* is the inner part of something.
¶ *The inside* of the box was red.
상자의 안쪽은 빨강색이었다.
일 内部 ないぶ(나이부) 중 内部 nèibù(네이부)

부 내부에, 안쪽에
영 *Inside* means in or indoors.
¶ There is somebody *inside*.
안에 누군가가 있다.
일 内側に うちがわに(우찌가와니) 중 在里面 zàilǐmiàn(짜이리멘)

---

*in·sist [insíst 인시스트]

동 (3단현 insists [insísts], 과거·과거분사 insisted [insístid], 현재분사 insisting [insístiŋ])
자 주장하다
영 To *insist* means to state strongly and repeatedly.
¶ He *insisted* on his innocence.
그는 자신의 결백을 주장했다.
일 主張する しゅちょうする(슈쪼-스루) 중 坚决主张 jiānjuézhǔzhāng(젠쮀주장)
타 …라고 주장하다
¶ I *insisted* that I was right.
나는 내가 옳다고 주장했다.
일 主張する しゅちょうする(슈쪼-스루) 중 坚决主张 jiānjuézhǔzhāng(젠쮀주장)

---

in·spect [inspékt 인스펙트]

타 (3단현 inspects [inspékts], 과거·과거분사 inspected [inspéktid], 현재분사 inspecting [inspéktiŋ])
검사하다, 조사하다

영 To *inspect* means to look at something very carefully.
¶ He *inspected* our work every evening.
그는 저녁마다 우리 일을 검사했다.
일 検査する　けんさする(켄사스루)
중 检查　jiǎnchá(젠차)

---

in·stance [ínstəns 인스턴스]

명 (복수 instances [ínstənsiz])
예, 실례
영 An *instance* is an example.
¶ This is only one *instance* out of many.
이것은 많은 실례 중의 하나에 지나지 않는다.
일 例　れい(레-) 중 例子 lìzi(리쯔)

---

*in·stant [ínstənt 인스턴트]

명 순간, 즉시
영 An *instant* is a very short amount of time.
¶ Don't waste an *instant*.
한 순간도 허비하지 마라.
일 瞬間　しゅんかん(슝깐) 중 瞬间 shùnjiān(순쪤)

형 즉시의, 즉각의
영 *Instant* means happening right away.
¶ The movie was an *instant* success.
그 영화는 금새 성공을 거두었다.
일 即時の　そくじの(소꾸지노) 중 立即的 lìjíde(리지더)

---

*in·stead [instéd 인스테드]

부 그 대신에
영 *Instead* means in place of another.
¶ If he cannot go, let her go *instead*.
그가 갈 수 없다면 그 대신에 그녀를 가게 해라.

일 その代わりに　そのかわりに(소노카와리니) 중 代替 dàitì(다이티)
숙어 *instead of* …대신에
¶ I saw trash *instead of* fish in the river.
나는 강에서 물고기 대신 쓰레기를 보았다.

---

in·stinct [ínstiŋkt 인스팅크트]

명 본능
영 *Instinct* is behavior that is natural rather than learned.
¶ Animals act on *instinct*.
동물은 본능대로 행동한다.
일 本能　ほんのう(혼노-) 중 本能 běnnéng(번넝)

---

*in·sti·tute [ínstətjùːt 인스터튜-트]

명 (복수 institutes [ínstətjùːts])
학회
영 An *institute* is an organization that does scientific or educational work.
일 学会 がっかい(각까이) 중 学会 xuéhuì(쉐후이)

---

in·sti·tu·tion [ìnstətjúːʃən 인스터튜-션]

명 (복수 institutions [ìnstətjúːʃənz])
공공 기관, 공공 시설
영 An *institution* is a large organization that has a particular purpose.
¶ a public *institution*
공공 기관
일 公共機関　こうきょうきかん(코-쿄-끼깐) 중 公共机构 gōnggòngjīgòu(궁궁지거우)

---

*in·struc·tion [instrʌkʃən 인스

트럭션]

명 (복수 instructions [instrʌ́kʃənz])
교육, 가르침
영 *Instruction* is the act of teaching or giving lessons.
¶ She gave us *instruction* in piano.
그녀는 우리에게 피아노를 가르쳤다.
일 教育 きょういく(쿄-이꾸) 중 教育 jiàoyù(쟈오위)

***in·stru·ment** [ínstrəmənt 인스트러먼트]

명 (복수 instruments [ínstrəmənts])
1 기구, 도구
영 An *instrument* is a tool that helps you do something.
¶ Pens are *instruments* for writing.
펜은 필기 도구다.
일 器具 きぐ(키구) 중 器具 qìjù(치쥐)
2 악기
영 An *instrument* is an object that you use to make music.
¶ What *instrument* can you play?
너는 무슨 악기를 연주할 줄 아니?
일 楽器 がっき(각끼) 중 乐器 yuèqì(웨치)

***in·sult** [insʌ́lt 인설트]

타 (3단현 insults [insʌ́lts], 과거·과거분사 insulted [insʌ́ltid], 현재분사 insulting [insʌ́ltiŋ])
모욕하다
영 To *insult* means to say or do something rude and upsetting to somebody.
¶ He *insulted* his friend by calling him a liar.
그는 친구를 거짓말쟁이라고 하며 모욕했다.
일 侮辱する ぶじょくする(부조꾸스루) 중 侮辱 wǔrǔ(우루)

명 [ínsʌlt 인설트] (복수 insults [ínsʌlts])
모욕, 무례
영 An *insult* is a remark or action that is offensive or shows a lack of respect.
¶ He took her remark as an *insult*.
그는 그녀의 말을 모욕이라고 느꼈다.
일 侮辱 ぶじょく(부조꾸) 중 侮辱 wǔrǔ(우루)

---

in·sur·ance [inʃúərəns 인슈어런스]

명 보험
영 *Insurance* is an arrangement in which you pay a company money and they pay the costs if you become ill, have an accident, etc.
¶ Do you have *insurance* on your car?
너는 자동차 보험에 들어 있니?
일 保険 ほけん(호껜) 중 保险 bǎoxiǎn(바오셴)

---

in·tel·lec·tu·al [ìntəléktʃuəl 인털렉추얼]

형 (비교급 more intellectual, 최상급 most intellectual)
지적인, 지성의
영 *Intellectual* means concerning the ability to think and understand ideas and information.
¶ the *intellectual* development of children
어린이들의 지적 발달
일 知的な ちてきな(치떼끼나) 중 智力的 zhìlìde(즈리더)

---

in·tel·li·gence [intélədʒəns 인텔러전스]

명 지능, 이해력
영 *Intelligence* is the ability to learn,

understand, and think about things.
¶ He was an heir to his father's *intelligence*.
그는 아버지의 지능을 이어받았다.
일 知能 ちのう(치노-) 중 智能 zhì-néng(즈넝)

***in·tel·li·gent** [intélədʒənt 인텔러전트]

형 (비교급 more intelligent, 최상급 most intelligent)
지능이 높은, 머리가 좋은
영 *Intelligent* means having a high level of ability to learn, understand, and think about things.
¶ He is an *intelligent* boy.
그는 머리가 좋은 소년이다.
일 知能の高い ちのうのたかい(치노-노디까이) 중 聪明的 cōngmíngde(충밍더)

***in·tend** [inténd 인텐드]

타 (3단현 intends [inténdz], 과거·과거분사 intended [inténdid], 현재분사 intending [inténdiŋ])
…할 작정이다, 의도하다
영 To *intend* means to have something in your mind as a plan or purpose.
¶ Do you *intend* to go abroad?
너는 외국에 갈 작정이니?
일 意図する いとする(이또스루) 중 打算 dǎsuàn(다쏸)

---

in·tense [inténs 인텐스]

형 강렬한, 격렬한
영 *Intense* means very strong.
¶ an *intense* light
강렬한 빛
일 強烈な きょうれつな(쿄-레쓰나)

중 强烈的 qiángliède(챵례더)

***in·ten·sive** [inténsiv 인텐시브]

형 (비교급 more intensive, 최상급 most intensive)
집중적인, 철저한
영 *Intensive* means involving a lot of work or effort in a short time.
¶ an *intensive* study
철저한 연구
일 集中的な しゅうちゅうてきな(슈-쮸-떼끼나) 중 集中的 jízhōngde(지중더)

---

in·ten·tion [inténʃən 인텐션]

명 의도, 의향
영 *Intention* is a thing that you mean to do.
일 意図 いと(이또) 중 意图 yìtú(이투)

***in·ter·est** [íntərist 인터리스트]

타 (3단현 interests [íntərists], 과거·과거분사 interested [íntərist-id], 현재분사 interesting [íntərist-iŋ])
흥미를 일으키게 하다, 관심을 갖게 하다
영 To *interest* means to make someone want to know more about something.
¶ The book *interests* me.
나는 그 책에 흥미가 있다.
일 興味を起こさせる きょうみをおこさせる(쿄-미오오꼬사세루) 중 使发生兴趣 shǐfāshēngxìngqù(스파성싱취)

명 (복수 interests [íntərists])
흥미, 관심
영 An *interest* is a feeling of curiosity or concern.
¶ She has a great *interest* in music.
그녀는 음악에 흥미가 많다.

일 興味 きょうみ(쿄-미) 중 兴趣 xìngqù(싱취)

---

*in·ter·est·ed [íntəristid 인터리스티드]

형 흥미있는, 관심있는
영 **Interested** means giving a lot of attention to something.
¶ He is *interested* in Korean history.
그는 한국 역사에 관심이 있다.
일 興味のある きょうみのある(쿄-미노아루) 중 感兴趣的 gǎnxìngqùde(간싱취더)

---

*in·ter·est·ing [íntəristiŋ 인터리스팅]

형 (비교급 more interesting, 최상급 most interesting)
재미있는
영 **Interesting** means unusual or exciting in a way that keeps your attention.
¶ an *interesting* story
재미있는 이야기
일 おもしろい(오모시로이) 중 引起兴趣的 yǐnqǐxìngqùde(인치싱취더)

---

in·ter·fere [ìntərfíər 인터피어]

자 (3단현 interferes [ìntərfíərz], 과거·과거분사 interfered [ìntərfíərd], 현재분사 interfering [ìntərfíəriŋ])
간섭하다, 참견하다
영 To **interfere** means to involve yourself in a situation that has nothing to do with you.
¶ Don't *interfere* in our affairs.
우리 일에 참견하지 마라.
일 干渉する かんしょうする(칸쇼-스루) 중 干涉 gānshè(간서)

in·te·ri·or [intíəriər 인티어리어]

명 내부, 안쪽
영 An **interior** is the inside of something, especially a building.
¶ the *interior* of the house
집의 내부
일 内部 ないぶ(나이부) 중 内部 nèibù(네이부)

---

*in·ter·na·tion·al [ìntərnǽʃənəl 인터내셔널]

형 (비교급 more international, 최상급 most international)
국제적인, 국가간의
영 **International** means involving different countries.
¶ an *international* conference
국제 회의
일 国際的な こくさいてきな(코꾸사이떼끼나) 중 国际性的 guójìxìngde(궈지싱더)

---

*In·ter·net [íntərnèt 인터넷]

명 인터넷
영 The **Internet** is the electronic network that allows millions of computers around the world to connect together.
¶ We can access the *Internet* on the school computers.
우리는 학교 컴퓨터로 인터넷에 접속할 수 있다.
일 インターネット(인따-넷또) 중 因特网 yīntèwǎng(인터왕)

---

in·ter·pret [intə́ːrprit 인터-프릿]

타 (3단현 interprets [intə́ːrprits], 과거·과거분사 interpreted [intə́ːrpritid], 현재분사 interpreting [intə́ːrpritiŋ])

1 해석하다, 설명하다
영 To *interpret* means to decide what something means.
¶ She *interpreted* the sentence wrongly.
그녀는 그 문장을 잘못 해석했다.
일 解釈する　かいしゃくする(카이샤꾸스루) 중 解释 jiěshì(제스)
2 통역하다
영 To *interpret* means to change words spoken in one language into another.
¶ I *interpreted* her speech into Korean.
나는 그녀의 연설을 한국어로 통역했다.
일 通訳する　つうやくする(쓰-야꾸스루) 중 口译 kǒuyì(커우이)

---

in·ter·pret·er [intə́ːrpritər 인터-프리터]

명 통역자
영 An *interpreter* is someone who changes the spoken words of one language into another.
일 通訳者　つうやくしゃ(쓰-야꾸샤)
중 口译员 kǒuyìyuán(커우이위엔)

---

in·ter·rupt [ìntərʌ́pt 인터럽트]

타 (3단현 interrupts [ìntərʌ́pts], 과거·과거분사 interrupted [ìntərʌ́pt-id], 현재분사 interrupting [ìntərʌ́ptiŋ])
중단하다, 방해하다
영 To *interrupt* means to stop or hinder for a short time.
¶ I *interrupted* my study to have lunch.
나는 점심을 먹기 위해 공부를 중단했다.
일 中断する　ちゅうだんする(추-단스루) 중 中断 zhōngduàn(중돤)

---

*in·ter·val [íntərvəl 인터벌]

명 (복수 intervals [íntərvəlz])
간격, 거리
영 An *interval* is a time between two events, or a space between two objects.
¶ Buses leave at five-minute *intervals*.
버스는 5분 간격으로 떠난다.
일 間隔　かんかく(캉까꾸) 중 间隔 jiāngé(젠거)

---

in·ter·view [íntərvjùː 인터뷰-]

명 (복수 interviews [íntərvjùːz])
회견 ; 면접, 인터뷰
영 An *interview* is a meeting at which someone is asked questions.
¶ She had an *interview* with the writer.
그녀는 그 작가와 인터뷰했다.
일 会見　かいけん(카이껜) 중 会见 huìjiàn(후이젠)

**in·to [íntu 인투, íntuː 인투-]

전 **1** …의 안으로, …의 안에
영 *Into* means to the inside of.
¶ The bird came *into* the cage.
그 새가 새장 안으로 들어왔다.
일 中へ　なかへ(나까에) 중 到…里面 dào…lǐmiàn(다오…리몐)

into는 go, come 등과 같은 동사와 쓰여 「안으로」라는 동작을 나타낸다. in은 go, come 등과 같이 동작을 나타내는 동사와 쓰일 때는 「안으로」라는 동작을 나타내지만, 그렇지 않은 경우는 「안에」라는 정지된 상태를 나타낸다.

2 …으로
영 *Into* means to the condition or form of.
¶ She grew *into* a beautiful woman.
그녀는 아름다운 여성으로 성장했다.
일 に(니) 중 成为 chéngwéi(청웨이)

***in·tro·duce** [ìntrədjúːs 인트러듀-스]

[타] (3단현 introduces [ìntrədjúːs-iz], 과거·과거분사 introduced [ìntrədjúːst], 현재분사 introducing [ìntrədjúːsiŋ])
소개하다
[영] To ***introduce*** means to cause to be known by name.
¶ Let me *introduce* myself to you.
제 소개를 하겠습니다.
[일] 紹介する しょうかいする(쇼-까이스루) [중] 介绍 jièshào(제사오)

[up] 남성을 여성에게, 나이 적은 사람을 나이 많은 사람에게 먼저 소개하는 것이 예의다.

---

in·tro·duc·tion [ìntrədʌ́kʃən 인트러덕션]

[명] **1** 소개
[영] ***Introduction*** is the act of introducing one person to another.
¶ Shall I make the *introductions*?
소개해 줄까요?
[일] 紹介 しょうかい(쇼-까이) [중] 介绍 jièshào(제사오)
2 서론, 머리말
[영] An ***introduction*** is the opening words of a book, speech, etc.
[일] 序論 じょろん(조론) [중] 序言 xùyán(쉬옌)

---

in·vade [invéid 인베이드]

[타] (3단현 invades [invéidz], 과거·과거분사 invaded [invéidid], 현재분사 invading [invéidiŋ])
침략하다, 침입하다
[영] To ***invade*** means to send armed forces into another country in order to take it over.
¶ The enemy *invaded* the town.
적이 그 도시를 침략했다.
[일] 侵略する しんりゃくする(신랴꾸스루) [중] 侵略 qīnlüè(친뤠)

***in·vent** [invént 인벤트]

[타] (3단현 invents [invénts], 과거·과거분사 invented [invéntid], 현재분사 inventing [invéntiŋ])
발명하다, 고안하다
[영] To ***invent*** means to make, design, or produce something for the first time.
¶ They *invented* a new machine.
그들은 새로운 기계를 발명했다.
[일] 発明する はつめいする(하쓰메-스루) [중] 发明 fāmíng(파밍)

***in·ven·tion** [invénʃən 인벤션]

[명] (복수 inventions [invénʃənz])
발명 ; 발명품
[영] An ***invention*** is the act of inventing something, or the thing that is invented.
¶ A computer is a modern *invention*.
컴퓨터는 현대의 발명품이다.
[일] 発明 はつめい(하쓰메-) [중] 发明 fāmíng(파밍)

---

in·ven·tor [invéntər 인벤터]

[명] (복수 inventors [invéntərz])
발명가
[영] An ***inventor*** is someone who has invented something.
[일] 発明家 はつめいか(하쓰메-까) [중] 发明家 fāmíngjiā(파밍자)

---

in·vest [invést 인베스트]

[타] (3단현 invests [invésts], 과거·과거분사 invested [invéstid], 현재분사 investing [invéstiŋ])

투자하다
영 To **invest** means to give or lend money to something, such as a company, in the belief that you will get more money back in the future.
¶ She *invested* all her money in stock.
그녀는 자기 돈을 전부 주식에 투자했다.
일 投資する　とうしする(토-시스루)
중 投資 tóuzī(터우쯔)

---

* **in·ves·ti·gate** [invéstəgèit 인베스터게이트]
타 (3단현 investigates [invéstəgèits], 과거·과거분사 investigated [invéstəgèitid], 현재분사 investigating [invéstəgèitiŋ])
조사하다, 연구하다
영 To **investigate** means to try to find out the truth about a crime, accident, etc.
¶ The doctor *investigated* the cause of the disease.
의사는 그 병의 원인을 조사했다.
일 調べる　しらべる(시라베루) 중 调查 diàochá(댜오차)

---

in·ves·ti·ga·tion [invèstəgéiʃən 인베스터게이션]
명 조사, 연구
영 **Investigation** is an official attempt to find out the reasons for something.
¶ The accident is under *investigation*.
그 사건은 조사 중이다.
일 調査 ちょうさ(초-사) 중 调查 diàochá(댜오차)

---

in·vest·ment [invéstmənt 인베스트먼트]
명 투자

영 **Investment** is the act of investing money for profit.
일 投資 とうし(토-시) 중 投資 tóuzī(터우쯔)

---

* **in·vi·ta·tion** [ìnvətéiʃən 인버테이션]
명 초대 ; 초대장
영 An **invitation** is a spoken or written request for someone to come somewhere or do something.
¶ She accepted an *invitation* to the dinner party.
그녀는 만찬회 초대에 응했다.
일 招待 しょうたい(쇼-따이) 중 邀请 yāoqǐng(야오칭)

---

* **in·vite** [inváit 인바이트]
타 (3단현 invites [inváits], 과거·과거분사 invited [inváitid], 현재분사 inviting [inváitiŋ])
초대하다, 초청하다
영 To **invite** means to ask someone to come to a party, meal, wedding, etc.
¶ She *invited* him to dinner.
그녀는 저녁식사에 그를 초대했다.
일 招待する　しょうたいする(쇼-따이스루) 중 邀请 yāoqǐng(야오칭)

---

* **in·volve** [inválv 인발브]
타 (3단현 involves [inválvz], 과거·과거분사 involved [inválvd], 현재분사 involving [inválviŋ])
포함하다, 수반하다
영 To **involve** means to include something as a necessary part.
¶ It *involves* great expenses.
그것은 많은 비용이 든다.
일 含む　ふくむ(후꾸무) 중 包含 bāohán(바오한)

in·ward [ínwərd 인워드]

[부] 안쪽으로, 내부로
[영] *Inward* means toward the inside.
¶ The door opens *inward*.
그 문은 안쪽으로 열린다.
[일] 内側へ うちがわへ(우찌가와에) [중]
向内 xiàngnèi(샹네이)

Ire·land [áiərlənd 아이얼런드]

[명] 아일랜드

▲ 스켈리그마이클 수도원

[일] アイルランド(아이루란도) [중] 爱尔
兰 Ài'ěrlán(아이얼란)

I·rish [áiəriʃ 아이어리시]

[형] 아일랜드의 ; 아일랜드 사람의
[영] *Irish* means relating to Ireland or its people.
[일] アイルランドの(아이루란도노) [중] 爱
尔兰的 Ài'ěrlánde(아이얼란더)

[명] [the Irish로] 아일랜드 사람
[영] *The Irish* are the people of Ireland.
[일] アイルランド人 アイルランド
じん(아이루란도진) [중] 爱尔兰人 Ài'ěr-
lánrén(아이얼란런)

---

*i·ron [áiərn 아이언]

[명] (복수 irons [áiərnz])
1 철
[영] *Iron* is a hard strong metal.
¶ The gate is made of *iron*.
그 문은 철로 만들어졌다.
[일] 鉄 てつ(테쓰) [중] 铁 tiě(톄)
2 다리미
[영] An *iron* is something you use to make your clothes smooth.
¶ an electric *iron*
전기 다리미
[일] アイロン(아이롱) [중] 熨斗 yùndǒu
(윈더우)

---

ir·reg·u·lar [ìrégjulər 이레귤러]

[형] (비교급 more irregular, 최상급 most irregular)
불규칙한
[영] *Irregular* means not standard in shape, timing, size, etc.
[일] 不規則な ふきそくな(후끼소꾸나)
[중] 不规则的 bùguīzéde(부구이쩌더)

---

ir·ri·tate [írətèit 이러테이트]

[타] (3단현 irritates [írətèits], 과거·과거분사 irritated [írətèitid], 현재분사 irritating [írətèitiŋ])
화나게 하다, 초조하게 하다
[영] To *irritate* means to make someone angry or annoyed.
¶ She was *irritated* by the noise.
그녀는 소음 때문에 짜증이 났다.
[일] 怒らせる いからせる(이까라세루)
[중] 使恼怒 shǐnǎonù(스나오누)

---

is [((약)) iz 이즈, ([z, ʒ, dʒ] 이외의 유성음 뒤에서) z 즈, ([s, ʃ, tʃ] 이외의 무성음 뒤에서) s 스 ; ((강)) íz 이즈]

[재][조] be의 3인칭 단수 현재형
¶ She *is* a student.
그녀는 학생이다.
¶ What *is* he doing now?
그는 지금 무엇을 하고 있니?

is는 주어가 he, she, it 또는 명사의 단수형일 때 쓴다. 《구어》에서는 he's, she's, it's와 같이 단축형을 쓰는 경우가 많다. 단 Yes, he is.와 같이 is가 문장의 맨끝에 올 때는 단축형을 쓰지 않는다. 또한 isn't는 is not의 단축형이다.

---

* **is·land** [áilənd 아일런드]

명 (복수 islands [áiləndz])
섬
영 An *island* is land that has water all around it.
¶ This *island* is beautiful.
이 섬은 아름답다.
일 島 しま(시마) 중 岛 dǎo(다오)

---

is·n't [íznt 이즌트]

is not의 단축형
¶ That *isn't* true.
그건 사실이 아니다.

---

i·so·late [áisəlèit 아이설레이트]

타 (3단현 isolates [áisəlèits], 과거·과거분사 isolated [áisəlèitid], 현재분사 isolating [áisəlèitiŋ])
고립시키다, 격리하다
영 To *isolate* means to keep something or someone separate.
¶ A large area was *isolated* by the flood.
많은 지역이 홍수로 고립되었다.
일 孤立させる こりつさせる(코리쓰사세루) 중 使孤立 shǐgūlì(스구리)

---

is·sue [íʃuː 이슈-]

명 (복수 issues [íʃuːz])
1 문제(점), 논쟁점
영 An *issue* is a subject or problem that people discuss.

¶ It is a moral *issue*.
그것은 윤리 문제다.
일 問題 もんだい(몬다이) 중 问题 wèntí(원티)
2 발행 ; 발행물
영 *Issue* is an edition of a newspaper or magazine.
일 発行 はっこう(학꼬-) 중 发行 fāxíng(파싱)

** **it** [it 잇]

대 (복수 they [ðei 데이])
그것은, 그것이 ; 그것을
영 *It* is a thing, part, person, or situation mentioned earlier or later.
¶ What's this? – *It* is a book.
이것은 무엇입니까? – 그것은 책입니다.
¶ He threw the ball and I caught *it*.
그가 공을 던지고 내가 그것을 잡았다.
일 それは(소레와) 중 它 tā(타)

이미 언급한 사물, 성별을 고려하지 않는 동식물·사람, 막연한 상태를 가리킬 때 쓴다. 우리말로 번역하지 않을 때도 많다.

I·tal·ian [itǽljən 이탤련]

형 이탈리아의 ; 이탈리아 사람의
영 *Italian* means relating to Italy or its people.
일 イタリアの(이따리아노) 중 意大利的 Yìdàlìde(이다리더)

명 (복수 Italians [itǽljənz])
이탈리아 사람
영 An *Italian* is someone from Italy.
일 イタリア人 イタリアじん(이따리아진) 중 意大利人 Yìdàlìrén(이다리런)

It·a·ly [ítəli 이털리]

명 이탈리아

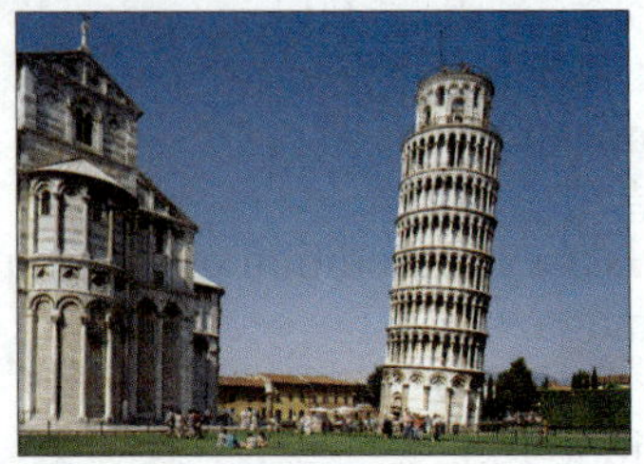

▲ 피사의 사탑

일 イタリア(이따리아) 중 意大利 Yìdàlì(이다리)

---

it'd [ìtud 이투드]

it would, it had의 단축형

***i·tem** [áitəm 아이텀]

명 (복수 items [áitəmz])
항목, 품목
영 An *item* is one of a number of things.
¶ The list contains six *items*.
그 목록에는 6개 항목이 들어 있다.
일 項目 こうもく(코-모꾸) 중 项目 xiàngmù(샹무)

---

it'll [ìtl 이틀]

it will, it shall의 단축형

---

its [its 이츠]

대 그것의, 그…
¶ Look at the cat. *Its* tail is short.
고양이를 좀 봐. 그 꼬리가 짧다.
일 それの(소레노) 중 它的 tāde(타더)

---

it's [its 이츠]

it is, it has의 단축형
¶ *It's* very cold today.
오늘은 몹시 춥다.

---

it·self [itsélf 잇셀프]

대 (복수 themselves [ðəmsélvz])
그 자신을, 그 자신
¶ The child hurt *itself*.
그 아이는 다쳤다.
일 それ自身を それじしんを(소레지싱오) 중 它自己 tāzìjǐ(타쯔지)

I've [aiv 아이브]

I have의 단축형
¶ *I've* never been there.
나는 거기에 간 적이 없다.

---

i·vo·ry [áivəri 아이버리]

명 (복수 ivories [áivəriz])
상아
영 *Ivory* is the hard smooth yellow-white substance from the tusk of an elephant.
일 象牙 ぞうげ(조-게) 중 象牙 xiàngyá(샹야)

---

i·vy [áivi 아이비]

명 담쟁이덩굴
영 *Ivy* is a climbing plant with dark green shiny leaves.
일 ツタ(쓰따) 중 常春藤 chángchūn-téng(창춘텅)

Jj

[dʒéi 제이]
the tenth letter of the English alphabet
영어 알파벳의 열번째 글자

****jack·et** [dʒǽkit 재킷]
명 (복수 jackets [dʒǽkits])
짧은 웃옷, 재킷
영 A *jacket* is a short, light coat.
¶ She bought me a new *jacket*.
그녀는 나에게 새 재킷을 사주었다.
일 ジャケット(자껫또) 중 夹克 jiákè
(쟈커)

jail [dʒéil 제일]
명 교도소, 감옥
영 A *jail* is a place where people
who do not obey laws have to stay.
¶ He was in *jail* for three years.
그는 3년 동안 교도소에 있었다.
일 刑務所 けいむしょ(케-무쇼) 중 监
獄 jiānyù(젠위)

****jam¹** [dʒǽm 잼]
명 (복수 jams [dʒǽmz])
잼
영 *Jam* is a thick sticky sweet sub-
stance made from fruit.
¶ I like strawberry *jam*.
나는 딸기잼을 좋아한다.
일 ジャム(자무) 중 果酱 guǒjiàng(궈
쟝)

jam² [dʒǽm 잼]
타 (3단현 jams [dʒǽmz], 과거·과
거분사 jammed [dʒǽmd], 현재분
사 jamming [dʒǽmiŋ])
(장소를) 가득 메우다, 채워 넣다

영 To *jam* means to fill a place with
a lot of people or things, so that
nothing can move.
¶ The station was *jammed* with tourists.
그 역은 관광객으로 붐볐다.
일 ふさぐ(후사구) 중 堵塞 dǔsè(두써)

***Jan·u·ar·y** [dʒǽnjuèri 재뉴에
리]
명 1월
영 *January* is the first month of the
year.
¶ We have a lot of snow in *January*.
1월에는 눈이 많이 내린다.
일 一月 いちがつ(이찌가쓰) 중 一月
yīyuè(이웨)

Ja·pan [dʒəpǽn 저팬]
명 일본

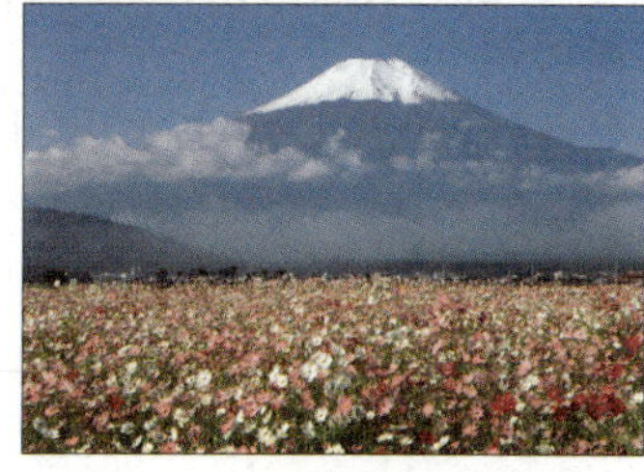

▲ 후지산

일 日本 にほん(니혼) 중 日本 Rìběn
(르번)

Jap·a·nese [dʒǽpəníːz 재퍼니-
즈]

형 **1** 일본의
영 *Japanese* means relating to or coming from Japan.
일 日本の　にほんの(니혼노)　중 日本的 Rìběnde(르번더)
2 일본어의
영 *Japanese* means relating to the Japanese language.
일 日本語の　にほんごの(니홍고노)　중 日语的 Rìyǔde(르워더)

명 (복수 Japanese)
1 [the Japanese로] 일본 사람
영 *The Japanese* are the people of Japan.
일 日本人　にほんじん(니혼진)　중 日本人 Rìběnrén(르번런)
2 일본어
영 *Japanese* is the language used in Japan.
일 日本語　にほんご(니홍고)　중 日语 Rìyǔ(르위)
부정 관사를 붙이지 않고 복수형으로 하지 않는다.

***jar** [dʒɑ́ːr 자-]
명 (복수 jars [dʒɑ́ːrz])
병, 항아리
영 A *jar* is a container with a wide mouth.
¶ a *jar* of apple jam
사과잼 한 병
일 びん(빙)　중 罐 guàn(관)

----

jaw [dʒɔ́ː 조-]
명 (복수 jaws [dʒɔ́ːz])
턱
영 A *jaw* is one of the two bones that form your mouth and that have all your teeth.
¶ the lower *jaw*
아래턱
일 あご(아고)　중 頜 hé(허)

----

jazz [dʒǽz 재즈]
명 재즈
영 *Jazz* is a type of popular music that usually has a strong beat and parts for performers to play alone.
일 ジャズ(자즈)　중 爵士乐 juéshìyuè(줴스웨)

----

jeal·ous [dʒéləs 젤러스]
형 질투하는, 시샘하는
영 *Jealous* means feeling angry or unhappy because someone else has a quality, thing, or ability that you wish you had.
¶ He is *jealous* of her success.
그는 그녀의 성공을 시샘하고 있다.
일 ねたんだ(네딴다)　중 妒忌的 dùjìde(두지더)

****jeans** [dʒíːnz 진-즈]
명 [복수] 진바지
영 *Jeans* are pants made from a strong cotton cloth.
¶ She is wearing *jeans*.
그녀는 진바지를 입고 있다.
일 ジーンズ(진-즈)　중 牛仔裤 niúzǎikù(뉴짜이쿠)

----

jet [dʒét 젯]
명 (복수 jets [dʒéts])
제트기
영 A *jet* is a fast airplane with a jet engine.
일 ジェット機　ジェットき(젯또끼)　중 喷气式飞机 pēnqìshìfēijī(펀치스페이지)

----

jew·el [dʒúːəl 주-얼]

몡 (복수 jewels [dʒúːəlz])
보석
영 A *jewel* is a precious stone, such as a diamond.
일 宝石 ほうせき(호-세끼) 중 宝石 bǎoshí(바오스)

---

jew·el·ry [dʒúːəlri 주-얼리]

몡 보석류
영 *Jewelry* is small decorations you wear that are usually made from gold, silver, and jewels such as rings.
일 宝石類 ほうせきるい(호-세끼루이)
중 珠宝 zhūbǎo(주바오)

---

*job [dʒáb 자브]

몡 (복수 jobs [dʒábz])
1 일
영 A *job* is something that needs to be done.
¶ It is my *job* to take care of my little brother.
남동생을 돌보는 것이 내 일이다.
일 仕事 しごと(시고또) 중 工作 gōng-zuò(궁쭤)
2 직업
영 A *job* is something a person does to earn money.
¶ He is out of a *job*.
그는 실직 중이다.
일 職 しょく(쇼꾸) 중 职业 zhíyè(즈예)

---

jog [dʒág 자그]

짜 (3단현 jogs [dʒágz], 과거·과거분사 jogged [dʒágd], 현재분사 jogging [dʒágiŋ])
천천히 뛰다, 조깅하다
영 To *jog* means to run slowly and in a steady way, especially for exercise.

¶ He *jogs* every morning.
그는 매일 아침 조깅한다.
일 ゆっくり走る ゆっくりはしる(육꾸리하시루) 중 慢跑 mànpǎo(만파오)

---

*join [dʒɔ́in 조인]

타 (3단현 joins [dʒɔ́inz], 과거·과거분사 joined [dʒɔ́ind], 현재분사 joining [dʒɔ́iniŋ])
1 연결하다, 결합하다
영 To *join* means to connect or fasten things together.
¶ He *joined* the pipes.
그는 파이프를 연결했다.
일 つなぐ(쓰나구) 중 连结 liánjié(롄졔)
2 가입하다, 참가하다
영 To *join* means to become a member of a club or group.
¶ I want to *join* the tennis club.
나는 테니스 클럽에 가입하고 싶다.
일 加入する かにゅうする(카뉴-스루)
중 加人 jiārù(쟈루)

---

joint [dʒɔ́int 조인트]

몡 관절, 마디
영 A *joint* is a place where two bones meet.
¶ a knee *joint*
무릎 관절
일 関節 かんせつ(칸세쓰) 중 关节 guānjié(관졔)

---

*joke [dʒóuk 조우크]

몡 (복수 jokes [dʒóuks])
농담, 익살
영 A *joke* is a story that makes people laugh.
¶ I said it in *joke*.
그것은 농담으로 한 말이었다.
일 冗談 じょうだん(조-단) 중 玩笑

wánxiào(완샤오)

----

jour·nal [dʒə́ːrnl 저-늘]

몡 (복수 journals [dʒə́ːrnlz])
신문, 잡지
영 A *journal* is a magazine or newspaper for people who are interested in a particular subject.
일 新聞 しんぶん(심붕) 중 日报 rìbào(르바오)

----

jour·nal·ist [dʒə́ːrnəlist 저-널리스트]

몡 저널리스트
영 A *journalist* is someone who collects information and writes articles for newspapers, magazines, television, or radio.
일 ジャーナリスト(자-나리스또) 중 新闻工作者 xīnwéngōngzuòzhě(신원궁쮀저)

----

*jour·ney [dʒə́ːrni 저-니]

몡 (복수 journeys [dʒə́ːrniz])
여행
영 A *journey* is a long trip.
¶ He went on a *journey*.
그는 여행을 떠났다.
일 旅行 りょこう(료꼬-) 중 旅行 lǚxíng(뤼싱)

🔼up trip보다 형식적인 표현으로 보통 먼 여행을 뜻한다.

----

*joy [dʒɔ́i 조이]

몡 기쁨
영 *Joy* is a feeling of great happiness.
¶ He danced for *joy*.
그는 기뻐서 춤을 추었다.
일 喜び よろこび(요로꼬비) 중 高兴

gāoxìng(가오싱)

----

*judge [dʒʌ́dʒ 저지]

몡 (복수 judges [dʒʌ́dʒiz])
재판관, 판사
영 A *judge* is a person who listens to cases before a court and decides how a guilty person should be punished.
일 裁判官 さいばんかん(사이방깐) 중 法官 fǎguān(파관)

타 (3단현 judges [dʒʌ́dʒiz], 과거·과거분사 judged [dʒʌ́dʒd], 현재분사 judging [dʒʌ́dʒiŋ])
1 재판하다, 판결하다
영 To *judge* means to decide in court whether someone is guilty of a crime.
¶ The court *judged* her innocent.
법원은 그녀가 무죄라고 판결했다.
일 裁判する さいばんする(사이반스루) 중 审判 shěnpàn(선판)
2 판단하다
영 To *judge* means to form an opinion about something or someone.
¶ Don't *judge* a man by his looks.
외모로 사람을 판단하지 마라.
일 判断する はんばんする(한단스루) 중 判断 pànduàn(판돤)

----

judg·ment [dʒʌ́dʒmənt 저지먼트]

몡 **1** 판결, 재판
영 *Judgment* is a decision made by a judge.
¶ The *judgment* was against him.
판결은 그에게 불리했다.
일 判決 はんけつ(항께쓰) 중 判決 pànjué(판줴)
2 판단

영 *Judgment* is an opinion that you form after thinking about something or someone.
¶ His *judgment* was at fault.
그는 판단을 잘못했다.
일 判断　はんだん(한단)　중 判断 pànduàn(판돤)

---

jug [dʒʌg 저그]

명 (복수 jugs [dʒʌgz])
(손잡이가 있는) 항아리, 단지
영 A *jug* is a container with a narrow neck and a small handle.
일 つぼ(쓰보)　중 壶 hú(후)

---

juice [dʒúːs 주-스]

명 (복수 juices [dʒúːsiz])
주스, 즙
영 *Juice* is a liquid that you get from fruits or vegetables.
¶ orange *juice*
오렌지 주스
일 ジュース(주-스)　중 果汁 guǒzhī(궈즈)

---

*Ju·ly [dʒulái 줄라이]

명 7월
영 *July* is the seventh month of the year.
¶ The summer vacation begins in *July*.
여름 방학은 7월에 시작된다.
일 七月　しちがつ(시찌가쓰)　중 七月 qīyuè(치웨)

**jump [dʒʌmp 점프]

자 (3단현 jumps [dʒʌmps], 과거·과거분사 jumped [dʒʌmpt], 현재분사 jumping [dʒʌmpiŋ])
뛰다, 뛰어오르다

영 To *jump* means to go up into the air using your foot and leg muscles.
¶ We *jumped* over the fence.
우리는 울타리를 뛰어넘었다.
일 跳ぶ　とぶ(토부)　중 跳 tiào(탸오)

---

*June [dʒúːn 준-]

명 6월
영 *June* is the sixth month of the year.
¶ She is going to marry in *June*.
그녀는 6월에 결혼할 예정이다.
일 六月　ろくがつ(로꾸가쓰)　중 六月 liùyuè(류웨)

---

*jun·gle [dʒʌŋgl 정글]

명 (복수 jungles [dʒʌŋglz])
밀림, 정글
영 A *jungle* is a thick tropical forest with many large plants that grow very close together.
¶ Many animals live in the *jungle*.
많은 동물들이 밀림에서 산다.
일 密林　みつりん(미쓰링)　중 密林 mìlín(미린)

---

ju·nior [dʒúːnjər 주-니어]

형 손아래의(《반》 senior 손위의)
영 *Junior* means younger.
¶ She is *junior* to me by two years.
그녀는 나보다 2살 아래다.
일 年下の　とししたの(토시시따노)　중 较年幼的 jiáoniányòude(쟈오녠유더)

---

ju·nior high school [dʒúːnjər hái skùːl 주-니어 하이 스쿨-]

명 중학교
영 A *junior high school* is a school between elementary school and high school.

일 中学校　ちゅうがっこう(추-각꼬-)
중 初级中学 chūjízhōngxué(추지중쉐)

ju·ry [dʒúəri 주어리]

명 (복수 juries [dʒúəriz])
배심, 배심원단
영 A *jury* is a group of people at a trial that listens to the facts and decides whether the person accused of a crime is innocent or guilty.
일 陪審　ばいしん(바이신) 중 陪审团 péishěntuán(페이선퇀)
↑up 보통 시민 중에서 선정된 12명이 배심원으로 구성된다.

just [dʒəs*t* 저스트]

부 **1** 정확히, 꼭
영 *Just* means exactly.
¶ It is *just* one o'clock.
정각 1시다.
일 ちょうど(초-도) 중 正好 zhènghǎo(정하오)
2 이제 방금, 막 (…했다)
영 *Just* means a little before.
¶ He *just* finished dinner.
그는 방금 저녁 식사를 끝냈다.
일 たった今　たったいま(탓따이마) 중 刚才 gāngcái(강차이)

형 [dʒʌst 저스트] 공정한, 올바른

영 *Just* means fair and right.
¶ He was a just man.
그는 공정한 사람이었다.
일 公正な　こうせいな(코-세-나) 중 公正的　gōngzhèngde(궁정더)

jus·tice [dʒʌstis 저스티스]

명 정의, 공정
영 *Justice* is fair and impartial behavior or treatment.
¶ We must fight for *justice*.
우리는 정의를 위해서 싸워야 한다.
일 正義　せいぎ(세-기) 중 正义 zhèngyì(정이)

jus·ti·fy [dʒʌstifài 저스티파이]

타 (3단현 justifies [dʒʌstifàiz], 과거·과거분사 justified [dʒʌstifàid], 현재분사 justifying [dʒʌstifàiiŋ])
정당화하다, 옳다고 하다
영 To *justify* means to give an acceptable explanation for something that other people think is unreasonable.
¶ You cannot *justify* violence.
폭력을 정당화할 수 없다.
일 正当化する　せいとうかする(세-또-까스루) 중 证明…是正当的 zhèngmíng…shìzhèngdāngde(정밍…스 정당더)

[kéi 케이]
the eleventh letter of the English alphabet
영어 알파벳의 열한번째 글자

***kan·ga·roo** [kǽŋgərúː 캥거루-]
명 (복수 kangaroos [kǽŋgərúːz])
캥거루
영 A *kangaroo* is an animal of Australia with short front legs and long, powerful back legs that are used for leaping.
일 カンガルー(캉가루-) 중 袋鼠 dàishǔ(다이수)

---

keen [kíːn 킨-]
형 (비교급 **keener** [kíːnər], 최상급 **keenest** [kíːnist])
예리한, 날카로운
영 *Keen* means very sharp.
¶ This knife has a *keen* edge.
이 칼은 날이 예리하다.
일 鋭い するどい(스루도이) 중 锐利的 ruìlìde(루이리더)

****keep** [kíːp 키-프]
동 (3단현 keeps [kíːps], 과거·과거분사 kept [képt], 현재분사 keeping [kíːpiŋ])
타 가지고 있다, 간직하다
영 To *keep* means to have something.
¶ She *keeps* all her letters.
그녀는 편지를 모두 간직하고 있다.
일 持っている もっている(못떼이루)
중 持有 chíyǒu(츠유)
자 계속 …인 채로 있다
영 To *keep* means to stay the same way.
¶ Please *keep* quiet.

제발 조용히 하십시오.
일 ずっと…のままである(즛또…노마 마데아루) 중 保持 bǎochí(바오츠)
숙어 *keep on …ing* …을 계속하다
¶ I *kept on* study*ing* till midnight.
나는 한밤중까지 공부를 계속했다.
숙어 *keep off* …을 가까이 하지 않다.
¶ *Keep off* the grass.
《게시》 잔디밭에 들어가지 마세요.

---

kept [képt 켑트]
동 keep의 과거·과거분사

***ket·tle** [kétl 케틀]
명 (복수 kettles [kétlz])
주전자
영 A *kettle* is a metal pot for boiling water.
¶ The *kettle* is boiling.
주전자가 끓고 있다.
일 やかん(야깡) 중 水壶 shuǐhú(수이후)

***key** [kíː 키-]
명 (복수 keys [kíːz])
1 열쇠, 키
영 A *key* is something that is used to open or close a lock.
¶ This key opens the front door.
이 열쇠로 현관문을 연다.
일 かぎ(카기) 중 钥匙 yàoshi(야오스)
2 (컴퓨터·피아노 등의) 키
영 A *key* is the part of a machine or musical instrument that is pressed

down to make it work.
일 キ-(키-) 중 键 jiàn(졘)

---

key·board [kí:bɔ̀:rd 키-보-드]

명 (복수 keyboards [kí:bɔ̀:rdz])
건반, 키보드
영 A *keyboard* is the set of keys on a computer, piano, etc.
일 鍵盤 けんばん(켐반) 중 键盘 jiàn-pán(졘판)

---

*kick [kík 킥]

타 (3단현 kicks [kíks], 과거·과거분사 kicked [kíkt], 현재분사 kicking [kíkiŋ])
차다
영 To *kick* means to hit something with your foot.
¶ He *kicked* a ball.
그는 공을 찼다.
일 ける(케루) 중 踢 tī(티)

**kid [kíd 키드]

명 (복수 kids [kídz])
1 새끼 염소
영 A *kid* is a young goat.
일 子ヤギ こヤギ(코야기) 중 小山羊 xiǎoshānyáng(샤오산양)
2 아이
영 A *kid* is a child.
¶ How many *kids* do you have?
아이가 몇 명입니까?
일 子供 こども(코도모) 중 小孩儿 xiǎoháir(샤오할)

---

*kill [kíl 킬]

타 (3단현 kills [kílz], 과거·과거분사 killed [kíld], 현재분사 killing [kíliŋ])
죽이다
영 To *kill* means to make a person or living thing die.
¶ He was *killed* in an accident.
그는 사고로 죽었다.
일 殺す ころす(코로스) 중 杀死 shāsǐ(사쓰)

---

ki·lo·gram [kíləgræm 킬러그램]

명 (복수 kilograms [kíləgræmz])
킬로그램
영 A *kilogram* is a unit of weight equal to 1,000 grams.
일 キログラム(키로구라무) 중 公斤 gōngjīn(궁진)

---

*ki·lo·me·ter [kilámətər 킬라머-터]

명 (복수 kilometers [kilámətərz])
킬로미터
영 A *kilometer* is a unit of length equal to 1,000 meters.
일 キロメートル(키로메-또루) 중 公里 gōnglǐ(궁리)

**kind¹ [káind 카인드]

형 (비교급 kinder [káindər], 최상급 kindest [káindist])
친절한, 상냥한
영 *Kind* means helpful, friendly, and caring toward other people.
¶ She is very *kind* to everyone.
그녀는 누구에게나 매우 친절하다.
일 親切な しんせつな(신세쓰나) 중 亲切的 qīnqiède(친체더)

---

*kind² [káind 카인드]

명 (복수 kinds [káindz])
종류
영 A *kind* is a type or sort of person

or thing.
¶ These *kinds* of books sell well.
이런 종류의 책들이 잘 팔린다.
일 種類 しゅるい(슈루이) 중 种类 zhǒnglèi(중레이)

---

kin·der·gar·ten [kíndərgàːr-tn 킨더가-튼]
명 유치원
영 A *kindergarten* is a class for children ages four to six.
일 幼稚園 ようちえん(요-찌엔) 중 幼儿园 yòu'éryuán(유얼위엔)

---

kind·ness [káindnəs 카인드너스]
명 친절 ; 친절한 행위
영 *Kindness* is kind behavior, or a kind action.
일 親切 しんせつ(신세쓰) 중 亲切 qinqiè(친체)

***king** [kíŋ 킹]
명 (복수 kings [kíŋz])
왕, 국왕 (《반》queen 여왕)
영 A *king* is a man who rules a country.
¶ Long live the *King*!
국왕 만세!
일 王 おう(오-) 중 国王 guówáng(궈왕)

---

king·dom [kíŋdəm 킹덤]
명 (복수 kingdoms [kíŋdəmz])
왕국
영 A *kingdom* is a country that is ruled by a king or a queen.
¶ He ruled his *kingdom* wisely.
그는 왕국을 현명하게 다스렸다.
일 王国 おうこく(오-꼬꾸) 중 王国 wángguó(왕궈)

***kiss** [kís 키스]
타 (3단현 kisses [kísiz], 과거·과거분사 kissed [kíst], 현재분사 kissing [kísiŋ])
키스하다, 입맞춤하다
영 To *kiss* means to touch with your lips.
¶ He *kissed* her cheek.
그는 그녀의 볼에 키스했다.
일 キスする(키스스루) 중 接吻 jiēwěn(졔원)

***kitch·en** [kítʃin 키천]
명 (복수 kitchens [kítʃinz])
부엌
영 A *kitchen* is a room where people cook food and make meals.
¶ My mother is preparing dinner in the *kitchen*.
어머니는 부엌에서 저녁 식사를 준비하고 계신다.
일 台所 だいどころ(다이도꼬로) 중 厨房 chúfáng(추팡)

---

kite [káit 카이트]
명 (복수 kites [káits])
연
영 A *kite* is a toy that you fly in the air on the end of a long string, made from a light frame covered in paper or plastic.
¶ Children are flying *kites*.
아이들이 연을 날리고 있다.
일 たこ(타꼬) 중 风筝 fēngzheng(펑정)

---

kit·ten [kítn 키튼]
명 (복수 kittens [kítnz])
새끼 고양이
영 A *kitten* is a young cat.
일 子猫 こねこ(코네꼬) 중 小猫

xiǎomāo(샤오마오)

***knee** [ní: 니-]

몡 (복수 knees [ní:z])
무릎
옝 Your *knee* is the part of your body where your leg bends.
일 ひざ(히자) 중 膝盖 xīgài(시가이)

---

kneel [ní:l 닐-]

쟈 (3단현 kneels [ní:lz], 과거·과거분사 knelt [nélt] 또는 kneeled [ní:ld], 현재분사 kneeling [ní:liŋ])
무릎을 꿇다
옝 To *kneel* means to get down on your knees.
¶ I *knelt* down in prayer.
나는 무릎을 꿇고 기도했다.
일 ひざまずく(히자마즈꾸) 중 跪 guì (구이)

---

knew [njú: 뉴-]

타 know의 과거형

****knife** [náif 나이프]

몡 (복수 knives [náivz])
나이프, 작은 칼
옝 A *knife* is a tool with a sharp blade used for cutting things.
일 ナイフ(나이후) 중 刀 dāo(다오)

---

knight [náit 나이트]

몡 (중세의) 기사
옝 A *knight* is a soldier for a king or queen.
일 騎士 きし(키시) 중 骑士 qíshì(치스)

---

knit [nít 닛]

타 (3단현 knits [níts], 과거·과거분사 knitted [nítid], 현재분사 knitting [nítiŋ])
짜다, 뜨다
옝 To *knit* means to make clothes out of yarn using knitting needles or a special machine.
¶ She is *knitting* stockings.
그녀는 양말을 짜고 있다.
일 編む あむ(아무) 중 编织 biānzhī (볜즈)

***knock** [nák 낙]

똥 (3단현 knocks [náks], 과거·과거분사 knocked [nákt], 현재분사 knocking [nákiŋ])
쟈 두드리다
옝 To *knock* means to hit a door or window with your closed hand.
¶ Someone is *knocking* at the door.
누군가 문을 두드리고 있다.
일 たたく(타따꾸) 중 敲 qiāo(챠오)
타 세게 치다
옝 To *knock* means to hit someone or something with a quick hard hit.
¶ He *knocked* his brother on the head.
그는 동생의 머리를 세게 쳤다.
일 打つ うつ(우쓰) 중 打 dǎ(다)

---

knot [nát 낫]

몡 (복수 knots [náts])
매듭
옝 A *knot* is a place where two things are tied together.
일 結び目 むすびめ(무스비메) 중 结 jié(졔)

****know** [nóu 노우]

타 (3단현 knows [nóuz], 과거형 knew [njú:], 과거분사 known [nóun], 현재분사 knowing [nóuiŋ])

알다, 알고 있다
영 To **know** means to have information about something.
¶ I *know* her name.
나는 그녀의 이름을 안다.
일 知る　しる(시루) 중 知道 zhīdào(즈다오)

---

*__knowl·edge__ [nálidʒ 날리지]

명 지식
영 **Knowledge** is the things that someone knows.
¶ My *knowledge* of English is poor.
내 영어 지식은 빈약하다.
일 知識　ちしき(치시끼) 중 知识 zhīshi(즈스)

__known__ [nóun 노운]

타 know의 괴기분사

****Ko·re·a** [kərí:ə 커리-어]

명 한국

韓国 かんこく(캉꼬꾸) 중 韩国 Hánguó(한궈)

****Ko·re·an** [kərí:ən 커리-언]

형 **1** 한국의
영 **Korean** means relating to or coming from Korea.
¶ *Korean* clothes
한복
일 韓国の　かんこくの(캉꼬꾸노) 중 韩国的　Hánguóde(한궈더)
2 한국어의
영 **Korean** means relating to the Korean language.
일 韓国語の　かんこくごの(캉꼬꾸고노) 중 韩国语的　Hánguóyude(한궈위더)

명 **1** 한국어
영 **Korean** is the language used in Korea.
¶ Can you speak *Korean*?
한국어를 할 줄 압니까?
일 韓国語　かんこくご(캉꼬꾸고) 중 韩国语　Hánguóyu(한궈위)
2 한국 사람
영 A **Korean** is someone from Korea.
일 韓国人　かんこくじん(캉꼬꾸진) 중 韩国人　Hánguórén(한궈런)

K

[él 엘]
the twelfth letter of the English alphabet
영어 알파벳의 열두번째 글자

***la·bel** [léibəl 레이벌]

몡 (복수 labels [léibəlz])
라벨, 꼬리표
영 A *label* is a piece of paper, cloth, or plastic that is attached to something and gives information about it.
¶ put a *label* on the box
상자에 라벨을 붙이다
일 ラベル(라베루) 중 标签 biāoqiān(뱌오쳰)

타 (3단현 labels [léibəlz], 과거·과거분사 labeled [léibəld], 현재분사 labeling [léibəliŋ])
라벨을 붙이다
영 To *label* means to attach a label to something or to give something a label.
일 ラベルをはる(라베루오하루) 중 贴标签于 tiēbiāoqiānyú(톄뱌오쳰위)

***la·bor** [léibər 레이버]

몡 (복수 labors [léibərz])
노동, 근로
영 *Labor* is work, especially physical work.
¶ forced *labor*
강제 노동
일 労働 ろうどう(로-도-) 중 劳动 láodòng(라오둥)

자 (3단현 labors [léibərz], 과거·과거분사 labored [léibərd], 현재분사 laboring [léibəriŋ])
일하다, 노동하다

영 To *labor* means to work hard.
일 働く はたらく(하따라꾸) 중 劳动 láodòng(라오둥)

***lab·o·ra·to·ry** [lǽbərətɔ̀:ri 래버러토-리]

몡 (복수 laboratories [lǽbərətɔ̀:riz])
실험실, 연구실
영 A *laboratory* is a special room or building in which scientists do tests and research.
¶ a research *laboratory*
연구용 실험실
일 実験室 じっけんしつ(지쓰껜시쓰) 중 实验室 shíyànshì(스옌스)

---

la·bor·er [léibərər 레이버러]

몡 노동자
영 A *laborer* is someone whose job involves a lot of physical work.
¶ a day *laborer*
일용직 노동자
일 労働者 ろうどうしゃ(로-도-샤) 중 劳动者 láodòngzhě(라오둥저)

---

lace [léis 레이스]

몡 (복수 laces [léisiz])
1 레이스
영 *Lace* is thin material made from cotton or silk with a pattern of small holes and delicate stitches.
일 レース(레-스) 중 花边 huābiān(화볜)

2 끈

㉤ A *lace* is a long piece of thin string, cord, or leather.

¶ He tied the *laces* of his shoes.
그는 구두끈을 묶었다.
㉺ ひも(히모)　㊥ 带 dài(다이)

---

*__lack__ [lǽk 랙]

㉱ 결핍, 부족

㉤ *Lack* is the state of not having something, or of not having enough of it.

¶ *lack* of sleep
수면 부족
㉺ 欠乏 けつぼう(케쓰보-)　㊥ 缺乏 quēfá(췌파)

㉣ (3단현 lacks [lǽks], 과거·과거분사 lacked [lǽkt], 현재분사 lacking [lǽkiŋ])
부족하다, …이 없다
㉤ To *lack* means to not have something, or to not have enough of it.

¶ We *lacked* food.
우리는 식량이 부족했다.
㉺ 欠く かく(카꾸)　㊥ 缺少 quēshǎo(췌사오)

---

lad [lǽd 래드]

㉱ 젊은이, 소년

㉤ A *lad* is a boy or a young man.
㉺ 若者 わかもの(와까모노)　㊥ 男青年 nánqīngnián(난칭녠)

---

*__lad·der__ [lǽdər 래더]

㉱ (복수 ladders [lǽdərz])
사닥다리
㉤ A *ladder* is a metal, wooden, or rope structure that is used to climb up and down.

¶ He put the *ladder* against the wall.
그는 벽에 사닥다리를 기대어 세워 놓았다.
㉺ はしご(하시고)　㊥ 梯子 tīzi(티쯔)

---

la·dy [léidi 레이디]

㉱ (복수 ladies [léidiz])
부인, 숙녀
㉤ A *lady* is a woman.

¶ Who is that *lady*?
저 부인은 누구입니까?
㉺ 婦人 ふじん(후징)　㊥ 女士 nǔshì(뉘스)

---

laid [léid 레이드]

㉣ lay¹의 과거·과거분사

---

lain [léin 레인]

㉢ lie¹의 과거분사

---

lake [léik 레이크]

㉱ (복수 lakes [léiks])
호수
㉤ A *lake* is a large area of fresh water surrounded by land.

¶ We swim in the *lake* during the summer.
우리는 여름에 호수에서 수영한다.
㉺ 湖 みずうみ(미즈우미)　㊥ 湖 hú(후)

---

*__lamb__ [lǽm 램]

㉱ (복수 lambs [lǽmz])
새끼 양
㉤ A *lamb* is a young sheep.

¶ They bought a *lamb* at the fair.
그들은 시장에서 새끼 양을 한 마리 샀다.
㉺ 子羊 こひつじ(코히쓰지)　㊥ 小羊 xiǎoyáng(샤오양)

L

lame [léim 레임]

혱 (비교급 lamer [léimər], 최상급 lamest [léimist])
다리를 저는, 절뚝거리는
영 *Lame* means unable to walk easily because your leg or foot is injured.
¶ She is *lame* in her right leg.
그녀는 오른쪽 다리를 전다.
일 足が不自由な　あしがふじゆうな (아시가후지유–나) 중 跛的 bǒde(보더)

- -

*lamp [lǽmp 램프]

명 (복수 lamps [lǽmps])
등불, 램프
영 A *lamp* is a light that uses gas, oil, or electricity.
¶ There is a *lamp* on the table.
테이블 위에 램프가 있다.
일 ランプ(람뿌) 중 灯 dēng(덩)

- -

*land [lǽnd 랜드]

명 (복수 lands [lǽndz])
1 육지 (《반》sea 바다)
영 *Land* is the part of the earth's surface that is not covered by water.
¶ The sailors saw *land*.
선원들은 육지를 보았다.
일 陸 おか(오까) 중 陆地 lùdì(루디)
2 토지, 땅
영 *Land* is earth or soil.
¶ The farmers planted potatoes on their *land*.
농부들은 그들의 땅에 감자를 심었다.
일 土地 とち(토찌) 중 土地 tǔdì(투디)
3 나라, 국토
영 A *land* is a country.
¶ Canada is a vast *land*.
캐나다는 광대한 나라다.
일 国家 こっか(콕까) 중 国家 guójiā(궈쟈)
숙어 *by land* 육로로

¶ He traveled *by land*.
그는 육로로 여행했다.

통 (3단현 lands [lǽndz], 과거·과거분사 landed [lǽndid], 현재분사 landing [lǽndiŋ])
자 상륙하다 ; 착륙하다(《반》take off 이륙하다)
영 To *land* means to come down to the ground.
¶ The plane *landed* safely.
비행기는 안전하게 착륙했다.
일 上陸する　じょうりくする(조–리꾸스루) 중 登陆 dēnglù(덩루)
타 상륙시키다 ; 착륙시키다
¶ The ship *landed* all the passengers.
배는 모든 승객을 상륙시켰다.
일 上陸させる　じょうりくさせる(조–리꾸사세루) 중 使登陆 shǐdēnglù(스덩루)

- -

land·ing [lǽndiŋ 랜딩]

명 상륙 ; 착륙
영 A *landing* is the act of coming ashore or coming to land.
¶ an emergency *landing*
비상 착륙
일 上陸　じょうりく(조–리꾸) 중 登陆 dēnglù(덩루)

- -

land·scape [lǽndskèip 랜드스케이프]

명 (복수 landscapes [lǽndskèips])
경치, 풍경
영 A *landscape* is a view across an area of land.
일 景色 けしき(케시끼) 중 风景 fēngjǐng(펑징)

- -

lane [léin 레인]

명 (복수 lanes [léinz])
1 좁은 길

영 A *lane* is a narrow road or street.
일 小道 こみち(코미찌) 중 小路 xiǎolù(샤오루)
2 차선, 레인
영 A *lane* is one of the strips marked on a main road that is wide enough for a single line of vehicles.
¶ Don't cut across *lanes* between cars.
차선을 넘어 차사이로 끼어들지 마라.
일 車線 しゃせん(샤센) 중 车道 chēdào (처다오)

* **lan·guage** [lǽŋgwidʒ 랭귀지]
명 (복수 languages [lǽŋgwidʒiz])
1 언어, 말
영 *Language* is what people use when they speak or write to each other.
¶ spoken *language*
구어
일 言語 げんご(겡고) 중 语言 yǔyán (위옌)
2 국어, …어
영 A *language* is speech used by one country or group of people.
¶ Do you speak any foreign *languages*?
너는 어떤 외국어를 하니?
일 国語 こくご(코꾸고) 중 国语 guó-yǔ(궈위)

lan·tern [lǽntərn 랜턴]
명 손전등, 랜턴
영 A *lantern* is a type of lamp you can carry consisting of a glass or metal container with a light inside.
¶ He lighted a *lantern*.
그는 랜턴에 불을 켰다.
일 手さげランプ てさげランプ(테사게 람뿌) 중 灯笼 dēnglóng(덩룽)

lap [lǽp 랩]

명 무릎
영 A *lap* is the upper part of your legs when you are sitting down.
¶ The little girl was sitting on her mother's *lap*.
어린 소녀는 엄마 무릎에 앉아 있었다.
일 ひざ(히자) 중 膝部 xībù(시부)

* **large** [lá:rdʒ 라-지]
형 (비교급 larger [lá:rdʒər], 최상급 largest [lá:rdʒist])
큰 (《반》 small 작은) ; 많은
영 *Large* means great in size or amount.
¶ His room is *large*.
그의 방은 크다.
일 大きい おおきい(오-끼-) 중 大的 dàde(다더)

large·ly [lá:rdʒli 라-질리]
부 주로, 대부분
영 *Largely* means mostly, or mainly.
¶ The country is *largely* desert.
그 나라는 대부분 사막이다.
일 主として しゅとして(슈또시떼) 중 主要地 zhǔyàode(주야오더)

lark [lá:rk 라-크]
명 종달새
영 A *lark* is a small brown bird that flies very high in the sky and has a beautiful song.
일 ヒバリ(히바리) 중 鸣禽 míngqín (밍친)

lass [lǽs 래스]
명 (복수 lasses [lǽsiz])
젊은 여성, 소녀
영 A *lass* is a girl or a young woman.

L

(일) 若い女性 わかいじょせい(와까이조세-) (중) 小姑娘 xiǎogūniang(샤오구냥)

****last¹** [lǽst 래스트]

(형) **1** 최후의, 맨 마지막의(《반》 first 최초의)

(영) *Last* means coming at the end or after everyone or everything else.

¶ It was his *last* work.

그것은 그의 최후의 작품이었다.

(일) 最後の さいごの(사이고노) (중) 最后的 zuìhòude(쭈이허우더)

2 바로 전의, 요전의(《반》 next 다음의)

(영) *Last* means most recent.

¶ We went to the movies *last* night.

우리는 지난 밤에 영화를 보러 갔다.

(일) すぐ前の すぐまえの(스구마에노) (중) 最近的 zuìjìnde(쭈이진더)

(부) **1** 최후에, 맨나중에(《반》 first 최초에)

(영) *Last* means after everything or everyone else.

¶ She spoke *last*.

그녀는 맨나중에 말했다.

(일) 最後に さいごに(사이고니) (중) 最后地 zuìhòude(쭈이허우더)

2 최근에, 요전에

(영) *Last* means most recently before now.

¶ When did you see her *last*?

너는 최근에 언제 그녀를 보았니?

(일) 最近 さいきん(사이낑) (중) 最近 zuìjìn(쭈이진)

(명) [the last로] 최후의 사람[것]

(영) *The last* is the person or thing that comes after all the others.

¶ He was *the last* to come.

그는 마지막으로 왔다.

(일) 最後の人 さいごのひと(사이고노히

또) (중) 最后的人 zuìhòuderén(쭈이허우더런)

(숙어) *at last* 마침내, 결국

¶ *At last* he passed the exam.

마침내 그는 시험에 합격했다.

(숙어) *to the last* 최후까지

---

last² [lǽst 래스트]

(자) (3단현 lasts [lǽsts], 과거·과거분사 lasted [lǽstid], 현재분사 lasting [lǽstiŋ])

1 계속되다 ; 지속하다

(영) To *last* means to continue for a particular length of time.

¶ Her speech *lasted* for twenty minutes.

그녀의 연설은 20분동안 계속되었다.

(일) 続く つづく(쓰즈꾸) (중) 持续 chíxù(츠쉬)

2 오래가다

(영) To *last* means to continue to be effective, useful, or in good condition.

(일) 長もちする ながもちする(나가모찌스루) (중) 持久 chíjiǔ(츠쮸)

---

last·ing [lǽstiŋ 래스팅]

(형) 영속하는, 영구의

(영) *Lasting* means continuing for a long time.

(일) 永続する えいぞくする(에-조꾸스루) (중) 持久的 chíjiǔde(츠쮸더)

****late** [léit 레이트]

(형) (비교급 later [léitər], 최상급 latest [léitist])

1 늦은, 지각한 (《반》 early 이른)

(영) *Late* means arriving, happening, or done after the expected time.

¶ I'm sorry I'm *late*.

늦어서 죄송합니다.

(일) 遅れた おくれた(오꾸레따) (중) 迟的

chíde(츠더)
2 후기의, 말기의
영 *Late* means near the end of a period of time.
¶ in the *late* 20th century
20세기 말에
일 後期の こうきの(코-끼노) 중 末期的 mòqīde(모치더)

부 (비교급 later [léitər], 최상급 latest [léitist])
늦게(《반》 early 일찍)
영 *Late* means after the usual or expected time.
¶ The bus arrived ten minutes *late*.
버스는 10분 늦게 도착했다.
일 遲く おそく(오소꾸) 중 迟 chí(츠)
⤵ up later, latest는 시간적으로 「훨씬 늦은」 「최근의」의 뜻이고 latter, last는 순서가 「나중의」 「최후의」의 뜻이다.

late·ly [léitli 레이틀리]

부 최근, 요즘
영 *Lately* means recently.
¶ What have you been doing *lately*?
요즘 어떻게 지내고 있니?
일 最近 さいきん(사이낑) 중 近来 jìnlái(진라이)
⤵ up lately는 보통 현재 완료형과 함께 쓴다.

*late·er [léitər 레이터]

형 [late의 비교급] 더 늦은, 더 나중의(《반》 earlier 보다 이른)
영 *Later* means coming in the future or after something else.
일 もっと遲い もっとおそい(못또오소이) 중 较晚的 jiàowǎnde(쟈오완더)

부 뒤에, 나중에
영 *Later* means after the present time or a time you are talking about.
¶ See you *later*.
나중에 보자.
일 後で あとで(아또데) 중 后来 hòulái(허우라이)

lat·est [léitist 레이티스트]

형 [late의 최상급] 최신의, 최근의
영 *Latest* means most recent or newest.
¶ What's the *latest* news?
최신 뉴스는 무엇이니?
일 最新の さいしんの(사이신노) 중 最新的 zuìxīnde(쭈이신더)
숙어 *at the latest* 늦어도

Lat·in [lǽtn 래튼]

명 라틴어
영 *Latin* is the language of the ancient Romans.
일 ラテン語 ラテンご(라뗑고) 중 拉丁语 Lādīngyǔ(라딩위)

lat·ter¹ [lǽtər 래터]

명 [the latter로] 후자 (《반》 the former 전자)
영 *The latter* is the second of two people or things just mentioned.
일 後者 こうしゃ(코-샤) 중 后者 hòuzhě(허우저)

lat·ter² [lǽtər 래터]

형 **1** [the latter로] 후자의
영 *The latter* means being the second of two people or things.
¶ I chose *the latter* plan.
나는 후자의 안을 선택했다.
일 後者の こうしゃの(코-샤노) 중 后

者的 hòuzhěde(허우저더)
2 [the latter로] 나중의, 후반의
(영) *The latter* means closer to the end of a period of time.
¶ *the latter* half of the twentieth century
20세기 후반
(일) 後の あとの(아또노) (중) 后期的 hòuqīde(허우치더)

----

laugh [læf 래프]
(자) (3단현 laughs [læfs], 과거·과거분사 laughed [læft], 현재분사 laughing [læfiŋ])
웃다
(영) To *laugh* means to make a sound that shows that something is funny.
¶ They *laughed* loudly.
그들은 큰소리로 웃었다.
(일) 笑う わらう(와라우) (중) 笑 xiào(샤오)
(숙어) *laugh at* …을 듣고[보고] 웃다

(명) (복수 laughs [læfs])
웃음 ; 웃음 소리
(영) A *laugh* is the act of laughing, or the sound you make when you laugh.
(일) 笑い わらい(와라이) (중) 笑 xiào(샤오)

----

laugh·ter [læftər 래프터]
(명) 웃음 ; 웃음 소리
(영) *Laughter* is the act of laughing, or the sound of people laughing.
¶ Everyone burst into *laughter*.
모두가 갑자기 웃기 시작했다.
(일) 笑い わらい(와라이) (중) 笑 xiào(샤오)

----

launch [lɔːntʃ 론-치]
(타) (3단현 launches [lɔːntʃiz], 과거·

과거분사 launched [lɔːntʃt], 현재분사 launching [lɔːntʃiŋ])
1 쏘다, 발사하다
(영) To *launch* means to send a weapon or a space vehicle into the sky or into space.
(일) 放つ はなつ(하나쓰) (중) 发射 fāshè(파서)
2 시작하다, 착수하다
(영) To *launch* means to start something new.
¶ He *launched* a new project.
그는 새로운 계획에 착수했다.
(일) 乗り出す のりだす(노리다스) (중) 开始 kāishǐ(카이스)

----

laun·dry [lɔːndri 론-드리]
(명) (복수 laundries [lɔːndriz])
[보통 the laundry로] 세탁물
(영) *The laundry* is dirty clothes that are ready to be washed.
¶ He put *the laundry* into the basket.
그는 세탁물을 바구니 안에 넣었다.
(일) 洗濯物 せんたくもの(센따꾸모노) (중) 送洗的衣服 sòngxǐdeyīfu(쑹시더이푸)

----

lau·rel [lɔːrəl 로-럴]
(명) 월계수
(영) A *laurel* is an evergreen bush or tree with smooth, shiny leaves.
(일) ゲッケイジュ(겍께-주) (중) 月桂树 yuèguìshù(웨구이수)

----

law [lɔː 로-]
(명) (복수 laws [lɔːz])
법, 법률
(영) *Law* is a rule made by the government of a city, state, or country.
¶ We have to keep the *law*.
우리는 법을 지켜야 한다.

일 法 ほう(호-) 중 法 fǎ(파)

---

lawn [lɔ́:n 론-]

명 (복수 lawns [lɔ́:nz])
잔디
영 A *lawn* is an area covered with grass.
일 芝生 しばふ(시바후) 중 草地 cǎodì(차오디)

---

law·yer [lɔ́:jər 로-여]

명 (복수 lawyers [lɔ́:jərz])
변호사, 법률가
영 A *lawyer* is a person who is trained to advise people about the law and who acts and speaks for them in court.
¶ consult a *lawyer*
변호사와 상담하다
일 弁護士 べんごし(벵고시) 중 律師 lùshī(뤼스)

---

*lay¹ [léi 레이]

타 (3단현 lays [léiz], 과거·과거분사 laid [léid], 현재분사 laying [léiiŋ])
1 두다, 놓다 ; 눕히다
영 To *lay* means to put something or someone down.
¶ Please *lay* that book on the table.
그 책을 테이블 위에 놓아 주세요.
¶ She *laid* her baby on the bed.
그녀는 갓난아기를 침대에 눕혔다.
일 置く おく(오꾸) 중 放 fàng(팡)
2 (알을) 낳다
영 To *lay* means to make an egg.
¶ The hen *laid* two eggs.
암탉이 알을 2개 낳았다.
일 産む うむ(우무) 중 产 chǎn(찬)
숙어 *lay aside* 남겨 두다, 저축하다

---

lay² [léi 레이]

재 lie¹의 과거형

---

*la·zy [léizi 레이지]

형 (비교급 lazier [léiziər], 최상급 laziest [léiziist])
게으른, 나태한
영 *Lazy* means not liking to do work or to make an effort.
¶ I think he is *lazy* and stupid.
나는 그가 게으르고 어리석다고 생각한다.
일 怠惰な たいだな(타이다나) 중 懒惰的 lǎnduòde(란둬더)

---

*lead [lí:d 리-드]

타 (3단현 leads [lí:dz], 과거·과거분사 led [léd], 현재분사 leading [lí:diŋ])
1 이끌다, 안내하다
영 To *lead* means to show someone the way, usually by going in front of the person.
¶ She kindly *led* me in.
그녀는 친절하게도 나를 안으로 안내해 주었다.
일 導く みちびく(미찌비꾸) 중 引导 yǐndǎo(인다오)
2 지휘하다, 지도하다
영 To *lead* means to be in charge.
¶ Who is *leading* the investigation?
누가 그 조사를 지휘하고 있니?
일 指揮する しきする(시끼스루) 중 指挥 zhǐhuī(즈후이)

명 (복수 leads [lí:dz])
[the lead로] 선두
영 *The lead* is a person's position at the front.
¶ He took *the lead* in the race.
그는 경주에서 선두에 섰다.

일 先頭 せんとう(센또-) 중 领先地位 lǐngxiāndìwèi(링셴디웨이)

***lead·er** [líːdər 리-더]
몡 (복수 leaders [líːdərz])
지도자(《반》follower 추종자)
영 A *leader* is the person who directs or controls a team, organization, country, etc.
¶ He acted as our *leader*.
그는 우리의 지도자 역할을 했다.
일 指導者 しどうしゃ(시도-샤) 중 领导者 lǐngdǎozhě(링다오저)

---

lead·er·ship [líːdərʃip 리-더십]
몡 (복수 leaderships [líːdərʃips])
지도력, 통솔력
영 *Leadership* is the quality of being good at leading a team, organization, country, etc.
¶ He lacks *leadership*.
그는 지도력이 부족하다.
일 指導力 しどうりょく(시도-료꾸) 중 领导能力 lǐngdǎonénglì(링다오넝리)

***leaf** [líːf 리-프]
몡 (복수 leaves [líːvz])
잎
영 A *leaf* is one of the flat green parts of a plant that are joined to its stem or branches.
¶ The *leaves* have fallen.
잎이 떨어졌다.
일 葉 は(하) 중 叶子 yèzi(예쯔)

---

league [líːg 리-그]
몡 (복수 leagues [líːgz])
경기 연맹, 리그
영 A *league* is a group of people with a common interest or activity, such as a group of sports teams.
¶ a football *league*
축구 연맹
일 競技連盟 きょうぎれんめい(쿄-기렘메-) 중 竞赛联合会 jìngsàiliánhéhuì(징싸이롄허후이)

***leak** [líːk 리-크]
몡 (복수 leaks [líːks])
새는 곳, 새는 구멍
영 A *leak* is a small hole that lets liquid or gas flow into or out of something.
¶ We discovered a *leak* in the pipe.
우리는 파이프에 새는 구멍을 발견했다.
일 漏れ口 もれくち(모레꾸찌) 중 漏洞 lòudòng(러우둥)

자 (3단현 leaks [líːks], 과거·과거분사 leaked [líːkt], 현재분사 leaking [líːkiŋ])
새다, 새어 나오다
영 To *leak* means to pass through a hole or crack.
¶ The rain began to *leak* in.
비가 새기 시작했다.
일 漏る もる(모루) 중 渗漏 shènlòu(선러우)

***lean** [líːn 린-]
자 (3단현 leans [líːnz], 과거·과거분사 leaned [líːnd], 현재분사 leaning [líːniŋ])
1 상체를 굽히다
영 To *lean* means to move or bend your body in a particular position.
¶ Please *lean* forward.
몸을 앞으로 구부려 주세요.
일 上体をまげる じょうたいをまげる(조-따이오마게루) 중 屈身 qūshēn

(취선)

2 기대다, 의지하다

영 To *lean* means to support yourself in a sloping position against a wall or other surface.

¶ He *leaned* against the wall.
그는 벽에 기댔다.

일 もたれる(모따레루) 중 倚 yǐ(이)

---

leap [líːp 리-프]

자 (3단현 leaps [líːps], 과거·과거분사 leaped [líːpt] 또는 leapt [lépt], 현재분사 leaping [líːpiŋ])
뛰다 ; 뛰어넘다

영 To *leap* means to jump or jump over something.

¶ The boys *leaped* over the stream.
소년들은 개울을 뛰어넘었다.

일 はねる(하네루) 중 跳 tiào(탸오)

---

learn [lə́ːrn 런-]

동 (3단현 learns [lə́ːrnz], 과거·과거분사 learned [lə́ːrnd] 또는 《영》 learnt [lə́ːrnt], 현재분사 learning [lə́ːrniŋ])

타 **1** 배우다, 습득하다

영 To *learn* means to gain knowledge or a skill.

¶ It's not easy to *learn* Korean.
한국어를 배우는 것은 쉽지 않다.

일 꿥う ならう(나라우) 중 学习 xuéxí (쉐시)

2 외다, 암기하다

영 To *learn* means to memorize.

일 覚える おぼえる(오보에루) 중 记住 jìzhù(지주)

3 알다, 듣다

영 To *learn* means to discover some news.

¶ How did you *learn* the news?
너는 어떻게 그 소식을 알았니?

일 知る しる(시루) 중 得知 dézhī(더 즈)

자 배우다

¶ He *learns* slowly.
그는 배우는 게 더디다.

일 꿥う ならう(나라우) 중 学习 xuéxí (시)

숙어 *learn...by heart* …을 암기하다

¶ She *learned* the sentence *by heart*.
그녀는 그 문장을 암기했다.

---

learn·ed [lə́ːrnid 러-니드]

형 학문이 있는, 박식한

영 *Learned* means having much knowledge or education.

¶ a *learned* man
학자

일 学問のある がくもんのある(가꾸몬 노아루) 중 有学问的 yǒuxuéwènde(유 쉐원더)

---

learn·ing [lə́ːrniŋ 러-닝]

명 학문, 학식

영 *Learning* is knowledge gained by reading and studying.

일 学問 がくもん(가꾸몬) 중 学问 xuéwèn(쉐원)

---

learnt [lə́ːrnt 런-트]

동 learn의 과거·과거분사

---

least [líːst 리-스트]

부 [little의 최상급] 가장 적게(《반》 most 가장 많이)

영 *Least* means less than anything else.

¶ I answered the *least* difficult questions.
나는 가장 덜 어려운 문제에 답했다.

일 最も少なく もっともすくなく(못또 모스꾸나꾸) 중 最少 zuìshǎo(쭈이사오)

명 최소
영 *Least* is the smallest amount.
¶ He ate the *least*.
그는 가장 적게 먹었다.
일 最小 さいしょう(사이쇼-) 중 最小 zuìxiǎo(쭈이샤오)
숙어 *at (the) least* 적어도
숙어 *not in the least* 조금도 … 않다
¶ I'm *not in the least* worried.
나는 조금도 걱정하지 않는다.

---

* **leath·er** [léðər 레더]

명 무두질한 가죽
영 *Leather* is animal skin that is treated with chemicals and used to make shoes, bags, and other goods.
¶ a *leather* jacket
가죽 재킷
일 なめし革 なめしがわ(나메시가와)
중 皮革 pígé(피거)

---

* **leave** [líːv 리-브]

동 (3단현 leaves [líːvz], 과거·과거분사 left [léft], 현재분사 leaving [líːviŋ])
타 **1** 떠나다, 출발하다(《반》 arrive 도착하다)
영 To *leave* means to go away.
¶ One day he *left* home.
어느 날 그는 집을 떠났다.
일 去る さる(사루) 중 离开 líkāi(리카이)
2 …의 상태로 놓아두다, 내버려두다
영 To *leave* means to let something stay or remain.
¶ She *left* the window open all night.
그녀는 밤새 창문을 열어 두었다.
일 …の状態にしておく …のじょうたいにしておく(…노조-따이니시떼오꾸)
중 使处于某状态 shǐchùyúmǒuzhuàngtài(스추위머우쫭타이)

3 남기다, 남겨두다
영 To *leave* means to have remaining.
¶ Two from five *leaves* three.
5 빼기 2는 3.
일 残す のこす(노꼬스) 중 剩下 shèngxià(성샤)
자 떠나다, 출발하다
¶ The train *leaves* at five.
열차는 5시에 출발한다.
일 去る さる(사루) 중 离开 líkāi(리카이)
숙어 *leave ... alone* …을 그대로 놓아두다

---

lec·ture [léktʃər 렉처]

명 (복수 lectures [léktʃərz])
1 강의, 강연
영 A *lecture* is a long talk to a group of people about a particular subject.
¶ give a *lecture* on literature
문학 강의를 하다
일 講義 こうぎ(코-기) 중 演讲 yǎnjiǎng(옌쟝)
2 설교, 잔소리
영 A *lecture* is a scolding that lasts a long time.
일 説教 せっきょう(섹꾜-) 중 训斥 xùnchì(쉰츠)

자 (3단현 lectures [léktʃərz], 과거·과거분사 lectured [léktʃərd], 현재분사 lecturing [léktʃəriŋ])
강의하다, 강연하다
영 To *lecture* means to teach a group of people about a particular subject, especially at a college.
¶ He *lectured* on modern art.
그는 현대 미술에 관해서 강의했다.
일 講義する こうぎする(코-기스루)
중 演讲 yǎnjiǎng(옌쟝)

---

led [léd 레드]

[타] lead의 과거·과거분사

left[1] [léft 레프트]

[형] 왼쪽의 (《반》 right 오른쪽의)
[영] ***Left*** means on the side of your body that contains your heart.
¶ He writes with his *left* hand.
그는 왼손으로 글씨를 쓴다.
[일] 左の ひだりの(히다리노) [중] 左边的 zuǒbiānde(줘볜더)

[부] 왼쪽으로
[영] ***Left*** means toward the left side.
¶ He turned *left* at the corner.
그는 모퉁이에서 왼쪽으로 돌았다.
[일] 左に ひだりに(히다리니) [중] 在左边 zàizuǒbiān(짜이줘볜)

[명] (복수 lefts [léfts])
왼쪽, 좌측(《반》 right 오른쪽)
[영] ***Left*** is the left side or direction.
¶ Keep to the *left*.
《게시》 좌측 통행.
[일] 左 ひだり(히다리) [중] 左 zuǒ(줘)

left[2] [léft 레프트]

[동] leave의 과거·과거분사

leg [lég 레그]

[명] (복수 legs [légz])
1 다리
[영] A ***leg*** is the part of your body between your hip and your foot.
¶ Birds have two *legs*.
새는 다리가 두 개 있다.
[일] 足 あし(아시) [중] 腿 tuǐ(투이)
2 (테이블 등의) 다리
[영] A ***leg*** is one of the parts that supports a table, chair, etc.
¶ the *legs* of a chair
의자 다리
[일] 脚 あし(아시) [중] 脚 jiǎo(쟈오)

***le·gal** [lí:gəl 리-걸]

[형] **1** 법률의, 법률상의
[영] ***Legal*** means relating to the law.
¶ a *legal* matter
법률상의 문제
[일] 法律の ほうりつの(호-리쓰노) [중] 法律的 fǎlǜde(파뤼더)
2 합법적인
[영] ***Legal*** means lawful, or allowed by law.
¶ a *legal* movement
합법적 행동
[일] 合法的な ごうほうてきな(고-호-떼끼나) [중] 合法的 héfǎde(허파더)

***lei·sure** [lí:ʒər 리-저]

[명] 여가, 한가한 시간
[영] ***Leisure*** is free time, when you do not have to work or study.
¶ I have no *leisure* to play tennis.
나는 테니스를 할 여가가 없다.
[일] 暇 ひま(히마) [중] 闲暇 xiánxiá(셴샤)

***lem·on** [lémən 레먼]

[명] (복수 lemons [lémənz])
레몬

[영] A ***lemon*** is a yellow fruit that tastes sour.
[일] レモン(레몬) [중] 柠檬 níngméng(닝멍)

L

lem·on·ade [lèmənéid 레머네이드]

명 레모네이드
영 *Lemonade* is a drink made from lemon juice, water, and sugar.
일 レモネード(레모네–도)　중 柠檬水 níngméngshuǐ(닝멍수이)

***lend** [lénd 렌드]

타 (3단현 lends [léndz], 과거·과거분사 lent [lént], 현재분사 lending [léndiŋ])
빌려주다(《반》borrow 빌리다)
영 To *lend* means to let someone have something that you expect to get back.
¶ Will you *lend* me your umbrella?
우산 좀 빌려줄래?
일 貸す かす(카스)　중 借给 jiègěi(졔게이)

***length** [léŋkθ 렝크스]

명 (복수 lengths [léŋkθs])
길이
영 *Length* is the distance from one end of something to the other.
¶ The *length* of the swimming pool is 50 meters.
그 수영장의 길이는 50 미터다.
일 長さ ながさ(나가사)　중 長度 chángdù(창두)

---

lens [lénz 렌즈]

명 (복수 lenses [lénziz])
렌즈
영 A *lens* is a piece of curved glass or plastic that makes things look bigger, smaller, or clearer.
일 レンズ(렌즈)　중 透镜 tòujìng(터우징)

lent [lént 렌트]

타 lend의 과거·과거분사

****less** [lés 레스]

형 [little의 비교급] 보다 적은(《반》more 보다 많은)
영 *Less* means smaller, or in smaller quantities.
¶ He had *less* money than I.
그는 나보다 돈을 적게 가지고 있었다.
일 より少ない よりすくない(요리스꾸나이)　중 较少的 jiàoshǎode(쟈오사오더)

부 [little의 비교급] 보다 적게
영 *Less* means to a smaller degree.
일 より少なく よりすくなく(요리스꾸나꾸)　중 较少地 jiàoshǎode(쟈오사오더)
숙어 *more or less* 다소, 약간

대 보다 적은 양
영 *Less* is a smaller amount.
¶ He should eat *less*.
그는 더 적은 양을 먹어야 한다.
일 より少量 よりしょうりょう(요리쇼–료–)　중 较少的量 jiàoshǎodeliàng(쟈오사오더량)

****les·son** [lésn 레슨]

명 (복수 lessons [lésnz])
1 수업 ; 학과
영 A *lesson* is something you are supposed to learn.
일 授業 じゅぎょう(주교–)　중 功课 gōngkè(궁커)
2 교훈
영 A *lesson* is an experience that teaches you something.
일 教訓 きょうくん(쿄–꾼)　중 教训 jiàoxùn(쟈오쉰)

****let** [lét 렛]

[타] (3단현 lets [léts], 과거·과거분사 let, 현재분사 letting [létiŋ])
…하게 하다, …시키다
[영] To *let* means to allow or permit something.
¶ He *let* me come inside.
그는 나를 안으로 들어오게 했다.
[일] …することを許す …することをゆるす(…스루코또오유루스) [중] 让 ràng(랑)
[숙어] *let ... alone* …을 그대로 놔두다

---

let's [lets 레츠]

let us의 단축형
¶ *Let's* go to the pool.
수영장에 가자.

****let·ter** [létər 레터]

[명] (복수 letters [létərz])
1 편지
[영] A *letter* is a message that you write to someone or that someone writes to you.
¶ Please send me a *letter*.
저에게 편지를 보내주세요.
¶ You can write *letters* to them in English.
그들에게 영어로 편지를 써도 좋다.
[일] 手紙 てがみ(테가미) [중] 信 xìn(신)
2 문자, 글자
[영] A *letter* is one of the symbols people use to write words.
¶ There are 26 *letters* in the English alphabet
영어 알파벳에는 26 글자가 있다.
[일] 文字 もじ(모지) [중] 字母 zìmǔ(쯔무)

---

let·tuce [létəs 레터스]

[명] (복수 lettuces [létəsiz])
상추, 양상추
[영] A *lettuce* is a green, leafy salad vegetable.
[일] レタス(레따스) [중] 萵苣 wōjù(워쥐)

***lev·el** [lévəl 레벌]

[명] (복수 levels [lévəlz])
1 수준, 표준
[영] A *level* is the degree of something.
¶ the *level* of living
생활 수준
[일] 水準 すいじゅん(스이준) [중] 水平 shuǐpíng(수이핑)
2 높이, 고도
[영] A *level* is a height.
¶ Hang the picture at eye *level*.
그림을 눈 높이에 걸어라.
[일] 高さ たかさ(타까사) [중] 高 gāo(가오)

[형] **1** 평평한
[영] *Level* means flat and smooth.
¶ The floor isn't *level*.
그 바닥은 평평하지 않다.
[일] 平らな たいらな(타이라나) [중] 平的 píngde(핑더)
2 같은 높이의
[영] *Level* means at the same height.
¶ My window is *level* with one in the next house.
내 창문은 이웃집 창문과 높이가 같다.
[일] 同じ高さの おなじたかさの(오나지타까사노) [중] 等高的 děnggāode(덩가오더)

---

li·a·ble [láiəbl 라이어블]

[형] **1** …할 것 같은
[영] *Liable* means likely.
¶ It is *liable* to rain.
비가 내릴 것 같다.

⑪ …しそうな(…시소-나) ㊥ 可能的 kěnéngde(커넝더)
2 (법률상) 책임을 져야 하는
㋒ *Liable* means legally responsible for something.
¶ You are not *liable* for his debts.
너는 그의 빚에 대해 책임이 없다.
⑪ 責任を負うべき せきにんをおうべき(세끼닝오오-베끼) ㊥ 应负责的 yīngfùzéde(잉푸쩌더)

---

li·ar [láiər 라이어]

㋑ 거짓말쟁이
㋒ A *liar* is someone who does not tell the truth.
¶ I am no *liar*.
나는 거짓말쟁이가 아니다.
⑪ うそつき(우소쓰끼) ㊥ 说谎的人 shuōhuǎngderén(숴황더런)

---

lib·er·al [líbərəl 리버럴]

㋫ **1** 후한, 인색하지 않은
㋒ *Liberal* means generous.
¶ He is *liberal* with his money.
그는 돈을 잘 쓴다.
⑪ 気前がよい きまえがよい(키마에가요이) ㊥ 慷慨的 kāngkǎide(캉카이더)
2 관대한
㋒ *Liberal* means broad-minded and tolerant, especially of other people's ideas.
⑪ 寛大な かんだいな(칸다이나) ㊥ 宽容的 kuānróngde(콴룽더)
3 자유주의의, 진보적인
㋒ *Liberal* means supporting changes in political or social systems that give people more freedom.
¶ The statesman is *liberal* on social issues.
그 정치가는 사회 문제에 관해 진보적이다.

㋒ 自由主義の じゆうしゅぎの(지유-슈기노) ㊥ 自由主义的 zìyóuzhǔyìde(쯔유주이더)

---

*lib·er·ty [líbərti 리버티]

㋑ (복수 liberties [líbərtiz])
자유
㋒ *Liberty* is freedom.
¶ *liberty* of expression
표현의 자유
⑪ 自由 じゆう(지유-) ㊥ 自由 zìyóu (쯔유)

---

li·brar·i·an [laibréəriən 라이브레어리언]

㋑ 도서관 직원, 사서
㋒ A *librarian* is someone who works in a library.
⑪ 図書館員 としょかんいん(토쇼깡잉) ㊥ 图书馆员 túshūguǎnyuán(투수관위엔)

---

*li·brar·y [láibreri 라이브레리]

㋑ (복수 libraries [láibreriz])
도서관
㋒ A *library* is a place where books, magazines, newspapers, and records are kept for borrowing or reading.
¶ I found the book in the school *library*.
나는 그 책을 학교 도서관에서 발견했다.
⑪ 図書館 としょかん(토쇼깡) ㊥ 图书馆 túshūguǎn(투수관)

---

*li·cense [láisns 라이슨스]

㋑ (복수 licenses [láisnsiz])
면허증, 허가증
㋒ A *license* is an official document that gives you permission to do or

own something.
¶ a driver's *license*
운전 면허증
일 許可証 きょかしょう(쿄까쇼-) 중
许可证 xǔkězhèng(쉬커정)

---

lick [lík 릭]

타 (3단현 licks [líks], 과거·과거분사 licked [líkt], 현재분사 licking [líkiŋ])
핥다
영 To **lick** means to pass your tongue over something.
¶ She *licked* her ice-cream cone.
그녀는 아이스크림 콘을 핥아 먹었다.
일 なめる(나메루) 중 舐 tiǎn(톈)

---

*lid [líd 리드]

명 (복수 lids [lídz])
1 뚜껑
영 A **lid** is a top, or a cover.
¶ He took off the *lid* of the box.
그는 상자 뚜껑을 열었다.
일 ふた(후따) 중 盖子 gàizi(가이쯔)
2 눈꺼풀
영 A **lid** is an eyelid.
일 まぶた(마부따) 중 眼睑 yǎnjiǎn(옌젠)

---

*lie¹ [lái 라이]

자 (3단현 lies [láiz], 과거형 lay [léi], 과거분사 lain [léin], 현재분사 lying [láiiŋ])
1 눕다, 드러눕다
영 To **lie** means to get into or be in a flat horizontal position.
¶ He *lay* on the bed.
그는 침대에 누웠다.
일 横たわる よこたわる(요꼬타와루)
중 躺 tǎng(탕)

2 위치하다
영 To **lie** means to be or be placed somewhere.
¶ The town *lies* to the east of the lake.
그 도시는 호수 동쪽에 있다.
일 位置する いちする(이찌스루) 중 位于 wèiyú(웨이위)
3 …의 상태에 있다
영 To **lie** means to stay in a certain condition.
¶ The snow *lay* thick on the ground.
눈이 땅에 두껍게 쌓였다.
일 …の状態にある …のじょうたいにある(…노조-따이니아루) 중 处于某种状态 chǔyúmǒuzhǒngzhuàngtài(추위머우중좡타이)

---

*lie² [lái 라이]

명 (복수 lies [láiz])
거짓말(《반》truth 진실)
영 A **lie** is a statement that is not true.
¶ Never tell a *lie*.
결코 거짓말을 하지 마라.
일 うそ(우소) 중 谎言 huǎngyán(황옌)

자 (3단현 lies [láiz], 과거·과거분사 lied [láid], 현재분사 lying [láiiŋ])
거짓말을 하다
영 To **lie** means to say something that is not true.
¶ She *lied* to her husband.
그녀는 남편에게 거짓말을 했다.
일 うそをつく(우소오쓰꾸) 중 撒谎 sāhuǎng(싸황)

**life [láif 라이프]

명 (복수 lives [láivz])
1 생명, 목숨(《반》death 죽음)
영 **Life** is what animals and plants

have when they are alive.
¶ It's a matter of *life* and death.
그것은 생사에 관한 문제다.
일 生命 せいめい(세-메-) 중 生命 shēngmìng(성밍)
2 일생, 생애
영 *Life* is the time from your birth until your death.
¶ She was happy all her *life*.
그녀는 평생 행복했다.
일 一生 いっしょう(잇쇼-) 중 一生 yīshēng(이성)
3 인생
영 *Life* is human existence, and all the things that can happen during someone's life.
¶ Such is *life*.
그런 것이 인생이다.
일 人生 じんせい(진세-) 중 人生 rénshēng(런성)
4 생물
영 *Life* is living things.
¶ Do you think there is *life* on other planets?
너는 다른 행성에 생물이 있다고 생각하니?
일 生物 せいぶつ(세-부쓰) 중 生物 shēngwù(성우)

---

life·time [láiftàim 라이프타임]
명 (복수 lifetimes [láiftàimz])
생애, 일생
영 A *lifetime* is the period of time that a person lives or an object lasts.
일 生涯 しょうがい(쇼-가이) 중 一生 yīshēng(이성)

***lift** [líft 리프트]
타 (3단현 lifts [lífts], 과거·과거분사 lifted [líftid], 현재분사 lifting [líftiŋ])

들어올리다, 올리다
영 To *lift* means to pick something up.
¶ She *lifted* the phone.
그녀는 수화기를 들었다.
일 持ち上げる もちあげる(모찌아게루)
중 举起 jǔqǐ(쮜치)

****light¹** [láit 라이트]
명 (복수 lights [láits])
1 빛, 광선 ; 밝음(《반》 darkness 어둠)
영 *Light* is the energy from the sun, a lamp, etc. that allows you to see things.
¶ The sun gives us *light* and heat.
태양은 우리에게 빛과 열을 준다.
일 光 ひかり(히까리) 중 光 guāng(광)
2 전등, 등불
영 A *light* is an object that gives out light.
¶ turn on a *light*
불을 켜다
일 電灯 でんとう(덴또-) 중 灯 dēng(덩)
3 교통 신호(등)
영 A *light* is one of a set of red, green, and yellow lights used for controlling traffic.
일 交通信号 こうつうしんごう(코-쓰-싱고-) 중 交通灯 jiāotōngdēng(쟈오퉁덩)

타 (3단현 lights [láits], 과거·과거분사 lighted [láitid] 또는 lit [lít], 현재분사 lighting [láitiŋ])
1 불을 붙이다, 불을 켜다
영 To *light* means to start something burning.
¶ He *lit* a cigarette.
그는 담뱃불을 붙였다.
일 火をつける ひをつける(히오쓰께루)

중 点燃 diǎnrán(뎬란)
2 비추다, 밝게 하다
영 To *light* means to make something bright and visible.
¶ The moon *lit* the garden.
달이 정원을 비추었다.
일 照らす てらす(테라스) 중 照亮 zhàoliàng(자오량)

형 (비교급 lighter [láitər], 최상급 lightest [láitist])
연한, 엷은
영 *Light* means pale in color.
¶ I like *light* blue.
나는 연한 파랑을 좋아한다.
일 薄い うすい(우스이) 중 淡的 dànde (단더)

----

* **light²** [láit 라이트]

형 (비교급 lighter [láitər], 최상급 lightest [láitist])
가벼운 (《반》 heavy 무거운)
영 *Light* means weighing little.
¶ My bag is very *light*.
내 가방은 아주 가볍다.
일 軽い かるい(카루이) 중 轻的 qīngde (칭더)

----

light·er [láitər 라이터]

명 라이터
영 A *lighter* is a small object that produces a flame to light cigarettes, cigars, etc.
일 ライター(라이따-) 중 打火机 dǎhuǒjī(다훠지)

light·house [láithàus 라이트하우스]

명 (복수 lighthouses [láithàuziz]) 등대
영 A *lighthouse* is a tower with a

bright light that guides ships away from danger near the shore.
일 灯台 とうだい(토-다이) 중 灯塔 dēngtǎ(뎡타)

----

light·ly [láitli 라이틀리]

부 가볍게, 살짝
영 *Lightly* means with only a small amount of weight or force.
¶ I tapped her *lightly* on the shoulder.
나는 그녀의 어깨를 가볍게 톡 쳤다.
일 軽く かるく(카루꾸) 중 轻轻地 qīngqīngde(칭칭더)

----

light·ning [láitniŋ 라이트닝]

명 번개
영 *Lightning* is a bright flash of light in the sky.
¶ I saw a flash of *lightning* in the dark sky.
나는 어두운 하늘에서 번쩍이는 번개를 보았다.
일 稲妻 いなずま(이나즈마) 중 闪电 shǎndiàn(산뎬)

** **like¹** [láik 라이크]

타 (3단현 likes [láiks], 과거·과거분사 liked [láikt], 현재분사 liking [láikiŋ])
좋아하다 (《반》 dislike 싫어하다)
영 To *like* means to enjoy or be pleased by something or someone.
¶ Do you *like* apples?
너는 사과를 좋아하니?
일 好む このむ(코노무) 중 喜欢 xǐhuan(시환)
숙어 *How do you like...?* …은 어떻습니까?
숙어 *would like...* …을 원하다
¶ I *would like* a large size.
큰 사이즈를 원해요.

L

want 보다 공손한 말로 I'd like와 같이 단축해서 쓰기도 한다.

[숙어] *would like to...* ⋯하고 싶다

¶ I *would like to* buy that watch.
저 시계를 사고 싶어요.

want to와 다르며「만약 할 수 있다면」의 뜻이 포함된 공손한 말로 I'd like to와 같이 단축해서 쓰기도 한다.

[숙어] *Would you like...?* ⋯은 어떻습니까?

¶ *Would you like* a piece of cake?
케이크 한 조각 어때요?

***like²** [láik 라이크]

[형] (비교급 more like, 최상급 most like)
같은, 유사한

[영] *Like* means similar or equal.

¶ They are wearing *like* shirts.
그들은 같은 셔츠를 입고 있다.

[일] 同じような　おなじような(오나지요-나) [중] 相像的 xiāngxiàngde(샹샹더)

[전] [làik 라이크] **1** ⋯와 같은

[영] *Like* means such as.

¶ She behaved *like* a lady.
그녀는 숙녀처럼 행동했다.

[일] 同じように　おなじように(오나지요-니) [중] 像 xiàng(샹)

2 ⋯와 닮은

[영] *Like* means similar to.

¶ He is *like* his mother.
그는 어머니를 닮았다.

[일] 似た　にた(니따) [중] 相似的 xiàngsìde(샹쓰더)

---

like·ly [láikli 라이클리]

[형] (비교급 likelier [láiklər] 또는 more likely, 최상급 likeliest [lái-

kliist] 또는 most likely)
⋯할 것 같은, 있음직한

[영] *Likely* means probable.

¶ It's *likely* to rain tomorrow.
내일 비가 올 것 같다.

[일] ⋯しそうな(⋯시소-나) [중] 很可能的 hěnkěnéngde(헌커넝더)

---

lil·y [líli 릴리]

[명] (복수 lilies [líliz])
백합

[영] A *lily* is a plant with large, usually bell-shaped white flowers.

[일] グリ(유리) [중] 百合 bǎihé(바이허)

***lim·it** [límit 리밋]

[명] (복수 limits [límits])
1 제한

[영] A *limit* is a point beyond which someone or something cannot or should not go.

¶ a time *limit*
시간 제한

[일] 制限　せいげん(세-겐) [중] 限制 xiànzhì(셴즈)

2 [limits로] 경계(선)

[영] *Limits* are boundaries.

¶ Don't go beyond the park *limits*.
공원 경계선을 넘어가지 마라.

[일] 境界　きょうかい(쿄-까이) [중] 界线 jièxiàn(졔셴)

[타] (3단현 limits [límits], 과거·과거분사 limited [límitid], 현재분사 limiting [límitiŋ])
제한하다, 한정하다

[영] To *limit* means to keep within a certain area or amount.

¶ I have to *limit* the spending.
나는 지출을 제한해야 한다.

[일] 制限する　せいげんする(세-겐스루)

ⓒ 限制 xiànzhì(셴즈)

***line** [láin 라인]

ⓝ (복수 lines [láinz])

1 선

ⓔ A *line* is a long thin mark made by a pen, pencil, or other tool.

¶ I drew a straight *line* on the paper.
나는 종이 위에 직선을 그었다.

ⓙ 線 せん(셍) ⓒ 线 xiàn(셴)

2 열, 줄 ; (문장의) 행

ⓔ A *line* is a row of people or words.

¶ We stood in *line* for the bus.
우리는 버스를 타기 위해 줄을 섰다.

ⓙ 列 れつ(레쓰) ⓒ 列 liè(례)

3 끈, 밧줄

ⓔ A *line* is a long thin rope, string, or cord.

ⓙ ひも(히모) ⓒ 绳 shéng(성)

4 전화선

ⓔ A *line* is a telephone wire.

¶ The *line* is busy.
통화 중입니다.

ⓙ 電話線 でんわせん(뎅와셍) ⓒ 电话线 diànhuàxiàn(뎬화셴)

***link** [líŋk 링크]

ⓝ (복수 links [líŋks])

1 고리

ⓔ A *link* is one of the separate rings that make up a chain.

¶ A chain is made of *links*.
쇠사슬은 고리로 되어 있다.

ⓙ 輪 わ(와) ⓒ 环 huán(환)

2 연결하는 것

ⓔ A *link* is a connection between things or people.

ⓙ つなぎ合わせるもの つなぎあわせるもの(쓰나기아와세루모노) ⓒ 联系 liánxì(롄시)

ⓣ (3단현 links [líŋks], 과거·과거분사 linked [líŋkt], 현재분사 linking [líŋkiŋ])

잇다, 연결하다

ⓔ To *link* means to join objects, ideas, or people together.

¶ This road *links* Seoul and Busan.
이 도로는 서울과 부산을 연결한다.

ⓙ つなぎ合わせる つなぎあわせる(쓰나기아와세루) ⓒ 连接 liánjiē(롄제)

****li·on** [láiən 라이언]

ⓝ (복수 lions [láiənz])

사자

ⓔ A *lion* is a large African and Asian wild cat.

¶ *Lions* hunt other animals for food.
사자는 먹이로 다른 동물을 사냥한다.

ⓙ シシ(시시) ⓒ 狮子 shīzi(스쯔)

***lip** [líp 립]

ⓝ (복수 lips [líps])

입술

ⓔ A *lip* is one of the two fleshy edges of your mouth.

¶ People have two *lips*.
사람은 입술이 두 개다.

ⓙ 唇 くちびる(쿠찌비루) ⓒ 嘴唇 zuǐchún(쭈이춘)

***liq·uid** [líkwid 리퀴드]

ⓝ (복수 liquids [líkwidz])

액체

ⓔ *Liquid* is a wet substance that you can pour.

¶ Water and milk are *liquids*.
물과 우유는 액체다.

ⓙ 液体 えきたい(에끼따이) ⓒ 液体 yètǐ(예티)

L

liq·uor [líkər 리커]

몡 (독한) 술, 알코올 음료
옝 *Liquor* is a strong alcoholic drink.
¶ *Liquor* is not sold at this store.
이 가게는 술을 팔지 않는다.
옐 強い酒 つよいさけ(쓰요이사께) 중
酒 jiǔ(쥬)

---

*list [líst 리스트]

몡 (복수 lists [lísts])
목록, 일람표 ; 명부
옝 A *list* is a series of items, names,
numbers, etc. written in a particular
order.
¶ I made a shopping *list*.
나는 쇼핑 목록을 만들었다.
옐 目録 もくろく(모꾸로꾸) 중 目录
mùlù(무루)

**lis·ten [lísn 리슨]

좨 (3단현 listens [lísnz], 과거·과
거분사 listened [lísnd], 현재분사
listening [lísəniŋ])
듣다, 귀를 기울이다
옝 To *listen* means to try to hear in a
careful way.
¶ We were *listening* to his speech.
우리는 그의 연설을 듣고 있었다.
옐 聞く きく(키꾸) 중 听 tīng(팅)

---

lis·ten·er [lísnər 리스너]

몡 (복수 listeners [lísnərz])
듣는 사람 ; 라디오 청취자
옝 A *listener* is someone who listens,
especially to the radio.
옐 聴く人 きくひと(키꾸히또) 중 收听
者 shōutīngzhě(서우팅저)

---

lit [lít 릿]

탸 light¹의 과거·과거분사

---

li·ter [líːtər 리-터]

몡 (복수 liters [líːtərz])
리터
옝 A *liter* is a unit for measuring
liquid in the metric system.
옐 リットル(릿또루) 중 公升 gōngshēng
(궁성)

---

lit·er·ar·y [lítərèri 리터레리]

혱 문학의, 문예의
옝 *Literary* means relating to litera-
ture.
¶ a *literary* critic
문예 비평가
옐 文学の ぶんがくの(붕가꾸노) 중 文
学的 wénxuéde(원쉐더)

---

*lit·er·a·ture [lítərətʃər 리터러
처]

몡 문학, 문예
옝 *Literature* is written works that
have lasting value or interest.
¶ English *literature*
영문학
옐 文学 ぶんがく(붕가꾸) 중 文学 wén-
xué(원쉐)

**lit·tle [lítl 리틀]

혱 (비교급 less [lés], 최상급 least
[líːst])
1 작은(《반》big 큰)
옝 *Little* means small in size.
¶ There is a *little* house on the hill.
언덕 위에 작은 집이 있다.
옐 小さい ちいさい(치-사이) 중 小的
xiǎode(샤오더)

이 의미에서는 비교급에
smaller, 최상급에 smallest를
쓰고 보통 명사 앞에 쓴다.

2 거의 없는, 조금밖에 없는
영 *Little* means not much.
¶ We have *little* time.
우리는 시간이 거의 없다.
일 ほとんどない(호똔도나이) 중 少量
的 shǎoliàngde(사오량더)
3 [a little로] 조금 있는, 소량의
(《반》much 많은)
영 *A little* means small in amount.
¶ He has *a little* knowledge of science.
그는 과학에 대해 지식이 조금 있다.
일 少しはある すこしはある(스꼬시와
아루) 중 少量的 shǎoliàngde(사오량더)

대 [a little로] 조금
영 *A little* is a small amount of some-
thing.
¶ He drank *a little* of the water.
그는 물을 조금 마셨다.
일 少し すこし(스꼬시) 중 少量 shǎo-
liàng(사오량)
숙어 *little by little* 조금씩
¶ *Little by little* he is getting better.
조금씩 그는 좋아지고 있다.

****live¹** [lív 리브]
동 (3단현 lives [lívz], 과거·과거분
사 lived [lívd], 현재분사 living
[líviŋ])
자 **1** 살다, 생존하다(《반》die 죽다)
영 To *live* means to be alive.
¶ People cannot *live* without air.
사람은 공기 없이 살 수 없다.
일 生きる いきる(이끼루) 중 活 huó
(훠)
2 거주하다
영 To *live* means to have your home
somewhere.
¶ Where do you *live*?
너는 어디에 사니?
일 住む すむ(스무) 중 住 zhù(주)
3 생활하다, 지내다

영 To *live* means to have a particular
kind of life.
¶ He *lives* honestly.
그는 정직하게 산다.
일 生活する せいかつする(세-까쓰스
루) 중 生活 shēnghuó(성훠)
타 …의 생활을 하다
¶ He *lived* a happy life.
그는 행복한 생활을 했다.
일 生活をする せいかつをする(세-까
쓰오스루) 중 生活 shēnghuó(성훠)
숙어 *live on* …을 먹고 살다
¶ These animals *live on* insects.
이런 동물들은 곤충을 먹고 산다.

----

live² [láiv 라이브]
형 **1** 살아 있는(《반》dead 죽은)
영 *Live* means alive or living.
¶ a *live* mouse
살아 있는 쥐
일 生きている いきている(이끼떼이루)
중 活的 huóde(훠더)
2 생방송의, 실황의
영 *Live* means broadcast as an event
happens.
¶ a *live* concert
라이브 콘서트
일 実況の じっきょうの(직꾜-노) 중
実況転播的 shíkuàngzhuǎnbōde(스쾅
좐보더)

----

live·ly [láivli 라이블리]
형 (비교급 livelier [láivliər], 최상
급 liveliest [láivliist])
활발한, 생기 있는
영 *Lively* means very active.
¶ We had a *lively* discussion.
우리는 활발한 토론을 했다.
일 元気な げんきな(겡끼나) 중 精力充
沛的 jīnglìchōngpèide(징리충페이더)

L

lives [láivz 라이브즈]

명 life의 복수

---

liv·ing [líviŋ 리빙]

형 **1** 살아 있는(《반》 dead 죽은)
영 *Living* means alive now.
¶ All *living* things must die.
살아 있는 것은 모두 죽게 마련이다.
일 生きている いきている(이끼떼이루)
중 活的 huóde(훠더)
2 현존하는, 현재 쓰이고 있는
영 *Living* means existing or being used now.
¶ a *living* language
현재 쓰이고 있는 언어
일 現存する げんそんする(겐손스루)
중 現存的 xiàncúnde(셴춘더)

명 생계
영 A *living* is the way that you earn money.
¶ What does he do for a *living*?
그는 무엇으로 생계를 꾸리고 있니?
일 生計 せいけい(세-께-) 중 生计 shēngjì(성지)

---

liv·ing room [líviŋ rù:m 리빙 룸-]

명 (복수 living rooms [líviŋ rù:mz])
거실
영 A *living room* is a lounge or sitting room in a house.
¶ My father is in the *living room*.
나의 아버지는 거실에 계신다.
일 居間 いま(이마) 중 客厅 kètīng(커팅)

---

liz·ard [lízərd 리저드]

명 도마뱀
영 A *lizard* is a reptile that has rough skin, four short legs, and a long tail.
일 トカゲ(토까게) 중 蜥蜴 xīyì(시이)

---

* load [lóud 로우드]

명 (복수 loads [lóudz])
짐
영 A *load* is something to be carried.
¶ He was carrying a heavy *load*.
그는 무거운 짐을 나르고 있었다.
일 荷 に(니) 중 负荷 fùhè(푸허)

타 (3단현 loads [lóudz], 과거·과거분사 loaded [lóudid], 현재분사 loading [lóudiŋ])
짐을 싣다
영 To *load* means to put things onto or into something.
¶ They *loaded* boxes onto the truck.
그들은 트럭에 상자들을 실었다.
일 積む つむ(쓰무) 중 装载 zhuāngzài(쫭짜이)

---

* loaf [lóuf 로우프]

명 (복수 loaves [lóuvz])
(빵) 덩어리
영 A *loaf* is bread that is baked in one long piece.
¶ We bought two *loaves* of bread.
우리는 빵 두 덩어리를 샀다.
일 一かたまり ひとかたまり(히또카따마리) 중 一条面包 yìtiáomiànbāo(이탸오몐바오)

---

loan [lóun 로운]

명 (복수 loans [lóunz])
대출, 대여
영 *Loan* is the act of lending something to someone.
¶ a bank *loan*
은행 대출
일 貸し出し かしだし(카시다시) 중 借出 jièchū(졔추)

타 (3단현 loans [lóunz], 과거·과거분사 loaned [lóund], 현재분사 loaning [lóuniŋ])
빌려 주다
영 To **loan** means to lend something to someone.
¶ I'll *loan* you fifty dollars.
너에게 50 달러를 빌려 줄게.
일 貸す かす(카스) 중 借出 jièchū(제추)

---

loaves [lóuvz 로우브즈]
명 loaf의 복수

***lob·by** [lábi 라비]
명 (복수 lobbies [lábiz])
(호텔 등의) 로비
영 A **lobby** is a hall or room at the entrance to a building.
¶ They sell popcorn in the *lobby* of the theater.
극장 로비에서는 팝콘을 판다.
일 ロビー(로비-) 중 大厅 dàtīng(다팅)

---

lob·ster [lábstər 라브스터]
명 (복수 lobsterz [lábstərz], lobster)
바닷가재
영 A **lobster** is an ocean animal with eight legs, a shell, and two large claws.
일 ロブスター(로부스따-) 중 龙虾 lóngxiā(룽샤)

***lo·cal** [lóukəl 로우컬]
형 그 지역의, 현지의
영 **Local** means relating to a particular place or area, especially the place you live in.
¶ the *local* newspaper
현지[그 지역] 신문

일 地元の じもとの(지모또노) 중 地方的 dìfāngde(디팡더)

---

lo·cate [lóukeit 로우케이트]
타 (3단현 locates [lóukeits], 과거·과거분사 located [lóukeitid], 현재분사 locating [lóukeitiŋ])
위치하다, 있다
영 To **locate** means to be in a particular place or position.
¶ The bakery is *located* in the middle of town.
그 제과점은 시내 중심에 있다.
일 位置する いちする(이찌스루) 중 位置 wèizhì(웨이즈)

---

lo·ca·tion [loukéiʃən 로우케이션]
명 장소, 위치
영 A **location** is a particular place or position.
¶ a *location* for a camp
야영 장소
일 場所 ばしょ(바쇼) 중 场所 chǎngsuǒ(창쒀)

***lock** [lák 락]
명 (복수 locks [láks])
자물쇠
영 A **lock** is an object used to keep something shut.
일 錠 じょう(조-) 중 锁 suǒ(쒀)

동 (3단현 locks [láks], 과거·과거분사 locked [lákt], 현재분사 locking [lákiŋ])
타 잠그다
영 To **lock** means to fasten something with a key.
¶ *Lock* the door when you leave.
나갈 때는 문을 잠궈라.
일 錠をおろす じょうをおろす(조-오

오로스) 중 锁 suǒ(쒀)
재 잠기다
¶ This trunk doesn't *lock*.
이 트렁크는 잠기지 않는다.
일 錠がかかる じょうがかかる(조-가
카까루) 중 锁 suǒ(쒀)

---

lock·er [lákər 라커]

명 로커, 사물함
영 A *locker* is a small chest or closet that can be locked and where you can leave your belongings.
¶ Put this book in your *locker*.
이 책을 네 사물함에 넣어라.
일 ロッカー(록까-) 중 衣物柜 yīwù-guì(이우구이)

---

lo·co·mo·tive [lòukəmóutiv 로우커모우티브]

명 (복수 locomotives [lòukəmóu-tivz])
기관차
영 A *locomotive* is an engine used to push or pull railroad cars.
¶ an electric *locomotive*
전기 기관차
일 機関車 きかんしゃ(키깐샤) 중 机车 jīchē(지처)

---

lo·cust [lóukəst 로우커스트]

명 메뚜기
영 A *locust* is a type of grasshopper that flies in large groups and often destroys crops.
일 イナゴ(이나고) 중 蝗虫 huáng-chóng(황충)

---

*lodge [ládʒ 라지]

명 (복수 lodges [ládʒiz])
산장, 오두막집
영 A *lodge* is a small house, cottage, or cabin, often used for a short stay.
¶ We spent this summer in a *lodge*.
우리는 이번 여름을 산장에서 보냈다.
일 山小屋 やまごや(야마고야) 중 小屋 xiǎowū(샤오우)

재 (3단현 lodges [ládʒiz], 과거·과거분사 lodged [ládʒd], 현재분사 lodging [ládʒiŋ])
묵다, 숙박하다 ; 하숙하다
영 To *lodge* means to stay in someone's house and usually pay him or her money.
¶ Where are you *lodging* now?
지금 당신은 어디서 묵고 있습니까?
일 泊まる とまる(토마루) 중 投宿 tóusù(터우쑤)

---

log [lɔ́ːg 로-그]

명 (복수 logs [lɔ́ːgz])
통나무
영 A *log* is a thick piece of wood cut from a tree.
일 丸太 まるた(마루따) 중 原木 yuán-mù(위엔무)

---

log·ic [ládʒik 라직]

명 **1** 논리
영 *Logic* is careful and correct reasoning or thinking.
일 論理 ろんり(론리) 중 逻辑 luójì(뤄지)
2 논리학
영 *Logic* is the study of the rules for forming careful reasoning.
일 論理学 ろんりがく(론리가꾸) 중 逻辑学 luójìxué(뤄지쉐)

Lon·don [lʌ́ndən 런던]

영 런던

▲ 템스강

영 **London** is the capital of the United Kingdom, in southeastern England on the Thames River.
일 ロンドン(론돈) 중 伦敦 Lúndūn(룬둔)

***lone·ly** [lóunli 로운리]
형 (비교급 lonelier [lóunliər], 최상급 loneliest [lóunliist])
1 고독한, 외로운
영 **Lonely** means unhappy because you are alone.
¶ The old man was *lonely*.
그 노인은 외로웠다.
일 孤独の こどくの(코도꾸노) 중 孤独的 gūdúde(구두더)
2 외진
영 **Lonely** means far from where people live.
일 人里離れた ひとざとはなれた(히또자또하나레따) 중 偏僻的 piānpìde(펜피더)

****long¹** [lɔ́:ŋ 롱-]
형 (비교급 longer [lɔ́:ŋgər], 최상급 longest [lɔ́:ŋgist])
1 긴(《반》 short 짧은)
영 **Long** means more than the average length, distance, time, etc.
¶ She has *long* hair.
그녀는 머리가 길다.

¶ Korea has a *long* history.
한국은 역사가 길다.
일 長い ながい(나가이) 중 长的 chángde(창더)
2 길이가 …인
영 **Long** means from one end to the other.
¶ How *long* is the bridge?
그 다리는 길이가 얼마나 됩니까?
일 長さの ながさの(나가사노) 중 长…的 cháng…de(창…더)

부 (비교급 longer [lɔ́:ŋgər], 최상급 longest [lɔ́:ŋgist])
1 오랫동안, 장기간
영 **Long** means for a long time.
¶ Have you been waiting *long*?
오랫동안 기다렸습니까?
일 長く ながく(나가꾸) 중 长久地 chángjiǔde(창쥬더)
2 내내, 줄곧
영 **Long** means throughout the length or duration of.
¶ all night *long*
밤새도록
일 間 あいだ(아이다) 중 始终 shǐzhōng(스중)
숙어 *as long as* …하는 한은 ; …하는 동안은, …만큼
¶ You can stay here *as long as* you like.
여기에 계시고 싶은 만큼 계셔도 좋습니다.
숙어 *no longer* = *not … any longer* 이젠 …아니다
¶ She is *no longer* a child.
그녀는 이제 어린애가 아니다.
숙어 *So long!* 《구어》 안녕!

명 오랫동안
영 **Long** is a long time.
일 長時間 ちょうじかん(초-지깡) 중 长时间 chángshíjiān(창스젠)

숙어 *before long* 머지않아, 곧
¶ He'll be back *before long*.
그는 곧 돌아올 것이다.
숙어 *for long* 오랫동안
¶ I won't be away *for long*.
나는 오래는 가있지 않을겁니다.
⤴ up   for long은 보통 부정문·의문
문에서 쓴다.

long² [lɔ́:ŋ 롱-]

자 (3단현 longs [lɔ́:ŋz], 과거·과거
분사 longed [lɔ́:ŋd], 현재분사
longing [lɔ́:ŋiŋ])
열망하다, 갈망하다
영 To **long** means to want something
very much.
¶ They **long** for peace.
그들은 평화를 갈망한다.
일 熱望する ねつぼうする(네쓰보-스
루) 중 热望 rèwàng(러왕)

***look** [lúk 룩]

자 (3단현 looks [lúks], 과거·과거
분사 looked [lúkt], 현재분사
looking [lúkiŋ])
1 보다, 바라보다
영 To **look** means to use your eyes to
see things.
¶ *Look* at the bird.
저 새를 보아라.
일 見る みる(미루) 중 看 kàn(칸)
⤴ up   look은 「주의해서 보다」라는
뜻이고, see는 「자연적으로
보이다」의 뜻이다.
2 …하게 보이다
영 To **look** means to seem, or to
appear.
¶ You *look* pale.
너는 창백해 보인다.
일 見える みえる(미에루) 중 看起来

kànqǐlái(칸치라이)
숙어 *look after* …을 보살피다, …
을 돌보다
¶ He *looks after* the children.
그는 그 아이들을 돌본다.
숙어 *look at* …을 보다 ; …을 조사
하다
숙어 *look down on* …을 내려다보
다 ; …을 경멸하다
숙어 *look for* …을 찾다
¶ What are you *looking for*?
무엇을 찾고 있니?
숙어 *look forward to* …을 기대하다
숙어 *look like* …처럼 보이다 ; …을
닮다
¶ He *looks like* a soldier.
그는 군인 같이 보인다.
숙어 *look through* …을 통하여 보
다 ; …을 대충 훑어보다 ; …을 조사
하다
숙어 *look up* 쳐다보다
숙어 *look up to* …을 존경하다

명 (복수 looks [lúks])
1 봄, 얼핏 봄
영 A **look** is an act of looking at
something.
¶ Let me have a *look* at it.
나에게 그것을 보여다오.
일 見ること みること(미루코또) 중 看
kàn(칸)
2 눈짓, 표정
영 A **look** is a glance or expression
on someone's face.
¶ an angry *look*
화난 표정
일 目つき めつき(메쓰끼) 중 表情
biǎoqíng(뱌오칭)
3 외관, 모양
영 A **look** is appearance.
일 外観 がいかん(가이깡) 중 外表
wàibiǎo(와이뱌오)

*__loose__ [lúːs 루-스]

혱 (비교급 looser [lúːsər], 최상급 loosest [lúːsist])

1 헐거운, 느슨한(《반》tight 팽팽한)

영 *Loose* means not firmly attached to something.

¶ a *loose* screw
헐거운 나사

일 ゆるんだ(유룬다) 중 松的 sōngde (쑹더)

2 헐렁한

영 *Loose* means not fitting tightly.

¶ This coat is too *loose* for me.
이 코트는 내게 너무 헐렁하다.

일 ゆるい(유루이) 중 寬松的 kuān-sōngde(콴쑹더)

3 풀려난, 자유로운

영 *Loose* means free.

¶ Don't let your dog *loose*.
개를 풀어 누지 바라.

일 自由な じゆうな(지유-나) 중 未被束縛的 wèibèishùfùde(웨이베이수푸더)

----

lord [lɔ́ːrd 로-드]

명 **1** 통치자, 지배자 ; 군주

영 A *lord* is a person who has great power or authority over others.

일 統治者 とうちしゃ(토-찌샤) 중 统治者 tǒngzhìzhě(퉁즈저)

2 [보통 the Lord로] 신

영 *Lord* is a name for God.

일 神 かみ(카미) 중 上帝 shàngdì(상디)

----

*__lose__ [lúːz 루-즈]

타 (3단현 loses [lúːziz], 과거·과거분사 lost [lɔ́ːst], 현재분사 losing [lúːziŋ])

1 잃다 (《반》find 찾다)

영 To *lose* means to be unable to find someone or something.

¶ He has *lost* his purse.

그는 지갑을 잃어버렸다.

일 失う うしなう(우시나우) 중 丢失 diūshī(듀스)

2 지다 (《반》win 이기다)

영 To *lose* means to be beaten or defeated in a game, argument, etc.

¶ We *lost* the final game.
우리는 결승전에서 졌다.

일 負ける まける(마께루) 중 输 shū (수)

----

loss [lɔ́ːs 로-스]

명 (복수 losses [lɔ́ːsiz])

잃어버림, 분실

영 *Loss* is the losing of something.

¶ Did you report the *loss* of your car to the police?

경찰에 네 차를 분실했다고 신고했니?

일 失うこと うしなうこと(우시나우코또) 중 遗失 yíshī(이스)

숙어 *be at a loss* 어찌할 바를 모르다, 당황하다

¶ I *am at a loss* what to do.
나는 무엇을 해야 할지 모르겠다.

----

*__lost__ [lɔ́ːst 로-스트]

혱 **1** 길을 잃은

영 *Lost* means not knowing where you are or how to find your way.

¶ I think we're *lost*.
우리는 길을 잃은 것 같다.

일 道に迷った みちにまよった(미찌니마욧따) 중 迷途的 mítúde(미투더)

2 잃어버린, 분실한

영 *Lost* means unable to be found.

¶ a *lost* dog
잃어버린 개

일 失われた うしなわれた(우시나와레따) 중 遗失的 yíshīde(이스더)

L

*lot [lát 랏]

명 (복수 lots [láts])

1 [a lot, lots로] 많음

영 *A lot* is a large number or amount.

¶ I've got *a lot* to do.

나는 해야 할 일이 많다.

일 たくさん(탁상) 중 很多　hěnduō(헌 둬)

2 [a lot, lots로 ; 부사적으로] 매우, 대단히

영 *A lot* means much.

¶ Thanks *a lot*.

대단히 감사합니다.

일 とても(토떼모) 중 非常　fēicháng(페이창)

3 한 구획

영 A *lot* is a piece of land.

¶ a vacant *lot*

빈 터

일 一区画　いちくかく(이찌꾸까꾸) 중 一块地　yíkuàidì(이콰이디)

숙어 *a lot of* = *lots of* 많은

¶ He has *a lot of* books.

그는 많은 책을 가지고 있다.

**loud [láud 라우드]

형 (비교급 louder [láudər], 최상급 loudest [láudist])

소리가 큰, 큰소리의 ; 시끄러운

영 *Loud* means producing a lot of sound.

¶ He spoke to me in a *loud* voice.

그는 나에게 큰소리로 말했다.

일 声が大きい　こえがおおきい(코에가 오-끼-) 중 大声的　dàshēngde(다성더)

---

loud·speak·er [láudspí:kər 라우드스피-커]

명 확성기

영 A *loudspeaker* is something that makes sound louder.

일 拡声器　かくせいき(카꾸세-끼) 중 扬声器　yángshēngqì(양성치)

---

lounge [láundʒ 라운지]

명 (복수 lounges [láundʒiz])

(호텔 등의) 휴게실

영 A *lounge* is a comfortable room where people can sit and relax.

일 休憩室　きゅうけいしつ(큐-께-시쓰) 중 休息室　xiūxǐshì(슈시스)

---

*love [lʌv 러브]

타 (3단현 loves [lʌvz], 과거·과거분사 loved [lʌvd], 현재분사 loving [lʌviŋ])

사랑하다 ; 좋아하다

영 To *love* means to like someone or something very much.

¶ She *loves* me.

그녀는 나를 사랑한다.

일 愛する　あいする(아이스루) 중 爱 ài(아이)

명 (복수 loves [lʌvz])

1 사랑, 애정

영 *Love* is a strong romantic feeling for someone.

¶ I gave her all my *love*.

나는 그녀에게 모든 애정을 쏟았다.

일 愛 あい(아이) 중 爱 ài(아이)

2 애착, 애호

영 *Love* is a strong liking for something.

¶ He has a great *love* for sports.

그는 스포츠를 매우 좋아한다.

일 強い好み　つよいこのみ(쓰요이코노미) 중 爱好　àihào(아이하오)

숙어 *be in love* …을 사랑하고 있다

숙어 *fall in love* …을 사랑하다, …에게 반하다

¶ She *fell in love* with him.

그녀는 그와 사랑에 빠졌다.

love·ly [lʌ́vli 러블리]
형 (비교급 lovelier [lʌ́vliər] 또는 more lovely, 최상급 loveliest [lʌ́vliist] 또는 most lovely)
멋진, 즐거운
영 *Lovely* means very nice, beautiful, or enjoyable.
¶ Have a *lovely* holiday.
즐거운 휴가 보내세요.
일 すばらしい(스바라시-) 중 令人愉快 的 lìngrényúàide(링런위콰이더)

lov·er [lʌ́vər 러버]
명 (복수 lovers [lʌ́vərz])
1 애인, 연인
영 A *lover* is a sexual partner, usually someone whom you are not married to.
¶ He is her *lover*.
그는 그녀의 애인이다.
일 愛人 あいじん(아이진) 중 情人 qíngrén(칭런)
2 애호가
영 A *lover* is someone who enjoys something very much.
¶ He is a *lover* of music.
그는 음악 애호가다.
일 愛好家 あいこうか(아이꼬-까) 중 爱好者 àihàozhě(아이하오저)

*low [lóu 로우]
형 (비교급 lower [lóuər], 최상급 lowest [lóuist])
1 [높이·위치] 낮은(《반》high 높은)
영 *Low* means not high, or not tall.
¶ There is a *low* hill near the sea.
바다 근처에 낮은 언덕이 있다.
일 低い ひくい(히꾸이) 중 低的 dīde (디더)
2 [수준·정도] 낮은
영 *Low* means below the usual level.
일 低い ひくい(히꾸이) 중 低的 dīde (디더)

부 (비교급 lower [lóuər], 최상급 lowest [lóuist])
낮게
영 *Low* means in a low position or at a low level.
¶ A helicopter is flying *low*.
헬리콥터는 낮게 날고 있다.
일 低く ひくく(히꾸꾸) 중 低地 dīde(디더)

*low·er [lóuər 로우어]
형 낮은 쪽의
영 *Lower* means below something else.
¶ the *lower* lip
아랫입술
일 下方の かほうの(카호-노) 중 较低 的 jiàodīde(쟈오디더)

동 (3단현 lowers [lóuərz], 과거·과거분사 lowered [lóuərd], 현재분사 lowering [lóuəriŋ])
타 낮추다, 내리다
영 To *lower* means to move or bring something down.
¶ She *lowered* the blinds.
그녀는 블라인드를 내렸다.
일 低くする ひくくする(히꾸꾸스루) 중 降低 jiàngdī(쟝디)
자 낮아지다, 내려가다
일 低くなる ひくくなる(히꾸꾸나루) 중 降低 jiàngdī(쟝디)

loy·al [lɔ́iəl 로이얼]
형 충실한, 성실한 ; 충성스러운
영 *Loyal* means firm in supporting or

faithful to one's country, family, friends, or beliefs.
¶ a *loyal* friend
성실한 친구
일 忠実な ちゅうじつな(추-지쓰나)
중 忠实的 zhōngshíde(중스더)

---

loy·al·ty [lɔ́iəlti 로이얼티]

명 (복수 loyalties [lɔ́iəltiz])
충성 ; 충실, 성실
영 *Loyalty* is the quality of being loyal to a particular person, set of beliefs, or country.
일 忠誠 ちゅうせい(추-세-) 중 忠诚 zhōngchéng(중청)

---

*luck [lʌ́k 럭]

명 **1** 운, 운수
영 *Luck* is something that happens to someone by chance.
¶ This time my *luck* was out.
이번에는 운이 없었다.
일 運 うん(웅) 중 运气 yùnqì(윈치)
2 행운
영 *Luck* is good fortune or success.
¶ I wish you (good) *luck*.
행운을 빕니다.
일 幸運 こううん(코-웅) 중 幸运 xìngyùn(싱윈)

---

luck·y [lʌ́ki 러키]

형 (비교급 luckier [lʌ́kiər], 최상급 luckiest [lʌ́kiist])
행운의, 운좋은
영 *Lucky* means having good luck.
¶ You are *lucky* today.
너는 오늘 운이 좋다.
일 幸運な こううんな(코-운나) 중 幸运的 xìngyùnde(싱윈더)

---

*lug·gage [lʌ́gidʒ 러기지]

명 《영》 수화물 (《미》 baggage)
영 *Luggage* is suitcases and bags that you take with you when you travel.
¶ He didn't have much *luggage*.
그는 그다지 수화물을 많이 가지고 있지 않았다.
일 手荷物 てにもつ(테니모쓰) 중 行李 xínglǐ(싱리)

up 수화물 한 개는 a piece of luggage라 하고 수화물 두 개는 two pieces of luggage라 한다.

---

*lump [lʌ́mp 럼프]

명 (복수 lumps [lʌ́mps])
덩어리
영 A *lump* is a small piece of something solid that does not have a definite shape.
¶ a *lump* of cheese
치즈 한 덩어리
일 かたまり(카따마리) 중 块 kuài(콰이)

---

lu·nar [lúːnər 루-너]

형 달의, 달에 관한
영 *Lunar* means relating to the moon.
¶ a *lunar* eclipse
월식
일 月の つきの(쓰끼노) 중 月的 yuède(웨더)

**lunch [lʌ́ntʃ 런치]

명 (복수 lunches [lʌ́ntʃiz])
점심
영 *Lunch* is the meal that you eat in the middle of the day.
¶ He has *lunch* at school every day.
그는 매일 학교에서 점심을 먹는다.
일 昼食 ちゅうしょく(추-쇼꾸) 중 午

餐 wǔcān(우찬)

---

lunch·time [lʌ́ntʃtàim 런치타임]

명 점심 시간
영 *Lunchtime* is the time in the middle of the day when people usually eat lunch.
¶ *Lunchtime* starts at twelve.
점심 시간은 12시에 시작된다.
일 昼食時間 ちゅうしょくじかん(추-쇼꾸지깡) 중 午餐时间 wǔcānshíjiān(우찬스젠)

---

*lung [lʌ́ŋ 렁]

명 (복수 lungs [lʌ́ŋz])
폐, 허파
영 A *lung* is one of two organs in your body that you use for breathing.
¶ Smoking is bad for the *lungs*.
흡연은 폐에 나쁘다.
일 肺 はい(하이) 중 肺 fèi(페이)

---

lux·u·ri·ous [lʌgʒúriəs 러그주리어스]

형 사치스러운, 호화로운
영 *Luxurious* means very comfortable, beautiful, and expensive.
¶ a *luxurious* hotel
호화로운 호텔
일 ぜいたくな(제-따꾸나) 중 奢华的 shēhuáde(서화더)

---

lux·u·ry [lʌ́kʃəri 럭셔리]

명 (복수 luxuries [lʌ́kʃəriz])
1 사치, 호사
영 *Luxury* is very great comfort and pleasure that you get from expensive food, beautiful houses, cars, etc.
¶ They live in *luxury*.
그들은 호화롭게 산다.
일 ぜいたく(제-따꾸) 중 奢侈 shēchǐ(서츠)
2 사치품, 고급품
영 A *luxury* is something expensive that you want but do not need.
일 ぜいたく品 ぜいたくひん(제-따꾸힝) 중 奢侈品 shēchǐpǐn(서츠핀)

---

ly·ing¹ [láiiŋ 라이잉]

자 lie¹의 현재분사

---

ly·ing² [láiiŋ 라이잉]

자 lie²의 현재분사

L

[ém 엠]
the thirteenth letter of the English alphabet
영어 알파벳의 열세번째 글자

*ma'am [((약)) məm 멈 ; ((강)) mǽm 맴]

명 부인, 손님, 선생님
영 *Ma'am* is short for madam.
¶ Is Jack present? – Yes, *ma'am*.
잭 있니? – 네, 선생님.
일 奥様 おくさま(옥사마) 중 夫人 fūrén(푸런)

madam의 단축형으로 하인이 여주인에게, 점원이 여자 손님에게, 학생이 여선생님에게 하는 호칭이다.

---

*ma·chine [məʃíːn 머신-]

명 (복수 machines [məʃíːnz])
기계
영 A *machine* is a piece of equipment that uses power such as electricity to do a particular job.
¶ Can you use this *machine*?
너는 이 기계를 사용할 줄 아니?
일 機械 きかい(키까이) 중 机器 jīqì (지치)

---

ma·chin·er·y [məʃíːnəri 머시너리]

명 기계류 ; 기계 장치
영 *Machinery* is a group of machines, or the parts of a machine.
일 機械類 きかいるい(키까이루이) 중 机械 jīxiè(지셰)

**mad [mǽd 매드]

형 (비교급 madder [mǽdər], 최상급 maddest [mǽdist])
1 미친
영 *Mad* means insane.
¶ She has gone *mad*.
그녀는 미쳤다.
일 気が狂った きがくるった(키가쿠룻따) 중 发疯的 fāfēngde(파펑더)
2 성난, 화난
영 *Mad* means angry about something.
¶ Don't be *mad* at me.
나에게 화내지 마라.
일 腹を立てた はらをたてた(하라오타떼따) 중 恼火的 nǎohuǒde(나오훠더)

---

*mad·am [mǽdəm 매덤]

명 (복수 madams [mǽdəmz])
부인, 손님, 선생님
영 A *madam* is a formal title for a woman.
¶ Can I help you, *madam*?
무엇을 도와드릴까요, 부인?
일 奥様 おくさま(옥사마) 중 夫人 fūrén(푸런)

미혼·기혼을 불문하고 여성에 대한 정중한 표현으로 쓰는 호칭이며, 남성의 sir에 해당한다.

---

made [méid 메이드]

타 make의 과거·과거분사
¶ Mother *made* a doll for me.
어머니는 나에게 인형을 만들어 주셨다.

형 …로 만들어진 ; …제의
영 *Made* means built from something.
¶ These are Korean *made* cars.
이것들은 한국제 자동차다.
일 作られた　つくられた(쓰꾸라레따)
중 制造的 zhìzàode(즈짜오더)

---

mad·ness [mǽdnəs 매드너스]

명 광기, 미침
영 *Madness* is the state of being mentally ill.
일 狂気　きょうき(쿄-끼) 중 疯狂 fēng-kuáng(펑쾅)

---

*mag·a·zine [mǽgəzìːn 매거진-]

명 (복수 magazines [mǽgəzìːnz])
잡지
영 A *magazine* is a publication that contains news, articles, photographs, advertisements, etc.
¶ a fashion *magazine*
패션 잡지
일 雑誌　ざっし(잣시) 중 杂志 zázhì
(짜즈)

---

*mag·ic [mǽdʒik 매직]

명 1 마법
영 *Magic* is a special power to make unusual things happen.
¶ work *magic*
마법을 걸다
일 魔法　まほう(마호-) 중 魔法 mófǎ
(모파)
2 마술, 요술
영 *Magic* is the skill of doing tricks that look like magic, or the tricks themselves.
¶ He is very good in performing *magic*.
그는 요술 부리기를 매우 좋아한다.
일 魔術　まじゅつ(마주쓰) 중 魔术

móshù(모수)

---

ma·gi·cian [mədʒíʃən 머지션]

명 마술사
영 A *magician* is a person who uses magic to do tricks.
일 魔術師　まじゅつし(마주쓰시) 중 魔术师　móshùshī(모수스)

---

mag·net [mǽgnit 매그닛]

명 (복수 magnets [mǽgnits])
자석
영 A *magnet* is a piece of metal that sticks to other metals.
¶ The compass needle is a small bar *magnet*.
나침반 바늘은 작은 막대 자석이다.
일 磁石　じしゃく(지샤꾸) 중 磁铁
cítiě(츠톄)

---

*maid [méid 메이드]

명 (복수 maids [méidz])
가정부, 하녀
영 A *maid* is a female servant who is paid to do housework.
일 お手伝い　おてつだい(오테쓰다이)
중 女仆 nǔpú(뉘푸)

---

maid·en [méidn 메이든]

명 미혼 여성
영 A *maiden* is a young, unmarried woman.
일 未婚の女性　みこんのじょせい(미꼰노조세-) 중 未婚女子 wèihūnnǚzǐ
(웨이훈뉘쯔)

M

**mail [méil 메일]

명 1 (미) 우편((영)) post)
영 *Mail* is the way we send letters,

cards, and packages from one place to another.
¶ Please send this book by *mail*.
이 책을 우편으로 보내 주십시오.
일 郵便　ゆうびん(유-빙) 중 邮递 yóudì(유디)
2 《미》우편물(《영》 post)
영 *Mail* is letters, cards, and packages sent through a post office.
¶ I received a lot of *mail* today.
나는 오늘 많은 우편물을 받았다.
일 郵便物　ゆうびんぶつ(유-빔부쓰)
중 邮件　yóujiàn(유졘)

타 (3단현 mails [méilz], 과거·과거분사 mailed [méild], 현재분사 mailing [méiliŋ])
우송하다, 부치다
영 To *mail* means to send a letter, package, etc. to someone.
¶ *Mail* this letter for me, will you?
이 편지 좀 부쳐 주세요.
일 郵送する　ゆうそうする(유-소-스루) 중 邮寄 yóujì(유지)

---

mail·box [méilbɑ̀ks 메일박스]

명 (복수 mailboxes [méilbɑ̀ksiz])
1 《미》우체통(《영》 postbox)
영 A *mailbox* is a box in which letters are put so that they can be picked up by a mail carrier.
¶ I dropped a letter in a *mailbox*.
나는 편지를 우체통에 넣었다.
일 郵便箱　ゆうびんばこ(유-빔바꼬)
중 信箱　xìnxiāng(신샹)
2 《미》우편함(《영》 letter box)
영 A *mailbox* is a private box for letters and packages delivered to a home or business.
일 郵便受け　ゆうびんうけ(유-빙우께)
중 信箱　xìnxiāng(신샹)

---

mail·man [méilmæn 메일맨]

명 (복수 mailmen [méilmèn])
《미》우편 집배원(《영》 postman)
영 A *mailman* is a mail carrier.
¶ The *mailman* came late today.
오늘은 우편 집배원이 늦게 왔다.
일 郵便集配人　ゆうびんしゅうはいにん(유-빈슈-하이닝) 중 邮递员 yóudìyuán(유디위엔)

---

*main [méin 메인]

형 주요한, 주된
영 *Main* means most important.
¶ the main *office*
본점
일 主要な　しゅような(슈요-나) 중 主要的　zhǔyàode(주야오더)

---

main·ly [méinli 메인리]

부 주로
영 *Mainly* means more than anything else.
¶ He is *mainly* concerned with fiction.
그는 주로 소설에 관심이 있다.
일 主に　おもに(오모니) 중 主要地 zhǔyàode(주야오더)

---

main·tain [meintéin 메인테인]

타 (3단현 maintains [meintéinz], 과거·과거분사 maintained [meintéind], 현재분사 maintaining [meintéiniŋ])
유지하다, 지속하다
영 To *maintain* means to make something continue in the same way or at the same standard as before.
¶ We must *maintain* peace and order.
우리는 평화와 질서를 유지해야 한다.
일 維持する　いじする(이지스루) 중 维

持 wéichí(웨이츠)　　　　大多数 dàduōshù(다둬수)

---

maj·es·ty [mǽdʒəsti 매저스티]

명 위엄, 존엄
영 *Majesty* is greatness and dignity.
¶ The queen walked with *majesty*.
여왕은 위엄있게 걸었다.
일 威厳 いげん(이겐) 중 威严 wēiyán
(웨이옌)

---

ma·jor [méidʒər 메이저]

형 **1** 큰 쪽의, 많은 쪽의(《반》minor
작은 쪽의)
영 *Major* means larger or greater.
¶ I spent the *major* part of my sum-
mer vacation at my uncle's.
나는 여름 휴가의 대부분을 삼촌 집
에서 보냈다.
일 大きい方の おおきいほうの(오-
끼-호-노) 중 较大的 jiàodàde(쟈오다더)
2 중요한, 주요한
영 *Major* means more important.
¶ Trains still are a *major* form of
transportation.
기차는 여전히 주요 교통 수단이다.
일 重要な じゅうような(주-요-나)
중 较重要的 jiàozhòngyàode(쟈오중
야오더)

---

ma·jor·i·ty [mədʒɔ́ːrəti 머조-
러티]

명 (복수 majorities [mədʒɔ́ːrətiz])
대다수, 대부분(《반》minority 소수)
영 A *majority* is more than half of a
group of people or things.
¶ The *majority* of students came by
bike.
대부분의 학생들은 자전거를 타고 왔
다.
일 大多数 だいたすう(다이따스-) 중

make [méik 메이크]

타 (3단현 makes [méiks], 과거·과
거분사 made [méid], 현재분사
making [méikiŋ])
1 만들다, 제작하다
영 To *make* means to build or
produce something.
¶ Ben is *making* a boat.
벤은 보트를 만들고 있다.
일 作る つくる(쓰꾸루) 중 制造 zhìzào
(즈짜오)
2 [mèik 메이크] 하다, 행하다
영 To *make* means to do something.
¶ He *made* a proposal to her.
그는 그녀에게 청혼을 했다.
일 する(스루) 중 做 zuò(쭤)
3 일으키다
영 To *make* means to cause some-
thing to happen.
¶ Don't *make* any more trouble.
더 이상 말썽을 일으키지 마라.
일 生じさせる しょうじさせる(쇼-지
사세루) 중 引起 yǐnqǐ(인치)
숙어 *make out* 이해하다
¶ We couldn't *make out* what he was
saying.
우리는 그가 무슨 말을 하는지 알
수 없었다.
숙어 *make up* 구성하다
숙어 *make up with* …와 화해하다
¶ You should *make up with* your
brother.
너는 남동생과 화해해야 한다.

---

mak·er [méikər 메이커]

명 제작자 ; 제조회사
영 A *maker* is a person or company
that produces something.
일 製作者 せいさくしゃ(세-사꾸샤)

M

중 制作者 zhìzuòzhě(즈쭤저)

---

mak·ing [méikiŋ 메이킹]

명 제조, 만들기, 제작
영 *Making* is the process or business of making something.
일 製造 せいぞう(세-조-) 중 制造 zhìzào(즈짜오)

---

*male [méil 메일]

명 (복수 males [méilz])
남성 ; 수컷
영 A *male* is a person or animal of the sex that can father young.
¶ That monkey is a *male*.
저 원숭이는 수컷이다.
일 男性 だんせい(단세-) 중 男性 nánxìng(난싱)

---

mam·mal [mǽməl 매멀]

명 포유 동물
영 A *mammal* is a warm-blooded animal with a backbone.
일 哺乳動物 ほにゅうどうぶつ(호뉴-도-부쓰) 중 哺乳动物 bǔrǔdòngwù(부루둥우)

**man [mǽn 맨]

명 (복수 men [mén])
1 남자, 남성 (《반》woman 여자)
영 A *man* is a grown-up male person.
¶ Who's that tall *man*?
저 키 큰 남자는 누구니?
일 男 おとこ(오또꼬) 중 男人 nánrén(난런)
2 인간, 사람
영 A *man* is a person.
¶ A *man* connot live on the moon.
인간은 달에서 살 수 없다.
일 人間 にんげん(닝겐) 중 人 rén(런)

*man·age [mǽnidʒ 매니지]

타 (3단현 manages [mǽnidʒiz], 과거·과거분사 managed [mǽnidʒd], 현재분사 managing [mǽnidʒiŋ])
관리하다, 경영하다
영 To *manage* means to be in charge of a store, business, etc.
¶ He *manages* a small company.
그는 작은 회사를 경영한다.
일 管理する かんりする(칸리스루) 중 管理 guǎnlǐ(관리)

---

man·age·ment [mǽnidʒmənt 매니지먼트]

명 관리, 경영
영 *Management* is the act or process of controlling and organizing the work of a company or organization.
¶ His business failed because of bad *management*.
그는 경영이 서툴러서 사업에 실패했다.
일 管理 かんり(칸리) 중 管理 guǎnlǐ(관리)

---

man·ag·er [mǽnidʒər 매니저]

명 (복수 managers [mǽnidʒərz])
지배인, 경영자
영 A *manager* is someone in charge of a store, business, etc.
¶ a general *manager*
총지배인
일 支配人 しはいにん(시하이닝) 중 负责人 fùzérén(푸쩌런)

---

man·kind [mǽnkáind 맨카인드]

명 인류, 인간
영 *Mankind* is the human race, or human beings as a group.
일 人類 じんるい(진루이) 중 人类

rénlèi(런레이)

***man·ner** [mǽnər 매너]

명 (복수 manners [mǽnərz])

1 방법, 방식

영 A *manner* is the way in which you do something.

¶ She did it in this *manner*.

그녀는 이런 방법으로 그것을 했다.

일 方法 ほうほう(호-호-) 중 方法 fāngfǎ(팡파)

2 태도, 모양

영 *Manner* is the way that someone behaves.

¶ I don't like his *manner*.

나는 그의 태도가 마음에 안 든다.

일 態度 たいど(타이도) 중 态度 tàidù(타이두)

3 [manners로] 예의, 예절

영 *Manners* are polite behavior.

¶ He has no *manners*.

그는 예의가 없다.

일 行儀 ぎょうぎ(교-기) 중 礼貌 lǐmào(리마오)

---

man·sion [mǽnʃən 맨션]

명 대저택

영 A *mansion* is a very large and grand house with many rooms.

¶ She lives in a *mansion*.

그녀는 대저택에 산다.

일 大邸宅 だいていたく(다이떼-따꾸) 중 大厦 dàshà(다사)

---

man·u·fac·ture [mænjufǽk-tʃər 매뉴팩처]

타 (3단현 manufactures [mænju-fǽktʃərz], 과거·과거분사 manufac-tured [mænjufǽktʃərd], 현재분사 manufacturing [mæ̀njufǽktʃəriŋ])

제조하다, 제작하다, 생산하다

영 To *manufacture* means to make something.

¶ We *manufacture* cars in this factory.

우리는 이 공장에서 자동차를 제조하고 있다.

일 製造する せいぞうする(세-조-스루) 중 制造 zhìzào(즈짜오)

명 (복수 manufactures [mænju-fǽktʃərz])

제조, 제작, 생산

영 *Manufacture* is the process of making goods.

일 製造 せいぞう(세-조-) 중 制造 zhìzào(즈짜오)

****man·y** [méni 메니]

형 (비교급 more [mɔ́ːr], 최상급 most [móust])

많은, 다수의 (《반》 few 적은)

영 *Many* means numerous.

¶ There are *many* flowers in the vase.

꽃병에는 많은 꽃들이 있다.

일 たくさんの(탁산노) 중 许多的 xǔduōde(쉬둬더)

up many는 셀 수 있는 명사에 붙여 「많은 수」를, much는 셀 수 없는 명사에 붙여 「많은 양」을 의미한다.

대 다수

영 *Many* is a large number of people or things?

¶ I have only a few books, but he has *many*.

나는 책을 조금 가졌으나 그는 많다.

일 多数 たすう(타스-) 중 许多 xǔduō(쉬둬)

****map** [mǽp 맵]

명 (복수 maps [mǽps])
지도
영 A *map* is a drawing of an area or country showing rivers, roads, cities.
¶ There is a *map* on the wall.
벽에 지도가 걸려 있다.
일 地図 ちず(치즈) 중 地图 dìtú(디투)

---

mar·a·thon [mǽrəθɑ̀n 매러산]

명 마라톤
영 A *marathon* is a race for runners over a distance of 42.195 kilometers.
¶ He is a Korean *marathon* runner.
그는 한국의 마라톤 선수다.
일 マラソン(마라손) 중 马拉松 mǎlāsōng(마라숭)

---

mar·ble [mɑ́ːrbl 마-블]

명 (복수 marbles [mɑ́ːrblz])
대리석
영 *Marble* is a hard stone with colored patterns in it.
¶ The statue is made of *marble*.
그 상은 대리석으로 만들었다.
일 大理石 だいりせき(다이리세끼) 중 大理石 dàlǐshí(다리스)

---

*march [mɑ́ːrtʃ 마-치]

재 (3단현 marches [mɑ́ːrtʃiz], 과거·과거분사 marched [mɑ́ːrtʃt], 현재분사 marching [mɑ́ːrtʃiŋ])
행진하다, 행군하다
영 To *march* means to take the same size steps at the same time.
¶ The soldiers *marched* along the street.
군인들이 거리를 행진했다.
일 行進する こうしんする(코-신스루) 중 前进 qiánjìn(첸진)

**March [mɑ́ːrtʃ 마-치]

명 3월
영 *March* is the third month of the year.
¶ My birthday is (on) *March* 11.
내 생일은 3월 11일이다.

March 11은 March (the) eleventh라고 읽는다.

일 三月 さんがつ(상가쓰) 중 三月 sānyuè(싼웨)

---

ma·rine [məríːn 머린-]

형 바다의, 해양의
영 *Marine* means relating to the ocean and the animals and plants that live there.
¶ *marine* sports
해양 스포츠
일 海の うみの(우미노) 중 海的 hǎide(하이더)

---

*mark [mɑ́ːrk 마-크]

명 (복수 marks [mɑ́ːrks])
1 기호, 부호
영 A *mark* is a written sign or symbol.
¶ question *mark*
물음표
일 符号 ふごう(후고-) 중 符号 fúhào(푸하오)
2 흉터, 흔적 ; 얼룩
영 A *mark* is a small scratch or stain on something.
일 傷 きず(키즈) 중 伤疤 shāngbā(상바)

**mar·ket [mɑ́ːrkit 마-킷]

명 (복수 markets [mɑ́ːrkits])
시장
영 A *market* is a place where people buy and sell food or goods.
¶ Mother goes to *market* every day.

어머니는 매일 시장에 가신다.
「시장보기」의 뜻에는 a나 the 를 사용하지 않는다.
일 市場 いちば(이찌바) 중 市场 shìchǎng(스창)

---

* **mar·riage** [mǽridʒ 매리지]

명 (복수 marrages [mǽridʒiz])
1 결혼 ; 부부 관계
영 *Marriage* is the state of being married, or the relationship between husband and wife.
일 結婚 けっこん(켁꼰) 중 结婚 jiéhūn(제훈)
2 결혼식
영 A *marriage* is the wedding ceremony.
¶ The *marriage* took place in church.
결혼식은 교회에서 올렸다.
일 結婚式 けっこんしき(켁꼰시끼) 중 婚礼 hūnlǐ(훈리)

---

mar·ried [mǽrid 매리드]

형 결혼한, 기혼의
영 *Married* means having a husband or a wife.
¶ She got *married* to him last month.
그녀는 지난달 그와 결혼했다.
일 結婚した けっこんした(켁꼰시따) 중 已婚的 yǐhūnde(이훈더)

---

* **mar·ry** [mǽri 매리]

자 타 (3단현 marries [mǽriz], 과거·과거분사 married [mǽrid], 현재분사 marrying [mǽriiŋ])
결혼하다
영 To *marry* means to join with someone as a husband or a wife.
¶ Are you going to *marry* her?
너는 그녀와 결혼할 거니?

¶ He was looking for a girl to *marry*.
그는 결혼할 여성을 찾고 있었다.
일 結婚する けっこんする(켁꼰스루)
중 结婚 jiéhūn(제훈)

Mars [mɑ́ːrz 마-즈]

명 화성
영 *Mars* is the fourth planet in distance from the sun.
일 火星 かせい(카세-) 중 火星 huǒxīng(훠싱)

---

mas·cot [mǽskɑt 매스캇]

명 마스코트
영 A *mascot* is something that is supposed to bring good luck.
일 マスコット(마스꼿또) 중 吉祥物 jíxiángwù(지샹우)

---

mask [mǽsk 매스크]

명 가면, 탈 ; 마스크
영 A *mask* is something you wear over your face to hide or protect it.
¶ He wears a *mak*.
그는 가면을 쓰고 있다.
일 面 おもて(오모떼) 중 面具 miànjù(멘쮜)

---

* **mass** [mǽs 매스]

명 (복수 masses [mǽsiz])
1 덩어리
영 A *mass* is a lump or pile of matter that has no particular shape.
¶ a *mass* of snow
눈덩어리
일 かたまり(카따마리) 중 堆 duī(두이)
2 다수, 대량
영 A *mass* is a large number of people or things together.
¶ a *mass* of letters

많은 편지
일 多数 たすう(타스-) 중 许多 xǔduō
(쉬둬)
3 [the masses로] 일반대중
영 *The mass* are the ordinary poeple.
일 一般大衆 いっぱんたいしゅう(입빤
따이슈-) 중 民众 mínzhòng(민중)

---

mast [mǽst 매스트]

명 돛대, 마스트
영 A *mast* is a tall pole that stands on
the deck of a boat or ship and supports
its sails.
일 帆柱 ほばしら(호바시라) 중 船桅
chuánwéi(촨웨이)

---

*mas·ter [mǽstər 매스터]

명 (복수 masters [mǽstərz])
1 주인, 고용주
영 A *master* is a person with power,
rule, or authority over another.
¶ Dogs obey their *masters*.
개는 주인을 따른다.
일 主人 しゅじん(슈징) 중 主人 zhǔrén
(주런)
2 대가, 거장, 달인
영 A *master* is an expert.
¶ She is a *master* of modern art.
그녀는 현대 미술의 거장이다.
일 大家 たいか(타이까) 중 大师 dàshī
(다스)

타 (3단현 masters [mǽstərz], 과거·
과거분사 mastered [mǽstərd], 현
재분사 mastering [mǽstəriŋ])
숙달하다
영 To *master* means to learn some-
thing so well that you understand it
completely and have no difficulty
with it.
일 熟達する じゅくたつする(주꾸따쓰

스루) 중 精通 jīngtōng(징퉁)

---

*mat [mǽt 맷]

명 (복수 mats [mǽts])
매트
영 A *mat* is a thick pad of material
used for covering a floor, wiping
your feet, protecting a table, etc.
¶ a bath *mat*
욕실용 매트
일 マット(맛또) 중 席子 xízi(시쯔)

---

*match¹ [mǽtʃ 매치]

명 (복수 matches [mǽtʃiz])
시합, 경기
영 A *match* is a game or a sporting
competition.
¶ The tennis *match* is going to be on
Saturday.
테니스 시합은 토요일에 있을 예정
이다.
일 試合 しあい(시아이) 중 比赛 bǐsài
(비싸이)

---

*match² [mǽtʃ 매치]

명 (복수 matches [mǽtʃiz])
성냥
영 A *match* is a small, thin piece of
wood or cardboard with a chemical
tip that is struck to produce a flame.
¶ He has a box of *matches*.
그는 성냥이 한 갑 있다.
일 マッチ(맛찌) 중 火柴 huǒchái(훠차이)

---

mate [méit 메이트]

명 (복수 mates [méits])
1 동료, 친구
영 A *mate* is a friend.
일 仲間 なかま(나까마) 중 伙伴 huǒ-
bàn(훠반)

2 배우자, 처, 남편 ; 짝
㉻ A *mate* is a husband or a wife.
㉻ 連れ合い　つれあい(쓰레아이) ㊥ 配偶 pèi'ǒu(페이어우)

---

* **ma·te·ri·al** [mətíəriəl 머티어리얼]
㉥ (복수 materials [mətíəriəlz])
재료, 원료
㉻ *Material* is what something is made of.
¶ What *materials* do you need to build a house?
집을 짓는 데는 어떤 재료가 필요합니까?
㉻ 材料　ざいりょう(자이료-) ㊥ 材料 cáiliào(차이랴오)

---

* **math** [mǽθ 매스]
㉥ 수학
㉻ *Math* is short for mathematics.
¶ She likes *math* very much.
그녀는 수학을 아주 좋아한다.
㉻ 数学　すうがく(스-가꾸) ㊥ 数学 shùxué(수쉐)

---

* **math·e·mat·ics** [mæθəmǽt-iks 매서매틱스]
㉥ 수학
㉻ *Mathematics* is the study of numbers, quantities, shapes, and measurements and how they relate to each other.
¶ *Mathematics* is his strong subject.
수학은 그가 잘하는 과목이다.
㉻ 数学　すうがく(스-가꾸) ㊥ 数学 shùxué(수쉐)

---

* **mat·ter** [mǽtər 매터]
㉥ (복수 matters [mǽtərz])
1 물질, 물체
㉻ *Matter* is anything that has weight and takes up space.
㉻ 物質　ぶっしつ(붓시쓰) ㊥ 物质 wùzhì(우즈)
2 문제, 일
㉻ A *matter* is a subject of discussion, interest, or concern.
¶ a *matter* of life and death
사활의 문제
㉻ 問題　もんだい(몬다이) ㊥ 问题 wèntí(원티)
3 [the matter로] 지장, 사고, 고장, 곤란한 일
㉻ *The matter* is the reason for distress or problem.
¶ What's *the matter* with you?
무슨 일이니?
㉻ 困ったこと　こまったこと(코맛따코또) ㊥ 毛病 máobìng(마오빙)

㉺ (3단현 matters [mǽtərz], 과거·과거분사 mattered [mǽtərd], 현재분사 mattering [mǽtəriŋ])
중요하다, 문제가 되다
㉻ To *matter* means to be important.
¶ It doesn't *matter* to me.
그것은 내게 중요하지 않다.
㉻ 重要である　じゅうようである(주-요-데아루) ㊥ 要紧 yàojǐn(야오진)

---

mat·tress [mǽtris 매트리스]
㉥ (복수 mattresses [mǽtrisiz])
매트리스
㉻ A *mattress* is a thick pad made of strong cloth filled with soft material and often coiled springs.
㉻ マットレス(맛또레스) ㊥ 床垫 chuángdiàn(촹뗀)

---

ma·ture [mətjúər 머튜어]
㉯ (비교급 maturer [mətjúərər],

최상급 maturest [mətʃúərist])
1 성숙한
영 *Mature* means adult or fully grown.
¶ He is very *mature* for his age.
그는 나이에 비해 아주 성숙하다.
일 成熟した　せいじゅくした(세-주꾸시따) 중 成熟的　chéngshúde(청수더)
2 익은, 숙성한
영 *Mature* means ripe.
일 熟れた　うれた(우레따) 중 成熟的 chéngshúde(청수더)

max·i·mum [mǽksəməm 맥서멈]
명 (복수 maximums [mǽksəməmz], maxima [mǽksəmə])
최대량(《반》minimum 최소량)
영 A *maximum* is the upper limit.
¶ at the *maximum*
초대한으로
일 最大量　さいだいりょう(사이다이료-) 중 最大限度　zuìdàxiàndù(쭈이다셴두)

***may** [mei 메이]
조 (과거형 might [mait])
1 …해도 좋다
영 To *may* means to ask or give permission.
¶ *May* I go now?
이제 가도 됩니까?
일 してもよい(시떼모요이) 중 可以 kěyǐ(커이)
2 …일지도 모른다
영 To *may* means to say that something is possible or likely.
¶ The rumor *may* be true.
그 소문은 사실일지도 모른다.
¶ It *may* rain this afternoon.
오늘 오후에 비가 올지도 모른다.

일 …かもしれない(카모시레나이) 중 可能 kěnéng(커넝)

****May** [méi 메이]
명 5월
영 *May* is the fifth month of the year.
¶ My birthday is on *May* 1st.
내 생일은 5월 1일이다.
일 五月　ごがつ(고가쓰) 중 五月 wǔyuè(우웨)

****may·be** [méibi 메이비]
부 아마, 어쩌면
영 *Maybe* means perhaps.
¶ *Maybe* it will snow.
아마 눈이 올 거야.
일 たぶん(타붕) 중 大概 dàgài(다가이)

may·or [méiər 메이어]
명 (복수 mayors [méiərz])
시장
영 A *mayor* is the leader of a town or city government.
¶ He was elected *mayor*.
그는 시장으로 선출되었다.
일 市長　しちょう(시쪼-) 중 市长 shìzhǎng(스장)

***me** [《약》mi 미 ; 《강》mí: 미-]
대 나를, 나에게
영 *Me* is the form of I used as a grammatical object.
¶ Give it to *me*.
그것을 나에게 줘.
¶ She spoke to *me*.
그녀는 나에게 말했다.
일 私を　わたしを(와따시오) 중 我 wǒ(워)

mead·ow [médou 메도우]

몡 (복수 meadows [médouz])
초원, 풀밭 ; 목초지
옝 A *meadow* is a field of grass.
¶ The horses are running on the *meadow*.
말들이 초원을 달리고 있다.
일 草原 そうげん(소-겐) 중 草地 cǎodì (차오디)

 meadow는 건초를 만드는 목초지를 말하며, 가축을 방목하는 목장은 pasture라 한다.

---

*meal [mí:l 밀-]

몡 (복수 meals [mí:lz])
식사
옝 A *meal* is the food you eat at one time.
¶ We have [eat] three *meals* a day.
우리는 하루에 세 끼를 먹는다.
일 食事 しょくじ(쇼꾸지) 중 一餐 yìcān (이찬)

---

*mean¹ [mí:n 민-]

타 (3단현 means [mí:nz], 과거·과거분사 meant [mént], 현재분사 meaning [mí:niŋ])
1 의미하다, 뜻하다
옝 To *mean* means to be defined as.
¶ What does this word *mean*?
이 말은 무엇을 의미하니?
일 意味する いみする(이미스루) 중 意味 yìwèi(이웨이)
2 …할 작정이다
옝 To *mean* means to intend to do something.
¶ I *mean* to read all these books.
나는 이 책들을 모두 읽을 작정이다.
일 するつもりである(스루쓰모리데아루)
중 打算 dǎsuàn(다쏸)

---

mean² [mí:n 민-]

형 (비교급 meaner [mí:nər], 최상급 meanest [mí:nist])
1 인색한
옝 *Mean* means not generous.
¶ He is *mean* with his money.
그는 돈에 인색하다.
일 けちな(케찌나) 중 吝啬的 lìnsède (린써더)
2 초라한
옝 *Mean* means poor.
¶ a *mean* hut
초라한 오두막
일 みすぼらしい(미스보라시-) 중 简陋 jiǎnlòu(졘러우)

---

*mean·ing [mí:niŋ 미-닝]

몡 (복수 meanings [mí:niŋz])
의미, 뜻
옝 A *meaning* is the idea behind something spoken or written.
¶ I don't understand the *meaning* of this word.
나는 이 말의 의미를 이해하지 못하겠다.
일 意味 いみ(이미) 중 意味 yìwèi(이웨이)

---

*means [mí:nz 민-즈]

몡 (복수 means)
수단, 방법
옝 A *means* is a way of doing something.
¶ A computer is a new *means* of communication.
컴퓨터는 의사전달의 새로운 수단이다.
일 手段 しゅだん(슈단) 중 手段 shǒuduàn(서우뙨)
숙어 *by all means* 반드시
¶ I must see him *by all means*.

나는 꼭 그를 만나야 한다.
[숙어] *by means of* …에 의하여
[숙어] *by no means* 결코 …아니다

---

meant [mént 멘트]
[타] mean¹의 과거·과거분사
¶ Did you understand what I *meant*?
내 말의 뜻을 이해했니?

---

mean·while [míːn*h*wàil 민-화일, 민-와일]
[부] 그 동안에 ; 한편으로는
[영] *Meanwhile* means in or during the time between.
[일] その間に そのあいだに(소노아이다니) [중] 其间 qíjiān(치졘)

---

*__meas·ure__ [mé3ər 메저]
[명] (복수 measures [mé3ərz])
치수, 척도
[영] A *measure* is a unit of measurement.
¶ Her waist *measure* is 55 centimeters.
그녀의 허리는 55센티미터이다.
[일] 寸法 すんぽう(슴뽀-) [중] 尺寸 chǐcùn(츠춘)

[자] (3단현 measures [mé3ərz], 과거·과거분사 measured [mé3ərd], 현재분사 measuring [mé3əriŋ])
재다, 측정하다
[영] To *measure* means to find out the size, capacity, weight, etc. of something.
¶ The bridge *measures* 200 meters long.
그 다리는 길이가 200미터다.
[일] 測る はかる(하까루) [중] 測量 cèliáng(처량)

---

meas·ure·ment [mé3ərmənt 메저먼트]
[명] (복수 measurements [mé3ərmənts])
측정
[영] *Measurement* is the act of measuring something.
[일] 測定 そくてい(소꾸떼-) [중] 測量 cèliáng(처량)

---

*__meat__ [míːt 미-트]
[명] 고기, 육류
[영] *Meat* is the flesh of an animal that can be eaten.
¶ Which do you like better, *meat* or fish?
고기와 생선 중 어느 것을 좋아하니?
[일] 肉 にく(니꾸) [중] 肉 ròu(러우)

---

me·chan·i·cal [mikǽnikəl 미캐니컬]
[형] 기계의
[영] *Mechanical* means relating to machines.
[일] 機械の きかいの(키까이노) [중] 机械的 jīxiède(지셰더)

---

*__med·al__ [médl 메들]
[명] (복수 medals [médlz])
메달, 훈장, 기장
[영] A *medal* is a piece of metal in the shape of a coin.
¶ She won three gold *medals*.
그녀는 세 개의 금메달을 획득했다.
[일] メダル(메다루) [중] 奖章 jiǎngzhāng(쟝장)

---

me·di·a [míːdiə 미-디어]
[명] medium의 복수

med·i·cal [médikəl 메디컬]

혱 의학의, 의료의

영 *Medical* means relating to medicine and the treatment of disease or injury.

¶ a *medical* college
의과 대학

일 医学の　いがくの(이가꾸노) 중 医学的　yīxuéde(이쉐더)

---

med·i·cine [médəsin 메더신]

몡 (복수 medicines [médəsinz])

1 약, 내복약

영 *Medicine* is something we take when we are sick to help us get well.

¶ Did you take the *medicine*?
너 약은 먹었니?

일 薬　くすり(쿠스리) 중 药　yào(야오)

2 의학, 의료, 의술

영 *Medicine* is the study of diseases and how to discover, treat, and prevent them.

¶ She studies *medicine*.
그녀는 의학을 공부한다.

일 医学　いがく(이가꾸) 중 医学　yīxué (이쉐)

---

med·i·tate [méditèit 메디테이트]

쟈 (3단현 meditates [méditèits], 과거·과거분사 meditated [médi-tèitid], 현재분사 meditating [méd-itèitiŋ])

깊이 생각하다, 숙고하다

영 To *meditate* means to think very deeply about something.

일 深く考える　ふかくかんがえる(후까꾸캉가에루) 중 沉思　chénsī(천쓰)

---

me·di·um [mí:diəm 미-디엄]

몡 (복수 mediums [mí:diəmz], media [mí:diə])

1 매체

영 A *medium* is a substance through which something acts or is carried.

¶ Air is a *medium* of sound.
공기는 소리를 전달하는 매체다.

일 媒体　ばいたい(바이따이) 중 媒介 méijiè(메이제)

2 [the media로] 매스미디어

영 *The media* are television, radio, and newspapers regarded as a group.

일 マスメディア(마스메디아) 중 媒体 méitǐ(메이티)

혱 중간의

영 *Medium* means average or middle.

¶ He is of *medium* height.
그는 중간 키다.

일 中間の　ちゅうかんの(추-깐노) 중 中间 zhōngjiān(중졘)

---

meet [mí:t 미-트]

쟈 탸 (3단현 meets [mí:ts], 과거·과거분사 met [mét], 현재분사 meeting [mí:tiŋ])

만나다

영 To *meet* means to be at the same place at the same time.

¶ Where shall we *meet* tomorrow?
내일 어디서 만날까요?

¶ I'm glad to *meet* you!
만나서 반가워!

일 会う　あう(아우) 중 遇见 yùjiàn(위 졘)

---

meet·ing [mí:tiŋ 미-팅]

몡 (복수 meetings [mí:tiŋz])

회합, 모임, 집회

영 A *meeting* is an arranged event in which people come together.

M

¶ Please attend the next *meeting*.
다음 모임에는 참석해 주세요.
일 会合 かいごう(카이고-) 중 聚合
jùhé(쮜허)

---

mel·o·dy [mélədi 멜러디]

명 (복수 melodies [mélədiz])
선율, 멜로디, 곡조
영 A *melody* is a tune.
¶ I've never heard this melody.
나는 이 멜로디는 처음 듣는다.
일 旋律 せんりつ(센리쓰) 중 旋律
xuánlǜ(쉬엔뤼)

---

*mel·on [mélən 멜런]

명 멜론

영 A *melon* is a large, round, juicy fruit.
일 メロン(메론) 중 甜瓜 tiánguā(톈과)

---

*melt [mélt 멜트]

동 (3단현 melts [mélts], 과거·과거분사 melted [méltid], 현재분사 melting [méltiŋ])
자 녹다, 용해되다
영 To *melt* means to dissolve.
¶ Sugar *melts* in water.
설탕은 물에 녹는다.
일 溶ける とける(토께루) 중 融化
rónghuà(룽화)
타 녹이다, 용해하다
¶ The sun *melted* the snow.

태양이 눈을 녹였다.
일 溶かる とかる(토까루) 중 使融化
shǐrónghuà(스룽화)

---

*mem·ber [mémbər 멤버]

명 (복수 members [mémbərz])
일원, 회원
영 A *member* is a person, animal, or thing that belongs to a group.
¶ a *member* of the family
가족의 일원
¶ He became a *member* of the golf club.
그는 골프 클럽 회원이 되었다.
일 一員 いちいん(이찌잉) 중 成员
chéngyuán(청위엔)

---

me·mo·ri·al [məmɔ́ːriəl 머모-리얼]

명 기념물, 기념관, 기념비
영 A *memorial* is something that is built or done to help people continue to remember a person or an event.
일 記念物 きねんぶつ(키넴부쓰) 중 纪念物 jìniànwù(지녠우)

---

mem·o·rize [méməràiz 메머라이즈]

타 (3단현 memorizes [méməràiz-iz], 과거·과거분사 memorized [méməràizd], 현재분사 memorizing [méməràiziŋ])
기억하다, 암기하다
영 To *memorize* means to learn something by heart.
¶ I *memorize* fifteen words every day.
나는 매일 15단어씩 암기한다.
일 記憶する きおくする(기오꾸스루)
중 记住 jìzhù(지주)

*mem·o·ry [méməri 메머리]

명 (복수 memories [méməriz])

1 기억, 기억력

영 *Memory* is being able to remember things.

¶ She has a good *memory*.
그녀는 기억력이 좋다.

일 記憶 きおく(키오꾸) 중 记忆 jìyì (지이)

2 추억, 회상

영 A *memory* is something that you remember from the past.

¶ happy *memories* of childhood
유년 시절의 즐거운 추억

일 思い出 おもいで(오모이데) 중 回忆 huíyì(후이이)

------

men [mén 멘]

명 man의 복수

------

*mend [ménd 멘드]

타 (3단현 mends [méndz], 과거·과거분사 mended [méndid], 현재분사 mending [méndiŋ])

고치다, 수리하다, 수선하다

영 To *mend* means to fix or repair something.

¶ She *mended* my pants.
그녀는 내 바지를 수선해 주었다.

일 直す なおす(나오스) 중 修理 xiūlǐ (슈리)

🔄 up 집 등의 큰 것, 자동차, 시계 등 복잡한 것에는 repair를, 의자 등 간단한 것을 수리할 때는 mend를 쓴다.

------

*men·tal [méntl 멘틀]

형 마음의, 정신의 (《반》physical 육체의)

영 *Mental* means relating to the mind.

¶ *mental* health
정신 건강

일 心の こころの(코꼬로노) 중 心理的 xīnlǐde(신리더)

------

*men·tion [ménʃən 멘션]

타 (3단현 mentions [ménʃənz], 과거·과거분사 mentioned [ménʃənd], 현재분사 mentioning [ménʃəniŋ])

말하다, 언급하다

영 To *mention* means to speak or write about something briefly.

¶ I *mentioned* the idea to him.
나는 그에게 그 생각을 말했다.

¶ Don't *mention* it.
천만의 말씀입니다.

일 言う いう(이우) 중 提到 tídào(티다오)

------

*men·u [ménju: 메뉴-]

명 (복수 menus [ménju:z])

메뉴, 식단표

영 A *menu* is a list of foods served in a restaurant.

¶ Can I see the *menu*, please?
메뉴 좀 보여 주세요.

일 メニュー(메뉴-) 중 菜单 càidān(차이단)

------

*mer·chant [mə́:rtʃənt 머-천트]

명 (복수 merchants [mə́:rtʃənts])

상인

영 A *merchant* is someone who sells goods for profit.

¶ The *Merchant* of Venice
베니스의 상인

일 商人 しょうにん(쇼-닝) 중 商人 shāngrén(상런)

M

------

mer·cy [mə́:rsi 머-시]

명 자비, 관용
영 *Mercy* is kindness, pity, and a willingness to forgive.
¶ He pleaded with the judge for *mercy*.
그는 판사에게 자비를 빌었다.
일 慈悲　じひ(지히) 중 慈悲　cíbēi(츠베이)

---

mere [míər 미어]
형 단순한, 순진한
영 *Mere* means nothing more than.
¶ He is a *mere* child.
그는 어린애에 불과하다.
일 単なる　たんなる(탄나루) 중 仅仅的　jǐnjǐnde(진진더)

---

mere·ly [míərli 미얼리]
부 단지, 그저, 다만
영 *Merely* means only or simply.
¶ I asked it *merely* out of curiosity.
나는 그것을 단지 호기심에서 물어보았다.
일 単に　たんに(탄니) 중 仅仅　jǐnjǐn(진진)

---

mer·it [mérit 메릿]
명 장점
영 A *merit* is a good point or quality in a person or thing.
¶ Frankness is one of his *merits*.
솔직함이 그의 장점 중의 하나다.
일 長所　ちょうしょ(초-쇼) 중 优点　yōudiǎn(유뎬)

---

mer·maid [mə́ːrmèid 머-메이드]
명 인어
영 A *mermaid* is an imaginary sea creature with the upper body of a woman and the tail of a fish.
¶ A *mermaid* is an imaginary creature.
인어는 상상의 창조물이다.
일 人魚　にんぎょ(닝교) 중 美人鱼　měirényú(메이런위)

---

* **mer·ry** [méri 메리]
형 (비교급 merrier [mériər], 최상급 merriest [mériist])
쾌활한, 즐거운, 유쾌한
영 *Merry* means cheerful or joyful.
¶ *Merry* Christmas!
즐거운 크리스마스가 되길!
일 陽気な　ようきな(요-끼나) 중 欢乐的　huānlède(환러더)

---

mess [més 메스]
명 [흔히 a mess로] 혼란, 난잡, 어수선함
영 A *mess* is a dirty or untidy state or thing.
¶ My room is a *mess*.
내 방은 엉망이다.
일 混乱　こんらん(콘란) 중 混乱　hùnluàn(훈롼)

---

* **mes·sage** [mésidʒ 메시지]
명 (복수 messages [mésidʒiz])
전갈, 전언
영 A *message* is information sent to someone.
¶ Will you leave a *message*?
전할 말씀이 있습니까?
일 伝言　でんごん(뎅공) 중 口信　kǒuxìn(커우신)

---

mes·sen·ger [mésəndʒər 메선저]
명 사신, 사절, 심부름꾼
영 A *messenger* is someone who carries messages or does errands.

일 使者 ししゃ(시샤) 중 信差 xìnchāi
(신차이)

---

met [mét 멛]

동 meet의 과거·과거분사
¶ He *met* new friends.
그는 새로운 친구들을 만났다.

---

*met·al [métl 메틀]

명 (복수 metals [métlz])
금속
영 *Metal* is a hard and shiny sub-
stance such as iron, gold, or steel.
¶ This box is made of *metal*.
이 상자는 금속으로 되어 있다.
일 金属 きんぞく(킨조꾸) 중 金属
jīnshǔ(진수)

---

*me·ter [míːtər 미-터]

명 (복수 meters [míːtərz])
미터
영 A *meter* is the basic unit of length
in the metric system.
¶ I am 1 *meter* 72 centimeters tall.
내 키는 1 미터 72 센티미터다.
일 メートル(메-또루) 중 米 mǐ(미)

---

*meth·od [méθəd 메서드]

명 (복수 methods [méθədz])
방법, 방식
영 A *method* is a way of doing some-
thing.
¶ a new *method* of teaching
새로운 교수법
일 方法 ほうほう(호-호-) 중 方法
fāngfǎ(팡파)

---

mice [máis 마이스]

명 mouse의 복수

---

mi·cro·phone [máikrəfòun 마이크러포운]

명 (복수 microphones [máikrə-
fòunz])
마이크로폰, 마이크
영 A *microphone* is a piece of
electrical equipment that makes your
voice sound louder.
¶ speak through a *microphone*
마이크로 말하다
일 マイクロホン(마이꾸로혼) 중 麦克
风 màikèfēng(마이커펑)

---

mi·cro·scope [máikrəskòup 마이크러스코우프]

명 (복수 microscopes [máikrə-
skòups])
현미경
영 A *microscope* is an instrument
that makes extremely small things
appear large enough to be seen.
¶ We looked at the insects under a
microscope.
우리는 곤충을 현미경으로 보았다.
일 顕微鏡 けんびきょう(켐비꾜-) 중
显微镜 xiǎnwēijìng(셴웨이징)

---

*mid·dle [mídl 미들]

형 한가운데의, 중앙의 ; 중간의
영 *Middle* means half of the way
between two things, sides, or outer
points.
¶ She is in her *middle* forties.
그녀는 40대 중반이다.
일 まん中の まんなかの(만나까노) 중
中央的 zhōngyāngde(중양더)

명 한가운데, 중앙 ; 중간
영 The *middle* is the part in the
center between the ends.
¶ Who is the girl in the *middle*?

M

중앙에 있는 소녀는 누구니?
일 真ん中　まんなか(만나까)　중 中央 zhōngyāng(중양)
숙어 *in the middle of* …의 한가운데에
¶ My school is *in the middle of* my town.
우리 학교는 우리 마을의 한가운데에 있다.

---

*mid·night [mídnàit 미드나이트]
명 한밤중, 자정
영 *Midnight* is 12 o'clock at night.
¶ We stayed up and chatted till *midnight.*
우리는 한밤중까지 자지 않고 얘기했다.
일 真夜中　まよなか(마요나까)　중 午夜 wǔyè(우예)

---

might¹ [mait 마이트]
조 may의 과거형
¶ It *might* be true.
어쩌면 사실일지도 모른다.

---

might² [máit 마이트]
명 힘, 세력, 권력
영 *Might* is strength or force.
¶ He struggled with all his *might.*
그는 전력을 다하여 싸웠다.
일 力　ちから(치까라)　중 力量 lìliàng(리량)

---

might·y [máiti 마이티]
형 (비교급 mightier [máitiər], 최상급 mightiest [máitiist])
강력한, 강대한
영 *Mighty* means very strong, big, and powerful.
¶ a *mighty* wind
강풍

영 强力な　ごうりきな(고-리끼나)　중 强大的 qiángdàde(챵다더)

---

*mild [máild 마일드]
형 (비교급 milder [máildər], 최상급 mildest [máildist])
온순한, 점잖은 ; 온화한
영 *Mild* means moderate and not too harsh.
¶ He is *mild* of manner.
그는 태도가 점잖다.
일 やさしい(야사시-)　중 温和的 wēnhéde(원허더)

---

mile [máil 마일]
명 (복수 miles [máilz])
마일《거리의 단위 ; 1마일은 약 1.6 km에 해당한다.》
영 A *mile* is an amount of distance.
일 マイル(마이루)　중 英里 yīnglǐ(잉리)

---

*mil·i·tar·y [mílətèri 밀러테리]
형 군대의, 군인의, 군사의
영 *Military* means to do with soldiers, the armed forces, or war.
¶ He is in *military* service.
그는 군 복무 중이다.
일 軍隊の　ぐんたいの(군따이노)　중 军事的 jūnshìde(쥔스더)

**milk [mílk 밀크]
명 우유, 밀크 ; 젖
영 *Milk* is a white liquid produced by female mammals to feed their young.
¶ I drink three glasses of *milk* a day.
나는 하루에 우유를 세 잔 마신다.
일 牛乳　ぎゅうにゅう(규-뉴-)　중 牛奶 niúnǎi(뉴나이)

---

mill [míl 밀]

M

명 제분소
영 A *mill* is a building containing machinery for grinding grain into flour or meal.
일 製粉所 せいふんしょ(세-훈쇼) 중 磨坊 mófǎng(모팡)

----

mil·lion [míljən 밀련]

명 (복수 millions [míljənz]) 백만
영 A *million* is a thousand thousands.
¶ Its population is about seven *million*.
그곳의 인구는 약 7백만이다.
일 百万 ひゃくまん(햐꾸만) 중 百万 bǎiwàn(바이완)
숙어 *millions of* 수백만의

----

mil·lion·aire [mìljənéər 밀련에어]

명 백만장자, 대부호
영 A *millionaire* is someone whose money and property are worth at least a million dollars.
일 百万長者 ひゃくまんちょうじゃ(햐꾸만쪼-자) 중 百万富翁 bǎiwànfùwēng(바이완푸웡)

----

*mind [máind 마인드]

명 (복수 minds [máindz])
1 마음, 정신
영 *Mind* is the part of a person that thinks, feels, learns, remembers, wishes, and imagines.
¶ Both body and *mind* are important.
몸과 마음 둘 다 중요하다.
일 心 こころ(코꼬로) 중 心 xīn(신)
2 생각, 의견
영 A *mind* is an opinion or a point of view.
¶ At last she changed her *mind*.

결국 그녀는 생각을 바꾸었다.
일 考え かんがえ(캉가에) 중 想法 xiǎngfa(샹파)
숙어 *make up* one*'s mind* 결심하다

타 (3단현 minds [máindz], 과거·과거분사 minded [máindid], 현재분사 minding [máindiŋ])
싫어하다, 귀찮게 여기다
영 To *mind* means to care or to be bothered about something.
¶ Would you *mind* if I sit here?
여기에 앉아도 됩니까?
일 いやがる(이야가루) 중 介意 jièyì(제이)

**mine¹ [máin 마인]

대 [I의 소유 대명사] 나의 것
¶ This CD is *mine*.
이 CD는 내 것이다.
일 私の物 わたしのもの(와따시노모노)
중 我的 wǒde(워더)

----

mine² [máin 마인]

명 (복수 mines [máinz]) 광산
영 A *mine* is a deep hole or holes in the ground that people dig to remove coal, gold, etc.
¶ a gold *mine*
금광
일 鉱山 こうざん(코-잔) 중 矿 kuàng(쾅)

----

min·er [máinər 마이너]

명 광부
영 A *miner* is someone who works in a mine.
일 鉱夫 こうふ(코-후) 중 矿工 kuànggōng(쾅궁)

M

min·er·al [mínərəl 미너럴]

명 (복수 minerals [mínərəlz])
광물 ; 무기물
영 A *mineral* is a substance found in nature that is not an animal or a plant.
¶ Coal is a common *mineral*.
석탄은 흔한 광물이다.
일 鉱物　こうぶつ(코-부쓰) 중 矿物 kuàngwù(쾅우)

---

min·i·mum [mínəməm 미너멈]

명 (복수 minimums [mínəməmz], minima [mínəmə])
최소량, 최소액(《반》maximum 최대량)
영 A *minimum* is the smallest possible amount, or the lowest limit.
¶ at the *minimum*
최소한도
일 最小量　さいしょうりょう(사이쇼-료-) 중 最低限度 zuìdīxiàndù(쭈이디셴두)

---

*min·is·ter [mínistər 미니스터]

명 (복수 ministers [mínistərz])
장관
영 A *minister* is a politician who is in charge of a government department.
¶ the Prime *Minister*
국무총리
일 大臣　だいじん(다이진) 중 部长 bùzhǎng(부장)

---

*mi·nor [máinər 마이너]

형 작은 쪽의 (《반》major 큰 쪽의)
영 *Minor* means small.
일 小さい方の　ちいさいほうの(치-사이호-노) 중 较小的 jiàoxiǎode(쟈오샤오더)

---

mi·nor·i·ty [mənɔ́:rəti 머노-러티]

명 (복수 minorities [mənɔ́:rətiz])
소수 (《반》majority 대다수)
영 A *minority* is a small number or part within a bigger group.
¶ We were in the *minority*.
우리는 소수였다.
일 少数　しょうすう(쇼-스-) 중 少数 shǎoshù(사오수)

---

*mi·nus [máinəs 마이너스]

형 마이너스의, …을 뺀 (《반》plus 플러스의)
영 *Minus* means taken away.
¶ Ten *minus* four is six.
10 빼기 4는 6이다.
일 マイナスの(마이나스노) 중 负的 fùde(푸더)

**min·ute [mínit 미닛]

명 (복수 minutes [mínits])
1 분
영 A *minute* is a period of time equal to 60 seconds.
¶ It's five *minutes* to eight.
8시 5분 전이다.
일 分　ぶん(분) 중 分 fēn(펀)
2 순간, 잠깐
영 A *minute* is a short period of time.
¶ Wait a *minute*!
잠깐만 기다려!
일 瞬間　しゅんかん(슝깐) 중 片刻 piànkè(펜커)

**mir·ror [mírər 미러]

명 (복수 mirrors [mírərz])
거울
영 A *mirror* is a smooth piece of glass that we can see ourselves in.

¶ She looked in the *mirror*.
그녀는 거울을 들여다 보았다.
일 鏡　かがみ(카가미) 중 镜子　jìngzi
(징쯔)

---

mis·er·a·ble [mízərəbl 미저러블]

형 비참한, 불쌍한
영 *Miserable* means sad, unhappy, or dejected.
¶ How *miserable* the children look!
아이들이 정말 비참해 보이는구나!
일 みじめな(미지메나) 중 悲惨的 bēicǎnde(베이찬더)

---

mis·for·tune [misfɔ́:rtʃən 미스포-천]

명 불운, 불행
영 *Misfortune* is bad luck.
¶ He had the *misfortune* to lose his son.
그는 불행하게도 아들을 잃었다.
일 不運　ふうん(후운) 중 不幸　búxìng
(부싱)

****miss** [mís 미스]

타 (3단현 misses [mísiz], 과거·과거분사 missed [míst], 현재분사 missing [mísiŋ])
1 못맞히다, 빗맞히다
영 To *miss* means to fail to hit or reach something.
¶ He shot at a target, but *missed* it.
그는 과녁을 향해 쏘았지만 맞추지 못했다.
일 打ちそこなう　うちそこなう(우찌소꼬나우) 중 未击中　wèijīzhòng(웨이지중)
2 타지 못하다, 놓치다
영 To *miss* means to fail to catch or do something.

¶ If you hurry up, you won't *miss* the bus.
네가 서두른다면 버스를 놓치지 않을 것이다.
일 乗りそこなう　のりそこなう(노리소꼬나우) 중 错过　cuòguò(춰궈)
3 없어서 섭섭하게 여기다
영 To *miss* means to be sorry that you don't have something, or that someone you like isn't with you.
¶ We shall *miss* you.
네가 없으면 우리는 섭섭할 것이다.
일 ないのを寂しく思う　ないのをさびしくおもう(나이노오사비시꾸오모우) 중 怀念　huáiniàn(화이녠)

****Miss** [mís 미스]

명 (복수 Misses [mísiz])
양, 아가씨, 선생님
영 *Miss* is a title given to a girl or unmarried woman.
¶ *Miss* Brown is my English teacher.
브라운 양은 나의 영어신생님이시다.
일 嬢　じょう(조-) 중 小姐　xiǎojiě(샤오졔)

미혼 여성의 성 또는 성명 앞에 붙이는 경칭이다.

***mis·sile** [mísəl 미설]

명 (복수 missiles [mísəlz])
미사일, 유도탄
영 A *missile* is a weapon that is thrown or shot at a target.
¶ a nuclear *missile*
핵 미사일
일 ミサイル(미사이루) 중 导弹　dǎodàn(다오단)

---

mis·sion [míʃən 미션]

명 파견단, 사절 ; 임무

영 A *mission* is a group of people who are sent to do a special job.
일 派遣団 はけんだん(하껜단) 중 使节团 shǐjiétuán(스제퇀)

***mist** [mést 미스트]

명 (복수 mists [mésts])
안개
영 *Mist* is a cloud of tiny water droplets in the air.
¶ The morning *mist* has cleared off.
아침 안개가 걷혔다.
일 霧 きり(키리) 중 霧 wù(우)

***mis·take** [mistéik 미스테이크]

명 (복수 mistakes [mistéiks])
잘못, 틀림
영 A *mistake* is something that is wrong.
¶ There is no *mistake* about it.
그것은 틀림없다.
일 誤り あやまり(아야마리) 중 错误 cuòwù(춰우)
숙어 *make a mistake* 실수하다
¶ Don't *make a mistake* in English spelling.
영어 철자를 쓸 때 실수하지 마라.

타 (3단현 mistakes [mistéiks], 과거형 mistook [mistúk], 과거분사 mistaken [mistéikən], 현재분사 mistaking [mistéikiŋ])
잘못 생각하다, 오해하다
영 To *mistake* means to believe that someone or something is another.
¶ I *mistook* his meaning.
나는 그의 의도를 오해했다.
일 取り遠える とりちがえる(토리찌가에루) 중 误认 wùrèn(우런)

---

mis·tak·en [mistéikən 미스테이

컨]
타 mistake의 과거분사

---

mis·took [mistúk 미스툭]
타 mistake의 과거형

---

mis·tress [místris 미스트리스]

명 (복수 mistresses [místrisiz])
여주인, 주부
영 A *mistress* is a woman with power, responsibility, or control over something.
일 女主人 おんなしゅじん(온나슈진)
중 女主人 nǚzhǔrén(뉘주런)

***mis·un·der·stand** [mìsʌndərstǽnd 미스언더스탠드]

타 (3단현 misunderstands [mìsʌndərstǽndz], 과거·과거분사 misunderstood [mìsʌndərstúd], 현재분사 misunderstanding [mìsʌndərstǽndiŋ])
오해하다
영 To *misunderstand* means to understand incorrectly.
¶ We *understood* each other.
우리는 서로 오해했다.
일 誤解する ごかいする(고까이스루)
중 误会 wùhuì(우후이)

---

mis·un·der·stand·ing [mìsʌndərstǽndiŋ 미스언더스탠딩]

명 오해
영 A *misunderstanding* is a failure to understand.
일 誤解 ごかい(고까이) 중 误会 wùhuì(우후이)

***mix** [míks 믹스]

통 (3단현 mixes [míksiz], 과거·과거분사 mixed [míkst], 현재분사 mixing [míksiŋ])
태 섞다, 혼합하다
영 To *mix* means to put different things together.
¶ You can't *mix* oil with water.
기름과 물을 섞을 수 없다.
일 混ぜ合わせる　まぜあわせる(마제아와세루) 중 相混合 xiānghùnhé(샹훈허)
자 섞이다, 혼합되다
일 混ざる　まざる(마자루) 중 混合 hùnhé(훈허)

---

mix·ture [míkstʃər 믹스처]

명 (복수 mixtures [míkstʃərz])
혼합물
영 A *mixture* is something consisting of different things mixed together.
일 混合物　こんごうぶつ(콩고-부쓰)
중 混合物　hùnhéwù(훈허우)

---

*mod·el [mádl 마들]

명 (복수 models [mádlz])
1 모형
영 A *model* is a small copy of something.
¶ I like to make *model* planes.
나는 모형 비행기 만드는 것을 좋아한다.
일 模型　もけい(모께-) 중 模型 móxíng(모싱)
2 모델
영 A *model* is someone whose job is to show clothes by wearing them and being photographed.
¶ a fashion *model*
패션 모델
일 モデル(모데루) 중 模特儿 mótèr(모털)

---

mod·er·ate [mádərət 마더럿]

형 알맞은, 적당한
영 *Moderate* means not extreme.
¶ She always drives at *moderate* speed.
그녀는 늘 적당한 속도로 운전한다.
일 適度の　てきどの(테끼도노) 중 适度的 shìdùde(스두더)

---

*mod·ern [mádərn 마던]

형 현대의, 근대의(《반》 ancient 고대의)
영 *Modern* means to do with the present or the recent past.
¶ What do you think of *modern* art?
현대 미술에 대해 어떻게 생각하십니까?
일 現代の　げんだいの(겐다이노) 중 现代的 xiàndàide(셴다이더)

---

mois·ture [mɔ́istʃər 모이스처]

명 습기
영 *Moisture* is small amounts of water in or on something.
¶ The sun dried the moisture on the ground.
햇빛으로 지면의 습기가 말랐다.
일 湿り気　しめりけ(시메리께) 중 湿气 shīqì(스치)

---

mold [móuld 모울드]

명 틀, 주형
영 A *mold* is a hollow container that you can pour liquid into so that it sets in that shape.
일 型　かた(카따) 중 模子 múzi(무쯔)

---

mom [mám 맘]

명 엄마
영 *Mom* is a name for your mother.
일 お母さん　おかあさん(오까-상) 중 妈妈 māma(마마)

*mo·ment [móumənt 모우먼트]

뗑 (복수 moments [móumənts])
순간, 잠깐
뎽 A *moment* is a very short period of time.
¶ Wait a *moment*, please.
잠깐 기다려 주세요.
뎽 瞬間 しゅんかん(슝깐) 쭝 瞬间 shùnjiān(순졘)
숙어 *for a moment* 잠깐 동안
¶ He looked surprised *for a moment*.
그는 잠깐 동안 놀란 표정이었다.

mom·my [mámi 마미]

뗑 엄마
뎽 *Mommy* is a name for your mother.
¶ Good morning, *mommy*.–Good morning, Judy.
엄마, 안녕히 주무셨어요.–주디야, 잘 잤니.
뎽 お母さん おかあさん(오까–상) 쭝 妈妈 māma(마마)

*Mon·day [mʌ́ndèi 먼데이]

뗑 (복수 Mondays [mʌ́ndèiz])
월요일
뎽 *Monday* is the second day of the week.
¶ He is always busy on *Monday* afternoon.
그는 월요일 오후에는 항상 바쁘다.
뎽 月曜日 げつようび(게쓰요–비) 쭝 星期一 xīngqīyī(싱치이)

*mon·ey [mʌ́ni 머니]

뗑 돈, 금전
뎽 *Money* is what people use to buy things.
¶ He has no *money*, but he is happy.
그는 돈이 없지만 행복하다.
뎽 金 かね(카네) 쭝 钱 qián(쳰)

*mon·key [mʌ́ŋki 멍키]

뗑 (복수 monkeys [mʌ́ŋkiz])
원숭이
뎽 A *monkey* is an animal with long arms and legs and a long tail.
¶ There are many *monkeys* in the zoo.
동물원에는 원숭이들이 많이 있다.
뎽 サル(사루) 쭝 猴子 hóuzi(허우쯔)

mon·ster [mánstər 만스터]

뗑 괴물
뎽 A *monster* is a large, fierce, or horrible creature.
뎽 怪物 かいぶつ(카이부쓰) 쭝 怪物 guàiwù(과이우)

*month [mʌ́nθ 먼스]

뗑 (복수 months [mʌ́nθs])
달, 월
뎽 A *month* is one of the 12 parts that make up a year.
¶ A year has twelve *months*.
일년은 열두달이다.
뎽 月 げつ(게쓰) 쭝 月 yuè(웨)

month·ly [mʌ́nθli 먼슬리]

뎽 매달의, 한 달에 한 번의
뎽 *Monthly* means happening or produced once a month.
¶ Will this meeting be *monthly*?
이 모임은 매달 열립니까?
뎽 毎月の まいげつの(마이게쓰노) 쭝 每月的 měiyuède(메이웨더)

mon·u·ment [mánjumənt 마뉴먼트]

명 기념비, 기념물
영 A *monument* is a statue, building, etc., that is meant to remind people of an event or a person.
¶ a war *monument*
전쟁 기념비

일 記念碑 きねんひ(키넨히) 중 纪念碑 jìniànbēi(지녠베이)

---

* **mood** [mú:d 무-드]
명 (복수 moods [mú:dz])
기분 ; 분위기
영 A *mood* is the way you feel.
¶ She is in a good *mood*.
그녀는 지금 기분이 좋다.
일 気分 きぶん(키분) 중 心情 xīnqíng (신칭)

** **moon** [mú:n 문-]
명 달
영 The *moon* is the satellite that moves around the earth.
¶ A bright *moon* was coming up.
밝은 달이 떠오르고 있었다.
일 月 つき(쓰끼) 중 月亮 yuèliang (웨량)

---

moon·light [mú:nlàit 문-라이트]
명 달빛
영 *Moonlight* is the light of the moon that you can see at night.
일 月光 げっこう(겍꼬-) 중 月光

yuèguāng(웨광)

---

* **mor·al** [mɔ́:rəl 모-럴]
형 도덕의, 도덕상의
영 *Moral* means to do with right and wrong.
¶ *moral* duties
도덕적 의무
일 道德の どうとくの(도-또꾸노) 중 道德的 dàodéde(다오더더)

---

* **more** [mɔ́:r 모-]
형 보다 많은 (《반》less 보다 적은)
영 *More* means greater in number, size, extent, or degree.
¶ He has *more* books than I have.
그는 나보다 더 많은 책을 가지고 있다.
일 もっと多い もっとおおい(못또오-이) 중 更多的 gèngduōde(겅뒤더)

부 보다 많이, 더욱 너
영 *More* means to a greater extent or degree.
¶ This question is *more* difficult than that one.
이 문제는 저 문제보다 더 어렵다.
일 もっと(못또) 중 更 gèng(겅)

---

* **more·o·ver** [mɔ:róuvər 모-로우버]
부 게다가, 더욱이, 또한
영 *Moreover* means beyond what has already been said.
¶ She is pretty, and *moreover*, her father is very rich.
그녀는 예쁘고 게다가 아버지는 큰 부자다.
일 そのうえ(소노우에) 중 并且 bìngqiě (빙쳬)

M

morn·ing [mɔ́ːrniŋ 모-닝]

몡 (복수 mornings [mɔ́ːrniŋz])
아침, 오전
옝 *Morning* is the part of the day before noon.
¶ She left yesterday *morning*.
그녀는 어제 아침에 떠났다.
밀 朝 あさ(아사) 중 早晨 zǎochén(짜오천)

---

mos·qui·to [məskíːtou 머스키-토우]

몡 모기
옝 A *mosquito* is a small flying insect that bites and sucks the blood of people and animals.
¶ I was bitten by a *mosquito*.
나는 모기에 물렸다.
밀 力(카) 중 蚊子 wénzi(원쯔)

---

moss [mɔ́ːs 모-스]

몡 이끼
옝 *Moss* is a small, furry, green plant that grows on damp soil, rocks, and tree trunks.
밀 コケ(코께) 중 苔蘚 táixiǎn(타이셴)

---

most [móust 모우스트]

혱 **1** 가장 많은 (《반》 least 가장 적은)
옝 *Most* means greatest in number, amount, or degree.
¶ He won the *most* prize.
그는 가장 많은 상을 탔다.
밀 最も多い　もっともおおい(못또모오-이) 중 最多的　zuìduōde(쭈이둬더)
2 대개의, 대부분의
옝 *Most* means the majority of.
¶ *Most* people like apples.
대부분의 사람들은 사과를 좋아한다.

밀 たいていの(타이떼-노) 중 大部分的 dàbùfende(다부펀더)

봅 가장, 제일
옝 *Most* means to the greatest degree or extent.
¶ Soccer is the *most* popular sport in our school.
우리 학교에서는 축구가 가장 인기 있는 스포츠다.
밀 最も もっとも(못또모) 중 最 zuì(쭈이)

---

most·ly [móustli 모우스틀리]

봅 대부분은, 대개
옝 *Mostly* means mainly or usually.
¶ I am *mostly* out in the afternoon.
나는 오후에는 대개 외출한다.
밀 大部分は　だいぶぶんは(다이부붕와) 중 大部分地　dàbùfende(다부펀더)

---

moth·er [mʌ́ðər 머더]

몡 (복수 mothers [mʌ́ðərz])
어머니
옝 A *mother* is a female parent.
¶ This is my *mother*.
이 분은 나의 어머니시다.
밀 母 はは(하하) 중 妈妈 māma(마마)

---

mo·tion [móuʃən 모우션]

몡 (복수 motions [móuʃənz])
운동 ; 동작
옝 *Motion* is movement.
밀 運動 うんどう(운도-) 중 运动 yùndòng(윈둥)

---

mo·tive [móutiv 모우티브]

몡 (복수 motives [móutivz])
동기
옝 A *motive* is a reason for doing

something.
¶ What was his *motive* for doing it?
그가 그렇게 한 동기는 무엇이었습니까?
[일] 動機 どうき(도-끼) [중] 动机 dòngjī (둥지)

---

*__mo·tor__ [móutər 모우터]
[명] (복수 motors [móutərz])
모터, 발동기
[영] A ***motor*** is a machine that makes other machines work.
¶ an electric *motor*
전동 모터
[일] モーター(모-따-) [중] 发动机 fādòngjī (파둥지)

---

mo·tor·cy·cle [móutərsàikl 모우터사이클]
[명] 모터사이클
[영] A ***motorcycle*** is a heavy vehicle with two wheels and an engine.
[일] オートバイ(오-또바이) [중] 摩托车 mótuōchē(모퉈처)

---

mount [máunt 마운트]
[타] (3단현 mounts [máunts], 과거·과거분사 mounted [máuntid], 현재분사 mounting [máuntiŋ])
오르다
[영] To ***mount*** means to climb up.
¶ He *mounted* the stairs slowly.
그는 천천히 계단을 올라갔다.
[일] 登る のぼる(노보루) [중] 登 dēng(덩)

---

*__moun·tain__ [máuntən 마운턴]
[명] (복수 mountains [máuntənz])
산
[영] A ***mountain*** is a very high area of land.
¶ I'm going to go to the *mountain*.
나는 산에 갈거야.
[일] 山 やま(야마) [중] 山 shān(산)

⁑**mouse** [máus 마우스]
[명] (복수 mice [máis])
생쥐
[영] A ***mouse*** is a small, furry animal with a pointed nose and a long tail.
¶ A large *mouse* has come into the room.
큰 쥐 한 마리가 방 안에 들어왔다.
[일] ハツカネズミ(하쓰까네즈미) [중] 鼠 shǔ(수)

⁑**mouth** [máuθ 마우스]
[명] (복수 mouths [máuðz])
입
[영] Your ***mouth*** is the part of your face that you use for speaking and eating.
¶ Open your *mouth* wide.
입을 크게 벌리세요.
[일] 口 くち(쿠찌) [중] 口 kǒu(커우)

⁑**move** [mú:v 무-브]
[동] (3단현 moves [mú:vz], 과거·과거분사 moved [mú:vd], 현재분사 moving [mú:viŋ])
[타] 움직이다, 옮기다
[영] To ***move*** means to go from one place to another.
¶ She *moved* the desk near the window.
그녀는 책상을 창문 가까이로 옮겼다.
[일] 動かす うごかす(우고까스) [중] 移动 yídòng(이둥)
[자] 움직이다
¶ Don't *move*.
움직이지마.
[일] 動く うごく(우고꾸) [중] 移动 yídòng

M

(이동)

***move·ment** [múːvmənt 무-브먼트]

몡 (복수 movements [múːvmənts])
움직임, 운동
옝 *Movement* is the act of moving from one place to another.
¶ He stood there without *movement*.
그는 꼼짝 않고 거기에 서 있었다.
옐 動き うごき(우고끼) 쥥 运动 yùndòng(윈둥)

****mov·ie** [múːvi 무-비]

몡 (복수 movies [múːviz])
영화 ; 영화관
옝 A *movie* is a story made with pictures that move.
¶ go to see a *movie*
영화를 보러 가다
옐 映画 えいが(에-가) 쥥 电影 diànyǐng(뗸잉)

****Mr., Mr** [mìstər 미스터]

몡 씨, 님, 선생
옝 *Mr.* is a title put in front of a man's name.
¶ *Mr.* White, you are wanted on the phone.
화이트씨, 전화왔습니다.
옐 さん(상) 쥥 先生 xiānsheng (셴성)

****Mrs., Mrs** [mìsiz 미시즈]

몡 부인, 여사, 선생
옝 *Mrs.* is a title put in front of a married woman's name.
¶ This is *Mrs.* Brown speaking.
브라운 부인입니다.
옐 夫人 ふじん(후진) 쥥 夫人 fūrén

(푸런)

****Ms., Ms** [mìz 미즈]

몡 님, 씨, 선생
옝 *Ms.* is a title put in front of a woman's name that does not indicate whether she is married or unmarried.
옐 さん(상) 쥥 女士 nǚshì(뉘스)
여성의 결혼 여부가 불명확할 때나 미혼·기혼을 구별하지 않을 때 쓴다.

Mt. [màunt 마운트]

mount의 약자

****much** [mʌtʃ 머치]

혱 (비교급 more [mɔ́ːr], 최상급 most [móust])
많은, 다량의
옝 *Much* means great in amount or degree.
¶ We have *much* rain in summer.
여름에는 많은 비가 온다.
옐 たくさんの(탁산노) 쥥 许多的 xǔduōde(쉬뚸더)

븜 (비교급 more [mɔ́ːr], 최상급 most [móust])
대단히, 매우
옝 *Much* means very.
¶ Thank you very *much*.
대단히 감사합니다.
옐 大いに おおいに(오-이니) 쥥 非常 fēicháng(페이창)

댕 다량, 많음
옝 *Much* is a lot of something.
¶ I don't eat *much* for breakfast.
나는 아침을 많이 먹지 않는다.
옐 多量 たりょう(타료-) 쥥 许多

xŭduō(쉬둬)

---

*mud [mʌ́d 머드]

명 진흙

영 *Mud* is earth that is wet, soft, and sticky.

¶ His shoes were covered with *mud*.
그의 신발은 진흙투성이였다.

일 泥 どろ(도로) 중 泥 ní(니)

---

mug [mʌ́g 머그]

명 머그컵

영 A *mug* is a large cup with a handle.

¶ a coffee *mug*
커피용 머그컵

일 マグカップ(마구깝뿌) 중 大杯子 dàbēizi(다베이쯔)

---

*mul·ti·ply [mʌ́ltəplài 멀터플라이]

타 (3단현 multiplies [mʌ́ltəplàiz], 과거·과거분사 multiplied [mʌ́ltə-plàid], 현재분사 multiplying [mʌ́l-təplàiiŋ])
곱하다

영 To *multiply* means to add a number to itself several times.

¶ 2 *multiplied* by 3 is 6.
2 곱하기 3은 6이다.

일 掛ける かける(카께루) 중 乘 chéng(청)

---

mur·der [mə́:rdər 머-더]

명 (복수 murders [mə́:rdərz])
살인

영 *Murder* is the crime of deliberately killing someone.

¶ commit *murder*
살인을 범하다

일 殺人 さつじん(사쓰진) 중 凶杀 xiōngshā(슝사)

타 (3단현 murders [mə́:rdərz], 과거·과거분사 murdered [mə́:rdərd], 현재분사 murdering [mə́:rdəriŋ])
죽이다, 살해하다

영 To *murder* means to kill someone deliberately.

일 殺す ころす(코로스) 중 凶杀 xiōng-shā(슝사)

---

*mus·cle [mʌ́sl 머슬]

명 (복수 muscles [mʌ́slz])
근육

영 A *muscle* is the part of your body that gives you strength to move and to lift things.

¶ Exercise makes the *muscles* strong.
운동은 근육을 강하게 만든다.

일 筋肉 きんにく(킨니꾸) 중 肌肉 jīròu (지러우)

---

*mu·se·um [mju:zí:əm 뮤-지-엄]

명 (복수 museums [mju:zí:əmz])
박물관

영 A *museum* is a place that collects and keeps things for people to see and learn about.

¶ the British *Museum*
대영 박물관

일 博物館 はくぶつかん(하꾸부쓰깐)
중 博物馆 bówùguǎn(보우관)

---

mush·room [mʌ́ʃrù:m 머시룸-]

M

명 버섯

영 A *mushroom* is a fungus that is shaped like a small umbrella.
일 キノコ(키노꼬) 중 蘑菇 mógu(모구)

---

mu·sic [mjúːzik 뮤-직]

명 음악
영 *Music* is sounds that people make with instruments and their voices.
¶ He likes to listen to *music*.
그는 음악 듣기를 좋아한다.
일 音楽 おんがく(옹가꾸) 중 音乐 yīnyuè(인웨)

---

mu·si·cal [mjúːzikəl 뮤-지컬]

형 음악의 ; 음악적인
영 *Musical* means to do with music.
¶ a *musical* instrument
악기
일 音楽の おんがくの(옹가꾸노) 중 音乐的 yīnyuède(인웨더)

명 뮤지컬
영 A *musical* is a play or movie that includes singing and dancing.
일 ミュージカル(뮤-지까루) 중 音乐喜剧 yīnyuèxǐjù(인웨시쥐)

M

mu·si·cian [mjuːzíʃən 뮤-지션]

명 음악가
영 A *musician* is someone who plays, or composes music.
¶ Who is your favorite *musician*?

네가 가장 좋아하는 음악가는 누구니?
일 音楽家 おんがくか(옹각까) 중 音乐家 yīnyuèjiā(인웨쟈)

---

must [《약》məst 머스트 ; 《강》mʌ́st 머스트]

조 **1** 해야 한다, 하지 않으면 안된다
영 To *must* means to have to do something.
¶ We *must* listen to them.
우리는 그들이 하는 말에 귀를 귀울여야 한다.
일 しなければならない(시나께레바나라나이) 중 必须 bìxū(비쉬)
2 …임에 틀림없다
영 To *must* means to be definitely doing something.
¶ He *must* be a teacher.
그는 틀림없이 선생님일 것이다.
일 違いない ちがいない(치가이나이)
중 一定是 yídìngshì(이딩스)

---

must·n't [mʌ́snt 머슨트]

must not의 단축형

---

my [mai 마이]

대 [I의 소유격] 나의
¶ This is *my* book.
이것은 내 책이다.
일 私の わたしの(와따시노) 중 我的 wǒde(워더)

---

my·self [maisélf 마이셀프]

대 **1** [강조 용법] 나 자신
¶ I saw it *myself*.
내 눈으로 직접 봤다.
일 私自身 わたしじしん(와따시지싱)
중 我本人 wǒběnrén(워번런)
2 [maisèlf 마이셀프] [재귀 용법] 나

자신을, 나 자신에게
¶ I dressed *myself* in a hurry.
나는 서둘러 옷을 입었다.
🕮 私自身を　わたしじしんを(와따시지
싱오) 🕭 我自己 wǒzìjǐ(워쯔지)
숙어 *by myself* 혼자서

---

mys·te·ri·ous [mistíəriəs 미스
티어리어스]

형 신비한, 불가사의한
영 *Mysterious* means very hard to
explain or understand.
¶ That actress has a *mysterious*
appeal.
그 여배우는 신비한 매력을 갖고 있
다.
🕮 神秘的な　しんぴてきな(심삐떼끼나)
🕭 神秘的 shénmìde(선미더)

*****mys·ter·y** [místəri 미스터리]

명 (복수 mysteries [místəriz])
신비, 불가사의
영 A *mystery* is something that you
do not understand.
¶ It is a *mystery* to me.
그것은 내게 불가사의한 일이다.
🕮 神秘 しんぴ(심삐) 🕭 神秘 shénmì
(선미)

---

myth [míθ 미스]

명 (복수 myths [míθs])
신화
영 A *myth* is an ancient story,
especially one that explains a natural
or historical event.
¶ Roman *myths*
로마 신화
🕮 神話 しんわ(싱와) 🕭 神话 shén-
huà(선화)

M

Nn [én 엔]
the fourteenth letter of the English alphabet
영어 알파벳의 열네번째 글자

***nail** [néil 네일]

영 (복수 nails [néilz])

1 못

영 A *nail* is a thin piece of metal that has a point at one end and a flat part at the other end.

¶ drive a *nail* into the board
판자에 못을 박다
일 くぎ(쿠기) 중 钉子 dīngzi(딩쯔)

2 손톱, 발톱

영 A *nail* is the hard covering at the ends of your fingers and toes.

¶ cut one's *nails*
손톱을 자르다
일 つめ(쓰메) 중 指甲 zhǐjiɑ(즈쟈)

---

na·ked [néikid 네이키드]

형 벌거벗은, 나체의

영 *Naked* means wearing no clothing.

일 裸の はだかの(하다까노) 중 裸体的 luǒtǐde(뤄티더)

****name** [néim 네임]

명 (복수 names [néimz])
이름, 명칭

영 A *name* is what a person, an animal, a place, or a thing is called.

¶ What is your *name*?
네 이름은 무엇이니?
일 名前 なまえ(나마에) 중 名字 míngzi(밍쯔)

태 (3단현 names [néimz], 과거·과거분사 named [néimd], 현재분사

naming [néimiŋ])
이름을 붙이다

영 To *name* means to give someone or something a particular name.

¶ We *named* the baby Henry.
우리는 아기 이름을 헨리라고 지었다.
일 名をつける なをつける(나오쓰께루)
중 给…取名 gěi…qǔmíng(게이…취밍)

숙어 *name after* …의 이름을 따서 이름을 짓다

¶ They *named* him John *after* his uncle.
그들은 그의 이름을 삼촌 이름을 따서 존이라고 지었다.

***nap·kin** [nǽpkin 냅킨]

명 (복수 napkins [nǽpkinz])
냅킨

영 A *napkin* is a square piece of cloth or paper used to protect clothes while eating and to wipe hands and lips.

¶ Put a *napkin* on your lap.
냅킨을 무릎 위에 놓아라.
일 ナプキン(나뿌낀) 중 餐巾 cānjīn(찬진)

---

nar·ra·tive [nǽrətiv 내러티브]

명 (복수 narratives [nǽrətivz])
이야기

영 A *narrative* is a story, or an account of something that has happened.

일 物語 ものがたり(모노가따리) 중 故

事 gùshì(구스)

---

nar·ra·tor [nǽreitər 내레이터]

몡 내레이터
영 A *narrator* is someone who tells the story in a movie, book, etc.
¶ He is the *narrator* of this program.
그는 이 프로그램의 내레이터다.
일 ナレーター(나레-따-) 중 解说员 jiěshuōyuán(제숴위엔)

---

*nar·row [nǽrou 내로우]

혱 (비교급 narrower [nǽrouər], 최상급 narrowest [nǽrouist])
좁은(《반》wide 넓은)
영 *Narrow* means not broad or wide.
¶ a long *narrow* street
길고 좁은 길
일 狭い せまい(세마이) 중 狭窄的 xiázhǎide(샤자이더)

---

*na·tion [néiʃən 네이션]

몡 (복수 nations [néiʃənz])
1 국민
영 A *nation* is a large group of people who live in the same part of the world.
¶ the Korean *nation*
한국 국민
일 国民 こくみん(코꾸민) 중 国民 guó-mín(궈민)
2 국가
영 A *nation* is a country.
¶ Asian *nations*
아시아 여러 국가
일 国家 こっか(콕까) 중 国家 guójiā (궈쟈)

---

*na·tion·al [nǽʃənəl 내셔널]

혱 **1** 국가의
영 *National* means relating to a nation.
¶ a *national* flag
국기
일 国の くにの(쿠니노) 중 国家的 guó-jiāde(궈쟈더)
2 국립의
영 *National* means owned or controlled by the government.
¶ Grand Canyon *National* Park
그랜드 캐니언 국립 공원

일 国立の こくりつの(코꾸리쓰노) 중 国有的 guóyǒude(궈유더)

---

na·tion·al·i·ty [næ̀ʃənǽləti 내셔낼러티]

몡 (복수 nationalities [næ̀ʃənǽlətiz])
국적
영 *Nationality* is the legal right of belonging to a particular country.
¶ He has British *nationality*.
그는 영국 국적을 가지고 있다.
일 国籍 こくせき(코꾸세끼) 중 国籍 guójí(궈지)

---

*na·tive [néitiv 네이티브]

혱 출생지의, 모국의
영 *Native* means belonging to a person because of where he or she was born.
¶ He returned to his *native* Canada.
그는 모국인 캐나다로 돌아갔다.
일 出生地の しゅっせいちの(슛세-찌노) 중 出生地的 chūshēngdìde(추성디

N

더)

명 (복수 natives [néitivz])
···태생의 사람
영 A **native** is someone born in a particular place.
¶ She is a *native* of London.
그녀는 런던 태생이다.
일 生まれた人 うまれたひと(우마레따히또) 중 本地人 běndìrén(번디런)

***nat·u·ral** [nǽtʃurəl 내추럴]
형 **1** 자연의, 천연의
영 **Natural** means found in or produced by nature rather than being artificial or made by people.
¶ It is good to eat *natural* foods.
자연 식품을 먹는 것은 좋다.
일 自然の しぜんの(시젠노) 중 自然的 zìránde(쯔란더)
2 타고난, 선천적인
영 **Natural** means present from birth rather than being learned.
¶ He was a *natural* poet.
그는 타고난 시인이었다.
일 生まれつきの うまれつきの(우마레쓰끼노) 중 天生的 tiānshēngde(톈성더)

----

nat·u·ral·ly [nǽtʃurəli 내추럴리]
부 물론, 당연히
영 **Naturally** means of course.
¶ *Naturally*, he accepted the invitation.
물론 그는 초대에 응했다.
일 もちろん(모찌롱) 중 当然 dāngrán(당란)

***na·ture** [néitʃər 네이처]
명 (복수 natures [néitʃərz])
1 자연

영 **Nature** is everything that is not made by people.
¶ the laws of *nature*
자연의 법칙
일 自然 しぜん(시젠) 중 自然 zìrán(쯔란)
2 성질, 천성, 성격
영 A **nature** is the character of someone or something.
¶ She has a good *nature*.
그녀는 천성이 곱다.
일 性質 せいしつ(세-시쓰) 중 性质 xìngzhì(싱즈)

----

na·val [néivl 네이블]
형 해군의
영 **Naval** means relating to the navy.
¶ *naval* power
해군력
일 海軍の かいぐんの(카이군노) 중 海军的 hǎijūnde(하이쥔더)

***na·vy** [néivi 네이비]
명 (복수 navies [néiviz])
해군
영 A **navy** is the part of a country's military forces that is organized for fighting a war at sea.
¶ He joined the *navy*.
그는 해군에 입대했다.
일 海軍 かいぐん(카이군) 중 海军 hǎijūn(하이쥔)

****near** [níər 니어]
부 (비교급 nearer [níərər], 최상급 nearest [níərist])
가까이, 인접하여(《반》 far 멀리)
영 **Near** means close.
¶ Don't come *near*.
가까이 오지 마라.
일 近くに ちかくに(치까꾸니) 중 近

jìn(진)

혱 (비교급 nearer [níərər], 최상급 nearest [níərist])
가까운
옝 *Near* means close.
¶ Where is the *nearest* station from here?
여기에서 가장 가까운 역은 어디입니까?
일 近い ちかい(치까이) 중 近的 jìnde(진더)

전 [nìər 니어] …의 가까이에
옝 *Near* means close to.
¶ My house is *near* the school.
우리 집은 학교 가까이에 있다.
일 近くに ちかくに(치까꾸니) 중 在…附近 zài…fùjìn(짜이…푸진)

----

near·by [níərbái 니어바이]
혱 가까이의
옝 *Nearby* means not far away.
¶ My cousins live in a *nearby* town.
내 사촌들은 가까운 도시에 산다.
일 近くの ちかくの(치까꾸노) 중 附近的 fùjìnde(푸진더)

***near·ly** [níərli 니얼리]
뷔 거의, 대략
옝 *Nearly* means almost.
¶ It took me *nearly* five hours to write the essay.
나는 에세이를 쓰는 데 거의 5시간이 걸렸다.
일 ほとんど(호똔도) 중 几乎 jīhū(지후)

----

neat [níːt 니-트]
혱 (비교급 neater [níːtər], 최상급 neatest [níːtist])
깔끔한, 정돈된
옝 *Neat* means orderly and clean.
¶ My brother's room is *neat*.
내 동생의 방은 잘 정돈되어 있다.
일 きちんとした(키찐또시따) 중 整洁的 zhěngjiéde(정졔더)

----

nec·es·sar·i·ly [nèsəséréli 네서세릴리]
뷔 반드시, 필연적으로
옝 *Necessarily* means inevitably.
일 必ず かならず(카나라즈) 중 必然地 bìránde(비란더)

***nec·es·sar·y** [nésəsèri 네서세리]
혱 필요한, 없어서는 안되는
옝 *Necessary* means needed.
¶ Light and water are *necessary* to plants.
식물에게는 빛과 물이 필요하다.
일 必要な ひつような(히쓰요-나) 중 必要的 bìyàode(비야오더)

----

ne·ces·si·ty [nisésəti 니세서티]
몡 (복수 necessities [nisésətiz])
1 필요, 필요성
옝 *Necessity* is need.
¶ *Necessity* is the mother of invention.
필요는 발명의 어머니다.
일 必要 ひつよう(히쓰요-) 중 必要 bìyào(비야오)
2 [흔히 necessities로] 필수품
옝 *Necessities* are the things you cannot live without.
¶ *necessities* of life
생활 필수품
일 必需品 ひつじゅひん(히쓰주힝) 중 必需品 bìxūpǐn(비쉬핀)

N

*neck [nék 넥]

명 (복수 necks [néks])
목
영 A *neck* is the part of your body that joins your head to your shoulders.
¶ A giraffe has a long, thin *neck*.
기린은 목이 길고 가늘다.
일 首 くび(쿠비) 중 颈 jǐng(징)

---

neck·lace [néklis 넥리스]

명 (복수 necklaces [néklisiz])
목걸이
영 A *necklace* is a piece of jewelry worn around the neck.
¶ a pearl *necklace*
진주 목걸이
일 ネックレス(넥꾸레스) 중 项链 xiàng-liàn(샹롄)

---

*need [ní:d 니-드]

명 (복수 needs [ní:dz])
1 필요
영 *Need* is necessity.
¶ There is no *need* for you to go.
네가 갈 필요는 없다.
일 必要 ひつよう(히쓰요-) 중 需要 xūyào(쉬야오)
2 [보통 needs로] 필요한 것
영 *Needs* are something that you have to have.
¶ We buy our daily *needs* at that store.
우리는 일용품을 저 가게에서 산다.
일 必要なもの ひつようなもの(히쓰요-나모노) 중 必要之物 bìyàozhīwù(비야오즈우)

타 (3단현 needs [ní:dz], 과거·과거분사 needed [ní:did], 현재분사 needing [ní:diŋ])
필요하다

영 To *need* means to want or require something urgently.
¶ He *needs* a new coat.
그는 새 코트가 필요하다.
일 必要である ひつようである(히쓰요-데아루) 중 需要 xūyào(쉬야오)

조 [부정문·의문문에서] …할 필요가 있다
영 To *need* means to have to do something.
¶ He *need* not hurry so much.
그는 그렇게 서두를 필요가 없다.
일 必要がある ひつようがある(히쓰요-가아루) 중 需要 xūyào(쉬야오)

---

*nee·dle [ní:dl 니-들]

명 (복수 needles [ní:dlz])
바늘
영 A *needle* is a thin pointed piece of metal with a hole for thread at one end.
¶ a *needle* and thread
실 꿴 바늘
일 針 はり(하리) 중 针 zhēn(전)

---

need·n't [ní:dnt 니-든트]

need not의 단축형

---

*neg·a·tive [négətiv 네거티브]

형 부정의, 부정적인
영 *Negative* means giving the answer "no."
¶ His answer was *negative*.
그의 대답은 부정적이었다.
일 否定の ひていの(히떼-노) 중 否定的 fǒudìngde(퍼우딩터)

---

ne·glect [niglékt 니글렉트]

타 (3단현 neglects [niglékts], 과거·

과거분사 neglected [niglɛ́ktid], 현재분사 neglecting [niglɛ́ktiŋ])
무시하다, 경시하다
영 To *neglect* means to not pay enough attention to someone or something.
일 無視する むしする(무시스루) 중 忽視 hūshì(후스)

---

ne·go·ti·ate [nigóuʃièit 니고우시에이트]

명 (3단현 negotiates [nigóuʃièits], 과거·과거분사 negotiated [nigóuʃièitid], 현재분사 negotiating [nigóuʃièitiŋ])
교섭하다
영 To *negotiate* means to bargain or discuss something so that you can come to an agreement.
일 交渉する こうしょうする(코-쇼-스루) 중 谈判 tánpàn(탄판)

---

*neigh·bor [nɛ́ibər 네이버]

명 (복수 neighbors [nɛ́ibərz])
이웃 사람
영 A *neighbor* is someone who lives near you.
¶ We have friendly *neighbors*.
우리에게는 다정한 이웃 사람들이 있다.
일 隣人 りんじん(린징) 중 邻居 línjū(린쥐)

---

neigh·bor·hood [nɛ́ibərhùd 네이버후드]

명 (복수 neighborhoods [nɛ́ibərhùdz])
이웃, 근처
영 A *neighborhood* is the local area around your house.
¶ There is no hospital in this *neigh-borhood*.
이 근처에는 병원이 없다.
일 近所 きんじょ(킨조) 중 邻近 línjìn (린진)

---

*nei·ther [ní:ðər 니-더]

형 어느 쪽의 …도 …아니다
영 *Neither* means not either.
¶ *Neither* answer is correct.
어느 대답도 옳지 않다.
일 どちらの…も…ない(도찌라노…모…나이) 중 两者都不 liǎngzhědōubù(량저더우부)

대 어느 쪽도 …아니다
영 *Neither* is not either one.
¶ I believe *neither*.
나는 어느 쪽도 믿지 않는다.
일 どちらも…ない(도찌라모…나이) 중 无一个 wúyígè(우이거)

부 [부정문 뒤에서] …도 또한 …아니다
영 *Neither* means nor.
¶ She can't go, and *neither* can I.
그녀도 갈 수 없고 나 또한 못 간다.
일 …もまた…ない(…모마따…나이) 중 也不 yěbù(예부)

접 [neither … nor…로] …도 아니고 …도 아니다
영 *Neither* means to show two negative choices or possibilities.
¶ He can *neither* sleep *nor* eat.
그는 잘 수도 먹을 수도 없다.
일 …でも…でもない(…데모…데모나이) 중 既不…也不 jìbù…yěbù(지부 예부)

---

*neph·ew [nɛ́fju: 네퓨-]

명 (복수 nephews [nɛ́fju:z])

조카
<영> A **_nephew_** is the son of your brother, sister, brother-in-law, or sister-in-law.
<일> 甥 おい(오이) <중> 外甥 wàisheng (와이성)

---

nerve [nə́:rv 너-브]

<명> (복수 nerves [nə́:rvz])
신경
<영> A **_nerve_** is one of the thin fibers that send messages between your brain or spinal cord and other parts of your body.
<일> 神経 しんけい(싱께-) <중> 神经 shénjīng(선징)

---

*__nerv·ous__ [nə́:rvəs 너-버스]

<형>**1** 신경의
<영> **_Nervous_** means relating to the nerves in your body.
<일> 神経の しんけいの(싱께-노) <중> 神经的 shénjīngde(선징더)
2 신경질적인
<영> **_Nervous_** means easily upset or tense.
<일> 神経質な しんけいしつな(싱께-시쓰나) <중> 神经质的 shénjīngzhìde(선징즈더)

__nest__ [nést 네스트]

<명> (복수 nests [nésts])
둥지, 보금자리
<영> A **_nest_** is a bird's home.
¶ Most birds lay their eggs in *nests*.
대부분의 새들은 둥지에 알을 낳는다.
<일> 巣 す(스) <중> 巢 cháo(차오)

---

*__net__ [nét 넷]

<명> (복수 nets [néts])
그물, 네트, 망
<영> A **_net_** is a material made of strings, wires, or threads woven across each other with regular spaces between them.
¶ a fishing *net*
어망
<일> 網 あみ(아미) <중> 网 wǎng(왕)

Neth·er·lands [néðərləndz 네덜런즈]

<명> [the Netherlands로] 네덜란드

▲ 킨데르디크의 풍차

<일> オランダ(오란다) <중> 荷兰 Hélán (허란)

---

net·work [nétwə́:rk 넷워-크]

<명> (복수 networks [nétwə́:rks])
1 망상 조직
<영> A **_network_** is a large number of lines forming a crisscross pattern.
<일> 網状の組織 もうじょうのそしき (모-조-노소시끼) <중> 网状组织 wǎngzhuàngzǔzhī(왕좡쭈즈)
2 방송망
<영> A **_network_** is a system of things that are connected to each other.
¶ a television *network*
텔레비전 방송망
<일> 放送網 ほうそうもう(호-소-모-) <중> 广播网 guǎngbōwǎng(광보왕)

nev·er [névər 네버]

튀 **1** 결코 …하지 않다
영 *Never* means not at all.
¶ I'll *never* forget your kindness.
나는 너의 친절을 결코 잊지 않을 것이다.
일 けっして…ない(켓시떼…나이) 중 決不 juébù(쥐부)
2 한 번도 …한 적이 없다
영 *Never* means at no time or not ever.
¶ I have *never* been to New York.
나는 한 번도 뉴욕에 가본 적이 없다.
일 一度も…したことがない いちども…したことがない(이찌도모…시따코또가나이) 중 从不 cóngbù(충부)

---

nev·er·the·less [nèvərðəlés 네버덜레스]

튀 그럼에도 불구하고
영 *Nevertheless* means in spite of that.
¶ He was cold and hungry; *nevertheless*, he kept on walking.
그는 춥고 배고팠지만 그럼에도 불구하고 계속 걸어갔다.
일 それにもかかわらず(소레니모카까와라즈) 중 尽管 jǐnguǎn(진관)

---

new [njú: 뉴-]

형 (비교급 newer [njú:ər], 최상급 newest [njú:ist])
1 새로운(《반》old 낡은)
영 *New* means just made or begun.
¶ I bought a *new* bike yesterday.
나는 어제 새 자전거를 샀다.
¶ We started a *new* game.
우리는 새로운 놀이를 시작했다.
일 新しい あたらしい(아따라시-) 중 新的 xīnde(신더)
2 신임의, 새로 온
영 *New* means recently arrived or established in a place, position,

relationship, or role.
¶ He is our *new* teacher.
그는 새로 오신 우리 선생님이시다.
일 新任の しんにんの(신닌노) 중 新任的 xīnrènde(신런더)

---

new·ly [njú:li 뉼-리]

튀 최근 ; 새로이
영 *Newly* means very recently.
일 最近 さいきん(사이낑) 중 最近 zuìjìn(쮜이진)

---

news [njú:z 뉴-즈]

명 뉴스, 보도, 기사
영 *News* is fresh or recent information or facts.
¶ Did you see the 9 o'clock *news*?
9시 뉴스를 보았니?
일 ニュース(뉴-스) 중 新闻 xīnwén(신원)

---

news·pa·per [njú:zpèipər 뉴-즈페이퍼]

명 (복수 newspapers [njú:zpèipərz])
신문
영 A *newspaper* is a publication made up of several pages of paper containing news reports, articles, letters, etc.
¶ Father is reading the *newspaper*.
아버지는 신문을 읽고 계신다.
일 新聞 しんぶん(심붕) 중 报纸 bàozhǐ(바오즈)

---

news·stand [njú:zstænd 뉴-즈스탠드]

명 신문 잡지 매점
영 A *newsstand* is a place where newspapers and magazines and sometimes

N

books and snacks are sold.
일 新聞雑誌売場 しんぶんざっしうりば(심붕잣시우리바) 중 报摊 bào-tān(바오탄)

*New York [njù: jɔ́:rk 뉴- 요-크]

명 뉴욕시

▲ 엠파이어스테이트빌딩

영 *New York* is a major city in southeastern New York, at the mouth of the Hudson River.
일 ニューヨーク市　ニューヨークし (뉴-요-꾸시) 중 纽约 Niǔyuē(뉴웨)
뉴욕주 남동부 허드슨 강 입구에 있는 미국 최대의 도시로 New York City라고도 한다.

New Zea·land [njù: zí:lənd 뉴-질-런드]

명 뉴질랜드
일 ニュージーランド(뉴-지-란도) 중 新西兰 Xīnxīlán(신시란)

**next [nékst 넥스트]

형 **1** [시간·순서적으로] 다음의 ; 다음에 오는
영 *Next* means coming after someone or something.
¶ *Next* Sunday is my birthday.
이번 일요일은 내 생일이다.
¶ We'll catch the *next* train.
우리는 다음 기차를 탈 것이다.
일 次の つぎの(쓰기노) 중 紧接在后的 jǐnjiēzàihòude(진졔짜이허우더)
2 [공간적으로] 이웃의, 가장 가까운
영 *Next* means beside or near something.
¶ Turn left at the *next* corner.
다음 모퉁이에서 좌회전하세요.
일 隣の となりの(토나리노) 중 贴近的 tiējìnde(톄진더)
숙어 *next to* …의 이웃에

부 다음에
영 *Next* means immediately after.
¶ Who comes *next*?
다음에 누가 옵니까?
일 次に つぎに(쓰기니) 중 接下去 jiē-xiàqù(졔샤취)

**nice [náis 나이스]

형 (비교급 nicer [náisər], 최상급 nicest [náisist])
1 좋은, 유쾌한, 즐거운
영 *Nice* means good or pleasant.
¶ *Nice* to meet you.
만나서 반갑습니다.
일 よい(요이) 중 好的 hǎode(하오더)
2 친절한, 다정한
영 *Nice* means kind.
¶ They are very *nice*.
그들은 매우 친절하다.
일 親切な しんせつな(신세쓰나) 중 友好的 yǒuhǎode(유하오더)

nick·el [níkl 니클]

명 니켈
영 *Nickel* is a hard silver-gray metal that is added to alloys to make them strong.
일 ニッケル(닉께루) 중 镍 niè(녜)

nick·name [níknèim 닉네임]

명 (복수 nicknames [níknèimz])

별명 ; 애칭
㉑ A *nickname* is a name that you use instead of a real name.
¶ He has an interesting *nickname*.
그는 재미있는 별명을 가지고 있다.
㉕ あだ名　あだな(아다나) ㉗ 绰号 chuòhào(춰하오)

∗∗niece [níːs 니-스]
㉤ (복수 nieces [níːsiz])
조카딸
㉑ A *niece* is the daughter of your brother, sister, brother-in-law, or sister-in-law.
㉕ 姪 めい(메-) ㉗ 侄女 zhínǚ(즈뉘)

∗∗night [náit 나이트]
㉤ (복수 nights [náits])
밤, 야간(《반》day 낮)
㉑ *Night* is the part of the day when it is dark outside.
¶ It was a cold *night*.
추운 밤이었다.
㉕ 夜 よる(요루) ㉗ 夜 yè(예)
㉦ *all night (long)* 밤새도록
¶ He read *all night long*.
그는 밤새도록 책을 읽었다.
㉦ *at night* 밤중에
¶ Every day father came home from work *at night*.
아버지는 매일 밤중에 퇴근하셨다.
㉦ *night and day* 밤낮(없이)

----

night·gown [náitgàun 나이트가운]
㉤ 잠옷
㉑ A *nightgown* is a loose dress that girls or women wear in bed.
㉕ 寝巻き　ねまき(네마끼) ㉗ 女睡袍 nǚshuìpáo(뉘수이파오)

night·in·gale [náitngèil 나이튼게일]
㉤ (복수 nightingales [náitngèilz]) 나이팅게일
㉑ A *nightingale* is a small European wild bird that sings very beautifully.
㉕ ナイチンゲール(나이찡게-루) ㉗ 夜莺 yèyīng(예잉)

∗∗nine [náin 나인]
㉤ (복수 nines [náinz])
9, 아홉
㉑ *Nine* is the number that comes after eight and before ten.
¶ *Nine* and one makes ten.
9 더하기 1 은 10이다.
㉕ 九 きゅう(큐-) ㉗ 九 jiǔ(쥬)

∗∗nine·teen [nàintíːn 나인틴-]
㉤ (복수 nineteens [nàintíːnz])
19, 열아홉
㉑ *Nineteen* is the number that comes after eighteen and before twenty.
㉕ 十九 じゅうきゅう(주-뀨-) ㉗ 十九 shíjiǔ(스쥬)

∗nine·teenth [nàintíːnθ 나인틴-스]
㉤ (복수 nineteenths [nàintíːnθs])
19번째, 열아홉번째
㉑ *Nineteenth* is the number that comes after eighteenth and before twentieth.
㉕ 十九番目 じゅうきゅうばんめ(주-뀨-밤메) ㉗ 第十九 dìshíjiǔ(디스쥬)

----

nine·ti·eth [náintiiθ 나인티이스]
㉤ (복수 ninetieths [náintiiθs])
90번째, 아흔번째

N

영 *Ninetieth* is the number that comes after eighty-ninth and before ninety-first.
일 九十番目 きゅうじゅうばんめ(큐-주-밤메) 중 第九十 dìjiǔshí(디쥬스)

****nine·ty** [náinti 나인티]

명 (복수 nineties [náintiz])
90, 아흔
영 *Ninety* is the number that comes after eighty-nine and before ninety-one.
일 九十 きゅうじゅう(큐-주-) 중 九十 jiǔshí(쥬스)

****ninth** [náinθ 나인스]

명 (복수 ninths [náinθs])
9번째, 아홉번째
영 *Ninth* is the number that comes after eighth and before tenth.
일 九番目 きゅうばんめ(큐-밤메) 중 第九 dìjiǔ(디쥬)

****no** [nóu 노우]

부 **1** 아니(오)(《반》yes 네)
영 *No* means not so.
¶ Is this your pen?
– *No*, it isn't.
이것은 네 펜이니?
– 아니, 내 펜이 아니야.
일 いいえ(이-에) 중 不 bù(부)
2 [비교급 앞에 써서] 조금도 …않다
영 *No* means not at all.
¶ I can eat *no* more.
나는 더 이상 못 먹겠다.
일 少しも…ない すこしも…ない(스꼬시모…나이) 중 一点也不 yìdiǎnyěbù(이뎬예부)
숙어 *no longer* 더 이상 …않다
¶ It is *no longer* cold.
더 이상 춥지 않다.

형 **1** 하나도 …없는
영 *No* means not a.
¶ *No* person is without his faults.
결점 없는 사람은 없다.
일 一つも…ない ひとつも…ない(히또쓰모…나이) 중 没有 méiyǒu(메이유)
2 결코 …이 아닌
영 *No* means not any.
¶ It is *no* joke.
결코 농담이 아니다.
일 けっして…でない(켓시떼…데나이) 중 并非 bìngfēi(빙페이)

No., no. [nʌ́mbər 넘버]

number의 약자
¶ Room *No.* 101
101호실

---

no·ble [nóubl 노우블]

형 (비교급 nobler [nóublər], 최상급 noblest [nóublist])
1 고결한
영 *Noble* means acting in a way that is idealistic and considerate.
¶ He has a *noble* mind.
그는 고결한 마음을 가지고 있다.
일 高潔な こうけつな(코-께쓰나) 중 崇高的 chónggāode(충가오더)
2 고귀한, 귀족의
영 *Noble* means of high rank or aristocratic.
¶ a man of *noble* birth
귀족 가문에 태어난 사람
일 高貴な こうきな(코-끼나) 중 高貴的 gāoguìde(가오구이더)

***no·bod·y** [nóubədi 노우버디]

대 아무도 …않다
영 *Nobody* is no person.
¶ *Nobody* can fly like a bird.
아무도 새처럼 날 수 없다.

일 だれも…ない(다레모…나이) 중 无人 wúrén(우런)

---

* **nod** [nád 나드]

재 (3단현 nods [nádz], 과거·과거분사 nodded [nádid], 현재분사 nodding [nádiŋ])
끄덕이다
영 To **nod** means to move your head up and down.
¶ People often *nod* to show that they agree.
사람들은 동의한다는 표시로 흔히 머리를 끄덕인다.
일 うなずく(우나즈꾸) 중 点头 diǎntóu (뎬터우)

---

* **noise** [nɔ́iz 노이즈]

명 (복수 noises [nɔ́iziz])
(불쾌한) 소리, 소음
영 A **noise** is a sound, especially a loud or unpleasant one.
¶ At the airport there is always a lot of *noise*.
공항에는 항상 소음이 많다.
일 騒音 そうおん(소-옹) 중 噪音 zào-yīn(짜오인)

---

nois·y [nɔ́izi 노이지]

형 (비교급 noisier [nɔ́iziər], 최상급 noisiest [nɔ́iziist])
시끄러운, 떠들썩한
영 **Noisy** means loud.
¶ Don't be *noisy*!
떠들지 마라.
일 やかましい(야까마시-) 중 喧闹的 xuānnàode(솬나오더)

---

nom·i·nate [námənèit 나머네이트]

타 (3단현 nominates [námənèits], 과거·과거분사 nominated [námənèitid], 현재분사 nominating [námənèitiŋ])
추천하다, 지명하다
영 To **nominate** means to suggest that someone would be the right person to do a job or to receive an honor.
¶ The committee *nominated* her for chairman.
위원회는 그녀를 의장으로 추천했다.
일 推薦する すいせんする(스이센스루) 중 提名 tímíng(티밍)

---

* **none** [nʌ́n 넌]

대 아무도 …않다 ; 조금도 …않다
영 **None** is not one or not any.
¶ *None* have arrived yet.
아무도 아직 도착하지 않았다.
¶ *None* of the birthday cake was left.
생일 케이크는 조금도 남아 있지 않았다.
일 だれも…ない(다레모…나이) 중 无人 wúrén(우런)

---

non·sense [nánsens 난센스]

명 실없는 소리, 허튼 소리
영 **Nonsense** is something that is silly or has no meaning.
¶ Don't talk *nonsense*.
실없는 소리 하지 마라.
일 たわごと(타와고또) 중 废话 fèihuà(페이화)

---

noo·dle [núːdl 누-들]

명 (복수 noodles [núːdlz])
면류
영 A **noodle** is a flat strip of dried dough.
일 めん類 めんるい(멘루이) 중 面条

miàntiáo(몐탸오)

---

noon [núːn 눈-]

명 정오, 한낮
영 *Noon* is 12 o'clock in the middle of the day.
¶ We eat our lunch at *noon*.
우리는 정오에 점심을 먹는다.
일 正午 しょうご(쇼-고) 중 正午 zhèng-wǔ(정우)

---

no one [nóu wʌ̀n 노우 원]

대 아무도 …않다
영 *No one* is not a single person.
¶ *No one* knows.
아무도 모른다.
일 だれも…ない(다레모…나이) 중 没有人 méiyǒurén(메이유런)

---

* **nor** [《약》 nər 너 ; 《강》 nɔ́ːr 노-]

접 [neither … nor …로] …도 …도 아니다
영 *Nor* means and not.
¶ *Neither* Judy *nor* I was able to go.
주디도 나도 갈 수 없었다.
일 …も…も…ない(…모…모…나이) 중 也不 yěbù(예부)

---

* **nor·mal** [nɔ́ːrməl 노-멀]

형 보통의, 표준의, 정상의
영 *Normal* means usual or regular.
일 ふつうの(후쓰-노) 중 正常的 zhèngchángde(정창더)

---

* **north** [nɔ́ːrθ 노-스]

명 [the north로] 북, 북쪽 (《반》 south 남)
영 *The north* is to your right when you face the direction where the sun sets.
¶ Which way is *the north*?
어디가 북쪽입니까?
일 北 きた(키따) 중 北方 běifāng(베이팡)

형 북의, 북쪽의
영 *North* means in the north.
¶ the *North* Pole
북극
일 北の きたの(키따노) 중 北方的 běifāngde(베이팡더)

부 북으로, 북쪽에
영 *North* means toward the north.
¶ We went *north*.
우리는 북쪽으로 갔다.
일 北へ きたへ(키따에) 중 向北方 xiàngběifāng(샹베이팡)

---

north·east [nɔ̀ːrθíːst 노-스이-스트]

명 [the northeast로] 북동
영 *The northeast* is the direction that is exactly between north and east.
일 北東 ほくとう(호꾸또-) 중 东北 dōngběi(둥베이)

---

* **north·ern** [nɔ́ːrðərn 노-턴]

형 북의, 북쪽의 (《반》 southern 남의)
영 *Northern* means in or from the north part of an area, country, state, etc.
¶ The town is located in the *northern* area.
그 도시는 북쪽 지역에 위치해 있다.
일 北の きたの(키따노) 중 北方的 běifāngde(베이팡더)

---

north·west [nɔ̀ːrθwést 노-스웨스

트]

명 [the northwest로] 북서

영 *The northwest* is the direction that is exactly between north and west.

일 北西 ほくせい(호꾸세-) 중 西北 xīběi(시베이)

****nose** [nóuz 노우즈]

명 (복수 noses [nóuziz])

코

영 A *nose* is the part of your face that you use when you smell and breathe.

¶ Don't pick your *nose*.

코를 후비지 마라.

일 鼻 はな(하나) 중 鼻子 bízi(비쯔)

****not** [nát 낫]

부 …이 아니다, …하지 않다

영 *Not* means at no time or in no way.

¶ This is *not* my book.

이것은 내 책이 아니다.

¶ I am *not* tired.

나는 피곤하지 않다.

일 …ではない(…데와나이) 중 不 bù (부)

숙어 *not … but …* …가 아니고 …다

¶ He is *not* my son *but* my nephew.

그는 내 아들이 아니고 내 조카다.

숙어 *not only … but (also) …* …뿐만 아니라 …도 또한

¶ She plays *not only* the piano *but (also)* the cello.

그녀는 피아노뿐만 아니라 첼로도 연주한다.

***note** [nóut 노우트]

명 (복수 notes [nóuts])

1 메모, 각서

영 A *note* is a short message that you write down.

¶ I made a *note* of his phone number.

나는 그의 전화번호를 메모해 두었다.

일 覚え書き おぼえがき(오보에가끼)

중 笔记 bǐji(비지)

2 음표

영 A *note* is one sound in music.

일 音符 おんぷ(옴뿌) 중 音符 yīnfù(인푸)

타 (3단현 notes [nóuts], 과거·과거분사 noted [nóutid], 현재분사 noting [nóutiŋ])

적어두다

영 To *note* means to write something down.

¶ I *noted* down his comment.

나는 그의 논평을 적어두었다.

일 書き留める かきとめる(카끼토메루)

중 记下 jìxià(지샤)

***note·book** [nóutbùk 노우트북]

명 (복수 notebooks [nóutbùks])

노트, 공책

영 A *notebook* is a small pad or book of paper used for writing notes.

¶ There is a *notebook* on the desk.

책상 위에 공책이 한 권 있다.

일 ノート(노-또) 중 笔记本 bǐjìběn(비지번)

****noth·ing** [nΛθiŋ 너싱]

대 아무것도 …아니다

영 *Nothing* is not anything at all.

¶ There was *nothing* in the cupboard.

찬장 안에는 아무것도 없었다.

일 なにも…でない(나니모…데나이) 중 一点也不 yìdiǎnyěbù(이뎬예부)

숙어 *for nothing* 무료로, 공짜로

¶ I got these *for nothing*.

나는 이것들을 공짜로 얻었다.

no·tice [nóutis 노우티스]

명 (복수 notices [nóutisiz])
1 주의, 주목
영 *Notice* is attention or observation.
¶ attract *notice*
주의를 끌다
일 注意 ちゅうい(추-이) 중 注意 zhùyì
(주이)
2 통지, 통고
영 *Notice* is a warning or an an-
nouncement.
¶ Please give me *notice* in advance.
미리 알려 주십시오.
일 通知 つうち(쓰-찌) 중 通知 tōngzhī
(퉁즈)
숙어 *take notice of* …에 주의하다

타 (3단현 notices [nóutisiz], 과거·
과거분사 noticed [nóutist], 현재분
사 noticing [nóutisiŋ])
알아차리다
영 To *notice* means to see something,
or to become aware of it.
¶ They *noticed* what was wrong.
그들은 무엇이 잘못되었는지 알아차
렸다.
일 気づく きづく(키즈꾸) 중 注意到
zhùyìdào(주이다오)

no·tice·a·ble [nóutisəbl 노우티
서블]

형 눈에 띄는, 남의 이목을 끄는
영 *Noticeable* means easy to notice.
일 目だつ めだつ(메다쓰) 중 显著的
xiǎnzhùde(셴주더)

no·tion [nóuʃən 노우션]

명 관념 ; 생각, 의견
영 A *notion* is an idea.
일 観念 かんねん(칸넨) 중 观念
guānniàn(관녠)

noun [náun 나운]

명 명사
영 A *noun* is a word that names a
person, place, or thing.
일 名詞 めいし(메-시) 중 名词 míngcí
(밍츠)

nov·el [návəl 나벌]

명 (복수 novels [návəlz])
(장편) 소설
영 A *novel* is a book that tells a long
story about made-up people and
events.
¶ a popular *novel*
대중 소설
일 小説 しょうせつ(쇼-세쓰) 중 小说
xiǎoshuō(샤오숴)

nov·el·ist [návəlist 나벌리스트]

명 소설가
영 A *novelist* is someone who writes
novels.
일 小説家 しょうせつか(쇼-세쓰까)
중 小说家 xiǎoshuōjiā(샤오숴쟈)

No·vem·ber [nouvémbər 노우
벰버]

명 11월
영 *November* is the eleventh month
of the year.
¶ The festival starts on *November*
6th.
축제는 11월 6일에 시작된다.
일 十一月 じゅういちがつ(주-이찌가
쓰) 중 十一月 shíyīyuè(스이웨)

now [náu 나우]

부 **1** 지금, 현재
영 *Now* means at present.
¶ I am happy *now*.

나는 지금 행복하다.
일 今　いま(이마)　중 现在　**xiànzài**(셴짜이)
2 지금 곧, 당장
영 *Now* means at once.
¶ Do your homework *now*.
당장 숙제를 해라.
일 今すぐ　いますぐ(이마스구)　중 立
刻 **likè**(리커)
숙어 *just now* 바로 지금 ; 방금
¶ He left *just now*.
그는 방금 떠났다.
숙어 *now and then* 때때로, 가끔

명 현재, 지금
영 *Now* is the present time.
¶ *Now* is the time for starting.
지금이야말로 출발할 때다.
일 現在　げんざい(겐자이)　중 现在
xiànzài(셴짜이)
숙어 *from now on* 지금부터

---

now·a·days [náuədèiz 나우어데이즈]
부 오늘날에는, 요즈음에는
영 *Nowadays* means at the present
time.
일 今日では　こんにちでは(콘니찌데와)
중 现今 **xiànjīn**(셴진)

---

*no·where [nóuhwèər 노우훼어, 노우웨어]
부 아무데도 …없다
영 *Nowhere* means not any place.
¶ There was *nowhere* to hide.
숨을 만한 곳이 아무데도 없었다.
일 どこにも…ない(도꼬니모…나이)　중
任何地方都不　**rènhédìfāngdōubù**(런허디팡더우부)

---

*nu·cle·ar [njú:kliər 뉴-클리어]

형 핵의 ; 원자력의
영 *Nuclear* means relating to the
nucleus of an atom.
¶ *nuclear* energy
원자력
일 核の　かくの(카꾸노)　중 原子核的
yuánzǐhéde(위엔쯔허더)

---

num·ber [nʌ́mbər 넘버]
명 (복수 numbers [nʌ́mbərz])
1 수, 숫자
영 A *number* is a word or symbol
used for counting and for adding and
subtracting.
¶ count the *number*
수를 세다
일 数　かず(카즈)　중 数字 **shùzì**(수쯔)
2 번호
영 A *number* is a number that
identifies someone or something.
¶ What's your phone *number*?
너의 집 전화 번호는 뭐니?
일 番号　ばんごう(방고-)　중 号码
hàomǎ(하오마)
숙어 *a number of* 다수의 ; 얼마간
의
¶ The house has *a number of* rooms.
그 집에는 방이 많다.

---

nurse [nə́:rs 너-스]
명 (복수 nurses [nə́:rsiz])
1 간호사
영 A *nurse* is someone who looks
after people who are ill.
¶ a male *nurse*
남자 간호사
일 看護婦　かんごふ(캉고후)　중 护士
hùshì(후스)
2 유모
영 A *nurse* is a woman hired to take
care of children.

일 乳母 うば(우바) 중 保姆 bǎomǔ
(바오무)

---

nurs·er·y [nə́ːrsəri 너-서리]

명 (복수 nurseries [nə́ːrsəriz])
1 육아실
영 A *nursery* is a baby's bedroom.
일 育児室 いくじしつ(이꾸지시쓰) 중
幼儿室 yòu'érshì(유얼스)
2 보육원, 탁아소
영 A *nursery* is a place where babies
and very young children are looked
after while their parents are at work.
일 保育所 ほいくしょ(호이꾸쇼) 중 托
儿所 tuō'érsuǒ(튀얼쒀)

---

*__nut__ [nʌ́t 넛]

명 (복수 nuts [nʌ́ts])
견과
영 A *nut* is a fruit or seed with a hard

shell.
일 堅果 けんか(켕까) 중 堅果 jiānguǒ
(졘궈)

---

ny·lon [náilɑn 나일란]

명 나일론
영 *Nylon* is a strong synthetic fiber
used to make clothing, carpets,
fishing lines, etc.
일 ナイロン(나이롱) 중 尼龙 nílóng
(니룽)

---

nymph [nímf 님프]

명 님프, 요정
영 A *nymph* is one of the spirits of
nature who appears in the form of a
girl, in ancient Greek and Roman
stories.
일 ニンフ(닌후) 중 仙女 xiānnǚ(셴뉘)

Oo [óu 오우]
the fifteenth letter of the English alphabet
영어 알파벳의 열다섯번째 글자

---

oak [óuk 오우크]

명 오크
영 An *oak* is a large hardwood tree that produces acorns.
일 オーク(오-꾸) 중 橡树 xiàngshù(샹수)

---

oar [ɔ́ːr 오-]

명 (배의) 노
영 An *oar* is a long pole with a wide blade at one end, used for rowing a boat.
¶ pull a good *oar*
노를 잘 젓다
일 オール(오-루) 중 桨 jiǎng(쟝)

---

o·a·sis [ouéisis 오우에이시스]

명 (복수 oases [ouéisiːz])
오아시스
영 An *oasis* is a place in a desert where there is water and plants and trees grow.
일 オアシス(오아시스) 중 绿洲 lùzhōu(뤼저우)

---

oath [óuθ 오우스]

명 (복수 oaths [óuðz])
맹세, 서약
영 An *oath* is a serious and formal promise.
¶ They have to take an *oath* of loyalty.
그들은 충성을 맹세해야만 한다.
일 誓い ちかい(치까이) 중 誓言 shìyán (스옌)

---

oat·meal [óutmìːl 오우트밀-]

명 오트밀
영 *Oatmeal* is meal made from oats that have been ground or pressed flat by a roller.
일 オートミール(오-또미-루) 중 燕麦粉 yànmàifěn(옌마이펀)

---

o·be·di·ent [oubíːdiənt 오우비-디언트]

형 순종하는
영 *Obedient* means doing what you are told to do.
¶ She was *obedient* to her mother.
그녀는 엄마 말에 순종했다.
일 従順な じゅうじゅんな(주-준나)
중 顺从的 shùncóngde(순충더)

---

*o·bey [oubéi 오우베이]

타 (3단현 obeys [oubéiz], 과거·과거분사 obeyed [oubéid], 현재분사 obeying [oubéiiŋ])
복종하다, 따르다
영 To *obey* means to do what someone tells you to do.
¶ He refused to *obey* his father.
그는 아버지 말에 따르기를 거부했다.
일 従う したがう(시따가우) 중 服从 fúcóng(푸충)

*ob·ject [ábdʒikt 아브직트]

몡 (복수 objects [ábdʒikts])
1 물건, 물체
영 An *object* is something that you can see and touch but is not alive.
¶ Several *objects* were placed on the table.
몇 가지 물건이 테이블 위에 놓여 있었다.
일 物 もの(모노) 중 物体 wùtǐ(우티)
2 목적, 목표
영 An *object* is the thing that you are trying to achieve.
일 目的 もくてき(모꾸떼끼) 중 目的 mùdì(무디)

동 [əbdʒékt 어브젝트]
(3단현 objects [əbdʒékts], 과거·과거분사 objected [əbdʒéktid], 현재분사 objecting [əbdʒéktiŋ])
재 반대하다
영 To *object* means to say that you do not like or approve of something.
¶ Nobody dared to *object* to the president's decision.
아무도 감히 사장의 결정에 반대하지 못했다.
일 反対する はんたいする(한따이스루) 중 反対 fǎnduì(판두이)
타 …이라고 반대하다
¶ He *objected* that I was too young.
그는 내가 너무 어리다고 반대했다.
일 反対する はんたいする(한따이스루) 중 反対 fǎnduì(판두이)

ob·jec·tion [əbdʒékʃən 어브젝션]

몡 반대
영 An *objection* is the expression of an opposing view or argument.
¶ I have no *objection* to the plan.
나는 그 계획에 반대하지 않는다.

일 反対 はんたい(한따이) 중 反対 fǎnduì(판두이)

---

ob·ser·vance [əbzə́ːrvəns 어브저-번스]

몡 (복수 observances [əbzə́ːrvəns-iz])
(법률 등을) 지킴, 준수
영 *Observance* is the practice of obeying laws, religious rules, etc.
¶ the *observance* of the speed limit
제한 속도를 지킴
일 守ること まもること(마모루코또)
중 遵守 zūnshǒu(쭌서우)

---

ob·ser·va·tion [àbzərvéiʃən 아브저베이션]

몡 관찰
영 *Observation* is the careful watching of someone or something.
¶ Good ideas come from sharp *observation*.
좋은 생각은 예리한 관찰에서 나온다.
일 観察 かんさつ(칸사쓰) 중 观察 guānchá(관차)

---

*ob·serve [əbzə́ːrv 어브저-브]

타 (3단현 observes [əbzə́ːrvz], 과거·과거분사 observed [əbzə́ːrvd], 현재분사 observing [əbzə́ːrviŋ])
1 관찰하다
영 To *observe* means to watch someone or something carefully.
¶ Please *observe* how these fish swim.
이 물고기들이 어떻게 헤엄치는지 관찰하십시오.
일 観察する かんさつする(칸사쓰스루) 중 观察 guānchá(관차)
2 (법률 등을) 지키다, 준수하다

영 To *observe* means to follow or to obey.
¶ There are too many school rules to *observe*.
지켜야 할 교칙이 너무 많다.
일 守る　まもる(마모루) 중 遵守 zūnshǒu(쭌서우)

---

*ob·tain [əbtéin 어브테인]
타 (3단현 obtains [əbtéinz], 과거·과거분사 obtained [əbtéind], 현재분사 obtaining [əbtéiniŋ])
획득하다, 얻다
영 To *obtain* means to get something that you want.
¶ *obtain* wealth
부를 얻다
일 得る　える(에루) 중 得到 dédào(더다오)

---

*ob·vi·ous [ábviəs 아브비어스]
형 명백한, 분명한
영 *Obvious* means easy to notice or understand.
¶ It was *obvious* that she was lying.
그녀가 거짓말을 하고 있었던 게 분명했다.
일 明白な　めいはくな(메-하꾸나) 중 明显的　míngxiǎnde(밍셴더)

---

ob·vi·ous·ly [ábviəsli 아브비어슬리]
부 명백히, 분명히
영 *Obviously* means clearly.
¶ He *obviously* likes you.
그는 분명히 너를 좋아한다.
일 明白に　めいはくに(메-하꾸니) 중 明显地　míngxiǎnde(밍셴더)

---

*oc·ca·sion [əkéiʒən 어케이전]

명 (복수 occasions [əkéiʒənz])
1 때, 경우
영 An *occasion* is a time when something happens.
¶ I met with him on several *occasions*.
나는 그를 몇 번 만났다.
일 時　とき(토끼) 중 时刻 shíkè(스커)
2 기회
영 An *occasion* is a suitable time to do something.
¶ Christmas is an *occasion* to see old friends.
크리스마스는 옛 친구들을 만날 수 있는 기회다.
일 機会　きかい(키까이) 중 机会 jīhuì(지후이)

---

oc·ca·sion·al [əkéiʒənəl 어케이저널]
형 이따금씩의, 때때로의
영 *Occasional* means happening from time to time.
¶ He has an *occasional* drink.
그는 이따금씩 술을 마신다.
일 ときおりの(토끼오리노) 중 偶尔的 ǒu'ěrde(어우얼더)

---

oc·ca·sion·al·ly [əkéiʒənəli 어케이저널리]
부 이따금, 가끔
영 *Occasionally* means sometimes.
¶ He comes here very *occasionally*.
그는 여기에 아주 가끔씩 온다.
일 ときおり(토끼오리) 중 偶尔 ǒu'ěr(어우얼)

---

*oc·cu·pa·tion [àkjupéiʃən 아큐페이션]
명 (복수 occupations [àkjupéiʃənz])
1 직업
영 An *occupation* is a job.

¶ Please state your name and *occupation.*

이름과 직업을 말씀해 주십시오.

일 職業 しょくぎょう(쇼꾸교-) 중 职业 zhíyè(즈예)

2 점령, 점거

영 *Occupation* is the taking over and controlling of a country or an area by an army.

¶ the *occupation* army

점령군

일 占領 せんりょう(센료-) 중 占领 zhànlǐng(잔링)

---

*oc·cu·py [ákjupài 아큐파이]

타 (3단현 occupies [ákjupàiz], 과거·과거분사 occupied [ákjupàid], 현재분사 occupying [ákjupàiiŋ])

1 (장소 등을) 차지하다

영 To *occupy* means to fill a particular amount of space.

¶ A painting *occupied* the entire wall.

그림 하나가 벽 전체를 차지했다.

일 占める しめる(시메루) 중 占 zhàn(잔)

2 점령하다

영 To *occupy* means to enter a place and get control of it, especially by military force.

¶ Troops *occupied* the city.

군대가 그 도시를 점령했다.

일 占領する せんりょうする(센료-스루) 중 占领 zhànlǐng(잔링)

---

*oc·cur [əkə́:r 어커-]

자 (3단현 occurs [əkə́:rz], 과거·과거분사 occurred [əkə́:rd], 현재분사 occurring [əkə́:riŋ])

일어나다, 발생하다

영 To *occur* means to happen.

¶ When did the accident *occur*?

언제 사고가 일어났니?

일 起こる おこる(오꼬루) 중 发生 fāshēng(파성)

---

oc·cur·rence [əkə́:rəns 어커-런스]

명 (복수 occurrences [əkə́:rənsiz]) 생긴 일, 사건

영 An *occurrence* is something that happens.

일 できごと(데끼고또) 중 事件 shìjiàn(스젠)

---

*o·cean [óuʃən 오우션]

명 (복수 oceans [óuʃənz]) [the ocean으로] 대양, 해양

영 *The ocean* is the large area of salt water that covers most of the Earth's surface.

¶ It is dangerous to cross *the ocean* by yacht.

요트로 대양을 횡단하는 것은 위험하다.

일 大洋 たいよう(타이요-) 중 海洋 hǎiyáng(하이양)

---

*o'clock [əklák 어클락]

부 …시

영 *O'clock* is one of the times when the clock shows the exact hour as a number from 1 to 12.

¶ It's seven *o'clock*.

7시다.

일 時 じ(지) 중 点钟 diǎnzhōng(뎬중)

**Oc·to·ber [ɑktóubər 악토우버]

명 10월

영 *October* is the tenth month of the year.

¶ His birthday's in *October*.
그의 생일은 10월이다.
[일] 十月 じゅうがつ(주-가쓰) [중] 十月 shíyuè(스웨)

---

*__odd__ [ɑ́d 아드]

[형] (비교급 odder [ɑ́dər], 최상급 oddest [ɑ́dist])

1 이상한, 기묘한
[영] ***Odd*** means strange, or difficult to explain and understand.
¶ There was something *odd* about his behavior.
그의 행동에 이상한 점이 있었다.
[일] 変な へんな(헨나) [중] 奇特的 qítède(치터더)

2 홀수의(《반》 even 짝수의)
[영] ***Odd*** means leaving a remainder of one when divided by two.
¶ There was an *odd* number of people in the room.
방에 있던 사람 수는 홀수였다.
[일] 奇数の きすうの(키스-노) [중] 奇数的 jīshùde(지수더)

⁑**of** [《약》 əv 어브 ; 《강》 ɑ́v 아브]

[전] **1** [소유·소속] …의
[영] ***Of*** means belonging to.
¶ You are a friend *of* mine.
너는 내 친구다.
[일] …の(…노) [중] 的 de(더)

2 [재료·요소] …으로 만든, …로 된
[영] ***Of*** means made with.
¶ This table is made *of* wood.
이 탁자는 나무로 만들어졌다.
[일] …で作った …でつくった(…데쓰꿋따) [중] 由…制成 yóu…zhìchéng(유…즈청)

3 [시간] (…분) 전
[영] ***Of*** means before.
¶ It's ten *of* five.
5시 10분 전이다.
[일] 前 まえ(마에) [중] 之前 zhīqián(즈첸)

⁑**off** [ɔːf 오-프]

[부] [ɔ́ːf 오-프] **1** (거리·시간적으로) 떨어져
[영] ***Off*** means away from a place.
¶ My house is five miles *off*.
우리집은 5마일 떨어져 있다.
[일] 離れて はなれて(하나레떼) [중] 离 lí(리)

2 (옷 등을) 벗어
[영] ***Off*** means removed or seperated from something.
¶ Take your hat *off*.
모자를 벗어라.
[일] 脱いで ぬいで(누이데) [중] 脱 tuō(퉈)

3 (전기·수도 등이) 꺼져, 끊겨
[영] ***Off*** means not turned on or not working.
¶ He has turned *off* the computer.
그는 컴퓨터를 껐다.
[일] 止まって とまって(토맛떼) [중] 关掉 guāndiào(관댜오)

4 (일·근무 등을) 쉬어
[영] ***Off*** means not at work.
¶ I'm *off* today.
나는 오늘 쉰다.
[일] 休んで やすんで(야슨데) [중] 休息 xiūxi(슈시)

[전] 떨어져, 벗어나
[영] ***Off*** means away from.
¶ The leaves are already falling *off* the trees.
나뭇잎이 벌써 떨어지고 있다.
¶ Keep *off* the grass.
잔디밭에 들어가지 마시오.
[일] 離れて はなれて(하나레떼) [중] 离开 líkāi(리카이)

---

*of·fend [əfénd 어펜드]

타 (3단현 offends [əféndz], 과거·과거분사 offended [əféndid], 현재분사 offending [əféndiŋ])

기분을 상하게 하다, 화나게 하다

영 To *offend* means to make someone feel hurt or angry.

¶ His rude remarks *offended* me.

그의 무례한 말에 나는 기분이 상했다.

일 感情を害する かんじょうをがいする(칸조-오가이스루) 중 冒犯 màofàn(마오판)

---

of·fense [əféns 어펜스]

명 (복수 offenses [əfénsiz])

범죄, 위반

영 An *offense* is a crime.

¶ Drinking and driving is a serious *offense*.

음주운전은 중대한 범죄다.

일 犯罪 はんざい(한자이) 중 罪 zuì(쭈이)

---

*of·fer [ɔ́:fər 오-퍼]

타 (3단현 offers [ɔ́:fərz], 과거·과거분사 offered [ɔ́:fərd], 현재분사 offering [ɔ́:fəriŋ])

1 제공하다

영 To *offer* means to provide something that people want or need.

¶ *Offer* your seat to an old person in a bus.

버스를 타면 나이드신 분에게 자리를 양보해라.

일 提供する ていきょうする(테-꾜-스루) 중 提供 tígōng(티궁)

2 자청하다, 제안하다

영 To *offer* means to say that you are willing to do something.

¶ She *offered* to drive him to the station.

그녀는 그에게 역까지 태워다 주겠다고 말했다.

일 申し出る もうしでる(모-시데루) 중 提议 tíyì(티이)

**of·fice [ɔ́:fis 오-피스]

명 (복수 offices [ɔ́:fisiz])

사무실, 사무소

영 An *office* is a room or building in which people work, usually sitting at desks.

¶ The principal's *office* is at the end of the hall.

교장실은 복도 맨 끝에 있다.

일 事務室 じむしつ(지무시쓰) 중 办公室 bàngōngshì(반궁스)

---

*of·fi·cer [ɔ́:fisər 오-피서]

명 (복수 officers [ɔ́:fisərz])

1 장교

영 An *officer* is a person in an army who leads others and tells them what to do.

일 将校 しょうこう(쇼-꼬-) 중 军官 jūnguān(쥔관)

2 경찰관

영 An *officer* is a man or woman who works for the police.

¶ The police *officer* helped the lost child find her mother and father.

경찰관은 길 잃은 여자 아이가 엄마와 아빠를 찾을 수 있게 도와주었다.

일 警官 けいかん(케-깐) 중 警官 jǐngguān(징관)

---

*of·fi·cial [əfíʃəl 어피셜]

형 공식의, 공무상의

영 *Official* means approved of or done by someone in authority, especially the government.

¶ You will have to get *official* permission.

너는 공식 허가를 받아야 할 것이다.

일 公式の　こうしきの(코-시끼노)　중 公务上的　gōngwùshàngde(궁우상더)

명 (복수 officials [əfíʃəlz])

관리, 공무원

영 An *official* is someone who has a position of authority in an organization, especially a government.

일 役人　やくにん(야꾸닌)　중 官员　guānyuán(관위엔)

****of·ten** [ɔ́:fən 오-펀]

부 (비교급 more often 또는 oftener [ɔ́:fənər], 최상급 most often 또는 oftenest [ɔ́:fənist])

자주, 종종

영 *Often* means many times.

¶ I *often* play soccer.

나는 축구를 자주 한다.

일 しばしば(시바시바)　중 常常　chángcháng(창창)

****oh** [óu 오우]

갑 아, 오, 어머나

영 *Oh* is a word used to express happiness, surprise, disappointment, or pain.

¶ *Oh*, how annoying!

아, 정말 짜증나네!

일 おお(오-)　중 哎呀　āiya(아이야)

***oil** [ɔ́il 오일]

명 (복수 oils [ɔ́ilz])

1 기름

영 *Oil* is a liquid that comes from plants or animals, used especially in cooking.

¶ a spoonful of olive *oil*

올리브 기름 한 숟갈

일 油　あぶら(아부라)　중 油　yóu(유)

2 석유

영 *Oil* is a thick dark liquid from under the ground, from which gasoline and other products are made.

일 石油　せきゆ(세끼유)　중 石油　shíyóu(스유)

***OK, O.K.** [òukéi 오우케이]

형 부 좋아, 알았어

영 *OK* means all right.

¶ Are you *OK*? – Yes, I'm *OK*.

너 괜찮니? – 응, 괜찮아.

일 よろしい(요로시-)　중 好　hǎo(하오)

---

o·kay [òukéi 오우케이]

형 부 = OK

****old** [óuld 오울드]

형 (비교급 older [óuldər], 최상급 oldest [óuldist], 형제·자매의 관계를 나타낼 때는 비교급 elder [éldər], 최상급 eldest [éldist])

1 늙은, 나이 먹은(《반》 young 젊은)

영 *Old* means having lived for a long time.

¶ He is very *old*.

그는 많이 늙었다.

일 老いた　おいた(오이따)　중 老的　lǎode(라오더)

2 …살의

영 *Old* means having a particular age.

¶ I am 7 years *old*.

나는 7살이다.

¶ How *old* are you?

너는 몇 살이니?

일 歳の　としの(토시노)　중 岁　suì(쑤이)

3 오래된, 낡은

영 *Old* means having existed or been used for a long time.
¶ They live in an *old* house.
그들은 오래된 집에 살고 있다.
일 古い ふるい(후루이) 중 旧的 jiùde (쥬더)

---

ol·ive [áliv 알리브]

명 (복수 olives [álivz])
올리브 열매
영 An *olive* is a small black or green fruit, used as food or for making oil.
일 オリーブの実 オリーブのみ(오리-부노미) 중 橄欖 gǎnlǎn(간란)

O·lym·pic [əlímpik 얼림픽]

형 국제 올림픽 경기의
영 *Olympic* means relating to or taking part in the Olympic Games.
¶ the *Olympic* flag
올림픽 기
일 国際オリンピック競技の こくさいオリンピックきょうぎの(코꾸사이오림삑꾸쿄-기노) 중 奥林匹克的 Àolín-pǐkède(아오린피커더)

O·lym·pic Games [əlímpik géimz 얼림픽 게임즈]

명 [the Olympic Games로] 국제 올림픽 경기 대회
영 *The Olympic Games* are an international sports event held every four years.
일 国際オリンピック大会 こくさいオリンピックたいかい(코꾸사이오림삑꾸타이까이) 중 奥林匹克运动会 Àolín-pǐkèyùndònghuì(아오린피커원둥후이)

---

o·mit [oumít 오우밋]

타 (3단현 omits [oumíts], 과거·과

거분사 omitted [oumítid], 현재분사 omitting [oumítiŋ])
생략하다, 빠뜨리다
영 To *omit* means to not include something.
¶ Important details had been *omitted*.
중요한 세부사항들이 빠졌다.
일 省略する しょうりゃくする(쇼-랴꾸스루) 중 省略 shěnglüè(성뤠)

---

on [ɑn 안]

전 1 [위치] …의 위에
영 *On* means over and supported by.
¶ The milk is *on* the table.
우유가 식탁 위에 있다.
일 上に うえに(우에니) 중 在…上 zài…shàng(짜이…상)
2 [관련] …에 관한, …에 대해서
영 *On* means about.
¶ I read a book *on* pets.
나는 애완동물에 관한 책을 읽었다.
일 関して かんして(칸시떼) 중 关于 guānyú(관위)
3 [날·때] …에
영 *On* means during a particular day.
¶ Let's go on a picnic *on* Saturday.
토요일에 소풍을 가자.
일 に(니) 중 时候 shíhòu(스허우)

부 [ɑn 안] 1 위에
영 *On* means over and supported by a surface.
¶ Will you put the kettle *on*?
주전자를 (불에) 올려 놓아줄래?
일 上に うえに(우에니) 중 上 shàng(상)
2 (옷 등을) 몸에 걸치고
영 *On* means in or into contact with something.
¶ She put her new dress *on*.
그녀는 새 드레스를 입었다.
일 身につけて みにつけて(미니쓰께떼)

� 穿上 chuānshàng(촨상)
3 (전기·수도 등이) 켜져, 틀어져
영 *On* means into use.
¶ She turned *on* the television.
그녀는 텔레비전을 켰다.
일 点いて ついて(쓰이떼) 중 开着 kāizhe(카이저)
숙어 *and so on* …등등, …따위
숙어 *on and on* 계속해서, 쉬지 않고
¶ We walked *on and on*.
우리는 계속해서 걸었다.

****once** [wʌ́ns 원스]
부 한 번, 1회
영 *Once* means one time.
¶ We only met *once*.
우리는 딱 한 번 만났다.
일 一度 いちど(이찌도) 중 一次 yícì(이츠)
숙어 *once again*=*once more* 한 번 더
숙어 *once in a while* 가끔, 종종

접 일단 …하면
영 *Once* means after something has happened.
¶ *Once* you begin, you must continue.
일단 시작하면 너는 계속해야만 한다.
일 いったん…すると(잇딴…스루또) 중 一旦 yídàn(이단)

****one** [wʌ́n 원]
명 (복수 ones [wʌ́nz])
1 1, 일
영 *One* is the number 1.
일 一 いち(이찌) 중 一 yī(이)
2 한 개, 한 사람
영 *One* is a singular thing.
¶ *One* is enough.
한 개면 충분하다.

일 一つ ひとつ(히또쓰) 중 一个 yígè(이거)

형 하나의, 한 개의
영 *One* means single or alone.
¶ We have *one* dog and two cats.
우리는 개 한 마리와 고양이 두 마리를 키운다.
일 一つの ひとつの(히또쓰노) 중 一个的 yígède(이거더)

대 (일반적인) 사람, 누구나
영 *One* is any person.
¶ *One* should do one's duty.
누구나 자신의 의무를 다해야 한다.
일 人 ひと(히또) 중 人 rén(런)

***one·self** [wʌnsélf 원셀프]
대 **1** [재귀 용법 ; 동사의 목적어로 써서] 자기 자신을[에게]
영 *Oneself* is a word used when you are talking about people in general, including yourself.
¶ One must respect *oneself*.
사람은 자기 자신을 존중할 줄 알아야 한다.
일 自分自身を じぶんじしんを(지분지싱오) 중 自己 zìjǐ(쯔지)
2 [wʌnsélf 원셀프] [강조 용법] 자신이, 스스로
영 *Oneself* is a word that is used to emphasize that one does something individually or unaided.
¶ One must do the work *oneself*.
그 일을 스스로 해야만 한다.
일 みずから(미즈까라) 중 亲自 qīnzì(친쯔)

---

on·ion [ʌ́njən 어년]
명 (복수 onions [ʌ́njənz])
양파

O

영 An **onion** is a round vegetable with a strong smell and taste.
일 タマネギ(타마네기) 중 洋葱 yáng-cōng(양충)

***on·ly** [óunli 오운리]

형 단 하나의, 유일한
영 **Only** means one and no more.
¶ She is my *only* friend.
그녀는 나에게 하나뿐인 친구다.
일 唯一の ゆいいつの(유이이쓰노) 중 唯一的 wéiyīde(웨이이더)

부 오직, 단지
영 **Only** means not more than.
¶ There were *only* three people in the store.
가게에는 단지 3명만 있었다.
일 ただ(타다) 중 只 zhǐ(즈)
숙어 *not only...but (also)* ~ …뿐만 아니라 ~도
¶ The book is *not only* interesting *but also* very useful.
그 책은 재미있을 뿐만 아니라 매우 유익하다.

---

on·to [ántu 안투]

전 …의 위에[로]
영 **Onto** means to a position on or upon.
¶ The cat jumped *onto* the table.
고양이가 탁자 위로 뛰어올랐다.
일 上へ うえへ(우에에) 중 …之上

…zhīshàng(…즈상)

***o·pen** [óupən 오우펀]

형 (비교급 opener [óupənər], 최상급 openest [óupənist])
열려 있는, 열린
영 **Open** means not shut or closed.
¶ The door is *open*.
문이 열려 있다.
일 開いている あいている(아이떼이루) 중 打开的 dǎkāide(다카이더)

동 (3단현 opens [óupənz], 과거·과거분사 opened [óupənd], 현재분사 opening [óupəniŋ])
타 **1** (문·창 등을) 열다
영 To **open** means to make something open.
¶ Please *open* the window.
창문 좀 열어주세요.
일 開ける あける(아께루) 중 开 kāi(카이)
2 (영업·장사 등을) 시작하다, 개시하다
영 To **open** means to start or begin something.
¶ They *open* the store at ten.
그들은 10시에 가게 문을 연다.
일 始める はじめる(하지메루) 중 开张 kāizhāng(카이장)
자 **1** 열리다
영 To **open** means to become open.
¶ The doors *open* automatically.
문들이 자동으로 열린다.
일 開く あく(아꾸) 중 开 kāi(카이)
2 시작되다
영 To **open** means to start.
¶ The restaurant *opens* next month.
그 식당은 다음달에 개업한다.
일 始まる はじまる(하지마루) 중 开始 kāishǐ(카이스)

***o·pen·ing** [óupəniŋ 오우퍼닝]

몡 (복수 openings [óupəniŋz])
시작, 개시
옝 An **opening** is the beginning of something.
일 始め　はじめ(하지메)　중 开始 kāishǐ(카이스)

혱 시작의, 개시의
옝 **Opening** means coming at the beginning.
¶ an opening speech
개회사
일 始まりの　はじまりの(하지마리노)
중 开始的　kāishǐde(카이스더)

***op·er·a** [ápərə 아퍼러]

몡 (복수 operas [ápərəz])
오페라, 가극
옝 An **opera** is a musical play in which all of the words are sung.
¶ An opera needs an orchestra.
오페라에는 오케스트라가 필요하다.
일 オペラ(오뻬라)　중 歌剧　gējù(거쥐)

***op·er·ate** [ápərèit 아퍼레이트]

동 (3단현 operates [ápərèits], 과거·과거분사 operated [ápərèitid], 현재분사 operating [ápərèitiŋ])
좌 **1** (기계 등) 작동하다, 움직이다
옝 To **operate** means to work or to run.
¶ The engine operates well.
엔진 상태가 좋다.
일 作動する　さどうする(사도-스루)
중 运转　yùnzhuǎn(윈좐)
2 수술하다
옝 To **operate** means to cut open someone's body to repair a damaged part or remove a diseased part.
¶ Doctors had to operate to remove the bullet.
의사들은 총알을 제거하기 위해 수술을 해야만 했다.
일 手術をする　しゅじゅつをする(슈주쓰오스루)　중 手术　shǒushù(서우수)
태 (기계를) 작동시키다, 조작하다
옝 To **operate** means to make something work.
¶ Can you operate a computer?
너는 컴퓨터를 다룰 줄 아니?
일 作動させる　さどうさせる(사도-사세루)　중 操作　cāozuò(차오쭤)

---

op·er·a·tion [àpəréiʃən 아퍼레이션]

몡 (복수 operations [àpəréiʃənz])
수술
옝 An **operation** is the process of cutting into someone's body to repair or remove a part that is damaged.
¶ The doctor is doing an operation now.
그 의사는 지금 수술 중이다.
일 手術　しゅじゅつ(슈주쓰)　중 手术 shǒushù(서우수)

---

op·er·a·tor [ápərèitər 아퍼레이터]

몡 전화 교환원
옝 An **operator** is someone who helps people make telephone calls.
일 電話交換手　でんわこうかんしゅ(뎅와꼬-깐슈)　중 接线员　jiēxiànyuán(졔셴위엔)

***o·pin·ion** [əpínjən 어피년]

몡 (복수 opinions [əpínjənz])
의견, 생각
옝 An **opinion** is the ideas and beliefs that you have about something.
¶ I'm going to express my opinion.
제 의견을 말씀드리겠습니다.

일 意見　いけん(이껜)　중 意见　yìjiàn(이젠)

숙어 *in* one's *opinion* …의 생각으로는

¶ *In my opinion*, he is right.
내 생각에는 그가 옳다.

***op·po·nent** [əpóunənt 어포우넌트]

명 (복수 opponents [əpóunənts])
상대, 적수

영 An *opponent* is someone who is against you in a fight, contest, debate, or election.

일 相手　あいて(아이떼)　중 对手　duìshǒu(두이서우)

***op·por·tu·ni·ty** [àpərtjúːnəti 아퍼튜-너티]

명 (복수 opportunities [àpərtjúːnətiz])
기회

영 An *opportunity* is a chance to do something.

¶ Don't miss the *opportunity* to meet him.
그를 만나 볼 기회를 놓치지 마라.

일 機会　きかい(키까이)　중 机会　jīhuì(지후이)

---

op·pose [əpóuz 어포우즈]

타 (3단현 opposes [əpóuziz], 과거·과거분사 opposed [əpóuzd], 현재분사 opposing [əpóuziŋ])
반대하다

영 To *oppose* means to be against something and try to prevent it from happening.

¶ We strongly *oppose* this plan.
우리는 이 계획에 강력히 반대한다.

일 反対する　はんたいする(한따이스

루)　중 反对　fǎnduì(판두이)

***op·po·site** [ápəzit 아퍼짓]

형 **1** 정반대의

영 *Opposite* means completely different.

¶ The car went in the *opposite* direction.
그 차는 반대 방향으로 갔다.

일 正反対の　せいはんたいの(세-한따이노)　중 相反的　xiāngfǎnde(샹판더)

2 맞은편의

영 *Opposite* means located or facing directly across.

¶ We stared at the *opposite* side of the river.
우리들은 강 맞은편을 바라보았다.

일 向こう側の　むこうがわの(무꼬-가와노)　중 对面的　duìmiànde(두이몐더)

***or** [《약》ər 어 ; 《강》ɔ́ːr 오-]

접 **1** 혹은, 또는

영 *Or* means a word used to introduce choices or alternatives.

¶ You may stay *or* leave.
있어도 되고 가도 된다.

일 または(마따와)　중 或者　huòzhě(훠저)

2 [ɔ́ːr 오-] [명령문 뒤에서] 그렇지 않으면

영 *Or* means a word used to warn someone that something bad will happen if they do not do something.

¶ Hurry, *or* you'll miss your plane.
서둘러라, 그렇지 않으면 비행기를 놓친다.

일 さもないと(사모나이또)　중 否则　fǒuzé(퍼우쩌)

---

o·ral [ɔ́ːrəl 오-럴]

형 구술의, 구두의(《반》 written 필기

의)
영 *Oral* means spoken, not written.
¶ an *oral* examination [test]
구술 시험
일 口頭の こうとうの(코-또-노) 중
口头的 kǒutóude(커우터우더)

****or·ange** [ɔ́:rindʒ 오-린지]

명 (복수 oranges [ɔ́:rindʒiz])
오렌지

영 An *orange* is a juicy round fruit with a thick skin that is a color between red and yellow.
일 オレンジ(오렌지) 중 橙 chéng(청)

---

or·bit [ɔ́:rbit 오-빗]

명 (복수 orbits [ɔ́:rbits])
(인공위성 등의) 궤도
영 An *orbit* is the invisible path followed by an object circling a planet, the sun, etc.
¶ the Moon's *orbit* around the Earth
지구 주위의 달의 궤도
일 軌道 きどう(키도-) 중 軌道 guǐdào
(구이다오)

---

or·chard [ɔ́:rtʃərd 오-처드]

명 과수원
영 An *orchard* is a field or farm where fruit trees are grown.
¶ We went to an apple *orchard*.
우리는 사과 과수원에 갔다.
일 果樹園 かじゅえん(카주엔) 중 果

园 guǒyuán(궈위엔)

***or·ches·tra** [ɔ́:rkistrə 오-키스트러]

명 오케스트라, 관현악단
영 An *orchestra* is a large group of musicians who play their instruments together.
일 オーケストラ(오-께스또라) 중 管弦乐队 guǎnxiányuèduì(관셴웨두이)

***or·der** [ɔ́:rdər 오-더]

타 (3단현 orders [ɔ́:rdərz], 과거·과거분사 ordered [ɔ́:rdərd], 현재분사 ordering [ɔ́:rdəriŋ])
1 명령하다, 지시하다
영 To *order* means to tell someone that he or she has to do something.
¶ He *ordered* me to leave the room.
그는 나에게 방에서 나가라고 명령했다.
일 命令する めいれいする(메-레-스루) 중 命令 mìnglìng(밍링)
2 주문하다
영 To *order* means to ask for food or drink in a restaurant, bar, etc.
¶ We *ordered* coffee and dessert.
우리는 커피와 디저트를 주문했다.
일 注文する ちゅうもんする(추-몬스루) 중 点菜 diǎncài(뎬차이)

명 (복수 orders [ɔ́:rdərz])
1 명령
영 An *order* is a command given by someone in authority.
¶ You have to obey *orders*.
너는 명령을 따라야만 한다.
일 命令 めいれい(메-레-) 중 命令 mìnglìng(밍링)
2 주문
영 An *order* is a request for goods

from a company or for food in a restaurant.
¶ May I take your *order* now?
지금 주문하시겠습니까?
일 注文 ちゅうもん(추-몬) 중 点菜 diǎncài(뗸차이)
3 순서, 차례
영 *Order* is an arrangement of things one after another.
¶ in alphabetical *order*
알파벳순으로
일 順序 じゅんじょ(준조) 중 順序 shùnxù(순쉬)

-----

*__or·di·nar·y__ [ɔ́ːrdənèri 오-더네리]
형 평범한, 보통의
영 *Ordinary* means commonly used or usual.
¶ He is an *ordinary* man.
그는 평범한 사람이다.
일 並の なみの(나미노) 중 普通的 pǔtōngde(푸퉁더)

-----

*__or·gan__ [ɔ́ːrgən 오-건]
명 (복수 organs [ɔ́ːrgənz])
1 (파이프) 오르간
영 An *organ* is a large musical instrument with one or more keyboards and pipes of different lengths.
일 オルガン(오루간) 중 风琴 fēngqín(펑친)
2 (생물의) 기관
영 An *organ* is a part of the body that does a particular job.
¶ the digestive *organs*
소화 기관
일 器官 きかん(키깐) 중 器官 qìguān(치관)

__or·ga·ni·za·tion__ [ɔ́ːrgəni-

zéiʃən 오-거니제이션]
명 (복수 organizations [ɔ́ːrgəni-zéiʃənz])
단체, 협회
영 An *organization* is a group such as a club or business that has been formed for a particular purpose.
¶ a charity *organization*
자선 단체
일 団体 だんたい(단따이) 중 组织 zǔzhī(쭈즈)

-----

*__or·ga·nize__ [ɔ́ːrgənàiz 오-거나이즈]
타 (3단현 organizes [ɔ́ːrgənàiziz], 과거·과거분사 organized [ɔ́ːrgə-nàizd], 현재분사 organizing [ɔ́ːr-gənàiziŋ])
(단체 등을) 조직하다, 결성하다
영 To *Organize* means to form as or into a group, especially in order to work together for a certain purpose.
¶ They *organized* a football team.
그들은 축구팀을 조직했다.
일 組織する そしきする(소시끼스루)
중 组织 zǔzhī(쭈즈)

__O·ri·ent__ [ɔ́ːriənt 오-리언트]
명 [the Orient로] 동양
영 *The Orient* is the eastern part of the world, especially China and Korea.
일 東洋 どうよう(토-요-) 중 东方 dōngfāng(둥팡)

__O·ri·en·tal__ [ɔːriéntl 오-리엔틀]
형 동양의
영 *Oriental* means relating to the eastern part of the world, especially China and Korea.
¶ *Oriental* culture
동양 문화

일 東洋の とうようの(토-요-노) 중 东方的 dōngfāngde(둥팡더)

or·i·gin [ɔ́ːrədʒin 오-러진]

명 (복수 origins [ɔ́ːrədʒinz])
1 기원, 시초
영 *Origin* is the source of something, or the point where something began.
¶ the *origin* of civilization
문명의 기원
일 始まり はじまり(하지마리) 중 起源 qǐyuán(치위엔)
2 태생, 혈통
영 *Origin* is the country, race, or social class from which someone comes.
일 生まれ うまれ(우마레) 중 血统 xuètǒng(쉐퉁)

*o·rig·i·nal [ərídʒənəl 어리저널]

형 **1** 최초의, 원래의
영 *Original* means first or earliest.
¶ The *original* plan has been changed.
처음 계획이 바뀌었다.
일 最初の さいしょの(사이쇼노) 중 最初的 zuìchūde(쭈이추더)
2 독창적인
영 *Original* means completely new and different.
¶ What an *original* idea!
정말 독창적인 생각이네!
일 独創的な どくそうてきな(도꾸소-떼끼나) 중 独创性的 dúchuàngxìngde(두촹싱더)

o·rig·i·nal·ly [ərídʒənəli 어리저널리]

부 처음에, 원래
영 *Originally* means in the beginning.
¶ This house was *originally* a warehouse.
이 집은 원래 창고였다.

일 もとは(모또와) 중 起初 qǐchū(치추)

*or·na·ment [ɔ́ːrnəmənt 오-너먼트]

명 (복수 ornaments [ɔ́ːrnəmənts])
장식품, 장신구
영 An *ornament* is a small attractive object used as a decoration.
일 装飾品 そうしょくひん(소-쇼꾸힝) 중 装饰品 zhuāngshìpǐn(쫭스핀)

or·phan [ɔ́ːrfən 오-편]

명 고아
영 An *orphan* is a child whose parents are dead.
¶ They are war *orphans*.
그들은 전쟁 고아들이다.
일 孤児 こじ(코지) 중 孤儿 gū'ér(구얼)

os·trich [ɑ́stritʃ 아스트리치]

명 타조
영 An *ostrich* is a large African bird that can run very fast but cannot fly.
일 ダチョウ(다쪼-) 중 驼鸟 tuóniǎo(튀냐오)

**oth·er [ʌ́ðər 어더]

형 **1** 다른, 별개의
영 *Other* means different.
¶ I have some *other* things to do.
나는 다른 할 일이 좀 있다.
일 ほかの(호까노) 중 別的 biéde(베더)
2 [the other로] (둘 중의) 다른 하나의
영 *The other* means one of two.
¶ Show me *the other* hand.
다른 한 쪽 손을 보여 주시오.
일 もう一つの もうひとつの(모-히또쓰노) 중 另一个的 lìngyígède(링이거더)

때 (복수 others [ʌ́ðərz])
[the others로] 그 밖의 사람들[것들]
영 *The others* are the rest.
¶ We remained in the room, but *the others* went out.
우리는 방에 남아 있었지만, 나머지 사람들은 밖으로 나갔다.
일 それ以外の人たち　それいがいの ひとたち(소레이가이노히또따찌) 중 其他的人 qítāderén(치타더런)
숙어 *one ~, the other...* 하나는 ~이고 또 하나는…
¶ I have two dolls. *One* is big, and *the other* is small.
나는 인형을 두 개 가지고 있는데, 하나는 크고 또 하나는 작다.

---

oth·er·wise [ʌ́ðərwàiz 어더와이즈]
부 1 다른 방법으로, 다르게
영 *Otherwise* means in a different way.
¶ I think *otherwise*.
내 생각은 다르다.
일 別のやり方で　べつのやりかたで (베쓰노야리까따데) 중 不同様地 bùtóngyàngde(부퉁양더)
2 그렇지 않으면
영 *Otherwise* means if not.
¶ You'd better go now, *otherwise* you'll be late.
너는 지금 가는 편이 낫다. 그렇지 않으면 늦는다.
일 さもないと(사모나이또) 중 否則 fǒuzé(퍼우쩌)

---

ouch [áutʃ 아우치]
감 아야, 아이쿠
영 *Ouch* means a cry of pain.
¶ *Ouch*! That hurt.
아야! 아파.

일 痛いっ　いたいっ(이따잇) 중 哎哟 āiyō(아이요)

---

* **ought to** [ɔ́:tə 오-터]
조 …해야만 한다
영 *Ought to* is a word used to say that someone should do something.
¶ He *ought to* pay his debts.
그는 빚을 갚아야 한다.
일 すべきである(스베끼데아루) 중 应该 yīnggāi(잉가이)

---

ought·n't [ɔ́:tnt 오-튼트]
ought not의 단축형

** **our** [《약》ɑːr 아- ; 《강》áuər 아우어]
때 [인칭 대명사 we의 소유격] 우리(들)의
영 *Our* means belonging to or to do with us.
¶ *Our* house is near the school.
우리집은 학교 근처에 있다.
일 私たちの　わたしたちの(와따시따찌노) 중 我们的 wǒmende(워먼더)

** **ours** [áuərz 아우어즈]
때 [인칭 대명사 we의 소유 대명사] 우리(들)의 것
영 *Ours* is the one or ones belonging to or to do with us.
¶ Whose car is that? – It's *ours*.
저건 누구 자동차니? – 우리 차야.
일 私たちのもの　わたしたちのもの (와따시따찌노모노) 중 我们的 wǒmende(워먼더)

---

* **our·selves** [《약》ɑːrsèlvz 아-셀브즈 ; 《강》auərsélvz 아우어셀브즈]
때 우리(들) 자신을[에게]

영 *Ourselves* is us and no one else.
¶ We hurt *ourselves*.
우리는 부상을 당했다.
일 私たち自身を わたしたちじしんを (와따시따찌지싱오) 중 我们自己 wǒmenzìjǐ(워먼쯔지)

****out** [áut 아웃]
부 **1** 밖에, 밖으로(《반》 in 안에, 안으로)
영 *Out* means away from the inside.
¶ He took the toy train *out* of the box.
그는 장난감 기차를 상자 밖으로 꺼냈다.
일 外に そとに(소또니) 중 出外 chūwài(추와이)
2 외출하여, (집)밖에 나가
영 *Out* means away from home or work.
¶ My father is *out*.
아버지께서는 외출 중이시다.
¶ Let's go *out* for dinner.
저녁은 나가서 먹자.
일 外出して がいしゅつして(가이슈쓰시떼) 중 在外 zàiwài(짜이와이)
3 (불·전등 등이) 꺼져
영 *Out* means no longer burning or lit.
¶ The fire went *out*.
불이 꺼졌다.
일 消えて きえて(키에떼) 중 熄灭 xī-miè(시메)

---

out·door [àutdɔ́:r 아웃도-]
형 집밖의, 야외의(《반》 indoor 실내의)
영 *Outdoor* means outside a building instead of inside.
¶ We went to an *outdoor* concert.
우리는 야외 음악회에 갔다.
일 戸外の こがいの(코가이노) 중 戸外

的 hùwàide(후와이더)

---

out·doors [àutdɔ́:rz 아웃도-즈]
부 집밖에서, 야외에서(《반》 indoors 집안에서)
영 *Outdoors* means outside, not inside a building.
¶ A cold wind was blowing *outdoors*.
밖에는 찬 바람이 불고 있었다.
일 戸外で こがいで(코가이데) 중 在户外 zàihùwài(짜이후와이)

---

out·er [áutər 아우터]
형 바깥(쪽)의, 외부의(《반》 inner 내부의)
영 *Outer* means on the outside of something.
¶ the *outer* walls
외벽
일 外側の そとがわの(소또가와노) 중 外面的 wàimiànde(와이몐더)

---

out·ing [áutiŋ 아우팅]
명 소풍, 피크닉
영 An *outing* is a short trip taken for pleasure.
¶ We enjoyed our *outing* to the beach.
우리들은 바닷가로 가서 즐겁게 놀았다.
일 遠足 えんそく(엔소꾸) 중 远足 yuǎnzú(위엔쭈)

***out·line** [áutlàin 아우틀라인]
명 (복수 outlines [áutlàinz])
윤곽, 외형
영 An *outline* is a line that shows the edge of something.
¶ He drew the *outline* of a model plane.
그는 모형 비행기의 윤곽을 그렸다.

일 輪郭 りんかく(링까꾸) 중 外形 wàixíng(와이싱)

---

out·put [áutpùt 아웃풋]

명 **1** 생산량
영 *Output* is the amount produced by a person, machine, or business.
일 生産量 せいさんりょう(세-산료-)
중 产量 chǎnliàng(찬량)
2 (컴퓨터 등의) 출력
영 *Output* is information produced by a computer.
일 出力 しゅつりょく(슈쓰료꾸) 중 输出 shūchū(수추)

---

*out·side [àutsáid 아웃사이드]

부 밖에, 밖으로
영 *Outside* means out of a building, or in the open air.
¶ Mom, can I go *outside* and play?
엄마, 밖에 나가서 놀아도 되나요?
일 外に そとに(소또니) 중 在外面 zàiwàimiàn(짜이와이몐)

명 (복수 outsides [àutsáidz])
바깥쪽, 외부(《반》 inside 안쪽)
영 *Outside* is the part of something that is out.
일 外側 そとがわ(소또가와) 중 外面 wàimiàn(와이몐)

---

out·stand·ing [àutstǽndiŋ 아웃스탠딩]

형 뛰어난, 두드러진
영 *Outstanding* means extremely good.
¶ Her performance was *outstanding*.
그녀의 공연은 뛰어났다.
일 目だつ めだつ(메다쓰) 중 显著的 xiǎnzhùde(셴주더)

---

out·ward [áutwərd 아웃워드]

부 바깥쪽으로, 밖으로
영 *Outward* means toward the outside.
¶ The front door opens *outward*.
현관문은 바깥쪽으로 열린다.
일 外へ向かう そとへむかう(소또에무까우) 중 向外 xiàngwài(샹와이)

---

o·val [óuvəl 오우벌]

형 달걀 모양의, 타원형의
영 *Oval* means shaped like an egg.
¶ The turkey is on a big *oval* plate.
칠면조 고기가 큰 타원형 접시에 놓여 있다.
일 卵形の たまごがたの(타마고가따노)
중 卵形的 luǎnxíngde(롼싱더)

---

*ov·en [ʌ́vən 어번]

명 (복수 ovens [ʌ́vənz])
오븐
영 An *oven* is the inside of a stove where you put things to heat or cook.
¶ Bake in a hot *oven* for ten minutes.
뜨거운 오븐에 10분 동안 구워라.
일 オーブン(오-분) 중 炉 lú(루)

---

*o·ver [óuvər 오우버]

전 [òuvər 오우버] **1** …의 위에[의] (《반》 under …의 밑에)
영 *Over* means above or higher than something.
¶ A helicopter flew *over* our house.
헬리콥터가 우리집 위로 날아갔다.
일 上に うえに(우에니) 중 在…之上 zài…zhīshàng(짜이…즈상)
2 …의 위를 덮어[가리어]
영 *Over* means on something or covering it.
¶ Put this blanket *over* him.

그를 이 담요로 덮어줘라.
일 おおって(옷-떼)　중 覆盖 fùgài(푸가이)

3 …보다 많은, …을 넘어
영 *Over* means more than.
¶ She was *over* fifty.
그녀는 50살이 넘었다.
일 より多く　よりおおく(요리오-꾸)
중 超过 chāoguò(차오꿔)

부 **1** 거꾸로, 넘어져서
영 *Over* means leaning or falling downward.
¶ The wind blew the table *over*.
바람이 불어 탁자가 뒤집어졌다.
일 倒れて たおれて(타오레떼)　중 倒下 dǎoxià(다오샤)
2 다시 한 번, 되풀이해서
영 *Over* means again.
¶ I read the book many times *over*.
나는 그 책을 여러 번 반복해서 읽었다.
일 繰り返して くりかえして(쿠리카에시떼)　중 再一次 zàiyícì(짜이이츠)
3 끝나서
영 *Over* means finished.
¶ School is *over* at four.
수업은 4시에 끝난다.
일 終わって おわって(오왓떼)　중 结束 jiéshù(계수)

---

o·ver·coat [óuvərkòut 오우버코우트]
명 (복수 overcoats [óuvərkòuts])
오버코트, 외투
영 An *overcoat* is a long thick warm coat.
일 オーバー(오-바-)　중 外套 wàitào(와이타오)

***o·ver·come** [òuvərkʌ́m 오우버컴]

타 (3단현 overcomes [òuvərkʌ́mz], 과거형 overcame [òuvərkéim], 과거분사 overcome, 현재분사 overcoming [òuvərkʌ́miŋ])
…을 이겨내다, 극복하다
영 To *overcome* means to succeed in controlling a feeling or solving a problem.
¶ He *overcame* the difficulty.
그는 어려움을 극복했다.
일 克服する こくふくする(코꾸후꾸스루)　중 克服 kèfú(커푸)

---

o·ver·crowd [òuvərkráud 오우버크라우드]
타 …을 너무 많이 들이다
영 To *overcrowd* means to fill with too many people or things.
¶ The room was *overcrowded* with young people.
그 방은 젊은 사람들로 꽉 들어찼다.
일 詰め込みすぎる つめこみすぎる(쓰메코미스기루)　중 过度拥挤 guòdùyōngjǐ(꿔두융지)

---

o·ver·eat [òuvərí:t 오우버리-트]
자 (3단현 overeats [òuvərí:ts], 과거형 overate [òuvəréit], 과거분사 overeaten [òuvərí:tn]), 현재분사 overeating [òuvərí:tiŋ])
과식하다
영 To *overeat* means to eat too much food.
일 食べすぎる たべすぎる(타베스기루)
중 吃得太多 chīdetàituō(츠더타이퉈)

---

o·ver·flow [òuvərflóu 오우버플로우]
타 넘쳐 흐르다
영 To *overflow* means to flow over the edges of something.

¶ The bath water *overflowed* the tub.
목욕물이 욕조에서 넘쳐 흘렀다.
일 あふれる(아후레루) 중 泛滥 fàn-làn(판란)

---

o·ver·head [òuvərhéd 오우버헤드]

부 머리 위에
영 *Overhead* means above your head.
¶ Birds flew *overhead*.
새들이 머리 위로 날아갔다.
일 頭上に ずじょうに(즈조-니) 중 在头顶上 zàitóudǐngshàng(짜이터우딩상)

---

o·ver·joyed [òuvərdʒɔ́id 오우버조이드]

형 대단히 기쁜
영 *Overjoyed* means extremely happy.
¶ We were *overjoyed* that they were safe.
우리는 그들이 무사하다는 소식에 몹시 기뻐했다.
일 大喜びの おおよろこびの(오-요로꼬비노) 중 狂喜的 kuángxǐde(쾅시더)

---

o·ver·look [òuvərlúk 오우버룩]

타 **1** 내려다보다, 바라다보다
영 To *overlook* means to be able to look down on something from a window or room.
¶ Our room *overlooked* the beach.
우리 방에서 바닷가가 내려다보였다.
일 見おろす みおろす(미오로스) 중 俯瞰 fǔkàn(푸칸)
2 못보고 넘어가다
영 To *overlook* means to fail to notice something.
¶ I'll *overlook* your mistake this time.
내가 이번 너의 잘못을 눈감아 주겠다.
일 見おとす みおとす(미오또스) 중 忽略 hūlüè(후뤠)

---

*o·ver·night [òuvərnáit 오우버나이트]

부 밤새도록, 하룻밤 동안에
영 *Overnight* means for or during the night.
¶ We had a storm *overnight*.
밤새도록 폭풍이 불었다.
일 夜通し よどおし(요도-시) 중 通宵 tōngxiāo(퉁샤오)

---

o·ver·seas [òuvərsíːz 오우버시-즈]

부 해외로[에]
영 *Overseas* means abroad or across the seas.
¶ My wife is working *overseas*.
내 아내는 해외 근무 중이다.
일 海外へ かいがいへ(카이가이에) 중 在海外 zàihǎiwài(짜이하이와이)

형 해외의, 외국의
영 *Overseas* means to do with foreign countries or countries across the sea.
¶ *overseas* travel
해외 여행
일 海外の かいがいの(카이가이노) 중 海外的 hǎiwàide(하이와이더)

---

o·ver·take [òuvərtéik 오우버테이크]

타 (3단현 overtakes [òuvərtéiks], 과거형 overtook [òuvərtúk], 과거분사 overtaken [òuvərtéikən], 현재분사 overtaking [òuvərtéikiŋ])

…을 따라잡다
영 To *overtake* means to catch up to someone.
¶ He followed quickly and *overtook* her.
그는 재빨리 쫓아가서 그녀를 따라잡았다.
일 追いつく おいつく(오이쓰꾸) 중 赶上 gǎnshàng(간상)

o·ver·throw [òuvərθróu 오우버스로우]
타 (3단현 overthrows [òuvərθróuz], 과거형 overthrew [òuvərθrúː], 과거분사 overthrown [òuvərθróun], 현재분사 overthrowing [òuvərθróuiŋ])
(정부 등을) 쓰러뜨리다, 타도하다
영 To *overthrow* means to remove a leader or government from power by force.
¶ They *overthrew* the military government.
그들은 군사 정부를 전복시켰다.
일 倒す たおす(타오스) 중 打倒 dǎdǎo (다다오)

o·ver·work [òuvərwə́ːrk 오우버워-크]
타 지나치게 일을 시키다
영 To *overwork* means to make someone work too much.
¶ He *overworked* his employees.
그는 종업원들을 혹사시켰다.
일 働かせすぎる はたらかせすぎる(하따라까세스기루) 중 使工作过度 shǐgōngzuòguòdù(스궁쭤궈두)
자 일을 많이 하다
영 To *overwork* means to work too much.
일 働きすぎる はたらきすぎる(하따라끼스기루) 중 工作过度 gōngzuòguò-

dù(궁쭤궈두)

****owe** [óu 오우]
타 (3단현 owes [óuz], 과거·과거분사 owed [óud], 현재분사 owing [óuiŋ])
1 빚지고 있다
영 To *owe* means to have to pay money to someone, especially money that you have borrowed.
¶ I *owe* him one hundred dollars.
나는 그에게 100 달러의 빚이 있다.
일 借りがある かりがある(카리가아루) 중 欠 qiàn(첸)
2 (은혜 등을) 입고 있다
영 To *owe* means to be grateful to someone for giving you something.
¶ I *owe* you my life.
너는 내 생명의 은인이다.
일 負っている おっている(옷떼이루) 중 感激 gǎnjī(간지)

ow·ing [óuiŋ 오우잉]
형 빚지고 있는
영 *Owing* means not yet paid.
¶ You must pay what is *owing*.
너는 빚진 것을 갚아야만 한다.
일 借りとなっている かりとなっている(카리또낫떼이루) 중 欠着的 qiànzhede(첸저더)
숙어 *owing to* …때문에
¶ I was unable to attend the meeting *owing to* illness.
나는 아파서 회의에 참석할 수 없었다.

owl [ául 아울]
명 올빼미
영 An *owl* is a bird with a large head and big round eyes.

¶ *Owls* usually hunt for food at night.
올빼미는 보통 밤에 먹이를 사냥한다.
일 フクロウ(후꾸로-) 중 猫头鹰 māotóuyīng(마오터우잉)

***own** [óun 오운]

타 (3단현 owns [óunz], 과거·과거분사 owned [óund], 현재분사 owning [óuniŋ])
소유하다, 갖고 있다
영 To *own* means to have and keep something.
¶ He *owns* a lot of books and toys.
그는 책과 장난감을 많이 가지고 있다.
일 所有する しょゆうする(쇼유-스루) 중 特有的 chíyǒude(츠유더)

형 자기 자신의, 자기 소유의
영 *Own* means belonging to you and no one else.
¶ She opened her *own* store.
그녀는 자기 가게를 열었다.
일 自分自身の じぶんじしんの(지분지신노) 중 自己的 zìjǐde(쯔지더)

***own·er** [óunər 오우너]

명 (복수 owners [óunərz])
소유자, 임자
영 An *owner* is someone who owns something.
¶ She is the *owner* of this house.
그녀가 이 집의 주인이다.

일 持ち主 もちぬし(모찌누시) 중 物主 wùzhǔ(우주)

---

ox [áks 악스]

명 (복수 oxen [áksn])
(거세한) 수소
영 An *ox* is a bull whose sex organs have been removed, often used for working on farms.
일 雄牛 おうし(오우시) 중 公牛 gōngniú(궁뉴)

---

ox·en [áksn 악슨]

명 ox의 복수

---

ox·y·gen [áksidʒən 악시전]

명 산소
영 *Oxygen* is a gas in the air that has no color, smell, or taste, and that all plants and animals need in order to live.
¶ *Oxygen* is in the air we breathe.
산소는 우리가 숨쉬는 공기 중에 있다.
일 酸素 さんそ(산소) 중 氧 yǎng(양)

---

oys·ter [óistər 오이스터]

명 굴
영 An *oyster* is a small sea animal that has a shell and makes a jewel called a pearl.
일 カキ(카끼) 중 牡蛎 mǔlì(무리)

 **Pp** [píː 피-]
the sixteenth letter of the English alphabet
영어 알파벳의 열여섯번째 글자

pace [péis 페이스]
명 (복수 paces [péisiz])
1 한걸음
영 A *pace* is a step or a stride.
¶ I took a *pace* forward.
나는 한걸음 앞으로 나아갔다.
일 一歩 いっぽ(입뽀) 중 一步 yíbù(이부)
2 속도
영 A *pace* is a rate of speed.
¶ at a slow *pace*
느린 속도로
일 速度 そくど(소꾸도) 중 速度 sùdù(쑤두)

---

* **Pa·cif·ic O·cean** [pəsífik óu-ʃən 퍼시픽 오우션]
명 [the Pacific Ocean으로] 태평양
영 *The Pacific Ocean* is the large ocean between Asia and Australia in the west, and North and South America in the east.
일 太平洋 たいへいよう(타이헤-요-)
중 太平洋 tàipíngyáng(타이핑양)

---

* **pack** [pǽk 팩]
명 (복수 packs [pǽks])
1 짐, 꾸러미
영 A *pack* is a bundle of things tied or wrapped together for carrying.
일 包み つつみ(쓰쓰미) 중 包 bāo(바오)
2 (사냥개 등의) 한 떼
영 A *pack* is a group of something such as animals, people, or things.
¶ a *pack* of wolves
이리 떼
일 群れ むれ(무레) 중 一群 yìqún(이췬)

타 (3단현 packs [pǽks], 과거·과거분사 packed [pǽkt], 현재분사 packing [pǽkiŋ])
싸다, 꾸리다
영 To *pack* means to put objects into a box, case, bag, etc.
일 包む つつむ(쓰쓰무) 중 捆扎 kǔnzā(쿤짜)

---

pack·age [pǽkidʒ 패키지]
명 (복수 packages [pǽkidʒiz])
1 소포, 짐
영 A *package* is a parcel.
¶ I received a *package* in the mail.
나는 우편으로 소포를 받았다.
일 小包 こづつみ(코즈쓰미) 중 包裹 bāoguǒ(바오궈)
2 포장용 용기
영 A *package* is a carton, box, or case that can be packed with something.
일 包装用容器 ほうぞうようようき(호-조-요-요-끼) 중 包装箱 bāozhuāngxiāng(바오좡샹)

** **page** [péidʒ 페이지]
명 (복수 pages [péidʒiz])
페이지, 쪽

P

영 A *page* is one side of a sheet of paper in a book, magazine, or newspaper.
¶ Open your books to *page* 25.
책 25쪽을 펴세요.
일 ページ(페-지) 중 頁 yè(예)

---

paid [péid 페이드]
동 pay의 과거·과거분사

---

pail [péil 페일]
명 양동이
영 A *pail* is a bucket.
¶ a *pail* of water
물 한 양동이
일 バケツ(바께쓰) 중 桶 tǒng(퉁)

***pain** [péin 페인]
명 (복수 pains [péinz])
1 (육체적인) 고통, 아픔
영 *Pain* is a feeling of physical hurt.
¶ He cried out in *pain*.
그는 아파서 소리쳤다.
일 痛み いたみ(이따미) 중 疼痛 téng-tòng(팅퉁)
2 (정신적인) 고통
영 *Pain* is a feeling of great unhappiness.
일 苦痛 くつう(쿠쓰-) 중 痛 tòng(퉁)
3 [pains로] 노력, 수고
영 *Pains* are efforts or trouble.
일 骨折り ほねおり(호네오리) 중 辛苦 xīnkǔ(신쿠)
숙어 *take pains* 애쓰다, 노력하다

---

pain·ful [péinful 페인풀]
형 (비교급 more painful, 최상급 most painful)
아픈
영 *Painful* means making you feel physical pain or very unhappy.
¶ a *painful* wound
아픈 상처
¶ *painful* memories of the war
전쟁의 아픈 기억
일 痛い いたい(이따이) 중 疼痛的 téngtòngde(텅퉁더)

****paint** [péint 페인트]
명 (복수 paints [péints])
1 페인트
영 *Paint* is a liquid that you use to color surfaces such as walls.
¶ I bought a can of red *paint*.
나는 붉은 페인트를 한 통 샀다.
일 ペンキ(펭끼) 중 油漆 yóuqī(유치)
2 [흔히 paints로] 그림물감
영 *Paints* are a substance in a small tube or block that you use to make pictures.
¶ a set of oil *paints*
유화 그림물감 한 세트
일 絵の具 えのぐ(에노구) 중 绘画颜料 huìhuàyánliào(후이화옌랴오)

타 (3단현 paints [péints], 과거·과거분사 painted [péintid], 현재분사 painting [péintiŋ])
1 페인트를 칠하다
영 To *paint* means to cover the surface of something with paint.
일 ペンキを塗る ペンキをぬる(펭끼오누루) 중 油漆 yóuqī(유치)
2 그리다
영 To *paint* means to make a picture of someone or something.
¶ He *painted* a portrait of his wife.
그는 아내의 초상화를 그렸다.
일 描く えがく(에가꾸) 중 画 huà(화)

---

paint·er [péintər 페인터]

명 (복수 painters [péintərz])
1 화가
영 A *painter* is someone who paints pictures.
¶ a landscape *painter*
풍경 화가
일 画家 がか(가까) 중 画家 huàjiā(화쟈)
2 칠장이
영 A *painter* is someone whose job is painting houses, rooms, etc.
일 ペンキ屋 ペンキや(펭끼야) 중 油漆匠 yóuqījiàng(유치쟝)

---

paint·ing [péintiŋ 페인팅]

명 (복수 paintings [péintiŋz])
1 그림
영 A *painting* is a painted picture.
¶ a *painting* by Monet
모네가 그린 그림
일 絵 え(에) 중 画 huà(화)
2 그림 그리기
영 *Painting* is the act of making a picture.
¶ He takes up *painting* as a hobby.
그는 그림 그리는 것이 취미다.
일 絵を描くこと えをえがくこと(에오에가꾸코또) 중 绘画 huìhuà(후이화)

---

*pair [péər 페어]

명 (복수 pairs [péərz])
1 한 쌍, 한 짝, 한 벌
영 A *pair* is a set of two things used together or regarded as a unit.
¶ a *pair* of scissors
가위 한 자루
¶ two *pairs* of trousers
바지 두 벌
일 一対 いっつい(잇쓰이) 중 一对 yíduì(이두이)
2 한 쌍의 남녀 ; 부부 ; (동물의) 한 쌍
영 A *pair* is two persons or animals that are alike or that work together.
일 一組の男女 ひとくみのだんじょ(히또꾸미노단조) 중 一对 yíduì(이두이)

---

pa·ja·mas [pədʒáːməz 퍼자-머즈]

명 [복수] 파자마
영 *Pajamas* are a set of clothes to sleep in consisting of a loose shirt and pants or shorts.
¶ They are in *pajamas*.
그들은 파자마 바람이다.
일 パジャマ(파자마) 중 睡衣 shuìyī(수이이)

---

*pal [pǽl 팰]

명 친구
영 A *pal* is a good friend or a buddy.
¶ a pen *pal*
펜팔, 편지 친구
일 友達 ともだち(토모다찌) 중 朋友 péngyou(펑유)

---

*pal·ace [pǽləs 팰러스]

명 (복수 palaces [pǽləsiz])
[때때로 Palace로] 궁전
영 A *palace* is a large grand residence for a king, queen, or other ruler.
¶ Buckingham *Palace*
버킹엄 궁전

일 宮殿 きゅうでん(큐-뎅) 중 宮殿

gōngdiàn(궁뎬)

***pale** [péil 페일]

혱 (비교급 paler [péilər], 최상급 palest [péilist])

1 핼쑥한, 창백한

영 *Pale* means having a much lighter skin color than usual because you are sick, frightened, etc.

¶ His face looked *pale*.

그의 얼굴은 창백해 보였다.

일 青白い　あおじろい(아오지로이) 중 蒼白的 cāngbáide(창바이더)

2 엷은, 연한

영 *Pale* means having more white in color than usual.

¶ Her dress was *pale* green.

그녀의 드레스는 연한 녹색이다.

일 薄い　うすい(우스이) 중 淡的 dànde (단더)

---

palm [pá:m 팜-]

명 (복수 palms [pá:mz])

손바닥

영 A *palm* is the flat surface on the inside of your hand.

일 手のひら　てのひら(테노히라) 중 手掌 shǒuzhǎng(서우장)

---

pam·phlet [pǽmflət 팸플럿]

명 팸플릿

영 A *pamphlet* is a small thin book-let that usually contains an essay or information on one particular topic.

일 パンフレット(판후렛또) 중 小册子 xiǎocèzi(샤오처쯔)

***pan** [pǽn 팬]

명 (복수 pans [pǽnz])

납작한 냄비

영 A *pan* is a flat metal container that is used for cooking.

¶ a frying *pan*

프라이팬

일 平なべ　ひらなべ(히라나베) 중 平底锅 píngdǐguō(핑디궈)

up pan은 한 쪽에만 손잡이가 달린 납작한 냄비를 말하고 pot은 깊고 양쪽에 손잡이가 달린 냄비를 말한다.

---

pan·cake [pǽnkèik 팬케이크]

명 팬케이크

영 A *pancake* is a thin flat cake made from flour, milk, and eggs and cooked in a pan or on a griddle.

일 パンケーキ(팡께−끼) 중 薄煎饼 báojiānbǐng(바오졘빙)

---

pan·da [pǽndə 팬더]

명 판다

영 A *panda* is an animal found in China that looks like a bear and has thick, black and white fur.

일 パンダ(판다) 중 大猫熊 dàmāo-xióng(다마오슝)

---

pan·sy [pǽnzi 팬지]

명 (복수 pansies [pǽnziz])

팬지

영 A *pansy* is a small garden flower with five rounded petals that are often purple, yellow, or white.

일 パンジー(판지−) 중 三色紫罗兰 sān-sèzǐluólán(싼써쯔뤄란)

****pants** [pǽnts 팬츠]

명 [복수] 바지

영 *Pants* are a piece of clothing with two legs that covers the lower part of

your body.
¶ He bought a pair of *pants*.
그는 바지 한 벌을 샀다.
㉿ ズボン(즈봉) ㊥ 裤子 kùzi(쿠쯔)

---

pa·pa [pɑ́ːpə 파-퍼]
명 아빠
영 A ***papa*** is a father.
일 お父さん おとうさん(오또-상) 중 爸爸 bàba(바바)

****pa·per** [péipər 페이퍼]
명 (복수 papers [péipərz])
1 종이
영 ***Paper*** is a thin piece or sheet of material made from wood pulp and rags.
¶ Give me a sheet of *paper*.
종이 한 장 주세요.
일 紙 かみ(카미) 중 纸 zhǐ(즈)
2 신문
영 A ***paper*** is a newspaper.
¶ I always read the morning *paper*.
나는 항상 아침 신문을 읽는다.
일 新聞 しんぶん(심붕) 중 报纸 bàozhǐ(바오즈)
3 리포트
영 A ***paper*** is a written report or essay for school.
일 レポート(레뽀-또) 중 报告 bàogào (바오가오)
4 논문
영 A ***paper*** is a piece of writing by someone who has studied a particular subject.
일 論文 ろんぶん(롬붕) 중 论文 lùnwén(룬원)

---

par·a·chute [pǽrəʃùːt 패러슈-트]
명 (복수 parachutes [pǽrəʃùːts])
낙하산
영 A ***parachute*** is a large piece of strong but lightweight fabric attached to thin ropes.
¶ *Parachutes* look like big umbrellas.
낙하산들은 마치 큰 우산처럼 보인다.
일 落下傘 らっかさん(락까산) 중 降落伞 jiàngluòsǎn(쟝뤄싼)

---

pa·rade [pəréid 퍼레이드]
명 (복수 parades [pəréidz])
퍼레이드
영 A ***parade*** is a procession of people and vehicles as part of a ceremony or festivity.
일 パレード(파레-도) 중 行进 xíngjìn(싱진)

자 (3단현 parades [pəréidz], 과거·과거분사 paraded [pəréidid], 현재분사 parading [pəréidiŋ])
행진하다
영 To ***parade*** means to march together to celebrate or protest something.
일 行進する こうしんする(코-신스루) 중 游行 yóuxíng(유싱)

---

par·a·dise [pǽrədàis 패러다이스]
명 [보통 Paradise로] 천국, 낙원
영 ***Paradise*** is a place that is considered extremely beautiful and that makes people feel happy and contented.
일 天国 てんごく(텡고꾸) 중 天国 tiānguó(톈궈)

---

par·a·graph [pǽrəgræ̀f 패러그래프]
명 단락

영 A *paragraph* is a group of several sentences that start on a new line and deal with one idea in a piece of writing.

일 段落 だんらく(단라꾸) 중 段 duàn(돤)

P **par·a·sol** [pǽrəsɔ̀ːl 패러솔-]

명 파라솔

영 A *parasol* is a type of umbrella that shades you from the sun.

일 日傘 ひがさ(히가사) 중 阳伞 yángsǎn(양싼)

***par·cel** [pɑ́ːrsl 파-슬]

명 (복수 parcels [pɑ́ːrslz])
소포, 꾸러미

영 A *parcel* is a package, or something that is packed, wrapped, or put into a box.

¶ send *parcels* through the mail
소포를 우송하다

일 小包 こづつみ(코즈쓰미) 중 包裹 bāoguǒ(바오궈)

***par·don** [pɑ́ːrdn 파-든]

타 (3단현 pardons [pɑ́ːrdnz], 과거·과거분사 pardoned [pɑ́ːrdnd], 현재분사 pardoning [pɑ́ːrdniŋ])
용서하다

영 To *pardon* means to forgive or excuse someone.

¶ She did not *pardon* him.
그녀는 그를 용서하지 않았다.

일 許す ゆるす(유루스) 중 原谅 yuán-liàng(위엔량)

명 (복수 pardons [pɑ́ːrdnz])
용서

영 *Pardon* is forgiveness.

일 許し ゆるし(유루시) 중 原谅 yuán-

liàng(위엔량)

숙어 *I beg your pardon.* (1) 죄송합니다《말끝을 내린다》. (2) 죄송합니다만 한번 더 말씀해 주십시오《말끝을 올린다》.

****par·ent** [péərənt 페어런트]

명 (복수 parents [péərənts])
어버이 ; [parents로] 양친

영 A *parent* is a mother or a father.

¶ He lives with his *parents*.
그는 부모님과 함께 살고 있다.

일 親 おや(오야) 중 父母 fùmǔ(푸무)

Par·is [pǽris 패리스]

명 파리

▲ 에펠탑

영 *Paris* is the capital of France.

일 パリ(파리) 중 巴黎 Bālí(바리)

****park** [pɑ́ːrk 파-크]

명 (복수 parks [pɑ́ːrks])
공원

영 A *park* is an area of land where people can play or rest.

¶ The *park* is large and beautiful.
그 공원은 넓고 아름답다.

일 公園 こうえん(코-엥) 중 公园 gōngyuán(궁위엔)

동 (3단현 parks [pɑ́ːrks], 과거·과거분사 parked [pɑ́ːrkt], 현재분사 parking [pɑ́ːrkiŋ])

타 …을 주차하다
영 To *park* means to put a car or other vehicle in a particular place for a period of time.
일 駐車する　ちゅうしゃする(추-샤스루) 중 停放 tíngfàng(팅팡)
자 주차하다
¶ Is it okay if I *park* here?
여기에 주차해도 되나요?
일 駐車する　ちゅうしゃする(추-샤스루) 중 停放 tíngfàng(팅팡)

park·ing [pá:rkiŋ 파-킹]

명 주차
영 *Parking* is the act of parking a car.
¶ No *parking*.
《게시》 주차 금지.
일 駐車　ちゅうしゃ(추-샤) 중 停车 tíngchē(팅처)

park·ing lot [pá:rkiŋ làt 파-킹 랏]

명 주차장
영 A *parking lot* is an open area where cars can be parked.
일 駐車場　ちゅうしゃじょう(추-샤조-) 중 停车场 tíngchēchǎng(팅처창)

*par·lia·ment [pá:rləmənt 팔-러먼트]

명 의회, 국회
영 A *parliament* is the group of people who have been elected to make laws and discuss important national affairs in some countries.
일 議会　ぎかい(기까이) 중 议会 yìhuì(이후이)

보통 관사 없이 Parliament로써서 영국 의회를 가리키는 데 the House of Lord(상원)와 the House of Commons(하원)로 구성되어 있다.

par·rot [pǽrət 패럿]

명 앵무새
영 A *parrot* is a tropical bird with a curved beak and brightly colored feathers.
일 オウム(오-무) 중 鹦鹉 yīngwǔ(잉우)

*part [pá:rt 파-트]

명 (복수 parts [pá:rts])
1 일부, 부분
영 A *part* is a portion or division of a whole.
¶ Your head is a *part* of your body.
머리는 몸의 일부다.
일 一部　いちぶ(이찌부) 중 部分 bùfen(부펀)
2 (연극 등의) 역
영 A *part* is a character or role in a play or film.
¶ He played the *part* of Hamlet.
그는 햄릿역을 맡았다.
일 役　やく(야꾸) 중 角色 juésè(쮀써)
3 (기계 등의) 부품
영 A *part* is a piece in a machine or device.
¶ spare *parts* of a car
차의 예비 부품
일 部品　ぶひん(부힝) 중 零件 língjiàn(링젠)
4 역할
영 A *part* is an expected share of responsibility or work.
일 役目　やくめ(야꾸메) 중 职责 zhízé(즈쩌)
5 가르마
영 A *part* is a line in your hair where the hair is combed in two directions.
일 分け目　わけめ(와께메) 중 分线

fēnxiàn(펜셴)
숙어 *take part in* …에 참가하다

---

par·tic·i·pate [pərtísəpèit 퍼
티서페이트]

자 (3단현 participates [pərtísə-
pèits], 과거·과거분사 participated
[pərtísəpèitid], 현재분사 partici-
pating [pərtísəpèitiŋ])
참가하다
영 To *participate* means to join with
others in an activity or event.
¶ If you'd like to *participate*, send us
your name and address.
참가하기를 원하시면 우리에게 성명
과 주소를 보내십시오.
일 参加する さんかする(상까스루) 중
参加 cānjiā(찬쟈)

---

*par·tic·u·lar [pərtíkjulər 퍼티
큘러]

형 (비교급 more particular, 최상
급 most particular)
1 개개의
영 *Particular* means individual.
일 個々の ここの(코꼬노) 중 个别的
gèbiéde(거볘더)
2 까다로운
영 *Particular* means very careful
about choosing exactly what you like,
and not easily satisfied.
¶ He is *particular* about his food.
그는 식성이 까다롭다.
일 気むずかしい きむずかしい(키무즈
까시-) 중 挑剔的 tiāotìde(탸오티더)
3 특별한, 각별한
영 *Particular* means special or un-
usual.
¶ for no *particular* reason
특별한 이유도 없이
일 特別の とくべつの(토꾸베쓰노) 중

特別的 tèbiéde(터볘더)

---

par·tic·u·lar·ly [pərtíkjulərli
퍼티큘러리]

부 특히
영 *Particularly* means especially.
¶ She likes the animals, *particularly*
the monkeys.
그녀는 동물, 특히 원숭이를 좋아한다.
일 特に とくに(토꾸니) 중 特別 tèbié
(터볘)

---

part·ly [pɑ́:rtli 파-틀리]

부 부분적으로, 얼마간
영 *Partly* means in part or to some
extent.
¶ I *partly* agree with you.
부분적으로는 네 말에 동의한다.
일 部分的に ぶぶんてきに(부분떼끼니)
중 部分地 bùfende(부펀더)

---

part·ner [pɑ́:rtnər 파-트너]

명 (복수 partners [pɑ́:rtnərz])
동료 ; 상대
영 A *partner* is one of two or more
people who do something together.
¶ a business *partner*
사업 동료
¶ a dancing *partner*
댄스 상대
일 仲間 なかま(나까마) 중 伙伴 huǒbàn
(휘반)

---

part-time [pɑ́:rttáim 파-트타임]

형 파트타임의
영 *Part-time* means working for a
few hours or a few days each week.
¶ a *part-time* job
아르바이트
일 パートタイムの(파-또타이무노) 중

部分时间工作的　bùfenshíjiāngōng-zuòde(부펀스졘궁쭤더)

---

*par·ty [pá:rti 파-티]

명 (복수 parties [pá:rtiz])

1 파티

영 A *party* is an organized occasion when people enjoy themselves in a group.

¶ a birthday *party*
생일 파티

일 パーティー(파-띠-) 중 聚会 jùhuì(쥐후이)

2 일행

영 A *party* is a group of people working together.

일 一行 いっこう(익꼬-) 중 一伙人 yìhuǒrén(이훠런)

3 정당, 당

영 A *party* is an organized group of people with similar political beliefs who try to win elections.

일 政党 せいとう(세-또-) 중 政党 zhèngdǎng(정당)

**pass [pæs 패스]

동 (3단현 passes [pæsiz], 과거·과거분사 passed [pæst], 현재분사 passing [pæsiŋ])

재 **1** 지나가다

영 To *pass* means to go by someone or something.

¶ I *pass* by her house every day.
나는 매일 그녀의 집을 지나간다.

일 通る　とおる(토-루) 중 经过 jīng-guò(징궈)

2 지나다, 경과하다

영 To *pass* means to move on or to go by.

¶ Ten years have *passed* since she left home.

그녀가 고향을 떠난지 10년이 지났다.

일 過ぎる　すぎる(스기루) 중 流逝 liú-shì(류스)

타 **1** 곁을 지나가다

일 通る　とおる(토-루) 중 经过 jīngguò(징궈)

2 합격하다 (《반》 fail 떨어지다)

영 To *pass* means to succeed in a test or course.

¶ My mother *passed* the examination.
어머니는 시험에 합격하셨다.

일 合格する　ごうかくする(고-까꾸스루) 중 及格 jígé(지거)

3 (법률 등을) 가결하다

영 To *pass* means to officially accept a law or proposal.

일 可決する　かけつする(카께쓰스루) 중 通过 tōngguò(퉁궈)

4 건네주다

영 To *pass* means to give something to someone.

¶ Please *pass* me the salt.
소금 좀 건네주세요.

일 渡す　わたす(와따스) 중 传递 chuán-dì(촨디)

---

pas·sage [pæsidʒ 패시지]

명 (복수 passages [pæsidʒiz])

1 복도, 통로

영 A *passage* is a corridor.

일 廊下　ろうか(로-까) 중 走廊 zǒu-láng(쩌우랑)

2 일절, 한 대목

영 A *passage* is a short section in a book or piece of music.

일 一節　いっせつ(잇세쓰) 중 一节 yìjié(이제)

---

*pas·sen·ger [pæsəndʒər 패선저]

명 (복수 passengers [pæsəndʒərz])

승객
[영] A ***passenger*** is someone besides the driver who travels in a car or other vehicle.
¶ All the *passengers* should be on board.
모든 승객은 탑승해 주십시오.
[일] 乗客 じょうきゃく(조-꺄꾸) [중] 乘客 chéngkè(청커)

P

---

pass·er·by [pæ̀sərbái 패서바이]
[명] (복수 passersby [pæ̀sərzbái]) 통행인
[영] A ***passerby*** is someone who happens to be passing.
[일] 通行人 つうこうにん(쓰-꼬-닝) [중] 行人 xíngrén(싱런)

---

pas·sion [pǽʃən 패션]
[명] 열정, 정열
[영] ***Passion*** is a very strong feeling.
¶ a man of *passion*
정열가
[일] 熱情 ねつじょう(네쓰조-) [중] 热情 rèqíng(러칭)

---

pass·port [pǽspɔ̀ːrt 패스포-트]
[명] (복수 passports [pǽspɔ̀ːrts]) 여권
[영] A ***passport*** is an official booklet that proves that you are a citizen of a certain country and allows you to travel abroad.
¶ May I see your *passport*?
여권을 보여 주시겠습니까?
[일] 旅券 りょけん(료껭) [중] 护照 hùzhào(후자오)

---

pass·word [pǽswə̀ːrd 패스워-드]
[명] 암호, 패스워드
[영] A ***password*** is a secret word, code, or phrase that you need to know to get into a guarded area or a computer system.
[일] 合い言葉 あいことば(아이꼬또바)
[중] 口令 kǒulìng(커우링)

***past** [pǽst 패스트]
[형] 지나간, 과거의
[영] ***Past*** means a little earlier than the present.
¶ the *past* week
지난 주
[일] 過ぎ去った すぎさった(스기삿따)
[중] 过去的 guòqùde(궈취더)

[명] [the past로] 과거 (《반》 future 미래)
[영] ***The past*** is the period of time before the present.
¶ Don't forget *the past*.
과거를 잊지 마라.
[일] 過去 かこ(카꼬) [중] 过去 guòqù(궈취)

[전] [pæ̀st 패스트] 지나서
[영] ***Past*** means by, after, or beyond.
[일] 過ぎて すぎて(스기떼) [중] 经过 jīngguò(징궈)

***paste** [péist 페이스트]
[명] **1** 풀
[영] ***Paste*** is a soft sticky mixture used to stick things together.
¶ We need *paste*.
우리는 풀이 필요하다.
[일] のり(노리) [중] 浆糊 jiānghú(쟝후)
2 반죽
[영] ***Paste*** is a soft thick mixture that can be easily shaped or spread.
[일] 生地 きじ(키지) [중] 面团 miàntuán(멘퇀)

---

pas·ture [pǽstʃər 패스처]

명 (복수 pastures [pǽstʃərz])
목초지
영 *Pasture* is grazing land for animals.
¶ Horses are grazing in the *pasture*.
말들이 목초지에서 풀을 뜯고 있다.
일 牧草地 ぼくそうち(보꾸소-찌) 중 牧草地 mùcǎodì(무차오디)

---

* **path** [pǽθ 패스]

명 (복수 paths [pǽðz])
작은 길
영 A *path* is a trail or track for walking.
¶ I followed the *path* until I came to the river.
나는 강가에 이를 때까지 작은 길을 따라갔다.
일 小道 こみち(코미찌) 중 小路 xiǎolù(샤오루)

---

pa·tience [péiʃəns 페이션스]

명 인내
영 *Patience* is the ability to wait calmly for a long time or deal with difficulties without becoming annoyed.
일 忍耐 にんたい(닌따이) 중 耐心 nàixīn(나이신)

---

* **pa·tient** [péiʃənt 페이션트]

형 (비교급 more patient, 최상급 most patient)
인내심이 강한
영 *Patient* means able to wait calmly for a long time or deal with difficulties without becoming annoyed.
일 忍耐強い にんたいづよい(닌따이즈요이) 중 有耐心的 yǒunàixīnde(유나이

신더)
명 (복수 patients [péiʃənts])
환자
영 A *patient* is someone who is receiving treatment from a doctor or other health-care provider.
¶ She is popular with her *patients*.
그녀는 환자들에게 인기가 있다.
일 患者 かんじゃ(칸자) 중 病人 bìngrén(빙런)

---

pa·tri·ot [péitriət 페이트리엇]

명 애국자
영 A *patriot* is someone who loves his or her country and is prepared to fight for it.
일 愛国者 あいこくしゃ(아이꼬꾸샤) 중 爱国者 àiguózhě(아이궈저)

---

* **pat·tern** [pǽtərn 패턴]

명 (복수 patterns [pǽtərnz])
무늬 ; 형
영 A *pattern* is a repeating arrangement of colors, shapes, and figures.
¶ a rose *pattern*
장미 무늬
일 模様 もよう(모요-) 중 图案 tú'àn(투안)

---

* **pause** [pɔ́ːz 포-즈]

명 (복수 pauses [pɔ́ːziz])
휴지, 중지
영 A *pause* is a short time when you stop speaking or doing something.
일 休止 きゅうし(큐-시) 중 暂停 zàntíng(짠팅)

자 (3단현 pauses [pɔ́ːziz], 과거·과거분사 paused [pɔ́ːzd], 현재분사 pausing [pɔ́ːziŋ])

휴지하다, 중지하다
영 To *pause* means to stop speaking or doing something for a short time.
일 休止する きゅうしする(큐-시스루)
중 暫停 zàntíng(짠팅)

---

pave·ment [péivmənt 페이브먼트]
명 포장도로 ; 인도
영 A *pavement* is a paved road, or a sidewalk.
일 舗道 ほどう(호도-) 중 铺过的道路 pūguòdedàolù(푸궈더다오루)

****pay** [péi 페이]
동 (3단현 pays [péiz], 과거·과거분사 paid [péid], 현재분사 paying [péiiŋ])
타 **1** 치르다, 지급하다
영 To *pay* means to give money for something.
¶ I *paid* 15 dollars for this scarf.
이 스카프는 15달러에 샀다.
일 支払う しはらう(시하라우) 중 支付 zhīfù(즈푸)
2 (주의 등을) 기울이다
영 To *pay* means to listen to or watch someone or something carefully.
¶ He *paid* us no attention.
그는 우리에게 전혀 주의를 기울이지 않았다.
일 払う はらう(하라우) 중 注意 zhùyì(주이)
자 **1** 지급을 하다
¶ The company *paid* for my plane tickets.
그 회사가 내 비행기표 값을 냈다.
일 支払いをする しはらいをする(시하라이오스루) 중 付款 fùkuǎn(푸콴)
2 수지 맞다
영 To *pay* means to be worthwhile or advantageous.

일 引き合う ひきあう(히끼아우) 중 有利 yǒulì(유리)

명 임금, 급료
영 *Pay* is wages or salary.
¶ I get my *pay* every Friday.
나는 매주 금요일에 임금을 받는다.
일 賃金 ちんぎん(칭깅) 중 报酬 bàochóu(바오처우)

---

pay·ment [péimənt 페이먼트]
명 (복수 payments [péimənts])
1 지급
영 *Payment* is the act of paying for something.
¶ *payment* in full
전액 지급
일 支払い しはらい(시하라이) 중 支付 zhīfù(즈푸)
2 지급 금액
영 A *payment* is an amount of money that must be paid or has been paid.
일 支払金 しはらいきん(시하라이낑) 중 支付的款项 zhīfùdekuǎnxiàng(즈푸더콴샹)

***pea** [pí: 피-]
명 (복수 peas [pí:z])
완두(콩)

영 A *pea* is a small round green seed that is cooked and eaten as a vegetable.
일 エンドウ(엔도-) 중 豌豆 wāndòu

(완더우)

---

* **peace** [píːs 피-스]

몡 [때때로 a peace로] 평화 (《반》 war 전쟁)

옝 *Peace* is a period without war or fighting.

¶ the Nobel *Peace* Prize
노벨 평화상

일 平和 へいわ(헤-와) 쥥 和平 hépíng (허핑)

---

peace·ful [píːsful 피-스풀]

휑 평화로운

옝 *Peaceful* means not involving war or violence.

일 平和な へいわな(헤-와나) 쥥 和平的 hépíngde(허핑더)

---

* **peach** [píːtʃ 피-치]

몡 (복수 peaches [píːtʃiz])
복숭아

옝 A *peach* is a soft round sweet fruit with a fuzzy reddish yellow skin and a pit at the center.

일 モモ(모모) 쥥 桃子 táozi(타오쯔)

---

pea·cock [píːkɑ̀k 피-칵]

몡 (복수 peacocks [píːkɑ̀ks])
공작

옝 A *peacock* is a large bird that is related to the pheasant.

일 クジャク(쿠자꾸) 쥥 孔雀 kǒngquè (쿵췌)

---

peak [píːk 피-크]

몡 (복수 peaks [píːks])

1 산꼭대기

옝 A *peak* is the pointed top of a mountain.

일 山頂 さんちょう(산쪼-) 쥥 山顶 shāndǐng(산딩)

2 절정, 피크

옝 A *peak* is the time when someone or something is best, highest, or most successful.

¶ He is at his *peak* now.
그는 지금 한창 때다.

일 絶頂 せっちょう(셋쪼-) 쥥 高峰 gāofēng(가오펑)

---

* **pea·nut** [píːnʌ̀t 피-넛]

몡 (복수 peanuts [píːnʌ̀ts])
땅콩

옝 A *peanut* is a nutlike seed that grows in underground pods.

일 ピーナッツ(피-낫쓰) 쥥 花生 huā-shēng(화성)

** **pear** [péər 페어]

몡 (복수 pears [péərz])
서양배

옝 A *pear* is a juicy sweet fruit with a smooth skin.

¶ These *pears* are sweet.

이 배들은 달다.
일 セイヨウナシ(세-요-나시) 중 洋梨 yánglí(양리)

---

pearl [pə́ːrl 펄-]

명 (복수 pearls [pə́ːrlz])
진주
영 A *pearl* is a small round object that grows inside oysters and is used to make valuable jewelry.
¶ a cultured *pearl*
양식 진주
일 真珠 しんじゅ(신주) 중 珍珠 zhēnzhū(전주)

---

peas·ant [pézənt 페전트]

명 농부
영 A *peasant* is someone who owns a small farm or works on a farm.
일 農夫 のうふ(노-후) 중 农夫 nóngfū (눙푸)

---

peb·ble [pébl 페블]

명 (복수 pebbles [péblz])
자갈
영 A *pebble* is a small round stone.
일 小石 こいし(코이시) 중 小卵石 xiǎoluǎnshí(샤오롼스)

---

pe·cu·liar [pikjúːljər 피큘-려]

형 이상한, 별난, 묘한
영 *Peculiar* means strange or odd.
¶ Her *peculiar* behavior surprised me.
그녀의 별난 행동은 나를 놀라게 했다.
일 変な へんな(헨나) 중 奇怪的 qíguàide(치과이더)

---

pe·des·tri·an [pidéstriən 피데스트리언]

명 보행자
영 A *pedestrian* is someone who travels on foot.
¶ *Pedestrians* Only.
《게시》 보행자 전용.
일 步行者 ほこうしゃ(호꼬-샤) 중 步行者 bùxíngzhě(부싱저)

---

peel [píːl 필-]

타 (3단현 peels [píːlz], 과거·과거분사 peeled [píːld], 현재분사 peeling [píːliŋ])
껍질을 벗기다
영 To *peel* means to remove the skin of a vegetable or fruit.
¶ Please *peel* the potatoes.
감자 껍질을 벗기세요.
일 皮をむく かわをむく(카와오무꾸) 중 剝 bāo(바오)

---

*pen [pén 펜]

명 (복수 pens [pénz])
펜
영 A *pen* is an instrument used for writing or drawing with ink.
¶ He wrote his name with a blue *pen*.
그는 이름을 파란 펜으로 썼다.
일 ペン(펜) 중 笔 bǐ(비)

---

pence [péns 펜스]

명 penny의 복수

---

*pen·cil [pénsl 펜슬]

명 (복수 pencils [pénslz])
연필
영 A *pencil* is an instrument used for drawing and writing.
¶ a colored *pencil*
색연필
일 鉛筆 えんぴつ(엠삐쓰) 중 铅笔

qiānbǐ(쳰비)

---

*pen·guin [péŋgwin 펭귄]

명 펭귄

영 A *penguin* is a water bird of the Antarctic region that cannot fly.

일 ペンギン(펭긴) 중 企鹅 qǐ'é(치어)

---

pen·in·su·la [pənínsʃələ 퍼닌셜러]

명 반도

영 A *peninsula* is a piece of land that sticks out from a larger land mass and is almost completely surrounded by water.

¶ Florida is a *peninsula*.

플로리다는 반도다.

일 半島 はんとう(한또-) 중 半島 bàndǎo(반다오)

---

pen·ny [péni 페니]

명 (복수 pennies [péniz], pence [péns])

페니

영 A *penny* is the coin that is the smallest unit of money.

일 ペニー(페니-) 중 便士 biànshì(볜스)

up 금액을 가리킬 때는 pence를 쓰고 동전의 개수를 가리킬 때는 pennies를 쓴다.

**peo·ple [pí:pl 피-플]

명 (복수 peoples [pí:plz])

1 사람들

영 *People* are persons or human beings.

¶ There were many *people* at the party.

파티에는 많은 사람들이 있었다.

일 人々 ひとびと(히또비또) 중 人们 rén-

men(런먼)

2 [the people로] 국민

영 *The people* are all the ordinary people in a country or state.

¶ *The* Korean *people* are kind.

한국 국민은 친절하다.

일 国民 こくみん(코꾸밍) 중 国民 guómín(궈민)

3 민족

영 A *people* is a race or nation.

일 民族 みんぞく(민조꾸) 중 民族 mínzú(민쭈)

---

*pep·per [pépər 페퍼]

명 (복수 peppers [pépərz])

후추, 후춧가루

영 *Pepper* is a spicy powder made from the dried berries of a tropical climbing plant.

일 こしょう(코쇼-) 중 胡椒 hújiāo(후쟈오)

---

per [《약》 pər 퍼]

전 …에 대해, …마다

영 *Per* means in each or for each.

¶ 60 km *per* hour

시속 60 킬로미터

일 …につき(…니쓰끼) 중 每 měi(메이)

---

per·ceive [pərsí:v 퍼시-브]

타 (3단현 perceives [pərsí:vz], 과거·과거분사 perceived [pərsí:vd], 현재분사 perceiving [pərsí:viŋ])

1 지각하다, 알아차리다

영 To *perceive* means to become aware of through the senses.

일 知覚する ちかくする(치까꾸스루)

중 察觉 chájué(차줴)

2 이해하다, 알다

영 To *perceive* means to understand.

일 理解する りかいする(리까이스루)

ⓒ 理解 lǐjiě(리제)

***per·cent** [pərsént 퍼센트]

명 퍼센트《%》
영 *Percent* is a part that is one one-hundredth.
¶ The interest rate at the bank is six *percent*.
은행 이율은 6퍼센트다.
일 パーセント(파-센또) 중 百分比 bǎi-fēnbǐ(바이펀비)

***per·fect** [pə́ːrfikt 퍼-픽트]

형 완전한, 완벽한
영 *Perfect* means without any flaws or mistakes.
¶ a *perfect* crime
완전 범죄
일 完全な かんぜんな(칸젠나) 중 完美的 wánměide(완메이더)

---

per·fect·ly [pə́ːrfiktli 퍼-픽틀리]

부 완전하게, 완벽하게
영 *Perfectly* means in a perfect way.
일 完全に かんぜんに(칸젠니) 중 完美地 wánměide(완메이더)

***per·form** [pərfɔ́ːrm 퍼폼-]

타 (3단현 performs [pərfɔ́ːrmz], 과거·과거분사 performed [pərfɔ́ːrmd], 현재분사 performing [pərfɔ́ːrmiŋ])
1 행하다 ; 다하다
영 To *perform* means to do something or carry something out.
일 行う おこなう(오꼬나우) 중 履行 lǚxíng(뤼싱)
2 맡아하다 ; 연주하다
영 To *perform* means to do something to entertain people.

¶ He *performed* the hero in the play.
그는 그 연극에서 주인공을 맡아했다.
일 演ずる えんずる(엔즈루) 중 演出 yǎnchū(옌추)

---

per·for·mance [pərfɔ́ːrməns 퍼포-먼스]

명 (복수 performances [pərfɔ́ːrmənsiz])
1 (의무 등의) 실행, 이행
영 *Performance* is the act of doing something.
일 実行 じっこう(직꼬-) 중 履行 lǚxíng(뤼싱)
2 공연, 상연 ; 연주
영 A *performance* is the public presentation of a play, movie, or piece of music.
¶ give a *performance* of Hamlet
햄릿을 상연하다
일 公演 こうえん(코-엥) 중 演出 yǎnchū(옌추)

---

per·fume [pə́ːrfjuːm 퍼-퓸-]

명 (복수 perfumes [pə́ːrfjuːmz])
1 향수
영 A *perfume* is a liquid with a strong pleasant smell that you put on your skin.
¶ She often uses *perfume*.
그녀는 자주 향수를 뿌린다.
일 香水 こうすい(코-스이) 중 香水 xiāngshuǐ(샹수이)
2 향기
영 *Perfume* is any pleasing smell or odor.
¶ the *perfume* of roses
장미 향기
일 香り かおり(카오리) 중 香味 xiāngwèi(샹웨이)

***per・haps** [pərhǽps 퍼햅스]

閉 아마, 어쩌면
阅 *Perhaps* means maybe or possibly.
¶ *Perhaps* it'll be warmer tomorrow.
아마 내일은 더 따뜻해질 것이다.
엘 ことによると(코또니요루또) 중 或许 huòxǔ(훠쉬)

***pe・ri・od** [píəriəd 피어리어드]

명 (복수 periods [píəriədz])
1 기간
阅 A *period* is a length of time.
¶ He stayed in Seoul for a short *period*.
그는 짧은 기간 서울에 머물렀다.
엘 期間 きかん(키깡) 중 期间 qījiān (치젠)
2 [the period로] 시대
阅 *The period* is a particular length of time in history.
¶ *the period* of the French Revolution
프랑스 혁명 시대
엘 時代 じだい(지다이) 중 时代 shídài (스다이)
3 피리어드, 마침표
阅 A *period* is the punctuation mark(.) used to show that a sentence has ended or that a word has been abbreviated.
엘 ピリオド(피리오도) 중 句号 jùhào (쮜하오)

***per・ma・nent** [pə́rmənənt 퍼-머넌트]

형 영구의, 영속적인
阅 *Permanent* means continuing to exist for a long time or for all time.
엘 永久の えいきゅうの(에-뀨-노) 중 永久的 yǒngjiǔde(융쥬더)

----

per・mis・sion [pərmíʃən 퍼미션]

명 허가, 허락, 승낙
阅 *Permission* is the act of allowing someone to do something.
엘 許可 きょか(쿄까) 중 许可 xǔkě(쉬커)

***per・mit** [pərmít 퍼밋]

타재 (3단현 permits [pərmíts], 과거·과거분사 permitted [pərmítid], 현재분사 permitting [pərmítiŋ])
허가하다
阅 To *permit* means to allow someone to do something.
¶ Photography is not *permitted* in the museum.
박물관 내에서는 촬영이 금지되어 있다.
엘 許可する きょかする(쿄까스루) 중 许可 xǔkě(쉬커)

***per・son** [pə́ːrsn 퍼-슨]

명 (복수 persons [pə́ːrsnz])
사람
阅 A *person* is an individual human being.
¶ She is a very diligent *person*.
그녀는 매우 부지런한 사람이다.
엘 人 ひと(히또) 중 人 rén(런)

***per・son・al** [pə́ːrsənəl 퍼-서널]

형 개인적인, 사적인
阅 *Personal* means private.
¶ Can I ask you a *personal* question?
개인적인 질문 좀 해도 될까요?
엘 個人的な こじんてきな(코진떼끼나) 중 个人的 gèrénde(거런더)

----

per・son・al・i・ty [pə̀ːrsənǽləti 퍼-서낼러티]

명 (복수 personalities [pə̀ːrsənǽl-

ətiz])
개성
영 *Personality* is all of the qualities or traits that make one person different from others.
¶ He is a man of strong *personality*.
그는 개성이 강한 사람이다.
일 個性 こせい(코세-) 중 个性 gèxìng (거싱)

---

per·son·al·ly [pə́ːrsənəli 퍼-서널리]
부 **1** 몸소, 친히
영 *Personally* means without assistance.
일 自分自身で じぶんじしんで(지분지신데) 중 亲自 qīnzì(친쯔)
2 개인적으로
영 *Personally* means as an individual.
¶ I don't like my boss *personally*.
나는 개인적으로 사장님을 좋아하지 않는다.
일 個人的に こじんてきに(코진떼끼니)
중 个人地 gèrénde(거런더)

***per·suade** [pərswéid 퍼스웨이드]
타 (3단현 persuades [pərswéidz], 과거·과거분사 persuaded [pərswéidid], 현재분사 persuading [pərswéidiŋ])
설득하다
영 To *persuade* means to succeed in making someone do or believe something by giving the person good reasons.
일 説得する せっとくする(셋또꾸스루)
중 说服 shuōfú(쉬푸)

***pet** [pét 펫]
명 (복수 pets [péts])
애완 동물
영 A *pet* is an animal that people care for in their homes.
¶ Dogs and cats are *pets*.
개와 고양이는 애완 동물이다.
일 愛玩動物 あいがんどうぶつ(아이간도-부쓰) 중 宠物 chǒngwù(충우)

---

pet·al [pétl 페틀]
명 꽃잎
영 A *petal* is one of the colored outer parts of a flower.
일 花弁 はなびら(하나비라) 중 花瓣 huābàn(화반)

---

phan·tom [fǽntəm 팬텀]
명 유령
영 A *phantom* is a ghost.
일 幽靈 ゆうれい(유-레-) 중 幽灵 yōulíng(유링)

---

phar·ma·cy [fáːrməsi 파-머시]
명 (복수 pharmacies [fáːrməsiz])
약국
영 A *pharmacy* is a drugstore.
일 薬局 やっきょく(약꾜꾸) 중 药房 yàofáng(야오팡)

---

phi·los·o·pher [fəlásəfər 펄라서퍼]
명 철학자
영 A *philosopher* is someone who studies or teaches philosophy.
¶ ancient Greek *philosophers*
고대 그리스 철학자들
일 哲学者 てつがくしゃ(테쓰가꾸샤)
중 哲学家 zhéxuéjiā(저쒜쟈)

***phi·los·o·phy** [fəlásəfi 펄라서피]

명 (복수 philosophies [fəlásəfiz])
철학
영 *Philosophy* is the study of truth, wisdom, the nature of reality, and knowledge.
¶ the *philosophy* of history
역사 철학
일 哲学 てつがく(테쓰가꾸) 중 哲学 zhéxué(저쉐)

---

* **phone** [fóun 포운]
명 (복수 phones [fóunz])
전화
영 A *phone* is short for telephone.
¶ May I use your *phone*?
전화를 써도 될까요?
일 電話 でんわ(뎅와) 중 电话 diànhuà(뎬화)

---

* **pho·to** [fóutou 포우토우]
명 (복수 photos [fóutouz])
사진
영 A *photo* is short for photograph.
일 写真 しゃしん(샤싱) 중 照片 zhàopiàn(자오펜)

---

* **pho·to·graph** [fóutəgræf 포우터그래프]
명 (복수 photographs [fóutəgræfs])
사진
영 A *photograph* is a picture taken by a camera on film and then developed on paper.
¶ take a *photograph*
사진을 찍다
일 写真 しゃしん(샤싱) 중 照片 zhàopiàn(자오펜)

---

pho·tog·ra·pher [fətágrəfər 퍼타그러퍼]

명 (복수 photographers [fətágrəfərz])
사진사
영 A *photographer* is someone who takes photographs.
일 写真家 しゃしんか(샤싱까) 중 摄影师 shèyǐngshī(서잉스)

텔레비전이나 영화를 촬영하는 사람은 cameraman이라 한다.

---

pho·tog·ra·phy [fətágrəfi 퍼타그러피]
명 사진술
영 *Photography* is the creation of pictures by exposing film inside a camera to light.
일 写真術 しゃしんじゅつ(샤신주쓰)
중 照相术 zhàoxiàngshù(자오샹수)

---

phrase [fréiz 프레이즈]
명 (복수 phrases [fréiziz])
구
영 A *phrase* is a group of words that have a meaning but do not form a sentence.
¶ an adverb *phrase*
부사구
일 句 く(쿠) 중 短语 duǎnyǔ(돤위)

---

* **phys·i·cal** [fízikəl 피지컬]
형 **1** 신체의, 육체의 (《반》 mental 정신의)
영 *Physical* means relating to someone's body.
일 身体の しんたいの(신따이노) 중 身体的 shēntǐde(선티더)
2 물리(학)적인
영 *Physical* means relating to the science that deals with matter and energy.

¶ *physical* chemistry
물리 화학
일 物理(学)的な　ぶつり(がく)てきな(부쓰리(가꾸)떼끼나)　중　物理(学)的　wùlǐ(xué)de(우리(쉐)더)

---

phy·si·cian [fizíʃən 피지션]

명 내과 의사
영 A *physician* is someone with a medical degree who has been trained and licensed to treat injured and sick people.
일 内科医　ないかい(나이까이)　중　内科医生　nèikēyīshēng(네이커이성)

---

phys·ics [fíziks 피직스]

명 물리학
영 *Physics* is the science that deals with matter and energy.
¶ theoretical *physics*
이론 물리학
일 物理学　ぶつりがく(부쓰리가꾸)　중　物理学　wùlǐxué(우리쉐)

---

pi·an·ist [piǽnist 피애니스트]

명 (복수 pianists [piǽnists])
피아니스트
영 A *pianist* is someone who plays the piano.
¶ She is a famous *pianist*.
그녀는 유명한 피아니스트다.
일 ピアニスト(피아니스또)　중　钢琴家　gāngqínjiā(강친쟈)

---

*pi·an·o [piǽnou 피애노우]

명 (복수 pianos [piǽnouz])
피아노
영 A *piano* is a large keyboard instrument that you play by pressing the keys.

¶ I can play the *piano*.
나는 피아노를 칠 줄 안다.
일 ピアノ(피아노)　중　钢琴　gāngqín(강친)

---

pick [pík 픽]

타 (3단현 picks [píks], 과거·과거분사 picked [píkt], 현재분사 picking [píkiŋ])
1 따다, 뜯다, 꺾다
영 To *pick* means to take something in your hand.
¶ I *picked* two apples from the tree.
나는 나무에서 사과 2개를 땄다.
일 摘む　つむ(쓰무)　중　摘　zhāi(자이)
2 고르다
영 To *pick* means to choose or select something.
¶ He *picked* his words carefully in answering.
그는 신중하게 말을 골라서 대답했다.
일 選ぶ　えらぶ(에라부)　중　挑选　tiāoxuǎn(탸오쉬엔)
숙어 *pick up* …을 줍다 ; (사람을) 차로 마중 나가다

---

pick·le [píkl 피클]

명 (복수 pickles [píklz])
[흔히 pickles로] 절인 것
영 *Pickles* are any food preserved in vinegar or salt water.
일 ピクルス(피꾸루스)　중　腌菜　yāncài(옌차이)

---

*pic·nic [píknik 피크닉]

명 (복수 picnics [píkniks])
피크닉, 소풍
영 A *picnic* is an occasion when people take food and eat it outdoors.
일 ピクニック(피꾸닉꾸)　중　野餐　yěcān

(예찬)
[숙어] *go on a picnic* 소풍가다

---

* **pic·ture** [píktʃər 픽쳐]

명 (복수 pictures [píktʃərz])

1 그림

영 A *picture* is something that you draw or paint.

¶ The *picture* is very good.

그 그림은 매우 좋다.

일 絵 え(에) 중 画 huà(화)

2 사진

영 A *picture* is a photograph.

일 写真 しゃしん(샤싱) 중 照片 zhào-piàn(자오펜)

3 영화

영 A *picture* is a movie.

¶ Did you see the *picture*?

그 영화 보았니?

일 映画 えいが(에-가) 중 影片 yǐng-piàn(잉펜)

[숙어] *take a picture* 사진을 찍다

¶ *Take a picture* of her.

그녀의 사진을 찍어라.

---

pie [pái 파이]

명 (복수 pies [páiz])

파이

영 A *pie* is pastry filled with fruit, custard, meat, or vegetables and baked in an oven.

¶ apple *pie*

애플 파이

일 パイ(파이) 중 派 pài(파이)

---

* **piece** [píːs 피-스]

명 (복수 pieces [píːsiz])

1 [보통 a piece of로] 하나, 한 개

영 A *piece* is one out of many things.

¶ *a piece of* paper

종이 한 장

일 一個 いっこ(익꼬) 중 一个 yíge(이거)

2 파편, 조각, 단편 ; 부품

영 A *piece* is one part of a whole thing.

일 破片 はへん(하헹) 중 碎片 suìpiàn(쑤이펜)

3 작품

영 A *piece* is something written or made.

¶ a musical *piece*

뮤지컬 작품

일 作品 さくひん(사꾸힝) 중 作品 zuò-pǐn(쮀핀)

4 동전

영 A *piece* is a coin.

일 硬貨 こうか(코-까) 중 钱币 qián-bì(쳰비)

** **pig** [píg 피그]

명 (복수 pigs [pígz])

돼지

영 A *pig* is an animal with a fat body, short legs, and a short curly tail.

일 豚 ぶた(부따) 중 猪 zhū(주)

---

* **pi·geon** [pídʒən 피젼]

명 (복수 pigeons [pídʒənz])

비둘기

영 A *pigeon* is a gray bird with short legs that is common in cities.

¶ He flew *pigeons* into the air.

그는 비둘기를 공중으로 날려 주었다.

일 ハト(하또) 중 鸽子 gēzi(거쯔)

---

* **pile** [páil 파일]

명 (복수 piles [páilz])

더미, 쌓아올린 것

영 A *pile* is a heap or mound of something.

P

¶ a *pile* of newspapers
신문 더미
일 積み重ね　つみかさね(쓰미카사네)
중 堆 duī(두이)

---

* **pill** [píl 필]

명 (복수 pills [pílz])
환약, 알약
영 A *pill* is a small solid tablet of medicine.
¶ Take three *pills* a day.
하루에 세 알 드세요.
일 丸薬　がんやく(강야꾸) 중 药丸 yàowán(야오완)

---

pil·lar [pílər 필러]

명 (복수 pillars [pílərz])
기둥
영 A *pillar* is a column that supports part of a building.
¶ Eight massive stone *pillars* supported the roof.
8개의 커다란 돌기둥이 지붕을 받치고 있었다.
일 柱 はしら(하시라) 중 柱子 zhùzi(주쯔)

---

* **pil·low** [pílou 필로우]

명 (복수 pillows [pílouz])
베개
영 A *pillow* is a large soft cushion on which you put your head when you are sleeping.
¶ I have a red *pillow*.
나는 빨간 베개를 가지고 있다.
일 まくら(마꾸라) 중 枕头 zhěntou(전터우)

---

* **pi·lot** [páilət 파일럿]

명 (복수 pilots [páiləts])
조종사
영 A *pilot* is someone who flies an aircraft.
¶ He is a good *pilot*.
그는 훌륭한 조종사다.
일 パイロット(파이롯또) 중 驾驶员 jiàshǐyuán(쟈스위엔)

---

* **pin** [pín 핀]

명 (복수 pins [pínz])
핀
영 A *pin* is a short thin piece of metal with a sharp point at one end.
¶ a safety *pin*
안전핀
일 ピン(핀) 중 别针 biézhēn(볘전)

---

* **pine** [páin 파인]

명 (복수 pines [páinz])
소나무
영 A *pine* is a tall evergreen tree that produces cones and leaves that look like needles.
일 マツ(마쓰) 중 松树 sōngshù(쏭수)

---

pine·ap·ple [páinæpl 파인애플]

명 (복수 pineapples [páinæplz])
파인애플

영 A *pineapple* is a large tropical fruit with yellow flesh and a tough prickly skin.

일 パイナップル(파이납뿌루) 중 菠萝 bōluó(보뤄)

---

ping-pong [píŋpàŋ 핑팡]
명 탁구
영 *Ping-pong* is another word for table tennis.
일 卓球 たっきゅう(탁뀨-) 중 乒乓球 pīngpāngqiú(핑팡츄)

---

*pink [píŋk 핑크]
명 (복수 pinks [píŋks])
분홍색
영 *Pink* is a pale red color made by mixing red and white.
일 ピンク(핑꾸) 중 粉红色 fěnhóngsè (펀홍써)

형 분홍색의
영 *Pink* means pale red.
¶ a *pink* dress
분홍색 드레스
일 ピンクの(핑꾸노) 중 粉红色的 fěn-hóngsède(펀홍써더)

---

pi·o·neer [pàiəníər 파이어니어]
명 (복수 pioneers [pàiəníərz])
1 개척자
영 A *pioneer* is someone who explores unknown territory and settles there.
일 開拓者 かいたくしゃ(카이따꾸샤)
중 开拓者 kāituǒzhě(카이퉈저)
2 선구자
영 A *pioneer* is one of the first people to work in a new and unknown area.
일 先駆者 せんくしゃ(셍구샤) 중 先驱者 xiānqǔzhě(셴취저)

---

*pipe [páip 파이프]

명 (복수 pipes [páips])
1 파이프, 관
영 A *pipe* is a tube used to carry a liquid or gas.
¶ a water *pipe*
수도관
일 管 かん(칸) 중 管 guǎn(관)
2 (담배) 파이프
영 A *pipe* is a tube with a bowl on the end of it, used for smoking tobacco.
¶ He has a *pipe* in his mouth.
그는 입에 파이프를 물고 있다.
일 パイプ(파이뿌) 중 烟斗 yāndǒu(옌더우)

---

pi·rate [páiərət 파이어럿]
명 (복수 pirates [páiərəts])
해적
영 A *pirate* is someone who attacks and steals from ships at sea.
¶ The *pirates* buried the treasure on an island.
해적들은 한 섬에 보물을 묻었다.
일 海賊 かいぞく(카이조꾸) 중 海盗 hǎidào(하이다오)

---

pis·tol [pístl 피스틀]
명 권총
영 A *pistol* is a small gun designed to be held in the hand.
일 拳銃 けんじゅう(켄주-) 중 手枪 shǒuqiāng(서우챵)

---

pitch [pítʃ 피치]
동 (3단현 pitches [pítʃiz], 과거·과거분사 pitched [pítʃt], 현재분사 pitching [pítʃiŋ])
타 던지다
영 To *pitch* means to throw or toss something.

¶ Let me *pitch* a ball.

내가 볼을 던질게.

ⓘ 投げる なげる(나게루) ⓒ 投 tóu(터우)

ⓙ 던지다

¶ He *pitched* for five innings in the game.

그는 그 시합에서 5회를 던졌다.

ⓘ 投げる なげる(나게루) ⓒ 投 tóu(터우)

---

pitch·er¹ [pítʃər 피처]

ⓜ (복수 pitchers [pítʃərz])

물주전자, 피처

ⓔ A *pitcher* is a container with an open top for liquids.

¶ pour water into a *pitcher*

물주전자에 물을 따르다

ⓘ 水差し みずさし(미즈사시) ⓒ 水壶 shuǐhú(수이후)

---

pitch·er² [pítʃər 피처]

ⓜ (복수 pitchers [pítʃərz])

투수

ⓔ A *pitcher* is a baseball player who throws the ball to the batter.

¶ He is a good *pitcher*.

그는 훌륭한 투수다.

ⓘ 投手 とうしゅ(토-슈) ⓒ 投手 tóushǒu(터우서우)

---

*pit·y [píti 피티]

ⓜ 동정, 불쌍히 여김

ⓔ *Pity* is a feeling of sorrow or sympathy for the suffering of another.

¶ I don't need your *pity*!

너의 동정 따윈 필요없어!

ⓘ 同情 どうじょう(도-조-) ⓒ 同情 tóngqíng(퉁칭)

---

piz·za [pí:tsə 피-처]

ⓜ 피자

ⓔ *Pizza* is a flat pie that is baked with toppings of tomato sauce, cheese, etc.

¶ I like *pizza* very much.

나는 피자를 무척 좋아한다.

ⓘ ピザ(피자) ⓒ 比萨饼 bǐsàbǐng(비싸빙)

---

*place [pléis 플레이스]

ⓜ (복수 places [pléisiz])

1 장소, 곳

ⓔ A *place* is a particular area or location.

¶ Our town is a nice *place* to live.

우리 도시는 살기 좋은 곳이다.

ⓘ 場所 ばしょ(바쇼) ⓒ 地方 dìfang(디팡)

2 자리, 좌석

ⓔ A *place* is a space for a person.

¶ Go back to your *place*.

네 자리로 돌아가거라.

ⓘ 席 せき(세끼) ⓒ 座位 zuòwèi(쭤웨이)

3 지위, 직

ⓔ A *place* is a particular position or rank.

ⓘ 地位 ちい(치이) ⓒ 地位 dìwèi(디웨이)

ⓢ *take place* 일어나다, 생기다

¶ The accident *took place* two weeks ago.

그 사고는 2주일 전에 일어났다.

ⓣ (3단현 places [pléisiz], 과거·과거분사 placed [pléist], 현재분사 placing [pléisiŋ])

놓다, 두다

ⓔ To *place* means to put something somewhere.

¶ I *placed* a doll on the desk.

나는 책상 위에 인형을 놓았다.
일 置く おく(오꾸) 중 放 fàng(팡)

---

* **plain** [pléin 플레인]

형 (비교급 plainer [pléinər], 최상급 plainest [pléinist])
1 명백한, 분명한
영 *Plain* means very clear.
¶ It's *plain* that he doesn't agree.
그는 생각이 다른 게 분명하다.
일 明白な めいはくな(메-하꾸나) 중 明白的 míngbáide(밍바이더)
2 꾸밈없는, 검소한
영 *Plain* means simple or not fancy.
일 飾り気のない かざりけのない(카자리케노나이) 중 简朴的 jiǎnpǔde(젠푸더)

명 (복수 plains [pléinz])
평지, 평야
영 A *plain* is a large flat area of land.
일 平地 へいち(헤-찌) 중 平原 píng-yuán(핑위엔)

---

* **plan** [plǽn 플랜]

명 (복수 plans [plǽnz])
계획
영 A *plan* is an idea about how to do something.
¶ We are making *plans* for our summer vacation.
우리는 여름 방학 계획을 세우고 있다.
일 計画 けいかく(케-까꾸) 중 计划 jìhuà(지화)

타 (3단현 plans [plǽnz], 과거·과거분사 planned [plǽnd], 현재분사 planning [plǽniŋ])
계획하다
영 To *plan* means to think out a way to do something before you do it.

¶ I am *planning* a trip.
나는 여행을 계획하고 있다.
일 計画する けいかくする(케-까꾸스루) 중 计划 jìhuà(지화)

---

* **plane** [pléin 플레인]

명 (복수 planes [pléinz])
비행기
영 A *plane* is a machine with wings that flies through the air.
일 飛行機 ひこうき(히꼬-끼) 중 飞机 fēijī(페이지)

---

* **plan·et** [plǽnit 플래닛]

명 (복수 planets [plǽnits])
행성
영 A *planet* is a very large round object in space that moves around a star.
일 惑星 わくせい(와꾸세-) 중 行星 xíngxīng(싱싱)

---

* **plant** [plǽnt 플랜트]

명 **1** 식물(《반》 animal 동물)
영 A *plant* is a living thing that has leaves and roots and grows in the ground.
¶ a *plant* that grows well in the shade
음지에서 잘 자라는 식물
일 植物 しょくぶつ(쇼꾸부쓰) 중 植物 zhíwù(즈우)
2 공장
영 A *plant* is the buildings and equipment used to make a product.
¶ an automobile *plant*
자동차 공장
일 工場 こうじょう(코-조-) 중 工厂 gōngchǎng(궁창)

타 (3단현 plants [plǽnts], 과거·과거분사 planted [plǽntid], 현재

분사 planting [plǽntiŋ])
심다, (씨를) 뿌리다
영 To *plant* means to put a plant or seed in the ground so that it can grow.
¶ They *planted* their corn and beans.
그들은 옥수수와 콩을 심었다.
일 植える　うえる(우에루)　중 栽种 zāizhòng(짜이중)

---

* **plas·tic** [plǽstik 플래스틱]
명 (복수 plastics [plǽstiks])
플라스틱
영 *Plastic* is a cheap light material that is produced by a chemical process and used for making many different objects.
일 プラスチック(푸라스찍꾸)　중 塑胶 sùjiāo(쑤쟈오)

---

* **plate** [pléit 플레이트]
명 (복수 plates [pléits])
1 접시
영 A *plate* is a flat dish used for food.
¶ He put the *plates* on the table.
그는 테이블에 접시를 놓았다.
일 皿　さら(사라)　중 盘子 pánzi(판쯔)
2 (금속 등의) 판
영 A *plate* is a flat sheet of metal.
¶ a license *plate*
(차의) 번호판
일 板　いた(이따)　중 板 bǎn(반)
3 [the plate로] 홈 베이스
영 *The plate* is home base in baseball.
일 本塁　ほんるい(혼루이)　중 本垒 běnlěi(번레이)

---

* **plat·form** [plǽtfɔ:rm 플랫폼-]
명 (복수 platforms [plǽtfɔ:rmz])
1 단
영 A *platform* is a flat raised struc-ture where people can stand.
일 壇　だん(단)　중 台 tái(타이)
2 (역의) 플랫폼
영 A *platform* is the place in a rail-road station or subway where you get on and off a train.
¶ The train for Busan was arriving at *platform* 5.
부산행 열차가 5번 플랫폼에 들어오고 있었다.
일 プラットホーム(푸랏또호-무)　중 月台 yuètái(웨타이)

---

* **play** [pléi 플레이]
동 (3단현 plays [pléiz], 과거·과거분사 played [pléid], 현재분사 playing [pléiiŋ])
자 **1** 놀다
영 To *play* means to take part in a game or other enjoyable activity.
¶ Let's *play* outside.
밖에서 놀자.
일 遊ぶ　あそぶ(아소부)　중 玩耍 wánshuǎ(완솨)
2 경기를 하다, 시합을 하다
영 To *play* means to take part in a sport or game.
¶ You have to *play* by the rules.
규칙에 따라 경기를 해야 한다.
일 競技をする　きょうぎをする(쿄-기오스루)　중 参加竞赛 cānjiājìngsài(찬쟈징싸이)
3 연기하다
영 To *play* means to act a part in a play.
일 演ずる　えんずる(엔즈루)　중 表演 biǎoyǎn(뱌오옌)
타 **1** (게임·경기 등을) 하다
영 To *play* means to do something.
¶ We *played* cards.
우리는 카드놀이를 했다.
일 する(스루)　중 玩 wán(완)
2 연주하다, 켜다

영 To *play* means to make music on.
¶ He is *playing* the viola.
그는 비올라를 켜고 있다.
일 演奏する えんそうする(엔소-스루)
중 演奏 yǎnzòu(옌쩌우)
3 연기하다
¶ Who *played* Hamlet?
누가 햄릿역을 했니?
일 演ずる えんずる(엔즈루) 중 表演 biǎoyǎn(뱌오옌)

명 (복수 plays [pléiz])
1 놀이
영 *Play* is fun or recreation.
일 遊び あそび(아소비) 중 游戏 yóuxì(유시)
2 연극
영 A *play* is a story that is acted.
¶ We went to the *play* yesterday.
우리는 어제 연극을 보러 갔다.
일 演劇 えんげき(엔게끼) 중 戏剧 xìjù(시쮜)

- - - - - - - - - - - -

play·er [pléiər 플레이어]
명 (복수 players [pléiərz])
1 경기자, 선수
영 A *player* is someone who plays games or sports.
¶ a basketball *player*
농구 선수
일 競技者 きょうぎしゃ(쿄-기샤) 중 运动员 yùndòngyuán(윈둥위엔)
2 연주자
영 A *player* is someone who plays musical instruments.
¶ a piano *player*
피아노 연주자
일 演奏者 えんそうしゃ(엔소-샤) 중 演奏者 yǎnzòuzhě(옌쩌우저)

- - - - - - - - - - - -

*play·ground [pléigràund 플레

이그라운드]
명 (복수 playgrounds [pléigràundz])
운동장, 놀이터
영 A *playground* is a place where you can play outdoors.
¶ a school *playground*
학교 운동장
일 運動場 うんどうじょう(운도-조-) 중 运动场 yùndòngchǎng(윈둥창)

- - - - - - - - - - - -

pleas·ant [pléznt 플레즌트]
형 (비교급 pleasanter [plézntər] 또는 more pleasant, 최상급 pleasantest [plézntist] 또는 most pleasant)
즐거운, 기분 좋은
영 *Pleasant* means enjoyable.
일 楽しい たのしい(타노시-) 중 令人愉快的 lìngrényúkuàide(링런위콰이더)

- - - - - - - - - - - -

**please [plíːz 플리-즈]
동 (3단현 pleases [plíːziz], 과거·과거분사 pleased [plíːzd], 현재분사 pleasing [plíːziŋ])
타 기쁘게 하다, 만족시키다
영 To *please* means to satisfy or to give pleasure.
¶ The news *pleased* her very much.
그 소식은 그녀를 아주 기쁘게 했다.
일 喜ばせる よろこばせる(요로꼬바세루) 중 使高兴 shǐgāoxìng(스가오싱)
자 하고 싶어하다, 원하다
영 To *please* means to choose or to prefer.
¶ Do as you *please*.
너 하고 싶은 대로 해라.
일 したいと思う したいとおもう(시따이또오모우) 중 愿意 yuànyì(위엔이)
숙어 *be pleased to* do 기꺼이 …하다, …하여 기쁘다

[숙어] *be pleased with* …이 마음에 들다, …에 만족하다

[부] 제발, 부디
[영] *Please* is a polite word used when you ask for something.
¶ *Please* be quiet.
제발, 조용히 좀 해라.
[일] とうぞ(토-조) [중] 请 qǐng(칭)

---

*plea·sure [pléʒər 플레저]
[명] (복수 pleasures [pléʒərz])
즐거움, 기쁨
[영] *Pleasure* is a feeling of enjoyment or satisfaction.
¶ His songs give a lot of people *pleasure*.
그의 노래는 많은 사람들에게 기쁨을 준다.
[일] 楽しみ たのしみ(타노시미) [중] 愉快 yúkuài(위콰이)
[숙어] *with pleasure* 기꺼이

---

plen·ti·ful [pléntiful 플렌티풀]
[형] 많은, 풍부한
[영] *Plentiful* means more than enough in amount or number.
¶ The professor has *plentiful* knowledge.
그 교수는 풍부한 지식을 가지고 있다.
[일] たくさんの(탁상노) [중] 丰富的 fēngfùde(펑푸더)

---

*plen·ty [plénti 플렌티]
[명] 많음
[영] *Plenty* is a large amount or number that is more than enough.
[일] たくさん(탁상) [중] 丰富 fēngfù(펑푸)
[숙어] *in plenty* 충분히, 풍부하게
[숙어] *plenty of* 많은, 충분한

¶ Eat *plenty* of fruits and vegetables.
과일과 야채를 많이 먹어라.

---

plot [plát 플랏]
[명] (복수 plots [pláts])
1 음모
[영] A *plot* is a secret plan to do something illegal or harmful.
¶ a *plot* to kill the king
국왕 살해 음모
[일] 陰謀 いんぼう(임보-) [중] 阴谋 yīnmóu(인머우)
2 줄거리
[영] A *plot* is the main story of a novel, movie, play, or any work of fiction.
¶ The movie has a very complicated *plot*.
그 영화는 줄거리가 아주 복잡하다.
[일] 筋 すじ(스지) [중] 情节 qíngjié(칭제)

---

plow [pláu 플라우]
[명] (복수 plows [pláuz])
쟁기
[영] A *plow* is a piece of farm equipment pulled by an animal or a tractor and used to turn over soil before seeds are planted.
[일] すき(스끼) [중] 犁 lí(리)

[타] (3단현 plows [pláuz], 과거·과거분사 plowed [pláud], 현재분사 plowing [pláuiŋ])
갈다
[영] To *plow* means to turn over soil using a plow.
¶ Farmer John was *plowing* his new field.
농부 존은 새 밭을 갈고 있었다.
[일] 耕す たがやす(타가야스) [중] 犁 lí(리)

---

*plug [plʌg 플러그]

명 (복수 plugs [plʌ́gz])
1 마개
영 A *plug* is an object pushed into a hole to block it.
일 栓 せん(센) 중 塞子 sāizi(싸이쯔)
2 플러그
영 A *plug* is a device at the end of a wire that is put into an electrical outlet to make a connection with a source of electricity.
일 プラグ(푸라구) 중 插头 chātóu(차터우)

- - - - - - - - - -

plu·ral [plúərəl 플루어럴]

명 복수(《반》 singular 단수)
영 *Plural* is the form of a word that represents more than one person or thing.
¶ The *plural* of child is children.
아이의 복수는 아이들이다.
일 複数 ふくすう(후꾸스-) 중 复数 fùshù(푸수)

- - - - - - - - - -

*plus [plʌ́s 플러스]

전 …을 더하여(《반》 minus …을 빼서)
영 *Plus* means added to.
¶ Two *plus* three is five.
2+3=5.
일 加えて くわえて(쿠와에떼) 중 加 jiā(쟈)

- - - - - - - - - -

*P.M., p.m. [pí:ém 피-엠]

약 오후(《반》 A.M., a.m. 오전)
영 *P.M.* means after midday.
¶ School ends at 3 *p.m.*
수업은 오후 3시에 끝난다.
일 午後 ごご(고고) 중 下午 xiàwù(샤우)
P.M.은 라틴어 post meridiem 의 머리글자다.

**pock·et [pákit 파킷]

명 (복수 pockets [pákits])
호주머니, 포켓
영 A *pocket* is a small cloth bag sewn into or onto a piece of clothing.
¶ Put this into your *pocket*.
이걸 네 호주머니에 넣어라.
일 ポケット(포껫또) 중 口袋 kǒudài (커우다이)

*po·em [póuim 포우임]

명 (복수 poems [póuimz])
(한 편의) 시
영 A *poem* is a piece of writing that express emotions, experiences, and ideas, expecially in short lines using words that rhyme.
¶ He wrote some *poem*.
그는 몇 편의 시를 썼다.
일 詩 し(시) 중 诗 shī(스)

*po·et [póuit 포우잇]

명 (복수 poets [póuits])
시인
영 A *poet* is someone who writes poetry.
¶ a lyric *poet*
서정 시인
일 詩人 しじん(시징) 중 诗人 shīrén (스런)

po·et·ic [pouétik 포우에틱]

형 시의
영 *Poetic* means relating to poetry.
일 詩の しの(시노) 중 诗的 shīde(스더)

- - - - - - - - - -

po·et·ry [póuitri 포우이트리]

명 (문학으로서의) 시
영 *Poetry* is literary work in the form

of poems.
일 詩 し(시) 중 诗 shī(스)

poem은 「한편의 시」를 말하고 poetry는 「문학의 한 분야로서의 시」를 말한다.

****point** [pɔ́int 포인트]
명 (복수 points [pɔ́ints])
1 (뾰족한) 끝
영 A *point* is the sharp end of something.
¶ a pencil *point*
연필 끝
일 先 さき(사끼) 중 尖 jiān(젠)
2 점
영 A *point* is a dot in writing.
¶ a decimal *point*
소수점
일 点 てん(텡) 중 点 diǎn(뎬)
3 [the point로] 요점, 포인트
영 *The point* is the main meaning or idea in something that is said or done.
¶ Don't miss *the point*.
요점을 놓치지 마라.
일 要点 ようてん(요-뗑) 중 要点 yàodiǎn(야오뎬)
4 지점, 장소
영 A *point* is a specific place or stage.
¶ Please stop at this *point*.
이 지점에서 세워 주세요.
일 地点 ちてん(치뗑) 중 地方 dìfang(디팡)
5 점수, 득점
영 A *point* is a unit for scoring in a game.
¶ The score was two *points* to one.
스코어는 2대 1이었다.
일 点数 てんすう(텐스-) 중 分数 fēnshù(펀수)

동 (3단현 points [pɔ́ints], 과거·과거분사 pointed [pɔ́intid], 현재분사

pointing [pɔ́intiŋ])
타 향하게 하다
영 To *point* means to aim at someone or something.
일 向ける むける(무께루) 중 使向 shǐxiàng(스샹)
자 (손가락으로) 가리키다
영 To *point* means to show where something is by using your index finger.
¶ He *pointed* at the blackboard.
그는 칠판을 가리켰다.
일 指さす ゆびさす(유비사스) 중 指 zhǐ(즈)

***poi·son** [pɔ́izn 포이즌]
명 (복수 poisons [pɔ́iznz])
독, 독약
영 *Poison* is a substance that can kill or harm someone if it is swallowed, inhaled, or sometimes even touched.
¶ He killed himself by taking *poison*.
그는 음독 자살했다.
일 毒 どく(도꾸) 중 毒 dú(두)

***pole** [póul 포울]
명 (복수 poles [póulz])
1 막대기, 장대
영 A *pole* is a long stick or post.
¶ a fishing *pole*
낚싯대
일 棒 ほう(호-) 중 杆 gān(간)
2 [보통 Pole로] 극, 극지
영 A *Pole* is the most northern or most southern point on a planet, especially the Earth.
¶ the North *Pole*
북극
¶ the South *Pole*
남극
일 極 きょく(쿄꾸) 중 极 jí(지)

---

po·lice [pəlíːs 펄리-스]

명 [the police로] 경찰
영 ***The police*** are the people whose job is to keep order, make sure that the law is obeyed, and stop any crimes that are being committed.
¶ She called *the police*.
그녀는 경찰을 불렀다.
일 警察 けいさつ(케-사쓰) 중 警察 jǐngchá(징차)

---

po·lice·man [pəlíːsmən 펄리-스먼]

명 (복수 policemen [pəlíːsmən])
(남자) 경찰관
영 A ***policeman*** is a male police officer.
¶ I want to be a *policeman*.
나는 경찰관이 되고 싶다.
일 警官 けいかん(케-깡) 중 警察 jǐngchá(징차)

↩**up** 요즘은 남녀 경찰관의 구별없이 police officer를 많이 쓴다.

---

pol·i·cy [páləsi 팔러시]

명 (복수 policies [páləsiz])
정책, 방침
영 ***Policy*** is a way of doing things that has been officially agreed and chosen by a political party, business, or organization.
¶ a foreign *policy*
외교 정책
일 政策 せいさく(세-사꾸) 중 政策 zhèngcè(정처)

---

pol·ish [pális 팔리시]

타 (3단현 polishes [pálisiz], 과거·과거분사 polished [pálist], 현재분사 polishing [pálisiŋ])
닦다
영 To ***polish*** means to rub something to make it shine.
¶ *polish* shoes
구두를 닦다
일 磨く みがく(미가꾸) 중 磨光 móguāng(모광)

---

po·lite [pəláit 펄라이트]

형 (비교급 politer [pəláitər] 또는 more polite, 최상급 politest [pəláitist] 또는 most polite)
예의바른, 공손한
영 ***Polite*** means having good manners.
¶ She is a *polite* girl.
그녀는 예의바른 소녀다.
일 礼儀正しい れいぎただしい(레-기타다시-) 중 有礼貌的 yǒulǐmàode(유리마오더)

---

po·lit·i·cal [pəlítikəl 펄리티컬]

형 정치의
영 ***Political*** means relating to the government, politics, and the public affairs of a country.
일 政治の せいじの(세-지노) 중 政治的 zhèngzhìde(정즈더)

---

pol·i·ti·cian [pàlətíʃən 팔러티션]

명 (복수 politicians [pàlətíʃənz])
정치가
영 A ***politician*** is someone who works in politics.
일 政治家 せいじか(세-지까) 중 政治家 zhèngzhìjiā(정즈쟈)

---

pol·i·tics [pálətiks 팔러틱스]

명 **1** 정치학

영 *Politics* is the academic study of government and the state.
¶ He is studying *politics* at university.
그는 대학에서 정치학을 공부한다.
일 政治学 せいじがく(세-지가꾸) 중 政治学 zhèngzhìxué(정즈쉐)
2 정치
영 *Politics* is the debate and activity involved in governing a country.
¶ international *politics*
국제 정치
일 政治 せいじ(세-지) 중 政治 zhèng-zhì(정즈)

*pol·lute [pəlúːt 펄루-트]

태 (3단현 pollutes [pəlúːts], 과거·과거분사 polluted [pəlúːtid], 현재분사 polluting [pəlúːtiŋ])
오염시키다, 더럽히다
영 To *pollute* means to contaminate or make dirty.
¶ The air has been *polluted*.
공기가 오염되었다.
일 汚染する おせんする(오센스루) 중 汚染 wūrǎn(우란)

pol·lu·tion [pəlúːʃən 펄루-션]

명 오염
영 *Pollution* is the act of polluting or the state of being polluted.
¶ environmental *pollution*
환경 오염
일 汚染 おせん(오센) 중 汚染 wūrǎn(우란)

pond [pánd 판드]

명 (복수 ponds [pándz])
연못
영 A *pond* is a small area of fresh water that is smaller than a lake.
¶ I walk around the *pond* every morning.
나는 매일 아침 연못 주위를 걷는다.
일 池 いけ(이께) 중 池塘 chítáng(츠탕)

pony [póuni 포우니]

명 (복수 ponies [póuniz])
조랑말
영 A *pony* is a breed of horse that stays small when fully grown.
¶ She keeps a *pony*.
그녀는 조랑말을 기른다.
일 ポニー(포니-) 중 小马 xiǎomǎ(샤오마)

*pool [púːl 풀-]

명 (복수 pools [púːlz])
1 물웅덩이
영 A *pool* is a small area of still water in the ground.
일 水たまり みずたまり(미즈따마리) 중 水坑 shuǐkēng(수이컹)
2 풀
영 A *pool* is a place that has been made for people to swim in.
¶ He was about to plunge into the *pool*.
그는 막 풀로 뛰어들려는 참이었다.
일 プール(푸-루) 중 游泳池 yóuyǒngchí(유융츠)

**poor [púər 푸어]

형 (비교급 poorer [púərər], 최상급 poorest [púərist])
1 가난한 (《반》rich 부유한)
영 *Poor* means having very little money and not many possessions.
¶ He was born into a *poor* family.
그는 가난한 가정에서 태어났다.
일 貧乏な びんぼうな(빔보-나) 중 贫穷的 pínqióngde(핀츙더)

2 불쌍한
[영] ***Poor*** means unfortunate and deserving sympathy or pity.
¶ The *poor* boy began to cry.
그 불쌍한 소년은 울기 시작했다.
[일] 哀れな あわれな(아와레나) [중] 可怜的 kěliánde(커롄더)

---

*__pop__ [pɑ́p 팝]
[명] 대중 음악
[영] ***Pop*** is modern music that is popular with young people.
[일] ポピュラー音楽 ポピュラーおんがく(포쀼라-옹가꾸) [중] 流行音乐 liúxíngyīnyuè(류싱인웨)

---

*__pop·u·lar__ [pɑ́pjulər 파퓰러]
[형] 인기 있는
[영] ***Popular*** means liked or enjoyed by many people.
¶ The park is a *popular* spot for picnics in the summer.
그 공원은 여름에 피크닉 장소로 인기 있다.
[일] 人気がある にんきがある(닝끼가아루) [중] 受欢迎的 shòuhuānyíngde(서우환잉더)

---

*__pop·u·la·tion__ [pɑ̀pjuléiʃən 파퓰레이션]
[명] 인구
[영] A ***population*** is the total number of people who live in a place.
¶ What's the *population* of this country?
이 나라의 인구는 몇명입니까?
[일] 人口 じんこう(징꼬-) [중] 人口 rénkǒu(런커우)

**__pork__ [pɔ́:rk 포-크]
[명] 돼지고기
[영] ***Pork*** is the meat from a pig.
¶ I don't eat *pork*.
나는 돼지고기를 먹지 않는다.
[일] 豚肉 とんにく(톤니꾸) [중] 猪肉 zhūròu(주러우)

---

*__port__ [pɔ́:rt 포-트]
[명] (복수 ports [pɔ́:rts])
항구
[영] ***Port*** is a place where ships can be loaded and unloaded.
¶ The ship came into *port*.
배는 항구로 들어왔다.
[일] 港 みなと(미나또) [중] 港 gǎng(강)

---

por·ta·ble [pɔ́:rtəbl 포-터블]
[형] 휴대용의, 들고 다닐 수 있는
[영] ***Portable*** means able to be carried or moved easily.
¶ a *portable* radio
휴대용 라디오
[일] 携帯用の けいたいようの(케-따이요-노) [중] 手提式的 shǒutíshìde(서우티스더)

---

por·ter [pɔ́:rtər 포-터]
[명] (복수 porters [pɔ́:rtərz])
포터, 짐꾼
[영] A ***porter*** is someone who carries luggage for people at a railroad station or hotel.
[일] ポーター(포-따-) [중] 搬运工人 bānyùngōngrén(반윈궁런)

---

por·trait [pɔ́:rtrit 포-트릿]
[명] (복수 portraits [pɔ́:rtrits])
초상화
[영] A ***portrait*** is a drawing, painting, or photograph of a person.

P

일 肖像画　しょうぞうが(쇼-조-가)
중 肖像　xiāoxiàng(샤오샹)

---

pose [póuz 포우즈]

명 (복수 poses [póuziz])
포즈, 자세
영 A *pose* is the position in which someone deliberately stands or sits.
일 ポーズ(포-즈) 중 姿勢 zīshì(쯔스)

---

*po·si·tion [pəzíʃən 퍼지션]

명 (복수 positions [pəzíʃənz])
1 위치, 장소
영 A *position* is the place where someone or something is.
¶ The house has a very good *position*.
그 집은 대단히 좋은 위치에 있다.
일 位置　いち(이찌) 중 位置　wèizhi (웨이즈)
2 자세
영 A *position* is the way in which someone is standing, sitting, or lying.
¶ He was sitting in a comfortable *position*.
그는 편안한 자세로 앉아 있었다.
일 姿勢　しせい(시세-) 중 姿勢 zī-shì(쯔스)
3 지위, 신분
영 A *position* is the level or rank someone has in a society or organization.
¶ She moved to a higher *position* in the company.
그녀는 회사에서 높은 지위로 승진했다.
일 地位　ちい(치이) 중 地位 dìwèi(디웨이)
4 직장, 일자리
영 A *position* is a job.
¶ He has a *position* in a bank.

그는 은행에 근무하고 있다.
일 勤め口　つとめぐち(쓰또메구찌) 중 工作 gōngzuò(궁쭤)

---

pos·i·tive [pázətiv 파저티브]

형 (비교급 more positive, 최상급 most positive)
1 명확한, 확실한
영 *Positive* means sure or certain.
일 明確な　めいかくな(메-까꾸나) 중 确定的　quèdìngde(줴딩더)
2 긍정의(《반》 negative 부정의)
영 *Positive* means showing approval or acceptance.
¶ I always try to have a *positive* attitude.
나는 항상 긍정적인 태도를 가지려고 한다.
일 肯定の　こうていの(코-떼-노) 중 肯定的　kěndìngde(컨딩더)

---

*pos·sess [pəzés 퍼제스]

타 (3단현 possesses [pəzésiz], 과거·과거분사 possessed [pəzést], 현재분사 possessing [pəzésiŋ])
소유하다, 가지고 있다
영 To *possess* means to own or have something.
¶ He *possesses* great wealth.
그는 많은 재산을 가지고 있다.
일 所有する　しょゆうする(쇼유-스루) 중 拥有 yōngyǒu(융유)

---

pos·ses·sion [pəzéʃn 퍼제션]

명 (복수 possessions [pəzéʃənz])
1 소유
영 *Possession* is the state of having or owning something.
¶ A large fortune is in his *possession*.
그는 큰 재산을 소유하고 있다.
일 所有　しょゆう(쇼유-) 중 拥有

yōngyǒu(융유)
2 [흔히 possessions로] 소유물, 재산
영 *Possessions* are something that you own.
일 所有物　しょゆうぶつ(쇼유-부쓰)
중 所有物　suǒyǒuwù(쒀유우)

---

pos·si·bil·i·ty [pàsəbíləti 파서빌러티]

명 (복수 possibilities [pàsəbílətiz]) 가능성
영 *Possibility* is something that may happen or may be true.
¶ There's a *possibility* that he will come.
그가 올 가능성도 있다.
일 可能性　かのうせい(카노-세-) 중 可能性 kěnéngxìng(커넝싱)

---

*pos·si·ble [pásəbl 파서블]

형 가능한 (《반》 impossible 불가능한)
영 *Possible* means that something can happen.
¶ It is *possible* to get to the airport by bus.
버스로 공항가는 게 가능하다.
일 可能な　かのうな(카노-나) 중 可能的 kěnéngde(커넝더)
숙어 *as…as possible* 되도록
숙어 *if possible* 가능하다면

---

*pos·si·bly [pásəbli 파서블리]

부 어쩌면, 아마
영 *Possibly* means perhaps.
일 ひょっとしたら(횻또시따라) 중 也许 yěxǔ(예쉬)

**post¹ [póust 포우스트]

1 《영》 우편((《미》) mail)
영 *Post* is the official system for sending letters, packages etc.
¶ He sent it by *post*.
그는 우편으로 그걸 보냈다.
일 郵便　ゆうびん(유-빙) 중 邮政 yóuzhèng(유정)
2 《영》 우편물((《미》) mail)
영 *Post* is letters or packages that are delivered to your house.
¶ Is there any *post* for me?
내게 온 우편물이 있습니까?
일 郵便物　ゆうびんぶつ(유-빔부쓰)
중 邮件 yóujiàn(유젠)

---

*post² [póust 포우스트]

명 기둥
영 A *post* is a long, thick piece of wood, concrete or metal that is fixed in the ground to support or mark something.
일 柱　はしら(하시라) 중 柱 zhù(주)

---

post³ [póust 포우스트]

명 **1** 맡은 자리, 부서
영 A *post* is a place where someone on duty is supposed to be.
일 持ち場　もちば(모찌바) 중 岗位 gǎngwèi(강웨이)
2 직, 지위
영 A *post* is a particular job that someone has.
¶ a *post* of professor
교수직
일 職　しょく(쇼꾸) 중 职位 zhíwèi(즈웨이)

---

post·age [póustidʒ 포우스티지]

명 우편 요금
영 *Postage* is the cost of sending a letter or package by mail.
¶ What is the *postage* for this letter?

이 편지를 부치는 요금이 얼마입니까?
일 郵便料金　ゆうびんりょうきん (유-빈료-낑) 중 邮资　yóuzī(유쯔)

---

post·age stamp [póustidʒ stǽmp 포우스티지 스탬프]

명 (복수 postage stamps [póustidʒ stǽmps])

우표

영 A *postage stamp* is a small printed piece of paper issued by a government and attached to mail to show that postage has been paid.

일 郵便切手　ゆうびんきって(유-빙낏떼) 중 邮票　yóupiào(유퍄오)

---

post·box [póustbàks 포우스트박스]

명 (복수 postboxes [póustbàksiz])

《영》 우체통

영 A *postbox* is a box in a public place where you put letters that you want to send.

일 郵便ポスト　ゆうびんポスト(유-빔뽀스또) 중 邮筒　yóutǒng(유퉁)

---

post·card [póustkà:rd 포우스트카-드]

명 (복수 postcards [póustkà:rdz])

《영》 우편엽서

영 A *postcard* is a card that you send by mail.

¶ This is a *postcard* for you.
이것은 네게 온 우편엽서다.

일　はがき(하가끼) 중　邮政明信片 yóuzhèngmíngxìnpiàn(유정밍신펜)

---

*post·er [póustər 포우스터]

명 (복수 posters [póustərz])

포스터

영 A *poster* is a large, printed sign that often has a picture.

¶ The poster was put up on the wall.
벽에 포스터가 붙어 있다.

일 ポスター(포스따-) 중 招贴　zhāotiē (자오톄)

---

post·man [póustmən 포우스트먼]

명 (복수 postmen [póustmən])

《영》 우편 집배원

영 A *postman* is a mail carrier.

¶ He is a *postman*.
그는 우편 집배원이다.

일 郵便集配人　ゆうびんしゅうはいにん (유-빈슈-하이닝) 중　邮递员 yóudìyuán(유디위엔)

---

post of·fice [póust ɔ́:fis 포우스트 오피스]

명 (복수 post offices [póust ɔ́:fis-iz])

우체국

영 A *post office* is the place where people go to buy stamps and to send letter and packages.

¶ Do you know where the *post office* is?
우체국이 어디 있는지 아십니까?

일 郵便局　ゆうびんきょく(유-빙꾜꾸) 중 邮局　yóujú(유쥐)

---

*pot [pát 팟]

명 (복수 pots [páts])

포트, 단지, 항아리

영 A *pot* is a deep, round container used for cooking or storing food.

일 ポット(폿또) 중 壺　hú(후)

**po·ta·to [pətéitou 퍼테이토우]

명 (복수 potatoes [pətéitouz])

감자

[영] A ***potato*** is a round white vegetable with a brown or pale yellow skin that grows under the ground.
¶ I'll peel the *potatoes*.
내가 감자 껍질을 벗길게.
[일] ジャガイモ(자가이모) [중] 马铃薯 mǎlíngshù(마링수)

---

* **pound** [páund 파운드]
[명] (복수 pounds [páundz])
1 파운드《무게 단위》
[영] A ***pound*** is a unit of weight equal to 16 ounces or 453.6 grams.
¶ a *pound* of sugar
설탕 1파운드
[일] ポンド(폰도) [중] 磅 bàng(방)
2 파운드《화폐 단위》
[영] A ***pound*** is a unit of money used in England, Ireland, and several other countries.
¶ It cost me five *pounds*.
그것은 5파운드였다.
[일] ポンド(폰도) [중] 英镑 yīngbàng(잉방)

---

pour [pɔ́ːr 포-]
[동] (3단현 pours [pɔ́ːrz], 과거·과거분사 poured [pɔ́ːrd], 현재분사 pouring [pɔ́ːriŋ])
[타] 따르다, 붓다
[영] To ***pour*** means to make something flow in a steady stream.
¶ She *poured* a glass of water for me.
그녀는 내게 물 한잔을 따라 주었다.
[일] 注ぐ そそぐ(소소구) [중] 倒 dào(다오)
[자] **1** 흘러 나가다
[영] To ***pour*** means to flow or come out quickly and in large amounts.
¶ Tears *poured* down her cheeks.
눈물이 그녀의 볼 아래로 흘러내렸다.
[일] 流れ出る ながれでる(나가레데루)
[중] 倾泻 qīngxiè(칭셰)
2 세차게 내리다
[영] To ***pour*** means to rain heavily.
¶ It *poured* all night.
밤새 비가 억수같이 퍼부었다.
[일] 激しく降る はげしくふる(하게시꾸후루) [중] 下倾盆大雨 xiàqīngpéndàyǔ (샤칭펀다위)
3 쇄도하다, 밀어닥치다
[영] To ***pour*** means to move somewhere quickly and in large numbers.
¶ The crowd *poured* into the hall.
군중은 홀로 밀어닥쳤다.
[일] 殺到する さっとうする(삿또-스루)
[중] 涌出 yǒngchū(용추)

---

pov·er·ty [pɑ́vərti 파버티]
[명] 가난
[영] ***Poverty*** is the state of being poor.
¶ be born to *poverty*
가난한 집에 태어나다
[일] 貧乏 びんぼう(빔보-) [중] 贫穷 pínqióng(핀충)

---

* **pow·der** [páudər 파우더]
[명] (복수 powders [páudərz])
가루, 분말
[영] ***Powder*** is tiny particles made by grinding, crushing, or pounding a solid substance.
¶ milk *powder*
분유
[일] 粉 こな(코나) [중] 粉 fěn(펀)

P

*pow·er [páuər 파우어]

명 (복수 powers [páuərz])
힘
영 *Power* is the strength or ability to do something.
¶ The *power* of nature is great.
자연의 힘은 위대하다.
일 力 ちから(치까라) 중 力量 lìliàng (리량)

---

*pow·er·ful [páuərful 파우어풀]

형 강한
영 *Powerful* means having great power, strength, or authority.
¶ a *powerful* nation
강대국
일 強い つよい(쓰요이) 중 强大的 qiángdàde(챵다더)

---

*prac·ti·cal [prǽktikəl 프랙티컬]

형 실제적인, 실용적인
영 *Practical* means relating to experience or practice rather than theory and ideas.
일 実際的な じっさいてきな(짓사이 떼끼나) 중 实际的 shíjìde(스지더)

---

*prac·tice [prǽktis 프랙티스]

명 (복수 practices [prǽktisiz])
연습
영 *Practice* is the repetition of an action regularly in order to improve a skill.
¶ *Practice* is important.
연습은 중요하다.
일 練習 れんしゅう(렌슈-) 중 练习 liànxí(렌시)

타 (3단현 practices [prǽktisiz], 과거·과거분사 practiced [prǽktist], 현재분사 practicing [prǽktisiŋ])
연습하다
영 To *practice* means to do something many times so that you can do it well.
¶ I *practice* the piano after school.
나는 방과 후에 피아노를 연습한다.
일 練習する れんしゅうする(렌슈-스루) 중 练习 liànxí(렌시)

---

*praise [préiz 프레이즈]

타 (3단현 praises [préiziz], 과거·과거분사 praised [préizd], 현재분사 praising [préiziŋ])
칭찬하다
영 To *praise* means to say that someone has done something well or that you admire them.
¶ The teacher *praised* the class for its cooperation.
선생님은 협동을 잘 한다고 그 반을 칭찬했다.
일 賞賛する しょうさんする(쇼-산스루) 중 称赞 chēngzàn(청짠)

명 (복수 praises [préiziz])
칭찬
영 *Praise* is words that you say or write to praise someone or something.
¶ His act is worthy of *praise*.
그의 행동은 칭찬할 만하다.
일 賞賛 しょうさん(쇼-산) 중 称赞 chēngzàn(청짠)

---

*pray [préi 프레이]

자 (3단현 prays [préiz], 과거·과거분사 prayed [préid], 현재분사 praying [préiiŋ])
기도하다
영 To *pray* means to talk to god to give thanks or ask for help.

¶ She *prayed* for her son.
그녀는 아들을 위해 기도했다.
일 祈る いのる(이노루) 중 祈祷 qǐdǎo
(치다오)

---

prayer [préər 프레어]

명 (복수 prayers [préərz])
1 기도
영 *Prayer* is the act of praying.
¶ They bowed their heads in prayer.
그들은 고개를 숙이고 기도했다.
일 祈り いのり(이노리) 중 祈祷 qǐdǎo
(치다오)
2 기도문
영 A *prayer* is words that you say
when praying to a god or gods.
¶ He is saying his *prayer*.
그는 기도문을 외고 있다.
일 祈りの言葉 いのりのことば(이노리
노코또바) 중 祈祷文 qǐdǎowén(치다오원)

---

preach [príːtʃ 프리-치]

자 (3단현 preaches [príːtʃiz], 과
거·과거분사 preached [príːtʃt], 현
재분사 preaching [príːtʃiŋ])
설교하다
영 To *preach* means to give a reli-
gious talk to people.
일 説教する せっきょうする(섹꾜-스
루) 중 说教 shuōjiào(쉬쟈오)

---

*pre·cious [préʃəs 프레셔스]

형 (비교급 more precious, 최상급
most precious)
귀중한
영 *Precious* means rare and valuable.
¶ a *precious* time
귀중한 시간
일 貴重な きちょうな(키쪼-나) 중 貴
重的 guìzhòngde(구이중더)

---

*pre·cise [prisáis 프리사이스]

형 정확한
영 *Precise* means very accurate or
exact.
¶ a *precise* sum
정확한 금액
일 正確な せいかくな(세-까꾸나) 중
精确的 jīngquède(징춰더)

---

pre·cise·ly [prisáisli 프리사이슬
리]

부 정확히
영 *Precisely* means exactly.
일 正確に せいかくに(세-까꾸니) 중
精确地 jīngquède(징춰더)

---

*pre·dict [pridíkt 프리딕트]

타 (3단현 predicts [pridíkts], 과
거·과거분사 predicted [pridíktid],
현재분사 predicting [pridíktiŋ])
예언하다
영 To *predict* means to say what you
think will happen in the future.
일 予言する よげんする(요겐스루) 중
预言 yùyán(위옌)

---

*pre·fer [prifə́ːr 프리퍼-]

타 (3단현 prefers [prifə́ːrz], 과거·
과거분사 preferred [prifə́ːrd], 현
재분사 preferring [prifə́ːriŋ])
…을 좋아하다
영 To *prefer* means to like one thing
better than another.
¶ I *prefer* oranges to apples.
나는 사과보다 오렌지를 더 좋아한
다.
일 好む このむ(코노무) 중 喜欢 xǐ-
huān(시환)

---

prej·u·dice [prédʒudis 프레주디

스]

명 (복수 prejudices [prédʒudisiz])
편견, 선입관
영 A *prejudice* is an opinion or a judgment formed unfairly or without knowing all the facts.
¶ He has a *prejudice* against foreigners.
그는 외국인에 대한 편견을 가지고 있다.
일 偏見 へんけん(헹껜) 중 偏见 piān-jiàn(펜졘)

---

prep·a·ra·tion [prèpəréiʃən 프레퍼레이션]

명 (복수 preparations [prèpəréi-ʃənz])
준비
영 *Preparation* is the process of preparing something.
¶ The supper is in *preparation*.
저녁 식사가 준비 중이다.
일 準備 じゅんび(줌비) 중 准备 zhǔn-bèi(준베이)

---

*pre·pare [pripéər 프리페어]

타 (3단현 prepares [pripéərz])
과거·과거분사 prepared [pripéərd], 현재분사 preparing [pripéəriŋ])
준비하다
영 To *prepare* means to make or to get ready.
¶ Are you *preparing* for the exam?
시험 준비는 하고 있니?
일 準備する じゅんびする(줌비스루)
중 准备 zhǔnbèi(준베이)

---

pres·ence [prézns 프레즌스]

명 출석, 참석(《반》 absence 결석)
영 *Presence* is being in a place at a certain time.
¶ His *presence* made the party fun.

그가 참석해서 파티가 재미있었다.
일 出席 しゅっせき(슛세끼) 중 出席 chūxí(추시)

---

*pres·ent¹ [préznt 프레즌트]

형 **1** 출석한, 참석한(《반》 absent 결석한)
영 *Present* means being in a particular place.
¶ Fifty people were *present* at the party.
그 파티에 50명이 참석했다.
일 出席な しゅっせきな(슛세끼나) 중 出席的 chūxíde(추시더)
2 현재의(《반》 past 과거의)
영 *Present* means happening or existing now.
¶ What is your *present* address?
네 현재 주소는 어떻게 되니?
일 現在の げんざいの(겐자이노) 중 現在的 xiànzàide(센짜이더)

명 [the present로] 현재, 지금
영 *The present* is the time that is happening now.
¶ There's no time like the *present*.
지금이야말로 절호의 찬스다.
일 現在 げんざい(겐자이) 중 現在 xiànzài(센짜이)
숙어 *for the present* 당분간

---

*pres·ent² [préznt 프레즌트]

명 (복수 presents [préznts])
선물
영 A *present* is something that you give to somebody.
¶ He got the computer as a birthday *present*.
그는 생일 선물로 컴퓨터를 받았다.
일 贈り物 おくりもの(오꾸리모노) 중 礼物 lǐwù(리우)

pre·sent³ [prizént 프리젠트]

타 (3단현 presents [prizénts], 과거·과거분사 presented [prizéntid], 현재분사 presenting [prizéntiŋ])
선물하다, 증정하다
영 To *present* means to give someone a gift or a prize in a formal way.
¶ I *presented* a book to him.
나는 그에게 책을 선물했다.
일 贈る おくる(오꾸루) 중 贈送 zèngsòng(쩡쑹)

pre·serve [prizə́:rv 프리저-브]

타 (3단현 preserves [prizə́:rvz], 과거·과거분사 preserved [prizə́:rvd], 현재분사 preserving [prizə́:rviŋ])
보호하다, 보존하다
영 To *preserve* means to protect something so that it stays in its original state.
¶ Let's *preserve* our nature.
자연을 보호하자.
일 保護する ほごする(호고스루) 중 保护 bǎohù(바오후)

*pres·i·dent [prézədənt 프레저던트]

명 (복수 presidents [prézədənts])
1 대통령
영 A *president* is the official leader of a country that does not have a king or queen.
¶ Lincoln was elected *President* in 1860.
링컨은 1860년에 대통령에 선출되었다.
일 大統領 だいとうりょう(다이또-료-) 중 总统 zǒngtǒng(쭝퉁)
2 《미》 사장 ; 회장 ; 총장
영 A *president* is the head of a company, society, college, club, or organization.
일 社長 しゃちょう(샤쪼-) 중 总裁 zǒngcái(쯍차이)

*press [prés 프레스]

타 (3단현 presses [présiz], 과거·과거분사 pressed [prést], 현재분사 pressing [présiŋ])
누르다
영 To *press* means to push something.
¶ Please *press* the button.
그 버튼을 누르십시오.
일 押す おす(오스) 중 按 àn(안)

명 (복수 presses [présiz])
[the press로] 신문, 잡지 ; 보도진
영 *The press* are newspapers and magazines, and the people who write for them.
일 新聞 しんぶん(심붕) 중 报刊 bàokān(바오칸)

pres·sure [préʃər 프레셔]

명 (복수 pressures [préʃərz])
압력
영 *Pressure* is the force produced by pressing on something.
¶ water *pressure*
수압
일 圧力 あつりょく(아쓰료꾸) 중 压力 yālì(야리)

*pre·tend [priténd 프리텐드]

타 (3단현 pretends [priténdz], 과거·과거분사 pretended [priténdid], 현재분사 pretending [priténdiŋ])
…인 체하다
영 To *pretend* means to make believe.
¶ She *pretended* not to know me.
그녀는 나를 모르는 체했다.

일 …のふりをする(…노후리오스루) 중
假装 jiǎzhuāng(쟈좡)

****pret·ty** [príti 프리티]

형 (비교급 prettier [prítiər], 최상
급 prettiest [prítiist])
예쁜, 귀여운
영 **Pretty** means nice to look at.
¶ Everyone likes *pretty* flowers.
누구나 예쁜 꽃을 좋아한다.
일 きれいな(키레-나) 중 漂亮的
piàoliàngde(퍄오량더)

부 꽤, 상당히
영 **Pretty** means quite.
¶ It's *pretty* hot today.
오늘은 꽤 덥다.
일 かなり(카나리) 중 相当 xiāng-
dāng(샹당)

***pre·vent** [privént 프리벤트]

타 (3단현 prevents [privénts], 과
거·과거분사 prevented [privéntid],
현재분사 preventing [privéntiŋ])
방해하다, 막다
영 To **prevent** means to stop some-
thing from happening, or stop some-
one from doing something.
¶ A knee injury *prevented* him from
playing.
무릎 부상 때문에 그는 경기를 하지
못했다.
일 防ぐ ふせぐ(후세구) 중 阻止 zǔzhǐ
(쭈즈)

***pre·vi·ous** [príːviəs 프리-비어스]

형 앞의, 이전의
영 **Previous** means former, or
happening before.
¶ I like this school more than my
previous one.

나는 이전의 학교보다 이 학교를 더
좋아한다.
일 先の さきの(사끼노) 중 先的 xiānde
(셴더)

***price** [práis 프라이스]

명 (복수 prices [práisiz])
1 가격, 값
영 A **price** is the amount that you
have to pay for something.
¶ The *price* of movie ticket is six
dollars.
극장표 가격은 6달러다.
일 値段 ねだん(네당) 중 价格 jiàgé
(쟈거)
2 대가, 희생
영 A **price** is the cost at which some-
thing is gained.
¶ The battle was won at the *price* of
many lives.
많은 목숨을 잃는 대가를 치르고 그
전투에서 승리했다.
일 代価 だいか(다이까) 중 代价
dàijià(다이쟈)
숙어 *at any price* 어떠한 대가를 치
르더라도

***pride** [práid 프라이드]

명 자존심, 프라이드
영 **Pride** is self-respect, or a sense of
your own importance or worth.
¶ hurt someone's *pride*
남의 자존심을 상하게 하다
일 自尊心 じそんしん(지손싱) 중 自
尊心 zìzūnxīn(쯔쭌신)

***priest** [príːst 프리-스트]

명 (복수 priests [príːsts])
성직자
영 A **priest** is someone who performs
religious duties and ceremonies in

some religions.
일 聖職者 せいしょくしゃ(세-쇼꾸샤)
중 神职人员 shénzhírényuán(선즈런위엔)

---

pri·mar·i·ly [pràimérəli 프라이메럴리]

부 주로
영 *Primarily* means chiefly or mainly.
일 主として しゅとして(슈또시떼) 중 主要地 zhǔyàode(주야오더)

---

*pri·mar·y [práimeri 프라이메리]

형 **1** 주요한
영 *Primary* means most important, chief, or main.
¶ Our *primary* concern is the safety of the children.
우리의 주요 관심사는 아이들의 안전이다.
일 主要な しゅような(슈요-나) 중 主要的 zhǔyàode(주야오더)
2 초보의, 초기의
영 *Primary* means basic or earliest.
일 初歩の しょほの(쇼호노) 중 初级的 chūjíde(추지더)

---

pri·mar·y school [práimeri skù:l 프라이메리 스쿨-]

명 《영》초등학교
영 A *primary school* is elementary school.
일 小学校 しょうがっこう(쇼-각꼬-)
중 小学 xiǎoxué(샤오쉐)

---

prime [práim 프라임]

형 가장 중요한
영 *Prime* means most important.
일 最も重要な もっともじゅうような(못또모주-요-나) 중 最重要的 zuì-

zhòngyàode(쭈이중야오더)

---

prime min·is·ter [práim mínistər 프라임 미니-스터]

명 (복수 prime ministers [práim mínistərz])
국무 총리, 수상
영 A *prime minister* is the person in charge of a government in some countries.
일 首相 しゅしょう(슈쇼-) 중 首相 shǒuxiàng(서우샹)

---

prim·i·tive [prímətiv 프리머티브]

형 원시의
영 *Primitive* means belonging to a simple way of life that existed in the past.
¶ *primitive* societies
원시 사회
일 原始の げんしの(겐시노) 중 原始的 yuánshǐde(위엔스더)

---

*prince [príns 프린스]

명 (복수 princes [prínsiz])
[흔히 Prince로] 왕자
영 A *prince* is the son of a king or queen.
¶ *Prince* William
윌리엄 왕자
일 王子 おうじ(오-지) 중 王子 wángzǐ(왕쯔)

---

*prin·cess [prínsəs 프린서스]

명 (복수 princesses [prínsəsiz])
[흔히 Princess로] 공주
영 A *princess* is the daughter of a king or queen.
¶ *Princess* Anne
앤 공주

일 王女 おうじょ(오-조) 중 公主 gōngzhǔ(궁주)

---

* **prin·ci·pal** [prínsəpəl 프린서펄]

명 (복수 principals [prínsəpəlz])
[흔히 Principal로] 교장
영 A *principal* is the head of a public school.
¶ He is the *principal* of our school.
그는 우리 학교의 교장 선생님이시다.
일 校長 こうちょう(코-쪼-) 중 校长 xiàozhǎng(샤오장)

---

* **prin·ci·ple** [prínsəpl 프린서플]

명 (복수 principles [prínsəplz])
1 원칙, 원리
영 A *principle* is a basic truth, law, or belief.
¶ the *principle* of mathmatics
수학의 원리
일 原則 げんそく(겐소꾸) 중 原则 yuánzé(위엔쩌)
2 신조, 신념
영 *Principle* is a basic rule that governs a person's behavior.
¶ It's against my *principles* to lie.
거짓말하는 것은 내 신조에 어긋난다.
일 信条 しんじょう(신조-) 중 信条 xìntiáo(신탸오)
숙어 *in principle* 원칙적으로

---

* **print** [prínt 프린트]

타 (3단현 prints [prínts], 과거·과거분사 printed [príntid], 현재분사 printing [príntiŋ])
1 인쇄하다
영 To *print* means to produce words or pictures on a page with a machine that uses ink.

¶ I'm *printing* the document now.
나는 지금 서류를 인쇄하고 있다.
일 印刷する いんさつする(인사쓰스루) 중 印刷 yìnshuā(인쇄)
2 출판하다
영 To *print* means to produce copies of a book, newspaper etc.
¶ Her book of poems has been *printed*.
그녀의 시집이 출판되었다.
일 出版する しゅっぱんする(슙빤스루) 중 出版 chūbǎn(추반)

---

print·er [príntər 프린터]

명 인쇄기, 프린터《컴퓨터 인쇄 출력 장치》
영 A *printer* is a machine that printed documents from a computer onto paper.
¶ a laser *printer*
레이저 프린터
일 プリンター(푸린따-) 중 打印机 dǎyìnjī(다인지)

---

print·ing [príntiŋ 프린팅]

명 인쇄
영 *Printing* is the act or process of making a book, magazine, etc. using a machine.
¶ a *printing* firm
인쇄 회사
일 印刷 いんさつ(인사쓰) 중 印刷 yìnshuā(인쇄)

---

* **pris·on** [prízn 프리즌]

명 (복수 prisons [príznz])
교도소, 감옥
영 A *prison* is a building where people are kept as a punishment for a crime.
¶ He went to *prison* for murder.

그는 살인죄로 교도소에 갔다.
일 刑務所 けいむしょ(케-무쇼) 중 監獄 jiānyù(젠위)

---

pris·on·er [prízənər 프리저너]

명 (복수 prisoners [prízənərz])
1 죄수
영 A *prisoner* is someone who is in prison.
일 囚人 しゅうじん(슈-징) 중 犯人 fànrén(판런)
2 포로
영 A *prisoner* is any person who has been captured or is held by force.
¶ a *prisoner* of war
전쟁 포로
일 捕虜 ほりょ(호료) 중 俘虏 fúlǔ(푸루)

---

pri·va·cy [práivəsi 프라이버시]

명 **1** 프라이버시, 사생활
영 *Privacy* is the state of being able to be alone, and not seen or heard by other people.
¶ Please don't disturb my *privacy*.
나의 사생활을 침해하지 마세요.
일 プライバシー(푸라이바시-) 중 隐私 yǐnsī(인쓰)
2 비밀
영 *Privacy* is the state of being able to keep your own affairs secret.
¶ There is no *privacy* in such matters.
그런 종류의 일에는 비밀이 없다.
일 秘密 ひみつ(히미쓰) 중 秘密 mìmì(미미)

---

*pri·vate [práivət 프라이벗]

형 **1** 사적인, 개인의
영 *Private* means for use by one person or group, not for everyone.
¶ *private* opinions

사적인 의견
일 私的な してきな(시떼끼나) 중 私人的 sīréndè(쓰런더)
2 사립의
영 *Private* means not related to, owned by, or paid for by the government.
¶ a *private* school
사립 학교
일 私立の しりつの(시리쓰노) 중 私立的 sīlìde(쓰리더)

---

*prize [práiz 프라이즈]

명 (복수 prizes [práiziz])
상, 상품
영 A *prize* is a reward for winning a game or competition.
¶ a *prize* for good conduct
선행상
일 賞 しょう(쇼-) 중 奖赏 jiǎngshǎng(쟝상)

---

*prob·a·ble [prábəbl 프라버블]

형 일어날 것 같은, 있음직한
영 *Probable* means likely to happen or be true.
¶ It's *probable* that he will win the tennis match.
아마 그는 테니스 시합에서 이길 것이다.
일 起こりそうな おこりそうな(오꼬리소-나) 중 很可能发生的 hěnkěnéngfāshēngde(헌커닝파성더)

---

*prob·a·bly [prábəbli 프라버블리]

부 아마
영 *Probably* means that you are almost sure something is true.
¶ He will *probably* come this Saturday.
그는 아마 이번 토요일에 올 것이다.

일 たぶん(타붕) 중 大概 dàgài(다가이)

** **prob·lem** [prɑ́bləm 프라블럼]

명 (복수 problems [prɑ́bləmz])
1 문제, 과제
영 A *problem* is a difficult situation that needs to be figured out or overcome.
¶ What's the *problem*?
무슨 문제 있어요?
일 問題 もんだい(몬다이) 중 问题 wèntí(원티)
2 (수학 등의) 문제
영 A *problem* is a puzzle or question to be solved.
¶ The *problem* was very easy.
그 문제는 매우 쉬웠다.
일 問題 もんだい(몬다이) 중 习题 xítí(시티)
숙어 *No problem.* 《미》 괜찮아요., 좋아요.

---

pro·ceed [prəsíːd 프러시-드]

자 (3단현 proceeds [prəsíːdz], 과거·과거분사 proceeded [prəsíːdid], 현재분사 proceeding [prəsíːdiŋ])
1 나아가다, 진행하다
영 To *proceed* means to move forward.
일 進む すすむ(스스무) 중 进行 jìnxíng(진싱)
2 계속하다
영 To *proceed* means to continue.
¶ He *proceeded* with his speech.
그는 연설을 계속했다.
일 続ける つづける(쓰즈께루) 중 继续 jìxù(지쉬)

---

* **proc·ess** [prɑ́ses 프라세스]

명 (복수 processes [prɑ́sesiz])
과정

영 *Process* is an organized actions that produce a result.
¶ The *process* of manufacture is a secret.
그 제조 과정은 비밀이다.
일 過程 かてい(카떼-) 중 过程 guòchéng(궈청)

---

pro·ces·sion [prəsésən 프러세션]

명 (복수 processions [prəsésənz])
행렬
영 A *procession* is a number of people walking or driving along a route as part of a public festival, a religious service, or a parade.
¶ a funeral *procession*
장례 행렬
일 行列 ぎょうれつ(교-레쓰) 중 行列 hángliè(항례)

---

* **pro·duce** [prədjúːs 프러듀-스]

타 (3단현 produces [prədjúːsiz], 과거·과거분사 produced [prədjúːst], 현재분사 producing [prədjúːsiŋ])
1 생산하다
영 To *produce* means to make something.
¶ This factory *produces* cars.
이 공장은 차들을 생산한다.
일 生産する せいさんする(세-산스루)
중 生产 shēngchǎn(성찬)
2 낳다
영 To *produce* means to give birth to a baby or young animals.
¶ Hens *produce* eggs.
암탉은 알을 낳는다.
일 生む うむ(우무) 중 生育 shēngyù(성위)
3 제작하다 ; 상연하다
영 To *produce* means to be in charge of putting on a play or making a

movie or TV program.
일 制作する　せいさくする(세-사꾸스
루) 중 制作　zhìzuò(즈쭤)

명 [prádjuːs 프라듀-스] 농산물
영 *Produce* is things that are pro-
duced or grown for eating.
일 農産物　のうさんぶつ(노-삼부쓰)
중 农产品　nóngchǎnpǐn(눙찬핀)

----

pro·duc·er [prədjúːsər 프러듀-서]

명 (복수 producers [prədjúːsərz])
1 생산자 ; 생산국
영 A *producer* is a person, company,
or country that makes or grows
goods, foods, or materials.
일 生産者　せいさんしゃ(세-산샤) 중
生产者　shēngchǎnzhě(성찬저)
2 제작자, 프로듀서
영 A *producer* is someone whose job
is to control the preparation of a play,
movie, etc.
일 制作者　せいさくしゃ(세-사꾸샤)
중 制作人　zhìzuòrén(즈쭤런)

----

*prod·uct [prádʌkt 프라덕트]

명 (복수 products [prádʌkts])
산물 ; 제품
영 A *product* is something that is
manufactured or made by a natural
process.
¶ a dairy *product*
유제품
일 産物　さんぶつ(삼부쓰) 중 产品
chǎnpǐn(찬핀)

----

*pro·duc·tion [prədʌkʃən 프러덕션]

명 (복수 productions [prədʌkʃənz])

1 생산 ; 제조
영 *Production* is the process of grow-
ing or manufacturing something.
¶ the *production* of oil
석유의 생산
일 生産　せいさん(세-산) 중 生产
shēngchǎn(성찬)
2 생산량
영 *Production* is the total amount
produced.
¶ *Production* is down this year.
올해는 생산량이 떨어진다.
일 生産量　せいさんりょう(세-산료-)
중 产量　chǎnliàng(찬량)
3 제작 ; 연출, 상연
영 *Production* is the process of
producing a play, movie, etc.
일 制作　せいさく(세-사꾸) 중 制作
zhìzuò(즈쭤)
4 작품
영 A *production* is a play, an opera, a
show, or any form of entertainment
that is presented to others.
일 作品　さくひん(사꾸힝) 중 作品
zuòpǐn(쭤핀)

----

*pro·fes·sion [prəféʃən 프러페션]

명 (복수 professions [prəféʃənz])
직업, 전문직
영 *Profession* is an occupation for
which you need special training or
study.
¶ He is a dentist by *profession*.
그는 직업이 치과 의사다.
일 職業　しょくぎょう(쇼꾸교-) 중 职
业　zhíyè(즈예)

----

*pro·fes·sion·al [prəféʃənəl 프러페셔널]

명 (복수 professionals [prəféʃənəlz])
(전문적) 직업인 ; 직업선수

영 A *professional* is someone who works in a job that needs special education and training.
일 職業人 しょくぎょうじん(쇼꾸교-징) 중 专家 zhuānjiā(좐쟈)

형 (비교급 more professional, 최상급 most professional)
직업의, 전문직의
영 *Professional* means making money for doing something others do for fun.
¶ *professional* education
직업교육
일 職業の しょくぎょうの(쇼꾸교-노)
중 职业的 zhíyéde(즈예더)

---

pro·fes·sor [prəfésər 프러페서]

명 (복수 professors [prəfésərz])
교수
영 A *professor* is a teacher of the highest teaching rank at a college or university.
¶ He is a *professor* of economics.
그는 경제학 교수다.
일 教授 きょうじゅ(쿄-주) 중 教授 jiàoshòu(쟈오서우)

---

*prof·it [práfit 프라핏]

명 (복수 profits [práfits])
이익
영 *Profit* is the money that you gain by selling things or doing business.
¶ We had a *profit* of $5,000.
5천 달러의 이익이 났다.
일 利益 りえき(리에끼) 중 利润 lìrùn(리룬)

---

*pro·gram [próugræm 프로우그램]

명 (복수 programs [próugræmz])
1 프로그램

영 A *program* is a show that you watch on television or hear on the radio.
¶ a popular TV *program*
인기 있는 텔레비전 프로그램
일 プログラム(푸로구라무) 중 节目 jié-mù(졔무)
2 계획, 예정
영 A *program* is a schedule or plan for doing something.
¶ a long-range *program*
장기 계획
일 計画 けいかく(케-까꾸) 중 计划 jìhuà(지화)

---

*prog·ress¹ [prágrəs 프라그러스]

명 1 전진, 진행
영 *Progress* is a forward movement.
¶ We made slow *progress* through the woods.
우리는 숲을 헤치며 천천히 전진했다.
일 前進 ぜんしん(젠신) 중 前进 qián-jìn(첸진)
2 진보, 발달, 향상
영 *Progress* is an improvement.
¶ He has made remarkable *progress* in his studies.
그의 연주는 놀라울 정도로 향상되었다.
일 進歩 しんぽ(심뽀) 중 进步 jìnbù(진부)

---

*prog·ress² [prəgrés 프러그레스]

자 (3단현 progresses [prəgrésiz], 과거·과거분사 progressed [prə-grést], 현재분사 progressing [prə-grésiŋ])
1 전진하다
영 To *progress* means to move forward.
일 前進する ぜんしんする(젠신스루)

중 前进 qiánjìn(쳰진)
2 진보하다, 발달하다
영 To *progress* means to improve.
¶ Science is *progressing* every day.
과학은 나날이 진보하고 있다.
일 進歩する しんぽする(심뽀스루) 중
进步 jìnbù(진부)

---

* **pro·gress·ive** [prəgrésiv 프러그
레시브]
형 **1** 전진하는, 진행하는
영 *Progressive* means moving forward.
일 前進する ぜんしんする(젠신스루)
중 前进的 qiánjìnde (쳰진더)
2 진보적인, 개혁적인
영 *Progressive* means in favor of
improvement, progress, or reform.
¶ The party is *progressive* about
social reforms.
그 당은 사회 개혁에 진보적이다.
일 進歩的な しんぽてきな(심뽀떼끼
나) 중 进步的 jìnbùde(진부더)

---

* **proj·ect** [prádʒekt 프라젝트]
명 (복수 projects [prádʒekts])
계획, 기획
영 A *project* is a plan or a proposal.
¶ a research *project*
연구 계획
일 計画 けいかく(케-까꾸) 중 计划
jìhuà(지화)

---

* **prom·ise** [prámis 프라미스]
명 (복수 promises [prámisiz])
약속
영 A *promise* is something that you
say you will do.
¶ People should always keep their
promises.
사람들은 항상 약속을 지켜야 한다.
일 約束 やくそく(야꾸소꾸) 중 承诺

chéngnuò(청눠)

동 (3단현 promises [prámisiz],
과거·과거분사 promised [prámist],
현재분사 promising [prámisiŋ])
타 …을 약속하다
영 To *promise* is to say you will do
something.
¶ He *promised* help.
그는 원조를 약속했다.
일 約束する やくそくする(야꾸소꾸스
루) 중 承诺 chéngnuò(청눠)
자 약속하다
¶ I *promise* not to be late again.
다시는 늦지 않겠다고 약속하겠습니
다.
일 約束する やくそくする(야꾸소꾸스
루) 중 承诺 chéngnuò(청눠)

---

prom·is·ing [prámisiŋ 프라미
싱]
형 전도 유망한, 상래가 촉망되는
영 *Promising* means showing that
someone or something is likely to be
successful in the future.
¶ a *promising* young singer
장래가 촉망되는 젊은 가수
일 前途有望な ぜんとゆうぼうな(젠
또유-보-나) 중 有前途的 yǒuqiántúde
(유쳰투더)

---

pro·mote [prəmóut 프러모우트]
타 (3단현 promotes [prəmóuts],
과 거·과거분사 promoted [prə-
móutid], 현재분사 promoting [prə-
móutiŋ])
1 승진시키다, 진급시키다
영 To *promote* means to move some-
one to a more important job or to a
higher grade in school.
¶ He *promoted* manager.

그는 지배인으로 승진했다.
ⓘ 昇進させる しょうしんさせる
(쇼-신사세루) ⓒ 提升 tíshēng(티성)
2 촉진하다
ⓔ To *promote* means to help with the growth or development of something.
¶ Milk *promotes* child's growth.
우유는 어린이의 성장을 촉진한다.
ⓘ 促進する そくしんする(소꾸신스루)
ⓒ 促进 cùjìn(추진)

---

pro·mo·tion [prəmóuʃən 프러모우션]
ⓝ (복수 promotions [prəmóuʃənz])
승진, 진급
ⓔ *Promotion* is advancement to a more important job or a higher grade in school.
ⓘ 昇進 しょうしん(쇼-신) ⓒ 提升 tíshēng(티성)

---

prompt [prámpt 프람프트]
ⓐ (비교급 prompter [prámptər], 최상급 promptest [prámptist])
신속한
ⓔ *Prompt* means very quick and without delay.
¶ a *prompt* reply
즉답
ⓘ 迅速な じんそくな(진소꾸나) ⓒ 迅速的 xùnsùde(쉰쑤더)

---

pro·noun [próunàun 프로우나운]
ⓝ (복수 pronouns [próunàunz])
대명사
ⓔ A *pronoun* is a word that is used in place of a noun.
ⓘ 代名詞 だいめいし(다이메-시) ⓒ 代词 dàicí(다이츠)

---

pro·nounce [prənáuns 프러나운스]
ⓥ (3단현 pronounces [prənáunsiz], 과거·과거분사 pronounced [prənáunst], 현재분사 pronouncing [prənáunsiŋ])
ⓣ **1** 발음하다
ⓔ To *pronounce* means to say words in a particular way.
¶ He *pronounced* the word correctly.
그는 그 말을 정확히 발음했다.
ⓘ 発音する はつおんする(하쓰온스루)
ⓒ 发音 fāyīn(파인)
2 선언하다, 알리다
ⓔ To *pronounce* means to make a formal announcement.
¶ The mayor *pronounced* the fair open.
시장은 박람회의 시작을 알렸다.
ⓘ 宣言する せんげんする(셍겐스루)
ⓒ 宣称 xuānchēng(쉬엔청)
ⓩ 발음하다
¶ He *pronounces* well.
그는 발음이 좋다.
ⓘ 発音する はつおんする(하쓰온스루) ⓒ 发音 fāyīn(파인)

---

pro·nun·ci·a·tion [prənʌnsiéiʃən 프로넌시에이션]
ⓝ (복수 pronunciations [prənʌnsiéiʃənz])
발음
ⓔ A *pronunciation* is the way in which a word is pronounced.
¶ You have (a) good *pronunciation*.
너는 발음이 좋다.
ⓘ 発音 はつおん(하쓰온) ⓒ 发音 fāyīn(파인)

*****proof** [prúːf 프루-프]
ⓝ (복수 proofs [prúːfs])

증거 ; 증명
영 *Proof* is facts or evidence that something is true.
¶ There is no *proof* he's involved in this matter.
그가 이 사건에 연루되어 있다는 증거는 없다.
일 証拠 しょうこ(쇼-꼬) 중 证据 zhèngjù(정쥐)

---

pro·pel·ler [prəpélər 프러펠러]
명 (비행기의) 프로펠러 ; (배의) 스크루
영 A *propeller* is a set of rotating blades that provide force to move a vehicle through water or air.
일 プロペラ(푸로뻬라) 중 螺旋桨 luóxuánjiǎng(뤄쉬엔쟝)

---

* **prop·er** [prápər 프라퍼]
형 (비교급 more proper, 최상급 most proper)
적절한, 적당한, 어울리는
영 *Proper* means right or suitable for a given purpose or occasion.
¶ It is not *proper* for you talk that way.
그런 식으로 말하는 것은 적절하지 못하다.
일 適切な てきせつな(테끼세쓰나) 중 适合的 shìhéde(스허더)

---

* **prop·er·ly** [prápərli 프라펄리]
부 적절히, 적당히 ; 정확하게
영 *Properly* means in a correct, appropriate, or suitable way.
¶ He speaks English *properly*.
그는 영어를 정확하게 말한다.
일 適切に てきせつに(테끼세쓰니) 중 恰当地 qiàdàngde(챠당더)

---

* **prop·er·ty** [prápərti 프라퍼티]
명 (복수 properties [prápərtiz])
1 재산 ; 소유물
영 *Property* is anything that is owned by an individual.
¶ private *property*
사유 재산
일 財産 ざいさん(자이상) 중 财产 cáichǎn(차이찬)
2 소유지, 부동산
영 *Property* is land and buildings belonging to someone.
¶ He has *property* in the country.
그는 시골에 토지를 가지고 있다.
일 所有地 しょゆうち(쇼유-찌) 중 房地产 fángdìchǎn(팡디찬)
3 특성, 성질
영 A *property* is a special quality or characteristic of something.
¶ Soap has the *property* of removing dirt.
비누는 때를 제거하는 특성이 있다.
일 特性 とくせい(토꾸세-) 중 特性 tèxìng(터싱)

---

* **pro·pos·al** [prəpóuzəl 프러포우절]
명 (복수 proposals [prəpóuzəlz])
1 제안
영 A *proposal* is the act of suggesting a plan or an idea.
¶ He agreed to our *proposal*.
그는 우리 제안에 동의했다.
일 提案 ていあん(테-안) 중 提议 tíyì(티이)
2 청혼
영 A *proposal* is the act of asking someone to marry you.
¶ Did you accept his *proposal*?
너는 그의 청혼을 받아들였니?
일 プロポーズ(푸로뽀-즈) 중 求婚 qiúhūn(츄훈)

***pro·pose** [prəpóuz 프러포우즈]

동 (3단현 proposes [prəpóuziz], 과거·과거분사 proposed [prəpóuzd], 현재분사 proposing [prəpóuziŋ])

타 제안하다

영 To *propose* means to suggest a plan or an idea.

¶ She *proposed* that we all go swimming.

그녀는 우리 모두 수영하러 가자고 제안했다.

일 提案する ていあんする(테-안스루)

중 提议 tíyì(티이)

자 청혼하다

영 To *propose* means to ask someone to marry you.

¶ He *proposed* to me.

그는 내게 청혼했다.

일 結婚を申し込む けっこんをもうしこむ(켁꽁오모-시코무) 중 求婚 qiú-hūn(츄훈)

***pro·tect** [prətékt 프러텍트]

타 (3단현 protects [prətékts], 과거·과거분사 protected [prətéktid], 현재분사 protecting [prətéktiŋ])
지키다, 보호하다

영 To *protect* means to guard or keep something safe from danger.

¶ We must *protect* the environment.

우리는 환경을 보호해야 한다.

일 守る まもる(마모루) 중 保护 bǎohù(바오후)

---

pro·tec·tion [prətékʃən 프러텍션]

명 (복수 protections [prətékʃənz])
보호

영 *Protection* is the act of protecting something.

¶ environmental *protection*
환경 보호

일 保護 ほご(호고) 중 保护 bǎohù(바오후)

***pro·test¹** [prətést 프러테스트]

동 (3단현 protests [prətésts], 과거·과거분사 protested [prətéstid], 현재분사 protesting [prətéstiŋ])

자 항의하다

영 To *protest* means to object to something strongly and publicly.

¶ The students *protested* against the increase in college tuition.

학생들은 대학 수업료 인상에 항의했다.

일 抗議する こうぎする(코-기스루)

중 抗议 kàngyì(캉이)

타 주장하다

영 To *protest* means to state very strongly that something is true.

¶ He *protested* his innocence.

그는 자신의 무죄를 주장했다.

일 主張する しゅちょうする(슈쪼-스루) 중 声明 shēngmíng(성밍)

***pro·test²** [próutest 프로우테스트]

명 (복수 protests [próutests])
항의

영 A *protest* is a demonstration or statement against something.

¶ They made no *protest*.

그들은 아무런 항의도 하지 않았다.

일 抗議 こうぎ(코-기) 중 抗议 kàngyì(캉이)

***proud** [práud 프라우드]

형 (비교급 prouder [práudər], 최상급 proudest [práudist])
자랑으로 여기는

영 *Proud* means glad to have people

see what you have or what you have done.

¶ She is *proud* to be a nurse.
그녀는 간호사임을 자랑으로 여긴다.
[일] 誇りに思う　ほこりにおもう(호꼬리니오모우) [중] 骄傲的　jiāo'àode(쟈오아오더)
[숙어] *be proud of* …을 자랑하다, …을 자랑으로 여기다
¶ All of us are *proud* of you.
우리 모두는 너를 자랑으로 여긴다.

---

* **prove** [prúːv 프루-브]
[타] (3단현 proves [prúːvz], 과거형 proved [prúːvd], 과거분사 proved [prúːvd] 또는 《미》 proven [prúːvən], 현재분사 proving [prúːviŋ])
증명하다
[영] To *prove* means to show that something is true.
¶ They *proved* her innocent.
그들은 그녀의 결백을 증명했다.
[일] 証明する　しょうめいする(쇼-메-스루) [중] 证明　zhèngmíng(정밍)

---

prov·erb [prǽvəːrb 프라버-브]
[명] 속담
[영] A *proverb* is a wise old saying that tells a common truth.
[일] ことわざ(코또와자) [중] 谚语　yànyǔ(옌위)

---

* **pro·vide** [prəváid 프러바이드]
[동] (3단현 provides [prəváidz], 과거·과거분사 provided [prəváidid], 현재분사 providing [prəváidiŋ])
[타] 공급하다, 주다
[영] To *provide* means to supply the things that someone needs.

¶ Sheep *provide* us with wool.
양은 우리에게 양털을 제공한다.
[일] 供給する　きょうきゅうする(쿄-뀨-스루) [중] 供给　gōngjǐ(궁지)
[자] **1** 부양하다
[영] To *provide* means to give someone the things that they need to live.
¶ He has six children to *provide* for.
그는 6명의 아이를 부양해야 한다.
[일] 養う　やしなう(야시나우) [중] 抚养　fǔyǎng(푸양)
2 대비하다, 준비하다
[영] To *provide* means to make preparations to deal with something that might happen in the future.
¶ You should *provide* for your old age.
노후를 대비해 두어야 한다.
[일] 備える　そなえる(소나에루) [중] 准备　zhǔnbèi(준베이)

---

psy·chol·o·gy [saikálədʒi 사이칼러지]
[명] (복수 psychologies [saikálədʒiz])
심리학
[영] *Psychology* is the study of the mind, the emotions, and human behavior.
[일] 心理学　しんりがく(신리가꾸) [중] 心理学　xīnlǐxué(신리쉐)

---

* **pub·lic** [pʌ́blik 퍼블릭]
[형] **1** 공중의, 대중의
[영] *Public* means available for anyone to use.
¶ *public* health
공중 위생
¶ *public* opinion
여론, 대중의 의견
[일] 公衆の　こうしゅうの(코-슈-노) [중] 公众的　gōngzhòngde(궁중더)

2 공공의, 공립의
영 *Public* means relating to all the ordinary people in a country.
¶ a *public* school
공립학교
일 公共の こうきょうの(코-꾜-노)
중 公共的 gōnggòngde(궁궁더)

명 [the public으로] 공중, 대중
영 *The public* is people in general.
¶ The castle is now open to *the public*.
그 성은 현재 대중에게 공개되어 있다.
일 公衆 こうしゅう(코-슈-) 중 公众 gōngzhòng(궁중)
숙어 *in public* 공공연히
¶ He insulted me *in public*.
그는 공공연히 나를 모욕했다.

----

* **pub·lish** [pʌ́bliʃ 퍼블리시]
타 (3단현 publishes [pʌ́bliʃiz], 과거·과거분사 published [pʌ́bliʃt], 현재분사 publishing [pʌ́bliʃiŋ])
1 출판하다
영 To *publish* means to print a newspaper, magazine, book, or other written thing and try to sell it.
¶ He *published* a book introducing a new language.
그는 새로운 언어를 소개하는 책을 출판했다.
일 出版する しゅっぱんする(슙빤스루)
중 出版 chūbǎn(추반)
2 발표하다, 공표하다
영 To *publish* means to make official information available for everyone to use.
¶ She *published* the news.
그녀는 그 뉴스를 발표했다.
일 発表する はっぴょうする(합뾰-스루) 중 发表 fābiǎo(파뱌오)

----

pub·lish·er [pʌ́bliʃər 퍼블리셔]
명 (복수 publishers [pʌ́bliʃərz])
출판업자, 출판사
영 A *publisher* is a person or company that arranges the writing, printing, and sale of books, newspapers, etc.
¶ That is a small *publisher*.
그 곳은 작은 출판사다.
일 出版社 しゅっぱんしゃ(슙빤샤) 중 出版社 chūbǎnshè(추반서)

----

pud·ding [púdiŋ 푸딩]
명 푸딩
영 *Pudding* is a soft, sweet dessert.
¶ My favorite dessert is *pudding*.
내가 좋아하는 후식은 푸딩이다.
일 プディング(푸딩구) 중 布丁 bùdīng(부딩)

** **pull** [púl 풀]
동 (3단현 pulls [púlz], 과거·과거분사 pulled [púld], 현재분사 pulling [púliŋ])
타 **1** 끌다, 끌어당기다(《반》 push 밀다)
영 To *pull* means to move something forward or toward you.
¶ An ox *pulled* the cart.
소가 짐수레를 끌었다.
일 引く ひく(히꾸) 중 拉 lā(라)
2 뽑다 ; (과일 등을) 따다
영 To *pull* means to tug or pluck something.
¶ He was *pulling* weeds.
그는 잡초를 뽑고 있었다.
일 引き抜く ひきぬく(히끼누꾸) 중 摘 zhāi(자이)
자 끌다, 끌어당기다
¶ He *pulled* at the string.
그는 줄을 끌어당겼다.

일 引く ひく(히꾸) 중 拉 lā(라)
숙어 *pull down* 끌어내리다 ; (집 등을) 헐다
숙어 *pull off* 벗다
숙어 *pull on* 입다 ; 신다
숙어 *pull out* 꺼내다 ; (이를) 뽑다

---

pulse [pʌ́ls 펄스]

명 (복수 pulses [pʌ́lsiz])
맥박
영 A *pulse* is a steady beat that can be felt as your heart pumps blood around your body.
¶ His *pulse* quickened to hear the news.
그 소식을 듣고 그의 맥박이 빨라졌다.
일 脈拍 みゃくはく(먀꾸하꾸) 중 脉搏 màibó(마이보)

---

pump [pʌ́mp 펌프]

명 (복수 pumps [pʌ́mps])
펌프
영 A *pump* is a machine that forces liquids or gases from one place or container into another.
¶ a bicycle *pump*
자전거의 공기 펌프
일 ポンプ(폼뿌) 중 泵 bèng(벙)

---

pump·kin [pʌ́mpkin 펌프킨]

명 호박
영 A *pumpkin* is a big, round, orange fruit that grows on the ground.
일 カボチャ(카보짜) 중 南瓜 nánguā(난과)

---

punch [pʌ́ntʃ 펀치]

타 (3단현 punches [pʌ́ntʃiz], 과거·과거분사 punched [pʌ́ntʃt], 현재분사 punching [pʌ́ntʃiŋ])
1 구멍을 뚫다
영 To *punch* means to make a hole in something.
¶ He *punched* our tickets.
그는 우리의 표에 구멍을 뚫었다.
일 穴をあける あなをあける(아나오아께루) 중 打孔 dǎkǒng(다쿵)
2 주먹을 먹이다
영 To *punch* means to hit something or someone hard with your fist.
¶ He tried to *punch* me on the chin.
그는 내 턱에 주먹을 먹이려고 했다.
일 げんこを食らわす げんこをくらわす(겡꼬오쿠라와스) 중 用拳猛击 yòngquánměngjī(융취엔멍지)

명 (복수 punches [pʌ́ntʃiz])
1 펀치
영 A *punch* is a metal tool used for making holes.
¶ a ticket *punch*
표찍는 기구
일 パンチ(판찌) 중 打孔器 dǎkòngqì(다쿵치)
2 주먹으로 치기
영 A *punch* is a quick strong hit made with your fist.
일 げんこ(겡꼬) 중 拳打 quándǎ(취엔다)

***pun·ish** [pʌ́niʃ 퍼니시]

타 (3단현 punishes [pʌ́niʃiz], 과거·과거분사 punished [pʌ́niʃt], 현재분사 punishing [pʌ́niʃiŋ])
벌하다
영 To *punish* means to cause someone to suffer for a crime, fault, or misbehavior.
¶ He was *punished* for being late.
그는 지각해서 벌을 받았다.
일 罰する ばつする(바쓰스루) 중 罚 fá(파)

---

pun·ish·ment [pʌ́niʃmənt 퍼니시먼트]

명 벌, 형벌
영 *Punishment* is the act of punishing someone.
일 罰 ばつ(바쓰) 중 罚 fá(파)

P

* **pu·pil** [pjú:pəl 퓨-펄]

명 (복수 pupils [pjú:pəlz])
학생
영 A *pupil* is someone who goes to school.
¶ There are thirty *pupils* in this class.
이 학급의 학생은 30명이다.
일 生徒 せいと(세-또) 중 学生 xué-sheng(쉐셩)

** **pup·py** [pʌ́pi 퍼피]

명 (복수 puppies [pʌ́piz])
강아지
영 A *puppy* is a baby dog.
¶ We have a charming *puppy* at home.
우리집에는 귀여운 강아지가 있다.
일 子犬 こいぬ(코이누) 중 小狗 xiǎo-gǒu(샤오거우)

---

* **pur·chase** [pə́:rtʃəs 퍼-처스]

타 (3단현 purchases [pə́:rtʃəsiz], 과거·과거분사 purchased [pə́:r-tʃəst], 현재분사 purchasing [pə́:r-tʃəsiŋ])
사다, 구입하다
영 To *purchase* means to buy something.
¶ He *purchased* a new car.
그는 새 차를 샀다.
일 買う かう(카우) 중 买 mǎi(마이)

명 1 구입, 구매
영 *Purchase* is the act of purchasing.

¶ We saved our money for the *purchase* of a new sofa.
우리는 새 소파를 사기 위해 돈을 모았다.
일 購入 こうにゅう(코-뉴-) 중 买 mǎi(마이)
2 구입품
영 A *purchase* is something that has been bought.
일 購入品 こうにゅうひん(코-뉴-힝)
중 所购之物 suǒgòuzhīwù(쒀거우즈우)

---

* **pure** [pjúər 퓨어]

형 (비교급 purer [pjúərər], 최상급 purest [pjúərist])
1 순수한
영 *Pure* means not mixed with anything else.
¶ *pure* gold
순금
일 純粋な じゅんすいな(준스이나) 중 纯粹的 chúncuìde(춘추이더)
2 깨끗한, 맑은
영 *Pure* means not dirty or not polluted.
¶ *pure* water
깨끗한 물
일 きれいな(키레-나) 중 纯净的 chún-jìngde(춘징더)
3 순결한
영 *Pure* means innocent or free from evil or guilt.
일 純潔な じゅんけつな(중께쓰나) 중 纯洁的 chúnjiéde(춘제더)

---

pure·ly [pjúərli 퓨얼리]

부 완전히
영 *Purely* means completely.
일 まったく(맛따꾸) 중 完全 wánquán(완춰엔)

** **pur·ple** [pə́:rpl 퍼-플]

P

명 자줏빛
영 *Purple* is the color that is made by mixing red and blue.
일 紫色 むらさきいろ(무라사끼이로)
중 紫红的 zǐhóngsè(쯔훙써)

***pur·pose** [pə́:rpəs 퍼-퍼스]
명 (복수 purposes [pə́:rpəsiz])
목적, 목표
영 A *purpose* is a goal or an aim.
¶ What is the *purpose* of your visit?
방문 목적은 무엇입니까?
일 目的 もくてき(모꾸떼끼) 중 目的 mùdì(무디)
숙어 *for the purpose of* …을 위해
숙어 *on purpose* 일부러, 고의로
¶ Jim left the door open *on purpose*.
짐은 일부러 문을 열어 놓았다.

***purse** [pə́:rs 퍼-스]
명 (복수 purses [pə́:rsiz])
지갑
영 A *purse* is a small container in which people keep their money.
¶ I opened my *purse*.
나는 지갑을 열었다.
일 財布 さいふ(사이후) 중 钱包 qiánbāo(첸바오)

---

pur·sue [pərsú: 퍼수-]
타 (3단현 pursues [pərsú:z], 과거·과거분사 pursued [pərsú:d], 현재분사 pursuing [pərsú:iŋ])
1 뒤쫓다, 추적하다
영 To *pursue* means to follow or chase someone in order to catch him or her.
¶ The police *pursued* the robber.
경찰은 강도를 뒤쫓았다.
일 追う おう(오우) 중 追踪 zhuīzōng(주이쫑)

2 계속하다
영 To *pursue* means to continue something.
일 続ける つづける(쓰즈께루) 중 继续 jìxù(지쉬)

---

pur·suit [pərsú:t 퍼수-트]
명 뒤쫓기, 추적
영 *Pursuit* is the act of following or chasing someone.
일 追うこと おうこと(오우코또) 중 追踪 zhuīzōng(주이쫑)

****push** [púʃ 푸시]
통 (3단현 pushes [púʃiz], 과거·과거분사 pushed [púʃt], 현재분사 pushing [púʃiŋ])
타 밀다
영 To *push* means to make something go ahead of you.
¶ They *pushed* the car.
그들은 차를 밀었다.
일 押す おす(오스) 중 推 tuī(투이)
자 밀다
¶ Don't *push* at the back.
뒤에서 밀지 마라.
일 押す おす(오스) 중 推 tuī(투이)

명 (복수 pushes [púʃiz])
밀기
영 A *push* is an act of pushing.
일 押すこと おすこと(오스코또) 중 推 tuī(투이)

***put** [pút 풋]
타 (3단현 puts [púts], 과거·과거분사 put, 현재분사 putting [pútiŋ])
놓다, 두다
영 To *put* means to place, lay, or move something.
¶ I *put* the book on the desk.

나는 그 책을 책상 위에 놓았다.
일 置く おく(오꾸) 중 放 fàng(팡)
숙어 *put off* 연기하다, 미루다
숙어 *put on* 입다, 신다, 쓰다

put on은 「옷을 입다」라는 동작을 나타내고, wear는 「옷을 입고 있다」라는 상태를 나타내는 말이다.
숙어 *put out* 끄다
숙어 *put up* 내걸다 ; (텐트를) 치다

---

puz·zle [pʌ́zl 퍼즐]

명 (복수 puzzles [pʌ́zlz])
1 퍼즐
영 A *puzzle* is a game or toy that has a lot of pieces that you have to fit together.
¶ a crossword *puzzle*
낱말 맞추기 퍼즐
일 パズル(파즈루) 중 猜谜 cāimí(차이미)
2 수수께끼
영 A *puzzle* is something that is hard

to understand.
¶ The whole matter was a *puzzle* to me.
내게는 전부가 수수께끼였다.
일 なぞ(나조) 중 谜 mí(미)

---

pyr·a·mid [pírəmìd 피러미드]

명 [흔히 Pyramid로] 피라미드

영 A *pyramid* is an ancient Egyptian stone monument where pharaohs and their treasures were buried.
일 ピラミッド(피라밋도) 중 金字塔 jīnzìtǎ(진쯔타)

Qq [kjúː 큐-]
the seventeenth letter of the English alphabet
영어 알파벳의 열일곱번째 글자

---

* **qual·i·ty** [kwɑ́ləti 콸러티]
명 (복수 qualities [kwɑ́lətiz])
질, 품질 ; 특질
영 *Quality* is the degree to which something is good or bad.
¶ material of very high *quality*
매우 질이 좋은 재료
일 質 しつ(시쯔) 중 质量 zhìliàng(즈량)

---

* **quan·ti·ty** [kwɑ́ntəti 콴터티]
명 (복수 quantities [kwɑ́ntətiz])
양, 분량, 수량
영 *Quantity* is an amount or a number.
¶ What *quantity* do you want?
어느 정도의 분량이 필요합니까?
일 量 りょう(료-) 중 量 liàng(량)

---

* **quar·rel** [kwɔ́ːrəl 쿼-럴]
자 (3단현 quarrels [kwɔ́ːrəlz], 과거·과거분사 quarreled [kwɔ́ːrəld], 현재분사 quarreling [kwɔ́ːrəliŋ])
싸우다, 다투다
영 To *quarrel* means to argue or to disagree.
¶ He *quarreled* frequently with his sister.
그는 누나와 자주 싸웠다.
일 口げんかする くちげんかする(쿠찌겡까스루) 중 争吵 zhēngchǎo(정차오)

---

quar·ter [kwɔ́ːrtər 쿼-터]
명 (복수 quarters [kwɔ́ːrtərz])
4분의 1
영 A *quarter* is one of four pieces that are the same size.
¶ I had a *quarter* of a pizza.
나는 피자를 4분의 1 먹었다.
일 四分の一 よんぶんのいち(욘분노이찌) 중 四分之一 sìfēnzhīyī(쓰펀즈이)

** **queen** [kwíːn 퀸-]
명 (복수 queens [kwíːnz])
여왕 ; 왕비
영 A *queen* is a woman who rules a country, or the wife of a king.
¶ the *Queen* of England
영국 여왕
일 女王 じょおう(조오-) 중 女王 nǚwáng(뉘왕)

---

queer [kwíər 퀴어]
형 (비교급 queerer [kwíərər], 최상급 queerest [kwíərist])
이상한, 별난
영 *Queer* means odd or strange.
¶ There is something *queer* about him.
그에게는 뭔가 이상한 점이 있다.
일 奇妙な きみょうな(키묘-나) 중 奇怪的 qíguàide(치과이더)

---

quest [kwést 퀘스트]
명 탐색, 탐구
영 A *quest* is a long search for something.

⑪ 探索 たんさく(탄사꾸) ㈜ 寻找 xúnzhǎo(쉰자오)

숙어 *in quest of* …을 찾아

¶ He went *in quest of* adventure. 그는 모험을 찾아 나섰다.

＊ques・tion [kwéstʃən 퀘스천]

몡 (복수 questions [kwéstʃənz]) 질문, 물음

옝 A *question* is a group of words that ask something that you want to know.

¶ May I ask you a *question*? 질문을 해도 됩니까?

⑪ 質問 しつもん(시쓰몽) ㈜ 问题 wèntí(원티)

＊quick [kwík 퀵]

혱 (비교급 quicker [kwíkər], 최상급 quickest [kwíkist]) 빠른, 잽싼(《반》slow 느린)

옝 *Quick* means fast.

¶ He is *quick* in action. 그는 행동이 빠르다.

⑪ 速い はやい(하야이) ㈜ 快的 kuài-de(콰이더)

---

quick・ly [kwíkli 퀴클리]

뷩 빨리, 급히

옝 *Quickly* means fast.

¶ He ran *quickly*. 그는 빨리 뛰었다.

⑪ 速く はやく(하야꾸) ㈜ 快 kuài(콰이)

＊qui・et [kwáiət 콰이엇]

혱 (비교급 quieter [kwáiətər], 최상급 quietest [kwáiətist]) 조용한(《반》noisy 시끄러운)

옝 *Quiet* means not loud.

¶ Be *quiet*! 조용히 해!

⑪ 静かな しずかな(시즈까나) ㈜ 安静的 ānjìngde(안징더)

＊quit [kwít 퀫]

탕 (3단현 quits [kwíts], 과거・과거분사 quit, 현재분사 quitting [kwítiŋ]) 그만두다, 중지하다

옝 To *quit* means to stop doing something.

¶ He has promised to *quit* smoking. 그는 담배를 끊겠다고 약속했다.

⑪ やめる(야메루) ㈜ 停止 tíngzhǐ(팅즈)

＊quite [kwáit 콰이트]

뷩 완전히, 아주 ; 꽤

옝 *Quite* means very or a lot.

¶ It's *quite* cold this morning. 오늘 아침은 꽤 춥다.

⑪ まったく(맛따꾸) ㈜ 完全 wánquán(완취엔)

＊quiz [kwíz 퀴즈]

몡 (복수 quizzes [kwíziz]) (간단한) 시험, 테스트

옝 A *quiz* is a short test.

¶ The teacher gave them a *quiz* in English. 선생님은 그들에게 영어 테스트를 했다.

⑪ 小テスト しょうテスト(쇼-테스또) ㈜ 测验 cèyàn(처옌)

---

quo・ta・tion [kwoutéiʃən 쿼테이션]

몡 (복수 quotations [kwoutéiʃənz]) 인용 ; 인용구 ; 인용문

영 *Quotation* is the act of repeating another person's words.
¶ a *quotation* from Shakespeare
셰익스피어에서의 인용구
일 引用 いんよう(잉요-) 중 引用 yǐn-yòng(인용)

------

quote [kwóut 쿼트]

타 (3단현 quotes [kwóuts], 과거·과거분사 quoted [kwóutid], 현재분사 quoting [kwóutiŋ])
인용하다
영 To *quote* means to repeat words that were spoken or written by someone else.
¶ He often *quotes* sayings from the Bible.
그는 흔히 성서에서 격언을 인용한다.
일 引用する いんようする(잉요-스루)
중 引用 yǐnyòng(인용)

Q

[ɑ́:r 아-]
the eighteenth letter of the English alphabet
영어 알파벳의 열여덟번째 글자

****rab·bit** [rǽbit 래빗]
명 (복수 rabbits [rǽbits])
(집)토끼
영 A *rabbit* is a small animal with long ears, soft fur, and a short tail.
¶ He keeps a *rabbit*.
그는 토끼를 기르고 있다.
일 アナウサギ(아나우사기) 중 兔 tù (투)

***race¹** [réis 레이스]
명 (복수 races [réisiz])
경주
영 A *race* is a contest to find who is fastest.
¶ Let's run a *race* to the corner.
저 모퉁이까지 경주하자.
일 競走 きょうそう(쿄-소-) 중 赛跑 sàipǎo(싸이파오)

***race²** [réis 레이스]
명 (복수 races [réisiz])
인종, 민족
영 A *race* is one of the major groups into which human beings can be divided.
¶ the white *race*
백인종
일 人種 じんしゅ(진슈) 중 人种 rén- zhǒng(런중)

---

rack·et [rǽkit 래킷]
명 (복수 rackets [rǽkits])
(테니스 등의) 라켓
영 A *racket* is a stringed frame with a handle that you use in games such as tennis, squash, and badminton.
¶ She has a *racket* under her arm.
그녀는 겨드랑이에 라켓을 끼고 있다.
일 ラケット(라켓또) 중 球拍 qiúpái(츄파이)

---

ra·dar [réidɑ:r 레이다-]
명 (복수 radars [réidɑ:rz])
레이더, 전파 탐지기
영 *Radar* is an instrument used to find and follow things like airplanes, automobiles, and storms.
¶ a *radar* system
레이더 장치
일 レーダー(레-다-) 중 雷达 léidá(레이다)

****ra·di·o** [réidiòu 레이디오우]
명 (복수 radios [réidiòuz])
라디오 (방송)
영 A *radio* is a machine that you can turn on to listen to music, news, or other programs.
¶ Turn off the *radio*.
라디오를 끄세요.
¶ He turned on the *radio*.
그는 라디오를 켰다.
일 ラジオ(라지오) 중 收音机 shōu-yīnjī(서우인지)

---

rag [rǽg 래그]

몡 (복수 rags [rǽgz])
넝마, 누더기
영 A *rag* is a piece of old cloth.
¶ He is in *rags*.
그는 누더기를 걸치고 있다.
일 ぼろ(보로) 중 破布　pòbù(포부)

***rail** [réil 레일]

몡 (복수 rails [réilz])
1 (철도의) 레일, 선로
영 A *rail* is one of the two long metal tracks attached to the ground that trains move along.
¶ You must not cross the *rails*.
선로를 횡단하면 안 된다.
일 レール(레-루) 중 铁轨　tiěguǐ(톄구이)
2 철도
영 *Rail* is a railroad system.
¶ In many countries goods are transported by *rail*.
많은 나라들이 물자를 철도로 운송한다.
일 鉄道　てつどう(테쓰도-) 중 铁路 tiělù(톄루)

***rail·road** [réilròud 레일로우드]

몡 (복수 railroads [réilròudz])
철도, 철도 선로
영 A *railroad* is the track and ground that a train travels on.
¶ We lived beside the *railroad*.
우리는 기찻길 옆에 살았다.
일 鉄道　てつどう(테쓰도-) 중 铁路 tiělù(톄루)

****rain** [réin 레인]

몡 비
영 *Rain* is water that falls in drops from clouds.

¶ We have had a lot of *rain* today.
오늘은 비가 많이 내렸다.
일 雨　あめ(아메) 중 雨　yǔ(위)

자 (3단현 rains [réinz], 과거·과거분사 rained [réind], 현재분사 raining [réiniŋ])
[it을 주어로 하여] 비가 오다
영 To *rain* means to fall as drops of water.
¶ Is it still *raining*?
아직 비가 오니?
일 雨が降る　あめがふる(아메가후루)
중 下雨　xiàyǔ(샤위)

---

rain·bow [réinbòu 레인보우]

몡 (복수 rainbows [réinbòuz])
무지개
영 A rainbow is a large curve of different colors that can appear in the sky when there is both sun and rain.
일 にじ(니지) 중 彩虹　cǎihóng(차이홍)

---

rain·coat [réinkòut 레인코우트]

몡 (복수 raincoats [réinkòuts])
레인코트, 비옷
영 A *raincoat* is a coat that you wear to keep dry in the rain.
일 レインコート(레인코-또) 중 雨衣 yǔyī(위이)

---

rain·fall [réinfɔ̀:l 레인폴-]

몡 강우량
영 *Rainfall* is the amount of rain that falls in one place in a certain time.
일 降雨量　こううりょう(코-우료-)
중 降雨量　jiàngyǔliàng(쟝위량)

***raise** [réiz 레이즈]

타 (3단현 raises [réiziz], 과거·과

거분사 raised [réizd], 현재분사 raising [réiziŋ])
1 (위로) 올리다
영 To *raise* means to lift something up.
¶ *Raise* your right hand.
오른손을 드세요.
일 上げる　あげる(아게루)　중 举起 jǔqǐ(쥐치)
2 (가축·작물을) 기르다, 재배하다
영 To *raise* means to help something to grow.
¶ We *raise* rice.
우리는 쌀을 재배한다.
일 飼う　かう(카우)　중 饲养　sìyǎng(쓰양)

---

ran [rǽn 랜]
동 run의 과거형

---

ran·dom [rǽndəm 랜덤]
형 닥치는 대로의, 되는 대로의
영 *Random* means without any order or purpose.
¶ I read many books at *random*.
나는 닥치는 대로 책을 많이 읽는다.
일 手当たりしだいの　てあたりしだいの(테아따리시다이노)　중 随便的 suíbiànde(쑤이벤더)

---

rang [rǽŋ 랭]
동 ring의 과거형

---

rank [rǽŋk 랭크]
명 (복수 ranks [rǽŋks])
지위, 계급
영 *Rank* is an official position or job level.
¶ He is a writer of the first *rank*.
그는 일류 작가다.

地位　ちい(치이)　중 地位　dìwèi (디웨이)

***rap·id** [rǽpid 래피드]
형 빠른, 신속한
영 *Rapid* means very fast or quick.
¶ Space science has made *rapid* progress.
우주 과학은 빠른 진보를 했다.
일 速い　はやい(하야이)　중 快的 kuàide(콰이더)

***rare** [réər 레어]
형 (비교급 rarer [réərər], 최상급 rarest [réərist])
드문, 진기한
영 *Rare* means not often seen, found, or happening.
¶ It is *rare* for him to be so angry.
그가 그렇게 화내는 일은 드물다.
일 珍しい　めずらしい(메즈라시-)　중 稀有的　xīyǒude(시유더)

***rat** [rǽt 랫]
명 (복수 rats [rǽts])
쥐
영 A *rat* is an animal that looks like a large mouse with a long tail.
일 ネズミ(네즈미)　중 鼠　shǔ(수)

***rate** [réit 레이트]
명 (복수 rates [réits])
1 율, 비율
영 A *rate* is the number of times something happens over a period of time.
¶ The birth *rate* has fallen.
출생률이 떨어졌다.
일 率　りつ(리쓰)　중 率　lǜ(뤼)
2 속도

영 A **rate** is a degree of speed.
¶ I drove at the *rate* of 60 kilometers an hour.
나는 시속 60킬로미터로 운전했다.
일 速度 そくど(소꾸도) 중 速度 sùdù(쑤두)
3 요금, 사용료
영 A **rate** is a charge or a fee.
¶ telephone *rates*
전화 요금
일 料金 りょうきん(료-낑) 중 費用 fèiyòng(페이융)

---

* **rath·er** [rǽðər 래더]
부 꽤, 상당히
영 **Rather** means fairly or quite.
¶ The weather was *rather* warm.
날씨는 꽤 더웠다.
일 かなり(카나리) 중 相当 xiāngdāng (샹당)

---

* **raw** [rɔ́: 로-]
형 (비교급 rawer [rɔ́:ər], 최상급 rawest [rɔ́:ist])
(음식이) 날것의
영 **Raw** means not cooked.
¶ *raw* meat
날고기
일 生の なまの(나마노) 중 生的 shēngde(성더)

---

ray [réi 레이]
명 (복수 rays [réiz])
광선
영 A **ray** is a narrow beam of light from the sun, a lamp, etc.
¶ the *rays* of the sun
태양 광선
일 光線 こうせん(코-셍) 중 光线 guāngxiàn(광셴)

ra·zor [réizər 레이저]
명 (복수 razors [réizərz])
면도기
영 A **razor** is an instrument with a sharp blade used to shave hair from the skin.
¶ an electric *razor*
전기 면도기
일 かみそり(카미소리) 중 剃刀 tìdāo (티다오)

---

* **reach** [ríːtʃ 리-치]
타 (3단현 reaches [ríːtʃiz], 과거·과거분사 reached [ríːtʃt], 현재분사 reaching [ríːtʃiŋ])
1 …에 도착[도달]하다
영 To **reach** means to arrive a place.
¶ We shall *reach* New York tonight.
우리는 오늘밤 뉴욕에 도착한다.
일 到着する とうちゃくする(토-짜꾸스루) 중 到达 dàodá(다오다)
2 (손을 뻗쳐) …에 닿다
영 To **reach** means to stretch out to something with your hand.
¶ Can you *reach* the top shelf?
당신은 맨 윗선반에 손이 닿습니까?
일 届く とどく(토도꾸) 중 伸手及到 shēnshǒujídào(선서우지다오)

---

re·act [riǽkt 리액트]
자 (3단현 reacts [riǽkts], 과거·과거분사 reacted [riǽktid], 현재분사 reacting [riǽktiŋ])
반응하다
영 To **react** means to respond to something that happens.
¶ Plants *react* to light.
식물은 빛에 반응한다.
일 反応する はんのうする(한노-스루)
중 反应 fǎnyìng(판잉)

re·ac·tion [riǽkʃən 리액션]

명 (복수 reactions [riǽkʃənz])
반응
영 A **reaction** is an action in response to something.
일 反応　はんのう(한노-) 중 反应 fǎnyìng(판잉)

***read** [ríːd 리-드]

동 (3단현 reads [ríːdz], 과거·과거분사 read [réd], 현재분사 reading [ríːdiŋ])
타 …을 읽다
영 To **read** means to look at words and know what they mean.
¶ Have you **read** her letter?
그녀의 편지를 읽었니?
일 読む　よむ(요무) 중 读 dú(두)
자 읽다
¶ He likes to **read** in bed.
그는 침대에서 책을 읽는 걸 좋아한다.
일 読む　よむ(요무) 중 读 dú(두)

***read·er** [ríːdər 리-더]

명 (복수 readers [ríːdərz])
읽는 사람, 독서가, 독자
영 A **reader** is a person who reads.
¶ He is a great **reader**.
그는 책을 많이 읽는 사람이다.
일 読む人　よむひと(요무히또) 중 读者 dúzhě(두저)

---

read·i·ly [rédəli 레덜리]

부 기꺼이, 자진하여
영 **Readily** means quickly, willingly, and without complaining.
¶ He **readily** agreed to help.
그는 기꺼이 돕겠다고 했다.
일 進んで　すすんで(스슨데) 중 欣然

xīnrán(신란)

***read·ing** [ríːdiŋ 리-딩]

명 (복수 readings [ríːdiŋz])
읽기, 독서
영 **Reading** is the activity of looking at and understanding written words.
¶ She loves **reading**.
그녀는 독서를 좋아한다.
일 読むこと　よむこと(요무코또) 중 阅读 yuèdú(웨두)

****read·y** [rédi 레디]

형 (비교급 readier [rédiər], 최상급 readiest [rédiist])
준비가 된
영 **Ready** means prepared.
¶ Aren't you **ready** yet?
아직 준비가 안 되었니?
일 準備ができた　じゅんびができた(줌비가데끼따) 중 准备好的 zhǔnbèihǎode(준베이하오더)

***re·al** [ríːəl 리-얼]

형 1 실제의, 현실의
영 **Real** means not imaginary but actually existing.
¶ **real** life
실생활
일 実際の　じっさいの(짓사이노) 중 实在的 shízàide(스짜이더)
2 진짜의
영 **Real** means not false or artificial.
¶ This is a **real** pearl.
이것은 진짜 진주입니다.
일 本物の　ほんものの(홈모노노) 중 真的 zhēnde(전더)

---

re·al·i·ty [riǽləti 리앨러티]

명 (복수 realities [riǽlətiz])

사실, 현실
영 *Reality* is truth, or the actual situation.
일 事実 じじつ(지지쓰) 중 事实 shíshí(스스)

---

*re·al·ize [ríːəlàiz 리-얼라이즈]
타 (3단현 realizes [ríːəlàiziz], 과거·과거분사 realized [ríːəlàizd], 현재분사 realizing [ríːəlàiziŋ])
1 실현하다
영 To *realize* means to make real or to achieve.
¶ He *realized* his ambitions.
그는 자신의 야망을 실현했다.
일 実現する じつげんする(지쓰겐스루) 중 实现 shíxiàn(스센)
2 깨닫다, 실감하다
영 To *realize* means to become aware that something is true.
¶ He *realized* his mistake.
그는 자신의 살못을 깨달았다.
일 悟る さとる(사또루) 중 领悟 lǐngwù(링우)

**re·al·ly [ríːəli 리-얼리]
부 1 정말로, 아주
영 *Really* means very or very much.
¶ I'm *really*, *really* sorry.
정말 정말 미안해.
일 まったく(맛따구) 중 真地 zhēnde(전더)
2 실제로, 사실상
영 *Really* means actually, or in reality.
¶ Are the rumors *really* true?
그 소문이 실제로 사실입니까?
일 実際は じっさいは(짓사이와) 중 实际上 shíjìshàng(스지상)

**reap [ríːp 리-프]

타 (3단현 reaps [ríːps], 과거·과거분사 reaped [ríːpt], 현재분사 reaping [ríːpiŋ])
(농작물을) 베어들이다, 수확하다
영 To *reap* means to cut grain or to gather a crop by hand or machine.
¶ Farmers *reap* grains in autumn.
농부들은 가을에 곡식을 수확한다.
일 収穫する しゅうかくする(슈-까꾸스루) 중 收割 shōugē(서우거)

---

*rea·son [ríːzn 리-즌]
명 (복수 reasons [ríːznz])
이유, 까닭
영 A *reason* is a fact that explains why something happens or why someone does something.
¶ What was the *reason* for your absence?
네가 결석한 이유가 무엇이냐?
일 理由 りゆう(리유-) 중 理由 lǐyóu(리유)

---

re·call [rikɔ́ːl 리콜-]
타 (3단현 recalls [rikɔ́ːlz], 과거·과거분사 recalled [rikɔ́ːld], 현재분사 recalling [rikɔ́ːliŋ])
생각해내다, 회상하다
영 To *recall* means to remember something.
¶ Can you *recall* where we first met?
우리가 처음 어디서 만났는지 생각 납니까?
일 思い出す おもいだす(오모이다스)
중 回想 huíxiǎng(후이샹)

---

re·ceipt [risíːt 리시-트]
명 (복수 receipts [risíːts])
영수증
영 A *receipt* is a piece of paper that shows that you have received money

or goods.
¶ Please give me a *receipt*.
영수증을 주세요.
일 領収書　りょうしゅうしょ(료-슈-쇼) 중 收据　shōujù(서우쮜)

----

* **re·ceive** [risíːv 리시-브]
타 (3단현 receives [risíːvz], 과거·과거분사 received [risíːvd], 현재분사 receiving [risíːviŋ])
받다, 수령하다
영 To *receive* means to get or accept something.
¶ Have you *received* my letter?
내 편지 받았니?
일 受け取る　うけとる(우께토루) 중 接收　jiēshōu(제서우)

----

* **re·cent** [ríːsnt 리-슨트]
형 근래의, 최근의
영 *Recent* means happening, made or done a short time ago.
¶ This is a recent photo of my daughter.
이것은 내 딸의 최근 사진이다.
일 最近の　さいきんの(사이킨노) 중 最近的　zuìjìnde(쭈이진더)

----

* **re·cent·ly** [ríːsntli 리-슨틀리]
부 최근에, 요사이
영 *Recently* means not long ago.
¶ Have you seen her *recently*?
최근에 그녀를 만난 적이 있니?
일 近ごろ　ちかごろ(치까고로) 중 最近　zuìjìn(쭈이진)

----

re·cep·tion [risépʃən 리셉션]
명 (복수 receptions [risépʃənz])
접대, 응접
영 A *reception* is a particular type of

welcome that someone gets.
¶ They got a warm *reception*.
그들은 따뜻한 환영을 받았다.
일 接待　せったい(셋따이) 중 接待　jiēdài(제다이)

----

re·cit·al [risáitl 리사이틀]
명 (복수 recitals [risáitlz])
독주회, 독창회, 낭독회
영 A *recital* is a public performance of a piece of music or poetry, usually by one person.
¶ She will give a *recital* tomorrow.
그녀는 내일 독주회를 가질 것이다.
일 リサイタル(리사이따루) 중 独奏会　dúzòuhuì(두쩌우후이)

----

* **rec·og·nize** [rékəgnàiz 레커그나이즈]
타 (3단현 recognizes [rékəgnàiziz], 과거·과거분사 recognized [rékəgnàizd], 현재분사 recognizing [rékəgnàiziŋ])
1 알아보다
영 To *recognize* means to see someone and know who the person is.
¶ I didn't *recognize* you at first.
처음에는 당신인 줄 몰랐습니다.
일 わかる(와까루) 중 认出　rènchū(런추)
2 인정하다
영 To *recognize* means to understand a situation and accept it as true or right.
¶ He *recognized* his failure.
그는 자신의 실패를 인정했다.
일 認める　みとめる(미또메루) 중 认可　rènkě(런커)

----

* **rec·om·mend** [rèkəménd 레커멘드]

타 (3단현 recommends [rèkə-méndz], 과거·과거분사 recommended [rèkəméndid], 현재분사 recommending [rèkəméndiŋ])
…을 추천하다, 권하다
영 To *recommend* means to suggest as being good or worthy.
¶ He *recommended* me a good dictionary.
그는 내게 좋은 사전을 추천해 주었다.
일 推薦する　すいせんする(스이센스루) 중 推荐 tuījiàn(투이젠)

***rec·ord¹** [rékərd 레커드]
명 (복수 records [rékərdz])
기록
영 A *record* is information about something or someone, which is either written on paper or stored on a computer.
¶ I have a *record* of his speech.
나는 그의 연설 기록을 가지고 있다.
일 記録　きろく(키로꾸) 중 记录 jìlù(지루)

***re·cord²** [rikɔ́ːrd 리코-드]
타 (3단현 records [rikɔ́ːrdz], 과거·과거분사 recorded [rikɔ́ːrdid], 현재분사 recording [rikɔ́ːrdiŋ])
1 …을 기록하다
영 To *record* means to write information down so that it can be looked at in the future.
¶ I *recorded* his lecture.
나는 그의 강의를 기록했다.
일 記録する　きろくする(키로꾸스루) 중 记录 jìlù(지루)
2 녹음하다
영 To *record* means to put music or other sounds onto a tape, compact

disk.
일 録音する　ろくおんする(로꾸온스루) 중 录音 lùyīn(루인)

---

re·cord·er [rikɔ́ːrdər 리코-더]
명 (복수 recorders [rikɔ́ːrdərz])
녹음기
영 A *recorder* is a machine for recording sounds on magnetic tape.
일 録音機　ろくおんき(로꾸옹끼) 중 录音机 lùyīnjī(루인지)

***re·cov·er** [rikʌ́vər 리커버]
타 (3단현 recovers [rikʌ́vərz], 과거·과거분사 recovered [rikʌ́vərd], 현재분사 recovering [rikʌ́vəriŋ])
1 (잃은 것을) 되찾다
영 To *recover* means to get back something that has been lost or stolen.
¶ She *recovered* her stolen ring.
그녀는 도둑맞은 반지를 되찾았다.
일 取り戻す　とりもどす(토리모도스)
중 重新获得 chóngxīnhuòde(충신훠더)
2 (건강 등을) 회복하다
영 To *recover* means to get better after an illness or a difficulty.
¶ He *recovered* his health.
그는 건강을 회복했다.
일 回復する　かいふくする(카이후꾸스루) 중 恢复 huīfù(후이푸)

---

re·cy·cle [rìːsáikl 리-사이클]
타 (3단현 recycles [rìːsáiklz], 과거·과거분사 recycled [rìːsáikld], 현재분사 recycling [rìːsáikliŋ])
재생하다, 재활용하다
영 To *recycle* means to process old items such as glass, plastic, newspapers, and aluminum cans so that they can be used to make new products.

일 再生する　さいせいする(사이세-스루)　중 再利用　zàilìyòng(짜이리용)

****red** [réd 레드]

형 (비교급 redder [rédər], 최상급 reddest [rédist])
빨간
영 *Red* means having the color of blood.
¶ She likes *red* roses.
그녀는 빨간 장미를 좋아한다.
일 赤い　あかい(아까이)　중 红的　hóng-de(홍더)

명 빨강
영 *Red* is the color of blood.
일 赤色　あかいろ(아까이로)　중 红色 hóngsè(홍써)

***re·duce** [ridjúːs 리듀-스]

타 (3단현 reduces [ridjúːsiz], 과거·과거분사 reduced [ridjúːst], 현재분사 reducing [ridjúːsiŋ])
줄이다, 축소하다
영 To *reduce* means to make something smaller or less.
¶ You must *reduce* speed.
너는 속도를 줄여야 한다.
일 減らす　へらす(헤라스)　중 減少 jiǎnshǎo(젠사오)

---

reed [ríːd 리-드]

명 갈대
영 A *reed* is a tall grass with long, thin, hollow stems that grows in or near water.
¶ a thinking *reed*
생각하는 갈대(인간을 가리키는 말)
일 アシ(아시)　중 芦苇 lúwěi(루웨이)

***re·fer** [rifə́ːr 리퍼-]

자 (3단현 refers [rifə́ːrz], 과거·과거분사 referred [rifə́ːrd], 현재분사 referring [rifə́ːriŋ])
1 언급하다
영 To *refer* means to mention or speak about someone or something.
¶ He never *referred* to his illness.
그는 결코 자신의 병에 대해 언급하지 않았다.
일 言及する　げんきゅうする(겡뀨-스루)　중 提及　tíjí(티지)
2 참조하다
영 To *refer* means to look at a book, map, etc. for information.
¶ *Refer* to the map.
지도를 참조해라.
일 参照する　さんしょうする(산쇼-스루)　중 参考　cānkǎo(찬카오)

***re·flect** [riflékt 리플렉트]

타 (3단현 reflects [riflékts], 과거·과거분사 reflected [rifléktid], 현재분사 reflecting [rifléktiŋ])
반사하다
영 To *reflect* means to show an image of something on a shiny surface such as a mirror.
¶ A mirror *reflects* light.
거울은 빛을 반사한다.
일 反射する　はんしゃする(한샤스루)
중 反射　fǎnshè(판서)

---

re·form [rifɔ́ːrm 리폼-]

타 (3단현 reforms [rifɔ́ːrmz], 과거·과거분사 reformed [rifɔ́ːrmd], 현재분사 reforming [rifɔ́ːrmiŋ])
개혁하다, 개선하다
영 To *reform* means to improve something that is unsatisfactory, or to correct something that is wrong.

¶ They tried to *reform* the society.
그들은 사회를 개혁하려고 했다.
일 改革する　かいかくする(카이까꾸스
루)　중 改革　gǎigé(가이거)

***re·frig·er·a·tor** [rifrídʒərèitər
리프리저레이터]
명 (복수 refrigerators [rifrídʒərèi-
tərz])
냉장고
영 A *refrigerator* is a cabinet with a
very cold interior, used for storing
food and drink.
¶ Keep it in the *refrigerator*.
그것을 냉장고에 넣어 두어라.
일 冷蔵庫　れいぞうこ(레-조-꼬)　중
冰箱　bīngxiāng(빙샹)

---

re·fuse [rifjúːz 리퓨-즈]
타 (3단현 refuses [rifjúːziz], 과거·
과거분사 refused [rifjúːzd], 현재
분사 refusing [rifjúːziŋ])
거절하다, 거부하다
영 To *refuse* means to say firmly that
you will not do or accept something.
¶ She *refused* my offer.
그녀는 내 제안을 거절했다.
일 拒絶する　きょぜつする(쿄제쓰스
루)　중 拒绝　jùjué(쥐줴)

---

re·gard [rigáːrd 리가-드]
타 (3단현 regards [rigáːrdz], 과거·
과거분사 regarded [rigáːrdid], 현
재분사 regarding [rigáːrdiŋ])
(…이라고) 생각하다, 간주하다
영 To *regard* means to think about
someone or something in a particular
way.
¶ I *regarded* him as trustworthy.
나는 그를 믿을 수 있다고 생각했다.
일 考える　かんがえる(캉가에루)　중

把…认为　bǎ…rènwéi(바…런웨이)

***re·gion** [ríːdʒən 리-전]
명 (복수 regions [ríːdʒənz])
지역, 지대
영 A *region* is an area or a district.
¶ Snow is expected in mountain *re-
gions*.
산악 지역에 눈이 예상된다.
일 地域　ちいき(치이끼)　중 地区　dìqū
(디취)

***re·gret** [rigrét 리그렛]
타 (3단현 regrets [rigréts], 과거·
과거분사 regretted [rigrétid], 현재
분사 regretting [rigrétiŋ])
후회하다
영 To *regret* means to be sad or sorry
about something.
¶ I *regret* saying so.
나는 그렇게 말한 것을 후회한다.
일 後悔する　こうかいする(코-까이스
루)　중 后悔　hòuhuǐ(허우후이)

***reg·u·lar** [régjulər 레귤러]
형 규칙적인
영 *Regular* means always happening
or occurring at the same time.
¶ His way of living is quite *regular*.
그의 생활 방식은 아주 규칙적이다.
일 規則的な　きそくてきな(키소꾸떼끼
나)　중 规则的　guīzéde(구이쩌더)

***re·ject** [ridʒékt 리젝트]
타 (3단현 rejects [ridʒékts], 과거·
과거분사 rejected [ridʒéktid], 현
재분사 rejecting [ridʒéktiŋ])
거절하다
영 To *reject* means to refuse to accept
something.

¶ She *rejected* our offers of help.
그녀는 돕겠다는 우리의 제의를 거절했다.
일 拒絶する　きょぜつする(쿄제쓰스루) 중 拒绝 jùjué(쥐줴)

---

*re·late [riléit 릴레이트]
타 (3단현 relates [riléits], 과거·과거분사 related [riléitid], 현재분사 relating [riléitiŋ])
관계시키다, 관련시키다
영 To *relate* means to show or prove a connection between two or more things.
일 関係させる　かんけいさせる(캉께-사세루) 중 关系 guānxì(관시)

---

*re·la·tion [riléiʃən 릴레이션]
명 (복수 relations [riléiʃənz])
관계, 관련
영 A *relation* is a connection between two or more things.
¶ There seems to be a *relation* between the two murder cases.
그 두 살인 사건은 연관이 있는 것 같다.
일 関係　かんけい(캉께-) 중 关系 guānxì(관시)

---

rel·a·tive [rélətiv 렐러티브]
명 (복수 relatives [rélətivz])
친척, 인척
영 A *relative* is someone who is part of your family.
¶ She is a *relative* on my mother's side.
그녀는 외가쪽 친척이다.
일 親戚　しんせき(신세끼) 중 亲戚 qīnqi(친치)

---

*re·lax [riléks 릴랙스]
자 (3단현 relaxes [riléksiz], 과거·과거분사 relaxed [rilékst], 현재분사 relaxing [riléksiŋ])
편히 쉬다
영 To *relax* means to rest and feel comfortable.
¶ He *relaxed* at home.
그는 집에서 편히 쉬었다.
일 くつろぐ(쿠쓰로구) 중 休息 xiūxi(슈시)

---

re·lay [ríːlei 릴-레이]
명 (복수 relays [ríːleiz])
릴레이 경주
영 A *relay* is a race in which each number of a team runs or swims part of the distance.
일 リレー競走　リレーきょうそう(리레-쿄-소-) 중 接力赛跑 jiēlìsàipǎo(계리싸이파오)

---

*re·lease [rilíːs 릴리-스]
타 (3단현 releases [rilíːsiz], 과거·과거분사 released [rilíːst], 현재분사 releasing [rilíːsiŋ])
놓아주다, 석방하다
영 To *release* means to free something or someone.
¶ He *released* the bird from the cage.
그는 새장에서 새를 놓아주었다.
일 解放する　かいほうする(카이호-스루) 중 解放 jiěfàng(제팡)

---

re·li·a·ble [riláiəbl 릴라이어블]
형 신뢰할 수 있는, 의지할 수 있는
영 *Reliable* means trustworthy or dependable.
¶ He is a *reliable* person.
그는 믿을 수 있는 사람이다.
일 信頼できる　しんらいできる(신라

이데끼루) 중 可靠的 kěkàode(커카오더)

---

re·lief [rilí:f 릴리-프]

명 (복수 reliefs [rilí:fs])
1 (고통 등의) 경감, 완화
영 *Relief* is the reduction of pain.
¶ drugs for pain *relief*
통증 완화제
일 軽減 けいげん(케-겐) 중 減軽
jiǎnqīng(젠칭)
2 안심, 안도
영 *Relief* is the happy feeling you have when you are no longer worried or frightened.
¶ It's such a *relief* to know that you're safe.
네가 무사하다는 걸 알아서 무척 안심이 된다.
일 安心 あんしん(안신) 중 寬慰 kuānwèi(콴웨이)

---

re·lieve [rilí:v 릴리-브]

타 (3단현 relieves [rilí:vz], 과거·과거분사 relieved [rilí:vd], 현재분사 relieving [rilí:viŋ])
(고통 등을) 완화하다
영 To *relieve* means to ease someone's trouble or pain.
¶ This medicine will *relieve* your pain.
이 약이 네 통증을 완화시켜 줄 것이다.
일 和らげる やわらげる(야와라게루)
중 缓和 huǎnhé(환허)

---

*re·li·gion [rilídʒən 릴리전]

명 (복수 religions [rilídʒənz])
종교
영 *Religion* is belief in God or gods.
¶ There are many *religions* in the world.

세상에는 많은 종교가 있다.
일 宗教 しゅうきょう(슈-꾜-) 중 宗教 zōngjiào(쫑쟈오)

---

re·li·gious [rilídʒəs 릴리저스]

형 종교의, 종교상의
영 *Religious* means relating to religion.
¶ a *religious* ceremony
종교적 의식
일 宗教の しゅうきょうの(슈-꾜-노)
중 宗教的 zōngjiàode(쫑쟈오더)

---

re·ly [rilái 릴라이]

자 (3단현 relies [riláiz], 과거·과거분사 relied [riláid], 현재분사 relying [riláiiŋ])
의지하다, 신뢰하다
영 To *rely* means to trust or depend on someone or something.
¶ Don't *rely* on others.
남에게 의지하시 바라.
일 たよる(타요루) 중 依靠 yīkào(이카오)

---

*re·main [riméin 리메인]

자 (3단현 remains [riméinz], 과거·과거분사 remained [riméind], 현재분사 remaining [riméiniŋ])
1 머무르다
영 To *remain* means to stay in the same place.
¶ I *remained* at home yesterday.
나는 어제 집에 있었다.
일 とどまる(토도마루) 중 逗留 dòuliú(더우류)
2 남다, 남아 있다
영 To *remain* means to be left behind or left over.
¶ A few apples *remained* on the tree.
사과 서너개가 나무에 남아 있었다.

R

일 残る　のこる(노꼬루)　중 剩下 shèngxià(성샤)

---

*__re·mark__ [rimá:rk 리마-크]

타 (3단현 remarks [rimá:rks], 과거·과거분사 remarked [rimá:rkt], 현재분사 remarking [rimá:rkiŋ])

1 알아차리다, 주목하다

영 To __remark__ means to notice or to observe.

¶ The teacher *remarked* immediately that he was absent.

선생님은 그가 결석한 것을 곧 알아차렸다.

일 気づく　きづく(키즈꾸)　중 察觉 chájué(차줴)

2 (의견을) 말하다

영 To __remark__ means to make a comment about something.

¶ He *remarked* that the movie was interesting.

그는 그 영화가 재미있다고 말했다.

일 言う　いう(이우)　중 谈论 tánlùn (탄룬)

---

*__re·mem·ber__ [rimémbər 리멤버]

타 (3단현 remembers [rimémbərz], 과거·과거분사 remembered [rimémbərd], 현재분사 remembering [rimémbəriŋ])

1 생각해내다, 상기하다

영 To __remember__ means to recall or to bring back to mind.

¶ I can't *remember* her phone number.

나는 그녀의 전화번호가 생각나지 않는다.

일 思い出す　おもいだす(오모이다스) 중 想起 xiǎngqǐ(샹치)

2 기억하고 있다

영 To __remember__ means to keep in mind carefully.

¶ I *remember* seeing her.

나는 그녀를 만난 기억이 있다.

일 覚えている　おぼえている(오보에떼이루)　중 记得 jìde(지더)

---

*__re·mind__ [rimáind 리마인드]

타 (3단현 reminds [rimáindz], 과거·과거분사 reminded [rimáindid], 현재분사 reminding [rimáindiŋ])

생각나게 하다

영 To __remind__ means to make someone remember something.

¶ She *reminds* me of my mother.

그녀는 내게 어머니를 생각나게 한다.

일 思い出させる　おもいださせる(오모이다사세루)　중 提醒 tíxǐng(티싱)

__re·mote__ [rimóut 리모우트]

형 (비교급 remoter [rimóutər] 또는 more remote, 최상급 remotest [rimóutist] 또는 most remote)

먼, 먼 곳의 ; 외딴

영 __Remote__ means far away, isolated, or distant.

¶ Our house is *remote* from town.

우리집은 시내에서 멀리 떨어진 곳에 있다.

일 遠く離れた　とおくはなれた(토-꾸하나레따)　중 遥远的 yáoyuǎnde(야오위엔더)

---

*__re·move__ [rimú:v 리무-브]

타 (3단현 removes [rimú:vz], 과거·과거분사 removed [rimú:vd], 현재분사 removing [rimú:viŋ])

1 옮기다, 이동시키다

영 To __remove__ means to take something away.

¶ He *removed* his desk to the next room.

그는 책상을 옆방으로 옮겼다.
㊀ 移す うつす(우쓰스) ㊥ 移动
yídòng(이둥)
2 제거하다
㊄ To *remove* means to take off or
away.
¶ Please *remove* your shoes.
신발을 벗으십시오.
㊀ 取り除く とりのぞく(토리노조꾸)
㊥ 去掉 qùdiào(취댜오)

---

*__rent__ [rént 렌트]
㊅ (3단현 rents [rénts], 과거·과거
분사 rented [réntid], 현재분사
renting [réntiŋ])
빌리다 ; 빌려주다
㊄ To *rent* means to get or give the
right to use something in return for
payment.
¶ We *rented* this house from him.
우리는 그에게서 이 집을 빌렸다.
㊀ 賃借する ちんしゃくする(친샤꾸스
루) ㊥ 租用 zūyòng(쭈융)

㊂ 사용료, 임대료
㊄ *Rent* is money that you pay to use
something.
¶ an apartment for *rent*
임대 아파트
㊀ 使用料 しようりょう(시요-료-) ㊥
租金 zūjīn(쭈진)

---

*__re·pair__ [ripéər 리페어]
㊅ (3단현 repairs [ripéərz], 과거·
과거분사 repaired [ripéərd], 현재
분사 repairing [ripéəriŋ])
수리하다, 수선하다
㊄ To *repair* means to make some-
thing work again, or to put back
together something that is broken.
¶ He *repaired* my watch.

그는 내 시계를 고쳤다.
㊀ 修理する しゅうりする(슈-리스루)
㊥ 修理 xiūlǐ(슈리)

집 등의 큰 것, 자동차·텔레비
전·시계 등 복잡한 것에는
mend보다 repair를 흔히 쓴다.

---

*__re·peat__ [ripíːt 리피-트]
㊅ (3단현 repeats [ripíːts], 과거·
과거분사 repeated [ripíːtid], 현재
분사 repeating [ripíːtiŋ])
되풀이하여 말하다 ; 되풀이하다
㊄ To *repeat* means to say or do some-
thing again.
¶ Could you *repeat* that?
다시 한번 말해 주시겠습니까?
㊀ 繰り返して言う くりかえしてい
う(쿠리카에시떼이우) ㊥ 复说 fùshuō
(푸쉬)

__re·place__ [ripléis 리플레이스]
㊅ (3단현 replaces [ripléisiz], 과
거·과거분사 replaced [ripléist], 현
재분사 replacing [ripléisiŋ])
1 대신하다 ; 바꾸다
㊄ To *replace* means to put one thing
or person in place of another.
¶ Computers have *replaced* type-
writers.
컴퓨터가 타자기를 대신했다.
㊀ 取って代わる とってかわる(톳떼카
와루) ㊥ 取代 qǔdài(취다이)
2 제자리에 놓다
㊄ To *replace* means to put some-
thing back where it was.
¶ *Replace* the dishes in the cupboard.
접시를 찬장에 도로 넣어 두어라.
㊀ 戻す もどす(모도스) ㊥ 把…放回
bǎ…fànghuí(바…팡후이)

---

*__re·ply__ [riplái 리플라이]

재 (3단현 replies [ripláiz], 과거·과거분사 replied [ripláid], 현재분사 replying [ripláiiŋ])
대답하다
영 To *reply* means to answer someone by saying or writing something.
¶ He did not *reply* to my question.
그는 나의 질문에 대답하지 않았다.
일 答える こたえる(코따에루) 중 回答 huídá(후이다)

**re·port* [ripɔ́:rt 리포-트]
타 (3단현 reports [ripɔ́:rts], 과거·과거분사 reported [ripɔ́:rtid], 현재분사 reporting [ripɔ́:rtiŋ])
보고하다, 알리다
영 To *report* means to tell someone in authority that a crime or accident has happened.
¶ He *reported* the accident to the police.
그는 그 사고를 경찰에 알렸다.
일 報告する ほうこくする(호-꼬꾸스루) 중 報告 bàogào(바오가오)

명 보고, 보고서
영 A *report* is a written or spoken account of something that has happened.
일 報告 ほうこく(호-꼬꾸) 중 報告 bàogào(바오가오)

---

re·port·er [ripɔ́:rtər 리포-터]
명 (복수 reporters [ripɔ́:rtərz])
취재 기자, 리포터
영 A *reporter* is someone who gathers and reports the news for radio, television, or a newspaper or magazine.
¶ He is a *reporter* for a newspaper.
그는 신문 기자다.
일 取材記者 しゅざいきしゃ(슈자이끼

샤) 중 记者 jìzhě(지저)

---

rep·re·sent [rèprizént 레프리젠트]
타 (3단현 represents [rèprizénts], 과거·과거분사 represented [rèprizéntid], 현재분사 representing [rèprizéntiŋ])
나타내다, 표현하다
영 To *represent* means to stand for something.
¶ What does this sign *represent*?
이 기호는 무엇을 나타냅니까?
일 表わす あらわす(아라와스) 중 表现 biǎoxiàn(뱌오셴)

---

re·pro·duce [rì:prədjú:s 리-프러듀-스]
타 (3단현 reproduces [rì:prədjú:siz], 과거·과거분사 reproduced [rì:prədjú:st], 현재분사 reproducing [rì:prədjú:siŋ])
재생하다, 재현하다
영 To *reproduce* means to make a copy of something.
일 再生する さいせいする(사이세-스루) 중 使再现 shǐzàixiàn(스짜이셴)

---

re·pub·lic [ripʌ́blik 리퍼블릭]
명 (복수 republics [ripʌ́bliks])
공화국
영 A *republic* is a form of government in which the people have the power to elect representatives who manage the government.
¶ Korea is a *republic*
대한민국은 공화국이다.
일 共和国 きょうわこく(쿄-와꼬꾸)
중 共和国 gònghéguó(궁허궈)

*re·quest [rikwést 리퀘스트]

태 (3단현 requests [rikwésts], 과거·과거분사 requested [rikwéstid], 현재분사 requesting [rikwéstiŋ])
부탁하다, 요청하다
영 To *request* means to ask for something politely.
¶ He *requested* her to go with him.
그는 그녀에게 함께 가기를 요청했다.
일 頼む たのむ(타노무) 중 请求 qǐngqiú(칭츄)

명 (복수 requests [rikwésts])
요구, 요청, 부탁
영 A *request* is something that you ask for.
일 頼み たのみ(타노미) 중 请求 qǐngqiú(칭츄)

*re·quire [rikwáiər 리콰이어]

태 (3단현 requires [rikwáiərz], 과거·과거분사 required [rikwáiərd], 현재분사 requiring [rikwáiəriŋ])
필요로 하다
영 To *require* means to need something.
¶ We *require* your help.
우리는 당신의 도움이 필요합니다.
일 必要とする ひつようとする(히쓰요-또스루) 중 需要 xūyào(쉬야오)

*re·search [risə́:rtʃ 리서-치]

명 (복수 researches [risə́:rtʃiz])
연구, 조사
영 *Research* is a study or an investigation in a particular field.
¶ I am engaged in market *research*.
나는 시장 조사를 하고 있다.
일 研究 けんきゅう(켕뀨-) 중 研究 yánjiū(옌쥬)

re·sem·ble [rizémbl 리젬블]

태 (3단현 resembles [rizémblz], 과거·과거분사 resembled [rizémbld], 현재분사 resembling [rizémbliŋ])
닮다
영 To *resemble* means to be or look like something or someone.
¶ He *resembles* his father.
그는 아버지를 닮았다.
일 似ている にている(니떼이루) 중 像 xiàng(샹)

*re·serve [rizə́:rv 리저-브]

태 (3단현 reserves [rizə́:rvz], 과거·과거분사 reserved [rizə́:rvd], 현재분사 reserving [rizə́:rviŋ])
남겨두다 ; 비축하다
영 To *reserve* means to save for a special purpose or later use.
¶ You must *reserve* money for the future.
너는 장래를 위해서 돈을 저축해 두어야 한다.
일 取って置く とっておく(톳떼오꾸) 중 储备 chǔbèi(추베이)

res·i·dence [rézədəns 레저던스]

명 (복수 residences [rézədənsiz])
주거, 주택
영 A *residence* is the place where somebody lives.
일 住居 じゅうきょ(주-꾜) 중 住宅 zhùzhái(주자이)

res·i·dent [rézədənt 레저던트]

명 (복수 residents [rézədənts])
거주자
영 A *resident* is someone who lives in a particular place.
¶ There are many foreign *residents* in

Seoul.

서울에는 많은 외국인 거주자가 있다.

일 居住者 きょじゅうしゃ(쿄주-샤)

중 居民 jūmín(쥐민)

***re·sist** [rizíst 리지스트]

타 (3단현 resists [rizísts], 과거·과거분사 resisted [rizístid], 현재분사 resisting [rizístiŋ])

저항하다

영 To *resist* means to oppose or fight against someone or something.

¶ They *resisted* the enemy.

그들은 적에게 저항했다.

일 抵抗する ていこうする(테-꼬-스루) 중 抵抗 dǐkàng(디캉)

---

res·o·lu·tion [rèzəlúːʃən 레절루-션]

명 결심, 결의

영 A *resolution* is a promise to yourself that you will try hard to do something.

¶ He made a *resolution* to get up early.

그는 일찍 일어나겠다고 결심했다.

일 決心 けっしん(켓신) 중 決心 juéxīn(줴신)

---

re·solve [rizálv 리잘브]

타 (3단현 resolves [rizálvz], 과거·과거분사 resolved [rizálvd], 현재분사 resolving [rizálviŋ])

결심하다, 결의하다

영 To *resolve* means to decide that you will try hard to do something.

¶ I *resolved* to work harder.

나는 더 열심히 일하기로 결심했다.

일 決心する けっしんする(켓신스루)

중 決心 juéxīn(줴신)

***re·source** [ríːsɔːrs 리-소-스]

명 (복수 resources [ríːsɔːrsiz])

[보통 resources로] 자원

영 A *resource* is something valuable or useful to a place or a person.

¶ Korea is poor in natural *resources*.

한국은 천연 자원이 부족하다.

일 資源 しげん(시겡) 중 資源 zīyuán(쯔위엔)

***re·spect** [rispékt 리스펙트]

타 (3단현 respects [rispékts], 과거·과거분사 respected [rispéktid], 현재분사 respecting [rispéktiŋ])

존경하다, 존중하다

영 To *respect* means to admire and have a high opinion of someone.

¶ We *respect* our parents.

우리들은 부모님을 존경하고 있다.

일 尊敬する そんけいする(송께-스루)

중 尊敬 zūnjìng(쭌징)

---

re·spond [rispánd 리스판드]

자 (3단현 responds [rispándz], 과거·과거분사 responded [rispándid], 현재분사 responding [rispándiŋ])

대답하다, 응답하다

영 To *respond* means to reply or to give an answer.

¶ He *responded* to the question quickly.

그는 그 질문에 재빨리 대답했다.

일 答える こたえる(코따에루) 중 回答 huídá(후이다)

---

re·spon·si·bil·i·ty [rispànsəbíləti 리스판서빌러티]

명 (복수 responsibilities [rispànsəbílətiz])

책임, 의무

영 *Responsibility* is a duty to be in charge of someone or something.
¶ I feel great *responsibility* for it.
나는 그것에 대해 큰 책임을 느낀다.
일 責任 せきにん(세끼닝)　중 責任 zérèn(쩌런)

------

*re·spon·si·ble [rispánsəbl 리스판서블]
형 책임이 있는
영 *Responsible* means having a duty to be in charge of or to look after someone or something.
¶ We are *responsible* for our acts.
우리는 우리의 행동에 책임이 있다.
일 責任がある　せきにんがある(세끼닝가아루)　중 有責任的　yǒuzérènde(유쩌런더)

**rest [rést 레스트]
자 (3단현 rests [résts], 과거·과거분사 rested [réstid], 현재분사 resting [réstiŋ])
쉬다, 휴식하다
영 To *rest* means to stop doing something and relax or sleep for a period of time.
¶ We *rested* for an hour.
우리는 한 시간 동안 쉬었다.
일 休む　やすむ(야스무)　중 休息 xiūxi(슈시)

명 휴식
영 A *rest* is a stopping of work or some activity.
¶ Let's have a *rest*.
잠시 쉬자.
일 休み　やすみ(야스미)　중 休息 xiūxi(슈시)

------

*res·tau·rant [réstərənt 레스터런트]
명 (복수 restaurants [réstərənts])
음식점, 레스토랑
영 A *restaurant* is a place where people pay to eat meals.
¶ We had dinner at a *restaurant*.
우리는 레스토랑에서 저녁을 먹었다.
일 レストラン(레스또랑)　중 饭店 fàndiàn(판뗸)

------

re·store [ristɔ́:r 리스토-]
타 (3단현 restores [ristɔ́:rz], 과거·과거분사 restored [ristɔ́:rd], 현재분사 restoring [ristɔ́:riŋ])
회복시키다, 원상태로 되돌리다
영 To *restore* means to make something to its former state or condition.
일 回復させる　かいふくさせる(카이후꾸사세루)　중 恢复 huīfù(후이푸)

------

re·strict [ristríkt 리스트릭트]
타 (3단현 restricts [ristríkts], 과거·과거분사 restricted [ristríktid], 현재분사 restricting [ristríktiŋ])
제한하다, 한정하다
영 To *restrict* means to confine or keep within limits.
¶ The speed is *restricted* to 60 kilometers an hour here.
여기에서는 속도가 시속 60 킬로미터로 제한되어 있다.
일 制限する　せいげんする(세-겐스루)　중 限制 xiànzhì(셴즈)

**re·sult [rizʌ́lt 리절트]
명 (복수 results [rizʌ́lts])
결과, 성과
영 *Result* is something that happens because of something else.
¶ What was the *result* of the election?

선거 결과는 어떻습니까?
일 結果 けっか(켁까) 중 结果 jiéguǒ
(제궈)

---

re·tire [ritáiər 리타이어]

짜 (3단현 retires [ritáiərz], 과거·
과거분사 retired [ritáiərd], 현재분
사 retiring [ritáiəriŋ])
은퇴하다, 퇴직하다
영 To *retire* means to give up work,
usually because of your age.
¶ He will *retire* from the political
world.
그는 정계에서 은퇴할 것이다.
일 引退する いんたいする(인따이스
루) 중 退休 tuìxiū(투이슈)

---

*re·turn [ritə́:rn 리턴-]

짜 (3단현 returns [ritə́:rnz], 과거·
과거분사 returned [ritə́:rnd], 현재
분사 returning [ritə́:rniŋ])
되돌아가다, 돌아오다
영 To *return* means to go back.
¶ It's time to *return* home.
집에 돌아갈 시간이다.
일 戻る もどる(모도루) 중 返回 fǎn-
huí(판후이)

---

*re·veal [riví:l 리빌-]

타 (3단현 reveals [riví:lz], 과거·과
거분사 revealed [riví:ld], 현재분
사 revealing [riví:liŋ])
(비밀 등을) 드러내다, 폭로하다
영 To *reveal* means to make known
something that was previously secret.
¶ She *revealed* my secret to him.
그녀는 나의 비밀을 그에게 누설했다.
일 明らかにする あきらかにする(아
끼라까니스루) 중 暴露 bàolù(바오루)

---

re·verse [rivə́:rs 리버-스]

타 (3단현 reverses [rivə́:rsiz], 과
거·과거분사 reversed [rivə́:rst], 현
재분사 reversing [rivə́:rsiŋ])
거꾸로 하다, 반대로 하다
영 To *reverse* means to turn some-
thing around, upside down, or inside
out.
¶ Don't *reverse* the order.
순서를 거꾸로 하지 마라.
일 逆にする ぎゃくにする(갸꾸니스루)
중 颠倒 diāndǎo(뎬다오)

---

re·view [rivjú: 리뷰-]

타 (3단현 reviews [rivjú:z], 과거·
과거분사 reviewed [rivjú:d], 현재
분사 reviewing [rivjú:iŋ])
복습하다
영 To *review* means to study or go
over again.
¶ Let's *review* our lesson last week.
지난주 과제를 복습하자.
일 復習する ふくしゅうする(후꾸슈-
스루) 중 复习 fùxí(푸시)

---

*rev·o·lu·tion [rèvəlú:ʃən 레벌
루-션]

명 (복수 revolutions [rèvəlú:ʃənz])
혁명
영 *Revolution* is a violent uprising by
the people of a country that changes its
system of government.
¶ the French *Revolution*
프랑스 혁명
일 革命 かくめい(카꾸메-) 중 革命
gémìng(거밍)

---

re·ward [riwɔ́:rd 리워-드]

명 (복수 rewards [riwɔ́:rdz])
보수, 보상

영 A *reward* is something that you receive for doing something good or useful.
¶ receive a *reward*
보상을 받다
일 報酬 ほうしゅう(호-슈-) 중 报酬 bàochou(바오처우)

rhythm [ríðm 리듬]

명 리듬, 율동
영 *Rhythm* is a regular beat in music, poetry, or dance.
¶ They danced in quick *rhythm*.
그들은 빠른 율동으로 춤을 추었다.
일 リズム(리즈무) 중 节奏 jiézòu(제쩌우)

*rib·bon [ríbən 리번]

명 (복수 ribbons [ríbənz])
리본, 띠, 장식끈
영 A *ribbon* is a long, thin piece of cloth or paper.
¶ Please tie it with a *ribbon*.
그것을 리본으로 묶어주십시오.
일 リボン(리봉) 중 缎带 duàndài(돤다이)

**rice [ráis 라이스]

명 쌀, 벼 ; 쌀밥
영 *Rice* is the seeds of a tall grass that is grown in flooded fields.
¶ We live on *rice*.
우리는 쌀을 먹고 산다.
일 米 こめ(코메) 중 米 mǐ(미)

**rich [rítʃ 리치]

형 (비교급 richer [rítʃər], 최상급 richest [rítʃist])
부자의, 부유한 (《반》poor 가난한)
영 *Rich* means having a lot of money and possessions.
¶ He is *rich*.
그는 부자다.
일 金持ちの かねもちの(카네모찌노) 중 富有的 fùyǒude(푸유더)

up rich와 wealthy는 둘 다 「부유한」의 뜻이지만, wealthy는 사회적으로 훌륭한 지위가 있음을 암시한다.

rid·dle [rídl 리들]

명 (복수 riddles [rídlz])
수수께끼
영 A *riddle* is a question or problem that is hard to answer or understand.
¶ I cannot solve the *riddle*.
나는 그 수수께끼를 풀 수가 없다.
일 なぞ(나조) 중 谜 mí(미)

*ride [ráid 라이드]

타 (3단현 rides [ráidz], 과거형 rode [róud], 과거분사 riden [rídn], 현재분사 riding [ráidiŋ])
(탈것 등에) 타다, 타고가다
영 To *ride* means to sit in or on something that moves.
¶ Can you *ride* a bicycle?
너는 자전거를 탈 수 있니?
일 乗る のる(노루) 중 骑 qí(치)

ri·fle [ráifl 라이플]

명 (복수 rifles [ráiflz])
라이플총
영 A *rifle* is a long gun that you hold up to your shoulder to shoot.
¶ a hunting *rifle*
사냥용 라이플총
일 ライフル銃 ライフルじゅう(라이후루주-) 중 步枪 bùqiāng(부챵)

right [ráit 라이트]

명 오른쪽(《반》 left 왼쪽)
영 **Right** is the opposite of left.
¶ Turn to the *right* at the next corner.
다음 모퉁이에서 오른쪽으로 돌아가
시오.
일 右 みぎ(미기) 중 右 yòu(유)

형 옳은, 올바른(《반》 wrong 그릇
된)
영 **Right** means not having a mis-
take.
¶ Telling a lie is not *right*.
거짓말하는 것은 옳지 않다.
일 正しい ただしい(타다시-) 중 正确
的 zhèngquède(정췌더)

부 바로, 즉시
영 **Right** means immediately.
¶ We have to leave *right* now.
우리는 지금 바로 떠나야 한다.
일 すぐ(스구) 중 马上 mǎshàng(마상)

ring¹ [ríŋ 링]

타 (3단현 rings [ríŋz], 과거형 rang
[ræŋ], 과거분사 rung [rʌŋ], 현재
분사 ringing [ríŋiŋ])
(벨 등을) 울리다
영 To *ring* means to make a sound
with a bell.
¶ He *rang* the doorbell.
그는 초인종을 울렸다.
일 鳴らす ならす(나라스) 중 鳴 míng
(밍)

ring² [ríŋ 링]

명 (복수 rings [ríŋz])
반지
영 A *ring* is a thin band worn on your
finger.
¶ a wedding *ring*

결혼 반지
일 指輪 ゆびわ(유비와) 중 戒指
jièzhǐ(제즈)

ripe [ráip 라이프]

형 (비교급 riper [ráipər], 최상급
ripest [ráipist])
(과일 등이) 익은
영 **Ripe** means ready to be harvested,
picked, or eaten.
¶ These tomatoes are not *ripe* yet.
이 토마토들은 아직 익지 않았다.
일 熟した じゅくした(주꾸시따) 중 成
熟的 chéngshúde(청수더)

rise [ráiz 라이즈]

자 (3단현 rises [ráiziz], 과거형
rose [róuz], 과거분사 risen
[rízn], 현재분사 rising [ráiziŋ])
오르다 ; (해 등이) 뜨다(《반》 set 지
다)
영 To *rise* means to go up.
¶ Smoke is *rising* from the chimney.
굴뚝에서 연기가 피어 오르고 있다.
일 上がる あがる(아가루) 중 上升
shàngshēng(상셩)

risk [rísk 리스크]

명 (복수 risks [rísks])
위험
영 A *risk* is the possibility of loss or
harm.
¶ He did it at the *risk* of his life.
그는 생명의 위험을 무릅쓰고 그것
을 했다.
일 危険 きけん(키껭) 중 危险 wēi-
xiǎn(웨이셴)

ri·val [ráivəl 라이벌]

명 (복수 rivals [ráivəlz])

경쟁 상대
영 A *rival* is someone whom you are competing against.
¶ He is my *rival* in tennis.
테니스에서 그는 나의 경쟁 상대다.
일 競争相手 きょうそうあいて(쿄-소-아이떼) 중 对手 duìshǒu(두이서우)

****riv・er** [rívər 리버]
명 (복수 rivers [rívərz])
강
영 A *river* is a large stream of fresh water that flows into a lake or an ocean.
¶ I like fishing in the *river*.
나는 강에서 낚시하기를 좋아한다.
일 川 かわ(카와) 중 江 jiāng(쟝)
up 강 이름은 《미》에서는 the Hudson (River)(허드슨 강)처럼 강 이름이 먼저 오고, 《영》에서는 the (River) Thames(템스 강)처럼 강 이름이 뒤에 오는데, River 는 흔히 생략된다.

****road** [róud 로우드]
명 (복수 roads [róudz])
길, 도로
영 A *road* is a wide path with a smooth surface on which vehicles and people travel.
¶ This *road* leads to the station.
이 길은 역으로 통하고 있다.
일 道路 どうろ(도-로) 중 路 lù(루)
up road는 도시와 도시를 연결하는 도로고, street는 거리 양쪽에 건물이 줄지어 서 있는 도로를 말한다.

---

roar [rɔ́ːr 로-]
자 (3단현 roars [rɔ́ːrz], 과거·과거분사 roared [rɔ́ːrd], 현재분사

roaring [rɔ́ːriŋ])
(사자 등이) 으르렁거리다
영 To *roar* means to make a loud, deep sound.
¶ The tiger *roared*.
호랑이가 으르렁거렸다.
일 ほえる(호에루) 중 吼叫 hǒujiào(허우쟈오)

---

roast [róust 로우스트]
타 (3단현 roasts [róusts], 과거·과거분사 roasted [róustid], 현재분사 roasting [róustiŋ])
굽다
영 To *roast* means to cook in an oven or over a fire.
¶ She *roasted* a chicken.
그녀는 닭고기를 구웠다.
일 焼く やく(야꾸) 중 烤 kǎo(카오)

---

rob [ráb 라브]
타 (3단현 robs [rábz], 과거·과거분사 robbed [rábd], 현재분사 robbing [rábiŋ])
(협박하거나 폭력을 써서) 빼앗다
영 To *rob* means to take something away from someone.
¶ They *robbed* him of his money.
그들은 그에게서 돈을 빼앗았다.
일 奪う うばう(우바우) 중 抢劫 qiǎngjié(챵제)

---

ro・bot [róubat 로우밧]
명 (복수 robots [róubats])
로봇
영 A *robot* is a machine that is programmed to do jobs that are usually performed by a person.
일 ロボット(로봇또) 중 机器人 jīqìrén(지치런)

R

***rock** [rák 락]

명 (복수 rocks [ráks])
바위, 암석
영 A *rock* is a big stone.
¶ A *rock* fell on the road.
바위가 길 위에 떨어졌다.
일 岩 いわ(이와) 중 岩石 yánshí(옌스)

***rock·et** [rákit 라킷]

명 (복수 rockets [rákits])
로켓
영 A *rocket* is a vehicle used for traveling or carrying things into space.
¶ They launched a *rocket* at last.
그들은 드디어 로켓을 쏘아 올렸다.
일 ロケット(로켙또) 중 火箭 huǒjiàn(휘졘)

---

rod [rád 라드]

명 (복수 rods [rádz])
막대, 장대
영 A *rod* is a long, thin pole or stick.
¶ a fishing *rod*
낚싯대
일 棒 ぼう(보-) 중 棒 bàng(방)

---

role [róul 로울]

명 (복수 roles [róulz])
(배우의) 역 ; 역할
영 A *role* is the part that a person acts in a play.
¶ He played the *role* of Hamlet.
그는 햄릿역을 맡아했다.
일 役 やく(야꾸) 중 角色 juésè(줴써)

***roll** [róul 로울]

자 (3단현 rolls [róulz], 과거·과거분사 rolled [róuld], 현재분사 rolling [róuliŋ])
구르다

영 To *roll* means to move by turning over and over.
¶ The ball *rolled* down the hill.
공은 언덕을 굴러 내려갔다.
일 転がる ころがる(코로가루) 중 滚动 gǔndòng(군둥)

---

roll·er skate [róulər skèit 로울러 스케이트]

명 (복수 roller skates [róulər skèits])
롤러 스케이트화
영 A *roller skate* is a skate with wheels on the bottom.
일 ローラースケート靴 ローラースケートくつ(로-라-스께-또꾸쓰) 중 轮式溜冰鞋 lúnshìliūbīngxié(룬스류빙셰)

Rome [róum 로움]

명 로마

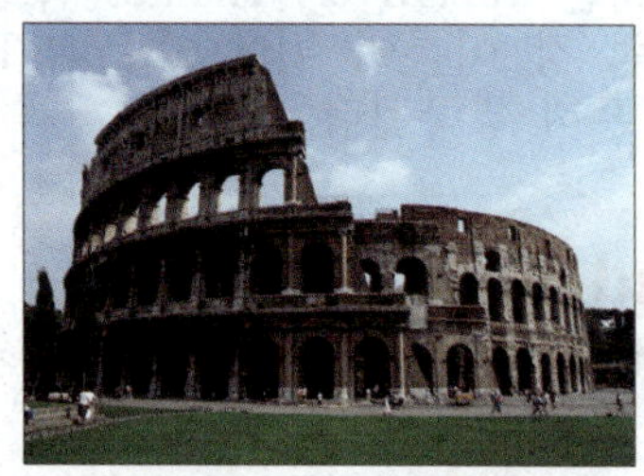

▲ 로마의 원형경기장

영 *Rome* is the capital of Italy.
¶ *Rome* was not built in a day.
로마는 하루 아침에 이루어진 것이 아니다.
일 ローマ(로-마) 중 罗马 Luómǎ(뤄마)

***roof** [rú:f 루-프]

명 (복수 roofs [rú:fs])
지붕
영 A *roof* is the top part of a building.
¶ He climbed onto the *roof*.
그는 지붕에 올라갔다.
일 屋根 やね(야네) 중 屋顶 wūdǐng

(우딩)

＊＊**room** [rúːm 룸-]

몡 (복수 rooms [rúːmz])
방
옝 A *room* is one of the separate parts of a house or building with its own doorway and walls.
¶ Her house has five *rooms*.
그녀의 집은 방이 5개 있다.
일 部屋 へや(헤야) 중 房间 fángjiān (팡졘)

---

roost·er [rúːstər 루-스터]

몡 (복수 roosters [rúːstərz])
수탉 (《반》 hen 암탉)
옝 A *rooster* is a male chicken.
일 おんどり(온도리) 중 雄鸡 xióngjī (슝지)

＊**root** [rúːt 루-트]

몡 (복수 roots [rúːts])
뿌리
옝 A *root* is the part of a plant or tree that grows under the ground.
¶ This plant has deep *roots*.
이 식물은 뿌리가 깊다.
일 根 ね(네) 중 根 gēn(건)

＊**rope** [róup 로우프]

몡 (복수 ropes [róups])
새끼, 밧줄, 로프
옝 A *rope* is a strong, thick cord made from twisted or woven fibers.
¶ His feet were tied with a piece of *rope*.
그의 발은 밧줄로 묶여 있었다.
일 縄 なわ(나와) 중 绳 shéng(성)

＊**rose** [róuz 로우즈]

몡 (복수 roses [róuziz])
장미
옝 A *rose* is a garden flower that has a sweet smell and grows on a bush with thorns.
¶ *Rose* smell sweet.
장미는 향기가 좋다.
일 バラ(바라) 중 玫瑰花 méiguǐhuā (메이구이화)

＊**rough** [rʌf 러프]

혱 (비교급 rougher [rʌfər], 최상급 roughest [rʌfist])
1 거칠거칠한 (《반》 smooth 매끄러운)
옝 *Rough* means having an uneven surface.
¶ This paper is *rough*.
이 종이는 거칠거칠하다.
일 ざらざらした(자라자라시따) 중 粗糙的 cūcāode(추차오더)
2 거친, 난폭한
옝 *Rough* means not gentle.
¶ He has *rough* manners.
그는 버릇이 없다.
일 荒っぽい あらっぽい(아랍뽀이) 중 粗暴的 cūbàode(추바오더)

＊＊**round** [ráund 라운드]

혱 (비교급 rounder [ráundər], 최상급 roundest [ráundist])
둥근
옝 *Round* means shaped like a ball.
¶ The earth is *round*.
지구는 둥글다.
일 丸い まるい(마루이) 중 圆的 yuánde (위엔더)

＊**route** [rúːt 루-트]

몡 (복수 routes [rúːts])
길, 노선

R

영 A *route* is the road or course that you follow to get from one place to another.
¶ What is the shortest *route* to Boston?
보스턴으로 가는 가장 빠른 길은 무엇이지요?
일 道筋 みちすじ(미찌스지) 중 路线 lùxiàn(루셴)

---

rou·tine [rùːtíːn 루-틴-]
명 판에 박힌 일, 일상의 일
영 *Routine* is a regular way or pattern of doing things.
¶ daily *routine*
일상적인 일
일 決まりきった仕事 きまりきったしごと(키마리킷따시고또) 중 日常事务 rìchángshìwù(르창스우)

**row* [róu 로우]
명 (복수 rows [róuz])
열, 줄
영 A *row* is a line of people or things.
¶ a *row* of trees
가로수
일 列 れつ(레쓰) 중 列 liè(례)

**roy·al* [rɔ́iəl 로이얼]
형 왕의, 여왕의 ; 왕실의
영 *Royal* means belonging to a king or queen or a member of his or her family.
¶ a *royal* crown
왕관
일 王の おうの(오-노) 중 王的 wángde(왕더)

---

rub [rʌb 러브]

타 (3단현 rubs [rʌbz], 과거·과거분사 rubbed [rʌbd], 현재분사 rubbing [rʌbiŋ])
문지르다, 비비다
영 To *rub* means to press something down and move it back and forth.
¶ He sometimes *rubs* his nose.
그는 가끔 코를 비빈다.
일 こする(코스루) 중 擦 cā(차)

**rub·ber* [rʌ́bər 러버]
명 (복수 rubbers [rʌ́bərz])
고무 ; 고무 지우개
영 *Rubber* is a strong substance used to make tires, boots etc. that is made from the juice of a tropical tree or chemicals.
¶ Tires are made of *rubber*.
타이어는 고무로 만들어진다.
일 ゴム(고무) 중 橡胶 xiàngjiāo(샹쟈오)

**rude* [rúːd 루-드]
형 (비교급 ruder [rúːdər], 최상급 rudest [rúːdist])
버릇없는, 무례한
영 *Rude* means not polite.
¶ He was *rude* to me.
그는 내게 무례했다.
일 無作法な ぶさほうな(부사호-나)
중 粗鲁的 cūlǔde(추루더)

**rule* [rúːl 룰-]
명 (복수 rules [rúːlz])
1 규칙, 규정
영 A *rule* is an official instruction that tells you what you must or must not do.
¶ We must keep the *rules*.
우리는 규칙을 지켜야 한다.
일 規則 きそく(키소꾸) 중 規則

guīzé(구이쩌)
2 지배, 통치
영 **Rule** is control or government.
¶ The country is under foreign *rule*.
그 나라는 외국의 지배하에 있다.
일 支配　しはい(시하이)　중　支配
zhīpèi(즈페이)

---

rul·er [rú:lər 룰-러]

명 (복수 rulers [rú:lərz])
1 지배자, 통치자
영 A *ruler* is someone who is the leader of a country.
일 支配者　しはいしゃ(시하이샤)　중
统治者 tǒngzhìzhe(퉁즈저)
2 자
영 A *ruler* is a tool for measuring things and drawing straight lines.
일 定規　じょうぎ(조-기)　중 尺 chǐ(츠)

---

*ru·mor [rú:mər 루-머]

명 (복수 rumors [rú:mərz])
소문
영 **Rumor** is something said by many people although it may not be true.
¶ Don't listen to *rumor*.
소문을 귀담아 듣지 마라.
일 うわさ(우와사)　중 谣言 yáoyán(야오옌)

---

*run [rʌ́n 런]

자 (3단현 runs [rʌ́nz], 과거형 ran [ræn], 과거분사 run [rʌ́n], 현재분사 running [rʌ́niŋ])
1 달리다, 달려가다
영 To *run* means to move with your legs as fast as you can.
¶ He *runs* very fast.
그는 매우 빨리 달린다.
일 走る　はしる(하시루)　중 跑 pǎo(파오)

2 (기계 등이) 돌아가다, 작동하다
영 To *run* means to function or to work.
¶ This engine does not *run* well.
이 엔진은 잘 돌아가지 않는다.
일 動く　うごく(우고꾸)　중 运转 yùn-zhuǎn(윈좐)
숙어 *run away* 달아나다, 도망치다
¶ They *ran away* toward the station.
그들은 역쪽으로 달아났다.

---

run·ner [rʌ́nər 러너]

명 (복수 runners [rʌ́nərz])
경주자
영 A *runner* is someone who runs in a race.
일 競走者　きょうそうしゃ(쿄-소-샤)
중 赛跑者 sàipǎozhě(싸이파오저)

---

ru·ral [rúərəl 루어럴]

형 시골의, 전원의 (《반》 urban 도시의)
영 **Rural** means to do with the countryside or farming.
¶ a *rural* scene
전원 풍경
일 いなかの(이나까노)　중 农村的 nóngcūnde(눙춘더)

---

*rush [rʌ́ʃ 러시]

자 (3단현 rushes [rʌ́ʃiz], 과거·과거분사 rushed [rʌ́ʃt], 현재분사 rushing [rʌ́ʃiŋ])
돌진하다, 달려들다
영 To *rush* means to go somewhere quickly, or to do something quickly.
¶ He *rushed* into the room.
그는 방으로 뛰어 들어갔다.
일 突進する　とっしんする(톳신스루)
중 冲 chōng(충)

 **Ss** [és 에스]
the nineteenth letter of the English alphabet
영어 알파벳의 열아홉번째 글자

sack [sǽk 색]

몡 자루, 부대
영 A *sack* is a large bag made of strong cloth, plastic, or paper in which you carry or store things.
¶ a *sack* of potatoes
감자 한 자루
일 大袋 おおぶくろ(오-부꾸로) 중 袋 dài(다이)

---

sac·ri·fice [sǽkrəfàis 새크러파이스]

몡 (복수 sacrifices [sǽkrəfàisiz])
희생
영 A *sacrifice* is something that you decide not to have or not to do in order to get something that is more important.
¶ Parents make *sacrifices* for their children.
부모는 자식을 위해 희생한다.
일 犧牲 ぎせい(기세-) 중 牺牲 xīshēng(시셩)

---

*sad [sǽd 새드]

혱 (비교급 sadder [sǽdər], 최상급 saddest [sǽdist])
슬픈(《반》happy 기쁜)
영 *Sad* means unhappy or sorrowful.
¶ I don't like to hear *sad* songs.
나는 슬픈 노래를 듣고 싶지 않다.
일 悲しい かなしい(카나시-) 중 悲伤的 bēishāngde(베이상더)

sad·ly [sǽdli 새들리]

붐 슬프게
영 *Sadly* means in a way that shows you are sad.
일 悲しそうに かなしそうに(카나시소-니) 중 伤心地 shāngxīnde(상신더)

---

*safe [séif 세이프]

몡 (복수 safes [séifs])
금고
영 A *safe* is a strong box in which you can lock away money or valuables.
일 金庫 きんこ(킹꼬) 중 保险箱 bǎoxiǎnxiāng(바오셴샹)

혱 (비교급 safer [séifər], 최상급 safest [séifist])
안전한, 위험이 없는(《반》dangerous 위험한)
영 *Safe* means not in danger of being harmed or stolen.
¶ You are *safe* now.
너는 이제 안전하다.
일 安全な あんぜんな(안젠나) 중 安全的 ānquánde(안취엔더)

---

safe·ty [séifti 세이프티]

몡 안전, 무사(《반》danger 위험)
영 *Safety* is the state of being safe from danger or harm.
¶ He got home in *safety*.
그는 무사히 집으로 돌아왔다.
일 安全 あんぜん(안젠) 중 安全

ānquán(안취엔)

---

safe·ty belt [séifti bèlt 세이프티 벨트]

영 안전 벨트

영 A *safety belt* is a belt that fastens a person who works at great heights to a fixed object.

일 安全ベルト　あんぜんベルト(안젠베루또)　중 安全帯 ānquándài(안취엔다이)

---

said [séd 세드]

동 say의 과거·과거분사

---

*sail [séil 세일]

명 (복수 sails [séilz])
돛

영 A *sail* is a large piece of cloth on a boat.

일 帆　ほ(호)　중 帆 fān(판)

자 (3단현 sails [séilz], 과거·과거분사 sailed [séild], 현재분사 sailing [séiliŋ])

1 항해하다

영 To *sail* means to travel in a boat or ship.

¶ *sail* across the Atlantic
대서양을 배로 건너다

일 航行する　こうこうする(코-꼬-스루)　중 航行 hángxíng(항싱)

2 출범하다

영 To *sail* means to start a trip by boat or ship.

¶ The ship *sails* at eight tomorrow morning.
그 배는 내일 아침 8시에 출항한다.

일 出帆する　しゅっぱんする(슙빤스루)　중 起航 qǐháng(치항)

---

sail·boat [séilbòut 세일보우트]

명 범선

영 A *sailboat* is a small boat with one or more sails.

일 帆船　はんせん(한센)　중 帆船 fānchuán(판찬)

---

sail·or [séilər 세일러]

명 뱃사람, 선원

영 A *sailor* is someone who works on a ship.

¶ *Sailors* know a lot about wind and water.
선원들은 바람과 물에 관해서 많이 안다.

일 船員　せんいん(셍잉)　중 船员 chuányuán(촨위엔)

---

saint [séint 세인트]

명 성인, 성자

영 A *saint* is a man or woman honored by the Christian church because of his or her very holy life.

일 聖人　せいじん(세-징)　중 圣人 shèngrén(성런)

St. Peter(성 베드로)처럼 인명 앞에 St.로 약하여 쓴다.

---

sake [séik 세이크]

명 **1** 이익

영 A *sake* is a benefit or an advantage.

일 利益　りえき(리에끼)　중 利益 lìyì(리이)

2 목적

영 A *sake* is a reason or a purpose.

일 目的　もくてき(모꾸떼끼)　중 目的 mùdì(무디)

숙어 *for the sake of* …을 위하여

¶ *for the sake of* peace
평화를 위하여

---

sal·ad [sǽləd 샐러드]

명 샐러드, 생채 요리
영 A *salad* is a mixture of raw vegetables usually served with a dressing.
¶ prepare a *salad*
샐러드를 만들다
일 サラダ(사라다) 중 色拉 sèlā(써라)

---

*sal·a·ry [sǽləri 샐러리]

명 (복수 salaries [sǽləriz])
급료, 봉급
영 A *salary* is the fixed amount of money someone is paid for his or her work.
¶ He gets a high *salary*.
그는 높은 급료를 받는다.
일 給料 きゅうりょう(큐-료-) 중 薪水 xīnshuǐ(신수이)

---

*sale [séil 세일]

명 (복수 sales [séilz])
1 판매, 팔기
영 A *sale* is the act of selling something.
¶ a cash *sale*
현금 판매
일 販売 はんばい(함바이) 중 出售 chūshòu(추서우)
2 특매, 염가 판매
영 A *sale* is an event for the rapid disposal of goods at reduced prices.
¶ The store is having a *sale* on jeans.
그 가게는 진바지를 특매하고 있다.
일 特売 とくばい(토꾸바이) 중 廉价出售 liánjiàchūshòu(렌쟈추서우)
숙어 *for sale* 팔려고 내놓은
¶ Not *for sale*.
비매품.

숙어 *on sale* (상품을) 팔려고 내놓은 ; 특매로

---

sales·man [séilzmən 세일즈먼]

명 (복수 salesmen [séilzmən])
(남자) 점원 ; 세일즈맨, 외판원
영 A *salesman* is a man who sells goods or services.
¶ a traveling *salesman*
방문 판매원
일 店員 てんいん(텡잉) 중 售货员 shòuhuòyuán(서우훠위엔)

---

salm·on [sǽmən 새먼]

명 (복수 salmon)
연어
영 A *salmon* is a large fish with silver skin and pink flesh.
일 サケ(사께) 중 鲑鱼 guīyú(구이위)

---

*salt [sɔ́:lt 솔-트]

명 소금
영 *Salt* is a natural white mineral that is added to food to make it taste better.
¶ Will you pass me the *salt*?
소금 좀 건네줄래요?
일 塩 しお(시오) 중 盐 yán(옌)

부정 관사를 붙이지 않고 복수형으로도 하지 않는다.

**same [séim 세임]

형 [the same으로] **1** 같은, 마찬가지의
영 *The same* means exactly alike, or identical in every way.
¶ Her name and mine are *the same*.
그녀의 이름과 내 이름은 같다.
일 同じ おなじ(오나지) 중 同样的 tóngyàngde(퉁양더)

2 동일한, 바로 그것의
영 ***The same*** means being the very one and not another.
¶ He always sits in *the same* chair.
그는 언제나 같은 의자에 앉는다.
일 同一の　どういつの(도-이쓰노) 중 同一的 tóngyīde(퉁이더)
숙어 *at the same time* 동시에

대 [the same으로] 같은 것[사람]
영 ***The same*** is the identical person or thing.
¶ I'll have *the same*.
저도 같은 것으로 하겠습니다.
일 同じ物　おなじもの(오나지모노) 중 同樣的事物 tóngyàngdeshìwù(퉁양더스우)

---

sam·ple [sǽmpl 샘플]

명 (복수 samples [sǽmplz])
견본, 샘플
영 A ***sample*** is a small amount of something that shows what the whole of it is like.
¶ Send me a *sample*, please.
견본을 보내주십시오.
일 見本　みほん(미홍) 중 樣品 yàng-pǐn(양핀)

---

*sand [sǽnd 샌드]

명 모래
영 ***Sand*** is the tiny grains of rock that make up beaches and deserts.
¶ I got *sand* in my shoes.
내 구두에 모래가 들어갔다.
일 砂　すな(스나) 중 沙 shā(사)

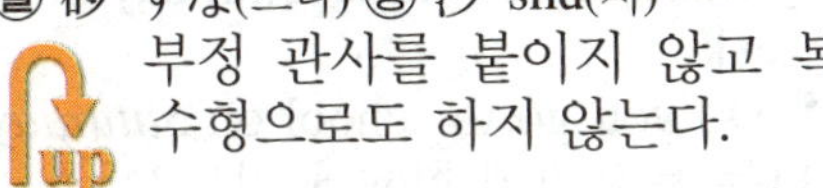
부정 관사를 붙이지 않고 복수형으로도 하지 않는다.

---

san·dal [sǽndl 샌들]

명 샌들
영 A ***sandal*** is a light open shoe that you wear in warm weather.
일 サンダル(산다루) 중 凉鞋 liángxié(량셰)

**sand·wich [sǽndwitʃ 샌드위치]

명 (복수 sandwiches [sǽndwitʃiz])
샌드위치
영 A ***sandwich*** is two or more pieces of bread around a filling of cheese, meat, or some other food.
¶ Many people eat *sandwiches* for lunch.
점심으로 샌드위치를 먹는 사람들이 많다.
일 サンドイッチ(산도잇찌) 중 三明治 sānmíngzhì(싼밍즈)

---

sang [sǽŋ 생]

동 sing의 과거형

---

sank [sǽŋk 생크]

동 sink의 과거형

San·ta Claus [sǽntə klɔ́:z 샌터 클로-즈]

명 산타클로스
영 ***Santa Claus*** is an old man with red clothes and a long white bread, who children believe brings them presents at Christmas.
일 サンタクロース(산따꾸로-스) 중 圣诞老人 shèngdànlǎorén(성단라오런)

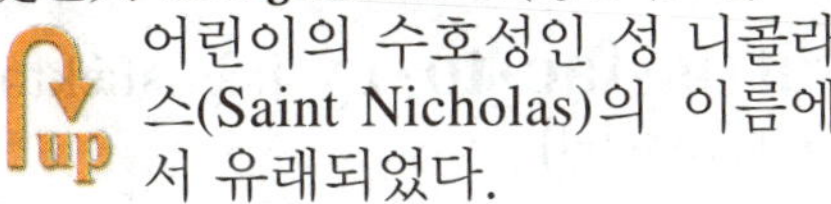
어린이의 수호성인 성 니콜라스(Saint Nicholas)의 이름에서 유래되었다.

---

sat [sǽt 샛]

자 sit의 과거·과거분사

***sat·el·lite** [sǽtəlàit 새털라이트]

명 (복수 satellites [sǽtəlàits])

1 인공 위성

영 A *satellite* is a machine that has been sent into space and goes around the Earth.

¶ a communications and weather *satellite*

통신 기상 위성

일 人工衛星 じんこうえいせい(징꼬-에-세-) 중 人造卫星 rénzàowèixīng (런짜오웨이싱)

2 위성

영 A *satellite* is a natural object that moves around a planet.

¶ The moon is a *satellite* of the Earth.

달은 지구의 위성이다.

일 衛星 えいせい(에-세-) 중 卫星 wèixīng(웨이싱)

---

sat·is·fac·tion [sæ̀tisfǽkʃən 새티스팩션]

명 만족

영 *Satisfaction* is a feeling of happiness or pleasure because you have achieved something or got what you wanted.

¶ Your father will find *satisfaction* in your success.

너의 아버지는 너의 성공에 만족하실 것이다.

일 満足 まんぞく(만조꾸) 중 满意 mǎnyì(만이)

***sat·is·fac·to·ry** [sæ̀tisfǽktəri 새티스팩터리]

형 만족한, 더할 나위 없는

영 *Satisfactory* means good enough.

¶ The conditions were *satisfactory* to me.

그 조건은 나에게 만족스러운 것이었다.

일 満足な まんぞくな(만조꾸나) 중 令人满意的 lìngrénmǎnyìde(링런만이더)

---

sat·is·fied [sǽtisfàid 새티스파이드]

형 만족한, 흡족한

영 *Satisfied* means pleased because something has happened in the way that you want, or because you have achieved something.

¶ I am *satisfied* with the new house.

나는 새 집에 만족한다.

일 満足した まんぞくした(만조꾸시따) 중 满意的 mǎnyìde(만이더)

***sat·is·fy** [sǽtisfài 새티스파이]

타 (3단현 satisfies [sǽtisfàiz], 과거·과거분사 satisfied [sǽtisfàid], 현재분사 satisfying [sǽtisfàiiŋ])

만족시키다, 충족시키다

영 To *satisfy* means to please someone by doing enough or giving the person enough.

¶ Nothing *satisfies* her.

그녀는 어떤 것에도 만족하지 않는다.

일 満足させる まんぞくさせる(만조꾸사세루) 중 使满意 shǐmǎnyì(스만이)

****Sat·ur·day** [sǽtərdèi 새터데이]

명 토요일

영 *Saturday* is the seventh day of the week.

¶ Do you go to school on *Saturday*?

너는 토요일에 학교에 가니?

일 土曜日 どようび(도요-비) 중 星期六 xīngqīliù(싱치류)

sauce [sɔ́ːs 소-스]

몡 소스
옝 *Sauce* is a thick liquid served with food to make it taste better.
¶ Two *sauces* are served with the meat course.
고기 요리에는 2종류의 소스가 나온다.
옐 ソース(소-스) 쥥 调味汁 tiáowèizhī(탸오웨이즈)

---

sau·cer [sɔ́ːsər 소-서]

몡 (복수 saucers [sɔ́ːsərz])
받침접시
옝 A *saucer* is a small shallow plate that is placed under a cup.
¶ put a cup on a *saucer*
컵을 받침접시에 놓다
옐 受け皿 うけざら(우께자라) 쥥 茶托 chátuō(차퉈)

---

*__sau·sage__ [sɔ́ːsidʒ 소-시지]

몡 소시지
옝 *Sausage* is chopped and seasoned meat stuffed into a thin case shaped like a tube.
옐 ソーセージ(소-세-지) 쥥 香肠 xiāngcháng(샹창)

---

*__save__ [séiv 세이브]

탕 (3단현 saves [séivz], 과거·과거분사 saved [séivd], 현재분사 saving [séiviŋ])
1 구하다, 구조하다
옝 To *save* means to rescue someone or something from danger.
¶ A fireman *saved* the boy.
소방관이 그 소년을 구했다.
옐 救う すくう(스꾸우) 쥥 救 jiù(쥬)
2 모으다, 저축하다
옝 To *save* means to keep money to use in the future rather than spend it now.
¶ He is *saving* money for his old age.
그는 노후를 위해 돈을 저축하고 있다.
옐 たくわえる(타꾸와에루) 쥥 储蓄 chǔxù(추쉬)
3 절약하다
옝 To *save* means to use less time, money, energy, etc. so that you do not waste any.
¶ Cars *save* time.
차는 시간을 절약한다.
옐 節約する せつやくする(세쓰야꾸스루) 쥥 节省 jiéshěng(졔성)

---

saw¹ [sɔ́ː 소-]

됭 see의 과거형

---

saw² [sɔ́ː 소-]

몡 톱
옝 A *saw* is a tool used for cutting wood with sharp teeth on its blade.
옐 のこぎり(노꼬기리) 쥥 锯 jù(쥐)

---

*__say__ [séi 세이]

됭 (3단현 says [séz], 과거·과거분사 said [séd], 현재분사 saying [séiiŋ])
탕 **1** 말하다, 이야기하다
옝 To *say* means to speak.
¶ What did you *say* to her?
너는 그녀에게 뭐라고 말했니?
옐 言う いう(이우) 쥥 说 shuō(쉬)
2 (신문·책 등에) 쓰여 있다
옝 To *say* means to state, or to express in words.
¶ The letter *says* (that) he is doing well.
그 편지에 그는 잘 있다고 쓰여 있다.
옐 書いてある かいてある(카이떼아루)

中 表示 biǎoshì(뱌오스)
재 말하다, 이야기하다
¶ Who *said* so?
누가 그렇게 말했니?
일 言う いう(이우) 중 说 shuō(쉐)
숙어 *It goes without saying that...* …은 말할 것도 없다

---

say·ing [séiiŋ 세이잉]

명 속담, 격언
영 A *saying* is a well-known phrase or proverb that gives advice.
일 ことわざ(코또와자) 중 谚语 yànyǔ(옌위)

---

says [séz 세즈]

동 say의 3인칭 단수 현재형

---

*scale¹ [skéil 스케일]

명 (복수 scales [skéilz])
1 척도 ; 눈금
영 A *scale* is a series of numbers, units, etc., that is used to measure something.
일 尺度 しゃくど(샤꾸도) 중 尺度 chǐdù(츠두)
2 규모, 스케일
영 A *scale* is the size or level of something.
¶ on a small *scale*
소규모로
일 規模 きぼ(키보) 중 规模 guīmó(구이모)

---

*scale² [skéil 스케일]

명 저울
영 A *scale* is an instrument used for weighing things.
¶ I weighed some meat on the *scales*.
나는 저울로 고기의 무게를 쟀다.

일 はかり(하까리) 중 天平 tiānpíng(톈핑)

---

scale³ [skéil 스케일]

명 비늘
영 A *scale* is one of the small pieces of hard skin that cover the body of a fish, snake, or other reptile.
일 うろこ(우로꼬) 중 鳞 lín(린)

---

scarce·ly [skéərsli 스케어슬리]

부 **1** 거의 …않다
영 *Scarcely* means hardly.
¶ He could *scarcely* sleep a wink.
그는 거의 한잠도 못잤다.
일 ほとんど…ない(호똔도…나이) 중 几乎不 jīhūbù(지후부)
2 설마 …않다
영 *Scarcely* means certainly not.
¶ She can *scarcely* have said that.
그녀가 설마 그렇게 말했을 리가 없다.
일 まさか…ない(마사까…나이) 중 决不 juébù(줴부)

---

scare [skéər 스케어]

동 (3단현 scares [skéərz], 과거·과거분사 scared [skéərd], 현재분사 scaring [skéəriŋ])
타 겁을 주다, 놀라게 하다
영 To *scare* means to frighten a person or an animal.
¶ Darkness *scares* children.
아이들은 어둠을 무서워한다.
일 おびえさせる(오비에사세루) 중 使惊吓 shǐjīngxià(스징샤)
재 깜짝 놀라다
영 To *scare* means to become frightened.
¶ She doesn't *scare* easily.
그녀는 쉽사리 놀라지 않는다.

일 おびえる(오비에루) 중 惊吓 jīng-xià(징샤)

---

scare·crow [skéərkròu 스케어크로우]

명 허수아비

영 A *scarecrow* is an object made to look like a person that is put in a field to frighten birds away.

일 かかし(카까시) 중 稻草人 dào-cǎorén(다오차오런)

---

scarf [skáːrf 스카-프]

명 (복수 scarves [skáːrvz], scarfs [skáːrfs])

스카프, 목도리

영 A *scarf* is a piece of cloth that you wear around your head or your neck.

일 スカーフ(스까-후) 중 围巾 wéijīn (웨이신)

---

scar·let [skáːrlit 스칼-릿]

명 주홍색, 진홍색

영 *Scarlet* is a bright red color.

일 緋色 ひいろ(히이로) 중 鲜红色 xiānhóngsè(셴훙써)

---

*scat·ter [skǽtər 스캐터]

타 (3단현 scatters [skǽtərz], 과거·과거분사 scattered [skǽtərd], 현재분사 scattering [skǽtəriŋ])

흩뿌리다, 흩어지게 하다

영 To *scatter* means to throw things over a wide area.

¶ We *scattered* seeds on the fields.
우리는 밭에 씨를 뿌렸다.

일 ばらまく(바라마꾸) 중 散播 sànbō (싼보)

---

*scene [síːn 신-]

명 (복수 scenes [síːnz])

1 광경, 경치

영 A *scene* is a view or a picture.

¶ a night *scene*
야경

일 光景 こうけい(코-께-) 중 景色 jǐngsè(징써)

2 (소설·영화 등의) 장면, 신 ; (극의) 장

영 A *scene* is a part of a story, play, movie, etc. that shows what is happening in one particular place and time.

¶ Do you remember the last *scene*?
너는 마지막 장면이 기억나니?

일 場面 ばめん(바멩) 중 场面 chǎngmiàn(창몐)

3 (사건의) 현장

영 A *scene* is the place where something happens.

¶ the *scene* of a crime
범죄 현장

일 現場 げんば(겜바) 중 现场 xiàn-chǎng(셴창)

---

scen·er·y [síːnəri 시-너리]

명 풍경

영 *Scenery* is the natural countryside of an area.

¶ mountain *scenery*
산의 풍경

일 風景 ふうけい(후-께-) 중 风景 fēngjǐng(펑징)

scenery는 한 지방 또는 한 나라의 자연 풍경을 말하고, scene은 특정한 장소의 풍경을 가리킨다.

---

scent [sént 센트]

명 냄새, 향기

영 A *scent* is a pleasant smell.
¶ the *scent* of roses
장미 향기
일 におい(니오이) 중 气味 qìwèi(치웨이)

---

*__sched·ule__ [skédʒuːl 스케줄-]
명 (복수 schedules [skédʒuːlz])
예정, 계획 ; 시간표
영 A *schedule* is a plan, program, or timetable.
¶ I have a full *schedule* this week.
나는 이번 주에 일정이 꽉 차 있다.
일 予定 よてい(요떼-) 중 预定 yùdìng (위딩)
숙어 *on schedule* 예정대로
¶ Our flight will be *on schedule*.
우리는 예정대로 비행을 할 것이다.

타 (3단현 schedules [skédʒuːlz], 과거·과거분사 scheduled [skédʒuːld], 현재분사 scheduling [skédʒuːliŋ])
예정하다
영 To *schedule* means to plan that something will happen at a particular time.
¶ The train is *scheduled* to leave at five.
열차는 5시에 출발할 예정이다.
일 予定する よていする(요떼-스루)
중 预定 yùdìng(위딩)

__scheme__ [skíːm 스킴-]
명 계획, 안
영 A *scheme* is a plan or plot for doing something.
¶ lay down a *scheme*
계획을 세우다
일 計画 けいかく(케-까꾸) 중 计划 jìhuà(지화)

---

*__schol·ar__ [skálər 스칼러]
명 학자
영 A *scholar* is someone who studies a subject and know a lot about it.
¶ She is a good English *scholar*.
그녀는 훌륭한 영어 학자다.
일 学者 がくしゃ(가꾸샤) 중 学者 xuézhě(쒜저)

__schol·ar·ship__ [skálərʃip 스칼러십]
명 (복수 scholarships [skálərʃips])
장학금
영 A *scholarship* is a grant or prize that pays for you to go to college or to follow a course of study.
¶ He received a *scholarship*.
그는 장학금을 받았다.
일 奖学金 しょうがくきん(쇼-가꾸낑)
중 奖学金 jiǎngxuéjīn(쟝쒜진)

**__school__ [skúːl 스쿨-]
명 1 학교
영 A *school* is a place where people go to be taught.
¶ When do you go to *school*?
너는 언제 학교에 가니?
일 学校 がっこう(각꼬-) 중 学校 xuéxiào(쒜샤오)
2 수업
영 *School* is learning that takes place in school.
¶ We have no *school* on Sunday.
일요일에는 수업이 없다.
일 授業 じゅぎょう(주교-) 중 上课 shàngkè(상커)
3 [the school로] 전교생
영 *The school* is all the people in a school.
¶ *The* whole *school* knew it.
전교생이 그것을 알고 있었다.

일 全校生徒 ぜんこうせいと(젱꼬-세-또) 중 全校学生 quánxiàoxué-shēng(취엔샤오쉐성)
숙어 *after school* 방과 후

---

school·ing [skúːliŋ 스쿨-링]

명 학교 교육
영 *Schooling* is education at school.
일 学校教育 がっこうきょういく(각꼬-쿄-이꾸) 중 学校教育 xuéxiàojiào-yù(쉐샤오쟈오위)

---

*sci·ence [sáiəns 사이언스]

명 과학
영 *Science* is the study of nature and the physical world by testing, experimenting, and measuring.
¶ natural *science*
자연 과학
일 科学 かがく(카가꾸) 중 科学 kēxué(커쉐)

---

*sci·en·tif·ic [sàiəntífik 사이언티픽]

형 과학의, 과학적인
영 *Scientific* means relating to science.
¶ *scientific* and technical terms
과학 기술 용어
일 科学の かがくの(카가꾸노) 중 科学的 kēxuéde(커쉐더)

---

*sci·en·tist [sáiəntist 사이언티스트]

명 (복수 scientists [sáiəntists])
과학자
영 A *scientist* is a person who works in a special part of science.
¶ He became a great *scientist*.
그는 훌륭한 과학자가 되었다.
일 科学者 かがくしゃ(카가꾸샤) 중 科

学家 kēxuéjiā(커쉐쟈)

---

*scis·sors [sízərz 시저즈]

명 [복수] 가위
영 *Scissors* are a sharp tool with two blades used for cutting paper, fabric, etc.
¶ I need a pair of *scissors* to do this work.
나는 이 일을 하기 위해서 가위가 필요하다.
일 はさみ(하사미) 중 剪刀 jiǎndāo(젠다오)

셀 때는 a pair of scissors, two pairs of scissors로 말한다.

---

*scold [skóuld 스코울드]

타 (3단현 scolds [skóuldz], 과거·과거분사 scolded [skóuldid], 현재분사 scolding [skóuldiŋ])
꾸짖다, 잔소리하다
영 To *scold* means to tell someone in an angry way that he or she has done something wrong or done a bad job.
¶ His mother *scolded* him for being naughty.
그의 어머니는 그의 나쁜 행실을 꾸짖었다.
일 しかる(시까루) 중 責罵 zémà(쩌마)

---

*score [skɔ́ːr 스코-]

명 (복수 scores [skɔ́ːrz])
(경기의) 득점, 스코어 ; (시험) 점수
영 A *score* is the number of points made by each person or team in a game, contest, or test.
¶ The *score* is 7 to 2 in our favor.
7 대 2로 우리편이 이기고 있다.
일 得点 とくてん(토꾸뗀) 중 得分

défēn(더펀)

[타] (3단현 scores [skɔ́ːrz], 과거·과거분사 scored [skɔ́ːrd], 현재분사 scoring [skɔ́ːriŋ])
득점하다
[영] To ***score*** means to make a point or points in a game, contest, or test.
¶ We *scored* a goal.
우리는 한 점을 올렸다.
[일] 得点する とくてんする(토꾸뗀스루)
[중] 得分 défēn(더펀)

Scot·land [skɑ́tlənd 스카틀런드]
[명] 스코틀랜드
[일] スコットランド(스꽃또란도) [중] 苏格兰 Sūgélán(쑤거란)
[up] Great Britain 섬의 북쪽을 차지하는 지역이다.

---

scrap [skræp 스크랩]
[명] 한 조각, 파편
[영] A ***scrap*** is a small piece of paper, food, etc.
¶ a *scrap* of paper
종잇조각
[일] 一片 いっぺん(입뻰) [중] 碎片 suìpiàn(쑤이폔)

---

scratch [skrætʃ 스크래치]
[타] (3단현 scratches [skrætʃiz], 과거·과거분사 scratched [skrætʃt], 현재분사 scratching [skrætʃiŋ])
1 긁다
[영] To ***scratch*** means to rub your skin with your nails.
¶ Will you *scratch* my back?
등 좀 긁어주겠니?
[일] かく(카꾸) [중] 搔 sāo(싸오)
2 할퀴다
[영] To ***scratch*** means to cut someone's skin slightly with your nails or with something sharp.
¶ A cat *scratched* my hand.
고양이가 내 손을 할퀴었다.
[일] ひっかく(힉까꾸) [중] 抓破 zhuāpò(좌포)

---

scream [skríːm 스크림-]
[자] (3단현 screams [skríːmz], 과거·과거분사 screamed [skríːmd], 현재분사 screaming [skríːmiŋ])
날카로운 소리를 내다, 비명을 지르다
[영] To ***scream*** means to shout or call in a loud voice.
¶ He *screamed* in pain.
그는 아파서 비명을 질렀다.
[일] 金切り声をあげる かなきりごえをあげる(카나끼리고에오아게루) [중] 尖叫 jiānjiào(젠쟈오)

***screen** [skríːn 스크린-]
[명] (복수 screens [skríːnz])
1 칸막이
[영] A ***screen*** is a light movable partition used to hide or divide a room.
¶ A *screen* divided the room into two.
칸막이로 그 방은 둘로 나뉘어져 있었다.
[일] ついたて(쓰이따떼) [중] 屏 píng(핑)
2 (영화의) 스크린, 영사막
[영] A ***screen*** is the white surface that movies or slides are projected onto.
¶ a *screen* actor
영화 배우
[일] スクリーン(스꾸린-) [중] 银幕 yínmù(인무)

---

screw [skrú: 스크루-]

圀 나사

영 A *screw* is a thin pointed piece of metal that you push and turn in order to fasten pieces of wood or metal together.

¶ The lid is fixed with *screws*.
뚜껑은 나사로 고정되어 있다.

일 ねじ(네지) 중 螺钉 luódīng(뤄딩)

---

* **sculp·ture** [skʌ́lptʃər 스컬프처]

圀 (복수 sculptures [skʌ́lptʃərz])

1 조각품

영 A *sculpture* is a work of art made from stone, wood, clay, etc.

¶ a bronze *sculpture*
청동 조각품

일 彫刻品 ちょうこくひん(초-꼬꾸힝)
중 雕刻品 diāokèpǐn(댜오커핀)

2 조각, 조소

영 *Sculpture* is the art of making objects out of stone, wood, clay, etc.

¶ modern *sculpture*
현대 조각

일 彫刻 ちょうこく(초-꼬꾸) 중 雕刻
diāokè(댜오커)

** **sea** [síː 시-]

圀 (복수 seas [síːz])

1 [the sea로] 바다(《반》 land 육지)

영 *The sea* is the body of salt water that covers nearly three-fourths of the earth's surface.

¶ I like to swim in *the sea*.
나는 바다에서 헤엄치기를 좋아한다.

일 海 うみ(우미) 중 海 hǎi(하이)

2 …해

영 *Sea* is a body of salt water that is a part of an ocean yet is partly enclosed by land.

¶ the North *Sea*

북해

일 海 かい(카이) 중 海 hǎi(하이)

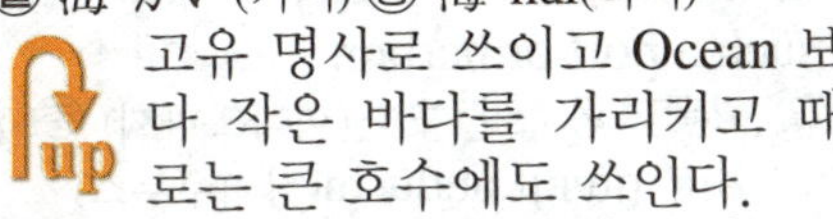
고유 명사로 쓰이고 Ocean 보다 작은 바다를 가리키고 때로는 큰 호수에도 쓰인다.

숙어 *at sea* 해상에서, 항해 중인
숙어 *by sea* 배로, 해로로
¶ go *by sea*
해로로 가다

---

seal [síːl 실-]

타 (3단현 seals [síːlz], 과거·과거분사 sealed [síːld], 현재분사 sealing [síːliŋ])

봉하다, 봉인하다

영 To *seal* means to close something so that it cannot come open.

¶ *seal* up a letter
편지를 봉하다

일 封をする ふうをする(후-오스루)
중 封 fēng(펑)

圀 봉인

영 A *seal* is a design pressed into wax and made into a stamp.

일 封印 ふういん(후-잉) 중 封印
fēngyìn(펑인)

---

sea·man [síːmən 시-먼]

圀 (복수 seamen [síːmən])

선원 ; 수병

영 A *seaman* is a sailor.

일 船乗り ふなのり(후나노리) 중 水手
shuǐshǒu(수이서우)

---

sea·port [síːpɔ̀ːrt 시-포-트]

圀 **1** 항구

영 A *seaport* is a port or harbor for seafaring ships.

일 海港 かいこう(카이꼬-) 중 海港
hǎigǎng(하이강)

2 항구 도시
영 A *seaport* is a city or town with such a port or harbor.
일 港町　みなとまち(미나또마찌)　중 港口都市　gǎngkǒudūshì(강커우두스)

---

*__search__ [sə́ːrtʃ 서-치]

동 (3단현 searches [sə́ːrtʃiz], 과거·과거분사 searched [sə́ːrtʃt], 현재분사 searching [sə́ːrtʃiŋ])
타 찾다, 수색하다
영 To *search* means to try to find someone or something by looking very carefully.
¶ They *searched* the woods for the lost child.
그들은 길 잃은 아이를 찾아 숲속을 뒤졌다.
일 捜す　さがす(사가스)　중 捜査 sōuchá(써우차)
자 찾다, 구하다
¶ They *searched* around all day.
그들은 온종일 찾아다녔다.
일 捜す　さがす(사가스)　중 捜査 sōuchá(써우차)

명 (복수 searches [sə́ːrtʃiz])
수색
영 A *search* is an attempt to find someone or something that is difficult to find.
일 捜索　そうさく(소-사꾸)　중 捜査 sōuchá(써우차)

---

sea·shell [síːʃèl 시-셸]

명 조가비, 조개
영 A *seashell* is the shell of a sea animal such as an oyster or a clam.
¶ There are a lot of *seashells* on the beach.
해변에 조개 껍데기가 많이 있다.

일 貝がら　かいがら(카이가라)　중 贝壳 bèiké(베이커)

---

sea·shore [síːʃɔːr 시-쇼-]

명 (복수 seashores [síːʃɔːrz])
해안, 해변
영 *Seashore* is the sandy or rocky land next to the sea.
일 海岸　かいがん(카이강)　중 海岸 hǎi'àn(하이안)

---

sea·son [síːzn 시-즌]

명 (복수 seasons [síːznz])
1 계절
영 A *season* is one of the main periods into which a year is divided.
¶ What is your favorite *season*?
네가 좋아하는 계절은 무엇이니?
일 季節　きせつ(키세쓰)　중 季节 jìjié(지제)
2 시기, 시즌
영 A *season* is a period of time in a year when something usually happens.
¶ the football *season*
축구 시즌
일 時期　じき(지끼)　중 时令 shílìng(스링)

타 (3단현 seasons [síːznz], 과거·과거분사 seasoned [síːznd], 현재분사 seasoning [síːzniŋ])
맛을 내다, 양념하다
영 To *season* means to add flavor to food with herbs, salt, or spices.
¶ I *seasoned* beef with pepper.
나는 쇠고기를 후추로 양념했다.
일 味をつける　あじをつける(아지오쓰께루)　중 调味 tiáowèi(탸오웨이)

---

*__seat__ [síːt 시-트]

명 (복수 seats [síːts])

좌석, 자리
영 A *seat* is a place where you can sit.
¶ I had a *seat* beside her.
나는 그녀 옆에 앉았다.
일 座席 ざせき(자세끼) 중 座位 zuòwèi (쭤웨이)

 일반적으로 걸터앉을 수 있는 것을 말하며 chair, sofa, bench 등이 모두 seat의 일종이다.

---

seat belt [síːt bèlt 시-트 벨트]

명 안전 벨트, 좌석 벨트
영 A *seat belt* is a strong belt that holds you safely in your seat in a car or plane.
¶ Fasten your *seat belts*, please.
안전 벨트를 매시오.
일 シートベルト(시-또베루또) 중 安全帶 ānquándài(안취엔다이)

***sec·ond¹** [sékənd 세컨드]

명 제2, 두번째
영 *Second* is the number that comes after first and before third.
¶ He was the *second* in the race.
그는 경주에서 2등을 했다.
일 二番目 にばんめ(니밤메) 중 第二 dì'èr(디얼)

***sec·ond²** [sékənd 세컨드]

명 (복수 seconds [sékəndz])
1 (시간의) 초
영 A *second* is a unit of time equal to 1/60 of a minute.
¶ 2 minutes and 3 *seconds*
2분 3초
일 秒 びょう(뵤-) 중 秒 miǎo(먀오)
2 순간, 매우 짧은 시간
영 A *second* is any very short period of time.

¶ Wait a *second*.
잠깐 기다려.
일 瞬間 しゅんかん(슝깡) 중 瞬间 shùnjiān(순젠)

---

sec·ond·ar·y [sékəndèri 세컨데리]

형 제2의 ; 이차적인
영 *Secondary* means less important.
일 第二の だいにの(다이니노) 중 第二的 dì'èrde(디얼더)

---

sec·ond·hand [sékəndhænd 세컨드핸드]

형 중고의
영 *Secondhand* means not new.
¶ *secondhand* cars
중고차
일 中古の ちゅうこの(추-꼬노) 중 二手的 èrshǒude(얼서우더)

***se·cret** [síːkrit 시-크릿]

명 (복수 secrets [síːkrits])
비밀
영 A *secret* is something that is kept hidden or that only a few people know.
¶ There is no *secret* in this world.
세상에 비밀은 없다.
일 秘密 ひみつ(히미쓰) 중 秘密 mìmì(미미)
숙어 *in secret* 비밀리에, 몰래

형 (비교급 more secret, 최상급 most secret)
비밀의, 숨기는
영 *Secret* means not known by many people.
¶ a *secret* door
비밀의 문
일 秘密の ひみつの(히미쓰노) 중 秘密

的 mìmìde(미미더)

***sec·re·tar·y** [sékrətèri 세크러테리]

몡 (복수 secretaries [sékrətèriz])
비서 ; 서기
옝 A *secretary* is a person who writes letters and does work for another person or a group.
¶ She is a *secretary* to the president.
그녀는 사장 비서다.
일 秘書 ひしょ(히쇼) 중 秘书 mìshū
(미수)

***sec·tion** [sékʃən 섹션]

몡 (복수 sections [sékʃənz])
1 부분, 구분, 구획
옝 A *section* is one of the parts that something is divided into.
¶ the tail *section* of an airplane
비행기의 꼬리 부분
일 部分 ぶぶん(부분) 중 部分 bùfèn
(부펀)
2 (책의) 절
옝 A *section* is one of the parts of a book or newspaper.
¶ I am reading *section* 2 of Chapter Ⅲ.
나는 제3장 2절을 읽고 있다.
일 節 せつ(세쓰) 중 节 jié(제)

---

se·cure [sikjúər 시큐어]

혱 **1** 안정된, 확실한
옝 *Secure* means not likely to change or be at risk.
¶ You have a *secure* job.
너에게는 안정된 일이 있다.
일 安定した あんていした(안떼-시따)
중 稳固的 wěngùde(원구더)
2 안전한, 위험 없는

옝 *Secure* means safe and protected from danger.
¶ We are *secure* from flood.
우리는 홍수 걱정은 없다.
일 安全な あんぜんな(안젠나) 중 安全的 ānquánde(안취엔더)

태 (3단현 secures [sikjúərz], 과거·과거분사 secured [sikjúərd], 현재분사 securing [sikjúəriŋ])
1 획득하다, 확보하다
옝 To *secure* means to get or achieve something important, especially after a lot of effort.
¶ *Secure* your tickets early.
표를 빨리 확보해라.
일 手に入れる てにいれる(테니이레루)
중 获得 huòdé(훠더)
2 안전하게 하다, 지키다
옝 To *secure* means to make something safe from being attacked or harmed.
¶ *secure* oneself from danger
위험으로부터 몸을 지키다
일 安全にする あんぜんにする(안젠니스루) 중 使安全 shǐ'ānquán(스안취엔)

---

se·cu·ri·ty [sikjúərəti 시큐어러티]

몡 안전 ; 안심
옝 *Security* is the state of being free from danger or threat.
¶ national *security*
국가의 안전
일 安全 あんぜん(안젠) 중 安全 ānquán(안취엔)

****see** [síː 시-]

동 (3단현 sees [síːz], 과거형 saw [sɔ́ː], 과거분사 seen [síːn], 현재분사 seeing [síːiŋ])

타 **1** 보다, 보이다
영 To **see** means to use your eyes, to look at, or to notice something or someone.
¶ What can you *see*?
무엇이 보입니까?
일 見る みる(미루) 중 看 kàn(칸)
2 만나다, 면회하다
영 To **see** means to visit and spend some time with someone.
¶ I'm *seeing* him this afternoon.
나는 오늘 오후에 그를 만나기로 되어 있다.
일 会う あう(아우) 중 会见 huìjiàn(후이젠)
3 이해하다, 알다
영 To **see** means to understand or to recognize.
¶ Do you *see* what I mean?
너는 내가 말하는 뜻을 알겠니?
일 理解する りかいする(리까이스루) 중 理解 lǐjiě(리제)
자 **1** 보이다, 보다
¶ Cats can *see* in the dark.
고양이는 어둠 속에서도 볼 수 있다.
일 見える みえる(미에루) 중 看见 kànjiàn(칸젠)
2 알다, 깨닫다
¶ Oh, I *see*.
오, 알겠어.
일 わかる(와까루) 중 理解 lǐjiě(리제)

---

* **seed** [síːd 시-드]
명 (복수 seeds [síːdz])
씨
영 A **seed** is a small hard object produced by plants, from which a new plant will grow.
¶ an apple *seed*
사과 씨
일 種 たね(타네) 중 种子 zhǒngzi(중쯔)

seek [síːk 시-크]
타 (3단현 seeks [síːks], 과거·과거분사 sought [sɔ́ːt], 현재분사 seeking [síːkiŋ])
1 찾다
영 To **seek** means to look or search for something.
¶ *seek* a solution
해결책을 찾다
일 捜す さがす(사가스) 중 寻找 xúnzhǎo(쉰자오)
2 구하다
영 To **seek** means to ask for.
¶ *seek* fame
명성을 구하다
일 求める もとめる(모또메루) 중 请求 qǐngqiú(칭츄)

---

* **seem** [síːm 심-]
자 (3단현 seems [síːmz], 과거·과거분사 seemed [síːmd], 현재분사 seeming [síːmiŋ])
…처럼 보이다, …인 것 같다
영 To **seem** means to appear to be, or to give the impression of being.
¶ He *seems* to be ill.
그는 아픈 것 같다.
일 …のように見える …のようにみえる(…노요-니미에루) 중 似乎 sìhū(쓰후)

---

seen [síːn 신-]
동 see의 과거분사

---

see·saw [síːsɔ̀ː 시-소-]
명 시소(판)
영 A **seesaw** is a long board that two people sit on to make it go up and down.
일 シーソー(시-소-) 중 跷跷板 qiāo-

qiāobǎn(챠오챠오반)

---

seize [síːz 시-즈]

囤 (3단현 seizes [síːziz], 과거·과거분사 seized [síːzd], 현재분사 seizing [síːziŋ])
붙잡다, 꽉 쥐다
영 To *seize* means to grab or take hold of something suddenly.
¶ He *seized* me by the arm.
그는 내 팔을 붙잡았다.
일 つかむ(쓰까무) 중 抓住 zhuāzhù(좌주)

---

*sel·dom [séldəm 셀덤]

튀 좀처럼 …않다
영 *Seldom* means rarely.
¶ I *seldom* fail to keep a promise.
나는 약속을 지키지 않는 일이 좀처럼 없다.
일 めったに…ない(멧따니…나이) 중 不常 bùcháng(부창)

---

*se·lect [səlékt 설렉트]

囤 (3단현 selects [səlékts], 과거·과거분사 selected [səléktid], 현재분사 selecting [səléktiŋ])
선택하다, 고르다
영 To *select* means to pick out or to choose.
¶ I *selected* a birthday present for him.
나는 그의 생일 선물을 골랐다.
일 選ぶ えらぶ(에라부) 중 选择 xuǎnzé(쉬엔쩌)

↻up choose는 2개 이상의 것 중에서 고르는 것이고, select는 같은 종류의 많은 것 중에서 고른다는 뜻이다.

---

se·lec·tion [səlékʃən 설렉션]

명 선택
영 *Selection* is the act of picking or choosing something.
¶ a wise *selection*
현명한 선택
일 選択 せんたく(센따꾸) 중 选择 xuǎnzé(쉬엔쩌)

---

self [sélf 셀프]

명 (복수 selves [sélvz])
자기, 자신
영 *Self* is one's individual nature or personality.
¶ She is not her old *self*.
그녀는 옛날의 그녀가 아니다.
일 自己 じこ(지꼬) 중 自己 zìjǐ(쯔지)

---

self·ish [sélfiʃ 셀피시]

형 이기적인, 자기 본위의
영 *Selfish* means caring only about yourself and not about other people.
¶ She is so *selfish*.
그녀는 너무 이기적이다.
일 利己的な りこてきな(리꼬떼끼나)
중 自私的 zìsīde(쯔쓰더)

---

self-ser·vice [sélfsə́ːrvis 셀프서-비스]

형 (식당 등의) 셀프서비스의
영 *Self-service* means denoting a store, restaurant, or service station where customers select goods for themselves or service their car for themselves and pay a cashier.
일 セルフサービス(세루후사-비스) 중 自助 zìzhù(쯔주)

**sell [sél 셀]

통 (3단현 sells [sélz], 과거·과거분사 sold [sóuld], 현재분사 selling [séliŋ])
타 팔다(《반》buy 사다)
영 To *sell* means to give something in exchange for money.
¶ He *sold* his bicycle cheaply.
그는 자전거를 싸게 팔았다.
일 売る うる(우루) 중 卖 mài(마이)
자 팔리다
¶ The book *sells* well.
그 책은 잘 팔린다.
일 売れる うれる(우레루) 중 卖 mài(마이)
숙어 *sell out* 다 팔리다, 매진되다

sell·er [sélər 셀러]

명 파는 사람, 판매인
영 A *seller* is someone who sells something.
일 売る人 うるひと(우루히또) 중 卖主 màizhǔ(마이주)

selves [sélvz 셀브즈]

명 self의 복수

sem·i·co·lon [sémikòulən 세미코울런]

명 세미콜론
영 A *semicolon* is the punctuation mark(;) used to separate parts of a sentence.
일 セミコロン(세미꼬롱) 중 分号 fēnhào(펀하오)

보통 period 보다는 약하고, comma 보다는 강한 구두점이다.

sen·ate [sénət 세넛]

명 [the Senate으로] 상원

영 *The Senate* is the smaller of the two groups of people who make the laws in countries such as the U.S.
일 上院 じょういん(조-잉) 중 参议院 cānyìyuàn(찬이위엔)

sen·a·tor [sénətər 세너터]

명 [흔히 Senator로] 상원 의원
영 A *senator* is a member of the Senate.
일 上院議員 じょういんぎいん(조-잉기잉) 중 参议员 cānyìyuán(찬이위엔)

**send [sénd 센드]

타 (3단현 sends [séndz], 과거·과거분사 sent [sént], 현재분사 sending [séndiŋ])
(물건을) 보내다 ; (사람을) 보내다, 파견하다
영 To *send* means to make someone or something go somewhere.
¶ I *sent* my friend a book.
나는 친구에게 책 한 권을 보냈다.
¶ He *sent* her daughter to college.
그는 딸을 대학에 보냈다.
일 送る おくる(오꾸루) 중 寄 jì(지)
숙어 *send for* …을 부르러 (사람을) 보내다
¶ We *sent for* the doctor.
우리는 의사를 부르러 사람을 보냈다.

*sen·ior [síːnjər 시-녀]

형 손위의, 연상의(《반》junior 손아래의)
영 *Senior* means older.
¶ I am *senior* to him by two years.
나는 그보다 두 살 위다.
일 年上の としうえの(토시우에노) 중 年长的 niánzhǎngde(녠장더)

명 (복수 seniors [síːnjərz])
1 연장자, 손윗사람(《반》junior 연소자)
영 A *senior* is someone who is older.
¶ I am his *senior* by two years.
나는 그보다 두 살 위다.
일 年長者 ねんちょうしゃ(넨쬬-샤) 중 年长者 niánzhǎngzhě(녠장저)
2 최상급생
영 A *senior* is a student in the last year of high school or college.
일 最上級生 さいじょうきゅうせい(사이조-뀨-세-) 중 最高年级生 zuìgāoniánjíshēng(쭈이가오녠지성)

---

sen·ior high school [síːnjər hái skùːl 시-녀 하이 스쿨-]

명 고등학교
영 A *senior high school* is a high school.
일 高等学校 こうとうがっこう(코-또-각꼬-) 중 高中 gāozhōng(가오중)

---

sen·sa·tion [senséiʃən 센세이션]

명 (복수 sensations [senséiʃənz])
1 감각, 지각
영 *Sensation* is the ability to feel or be aware of something through one of the senses.
¶ I have no *sensation* in my feet.
나는 발에 감각이 전혀 없다.
일 感覚 かんかく(캉까꾸) 중 感觉 gǎnjué(간쮀)
2 센세이션, 대단한 평판
영 A *sensation* is something that causes a lot of excitement and interest.
¶ make a great *sensation*
큰 센세이션을 일으키다
일 センセーション(센세-숀) 중 轰动 hōngdòng(훙뚱)

*sense [séns 센스]

명 (복수 senses [sénsiz])
1 감각
영 A *sense* is one of the five natural powers of sight, hearing, touch, taste, and smell.
¶ Dogs have a keen *sense* of smell.
개는 후각이 예민하다.
일 感覚 かんかく(캉까꾸) 중 感官 gǎnguān(간관)
2 느낌, …감
영 A *sense* is a feeling about something.
¶ a *sense* of relief
안도감
일 感じ かんじ(칸지) 중 感觉 gǎnjué(간쮀)
3 분별, 판단력
영 *Sense* is the ability to judge or understand something.
¶ He is a man of *sense*.
그는 분별 있는 사람이다.
일 分別 ぶんべつ(붐베쓰) 중 辨别力 biànbiélì(벤볘리)
4 의미, 뜻
영 A *sense* is the meaning of a word, phrase, sentence, etc.
일 意味 いみ(이미) 중 意义 yìyì(이이)
숙어 *in a sense* 어떤 의미에서는
숙어 *make sense* 이해하다
¶ His attitude doesn't *make sense*.
그의 태도는 이해할 수 없다.

---

sen·si·ble [sénsəbl 센서블]

형 (비교급 more sensible, 최상급 most sensible)
분별 있는, 현명한 (《동》wise)
영 *Sensible* means showing good judgment.
¶ a *sensible* person
분별 있는 사람
일 分別のある ぶんべつのある(붐베쓰

노아루) 중 明智的 míngzhìde(밍즈더)

---

sent [sént 센트]
태 send의 과거·과거분사

---

*sen·tence [séntəns 센턴스]

명 (복수 sentences [séntənsiz])
1 문장
영 A *sentence* is a group of words that expresses a complete thought, having a subject and a verb.
¶ This is a very long *sentence*.
이것은 매우 긴 문장이다.
일 文 ぶん(붕) 중 句子 jùzi(쥐쯔)
2 선고, 판결
영 A *sentence* is a punishment given to a guilty person in court.
¶ a *sentence* of death
사형 선고
일 宣告 せんこく(셍꼬꾸) 중 宣判 xuānpàn(쉬엔판)

---

sen·ti·ment [séntəmənt 센터먼트]

명 **1** 감정
영 *Sentiment* is a thought or an attitude that is based on feeling or emotion instead of reason.
¶ appeal to *sentiment*
감정에 호소하다
일 感情 かんじょう(칸조-) 중 感情 gǎnqíng(간칭)
2 감상
영 *Sentiment* is tender or sensitive feeling.
일 感傷 かんしょう(칸쇼-) 중 感伤 gǎnshāng(간상)

---

*sep·a·rate [sépərèit 세퍼레이트]

동 (3단현 separates [sépərèits],

과거·과거분사 separated [sépə-rèitid], 현재분사 separating [sépə-rèitiŋ])
태 분리하다 ; 떼어놓다
영 To *separate* means to part or divide something or some people.
¶ *separate* cream from milk
우유에서 크림을 분리하다
일 分離する ぶんりする(분리스루) 중 分隔 fēngé(펀거)
자 갈라지다 ; 헤어지다
¶ The road *separates* into two here.
길은 이 곳에서 두 갈래로 갈라진다.
일 離れる はなれる(하나레루) 중 分隔 fēngé(펀거)

형 [sépərət 세퍼럿] 따로따로의, 다른
영 *Separate* means different, individual, or not together.
¶ go one's *separate* ways
각자의 길을 가다
일 別々の べつべつの(베쓰베쓰노) 중 不同的 bùtóngde(부퉁더)

---

*Sep·tem·ber [septémbər 셉템버]

명 9월
영 *September* is the ninth month of the year.
¶ *September* is the fall month.
9월은 가을의 달이다.
일 九月 くがつ(쿠가쓰) 중 九月 jiǔyuè(쥬웨)

---

*se·ries [síəriːz 시어리-즈]

명 (복수 series)
1 연속, 일련
영 A *series* is a group of related things that follow in order.
¶ a *series* of victories
연승

일 連続 れんぞく(렌조꾸) 중 连续 liánxù(렌쉬)

2 (TV·라디오 등의) 시리즈, 연속물
영 A **series** is a set of television or radio programs with the same characters or on the same subject.
일 シリーズ(시리-즈) 중 系列 xìliè(시례)

***se·ri·ous** [síəriəs 시어리어스]
형 (비교급 more serious, 최상급 most serious)
1 진지한
영 **Serious** means sincere or not joking.
¶ They all looked *serious*.
그들은 모두 진지해 보였다.
일 まじめな(마지메나) 중 认真的 rènzhēnde(런전더)
2 중대한
영 **Serious** means important and requiring a lot of thought.
¶ It is a *serious* matter.
그것은 중대한 문제다.
일 重大な じゅうだいな(주-다이나) 중 重要的 zhòngyàode(중야오더)

---

se·ri·ous·ly [síəriəsli 시어리어슬리]
부 **1** 진지하게, 진정으로
영 **Seriously** means sincerely.
¶ He takes the matter too *seriously*.
그는 그 일을 너무 심각하게 생각한다.
일 まじめに(마지메니) 중 认真地 rènzhēnde(런전더)
2 중대하게
영 **Seriously** means in a way that shows that you think something is important.
일 重大に じゅうだいに(주-다이니)

중 重要地 zhòngyàode(중야오더)

---

ser·vant [sə́ːrvənt 서-번트]
명 하인, 고용인
영 A **servant** is someone who works in another person's house doing housework, cooking, or other chores.
일 召使 めしつかい(메시쓰까이) 중 佣人 yōngrén(용런)

***serve** [sə́ːrv 서-브]
동 (3단현 serves [sə́ːrvz], 과거·과거분사 served [sə́ːrvd], 현재분사 serving [sə́ːrviŋ])
타 **1** 섬기다
영 To **serve** means to work for someone as a servant.
¶ He *served* his master for thirty years.
그는 30년 동안 주인을 섬겼다.
일 仕える つかえる(쓰까에루) 중 服務 fúwù(푸우)
2 (음식을) 차려내다 ; (손님의) 시중을 들다
영 To **serve** means to give someone food, or to help someone find items in a store.
¶ The waiter *served* them tea and cake.
웨이터는 그들에게 차와 케이크를 내왔다.
일 供する きょうする(쿄-스루) 중 供应 gòngyìng(궁잉)
3 근무하다, 복무하다
영 To **serve** means to do your duty in some form of service.
¶ He *served* five years in the navy.
그는 해군에서 5년간 복무했다.
일 勤める つとめる(쓰또메루) 중 任职 rènzhí(런즈)
4 서브하다

영 To **serve** means to start playing a game such as tennis by throwing the ball in the air and hitting it over the net.

¶ *serve* a ball
공을 서브하다
일 サーブする(사-부스루) 중 发球 fāqiú(파츄)

자 **1** 섬기다, 봉사하다
일 仕える つかえる(쓰까에루) 중 服务 fúwù(푸우)

2 근무하다
¶ He *serves* as a judge.
그는 판사로 근무하고 있다.
일 勤務する きんむする(킴무스루) 중 任职 rènzhí(런즈)

3 (식사) 시중을 들다
¶ *serve* at dinner
식사 시중을 들다
일 給仕をする きゅうじをする(큐-지오스루) 중 坛上 duānshàng(돤상)

4 서브하다
일 サーブする(사-부스루) 중 发球 fāqiú(파츄)

---

* **ser·vice** [sə́ːrvis 서-비스]

명 (복수 services [sə́ːrvisiz])

1 (호텔 등의) 서비스, 접대
영 **Service** is the help that people who work in a restaurant, hotel, store, etc. give you.

¶ The *service* in this hotel is excellent.
이 호텔의 서비스는 매우 좋다.
일 もてなし(모떼나시) 중 接待 jiēdài(제다이)

2 봉사, 공헌
영 **Service** is the work that you do for someone or an organization.

¶ social *service*
사회 봉사
일 奉仕 ほうし(호-시) 중 服务 fúwù(푸우)

3 서브하기
영 A **service** is an act of hitting the ball over the net to start a game of tennis, etc.

일 サーブ(사-부) 중 发球 fāqiú(파츄)

---

* **set** [sét 셋]

동 (3단현 sets [séts], 과거·과거분사 set, 현재분사 setting [sétiŋ])

타 **1** 두다, 놓다
영 To **set** means to carefully put something down somewhere.

¶ She *set* her books on the table.
그녀는 책을 탁자 위에 놓았다.
일 置く おく(오꾸) 중 放 fàng(팡)

2 (기계 등을) 조정하다 ; (시계를) 맞추다
영 To **set** means to move the switch on a machine, clock, etc. so that it will work in the way that you want.

¶ She *set* the alarm for 5:00.
그녀는 자명종을 5시에 맞췄다.
일 調整する ちょうせいする(조-세-스루) 중 调整 tiáozhěng(탸오정)

3 준비하다, 마련하다
영 To **set** means to lay out, arrange, or put in order.

¶ The table was *set* for breakfast.
식탁에는 아침 식사가 준비되었다.
일 用意する よういする(요-이스루) 중 准备 zhǔnbèi(준베이)

자 (해 등이) 지다, 저물다 (《반》 rise 뜨다)
영 To **set** means to go down below the horizon.

¶ The sun was *setting* in the west.
해가 서쪽으로 지고 있었다.
일 沈む しずむ(시즈무) 중 落 luò(뤄)

숙어 *set aside* 곁에 두다 ; 모아두다
숙어 *set out* 출발하다

명 (복수 sets [séts])

한 세트, 한 벌
영 A *set* is a group of things that go together.
¶ a tea *set*
차 세트
일 一組 ひとくみ(히또꾸미) 중 一套 yítào(이타오)

---

set·ting [sétiŋ 세팅]

명 (복수 settings [sétiŋz])
(소설 등의) 무대, 배경
영 A *setting* is the place or time in which the events in a book, movie, etc. happen.
일 舞台 ぶたい(부따이) 중 布景 bùjǐng(부징)

---

*set·tle [sétl 세틀]

동 (3단현 settles [sétlz], 과거·과거분사 settled [sétld], 현재분사 settling [sétliŋ])
타 **1** 결정하다, 해결하다
영 To *settle* means to decide or agree on something.
¶ *settle* a date
일시를 결정하다
일 決定する けっていする(켓떼-스루)
중 決定 juédìng(줴딩)
2 정착시키다 ; 이주시키다
영 To *settle* means to make a home or live in a new place.
¶ He *settled* himself in France.
그는 프랑스에 정착했다.
일 定住させる ていじゅうさせる(테-주-사세루) 중 使定居 shǐdìngjū(스딩쥐)
자 자리잡다, 정착하다
¶ *settle* in a new house
새 집에 정착하다
일 定住する ていじゅうする(테-주-스루) 중 定居 dìngjū(딩쥐)

---

set·tle·ment [sétlmənt 세틀먼트]

명 **1** 해결, 결정
영 A *settlement* is an agreement or a decision about something that was in doubt.
¶ reach a *settlement*
해결하다
일 解決 かいけつ(카이께쓰) 중 解決 jiějué(제줴)
2 식민, 이민
영 *Settlement* is a colony or group of people who have left one place to make a home in another.
일 植民 しょくみん(쇼꾸민) 중 殖民 zhímín(즈민)

**sev·en [sévən 세번]

명 7, 일곱
영 *Seven* is the number that comes after six and before eight.
¶ I got up at *seven* o'clock.
나는 일곱시에 일어났다.
일 七 しち(시찌) 중 七 qī(치)

**sev·en·teen [sèvəntíːn 세번틴-]

명 17, 열일곱
영 *Seventeen* is the number that comes after sixteen and before eighteen.
일 十七 じゅうしち(주-시찌) 중 十七 shíqī(스치)

---

*sev·en·teenth [sèvəntíːnθ 세번틴-스]

명 제17, 열일곱번째
영 *Seventeenth* is the number that comes after sixteenth and before eighteenth.
일 十七番目 じゅうななばんめ(주-나

나밤메) 중 第十七 dìshíqī(디스치)

***sev·enth** [sévənθ 세번스]

명 제7, 일곱번째
영 *Seventh* is the number that comes after sixth and before eighth.
일 七番目 ななばんめ(나나밤메) 중 第七 dìqī(디치)

***sev·en·ty** [sévənti 세번티]

명 70, 일흔
영 *Seventy* is the number that comes after sixty-nine and before seventy-one.
일 七十 ななじゅう(나나주–) 중 七十 qīshí(치스)

****sev·er·al** [sévərəl 세버럴]

형 몇몇의, 몇 개의
영 *Several* means more than two, but not many.
¶ I have met him *several* times.
나는 그를 몇 번인가 만난 적이 있다.
일 いくつかの(이꾸쓰까노) 중 几个的 jǐgède(지거더)

명 몇몇, 몇 개, 몇 사람
영 *Several* is more than two, or a few, people or things.
¶ *Several* were absent.
몇 사람은 결석했다.
일 いくつか(이꾸쓰까) 중 几个 jǐgè(지거)

🔺up a few는 2, 3개며, several은 a few 보다 많고 many보다는 적은 3, 4개 또는 4, 5개를 뜻한다.

***se·vere** [sivíər 시비어]

형 (비교급 severer [sivíərər] 또는 more severe, 최상급 severest [sivíərist] 또는 most severe)

1 호된, 심한
영 *Severe* means very bad or serious.
¶ We had a *severe* winter.
혹독한 겨울이었다.
일 ひどい(히도이) 중 严重的 yánzhòngde(옌중더)
2 엄한, 엄격한
영 *Severe* means very strict or extreme.
¶ He is too *severe* with his students.
그는 학생들에게 너무 엄하다.
일 きびしい(키비시–) 중 严厉的 yánlìde(옌리더)

---

sew [sóu 소우]

타 (3단현 sews [sóuz], 과거형 sewed [sóud], 과거분사 sewed 또는 sewn [sóun], 현재분사 sewing [sóuiŋ])
꿰매다, 깁다
영 To *sew* means to put together with a needle and thread.
¶ *sew* a dress
옷을 꿰매다
일 縫う ぬう(누우) 중 缝 féng(펑)

---

sew·ing ma·chine [sóuiŋ məʃíːn 소우잉 머신–]

명 재봉틀
영 A *sewing machine* is a machine for sewing very fast or making special stitches.
일 ミシン(미싱) 중 缝纫机 féngrènjī(펑런지)

***sex** [séks 섹스]

명 (복수 sexes [séksiz])

성, 성별
영 ***Sex*** is the condition of being male or female.
¶ the female *sex*
여성
일 性 せい(세-) 중 性 xìng(싱)

---

sex·u·al [sékʃuəl 섹슈얼]

형 성의, 성적인
영 ***Sexual*** means relating to sex.
일 性の せいの(세-노) 중 性的 xìngde (싱더)

---

shade [ʃéid 셰이드]

명 (복수 shades [ʃéidz])
1 그늘, 그늘진 곳
영 ***Shade*** is a place that is protected from the sun.
¶ We sat in the *shade*.
우리는 그늘에 앉았다.
일 陰 かげ(카게) 중 荫 yīn(인)
2 차양, 블라인드
영 A ***shade*** is something that keeps light out or makes light less bright.
¶ Pull down the window *shades*.
창의 블라인드를 내려라.
일 日よけ ひよけ(히요께) 중 遮光物 zhēguāngwù(저광우)

타 (3단현 shades [ʃéidz], 과거·과거분사 shaded [ʃéidid], 현재분사 shading [ʃéidiŋ])
가리다
영 To ***shade*** means to shelter something from the light.
¶ A large hat *shaded* her face.
큰 모자는 그녀의 얼굴을 가렸다.
일 さえぎる(사에기루) 중 遮 zhē(저)

---

*shad·ow [ʃǽdou 섀도우]

명 (복수 shadows [ʃǽdouz])
그림자
영 A ***shadow*** is a dark shape made by something blocking out light.
¶ He was frightened of his own *shadow*.
그는 자기의 그림자에 놀랐다.
일 影 かげ(카게) 중 影子 yǐngzi(잉쯔)

---

*shake [ʃéik 셰이크]

동 (3단현 shakes [ʃéiks], 과거형 shook [ʃúk], 과거분사 shaken [ʃéikən], 현재분사 shaking [ʃéikiŋ])
타 흔들다, 뒤흔들다
영 To ***shake*** means to move up and down or from side to side.
¶ She *shook* me by the arm.
그녀는 내 팔을 잡아 흔들었다.
일 振る ふる(후루) 중 摇 yáo(야오)
자 흔들리다 ; 떨다
¶ The trees *shook* in the wind.
나무는 바람에 흔들렸다.
일 揺れる ゆれる(유레루) 중 摇 yáo (야오)
숙어 ***shake hands with*** …와 악수하다

---

shak·en [ʃéikən 셰이컨]

동 shake의 과거분사

---

shall [(약) ʃəl 셜 ; (강) ʃǽl 섈]

조 (과거형 should [(약) ʃəd ; (강) ʃúd])
1 [Shall I[we]…?로] …할까요, …하면 좋을까요
영 ***Shall*** means to make a suggestion, or to ask a question.
¶ *Shall we* go together?
같이 갈까요?
일 いたしましょうか(이따시마쇼-까)
중 …好吗 …hǎoma(…하오마)
2 [I[We] shall…로] …일[할] 것이다,

…이 되다
영 **Shall** means to say what you will do in the future.
¶ *I shall* be twenty years old next month.
나는 다음달에 20살이 된다.
일 だろう(다로우) 중 会 huì(후이)

---

shal·low [ʃǽlou 섈로우]

형 (비교급 shallower [ʃǽlouər], 최상급 shallowest [ʃǽlouist])
얕은(《반》 deep 깊은)
영 **Shallow** means not deep.
¶ This stream is *shallow*.
이 개울은 얕다.
일 浅い あさい(아사이) 중 浅的 qiǎnde(첸더)

---

shame [ʃéim 셰임]

명 부끄러움, 수치심
영 **Shame** is a feeling of guilt and sadness about something wrong or foolish that you have done.
¶ He has no *shame*.
그는 부끄러움을 모른다.
일 恥ずかしさ はずかしさ(하즈까시사) 중 羞恥 xiūchǐ(슈츠)

---

sham·poo [ʃæmpú: 섐푸-]

명 샴푸
영 **Shampoo** is a liquid soap used for washing your hair.
일 シャンプー(샴뿌-) 중 洗发精 xǐfà-jīng(시파징)

---

*shape [ʃéip 셰이프]

명 (복수 shapes [ʃéips])
모양, 형상
영 A **shape** is the outline or form of an object.
¶ Boxes have a square *shape*.
상자는 정사각형 모양이다.
일 形 かたち(카따찌) 중 形状 xíng-zhuàng(싱쫭)
타 (3단현 shapes [ʃéips], 과거·과거분사 shaped [ʃéipt], 현재분사 shaping [ʃéipiŋ])
모양을 이루다
영 To **shape** means to give a shape to something.
¶ The children *shaped* balls from clay.
아이들은 점토로 공을 만들었다.
일 形づくる かたちづくる(카따찌즈꾸루) 중 成形 chéngxíng(청싱)

---

*share [ʃéər 셰어]

명 (복수 shares [ʃéərz])
몫, 배당분
영 A **share** is a part of something which has been divided between two or more people.
¶ This is my *share* of it.
이것은 내 몫이다.
일 分け前 わけまえ(와께마에) 중 一份 yífèn(이펀)

타 (3단현 shares [ʃéərz], 과거·과거분사 shared [ʃéərd], 현재분사 sharing [ʃéəriŋ])
1 분배하다, 나누다
영 To **share** means to divide something between two or more people.
¶ She *shared* her sandwich.
그녀는 샌드위치를 나눠주었다.
일 分配する ぶんぱいする(붐빠이스루) 중 分配 fēnpèi(펀페이)
2 공유하다
영 To **share** means to use together.
¶ He doesn't like *sharing* a room with me.
그는 나와 함께 방을 쓰는 것을 좋

아하지 않는다.
일 共有する　きょうゆうする(쿄-유-스루) 중 共有 gòngyǒu(궁유)

***shark** [ʃáːrk 샤-크]
명 (복수 sharks [ʃáːrks])
상어
영 A *shark* is a large and often fierce fish that feeds on meat and has very sharp teeth.
일 サメ(사메) 중 鲨鱼 shāyú(사위)

***sharp** [ʃáːrp 샤-프]
형 (비교급 sharper [ʃáːrpər], 최상급 sharpest [ʃáːrpist])
1 날카로운, 뾰족한 (《반》 dull 무딘)
영 *Sharp* means having a point or a thin edge that cuts.
¶ This knife is very *sharp*.
이 칼은 아주 잘 든다.
일 鋭い　するどい(스루도이) 중 锋利的 fēnglìde(펑리더)
2 가파른, 갑자기 꺾이는
영 *Sharp* means sudden and dramatic.
¶ a *sharp* curve
급커브
일 急な　きゅうな(큐-나) 중 急转的 jízhuǎnde(지좐더)

---

sharp·en [ʃáːrpən 샤-펀]
타 (3단현 sharpens [ʃáːrpənz], 과거·과거분사 sharpened [ʃáːrpənd], 현재분사 sharpening [ʃáːrpəniŋ])
날카롭게 하다, 갈다
영 To *sharpen* means to make something sharper.
¶ *sharpen* a knife
칼을 갈다
일 鋭くする　するどくする(스루도꾸스루) 중 磨快 mókuài(모콰이)

---

shave [ʃéiv 셰이브]
동 (3단현 shaves [ʃéivz], 과거형 shaved [ʃéivd], 과거분사 shaved 또는 shaven [ʃéivn], 현재분사 shaving [ʃéiviŋ])
타 (수염 등을) 깎다, 면도하다
영 To *shave* means to cut off hair from the skin on your face, legs, etc., using a razor.
일 剃る　そる(소루) 중 剃 tì(티)
자 수염을 깎다
¶ He was *shaving* in the bathroom.
그는 욕실에서 면도하고 있었다.
일 ひげをそる(히게오소루) 중 刮 guā(과)

****she** [《약》 ʃi 시 ; 《강》 ʃíː 시-]
대 (복수 they [ðei])
그녀는, 그녀가
영 *She* is the female person or animal mentioned before.
¶ *She* is my friend.
그녀는 내 친구다.
일 彼女は　かのじょは(카노조와) 중 她 tā(타)

---

she'd [ʃiːd 시-드]
she had, she would의 단축형

***sheep** [ʃíːp 시-프]
명 (복수 sheep)
양
영 A *sheep* is a farm animal that is kept for its wool and its meat.
¶ a flock of *sheep*
양떼
일 羊 ひつじ(히쓰지) 중 羊 yáng(양)
새끼 양은 lamb, 양고기는 mutton이다.

*sheet [ʃíːt 시-트]

명 (복수 sheets [ʃíːts])

1 시트, 홑이불

영 A *sheet* is a large thin rectangular piece of cloth used to cover a bed.

¶ I changed the *sheets* on my bed.
나는 침대 시트를 갈았다.

일 シーツ(시-쓰) 중 床单 chuángdān (촹단)

2 (종이 등의) 한 장

영 A *sheet* is a thin flat piece of paper, glass, metal, or other material.

¶ a *sheet* of paper
종이 한 장

일 一枚 いちまい(이찌마이) 중 一张 yìzhāng(이장)

---

*shelf [ʃélf 셸프]

명 (복수 shelves [ʃélvz])

선반

영 A *shelf* is a long flat board attached to a wall, in a frame, etc., that you can put things on.

¶ fix a *shelf*
선반을 달다

일 棚 たな(타나) 중 架子 jiàzi(쟈쯔)

---

*shell [ʃél 셸]

명 (복수 shells [ʃélz])

조가비, 껍데기

영 A *shell* is the hard outer part that covers and protects nuts, eggs, seeds, and some types of animals.

¶ the *shell* of an egg
달걀 껍데기

일 貝殻 かいがら(카이가라) 중 壳 ké (커)

---

she'll [ʃiːl 실-]

she will, she shall의 단축형

---

*shel·ter [ʃéltər 셸터]

명 (복수 shelters [ʃéltərz])

1 피난 장소, 은신처

영 A *shelter* is a place where you can keep covered in bad weather or stay safe and protected from danger.

¶ The hut provided a *shelter* from the storm.
그 오두막은 폭풍우의 피난처가 되었다.

일 避難所 ひなんしょ(히난쇼) 중 躲避 处 duǒbìchù(뒤비추)

2 보호 ; 피난

영 *Shelter* is protection.

일 保護 ほご(호고) 중 掩蔽 yǎnbì(옌비)

동 (3단현 shelters [ʃéltərz], 과거·과거분사 sheltered [ʃéltərd], 현재분사 sheltering [ʃéltəriŋ])

타 보호하다

영 To *shelter* means to provide a place where someone or something is protected from danger or the weather.

¶ These trees *sheltered* our house from the storm.
이 나무들이 우리집을 폭풍우로부터 보호했다.

일 保護する ほごする(호고스루) 중 掩 蔽 yǎnbì(옌비)

자 피난하다, 숨다

영 To *shelter* means to stay somewhere in order to be protected from danger or the weather.

¶ We had to *shelter* from the rain.
우리는 비를 피해야 했다.

일 避難する ひなんする(히난스루) 중 躲避 duǒbì(뒤비)

---

shelves [ʃélvz 셸브즈]

명 shelf의 복수

shep·herd [ʃépərd 셰퍼드]

명 양치는 사람, 목동
영 A *shepherd* is someone whose job is to take care of sheep.
일 羊飼い ひつじかい(히쓰지까이) 중 牧羊人 mùyángrén(무양런)

---

she's [ʃiːz 시-즈]

she is, she has의 단축형

---

shield [ʃíːld 실-드]

명 **1** 방패
영 A *shield* is a piece of armor carried to protect the body from attack.
일 盾 たて(타떼) 중 盾 dùn(둔)
2 보호물, 방어물
영 A *shield* is a protective barrier.
일 守る物 まもるもの(마모루모노) 중 防护物 fánghùwù(팡후우)

---

*shift [ʃíft 시프트]

타 (3단현 shifts [ʃífts], 과거·과거분사 shifted [ʃíftid], 현재분사 shifting [ʃíftiŋ])
(장소·방향 등을) 바꾸다 ; 옮기다
영 To *shift* means to change or move something.
¶ He *shifted* the books to the next room.
그는 책들을 옆방으로 옮겼다.
일 変える かえる(카에루) 중 转移 zhuǎnyí(좐이)

명 (복수 shifts [ʃífts])
1 변환, 변화
영 A *shift* is a movement or a change.
¶ a *shift* of direction
방향 전환
일 変換 へんかん(헹깡) 중 改变 gǎibiàn(가이볜)

2 (근무) 교대
영 A *shift* is a set period of several hours' continuous work.
¶ They work in *shifts*.
그들은 교대로 일한다.
일 交替 こうたい(코-따이) 중 轮班 lúnbān(룬반)

---

*shine [ʃáin 샤인]

동 (3단현 shines [ʃáinz], 과거·과거분사 재에서는 shone [ʃóun], 타에서는 shined [ʃáind], 현재분사 shining [ʃáiniŋ])
재 빛나다, 반짝이다, 비치다
영 To *shine* means to give out light.
¶ The sun *shines* brightly.
태양은 밝게 빛난다.
일 輝く かがやく(카가야꾸) 중 发光 fāguāng(파광)
타 닦다
영 To *shine* means to make something bright by rubbing it.
¶ I seldom *shine* my shoes.
나는 좀처럼 구두를 닦지 않는다.
일 磨く みがく(미가꾸) 중 擦亮 cāliàng(차량)

---

shin·y [ʃáini 샤이니]

형 (비교급 shinier [ʃáiniər], 최상급 shiniest [ʃáiniist])
빛나는 ; 윤이 나는
영 *Shiny* means bright and smooth.
일 光る ひかる(히까루) 중 发光的 fāguāngde(파광더)

**ship [ʃíp 십]

명 (복수 ships [ʃíps])
배, 선박
영 A *ship* is a big boat that travels in the ocean or on big lakes or rivers.
¶ There are *ships* in the harbor.

항구에 배들이 있다.
일 船 ふね(후네) 중 船 chuán(촨)
숙어 *by ship* 배로, 배편으로
보통 여성 명사로 취급하여 흔히 대명사 she로 받는다.

타 (3단현 ships [ʃíps], 과거·과거분사 shipped [ʃípt], 현재분사 shipping [ʃípiŋ])
(배 등으로) 보내다, 수송하다
영 To *ship* means to send on a ship, a truck, a train, or an airplane.
¶ We *shipped* the goods by rail.
우리는 상품을 철도편으로 보냈다.
일 送る おくる(오꾸루) 중 运送 yùnsòng(윈쏭)

---

* **shirt** [ʃə́ːrt 셔-트]
명 (복수 shirts [ʃə́ːrts])
셔츠
영 A *shirt* is a piece of clothing that you wear on the top half of your body.
¶ take off a *shirt*
셔츠를 벗다
일 シャツ(샤쓰) 중 衬衫 chènshān(천산)

---

shiv·er [ʃívər 시버]
자 (3단현 shivers [ʃívərz], 과거·과거분사 shivered [ʃívərd], 현재분사 shivering [ʃívəriŋ])
떨다, 전율하다
영 To *shiver* means to shake with cold or fear.
¶ She *shivered* with fear.
그녀는 공포로 떨었다.
일 震える ふるえる(후루에루) 중 颤抖 chàndǒu(찬더우)

명 떨림, 전율

영 A *shiver* is a slight shaking movement of your body caused by cold or afraid.
일 震え ふるえ(후루에) 중 颤抖 chàndǒu(찬더우)

---

* **shock** [ʃák 샥]
명 (복수 shocks [ʃáks])
1 충격
영 A *shock* is a sudden violent event that upsets or disturbs you greatly.
일 衝撃 しょうげき(쇼-게끼) 중 冲击 chōngjī(충지)
2 (정신적인) 타격, 쇼크
영 A *shock* is the mental or emotional upset caused by such an event.
¶ He had a bad *shock*.
그는 심한 쇼크를 받았다.
일 ショック(쇽꾸) 중 打击 dǎjī(다지)

타 (3단현 shocks [ʃáks], 과거·과거분사 shocked [ʃákt], 현재분사 shocking [ʃákiŋ])
충격을 주다, 깜짝 놀라게 하다
영 To *shock* means to make someone feel very surprised and upset.
¶ He was *shocked* at the news.
그는 그 소식에 충격을 받았다.
일 衝撃を与える しょうげきをあたえる(쇼-게끼오아따에루) 중 使震惊 shǐzhènjīng(스전징)

---

shock·ing [ʃákiŋ 샤킹]
형 충격적인
영 *Shocking* means very offensive or upsetting.
¶ a *shocking* crime
충격적인 범죄
일 衝撃的な しょうげきてきな(쇼-게끼떼끼나) 중 令人震惊的 lìngrénzhènjīngde(링런전징더)

****shoe** [ʃúː 슈-]

명 (복수 shoes [ʃúːz])
[보통 shoes로] 구두, 신
영 A *shoe* is something that covers a foot.
¶ put on one's *shoes*
구두를 신다
일 靴 くつ(쿠쓰) 중 鞋 xié(셰)

---

shone [ʃóun 쇼운]

자 shine의 과거·과거분사

---

shook [ʃúk 슉]

동 shake의 과거형

***shoot** [ʃúːt 슈-트]

동 (3단현 shoots [ʃúːts], 과거·과거분사 shot [ʃát], 현재분사 shooting [ʃúːtiŋ])
타 쏘다, 발사하다
영 To *shoot* means to fire a gun at someone, or kill or injure someone with a gun.
¶ They *shot* an elephant with a gun.
그들은 코끼리를 총으로 쏘았다.
일 撃つ うつ(우쓰) 중 发射 fāshè(파서)
자 **1** 사격하다, 쏘다
¶ I *shot* at a target.
나는 과녁을 향해 쏘았다.
일 射撃する しゃげきする(샤게끼스루)
중 射击 shèjī(서지)
2 (공을) 차다, 던지다, 슛하다
영 To *shoot* means to kick or throw a ball towards the place in a sports game where you can make points.
일 シュートする(슈-또스루) 중 射门 shèmén(서먼)

****shop** [ʃáp 샵]

명 (복수 shops [ʃáps])
《영》 상점, 가게(《미》 store)
영 A *shop* is a place where you can buy things.
¶ open a *shop*
가게를 열다
일 商店 しょうてん(쇼-뗑) 중 商店 shāngdiàn(상뗸)

↰up 미국에서 store는 보통의 점포를 가리키고, shop은 작업장이나 큰 점포 중의 전문 코너를 말한다. 영국에서는 보통의 점포가 shop이고, 대형 점포를 store라고 한다.

자 (3단현 shops [ʃáps], 과거·과거분사 shopped [ʃápt], 현재분사 shopping [ʃápiŋ])
물건을 사다, 쇼핑하러 가다
영 To *shop* means to go to stores in order to buy things.
¶ We went *shopping* for groceries.
우리는 식료품을 사러 갔다.
일 買い物をする かいものをする(카이모노오스루) 중 购物 gòuwù(거우우)

---

shop·keep·er [ʃápkìːpər 샵키-퍼]

명 《영》 가게 주인, 소매 상인
영 A *shopkeeper* is someone who owns or runs a small shop or store.
일 店主 てんしゅ(텐슈) 중 店主 diànzhǔ(뎬주)

***shop·ping** [ʃápiŋ 샤핑]

명 물건사기, 쇼핑
영 *Shopping* is the activity of going to stores to buy things.
¶ I have some *shopping* to do.
나는 쇼핑할 것이 좀 있다.
일 買い物 かいもの(카이모노) 중 购物

gòuwù(거우우)

---

shop·ping cen·ter [ʃápiŋ sèntər 샤핑 센터]

명 쇼핑 센터, 상점가
영 A *shopping center* is a group of stores with one central parking lot.
일 ショッピングセンター(숍뼁구센따-)
중 购物中心 gòuwùzhōngxīn(거우우중신)

---

*shore [ʃɔ́:r 쇼-]

명 (복수 shores [ʃɔ́:rz])
바닷가, 해안
영 A *shore* is the land along the edge of an ocean, a lake, or a river.
¶ We walked along the *shore*.
우리는 해변을 걸었다.
일 岸 きし(키시) 중 岸 àn(안)

**short [ʃɔ́:rt 쇼-트]

형 (비교급 shorter [ʃɔ́:rtər], 최상급 shortest [ʃɔ́:rtist])
1 짧은(《반》 long 긴)
영 *Short* means less than the average length, distance, time, etc.
¶ These pants are too *short*.
이 바지는 너무 짧다.
일 短い みじかい(미지까이) 중 短的 duǎnde(돤더)
2 키가 작은(《반》 tall 키가 큰)
영 *Short* means not very tall.
¶ a *short* young woman
키가 작은 젊은 여성
일 背の低い せのひくい(세노히꾸이)
중 矮的 ǎide(아이더)
3 부족한, 모자라는
영 *Short* means not having enough of something you need.
¶ He is *short* of sleep.
그는 수면 부족이다.

일 不足の ふそくの(후소꾸노) 중 短缺的 duǎnquēde(돤췌더)

부 갑자기, 별안간
영 *Short* means suddenly.
¶ The car stopped *short*.
차가 갑자기 멈춰섰다.
일 突然 とつぜん(토쓰젠) 중 突然地 tūránde(투란더)

명 (복수 shorts [ʃɔ́:rts])
[shorts로] 짧은 바지, 반바지
영 *Shorts* are pants that reach to or above the knees.
일 半ズボン はんズボン(한즈봉) 중 短裤 duǎnkù(돤쿠)
숙어 *for short* 줄여서
숙어 *in short* 요컨대, 간단히 말해서

---

short·age [ʃɔ́:rtidʒ 쇼-티지]

명 (복수 shortages [ʃɔ́:rtidʒiz])
부족, 결핍
영 A *shortage* is a situation in which there is not enough of something.
¶ a housing *shortage*
주택 부족
일 不足 ふそく(후소꾸) 중 不足 bùzú(부쭈)

---

short·ly [ʃɔ́:rtli 쇼-틀리]

부 곧
영 *Shortly* means soon or presently.
¶ She will be home *shortly*.
그녀는 곧 집에 돌아갈 것이다.
일 まもなく(마모나꾸) 중 立刻 lìkè(리커)

---

*shot [ʃát 샷]

명 **1** 발사, 발포
영 A *shot* is the firing of a gun.

¶ He fired two *shots*.
그는 2발을 쏘았다.
⑨ 発射 はっしゃ(핫샤) ㊥ 射击 shèjī
(서지)
2 탄환, 포탄
⑨ A *shot* is a single bullet fired from a gun.
⑨ 弾丸 だんがん(당강) ㊥ 弹丸 dàn-wán(단완)

***should** [《약》ʃəd 셔드 ; 《강》ʃúd 슈드]

㉠ [의무·당연] …하여야 한다, …하는 것이 좋다
⑨ *Should* means to show a duty or an obligation.
¶ We *should* keep quiet within the hospital.
병원 안에서는 조용히 해야 한다.
⑨ 当然…すべきである とうぜん…すべきである(토-젠…스베끼데아루) ㊥ 应该 yīnggāi(잉가이)

****shoul·der** [ʃóuldər 쇼울더]

㈅ (복수 shoulders [ʃóuldərz])
어깨
⑨ A *shoulder* is the part of your body between your neck and your upper arm.
¶ He put his hand on my *shoulder*.
그는 내 어깨에 손을 올려 놓았다.
⑨ 肩 かた(카따) ㊥ 肩 jiān(젠)

---

should·n't [ʃúdnt 슈든트]
should not의 단축형

***shout** [ʃáut 샤우트]

㈁ (3단현 shouts [ʃáuts], 과거·과거분사 shouted [ʃáutid], 현재분사 shouting [ʃáutiŋ])

㈐ 외치다, 고함치다
⑨ To *shout* means to speak in a very loud voice.
¶ Don't *shout* at me.
내게 소리치지 마라.
⑨ 叫ぶ さけぶ(사께부) ㊥ 喊叫 hǎn-jiào(한쟈오)
㈊ 큰소리로 말하다
¶ He *shouted* out his orders.
그는 큰소리로 명령했다.
⑨ 大声で言う おおごえでいう(오-고에데이우) ㊥ 大声说出 dàshēngshuō-chū(다성쉬추)

㈅ (복수 shouts [ʃáuts])
외침, 큰소리
⑨ A *shout* is a loud call that expresses anger, excitement, etc.
¶ give *shouts* of joy
환성을 지르다
⑨ 叫び さけび(사께비) ㊥ 呼喊 hūhǎn(후한)

---

shov·el [ʃʌ́vl 셔블]

㈅ 삽
⑨ A *shovel* is a tool with a long handle, used for digging or moving earth, stones, etc.
⑨ シャベル(샤베루) ㊥ 铲子 chǎnzi(찬쯔)

****show** [ʃóu 쇼우]

㈁ (3단현 shows [ʃóuz], 과거형 showed [ʃóud], 과거분사 showed 또는 shown [ʃóun], 현재분사 showing [ʃóuiŋ])
㈊ **1** 보이다
⑨ To *show* means to let someone see something.
¶ I will *show* you the present.
너에게 선물을 보여줄게.

일 見せる　みせる(미세루) 중 给…看 gěi…kàn(게이…칸)

2 설명하다, 가르치다

영 To *show* means to explain to someone.

¶ *Show* me how to do it.
나에게 그것을 어떻게 하는지 가르쳐 주시오.

일 教える　おしえる(오시에루) 중 说明 shuōmíng(쉬밍)

3 안내하다

영 To *show* means to guide or lead someone.

¶ He *showed* me into his room.
그는 나를 자기 방으로 안내했다.

일 案内する　あんないする(안나이스루) 중 引导 yǐndǎo(인다오)

재 보이다, 나타나다

영 To *show* means to be able to be seen or to appear.

¶ The hospital *showed* in the distance.
멀리 병원이 보였다.

일 見える　みえる(미에루) 중 显现 xiǎnxiàn(센센)

명 (복수 shows [ʃóuz])
구경거리, 쇼

영 A *show* is a performance in a theater or on radio or television.

일 見せ物　みせもの(미세모노) 중 表演 biǎoyǎn(뱌오옌)

---

* **show·er** [ʃáuər 샤우어]

명 (복수 showers [ʃáuərz])

1 소나기

영 A *shower* is a short period of rain.

¶ I was caught in a *shower*.
나는 소나기를 만났다.

일 にわか雨　にわかあめ(니와까아메) 중 阵雨 zhènyǔ(전위)

2 샤워

영 A *shower* is a bath in which water is sprayed on the body.

¶ She's in the *shower*.
그녀는 샤워를 하고 있는 중이다.

일 シャワー(샤와-) 중 淋浴 línyù(린위)

---

shown [ʃóun 쇼운]

동 show의 과거분사

---

* **shut** [ʃʌt 셧]

동 (3단현 shuts [ʃʌts], 과거·과거분사 shut, 현재분사 shutting [ʃʌtiŋ])

타 (문을) 닫다 ; (입·눈을) 다물다, 감다

영 To *shut* means to close something.

¶ Please *shut* the door.
문을 닫아주세요.

일 閉じる　とじる(토지루) 중 关上 guānshàng(관상)

재 닫히다

영 To *shut* means to become closed.

¶ This window *shuts* badly.
이 창문은 잘 안닫힌다.

일 しまる(시마루) 중 关上 guānshàng(관상)

---

shut·ter [ʃʌtər 셔터]

명 덧문, 셔터

영 A *shutter* is a movable cover that protects the outside of a window and keeps out the light.

일 よろい戸　よろいど(요로이도) 중 百叶窗 bǎiyèchuāng(바이예촹)

---

shut·tle [ʃʌtl 셔틀]

명 근거리 왕복 열차[버스, 비행기]

영 A *shuttle* is an airplane, bus, or train that makes regular short trips between two places.

일 近距離往復列車　きんきょりおう
ふくれっしゃ(킹꾜리오-후꾸렛샤) 중 短
程穿梭运行的车辆　duǎnchéngchuān-
suōyùnxíngdechēliàng(돤청촨쒀윈싱더
처량)

---

*shy [ʃái 샤이]

형 (비교급 shier 또는 shyer [ʃáiər],
최상급 shiest 또는 shyest [ʃáiist])
수줍어하는, 부끄럼타는
영 *Shy* means nervous and embar-
rassed about meeting and speaking
to other people, especially people
you do not know.
¶ Don't be *shy*.
수줍어하지 마라.
일 恥ずかしがりの　はずかしがりの
(하즈까시가리노) 중 怕羞的　pàxiūde(파
슈더)

**sick [sík 식]

형 (비교급 sicker [síkər], 최상급
sickest [síkist])
병든(《반》well 건강한)
영 *Sick* means suffering from a
disease or illness.
¶ I am *sick* today.
나는 오늘 아프다.
일 病気の　びょうきの(뵤-끼노) 중 病
的 bìngde(빙더)

---

sick·ness [síknəs 시크너스]

명 병
영 *Sickness* is the state or feeling of
being sick.
¶ I was absent because of *sickness*
yesterday.
나는 어제 병이 나서 결석했다.
일 病気　びょうき(뵤-끼) 중 疾病
jíbìng(지빙)

**side [sáid 사이드]

명 (복수 sides [sáidz])
1 (물체의) 측면
영 A *side* is an outer part of some-
thing that is not the front or the back.
¶ the *side* of a house
집의 측면
일 側面　そくめん(소꾸멘) 중 側面
cèmiàn(처몐)
2 옆, 곁
영 A *side* is the place or area directly
next to someone or something.
¶ He sat at my *side*.
그는 내 옆에 앉았다.
일 側　そば(소바) 중 旁边 pángbiān(팡
볜)
3 가장자리, 가
영 A *side* is the part of an object or
area that is farthest from the middle,
at or near the edge.
¶ We walked by the river *side*.
우리는 강가를 걸었다.
일 端　はた(하따) 중 边 biān(볜)
숙어 *from side to side* 좌우로
숙어 *side by side* 나란히
¶ We walked *side by side*.
우리는 나란히 걸었다.

---

side·walk [sáidwɔ̀:k 사이드워-크]

명 (복수 sidewalks [sáidwɔ̀:ks])
보도, 인도
영 A *sidewalk* is a paved path beside
a street.
일 歩道　ほどう(호도-) 중 人行道
rénxíngdào(런싱다오)

---

sigh [sái 사이]

자 (3단현 sighs [sáiz], 과거·과거
분사 sighed [sáid], 현재분사
sighing [sáiiŋ])
한숨 쉬다

영 To *sigh* means to breathe out loudly and slowly.
¶ He *sighed* with relief.
그는 안도의 한숨을 쉬었다.
일 ため息をつく　ためいきをつく(타메이끼오쓰꾸) 중 叹气 tànqì(탄치)

명 한숨
영 A *sigh* is an act of sighing.
일 ため息　ためいき(타메이끼) 중 叹气 tànqì(탄치)

---

sight·see·ing [sáitsìːiŋ 사이트시-잉]
명 관광, 유람
영 *Sightseeing* is the activity of visiting famous or interesting places, especially as a tourist.
일 観光　かんこう(캉꼬-) 중 观光 guānguāng(관광)

치다

---

* **sight** [sáit 사이트]
명 (복수 sights [sáits])
1 시력
영 *Sight* is the ability to see.
¶ She lost her *sight* in an accident.
그녀는 사고로 시력을 잃었다.
일 視力　しりょく(시료꾸) 중 視力 shìlì(스리)
2 봄, 보임
영 *Sight* is the act of seeing.
¶ I cannot bear the *sight* of him.
나는 차마 그의 모습을 볼 수 없다.
일 見ること　みること(미루코또) 중 看见 kànjiàn(칸졘)
3 시야, 시계
영 *Sight* is the range or distance a person can see.
¶ The plane flew out of *sight*.
비행기가 멀리 날아가 시야에서 사라졌다.
일 視野　しや(시야) 중 視野 shìyě(스예)
4 광경, 경치
영 A *sight* is a view or a scene.
¶ What a wonderful *sight* it is!
정말 멋진 광경이구나!
일 光景　こうけい(코-께-) 중 景色 jǐngsè(징써)
숙어 *at first sight* 첫눈에
숙어 *lose sight of* …을 시야에서 놓

---

* **sign** [sáin 사인]
명 (복수 signs [sáinz])
1 기호, 부호
영 A *sign* is a symbol that stands for something.
¶ A dollar *sign* looks like "$."
달러 기호는 「$」 모양이다.
일 記号　きごう(키고-) 중 记号 jìhào(지하오)
2 표지, 간판, 게시
영 A *sign* is a piece of wood, metal, etc. with words or pictures on it to give people information.
¶ The room has the *sign* of "No smoking."
그 방에는 「금연」의 게시가 붙어 있다.
일 標識　ひょうしき(효-시끼) 중 牌子 páizi(파이쯔)
3 기미, 조짐
영 A *sign* is something that points out what is to come.
¶ There is no *sign* of rain.
비가 내릴 기미가 없다.
일 兆候　ちょうこう(초-꼬-) 중 征兆 zhēngzhào(정자오)
4 (몸짓·손짓 등의) 신호
영 A *sign* is a movement or sound that you make without speaking, in order to tell someone something.

¶ She made a *sign* to come.
그녀는 오라는 신호를 했다.
일 合図 あいず(아이즈) 중 信号 xìn-hào(신하오)

타 (3단현 signs [sáinz], 과거·과거분사 signed [sáind], 현재분사 signing [sáiniŋ])
서명하다
영 To *sign* means to write your name in your own way.
¶ He *signed* the check.
그는 수표에 서명했다.
일 署名する しょめいする(쇼메-스루)
중 签名 qiānmíng(첸밍)

S ＊**sig·nal** [sígnəl 시그널]
명 (복수 signals [sígnəlz])
신호
영 A *signal* is a sound, action, or event that gives information or tells someone to do something.
¶ a traffic *signal*
교통 신호
¶ He gave the *signal* to start.
그는 시작하라는 신호를 했다.
일 合図 あいず(아이즈) 중 信号 xìn-hào(신하오)

타 (3단현 signals [sígnəlz], 과거·과거분사 signaled [sígnəld], 현재분사 signaling [sígnəliŋ])
신호를 보내다, 신호하다
영 To *signal* means to make a movement or sound, without speaking, that gives information or tells someone to do something.
¶ I *signaled* the car to stop.
나는 자동차에 정지 신호를 보냈다.
일 合図する あいずする(아이즈스루)
중 信号 xìnhào(신하오)

---

sig·na·ture [sígnətʃər 시그너처]
명 (복수 signatures [sígnətʃərz])
서명, 사인
영 A *signature* is a person's name written in that person's own handwriting.
일 署名 しょめい(쇼메-) 중 签名 qiānmíng(첸밍)

---

sig·nif·i·cance [signífikəns 시그니피컨스]
명 1 중요성
영 *Significance* is importance.
¶ a matter of great *significance*
대단히 중요한 문제
일 重要性 じゅうようせい(주-요-세-)
중 重要性 zhòngyàoxìng(중야오싱)
2 의의, 의미
영 *Significance* is the meaning of something, especially something that might affect you in the future.
¶ the *significance* of this mark
이 기호의 의미
일 意義 いぎ(이기) 중 意义 yìyì(이이)

---

sig·nif·i·cant [signífikənt 시그니피컨트]
형 1 중요한, 중대한
영 *Significant* means noticeable or important.
¶ a *significant* fact
중대한 사실
일 重要な じゅうような(주-요-나)
중 重要的 zhòngyàode(중야오더)
2 의미 있는, 뜻깊은
영 *Significant* means having a special meaning that is not known to everyone.
¶ a *significant* word
의미 있는 말
일 意味のある いみのある(이미노아루)

중 有意义的 yǒuyìyìde(유이이더)

***si·lence** [sáiləns 사일런스]

명 (복수 silences [sáilənsiz])
1 침묵, 무언
영 *Silence* is complete quiet because no one is talking, or a period of complete quiet.
¶ The family sat eating in *silence*.
가족은 말없이 앉아서 음식을 먹었다.
일 沈黙 ちんもく(침모꾸) 중 沉默 chénmò(천모)
2 고요함, 정적
영 *Silence* is complete absence of sound or noise.
¶ the *silence* of the night
밤의 정적
일 静寂 せいじゃく(세-자꾸) 중 寂静 jìjìng(지징)

***si·lent** [sáilənt 사일런트]

형 (비교급 more silent, 최상급 most silent)
침묵하는, 말없는
영 *Silent* means not saying anything or making any noise.
¶ He kept *silent* for a moment.
그는 잠시 동안 말이 없었다.
일 沈黙した ちんもくした(침모꾸시따) 중 沉默的 chénmòde(천모더)

***silk** [sílk 실크]

명 (복수 silks [sílks])
비단, 실크
영 *Silk* is a soft, shiny fabric made from fibers produced by a silkworm.
일 絹 きぬ(키누) 중 丝 sī(쓰)

***sil·ly** [síli 실리]

형 (비교급 sillier [síliər], 최상급 silliest [síliist])
어리석은
영 *Silly* means stupid or not sensible.
¶ You're very *silly* to trust him.
그를 믿다니 너는 참 어리석다.
일 愚かな おろかな(오로까나) 중 愚蠢的 yúchǔnde(위춘더)

***sil·ver** [sílvər 실버]

명 은
영 *Silver* is a valuable shiny white metal, used for making jewelry, spoons, etc.
¶ This bell is made of *silver*.
이 종은 은으로 만들었다.
일 銀 ぎん(긴) 중 银 yín(인)

형 은으로 만든
영 *Silver* means made of silver.
¶ a *silver* watch
은시계
일 銀の ぎんの(긴노) 중 银的 yínde(인더)

***sim·i·lar** [símələr 시멀러]

형 비슷한, 유사한
영 *Similar* means alike, or of the same type.
¶ They are *similar* in every points.
그들은 모든 점에서 비슷하다.
일 似かよった にかよった(니카욧따) 중 相像的 xiāngxiàngde(샹샹더)

***sim·ple** [símpl 심플]

형 (비교급 simpler [símplər], 최상급 simplest [símplist])
1 쉬운, 간단한
영 *Simple* means easy, or not hard to understand or do.

¶ The exam was quite *simple*.
시험은 아주 쉬웠다.
일 簡単な　かんたんな(칸딴나) 중 简单的 jiǎndānde(젠단더)
2 간소한, 수수한
영 **Simple** means made in a plain style, without a lot of decoration or things that are not necessary.
¶ a *simple* white dress
수수한 하얀 드레스
일 簡素な　かんそな(칸소나) 중 简朴的 jiǎnpǔde(젠푸더)
3 검소한, 소박한
영 **Simple** means ordinary and not special in any way.
¶ He is living a *simple* life.
그는 검소한 생활을 하고 있다.
일 質素な　しっそな(싯소나) 중 朴实的 pǔshíde(푸스더)

---

*__sim·ply__ [símpli 심플리]
부 **1** 단지, 다만
영 **Simply** means only.
¶ He *simply* answered so.
그는 단지 그렇게 대답했을 뿐이었다.
일 単に　たんに(탄니) 중 仅仅 jǐnjǐn (진진)
2 알기 쉽게, 간단히
영 **Simply** means in a way that is easy to understand.
¶ Could you explain it more *simply*?
좀 더 쉽게 설명해 주시겠습니까?
일 簡単に　かんたんに(칸딴니) 중 简单地 jiǎndānde(젠단더)

__sin__ [sín 신]
명 (복수 sins [sínz])
죄, 죄악
영 A **sin** is bad or evil behavior that goes against moral and religious laws.
¶ commit a *sin*
죄를 짓다
일 罪　つみ(쓰미) 중 罪 zuì(쭈이)

sin은 종교·도덕상의 죄를 가리키고, crime은 법률상의 죄를 가리킨다.

---

*__since__ [síns 신스]
전 …이래, …로부터
영 **Since** means from or during the time after.
¶ He has been sick *since* Monday.
그는 월요일부터 아팠다.
일 …以来 …いらい(…이라이) 중 此后 cǐhòu(츠허우)

보통 현재 완료형과 함께 쓴다.

접 **1** …한 이래, …한 후 (줄곧)
영 **Since** means from the time that.
¶ It's been two years *since* I saw you.
내가 너를 만난 지 2년이 지났다.
일 …して以来 …していらい(…시떼이라이) 중 此后 cǐhòu(츠허우)
2 …이므로, …때문에
영 **Since** means as, or because.
¶ *Since* I feel sick, I can't go with you.
건강이 좋지 않아서 함께 갈 수 없군요.
일 …なので(…나노데) 중 因为 yīnwèi (인웨이)

부 **1** 그 후 (지금까지)
영 **Since** means from the past until now.
¶ I haven't heard from him *since*.
그 후로 그에게서 소식이 없다.
일 それ以来　それいらい(소레이라이) 중 此后 cǐhòu(츠허우)
2 …전에

영 *Since* means ago.
¶ He died some years *since*.
그는 수년 전에 죽었다.
일 …前に …まえに(…마에니) 중 …之前 …zhīqián(…즈첸)
「(지금부터) …전에」의 뜻으로 동사는 과거형·완료형을 쓴다.

---

* **sin·cere** [sinsíər 신시어]

형 (비교급 sincerer [sinsíərər] 또는 more sincere, 최상급 sincerest [sinsíərist] 또는 most sincere)
성실한, 진실한
영 *Sincere* means honest and true, or based on what you really feel or believe.
¶ a *sincere* friend
진실한 친구
일 誠実な せいじつな(세-지쓰나) 중 诚实的 chéngshíde(청스더)

---

sin·cere·ly [sinsíərli 신시얼리]

부 진심으로, 진정으로
영 *Sincerely* means in a sincere way.
일 心から こころから(코꼬로까라) 중 真诚地 zhēnchéngde(전청더)

** **sing** [síŋ 싱]

동 (3단현 sings [síŋz], 과거형 sang [sǽŋ], 과거분사 sung [sʌ́ŋ], 현재분사 singing [síŋiŋ])
자 1 노래하다
영 To *sing* means to make music with your voice.
¶ She *sang* to the piano.
그녀는 피아노에 맞춰 노래했다.
일 歌を歌う うたをうたう(우따오우따우) 중 唱歌 chànggē(창거)
2 (새 등이) 지저귀다
영 To *sing* means to make sounds that seem musical.
¶ Many birds are *singing* in the woods.
많은 새들이 숲 속에서 지저귀고 있다.
일 鳴く なく(나꾸) 중 鳴 míng(밍)
타 노래하다
¶ I can *sing* pop songs.
나는 팝송을 부를 수 있다.
일 歌う うたう(우따우) 중 唱歌 chànggē(창거)

---

* **sing·er** [síŋər 싱어]

명 (복수 singers [síŋərz])
가수, 성악가
영 A *singer* is someone who sings, especially as a job.
¶ a popular *singer*
대중 가수
일 歌手 かしゅ(카슈) 중 歌手 gēshǒu(거서우)

---

* **sin·gle** [síŋgl 싱글]

형 1 단 하나의
영 *Single* means only one.
¶ They parted without a *single* word spoken.
그들은 한 마디 말도 없이 헤어졌다.
일 たった一つの たったひとつの(탓따히또쓰노) 중 单一的 dānyīde(단이더)
2 1인용의
영 *Single* means intended to be used by only one person.
¶ I want a *single* room.
나는 1인용 방을 원합니다.
일 一人用の いちにんようの(이찌닝요-노) 중 单人用的 dānrényòngde(단런용더)
3 독신의, 혼자의
영 *Single* means not married.
¶ Is he *single*?

그는 독신입니까?
[일] 独身の どくしんの(도꾸신노) [중] 单身的 dānshēnde(단선더)

[명] (복수 singles [síŋglz])
싱글 판
[영] A ***single*** is a record or CD with only one song on it.
[일] シングル盤 シングルばん(싱구루방) [중] 单曲唱片 dānqǔchuàngpiàn(단취창폔)

***sink** [síŋk 싱크]

[동] (3단현 sinks [síŋks], 과거형 sank [sǽŋk], 과거분사 sunk [sʌ́ŋk], 현재분사 sinking [síŋkiŋ])
[자] 가라앉다, 침몰하다
[영] To ***sink*** means to go down slowly.
¶ The sun is *sinking* below the horizon.
태양이 수평선 아래로 지고 있다.
[일] 沈む しずむ(시즈무) [중] 下沉 xiàchén(샤천)
[타] 가라앉히다, 침몰시키다
[영] To ***sink*** means to make go under the surface.
¶ *sink* a ship 배를 침몰시키다
[일] 沈める しずめる(시즈메루) [중] 使下沉 shǐxiàchén(스샤천)

***sir** [《약》 sər 서 ; 《강》 sə́ːr 서–]

[명] **1** [호칭] 님, 선생님
[영] ***Sir*** is a formal term for a man used in speaking and writing.
¶ Can I help you, *sir*?
도와 드릴까요?
[일] あなた(아나따) [중] 先生 xiānsheng(셴성)
[up] 손윗사람이나 모르는 남성에 대한 경칭으로 보통 해석하지 않는다.
2 [Sir로] …경
[영] ***Sir*** is the title of someone who has been made a knight.
¶ *Sir* Winston Churchill
윈스턴 처칠 경
[일] 卿 きょう(쿄–) [중] 爵士 juéshì(줴스)
[up] 영국에서 나이트(knight) 또는 준남작(baronet)에 대한 경칭으로 이름 앞에 붙인다.

---

si·ren [sáiərən 사이어런]

[명] 사이렌, 경적
[영] A ***siren*** is a piece of equipment that makes very loud warning sounds, used on police cars, fire engines, etc.
[일] サイレン(사이렌) [중] 警报器 jǐngbàoqì(징바오치)

****sis·ter** [sístər 시스터]

[명] (복수 sisters [sístərz])
자매
[영] A ***sister*** is a girl or woman who has the same parents as another person.
¶ This is my *sister*.
이 애는 내 여동생이야.
[일] 姉妹 しまい(시마이) [중] 姐妹 jiěmèi(제메이)

****sit** [sít 싯]

[자] (3단현 sits [síts], 과거·과거분사 sat [sǽt], 현재분사 sitting [sítiŋ])
앉다, 앉아 있다
[영] To ***sit*** means to rest the bottom part of your body on something.
¶ He *sat* on his dad's lap.
그는 아버지의 무릎에 앉았다.
[일] 座っている すわっている(스왓떼이루) [중] 坐 zuò(줘)
[숙어] *sit up* 똑바로 앉다

site [sáit 사이트]

명 (복수 sites [sáits])
장소, 부지
영 A *site* is an area where something is being built or will be built.
일 場所 ばしょ(바쇼) 중 地点 dìdiǎn (디뎬)

---

sit·u·a·tion [sìtʃuéiʃən 시추에이션]

명 (복수 situations [sìtʃuéiʃənz])
정세, 상황
영 A *situation* is the circumstances that exist at a particular time.
¶ the international *situation*
국제 정세
일 情勢 じょうせい(조-세-) 중 形勢 xíngshì(싱스)

***six** [síks 식스]

명 (복수 sixes [síksiz])
6, 여섯
영 *Six* is the number that comes after five and before seven.
일 六 ろく(로꾸) 중 六 liù(류)

***sixth** [síksθ 식스스]

명 1 여섯번째
영 *Sixth* is the number in a series that matches the number six.
일 六番目 ろくばんめ(로꾸밤메) 중 第六 dìliù(디류)
2 6분의 1
영 *Sixth* is one of six equal parts of something.
일 六分の一 ろくぶんのいち(로꾸분노이찌) 중 六分之一 liùfēnzhīyī(류펀즈이)

***size** [sáiz 사이즈]

명 (복수 sizes [sáiziz])
1 크기
영 *Size* is the measurement of how large or small something is.
¶ This book is the same *size* as that.
이 책은 저 책과 같은 크기다.
일 大きさ おおきさ(오-끼사) 중 大小 dàxiǎo(다샤오)
2 치수, 사이즈
영 A *size* is one in a series of standard measurements for clothing, shoes, etc.
¶ Is there any other *size*?
다른 치수가 있습니까?
일 サイズ(사이즈) 중 尺码 chǐmǎ(츠마)

---

skate [skéit 스케이트]

명 (복수 skates [skéits])
[보통 skates로] 스케이트 구두
영 A *skate* is a boot with a blade on the bottom.
일 スケート靴 スケートぐつ(스께-또구쓰) 중 冰鞋 bīngxié(빙세)

자 (3단현 skates [skéits], 과거·과거분사 skated [skéitid], 현재분사 skating [skéitiŋ])
스케이트를 타다
영 To *skate* means to glide or move along on skates.
¶ Let's go *skating*.
스케이트 타러 가자.
일 スケートをする(스께-또오스루) 중 溜冰 liūbīng(류빙)

---

skate·board [skéitbɔ́:rd 스케이트보-드]

명 스케이트보드
영 A *skateboard* is a small board with wheels that you stand on and ride.
일 スケートボード(스께-또보-도) 중 滑

板 huábǎn(화반)

---

skel·e·ton [skélətn 스켈러튼]

몡 (복수 skeletons [skélətnz])
골격, 해골
영 A *skeleton* is the structure con-sisting of all the bones in a human or animal body.
일 骨格 こっかく(콕까꾸) 중 骨骼 gǔgé (구거)

---

sketch [skétʃ 스케치]

몡 (복수 sketches [skétʃiz])
스케치, 사생화
영 A *sketch* is a quick, rough drawing of something.
¶ make a *sketch* of a view
풍경을 스케치하다
일 スケッチ(스껫찌) 중 速写 sùxiě (쑤세)

타 (3단현 sketches [skétʃiz], 과 거·과거분사 sketched [skétʃt], 현 재분사 sketching [skétʃiŋ])
스케치하다
영 To *sketch* means to draw a sketch of something.
¶ She *sketched* the street.
그녀는 거리를 스케치했다.
일 写生する しゃせいする(샤세-스루)
중 写生 xiěshēng(세성)

---

ski [skí: 스키-]

몡 (복수 skis [skí:z])
스키
영 A *ski* is one of a pair of long narrow pieces of wood or plastic that you fasten to boots so you can move easily on snow.
¶ She bought a pair of *skis*.

그녀는 스키 한 벌을 샀다.
일 スキー(스끼-) 중 滑雪板 huáxuě-bǎn(화쉐반)

자 (3단현 skis [skí:z], 과거·과거분사 skied [skí:d], 현재분사 skiing [skí:iŋ])
스키를 타다
영 To *ski* means to move over snow on skis.
¶ She *skied* down a mountain.
그녀는 스키를 타고 산을 내려왔다.
일 スキーをする(스끼-오스루) 중 滑雪 huáxuě(화쉐)

---

*skill [skíl 스킬]

몡 (복수 skills [skílz])
기술, 기능
영 A *skill* is the ability to do some-thing well.
¶ Your *skill* is like magic.
너의 기술은 마술 같다.
일 技術 ぎじゅつ(기주쓰) 중 技术 jìshù(지수)

---

skilled [skíld 스킬드]

혱 숙련된, 노련한
영 *Skilled* means having the training and experience needed to do some-thing well.
¶ *skilled* workers
숙련공
일 熟練した じゅくれんした(주꾸렌시따) 중 熟练的 shúliànde(수렌더)

---

skill·ful [skílful 스킬풀]

혱 숙련된, 능숙한
영 *Skillful* means good at doing something that you have learned and practiced.

¶ a *skillful* doctor
숙련된 의사
일 熟練した　じゅくれんした(주꾸렌시따)　중 熟练的　shúliànde(수렌더)

***skin** [skín 스킨]
명 (복수 skins [skínz])
1 피부 ; 가죽
영 *Skin* is the outer covering of tissue on the bodies of humans and animals.
¶ She has fair *skin*.
그녀는 피부가 곱다.
일 皮膚　ひふ(히후)　중 皮肤　pífū(피푸)
2 껍질
영 A *skin* is the outer layer of a fruit or vegetable.
¶ I slipped on a banana *skin*.
나는 바나나 껍질에 미끄러졌다.
일 皮　かわ(카와)　중 外皮　wàipí(와이피)

---

skip [skíp 스킵]
동 (3단현 skips [skíps], 과거·과거분사 skipped [skípt], 현재분사 skipping [skípiŋ])
타 **1** 거르다, 빼먹다
영 To *skip* means to not do something that you would usually do or that you should do.
¶ I'd *skipped* breakfast.
나는 아침 식사를 걸렀다.
일 抜かす　ぬかす(누까스)　중 略过　lüèguò(뤠궈)
2 건너 뛰어 읽다, 빠뜨리다
영 To *skip* means to not read, mention, or deal with something that would normally come or happen next.
일 飛ばして読む　とばしてよむ(토바시떼요무)　중 跳过　tiàoguò(탸오궈)

자 가볍게 뛰다, 뛰어 돌아다니다
영 To *skip* means to move forward with quick jumps from one foot to the other.
¶ The little girl *skipped* along the road.
어린 소녀가 길을 깡충깡충 뛰면서 갔다.
일 軽くはねる　かるくはねる(카루꾸하네루)　중 蹦蹦跳跳　bèngbèngtiào-tiào(벙벙탸오탸오)

---

skirt [skə́:rt 스커-트]
명 (복수 skirts [skə́:rts])
스커트, 치마
영 A *skirt* is a piece of clothing worn by a girl or woman that hangs down from the waist.
¶ She always wears a *skirt*.
그녀는 언제나 스커트를 입는다.
일 スカート(스까-또)　중 裙子　qúnzi(췬쯔)

****sky** [skái 스카이]
명 (복수 skies [skáiz])
[the sky로] 하늘
영 The *sky* is the space above the earth where the sun, clouds, and stars are.
¶ *The sky* is clear.
하늘이 맑다.
일 空　そら(소라)　중 天空　tiānkōng(톈쿵)

---

sky·line [skáilàin 스카이라인]
명 (복수 skylines [skáilàinz])
스카이라인
영 A *skyline* is the shape made by tall buildings or hills against the sky.
일 スカイライン(스까이라인)　중 空中

轮廓线　kōngzhōnglúnkuòxiàn(쿵중룬
퀴셴)

---

sky·scrap·er [skáiskrèipər 스카이스크레이퍼]

몡 마천루, 초고층 빌딩

옝 A *skyscraper* is a very tall building.

¶ There are no *skyscrapers* in London.
런던에는 초고층 건물이 없다.

일 摩天楼　まてんろう(마뗀로-) 중 摩天楼 mótiānlóu(모톈러우)

---

slacks [slǽks 슬랙스]

몡 [복수] 슬랙스

옝 *Slacks* are a pair of pants for casual wear.

일 スラックス(스락꾸스) 중 宽松长裤 kuānsōngchángkù(콴쑹창쿠)

---

slave [sléiv 슬레이브]

몡 (복수 slaves [sléivz])
노예

옝 A *slave* is someone who is owned by another person and thought of as property.

¶ He works like a *slave*.
그는 노예처럼 일한다.

일 奴隷　どれい(도레-) 중 奴隷　núlì (누리)

---

sled [sléd 슬레드]

몡 (복수 sleds [slédz])
소형 썰매

옝 A *sled* is a vehicle that slides over snow, often used by children.

일 小型そり　こがたそり(코가따소리)
중 雪橇　xuěqiāo(쉐쟈오)

---

sleep [slí:p 슬리-프]

쟈 (3단현 sleeps [slí:ps], 과거·과거분사 slept [slépt], 현재분사 sleeping [slí:piŋ])
잠자다(《반》wake 잠깨다)

옝 To *sleep* means to rest your mind and body by lying down with your eyes closed.

¶ Did you *sleep* well?
잘 잤니?

일 眠る　ねむる(네무루) 중 睡觉 shuìjiào(수이쟈오)

몡 잠, 수면

옝 *Sleep* is the natural state of being asleep.

¶ I could get no *sleep* last night.
나는 어젯밤에 한숨도 못 잤다.

일 眠り　ねむり(네무리) 중 睡眠 shuìmián(수이몐)

숙어 *go to sleep* 잠들다

---

sleep·y [slí:pi 슬리-피]

휑 (비교급 sleepier [slí:piər], 최상급 sleepiest [slí:piist])
졸린, 졸음이 오는

옝 *Sleepy* means drowsy, or ready for sleep.

¶ I got *sleepy*.
나는 졸렸다.

일 眠い　ねむい(네무이) 중 瞌睡的 kēshuìde(커수이더)

---

sleeve [slí:v 슬리-브]

몡 (복수 sleeves [slí:vz])
소매, 소맷자락

옝 A *sleeve* is the part of a shirt, coat, or other garment that covers your arm.

¶ The *sleeves* are too short.
소매가 너무 짧다.

일 そで(소데) 중 袖子 xiùzi(슈쯔)

---

slept [slépt 슬렙트]
자 sleep의 과거·과거분사

---

slice [sláis 슬라이스]
명 (복수 slices [sláisiz])
얇은 조각, 한 조각
영 A *slice* is a thin, flat piece cut from something larger.
¶ I have a *slice* of bread for breakfast.
아침 식사로 빵 한 조각을 먹는다.
일 一片 いっぺん(입뻰) 중 切片 qiēpiàn (체펜)

---

slid [slíd 슬리드]
자 slide의 과거·과거분사

---

*slide [sláid 슬라이드]
자 (3단현 slides [sláidz], 과거·과거분사 slid [slíd], 현재분사 sliding [sláidiŋ])
미끄러지다, 미끄러져 가다
영 To *slide* means to move easily on something.
¶ He *slid* on the ice.
그는 얼음을 지쳤다.
일 すべる(스베루) 중 滑 huá(화)

명 (복수 slides [sláidz])
미끄럼틀
영 A *slide* is something that you play on by climbing up and then sliding down.
일 すべり台 すべりだい(스베리다이)
중 滑板 huábǎn(화반)

---

*slight [sláit 슬라이트]

형 (비교급 slighter [sláitər], 최상급 slightest [sláitist])
약간의, 사소한
영 *Slight* means small or not very important.
¶ a *slight* difference
약간의 차이
일 わずかな(와즈까나) 중 轻微的 qīngwēide(칭웨이더)

---

*slight·ly [sláitli 슬라이틀리]
부 약간, 조금
영 *Slightly* means a little.
¶ It was raining *slightly*.
비가 조금 내리고 있었다.
일 わずかに(와즈까니) 중 轻微地 qīngwēide(칭웨이더)

---

*slip [slíp 슬립]
자 (3단현 slips [slíps], 과거·과거분사 slipped [slípt], 현재분사 slipping [slípiŋ])
1 미끄러지다, 미끄러져 넘어지다
영 To *slip* means to slide and fall down.
¶ Be careful not to *slip* on the wet floor.
물기 있는 마룻바닥에 미끄러지지 않도록 조심하시오.
일 すべる(스베루) 중 滑 huá(화)
2 몰래 들어가다[나오다]
영 To *slip* means to move quickly and quietly.
¶ He *slipped* into her room.
그는 그녀의 방에 몰래 들어갔다.
일 こっそり動く こっそりうごく(콧소리우고꾸) 중 溜走 liūzǒu(류저우)

명 (복수 slips [slíps])
1 과실, 잘못
영 A *slip* is a small mistake.

¶ a *slip* of the tongue
말실수
일 誤り あやまり(아야마리) 중 错误 cuòwù(춰우)
2 슬립
영 A *slip* is a piece of clothing worn by women under a dress or skirt.
일 スリップ(스립뿌) 중 衬裙 chènqún(천췬)

---

slip·per [slípər 슬리퍼]

명 (복수 slippers [slípərz])
슬리퍼, 가벼운 실내화
영 A *slipper* is a soft, comfortable, loose shoe worn indoors.
일 室内ばき しつないばき(시쓰나이바끼) 중 拖鞋 tuōxié(퉈세)

---

slip·per·y [slípəri 슬리퍼리]

형 (비교급 slipperier [slípəriər] 또는 more slippery, 최상급 slipperiest [slípəriist] 또는 most slippery)
미끄러운, 미끌미끌한
영 *Slippery* means smooth, oily, or wet and very hard to grip onto.
¶ The road is *slippery*.
길이 미끄럽다.
일 つるつるした(쓰루쓰루시따) 중 滑的 huáde(화더)

---

slo·gan [slóugən 슬로우건]

명 표어, 슬로건
영 A *slogan* is a phrase or motto used by a business, a group, or an individual to express a goal or belief.
일 スローガン(스로-간) 중 标语 biāoyǔ(뱌오위)

---

*slope [slóup 슬로우프]

명 (복수 slopes [slóups])
경사면, 비탈
영 A *slope* is a piece of ground or a surface that is higher at one end than the other.
¶ go up a *slope*
비탈을 오르다
¶ go down a *slope*
비탈을 내려가다
일 坂 さか(사까) 중 坡 pō(포)

---

*slow [slóu 슬로우]

형 (비교급 slower [slóuər], 최상급 slowest [slóuist])
1 느린, 더딘 (《반》quick 빠른)
영 *Slow* means not fast.
¶ Turtles are very *slow*.
거북이는 매우 느리다.
일 のろい(노로이) 중 慢的 mànde(만더)
2 늦는, 더디 가는
영 *Slow* means behind the right time.
¶ My watch is five minutes *slow*.
내 시계는 5분 늦다.
일 遅れている おくれている(오꾸레떼이루) 중 慢了的 mànlede(만러더)

부 늦게 ; 더디게, 느리게
영 *Slow* means in a slow way.
¶ He speaks *slow*.
그는 느리게 말한다.
일 遅く おそく(오소꾸) 중 慢慢地 mànmànde(만만더)

---

*slow·ly [slóuli 슬로울리]

부 천천히 (《반》quickly 빠르게)
영 *Slowly* means at a slow speed.
¶ They walked *slowly*.
그들은 천천히 걸었다.
일 遅く おそく(오소꾸) 중 慢慢地 mànmànde(만만더)

---

*small [smɔ́:l 스몰-]

형 (비교급 smaller [smɔ́:lər], 최상급 smallest [smɔ́:list])
1 작은(《반》 large, big 큰)
영 *Small* means little.
¶ A mouse is a *small* animal.
생쥐는 작은 동물이다.
일 小さい ちいさい(치-사이) 중 小的 xiǎode(샤오더)
2 사소한, 하찮은
영 *Small* means not important.
¶ It is a *small* problem.
그것은 사소한 문제다.
일 ささいな(사사이나) 중 不重要的 búzhòngyàode(부중야오더)

***smart** [smá:rt 스마-트]
형 (비교급 smarter [smá:rtər], 최상급 smartest [smá:rtist])
1 영리한, 재치 있는
영 *Smart* means clever and quick in thinking.
¶ He is very handsome and *smart*.
그는 매우 잘 생긴데다 영리하다.
일 りこうな(리꼬-나) 중 伶俐的 línglìde(링리더)
2 맵시 있는, 말쑥한
영 *Smart* means nicely dressed, tidy, and clean.
¶ She looks *smart*.
그녀는 산뜻해 보인다.
일 スマートな(스마-또나) 중 漂亮的 piàoliàngde(퍄오량더)

***smell** [smél 스멜]
동 (3단현 smells [smélz], 과거·과거분사 smelt [smélt] 또는 smelled [sméld], 현재분사 smelling [smélin])
타 냄새맡다
영 To *smell* means to sense an odor with your nose.

¶ Do you *smell* anything unusual?
뭔가 이상한 냄새가 나지요?
일 においをかぐ(니오이오카구) 중 嗅 xiù(슈)
자 냄새가 나다, 냄새를 풍기다
영 To *smell* means to give off a smell or odor.
¶ The milk *smells* sour.
우유에서 신 냄새가 난다.
일 においがする(니오이가스루) 중 有气味 yǒuqìwèi(유치웨이)

명 (복수 smells [smélz])
냄새, 향기
영 A *smell* is an odor or a scent.
¶ This flower has a sweet *smell*.
이 꽃은 향기가 좋다.
일 におい(니오이) 중 气味 qìwèi(치웨이)

---

smelt [smélt 스멜트]
동 smell 의 과거·과거분사

****smile** [smáil 스마일]
자 (3단현 smiles [smáilz], 과거·과거분사 smiled [smáild], 현재분사 smiling [smáilin])
미소짓다, 생글거리다
영 To *smile* means to widen your mouth and turn it up at the corners to show that you are happy or amused.
¶ They *smiled* at each other.
그들은 서로에게 미소를 지었다.
일 ほほえむ(호호에무) 중 笑 xiào(샤오)

---

smog [smɑ́g 스마그]
명 스모그
영 *Smog* is a mixture of fog and smoke that sometimes hangs in the air over cities and industrial areas.

일 スモッグ(스목구) 중 烟雾 yānwù(옌우)

****smoke** [smóuk 스모우크]

명 (복수 smokes [smóuks])

1 연기

영 *Smoke* is the white, gray, or black gas that is produced by something burning.

¶ Cars give out *smoke*.
자동차는 연기를 내뿜는다.
일 煙 けむり(케무리) 중 烟 yān(옌)

↰up 부정 관사를 붙이지 않고 복수형으로도 하지 않는다.

2 [보통 a smoke로] 담배 피우기

영 *A smoke* is an act of smoking a cigarette, etc.

¶ Will you have *a smoke*?
담배 한 대 피우시겠습니까?
일 たばこの一服 たばこのいっぷく(타바꼬노입뿌꾸) 중 一口烟 yìkǒu-yān(이커우옌)

동 (3단현 smokes [smóuks], 과거·과거분사 smoked [smóukt], 현재분사 smoking [smóukiŋ])

자 **1** 연기가 나다

영 To *smoke* means to produce or send out smoke.

¶ The stove is *smoking*.
난로에서 연기가 나고 있다.
일 煙を出す けむりをだす(케무리오다스) 중 冒烟 màoyān(마오옌)

2 담배를 피우다

영 To *smoke* means to suck smoke from a cigarette or pipe.

¶ Don't *smoke* here.
여기에서 담배 피우지 마시오.
일 たばこを吸う たばこをすう(타바꼬오스우) 중 抽烟 chōuyān(처우옌)

태 (담배를) 피우다

¶ *Smoking* cigarettes is unhealthy.
흡연은 몸에 좋지 않다.
일 吸う すう(스우) 중 抽 chōu(처우)

***smooth** [smú:ð 스무-드]

형 (비교급 smoother [smú:ðər], 최상급 smoothest [smú:ðist])
매끄러운(《반》 rough 거친)

영 *Smooth* means having an even surface, without any bumps or holes.

¶ *smooth* skin
매끄러운 피부
일 なめらかな(나메라까나) 중 光滑的 guānghuáde(광화더)

---

snack [snǽk 스낵]

명 가벼운 식사, 간식

영 A *snack* is a small light meal.

¶ have[take] a *snack*
간식을 먹다
일 軽食 けいしょく(케-쇼꾸) 중 快餐 kuàicān(콰이찬)

****snake** [snéik 스네이크]

명 (복수 snakes [snéiks])
뱀

영 A *snake* is an animal with a long thin body and no legs.
일 ヘビ(헤비) 중 蛇 shé(서)

---

snap [snǽp 스냅]

동 (3단현 snaps [snǽps], 과거·과거분사 snapped [snǽpt], 현재분사 snapping [snǽpiŋ])

자 **1** 뚝 부러지다

영 To *snap* means to break with a sudden loud, cracking sound.

¶ The branch *snapped* off.
나뭇가지가 뚝 부러졌다.
일 ポキッと折れる ポキッとおれる

(포낏또오레루) 중 折断 zhéduàn(저딴)

2 덥석 물다

영 To *snap* means to bite or grab suddenly with the mouth or teeth.

¶ The dog *snapped* at me.
개가 나를 덥석 물었다.

일 パクッとかみつく(파꿋또카미쓰꾸)

중 猛咬 měngyǎo(멍야오)

타 뚝 부러뜨리다

¶ He *snapped* the chalk in half.
그는 분필을 반으로 뚝 부러뜨렸다.

일 ポキッと折る　ポキッとおる(포낏또오루) 중 折断 zhéduàn(저딴)

명 (복수 snaps [snǽps])
뚝[탁] 하는 소리

영 A *snap* is a sudden cracking sound.

¶ He shut the book with a *snap*.
그는 탁 소리를 내며 책을 덮었다.

일 ポキッという音　ポキッというおと(포낏또이우오또) 중 劈啪声 pīpā-shēng(피파성)

---

snow [snóu 스노우]

명 (복수 snows [snóuz])
눈

영 *Snow* is water frozen into soft white pieces that fall like rain in cold weather.

¶ Winter is the season of *snow*.
겨울은 눈의 계절이다.

일 雪 ゆき(유끼) 중 雪 xuě(쉐)

자 (3단현 snows [snóuz], 과거·과거분사 snowed [snóud], 현재분사 snowing [snóuiŋ])
눈이 내리다

영 To *snow* means to fall as snow.

¶ It *snowed* all day yesterday.
어제 하루 종일 눈이 내렸다.

일 雪が降る　ゆきがふる(유끼가후루)

중 降雪 jiàngxuě(쟝쉐)

---

snow·man [snóumæn 스노우맨]

명 (복수 snowmen [snóumèn])
눈사람

영 A *snowman* is a figure of a person made out of snow.

일 雪だるま　ゆきだるま(유끼다루마)

중 雪人 xuěrén(쉐런)

***SO** [sóu 소우]

부 **1** 그와 같이, 그렇게

영 *So* means in this or that way.

¶ Don't speak *so* loudly.
그렇게 큰소리로 말하지 마라.

일 そのように(소노요-니) 중 这么 zhème(저머)

2 《구어》 매우, 대단히

영 *So* means very.

¶ Thank you *so* much.
대단히 감사합니다.

일 とても(토떼모) 중 非常 fēicháng(페이창)

3 [대명사적으로 써서] 그렇게

영 *So* means that way, or the same.

¶ I believe *so*.
그렇게 생각합니다.

일 そう(소-) 중 像这样 xiàngzhèyàng(샹저양)

4 (정말) 그렇다, 그렇고 말고

영 *So* means true.

¶ You look very tired.—*So* I am.
꽤 피곤한 모양이군요.—정말 그래요.

일 そのとおり(소노토-리) 중 确是如此 quèshìrúcǐ(췌스루츠)

5 …도 (또한) 그렇다

영 *So* means too or also.

¶ He likes reading.—*So* does she.
그는 독서를 좋아한다.—그녀도 그렇다.

S

일 …もまたそうである(…모마따소−데아루) 중 也如此 yěrúcǐ(예루츠)

숙어 *and so on* 따위, 등등
숙어 *so far* 지금까지는
숙어 *So long!* 《구어》 안녕《곧 만날 친한 사람에게 쓰는 작별 인사》!
숙어 *so to speak* 말하자면

접 그러므로, 그래서
영 *So* means therefore.
¶ I had a headache, *so* I didn't go to school.
나는 머리가 아파서 학교에 가지 못했다.
일 そうして(소−시떼) 중 所以 suǒyǐ(쒀이)

---

soap [sóup 소우프]
명 (복수 soaps [sóups])
비누
영 *Soap* is a substance used for washing and cleaning.
¶ a bar [cake] of *soap*
비누 한 개
일 せっけん(섹껜) 중 肥皂 féizào(페이짜오)

---

sob [sáb 사브]
재 (3단현 sobs [sábz], 과거·과거분사 sobbed [sábd], 현재분사 sobbing [sábiŋ])
흐느끼다, 훌쩍거리며 울다
영 To *sob* means to cry while breathing in short sudden bursts.
¶ She began to *sob*.
그녀는 흐느껴 울기 시작했다.
일 すすり泣く すすりなく(스스리나꾸)
중 嗚咽 wūyàn(우옌)

---

soc·cer [sákər 사커]
명 축구

영 *Soccer* is a sport played by two teams of 11 players who try to kick a ball into their opponent's goal.
일 サッカー(삭까−) 중 足球 zúqiú(쭈츄)

우리말의 「축구」를 《영》에서는 football이라 하고, 《미》에서는 soccer라고 한다. 《미》에서는 football이라고 하면 미식 축구를 가리킨다.

---

*so·cial [sóuʃəl 소우셜]
형 1 사회적인
영 *Social* means doing with the way that people live together as a society.
¶ a *social* problem
사회 문제
일 社会の しゃかいの(샤까이노) 중 社会的 shèhuìde(서후이더)
2 사교적인
영 *Social* means relating to the way you meet people and form relationships.
¶ He is a very *social* person.
그는 매우 사교적인 사람이다.
일 社交的な しゃこうてきな(샤꼬−떼끼나) 중 社交的 shèjiāode(서쟈오더)

---

*so·ci·e·ty [səsáiəti 서사이어티]
명 (복수 societies [səsáiətiz])
1 사회
영 A *society* is all the people who live in the same country or area and share the same laws and customs.
¶ a modern industrial *society*
현대 산업 사회
일 社会 しゃかい(샤까이) 중 社会 shèhuì(서후이)
2 협회, 클럽
영 A *society* is an organization for people who share the same interests.

일 協会 きょうかい(쿄-까이) 중 协会 xiéhuì(셰후이)

****sock** [sák 삭]

명 (복수 socks [sáks])
[보통 socks로] 짧은 양말
영 A *sock* is a piece of clothing that you wear on your foot.
¶ Take off your *socks*.
양말을 벗어라.
일 短い靴下　みじかいくつした(미지까이쿠쓰시따) 중 短袜 duǎnwà(돤와)

---

so・da [sóudə 소우더]

명 소다수, 탄산수
영 *Soda* is water that contains bubbles, often added to alcoholic drinks.
일 ソーダ水　ソーダすい(소-다스이) 중 苏打水　sūdǎshuǐ(쑤다수이)

***so・fa** [sóufə 소우퍼]

명 (복수 sofas [sóufəz])
소파, 긴 의자
영 A *sofa* is a comfortable seat that is wide enough for two or three people to sit on.
¶ She sat down on the *sofa*.
그녀는 소파에 앉았다.
일 ソファ-(소화-) 중 沙发 shāfā(사파)

***soft** [sɔ́:ft 소-프트]

형 (비교급 softer [sɔ́:ftər], 최상급 softest [sɔ́:ftist])
1 부드러운, 폭신한
영 *Soft* means not hard, firm, or stiff, but easy to press.
¶ a *soft* pillow
폭신한 베개
일 柔らかい　やわらかい(야와라까이)

중 柔软的 róuruǎnde(러우롼더)
2 매끄러운, 보들보들한
영 *Soft* means smooth and gentle to touch.
¶ The soap is very *soft*.
그 비누는 매우 매끄럽다.
일 なめらかな(나메라까나) 중 滑的 huáde(화더)

---

soft・ball [sɔ́:ftbɔ̀:l 소-프트볼-]

명 소프트볼
영 *Softball* is an outdoor game, similar to baseball but played with a slightly larger and softer ball.
일 ソフトボール(소후토보-루) 중 垒球 lěiqiú(레이츄)

---

soft・ware [sɔ́:ftwɛ̀ər 소-프트웨어]

명 소프트웨어
영 *Software* is the sets of programs that tell a computer how to do a particular job.
일 ソフトウェア(소후또웨아) 중 软件 ruǎnjiàn(롼젠)

***soil** [sɔ́il 소일]

명 (복수 soils [sɔ́ilz])
흙, 토양
영 *Soil* is the top layer of the earth in which plants grow.
¶ Plants grow in *soil*.
식물은 흙에서 자란다.
일 土　つち(쓰찌) 중 土 tǔ(투)

---

so・lar [sóulər 소울러]

형 태양의
영 *Solar* means relating to the sun.
¶ the *solar* rays
태양 광선
일 太陽の　たいようの(타이요-노) 중

太阳的 tàiyángde(타이양더)

---

sold [sóuld 소울드]

⑧ sell의 과거 · 과거분사

---

*__sol · dier__ [sóuldʒər 소울저]

⑨ (복수 soldiers [sóuldʒərz])
(육군) 군인, 병사
⑨ A *soldier* is a person who is in the army.
¶ He was a good *soldier*.
그는 훌륭한 군인이었다.
⑩ 軍人 ぐんじん(군징) ㉗ 兵 bīng(빙)

---

sole [sóul 소울]

⑱ 단 하나의, 유일한
⑨ *Sole* means only.
¶ I was the *sole* survivor.
내가 유일한 생존자였다.
⑩ たった一つの たったひとつの(탓 따히또쓰노) ㉗ 唯一的 wéiyīde(웨이이 더)

---

*__sol · id__ [sɑ́lid 살리드]

⑱ (비교급 solider [sɑ́lidər], 최상 급 solidest [sɑ́lidist])
고체의, 단단한
⑨ *Solid* means hard.
¶ Ice is water in a *solid* state.
얼음은 고체 상태의 물이다.
⑩ 固体の こたいの(코따이노) ㉗ 固体 的 gùtǐde(구티더)

---

so · lo [sóulou 소울로우]

⑨ (복수 solos [sóulouz], soli [sóu-li])
독주, 독창
⑨ A *solo* is a piece of music that is played or sung by one person.

---

⑩ 独奏 どくそう(도꾸소-) ㉗ 独奏 dúzòu(두쩌우)

---

so · lu · tion [səlúːʃən 설루-션]

⑨ (복수 solutions [səlúːʃənz])
해답, 해결
⑨ A *solution* is the answer to a problem.
¶ Did you find a *solution* to this question?
이 문제의 해답을 찾았습니까?
⑩ 解答 かいとう(카이또-) ㉗ 解答 jiědá(제다)

---

*__solve__ [sɑ́lv 살브]

⑪ (3단현 solves [sɑ́lvz], 과거 · 과 거분사 solved [sɑ́lvd], 현재분사 solving [sɑ́lviŋ])
풀다, 해결하다
⑨ To *solve* means to find the answer to a problem.
¶ I cannot *solve* the problems by myself.
나는 혼자서 그 문제들을 풀 수 없다.
⑩ 解く とく(토꾸) ㉗ 解 jiě(제)

****some** [《약》 səm 섬 ; 《강》 sʌ́m 섬]

⑱ **1** [səm 섬] 얼마간의, 다소의
⑨ *Some* means a number of people or things, or an amount of something that is not named or known.
¶ There were *some* children in the park.
공원에 아이들이 몇 명 있었다.
⑩ いくらかの(이꾸라까노) ㉗ 一些 yìxiē(이셰)

보통 긍정문에 쓰며 부정문 · 의문문에서는 any를 쓴다.

2 [sʌ́m 섬] [복수 보통 명사 · 물질

명사에 붙여] 그 중에는 …(도 있다)
영 *Some* means a number of people or things, or an amount of something, but not all.
¶ *Some* people don't know him.
그를 모르는 사람도 있다.
일 一部の　いちぶの(이찌부노) 중 一部分的　yíbùfènde(이부펀더)

부 [sʌm 섬] 약, 대체로
영 *Some* means a little more or a little less than a particular number or amount.
¶ *Some* seventy people are coming today.
오늘 약 70명이 올 예정이다.
일 約　やく(야꾸) 중 约　yuē(웨)

대 [sʌm 섬] **1** 다소, 얼마간
영 *Some* is a number of people or things, or an amount of something, when you are not saying how much or how many.
¶ I want *some* of it.
나는 그것이 좀 필요하다.
일 いくらか(이꾸라까) 중 一些 yìxiē(이세)
2 어떤 사람들, 어떤 것
영 *Some* are a certain number of people or things.
¶ *Some* came early.
일찍 온 사람도 있었다.
일 ある人たち　あるひとたち(아루히또따찌) 중 有些人 yǒuxiērén(유셰런)

----

* **some·bod·y** [sʌ́mbàdi 섬바디]
대 누군가, 어떤 사람《someone 보다 구어적임》
영 *Somebody* means a person who is not specified or known.
¶ *Somebody* is waiting for you at the door.

누군가 출입구에서 너를 기다리고 있다.
일 だれか(다레까) 중 某人　mǒurén(머우런)

----

some·day [sʌ́mdèi 섬데이]
부 언젠가, 훗날에
영 *Someday* means at some future time.
¶ He will be a good soccer player *someday*.
그는 언젠가 훌륭한 축구 선수가 될 것이다.
일 いつか(이쓰까) 중 将来有一天 jiānglái yǒuyìtiān(쟝라이유이톈)

----

some·how [sʌ́mhàu 섬하우]
부 **1** 어떻게 해서든지, 여하튼
영 *Somehow* means in some way, although you do not know how.
¶ I'll finish my homework *somehow*.
나는 어떻게 해서든지 숙제를 끝내겠습니다.
일 どうにかして(도–니까시떼) 중 无论如何　wúlùnrúhé(우룬루허)
2 어쩐지, 웬일인지
영 *Somehow* means for some reason, but you are not sure why.
¶ *Somehow* I don't like him.
어쩐지 나는 그가 싫다.
일 どういうわけか(도–이우와께까) 중 不知怎么的　bùzhīzěnmede(부즈쩐머더)

** **some·one** [sʌ́mwʌ̀n 섬원]
대 누군가, 어떤 사람
영 *Someone* is somebody.
¶ *Someone* has taken my pen.
누군가가 내 펜을 가져갔다.
일 だれか(다레까) 중 某人　mǒurén(머

우런)

****some·thing** [sʌ́mθiŋ 섬싱]

때 무엇인가, 어떤 것

영 *Something* is a thing that is not specified or known.

¶ Please give me *something* to eat.
뭔가 먹을 것 좀 주십시오.

일 なにか(나니까) 중 某事 mǒushì(머우스)

----

some·time [sʌ́mtàim 섬타임]

부 (과거·미래의) 언젠가

영 *Sometime* means at an unknown time in the past or future.

¶ I'll call you *sometime* next week.
다음 주 중에 네게 전화할게.

일 いつか(이쓰까) 중 某个时候 mǒugèshíhòu(머우거스허우)

***some·times** [sʌ́mtàimz 섬타임즈]

부 때때로, 이따금

영 *Sometimes* means once in a while, but not always.

¶ He is *sometimes* late for school.
그는 가끔 학교에 지각한다.

일 ときどき(토끼도끼) 중 有时 yǒushí(유스)

----

some·what [sʌ́mhwàt 섬홧, 섬왓]

부 어느 정도, 약간

영 *Somewhat* means slightly, but not very much.

¶ He looked *somewhat* tired.
그는 좀 피곤해 보였다.

일 いくぶん(이꾸분) 중 一点儿 yìdiǎnr(이뗄)

***some·where** [sʌ́mhwèər 섬훼어, 섬웨어]

부 어딘가에, 어디론가

영 *Somewhere* means in some place, but you do not know where.

¶ I want to live *somewhere* else.
나는 어딘가 딴 곳에서 살고 싶다.

일 どこか(도꼬까) 중 在某处 zàimǒuchù(짜이머우추)

***son** [sʌ́n 선]

명 (복수 sons [sʌ́nz])
아들(《반》 daughter 딸)

영 A *son* is the male child of a mother and a father.

¶ He is my only *son*.
그는 나의 외아들이다.

일 息子 むすこ(무스꼬) 중 儿子 érzi(얼쯔)

****song** [sɔ́ːŋ 송-]

명 (복수 songs [sɔ́ːŋz])
노래

영 A *song* is music that has words you sing.

¶ Let's sing a *song* all together.
모두 함께 노래합시다.

일 歌 うた(우따) 중 歌 gē(거)

----

son-in-law [sʌ́ninlɔ̀ː 선인로-]

명 (복수 sons-in-law [sʌ́nzinlɔ̀ː])
사위

영 A *son-in-law* is the husband of your daughter.

일 娘の夫 むすめのおっと(무스메노옷또) 중 女婿 nǚxu(뉘쉬)

***soon** [súːn 순-]

부 (비교급 sooner [súːnər], 최상급

soonest [súːnist])
곧, 이내
영 *Soon* means in a very short time.
¶ You will get better *soon*.
너는 곧 좋아질 거야.
일 まもなく(마모나꾸) 중 不久 bùjiǔ
(부쥬)
숙어 *as soon as* …하자마자
¶ We started *as soon as* we heard the
news.
우리는 그 소식을 듣자마자 곧 출발
했다.
숙어 *sooner or later* 조만간

---

* **sore** [sɔ́ːr 소–]
형 (비교급 sorer [sɔ́ːrər], 최상급
sorest [sɔ́ːrist])
아픈, 욱신욱신 쑤시는
영 *Sore* means painful.
¶ I am *sore* all over.
나는 온몸이 욱신거린다.
일 痛い いたい(이따이) 중 痛的
tòngde(퉁더)

---

* **sor·row** [sárou 사로우]
명 (복수 sorrows [sárouz])
슬픔, 비애
영 *Sorrow* is great sadness or grief.
¶ He was full of *sorrow*.
그는 슬픔에 가득 차 있었다.
일 悲しみ かなしみ(카나시미) 중 悲
傷 bēishāng(베이상)

---

sor·row·ful [sárouful 사로우풀]
형 슬퍼하는
영 *Sorrowful* means very sad.
일 悲しんでいる かなしんでいる(카
나신데이루) 중 悲伤的 bēishāngde(베
이상더)

** **sor·ry** [sári 사리]
형 (비교급 sorrier [sáriər], 최상급
sorriest [sáriist])
미안한, 유감스러운
영 *Sorry* means feeling sadness,
sympathy, or regret because you have
done something wrong or because
someone is suffering.
¶ I'm *sorry*, but I can't help you.
미안하지만, 나는 당신을 도울 수 없
어요.
일 すまないと思って すまないとお
もって(스마나이또오못떼) 중 抱歉的
bàoqiànde(바오첸더)

---

* **sort** [sɔ́ːrt 소–트]
명 (복수 sorts [sɔ́ːrts])
종류
영 A *sort* is a type or kind of some-
thing.
¶ What *sort* of dog is that?
저 개는 어떤 종류입니까?
일 種類 しゅるい(슈루이) 중 种类
zhǒnglèi(중레이)
숙어 *a sort of …* 일종의 …
¶ Apple is *a sort of* fruit.
사과는 과일의 일종이다.

---

sought [sɔ́ːt 소–트]
타 seek의 과거·과거분사

---

soul [sóul 소울]
명 (복수 souls [sóulz])
영혼, 정신
영 A *soul* is the spiritual part of a
person that is often thought to control
the ability to think, feel, and act.
¶ *soul* and body
영혼과 육체
일 靈魂 れいこん(레–꼰) 중 灵魂

línghún(링훈)

---

* **sound¹** [sáund 사운드]

몡 (복수 sounds [sáundz])
소리, 음
영 A *sound* is something that you hear.
¶ I woke at the *sound* of the bell.
나는 벨소리에 잠이 깼다.
일 音 おと(오또) 중 声音 shēngyīn(성인)

재 (3단현 sounds [sáundz], 과거·과거분사 sounded [sáundid], 현재분사 sounding [sáundiŋ])
1 소리를 내다, 울리다
영 To *sound* means to make a particular noise.
¶ The school bell *sounded*.
수업종이 울렸다.
일 音を出す おとをだす(오또오다스) 중 发声 fāshēng(파성)
2 (…처럼) 들리다, 생각되다
영 To *sound* means to give an impression.
¶ That *sounds* great!
그것 참 좋은 생각이야!
일 聞こえる きこえる(키꼬에루) 중 听起来 tīngqǐlái(팅치라이)

---

sound² [sáund 사운드]

혱 (비교급 sounder [sáundər], 최상급 soundest [sáundist])
1 건전한, 건강한
영 *Sound* means healthy.
¶ He is *sound* in mind and body.
그는 심신이 모두 건강하다.
일 健全な けんぜんな(켄젠나) 중 健康的 jiànkāngde(졘캉더)
2 (수면이) 충분한
영 *Sound* means deep.

¶ She had a *sound* sleep.
그녀는 잠을 푹 잤다.
일 深い ふかい(후까이) 중 充分的 chōngfènde(충펀더)

---

* **soup** [súːp 수-프]

몡 수프
영 *Soup* is a liquid food made with vegetables, meat, or fish.
¶ I always have *soup* at breakfast.
나는 아침 식사때 꼭 수프를 먹는다.
일 スープ(스-푸) 중 汤 tāng(탕)

** **sour** [sáuər 사우어]

혱 (비교급 sourer [sáuərər], 최상급 sourest [sáuərist])
신, 시큼한
영 *Sour* means having an acid taste.
¶ Lemons taste *sour*.
레몬은 신맛이 난다.
일 酸っぱい すっぱい(습빠이) 중 酸的 suānde(쏸더)

---

* **source** [sɔ́ːrs 소-스]

몡 (복수 sources [sɔ́ːrsiz])
원천, 근원
영 A *source* is the place, person, or thing from which something comes.
¶ We have to find another *source* of energy.
우리는 다른 에너지원을 찾아야 한다.
일 源 みなもと(미나모또) 중 根源 gēnyuán(건위엔)

** **south** [sáuθ 사우스]

몡 [the south로] 남, 남쪽(《반》 north 북)
영 *The south* is the direction that is at the bottom of a map.
¶ The birds flew to *the south*.

새들은 남쪽으로 날아갔다.
[일] 南 みなみ(미나미) [중] 南 nán(난)

[형] 남의, 남쪽의
[영] ***South*** means doing with or existing in the south.
¶ A *south* wind is blowing.
남풍이 불고 있다.
[일] 南の みなみの(미나미노) [중] 南的 nánde(난더)

[부] 남으로, 남쪽에
[영] ***South*** means toward the south.
¶ Our house faces *south*.
우리 집은 남향이다.
[일] 南へ みなみへ(미나미에) [중] 在南方 zàinánfāng(짜이난팡)

---

south·east [sàuθíːst 사우스이-스트]
[명] [the southeast로] 남동, 남동쪽
[영] ***The southeast*** is the direction that is exactly between south and east.
¶ London is in *the southeast* of England.
런던은 영국의 남동쪽에 있다.
[일] 南東 なんとう(난또-) [중] 东南 dōngnán(둥난)

***south·ern** [sʌ́ðərn 서던]
[형] 남의, 남쪽의(《반》 northern 북의)
[영] ***Southern*** means in or toward the south.
[일] 南の みなみの(미나미노) [중] 南的 nánde(난더)

---

south·west [sàuθwést 사우스웨스트]
[명] [the southwest로] 남서, 남서쪽
[영] ***The southwest*** is the direction that is exactly between south and west.
[일] 南西 なんせい(난세-) [중] 西南 xīnán(시난)

***sou·ve·nir** [súːvəniə̀r 수-버니어]
[명] (복수 souvenirs [súːvəniə̀rz])
기념품, 선물
[영] A ***souvenir*** is an object that you keep to remind you of a place, a person, or an event.
¶ I bought postcards as a *souvenir*.
나는 기념품으로 엽서를 샀다.
[일] 記念品 きねんひん(키넨힝) [중] 纪念品 jìniànpǐn(지녠핀)

---

sow [sóu 소우]
[타] (3단현 sows [sóuz], 과거형 sowed [sóud], 과거분사 sown [sóun] 또는 sowed, 현재분사 sowing [sóuiŋ])
(씨를) 뿌리다
[영] To ***sow*** means to scatter seeds over the ground so that they will grow.
¶ *Sow* the seeds in early spring.
이른 봄에 씨를 뿌려라.
[일] まく(마꾸) [중] 播 bō(보)

---

sown [sóun 소운]
[타] sow의 과거분사

***space** [spéis 스페이스]
[명] (복수 spaces [spéisiz])
1 공간
[영] A ***space*** is an empty or available area.
¶ parking *spaces*
주차 공간

S

일 空間 くうかん(쿠-깐) 중 空间 kōngjiān(쿵졘)

2 우주

영 *Space* is the area beyond the Earth where the stars and planets are.
¶ travel through *space*
우주 여행을 하다
일 宇宙 うちゅう(우쭈-) 중 宇宙 yǔzhòu(위저우)

3 간격, 거리

영 A *space* is the empty area between two things.
¶ There's not enough *space* between the cars.
차간 거리가 충분하지 않다.
일 間隔 かんかく(캉까꾸) 중 间隔 jiāngé(졘거)

---

space·ship [spéisʃìp 스페이스십]

명 우주선
영 A *spaceship* is a vehicle that can travel in space.
일 宇宙船 うちゅうせん(우쭈-센) 중 宇宙飞船 yǔzhòufēichuán(위저우페이촨)

---

space·suit [spéissùːt 스페이스수-트]

명 우주복
영 A *spacesuit* is the protective clothing that an astronaut wears in space.
일 宇宙服 うちゅうふく(우쭈-후꾸) 중 航天服 hángtiānfú(항톈푸)

---

spade [spéid 스페이드]

명 (복수 spades [spéidz])
가래, 삽
영 A *spade* is a tool that you use for digging, with a long handle and a wide flat part at the end.
일 すき(스끼) 중 铲 chǎn(찬)

---

spa·ghet·ti [spəgéti 스퍼게티]

명 스파게티
영 *Spaghetti* is a long, thin noodle that looks like string.
일 スパゲティ(스빠게띠) 중 意大利面条 yìdàlìmiàntiáo(이다리몐탸오)

Spain [spéin 스페인]

명 스페인

▲ 투우

일 スペイン(스뻬인) 중 西班牙 Xībānyá(시반야)

Span·ish [spǽniʃ 스패니시]

명 **1** 스페인어
영 *Spanish* is the language used in places such as Mexico, Spain, and South America.
일 スペイン語 スペインご(스뻬인고) 중 西班牙语 Xībānyáyǔ(시반야위)

2 [the Spanish로] 스페인 사람
영 *The Spanish* are the people of Spain.
일 スペイン人 スペインじん(스뻬인진) 중 西班牙人 Xībānyárén(시반야런)

형 스페인의 ; 스페인 사람의
영 *Spanish* means relating to or coming from Spain.

일 スペインの(스뻬인노) 중 西班牙的 Xībānyáde(시반야더)

---

spare [spéər 스페어]

형 (비교급 sparer [spéərər], 최상급 sparest [spéərist])
예비의, 여분의
영 *Spare* means kept for use when needed.
¶ There's a *spare* tire in the trunk.
트렁크에 예비 타이어가 있다.
일 予備の　よびの(요비노) 중 多余的 duōyúde(둬위더)

타 (3단현 spares [spéərz], 과거·과거분사 spared [spéərd], 현재분사 sparing [spéəriŋ])
1 나누어 주다, 할애하다
영 To *spare* means to give or make something available.
¶ Can you *spare* me five minutes?
5분만 시간을 내주시겠습니까?
일 さく(사꾸) 중 分出　fēnchū(펀추)
2 아끼다, 절약하다
영 To *spare* means to use in small quantities, rarely, or in a saving manner.
¶ He *spared* no effort.
그는 노력을 아끼지 않았다.
일 惜しむ　おしむ(오시무) 중 节约 jiéyuē(계웨)
3 자비를 베풀다, 용서해 주다
영 To *spare* means to show mercy.
¶ Please *spare* me my life.
부디 목숨만은 살려 주세요.
일 容赦する　ようしゃする(요-샤스루) 중 饶恕 ráoshù(라오수)

---

spar·row [spǽrou 스패로우]
명 참새
영 A *sparrow* is a small common songbird with brown, white, and gray feathers and a short bill.
일 スズメ(스즈메) 중 麻雀 máquè(마춰)

***speak** [spí:k 스피-크]
동 (3단현 speaks [spí:ks], 과거형 spoke [spóuk], 과거분사 spoken [spóukən], 현재분사 speaking [spí:kiŋ])
자 1 말하다, 이야기하다
영 To *speak* means to talk to someone about something or have a conversation.
¶ Could you I *speak* more slowly?
좀 더 천천히 말해 주시겠습니까?
일 話す　はなす(하나스) 중 说话 shuōhuà(쉬화)
2 연설하다
영 To *speak* means to deliver a speech.
¶ He doesn't like to *speak* in public.
그는 대중 앞에서 연설하는 것을 싫어한다.
일 演説する　えんぜつする(엔제쓰스루) 중 演说 yǎnshuō(옌숴)
타 (언어를) 말하다, 사용하다
영 To *speak* means to talk in a certain language.
¶ He can *speak* Chinese.
그는 중국어를 할 줄 안다.
일 話す　はなす(하나스) 중 说话 shuōhuà(쉬화)
숙어 *speak about* …에 관해서 말하다
¶ I'll *speak about* space travel.
우주 여행에 관해서 말하겠다.
숙어 *speak ill[well] of* …을 나쁘게[좋게] 말하다
¶ Don't *speak ill of* others.
남을 헐뜯지 마라.
숙어 *speak to* …에게 말을 걸다, …와 이야기하다

¶ A stranger *spoke to* me on the street.
어떤 낯선 사람이 거리에서 내게 말을 걸었다.

***speak·er** [spí:kər 스피-커]
명 (복수 speakers [spí:kərz])
1 연설자, 강연자
영 A *speaker* is somebody who gives a speech in public.
¶ You are the last *speaker*.
네가 마지막 연설자다.
일 演説者 えんぜつしゃ(엔제쓰샤) 중 演讲者 yǎnjiǎngzhě(옌쟝저)
2 확성기, 스피커
영 A *speaker* is a loudspeaker, especially one attached to a sound system.
일 拡声器 かくせいき(카꾸세-끼) 중 扬声器 yángshēngqì(양성치)

---

spear [spíər 스피어]
명 (복수 spears [spíərz])
창
영 A *spear* is a weapon with a long handle and a pointed head.
일 やり(야리) 중 矛 máo(마오)

***spe·cial** [spéʃəl 스페셜]
형 특별한 ; 독특한
영 *Special* means different or unusual.
¶ I did something *special*.
나는 특별한 일을 했다.
일 特別な とくべつな(토꾸베쓰나) 중 特別的 tèbiéde(터베더)

---

spe·cial·ize [spéʃəlàiz 스페셜라이즈]
자 (3단현 specializes [spéʃəlàiziz], 과거·과거분사 specialized [spéʃəlàizd], 현재분사 specializing [spéʃəlàiziŋ])
전문으로 하다, 전공하다
영 To *specialize* means to focus on one area of work, or to learn a lot about one subject.
¶ The shop *specializes* in ski equipments.
그 상점은 스키 용구를 전문으로 취급하고 있다.
일 専門とする せんもんとする(셈몬또스루) 중 专门 zhuānmén(좐먼)

---

spe·cial·ly [spéʃəli 스페셜리]
부 특히, 특별히
영 *Specially* means much more than usual, or much more than other people or things.
¶ I *specially* liked the ice cream.
나는 특히 아이스크림을 좋아했다.
일 特に とくに(토꾸니) 중 特別地 tèbiéde(터베더)

---

spe·cies [spí:ʃi:z 스피-시-즈]
명 (복수 species)
종
영 A *species* is a group of animals or plants of the same kind that can breed with each other.
일 種 しゅ(슈) 중 种类 zhǒnglèi(중레이)

***spe·cif·ic** [spisífik 스피시픽]
형 특정한, 일정한
영 *Specific* means particular, definite, or individually named.
일 特定の とくていの(토꾸떼-노) 중 特定的 tèdìngde(터딩더)

---

spe·cif·i·cal·ly [spisífikəli 스피시피컬리]

뿐 특히
영 *Specifically* means for a particular type of person or thing.
¶ a book written *specifically* for teenagers
특히 10대들을 대상으로 쓰여진 책
일 特に　とくに(토꾸니)　중 特別地 tèbiéde(터볘더)

---

spec·ta·cle [spéktəkl 스펙터클]

명 (복수 spectacles [spéktəklz])
1 구경거리
영 A *spectacle* is a remarkable and dramatic sight.
일 見せ物　みせもの(미세모노)　중 景象 jǐngxiàng(징샹)
2 [spectacles로] 안경
영 *Spectacles* are glasses.
¶ She wears a pair of *spectacles*.
그녀는 안경을 끼고 있다.
일 眼鏡　めがね(메가네)　중 眼镜 yǎnjìng(옌징)

---

spec·ta·tor [spékteitər 스펙테이터]

명 관중, 구경꾼
영 A *spectator* is someone who watches an event and does not participate in it.
일 観衆　かんしゅう(칸슈-)　중 观众 guānzhòng(관중)

---

*speech [spíːtʃ 스피-치]

명 (복수 speeches [spíːtʃiz])
1 연설, 강연
영 A *speech* is a talk given to a group of people.
¶ We watched her *speech* on TV.
우리는 TV로 그녀의 연설을 보았다.
일 演説　えんぜつ(엔제쓰)　중 演说 yǎnshuō(옌숴)

2 언어 능력 ; 말하기
영 *Speech* is the ability to speak.
일 言語能力　げんごのうりょく(겡고노-료꾸)　중 说话能力 shuōhuànénglì(쉬화넝리)

---

*speed [spíːd 스피-드]

명 속도, 속력
영 *Speed* is the rate at which something moves.
¶ They ran at full *speed*.
그들은 전속력으로 달렸다.
일 速度　そくど(소꾸도)　중 速度 sùdù(쑤두)

동 (3단현 speeds [spíːdz], 과거·과거분사 speeded [spíːdid] 또는 sped [spéd], 현재분사 speeding [spíːdiŋ])
자 빠르게 가다, 속도를 높이다
영 To *speed* means to travel very fast or to move quickly.
¶ A car *speeded* along the road.
차 한 대가 도로를 질주했다.
일 束く走る　はやくはしる(하야꾸하시루)　중 迅速 xùnsù(쉰쑤)
타 빠르게 하다, 가속하다
¶ The driver suddenly *speeded* up his car.
운전자가 갑자기 자동차의 속도를 냈다.
일 加速する　かそくする(카소꾸스루)
중 快速 kuàisù(콰이쑤)

---

speed·y [spíːdi 스피-디]

형 (비교급 speedier [spíːdiər], 최상급 speediest [spíːdiist])
빠른, 신속한
영 *Speedy* means happening or done quickly, or working quickly.
¶ He made a *speedy* recovery.

그는 빨리 회복했다.
🗾 速い　はやい(하야이)　🇨🇳 迅速的
xùnsùde(쉰쑤더)

---

* **spell** [spél 스펠]

🔤 (3단현 spells [spélz], 과거·과거
분사 spelled [spéld] 또는 spelt
[spélt], 현재분사 spelling [spéliŋ])
(낱말을) 철자하다, 철자를 쓰다
🔤 To *spell* means to write or say the
letters of a word in their correct
order.
¶ How do you *spell* your name?
너의 이름은 철자를 어떻게 쓰니?
🗾 つづる(쓰즈루)　🇨🇳 拼写　pīnxiě(핀
셰)

---

spell·ing [spéliŋ 스펠링]

🔤 (복수 spellings [spéliŋz])
철자법 ; 철자
🔤 *Spelling* is the way that a word is
spelled.
¶ the correct *spelling*
올바른 철자법
🗾 つづり方　つづりかた(쓰즈리까따)
🇨🇳 拼法　pīnfǎ(핀파)

---

* **spend** [spénd 스펜드]

🔤 (3단현 spends [spéndz], 과거·
과거분사 spent [spént], 현재분사
spending [spéndiŋ])
1 쓰다, 소비하다
🔤 To *spend* means to use money to
buy things.
¶ How much money do you *spend* a
day?
너는 하루에 돈을 얼마나 쓰니?
🗾 使う　つかう(쓰까우)　🇨🇳 花费　huāfèi
(화페이)
2 보내다
🔤 To *spend* means to pass time.

¶ I want to *spend* more time with my
family.
나는 가족과 더 많은 시간을 보내고
싶다.
🗾 過ごす　すごす(스고스)　🇨🇳 花时间
huāshíjiān(화스졘)

---

spent [spént 스펜트]

🔤 spend의 과거·과거분사

---

sphere [sfíər 스피어]

🔤 (복수 spheres [sfíərz])
1 구, 구체
🔤 A *sphere* is the shape of a ball.
🗾 球　たま(타마)　🇨🇳 球　qiú(츄)
2 영역, 범위
🔤 A *sphere* is an area of activity,
interest, or knowledge.
🗾 領域　りょういき(료-이끼)　🇨🇳 领域
lǐngyù(링위)

---

spice [spáis 스파이스]

🔤 (복수 spices [spáisiz])
향신료, 양념
🔤 *Spice* is a substance with a dis-
tinctive smell or taste used to flavor
foods.
🗾 香辛料　こうしんりょう(코-신료-)
🇨🇳 调味品　tiáowèipǐn(탸오웨이핀)

---

* **spi·der** [spáidər 스파이더]

🔤 (복수 spiders [spáidərz])
거미
🔤 A *spider* is a small creature with
eight legs that makes nets of sticky
threads to catch insects.
🗾 クモ(쿠모)　🇨🇳 蜘蛛　zhīzhū(즈주)

---

* **spill** [spíl 스필]

🔤 (3단현 spills [spílz], 과거·과거

분사 spilt [spílt] 또는 spilled [spíld], 현재분사 spilling [spíliŋ])
엎지르다, 흘리다
[영] To **spill** means to cause or allow liquid to flow out of a container, especially by accident.
¶ She *spilled* coffee on the table.
그녀는 테이블에 커피를 엎질렀다.
[일] こぼす(코보스) [중] 溢出 yìchū(이추)

---

spilt [spílt 스필트]
[타] spill의 과거·과거분사

---

spin [spín 스핀]
[타] (3단현 spins [spínz], 과거·과거분사 spun [spʌ́n], 현재분사 spinning [spíniŋ])
1 (실을) 뽑다, 잣다
[영] To **spin** means to make thread by twisting fine fibers together.
¶ She is *spinning* threads from cotton.
그녀는 솜에서 실을 뽑고 있다.
[일] 紡ぐ つむぐ(쓰무구) [중] 纺 fǎng(팡)
2 돌리다, 회전시키다
[영] To **spin** means to go around in a circle.
¶ The boy is *spinning* his top.
소년이 팽이를 돌리고 있다.
[일] 回す まわす(마와스) [중] 使旋转 shǐxuánzhuǎn(스쉬좐)

---

spin·ach [spínitʃ 스피니치]
[명] 시금치
[영] **Spinach** is a dark green, leafy vegetable.
[일] ホウレンソウ(호-렌소-) [중] 菠菜 bōcài(보차이)

***spir·it** [spírit 스피릿]
[명] (복수 spirits [spírits])
1 정신, 마음(《반》 body 육체)
[영] **Spirit** is the part of a person that is believed to control thoughts and feelings.
¶ body and *spirit*
육체와 정신
[일] 精神 せいしん(세-신) [중] 精神 jīngshén(징선)
2 영혼, 혼
[영] A **spirit** is a dead person or a creature that is thought to exist in a form that is not physical.
¶ I don't believe in *spirits*.
나는 영혼 따윈 믿지 않는다.
[일] 霊魂 れいこん(레-꼰) [중] 灵魂 línghún(링훈)

---

spir·i·tu·al [spíritʃuəl 스피리추얼]
[형] 정신적인, 마음의
[영] **Spiritual** means relating to the spirit rather than the body.
¶ *spiritual* health
정신 건강
[일] 精神的な せいしんてきな(세-신떼끼나) [중] 精神上的 jīngshénshàngde (징선상더)

---

spit [spít 스핏]
[자] (3단현 spits [spíts], 과거·과거분사 spat [spǽt] 또는 spit, 현재분사 spitting [spítiŋ])
(침 등을) 내뱉다
[영] To **spit** means to push liquid or food out of your mouth.
¶ He *spat* on the ground.
그는 땅에 침을 뱉었다.
[일] 吐く はく(하꾸) [중] 吐 tǔ(투)

---

splash [splǽʃ 스플래시]
[동] (3단현 splashes [splǽʃiz], 과

거· 과거분사 splashed [splǽʃt], 현재분사 splashing [splǽʃiŋ])
퇴 (물 등을) 튀기다
영 To *splash* means to throw water or some other liquid around.
¶ The car *splashed* me with mud.
자동차가 내게 흙탕물을 튀겼다.
일 はねかける(하네카께루) 중 濺 jiàn(젠)
자 튀어오르다, 튀다
¶ Rain *splashed* against the windows.
비가 창에 부딪치며 튀었다.
일 はねあげる(하네아게루) 중 濺 jiàn(젠)

splen·did [spléndid 스플렌디드]
형 (비교급 more splendid, 최상급 most splendid)
화려한, 멋진
영 *Splendid* means very beautiful or impressive.
¶ a *splendid* scene
화려한 광경
일 華やかな はなやかな(하나야까나)
중 壮丽的 zhuànglìde(쫭리더)

split [splít 스플릿]
동 (3단현 splits [splíts], 과거·과거분사 split, 현재분사 splitting [splít-iŋ])
퇴 쪼개다, 찢다
영 To *split* means to tear or break something along a straight line.
¶ He *split* the wood with an ax.
그는 도끼로 나무를 쪼갰다.
일 割る わる(와루) 중 劈开 pīkāi(피카이)
자 쪼개지다, 찢어지다
¶ The board *split* into two.
그 판자는 둘로 쪼개졌다.
일 割れる われる(와레루) 중 劈开

pīkāi(피카이)

*spoil [spɔ́il 스포일]
동 (3단현 spoils [spɔ́ilz], 과거·과거분사 spoiled [spɔ́ild] 또는 spoilt [spɔ́ilt], 현재분사 spoiling [spɔ́il-iŋ])
퇴 망치다
영 To *spoil* means to ruin or wreck something.
¶ The rain *spoiled* the picnic.
비가 와서 소풍을 망쳤다.
일 台なしにする だいなしにする(다이나시니스루) 중 破坏 pòhuài(포화이)
자 상하다, 썩다
영 To *spoil* means to become rotten or unfit for eating.
¶ Fruit has *spoiled*.
과일이 상했다.
일 腐る くさる(쿠사루) 중 变坏 biàn-huài(볜화이)

spoilt [spɔ́ilt 스포일트]
동 spoil의 과거·과거분사

spoke [spóuk 스포우크]
동 speak의 과거형

spo·ken [spóukən 스포우컨]
동 speak의 과거분사

sponge [spʌ́ndʒ 스펀지]
명 (복수 sponges [spʌ́ndʒiz])
스펀지
영 A *sponge* is a cleaning pad made of plastic or another artificial material that absorbs water.
일 スポンジ(스뽄지) 중 海绵 hǎimián (하이몐)

****spoon** [spúːn 스푼-]

명 (복수 spoons [spúːnz])
숟가락, 스푼
영 A *spoon* is a tool used for eating, cooking, and serving food, shaped like a small bowl with a long handle.
¶ I ate ice cream with a *spoon*.
나는 스푼으로 아이스크림을 먹었다.
일 スプーン(스뿐-) 중 匙 chí(츠)

****sport** [spɔ́ːrt 스포-트]

명 (복수 sports [spɔ́ːrts])
스포츠, 운동경기
영 A *sport* is a game involving physical activity.
¶ What's your favorite *sport*?
네가 가장 좋아하는 스포츠는 뭐니?
일 スポーツ(스뽀-쓰) 중 运动 yùndòng(윈둥)

---

sports·man [spɔ́ːrtsmən 스포-츠먼]

명 (복수 sportsmen [spɔ́ːrtsmən])
운동가, 스포츠맨
영 A *sportsman* is a man who takes part in a sport.
일 スポーツマン(스뽀-쓰만) 중 运动家 yùndòngjiā(윈둥쟈)

---

sports·man·ship [spɔ́ːrtsmənʃìp 스포-츠먼십]

명 스포츠맨 정신, 스포츠맨십
영 *Sportsmanship* is behavior that is fair, honest, and polite in a game or sports competitions.
일 スポーツマンシップ(스뽀-쓰만십뿌)
중 运动员精神 yùndòngyuánjīngshén (윈둥위엔징션)

***spot** [spát 스팟]

명 (복수 spots [spáts])
1 반점, 얼룩
영 A *spot* is a small mark that is a different color from the area around it.
¶ Our dog has *spots*.
우리 개는 반점이 있다.
일 斑点 はんてん(한뗀) 중 斑点 bāndiǎn(반뗀)
2 지점, 장소
영 A *spot* is a place.
¶ He found a nice *spot* to sit down.
그는 앉기 좋은 곳을 찾아냈다.
일 地点 ちてん(치뗀) 중 地点 dìdiàn (디뗀)

---

sprang [spræŋ 스프랭]

자 spring의 과거형

---

spray [spréi 스프레이]

타 (3단현 sprays [spréiz], 과거·과거분사 sprayed [spréid], 현재분사 spraying [spréiiŋ])
뿌리다
영 To *spray* means to scatter liquid in very fine drops.
¶ She *sprayed* herself with perfume.
그녀는 향수를 뿌렸다.
일 吹きかける ふきかける(후끼카께루) 중 喷 pēn(펀)

명 (복수 sprays [spréiz])
1 물보라, 물안개
영 *Spray* is water that is thrown up into the air in very small drops.
일 しぶき(시부끼) 중 浪花 lànghuā(랑화)
2 분무기, 스프레이
영 A *spray* is a special container from which liquid comes out in small drops.

일 噴霧器 ふんむき(훔무끼) 중 喷雾器 pēnwùqì(펀우치)

***spread** [spréd 스프레드]

동 (3단현 spreads [sprédz], 과거·과거분사 spread, 현재분사 spreading [sprédiŋ])

태 **1** 펴다, 뻗다

영 To **spread** means to unfold or to stretch out.

¶ He *spread* the map out on the table.
그는 그 지도를 탁자 위에 펼쳤다.
일 広げる ひろげる(히로게루) 중 展开 zhǎnkāi(잔카이)

2 바르다

영 To **spread** means to cover a surface with something.

¶ We *spread* peanut butter on the bread.
우리는 빵에 땅콩버터를 발랐다.
일 塗る ぬる(누루) 중 涂 tú(투)

3 (뉴스·소문 등을) 퍼뜨리다

영 To **spread** means to scatter or make known.

¶ His neighbors began *spreading* rumors.
그의 이웃들이 소문을 퍼뜨리기 시작했다.
일 まき散らす まきちらす(마끼치라스)
중 散布 sànbù(싼부)

자 퍼지다

영 To **spread** means to reach out or extend over an area.

¶ The fire *spread* quickly.
불은 빠르게 퍼졌다.
일 広がる ひろがる(히로가루) 중 蔓延 mànyán(만옌)

****spring** [spríŋ 스프링]

명 (복수 springs [spríŋz])

1 봄

영 *Spring* is the season between winter and summer.

¶ Many flowers come out in *spring*.
많은 꽃들이 봄에 핀다.
일 春 はる(하루) 중 春季 chūnjì(춘지)

2 샘

영 A *spring* is a place where water rises up from underground and becomes a stream.

¶ a hot *spring*
온천
일 泉 いずみ(이즈미) 중 泉 quán(취엔)

3 용수철, 스프링

영 A *spring* is a coil of metal that moves back to its original shape or position after being stretched or pushed down.
일 ばね(바네) 중 弹簧 tánhuáng(탄황)

자 (3단현 springs [spríŋz], 과거형 sprang [spræŋ] 또는 sprung [sprʌŋ], 과거분사 sprung, 현재분사 springing [spríŋiŋ])

뛰다, 뛰어오르다

영 To *spring* means to jump suddenly.
일 跳ぶ とぶ(토부) 중 跳跃 tiàoyuè(탸오웨)

---

sprung [sprʌŋ 스프렁]

자 spring의 과거·과거분사

---

spy [spái 스파이]

명 (복수 spies [spáiz])

스파이

영 A *spy* is someone whose job is to find out secret information about a country or organization.

¶ an industrial *spy*
산업 스파이
일 スパイ(스파이) 중 间谍 jiàndié(졘뎨)

*square [skwéər 스퀘어]

형 (비교급 squarer [skwéərər], 최상급 squarest [skwéərist])
정사각형의
영 *Square* means having four equal sides and four right angles.
¶ a *square* table
정사각형의 테이블
일 正方形の　せいほうけいの(세-호-께-노) 중 正方形的　zhèngfāngxíngde (정팡싱더)

명 (복수 squares [skwéərz])
1 정사각형
영 A *square* is a shape with four equal sides and four right angles.
¶ He folded the paper in a *square*.
그는 종이를 정사각형으로 접었다.
일 正方形　せいほうけい(세-호-께-) 중 正方形 zhèngfāngxíng(정팡싱)
2 광장
영 A *square* is an open area in a town or city with streets on all four sides.
¶ Madison *Square*
매디슨 광장
일 広場　ひろば(히로바) 중 广场 guǎngchǎng(광창)

squeeze [skwíːz 스퀴-즈]

타 (3단현 squeezes [skwíːziz], 과거·과거분사 squeezed [skwíːzd], 현재분사 squeezing [skwíːziŋ])
짜다, 짜내다
영 To *squeeze* means to twist or press something in order to get liquid out of it.
¶ She *squeezed* the juice from the lemon.
그녀는 레몬 즙을 짜냈다.
일 絞る　しぼる(시보루) 중 挤 jǐ(지)

squir·rel [skwə́ːrəl 스쿼-럴]

명 다람쥐
영 A *squirrel* is a small animal with a long furry tail that lives in trees and eats nuts.
일 リス(리스) 중 松鼠　sōngshǔ(쑹수)

sta·di·um [stéidiəm 스테이디엄]

명 (복수 stadiums [stéidiəmz], stadia [stéidiə])
경기장, 스타디움
영 A *stadium* is a large structure in which sports events and concerts are held.
¶ a baseball *stadium*
야구장
일 スタジアム(스따지아무) 중 体育场 tǐyùchǎng(티위창)

staff [stæf 스태프]

명 (복수 staffs [stæfs])
직원, 스태프
영 A *staff* is a group of people who work for a company, an institution, or a person.
¶ the teaching *staff*
교직원
일 職員　しょくいん(쇼꾸잉) 중 职员 zhíyuán(즈위엔)

*stage [stéidʒ 스테이지]

명 (복수 stages [stéidʒiz])
1 무대, 스테이지
영 A *stage* is a raised platform on which actors and other entertainers perform.
¶ She is singing on the *stage*.
그녀는 무대에서 노래하고 있다.
일 舞台　ぶたい(부따이) 중 舞台 wǔtái(우타이)

2 단계
영 A *stage* is a level of progress.
일 段階 だんかい(당까이) 중 阶段 jiēduàn(제돤)

---

stain [stéin 스테인]

통 (3단현 stains [stéinz], 과거·과거분사 stained [stéind], 현재분사 staining [stéiniŋ])
타 더럽히다, 얼룩지게 하다
영 To *stain* means to make a mark that is hard to remove.
¶ The tablecloth was *stained* with wine.
식탁보가 포도주로 얼룩졌다.
일 よごす(요고스) 중 沾污 zhānwū(잔우)
자 더러워지다, 얼룩지다
¶ White cloth *stains* easily.
하얀 천은 쉽게 더러워진다.
일 よごれる(요고레루) 중 被沾污 bèizhānwū(베이잔우)

명 (복수 stains [stéinz])
얼룩, 때
영 A *stain* is a mark that is hard to remove.
일 しみ(시미) 중 污点 wūdiàn(우뎬)

---

*stair [stéər 스테어]

명 (복수 stairs [stéərz])
[stairs로] 계단, 층계
영 *Stairs* are a set of steps.
¶ Don't run down the *stairs*.
계단을 뛰어 내려가지 마라.
일 階段 かいだん(카이당) 중 楼梯 lóutī(러우티)

---

*stamp [stǽmp 스탬프]

명 (복수 stamps [stǽmps])

1 우표
영 A *stamp* is a small piece of paper that you stick onto a letter or package to show that you have paid for it to be sent.
¶ Please put a *stamp* on this postcard.
이 엽서에 우표를 붙여 주세요.
일 郵便切手 ゆうびんきって(유-빙낏떼) 중 邮票 yóupiào(유파오)
2 도장, 스탬프
영 A *stamp* is a tool for printing a mark onto a surface, or the mark made by this tool.
일 印章 いんしょう(인쇼-) 중 图章 túzhāng(투장)

**stand [stǽnd 스탠드]

통 (3단현 stands [stǽndz], 과거·과거분사 stood [stúd], 현재분사 standing [stǽndiŋ])
자 **1** 서다, 일어서다
영 To *stand* means to be on or get on your feet with your body upright.
¶ He was *standing* in front of me.
그는 내 앞에 서 있었다.
일 立つ たつ(타쓰) 중 站立 zhànlì(잔리)
2 …에 위치하다, …에 있다
영 To *stand* means to be located.
¶ My house *stands* on a hill.
우리집은 언덕 위에 있다.
일 位置する いちする(이찌스루) 중 坐落 zuòluò(쭤뤄)
타 **1** 세우다
영 To *stand* means to put something in an upright position.
¶ I *stood* a ladder against the wall.
나는 사다리를 벽에 세워 놓았다.
일 立てる たてる(타떼루) 중 使站立 shǐzhànlì(스잔리)
2 참다, 견디다
영 To *stand* means to bear something or someone.

¶ I can't *stand* that noise.
나는 저 소음을 참을 수 없다.
일 がまんする(가만스루) 중 忍受
rěnshòu(런서우)
숙어 *stand for* …을 뜻하다, …을 나타내다
숙어 *stand up* 일어서다, 기립하다
¶ *Stand up*, please.
일어서 주세요.

명 (복수 stands [stǽndz])
1 받침대, 꽂이
영 A *stand* is an object on which you put things.
¶ a book *stand*
책꽂이
일 台 だい(다이) 중 架子 jiàzi(쟈쯔)
2 매점, 노점
영 A *stand* is a small booth or counter where goods are sold.
일 売店 ばいてん(바이뗑) 중 摊子 tānzi(탄쯔)
3 [보통 stands로] 관람석
영 *Stands* are the place where people sit to watch a sports game.
¶ The *stands* are full.
관람석은 만원이다.
일 観覧席 かんらんせき(칸란세끼) 중 看台 kàntái(칸타이)

---

* **stan·dard** [stǽndərd 스탠더드]
명 (복수 standards [stǽndərdz])
표준, 수준
영 A *standard* is a level that measures how good something is or how well someone does something.
¶ There's been a great improvement in living *standards*.
생활 수준이 많이 향상되었다.
일 標準 ひょうじゅん(효-준) 중 标准 biāozhǔn(뱌오준)

형 표준의
영 *Standard* means normal or usual.
¶ Is this a *standard* size?
이것은 표준 사이즈입니까?
일 標準の ひょうじゅんの(효-준노)
중 标准的 biāozhǔnde(뱌오준더)

---

* **star** [stáːr 스타-]
명 (복수 stars [stáːrz])
1 별
영 A *star* is a small bright light that can be seen in the night sky.
¶ The *stars* are shining in the sky.
하늘에 별들이 빛나고 있다.
일 星 ほし(호시) 중 星 xīng(싱)
2 스타, 인기인
영 A *star* is a famous actor, singer, sports player, etc.
¶ She is a movie *star*.
그녀는 인기 영화배우다.
일 スター(스따-) 중 明星 míngxīng(밍싱)

---

stare [stéər 스테어]
자 (3단현 stares [stéərz], 과거·과거분사 stared [stéərd], 현재분사 staring [stéəriŋ])
응시하다, 빤히 보다
영 To *stare* means to look directly at someone or something for a long time without moving your eyes.
¶ What are you *staring* at?
너는 무엇을 빤히 보고 있니?
일 凝視する ぎょうしする(교-시스루)
중 凝视 níngshì(닝스)

---

* **start** [stáːrt 스타-트]
동 (3단현 starts [stáːrts], 과거·과거분사 started [stáːrtid], 현재분사 starting [stáːrtiŋ])

재 출발하다 (《반》 arrive 도착하다) ; 시작되다
영 To *start* means to begin to move, act, or happen.
¶ Let's *start* at five.
5시에 출발합시다.
¶ The show *starts* soon.
쇼가 곧 시작된다.
일 出発する しゅっぱつする(슙빠쓰루) 중 出发 chūfā(추파)
타 시작하다
영 To *start* means to begin doing something.
¶ It *started* snowing.
눈이 내리기 시작했다.
일 始める はじめる(하지메루) 중 开始 kāishǐ(카이스)

명 (복수 starts [stáːrts])
시작 ; 출발
영 A *start* is the beginning of some-thing.
¶ He made a *start* on a new business.
그는 새 사업을 시작했다.
¶ We got a late *start*.
우리는 늦게 출발했다.
일 始め はじめ(하지메) 중 开始 kāishǐ(카이스)

---

starve [stáːrv 스타-브]
재 (3단현 starves [stáːrvz], 과거·과거분사 starved [stáːrvd], 현재분사 starving [stáːrviŋ])
굶어 죽다 ; 굶주리다
영 To *starve* means to suffer or die from lack of food.
일 餓死する がしする(가시스루) 중 饿死 èsǐ(어쓰)

*****state** [stéit 스테이트]
명 (복수 states [stéits])

1 상태
영 A *state* is the condition that someone or something is in.
일 状態 じょうたい(조-따이) 중 状态 zhuàngtài(쫭타이)
2 [흔히 State로] 국가
영 A *state* is a nation.
¶ a welfare *state*
복지 국가
일 国家 こっか(콕까) 중 国家 guójiā(궈쟈)
3 [흔히 State로] 주
영 A *state* is any of the political and geographical units that make up a country.
¶ There are 50 *states* in the United States.
미국에는 50개 주가 있다.
일 州 しゅう(슈-) 중 州 zhōu(저우)

*****sta·tion** [stéiʃən 스테이션]
명 (복수 stations [stéiʃənz])
1 역, 정거장
영 A *station* is a place where public vehicles stop so that passengers can get on and off, goods can be loaded, etc.
¶ He waits for me at the *station*.
그는 나를 역에서 기다린다.
일 駅 えき(에끼) 중 车站 chēzhàn(처잔)
2 (관청 등의) 서, 본부
영 A *station* is a building where a service is provided.
¶ a police *station*
경찰서
일 署 しょ(쇼) 중 所 suǒ(쒀)
3 방송국
영 A *station* is a place with equip-ment to send out television or radio signals.
일 放送局 ほうそうきょく(호-소-꾜

꾸) 중 电(视)台 diàn(shì)tái(뗀(스)타이)

---

* **stat · ue** [stǽtʃuː 스태추-]

명 (복수 statues [stǽtʃuːz])
상, 동상

▲ 코펜하겐의 인어상

영 A *statue* is a model of a person or an animal made from metal, stone, wood, or any solid material.
¶ There are some *statues* in the park.
공원에는 몇 개의 동상이 있다.
일 像 ぞう(조-) 중 雕像 diāoxiàng(댜오샹)

---

* **sta · tus** [stéitəs 스테이터스]

명 (복수 statuses [stéitəsiz])
지위, 신분
영 *Status* is a person's rank or position in a group, an organization, or a society.
¶ He lost his student *status*.
그는 학생 신분을 잃었다.
일 地位 ちい(치이) 중 地位 dìwèi(디웨이)

** **stay** [stéi 스테이]

자 (3단현 stays [stéiz], 과거·과거분사 stayed [stéid], 현재분사 staying [stéiiŋ])
1 머무르다, 있다

영 To *stay* means to remain in one place or condition.
¶ I will *stay* at home.
나는 집에 있을 것이다.
일 とどまる(토도마루) 중 停留 tíngliú(팅류)
2 체재하다, 묵다
영 To *stay* means to live in a place for a short time as a visitor or guest.
¶ Where are you *staying*?
어디에 묵고 있니?
일 滞在する たいざいする(타이자이스루) 중 暫住 zànzhù(짠주)

---

* **stead · y** [stédi 스테디]

형 (비교급 steadier [stédiər], 최상급 steadiest [stédiist])
안정된, 흔들리지 않는
영 *Steady* means stable or firm.
¶ Hold the ladder *steady*.
흔들리지 않게 사다리를 잡아라.
일 安定した あんていした(인떼・시따)
중 平穩的 píngwěnde(핑원더)

---

steak [stéik 스테이크]

명 스테이크
영 *Steak* is a thick slice of meat or fish.
¶ How would you like your *steak*? – Medium, please.
스테이크는 어떻게 해드릴까요? – 중간 정도로 익혀 주세요.
일 ステーキ(스떼-끼) 중 牛排 niúpái(뉴파이)

---

* **steal** [stíːl 스틸-]

타 (3단현 steals [stíːlz], 과거형 stole [stóul], 과거분사 stolen [stóulən], 현재분사 stealing [stíːl-iŋ])

1 훔치다
영 To *steal* means to take something that does not belong to you.
¶ A thief *stole* her wallet.
도둑은 그녀의 지갑을 훔쳤다.
일 盗む ぬすむ(누스무) 중 偷 tōu(터우)
2 도루하다
영 To *steal* means to get to the next base in baseball without a hit or an error.
¶ The runner *stole* second.
그 주자는 2루로 도루했다.
일 盗塁する とうるいする(토-루이스루) 중 盗垒 dàolěi(다오레이)

---

* **steam** [stíːm 스팀-]
명 증기, 수증기
영 *Steam* is the vapor that is formed when water boils.
¶ *Steam* is rising from the pot.
포트에서 김이 나고 있다.
일 蒸気 じょうき(조-끼) 중 蒸汽 zhēngqì(정치)

---

steam·er [stíːmər 스티-머]
명 기선
영 A *steamer* is a boat powered by steam.
일 汽船 きせん(키센) 중 汽船 qìchuán(치촨)

---

* **steel** [stíːl 스틸-]
명 강철
영 *Steel* is a hard strong metal made chiefly from iron.
¶ This knife is made of *steel*.
이 칼은 강철로 만들어졌다.
일 鋼鉄 こうてつ(코-떼쓰) 중 钢铁 gāngtiě(강테)

---

* **steep** [stíːp 스티-프]
형 (비교급 steeper [stíːpər], 최상급 steepest [stíːpist])
가파른, 험한
영 *Steep* means sharply sloping up or down.
¶ a *steep* hill
가파른 언덕
일 傾斜の急な けいしゃのきゅうな(케-샤노큐-나) 중 陡峭的 dǒuqiàode(더우챠오더)

---

* **stem** [stém 스템]
명 (복수 stems [stémz])
줄기, 대
영 A *stem* is the long main part of a plant from which the leaves and flowers grow.
¶ Leaves grow on a *stem*.
잎은 줄기에서 난다.
일 幹 みき(미끼) 중 杆 gān(간)

---

* **step** [stép 스텝]
명 (복수 steps [stéps])
1 걸음, 한 걸음
영 A *step* is the movement you make when you put one foot in front of the other when walking.
¶ He took a *step* forward.
그는 한 걸음 앞으로 나아갔다.
일 歩み あゆみ(아유미) 중 脚步 jiǎobù(쟈오부)
2 보폭
영 A *step* is the distance covered by a step.
일 歩幅 ほはば(호하바) 중 步距 bùjù(부쥐)
3 단, 디딤판 ; [steps로] 계단
영 A *step* is one of the flat surfaces that you put your foot when you are going up or down.

일 段 だん(단) 중 台阶 táijiē(타이제)
숙어 *step by step* 한 걸음 한 걸음, 착실히

자 (3단현 steps [stéps], 과거·과거분사 stepped [stépt], 현재분사 stepping [stépiŋ])
걷다
영 To *step* means to move somewhere by putting one foot down in front of the other.
¶ Please *step* back.
뒤로 물러나 주십시오.
일 步く あるく(아루꾸) 중 跨步 kuàbù (콰부)

---

stew [stjúː 스튜-]
명 스튜 (요리)
영 *Stew* is a dish made of meat or fish and vegetables cooked slowly in liquid.
¶ beef *stew*
비프 스튜
일 シチュー(料理) シチュー(りょうり)(시쮸-(료-리)) 중 炖(制食物) dùn (zhìshíwù)(둔(즈스우))

---

stew·ard [stjúːərd 스튜-어드]
명 스튜어드, 승무원
영 A *steward* is a man who serves passengers on an airplane or a ship.
일 スチュワード(스쮸와-도) 중 乘务员 chéngwùyuán(청우위엔)

---

stew·ard·ess [stjúːərdis 스튜-어디스]
명 (복수 stewardesses [stjúːərdis-iz])
스튜어디스, 여승무원
영 A *stewardess* is a woman who serves passengers, especially on an airplane.
일 スチュワーデス(스쮸와-데스) 중 女乘务员 nǚchéngwùyuán(뉘청우위엔)

 최근에는 steward, stewardess 보다는 흔히 flight attendant 를 쓴다.

---

* **stick** [stík 스틱]
명 (복수 sticks [stíks])
1 나무토막, 막대기
영 A *stick* is a long thin piece of wood that has fallen or been cut from a tree.
일 棒きれ ぼうきれ(보-끼레) 중 柴枝 cháizhī(차이즈)
2 지팡이
영 A *stick* is a long thin piece of wood or metal that you use for a particular purpose.
¶ walk with a *stick*
지팡이를 짚고 걷다
일 杖 つえ(쓰에) 중 拐杖 guǎizhàng (과이장)

동 (3단현 sticks [stíks], 과거·과거분사 stuck [stʌk], 현재분사 sticking [stíkiŋ])
타 **1** 찌르다
영 To *stick* means to push something with a point into something else.
¶ The nurse *stuck* a needle in my arm.
간호사가 내 팔에 주사를 찔렀다.
일 刺す さす(사스) 중 刺 cì(츠)
2 붙이다
영 To *stick* means to glue or fasten one thing to another.
¶ I *stuck* the stamp on the envelope.
나는 봉투에 우표를 붙였다.
일 くっつける(굿쓰께루) 중 粘贴 zhāntiē(잔톄)
자 달라붙다

영 To *stick* means to remain attached.
¶ The mud has *stuck* to my shoes.
진흙이 내 구두에 달라붙었다.
일 くっつく(쿳쓰꾸) 중 粘住 zhānzhù
(잔주)

---

stick·y [stíki 스티키]

형 (비교급 stickier [stíkiər], 최상급 stickiest [stíkiist])
끈적끈적한, 점착성의
영 *Sticky* means made of or covered with a substance that sticks to surfaces.
¶ Your hands are *sticky*.
네 손은 끈적끈적하다.
일 ねばねばした(네바네바시따) 중 粘的 niánde(녠더)

---

*stiff [stíf 스티프]

형 (비교급 stiffer [stífər], 최상급 stiffest [stífist])
딱딱한, 뻣뻣한
영 *Stiff* means difficult to bend or turn.
¶ This new glove is *stiff*.
이 새 글러브는 뻣뻣하다.
일 堅い かたい(카따이) 중 硬的 yìngde (잉더)

---

*still¹ [stíl 스틸]

부 아직도, 여전히
영 *Still* means even now.
¶ He *still* stood there.
그는 여전히 거기에 서 있었다.
일 まだ(마다) 중 还 hái(하이)

---

*still² [stíl 스틸]

형 (비교급 stiller [stílər], 최상급 stillest [stílist])
1 조용한

영 *Still* means without sound.
¶ The audience was *still*.
청중은 조용했다.
일 静かな しずかな(시즈까나) 중 寂静的 jìjìngde(지징더)
2 정지한
영 *Still* means without motion.
¶ Keep *still* while I am taking your picture.
내가 네 사진을 찍는 동안 가만히 있어라.
일 静止した せいしした(세-시시따) 중 静止的 jìngzhǐde(징즈더)

---

sting [stíŋ 스팅]

타 (3단현 stings [stíŋz], 과거·과거분사 stung [stʌŋ], 현재분사 stinging [stíŋiŋ])
찌르다, 쏘다
영 To *sting* means to pierce or wound with a small sharp point.
¶ A bee *stung* him on the hand.
벌이 그의 손을 쏘았다.
일 刺す さす(사스) 중 刺 cì(츠)

---

stir [stə́:r 스터-]

타 (3단현 stirs [stə́:rz], 과거·과거분사 stirred [stə́:rd], 현재분사 stirring [stə́:riŋ])
휘젓다, 뒤섞다
영 To *stir* means to mix a liquid by moving a spoon or stick around and around in it.
¶ She *stirred* sugar into her tea.
그녀는 차에 설탕을 넣어 휘저었다.
일 かき混ぜる かきまぜる(카끼마제루) 중 搅拌 jiǎobàn(쟈오반)

---

stock [sták 스탁]

명 (복수 stocks [stáks])

1 재고품
영 *Stock* is all the products that a factory, warehouse, or store has to sell.
¶ The book is in *stock*.
그 책은 재고품이 있다.
일 在庫品 ざいこひん(자이꼬힝) 중 庫存品 kùcúnpǐn(쿠춘핀)
2 《미》주, 주식
영 A *stock* is a share or shares in a company.
¶ *Stocks* are going up.
주식이 오르고 있다.
일 株 かぶ(카부) 중 股份 gǔfèn(구펀)

---

stock·ing [stáкiŋ 스타킹]

명 (복수 stockings [stáкiŋz])
[보통 stockings로] 긴 양말, 스타킹
영 A *stocking* is a tight knitted covering for the foot and leg.
¶ a pair of *stockings*
스타킹 한 켤레
일 長靴下 ながぐつした(나가구쓰시따)
중 長襪 chángwà(창와)

---

*stom·ach [stΛmək 스터먹]

명 (복수 stomachs [stΛməks])
1 위
영 A *stomach* is the organ in your body that digests the food you eat.
¶ I have a weak *stomach*.
나는 위가 약하다.
일 胃 い(이) 중 胃 wèi(웨이)
2 배, 복부
영 A *stomach* is the front part of your body, below your chest.
일 腹 はら(하라) 중 肚子 dùzi(두쯔)

---

stom·ach·ache [stΛməkèik 스터머케이크]

명 (복수 stomachaches [stΛmək-

èiks])
복통
영 A *stomachache* is a pain in your stomach.
일 腹痛 ふくつう(후꾸쓰ー) 중 腹痛 fùtòng(푸통)

---

*stone [stóun 스토운]

명 (복수 stones [stóunz])
돌, 돌멩이
영 A *stone* is a small piece of rock.
¶ Don't throw *stones*.
돌을 던지지 마라.
일 石 いし(이시) 중 石头 shítou(스터우)

---

stood [stúd 스투드]

동 stand의 과거·과거분사

**stop [stáp 스탑]

동 (3단현 stops [stáps], 과거·과거분사 stopped [stápt], 현재분사 stopping [stápiŋ])
타 **1** 멈추다, 정지시키다
영 To *stop* means not to move something.
¶ He *stopped* the car.
그는 차를 멈췄다.
일 止める とめる(토메루) 중 停止 tíngzhǐ(팅즈)
2 그만두다, 중단하다
영 To *stop* means to be no longer moving or working.
¶ He *stopped* smoking.
그는 금연하였다.
일 やめる(야메루) 중 使中断 shǐzhōngduàn(스중똰)
자 멎다, 멈추다
¶ The train *stopped*.
기차가 멈췄다.

일 止まる とまる(토마루) 중 停止 tǐngzhǐ(팅즈)

명 (복수 stops [stáps])
1 정지
영 A *stop* is the act of stopping.
¶ The bus came to a sudden *stop*.
버스가 급정거를 했다.
일 停止 ていし(테-시) 중 停止 tǐngzhǐ(팅즈)
2 정류장
영 A *stop* is a place where a bus or train regularly stops for its passengers.
¶ I get off at the next *stop*.
나는 다음 정류장에서 내린다.
일 停留所 ていりゅうじょ(테-류-조)
중 停车站 tíngchēzhàn(팅처잔)

****store** [stɔ́:r 스토-]
명 (복수 stores [stɔ́:rz])
1 《미》 가게, 상점(《영》 shop)
영 A *store* is a place where things are sold.
¶ a toy *store*
장난감 가게
일 店 みせ(미세) 중 店 diàn(뎬)
2 저장, 비축
영 A *store* is a supply or stock of something kept for future use.
일 畜え たくわえ(타꾸와에) 중 貯存 zhùcún(주춘)

태 (3단현 stores [stɔ́:rz], 과거·과거분사 stored [stɔ́:rd], 현재분사 storing [stɔ́:riŋ])
저장하다, 비축하다
영 To *store* means to put things away until they are needed.
¶ We *stored* oil for use in the winter.
우리는 겨울에 쓰려고 석유를 비축했다.

일 畜える たくわえる(타꾸와에루) 중 貯存 zhùcún(주춘)

---

store·keep·er [stɔ́:rkì:pər 스토-키-퍼]
명 《미》 상점 주인(《영》 shopkeeper)
영 A *storekeeper* is someone who owns or runs a store.
일 店主 てんしゅ(텐슈) 중 店主 diànzhǔ(뎬주)

***storm** [stɔ́:rm 스톰-]
명 (복수 storms [stɔ́:rmz])
폭풍우
영 A *storm* is heavy rain, snow, sleet, or hail accompanied by strong winds.
¶ We were caught in a *storm*.
우리는 폭풍우를 만났다.
일 あらし(아라시) 중 暴风雨 bàofēngyǔ(바오펑위)

****sto·ry¹** [stɔ́:ri 스토-리]
명 (복수 stories [stɔ́:riz])
이야기, 동화
영 A *story* is a spoken or written account of something that happened.
¶ This is a funny *story*.
이것은 우스운 이야기다.
일 物語 ものがたり(모노가따리) 중 故事 gùshì(구스)

---

sto·ry² [stɔ́:ri 스토-리]
명 (복수 stories [stɔ́:riz])
(건물의) 층
영 A *story* is a floor or level of a building.
¶ That restaurant is on the fifty-second *story*.
저 음식점은 52층에 있다.
일 階 かい(카이) 중 层 céng(청)

*stove [stóuv 스토우브]

명 (복수 stoves [stóuvz])

1 요리용 레인지

영 A *stove* is a piece of kitchen equipment used for cooking

일 料理用レンジ りょうりようレンジ (료-리요-렌지) 중 炉灶 lúzào(루짜오)

2 스토브, 난로

영 A *stove* is a thing inside which you burn gas, wood, coal, etc.

¶ The *stove* has kept us warm.

난로가 우리를 따뜻하게 해 주었다.

일 ストーブ(스또-브) 중 火炉 huǒlú(훠루)

---

*straight [stréit 스트레이트]

형 (비교급 straighter [stréitər], 최상급 straightest [stréitist])

곧은, 똑바른, 일직선의

영 *Straight* means not bent or not curved.

¶ Draw a *straight* line.

직선을 그으시오.

일 まっすぐな(맛스구나) 중 笔直的 bǐzhíde(비즈더)

부 곧장, 똑바로, 일직선으로

영 *Straight* means in a line or direction that is not bent, curved, or leaning.

¶ Go *straight* and turn left at the corner.

곧장 가서 모퉁이에서 왼쪽으로 도시오.

일 まっすぐに(맛스구니) 중 笔直地 bǐzhíde(비즈더)

---

*strange [stréindʒ 스트레인지]

형 (비교급 stranger [stréindʒər], 최상급 strangest [stréindʒist])

1 이상한, 기묘한

영 *Strange* means different from the usual.

¶ We saw a *strange* sight.

우리는 이상한 광경을 보았다.

일 異常な いじょうな(이조-나) 중 奇怪的 qíguàide(치과이더)

2 낯선, 미지의

영 *Strange* means not known, heard, or seen before.

¶ The place was *strange* to me.

그 장소는 내게 낯설었다.

일 未知の みちの(미찌노) 중 陌生的 mòshēngde(모성더)

---

strang·er [stréindʒər 스트레인저]

명 (복수 strangers [stréindʒərz])

모르는 사람, 낯선 사람

영 A *stranger* is someone you do not know.

¶ Don't follow a *stranger*.

낯선 사람을 따라가지 마라.

일 知らない人 しらないひと(시라나이히또) 중 陌生人 mòshēngrén(모성런)

---

straw [strɔ́: 스트로-]

명 **1** 짚, 지푸라기

영 *Straw* is the dried stalks of wheat, barley, oats, or other cereal plants that are left after the grain has been removed.

¶ The stable was spread with *straw*.

마구간에는 짚이 깔려 있었다.

일 わら(와라) 중 稻草 dàocǎo(다오차오)

2 스트로, 빨대

영 A *straw* is a thin hollow tube used for drinking things.

¶ He drinks his milk through a *straw*.

그는 우유를 스트로로 마신다.

일 ストロー(스또로-) 중 吸管 xīguǎn(시꽌)

S

*straw·ber·ry [strɔ́ːbèri 스트로-베리]

명 (복수 strawberries [strɔ́ːbèriz])
딸기

영 A *strawberry* is a small red fruit with little seeds on it.
일 イチゴ(이찌고) 중 草莓 cǎoméi(차오메이)

---

*stream [stríːm 스트림-]

명 (복수 streams [stríːmz])
시내, 개울
영 A *stream* is a narrow path of water.
¶ Little *streams* make great rivers.
작은 시내가 모여서 큰 강을 이룬다.
일 小川 おがわ(오가와) 중 小河 xiǎohé (샤오허)

**street [stríːt 스트리-트]

명 (복수 streets [stríːts])
거리, 가로
영 A *street* is a road in a city or town.
¶ We walked along the *street*.
우리는 거리를 따라 걸었다.
일 通り とおり(토-리) 중 街道 jiēdào (졔다오)

---

*strength [stréŋkθ 스트렝크스]

명 (복수 strengths [stréŋkθs])
힘 ; 체력

영 *Strength* is the physical power and energy that makes someone strong.
¶ I don't have the *strength* to lift this box.
나는 이 상자를 들어올릴 힘이 없다.
일 力 ちから(치까라) 중 力量 lìliang (리량)

---

stress [strés 스트레스]

명 (복수 stresses [strésiz])
스트레스, 긴장
영 *Stress* is worry, strain, or pressure.
¶ He is under a lot of *stress* at work.
그는 일에 많은 스트레스를 받고 있다.
일 ストレス(스또레스) 중 压力 yālì(야리)

---

*stretch [strétʃ 스트레치]

동 (3단현 stretches [strétʃiz], 과거·과거분사 stretched [strétʃt], 현재분사 stretching [strétʃiŋ])
타 (손발 등을) 펴다, 뻗다
영 To *stretch* means to spread out your arms, legs, or body to full length.
¶ She got up and *stretched* herself.
그녀는 일어나서 기지개를 켰다.
일 伸ばす のばす(노바스) 중 伸直 shēnzhí(선즈)
자 퍼지다, 뻗다
영 To *stretch* means to extend or to spread out.
¶ The highway *stretches* for miles.
고속도로가 수마일이나 뻗어 있다.
일 伸びる のびる(노비루) 중 延伸 yánshēn(옌선)

---

*strict [stríkt 스트릭트]

형 (비교급 stricter [stríktər], 최상급 strictest [stríktist])

엄한, 엄격한
영 *Strict* means making you obey rules exactly and behave properly.
¶ She is *strict* with her children.
그녀는 아이들에게 엄하다.
일 きびしい(키비시-) 중 严格的 yángéde(옌거더)

---

*__strike__ [stráik 스트라이크]

동 (3단현 strikes [stráiks], 과거·과거분사 struck [strʌk], 현재분사 striking [stráikiŋ])
타 치다, 때리다
영 To *strike* means to hit or attack someone or something.
¶ Don't *strike* a person on the head.
다른 사람의 머리를 치지 마라.
일 打つ うつ(우쓰) 중 打 dǎ(다)
재 치다, 때리다
¶ He *struck* at me.
그는 나를 때렸다.
일 打つ うつ(우쓰) 중 打 dǎ(다)

명 (복수 strikes [stráiks])
1 동맹 파업, 스트라이크
영 A *strike* is a refusal to work because of an argument or a disagreement with your employer over wages or working conditions.
¶ They are on *strike*.
그들은 스트라이크 중이다.
일 ストライキ(스또라이끼) 중 罢工 bà-gōng(바궁)
2 (야구의) 스트라이크
영 A *strike* is a ball pitched over the plate between the batter's chest and knees, or any pitch that is swung at and missed.
¶ The count is three balls and two *strikes*.
카운트는 투 스트라이크 스리 볼이다.
일 ストライク(스또라이꾸) 중 好球

hǎoqiú(하오츄)

---

*__string__ [stríŋ 스트링]

명 (복수 strings [stríŋz])
1 줄, 끈
영 *String* is a thin cord or rope.
¶ Some papers were tied with *string*.
서류 중에는 끈으로 묶여 있는 것도 있었다.
일 ひも(히모) 중 线 xiàn(셴)
2 (악기의) 현
영 A *string* is a thin wire on a musical instrument.
일 弦 つる(쓰루) 중 弦 xián(셴)

__stripe__ [stráip 스트라이프]

명 (복수 stripes [stráips])
줄무늬
영 A *stripe* is a long line that is a different color from what is next to it.
¶ He always wears a shirt with *stripes*.
그는 늘 줄무늬 셔츠를 입는다.
일 しま(시마) 중 条纹 tiáowén(탸오원)

__stroke__ [stróuk 스트로우크]

명 (복수 strokes [stróuks])
일격, 타격
영 A *stroke* is a hit or a blow.
일 一撃 いちげき(이찌게끼) 중 击 jī(지)

**__strong__ [stróːŋ 스트롱-]

형 (비교급 stronger [stróːŋgər], 최상급 strongest [stróːŋgist])
1 강한, 힘센(《반》 weak 약한)
영 *Strong* means powerful or having great force.
¶ My grandfather is *strong* and healthy.
우리 할아버지는 힘이 세고 건강하

시다.
[일] 強い つよい(쓰요이) [중] 强壮的 qiángzhuàngde(창좡더)
2 튼튼한, 견고한
[영] ***Strong*** means hard to break.
¶ The door was solid and *strong*.
그 문은 단단하고 견고했다.
[일] 強い つよい(쓰요이) [중] 坚固的 jiāngùde(젠구더)

---

struck [strʌ́k 스트럭]
[동] strike의 과거·과거분사

***struc·ture** [strʌ́ktʃər 스트럭처]
[명] (복수 structures [strʌ́ktʃərz])
구조, 조직
[영] ***Structure*** is the organization of something or the way that it is put together.
¶ the *structure* of government
정부 조직
[일] 構造 こうぞう(코-조-) [중] 结构 jiégòu(제거우)

***strug·gle** [strʌ́gl 스트러글]
[자] (3단현 struggles [strʌ́glz], 과거·과거분사 struggled [strʌ́gld], 현재분사 struggling [strʌ́gliŋ])
1 분투하다, 노력하다
[영] To ***struggle*** means to try very hard to do or achieve something, even though it is difficult.
¶ The team *struggled* to win.
그 팀은 승리하려고 애썼다.
[일] 奮闘する ふんとうする(훈또-스루)
[중] 奋斗 fèndòu(펀더우)
2 싸우다
[영] To ***struggle*** means to fight someone who is attacking you or holding you.
¶ *struggle* with a burglar
강도와 격투를 벌이다
[일] 戦う たたかう(타따까우) [중] 斗争 dòuzhēng(더우정)

[명] (복수 struggles [strʌ́glz])
분투, 투쟁
[영] A ***struggle*** is a long hard fight for freedom, etc.
¶ a power *struggle*
권력 투쟁
[일] 奮闘 ふんとう(훈또-) [중] 奋斗 fèndòu(펀더우)

****stu·dent** [stjúːdnt 스튜-든트]
[명] (복수 students [stjúːdnts])
학생
[영] A ***student*** is someone who studies at a school.
¶ She is a college *student*.
그녀는 대학생이다.
[일] 学生 がくせい(각세-) [중] 学生 xuésheng(쉐성)

---

stu·di·o [stjúːdiòu 스튜-디오우]
[명] (복수 studios [stjúːdiòuz])
작업실, 아틀리에
[영] A ***studio*** is a room or building in which an artist or a photographer works.
[일] 仕事場 しごとば(시고또바) [중] 工作室 gōngzuòshì(궁줘스)

****stud·y** [stʌ́di 스터디]
[동] (3단현 studies [stʌ́diz], 과거·과거분사 studied [stʌ́did], 현재분사 studying [stʌ́diiŋ])
[타] 공부하다
[영] To ***study*** means to spend time learning a subject or skill by reading about it or by practicing it.

¶ I *study* English hard.
나는 영어를 열심히 공부한다.
일 勉強する　べんきょうする(벵꾜-스
루) 중 学习　xuéxí(쉐시)
자 공부하다
¶ She is *studying* at home.
그녀는 집에서 공부하고 있다.
일 勉強する　べんきょうする(벵꾜-스
루) 중 学习　xuéxí(쉐시)

명 (복수 studies [stʌ́diz])
1 공부
영 *Study* is the process of learning
about a subject or skill.
일 勉強　べんきょう(벵꾜-) 중 学习
xuéxí(쉐시)
2 서재
영 A *study* is a room used for studying
or reading.
일 書斎　しょさい(쇼사이) 중 书房 shū-
fáng(수팡)

----

stuff [stʌ́f 스터프]

명 재료, 원료
영 *Stuff* is the material something is
made of.
¶ This bag is made of good *stuff*.
이 가방은 좋은 재료로 만들어졌다.
일 材料　ざいりょう(자이료-) 중 材料
cáiliào(차이랴오)

----

*stu·pid [stjúːpid 스튜-피드]

형 (비교급 stupider [stjúːpidər],
최상급 stupidest [stjúːpidist])
어리석은, 바보같은
영 *Stupid* means showing bad
judgment or a lack of intelligence.
¶ a *stupid* idea
어리석은 생각
일 ばかな (바 까 나) 중 愚蠢的
yúchǔnde(위춘더)

----

*style [stáil 스타일]

명 (복수 styles [stáilz])
1 양식, 방식
영 *Style* is the way in which some-
thing is written, spoken, made, or
done.
¶ They changed their *style* of living.
그들은 생활 양식을 바꿨다.
일 様式　ようしき(요-시끼) 중 风格
fēnggé(펑거)
2 유행, 스타일
영 *Style* is the way in which people
act and dress in a particular time
period.
¶ She was dressed in the latest *style*.
그녀는 최신 유행 옷을 입고 있었다.
일 流行　りゅうこう(류-꼬-) 중 流行
款式　liúxíngkuǎnshì(류싱콴스)

----

*sub·ject [sʌ́bdʒikt 서브직트]

명 (복수 subjects [sʌ́bdʒikts])
1 주제, 제목
영 A *subject* is the thing you are
talking about or considering in a
conversation, discussion, book,
movie, etc.
¶ What is the *subject* of your paper?
너의 리포트 주제는 무엇이니?
일 主題　しゅだい(슈다이) 중 主题
zhǔtí(주티)
2 학과, 과목
영 A *subject* is an area of study.
¶ What is your favorite *subject*?
네가 가장 좋아하는 과목은 뭐니?
일 学科　がっか(각까) 중 学科 xué-
kē(쉐커)

----

sub·ma·rine [sʌ́bmərìːn 서브머
린-]

명 (복수 submarines [sʌ́bmərìːnz])
잠수함

영 A *submarine* is a ship that can travel under water.
일 潜水艦 せんすいかん(센스이깐) 중 潜艇 qiántǐng(첸팅)

****sub·stance** [sʌ́bstəns 서브스턴스]
명 (복수 substances [sʌ́bstənsiz])
물질, 물체
영 A *substance* is something that has weight and takes up space.
¶ a chemical *substance*
화학 물질
일 物質 ぶっしつ(붓시쓰) 중 物质 wùzhì(우즈)

---

sub·urb [sʌ́bəːrb 서버-브]
명 (복수 suburbs [sʌ́bəːrbz])
교외, 근교
영 A *suburb* is an area or a district on or close to the outer edge of a city.
¶ a *suburb* of Seoul
서울 근교
일 郊外 こうがい(코-가이) 중 郊外 jiāowài(쟈오와이)

****sub·way** [sʌ́bwèi 서브웨이]
명 (복수 subways [sʌ́bwèiz])
《미》 지하철(《영》 underground)
영 A *subway* is an electric train or a system of trains that runs underground in a city.
¶ We took the *subway* home.
우리는 집에 지하철을 타고 갔다.
일 地下鉄 ちかてつ(치까떼쓰) 중 地铁 dìtiě(디테)

***suc·ceed** [səksíːd 석시-드]
자 (3단현 succeeds [səksíːdz], 과거·과거분사 succeeded [səksíːdid], 현재분사 succeeding [səksíːdiŋ])

1 성공하다
영 To *succeed* means to do well or to get what you want.
¶ His plan *succeeded*.
그의 계획은 성공했다.
일 成功する せいこうする(세-꼬-스루) 중 成功 chénggōng(청궁)
2 계승하다, 잇다
영 To *succeed* means to take over from someone in an important position.
¶ He *succeeded* to the throne.
그는 왕위를 계승했다.
일 継ぐ つぐ(쓰구) 중 继承 jìchéng(지청)

***suc·cess** [səksés 석세스]
명 (복수 successes [səksésiz])
성공
영 *Success* is a good or favorable outcome.
¶ I wish you *success*.
성공을 빕니다.
일 成功 せいこう(세-꼬-) 중 成功 chénggōng(청궁)

***suc·cess·ful** [səksésful 석세스풀]
형 성공한
영 *Successful* means having the result or effect you intended.
¶ It was a *successful* meeting.
그 모임은 성공적이었다.
일 成功した せいこうした(세-꼬-시따) 중 成功的 chénggōngde(청궁더)

---

suc·ces·sion [səkséʃən 석세션]
명 **1** 연속, 계속
영 *Succession* is the coming of one person or thing after another.
¶ The party guests arrived in quick

succession.
파티 손님들이 연달아 도착했다.
〔일〕 連続　れんぞく(렌조꾸)　〔중〕 连续
liánxù(롄쉬)
2 계승
〔영〕 *Succession* is the order in which one person after another takes over a title, a throne, or an estate.
〔일〕 継承　けいしょう(케-쇼-)　〔중〕 继承
jìchéng(지청)

---

* **such** [《약》 sətʃ 서치 ; 《강》 sʌ́tʃ 서치]
〔형〕 그러한, 이러한
〔영〕 *Such* means of the same or that kind.
¶ I don't like *such* a song.
나는 그런 노래를 좋아하지 않는다.
〔일〕 そのような(소노요-나)　〔중〕 这样的
zhèyàngde(저양더)
〔숙어〕 *such as* …같은
¶ big cities *such as* New York and London
뉴욕과 런던같은 대도시들
〔숙어〕 *such ... as ~* ~와 같은 …
¶ You had better avoid *such* a man *as* he.
그와 같은 남자는 피하는 편이 낫다.

---

* **sud·den** [sʌ́dn 서든]
〔형〕 돌연한, 갑작스러운
〔영〕 *Sudden* means happening without warning.
¶ His death was all too *sudden.*
그의 죽음은 너무 갑작스러웠다.
〔일〕 突然の　とつぜんの(토쓰젠노)　〔중〕 突
然　tūrán(투란)

---

* **sud·den·ly** [sʌ́dnli 서든리]
〔부〕 돌연히, 갑자기

〔영〕 *Suddenly* means quickly and in a way you did not expect.
¶ *Suddenly* he opened his eyes.
갑자기 그가 눈을 떴다.
〔일〕 突然に　とつぜんに(토쓰젠니)　〔중〕 突
然　tūrán(투란)

---

* **suf·fer** [sʌ́fər 서퍼]
〔동〕 (3단현 suffers [sʌ́fərz], 과거·과거분사 suffered [sʌ́fərd], 현재분사 suffering [sʌ́fəriŋ])
〔자〕 괴로워하다, 고생하다
〔영〕 To *suffer* means to have pain, discomfort, or sorrow.
¶ She *suffers* from headaches.
그녀는 두통으로 괴로워한다.
〔일〕 苦しむ　くるしむ(쿠루시무)　〔중〕 受苦
shòukǔ(서우쿠)
〔타〕 (고통 등을) 받다, 당하다
〔영〕 To *suffer* means to experience or undergo something unpleasant.
¶ The army *suffered* defeat.
그 군대는 패배를 당했다.
〔일〕 受ける　うける(우께루)　〔중〕 遭受
zāoshòu(짜오서우)

---

* **suf·fi·cient** [səfíʃənt 서피션트]
〔형〕 충분한
〔영〕 *Sufficient* means enough.
¶ We bought *sufficient* food for the party.
우리는 파티를 열려고 충분한 음식을 샀다.
〔일〕 十分な　じゅうぶんな(주-분나)　〔중〕
充分的　chōngfènde(충펀더)

** **sug·ar** [ʃúgər 슈거]
〔명〕 설탕
〔영〕 *Sugar* is something that is put in food to make it sweet.

¶ Do you take *sugar* in your coffee?
커피에 설탕을 넣습니까?
일 砂糖 さとう(사또-) 중 糖 táng(탕)

---

* **sug·gest** [səgdʒést 서그제스트]
타 (3단현 suggests [səgdʒésts], 과거·과거분사 suggested [səg-dʒéstid], 현재분사 suggesting [səg-dʒéstiŋ])
1 제안하다
영 To *suggest* means to put something forward as an idea or a possibility.
¶ She *suggested* eating out.
그녀는 외식을 하자고 제안했다.
일 提案する ていあんする(테-안스루)
중 建议 jiànyì(젠이)
2 암시하다
영 To *suggest* means to hint or show indirectly.
¶ Are you *suggesting* that I cheated?
내가 (너를) 속이기라도 했다는 말이냐?
일 暗示する あんじする(안지스루) 중
暗示 ànshì(안스)

---

sug·ges·tion [səgdʒéstʃən 서그제스천]
명 (복수 suggestions [səgdʒés-tʃənz])
1 제안
영 A *suggestion* is an idea or a plan that someone suggests, or the act of suggesting it.
¶ Can I make a *suggestion*?
한 가지 제안을 해도 될까요?
일 提案 ていあん(테-안) 중 建议 jiànyì(젠이)
2 암시
영 *Suggestion* is a sign or possibility of something.
일 暗示 あんじ(안지) 중 暗示 ànshì

(안스)

---

* **suit** [súːt 수-트]
명 (복수 suits [súːts])
슈트, 한 벌의 옷
영 A *suit* is a set of clothes made of the same material.
¶ He was wearing a gray *suit*.
그는 회색 슈트를 입고 있었다.
일 スーツ(스-쓰) 중 一套衣服 yítào-yīfu(이타오이푸)

타 (3단현 suits [súːts], 과거·과거분사 suited [súːtid], 현재분사 suit-ing [súːtiŋ])
1 적합하다
영 To *suit* means to be acceptable or right for a person or situation.
¶ Does Wednesday *suit* you?
수요일이면 괜찮겠니?
일 適する てきする(테끼스루) 중 合适 héshì(허스)
2 어울리다
영 To *suit* means to make you look good.
¶ This tie *suits* you very well.
이 넥타이는 네게 아주 잘 어울린다.
일 似合う にあう(니아우) 중 适合 shìhé(스허)

---

suit·a·ble [súːtəbl 수-터블]
형 적합한, 알맞은
영 *Suitable* means acceptable or right for a particular person, purpose, or situation.
¶ Your behavior is not *suitable* to your age.
네 행동은 나이에 맞지 않는다.
일 適した てきした(테끼시따) 중 合适的 héshìde(허스더)

---

suit·case [súːtkèis 수-트케이스]

[명] (복수 suitcases [súːtkèisiz])
슈트케이스, 소형 여행 가방
[영] A *suitcase* is a flat bag used for carrying clothes and belongings when you travel.
[일] スーツケース(스-쓰께-스) [중] 小型旅行箱 xiǎoxínglǚxíngxiāng(샤오싱뤼싱샹)

*__sum__ [sʌ́m 섬]

[명] (복수 sums [sʌ́mz])
1 [the sum으로] 합계
[영] *The sum* is the total when you add two or more numbers together.
¶ *The sum* of 3 and 4 is 7.
3과 4의 합은 7이다.
[일] 合計 ごうけい(고-께-) [중] 总计 zǒngjì(쫑지)
2 금액
[영] A *sum* is an amount of money.
¶ He lost a large *sum* of money.
그는 많은 돈을 잃었다.
[일] 額 がく(가꾸) [중] 金額 jīn'é(진어)

*__sum·ma·ry__ [sʌ́məri 서머리]

[명] (복수 summaries [sʌ́məriz])
요약, 개요
[영] A *summary* is a short statement that gives the main points or ideas of something that has been written or said.
¶ Give a *summary* of this chapter.
이 장을 요약하시오.
[일] 要約 ようやく(요-야꾸) [중] 总结 zǒngjié(쫑졔)

**__sum·mer__ [sʌ́mər 서머]

[명] 여름
[영] *Summer* is the season between spring and autumn.
¶ What are you going to do this *summer*?
너는 이번 여름에 무엇을 할거니?
[일] 夏 なつ(나쯔) [중] 夏天 xiàtiān(샤톈)

sum·mit [sʌ́mit 서밋]

[명] 정상, 꼭대기
[영] A *summit* is the highest point.
¶ the *summit* of a mountain
산꼭대기
[일] 頂上 ちょうじょう(초-조-) [중] 顶峰 dǐngfēng(딩펑)

*__sun__ [sʌ́n 선]

[명] **1** [the sun으로] 태양, 해
[영] *The sun* is the star that the earth and other planets revolve around and that gives us light and warmth.
¶ *The sun* rises in the east.
해는 동쪽에서 뜬다.
[일] 太陽 たいよう(타이요-) [중] 太阳 tàiyáng(타이양)
2 햇빛, 일광
[영] *Sun* is light and warmth from the sun.
¶ Don't stay too long in the *sun*.
너무 오래 햇빛에 있지 마라.
[일] 日光 にっこう(닉꼬-) [중] 阳光 yángguāng(양광)

**__Sun·day__ [sʌ́ndèi 선데이]

[명] (복수 Sundays [sʌ́ndèiz])
일요일
[영] *Sunday* is the first day of the week.
[일] 日曜日 にちようび(니찌요-비) [중] 星期日 xīngqīrì(싱치르)

sun·di·al [sʌ́ndàiəl 선다이얼]

명 해시계
영 A *sundial* is an instrument that shows the time by using the sun's light.
일 日時計 ひどけい(히도께-) 중 日规 rìguī(르구이)

---

sun·flow·er [sʌ́nflàuər 선플라우어]

명 해바라기
영 A *sunflower* is a large flower with yellow petals and a dark center.
일 ヒマワリ(히마와리) 중 向日葵 xiàngrìkuí(샹르쿠이)

---

sun·glass·es [sʌ́nglæ̀siz 선글래시즈]

명 [복수] 선글라스, 색안경
영 *Sunglasses* are dark glasses that protect your eyes from the glare of sunlight.
일 サングラス(산구라스) 중 太阳镜 tàiyángjìng(타이양징)

---

sun·light [sʌ́nlàit 선라이트]

명 햇빛, 일광
영 *Sunlight* is the light of the sun.
¶ Plants need *sunlight*.
식물은 햇빛이 필요하다.
일 日光 にっこう(닉꼬-) 중 阳光 yángguāng(양광)

---

sun·ny [sʌ́ni 서니]

형 (비교급 sunnier [sʌ́niər], 최상급 sunniest [sʌ́niist])
볕이 잘 드는, 양지 바른
영 *Sunny* means full of light from the sun.
¶ a *sunny* room
볕이 잘 드는 방

일 日当たりのよい ひあたりのよい (히아따리노요이) 중 阳光充足的 yángguāngchōngzúde(양광충쭈더)

---

sun·rise [sʌ́nràiz 선라이즈]

명 (복수 sunrises [sʌ́nràiziz])
해돋이, 일출
영 *Sunrise* is the time in the morning when the sun appears above the horizon.
¶ a beautiful *sunrise*
아름다운 일출
일 日の出 ひので(히노데) 중 日出 rìchū(르추)

---

sun·set [sʌ́nsèt 선셋]

명 해넘이, 일몰
영 *Sunset* is the time in the evening when the sun sinks below the horizon.
¶ He was watching the *sunset*.
그는 일몰을 지켜보고 있었다.
일 日没 にちぼつ(니찌보쓰) 중 日落 rìluò(르뤄)

---

*sun·shine [sʌ́nʃàin 선샤인]

명 햇빛, 햇볕
영 *Sunshine* is the light from the sun.
¶ We enjoyed the *sunshine* in the garden.
우리는 정원에서 햇볕을 쬐었다.
일 日光 にっこう(닉꼬-) 중 阳光 yángguāng(양광)

---

*su·per [súːpər 수-퍼]

형 훌륭한, 최고의
영 *Super* means very good.
일 すばらしい(스바라시-) 중 特佳的 tèjiāde(터쟈더)

***su·pe·ri·or** [supíəriər 수피어리어]

형 (…보다) 우수한, 뛰어난
영 *Superior* means better than other similar people or things.
¶ This book is *superior* to that.
이 책은 저 책보다 낫다.
일 すぐれた(스구레따) 중 优越的 yōuyuède(유웨더)

***su·per·mar·ket** [súːpərmàːr-kit 수-퍼마-킷]

명 슈퍼마켓
영 A *supermarket* is a large store that sells food and household items.
¶ Is there a *supermarket* near here?
이 근처에 슈퍼마켓이 있나요?
일 スーパーマーケット(스-파-마-껫또)
중 超级市场 chāojíshìchǎng(차오지스창)

****sup·per** [sʌ́pər 서퍼]

명 (복수 suppers [sʌ́pərz])
저녁 식사
영 *Supper* is an evening meal.
¶ What do you have for *supper*?
저녁 식사로 무엇을 먹습니까?
일 夕食 ゆうしょく(유-쇼꾸) 중 晚餐 wǎncān(완찬)

***sup·ply** [səplái 서플라이]

타 (3단현 supplies [səpláiz], 과거·과거분사 supplied [səpláid], 현재분사 supplying [səpláiiŋ])
공급하다, 제공하다
영 To *supply* means to provide something that is needed or wanted.
¶ He *supplies* fish to local restaurants.
그는 현지 식당에 생선을 공급하고

있다.
일 供給する きょうきゅうする(쿄-뀨-스루) 중 供给 gōngjǐ(궁지)

명 (복수 supplies [səpláiz])
공급, 지급
영 *Supply* is the action of providing what is needed or wanted.
¶ a good *supply* of water
충분한 물의 공급
일 供給 きょうきゅう(쿄-뀨-) 중 供给 gōngjǐ(궁지)

***sup·port** [səpɔ́ːrt 서포-트]

타 (3단현 supports [səpɔ́ːrts], 과거·과거분사 supported [səpɔ́ːrtid], 현재분사 supporting [səpɔ́ːrtiŋ])
1 지탱하다, 버티다
영 To *support* means to hold something up in order to keep it from falling.
¶ The walls *support* the roof.
벽이 지붕을 지탱하고 있다.
일 支える ささえる(사사에루) 중 支撑 zhīchēng(즈청)
2 부양하다
영 To *support* means to earn a living for.
¶ She *supports* two children.
그녀는 두 아이를 부양하고 있다.
일 扶養する ふようする(후요-스루)
중 抚养 fǔyǎng(푸양)
3 지지하다, 후원하다
영 To *support* means to believe in someone or favor something.
¶ We *support* the new President.
우리는 신임 대통령을 지지한다.
일 支持する しじする(시지스루) 중 支持 zhīchí(즈츠)

***sup·pose** [səpóuz 서포우즈]

태 (3단현 supposes [səpóuziz], 과거·과거분사 supposed [səpóuzd], 현재분사 supposing [səpóuziŋ])

1 생각하다, 추측하다

영 To **suppose** means to believe or to guess.

¶ I *suppose* he will be late.

나는 그가 늦을 거라고 생각한다.

일 思う おもう(오모우) 중 猜想 cāixiǎng(차이샹)

2 가정하다

영 To **suppose** means to imagine or assume that something is true or possible.

¶ Let's *suppose* that we live without electricity.

전기없이 산다고 가정해 보자.

일 仮定する かていする(카떼-스루) 중 假定 jiǎdìng(쟈딩)

숙어 *be supposed to* …하기로 되어 있다

¶ She *was supposed to* come on time.

그녀는 정각에 오기로 되어 있었다.

---

su·preme [suprí:m 수프림-]

형 최고의, 최상의

영 **Supreme** means greatest, best, or most powerful.

일 最高の さいこうの(사이꼬-노) 중 最高的 zuìgāode(쭈이가오더)

****sure** [ʃúər 슈어]

형 (비교급 surer [ʃúərər], 최상급 surest [ʃúərist])

1 확신하고 있는, 자신이 있는

영 **Sure** means having no doubt.

¶ I'm *sure* that he is right.

나는 그가 옳다고 확신한다.

일 確信している かくしんしている(카꾸신시떼이루) 중 确信的 quèxìnde (줴신더)

2 반드시 …하는

영 **Sure** means certain to happen.

¶ He is *sure* to come.

그는 반드시 온다.

일 きっと…する(킷또…스루) 중 一定的 yídìngde(이딩더)

3 확실한

영 **Sure** means firm or steady.

¶ *sure* proof

확실한 증거

일 確実な かくじつな(카꾸지쓰나) 중 确实的 quèshíde(줴스더)

숙어 *be sure of* …을 확신하다

¶ They *were sure of* their victory.

그들은 자신들의 승리를 확신했다.

숙어 *for sure* 확실히, 틀림없이

¶ He will be back soon *for sure*.

그는 틀림없이 곧 돌아올 것이다.

부 **1** 확실히

영 **Sure** means without a doubt.

¶ It *sure* is cold out.

확실히 밖은 춥다.

일 確かに たしかに(타시까니) 중 一定 yídìng(이딩)

2 [의뢰나 질문에 답하여] 물론

영 **Sure** means certainly.

¶ Can I sit here? – *Sure*.

여기 앉아도 될까요? – 물론이예요.

일 もちろん(모찌롱) 중 当然 dāngrán(당란)

---

sure·ly [ʃúərli 슈얼리]

부 확실히, 틀림없이

영 **Surely** means without a doubt.

¶ *Surely* I heard the sound.

확실히 나는 그 소리를 들었다.

일 確かに たしかに(타시까니) 중 一定 yídìng(이딩)

***sur·face** [sə́:rfəs 서-퍼스]

몡 (복수 surfaces [sə́:rfəsiz])
1 표면, 외면
영 A *surface* is the outside or top part of something.
¶ The *surface* of a mirror is smooth.
거울의 표면은 매끄럽다.
일 表面 ひょうめん(효-멘) 중 表面 biǎomiàn(뱌오몐)
2 [the surface로] 외관, 겉보기
영 *The surface* is outward appearance.
일 うわべ(우와베) 중 外观 wàiguān (와이관)

surf·board [sə́:rfbɔ̀:rd 서-프보-드]

명 파도타기용 널빤지
영 A *surfboard* is a long special board that you stand on to ride on ocean waves.
일 サーフボード(사-후보-도) 중 冲浪板 chōnglàngbǎn(충랑반)

surf·ing [sə́:rfiŋ 서-핑]

명 파도타기, 서핑
영 *Surfing* is the activity of riding on ocean waves standing on a special board.
일 サーフィン(사-휭) 중 冲浪 chōnglàng(충랑)

sur·geon [sə́:rdʒən 서-전]

명 외과의사
영 A *surgeon* is a doctor who does operations in a hospital.
일 外科医 げかい(게까이) 중 外科医生 wàikēyīshēng(와이커이성)

sur·name [sə́:rnèim 서-네임]

명 (복수 surnames [sə́:rnèimz])
성

영 A *surname* is a person's last name or family name.
일 姓 せい(세-) 중 姓 xìng(싱)

*sur·prise [sərpráiz 서프라이즈]

타 (3단현 surprises [sərpráiziz], 과거·과거분사 surprised [sərpráizd], 현재분사 surprising [sərpráiziŋ])
놀라게 하다
영 To *surprise* means to amaze or astonish someone by doing or saying something unexpected.
¶ The news greatly *surprised* us.
그 소식은 우리를 매우 놀라게 했다.
일 驚かす おどろかす(오도로까스) 중 使吃惊 shǐchījīng(스츠징)

명 (복수 surprises [sərpráiziz])
1 놀람
영 *Surprise* is the feeling you have when something unexpected or unusual happens.
¶ He stared at her in *surprise*.
그는 놀라서 그녀를 쳐다보았다.
일 驚き おどろき(오도로끼) 중 惊奇 jīngqí(징치)
2 놀라운 일, 뜻밖의 일
영 A *surprise* is something that is unexpected or unusual.
¶ What a *surprise* to see you here!
여기서 널 만나다니 정말 뜻밖이다!
일 驚くべき事 おどろくべきこと(오도로꾸베끼코또) 중 使人惊奇的事 shǐrénjīngqídeshì(스런징치더스)
숙어 *to* one's *surprise* 놀랍게도

*sur·round [səráund 서라운드]

타 (3단현 surrounds [səráundz], 과거·과거분사 surrounded [səráundid], 현재분사 surround-

ing [səráundiŋ])
에워싸다, 둘러싸다
영 To **surround** means to be on every side of something.
¶ The soldiers *surrounded* the house.
군인들은 그 집을 에워쌌다.
일 囲む かこむ(카꼬무) 중 围绕 wéirào(웨이라오)

---

sur · vey [sərvéi 서베이]
타 (3단현 surveys [sərvéiz], 과거·과거분사 surveyed [sərvéid], 현재분사 surveying [sərvéiiŋ])
측량하다
영 To **survey** means to measure an area in order to make a map or plan.
¶ *survey* the land
토지를 측량하다
일 測量する そくりょうする(소꾸료-스루) 중 測量 cèliáng(처량)

---

sur · viv · al [sərváivəl 서바이벌]
명 (복수 survivals [sərváivəlz])
살아남음, 생존
영 **Survival** is the state of continuing to live or exist, expecially after a difficult or dangerous situation.
일 生き残ること いきのこること(이끼노꼬루코또) 중 幸存 xìngcún(싱춘)

***sur · vive** [sərváiv 서바이브]
동 (3단현 survives [sərváivz], 과거·과거분사 survived [sərváivd], 현재분사 surviving [sərváiviŋ])
타 살아남다
영 To **survive** means to stay alive through or after some dangerous event.
¶ Only one person *survived* the car crash.

자동차 충돌사고에서 한 사람만 살아 남았다.
일 生き残る いきのこる(이끼노꼬루)
중 幸存 xìngcún(싱춘)
자 생존하다, 살아남다
영 To **survive** means to continue to live or exist.
¶ Humans need food and water to *survive*.
인간이 생존하려면 음식과 물이 필요하다.
일 生存する せいぞんする(세-존스루)
중 活下来 huóxiàlái(훠샤라이)

---

sus · pect [səspékt 서스펙트]
타 (3단현 suspects [səspékts], 과거·과거분사 suspected [səspéktid], 현재분사 suspecting [səspéktiŋ])
의심하다
영 To **suspect** means to have doubts about.
¶ Do you have reason to *suspect* his motives?
그의 동기를 의심할 만한 이유가 있니?
일 疑う うたがう(우따가우) 중 怀疑 huáiyí(화이이)

---

sus · pend [səspénd 서스펜드]
타 (3단현 suspends [səspéndz], 과거·과거분사 suspended [səspéndid], 현재분사 suspending [səspéndiŋ])
1 일시 정지하다, 중지하다
영 To **suspend** means to stop something for a short time.
¶ Her driver's license was *suspended*.
그녀는 운전면허를 정지당했다.
일 一時停止する いちじていしする(이찌지떼-시스루) 중 暫停 zàntíng(짠팅)

2 매달다
[영] To ***suspend*** means to attach something to a support so that it hangs downward.
¶ *suspend* a lamp from the ceiling
천장에 램프를 매달다
[일] つるす(쓰루스) [중] 悬挂 xuánguà(쉬엔과)

---

sus·pi·cion [səspíʃən 서스피션]

[명] (복수 suspicions [səspíʃənz])
1 의심
[영] ***Suspicion*** is a feeling that you do not trust someone.
[일] 疑い うたがい(우따가이) [중] 怀疑 huáiyí(화이이)
2 혐의
[영] A ***suspicion*** is a feeling that someone is probably guilty of doing something wrong or dishonest.
¶ He was arrested on *suspicion* of robbery.
그는 강도 혐의로 체포되었다.
[일] 嫌疑 けんぎ(켕기) [중] 嫌疑 xiányí(셴이)

---

*swal·low[1] [swálou 스왈로우]

[타] (3단현 swallows [swálouz], 과거·과거분사 swallowed [swáloud], 현재분사 swallowing [swálouiŋ])
삼키다, 들이켜다
[영] To ***swallow*** means to make food or drink travel down from your mouth to your stomach.
¶ Please *swallow* pills with water.
알약을 물과 함께 삼키세요.
[일] 飲み込む のみこむ(노미꼬무) [중] 吞下 tūnxià(툰샤)

---

*swal·low[2] [swálou 스왈로우]

[명] 제비
[영] A ***swallow*** is a migrating bird with long wings and a forked tail.
[일] ツバメ(쓰바메) [중] 燕子 yànzi(옌쯔)

---

swan [swán 스완]

[명] 백조
[영] A ***swan*** is a large white bird with a long neck, that lives near lakes and rivers.
[일] ハクチョウ(하꾸쪼-) [중] 天鹅 tiān'é(톈어)

---

*swear [swéər 스웨어]

[동] (3단현 swears [swéərz], 과거형 swore [swɔ́:r], 과거분사 sworn [swɔ́:rn], 현재분사 swearing [swéəriŋ])
[자] 맹세하다
[영] To ***swear*** means to make a formal, solemn promise.
¶ *swear* by God
신께 맹세하다
[일] 誓う ちかう(치까우) [중] 发誓 fāshì(파스)
[타] 맹세하다
¶ They *swore* eternal love.
그들은 영원한 사랑을 맹세했다.
[일] 誓う ちかう(치까우) [중] 发誓 fāshì(파스)

---

sweat [swét 스웻]

[자] (3단현 sweats [swéts], 과거·과거분사 sweat 또는 sweated [swétid], 현재분사 sweating [swétiŋ])
땀을 흘리다
[영] To ***sweat*** means to have liquid coming out through your skin, especially when you are hot or

S

nervous.
¶ He was *sweating* heavily.
그는 땀을 많이 흘리고 있었다.
일 汗をかく　あせをかく(아세오카꾸)
중 出汗　chūhàn(추한)

명 땀
영 *Sweat* is liquid that comes out through your skin.
¶ He wiped the *sweat* off his brow.
그는 이마의 땀을 닦았다.
일 汗　あせ(아세)　중 汗　hàn(한)

***sweat·er** [swétər 스웨터]
명 (복수 sweaters [swétərz])
스웨터
영 A *sweater* is a knitted piece of clothing that you wear on the top half of your body.
¶ She put her *sweater* on.
그녀는 스웨터를 입었다.
일 セーター(세-따-)　중 毛线衣　máo-xiànyī(마오셴이)

***sweep** [swí:p 스위-프]
타 (3단현 sweeps [swí:ps], 과거·과거분사 swept [swépt], 현재분사 sweeping [swí:piŋ])
쓸다, 청소하다
영 To *sweep* means to clean or clear away with a brush or broom.
¶ She is *sweeping* the floor.
그녀는 마루를 쓸고 있다.
일 掃く　はく(하꾸)　중 扫　sǎo(싸오)

****sweet** [swí:t 스위-트]
형 (비교급 sweeter [swí:tər], 최상급 sweetest [swí:tist])
단, 달콤한(《반》bitter 쓴)
영 *Sweet* means having a taste like

sugar.
¶ I like *sweet* things.
나는 단것을 좋아한다.
일 甘い　あまい(아마이)　중 甜的 tiánde(톈더)

명 (복수 sweets [swí:ts])
[sweets로] 단것, 사탕
영 *Sweets* are a piece of candy or other food that tastes sweet.
일 甘い食べ物　あまいたべもの(아마이타베모노)　중 甜点　tiándiǎn(톈뎬)

---

swept [swépt 스웹트]
타 sweep의 과거·과거분사

---

swift [swíft 스위프트]
형 (비교급 swifter [swíftər], 최상급 swiftest [swíftist])
1 빠른
영 *Swift* means moving or able to move very fast.
¶ a *swift* runner
발빠른 주자
일 速い　はやい(하야이)　중 快速的 kuàisùde(콰이쑤더)
2 민첩한, 재빠른
영 *Swift* means happening or done quickly.
¶ a *swift* response
재빠른 반응
일 すばやい(스바야이)　중 敏捷的 mǐnjiéde(민제더)

****swim** [swím 스윔]
자 (3단현 swims [swímz], 과거형 swam [swǽm], 과거분사 swum [swím], 현재분사 swimming [swímiŋ])
헤엄치다, 수영하다

영 To *swim* means to move through the water, using your arms and legs.
¶ She *swims* well.
그녀는 헤엄을 잘 친다.
¶ Let's go *swimming* in the river.
강으로 수영하러 가자.
일 泳ぐ およぐ(오요구) 중 游泳 yóu-yǒng(유융)

---

swim·suit [swímsùːt 스윔수-트]

명 수영복
영 A *swimsuit* is clothing worn for swimming.
일 水着 みずぎ(미즈기) 중 游泳衣 yóuyǒngyī(유융이)

---

*swing [swíŋ 스윙]

동 (3단현 swings [swíŋz], 과거·과거분사 swung [swʌ́ŋ], 현재분사 swinging [swíŋiŋ])
자 흔들리다
영 To *swing* means to move back and forth.
¶ Don't let your legs *swing*.
다리를 흔들지 마라.
일 揺れる ゆれる(유레루) 중 摇摆 yáobǎi(야오바이)
타 흔들다
¶ They walked *swinging* their arms.
그들은 팔을 흔들면서 걸었다.
일 振る ふる(후루) 중 摇摆 yáobǎi(야오바이)

명 (복수 swings [swíŋz])
그네
영 A *swing* is a piece of play equipment on which you can sit and move back and forth.
일 ぶらんこ(부랑꼬) 중 秋千 qiūqiān(츄첸)

Swiss [swís 스위스]

형 스위스의 ; 스위스 사람의
영 *Swiss* means relating to or coming from Switzerland.
일 スイスの(스이스노) 중 瑞士的 Ruìshìde(루이스떠)

명 (복수 Swiss)
[the Swiss로] 스위스 사람
영 *The Swiss* are the people of Switzerland.
일 スイス人 スイスじん(스이스진) 중 瑞士人 Ruìshìrén(루이스런)

**switch [swítʃ 스위치]

명 (복수 switches [swítʃiz])
스위치
영 A *switch* is a device that interrupts the flow of electricity in a circuit.
¶ Turn on the light *switch*, please.
전등 스위치를 켜 주세요.
일 スイッチ(스잇찌) 중 开关 kāiguān(카이관)

타 (3단현 switches [swítʃiz], 과거·과거분사 switched [swítʃt], 현재분사 switching [swítʃiŋ])
스위치를 켜다, 스위치를 끄다
영 To *switch* means to turn a piece of electrical equipment on or off.
¶ *Switch* on the TV.
텔레비전을 켜라.
¶ *Switch* off the radio.
라디오를 꺼라.
일 スイッチを入れる[切る] スイッチをいれる[きる](스잇찌오이레루[키루]) 중 打开 dǎkāi(다카이), 关 guān(관)

Switz·er·land [swítsərlənd 스위철런드]

명 스위스

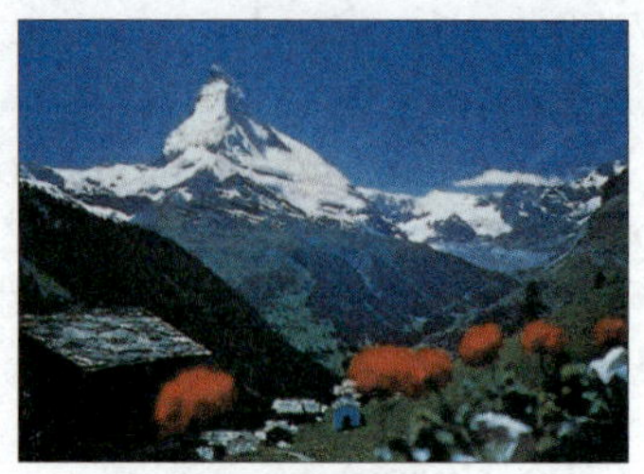

▲ 마터호른

일 スイス(스이스) 중 瑞士 Ruìshì(루이스)

---

sword [sɔ́ːrd 소-드]

명 (복수 swords [sɔ́ːrdz])
칼, 검
영 A *sword* is a weapon with a handle and a long sharp blade.
¶ He drew his *sword*.
그는 검을 뺐다.
일 刀 かたな(카따나) 중 劍 jiàn(졘)

---

swore [swɔ́ːr 스워-]

동 swear의 과거형

---

sworn [swɔ́ːrn 스원-]

동 swear의 과거분사

---

swum [swʌ́m 스웜]

자 swim의 과거분사

---

*sym·bol [símbəl 심벌]

명 (복수 symbols [símbəlz])
1 상징, 심벌
영 A *symbol* is a design or an object that represents something else.
¶ The dove is the *symbol* of peace.
비둘기는 평화의 상징이다.
일 象徵 しょうちょう(쇼-쬬-) 중 象征 xiàngzhēng(샹정)

2 기호
영 A *symbol* is a letter, number, or sign that represents a sound, amount, chemical substance, etc.
¶ a chemical *symbol*
화학 기호
일 記号 きごう(키고-) 중 记号 jìhào(지하오)

---

sym·pa·thet·ic [sìmpəθétik 심퍼세틱]

형 동정심이 있는, 인정 있는
영 *Sympathetic* means showing that you understand and care about someone's problems.
¶ I felt very *sympathetic* to him.
나는 그를 매우 동정했다.
일 同情的な どうじょうてきな(도-조-떼끼나) 중 同情的 tóngqíngde(퉁칭더)

---

*sym·pa·thy [símpəθi 심퍼시]

명 (복수 sympathies [símpəθiz])
동정
영 *Sympathy* is the understanding and sharing of other people's troubles.
¶ I have no *sympathy* for her.
나는 그녀를 동정하지 않는다.
일 同情 どうじょう(도-조-) 중 同情 tóngqíng(퉁칭)

---

sym·pho·ny [símfəni 심퍼니]

명 (복수 symphonies [símfəniz])
교향곡
영 A *symphony* is a long piece of music for an orchestra.
일 交響曲 こうきょうきょく(코-꾜-꾜꾸) 중 交响乐 jiāoxiǎngyuè(쟈오샹웨)

***sys·tem** [sístəm 시스텀]

명 (복수 systems [sístəmz])

1 계통, 체계

영 A *system* is a group of things or parts that exist or work together in an organized way.

¶ the digestive *system*

소화기 계통

¶ the solar *system*

태양계

일 系統　けいとう(케-또-)　중 系統 xìtǒng(시퉁)

2 제도, 조직

영 A *system* is a way of organizing or arranging things.

¶ the educational *system*

교육 제도

일 制度　せいど(세-도)　중 制度 zhìdù(즈두)

S

[tí: 티-]
the twentieth letter of the English alphabet
영어 알파벳의 스무번째 글자

****ta·ble** [téibl 테이블]
명 (복수 tables [téiblz])
테이블, 식탁
영 A *table* is a piece of furniture with a flat top resting on legs.
¶ He laid the book on the *table*.
그는 테이블 위에 책을 놓았다.
¶ Put the plates on the *table*.
식탁에 접시를 놓아라.
일 テーブル(테-부루) 중 桌子 zhuōzi (쥐쯔)

ta·ble·cloth [téiblklɔ̀:θ 테이블클로-스]
명 (복수 tablecloths [téiblklɔ̀:ðz])
식탁보
영 A *tablecloth* is a piece of material used to protect or decorate a table.
일 テーブルクロス(테-부루꾸로스) 중 桌布 zhuōbù(쥐부)

ta·ble ten·nis [téibl tènis 테이블 테니스]
명 탁구
영 *Table tennis* is a game for two or four players who use wooden paddles to hit a small, light ball over a low net on a table.
¶ They like *table tennis*.
그들은 탁구를 좋아한다.
일 卓球 たっきゅう(탁뀨-) 중 乒乓球 pīngpāngqiú(핑팡츄)

***tail** [téil 테일]
명 (복수 tails [téilz])
꼬리
영 A *tail* is a part that sticks out at the back end of an animal's body.
¶ Cats and dogs have *tails*.
고양이와 개는 꼬리가 있다.
일 尾 お(오) 중 尾巴 wěiba(웨이바)

****take** [téik 테이크]
타 (3단현 takes [téiks], 과거형 took [túk], 과거분사 taken [téikən], 현재분사 taking [téikiŋ])
1 잡다, 쥐다
영 To *take* means to get, seize, or capture something with the hands.
¶ The child *took* me by the hand.
그 아이가 내 손을 잡았다.
일 取る とる(토루) 중 取 qǔ(취)
2 가지고 가다, 데리고 가다
영 To *take* means to move someone or something from one place to another.
¶ *Take* your umbrella with you.
우산을 가지고 가라.
¶ He *took* us to the zoo.
그는 우리를 동물원에 데리고 갔다.
일 持って行く もっていく(못떼이꾸)
중 拿走 názǒu(나쩌우)
3 받다, 받아들이다
영 To *take* means to accept or receive something.
¶ Please *take* this money.
이 돈을 받으십시오.

일 受け取る　うけとる(우께또루)　중 接受　jiēshòu(제서우)

4 타다

영 To *take* means to use a car, bus, etc. to go somewhere.

¶ Let's *take* a taxi.

택시를 타자.

일 乗る　のる(노루)　중 乗　chéng(청)

숙어 *take off* 벗다

¶ He *took off* his hat and shoes.

그는 모자와 신발을 벗었다.

숙어 *take place* 일어나다, 개최되다

---

tak·en [téikən 테이컨]

타 take의 과거분사

---

tale [téil 테일]

명 (복수　tales [téilz])

이야기, 설화

영 A *tale* is a story.

¶ a fairy *tale*

옛날 이야기

일 話　はなし(하나시)　중 故事　gùshi (구스)

---

tal·ent [tǽlənt 탤런트]

명 (복수　talents [tǽlənts])

1 재능, 재주

영 A *talent* is a natural ability or skill.

¶ He has a *talent* for music.

그는 음악에 재능이 있다.

일 才能　さいのう(사이노-)　중 才能　cáinéng(차이넝)

2 재능이 있는 사람

영 A *talent* is a person with talent.

일 才能のある人　さいのうのあるひと(사이노-노아루히또)　중 有才能的人　yǒucáinéngderén(유차이넝더런)

**talk [tɔ́:k 토-크]

동 (3단현　talks [tɔ́:ks], 과거·과거분사　talked [tɔ́:kt], 현재분사　talking [tɔ́:kiŋ])

자 이야기하다, 말하다

영 To *talk* means to speak with someone.

¶ He is *talking* to his father.

그는 아버지와 이야기하고 있다.

일 話す　はなす(하나스)　중 讲话　jiǎnghuà(쟝화)

타 …을 말하다, 이야기하다

영 To *talk* means to say words.

¶ The patient talked a few words today.

환자가 오늘 몇 마디 말을 했다.

일 話す　はなす(하나스)　중 讲话　jiǎnghuà(쟝화)

명 (복수　talks [tɔ́:ks])

이야기, 대화

영 A *talk* is a conversation.

¶ I had a *talk* with him for an hour.

나는 그와 1시간 동안 이야기했다.

일 話　はなし(하나시)　중 谈话　tánhuà (탄화)

---

*tall [tɔ́:l 톨-]

형 (비교급　taller [tɔ́:lər], 최상급　tallest [tɔ́:list])

키가 큰 (《반》short 키가 작은), 높은

영 *Tall* means having a greater than average height.

¶ a *tall* building

높은 건물

¶ She is *tall*.

그녀는 키가 크다.

일 背の高い　せのたかい(세노타까이)　중 高的　gāode(가오더)

---

tame [téim 테임]

형 (비교급　tamer [téimər], 최상급

tamest [téimist])
길들여진
㉷ ***Tame*** means taken from a wild or natural state and trained to live with or be useful to people.
¶ *Tame* animals make good pets.
길들여진 동물은 좋은 애완동물이 된다.
㉰ 飼い慣らされた かいならされた(카이나라사레따) ㉶ 驯服的 xùnfúde(쉰푸더)

---

tank [tǽŋk 탱크]
명 (복수 tanks [tǽŋks])
1 탱크
㉷ A ***tank*** is a large container for liquid or gas.
㉰ タンク(탕꾸) ㉶ 大容器 dàróngqì(다룽치)
2 전차
㉷ A ***tank*** is a heavy military vehicle with a large gun and metal belts over its wheels.
㉰ 戦車 せんしゃ(센샤) ㉶ 坦克 tǎnkè(탄커)

***tap** [tǽp 탭]
타 (3단현 taps [tǽps], 과거·과거분사 tapped [tǽpt], 현재분사 tapping [tǽpiŋ])
가볍게 두드리다[치다]
㉷ To ***tap*** means to hit something gently or lightly.
¶ She *tapped* him on the shoulder.
그녀는 그의 어깨를 가볍게 두드렸다.
㉰ 軽くたたく かるくたたく(카루꾸타따꾸) ㉶ 轻拍 qīngpāi(칭파이)

***tape** [téip 테이프]
명 (복수 tapes [téips])
1 테이프, 끈
㉷ ***Tape*** is a long, thin piece of plastic, cloth, or paper.
¶ He bound the books with *tape*.
그는 끈으로 책을 묶었다.
㉰ テープ(테-푸) ㉶ 带子 dàizi(다이쯔)
2 녹음[녹화] 테이프
㉷ ***Tape*** is a long piece of magnetic ribbon used for recording sound or pictures.
㉰ 録音テープ ろくおんテープ(로꾸옹테-뿌) ㉶ 磁带 cídài(츠다이)

---

tape re·cord·er [téip rikɔ̀ːrdər 테이프 리-코더]
명 녹음기, 테이프 리코더
㉷ A ***tape recorder*** is a machine that you use to play back or record music and sound on magnetic tape.
㉰ テープレコーダー(테-뿌레꼬-다-)
㉶ 录音机 lùyīnjī(루인지)

***tar·get** [tɑ́ːrgit 타-깃]
명 (복수 targets [tɑ́ːrgits])
과녁, 표적
㉷ A ***target*** is a mark, a circle, or an object that is aimed or shot at.
¶ The arrow hit the *target*.
화살이 과녁을 맞혔다.
㉰ 的 まと(마또) ㉶ 靶子 bǎzi(바쯔)

***task** [tǽsk 태스크]
명 (복수 tasks [tǽsks])
일
㉷ A ***task*** is a job or particular thing that you have to do.
¶ His *task* is to clean the room today.
오늘 그의 일은 방을 청소하는 것이다.
㉰ 仕事 しごと(시고또) ㉶ 工作 gōng-

zuò(궁쮜)

- - - - - - - - - - - - - - - - - - - -

***taste** [téist 테이스트]

명 (복수 tastes [téists])
맛, 미각
영 *Taste* is the feeling that is pro-
duced when your tongue touches a
particular food or drink.
¶ This fruit has a sweet *taste*.
이 과일은 단맛이 난다.
일 味 あじ(아지) 중 味道 wèidào(웨
이다오)

동 (3단현 tastes [téists], 과거·과
거분사 tasted [téistid], 현재분사
tasting [téistiŋ])
타 맛을 보다
영 To *taste* means to put food in your
mouth to see what it is like.
¶ She is *tasting* the soup.
그녀는 수프 맛을 보고 있다.
일 味見をする あじみをする(아지미오
스루) 중 尝 cháng(창)
자 맛이 나다
영 To *taste* means to have a certain
flavor.
¶ What does the soup *taste* like?
그 수프는 맛이 어떠니?
일 味がする あじがする(아지가스루)
중 有…味道 yǒu…wèidào(유…웨이다
오)

- - - - - - - - - - - - - - - - - - - -

taught [tɔ́ːt 토-트]

동 teach의 과거·과거분사

- - - - - - - - - - - - - - - - - - - -

***tax** [tǽks 택스]

명 (복수 taxes [tǽksiz])
세금, 세
영 A *tax* is money that people and
businesses must pay in order to
support a government.
¶ He paid 500 dollars in *taxes*.
그는 500달러의 세금을 냈다.
일 税 ぜい(제-) 중 税 shuì(수이)

- - - - - - - - - - - - - - - - - - - -

***tax·i** [tǽksi 택시]

명 (복수 taxi(e)s [tǽksiz])
택시
영 A *taxi* is a car with a driver whom
you pay to take you where you want
to go.
¶ We went to the station by *taxi*.
우리는 택시로 역까지 갔다.
일 タクシー(타꾸시-) 중 出租车
chūzūchē(추쭈처)

- - - - - - - - - - - - - - - - - - - -

****tea** [tíː 티-]

명 차, 홍차
영 *Tea* is a drink made from the
leaves of a shrub that is grown in
China, Korea, and India.
¶ green *tea*
녹차
¶ He likes *tea* better than coffee.
그는 커피보다 홍차를 더 좋아한다.
일 お茶 おちゃ(오쨔) 중 茶 chá(차)

- - - - - - - - - - - - - - - - - - - -

****teach** [tíːtʃ 티-치]

동 (3단현 teaches [tíːtʃiz], 과거·
과거분사 taught [tɔ́ːt], 현재분사
teaching [tíːtʃiŋ])
타 …을 가르치다
영 To *teach* means to help someone
learn something.
¶ I *teach* him Korean.
나는 그에게 한국어를 가르친다.
일 教える おしえる(오시에루) 중 教
jiào(쟈오)
자 가르치다
¶ She *teaches* very well.
그녀는 아주 잘 가르친다.

T

일 教える おしえる(오시에루) 중 教
jiào(쟈오)

****teach·er** [tíːtʃər 티-처]

명 (복수 teachers [tíːtʃərz])
선생님, 교사
영 A *teacher* is someone who helps people learn things.
¶ I want to be a *teacher*.
나는 선생님이 되고 싶다.
일 先生 せんせい(센세-) 중 老师
lǎoshī(라오스)

---

teach·ing [tíːtʃiŋ 티-칭]

명 가르치기, 교직
영 *Teaching* is the work that a teacher does, or the job of being a teacher.
일 教える事 おしえること(오시에루 코또) 중 教学工作 jiàoxuégōngzuò
(쟈오쉐궁쮀)

***team** [tíːm 팀-]

명 (복수 teams [tíːmz])
팀, 조
영 A *team* is a group of people who work or play together.
¶ Our *team* wear red shirts.
우리 팀은 붉은 셔츠를 입고 있다.
일 チーム(치-무) 중 队 duì(두이)

***tear¹** [tíər 티어]

명 (복수 tears [tíərz])
눈물
영 A *tear* is a drop of water that comes out of your eye when you cry.
¶ *Tears* ran down her cheeks.
눈물이 그녀의 뺨으로 흘러 내렸다.
일 涙 なみだ(나미다) 중 眼泪 yǎnlèi
(옌레이)

***tear²** [téər 테어]

타 (3단현 tears [téərz], 과거형 tore [tɔ́ːr], 과거분사 torn [tɔ́ːrn], 현재분사 tearing [téəriŋ])
찢다, 째다
영 To *tear* means to pull something apart.
¶ He *tore* the letter to pieces.
그는 편지를 갈기갈기 찢었다.
일 引き裂く ひきさく(히끼사꾸) 중 撕
sī(쓰)

---

tech·ni·cal [téknikəl 테크니컬]

형 기술의, 공업의
영 *Technical* means to do with science, engineering, or the mechanical or industrial arts.
일 技術の ぎじゅつの(기주쓰노) 중 技术的 jìshùde(지수더)

---

tech·nique [tekníːk 테크니-크]

명 (복수 techniques [tekníːks])
기술, 기교
영 A *technique* is a method or way of doing something that requires skill, as in the arts, sports, or the sciences.
¶ They don't have the *techniques* to do it.
그들은 그것을 할 수 있는 기술이 없다.
일 技術 ぎじゅつ(기주쓰) 중 技术 jìshù(지수)

***tech·nol·o·gy** [teknálədʒi 테크날러지]

명 과학 기술, 공업 기술
영 *Technology* is the knowledge about scientific or industrial methods, or the use of these methods.

일 科学技術 かがくぎじゅつ(카가꾸기주쓰) 중 工业技术 gōngyèjìshù(궁예지수)

---

* **teen·ag·er** [tíːnèidʒər 틴-에이저]

명 (복수 teenagers [tíːnèidʒərz]) 10대인 사람[소년, 소녀]

영 A *teenager* is a person who is between the ages of 13 and 19.

일 十代の人 じゅうだいのひと(주다이노히또) 중 十几岁的青少年 shíjǐsuìdeqīngshàonián(스지쑤이더칭사오녠)

---

teeth [tíːθ 티-스]

명 tooth의 복수

---

tel·e·gram [téləgræm 텔러그램]

명 전보, 전문

영 A *telegram* is a message that is sent by telegraph.

¶ He sent the news by *telegram*. 그는 소식을 전보로 알렸다.

일 電報 でんぽう(뎀뽀-) 중 电报 diànbào(뎬바오)

---

tel·e·graph [téləgræf 텔러그래프]

명 전신

영 *Telegraph* is an old-fashioned method of sending messages using radio or electrical signals.

일 電信 でんしん(뎬신) 중 电信 diànxìn(뎬신)

** **tel·e·phone** [téləfòun 텔러포운]

명 (복수 telephones [téləfòunz]) 전화, 전화기

영 A *telephone* is the system of communication that you use to have a conversation with someone in another place.

¶ You are wanted on the *telephone*. 전화 왔습니다.

일 電話 でんわ(뎅와) 중 电话 diànhuà(뎬화)

---

tel·e·scope [téləskòup 텔러스코우프]

명 (복수 telescopes [téləskòups]) 망원경

영 A *telescope* is an instrument that makes distant objects seem larger and closer.

¶ We looked at the stars through the *telescope*. 우리는 망원경으로 별을 보았다.

일 望遠鏡 ぼうえんきょう(보-엥꾜-) 중 望远镜 wàngyuǎnjìng(왕위엔징)

** **tel·e·vi·sion** [téləvìʒən 텔러비전]

명 (복수 televisions [téləvìʒənz]) 텔레비전, 텔레비전 수상기

영 A *television* is a piece of equipment with a screen that receives and shows moving pictures with sound.

¶ She is watching *television*. 그녀는 텔레비전을 보고 있다.

일 テレビ(테레비) 중 电视 diànshì(뎬스)

숙어 *on television* 텔레비전으로

¶ We watch the baseball game *on television*. 우리는 텔레비전으로 야구 경기를 본다.

** **tell** [tél 텔]

동 (3단현 tells [télz], 과거·과거분

사 told [tóuld], 현재분사 telling [téliŋ])
囻 **1** …을 말하다, 이야기하다
옝 To *tell* means to give someone facts or information by speaking to them.
¶ *Tell* me your phone number again.
네 전화 번호를 다시 말해라.
囸 話す はなす(하나스) 㿴 说 shuō(쉬)
2 구별하다, 분간하다
옝 To *tell* means to be able to recognize or judge something correctly.
¶ I cannot *tell* the twin brothers apart.
나는 그 쌍둥이 형제를 구별할 수 없다.
囸 見分ける みわける(미와께루) 㿴 识別 shíbié(스볘)
쟈 말하다, 이야기하다
¶ I'll *tell* about it.
내가 그 이야기를 하겠다.
囸 話す はなす(하나스) 㿴 说 shuō(쉬)
숙어 *to tell the truth* 사실은
¶ *To tell the truth*, I hate sports.
사실대로 말하면 나는 스포츠를 싫어한다.

---

* **tem·per** [témpər 템퍼]
囻 (복수 tempers [témpərz])
기분
옝 A *temper* is the angry or happy way that you feel.
¶ She is in a good *temper* now.
그녀는 지금 기분이 좋다.
囸 気分 きぶん(키분) 㿴 心情 xīnqíng (신칭)

---

* **tem·per·a·ture** [témpərətʃər 템퍼러처]
囻 (복수 temperatures [témpərətʃərz])
1 온도, 기온

옝 *Temperature* is a measure of how hot or cold a place or thing is.
¶ At night the *temperature* drops to far below zero.
밤에는 기온이 영하로 떨어진다.
囸 温度 おんど(온도) 㿴 温度 wēndù(원두)
2 체온
옝 *Temperature* is how hot or cold a person's body is.
¶ The nurse took my *temperature*.
간호사가 내 체온을 쟀다.
囸 体温 たいおん(타이온) 㿴 体温 tǐwēn(티원)

---

* **tem·ple** [témpl 템플]
囻 (복수 temples [témplz])
사원, 절
옝 A *temple* is a building where people go to worship in some religions.
¶ This *temple* is very old but it is beautiful.
이 절은 매우 오래됐지만 아름답다.
囸 寺院 じいん(지잉) 㿴 寺院 sìyuàn (쓰위엔)

---

* **tem·po·rar·y** [témpərèri 템퍼레리]
휑 일시적인, 임시의
옝 *Temporary* means existing or happening for only a limited period of time.
¶ This class schedule is *temporary*.
이것은 임시 수업 시간표다.
囸 一時の いちじの(이찌지노) 㿴 一时的 yìshíde(이스더)

---

tempt [témpt 템프트]
囻 (3단현 tempts [témpts], 과거·과거분사 tempted [témptid], 현재

분사 tempting [témptiŋ])
유혹하다, 마음을 끌다
㊇ To *tempt* means to persuade someone to do something by making it seem attractive.
¶ It's no use trying to *tempt* me with a bribe.
뇌물로 나를 유혹하려고 해도 소용없다.
㊐ 誘惑する　ゆうわくする(유-와꾸스루) ㊊ 诱惑　yòuhuò(유훠)

---

temp·ta·tion [temptéiʃən 템프테이션]
㊌ 유혹
㊇ *Temptation* is a strong desire to have or do something even though you know you should not.
㊐ 誘惑　ゆうわく(유-와꾸) ㊊ 诱惑　yòuhuò(유훠)

***ten** [tén 텐]
㊌ (복수 tens [ténz])
10, 열
㊇ *Ten* is one more than nine.
¶ Please count from one to *ten*.
1부터 10까지 세어보세요.
㊐ 十　じゅう(주-) ㊊ 十　shí(스)

***tend** [ténd 텐드]
㊌ (3단현 tends [téndz], 과거·과거분사 tended [téndid], 현재분사 tending [téndiŋ])
(…하는) 경향이 있다
㊇ To *tend* means to happen often or usually.
¶ You *tend* to talk quickly.
너는 말을 빨리 하는 경향이 있다.
㊐ 傾向がある　けいこうがある(케-꼬-가아루) ㊊ 倾向　qīngxiàng(칭샹)

---

ten·der [téndər 텐더]
㊊ (비교급 tenderer [téndərər], 최상급 tenderest [téndərist])
부드러운, 연한
㊇ *Tender* means soft.
¶ *tender* meat
연한 고기
㊐ 柔らかい　やわらかい(야와라까이) ㊊ 柔软的　róuruǎnde(러우롼더)

****ten·nis** [ténis 테니스]
㊌ 테니스, 정구
㊇ *Tennis* is a game played on a court by two or four players who use rackets to hit a ball over a net.
¶ We played *tennis* after school.
우리는 방과 후에 테니스를 쳤다.
㊐ テニス(테니스) ㊊ 网球　wǎngqiú(왕츄)

---

tense [téns 텐스]
㊊ (비교급 tenser [ténsər], 최상급 tensest [ténsist])
긴장한
㊇ *Tense* means nervous.
¶ He seems very *tense*.
그는 매우 긴장하고 있는 것 같다.
㊐ 緊張した　きんちょうした(킨쬬-시따) ㊊ 紧张的　jǐnzhāngde(진장더)

***ten·sion** [ténʃən 텐션]
㊌ 긴장
㊇ *Tension* is a nervous feeling.
㊐ 緊張　きんちょう(킨쬬-) ㊊ 紧张　jǐnzhāng(진장)

***tent** [tént 텐트]
㊌ (복수 tents [ténts])
텐트, 천막

영 A *tent* is a place to sleep when you camp.

¶ We pitched a *tent* by the river.
우리는 강가에 천막을 쳤다.
일 テント(텐또) 중 帐篷 zhàngpeng
(장펑)

---

tenth [ténθ 텐스]

명 (복수 tenths [ténθs])
제10, 열번째 ; 10일
영 *Tenth* the number that comes after ninth and before eleventh.

¶ I was born on the *tenth* of May.
나는 5월 10일에 태어났다.
일 十番目 じゅうばんめ(주-밤메) 중 第十 dìshí(디스)

---

term [tə́:rm 텀-]

명 (복수 terms [tə́:rmz])
1 기간 ; 임기
영 A *term* is a definite or limited period of time.

¶ How many years is the *term* of contract?
계약 기간은 몇 년입니까?
일 期間 きかん(키깐) 중 期限 qīxiàn
(치셴)
2 학기
영 A *term* is one of the periods that a school or college year is divided into.
¶ The spring *term* has begun.
봄 학기가 시작되었다.
일 学期 がっき(각끼) 중 学期 xuéqī
(쉐치)

---

ter·mi·nal [tə́:rmənl 터-머늘]

명 종점, 터미널
영 A *terminal* is a station at either end of a transportation line.
¶ a bus *terminal*
버스 종점

일 終点 しゅうてん(슈-뗑) 중 终点 zhōngdiǎn(중뗸)

---

ter·ri·ble [térəbl 테러블]

형 **1** 무서운
영 *Terrible* means causing great fear or terror.
¶ I had a *terrible* dream last night.
나는 어젯밤에 무서운 꿈을 꾸었다.
일 恐ろしい おそろしい(오소로시-)
중 可怕的 kěpàde(커파더)
2 아주 나쁜, 지독한
영 *Terrible* means very bad.
¶ I had a *terrible* cold.
나는 지독한 감기에 걸렸다.
일 ひどく悪い ひどくわるい(히도꾸와루이) 중 极坏的 jíhuàide(지화이더)

---

ter·ri·bly [térəbli 테러블리]

부 **1** 몹시
영 *Terribly* means extremely.
¶ I'm *terribly* sorry to have kept you waiting.
당신을 기다리게 해서 몹시 미안합니다.
일 非常に ひじょうに(히조-니) 중 非常 fēicháng(페이창)
2 아주 나쁘게, 지독하게
영 *Terribly* means very badly.
일 ひどく悪く ひどくわるく(히도꾸와루꾸) 중 极坏的 jíhuàide(지화이더)

---

ter·ri·to·ry [térətɔ̀:ri 테러토-리]

명 (복수 territories [térətɔ̀:riz])
영토 ; 지역
영 *Territory* is the land and waters under the control of a state, nation, or ruler.
¶ Is this Korean *territory*?
이곳은 한국 영토입니까?

일 領土 りょうど(료-도) 중 领土 lǐngtǔ(링투)

---

ter·ror [térər 테러]

명 (복수 terrors [térərz])
공포, 두려움
영 *Terror* is very great fear.
¶ They were filled with *terror*.
그들은 공포에 휩싸였다.
일 恐怖 きょうふ(쿄-후) 중 恐怖 kǒngbù(쿵부)

---

*test [tést 테스트]

명 (복수 tests [tésts])
시험, 검사, 테스트
영 A *test* is a set of questions, problems, or tasks used to measure you knowledge or skill.
¶ They have a math *test* today.
그들은 오늘 수학 시험을 친다.
일 試驗 しけん(시껜) 중 測验 cèyàn (처옌)

타 (3단현 tests [tésts], 과거·과거분사 tested [téstid], 현재분사 testing [téstiŋ])
시험치다, 검사하다, 테스트하다
영 To *test* means to measure your knowledge or skill, using a test.
¶ The teacher *tested* us in spelling.
선생님은 우리의 철자 실력을 테스트하셨다.
일 試驗する しけんする(시껜스루) 중 測验 cèyàn(처옌)

---

*text·book [tékstbùk 텍스트북]

명 (복수 textbooks [tékstbùks])
교과서
영 A *textbook* is a book used to teach and study a subject.
¶ Open your *textbooks* to page 12.
교과서 12쪽을 펴세요.
일 教科書 きょうかしょ(쿄-까쇼) 중 教科书 jiàokēshū(쟈오커수)

Thames [témz 템즈]

명 [the Thames로] 템스 강
영 *The Thames* is a river in southern England.
¶ We walked along *the Thames*.
우리는 템스 강을 따라 걸었다.
일 テムズ川 テムズかわ(테무즈카와)
중 泰晤士河 Tàiwùshìhé(타이우스허)

🔼up 템스 강은 영국의 런던을 관류하여 북해로 흘러간다.

---

*than [((약)) ðən 던 ; ((강)) ðǽn 댄]

접 …보다(도)
영 *Than* means in comparison with.
¶ He is taller *than* I.
그는 너보다 키가 크다.
일 …よりも(…요리모) 중 比 bǐ(비)

---

*thank [θǽŋk 생크]

타 (3단현 thanks [θǽŋks], 과거·과거분사 thanked [θǽŋkt], 현재분사 thanking [θǽŋkiŋ])
감사하다
영 To *thank* means to tell someone that you are grateful.
¶ *Thank* you very much.
정말 감사합니다.
¶ *Thank* you for your kindness.
친절에 감사드립니다.
일 感謝する かんしゃする(칸샤스루)
중 感谢 gǎnxiè(간세)
숙어 *No, thank you.* 아니오, 괜찮습니다.

명 (복수 thanks [θǽŋks])
[thanks로] 감사, 감사의 말

영 *Thanks* are something that you say or do to show that you are grateful to someone.
¶ a letter of *thanks*
감사의 편지
일 感謝 かんしゃ(칸샤) 중 感谢 gǎnxiè(간세)

---

thank·ful [θǽŋkful 생크풀]

형 감사하는
영 *Thankful* means grateful.
¶ I'm *thankful* to you for your help.
도와 주셔서 감사합니다.
일 感謝している かんしゃしている (칸샤시떼이루) 중 感谢的 gǎnxiède(간세더)

Thanks·giv·ing Day
[θæ̀ŋksgíviŋ dèi 생크스기빙 데이]

명 추수 감사절
영 *Thanksgiving Day* is a holiday celebrated on the fourth Thursday in November.
¶ *Thanksgiving Day* is coming.
추수 감사절이 다가오고 있다.
일 感謝祭 かんしゃさい(칸샤사이) 중 感恩节 gǎnēnjié(간언제)

**that [ðǽt 댓]

형 (복수 those [ðóuz])
[지시 형용사] **1** 저
영 *That* means indicating a person or thing farther away than or contrasted with another thing.
¶ *That* car is mine.
저 차는 내 것이다.
일 あの(아노) 중 那 nà(나)
2 그
영 *That* means indicating a person, place, or thing present or already

mentioned.
일 その(소노) 중 那 nà(나)

대 (복수 those [ðóuz])
[지시 대명사] **1** 저것
영 *That* is a thing farther away than or contrasted with another thing.
¶ What is *that*?
저것은 무엇이니?
일 あれ(아레) 중 那个 nàgè(나거)
2 그것, 그 사람
영 *That* is a person or thing mentioned or indicated.
¶ My sister is ill in bed.
−*That*'s too bad.
언니가 아파서 누워 있어.
−그것 참 안됐구나.
일 それ(소레) 중 那个 nàgè(나거)

접 [dət 덧]…라는 것
영 *That* is used to introduce a clause in a sentence.
¶ It is certain *that* she lived here.
그녀가 여기에 살았다는 것은 확실하다.
일 …と言う事 …ということ(…또이우 코또) 중 …的 …de(…더)

---

that'd [ðǽtəd 대터드]

that would, that had의 단축형

---

that'll [ðǽtl 대틀]

that will의 단축형

---

that's [ðǽts 대츠]

that is, that has의 단축형
¶ *That*'s a good idea.
그것 참 좋은 생각이다.

**the [《약》 (자음 앞) ðə 더, (모음 앞)

ði 디 ; 《강》 ðí: 디-]
관 [정관사] 그, 이, 저
영 *The* means used before a noun or phrase that stands for a particular or previously mentioned person or thing.
¶ Listen to *the* music.
그 음악을 들어라.
일 その(소노) 중 那　nà(나)

↻up 　the는 유일한 것을 가리킬 때, 형용사의 최상급·서수·only 앞에, 보통 명사로 될 수 있는 고유 명사에, 종류 전체를 나타낼 때 단수 명사에, 「the+형용사」로 복수 명사나 추상 명사의 뜻이 될 때, 단위 명사 등에 붙인다.

---

*the·a·ter [θí:ətər 시-어터]
명 (복수 theaters [θí:ətərz])
극장, 영화관
영 A *theater* is a placc where you can go to see a movie or play.
¶ We went to the *theater* last night.
우리는 어젯밤에 극장에 갔다.
일 劇場　げきじょう(게끼조-) 중 剧场 jùchǎng(쮜창)

---

their [《약》 ðər 더 ; 《강》 ðéər 데어]
대 [they의 소유격] 그들의, 그녀들의, 그것들의
¶ *Their* house is at the top of the hill.
그들의 집은 언덕 꼭대기에 있다.
일 彼らの　かれらの(카레라노) 중 他们 的　tāmende(타먼더)

---

theirs [ðéərz 데어즈]
대 [they의 소유 대명사] 그들[그녀들, 그것들]의 것
¶ *Theirs* is a large house.
그들의 집은 크다.

일 彼らの物　かれらのもの(카레라노모노) 중 他们的　tāmende(타먼더)

---

them [《약》 ðəm 덤 ; 《강》 ðém 뎀]
대 [they의 목적격] 그들[그녀들, 그것들]을[에게]
¶ She loves *them*.
그녀는 그들을 사랑한다.
¶ He gave *them* some books.
그는 그들에게 책을 몇 권 주었다.
일 彼らを　かれらを(카레라오) 중 他们 tāmen(타먼)

---

theme [θí:m 심-]
명 (복수 themes [θí:mz])
주제, 테마
영 A *theme* is the main subject or idea of a piece of writing or a talk.
¶ What was the *theme* of his speech?
그의 연설의 주제는 무엇이었니?
일 主題　しゅだい(슈다이) 중 主題 zhǔtí(주티)

---

them·selves [ðəmsélvz 덤셀브즈]
대 [they의 재귀 대명사] 그들 자신을[에게] ; 그들 자신
¶ The children hid *themselves* behind the door.
아이들은 문 뒤로 몸을 숨겼다.
¶ They examined it *themselves*.
그들은 그들 스스로 그것을 검토했다.
일 彼ら自身を　かれらじしんを(카레라지싱오) 중 他们自己 tāmenzìjǐ(타먼쯔지)

**then [ðen 덴]
부 1 그때, 그 무렵, 그 당시
영 *Then* means at that time.
¶ I was ten years old *then*.

그 당시 나는 10살이었다.
¶ I'll talk about my plan *then*.
그때 가서 내 계획에 대해 말할게.
일 その時　そのとき(소노토끼) 중 当时
dāngshí(당스)

과거 또는 미래의 어떤 때에
쓰인다.

2 그리고 나서, 그 다음에
영 *Then* means after that.
¶ First came Bill, and *then* Jim.
처음에 빌이 오고, 그리고 나서 짐
이 왔다.
일 それから(소레까라) 중 然后 **ránhòu**
(란허우)
3 그렇다면, 그러면
영 *Then* means in that case.
¶ What do you like *then*?
그렇다면 너는 무얼 좋아하니?
일 それなら(소레나라) 중 那么 **nàme**
(나머)
숙어 *now and then* 때때로

---

the·o·ry [θíːəri 시-어리]
명 (복수 theories [θíːəriz])
이론 ; 학설
영 A *theory* is an idea or a statement
that explains how or why something
happens.
¶ Your plan is very well in *theory*.
네 계획은 이론상으로는 아주 좋다.
일 理論　りろん(리론) 중 理论 **lǐlùn**
(리룬)

---

there [ðéər 데어]
부 **1** 거기에[서, 로]
영 *There* means at, in, or to that
place.
¶ I want to go *there*.
나는 거기에 가고 싶다.
¶ We saw him *there*.

우리는 거기서 그를 만났다.
일 そこに(소꼬니) 중 在那里 **zàinàlǐ**(짜
이나리)
2 [《약》ðər 더 ; 《강》ðéər 데어]
[there is, there are로] 있다, 존재하
다
영 *There is* or *are* mean used to
indicate the fact or existence of some-
thing.
¶ *There is* a book on the desk.
책상 위에 책이 있다.
¶ *There are* many children in the
park.
공원에는 아이들이 많이 있다.
일 ある(아루) 중 有 **yǒu**(유)

---

there·fore [ðéərfɔːr 데어포-]
부 그러므로, 따라서
영 *Therefore* means as a result.
¶ I think, *therefore* I am.
나는 생각한다, 그러므로 나는 존재
한다.
일 それゆえに(소레유에니) 중 因此
yīncǐ(인츠)

---

there'll [ðeərl 데얼]
there will의 단축형
¶ *There'll* be no time.
시간이 전혀 없을 것이다.

---

there's [ðeərz 데어즈]
there is, there has의 단축형
¶ *There's* a table in the room.
방 안에 테이블이 있다.

---

ther·mom·e·ter [θərmámətər
서마머터]
명 온도계
영 A *thermometer* is an instrument
used to measure temperature.

¶ The *thermometer* reads 32℃.
온도계는 섭씨 32도를 가리키고 있다.
일 温度計 おんどけい(온도께-) 중 温度計 wēndùjì(원두지)

---

these [ðíːz 디-즈]

형 [지시 형용사 this의 복수] 이것들의
¶ *These* books are interesting.
이 책들은 재미있다.
¶ *These* flowers are pretty.
이 꽃들은 예쁘다.
일 これらの(코레라노) 중 这些的 zhèxiēde(저셰더)
숙어 *these days* 요즈음
¶ I have been busy *these days*.
요즈음 나는 바빴다.

대 [지시 대명사, this의 복수] 이것들
¶ *These* are my books.
이것들은 내 책이다.
일 これら(코레라) 중 这些 zhèxiē(저셰)

---

*they [ðei 데이]

대 [인칭 대명사 3인칭 복수의 주격] 그들은[이], 그녀들은[이] ; 그것들은[이] ; 사람들은[이]
영 *They* are the people, animals, or things mentioned before.
¶ *They* are happy.
그들은 행복하다.
일 彼らは かれらは(카레라와) 중 他们 tāmen(타먼)

---

they'd [ðeid 데이드]

they had, they would의 단축형

---

they're [ðeiər 데이어]

they are의 단축형
¶ *They're* worried about it.
그들은 그것 때문에 고민하고 있다.

---

they've [ðeiv 데이브]

they have의 단축형
¶ *They've* just finished the work.
그들은 막 일을 끝냈다.

**thick [θík 식]

형 (비교급 thicker [θíkər], 최상급 thickest [θíkist])
1 두꺼운 ; 굵은
영 *Thick* means having much space from one side to the other.
¶ This is a *thick* book.
이 책은 두껍다.
일 厚い あつい(아쓰이) 중 厚的 hòude(허우더)
2 진한 ; 짙은
영 *Thick* means not flowing or pouring easily.
¶ This soup is *thick*.
이 수프는 진하다.
일 濃い こい(코이) 중 浓的 nóngde(눙더)

---

*thief [θíːf 시-프]

명 (복수 thieves [θíːvz])
도둑
영 A *thief* is a person who steals.
¶ He must be a *thief*.
그는 도둑임에 틀림없다.
일 どろぼう (도로보-) 중 小偷 xiǎotōu(샤오터우)

robber는 우격다짐으로 금품을 빼앗는 강도고, thief는 슬쩍 훔치는 좀도둑을 뜻한다.

---

thieves [θíːvz 시-브즈]

명 thief의 복수

---

thigh [θái 사이]

명 넓적다리
영 A **thigh** is the top part of your leg, between your knee and your hip.
일 もも(모모) 중 大腿 dàtuǐ(다투이)

---

thin [θín 신]

형 (비교급 thinner [θínər], 최상급 thinnest [θínist])
1 얇은, 가는
영 **Thin** means having not much space from one side to the other.
¶ I want a **thin** sheet of paper.
나는 얇은 종이 한 장을 원한다.
일 薄い うすい(우스이) 중 薄的 báode(바오더)
2 야윈, 홀쭉한
영 **Thin** means not fat.
¶ She looks pale and **thin**.
그녀는 창백하고 야위어 보인다.
일 やせた(야세따) 중 瘦的 shòude(서우더)
3 묽은 ; 엷은
영 **Thin** means flowing or pouring easily.
¶ This soup is very **thin**.
이 수프는 아주 묽다.
일 薄い うすい(우스이) 중 薄的 báode(바오더)

---

thing [θíŋ 싱]

명 (복수 things [θíŋz])
1 물건, 것 ; 일
영 A **thing** is an object.
¶ What's the **thing** in your hand?
손에 있는 것은 무엇이니?
일 物 もの(모노) 중 东西 dōngxi(둥시)
2 사정, 사태, 상황

영 **Things** are the general state of affairs.
¶ **Things** are getting better.
사태가 호전되고 있다.
일 事情 じじょう(지조-) 중 情况 qíngkuàng(칭쾅)

---

think [θíŋk 싱크]

타 자 (3단현 thinks [θíŋks], 과거·과거분사 thought [θɔ́ːt], 현재분사 thinking [θíŋkiŋ])
생각하다
영 To **think** means to use your mind.
¶ **Think** before you speak.
말하기 전에 생각해라.
일 考える かんがえる(캉가에루) 중 想 xiǎng(샹)
숙어 **think about** …에 대하여 생각하다
숙어 **think of** …을 생각해내다

---

think·ing [θíŋkiŋ 싱킹]

명 생각하기, 사고
영 **Thinking** is the activity of using your mind.
¶ She is lost in deep **thinking**.
그녀는 깊은 생각에 잠겨 있다.
일 考えること かんがえること(캉가에루코또) 중 思想 sīxiǎng(쓰샹)

---

third [θɔ́ːrd 서-드]

명 (복수 thirds [θɔ́ːrdz])
제3, 세번째
영 **Third** is the number that comes after second and before fourth.
¶ She was the **third** to reach the goal.
그녀는 결승선에 세번째로 도착했다.
일 三番目 さんばんめ(삼밤메) 중 第三 dìsān(디싼)

thirst [θə́:rst 서-스트]

명 목마름, 갈증

영 *Thirst* is a dry feeling in the mouth, caused by a need to drink liquids.

일 のどのかわき(노도노카와끼) 중 口渇 kǒukě(커우커)

---

*thirst·y [θə́:rsti 서-스티]

형 (비교급 thirstier [θə́:rstiər], 최상급 thirstiest [θə́:rstiist])
목마른

영 *Thirsty* means feeling that you want to drink something.

¶ I am hungry and *thirsty*.
나는 배도 고프고 목마르기도 하다.

일 のどがかわいた(노도가카와이따) 중 渇的 kěde(커더)

---

*thir·teen [θə̀:rtí:n 서-틴-]

명 (복수 thirteens [θə̀:rtí:nz])
13, 열셋

영 *Thirteen* is the number that comes after twelve and before fourteen.

¶ Six and seven make *thirteen*.
6에 7을 더하면 13이 된다.

일 十三 じゅうさん(주-산) 중 十三 shísān(스싼)

---

*thir·teenth [θə̀:rtí:nθ 서-틴-스]

명 (복수 thirteenths [θə̀:rtí:nθs])
제13, 열세번째

영 *Thirteenth* is the number that comes after twelve and before fourteenth.

일 十三番目 じゅうさんばんめ(주-삼밤메) 중 第十三 dìshísān(디스싼)

---

*thir·ti·eth [θə́:rtiiθ 서-티이스]

명 (복수 thirtieths [θə́:rtiiθs])
제30, 서른번째

영 *Thirtieth* is the number that comes after twenty-ninth and before thirty-first.

일 三十番目 さんじゅうばんめ(산주-밤메) 중 第三十 dìsānshí(디싼스)

---

*thir·ty [θə́:rti 서-티]

명 (복수 thirties [θə́:rtiz])
30, 서른

영 *Thirty* is the number that comes after twenty-nine and before thirty-one.

일 三十 さんじゅう(산주-) 중 三十 sānshí(싼스)

---

*this [ðís 디스]

대 (복수 these [ðí:z])
[지시 대명사] 이것, 이 물건[사람, 일]

영 *This* is a person or thing present, nearby, or just mentioned.

¶ *This* is a pencil.
이것은 연필이다.

¶ Is *this* your book?
이것은 네 책이니?

일 これ(코레) 중 这 zhè(저)

형 (복수 these [ðí:z])
[지시 형용사] 이

영 *This* means indicating a person or thing present, nearby, or just mentioned.

¶ *This* bag is mine.
이 가방은 내 것이다.

¶ Look at *this* picture.
이 그림을 보아라.

일 この(코노) 중 这 zhè(저)

---

thorn [θɔ́:rn 손-]

명 가시

영 A *thorn* is a sharp point on the branch or stem of a plant such as a rose.

¶ There is no rose without a *thorn*.
가시 없는 장미는 없다.

일 とげ(토게) 중 刺 cì(츠)

---

*__thor·ough__ [θə́:rou 서-로우]

형 완전한, 완벽한 ; 철저한

영 *Thorough* means doing a job carefully and completely.

¶ He is always *thorough* in his work.
그는 자기 일에는 언제나 완벽하다.

일 完全な かんぜんな(칸젠나) 중 完全的 wánquánde(완취엔더)

__thor·ough·ly__ [θə́:rouli 서-로울리]

부 완전히, 완벽하게 ; 철저하게

영 *Thoroughly* means carefully and completely.

¶ I am not *thoroughly* satisfied.
나는 완전히 만족하고 있는 것은 아니다.

일 完全に かんぜんに(칸젠니) 중 完全地 wánquánde(완취엔더)

__those__ [ðóuz 도우즈]

대 [지시 대명사 that의 복수] 그것들, 저것들

¶ I like these better than *those*.
나는 그것들보다 이것들을 더 좋아한다.

일 それら(소레라) 중 那些 nàxiē(나셰)

형 [지시 형용사 that의 복수] 그것들의, 저것들의

일 それらの(소레라노) 중 那些的 nàxiēde(나셰더)

---

*__though__ [ðou 도우]

접 **1** …이지만, …이나

영 *Though* means yet.

¶ He is happy *though* he is poor.
그는 가난하지만 행복하다.

일 …だけれども(…다케레도모) 중 但是 dànshì(단스)

2 설사 …하더라도

영 *Though* means in spite of the fact that.

¶ *Though* it rains, there will be a game tomorrow.
설사 비가 오더라도 내일 경기는 있을 것이다.

일 たとえ…でも(타또에…데모) 중 虽然 suīrán(쑤이란)

**__thought__ [θɔ́:t 소-트]

명 (복수 thoughts [θɔ́:ts])

1 생각하기, 사고

영 *Thought* is the act of thinking.

¶ He was deep in *thought*.
그는 깊은 생각에 잠겨 있었다.

일 考える事 かんがえること(캉가에루코또) 중 思想 sīxiǎng(쓰샹)

2 생각, 의견

영 A *thought* is an idea or opinion.

¶ Our *thoughts* are with you.
우리의 생각은 너와 같다.

일 考え かんがえ(캉가에) 중 想法 xiǎngfǎ(샹파)

__thought·ful__ [θɔ́:tful 소-트풀]

형 생각에 잠긴 ; 신중한

영 *Thoughtful* means serious and involving a lot of thought.

¶ He was *thoughtful* for a moment.
그는 잠시 생각에 잠겼다.

일 考え込んだ かんがえこんだ(캉가에콘다) 중 深思的 shēnsīde(선쓰더)

****thou·sand** [θáuznd 사우즌드]

명 (복수 thousands [θáuzndz])
1,000, 천
영 A *thousand* is the number that is equal to 10 times 100.
¶ The notebook is one *thousand* won.
그 공책은 1,000원이다.
일 千 せん(센) 중 一千 yìqiān(이첸)
숙어 *thousands of...* 수천의…, 수많은…

***thread** [θréd 스레드]

명 (복수 threads [θrédz])
실, 바느질실
영 A *thread* is a long thin line of cotton, silk, etc. that you use to sew cloth.
¶ There is a needle and *thread* there.
저기에 실을 꿴 바늘이 있다.
일 糸 いと(이또) 중 线 xiàn(셴)

***threat** [θrét 스렛]

명 (복수 threats [θréts])
위협, 협박
영 A *threat* is a warning that punishment or harm will follow if a certain thing is done or not done.
¶ It is a *threat* to world peace.
그것은 세계 평화에 대한 위협이다.
일 脅し おびやかし(오비야까시) 중 威胁 wēixié(웨이셰)

---

threat·en [θrétn 스레튼]

타 (3단현 threatens [θrétnz], 과거·과거분사 threatened [θrétnd], 현재분사 threatening [θrétniŋ])
위협하다, 협박하다
영 To *threaten* means to frighten you or to put you in danger.
¶ He *threatened* her with a gun.
그는 그녀를 총으로 위협했다.
일 脅す おびやかす(오비야까스) 중 威胁 wēixié(웨이셰)

****three** [θrí: 스리-]

명 (복수 threes [θrí:z])
3, 셋
영 *Three* is the number that comes after two and before four.
¶ *Three* times *three* makes nine.
3 곱하기 3은 9다.
일 三 さん(산) 중 三 sān(싼)

---

threw [θrú: 스루-]

타 throw의 과거형
¶ He *threw* the ball.
그는 공을 던졌다.

---

thrill [θríl 스릴]

타 (3단현 thrills [θrílz], 과거·과거분사 thrilled [θríld], 현재분사 thrilling [θríliŋ])
오싹하게 하다, 감동시키다
영 To *thrill* means to make someone feel strong excitement and pleasure.
¶ His music *thrilled* audiences.
그의 음악은 청중을 감동시켰다.
일 ぞくぞくさせる(조꾸조꾸사세루) 중 使激动 shǐjīdòng(스지둥)

명 스릴, 감동
영 A *thrill* is a strong feeling of excitement and pleasure.
일 スリル(스리루) 중 激动 jīdòng(지둥)

***throat** [θróut 스로우트]

명 (복수 throats [θróuts])
목(구멍)
영 A *throat* is the part of your body that is at the front of your neck.

¶ I have a sore *throat*.
나는 목이 아프다.
일 のど(노도) 중 咽喉 yānhóu(옌허우)

---

through [θru: 스루-]

전 **1** 통하여, 통과하여, 지나서
영 *Through* means in one side and out the other.
¶ A bird came in *through* the open window.
새 한마리가 창문을 통해서 들어왔다.
일 通って とおって(토옷떼) 중 通过 tōngguò(퉁궈)
2 두루, 도처에
영 *Through* means to many place in.
¶ We traveled *through* Europe.
우리는 유럽을 두루 여행했다.
일 いたる所に いたるところに(이따루토꼬로니) 중 遍及 biànjí(볜지)

부 [θrú: 스루-] **1** 처음부터 끝까지 ; 내내
영 *Through* means from beginning to end.
¶ I read the book *through* again.
나는 그 책을 처음부터 끝까지 다시 읽었다.
일 初めから終わりまで はじめから おわりまで(하지메까라오와리마데) 중 从头至尾 cóngtóuzhìwěi(충터우즈웨이)
2 완전히, 온통
영 *Through* means completely.
¶ I am wet *through*.
나는 흠뻑 젖었다.
일 完全に かんぜんに(칸젠니) 중 完全地 wánquánde(완취엔더)

---

through·out [θru:áut 스루-아웃]

전 **1** 도처에, 구석구석까지
영 *Throughout* means in every part of a place.
¶ Her name is famous *throughout* the world.
그녀의 이름은 세계 도처에 널리 알려져 있다.
일 いたる所に いたるところに(이따루토꼬로니) 중 遍及 biànjí(볜지)
2 동안, 죽
영 *Throughout* means during all of a particular time.
¶ It rained *throughout* the day.
하루 종일 비가 내렸다.
¶ She was calm *throughout* the interview.
그녀는 인터뷰 내내 침착했다.
일 じゅう(주-) 중 始终 shǐzhōng(스중)

---

throw [θróu 스로우]

타 (3단현 throws [θróuz], 과거형 threw [θrú:], 과거분사 thrown [θróun], 현재분사 throwing [θróuiŋ])
던지다
영 To *throw* means to send something through the air.
¶ Don't *throw* trash into the pond.
연못에 쓰레기를 던지지 마세요.
일 投げる なげる(나게루) 중 投 tóu(터우)
숙어 *throw away* 버리다, 폐기하다
¶ He *threw away* his old shoes.
그는 헌 신발을 버렸다.

---

thrown [θróun 스로운]

타 throw의 과거분사

---

thumb [θʌm 섬]

명 (복수 thumbs [θʌmz])
엄지손가락
영 A *thumb* is the short thick finger that you have on each hand.

¶ He hurt his *thumb*.
그는 엄지손가락을 다쳤다.
일 親指 おやゆび(오야유비) 중 拇指 mǔzhǐ(무즈)

---

* **thun·der** [θʌ́ndər 선더]

명 천둥, 우레
영 *Thunder* is the loud sound in the sky that comes after lightning.
¶ The *thunder* is rolling.
천둥이 치고 있다.
일 雷 かみなり(카미나리) 중 雷 léi(레이)

** **Thurs·day** [θə́:rzdèi 서-즈데이]

명 목요일
영 *Thursday* is the fifth day of the week, after Wednesday and before Friday.
¶ Today is *Thursday*.
오늘은 목요일이다.
¶ Will you play tennis on *Thursday*?
목요일에 테니스 칠 거니?
일 木曜日 もくようび(모꾸요-비) 중 星期四 xīngqīsì(싱치쓰)

---

thus [ðʌ́s 더스]

부 **1** 이렇게, 이와 같이
영 *Thus* means in this way.
¶ Hold the tennis racket *thus*.
테니스 라켓을 이렇게 잡아라.
일 このように(코노요-니) 중 这样 zhèyàng(저양)
2 그러므로, 따라서
영 *Thus* means as a result.
일 だから(다까라) 중 因此 yīncǐ(인츠)

---

* **tick·et** [tíkit 티킷]

명 (복수 tickets [tíkits])
표, 승차권, 입장권

영 A *ticket* is a piece of paper that shows you have paid for something.
¶ How many *tickets* do you have?
너는 표를 몇 장 가지고 있니?
일 切符 きっぷ(킵뿌) 중 票 piào(퍄오)

---

tide [táid 타이드]

명 (복수 tides [táidz])
조수, 조류
영 A *tide* is the constant change in sea level that is caused by the pull of the sun and the moon on the earth.
¶ The *tide* is in.
지금은 만조다.
일 潮 しお(시오) 중 潮 cháo(차오)

---

* **ti·dy** [táidi 타이디]

형 (비교급 tidier [táidiər], 최상급 tidiest [táidiist])
말쑥한, 단정한 ; 깔끔한, 정돈된
영 *Tidy* means neat, or in proper order.
¶ She always keeps her room *tidy*.
그녀는 항상 방을 깔끔하게 한다.
일 きちんと(키찐또) 중 整洁的 zhěngjiéde(정졔더)

** **tie** [tái 타이]

타 (3단현 ties [táiz], 과거·과거분사 tied [táid], 현재분사 tying [táiiŋ])
묶다, 매다
영 To *tie* means to hold something together with string or rope.
¶ *Tie* the horse to a tree.
말을 나무에 매 주세요.
일 縛る しばる(시바루) 중 系 jì(지)

명 (복수 ties [táiz])
넥타이 ; 끈, 줄
영 A *tie* is a necktie.
¶ He is wearing a nice *tie*.

그는 멋진 넥타이를 매고 있다.
[일] ネクタイ(네꾸따이) [중] 领带 lǐngdài (링다이)

⁑**tig·er** [táigər 타이거]

[명] (복수 tigers [táigərz])
호랑이
[영] A ***tiger*** is a large strong wild animal with orange and black lines on its fur.
¶ Have you ever seen a *tiger*?
너는 호랑이를 본 적이 있느냐?
[일] トラ(토라) [중] 虎 hǔ(후)

---

*__tight__ [táit 타이트]

[형] (비교급 tighter [táitər], 최상급 tightest [táitist])
단단한, 단단히 맨 ; 꼭 끼는
[영] ***Tight*** means hard to take off or apart.
¶ This coat is too *tight* for me.
이 코트는 내게 너무 꼭 낀다.
[일] きっちり締まった きっちりしまった(킷찌리시맛따) [중] 牢固的 láogùde(라오구더)

---

tile [táil 타일]

[명] (복수 tiles [táilz])
타일
[영] A ***tile*** is a square of stone, plastic, or baked clay.
[일] タイル(타이루) [중] 瓦 wǎ(와)

---

*__till__ [《약》 tíl 틸 ; 《강》 tíl 틸]

[전] …까지 (죽)
[영] ***Till*** means until.
¶ He studied from morning *till* night.
그는 아침부터 밤까지 공부했다.
[일] …までずっと(…마데즛또) [중] 直到…为止 zhídào…wéizhǐ(즈다오…웨이즈)
[접] …까지 (죽)
[영] ***Till*** means until.
¶ Please stay here *till* I get back.
내가 돌아올 때까지 여기서 기다려 주세요.
[일] …までずっと(…마데즛또) [중] 直到…为止 zhídào…wéizhǐ(즈다오…웨이즈)

⁑**time** [táim 타임]

[명] (복수 times [táimz])
1 시각, 시
[영] ***Time*** is a particular moment shown on a clock or watch.
¶ What *time* is it now?
지금 몇 시입니까?
[일] 時刻 じこく(지꼬꾸) [중] 时间 shíjiān (스젠)
2 시간 ; 기간
[영] ***Time*** is the past, present, and future measured in seconds, minutes, hours, and so on.
¶ Don't waste your *time*.
시간을 낭비하지 마라.
[일] 時間 じかん(지깐) [중] 时间 shíjiān (스젠)
3 [times로] …배, 곱하기
[영] ***Times*** mean multiplied by.
¶ Two *times* two is four.
2의 두 배는 4이다., 2곱하기 2는 4다.
[일] …倍 …ばい(…바이) [중] 倍 bèi(베이)
[up] 두 배는 twice로, 세 배 이상은 …times로 쓴다.

[숙어] *all the time* 언제나, 항상
¶ He is busy *all the time*.
그는 항상 바쁘다.
[숙어] *at any time* 언제든지
[숙어] *at the same time* 동시에
¶ They stood up *at the same time*.

그들은 동시에 일어섰다.
[숙어] *in time* 제 시간에
[숙어] *on time* 정각에
¶ You must come here *on time*.
너는 정각에 여기에 와야 한다.

---

time·ly [táimli 타임리]

형 때맞춘, 시기적절한
영 *Timely* means done or happening at exactly the right time.
¶ Her *timely* warning saved our lives.
그녀의 시기적절한 경고가 우리의 목숨을 구하였다.
일 時宜を得た　じぎをえた(지기오에 따) 중 及时的 jíshíde(지스더)

---

time·ta·ble [táimtèibl 타임테이블]

명 (복수 timetables [táimtèiblz])
시삭표, 시간표
영 A *timetable* is a printed chart of the times when buses, trains, planes, or boats arrive and depart.
¶ a railroad *timetable*
열차 시각표
일 時刻表　じこくひょう(지꼬꾸효-) 중 时刻表 shíkèbiǎo(스커뱌오)

---

tim·id [tímid 티미드]

형 (비교급 timider [tímidər], 최상급 timidest [tímidist])
겁이 많은, 소심한
영 *Timid* means not brave or confident.
일 おくびょうな(오꾸뵤-나) 중 胆小的 dǎnxiǎode(단샤오더)

---

tin [tín 틴]

명 주석
영 *Tin* is a soft white metal used for making cans, building materials, etc.
일 すず(스즈) 중 锡 xī(시)

---

*ti·ny [táini 타이니]

형 (비교급 tinier [táiniər], 최상급 tiniest [táiniist])
조그마한, 아주 작은
영 *Tiny* means very small.
¶ An ant is a *tiny* insect.
개미는 아주 작은 곤충이다.
일 ちっちゃな(칫짜나) 중 极小的 jíxiǎode(지샤오더)

---

tip[1] [típ 팁]

명 (복수 tips [típs])
끝, 끄트머리
영 A *tip* is the end part or point of something.
¶ the *tip* of a nose
코끝
일 先 さき(사끼) 중 顶端 dǐngduān(딩돤)

---

tip[2] [típ 팁]

명 (복수 tips [típs])
팁, 사례금
영 A *tip* is a small amount of additional money give to someone such as a taxi driver or waitress for his or her service.
¶ He gave the waiter a dollar *tip*.
그는 웨이터에게 팁을 1달러 주었다.
일 チップ(칩뿌) 중 小费 xiǎofèi(샤오페이)

---

*tire[1] [táiər 타이어]

동 (3단현 tires [táiərz], 과거·과거분사 tired [táiərd], 현재분사 tiring [táiəriŋ])
타 지치게 하다 ; 싫증나게 하다

영 To *tire* means to make someone feel tired.

¶ Walking soon *tires* me.

나는 걸으면 곧 지친다.

일 疲れさせる　つかれさせる(쓰까레사세루) 중 使疲倦　shǐpíjuàn(스피쥐엔)

자 지치다 ; 싫증나다

영 To *tire* means to become tired.

¶ He *tires* easily.

그는 쉬이 지친다.

일 疲れる　つかれる(쓰까레루) 중 疲倦　píjuàn(피쥐엔)

----

*tire² [táiər 타이어]

명 (복수 tires [táiərz])

타이어

영 A *tire* is a band of rubber that fits around the rim of a wheel and usually is filled with air.

¶ He had a flat *tire* on the way.

그는 도중에 타이어가 구멍났다.

일 タイヤ(타이야) 중 轮胎　lúntāi(룬타이)

**tired [táiərd 타이어드]

형 (비교급 more tired, 최상급 most tired)

지친, 피곤한 ; 싫증난

영 *Tired* means feeling that you want to rest.

¶ He looks *tired*.

그는 피곤해 보인다.

¶ She got *tired* of the work.

그녀는 그 일에 싫증이 났다.

일 疲れた　つかれた(쓰까레따) 중 疲倦的　píjuànde(피쥐엔더)

----

tis·sue [tíʃuː 티슈-]

명 (복수 tissues [tíʃuːz])

휴지, 티슈 ; 조직

영 A *tissue* is soft thin paper used for wiping, wrapping, etc.

일 ティッシュ(팃슈) 중 纸巾　zhǐjīn(즈진)

----

*ti·tle [táitl 타이틀]

명 (복수 titles [táitlz])

제목, 표제 ; 칭호

영 A *title* is the name of a book, movie, song, painting, or other work.

¶ The *title* of this play is Hamlet.

이 연극의 제목은 햄릿이다.

일 題目　だいもく(다이모꾸) 중 題目　tímù(티무)

**to [《약》 tu 투, (문장이나 절 끝) tuː 투- ; 《강》 túː 투-]

전 1 …쪽으로, …로, …에

영 *To* means toward.

¶ Please tell me the way *to* the station.

역으로 가는 길 좀 가르쳐 주십시오.

일 …の方へ　…のほうへ(…노호-에) 중 向　xiàng(샹)

2 …까지

영 *To* means until.

¶ I will be here from Monday *to* Saturday.

나는 월요일부터 토요일까지 여기에 있을 것이다.

일 …まで(…마데) 중 直到　zhídào(즈다오)

----

toast [tóust 토우스트]

명 토스트, 구운 빵 ; 건배

영 *Toast* is bread that has been made brown by heat.

¶ I had *toast* with cheese for lunch.

나는 점심에 치즈 토스트를 먹었다.

일 トースト(토-스또) 중 吐司　tǔsī(투쓰)

to·bac·co [təbǽkou 터배코우]

몡 담배
영 *Tobacco* is the chopped dried leaves of the tobacco plant.
일 たばこ(타바꼬) 중 烟草 yāncǎo(옌차오)

---

*to·day [tədéi 터데이]

몡 오늘 ; 오늘날, 현대
영 *Today* is this present day or time.
¶ *Today* is my mother's birthday.
오늘은 어머니 생신이다.
¶ *Today* is Tuesday.
오늘은 화요일이다.
일 今日 きょう(쿄-) 중 今天 jīntiān(진톈)

부 오늘(은) ; 오늘날에는, 현대에는
영 *Today* means on or during this day.
¶ It's rainy *today*.
오늘은 비가 온다.
일 今日は きょうは(쿄-와) 중 今天 jīntiān(진톈)

---

*toe [tóu 토우]

몡 (복수 toes [tóuz])
발가락 ; 발끝
영 A *toe* is one of the five slender parts at the end of your foot.
¶ On each foot there are five *toes*.
발에는 각각 다섯 개의 발가락이 있다.
일 足指 あしゆび(아시유비) 중 脚趾 jiǎozhǐ(쟈오즈)

---

*to·geth·er [təgéðər 터게더]

부 **1** 함께, 같이
영 *Together* means with.
¶ Let's go there *together*.
함께 거기에 가자.
일 ともに(토모니) 중 一起 yìqǐ(이치)
2 동시에, 일제히
영 *Together* means at the same time.
¶ They stood up *together*.
그들은 일제히 일어섰다.
일 同時に どうじに(도-지니) 중 同时 tóngshí(퉁스)
숙어 *get together* 모이다, 만나다

---

*toi·let [tɔ́ilit 토일럿]

몡 (복수 toilets [tɔ́ilits])
화장실, 변소
영 A *toilet* is a place where you go to get rid of the waste in your body.
¶ Father is in the *toilet*.
아버지는 화장실에 계신다.
일 トイレ(토이레) 중 洗手间 xǐshǒujiān(시서우졘)

집의 화장실은 bathroom, 공중 화장실은 rest room, washroom, men's[women's] room 등으로 에둘러서 쓴다.

---

told [tóuld 토울드]

동 tell의 과거·과거분사
¶ He *told* us about his hometown.
그는 우리에게 그의 고향에 관해 이야기했다.

---

*to·ma·to [təméitou 터메이토우]

몡 (복수 tomatoes [təméitouz])
토마토

영 A ***tomato*** is a red juicy fruit eaten as a vegetable either raw or cooked.
¶ She is eating a *tomato*.
그녀는 토마토를 먹고 있다.
일 トマト(토마토) 중 番茄 fānqié(판체)

---

tomb [tú:m 툼-]
명 묘, 묘지
영 A ***tomb*** is a grave, room, or building for holding a dead body.
일 墓 はか(하까) 중 墓 mù(무)

⁑to·mor·row [təmɑ́rou 터마로우]
명 내일 ; 미래, 장래
영 ***Tomorrow*** is the day after today.
¶ *Tomorrow* is Sunday.
내일은 일요일이다.
일 明日 あした(아시따) 중 明天 míngtiān(밍톈)
숙어 ***the day after tomorrow*** 모레
¶ Please wait until *the day after tomorrow*.
모레까지 기다려 주세요.

부 내일(은)
영 ***Tomorrow*** means on or during the day after today.
¶ See you *tomorrow*.
내일 보자.
¶ I'll play baseball *tomorrow*.
나는 내일 야구를 할 것이다.
일 明日は あしたは(아시따와) 중 明天 míngtiān(밍톈)

---

ton [tʌ́n 턴]
명 (복수 tons [tʌ́nz], ton)
톤
영 A ***ton*** is a unit for measuring weight, equal to 1,000 kg.
일 トン(톤) 중 吨 dūn(둔)

***tongue** [tʌ́ŋ 텅]
명 (복수 tongues [tʌ́ŋz])
혀
영 A ***tongue*** is the movable muscle in your mouth.
¶ The boy put out his *tongue*.
그 소년은 혀를 내밀었다.
일 舌 した(시따) 중 舌 shé(서)

⁑to·night [tənáit 터나이트]
명 오늘밤
영 ***Tonight*** is this evening or night.
¶ *Tonight's* performance is scheduled for 6:15.
오늘밤 공연은 6시 15분에 예정되어 있다.
일 今夜 こんや(콩야) 중 今晚 jīnwǎn(진완)

부 오늘밤(은)
영 ***Tonight*** means on or during the night of today.
¶ Will you call me *tonight*?
오늘밤에 내게 전화하겠니?
일 今夜は こんやは(콩야와) 중 今晚 jīnwǎn(진완)

⁑too [tú: 투-]
부 **1** 또한, 게다가, …도
영 ***Too*** means also.
¶ I am a student, *too*.
나 또한 학생입니다.
¶ Do you think so, *too*?
너도 그렇게 생각하니?
일 また(마따) 중 也 yě(예)
2 너무, 지나치게
영 ***Too*** means more than enough.
¶ Summer is *too* hot.
여름은 너무 덥다.
¶ This coat is *too* big for me.
이 코트는 내게 너무 크다.

took | 일 非常に ひじょうに(히조-니) 중 太
tài(타이)
숙어 *connot ~ too...* 아무리 …해도
지나치지 않다
숙어 *too ~ to...* 너무 ~하여 …할 수
없다

---

took [túk 툭]

동 take의 과거형
¶ She *took* the gift from him.
그녀는 그에게서 선물을 받았다.

** tool [tú:l 툴-]

명 (복수 tools [tú:lz])
도구, 공구, 연장
영 A *tool* is a piece of equipment that
you use to do a particular job.
¶ He began packing his *tools*.
그는 도구를 챙기기 시작했다.
일 道具 どうぐ(도-구) 중 工具 gōng-
jù(궁쮜)

---

* tooth [tú:θ 투-스]

명 (복수 teeth [tí:θ])
이, 치아
영 A *tooth* is one of the hard white
parts in your mouth.
¶ I had a *tooth* pulled out.
나는 이를 하나 뺐다.
일 歯 は(하) 중 牙齒 yáchǐ(야츠)

---

tooth·ache [tú:θèik 투-스에이크]

명 (복수 toothaches [tú:θèiks])
치통
영 A *toothache* is a pain in or near a
tooth.
¶ I had a bad *toothache* last night.
나는 어젯밤에 몹시 이가 아팠다.
일 歯痛 しつう(시쓰-) 중 牙疼 yáténg
(야텅)

---

tooth·brush [tú:θbrʌʃ 투-스브러시]

명 (복수 toothbrushes [tú:θbrʌʃiz])
칫솔
영 A *toothbrush* is a small brush that
is used to clean the teeth.
¶ I bought a *toothbrush*.
나는 칫솔을 하나 샀다.
일 歯ブラシ はブラシ(하부라시) 중 牙
刷 yáshuā(야솨)

---

* top¹ [táp 탑]

명 (복수 tops [táps])
1 [보통 the top으로] 정상, 꼭대기 ;
수위
영 The *top* is the highest point or part
of something.
¶ We climbed to the *top* of the moun-
tain.
우리는 그 산의 정상까지 올라갔다.
일 頂上 ちょうじょう(초-조-) 중 頂
部 dǐngbù(딩부)
2 뚜껑 ; 표면, 상부
영 A *top* is a cover or lid.
¶ a bottle *top*
병 뚜껑
일 ふた(후따) 중 盖 gài(가이)
숙어 *at the top of* …의 상단에

---

top² [táp 탑]

명 (복수 tops [táps])
팽이
영 A *top* is a toy that is shaped like a
cone and spins on a pointed end.
¶ The child is spinning a *top*.
아이가 팽이를 치고 있다.
일 こま(코마) 중 陀螺 tuóluó(뭐뭐)

---

* top·ic [tápik 타픽]

명 (복수 topics [tápiks])

화제, 논제
영 A *topic* is the subject of a discussion, study, lesson, speech, or piece of writing.
¶ Let's change the *topic*.
화제를 바꾸자.
일 話題　わだい(와다이) 중 话题　huàtí (화티)

---

torch [tɔ́ːrtʃ 토-치]

명 (복수 torches [tɔ́ːrtʃiz])
횃불
영 A *torch* is a flaming light that can be carried in the hand.
¶ The *torch* was lighted.
횃불이 점화되었다.
일 たいまつ(타이마쓰) 중 火把　huǒbǎ (훠바)

---

tore [tɔ́ːr 토-]

타 tear² 의 과거형
¶ He *tore* the letter.
그는 편지를 찢었다.

---

torn [tɔ́ːrn 톤-]

타 tear² 의 과거분사

---

tor·toise [tɔ́ːrtəs 토-터스]

명 (복수 tortoises [tɔ́ːrtəsiz])
거북
영 A *tortoise* is a turtle, especially one that lives on land.
¶ A *tortoise* ran a race with a hare.
거북은 토끼와 경주를 했다.
일 カメ(카메) 중 乌龟　wūguī(우구이)

---

toss [tɔ́ːs 토-스]

타 (3단현 tosses [tɔ́ːsiz], 과거·과거분사 tossed [tɔ́ːst], 현재분사 tossing [tɔ́ːsiŋ])
던져 올리다, 던지다
영 To *toss* means to throw something with little force.
¶ Please *toss* the ball to me.
내게 그 공을 좀 던져주세요.
일 投げ上げる　なげあげる(나게아게루) 중 投　tóu(터우)

---

*to·tal [tóutl 토우틀]

형 합계의, 총계의
영 *Total* means making up the whole amount.
¶ What is the *total* cost?
비용은 전부 얼마입니까?
일 合計の　ごうけいの(고-께-노) 중 合计的　héjìde(허지더)

명 합계, 총계
영 A *total* is a number gotten by adding.
¶ The cost came to a *total* of fifty dollars.
비용은 합계 50달러에 달했다.
일 合計　ごうけい(고-께-) 중 合计　héjì (허지)

---

*touch [tʌ́tʃ 터치]

타 (3단현 touches [tʌ́tʃiz], 과거·과거분사 touched [tʌ́tʃt], 현재분사 touching [tʌ́tʃiŋ])
만지다, 접촉하다, 대다
영 To *touch* means to put your hand on something.
¶ Don't *touch* anything until the police arrive.
경찰이 올 때까지 아무것도 만지지 마세요.
일 触れる　ふれる(후레루) 중 触摸　chùmō(추모)

명 (복수 touches [tʌ́tʃiz])

만지기, 접촉
영 A **touch** is the act of touching.
¶ I felt a *touch* on my shoulder.
나는 어깨에 무언가 닿는 것을 느꼈다.
일 触れること　ふれること(후레루코또)
중 触　chù(추)
숙어 **get in touch with** …와 연락하다
숙어 **keep in touch** 계속 연락하다

---

* **tough** [tʌf 터프]
형 (비교급 tougher [tʌfər], 최상급 toughest [tʌfist])
1 강한, 견고한, 튼튼한
영 **Tough** means strong and difficult to damage.
¶ This rope is *tough*.
이 로프는 튼튼하다.
일 丈夫な　じょうぶな(조-부나)　중 坚靭的　jiānrènde(젠런더)
2 질긴
영 **Tough** means hard to cut or chew.
¶ This steak is too *tough*.
이 스테이크는 너무 질기다.
일 かたい(카따이)　중 老的　lǎode(라오더)

---

* **tour** [túər 투어]
명 (복수 tours [túərz])
관광 여행 ; 견학, 유람
영 A **tour** is a trip around a set route, often for sightseeing.
¶ He is on a *tour* in Europe.
그는 유럽을 여행 중이다.
일 旅行　りょこう(료꼬-)　중 旅行　lǚxíng(뤼싱)

---

tour·ist [túərist 투어리스트]
명 (복수 tourists [túərists])
관광객, 여행자
영 A **tourist** is someone who travels and visits places for pleasure.
¶ Many *tourists* visit Korea.
많은 관광객들이 한국을 방문한다.
일 観光客　かんこうきゃく(캉꼬-꾸)　중 旅游者　lǚyóuzhě(뤼유저)

---

* **to·ward** [twɔ́:rd 트워-드]
전 …쪽으로, …을 향하여
영 **Toward** means in the direction of.
¶ He walked *toward* the door.
그는 문 쪽으로 걸어갔다.
일 …の方へ　…のほうへ(…노호-에)
중 向　xiàng(샹)

** **tow·el** [táuəl 타우얼]
명 (복수 towels [táuəlz])
수건
영 A **towel** is a piece of soft cloth used for wiping or drying something.
¶ He dried his hands with a *towel*.
그는 수건으로 손을 닦았다.
일 タオル(타오루)　중 毛巾　máojīn(마오진)

---

* **tow·er** [táuər 타우어]
명 (복수 towers [táuərz])
탑, 타워
영 A **tower** is a tall narrow part on top of a building.
¶ the *Tower* of Tokyo
도쿄 타워

일 塔 とう(토-) 중 塔 tǎ(타)

****town** [táun 타운]

명 (복수 towns [táunz])

도시, 읍

영 A *town* is a place that has house, stores, offices, schools, etc.

¶ She lives in a small *town*.

그녀는 소도시에 살고 있다.

일 町 まち(마찌) 중 镇 zhèn(전)

↱up 보통 town은 village보다는 크지만 city보다는 작은 것을 말한다.

****toy** [tɔ́i 토이]

명 (복수 toys [tɔ́iz])

장난감

영 A *toy* is an object that children play with.

¶ She likes to play with *toys*.

그녀는 장난감을 갖고 놀기를 좋아한다.

일 おもちゃ(오모쨔) 중 玩具 wánjù(완쮜)

---

trace [tréis 트레이스]

명 (복수 traces [tréisiz])

자취 ; 발자국

영 A *trace* is a visible mark or sign that something has happened or that someone has been somewhere.

¶ There are the *traces* of a fox on the snow.

눈위에 여우 발자국이 있다.

일 跡 あと(아또) 중 痕迹 hénjì(헌지)

---

track [trǽk 트랙]

명 (복수 tracks [trǽks])

1 발자국, 지나간 자국

영 A *track* is the marks left behind

by a moving animal or person.

¶ We saw deer *tracks* in the woods.

우리는 숲에서 사슴 발자국을 보았다.

일 足跡 あしあと(아시아또) 중 足迹 zújì(쭈지)

2 선로, 궤도

영 A *track* is one of the long metal pieces that the wheels of a train go on.

¶ The train left the *track*.

그 열차가 탈선했다.

일 線路 せんろ(센로) 중 轨道 guǐdào(구이다오)

***trac·tor** [trǽktər 트랙터]

명 (복수 tractors [trǽktərz])

트랙터 ; 견인차

영 A *tractor* is a machine with a strong engine and heavy tires.

일 トラクター(토라꾸따-) 중 拖拉机 tuōlājī(퉈라지)

***trade** [tréid 트레이드]

명 (복수 trade [tréidz])

1 무역 ; 장사, 사업

영 *Trade* is the business of buying and selling goods.

¶ *Trade* between Korea and China is growing.

한국과 중국간의 무역은 늘고 있다.

일 貿易 ぼうえき(보-에끼) 중 貿易 màoyì(마오이)

2 직업

영 A *trade* is a particular job.

¶ He is a carpenter by *trade*.

그는 직업이 목수다.

일 職業 しょくぎょう(쇼꾸교-) 중 职业 zhíyè(즈예)

재 (3단현 trades [tréidz], 과거·과

거분사 traded [tréidid], 현재분사 trading [tréidiŋ])
무역하다, 거래하다, 매매하다
영 To *trade* means to buy and sell goods.
¶ She stopped *trading* in woolen goods.
그녀는 양모제품 거래를 그만두었다.
일 商う　あきなう(아끼나우) 중 从事贸易 cóngshìmàoyì(충스마오이)

---

trade·mark [tréidmàːrk 트레이드마-크]
명 상표
영 A *trademark* is a word, picture, or design that shows that a product is made by a particular company.
일 商標　しょうひょう(쇼-효-) 중 商标 shāngbiāo(상뱌오)

---

tra·di·tion [trədíʃən 트러디션]
명 (복수 traditions [trədíʃənz])
전통, 관습, 관례
영 *Tradition* is the handing down of customs, ideas, and beliefs from one generation to the next.
¶ They try to maintain old *traditions*.
그들은 오랜 전통을 지키려고 노력한다.
일 伝統　でんとう(덴또-) 중 传统 chuántǒng(촨퉁)

***traf·fic** [træfik 트래픽]
명 교통(량)
영 *Traffic* is cars, trucks, and buses moving along a road at the same time.
¶ We have heavy *traffic* on a street.
거리는 교통 체증이 심하다.
¶ There is little *traffic* here.
여기는 교통량이 적다.

일 交通(量)　こうつう(りょう)(코-쓰-(료-)) 중 交通(量) jiāotōng(liàng)(쟈오퉁(량))

---

trag·e·dy [trǽdʒədi 트래저디]
명 (복수 tragedies [trǽdʒədiz])
비극
영 A *tragedy* is a very sad event.
¶ His death was a *tragedy* for his family.
그의 죽음은 그의 가족에게는 비극이었다.
일 悲劇　ひげき(히게끼) 중 悲剧 bēijù(베이쥐)

---

trag·ic [trǽdʒik 트래직]
형 비극의, 비극적인
영 *Tragic* means very sad.
일 悲劇の　ひげきの(히게끼노) 중 悲剧的 bēijùde(베이쥐더)

---

trail [tréil 트레일]
타 (3단현 trails [tréilz], 과거·과거분사 trailed [tréild], 현재분사 trailing [tréiliŋ])
질질 끌다 ; 뒤를 따라가다
영 To *trail* means to pull something behind you, especially along the ground.
¶ She *trailed* her skirt.
그녀는 치마를 질질 끌면서 갔다.
일 引きずる　ひきずる(히끼즈루) 중 拖 tuō(퉈)

***train** [tréin 트레인]
명 (복수 trains [tréinz])
열차, 기차
영 A *train* is a long vehicle which travels along a railroad carrying people or goods.

¶ I met him on the *train*.
나는 열차에서 그를 만났다.
일 列車 れっしゃ(렛샤) 중 列车 liè-chē(례처)

타 (3단현 trains [tréinz], 과거·과거분사 trained [tréind], 현재분사 training [tréiniŋ])
훈련하다, 가르치다
영 To *train* means to teach a person or an animal how to do something.
¶ She *trained* her dog.
그녀는 개를 훈련시켰다.
일 訓練する くんれんする(쿤렌스루)
중 训练 xùnliàn(쉰롄)

train·er [tréinər 트레이너]

명 훈련하는 사람, 트레이너
영 A *trainer* is someone whose job is to train people or animals to do something.
일 訓練する人 くんれんするひと(쿤렌스루히또) 중 训练者 xùnliànzhě(쉰롄저)

trans·fer [trænsfə́:r 트랜스퍼–]

동 (3단현 transfers [trænsfə́:rz], 과거·과거분사 transferred [trænsfə́:rd], 현재분사 transferring [trænsfə́:riŋ])
타 옮기다
영 To *transfer* means to move from one person or place to another.
¶ *transfer* to another school
학교를 옮기다
일 移す うつす(우쓰스) 중 转移 zhuǎn-yí(좐이)
자 갈아타다 ; 옮기다
영 To *transfer* means to change from one vehicle or method of transportation to another.
¶ I *transferred* from the bus to the

subway.
나는 버스에서 지하철로 갈아탔다.
일 乗り換える のりかえる(노리카에루) 중 换车 huànchē(환처)

trans·late [trænsléit 트랜슬레이트]

타 (3단현 translates [trænsléits], 과거·과거분사 translated [trænsléitid], 현재분사 translating [trænsléitiŋ])
번역하다, 해석하다
영 To *translate* means to express in a different language.
¶ I *translated* the book into Korean.
나는 그 책을 한국어로 번역했다.
일 翻訳する ほんやくする(홍야꾸스루) 중 翻译 fānyì(판이)

trans·la·tion [trænsléiʃən 트랜슬레이션]

명 (복수 translations [trænsléiʃənz])
번역 ; 번역본
영 *Translation* is the act of translating.
일 翻訳 ほんやく(홍야꾸) 중 翻译 fānyì(판이)

trans·port [trænspɔ́:rt 트랜스포–트]

타 (3단현 transports [trænspɔ́:rts], 과거·과거분사 transported [trænspɔ́:rtid], 현재분사 transporting [trænspɔ́:rtiŋ])
수송하다, 운송하다
영 To *transport* means to move people and freight from one place to another.
¶ The products are *transported* by truck.
그 제품은 트럭으로 수송된다.
일 輸送する ゆそうする(유소–스루)

중 运输 yùnshū(윈수)

---

* **trans·por·ta·tion** [trænspər-téiʃən 트랜스퍼테이션]

명 수송, 운송 ; 교통 기관

영 *Transportation* is the process of moving people and freight from one place to another.

¶ the *transportation* of goods
물건 수송

일 輸送 ゆそう(유소-) 중 运输 yùnshū (윈수)

---

trap [trǽp 트랩]

명 (복수 traps [trǽps])
올가미, 덫

영 A *trap* is a device of capturing an animal.

¶ Two mice were caught in a *trap*.
쥐 두마리가 덫에 걸렸다.

일 わな(와나) 중 捕捉机 bǔzhuōjī(부 줘지)

---

* **trash** [trǽʃ 트래시]

명 쓰레기

영 *Trash* is things that you have thrown away because they are worthless.

¶ We must not throw *trash* on the street.
거리에 쓰레기를 버려서는 안된다.

일 ごみ(고미) 중 垃圾 lājī(라지)

---

* **trav·el** [trǽvəl 트래벌]

명 (복수 travels [trǽvəlz])
여행

영 *Travel* is the act of traveling.

¶ I like *travel*.
나는 여행을 좋아한다.

일 旅行 りょこう(료꼬-) 중 旅行 lǚxíng(뤼싱)

▶ up travel은 각지를 돌아다니는 여행, journey는 비교적 긴 여행, trip은 비교적 짧은 관광 이나 사업상의 여행, tour는 관광 등 의 주유 여행을 말한다.

자 (3단현 travels [trǽvəlz], 과거· 과거분사 traveled [trǽvəld], 현재 분사 traveling [trǽvəliŋ])
여행하다

영 To *travel* means to make a trip from one place to another.

¶ He is *traveling* in Africa.
그는 아프리카를 여행 중이다.

일 旅行する りょこうする(료꼬-스루)
중 旅行 lǚxíng(뤼싱)

---

trav·el·er [trǽvələr 트래벌러]

명 (복수 travelers [trǽvələrz])
여행사, 여행가

영 A *traveler* is someone who travels.

¶ The *traveler* looked tired.
그 여행자는 피곤해 보였다.

일 旅行者 りょこうしゃ(료꼬-샤) 중 旅客 lǚkè(뤼커)

---

* **tray** [tréi 트레이]

명 (복수 trays [tréiz])
쟁반 ; 요리 접시

영 A *tray* is a flat shallow container with a low rim.

¶ She brought in the coffee on a *tray*.
그녀는 커피를 쟁반에 받쳐 가지고 왔다.

일 盆 ぼん(봉) 중 盘子 pánzi(판쯔)

---

tread [tréd 트레드]

타 (3단현 treads [trédz], 과거형 trod [trád], 과거분사 trodden

[trǽdn], 현재분사 treading [trédiŋ])
1 걷다, 가다
영 To *tread* means to walk on, over, or along.
일 歩く あるく(아루꾸) 중 走 zǒu(쩌우)
2 밟다
영 To *tread* means to press or crush with the feet.
일 踏む ふむ(후무) 중 践踏 jiàntà(젠타)

---

* **trea·sure** [tréʒər 트레저]
명 (복수 treasures [tréʒərz])
보물, 보화
영 A *treasure* is money, jewelry, or other valuable things that have been collected or hidden.
¶ The king and queen hid their *treasure*.
왕과 왕비가 보물을 숨겼다.
일 宝 たから(타까라) 중 金银财宝 jīnyíncáibǎo(진인차이바오)

---

* **treat** [trí:t 트리-트]
타 (3단현 treats [trí:ts], 과거·과거분사 treated [trí:tid], 현재분사 treating [trí:tiŋ])
다루다, 대하다
영 To *treat* means to deal with or act toward people or things in a certain way.
¶ They *treat* me as one of the family.
그들은 나를 가족의 한 사람으로 대한다.
일 扱う あつかう(아쓰까우) 중 对待 duìdài(두이다이)

---

treat·ment [trí:tmənt 트리-트먼트]
명 취급, 대우
영 *Treatment* is a certain way of acting toward someone or of dealing with him or her.

¶ He has suffered from cruel *treatment*.
그는 학대받고 있다.
일 扱い あつかい(아쓰까이) 중 对待 duìdài(두이다이)

---

trea·ty [trí:ti 트리-티]
명 (복수 treaties [trí:tiz])
조약, 협정
영 A *treaty* is a formal agreement between two or more countries.
¶ a peace *treaty*
평화 조약
일 条約 じょうやく(조-야꾸) 중 条约 tiáoyuē(탸오웨)

** **tree** [trí: 트리-]
명 (복수 trees [trí:z])
나무, 수목
영 A *tree* is a tall plant that has a trunk, branches, and leaves.
¶ Look at that big *tree*.
저 큰 나무를 보아라.
일 木 き(키) 중 树 shù(수)

---

trem·ble [trémbl 트렘블]
자 (3단현 trembles [trémblz], 과거·과거분사 trembled [trémbld], 현재분사 trembling [trémbliŋ])
떨리다
영 To *tremble* means to shake, especially from cold, fear, or excitement.
¶ The child was *trembling* with fear.
그 아이는 공포로 몸을 떨고 있었다.
일 震える ふるえる(후루에루) 중 发抖 fādǒu(파더우)

---

tre·men·dous [triméndəs 트리멘더스]
형 굉장한, 거대한

영 *Tremendous* means huge or enormous.
¶ He ran at a *tremendous* speed.
그는 굉장한 속도로 달렸다.
일 ものすごい(모노스고이) 중 巨大的 jùdàde(쮜다더)

---

trend [trénd 트렌드]

명 (복수 trends [tréndz])
1 경향, 동향
영 A *trend* is the general direction in which things are changing.
¶ Prices are on the upward *trend*.
물가는 상승하는 경향이 있다.
일 傾向 けいこう(케-꼬-) 중 趨勢 qúshì(취스)
2 유행
영 A *trend* is the latest fashion.
일 流行 りゅうこう(류-꼬-) 중 流行 liúxíng(류싱)

---

*trial [tráiəl 트라이얼]

명 (복수 trials [tráiəlz])
1 시도, 시험
영 A *trial* is the act of trying or testing something.
¶ He succeeded on his third *trial*.
그는 세번째 시도에서 성공했다.
일 試し ためし(타메시) 중 试 shì(스)
2 재판
영 A *trial* is the examination of evidence in a court of law to decide if a charge or claim is true.
일 裁判 さいばん(사이반) 중 审判 shěnpàn(선판)

**tri·an·gle [tráiæŋgl 트라이앵글]

명 (복수 triangles [tráiæŋglz])
1 삼각형
영 A *triangle* is a closed shape with three straight sides and three angles.

¶ a right-angled *triangle*
직각 삼각형
일 三角形 さんかくけい(상까꾸께-) 중 三角形 sānjiǎoxíng(싼쟈오싱)
2 트라이앵글
영 A *triangle* is a triangular percussion instrument made of steel.
일 トライアングル(토라이앙구루) 중 三角铁 sānjiǎotiě(싼쟈오톄)

---

tribe [tráib 트라이브]

명 (복수 tribes [tráibz])
부족, 종족
영 A *tribe* is a group of people who share the same ancestors, customs, and laws.
일 部族 ぶぞく(부조꾸) 중 部族 bùzú(부쭈)

---

*trick [trík 트릭]

명 (복수 tricks [tríks])
책략, 속임수
영 A *trick* is something you do in order to deceive someone.
¶ We saw through his *trick*.
우리는 그의 계략을 간파했다.
일 策略 さくりゃく(사꾸랴꾸) 중 诡计 guǐjì(구이지)

타 (3단현 tricks [tríks], 과거·과거분사 tricked [tríkt], 현재분사 tricking [tríkiŋ])
속이다
영 To *trick* means to cheat someone.
¶ She was *tricked* into a marrige with that man.
그녀는 속아서 그 남자와 결혼했다.
일 だます(다마스) 중 骗 piàn(펜)

---

tried [tráid 트라이드]

동 try의 과거·과거분사

---

tries [tráiz 트라이즈]

동 try의 3인칭 단수 현재형

---

trim [trím 트림]

타 (3단현 trims [trímz], 과거·과거분사 trimmed [trímd], 현재분사 trimming [trímiŋ])
다듬다, 정돈하다
영 To *trim* means to cut small pieces off something in order to improve its shape or to get rid of excess.
¶ I had my hair *trimmed* yesterday.
나는 어제 머리를 깎았다.
일 刈り込む　かりこむ(카리코무) 중 修剪 xiūjiǎn(슈졘)

---

*trip [tríp 트립]

명 (복수 trips [tríps])
여행
영 A *trip* is a journey, or a visit.
¶ Have a nice *trip*!
즐거운 여행 되세요.
일 旅行　りょこう(료꼬-) 중 旅行 lǚxíng(뤼싱)

---

tri·umph [tráiəmf 트라이엄프]

명 (복수 triumphs [tráiəmfs])
승리 ; 성공
영 A *triumph* is a great victory, success, or achievement.
¶ The new play gained a great *triumph*.
그 새 연극은 대성공을 거두었다.
일 勝利　しょうり(쇼-리) 중 胜利 shènglì(성리)

---

trom·bone [trambóun 트람보운]

명 (복수　trombones [tram-

bóunz])
트롬본
영 A *trombone* is a brass musical instrument with a long bent tube that can be slid back and forth to change the pitch of the tones.
일 トロンボーン(토롬본-) 중 长号 chánghào(창하오)

---

troop [trú:p 트루-프]

명 (복수 troops [trú:ps])
떼, 일단
영 A *troop* is a group of people or animals.
¶ a *troop* of children
한 떼의 어린이들
일 群れ　むれ(무레) 중 一群 yìqún(이 췬)

---

tro·phy [tróufi 트로우피]

명 (복수 trophies [tróufiz])
트로피, 우승기
영 A *trophy* is a small statue or other prize.
¶ tennis *trophies*
테니스 우승 트로피
일 トロフィー(토로휘-) 중 奖品 jiǎngpǐn(쟝핀)

---

*trop·i·cal [trápikəl 트라피컬]

형 열대의 ; 열대 지방의
영 *Tropical* means coming from or existing in the hottest and wettest parts of the world.
¶ a *tropical* climate
열대성 기후
일 熱帯の　ねったいの(넷따이노) 중 热带的 rèdàide(러다이더)

---

*trou·ble [trʌ́bl 트러블]

명 (복수 troubles [trʌblz])
1 걱정, 근심, 고민
영 *Trouble* is a cause of difficulty, worry, or annoyance.
¶ Her heart is full of *trouble*.
그녀의 마음은 근심으로 가득하다.
일 心配 しんぱい(심빠이) 중 忧虑 yōulù(유뤼)
2 곤란, 성가심
영 *Trouble* is a difficult, dangerous, or upsetting situation.
일 困難 こんなん(콘난) 중 困难 kùnnán(쿤난)
숙어 *be in trouble* 곤란에 처해 있다
¶ I *am in* big *trouble*.
나는 큰 곤란에 처해 있다.

타 (3단현 troubles [trʌblz], 과거·과거분사 troubled [trʌbld], 현재분사 troubling [trʌbliŋ])
걱정하게 하다, 고민하게 하다
영 To *trouble* means to worry or disturb someone.
¶ What *troubles* the patient?
그 환자는 무엇을 걱정하고 있니?
일 苦しめる くるしめる(쿠루시메루)
중 使忧虑 shǐyōulù(스유뤼)

***trou·sers** [tráuzərz 트라우저즈]
명 [복수] 바지
영 *Trousers* are another word for pants.
¶ I tried on another *trousers*.
나는 다른 바지를 입어 보았다.
일 ズボン(즈봉) 중 裤子 kùzi(쿠쯔)

---

trout [tráut 트라우트]
명 송어
영 A *trout* is an edible freshwater fish that is related to the salmon.
일 マス(마스) 중 鳟鱼 zūnyú(쭌위)

***truck** [trʌk 트럭]
명 (복수 trucks [trʌks])
트럭
영 A *truck* is a large motor vehicle used for carrying goods by road.
¶ Is this a *truck*?
이것은 트럭입니까?
일 トラック(토락꾸) 중 卡车 kǎchē(카처)

****true** [trúː 트루-]
형 (비교급 truer [trúːər], 최상급 truest [trúːist])
진실의, 사실의, 정말의
영 *True* means not false.
¶ That is a *true* story.
그것은 실화다.
일 本当の ほんとうの(혼또-노) 중 真实的 zhēnshíde(전스더)
숙어 *come true* 실현되다, 이루어지다
¶ Your dream will *come true* someday.
너의 꿈은 언젠가는 실현될 것이다.

---

trum·pet [trʌmpit 트럼핏]
명 (복수 trumpets [trʌmpits])
트럼펫
영 A *trumpet* is a brass wind instrument that makes a loud blaring sound.
¶ He blows a *trumpet* well.
그는 트럼펫을 잘 분다.
일 トランペット(토람뻿또) 중 喇叭 lǎba(라바)

---

trunk [trʌŋk 트렁크]
명 (복수 trunks [trʌŋks])
1 줄기 ; 몸통, 동체
영 A *trunk* is the main stem of a tree.
일 幹 みき(미끼) 중 树干 shùgàn(수간)
2 트렁크, 여행용 큰 가방
영 A *trunk* is a large case or box

used for storage or for carrying clothes on a long journey.
¶ She packed her *trunk*.
그녀는 트렁크에 짐을 꾸렸다.
일 トランク(토랑꾸) 중 行李箱 xínglǐxiāng(싱리샹)
3 코끼리의 코
영 A *trunk* is the long nose of an elephant.
일 象の鼻 ぞうのはな(조-노하나) 중 象鼻 xiàngbí(샹비)

---

*__trust__ [trʌ́st 트러스트]
명 신뢰, 믿음, 신용
영 *Trust* is the belief that someone is honest and reliable.
¶ I don't have *trust* in him.
나는 그를 신뢰하고 있지 않다.
일 信頼 しんらい(신라이) 중 信任 xìnrèn(신런)

타 (3단현 trusts [trʌ́sts], 과거·과거분사 trusted [trʌ́stid], 현재분사 trusting [trʌ́stiŋ])
신뢰하다, 신용하다, 믿다
영 To *trust* means to believe that someone is honest and reliable.
¶ I don't *trust* what you say.
나는 네가 말하는 것을 믿지 않는다.
일 信頼する しんらいする(신라이스루) 중 信任 xìnrèn(신런)

---

*__truth__ [trú:θ 트루-스]
명 (복수 truths [trú:ðz])
[흔히 the truth로] 진실, 사실
영 The *truth* is the real facts.
¶ Tell me the *truth*.
진실을 말해 주시오.
일 真実 しんじつ(신지쓰) 중 真实 zhēnshí(전스)
숙어 *to tell the truth* 실은

¶ *To tell the truth*, he is not honest.
실은 그는 정직하지 않다.

---

*__try__ [trái 트라이]
타 자 (3단현 tries [tráiz], 과거·과거분사 tried [tráid], 현재분사 trying [tráiiŋ])
시도하다, 해보다
영 To *try* means to attempt to do something.
¶ He *tried* again.
그는 다시 해보았다.
¶ *Try* your best in everything.
모든 일에 최선을 다해라.
일 試す ためす(타메스) 중 试图 shìtú(스투)

명 (복수 tries [tráiz])
시도, 해보기
영 A *try* is an attempt to do something.
¶ Let's have a *try*.
한 번 해보자.
일 試し ためし(타메시) 중 试图 shìtú(스투)

__tub__ [tʌ́b 터브]
명 통
영 A *tub* is a round container used for packing or storing foods.
¶ a *tub* of ice cream
아이스크림 통
일 おけ(오께) 중 桶 tǒng(퉁)

---

*__tube__ [tjú:b 튜-브]
명 (복수 tubes [tjú:bz])
관, 통 ; 튜브
영 A *tube* is a hollow piece of glass, rubber, plastic, or metal.
¶ a glass *tube* 유리관

일 管 くだ(쿠다) 중 管 guǎn(관)

Tues·day [tjúːzdèi 튜-즈데이]

명 (복수 Tuesdays [tjúːzdèiz])
화요일
영 *Tuesday* is the third day of the week, after Monday and before Wednesday.
¶ He'll be back *Tuesday*.
그는 화요일에 돌아올 것이다.
일 火曜日 かようび(카요-비) 중 星期二 xīngqī'èr(싱치얼)

---

tug [tʌg 터그]

타 자 (3단현 tugs [tʌgz], 과거·과거분사 tugged [tʌgd], 현재분사 tugging [tʌgiŋ])
힘껏 끌어당기다
영 To *tug* means to pull hard at something.
¶ She *tugged* at my hand.
그녀는 내 손을 힘껏 끌어당겼다.
일 ぐいと引く ぐいとひく(구이또히꾸)
중 用力拉 yònglìlā(융리라)

---

tu·lip [tjúːlip 튤-립]

명 (복수 tulips [tjúːlips])
튤립
영 A *tulip* is a plant with a tall stem topped with a colorful flower shaped like a cup.
¶ I like *tulips* better than roses.
나는 장미보다 튤립을 더 좋아한다.
일 チューリップ(추-립뿌) 중 郁金香 yùjīnxiāng(위진샹)

---

tune [tjúːn 튠-]

명 (복수 tunes [tjúːnz])
곡 ; 가락, 멜로디
영 A *tune* is a series of musical notes arranged in a pattern.
¶ Let's sing a merry *tune*.
즐거운 곡을 부릅시다.
일 曲 きょく(쿄꾸) 중 曲调 qǔdiào(취댜오)

---

tun·nel [tʌnl 터늘]

명 (복수 tunnels [tʌnlz])
터널, 굴 ; 지하도
영 A *tunnel* is a long hole under the ground.
¶ The train went through a *tunnel*.
기차는 터널을 통과했다.
일 トンネル(톤네루) 중 隧道 suìdào(쑤이다오)

---

tur·key [təːrki 터-키]

명 (복수 turkeys [təːrkiz])
칠면조 ; 칠면조 고기
영 A *turkey* is a large North American bird with red-brown feathers and a tail that spreads out like a fan.
일 シチメンチョウ(시찌멘쪼-) 중 火鸡 huǒjī(훠지)

Tur·key [təːrki 터-키]

명 터키

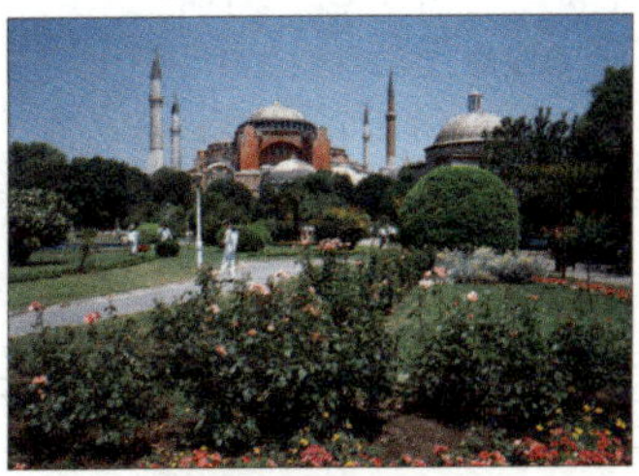

▲ 성 소피아 사원

일 トルコ(토루꼬) 중 土耳其 Tǔ'ěrqí(투얼치)

---

turn [təːrn 턴-]

圄 (3단현 turns [tə́ːrnz], 과거·과거분사 turned [tə́ːrnd], 현재분사 turning [tə́ːrniŋ])

태 **1** 방향을 바꾸다, 돌다 ; …쪽으로 향하다

영 To **turn** means to change direction.

¶ *Turn* the next corner to the left.

다음 모퉁이에서 왼쪽으로 돌아라.

일 方向を変える　ほうこうをかえる(호-꼬-오카에루) 중 转弯　zhuǎnwān(좐완)

2 돌리다, 회전시키다

영 To **turn** means to spin or rotate.

¶ He *turned* the key in the door.

그는 문의 열쇠를 돌렸다.

일 回す　まわす(마와스) 중 旋转 xuánzhuǎn(쉬엔좐)

3 바꾸다, 변화시키다

영 To **turn** means to change appearance or state.

¶ Heat *turns* ice into water.

열은 얼음을 물로 변화시킨다.

일 変える　かえる(카에루) 중 变化 biànhuà(벤화)

자 **1** 돌다, 회전하다

¶ The earth *turns* around the sun.

지구는 태양 주위를 돈다.

일 回る　まわる(마와루) 중 旋转 xuànzhuǎn(쉬엔좐)

2 바뀌다, 변하다, 되다

영 To **turn** means to become.

¶ The rain *turned* into snow.

비는 눈으로 바뀌었다.

일 変わる　かわる(카와루) 중 变化 biànhuà(벤화)

숙어 *turn away* 고개를 돌리다, 외면하다

숙어 *turn off* 잠그다 ; 끄다

¶ Please *turn off* the light.

전등을 꺼 주세요.

숙어 *turn on* 켜다

¶ Don't *turn on* the TV.

텔레비전을 켜지 마라.

명 (복수 turns [tə́ːrnz])

1 회전, 돌리기, 돌기

영 A **turn** is the act of turning.

¶ Give the key a right *turn*.

열쇠를 오른쪽으로 돌려 주세요.

일 回転　かいてん(카이뗑) 중 旋转 xuánzhuǎn(쉬엔좐)

2 방향 전환

영 A **turn** is a change in direction or position.

¶ No left *turns* allowed.

좌회전 금지.

일 方向転換　ほうこうてんかん(호-꼬-뗑깡) 중 转弯 zhuǎnwān(좐완)

----

tur·tle [tə́ːrtl 터-틀]

명 (복수 turtles [tə́ːrtlz])

바다거북

영 A **turtle** is an animal with short legs and a hard shell covering its body.

¶ I have never seen a *turtle*.

나는 바다거북을 본 적이 없다.

일 ウミガメ(우미가메) 중 海龟 hǎiguī (하이구이)

바다거북은 육지에서도 물 속에서도 살 수 있다.

----

tu·tor [tjúːtər 튜-터]

명 가정 교사

영 A **tutor** is a teacher who gives private lessons to one student at a time.

일 家庭教師　かていきょうし(카떼-꼬-시) 중 家庭教師 jiātíngjiàoshī(쟈 팅쟈오스)

TV [tíːvíː 티-비-]

명 (복수 TVs [tíːvíːz])

텔레비전(방송)

㊈ *TV* is short for television.
¶ The kids were watching *TV*.
아이들은 텔레비전을 보고 있었다.
㊊ テレビ(테레비) ㊥ 电视　diànshì(뎬스)

***twelfth** [twélfθ 트웰프스]
㊊ (복수　twelfths [twélfθs])
제12, 열두번째
㊈ *Twelfth* is the number that comes after eleventh and before thirteenth.
㊊ 十二番目　じゅうにばんめ(주-니밤메) ㊥ 第十二　dìshí'èr(디스얼)

***twelve** [twélv 트웰브]
㊊ (복수　twelves [twélvz])
12, 열둘
㊈ *Twelve* is the number that comes after eleven and before thirteen.
¶ *Twelve* plus two is fourteen.
12 더하기 2는 14다.
㊊ 十二　じゅうに(주-니) ㊥ 十二　shí'èr(스얼)

****twen·ty** [twénti 트웬티]
㊊ (복수　twenties [twéntiz])
20, 스물
㊈ *Twenty* is the number that is equal to 2 times 10.
¶ He is *twenty* years old.
그는 스무살이다.
㊊ 二十　にじゅう(니주-) ㊥ 二十　èrshí(얼스)

***twice** [twáis 트와이스]
㊉ 두 번, 2회 ; 두 배(로)
㊈ *Twice* means two times.
¶ I have been there by airplane *twice* this year.
나는 올해 두 번 비행기로 그곳에

다녀왔다.
㊊ 二度　にど(니도) ㊥ 两次　liǎngcì(량츠)

---

twig [twíg 트위그]
㊊ 작은 가지
㊈ A *twig* is a tiny branch of a tree.
㊊ 小枝　こえだ(고에다) ㊥ 嫩枝　nènzhī(넌즈)

---

twin [twín 트윈]
㊊ (복수　twins [twínz])
쌍둥이의 한 사람 ; [twins로] 쌍둥이
㊈ A *twin* is one of two children born at the same birth.
¶ He is one of the *twins*.
그는 쌍둥이 중 한 명이다.
㊊ 双生児の一人　そうせいじのひとり(소-세-지노히또리) ㊥ 双胞胎之一　shuāngbāotāizhīyī(쌍바오타이즈이)

---

twist [twíst 트위스트]
㊋ (3단현　twists [twísts], 과거·과거분사　twisted [twístid], 현재분사　twisting [twístiŋ])
꼬다 ; 휘감다 ; 비틀다
㊈ To *twist* means to turn, wind, or bend.
㊊ 縒る　よる(요루) ㊥ 扭转　niǔzhuǎn(뉴좐)

****two** [túː 투-]
㊊ (복수　twos [túːz])
2, 둘
㊈ *Two* is the number that comes after one and before three.
¶ *Two* and three make five.
2 더하기 3은 5다.
㊊ 二　に(니) ㊥ 二　èr(얼)

ty·ing [táiiŋ 타이잉]

동 tie의 현재분사

¶ She is *tying* the package with string.
그녀는 끈으로 소포를 묶고 있다.

---

*type [táip 타이프]

명 (복수 types [táips])

1 형, 타입 ; 종류

영 A *type* is a kind or sort.

¶ This car is a new *type*.
이 차는 신형이다.

일 型 かた(카따) 중 类型 lèixíng(레이싱)

2 활자

영 A *type* is small pieces of metal with raised letters, numbers, punctuation marks, etc. on their surfaces.

¶ Korea made metal *type* in the 14th century.
한국은 14세기에 금속 활자를 만들었다.

일 活字 かつじ(카쓰지) 중 活字 huózì(훠쯔)

---

type·writ·er [táipràitər 타이프라이터]

명 (복수 typewriters [táipràitərz])

타이프라이터, 타자기

영 A *typewriter* is a machine that prints letters, numbers, and punctuation marks when you press keys with your fingers.

일 タイプライター(타이뿌라이따-) 중 打字机 dǎzìjī(다쯔지)

---

ty·phoon [taifúːn 타이푼-]

명 태풍

영 A *typhoon* is a violent tropical storm.

일 台風 たいふう(타이후-) 중 台风 táifēng(타이펑)

태평양 서부 해역·남중국해에서 발생하는 열대성 저기압을 가리킨다.

---

*typ·i·cal [típikəl 티피컬]

형 전형적인, 대표적인

영 *Typical* means having traits or qualities that are normal for a type or class.

¶ She is a *typical* beauty.
그녀는 전형적인 미인이다.

일 典型的な てんけいてきな(텡께-떼끼나) 중 典型的 diǎnxíngde(뎬싱더)

 [júː 유-]
the twenty-first letter of the English alphabet
영어 알파벳의 스물한번째 글자

UFO [júːèfóu 유-에프오우]
명 미확인 비행 물체
영 *UFO* is a strange moving object in the sky that some people believe is a spaceship from another world.
일 未確認飛行物体 みかくにんひこうぶったい(미까꾸닝히꼬-붓따이) 중 不明飞行物 bùmíngfēixíngwù(부밍페이싱우)

Unidentified Flying Object의 약자다.

**ug·ly [ʌ́gli 어글리]
형 (비교급 uglier [ʌ́gliər], 최상급 ugliest [ʌ́gliist])
못생긴(《반》 beautiful 아름다운)
영 *Ugly* means not pretty.
¶ an *ugly* face
못생긴 얼굴
일 醜い みにくい(미니꾸이) 중 丑的 chǒude(처우더)

*um·brel·la [ʌmbrélə 엄브렐러]
명 (복수 umbrellas [ʌmbréləz])
우산
영 An *umbrella* is an object that you hold above your head to protect yourself from the rain.
¶ It started to rain so I put up my *umbrella*.
비가 내려서 나는 우산을 썼다
일 傘 かさ(카사) 중 雨伞 yǔsǎn(위싼)

um·pire [ʌ́mpaiər 엄파이어]
명 (복수 umpires [ʌ́mpaiərz])
심판(원)
영 An *umpire* is an official who rules on plays in baseball, tennis, and certain other sports.
¶ "Play ball!" the *umpire* shouted.
심판이 「경기 시작!」이라고 큰소리로 외쳤다.
일 審判(員) しんぱん(いん)(심빵(잉)) 중 裁判(员) cáipàn(yuán)(차이판(위엔))

UN, U.N. [júːén 유-엔]
약 United Nations의 약자

*un·a·ble [ʌnéibl 언에이블]
형 …할 수 없는
영 *Unable* means not able to do something.
¶ She was *unable* to sleep.
그녀는 잠을 잘 수가 없었다.
일 できない(데끼나이) 중 不能的 bùnéngde(부넝더)

un·cer·tain [ʌnsə́ːrtn 언서-튼]
형 불확실한
영 *Uncertain* means not sure.
¶ The date of her departure is *uncertain*.
그녀의 출발 날짜는 불확실하다.
일 不確実な ふかくじつな(후까꾸지쓰나) 중 不明确的 bùmíngquède(부밍췌더)

＊＊un·cle [ʌ́ŋkl 엉클]

명 (복수 uncles [ʌ́ŋklz])
아저씨
영 An *uncle* is the brother of your mother or father, or the husband of your aunt.
¶ His *uncle* is an English teacher.
그의 아저씨는 영어 선생님이시다.
일 おじ(오지) 중 伯父 bófù(보푸)

＊＊un·der [ʌ́ndər 언더]

전 **1** [위치] …의 아래에, …의 밑에
영 *Under* means in a place that is lower than something else.
¶ There is a schoolbag *under* the desk.
책상 아래에 책가방이 있다.
일 下に したに(시따니) 중 在…下面 zài…xiàmiàn(짜이…샤몐)
2 [수량·연령] …미만의
영 *Under* means less than a number or amount.
¶ Children *under* 12 will not be admitted.
12살 미만의 아이들은 입장할 수 없다.
일 未満の みまんの(미만노) 중 低于 dīyú(디위)

＊un·der·ground [ʌ́ndər-gràund 언더그라운드]

형 지하의
영 *Underground* means below the ground.
¶ an *underground* parking lot
지하 주차장
일 地下の ちかの(치까노) 중 地下的 dìxiàde(디샤더)

명 (복수 undergrounds [ʌ́ndər-gràundz])
《영》 지하철(《미》 subway)

영 A *underground* is a railway system under a city.
일 地下鉄 ちかてつ(치까떼쓰) 중 地铁 dìtiě(디톄)

＊un·der·line [ʌ̀ndərláin 언더라인]

타 (3단현 underlines [ʌ̀ndərláinz], 과거·과거분사 underlined [ʌ̀n-dərláind], 현재분사 underlining [ʌ̀ndərláiniŋ])
…에 밑줄을 긋다
영 To *underline* means to draw a line under a word or sentence.
¶ She *underlined* all the important words.
그녀는 중요 단어에 모두 밑줄을 그었다.
일 下線を引く かせんをひく(카셍오히꾸) 중 在…的下面划线 zài…dexià-miànhuàxiàn(짜이…더샤몐화셴)

＊un·der·neath [ʌ̀ndərníːθ 언더니-스]

전 …의 밑에, …의 아래에
영 *Underneath* means directly below or under something.
¶ I found the keys *underneath* a cushion.
나는 열쇠를 쿠션 밑에서 찾았다.
일 下に したに(시따니) 중 在…下面 zài…xiàmiàn(짜이…샤몐)

un·der·shirt [ʌ́ndərʃəːrt 언더셔-트]

명 속셔츠, 내의
영 An *undershirt* is a piece of underwear worn under a shirt.
일 下着 したぎ(시따기) 중 贴身内衣 tiēshēnnèiyī(톄선네이이)

un·der·stand [ʌ̀ndərstǽnd 언더스탠드]

㉤ (3단현 understands [ʌ̀ndər-stǽndz], 과거·과거분사 understood [ʌ̀ndərstúd], 현재분사 understanding [ʌ̀ndərstǽndiŋ])

1 (의미·내용을) 이해하다, 알다

㉠ To *understand* means to know the meaning of what someone is telling you, or the language that they speak.

¶ Do you *understand* that?
너 그게 무슨 뜻인지 이해하니?

㉣ 理解する　りかいする(리까이스루)

㉢ 理解 lǐjiě(리제)

2 (감정·성격을) 잘 헤아리다, 이해하다

㉠ To *understand* means to know how someone feels and why they behave in the way they do.

¶ My parents don't *understand* me.
부모님은 날 이해 못하신다.

㉣ わかっている(와깟떼이루) ㉢ 了解 liǎojiě(랴오제)

---

*un·der·stand·ing [ʌ̀ndər-stǽndiŋ 언더스탠딩]

㉥ 이해

㉠ *Understanding* is knowledge about something, based on learning and experience.

¶ He doesn't seem to have much *understanding* of the question.
그는 그 질문을 잘 이해하지 못한 것 같다.

㉣ 理解 りかい(리까이) ㉢ 理解 lǐjiě (리제)

---

un·der·stood [ʌ̀ndərstúd 언더스투드]

㉤ understand의 과거·과거분사

---

un·der·take [ʌ̀ndərtéik 언더테이크]

㉤ (3단현 undertakes [ʌ̀ndərtéiks], 과거·과거분사 undertook [ʌ̀ndər-túk], 현재분사 undertaking [ʌ̀ndərtéikiŋ])

1 (일 등을) 떠맡다

㉠ To *undertake* means to agree to do a job or task.

¶ He *undertook* the difficult task.
그는 어려운 일을 떠맡았다.

㉣ 引き受ける　ひきうける(히끼우께루) ㉢ 承担 chéngdān(청단)

2 착수하다, 시작하다

㉠ To *undertake* means to start to do a piece of work, especially one that is long and difficult.

¶ We will *undertake* a long, difficult journey.
우리는 길고 힘든 여행을 시작하려고 한다.

㉣ 着手する　ちゃくしゅする(샤꾸슈스루) ㉢ 进行 jìnxíng(진싱)

---

un·der·wa·ter [ʌ̀ndərwɔ́:tər 언더워-터]

㉦ 수중의, 물속의

㉠ *Underwater* means located, used, or done under the surface of the water.

¶ an *underwater* camera
수중 카메라

㉣ 水中の　すいちゅうの(스이쭈-노) ㉢ 水中的 shuǐzhōngde(수이중더)

㉧ 수중에서, 물속에서

㉠ *Underwater* means below the surface of the water.

¶ Do you know how to swim *underwater*?
너는 물속에서 수영하는 법을 알고 있니?

㉣ 水中で　すいちゅうで(스이쭈-데)

中 在水中 zàishuǐzhōng(짜이수이중)

---

un·der·wear [ʌ́ndərwèər 언더웨어]

명 속옷, 내의
영 *Underwear* is the clothing you wear under your clothes.
일 下着 したぎ(시따기) 中 内衣 nèiyī (네이이)

---

un·dress [ʌ̀ndrés 언드레스]

타 …의 옷을 벗기다
영 To *undress* means to take clothes off.
¶ She *undressed* her daughter.
그녀는 딸의 옷을 벗겼다.
일 衣服を脱がせる いふくをぬがせる(이후꾸오누가세루) 中 脱衣服 tuōyīfu (퉈이푸)

---

un·eas·y [ʌ̀ní:zi 언이-지]

형 (비교급 uneasier [ʌ̀ní:ziər], 최상급 uneasiest [ʌ̀ní:ziist])
불안한, 걱정되는
영 *Uneasy* means not feeling safe.
¶ I feel *uneasy* about the future.
나는 미래에 대해 불안을 느낀다.
일 不安な ふあんな(후안나) 中 担心 的 dānxīnde(단신더)

---

un·e·ven [ʌ̀ní:vn 언이-븐]

형 평평하지 않은, 울퉁불퉁한
영 *Uneven* means not flat, smooth, or straight.
¶ *uneven* ground.
울퉁불퉁한 지면
일 平らでない たいらでない(타이라데나이) 中 崎岖的 qíqūde(치취더)

---

un·ex·pect·ed [ʌ̀nikspéktid 언익스펙티드]

형 예기치 않은, 뜻밖의
영 *Unexpected* means surprising because of not being expected.
¶ an *unexpected* income
생각지 않은 수입
일 予期しない よきしない(요끼시나이)
中 意外的 yìwàide(이와이더)

---

un·fair [ʌnféər 언페어]

형 (비교급 unfairer [ʌnféərər], 최상급 unfairest [ʌnféərist])
공정하지 못한, 불공평한
영 *Unfair* means not fair, right, or just.
¶ We think the punishment is *unfair*.
우리는 그 처벌이 부당하다고 생각한다.
일 公正でない こうせいでない(코-세-데나이) 中 不公平的 bùgōngpíngde (부궁핑더)

---

un·fa·mil·iar [ʌ̀nfəmíljər 언퍼밀리어]

형 잘 모르는, 낯선
영 *Unfamiliar* means not well known or not easily recognized.
¶ The place was *unfamiliar* to me.
나는 그 곳을 잘 몰랐다.
일 よく知られていない よくしられていない(요꾸시라레떼이나이) 中 陌生的 mòshēngde(모성더)

---

un·for·tu·nate [ʌ̀nfɔ́:rtʃənət 언포-처넛]

형 불행한, 불운한
영 *Unfortunate* means happening because of bad luck.
¶ an *unfortunate* accident

불행한 사고
일 不幸な ふこうな(후꼬-나) 중 不幸
的 búxìngde(부싱더)

---

un·for·tu·nate·ly [ʌnfɔ́ːr-
tʃənətli 언포-처너틀리]
부 불행하게도, 유감스럽게도
영 *Unfortunately* means a word used
to say that you wish that something
had not happened or was not true.
¶ *Unfortunately*, he refused to come.
유감스럽게도, 그는 오려고 하지 않
았다.
일 不幸にも ふこうにも(후꼬-니모) 중
不幸地 búxìngde(부싱더)

---

un·friend·ly [ʌnfréndli 언프렌
들리]
형 불친절한
영 *Unfriendly* means not friendly.
¶ He is *unfriendly* even to his family.
그는 자기 가족에게조차 다정하게
대하지 않는다.
일 不親切な ふしんせつな(후신세쓰나)
중 不友好的 bùyǒuhǎode(부유하오더)

---

un·hap·py [ʌnhǽpi 언해피]
형 (비교급 unhappier [ʌnhǽpiər],
최상급 unhappiest [ʌnhǽpiist])
불행한
영 *Unhappy* means not happy.
¶ She looks very *unhappy*.
그녀는 아주 불행해 보인다.
일 不幸な ふこうな(후꼬-나) 중 不愉
快的 bùyúkuàide(부위콰이더)

---

un·health·y [ʌnhélθi 언헬시]
형 (비교급 unhealthier [ʌnhélθiər],
최상급 unhealthiest [ʌnhélθiist])
건강하지 않은, 병든

영 *Unhealthy* means not healthy.
¶ a rather *unhealthy*-looking child
다소 건강이 안 좋아 보이는 아이
일 健康でない けんこうでない(켕꼬-
데나이) 중 不健康的 bújiànkāngde(부
젠캉더)

---

u·ni·fi·ca·tion [jùːnifikéiʃən
유-니피케이션]
명 통일, 통합
영 *Unification* is the act of combin-
ing two or more groups, countries, etc.
to make a single group or country.
일 統一 とういつ(토-이쓰) 중 统一
tǒngyī(퉁이)

---

*u·ni·form [júːnəfɔ̀ːrm 유-너폼-]
명 (복수 uniforms [júːnəfɔ̀ːrmz])
유니폼, 제복
영 A *uniform* is a special set of
clothes worn by all the members of a
particular group or organization.
¶ Do you like the new school *uniform*?
너는 새 교복이 마음에 드니?
일 ユニフォーム(유니호-무) 중 制服
zhìfú(즈푸)

---

u·ni·fy [júːnifài 유-니파이]
타 (3단현 unifies [júːnifàiz], 과거·
과거분사 unified [júːnifàid], 현재
분사 unifying [júːnifàiiŋ])
…을 통일하다, 통합하다
영 To *unify* means to bring or join
together into a whole or a unit.
¶ Spain was *unified* in the 16th
century.
스페인은 16세기에 통일되었다.
일 統一する とういつする(토-이쓰즈
루) 중 统一 tǒngyī(퉁이)

un·im·por·tant [ʌ̀nimpɔ́ːrtənt 언임포-턴트]
[형] 중요하지 않은
[영] ***Unimportant*** means not important.
¶ He holds an *unimportant* post.
그는 중요하지 않은 직책을 맡고 있다.
[일] 重要でない じゅうようでない(주-요-데나이) [중] 不重要的 búzhòngyàode(부중야오더)

***u·nion** [júːnjən 유-니언]
[명] (복수 unions [júːnjənz])
1 결합, 연합, 단결
[영] ***Union*** is the joining together of two or more things or people to form a larger group.
¶ the European *Union*
유럽 연합
[일] 結合 けつごう(케쓰고-) [중] 结合 jiéhé(제허)
2 노동조합
[영] A ***union*** is an organization that is formed by workers in order to protect their rights.
¶ Are you planning to join the *union*?
너는 노동조합에 가입할 계획이니?
[일] 労働組合 ろうどうくみあい(로-도-꾸미아이) [중] 工会 gōnghuì(궁후이)

U·nion Jack [júːnjən dʒǽk 유-니언잭]
[명] [the Union Jack으로] 유니언잭, 영국국기
[영] ***The Union Jack*** is the national flag of the United Kingdom.
[일] ユニオンジャック(유니온쟈꾸) [중] 英国国旗 yīngguóguóqí(잉궈궈치)

***u·nique** [juːníːk 유-니-크]
[형] **1** 유일한, 하나밖에 없는
[영] ***Unique*** means being the only one of its kind.
¶ Every person is *unique*.
똑같은 사람은 없다.
[일] 唯一の ゆいいつの(유이이쓰노) [중] 唯一的 wéiyīde(웨이이더)
2 독특한, 특유한
[영] ***Unique*** means existing only in a particular place, person, or group, etc.
¶ a woman of *unique* talent
독특한 재능을 가진 여성
[일] 独特の どくとくの(도꾸또꾸노) [중] 独特的 dútède(두터더)

***u·nit** [júːnit 유-닛]
[명] (복수 units [júːnits])
1 (전체를 이루는) 구성 단위
[영] A ***unit*** is a person or thing that is one whole part of something larger.
¶ The family is the smallest social *unit*.
가정은 가장 작은 사회의 구성 단위다.
[일] 構成単位 こうせいたんい(코-세-땅이) [중] 一员 yīyuán(이위엔)
2 (수·양의) 단위
[영] A ***unit*** is an amount used as a standard of measurement.
¶ The dollar is the basic *unit* of money in the U.S.
달러는 미국의 기본 화폐 단위다.
[일] 単位 たんい(탕이) [중] 单位 dānwèi(단웨이)

***u·nite** [juːnáit 유-나이트]
[동] (3단현 unites [juːnáits], 과거·과거분사 united [juːnáitid], 현재분사 uniting [juːnáitiŋ])
[타] …을 결합하다, 하나가 되게 하

다
영 To **unite** means to put or join together in order to make a whole.
¶ A new bridge now *unites* the island with the mainland.
이제 새 다리가 섬과 본토를 하나로 이어준다.
일 結合する けつごうする(케쓰고-스루) 중 联合 liánhé(롄허)
자 단결하다, 결합하다
영 To **unite** means to join together or work together to achieve something.
¶ Let's *unite* to fight poverty.
단결하여 가난을 극복해 나가자.
일 団結する だんけつする(당께쓰스루)
중 团结 tuánjié(퇀제)

-----

u·nit·ed [juːnáitid 유-나이티드]
형 단결한, 결합한
영 *United* means closely joined by sharing feelings, aims, etc.
일 団結した だんけつした(당께쓰시따) 중 团结的 tuánjiéde(퇀제더)

***U·nit·ed King·dom** [juːnáitid kíŋdəm 유-나이티드 킹덤]
명 [the United Kingdom으로] 영국

▲ 런던 탑의 밤 풍경

일 英国 えいこく(에-꼬꾸) 중 英国 Yīngguó(잉궈)

***U·nit·ed Na·tions** [juːnáitid néiʃənz 유-나이티드 네이션즈]

명 [the United Nations로] 국제연합, 유엔
영 **The United Nations** is an international organization that tries to find peaceful solutions to world problems.
일 国際連合 こくさいれんごう(코꾸사이렝고-) 중 联合国 Liánhéguó(롄허궈)

U·nit·ed States [juːnáitid stéits 유-나이티드 스테이츠]
명 [the United States로] = United States of America

****U·nit·ed States of A·mer·i·ca** [juːnáitid stéits əv əmérikə 유-나이티드 스테이츠 어브 어메리커]
명 [the United States of America로] 미국, 아메리카 합중국
일 米国 べいこく(베-꼬꾸) 중 美国 Měiguó(메이궈)

-----

u·ni·ty [júːnəti 유-너티]
명 (복수 unities [júːnətiz])
화합, 일치
영 **Unity** is a state or situation in which people work together to achieve something that they all agree on.
¶ The team suffers from a lack of *unity*.
그 팀은 화합이 안 되고 있다.
일 和合 わごう(와고-) 중 团结 tuánjié(퇀제)

-----

u·ni·ver·sal [jùːnəvə́ːrsl 유-너버-슬]
형 1 전 세계의, 인류 공통의
영 *Universal* means involving everyone in the world or in a particular group.
¶ Sickness and poverty are *universal*

problems.
질병과 가난은 인류의 공통된 문제다.
일 全世界の ぜんせかいの(젠세까이노)
중 全世界的 quánshìjiède(취엔스제더)
2 보편적인
영 *Universal* means true or suitable in every situation.
¶ a *universal* truth
보편적인 진리
일 普遍的な ふへんてきな(후헨떼끼나)
중 普遍的 pǔbiànde(푸벤더)

---

*u·ni·verse [júːnəvèːrs 유-너버-스]

명 (복수 universes [júːnəvèːrsiz])
[the universe 또는 the Universe로]
우주
영 *The universe* is everything in our world and in space put together.
¶ *The universe* is limitless.
우주는 무한하다
일 宇宙 うちゅう(우쭈-) 중 宇宙 yǔzhòu(위저우)

---

*u·ni·ver·si·ty [jùːnəvə́ːrsəti 유-너버-서티]

명 (복수 universities [jùːnəvə́ːrsətiz])
(종합) 대학
영 A *university* is a school at the highest level, where you study for a degree.
¶ Harvard *University*
하버드 대학

¶ My sister is a *university* student.
내 언니는 대학생이다.
일 大学 だいがく(다이가꾸) 중 大学 dàxué(다쉐)

---

un·kind [ʌnkáind 언카인드]

형 불친절한, 냉담한
영 *Unkind* means not kind.
¶ People say he is *unkind*.
사람들은 그가 불친절하다고 말한다.
일 不親切な ふしんせつな(후신세쓰나)
중 不和善的 bùhéshànde(부허산더)

---

un·known [ʌnnóun 언노운]

형 알 수 없는, 알려지지 않은
영 *Unknown* means not familiar or not known about.
¶ The number of people injured is still *unknown*.
부상자 수는 아직 알 수 없다.
일 知られていない しられていない(시라레떼이나이) 중 不知道的 bùzhīdàode(부즈다오더)

---

*un·less [ənlés 언레스]

접 만약 …하지 않으면
영 *Unless* means except on the condition that.
¶ We shall leave tomorrow *unless* it rains.
내일 비가 안 오면 우린 떠나겠다.
일 もし…でなければ(모시…데나께레바)
중 如果不 rúguǒbù(루궈부)

---

un·like [ʌnláik 언라이크]

형 닮지 않은, 같지 않은
영 *Unlike* means not alike.
¶ I was surprised that the twins were so *unlike*.
나는 쌍둥이가 너무 안 닮아서 놀랐

다.
일 似ていない にていない(니떼이나
이) 중 不同的 bùtóngde(부퉁더)

전 …와 달라서
영 *Unlike* means different from.
¶ *Unlike* me, she's very intelligent.
나와는 달리, 그녀는 매우 총명하다.
일 異なって ことなって(코또낫떼) 중
不像 búxiàng(부샹)

un·like·ly [ʌnláikli 언라이클리]

형 (비교급 unlikelier [ʌnláiklⅰər]
또는 more unlikely, 최상급 unlike-
liest [ʌnláikliist] 또는 most un-
likely)
일어날 것 같지 않은, 있음직하지
않은
영 *Unlikely* means not likely to hap-
pen or to be true.
¶ It is *unlikely* to snow today.
오늘은 눈이 올 것 같지 않다.
일 ありそうもない(아리소-모나이) 중
不可能发生的 bùkěnéngfāshēngde(부
커넝파성더)

un·luck·y [ʌnlʌ́ki 언러키]

형 (비교급 unluckier [ʌnlʌ́kiər],
최상급 unluckiest [ʌnlʌ́kiist])
운이 없는, 불운한
영 *Unlucky* means having bad luck.
일 不運な ふうんな(후운나) 중 不幸的
búxìngde(부싱더)

un·nec·es·sar·y [ʌnnésəsèri

언네서세리]
형 불필요한, 쓸데없는
영 *Unnecessary* means not needed.
¶ an *unnecessary* expense
불필요한 비용
일 不必要な ふひつような(후히쓰요-

나) 중 不需要的 bùxūyàode(부쉬야오더)

un·tie [ʌntái 언타이]

타 (3단현 unties [ʌntáiz], 과거·과
거분사 untied [ʌntáid], 현재분사
untying [ʌntáiiŋ])
풀다, 끄르다
영 To *untie* means to take the knots
out of something.
¶ Mommy, can you *untie* my shoe-
laces?
엄마, 신발 끈 좀 풀러주세요?
일 解く ほどく(호도꾸) 중 解开 jiěkāi
(제카이)

*un·til [əntíl 언틸]

전 …까지
영 *Until* means up to the time of.
¶ The meeting lasted *until* 6 : 30.
회의가 6시 30분까지 계속됐다.
일 …まで(마데) 중 到…为止 dào…
wéizhǐ(다오…웨이즈)

접 …할 때까지
영 *Until* means up to the time that.
¶ I didn't sleep *until* he came home.
그가 집에 올 때까지 나는 자지 않
았다.
일 …するまで(…스루마데) 중 到…时
dào…shí(다오…스)

un·u·su·al [ʌnjúːʒuəl 언유-주얼]

형 보통이 아닌, 유별난
영 *Unusual* means not usual, common,
or ordinary.
¶ She has an *unusual* name.
그녀는 이름이 특이하다.
일 ふつうでない(후쓰-데나이) 중 不平
常的 bùpíngchángde(부핑창더)

****up** [ʌp 업]

부 **1** 위로, 위에(《반》down 아래로)
영 *Up* means from a lower to a higher place.
¶ Hands *up*!
손 들어!
¶ He went *up* the steps and into the building.
그는 계단을 올라가 건물 안으로 들어갔다.
일 上へ うえへ(우에에) 중 向上 xiàngshàng(샹상)
2 잠이 깨어, 기상하여
영 *Up* means out of bed.
¶ Are you *up* yet?
너 벌써 일어났니?
일 起きて おきて(오끼떼) 중 起床的 qǐchuángde(치촹더)
3 (자리에서) 일어서서
영 *Up* means on one's feet.
¶ The children stood *up* to sing.
아이들이 노래를 부르려고 일어섰다.
일 立ち上がって たちあがって(타찌아갓떼) 중 起来 qǐlái(치라이)

***up·hold** [ʌphóuld 업호울드]

타 (3단현 upholds [ʌphóuldz], 과거·과거분사 upheld [ʌphéld], 현재분사 upholding [ʌphóuldiŋ])
지지하다, 옹호하다
영 To *uphold* means to support something that you believe to be right.
¶ I cannot *uphold* this movement.
나는 이 운동을 지지할 수 없다.
일 支持する しじする(시지스루) 중 支持 zhīchí(즈츠)

***up·on** [əpán 어판]

전 …위에(《동》on)
영 *Upon* means on.
¶ The bird was sitting *upon* the branch.
새가 나뭇가지 위에 앉아 있었다.
일 上に うえに(우에니) 중 在…上面 zài…shàngmiàn(짜이…상몐)

on과 upon은 서로 구별없이 쓰이는 경우가 많지만, on쪽이 일반적이고 upon은 좀 무거운 문어조의 말이다.

***up·per** [ʌpər 어퍼]

형 위쪽의, 상부의
영 *Upper* means in a higher position than another part of something.
¶ the *upper* lip
윗입술
일 上方の じょうほうの(조-호-노) 중 上面的 shàngmiànde(상몐더)

***up·right** [ʌpràit 업라이트]

형 **1** 똑바른, 수직의
영 *Upright* means standing straight up.
¶ The soldiers stood *upright*.
군인들은 똑바로 서 있었다.
일 まっすぐ立った まっすぐたった(맛스구탓따) 중 垂直的 chuízhíde(추이즈더)
2 정직한, 올바른
영 *Upright* means honest and fair.
¶ He is an *upright* citizen.
그는 정직한 시민이다.
일 正直な しょうじきな(쇼-지끼나) 중 正直的 zhèngzhíde(정즈더)

***up·set** [ʌpsét 업셋]

타 (3단현 upsets [ʌpséts], 과거·과거분사 upset, 현재분사 upsetting [ʌpsétiŋ])
1 (마음을) 어지럽히다, 당황하게 하다
영 To *upset* means to make someone nervous or worried.

¶ The bad news *upset* us.
나쁜 소식에 우리는 당황했다.
일 心を乱れさせる　こころをみだれさせる(코꼬로오미다레사세루) 중 使心烦意乱　shǐxīnfányìluàn(스신판이롼)
2 뒤집어엎다
영 To *upset* means to turn something over.
¶ The cat *upset* a vase of flowers.
고양이가 꽃병을 엎었다.
일 ひっくり返す　ひっくりかえす(힉꾸리카에스) 중 弄翻　nòngfān(눙판)

---

upside down [ʌ́psàid dáun 업사이드 다운]

부 거꾸로, 뒤집혀
영 *Upside down* means with the top side down and the bottom side up.
¶ He was holding the book *upside down*.
그는 책을 거꾸로 쥐고 있었나.
일 さかさまに(사까사마니) 중 颠倒　diāndǎo(뗀다오)

---

up·stairs [ʌ́pstéərz 업스테어즈]

부 위층에[으로], 2층에[으로]
영 *Upstairs* means on or toward a higher floor of a building.
¶ My bedroom is *upstairs*.
내 침실은 위층에 있다.
일 上の階へ　うえのかいへ(우에노카이에) 중 在楼上　zàilóushàng(짜이러우상)

형 위층의, 2층의
영 *Upstairs* means on an upper floor.
¶ an *upstairs* window
위층의 창문
일 上の階の　うえのかいの(우에노카이노) 중 楼上的　lóushàngde(러우상더)

up-to-date [ʌ́ptədéit 업터데이트]

형 최신의
영 *Up-to-date* means including all the newest information.
¶ *up-to-date* travel information
최신 여행 정보
일 最新の　さいしんの(사이신노) 중 最新的　zuìxīnde(쭈이신더)

---

up·ward [ʌ́pwərd 업워드]

부 위를 향해서, 위쪽으로
영 *Upward* means toward a higher place or position.
¶ The hawk climbed *upward* and out of sight.
매가 높이 날아올라서 보이지 않았다.
일 上向きに　うわむきに(우와무끼니) 중 向上　xiàngshàng(샹상)

형 위로 향한
영 *Upward* means moving or rising toward a higher place or position.
¶ an *upward* slope
오르막길
일 上向きの　うわむきの(우와무끼노) 중 向上的　xiàngshàngde(샹상더)

---

ur·ban [ə́ːrbən 어-번]

형 도시의, 도시에 사는(《반》 rural 시골의)
영 *Urban* means to do with or living in a city.
¶ I don't like *urban* life.
나는 도시생활이 싫다.
일 都市の　としの(토시노) 중 城市的　chéngshìde(청스더)

---

urge [ə́ːrdʒ 어-지]

타 (3단현 urges [ə́ːrdʒiz], 과거·과거분사 urged [ə́ːrdʒd], 현재분사 urging [ə́ːrdʒiŋ])
다그치다, 재촉하다

영 To *urge* means to encourage or persuade someone strongly.
¶ My parents *urged* me to study harder.
부모님은 내게 더 열심히 공부하라고 다그치셨다.
일 せき立てる せきたてる(세끼타떼루)
중 催促 cuīcù(추이추)

---

* **ur·gent** [ə́ːrdʒənt 어-전트]
형 (비교급 more urgent, 최상급 most urgent)
긴급한, 절박한
영 *Urgent* means needing very quick or immediate attention.
¶ an *urgent* question
긴급한 문제
일 緊急の きんきゅうの(킹뀨-노) 중 緊急的 jǐnjíde(진지더)

** **us** [《약》 əs 어스 ; 《강》 ʌ́s 어스]
대 [인칭 대명사 we의 목적격]
우리를, 우리에게
영 *Us* is a word used when we are talking about ourselves.
¶ No one saw *us*.
우리를 본 사람이 아무도 없었다.
¶ Mother gave *us* money.
엄마가 우리에게 돈을 주었다.
일 私たちを わたしたちを(와따시따찌오) 중 我们 wǒmen(워먼)

---

* **U.S., US** [júːés 유-에스]
약 United States의 약자

---

* **U.S.A., USA** [júːèséi 유-에스에이]
약 United States of America의 약자

** **use** [júːz 유-즈]

타 (3단현 uses [júːziz], 과거·과거분사 used [júːzd], 현재분사 using [júːziŋ])
사용하다, 이용하다
영 To *use* means to do work with something.
¶ He can *use* the computer.
그는 컴퓨터를 사용할 줄 안다.
일 使う つかう(쓰까우) 중 用 yòng(융)

명 [júːs 유-스](복수 uses [júːsiz])
사용, 이용
영 *Use* is the action of using something.
¶ The *use* of a fountain pen is not allowed.
만년필을 사용하면 안 된다.
일 使用 しよう(시요-) 중 用 yòng(융)
숙어 *make use of* …을 이용하다
¶ *Make* good *use of* your time.
시간을 잘 이용해라.

---

used [júːzd 유-즈드]
형 중고의, 사용된
영 *Used* means already made use of.
¶ We bought a *used* car.
우리는 중고차를 샀다.
일 中古の ちゅうこの(추-꼬노) 중 旧的 jiùde(쮸더)

---

* **used to** [júːstu 유-스투]
자 [used to (do) 로] (옛날에는) …하곤 했다, 늘 …했다
영 *Used to* is used to talk about something that someone did regularly in the past.
¶ We *used to* go to the movies every week.
우리는 매주 영화를 보러 가곤 했다.
일 よく…したものである(요꾸…시따모노데아루) 중 过去一向 guòqùyīxiàng

(궈춰이샹)

형 [(자음 앞) júːstə 유-스터, (모음 앞) júːstu 유-스투] …에 익숙한
영 ***Used to*** means accustomed.
¶ You will soon get *used to* driving a car.
너는 곧 자동차 운전에 익숙해질 것이다.
일 慣れた なれた(나레따) 중 习惯于…的 xíguànyú…de(시관위…더)

***use·ful** [júːsful 유-스풀]
형 (비교급 more useful, 최상급 most useful)
유용한, 쓸모 있는(《반》 useless 쓸모 없는)
영 ***Useful*** means helping you to do or to get what you want.
¶ English is a very *useful* language.
영어는 매우 유용한 언어다.
일 有用な ゆうような(유-요-나) 중 有用的 yǒuyòngde(유융더)

---

use·less [júːsləs 유-슬러스]
형 쓸모 없는, 무익한
영 ***Useless*** means not useful or effective at all.
¶ These scissors are completely *useless*.
이 가위는 전혀 들지가 않는다.
일 役に立たない やくにたたない(야꾸니타따나이) 중 无用的 wúyòngde(우융더)

***u·su·al** [júːʒuəl 유-주얼]

형 보통의, 평소의
영 ***Usual*** means normal, common, or expected.
¶ Hot weather is *usual* for July and August.
7월과 8월에는 보통 날씨가 덥다.
일 ふつうの(후쓰-노) 중 通常的 tōngchángde(퉁창더)

***u·su·al·ly** [júːʒuəli 유-주얼리]
부 보통, 평소
영 ***Usually*** means almost always.
¶ He *usually* gets up at six o'clock.
그는 보통 6시에 일어난다.
일 ふつうは(후쓰-와) 중 通常地 tōngchángde(퉁창더)

---

ut·ter¹ [ʌ́tər 어터]
형 완전한, 철저한
영 ***Utter*** means complete or total.
¶ an *utter* stranger
전혀 모르는 사람
일 完全な かんぜんな(칸젠나) 중 完全的 wánquánde(완춰엔더)

---

ut·ter² [ʌ́tər 어터]
타 (3단현 utters [ʌ́tərz], 과거·과거분사 uttered [ʌ́tərd], 현재분사 uttering [ʌ́təriŋ])
말하다
영 To ***utter*** means to say something.
¶ No one *uttered* a word.
누구도 말 한 마디 하지 않았다.
일 言う いう(이우) 중 说 shuō(쉬)

[ví: 비–]
the twenty-second letter of the English alphabet
영어 알파벳의 스물두번째 글자

***va·cant** [véikənt 베이컨트]

형 텅 빈 ; 공석인

영 *Vacant* means empty or not occupied.

¶ a *vacant* house
빈집

¶ Is this seat *vacant*?
이 자리 비어 있나요?

일 空いている あいている(아이떼이루)

중 空的　kōngde(쿵더)

***va·ca·tion** [veikéiʃən 베이케이션]

명 (복수 vacations [veikéiʃənz])
휴가, 방학

영 A *vacation* is a time when people do not work or go to school.

¶ Are you on summer *vacation*?
지금 여름 휴가 중이니?

일 休暇 きゅうか(큐–까) 중 休假 xiūjiā(슈쟈)

---

vac·u·um [vǽkjuəm 배큐엄]

명 진공

영 A *vacuum* is a space that is completely empty of all air or gas.

¶ a *vacuum* cleaner
진공 청소기

일 真空 しんくう(싱꾸–) 중 真空 zhēnkōng(전쿵)

***vain** [véin 베인]

형 (비교급 vainer [véinər], 최상급

---

vainest [véinist])

1 헛된, 보람없는

영 *Vain* means without success.

¶ It is *vain* to try to escape.
달아나려해도 소용없다.

일 むだな(무다나) 중 无意义的 wúyìyìde(우이이더)

2 몹시 뽐내는, 매우 자랑하는

영 *Vain* means too proud of your appearance or your abilities.

¶ Men can be so *vain*.
인간은 누구나 몹시 자만해질 수 있다.

일 自慢する じまんする(지만스루) 중 炫耀的 xuànyàode(쉬엔야오더)

***val·id** [vǽlid 밸리드]

형 **1** 타당한, 근거가 확실한

영 *Valid* means based on facts or evidence.

¶ You can leave early if you have a *valid* reason.
타당한 이유가 있으면 일찍 가도 된다.

일 妥当な だとうな(다또–나) 중 确凿的 quèzáode(췌짜오더)

2 유효한

영 *Valid* means acceptable or legal.

¶ My card is *valid* until September 2015.
내 신용카드는 2015년 9월까지 유효하다.

일 有効な ゆうこうな(유–꼬–나) 중 有效的 yǒuxiàode(유샤오더)

*val·ley [vǽli 밸리]

몡 (복수 valleys [vǽliz])
계곡, 골짜기
옝 A *valley* is an area of low land between hills or mountains.
¶ There are many high mountains and deep *valleys* in the U.S.A.
미국에는 높은 산과 깊은 계곡이 많이 있다.
옐 谷 たに(타니) 중 山谷 shāngǔ(산구)

---

*val·u·a·ble [vǽljuəbl 밸류어블]

혱 (비교급 more valuable, 최상급 most valuable)
1 귀중한, 소중한
옝 *Valuable* means very useful.
¶ *valuable* information
귀중한 정보
옐 貴重な きちょうな(키쬬-나) 중 貴重的 guìzhòngde(구이중더)
2 값비싼, 고가의
옝 *Valuable* means worth a lot of money.
¶ This is a *valuable* necklace.
이것은 비싼 목걸이다.
옐 高価な こうかな(코-까나) 중 昂貴的 ángguìde(앙구이더)

**val·ue [vǽlju: 밸류-]

몡 (복수 values [vǽlju:z])
1 가격
옝 *Value* is the amount of money that something is worth.
¶ What is the *value* of this watch?
이 시계는 얼마입니까?
옐 価格 かかく(카까꾸) 중 价格 jiàgé(쟈거)
2 가치, 중요성
옝 *Value* is the importance or usefulness of something.
¶ the *value* of time
시간의 가치
옐 価値 かち(카찌) 중 价值 jiàzhí(쟈즈)

타 (3단현 values [vǽlju:z], 과거·과거분사 valued [vǽlju:d], 현재분사 valuing [vǽlju:iŋ])
(금전적으로) 평가하다, 값을 매기다
옝 To *value* means to assess how much something is worth.
¶ The house was *valued* at $350,000.
그 집은 35만 달러로 평가되었다.
옐 評価する ひょうかする(효-까스루) 중 评价 píngjià(핑쟈)

---

valve [vǽlv 밸브]

몡 (복수 valves [vǽlvz])
밸브, 판
옝 A *valve* is a movable part that controls the flow of a liquid or gas through a pipe or other channel.
¶ a safety *valve*
안전 밸브
옐 バルブ(바루부) 중 阀 fá(파)

---

van [vǽn 밴]

몡 밴, 유개 트럭
옝 A *van* is a truck or a car that looks like a small bus.
옐 バン(반) 중 有盖小货车 yǒugàixiǎohuòchē(유가이샤오훠처)

---

van·ish [vǽniʃ 배니시]

재 (3단현 vanishes [vǽniʃiz], 과거·과거분사 vanished [vǽniʃt], 현재분사 vanishing [vǽniʃiŋ])
사라지다, 자취를 감추다
옝 To *vanish* means to disappear suddenly.
¶ The ship *vanished* without trace.
배가 흔적도 없이 사라졌다.

일 消える きえる(키에루) 중 消失 xiāoshī(샤오스)

---

va·ri·e·ty [vəráiəti 버라이어티]

명 (복수 varieties [vəráiətiz])
다양성, 변화
영 *Variety* is difference or change.
¶ Her cooking lacks *variety*.
그녀의 요리는 다양하지가 않다.
일 多様性 たようせい(타요-세-) 중 多样化 duōyànghuà(둬양화)

---

*var·i·ous [véəriəs 베어리어스]

형 여러 가지의, 가지 각색의
영 *Various* means several different.
¶ We were unable to go for *various* reasons.
우리는 여러 가지 이유로 갈 수 없었다.
일 さまざまな(사마자마나) 중 各种各样的 gèzhǒnggèyàngde(거중거양더)

---

*var·y [véəri 베어리]

동 (3단현 varies [véəriz], 과거·과거분사 varied [véərid], 현재분사 varying [véəriiŋ])
자 변하다 ; 다르다
영 To *vary* means to change or to be different.
¶ Prices *vary* in size.
가격은 크기에 따라 다르다.
일 変わる かわる(카와루) 중 変化 biànhuà(벤화)
타 바꾸다
영 To *vary* means to regularly change what you do or the way that you do it.
¶ You need to *vary* your diet.
네가 먹는 식단을 바꿔야겠다.
일 変える かえる(카에루) 중 変更 biàngēng(벤겅)

---

*vase [véis 베이스]

명 (복수 vases [véisiz])
꽃병
영 A *vase* is a container used to put flowers in.
¶ She put some flowers in the *vase*.
그녀는 꽃병에 꽃을 꽂았다.
일 花びん かびん(카빈) 중 花瓶 huāpíng(화핑)

---

*vast [væst 배스트]

형 (비교급 vaster [væstər], 최상급 vastest [væstist])
광대한, 거대한
영 *Vast* means extremely large.
¶ The ship sailed the *vast* ocean.
그 배는 넓은 바다를 항해했다.
일 広大な こうだいな(코-다이나) 중 广大的 guǎngdàde(광다더)

**veg·e·ta·ble [védʒtəbl 베지터블]

명 (복수 vegetables [védʒtəblz])
야채, 푸성귀
영 A *vegetable* is a plant or a part of a plant that you can eat.
¶ live on *vegetables*
채식하다
일 野菜 やさい(야사이) 중 蔬菜 shūcài(수차이)

---

*ve·hi·cle [víːhikl 비-히클, 비-이클]

명 (복수 vehicles [víːhiklz])
탈것, 차량
영 A *vehicle* is something in which people or goods are carried from one place to another.
¶ a stolen *vehicle*
도난 차량

일 乗り物 のりもの(노리모노) 중 运载工具 yùnzàigōngjù(원짜이궁쥐)

일 脚色 きゃくしょく(캬꾸쇼꾸) 중 变化形式 biànhuàxíngshì(벤화싱스)

---

veil [véil 베일]

명 (복수 veils [véilz])
베일 ; 면사포
영 A *veil* is a piece of material worn by women as a covering for the head or face.
¶ This woman is wearing a wedding *veil*.
이 여자는 면사포를 쓰고 있다.
일 ベール(베-루) 중 面纱 miànshā(몐사)

---

ve·ran·da [vərǽndə 버랜더]

명 베란다
영 A *veranda* is an open area with a floor and a roof that is built on the side of a house.
일 ベランダ(베란다) 중 阳台 yángtái(양타이)

---

verb [vɚ́ːrb 버-브]

명 동사
영 A *verb* is a word that expresses an action or a state of being.
¶ a regular [an irregular] *verb*
규칙[불규칙] 동사
일 動詞 どうし(도-시) 중 动词 dòngcí(둥츠)

---

ver·sion [vɚ́ːrʒən 버-전]

명 (복수 versions [vɚ́ːrʒənz])
각색, …판 ; 변형
영 A *version* is a different or changed form of something such as a book or car.
¶ the screen *version* of a novel
소설의 영화화[을 영화화한 것]

---

*__ver·ti·cal__ [vɚ́ːrtikəl 버-티컬]

형 수직의
영 *Vertical* means upright, or straight up and down.
¶ The cliff was almost *vertical*.
절벽이 거의 수직으로 깎아질렀다.
일 垂直の すいちょくの(스이쪼꾸노)
중 垂直的 chuízhíde(추이즈더)

**__ver·y__ [véri 베리]

부 대단히, 매우
영 *Very* means more than what is usual.
¶ Elephants are *very* big animals.
코끼리는 대단히 큰 동물이다.
일 非常に ひじょうに(히조-니) 중 非常 fēicháng(페이창)

형 바로 …한
영 *Very* means exact.
¶ You're the *very* person I wanted to see.
내가 만나고 싶었던 사람이 바로 너다.
일 まさにその(마사니소노) 중 正是 zhèngshì(정스)

the, this, that 또는 my, your, his, her 등과 함께 쓰여 뜻을 강하게 한다.

---

ves·sel [vésl 베슬]

명 (큰) 배
영 A *vessel* is a ship or a large boat.
¶ a cargo *vessel*
화물선
일 船 ふね(후네) 중 船 chuán(촨)

---

vest [vést 베스트]

명 조끼, 베스트
영 A **vest** is a short, sleeveless piece of clothing that is worn over a blouse or shirt.
¶ He took his jacket and *vest* off.
그는 재킷과 조끼를 벗었다.
일 ベスト(베스또) 중 背心 bèixīn(베이신)

---

vet·er·an [vétərən 베테런]

명 **1** 경험이 많은 사람, 베테랑
영 A **veteran** is someone with a lot of experience in a profession, a position, or an activity.
¶ The coach is a *veteran* of many football games.
그 코치는 미식 축구 경기를 많이 해 본 베테랑이다.
일 経験豊かな人 けいけんゆたかなひと(케-껭유따까나히또) 중 老手 lǎoshǒu(라오서우)
2 퇴역 군인
영 A **veteran** is someone who has served in the armed forces, especially during a war.
¶ a *veteran* of the World War Ⅱ
제2차 세계대전 참전 군인
일 退役軍人 たいえきぐんじん(타이에끼군진) 중 退役军人 tuìyìjūnrén(투이이쮜런)

---

vi·a [váiə 바이어]

전 …을 경유하여, …을 거쳐
영 **Via** means by way of.
¶ We flew to London *via* Paris.
우리는 비행기로 파리를 경유해 런던으로 갔다.
일 経由で けいゆで(케-유데) 중 经由 jīngyóu(징유)

---

vic·tim [víktəm 빅팀]

명 (복수 victims [víktəmz])
희생자, 피해자
영 A **victim** is someone who has been hurt, attacked, or killed because of something bad.
¶ a crime *victim*
범죄 피해자
¶ *victims* of car accidents
자동차 사고의 희생자
일 犠牲者 ぎせいしゃ(기세-샤) 중 牺牲者 xīshēngzhě(시셩저)

---

*vic·to·ry [víktəri 빅터리]

명 (복수 victories [víktəriz])
승리
영 **Victory** is a win in a battle or contest.
¶ He led his team to *victory*.
그는 자기 팀을 우승으로 이끌었다.
일 勝利 しょうり(쇼-리) 중 胜利 shènglì(성리)

---

*vid·e·o [vídiòu 비디오우]

명 (복수 videos [vídiòuz])
비디오(테이프)
영 **Video** is a copy of a film or television program, or a film of an event, recorded on videotape.
¶ The movie has just been released on *video*.
그 영화가 막 비디오로 출시되었다.
일 ビデオ(비데오) 중 录像 lùxiàng(루샹)

---

vid·e·o·tape [vídioutèip 비디오우테이프]

명 비디오테이프
영 **Videotape** is magnetic tape on which sound and pictures are record-

ed.

¶ record a TV show on *videotape*
텔레비전 쇼 프로그램을 비디오테이프에 녹화하다
일 ビデオテープ(비데오테-뿌) 중 录影带 lùyǐngdài(루잉다이)

---

* **view** [vjú: 뷰-]

명 (복수 views [vjú:z])
1 전망, 경치, 풍경
영 A *view* is everything that you can see from a place.
¶ The *view* from my window is lovely.
창에서 보는 경치가 정말 아름답다.
일 眺め ながめ(나가메) 중 景色 jǐngsè
(징써)

up view는 특정한 장소에서 눈에 들어오는 풍경·경치·광경을 말하고, sight는 눈에 보이는 그대로의 광경을 말하며, scene은 특정한 장소의 풍경을 말한다.

2 시야, 시계
영 *View* is the range or field of sight.
¶ The deer disappeared from *view*.
사슴이 시야에서 사라졌다.
일 視野 しや(시야) 중 視野 shìyě(스예)

3 견해, 의견
영 A *view* is your opinion about something.
¶ What's your *view* on this matter?
이 문제에 대해 너는 어떻게 생각하니?
일 見解 けんかい(켕까이) 중 看法 kànfǎ(칸파)

---

view·er [vjú:ər 뷰-어]

명 텔레비전 시청자
영 A *viewer* is someone who watches television.
¶ The series is watched by millions

of *viewers*.
수백만 명의 시청자들이 그 시리즈물을 보고 있다.
일 テレビ視聴者 テレビしちょうしゃ
(테레비시쪼-샤) 중 电视观众 diànshì-guānzhòng(뎬스관중)

---

* **vig·or** [vígər 비거]

명 활력, 힘
영 *Vigor* is physical energy or strength.
¶ You seem to be full of health and *vigor*.
너는 건강하고 활력이 넘쳐 보인다.
일 活力 かつりょく(카쓰료꾸) 중 活力 huólì(훠리)

---

* **vil·lage** [vílidʒ 빌리지]

명 (복수 villages [vílidʒiz])
마을, 촌락
영 A *village* is a small group of houses that make up a community.
¶ A wise old man lived in the next *village*.
현명한 노인이 이웃 마을에 살았다.
일 村 むら(무라) 중 村庄 cūnzhuāng
(춘좡)

---

vil·lag·er [vílidʒər 빌리저]

명 마을 사람
영 A *villager* is someone who lives in a village.
일 村人 むらびと(무라비또) 중 村民 cūnmín(춘민)

---

vine [váin 바인]

명 (복수 vines [váinz])
덩굴 식물, 덩굴
영 A *vine* is a plant with a long, twining stem that grows along the ground or climbs on trees, fences, or

other supports.
일 つる植物 つるしょくぶつ(쓰루쇼꾸부쓰) 중 藤 téng(텅)

---

vin·e·gar [víniɡər 비니거]

명 식초
영 *Vinegar* is a sour-tasting liquid made from malt or wine that is used to improve the taste of food or preserve it.
일 酢 す(스) 중 醋 cù(추)

---

vi·o·la [vióulə 비오울러]

명 비올라
영 A *viola* is a stringed musical instrument that looks like a violin but is slightly larger and has a deeper tone.
일 ビオラ(비오라) 중 中提琴 zhōng-tíqín(중티친)

---

vi·o·late [váiəlèit 바이얼레이트]

타 (3단현 violates [váiəlèits], 과거·과거분사 violated [váiəlèitid], 현재분사 violating [váiəlèitiŋ])
위반하다, 어기다
영 To *violate* means to break a promise, a rule, or a law.
¶ *violate* the rules of society
사회 규칙을 위반하다
일 違反する いはんする(이한스루) 중 违反 wéifǎn(웨이판)

***vi·o·lence** [váiələns 바이얼런스]

명 1 폭력, 난폭
영 *Violence* is behavior that is intended to hurt other people physically.
¶ There's too much *violence* on TV.
텔레비전에 폭력 장면이 너무 많다.
일 暴力 ぼうりょく(보-료꾸) 중 暴力 bàolì(바오리)
2 격렬함, 맹렬함
영 *Violence* is great force or strength.
¶ The *violence* of the hurricane destroyed many homes.
강력한 태풍에 집들이 많이 파괴되었다.
일 激しさ はげしさ(하게시사) 중 激烈 jīliè(지례)

***vi·o·lent** [váiələnt 바이얼런트]

형 1 폭력적인, 난폭한
영 *Violent* means involving actions that are intended to injure or kill people, by hitting them, shooting them, etc.
¶ an increase in *violent* crime
폭력 범죄의 증가
일 暴力的な ぼうりょくてきな(보-료꾸떼끼나) 중 暴力的 bàolìde(바오리더)
2 격렬한, 맹렬한
영 *Violent* means showing or caused by great physical force.
¶ We had a *violent* rainstorm last week.
지난주에 폭풍우가 세차게 불었다.
일 激しい はげしい(하게시-) 중 激烈的 jīliède(지례더)

---

vi·o·let [váiəlit 바이얼릿]

명 (복수 violets [váiəlits])
제비꽃
영 A *violet* is a small low plant with small flowers that are usually purple, yellow, or white.
일 スミレ(스미레) 중 紫罗兰 zǐluólán(쯔뤄란)

***vi·o·lin** [vàiəlín 바이얼린]

명 (복수 violins [vàiəlínz])
바이올린

영 A *violin* is a musical instrument with four strings, played with a bow.
¶ take *violin* lessons
바이올린 교습을 받다
일 バイオリン(바이오린) 중 小提琴 xiǎotíqín(샤오티친)

---

vi·o·lin·ist [vàiəlínist 바이얼리니스트]

명 바이올리니스트, 바이올린 연주자
영 A *violinist* is a person who plays the violin.
¶ He is a famous *violinist*.
그는 유명한 바이올리니스트다.
일 バイオリニスト(바이오리니스또) 중 小提琴手 xiǎotíqínshǒu(샤오티친서우)

VIP [ví:àipí: 비-아이피-]

명 중요 인물
영 *VIP* is someone who is famous or powerful and receives special treatment.
¶ give him the *VIP* treatment
그를 귀빈 대접하다
일 重要人物 じゅうようじんぶつ(주-요-짐부쓰) 중 重要人物 zhòngyào-rénwù(중야오런우)

Very Important Person의 약어다.

---

*vir·tue [vá:rtʃu: 버-추-]

명 (복수 virtues [vá:rtʃu:z])
1 미덕, 덕 ; 덕행
영 A *virtue* is behavior that is morally good, or a good quality in someone's character.
¶ Kindness is a fine *virtue*.
친절은 훌륭한 미덕이다.
일 美德 びとく(비또꾸) 중 美德 měidé(메이더)

2 장점
영 A *virtue* is an advantage that makes something better or more useful than something else.
¶ This jacket has the *virtue* of being easy to wash.
이 재킷은 세탁이 쉽다는 장점이 있다.
일 長所 ちょうしょ(초-쇼) 중 优点 yōudiǎn(유뎬)

---

vis·i·ble [vízəbl 비저블]

형 눈에 보이는
영 *Visible* means capable of being seen.
¶ The mountains weren't *visible* because of the clouds.
구름 때문에 산이 보이지 않았다.
일 目に見える めにみえる(메니미에루)
중 可看见的 kěkànjiànde(커칸졘더)

---

*vi·sion [víʒən 비전]

명 **1** 시력
영 *Vision* is the ability to see.
¶ Eagles have excellent *vision*.
독수리는 시력이 뛰어나다.
일 視力 しりょく(시료꾸) 중 視力 shìlì(스리)
2 선견지명, 통찰력
영 *Vision* is the ability to think ahead and plan.
¶ We need a leader with *vision*.
우리에겐 앞을 내다볼 줄 아는 지도자가 필요하다.
일 見通し みとおし(미또-시) 중 洞察力 dòngchálì(둥차리)

**vis·it [vízit 비짓]

동 (3단현 visits [vízits], 과거·과거분사 visited [vízitid], 현재분사 visiting [vízitiŋ])

타 방문하다
영 To *visit* means to go to see people or place.
¶ My sister is *visiting* her uncle in London tomorrow.
언니가 내일 런던에 계신 아저씨를 방문하려고 한다.
일 訪れる　おとずれる(오또즈레루) 중 拜访 bàifǎng(바이팡)
재 방문하다
¶ Which cities did you *visit* in Spain?
스페인의 어느 도시들을 방문했니?
일 訪問する　ほうもんする(호-몬스루)
중 访问 fǎngwèn(팡원)

---

* **vis·i·tor** [vízitər 비지터]
명 (복수 visitors [vízitərz])
방문객
영 A *visitor* is someone who comes to visit a place or a person.
¶ Where are you going to meet the *visitor*?
너는 그 방문객을 어디서 만나려고 하니?
일 訪問客　ほうもんきゃく(호-몽꺄꾸)
중 访问者 fǎngwènzhě(팡원저)

---

vi·su·al [vízuəl 비주얼]
형 시각의
영 *Visual* means to do with seeing.
¶ a *visual* nerve
시신경
일 視覚の　しかくの(시까꾸노) 중 视觉的 shìjuéde(스줴더)

---

* **vi·tal** [váitl 바이틀]
형 **1** 필수적인, 매우 중요한
영 *Vital* means very important or essential.
¶ Regular exercise is *vital* for your health.

규칙적인 운동은 건강을 위해 꼭 필요하다.
일 不可欠の　ふかけつの(후까께쓰노) 중 必不可少的 bìbùkěshǎode(비부커사오더)
2 생명의, 생명에 관한
영 *Vital* means to do with life.
¶ *vital* energy
생명력
일 生命の　せいめいの(세-메-노) 중 生命的 shēngmìngde(성밍더)

---

vi·ta·min [váitəmin 바이터민]
명 비타민
영 A *vitamin* is one of the substances in food that is necessary for good health.
¶ This food is rich in *vitamin* A.
이 식품은 비타민 A가 풍부하다.
일 ビタミン(비따민) 중 维生素 wéishēngsù(웨이성쑤)

---

viv·id [vívid 비비드]
형 **1** (색·빛 등이) 선명한, 강렬한
영 *Vivid* means bright and strong.
¶ The coat was a *vivid* blue.
그 코트는 선명한 푸른색이었다.
일 鮮やかな　あざやかな(아자야까나) 중 鲜艳的 xiānyànde(셴옌더)
2 (기억 등이) 생생한, 명확한
영 *Vivid* means sharp and clear.
¶ The accident is still very *vivid* in my memory.
나는 그 사고를 아직도 생생하게 기억하고 있다.
일 生き生きとした　いきいきとした(이끼이끼또시따) 중 生动的 shēngdòngde(성둥더)

---

vo·cal [vóukl 보우클]
형 목소리의, 음성의

영 *Vocal* means to do with the voice.
¶ *vocal* music
성악
일 声の こえの(코에노) 중 声音的 shēngyīnde(성인더)

---

* **voice** [vɔ́is 보이스]
명 (복수 voices [vɔ́isiz])
목소리, 음성
영 *Voice* is the sound produced when you speak or sing.
¶ Keep your *voice* down.
목소리를 낮춰라.
일 声 こえ(코에) 중 声音 shēngyīn(성인)

---

vol·ca·no [vɑlkéinou 발케이노우]
명 (복수 volcanoes, volcanos [vɑlkéinouz])
화산
영 A *volcano* is a mountain with a large hole at the top, through which lava is sometimes forced out.
¶ The island has several active *volcanoes*.
그 섬에는 활화산이 몇 개 있다.
일 火山 かざん(카잔) 중 火山 huǒshān(훠산)

---

vol·ley·ball [vɑ́libɔ̀ːl 발리볼-]
명 배구
영 *Volleyball* is a game in which two teams hit a ball to each other across a net with their hands and try not to let it touch the ground.
¶ play *volleyball*
배구를 하다
일 バレーボール(바레-보-루) 중 排球 páiqiú(파이츄)

---

* **vol·ume** [vɑ́ljum 발륨]
명 (복수 volumes [vɑ́ljumz])
1 음량, 볼륨
영 *Volume* is degree of loudness of sound.
¶ Please turn down the *volume* of the radio.
라디오 소리 좀 줄여주세요.
일 音量 おんりょう(온료-) 중 音量 yīnliàng(인량)
2 (전집 등의) 한 권
영 A *volume* is one book of a set.
¶ This encyclopedia has 20 *volumes*.
이 백과사전은 20권으로 되어 있다.
일 一巻 いちかん(이찌칸) 중 一巻 yìjuǎn(이쥐엔)

---

vol·un·tar·y [vɑ́ləntèri 발런테리]
형 자발적인, 자진하여 하는
영 *Voluntary* means done willingly and without being forced.
¶ *voluntary* work
자발적으로 하는 일
일 自発的な じはつてきな(지하쓰떼끼나) 중 自愿的 zìyuànde(쯔위엔더)

---

vol·un·teer [vɑ̀ləntíər 발런티어]
명 (복수 volunteers [vɑ̀ləntíərz])
지원자, 자원 봉사자
영 A *volunteer* is someone who does work without getting paid.
¶ In my town, all the firefighters are *volunteers*.
우리 마을에 소방관들은 모두 자원 봉사자들이다.
일 ボランティア(보란띠아) 중 志愿者 zhìyuànzhě(즈위엔저)

---

* **vote** [vóut 보우트]

몡 (복수 votes [vóuts])
투표
옝 A *vote* is an act of voting or the choice that someone makes when they vote.
¶ I gave my *vote* to the candidate.
나는 그 후보자에게 투표했다.
옐 投票　とうひょう(토-효-)　즁 投票 tóupiào(터우퍄오)

동 (3단현 votes [vóuts], 과거·과거분사 voted [vóutid], 현재분사 voting [vóutiŋ])
쟈 투표하다
옝 To *vote* means to make a choice in an election or other poll.
¶ Who did you *vote* for?
너는 누구에게 투표했니?
옐 投票する　とうひょうする(토-효-스루)　즁 投票 tóupiào(터우퍄오)
탸 투표로 결정하다
¶ Our town *voted* to build a new playground.
우리 마을은 투표로 새 놀이터를 만들기로 결정했다.
옐 投票して決める　とうひょうしてきめる(토-효-시떼키메루)　즁 投票決定 tóupiàojuédìng(터우퍄오줴딩)

vow·el [váuəl 바우얼]

몡 모음
옝 A *vowel* is one of the sounds shown in English by the letters a, e, i, o, or u, and sometimes y.
옐 母音　ぼいん(보인)　즁 元音 yuányīn(위엔인)

＊voy·age [vɔ́iidʒ 보이이지]

몡 (복수 voyages [vɔ́iidʒiz])
항해, 항행
옝 A *voyage* is a long trip, especially in a ship or a space vehicle.
¶ He went on a *voyage* around the world.
그는 세계 일주 항해를 떠났다.
옐 航海　こうかい(코-까이)　즁 航海 hánghǎi(항하이)

쟈 (3단현 voyages [vɔ́iidʒiz], 과거·과거분사 voyaged [vɔ́iidʒid], 현재분사 voyaging [vɔ́iidʒiŋ])
항해하다, 항행하다
옝 To *voyage* means to make a long trip in a ship or a space vehicle.
¶ He *voyaged* around the world in a small boat.
그는 작은 보트로 세계 일주를 했다.
옐 航海する　こうかいする(코-까이스루)　즁 航海 hánghǎi(항하이)

[dʌ́blju: 더블류-]
the twenty-third letter of the English alphabet
영어 알파벳의 스물세번째 글자

wag [wǽg 왜그]
匣 (3단현 wags [wǽgz], 과거·과거분사 wagged [wǽgd], 현재분사 wagging [wǽgiŋ])
흔들다
阌 To *wag* means to move something quickly from side to side or up and down.
¶ The dog *wagged* its tail.
개가 꼬리를 흔들었다.
囲 振る ふる(후루) 阚 揺 yáo(야오)

* **wage** [wéidʒ 웨이지]
囿 (복수 wages [wéidʒiz])
임금, 급료
阌 A *wage* is the money someone is paid for his or her work.
¶ He gets good *wages*.
그는 많은 임금을 받고 있다.
囲 賃金 ちんぎん(찡깅) 阚 薪水 xīn-shuǐ(신수이)

wag·on [wǽgən 왜건]
囿 (복수 wagons [wǽgənz])
짐마차, 4륜차
阌 A *wagon* is a vehicle with four wheels that is used to carry heavy loads and is pulled by a horse or horses.
囲 荷馬車 にばしゃ(니바샤) 阚 运货马车 yùnhuòmǎchē(윈휘마처)

* **waist** [wéist 웨이스트]

囿 (복수 waists [wéists])
허리 ; 허리 둘레
阌 A *waist* is the middle part of your body between your ribs and your hips.
¶ The swimmer has a narrow *waist*.
그 수영선수는 허리가 가늘다.
囲 腰 こし(코시) 阚 腰 yāo(야오)

** **wait** [wéit 웨이트]
囝 (3단현 waits [wéits], 과거·과거분사 waited [wéitid], 현재분사 waiting [wéitiŋ])
기다리다
阌 To *wait* means to stay in a place or do nothing for a period of time until someone comes or something happens.
¶ Please *wait* here until I come back.
내가 돌아올 때까지 여기서 기다려 주세요.
囲 待つ まつ(마쓰) 阚 等待 děngdài(덩다이)

wait·er [wéitər 웨이터]
囿 웨이터, 남자 종업원
阌 A *waiter* is a man who serves people food and beverages in a restaurant.
囲 ウエーター(웨-따-) 阚 服务生 fú-wùshēng(푸우성)

wait·ress [wéitrəs 웨이트러스]
囿 웨이트리스, 여자 종업원

영 A *waitress* is a woman who serves people food and beverages in a restaurant.
일 ウエートレス(웨-또레스) 중 女服務員 nǚfúwùyuán(뉘푸우위엔)

----

* **wake** [wéik 웨이크]
동 (3단현 wakes [wéiks], 과거형 waked [wéikt] 또는 woke [wóuk], 과거분사 waked 또는 woken [wóukən], 현재분사 waking [wéikiŋ])
자 깨다, 일어나다
영 To *wake* means to become fully conscious after being asleep.
¶ I *wake* up at six.
나는 여섯시에 일어난다.
일 目を覚ます めをさます(메오사마스)
중 醒来 xǐnglái(싱라이)
타 깨우다, 일으키다
영 To *wake* means to rouse someone from his or her sleep.
¶ *Wake* me at six tomorrow morning.
내일 아침 여섯시에 깨워주세요.
일 目を覚まさせる めをさまさせる (메오사마사세루) 중 叫醒 jiàoxǐng(쟈오싱)

W

** **walk** [wɔ́ːk 워-크]
자 (3단현 walks [wɔ́ːks], 과거·과거분사 walked [wɔ́ːkt], 현재분사 walking [wɔ́ːkiŋ])
걷다, 걸어가다
영 To *walk* means to move along by putting one foot in front of the other.
¶ I always *walk* to school.
나는 항상 걸어서 학교에 간다.
일 歩く あるく(아루꾸) 중 走 zǒu(쩌우)

명 산책 ; 걷기
영 A *walk* is a journey on foot.

¶ Let's go for a *walk*.
산책하러 가자.
일 散歩 さんぽ(삼뽀) 중 散步 sànbù (싼부)
숙어 *take a walk* 산책하다
¶ We *take a walk* along the road every day.
우리는 매일 그 길을 따라 산책한다.

----

* **wall** [wɔ́ːl 월-]
명 (복수 walls [wɔ́ːlz])
벽 ; 담
영 A *wall* is a side of a room.
¶ There is a picture on the *wall*.
벽 위에 그림이 한 점 걸려 있다.
일 壁 かべ(카베) 중 壁 bì(비)

----

wal·let [wɑ́lit 왈릿]
명 지갑
영 A *wallet* is a small flat case for holding money, photographs, or cards.
¶ I found my *wallet* was gone.
나는 내 지갑이 없어진 것을 알았다.
일 札入れ さついれ(사쓰이레) 중 钱包 qiánbāo(첸바오)

----

wal·nut [wɔ́ːlnʌ̀t 월-넛]
명 (복수 walnuts [wɔ́ːlnʌ̀ts])
호두
영 A *walnut* is a sweet nut that grows on a tall tree and has a hard wrinkled shell.
일 クルミ(쿠루미) 중 胡桃 hútáo(후타오)

----

* **wan·der** [wɑ́ndər 완더]
자 (3단현 wanders [wɑ́ndərz], 과거·과거분사 wandered [wɑ́ndərd], 현재분사 wandering [wɑ́ndəriŋ])

돌아다니다, 어슬렁거리다
[영] To ***wander*** means to move about without a particular purpose or place to go.
¶ She *wandered* through the store.
그녀는 상점 안을 돌아다녔다.
[일] 歩き回る あるきまわる(아루끼마와루) [중] 漫游 mànyóu(만유)

⁑**want** [wɑ́nt 완트]

[타] (3단현 wants [wɑ́nts], 과거·과거분사 wanted [wɑ́ntid], 현재분사 wanting [wɑ́ntiŋ])
원하다, 바라다
[영] To ***want*** means to feel that you would like to have, do, or get something.
¶ What do you *want*?
당신은 무엇을 원합니까?
[일] ほしい(호시-) [중] 想要 xiǎngyào(샹야오)

[명] (복수 wants [wɑ́nts])
부족, 결핍
[영] ***Want*** is a lack.
¶ People are dying for *want* of food.
사람들이 식량 부족으로 죽어가고 있다.
[일] 不足 ふそく(후소꾸) [중] 不足 bùzú(부쭈)

***war** [wɔ́ːr 워-]

[명] (복수 wars [wɔ́ːrz])
전쟁
[영] ***War*** is fighting between opposing forces.
¶ The country was at *war* with its neighbors.
그 나라는 인접 국가들과 전쟁 중이었다.
[일] 戦争 せんそう(센소-) [중] 战争 zhànzhēng(잔정)

[up] war는 국가간에 대규모로 장기간에 걸쳐 하는 전쟁을 말하며 battle은 특정 지역에서의 조직적이고 단기적인 전투를 말한다.

⁑**warm** [wɔ́ːrm 웜-]

[형] (비교급 warmer [wɔ́ːrmər], 최상급 warmest [wɔ́ːrmist])
따뜻한 ; 더운
[영] ***Warm*** means not very hot.
¶ It is *warm* in spring.
봄에는 날씨가 따뜻하다.
[일] あたたかい(아따따까이) [중] 温暖的 wēnnuǎnde(원놘더)

---

warmth [wɔ́ːrmθ 웜-스]

[명] 따뜻함
[영] ***Warmth*** is a feeling of being warm.
[일] あたたかさ(아따따까사) [중] 温暖 wēnnuǎn(원놘)

***warn** [wɔ́ːrn 원-]

[타] (3단현 warns [wɔ́ːrnz], 과거·과거분사 warned [wɔ́ːrnd], 현재분사 warning [wɔ́ːrniŋ])
경고하다, 주의하다
[영] To ***warn*** means to tell someone that something bad or dangerous may happen.
¶ He *warned* me against going there.
그는 내게 그곳에 가지 말라고 경고했다.
[일] 警告する けいこくする(케-꼬꾸스루) [중] 警告 jǐnggào(징가오)

---

warn·ing [wɔ́ːrniŋ 워-닝]

[명] (복수 warnings [wɔ́ːrniŋz])

W

경고, 주의
영 A *warning* is something that tells you that something bad or dangerous might happen.
¶ They attacked without *warning*.
그들은 경고도 없이 공격했다.
일 警告　けいこく(케-꼬꾸)　중 警告 jǐnggào(징가오)

---

was [《약》wəz 워즈 ; 《강》wɑ́z 와즈]

자 am, is의 과거형
¶ Yesterday *was* my birthday.
어제는 내 생일이었다.

***wash** [wɑ́ʃ 와시]

타자 (3단현 washes [wɑ́ʃiz], 과거·과거분사 washed [wɑ́ʃt], 현재분사 washing [wɑ́ʃiŋ])
씻다 ; 세탁하다
영 To *wash* means to clean with soap and water.
¶ *Wash* your hands.
손을 씻어라.
¶ She *washes* twice a week.
그녀는 일주일에 두번 세탁한다.
일 洗う　あらう(아라우)　중 洗 xǐ(시)

Wash·ing·ton [wɑ́ʃiŋtən 와싱턴]

명 워싱턴
영 *Washington* is the capital of the US.
¶ She lives in *Washington*.
그녀는 워싱턴에 산다.
일 ワシントン(와신똔)　중 华盛顿 Huáshèngdùn(화성둔)

↰up 워싱턴 주와 구별하여 보통 Washington, D.C.라고 한다.

was·n't [wɑ́znt 와즌트]

was not의 단축형

***waste** [wéist 웨이스트]

타 (3단현 wastes [wéists], 과거·과거분사 wasted [wéistid], 현재분사 wasting [wéistiŋ])
낭비하다, 헛되이 하다
영 To *waste* means to use or spend something foolishly or carelessly.
¶ Don't *waste* your time.
시간을 낭비하지 마라.
일 浪費する　ろうひする(로-히스루)
중 浪費 làngfèi(랑페이)

명 (복수 wastes [wéists])
낭비, 허비
영 *Waste* is an act of using or spending something foolishly or carelessly.
¶ It's a *waste* of time.
그것은 시간 낭비다.
일 浪費 ろうひ(로-히)　중 浪費 làngfèi(랑페이)

***watch** [wɑ́tʃ 와치]

명 (복수 watches [wɑ́tʃiz])
손목시계
영 A *watch* is a small clock that you wear on your wrist.
¶ He is wearing a *watch*.
그는 손목시계를 차고 있다.
일 腕時計　うでどけい(우데도께-)　중 手表 shǒubiǎo(서우뱌오)

↰up watch는 손목시계나 휴대할 수 있는 작은 시계를 말하고 clock은 고정시켜 두는 괘종시계나 탁상시계를 말한다.

타자 (3단현 watches [wɑ́tʃiz], 과거·과거분사 watched [wɑ́tʃt], 현재분사 watching [wɑ́tʃiŋ])

1 지켜보다
㈎ To **watch** means to look at something or someone carefully.
¶ We *watch* the baseball game on television.
우리는 텔레비전으로 야구 경기를 본다.
㈕ じっと見る　じっとみる(짓또미루)
㈜ 观看　guānkàn(관칸)
2 주의하다, 경계하다
㈎ To **watch** means to be alert or careful about something.
¶ *Watch* your step.
《게시》 발밑 조심.
㈕ 注意する　ちゅういする(추-이스루)
㈜ 注意　zhùyì(주이)
숙어 *watch out* 조심하다
¶ *Watch out*! Here comes a car.
조심해라! 차가 온다.

***wa‧ter** [wɔ́:tər 워-터]

㈐ 물
㈎ *Water* is the colorless liquid.
¶ I want to drink a glass of *water*.
나는 물을 한 잔 마시고 싶다.
㈕ 水 みず(미즈) ㈜ 水 shuǐ(수이)

---

wa‧ter‧fall [wɔ́:tərfɔ̀:l 워-터폴-]

㈐ (복수 waterfalls [wɔ́:tərfɔ̀:lz])
폭포
㈎ A *waterfall* is water from a stream or river that falls from a high place to a lower place.
㈕ 滝 たき(타끼) ㈜ 瀑布 pùbù(푸부)

---

wa‧ter‧mel‧on [wɔ́:tərmèlən 워-터멜런]

㈐ (복수 watermelons [wɔ́:tərmèl-ənz])
수박

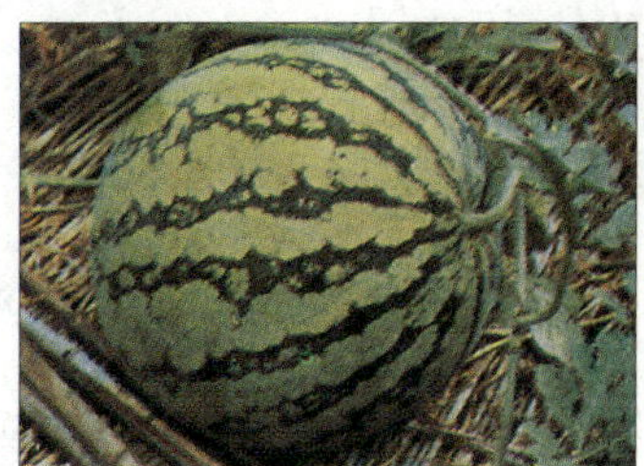

㈎ A *watermelon* is a large juicy fruit that grows on vines.
㈕ スイカ(스이까) ㈜ 西瓜 xīguā(시과)

***wave** [wéiv 웨이브]

㈐ (복수 waves [wéivz])
파도, 물결
㈎ A *wave* is a moving ridge on the surface of water, especially the ocean.
¶ The *wave* touched at my feet.
파도가 내 발을 스치고 갔다.
㈕ 波 なみ(나미) ㈜ 波浪 bōlàng(보랑)

㈏ (3단현 waves [wéivz], 과거·과거분사 waved [wéivd], 현재분사 waving [wéiviŋ])
흔들다
㈎ To **wave** means to move something up and down or from side to side.
¶ He *waved* his hands and smiled to the crowd.
그는 군중들에게 손을 흔들면서 미소를 보냈다.
㈕ 振る ふる(후루) ㈜ 摇 yáo(야오)

---

wax [wǽks 왝스]

㈐ 밀랍 ; 왁스
㈎ *Wax* is a material that is used to make things like candles and crayons.
㈕ ろう(로-) ㈜ 蜡 là(라)

W

****way** [wéi 웨이]

명 (복수 ways [wéiz])

1 길, 도로

영 A *way* is a road or path that you take to go from one place to another.

¶ Tell me the *way* to the station.

역으로 가는 길을 가르쳐 주세요.

일 道 みち(미찌) 중 路 lù(루)

2 방법, 방식

영 A *way* is a method or style of doing something.

¶ To my *way* of thinking, he is right.

내 사고 방식으로는 그가 옳다.

일 方法 ほうほう(호-호-) 중 方法 fāngfǎ(팡파)

숙어 *all the way* 줄곧, 내내

숙어 *on the way* 도중에

¶ I met her *on the way* home.

나는 집으로 오는 도중에 그녀를 만났다.

****we** [《약》 wi 위 ; 《강》 wíː 위-]

대 우리는, 우리가

영 *We* is the person who is speaking and one or more other people.

¶ *We* are good friends.

우리는 친한 친구들이다.

일 私たちは わたしたちは(와따시따찌와) 중 我们 wǒmen(워먼)

****weak** [wíːk 위-크]

형 (비교급 weaker [wíːkər], 최상급 weakest [wíːkist])

약한, 연약한

영 *Weak* means not strong.

¶ He is *weak* in the legs.

그는 다리가 약하다.

일 弱い よわい(요와이) 중 弱的 ruòde (뤄더)

----

weak·ness [wíːknəs 위-크너스]

명 (복수 weaknesses [wíːknəsiz])

약함, 허약

영 *Weakness* is the state of lacking strength in your body or character.

일 弱さ よわさ(요와사) 중 虛弱 xūruò (쉬뤄)

***wealth** [wélθ 웰스]

명 부, 재산

영 *Wealth* is a great amount of money, property, or valuable possessions.

¶ a man of *wealth*

재산가

일 富 とみ(토미) 중 财富 cáifù(차이푸)

***weap·on** [wépən 웨펀]

명 (복수 weapons [wépənz])

무기

영 A *weapon* is something that can be used in a fight to attack or defend.

¶ nuclear *weapons*

핵무기

일 武器 ぶき(부끼) 중 武器 wǔqì(우치)

****wear** [wéər 웨어]

타 (3단현 wears [wéərz], 과거형 wore [wɔːr], 과거분사 worn [wɔːrn], 현재분사 wearing [wéəriŋ])

입다, 신다, 쓰다, 끼다

영 To *wear* means to have clothes or other things on your body.

¶ She *wears* a red sweater.

그녀는 빨간 스웨터를 입고 있다.

¶ He *wears* a cap.

그는 모자를 쓰고 있다.

일 着る きる(키루) 중 穿着 chuānzhe (촨저)

----

wea·ry [wíəri 위어리]

형 지친, 피곤한

영 *Weary* means exhausted, or very tired.

¶ We were *weary* after the long trip.
우리는 오랜 여행 후 지쳐 있었다.
일 疲れた つかれた(쓰까레따) 중 疲倦的 píjuànde(피쮜엔더)

---

* **weath·er** [wéðər 웨더]

명 날씨, 기후
영 *Weather* is the condition of the outside air or atmosphere at a particular time and place.

¶ How is the *weather*?
날씨는 어떠니?
일 天気 てんき(텡끼) 중 天气 tiānqì (톈치)

---

weath·er·cock [wéðərkàk 웨더칵]

명 바람개비, 풍향계
영 A *weathercock* is a metal object that moves to show the direction the wind is blowing.

일 風見鶏 かざみどり(카자미도리) 중 风标 fēngbiāo(펑뱌오)

---

web [wéb 웨브]

명 거미집, 거미줄
영 A *web* is a net of sticky thin threads made by a spider to catch insects.

일 クモの巣 クモのす(쿠모노스) 중 蜘蛛网 zhīzhūwǎng(즈주왕)

---

web·site [wébsàit 웹사이트]

명 웹사이트
영 A *website* is a place on the Internet where you can find information about something.

일 ウェブサイト(웨부사이또) 중 网站

wǎngzhàn(왕잔)

---

we'd [wi:d 위-드]

we had [would, should]의 단축형

---

* **wed·ding** [wédiŋ 웨딩]

명 결혼식
영 A *wedding* is a marriage ceremony.

¶ The couple invited their friends to their *wedding*.
두 사람은 결혼식에 친구들을 초대했다.
일 結婚式 けっこんしき(켁꼰시끼) 중 婚礼 hūnlǐ(훈리)

** **Wednes·day** [wénzdèi 웬즈데이]

명 (복수 Wednesdays [wénzdèiz]) 수요일
영 *Wednesday* is the fourth day of the week.

¶ We play tennis on *Wednesday*.
우리는 수요일에 테니스를 친다.
일 水曜日 すいようび(스이요-비) 중 星期三 xīngqīsān(싱치싼)

---

weed [wí:d 위-드]

명 잡초
영 A *weed* is a plant that is seen as useless or harmful and growing where it is not wanted.

¶ The garden is full of *weeds*.
정원에는 잡초가 무성하다.
일 雑草 ざっそう(잣소-) 중 杂草 zácǎo(짜차오)

** **week** [wí:k 위-크]

명 (복수 weeks [wí:ks])
주, 일주일

영 A *week* is a period of seven days, from Sunday to Saturday.
¶ It rained every day this *week*.
이번주는 매일 비가 내렸다.
일 週 しゅう(슈-) 중 周 zhōu(저우)

---

week·day [wíːkdèi 위-크데이]

명 (복수 weekdays [wíːkdèiz])
평일
영 A *weekday* is any day of the week except Saturday or Sunday.
¶ We work on *weekdays*.
우리는 평일에는 일한다.
일 平日 へいじつ(헤-지쓰) 중 工作日 gōngzuòrì(궁쭤르)

---

week·end [wíːkènd 위-켄드]

명 (복수 weekends [wíːkèndz])
주말
영 A *weekend* is the period of time from Friday night through Sunday night.
¶ What do you do on the *weekend*?
너는 주말에 무얼 하니?
일 週末 しゅうまつ(슈-마쓰) 중 周末 zhōumò(저우모)

---

week·ly [wíːkli 위-클리]

형 매주의
영 *Weekly* means done, happening, or appearing once a week or every week.
¶ a *weekly* magazine
주간지
일 每週の まいしゅうの(마이슈-노)
중 每周的 měizhōude(메이저우더)

---

weigh [wéi 웨이]

타 (3단현 weighs [wéiz], 과거·과거분사 weighed [wéid], 현재분사 weighing [wéiiŋ])
무게를 달다
영 To *weigh* means to measure how heavy someone or something is.
¶ I *weigh* myself every day.
나는 매일 몸무게를 단다.
일 重さを量る おもさをはかる(오모사 오하까루) 중 称量 chēngliáng(청량)

---

*weight [wéit 웨이트]

명 무게, 중량 ; 몸무게
영 *Weight* is how heavy someone or something is.
¶ What is your *weight*?
몸무게가 얼마니?
일 重さ おもさ(오모사) 중 重量 zhòngliàng(중량)

**wel·come [wélkəm 웰컴]

형 환영받는
영 *Welcome* means gladly received.
¶ You are always *welcome* here.
당신이 여기에 오시면 언제든지 환영합니다.
일 歡迎される かんげいされる(캉게-사레루) 중 受欢迎的 shòuhuānyíngde(서우환잉더)
숙어 *You're welcome.* 천만에요.

타 (3단현 welcomes [wélkəmz], 과거·과거분사 welcomed [wélkəmd], 현재분사 welcoming [wélkəmiŋ])
환영하다, 기꺼이 맞이하다
영 To *welcome* means to greet someone in a friendly way.
¶ He was warmly *welcomed*.
그는 따뜻한 환영을 받았다.
일 歡迎する かんげいする(캉게-스루)
중 欢迎 huānyíng(환잉)

**well[1] [wél 웰]

부 (비교급 better [bétər], 최상급 best [bést])
잘, 훌륭하게
영 *Well* means in a good way.
¶ You sing a song very *well*!
당신은 노래를 참 잘하시는군요!
일 うまく(우마꾸) 중 很好地 hěnhǎode
(헌하오더)
숙어 *as well as* …와 마찬가지로, …뿐만 아니라

형 (비교급 better [bétər], 최상급 best [bést])
건강한
영 *Well* means healthy.
¶ He looks very *well*.
그는 아주 건강해 보인다.
일 健康した けんこうした(켕꼬-시따)
중 健康的 jiànkāngde(젠캉더)

---

* **well²** [wél 웰]
명 (복수 wells [wélz])
우물
영 A *well* is a deep hole in the ground from which water is taken.
¶ There was no water in the *well*.
그 우물에는 물이 없었다.
일 井戸 いど(이도) 중 井 jǐng(징)

---

we'll [wi:l 윌-]
we shall[will]의 단축형

---

well-be·ing [wélbí:iŋ 웰비-잉]
명 행복, 건강
영 *Well-being* is health and happiness.
일 幸福 こうふく(코-후꾸) 중 幸福 xìngfú(싱푸)

---

* **well-known** [wélnóun 웰노운]

형 (비교급 better-known [bétər-nóun], 최상급 best-known [bést-nóun])
유명한, 잘 알려진
영 *Well-known* means known by many people.
¶ He is a *well-known* actor.
그는 유명한 배우다.
일 有名な ゆうめいな(유-메-나) 중 有名的 yǒumíngde(유밍더)

---

went [wént 웬트]
자 go의 과거형

---

were [《약》wər 워 ; 《강》wə́:r 워-]
자 are의 과거형
¶ They *were* fifteen years old then.
그들은 그때 15살이었다.

---

were·n't [wə́:rnt 원-트]
were not의 단축형

** **west** [wést 웨스트]
명 [the west로]서, 서쪽
영 *The west* is the direction in which the sun sets.
¶ The sun sets in *the west*.
해는 서쪽으로 진다.
일 西 にし(니시) 중 西 xī(시)

---

* **west·ern** [wéstərn 웨스턴]
형 서쪽의, 서쪽에 있는
영 *Western* means in, of, toward, or from the west.
¶ The hospital is in the *western* part of the city.
병원은 그 시의 서부에 있다.
일 西の にしの(니시노) 중 西的 xīde(시더)

***wet** [wét 웻]

형 (비교급 wetter [wétər], 최상급 wettest [wétist])
젖은, 축축한
영 *Wet* means covered with or full of liquid.
¶ I'm *wet* in the rain.
나는 비에 젖었다.
일 ぬれた(누레따) 중 湿的 shīde(스더)

---

we've [wiːv 위-브]

we have의 단축형
¶ *We've* visited that city twice.
우리는 그 도시를 두 번 방문했다.

---

whale [hwéil 훼일, 웨일]

명 (복수 whales [hwéilz])
고래
영 A *whale* is a very large animal that lives in the ocean.
일 クジラ(쿠지라) 중 鯨 jīng(징)

****what** [hwát 홧, 왓]

대 **1** 무엇, 어떤 것, 무슨 일
영 *What* is used in questions to discover more about something or someone.
¶ *What* is your name?
당신의 이름은 무엇입니까?
일 何 なに(나니) 중 什么 shénme(선머)
2 것, 일
영 *What* is the thing or things that.
¶ I heard *what* you said.
나는 네가 말한 것을 들었다.
일 事 こと(코또) 중 事物 shìwù(스우)

형 무슨, 어떤
영 *What* is used to ask questions about people and things.
¶ *What* book are you reading?
너는 무슨 책을 읽고 있니?
일 何の なんの(난노) 중 什么 shénme(선머)

***what·ev·er** [hwàtévər 화테버, 와테버]

대 무엇이든
영 *Whatever* is anything that.
¶ You can have *whatever* you like.
네가 좋아하는 것은 무엇이든지 가져도 좋다.
일 何でも なんでも(난데모) 중 任何 rènhé(런허)

---

what'll [hwátl 화틀, 와틀]

what will의 단축형

---

what're [hwátər 화터, 와터]

what are의 단축형

---

what's [hwáts 화츠, 와츠]

what is [has]의 단축형

***wheat** [hwíːt 휘-트, 위-트]

명 밀
영 *Wheat* is a cereal grass whose grain is used for making flour, pasta, and breakfast foods.
¶ a field of *wheat*
밀 밭
일 小麦 こむぎ(코무기) 중 小麦 xiǎomài(샤오마이)

***wheel** [hwíːl 휠-, 월-]

명 (복수 wheels [hwíːlz])
바퀴
영 A *wheel* is a round piece of wood, metal, or rubber that helps things move easily.

¶ Most cars have four *wheels*.
대부분의 차는 바퀴가 네 개다.
⑪ 車輪 しゃりん(샤린) ㊥ 车轮 chēlún
(처룬)

---

wheel·chair [*hwí:ltʃéər* 휠-체어, 윌-체어]

㈐ 휠체어
㈓ A *wheelchair* is a chair on wheels for people who are ill, injured, or disabled.
⑪ 車いす くるまいす(쿠루마이스) ㊥ 轮椅 lúnyǐ(룬이)

---

*when [*hwén* 휀, 웬]

㈎ 언제
㈓ *When* is used to ask about the time of an event.
¶ *When* do you get up?
당신은 언제 일어납니까?
⑪ いつ(이쓰) ㊥ 何时 héshí(허스)

㈌ …할 때, …일 때
㈓ *When* means at the time that.
¶ *When* it rains, I usually stay at home.
비가 올 때 나는 대개 집에 있다.
⑪ …する時に …するときに(…스루토끼니) ㊥ 当…时 dāng…shí(당…스)

---

when·ev·er [*hwènévər* 훼네버, 웨네버]

㈌ …할 때는 언제든지
㈓ *Whenever* means at any time.
¶ *Whenever* I am in trouble, I consult him.
곤경에 빠져 있을 때 나는 언제나 그에게 의논한다.
⑪ …する時はいつも …するときはいつも(…스루토끼와이쓰모) ㊥ 无论什

么时候 wúlùnshénmeshíhòu (우룬선머스허우)

**where [*hwéər* 훼어, 웨어]

㈎ 어디에, 어디로, 어디에서
㈓ *Where* is used to ask about the place or position of someone or something.
¶ *Where* is the bus stop?
버스 정류장은 어디에 있습니까?
⑪ どこに(도꼬니) ㊥ 在哪里 zàinǎlǐ(짜이나리)

㈐ 어디
㈓ *Where* is what place.
¶ *Where* are you from?
어디 출신입니까?
⑪ どこ(도꼬) ㊥ 哪里 nǎlǐ(나리)

---

where's [*hwéərz* 훼어즈, 웨어즈]

where is[has]의 단축형

---

wher·ev·er [*hwèərévər* 훼어레버, 웨어레버]

㈌ …하는 곳은 어디라도
㈓ *Wherever* means in, at, or to any place.
¶ I will follow you *wherever* you go.
나는 네가 가는 곳은 어디라도 따라 가겠다.
⑪ …する所はどこでも …するところはどこでも(…스루토꼬로와도꼬데모) ㊥ 无论在哪里 wúlùnzàinǎlǐ(우룬짜이나리)

---

*wheth·er [*hwéðər* 훼더, 웨더]

㈌ **1** …인지 어떤지
㈓ *Whether* means if.
¶ I don't know *whether* she will

W

come or not.
나는 그녀가 올지 안올지 모른다.
일 …かどうか(…카도-까) 중 是否 shìfǒu (스퍼우)
2 …이든지 …아니든지
영 *Whether* is used to show a choice between two things.
¶ *Whether* you like it or not, you must go there.
좋든 싫든 너는 그곳에 가야만 한다.
일 …であろうとなかろうと(…데아로-또나까로-또) 중 不管是否 bùguǎn-shìfǒu(부관스퍼우)

---

which [*h*wítʃ 휘치, 위치]

대 어느 쪽, 어느 것, 어느 사람
영 *Which* is used to ask questions about one person or thing in a group.
¶ *Which* do you like better, apples or pears?
너는 사과와 배 중 어느 것을 더 좋아하니?
일 どれ(도레) 중 哪一个 nǎyígè(나이거)

형 어느, 어떤, 어느 쪽의
영 *Which* is used to ask about a choice of things.
¶ *Which* bag is yours?
어느 가방이 네 것이니?
일 どの(도노) 중 哪一个 nǎyígè(나이거)

---

which·ev·er [*h*wìtʃévər 휘체버, 위체버]

대 어느 것이든지, 어느 쪽이든지
영 *Whichever* is any one or ones.
¶ Buy *whichever* you want.
어느 것이든지 네가 원하는 것을 사라.
일 どれでも(도레데모) 중 无论哪个

wúlùnnǎgè(우룬나거)

***while** [*h*wáil 화일, 와일]

접 [*h*wàil 화일, 와일] …하는 동안에
영 *While* means during the time that something else is happening.
¶ *While* I was in Seoul, I met him many times.
서울에 있는 동안 나는 그를 여러 번 만났다.
일 …する間に …するあいだに(…스루아이다니) 중 当…的时候 dāng…de-shíhòu(당…더스허우)

명 동안, 잠시
영 *While* is a short time.
일 間 あいだ(아이다) 중 一会儿 yíhuìr (이훨)
숙어 *after a while* 잠시 후에
¶ He came *after a while*.
그는 잠시 후에 왔다.
숙어 *for a while* 잠시 동안
¶ Be patient *for a while*.
잠시 동안 참아라.

---

whip [*h*wíp 휩, 윕]

명 (복수 whips [*h*wíps])
채찍 ; 회초리, 매
영 A *whip* is a long thin piece of leather or rope with a handle, used for making animals move faster or for hitting people as a punishment.
일 むち(무찌) 중 鞭子 biānzi(벤쯔)

---

whis·ker [*h*wískər 휘스커, 위스커]

명 (복수 whiskers [*h*wískərz])
[whiskers로] 구레나룻
영 *Whiskers* are the hairs that grow on a man's face.
일 ほおひげ(호-히게) 중 髯 rán(란)

whis·key [*h*wíski 휘스키, 위스키]

명 (복수 whiskeys [*h*wískiz])
위스키
영 ***Whiskey*** is a strong, alcoholic drink made from barley, corn, or rye.
일 ウイスキー(위스끼-) 중 威士忌酒 wēishìjìjiǔ(웨이스지쥬)

---

*whis·per [*h*wíspər 휘스퍼, 위스퍼]

자 (3단현 whispers [*h*wíspərz], 과거·과거분사 whispered [*h*wíspərd], 현재분사 whispering [*h*wíspəriŋ])
속삭이다
영 To ***whisper*** means to speak in a soft voice.
¶ He *whispered* in her ear.
그는 그녀의 귀에다 속삭였다.
일 ささやく(사사야꾸) 중 低语 dīyǔ(디위)

---

whis·tle [*h*wísl 휘슬, 위슬]

명 (복수 whistles [*h*wíslz])
휘파람
영 A ***whistle*** is a high sound made by the lips.
¶ He is blowing a *whistle*.
그는 휘파람을 불고 있다.
일 口笛 くちぶえ(쿠찌부에) 중 口哨 kǒushào(커우사오)

---

*white [*h*wáit 화이트, 와이트]

형 (비교급 whiter [*h*wáitər], 최상급 whitest [*h*wáitist])
하얀, 흰, 백색의
영 ***White*** means light in color.
¶ I like that *white* shirt.
나는 저 하얀 셔츠가 맘에 든다.
일 白い しろい(시로이) 중 白的 báide (바이터)

명 (복수 whites [*h*wáits])
하양, 흰색
영 ***White*** is the lightest color.
¶ She was dressed completely in *white*.
그녀는 온통 흰색으로 차려 입었다.
일 白 しろ(시로) 중 白色 báisè(바이써)

White House [*h*wáit hàus 화이트 하우스, 와이트 하우스]

명 [the White House로] 화이트 하우스, 백악관

영 ***The White House*** is the official home of the President of the United States.
일 ホワイトハウス(호와이또하우스) 중 白宫 báigōng(바이궁)

---

*who [hú: 후-]

대 (소유격 whose [hú:z], 목적격 whom [hú:m])
1 누구, 누가
영 ***Who*** is used to ask questions about a person.
¶ *Who* are you?
당신은 누구십니까?
일 だれ(다레) 중 谁 shéi(세이)
2 [hu: 후-] ···하는 사람
영 ***Who*** is used to show which person you are talking about or to give more information about someone.
¶ The man *who* works in the store is

very friendly.
그 가게에서 일하는 남자는 매우 친절하다.
🔵 …する人　…するひと(…스루히또)
🔴 …的人　…derén(…더런)

---

who'd [húːd 후-드]
who would[had]의 단축형

---

who·ev·er [hùːévər 후-에버]
🔵 (소유격 whosever [hùːzévər], 목적격 whomever [hùːmévər]) 누구든지
🔵 *Whoever* is any person.
¶ *Whoever* comes will be welcome.
오는 사람은 누구든지 환영합니다.
🔵 だれでも(다레데모)　🔴 无论谁 wúlùnshéi(우룬세이)

---

*whole [hóul 호울]
🔵 전체의, 전부의, 모든
🔵 *Whole* means entire or total.
¶ He spent his *whole* life in India.
그는 전 생애를 인도에서 보냈다.
🔵 全体の　ぜんたいの(젠따이노)　🔴 全部的 quánbùde(취엔부더)

🔵 전체, 전부
🔵 *Whole* is the entire thing.
¶ I know the *whole* of the story.
나는 그 이야기를 전부 알고 있다.
🔵 全体　ぜんたい(젠따이)　🔴 全部 quánbù(취엔부)
🔵 *as a whole* 전체적으로

---

who'll [húːl 훌-]
who will의 단축형

---

*whom [húːm 훔-]
🔵 누구를, 누구에게

🔵 *Whom* is what or which person or people.
¶ *Whom* did you see there?
너는 거기서 누구를 만났니?
¶ Do you know *whom* he met in the park? 너는 그가 공원에서 누구를 만났는지 아니?
🔵 だれを(다레오)　🔴 谁 shéi(세이)

---

who're [húːər 후-어]
who are의 단축형

---

who's [húːz 후-즈]
who is[has]의 단축형
¶ *Who's* in the kitchen?
부엌에는 누가 있느냐?

---

*whose [húːz 후-즈]
🔵 누구의 ; 누구의 것
🔵 *Whose* is used to ask who something belong to.
¶ *Whose* crown is this?
이것은 누구의 왕관이니?
¶ *Whose* is this racket?
이 라켓은 누구의 것이니?
🔵 だれの(다레노)　🔴 谁的 shéide(세이더)

---

who've [húːv 후-브]
who have의 단축형

---

*why [hwái 화이, 와이]
🔵 왜, 어째서
🔵 *Why* is used to ask the reason for something.
¶ *Why* are you angry?
너는 왜 화가 났니?
¶ *Why* do you think so?
너는 왜 그렇게 생각하니?

일 なぜ(나제) 중 为什么 wèishénme
(웨이선머)

***wick·ed** [wíkid 위키드]

형 (비교급 wickeder [wíkidər], 최
상급 wickedest [wíkidist])
사악한, 심술궂은, 나쁜
영 *Wicked* means very bad, cruel, or
evil.
일 邪悪な じゃあくな(자아꾸나) 중 邪
悪的 xié'ède(셰어더)

****wide** [wáid 와이드]

형 (비교급 wider [wáidər], 최상급
widest [wáidist])
넓은
영 *Wide* means very big from one
side to the other.
¶ That river is too *wide* to swim
across.
저 강은 헤엄쳐서 건너기에는 너무
넓다.
일 広い ひろい(히로이) 중 寛阔的
kuānkuòde(콴쿼더)

부 (비교급 wider [wáidər], 최상급
widest [wáidist])
널리, 광범위하게
영 *Wide* means over a large area.
¶ The news was spread *wide*.
그 소식은 널리 퍼졌다.
일 広く ひろく(히로꾸) 중 广阔地
guǎngkuòde(광쿼더)

---

wide·ly [wáidli 와이들리]

부 널리
영 *Widely* means in a lot of different
places or by a lot of people.
¶ The book is *widely* read.
그 책은 널리 읽혀지고 있다.
일 広く ひろく(히로꾸) 중 广阔地

guǎngkuòde(광쿼더)

---

wid·ow [wídou 위도우]

명 미망인, 과부
영 A *widow* is a woman whose
husband has died and who has not
married again.
일 未亡人 みぼうじん(미보-진) 중 寡
妇 guǎfù(과푸)

---

width [wídθ 위드스]

명 폭, 넓이
영 *Width* is how wide something is.
¶ What is the *width* of the river?
그 강의 폭은 얼마입니까?
일 幅 はば(하바) 중 宽度 kuāndù(콴두)

***wife** [wáif 와이프]

명 (복수 wives [wáivz])
아내, 부인, 처
영 A *wife* is a woman who is
married.
¶ His *wife* is good at playing the
piano.
그의 아내는 피아노를 잘 친다.
일 妻 つま(쓰마) 중 妻子 qīzi(치쯔)

***wild** [wáild 와일드]

형 (비교급 wilder [wáildər], 최상
급 wildest [wáildist])
야생의
영 *Wild* means not grown or cared
for by people.
¶ We should protect *wild* animals.
우리는 야생 동물을 보호해야 한다.
일 野生の やせいの(야세-노) 중 野生
的 yěshēngde(예성더)

---

wild·ly [wáildli 와일들리]

뮈 난폭하게, 거칠게
영 *Wildly* means in a very uncontrolled or excited way.
일 乱暴に らんぼうに(람보-니) 중 粗暴地 cūbàode(추바오더)

---

will [《약》 wəl 월 ; 《강》 wíl 월]

조 **1** …할 것이다, …일 것이다
영 *Will* is used to show that something is going to take place or exist in the future.
¶ We *will* go to the park tomorrow.
우리는 내일 공원에 갈 것이다.
일 だろう(다로-) 중 将 jiāng(쟝)
2 …할 작정이다
영 *Will* is used to show determination.
¶ I *will* wait for him here.
나는 여기서 그를 기다릴 작정이다.
일 …するつもりだ(…스루쓰모리다) 중 要 yào(야오)

명 (복수 wills [wílz])
의지
영 *Will* is the power to choose or control what you will and will not do.
¶ power of *will*
의지력
일 意志 いし(이시) 중 意志 yìzhì(이즈)

---

*will·ing [wíliŋ 윌링]

형 기꺼이 하는 ; 자발적인
영 *Willing* means ready and eager to offer help or do what is asked.
¶ I am *willing* to wait for you.
당신을 기꺼이 기다리겠습니다.
일 喜んでする よろこんでする(요로꼰데스루) 중 愿意的 yuànyìde(위엔이더)

---

*win [wín 원]

타재 (3단현 wins [wínz], 과거·과

거분사 won [wʌn], 현재분사 winning [wíniŋ])
이기다, 승리하다(《반》 lose 지다)
영 To *win* means to be the best in a game or contest.
¶ Our team must *win* this game.
우리 팀은 이 경기를 이겨야만 한다.
¶ She *won* at cards.
그녀는 카드놀이에서 이겼다.
일 勝つ かつ(카쓰) 중 获胜 huòshèng(훠성)

---

*wind¹ [wínd 윈드]

명 바람
영 *Wind* is air that moves.
¶ The *wind* is rising.
바람이 일고 있다.
일 風 かぜ(카제) 중 风 fēng(펑)

---

wind² [wáind 와인드]

타 (3단현 winds [wáindz], 과거·과거분사 wound [wáund], 현재분사 winding [wáindiŋ])
감다 ; 돌리다
영 To *wind* means to wrap something around something else.
¶ *wind* a tape back
테이프를 되감다
일 巻く まく(마꾸) 중 转动 zhuàndòng(좐둥)

---

wind·mill [wíndmìl 윈드밀]

명 풍차
영 A *windmill* is a machine operated by wind power.
일 風車 ふうしゃ(후-샤) 중 风车 fēngchē(펑처)

---

win·dow [wíndou 윈도우]

명 (복수 windows [wíndouz])

창, 창문
영 A *window* is an open place in a wall that lets in air and light.
¶ Look out the *window*.
창 밖을 보아라.
일 窓 まど(마도) 중 窗 chuāng(촹)

---

wind·y [wíndi 윈디]

형 (비교급 windier [wíndiər], 최상급 windiest [wíndiist])
바람이 부는, 바람이 강한
영 *Windy* means having a lot of wind.
¶ It's cold and *windy* in the winter.
겨울에는 춥고 바람이 분다.
일 風の吹く　かぜのふく(카제노후꾸)
중 刮风的　guāfēngde(과펑더)

*****wine** [wáin 와인]

명 포도주, 와인
영 *Wine* is an alcoholic drink made from the fermented juice of grapes.
¶ a glass of *wine* 포도주 한 잔
일 ぶどう酒　ぶどうしゅ(부도-슈) 중 葡萄酒　pútáojiǔ(푸타오쥬)

*****wing** [wíŋ 윙]

명 (복수 wings [wíŋz])
날개
영 A *wing* is a part that is used for flying.
¶ The bird spread its *wings*.
그 새는 날개를 폈다.
일 翼 つばさ(쓰바사) 중 翅膀 chìbǎng (츠방)

---

wink [wíŋk 윙크]

재 (3단현 winks [wíŋks], 과거·과거분사 winked [wíŋkt], 현재분사 winking [wíŋkiŋ])
윙크하다 ; 눈을 감박이다

영 To *wink* means to close one eye briefly.
¶ The girl *winked* at him.
그 소녀는 그에게 눈을 깜빡였다.
일 ウインクする(윙꾸스루) 중 使眼色 shǐyǎnsè(스옌써)

---

win·ner [wínər 위너]

명 승리자, 우승자
영 A *winner* is a person who wins something.
¶ She is a *winner* of the game.
그녀는 그 경기의 승리자다.
일 勝利者　しょうりしゃ(쇼-리샤) 중 获胜者 huòshèngzhě(훠성저)

*****win·ter** [wíntər 윈터]

명 (복수 winters [wíntərz])
겨울
영 *Winter* is the season between autumn and spring.
¶ *Winter* is too cold.
겨울은 너무 춥다.
일 冬 ふゆ(후유) 중 冬季 dōngjì(둥지)

*****wipe** [wáip 와이프]

타 (3단현 wipes [wáips], 과거·과거분사 wiped [wáipt], 현재분사 wiping [wáipiŋ])
닦다, 훔치다
영 To *wipe* means to clean or dry something by rubbing it.
¶ *Wipe* your mouth with your napkin.
냅킨으로 입을 닦으세요.
일 ふく(후꾸) 중 擦 cā(차)

*****wire** [wáiər 와이어]

명 (복수 wires [wáiərz])
철사 ; 전선
영 A *wire* is a piece of metal in the

shape of a long string or thread that is easy to bend.
¶ a *wire* fence
철조망
일 針金 はりがね(하리가네) 중 金属线 jīnshǔxiàn(진수셴)

---

wis·dom [wízdəm 위즈덤]

명 현명함, 지혜
영 *Wisdom* is knowledge, experience, and good judgment.
¶ *Wisdom* comes with age.
나이가 들면 지혜가 생긴다.
일 かしこいこと(카시꼬이코또) 중 智慧 zhìhuì(즈후이)

---

*wise [wáiz 와이즈]

형 현명한, 분별있는
영 *Wise* means having or showing good judgment and intelligence.
¶ He's a very *wise* man.
그는 매우 현명한 사람이다.
일 かしこい(카시꼬이) 중 明智的 míngzhìde(밍즈더)

---

*wish [wíʃ 위시]

타 (3단현 wishes [wíʃiz], 과거·과거분사 wished [wíʃt], 현재분사 wishing [wíʃiŋ])
1 바라다, 원하다
영 To *wish* means to want something very much.
¶ What do you *wish*?
무엇을 원합니까?
일 望む のぞむ(노조무) 중 希望 xīwàng(시왕)
2 빌다
영 To *wish* means to hope for something for somebody else.
¶ I *wish* you well.
네가 잘되기를 빈다.

일 祈る いのる(이노루) 중 祝 zhù(주)

명 (복수 wishes [wíʃiz])
소원, 소망, 바람
영 A *wish* is something that you want very much.
¶ Close your eyes and make a *wish*.
눈을 감고 소원을 빌어라.
일 願い ねがい(네가이) 중 希望 xīwàng(시왕)

---

wit [wít 윗]

명 (복수 wits [wíts])
기지, 재치, 위트
영 *Wit* is the ability to say clever and funny things.
¶ His lecture was full of *wit*.
그의 강의는 기지가 넘쳤다.
일 機知 きち(키찌) 중 机智 jīzhì(지즈)

---

witch [wítʃ 위치]

명 (복수 witches [wítʃiz])
마녀, 여자 마법사
영 A *witch* is a woman believed by some people to have magic powers.
일 魔女 まじょ(마조) 중 女巫 nǚwū(뉘우)

---

*with [《약》 wið 위드 ; 《강》 wíð 위드]

전 **1** …와 함께, …을 데리고
영 *With* means together.
¶ I live *with* my grandmother.
나는 할머니와 함께 산다.
일 ともに(토모니) 중 一起 yìqǐ(이치)
2 …으로, …을 사용하여
영 *With* means by using.
¶ She wrote the letter *with* a pen.
그녀는 펜으로 편지를 썼다.
일 で(데) 중 以 yǐ(이)
3 …을 가지고 있는

영 *With* means having.
¶ He has no money *with* him.
그는 가지고 있는 돈이 없다.
일 持っている　もっている(못떼이루)
중 持有　chíyǒu(츠유)

---

* **with·in** [wiðìn 위딘]

전 …이내에, …의 범위 내에
영 *Within* means not beyond the limits of.
¶ They live *within* two kilometers of school. 그들은 학교에서 2 킬로미터 이내에 산다.
일 …以内に　…いないに(…이나이니)
중 在…范围内　zài…fànwéinèi(짜이… 판웨이네이)

** **with·out** [wiðàut 위다우트]

전 …없이 ; …하지 않고
영 *Without* means not having or not doing something.
¶ Flowers can't grow *without* water.
꽃은 물 없이는 자랄 수 없다.
일 …なしに(…나시니) 중 无　wú(우)

---

wit·ness [wítnəs 위트너스]

명 (복수 witnesses [wítnəsiz])
목격자, 증인
영 A *witness* is a person who has seen or heard something.
¶ I was a *witness* to the accident.
나는 그 사고의 목격자였다.
일 目撃者　もくげきしゃ(모꾸게끼샤)
중 目击者　mùjīzhě(무지저)

---

wives [wáivz 와이브즈]

명 wife의 복수

---

woke [wóuk 워크]

동 wake의 과거·과거분사
¶ We were noisy and *woke* the baby.
우리가 시끄럽게 해서 아기를 깨웠다.

---

wok·en [wóukən 워컨]

동 wake의 과거분사

---

wolf [wúlf 울프]

명 (복수 wolves [wúlvz])
늑대, 이리
영 A *wolf* is a wild animal similar to a large dog.
일 オオカミ(오-까미) 중 狼　láng(랑)

---

* **wom·an** [wúmən 우먼]

명 (복수 women [wímin])
여성, 여자, 부인
영 A *woman* is a grown female person.
¶ a single *woman*
독신 여성
일 女性　じょせい(조세-) 중 女人　nǚrén(뉘런)

---

wom·en [wímin 위민]

명 woman의 복수
¶ How many *women* were there at the party?
파티에 몇 명의 여성이 있었느냐?

---

won [wʌ́n 원]

동 win의 과거·과거분사
¶ He *won* the swimming race.
그가 수영경기에서 이겼다.

---

* **won·der** [wʌ́ndər 원더]

동 (3단현 wonders [wʌ́ndərz], 과거·과거분사 wondered [wʌ́ndərd],

현재분사 wondering [wʌndəriŋ])
타 …일까 생각하다
영 To *wonder* means to be curious about something.
¶ I *wonder* what happened.
무슨 일이 일어났을까.
일 …かしらと思う …かしらとおもう (…카시라또오모우) 중 纳闷 nàmèn(나먼)
자 놀라다, 이상하게 여기다
영 To *wonder* means to be amazed and impressed by something.
¶ We *wondered* at her talent.
우리는 그녀의 재능에 놀랐다.
일 驚く おどろく(오도로꾸) 중 奇怪 qíguài(치과이)

---

* **won·der·ful** [wʌndərful 원더풀]
형 1 놀랄 만한, 이상한
영 *Wonderful* means amazing or unusual.
¶ I had a *wonderful* experience last night.
나는 지난밤에 이상한 경험을 했다.
일 驚くべき おどろくべき(오도로꾸베끼) 중 惊人的 jīngrénde(징런더)
2 훌륭한, 멋진
영 *Wonderful* means very good.
¶ It was a *wonderful* party.
그것은 멋진 파티였다.
일 すばらしい(스바라시-) 중 精彩的 jīngcǎide(징차이더)

---

won't [wóunt 원트]
will not의 단축형
¶ I *won't* go to a place like that again.
나는 다시는 그런 곳에 가지 않겠다.

---

* **wood** [wúd 우드]
명 (복수 woods [wúdz])

1 목재
영 *Wood* is what trees are made of.
¶ This house is made of *wood*.
이 집은 나무로 지어졌다.
일 木材 もくざい(모꾸자이) 중 木材 mùcái(무차이)
2 [흔히 woods로] 숲, 삼림
영 *Woods* are an area of thickly growing trees.
¶ We walked through the *woods*.
우리는 걸어서 숲을 통과했다.
일 森 もり(모리) 중 森林 sēnlín(썬린)

---

wood·en [wúdn 우든]
형 나무로 만든
영 *Wooden* means made from wood.
¶ a *wooden* bench 나무 벤치
일 木製の もくせいの(모꾸세-노) 중 木制的 mùzhìde(무즈더)

---

* **wool** [wúl 울]
명 양털 ; 털실
영 *Wool* is the hair that grows on sheep.
¶ This blanket was made of *wool*.
이 담요는 양털로 만들어졌다.
일 羊毛 ようもう(요-모-) 중 羊毛 yángmáo(양마오)

---

wool·en [wúlən 울런]
형 양털로 만든, 모직의
영 *Woolen* means made of wool.
¶ She wore a *woolen* sweater.
그녀는 모직 스웨터를 입었다.
일 羊毛製の ようもうせいの(요-모-세-노) 중 羊毛制的 yángmáozhìde(양마오즈더)

** **word** [wə́ːrd 워-드]
명 (복수 words [wə́ːrdz])

낱말, 단어, 말
(영) A *word* is sounds or letters that have a special meaning.
¶ What's the English *word* for this place?
이곳에 해당하는 영어 단어가 뭐죠?
(일) 語 ご(고) (중) 词 cí(츠)

---

wore [wɔːr 워-]
(타) wear의 과거형

---

work [wɚːrk 워-크]
(명) (복수 works [wɚːrks])
일, 작업 ; 공부
(영) *Work* is effort or labor to get something done.
¶ I have a lot of *work* to do today.
나는 오늘 해야할 일이 많다.
(일) 仕事 しごと(시고또) (중) 工作 gōngzuò(궁쮜)

(자) (3단현 works [wɚːrks], 과거·과거분사 worked [wɚːrkt], 현재분사 working [wɚːrkiŋ])
1 일하다 ; 공부하다
(영) To *work* means to get something done by using your energy or ability.
¶ He goes to *work* at six in the morning.
그는 아침 6시에 일하러 간다.
¶ She *works* very hard.
그녀는 대단히 열심히 공부한다.
(일) 働く はたらく(하따라꾸) (중) 工作 gōngzuò(궁쮜)
2 근무하다
(영) To *work* means to have a job.
¶ He *works* for a trading firm.
그는 무역회사에 근무하고 있다.
(일) 勤めている つとめている(쓰또메떼 이루) (중) 任职 rènzhí(런즈)
3 작동하다, 움직이다

(영) To *work* means to function properly.
¶ Does your computer *work*?
네 컴퓨터는 작동되니?
(일) 作動する さどうする(사도-스루)
(중) 运转 yùnzhuǎn(윈쫜)

---

*work·er [wɚːrkər 워-커]
(명) (복수 workers [wɚːrkərz])
일하는 사람 ; 공부하는 사람
(영) A *worker* is a person who works.
¶ He is a hard *worker*.
그는 열심히 일한다.
(일) 仕事をする人 しごとをするひと (시고또오스루히또) (중) 工作者 gōngzuò-zhě(궁쮜저)

---

work·man [wɚːrkmən 워-크먼]
(명) (복수 workmen [wɚːrkmən])
노동자
(영) A *workman* is a man who does manual work or who works with machines.
(일) 労働者 ろうどうしゃ(로-도-샤) (중) 工人 gōngrén(궁런)

---

work·shop [wɚːrkʃɑp 워-크샵]
(명) 일터, 작업장
(영) A *workshop* is a room or other building where things are made or fixed.
(일) 仕事場 しごとば(시고또바) (중) 工场 gōngchǎng(궁창)

---

world [wɚːrld 월-드]
(명) 세계
(영) The *world* is where all people live.
¶ She traveled around the *world*.
그녀는 세계 일주 여행을 했다.
(일) 世界 せかい(세까이) (중) 世界 shìjiè

(스제)
[숙어] *all over the world* 온 세계에
¶ He has pen pals *all over the world*.
그는 세계 도처에 펜팔이 있다.

---

worm [wə́:rm 웜-]

[명] (복수 worms [wə́:rmz])
벌레
[영] A *worm* is an animal that is long and has no legs.
[일] 虫 むし(무시) [중] 虫 chóng(충)

---

worn [wɔ́:rn 원-]

[동] wear의 과거분사

---

wor·ry [wə́:ri 워-리]

[자] (3단현 worries [wə́:riz], 과거·과거분사 worried [wə́:rid], 현재분사 worrying [wə́:riiŋ])
걱정하다, 근심하다
[영] To *worry* means to feel that something bad may happen.
¶ There is nothing to *worry* about.
걱정할 일은 하나도 없다.
[일] 心配する しんぱいする(심빠이스루)
[중] 担心 dānxīn(단신)

[명] (복수 worries [wə́:riz])
걱정, 근심
[영] *Worry* is anxiety, or nervousness.
¶ *Worry* is bad for the health.
걱정은 건강에 좋지 않다.
[일] 心配 しんぱい(심빠이) [중] 担心 dānxīn(단신)

---

worse [wə́:rs 워-스]

[형] 더 나쁜
[영] *Worse* means less good.
¶ This is *worse* than that.
이것은 저것보다 더 나쁘다.
[일] いっそう悪い いっそうわるい(잇소-와루이) [중] 更坏的 gènghuàide(경화이더)

[부] 더 나쁘게, 더 심하게
[영] *Worse* means in a worse way.
¶ It is snowing *worse* than ever.
눈은 더욱 더 심하게 내리고 있다.
[일] いっそう悪く いっそうわるく(잇소-와루꾸) [중] 更坏 gènghuài(경화이)

---

wor·ship [wə́:rʃip 워-십]

[명] 예배 ; 숭배
[영] *Worship* is a church service.
¶ They attended morning *worship*.
그들은 아침 예배에 참석했다.
[일] 礼拝 れいはい(레-하이) [중] 礼拝 lǐbài(리바이)

---

worst [wə́:rst 워-스트]

[형] 가장 나쁜, 최악의
[영] *Worst* means least good.
¶ Today is the *worst* day of my life.
오늘은 내 생애 최악의 날이다.
[일] 最も悪い もっともわるい(못또모와루이) [중] 最坏的 zuìhuàide(쭈이화이더)

---

worth [wə́:rθ 워-스]

[형] 가치가 있는
[영] *Worth* means having a certain value in money.
¶ Your picture is worth $1,000.
네 그림은 1,000달러의 가치가 있다.
[일] 価値がある かちがある(카찌가아루)
[중] 値…的 zhí…de(즈…더)

[명] 가치, 진가
[영] *Worth* is the quality that makes someone or something valuable or important.

¶ Everyone knew the *worth* of his work.
누구나 그의 작품의 가치를 알고 있었다.
일 価値 かち(카찌) 중 价值 jiàzhí(쟈즈)

---

* **worth·while** [wə́:rθhwáil 워-스화일, 워-스와일]
형 할 가치가 있는
영 *Worthwhile* means useful and valuable.
¶ It is *worthwhile* to visit London once.
런던은 한 번쯤 방문할 가치가 있다.
일 やりがいのある(야리가이노아루) 중 値得的 zhídéde(즈더더)

---

wor·thy [wə́:rði 워-디]
형 (비교급 worthier [wə́:rðiər], 최상급 worthiest [wə́:rðiist])
가치가 있는
영 *Worthy* means having value or merit.
일 価値のある かちのある(카찌노아루)
중 有价值的 yǒujiàzhíde(유쟈즈더)
숙어 *be worthy of* …의 가치가 있다
¶ This book *is worthy of* reading.
이 책은 읽을 만한 가치가 있다.

---

would [《약》 wəd 워드 ; 《강》 wúd 우드]
조 will의 과거형
¶ I thought (that) he *would* come.
나는 그가 올 거라고 생각했다.
숙어 *would like to* …하고 싶다
¶ We *would like to* go with you.
우리는 너와 함께 가고 싶다.
숙어 *Would you...?* …해주시겠습니까?
¶ *Would you* shut the door?

문을 닫아주시겠습니까?

---

would·n't [wúdnt 우든트]
would not의 단축형

---

wound [wú:nd 운-드]
명 상처, 부상
영 A *wound* is an injury, especially a deep cut made in your skin by a knife or bullet.
¶ He received a *wound* in the leg.
그는 다리에 상처를 입었다.
일 傷 きず(키즈) 중 伤 shāng(상)

타 (3단현 wounds [wú:ndz], 과거·과거분사 wounded [wú:ndid], 현재분사 wounding [wú:ndiŋ])
상처를 입히다
영 To *wound* means to injure someone with a knife or gun.
¶ He was *wounded* in the arm.
그는 팔에 부상을 입었다.
일 傷つける きずつける(키즈쓰께루)
중 伤害 shānghài(상하이)

---

* **wrap** [rǽp 랩]
타 (3단현 wraps [rǽps], 과거·과거분사 wrapped [rǽpt], 현재분사 wrapping [rǽpiŋ])
싸다, 감싸다
영 To *wrap* means to cover something with paper or cloth.
¶ She *wrapped* the present in paper.
그녀는 선물을 종이로 쌌다.
일 包む つつむ(쓰쓰무) 중 包 bāo(바오)

---

wreck [rék 렉]
명 잔해
영 A *wreck* is the remains of something that has been destroyed or

damaged.
일 殘骸　ざんがい(장가이) 중 殘骸
cánhái(찬하이)

---

wres·tling [résliŋ 레슬링]

명 레슬링
영 *Wrestling* is a sport in which two opponents try to throw or force each other to the ground.
일 レスリング(레스링구) 중 摔跤
shuāijiāo(솨이쟈오)

---

*wrist [ríst 리스트]

명 (복수 wrists [rísts])
손목
영 A *wrist* is the joint that connects your hand and your arm.
¶ I took him by the *wrist*.
나는 그의 손목을 붙잡았다.
일 手首　てくび(테꾸비) 중 腕 wàn(완)

**write [ráit 라이트]

타 자 (3단현 writes [ráits], 과거형 wrote [róut], 과거분사 written [rítn], 현재분사 writing [ráitiŋ])
쓰다 ; 편지를 쓰다
영 To *write* means to put down letters, words, or numbers on paper or another surface, using a pen, pencil, etc.
¶ *Write* your name here.
여기에 네 이름을 써라.
¶ She *wrote* to him about it.
그녀는 그에게 그것에 대해 편지를 썼다.
일 書く　かく(카꾸) 중 写 xiě(세)
숙어 *write down* 적어두다, 기록하다

---

*writ·er [ráitər 라이터]

명 (복수 writers [ráitərz])
작가, 저자 ; 필자
영 A *writer* is someone who writes stories, poems, or books to earn money.
¶ Who is your favorite *writer*?
네가 좋아하는 작가는 누구니?
일 作家　さっか(삭까) 중 作家 zuòjiā
(쭤쟈)

---

writ·ing [ráitiŋ 라이팅]

명 (복수 writings [ráitiŋz])
쓰기 ; 필적
영 *Writing* is the act of putting letters on paper.
¶ I am busy with my *writing*.
나는 글쓰기로 바쁘다.
일 書くこと　かくこと(카꾸코또) 중 书写　shūxiě(수세)

---

writ·ten [rítn 리튼]

동 write의 과거분사

**wrong [rɔ́:ŋ 롱-]

형 (비교급 more wrong 또는 wronger [rɔ́:ŋgər], 최상급 most wrong 또는 wrongest [rɔ́:ŋgist])
1 잘못된, 틀린
영 *Wrong* means not correct.
¶ It's a *wrong* answer.
그것은 틀린 답이다.
일 まちがった(마찌갓따) 중 错误的 cuòwùde(춰우더)
2 나쁜
영 *Wrong* means bad or immoral.
¶ It is *wrong* to tell a lie.
거짓말하는 것은 나쁘다.
일 悪い　わるい(와루이) 중 不道德的 búdàodéde(부다오더더)

wrong·ly [rɔ́ːŋli 롱-리]

뷰 틀리게, 잘못되어
영 *Wrongly* means not correct.
일 まちがって(마찌갓떼) 중 错误地
cuòwùde(춰우더)

wrote [róut 로우트]

동 write의 과거형
¶ I *wrote* a long letter to my parents.
나는 부모님께 긴 편지를 썼다.

[éks 엑스]
the twenty-fourth letter of the English alphabet
영어 알파벳의 스물네번째 글자

X·mas [krísməs 크리스머스]
㈃ 크리스마스, 성탄절
㈐ *Xmas* is Christmas.
㈎ クリスマス(쿠리스마스) ㈜ 圣诞节 Shèngdànjié(성단제)

X는 그리스 문자 Christ의 첫 글자다.

X ray [éks rèi 엑스 레이]
㈃ **1** 엑스선, 뢴트겐선
㈐ An *X ray* is an invisible high-energy beam of light that can pass through solid objects.
㈎ エックス線 エックスせん(엑꾸스센) ㈜ X射线 Xshèxiàn(X서셴)
2 엑스선 사진

㈐ An *X ray* is a photograph of the inside of a person's body, taken using X rays.
㈎ エックス線写真 エックスせんしゃしん(엑꾸스센샤신) ㈜ X光照片 Xguāngzhàopiàn(X광자오펜)

xy·lo·phone [záiləfòun 자일러포운]
㈃ 실로폰, 목금
㈐ A *xylophone* is a musical instrument with wooden bars of different lengths that are struck to give different notes.
㈎ シロホン(시로혼) ㈜ 木琴 mùqín(무친)

[wái 와이]
the twenty-fifth letter of the English alphabet
영어 알파벳의 스물다섯번째 글자

yacht [ját 얃]

명 (복수 yachts [játs])
요트
영 A *yacht* is a large boat or small ship used for pleasure or for racing.
¶ I like to sail on a *yacht*.
나는 요트 타는 것을 좋아한다.
일 ヨット(욧또) 중 游艇 yóutǐng(유팅)

*yard¹ [já:rd 야-드]

명 (복수 yards [já:rdz])
안마당, 뜰
영 A *yard* is an area of ground around a house or other building.
¶ He is playing in the *yard*.
그는 마당에서 놀고 있다.
일 庭 にわ(니와) 중 院子 yuànzi(위엔쯔)

yard² [já:rd 야-드]

명 (복수 yards [já:rdz])
야드《길이의 단위》
영 A *yard* is a unit of length equal to 0.9144 meters.
일 ヤード(야-도) 중 码 mǎ(마)

*yawn [jɔ́:n 욘-]

자 (3단현 yawns [jɔ́:nz], 과거·과거분사 yawned [jɔ́:nd], 현재분사 yawning [jɔ́:niŋ])
하품하다
영 To *yawn* means to open your mouth wide and take a deep breath.
일 あくびをする(아꾸비오스루) 중 呵欠 hēqiàn(허첸)

*year [jíər 이어]

명 (복수 years [jíərz])
연, 해
영 A *year* is a period of time that is 12 months long.
¶ He goes home once a *year*.
그는 일 년에 한 번 고향에 간다.
일 年 とし(토시) 중 年 nián(녠)

yell [jél 옐]

자 (3단현 yells [jélz], 과거·과거분사 yelled [jéld], 현재분사 yelling [jéliŋ])
큰 소리로 외치다
영 To *yell* means to shout.
¶ She *yelled* with delight.
그녀는 기뻐서 소리를 질렀다.
일 叫ぶ さけぶ(사께부) 중 叫喊 jiào-hǎn(쟈오한)

*yel·low [jélou 옐로우]

명 (복수 yellows [jélouz])
노랑, 황색
영 *Yellow* is the color of bananas and butter and lemons.
¶ *Yellow* is her favorite color.
노랑은 그녀가 좋아하는 색깔이다.
일 黄色 きいろ(키이로) 중 黄色 huáng-sè(황써)

*yes [jés 예스]

뿌 네, 그렇습니다

영 *Yes* means that you agree.

¶ Do you like dogs? – *Yes*, I do.

개를 좋아합니까? – 네, 좋아합니다.

일 はい(하이) 중 是 shì(스)

**yes·ter·day [jéstərdèi 예스터데이]

명 어제

영 *Yesterday* is the day before today.

¶ *Yesterday* was Saturday.

어제는 토요일이었다.

일 きのう(키노-) 중 昨天 zuótiān(쭤톈)

---

*yet [jét 옛]

뿌 아직

영 *Yet* means up to this time.

¶ It's not late *yet*.

아직 늦지 않았다.

일 まだ(마다) 중 还 hái(하이)

---

yield [jíːld 일-드]

타 (3단현 yields [jíːldz], 과거·과거분사 yielded [jíːldid], 현재분사 yielding [jíːldiŋ])

산출하다, 낳다

영 To *yield* means to produce something.

¶ The tree *yields* fruit.

그 나무는 열매가 열린다.

일 産出する さんしゅつする(산슈쓰루) 중 出产 chūchǎn(추찬)

---

*you [《약》ju 유 ; 《강》jú: 유-]

대 **1** 당신(들)은

영 *You* is the person or people that someone is speaking or writing to.

¶ *You* must go there at seven.

너는 7시에 거기에 가야 한다.

일 あなた(たち)は(아나따(따찌)와) 중 你(们) nǐ(men)(니(먼))

2 당신(들)을, 당신(들)에게

¶ I'll give *you* this book.

나는 이 책을 너에게 주겠다.

일 あなた(たち)を(아나따(따찌)오) 중 你(们) nǐ(men)(니(먼))

---

you'd [juːd 유-드]

you would [had]의 단축형

---

you'll [juːl 율-]

you will [shall]의 단축형

---

*young [jʌ́ŋ 영]

형 (비교급 younger [jʌ́ŋgər], 최상급 youngest [jʌ́ŋgist])

젊은, 어린(《반》old 늙은)

영 *Young* means at an early stage of life.

¶ Our children are all *young*.

우리 아이들은 모두 어리다.

일 若い わかい(와까이) 중 年轻的 nián-qīngde(녠칭더)

---

*your [《약》jər 여 ; 《강》júər 유어]

대 [you의 소유격] 당신(들)의

¶ Is this *your* bag?

이것은 당신의 가방입니까?

일 あなた(たち)の(아나따(따찌)노) 중 你(们)的 nǐ(men)de(니(먼)더)

---

you're [juər 유어]

you are의 단축형

¶ *You're* a good swimmer.

너는 수영을 잘 한다.

---

*yours [júərz 유어즈]

때 [you의 소유 대명사]당신(들)의 것
¶ Which book is *yours*?
어느 책이 당신 것입니까?
일 あなた(たち)のもの(아나따(따찌)노모노) 중 你(们)的 nǐ(men)de(니(먼)더)

---

*__your·self__ [jərsélf 여셀프]
때 (복수 yourselves [jərsélvz])
1 당신 자신을, 당신 자신에게
¶ Don't blame *yourself*.
당신 자신을 책망하지 마시오.
일 あなた自身を　あなたじしんを(아나따지싱오) 중 你自己 nǐzìjǐ(니쯔지)

2 당신 자신이
¶ You said so *yourself*.
당신 자신이 그렇게 말했다.
일 あなた自身　あなたじしん(아나따지신) 중 你亲自 nǐqīnzì(니친쯔)

---

*__youth__ [jú:θ 유-스]
명 (복수 youths [jú:θs])
젊음 ; 청년 시절
영 *Youth* is the quality or state of being young.
일 若さ　わかさ(와까사) 중 年轻 niánqīng(녠칭)

[zíː 지-]
the twenty-sixth letter of the English alphabet
영어 알파벳의 스물여섯번째 글자

ze·bra [zíːbrə 지-브러]

명 (복수 zebras [zíːbrəz])
얼룩말
영 A *zebra* is an animal that looks like a horse with black and white stripes on its body.
일 シマウマ(시마우마) 중 斑马 bānmǎ (반마)

**ze·ro [zíːrou 지-로우]

명 (복수 zeros, zeroes [zíːrouz])
(숫자의) 0, 영, 제로
영 *Zero* is the number 0.
¶ How many *zeros* are there in one million?
백만에는 영이 몇 개 있습니까?
일 ゼロ(제로) 중 零 líng(링)

zig·zag [zígzæg 지그재그]

명 지그재그, Z자형
영 A *zigzag* is a line or course that moves in short, sharp turns or angles from one side to the other.
¶ The lightning made a *zigzag* in the sky.
번갯불이 하늘에 Z자형을 그렸다.
일 ジグザグ(지구자구) 중 之字形 zhīzìxíng(즈쯔싱)

zip·per [zípər 지퍼]

명 (복수 zippers [zípərz])
지퍼
영 A *zipper* is a fastener for clothes or other objects.
일 チャック(착꾸) 중 拉链 lāliàn(라롄)

*zone [zóun 조운]

명 (복수 zones [zóunz])
지대, 지역
영 A *zone* is an area that is separate from other areas and used for a special purpose.
¶ a safety *zone*
안전 지대
일 地帯 ちたい(치따이) 중 地带 dìdài (디다이)

**zoo [zúː 주-]

명 (복수 zoos [zúːz])
동물원
영 A *zoo* is a place where animals are kept so that you can look at them.
¶ There are a lot of animals in the *zoo*.
동물원에는 많은 동물들이 있다.
일 動物園 どうぶつえん(도-부쓰엥)
중 动物园 dòngwùyuán(둥우위엔)

부 록

First 첫번째의 First means earliest in time. 第一の　だいいちの 다이이찌노 第一的 dìyīde 디이더

Airport 공항
[éərpɔ̀ːrt 에어포-트]

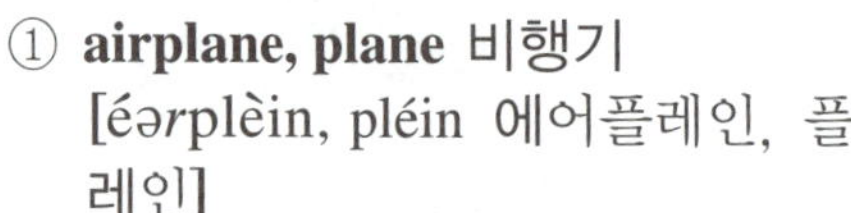

① **airplane, plane** 비행기
[éərplèin, pléin 에어플레인, 플레인]

② **control tower** 관제탑
[kəntróul tàuər 컨트로울 타우어]

③ **terminal building** 공항 빌딩
[tə́ːrmənl bìldiŋ 터-머늘 빌딩]

④ **terminal** 공항 버스 발착장
[tə́ːrmənl 터-머늘]

⑤ **pilot** 조종사
[páilət 파일럿]

⑥ **air hostess** 스튜어디스
[éər hòustəs 에어 호우스터스]

⑦ **baggage claim** 수화물 찾는 곳
[bǽgidʒ klèim 배기지 클레임]

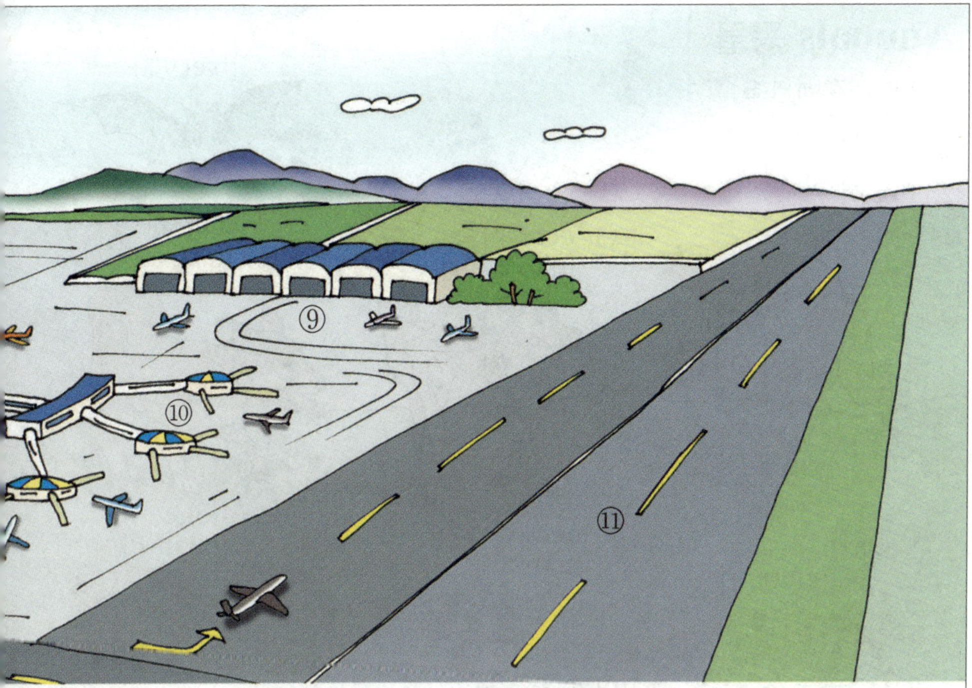

⑫

⑬

⑭

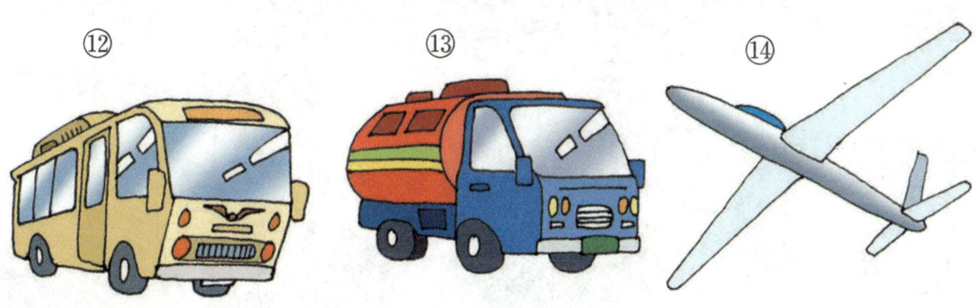

⑧ **passenger** 승객
[pǽsəndʒər 패선저]
⑨ **hangar** 격납고
[hǽŋgər 행거]
⑩ **observation deck** 전망대
[ɑbzərvéiʃən dèk 아브저베이션 덱]
⑪ **runway** 활주로
[rʌ́nwèi 런웨이]
⑫ **airport bus** 공항 버스
[éərpɔ̀ːrt bʌ̀s 에어포-트 버스]
⑬ **fuel truck** 연료 트럭
[fjúːəl trʌ̀k 퓨-얼 트럭]
⑭ **glider** 글라이더
[gláidər 글라이더]

Animals 동물
[ǽnəməlz 애너멀즈]
① bat 박쥐
[bǽt 뱃]
② fox 여우
[fáks 팍스]
③ deer 사슴
[díər 디어]
④ dog 개
[dɔ́ːg 도-그]
⑤ panther 표범
[pǽnθər 팬서]
⑥ monkey 원숭이
[mʌ́ŋki 멍키]
⑦ lion 사자
[láiən 라이언]
⑧ goat 염소
[góut 고우트]
⑨ cow 암소
[káu 카우]
⑩ bear 곰
[béər 베어]
⑪ elephant 코끼리
[éləfənt 엘러펀트]

⑫ whale 고래
[hwéil 훼일, 웨일]
⑬ dolphin 돌고래
[dálfin 달핀]
⑭ rhino 코뿔소
[ráinou 라이노우]
⑮ horse 말
[hɔ́ːrs 호-스]
⑯ giraffe 기린
[dʒərǽf 저래프]
⑰ camel 낙타
[kǽməl 캐멀]
⑱ zebra 얼룩말
[zíːbrə 지-브러]
⑲ tiger 호랑이
[táigər 타이거]
⑳ hare [héər 헤어] 산토끼/
rabbit
[rǽbit 래빗]
집토끼
㉑ wolf 늑대
[wúlf 울프]
㉒ crocodile 악어
[krákədàil 크라커다일]
㉓ hippo 하마
[hípou 히포우]

Birds 새
[bə́ːrdz 버-즈]
③ sea gull 갈매기
[síː gʌ̀l 시- 걸]
① eagle 독수리
[íːgl 이-글]
② owl 올빼미
[ául 아울]
⑤ hawk 매
[hɔ́ːk 호-크]
⑥ lark 종달새
[láːrk 라-크]
④ canary 카나리아
[kənéəri 커네어리]
⑧ parrot 앵무새
[pǽrət 패럿]
⑦ turkey 칠면조
[tə́ːrki 터-키]
⑨ peacock
공작(수컷)
[píːkàk 피-칵]
⑩ ostrich 타조
[ástritʃ 아스트리치]
⑪ pheasant 꿩
[féznt 페즌트]

⑫ swallow 제비
[swɑ́lou 스왈로우]
⑬ jay 어치
[dʒéi 제이]
⑭ vulture 〈대형〉
독수리, 콘도르
[vʌ́ltʃər 벌처]
⑮ sparrow 참새
[spǽrou 스패로우]
⑯ woodpecker
딱따구리
[wúdpèkər
우드페커]
⑰ crow 까마귀
[króu 크로우]
⑱ crane 학
[kréin 크레인]
⑲ hen 암탉
[hén 헨]
⑳ woodcock 멧도요
[wúdkɑ̀k 우드칵]
㉑ chicken [tʃíkin 치킨]/
chick [tʃík 칙]
병아리
㉒ cock [kɑ́k 칵]《영》수탉/
rooster [rúːstər 루-스터]
《미》수탉
㉓ penguin 펭귄
[péngwin 펜귄]
㉔ flamingo 홍학
[fləmíŋgou 플러밍고우]
㉕ swan 백조
[swɑ́n 스완]

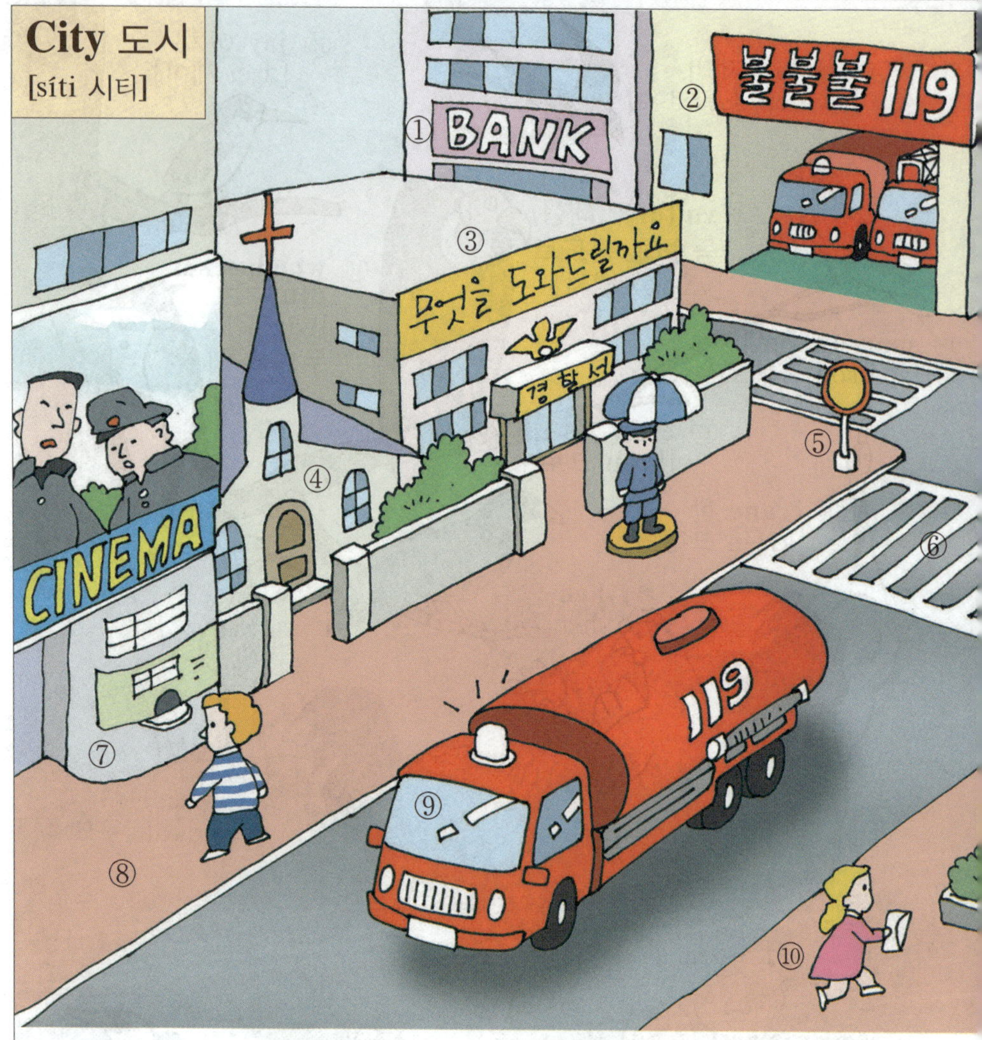

① **bank** [bǽŋk 뱅크] 은행
② **firehouse** 소방서
[fáiə*r*hàus 파이어하우스]
③ **police station** 경찰서
[pəlíːs stèiʃən 펄리-스 스테이션]
④ **church** [tʃə́ːrtʃ 처-치] 교회
⑤ **street sign** 도로 표지
[stríːt sàin 스트리-트 사인]

⑥ **pedestrian crossing** 횡단 보도
[pidéstriən krɔ́ːsiŋ 피데스트리언 크로-싱]
⑦ **cinema** 영화관
[sínəmə 시너머]
⑧ **sidewalk** 보도
[sáidwɔ̀ːk 사이드워-크]
⑨ **fire truck** 소방차
[fáiə*r* trʌ̀k 파이어 트럭]

⑩ **passer-by** 통행인
[pǽsərbái 패서바이]

⑪ **department store** 백화점
[dipáːrtmənt stɔ́ːr 디파-트먼
트 스토-]

⑫ **ambulance** 구급차
[ǽmbjuləns 앰뷸런스]

⑬ **show window** 상품 진열창
[ʃóu wìndou 쇼우 윈도우]

⑭ **traffic light** 교통 신호등
[trǽfik làit 트래픽 라이트]

⑮ **road** 도로
[róud 로우드]

⑯ **post office** 우체국
[póust ɔ́ːfis 포우스트 오-피스]

⑰ **hospital** 병원
[háspitl 하스피틀]

⑱ **hotel** [houtél 호우텔] 호텔

Classroom 교실
[klǽsrùːm 클래스룸-]

① **blackboard** 칠판
[blǽkbɔ̀ːrd 블랙보드-]

② **chalk** 초크, 분필
[tʃɔ́ːk 초-크]

③ **chalk box** 분필통
[tʃɔ́ːk bàks 초-크 박스]

④ **eraser** 칠판 지우개
[iréisər 이레이서]

⑤ **teacher** 선생님
[tíːtʃər 티-처]

⑥ **reader** [ríːdər 리-더] 독본

⑦ **pen** [pén 펜] 펜

⑧ **book** [búk 북] 책

⑨ **desk** [désk 데스크] 책상

⑩ **sculpture** 조각
[skʌ́lptʃər 스컬프처]

⑪ **map** [mǽp 맵] 지도

⑫ **principal** 교장 선생님
[prínsəpəl 프린서펄]

⑬ **picture** [píktʃər 픽처] 그림

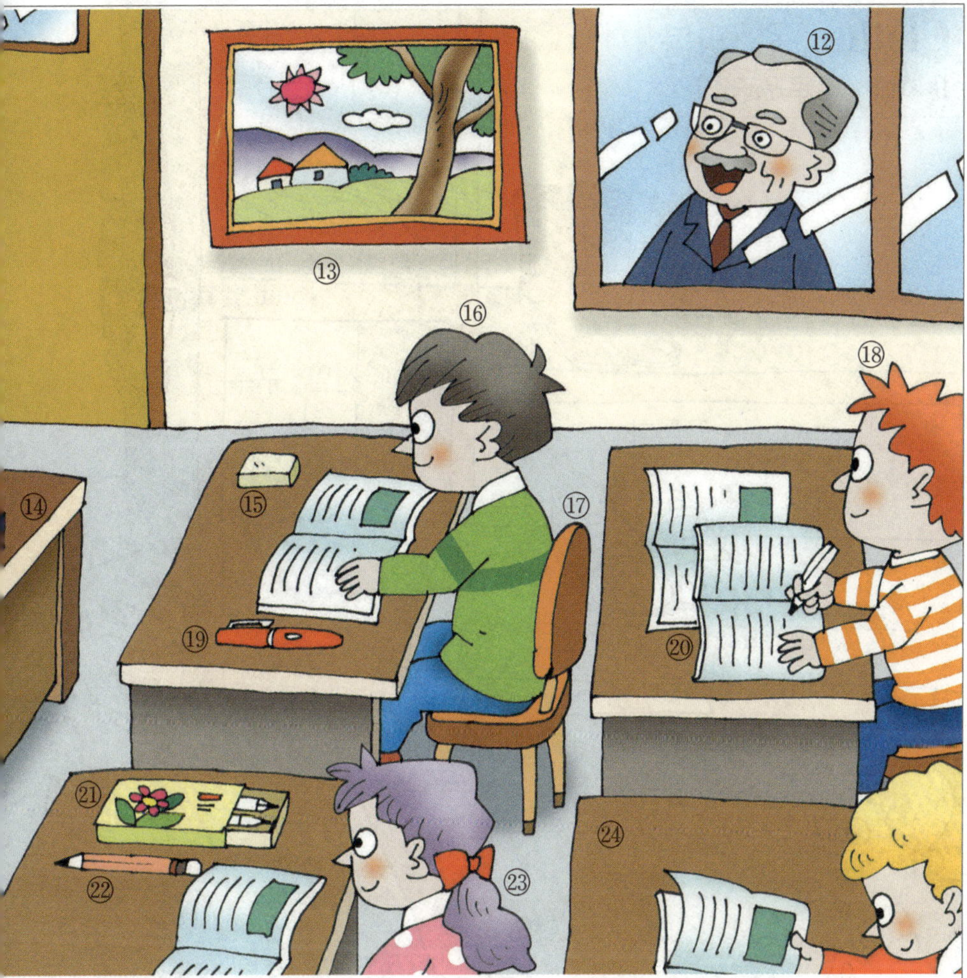

⑭ **ink bottle** 잉크병
[íŋk bàtl 잉크 바틀]

⑮ **eraser** 고무 지우개
[iréisə*r* 이레이서]

⑯ **schoolboy** 남학생
[skú:lbɔ̀i 스쿨-보이]

⑰ **chair** [tʃéə*r* 체어] 의자

⑱ **pupil** 학생
[pjú:pəl 퓨-펄]

⑲ **fountain pen** 만년필
[fáuntn pèn 파운튼 펜]

⑳ **notebook** 공책
[nóutbùk 노우트북]

㉑ **pencil case** 필통
[pénsl kèis 펜슬 케이스]

㉒ **pencil** [pénsl 펜슬] 연필

㉓ **schoolgirl** 여학생
[skú:lgə̀:*r*l 스쿨-걸-]

㉔ **school desk** 학교 책상
[skú:l dèsk 스쿨- 데스크]

Clothes 옷, 의복
[klóuðz 클로우드즈]
① ankle boots
앵클 부츠
[ǽŋkl bùːts
앵클 부-츠]
② hat 모자
[hǽt 햇]
③ belt 벨트
[bélt 벨트]
④ sneakers 운동화
[sníːkərz
스니-커즈]
⑤ shoes 신발, 구두
[ʃúːz 슈-즈]
⑥ shorts (남자) 팬츠
[ʃɔ́ːrts 쇼-츠]
⑦ necklace 목걸이
[néklǝs 네클러스]
⑧ vest 조끼
[vést 베스트]
⑨ earring 귀고리
[íǝrrìŋ 이어링]
⑩ ring 반지
[ríŋ 링]
⑪ socks 짧은 양말
[sáks 삭스]
⑫ jeans 진 (바지)
[dʒíːnz 진-즈]
⑬ stocking
긴 양말
[stákiŋ 스타킹]

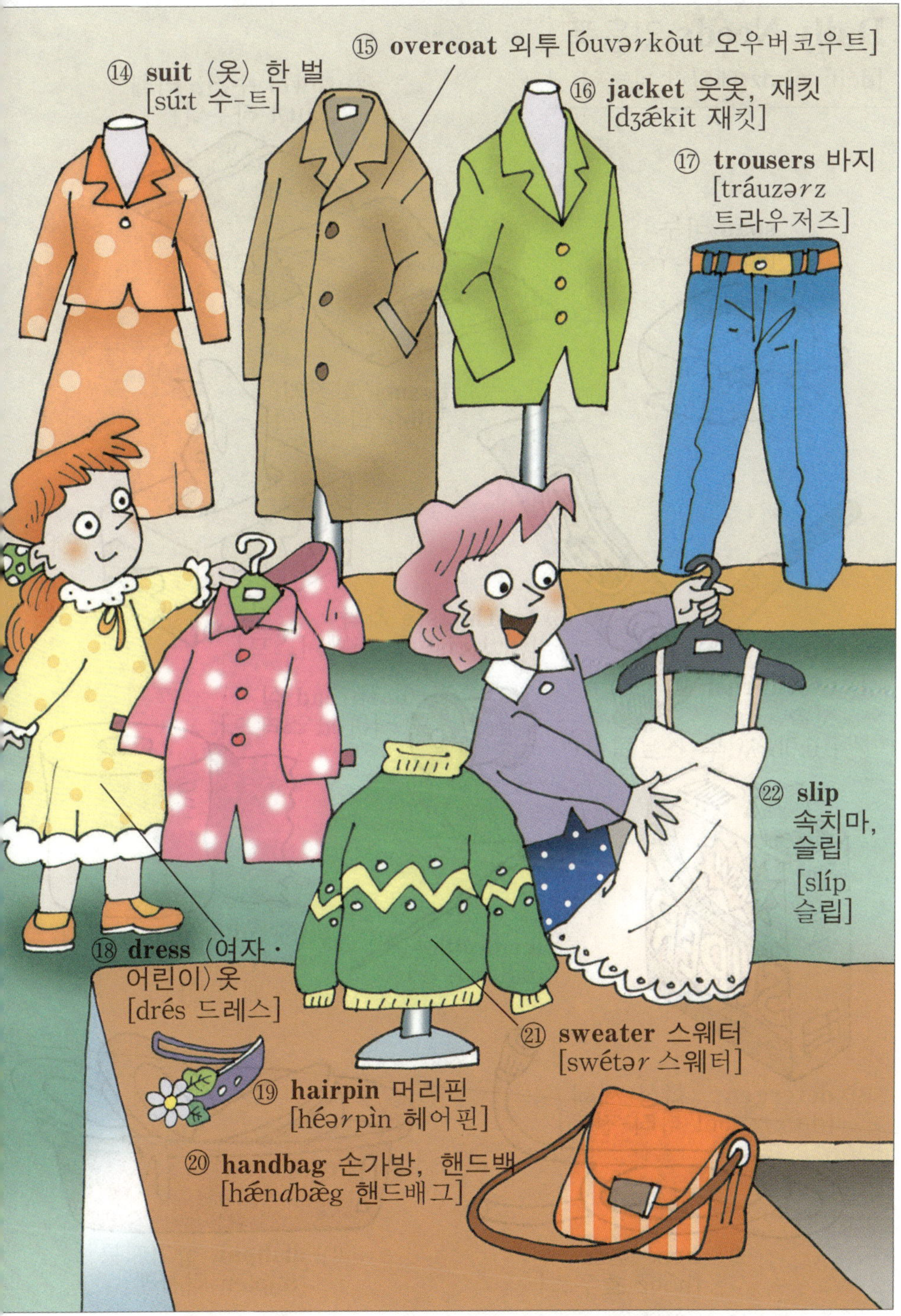

⑭ **suit** 〈옷〉 한 벌 [sú:t 수-트]
⑮ **overcoat** 외투 [óuvə*r*kòut 오우버코우트]
⑯ **jacket** 웃옷, 재킷 [dʒǽkit 재킷]
⑰ **trousers** 바지 [tráuzə*r*z 트라우저즈]
⑱ **dress** 〈여자·어린이〉옷 [drés 드레스]
⑲ **hairpin** 머리핀 [hέə*r*pìn 헤어핀]
⑳ **handbag** 손가방, 핸드백 [hǽn*d*bæ̀g 핸드배그]
㉑ **sweater** 스웨터 [swétə*r* 스웨터]
㉒ **slip** 속치마, 슬립 [slíp 슬립]

Daily Needs 일용품
[déili nìːdz 데일리 니-즈]
① soap 비누
[sóup 소우프]
② towel 수건, 타월
[táuəl 타우얼]
③ tissues 화장지
[tíʃuːz 티슈-즈]
④ toothbrush 칫솔
[túːθbrʌʃ 투-스브러시]
⑤ toothpaste 치약
[túːθpèist 투-스페이스트]
⑥ thread 실
[θréd 스레드]
⑦ needle 바늘
[níːdl 니-들]
⑧ toilet paper 휴지
[tɔ́ilət pèipər 토일럿 페이퍼]
⑨ detergent (합성)세제
[ditə́ːrdʒənt 디터-전트]
⑩ hose 호스
[hóuz 호우즈]
⑪ dishpan 설거지통
[díʃpæn 디시팬]

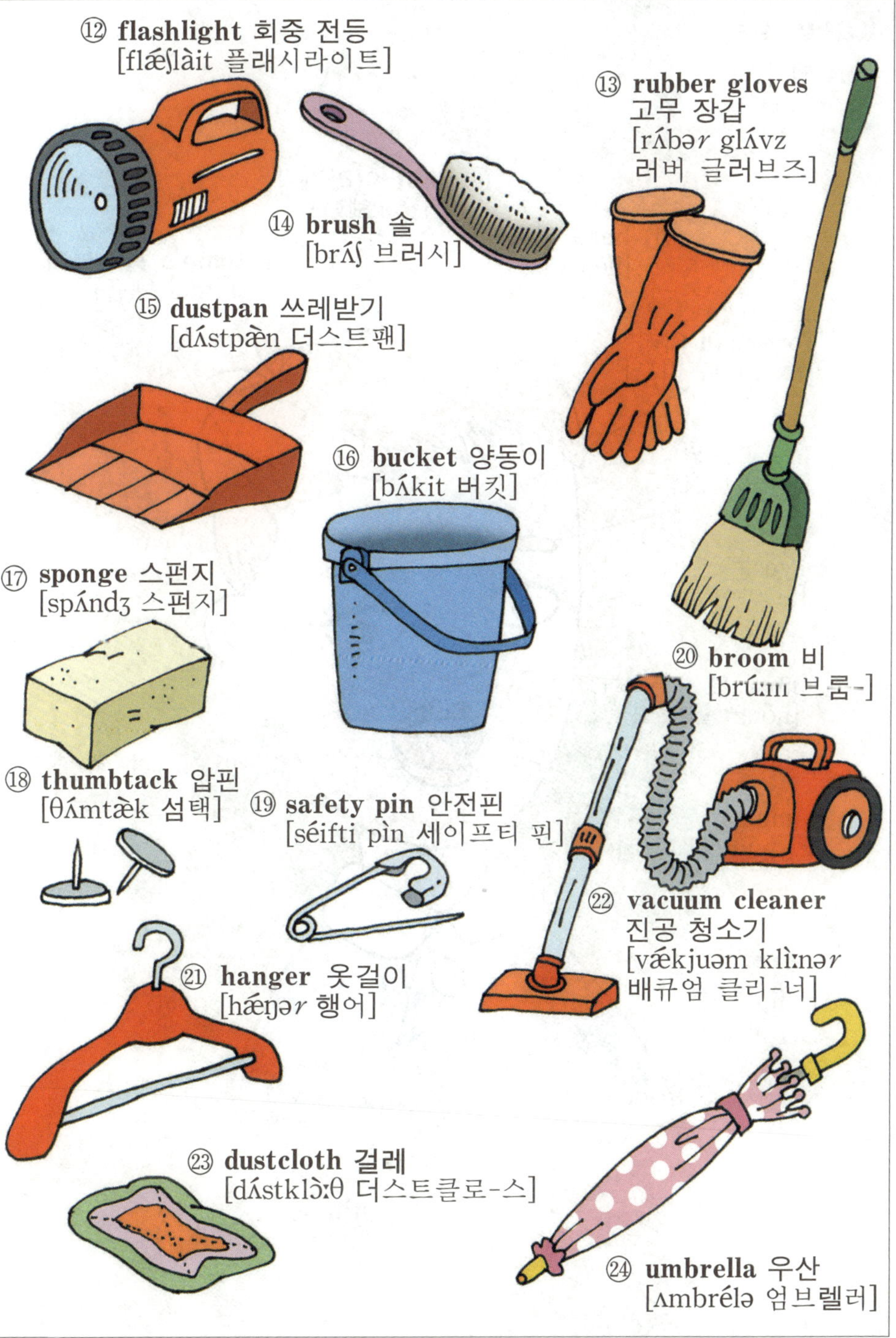

⑫ **flashlight** 회중 전등
[flǽʃlàit 플래시라이트]

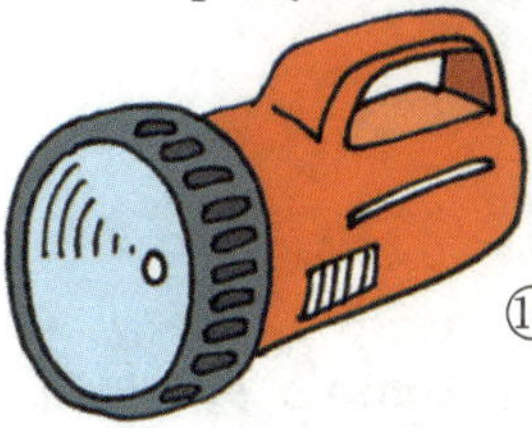

⑬ **rubber gloves**
고무 장갑
[rʌ́bə*r* glʌ́vz
러버 글러브즈]

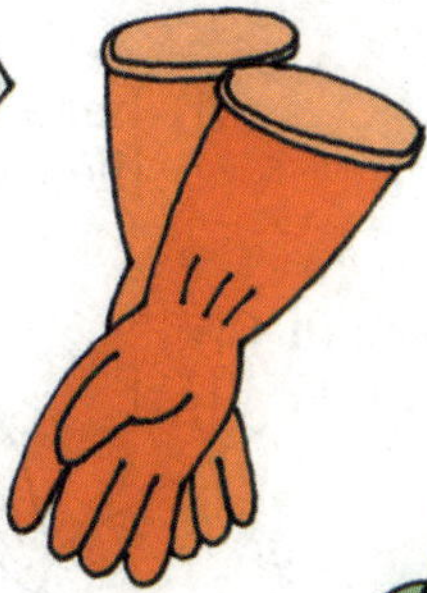

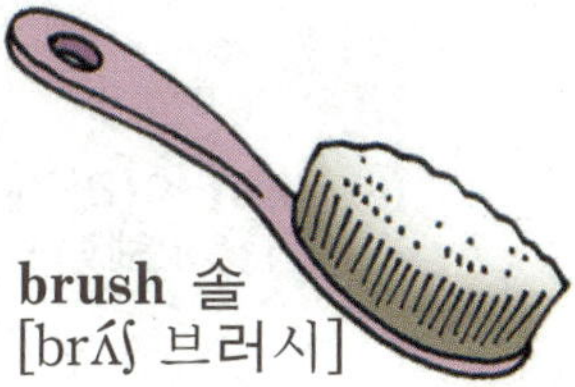

⑭ **brush** 솔
[brʌ́ʃ 브러시]

⑮ **dustpan** 쓰레받기
[dʌ́stpæ̀n 더스트팬]

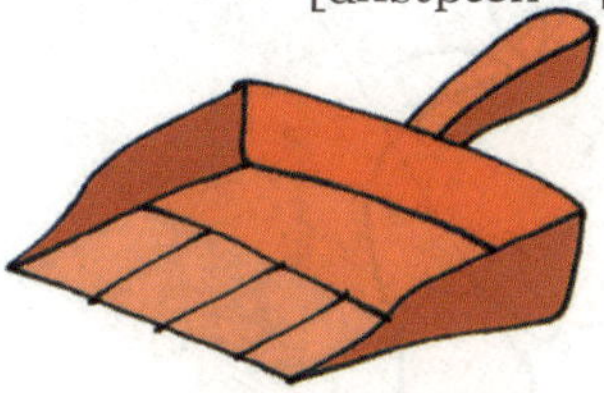

⑯ **bucket** 양동이
[bʌ́kit 버킷]

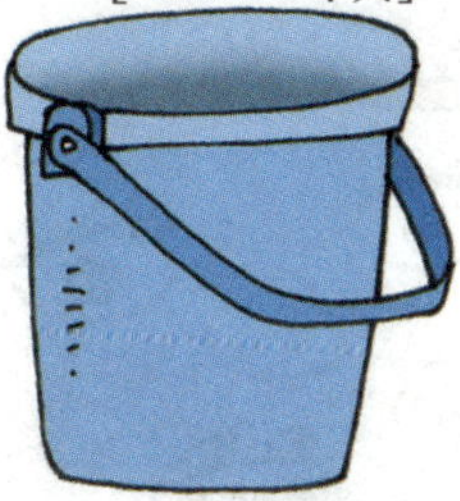

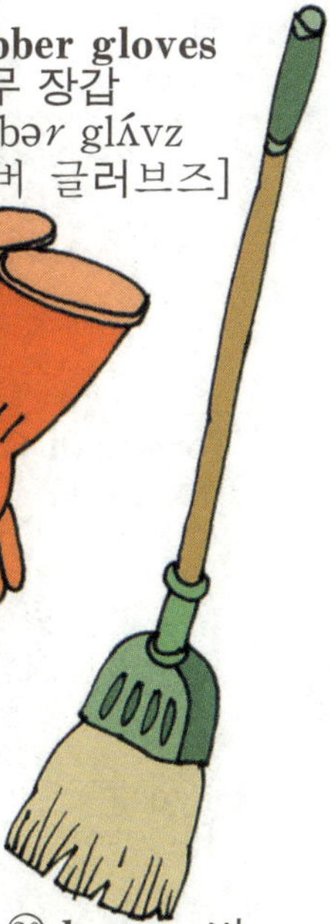

⑰ **sponge** 스펀지
[spʌ́ndʒ 스펀지]

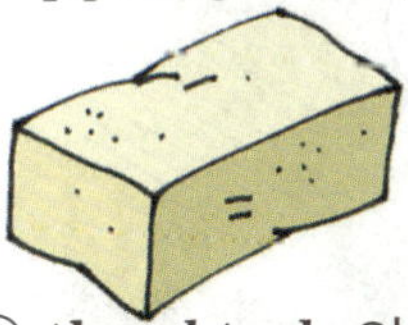

⑳ **broom** 비
[brúːm 브룸-]

⑱ **thumbtack** 압핀
[θʌ́mtæ̀k 섬택]

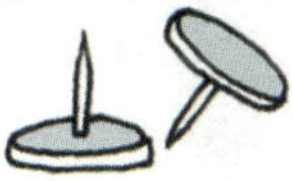

⑲ **safety pin** 안전핀
[séifti pìn 세이프티 핀]

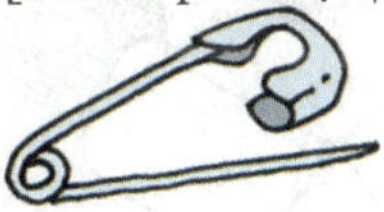

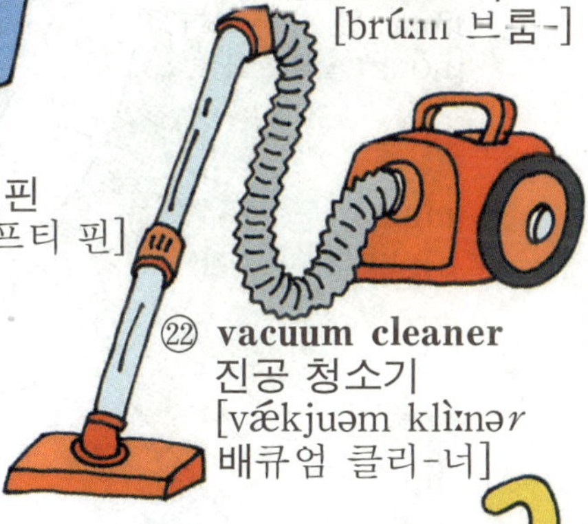

㉒ **vacuum cleaner**
진공 청소기
[vǽkjuəm klìːnə*r*
배큐엄 클리-너]

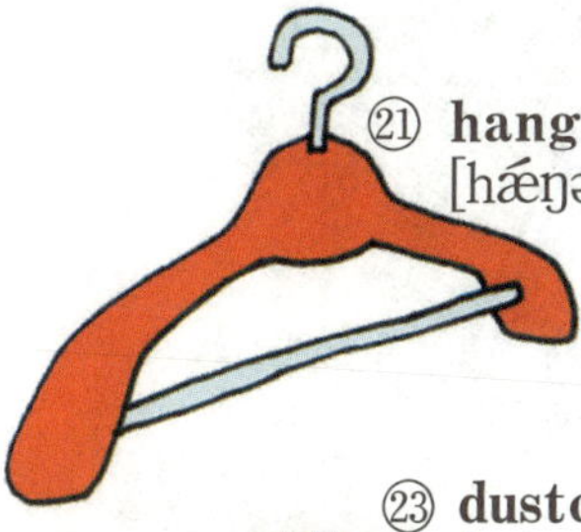

㉑ **hanger** 옷걸이
[hǽŋə*r* 행어]

㉓ **dustcloth** 걸레
[dʌ́stklɔ̀ːθ 더스트클로-스]

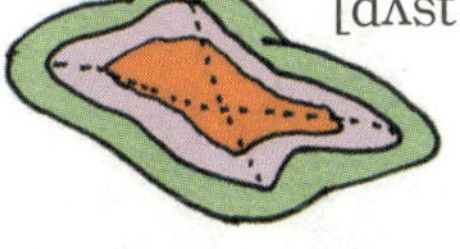

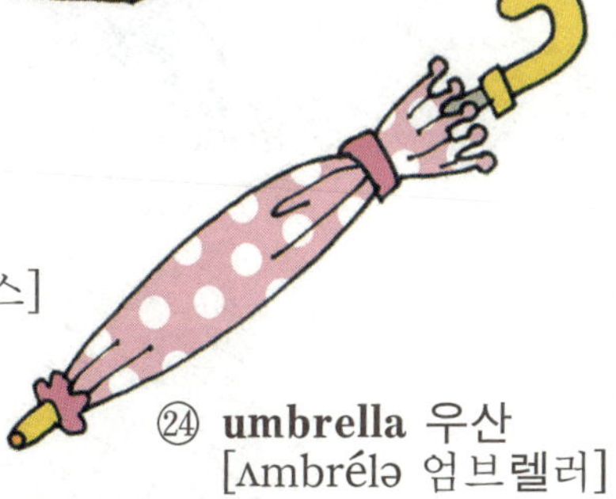

㉔ **umbrella** 우산
[ʌmbrélə 엄브렐러]

Face 얼굴
[féis 페이스]

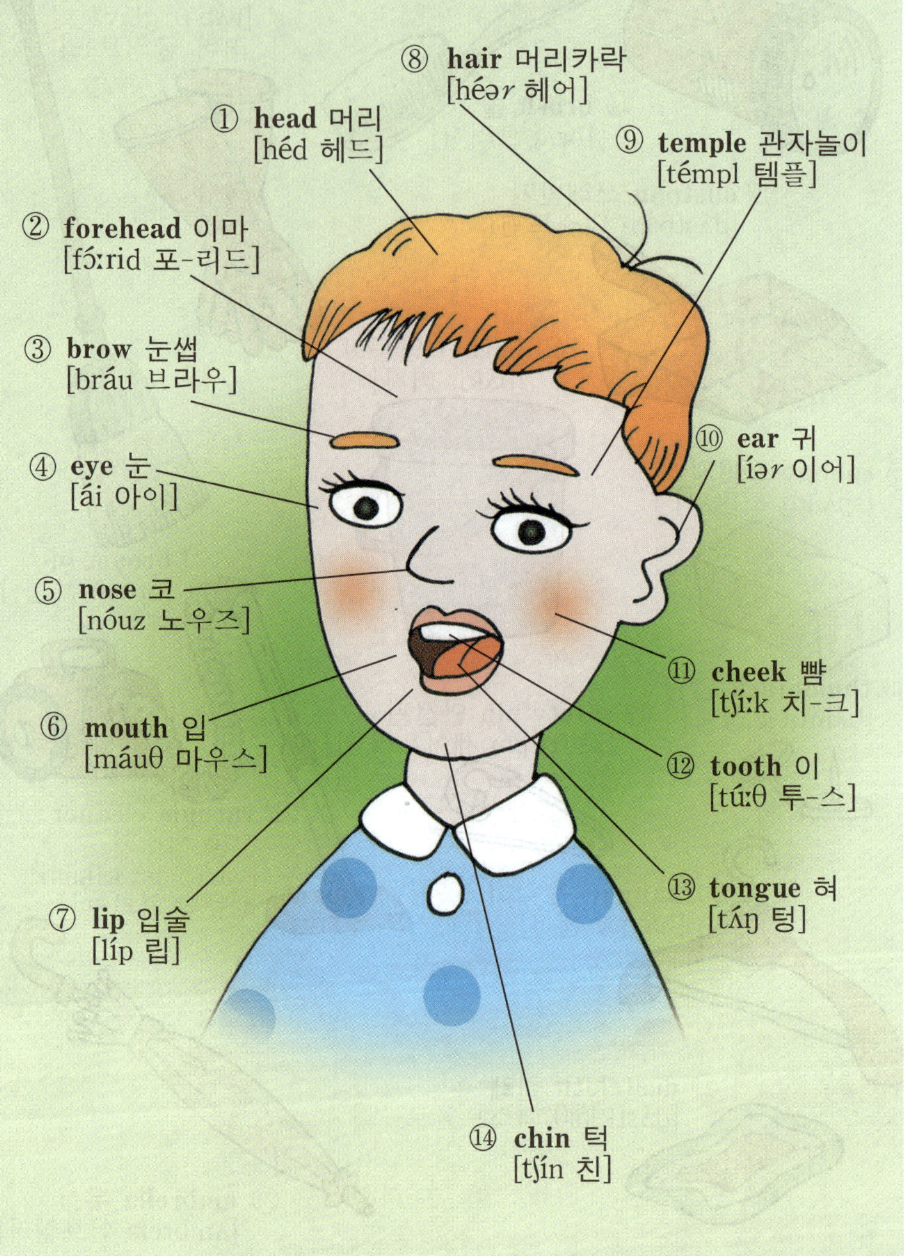

Family 가족
[fǽməli 패멀리]

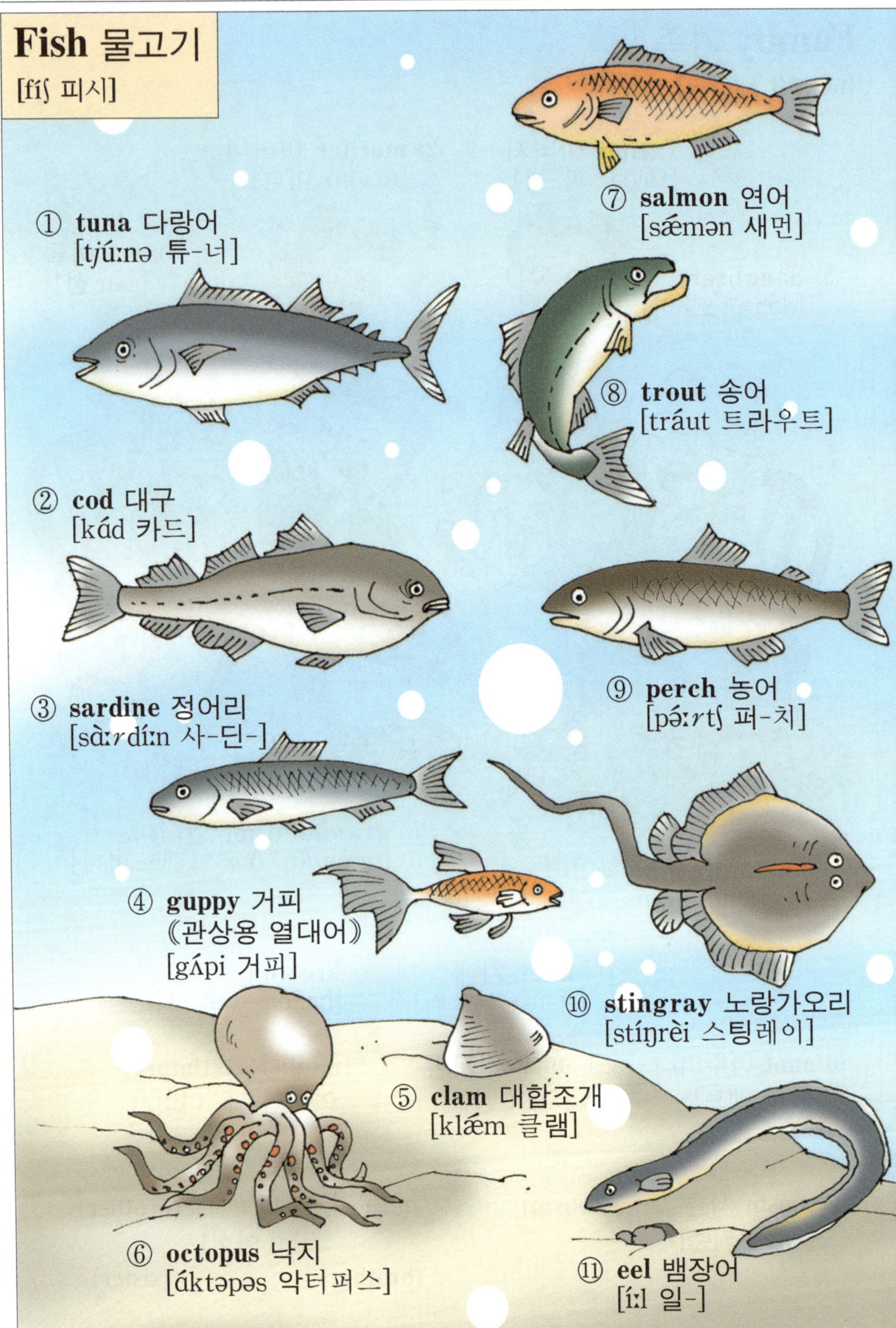
Fish 물고기
[fíʃ 피시]
① tuna 다랑어
[tjúːnə 튜-너]
② cod 대구
[kád 카드]
③ sardine 정어리
[sàːrdíːn 사-딘-]
④ guppy 거피
《관상용 열대어》
[gʌ́pi 거피]
⑤ clam 대합조개
[klǽm 클램]
⑥ octopus 낙지
[áktəpəs 악터퍼스]
⑦ salmon 연어
[sǽmən 새먼]
⑧ trout 송어
[tráut 트라우트]
⑨ perch 농어
[pə́ːrtʃ 퍼-치]
⑩ stingray 노랑가오리
[stíŋrèi 스팅레이]
⑪ eel 뱀장어
[íːl 일-]

⑫ shark 상어
[ʃɑ́ːrk 샤-크]
⑬ catfish 메기
[kǽtfìʃ 캣피시]
⑭ carp 잉어
[kɑ́ːrp 카-프]
⑰ bonito 점다랭이
[bəníːtou 버니-토우]
⑱ horse mackerel 전갱이
[hɔ́ːrs mǽkərəl
호-스 매커럴]
⑲ herring 청어
[hériŋ 헤링]
⑮ flatfish 넙치
[flǽtfìʃ 플랫피시]
⑳ swordfish
황새치
[sɔ́ːrdfìʃ
소-드피시]
⑯ goldfish 금붕어
[góuldfíʃ 고울드피시]

Foods 식품
[fúːdz 푸-즈]

① **green bean** 녹색 깍지 강낭콩
[gríːn bìːn 그린- 빈-]

② **cake** 케이크
[kéik 케이크]

③ **milk** 우유
[mílk 밀크]

④ **ham** 햄
[hǽm 햄]

⑤ **roll** 롤빵
[róul 로울]

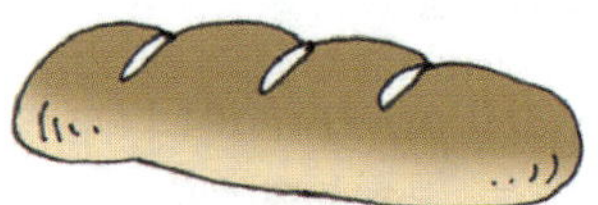

⑧ **corn** 옥수수
[kɔ́ːrn 콘-]

⑦ **cocoa** 코코아
[kóukou 코우코우]

⑥ **sausage** 소시지
[sɔ́ːsidʒ 소-시지]

⑨ **bread** 빵
[bréd 브레드]

⑩ **sugar** 설탕
[ʃúgər 슈거]

⑬ **onion** 양파
[ʌ́njən 어년]

⑪ **meat** 고기
[míːt 미-트]

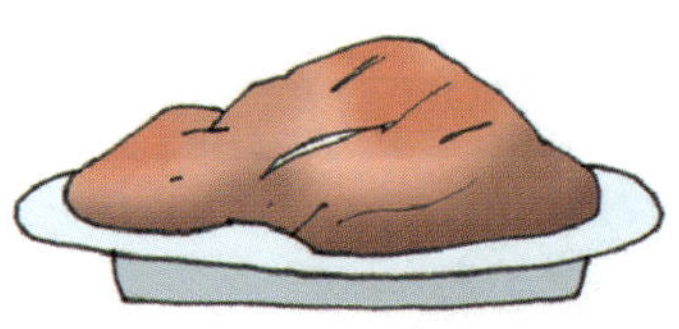

⑫ **salt** 소금
[sɔ́ːlt 솔-트]

⑭ **roast beef** 불고기, 로스트 비프
[róust bíːf 로우스트 비-프]

⑮ **coffee** 커피
[kɔ́ːfi 코-피]

⑰ **noodles** 국수
[núːdlz 누-들즈]

⑯ **salad** 샐러드
[sǽləd 샐러드]

⑲ **cheese** 치즈
[tʃíːz 치-즈]

⑳ **spaghetti** 스파게티
[spəgéti 스퍼게티]

⑱ **hamburger** 햄버거
[hǽmbəː*r*gə*r* 햄버-거]

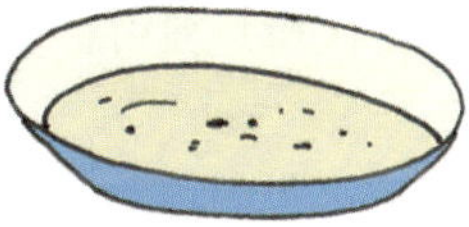

㉓ **soup** 수프
[súːp 수-프]

㉒ **butter** 버터
[bʌ́tə*r* 버터]

㉑ **pie** 파이
[pái 파이]

㉕ **steak** 스테이크
[stéik 스테이크]

㉔ **curry and rice** 카레라이스
[kə́ːri ən*d* ráis 커-리 언드 라이스]

Fruits 과일
[frúːts 프루-츠]

① **watermelon** 수박
[wɔ́ːtərmèlən
워-터멜런]

② **pineapple** 파인애플
[páinæpl 파인애플]

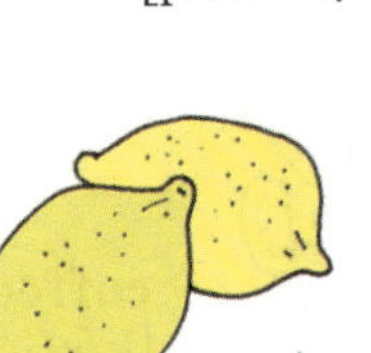

③ **pear** 서양배
[péər 페어]

④ **lemon** 레몬
[lémən 레먼]

⑦ **melon** 멜론
[mélən 멜런]

⑤ **cherry** 버찌
[tʃéri 체리]

⑥ **orange** 오렌지
[ɔ́ːrindʒ 오-린지]

⑧ **strawberry** 딸기
[strɔ́ːbèri 스트로-베리]

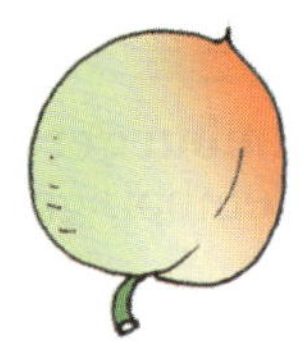

⑨ **peach** 복숭아
[píːtʃ 피-치]

⑩ **banana** 바나나
[bənǽnə 버내너]

⑪ **grape** 포도
[gréip 그레이프]

⑫ **apple** 사과
[ǽpl 애플]

⑬ **pomegranate** 석류
[pɑ́məgræ̀nit 파머그래닛]

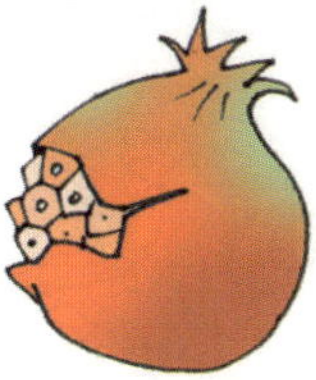

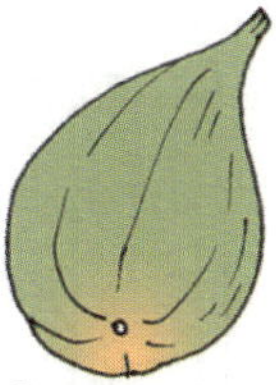

⑭ **fig** 무화과
[fíg 피그]

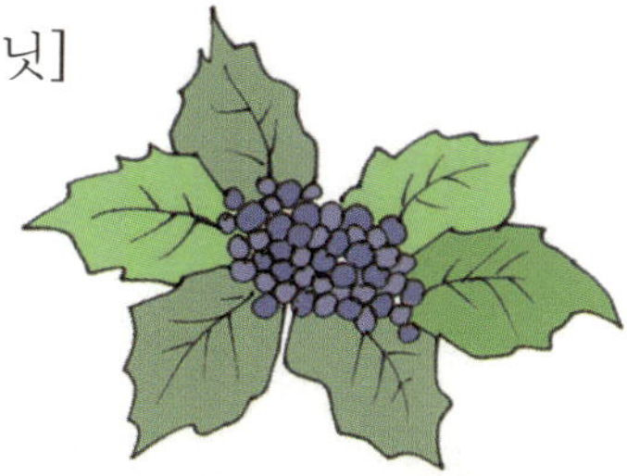

⑮ **blackberry** 검은 딸기
[blǽkbèri 블랙베리]

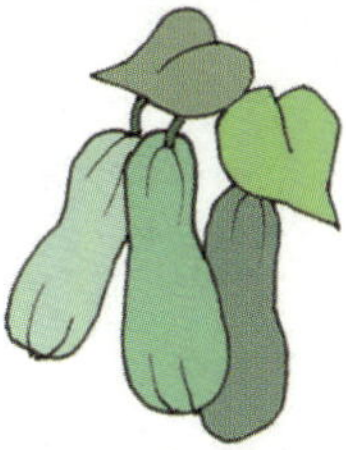

⑯ **avocado** 아보카도
[æ̀vəkɑ́ːdou 애버카-도우]

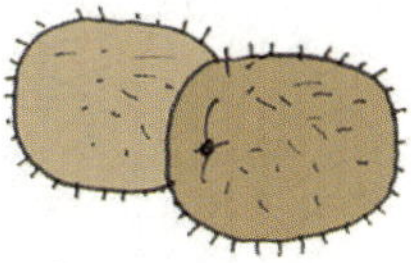

⑰ **kiwi** 키위
[kíːwiː 키-위-]

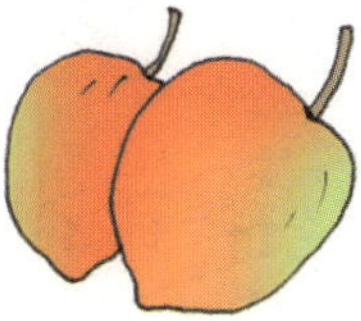

⑱ **mango** 망고
[mǽŋgou 맹고우]

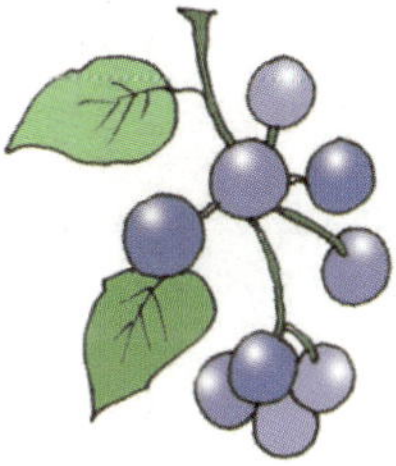

⑲ **blueberry** 블루베리
[blúːbèri 블루-베리]

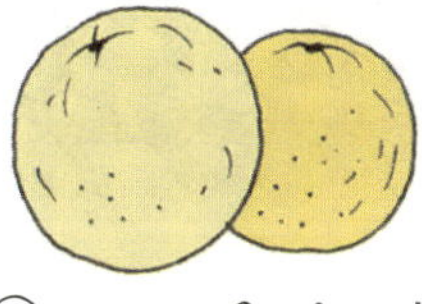

⑳ **grapefruit** 자몽
[gréipfrùːt
그레이프프루-트]

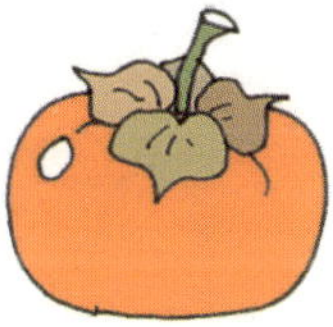

㉑ **persimmon** 감
[pəːrsímən 퍼-시먼]

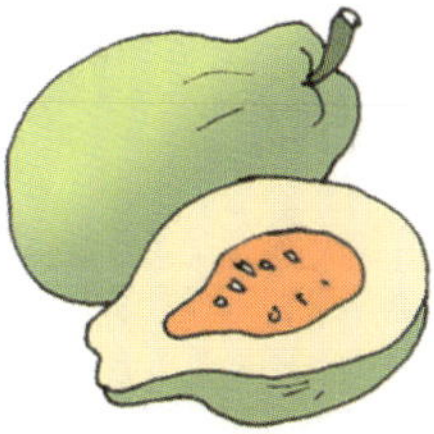

㉒ **papaya** 파파야
[pəpáiə 퍼파이어]

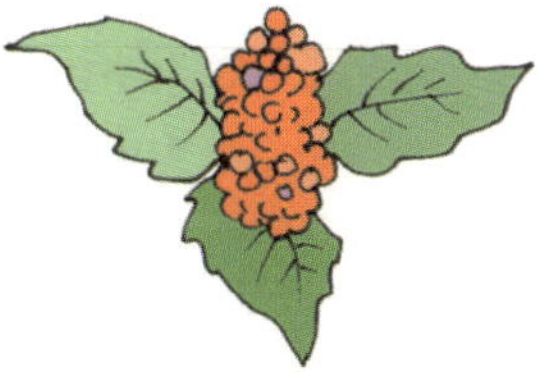

㉓ **raspberry** 나무 딸기
[rǽzbèri 래즈베리]

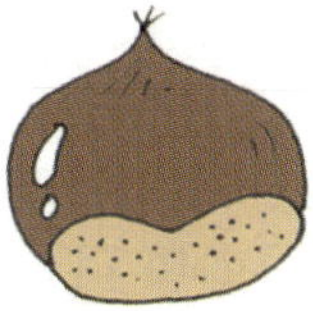

㉔ **chestnut** 밤
[tʃésnʌ̀t 체스넛]

Garden 정원
[gáːrdn 가-든]

① **garden lamp** 정원등
[gáːrdn læmp 가-든 램프]
② **patio** 안마당
[pǽtiòu 패티오우]
③ **fence** [féns 펜스] 울타리
④ **shed** [ʃéd 셰드] 헛간, 창고
⑤ **tree** [tríː 트리-] 나무
⑥ **pergola** 퍼걸러
[pə́ːrgələ 퍼-걸러]
⑦ **edging** (꽃밭의) 가장자리
[édʒiŋ 에징]
⑧ **bush** [búʃ 부시] 관목
⑨ **pond** [pánd 판드] 연못

⑩ **flowerbed** 화단
[fláuərbèd 플라우어베드]
⑪ **hedge** 산울타리, 울타리
[hédʒ 헤지]
⑫ **path** 길, 작은 길
[pǽθ 패스]
⑬ **lawn** [lɔ́ːn 론-] 잔디
⑭ **tub** 통, 물통
[tʌ́b 터브]
⑮ **flagstone** 판석
[flǽgstòun 플래그스토운]
⑯ **rock garden** 암석 정원
[rák gàːrdn 락 가-든]

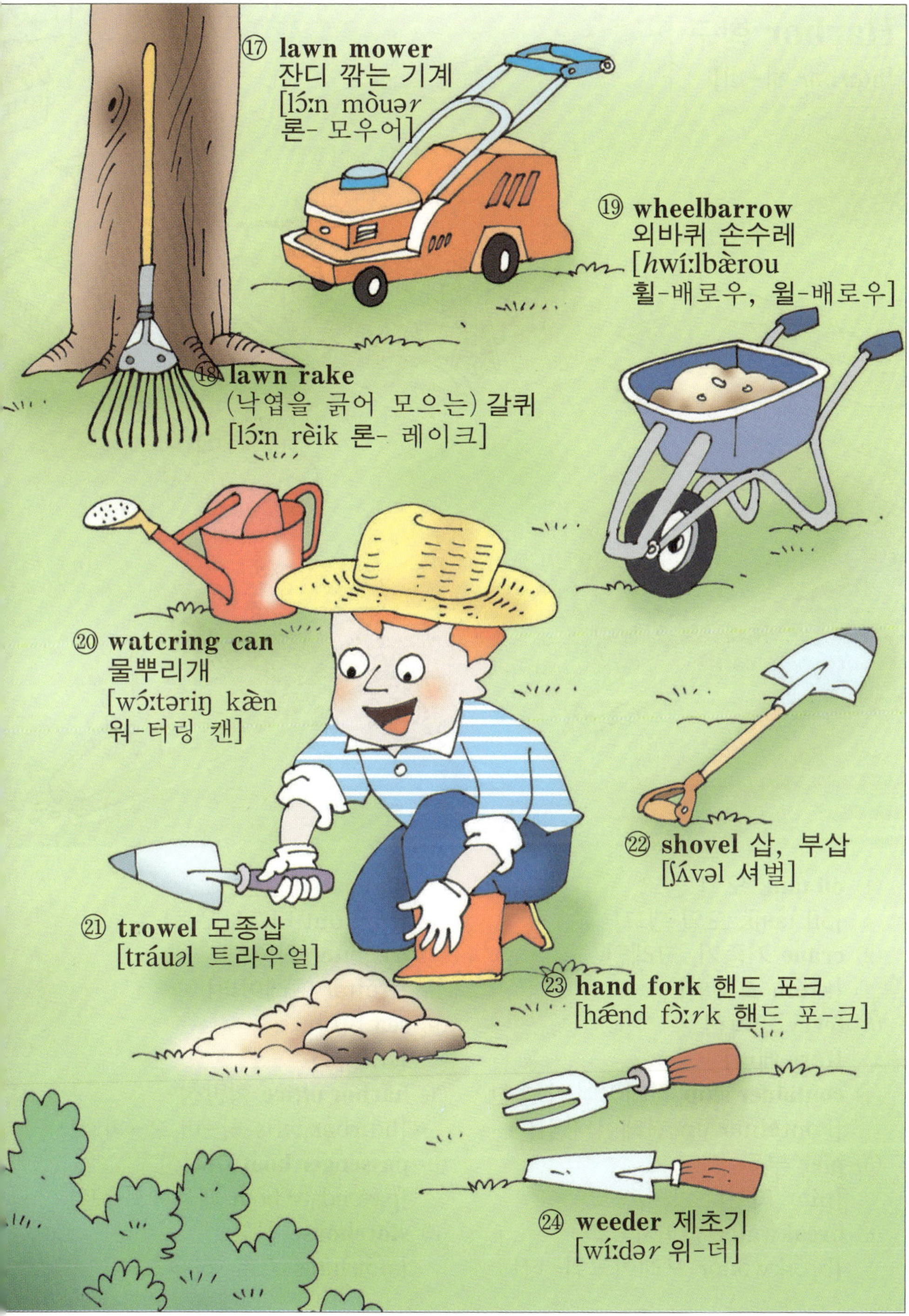
⑰ lawn mower
잔디 깎는 기계
[lɔ́ːn mòuər
론- 모우어]
⑱ lawn rake
(낙엽을 긁어 모으는) 갈퀴
[lɔ́ːn rèik 론- 레이크]
⑲ wheelbarrow
외바퀴 손수레
[hwíːlbæ̀rou
휠-배로우, 윌-배로우]
⑳ watcring can
물뿌리개
[wɔ́ːtəriŋ kæ̀n
워-터링 캔]
㉑ trowel 모종삽
[tráuəl 트라우얼]
㉒ shovel 삽, 부삽
[ʃʌ́vəl 셔벌]
㉓ hand fork 핸드 포크
[hǽnd fɔ̀ːrk 핸드 포-크]
㉔ weeder 제초기
[wíːdər 위-더]

① **oil tank** 오일 탱크
[ɔ́il tæ̀ŋk 오일 탱크]

② **crane** 기중기, 크레인
[kréin 크레인]

③ **ferry** 연락선
[féri 페리]

④ **container ship** 컨테이너 수송선
[kəntéinər ʃip 컨테이너 십]

⑤ **pier** 부두
[píər 피어]

⑥ **breakwater** 방파제
[bréikwɔ̀ːtər 브레이크워-터]

⑦ **tugboat** 예인선
[tʌ́gbòut 터그보우트]

⑧ **freighter** 화물선
[fréitər 프레이터]

⑨ **sea** 바다
[síː 시-]

⑩ **harbor office** 항만청
[háːrbər ɔ́ːfis 하-버 오-피스]

⑪ **passenger boat** 여객선
[pǽsəndʒər bòut 패선저 보우트]

⑫ **storehouse** 창고
[stɔ́ːrhàus 스토-하우스]

fishing boat 어선
  [fíʃiŋ bòut 피싱 보우트]
⑭ **rowing boat** 노 젓는 배
  [róuiŋ bòut 로우잉 보우트]
⑮ **motorboat** 모터보트
  [móutərbòut 모우터보우
트]
⑯ **lighthouse** 등대
  [láithàus 라이트하우스]
⑰ **tanker** 유조선
  [tǽŋkər 탱커]

House 집
[háus 하우스]

① **stairs** 계단
　[stéərz 스테어즈]
② **garage** 차고
　[gərάːʒ 거라-지]
③ **shutter** 덧문
　[ʃʌ́tər 셔터]
④ **kitchen** 부엌
　[kítʃin 키친]
⑤ **door** 문
　[dɔ́ːr 도-]

⑥ **floor** [flɔ́ːr 플로-] 마루
⑦ **roof** [rúːf 루-프] 지붕
⑧ **dining room** 식당
　[dáiniŋ rùːm 다이닝 룸-]
⑨ **guest room** 객실
　[gést rùːm 게스트 룸-]
⑩ **mailbox** 우편함
　[méilbὰks 메일박스]
⑪ **nameplate** 문패
　[néimplèit 네임플레이트]

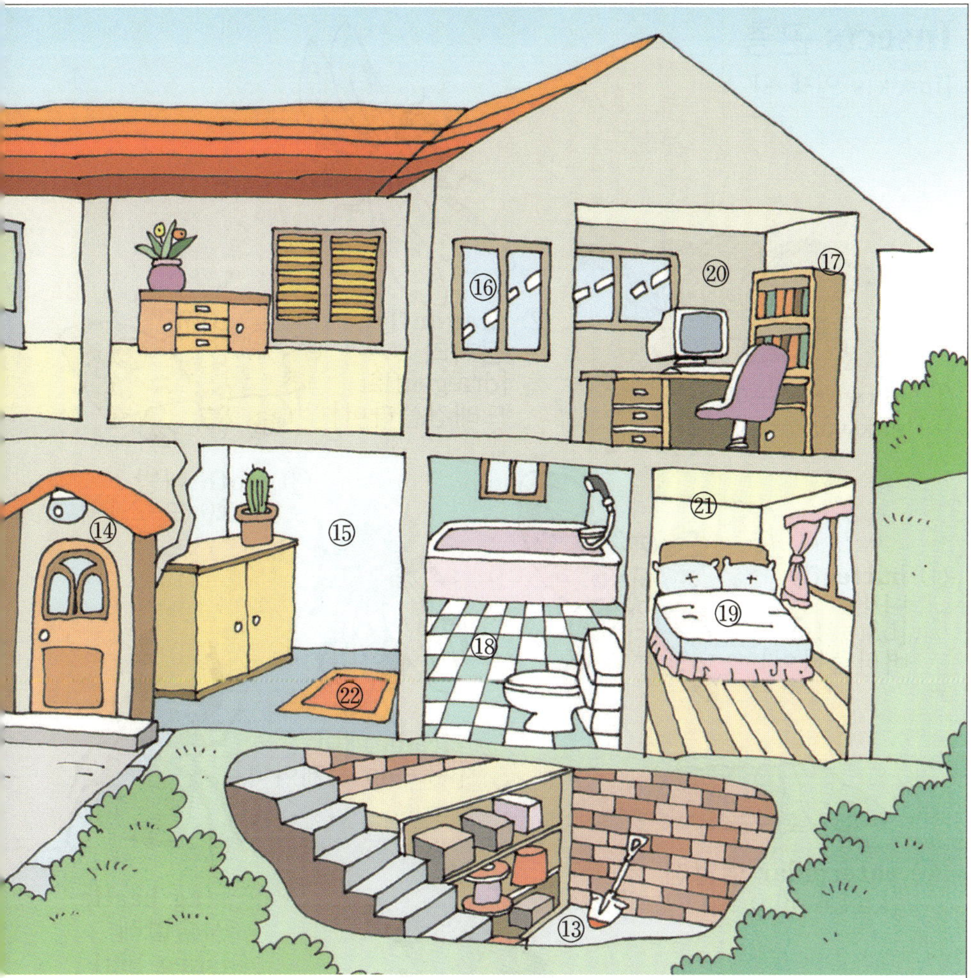

⑫ **living room** 거실
[líviŋ rùːm 리빙 룸-]

⑬ **basement** 지하실
[béismənt 베이스먼트]

⑭ **front door** 현관의 입구
[frʌ́nt dɔ́ːr 프런트 도-]

⑮ **front hall** 현관 홀
[frʌ́nt hɔ́ːl 프런트 홀-]

⑯ **window** 창문
[wíndou 윈도우]

⑰ **bookcase** 책장
[búkkèis 북케이스]

⑱ **bathroom** 욕실
[bǽθrùːm 배스룸-]

⑲ **bed** [béd 베드] 침대

⑳ **study** 공부방, 서재
[stʌ́di 스터디]

㉑ **bedroom** 침실
[bédrùːm 베드룸-]

㉒ **rug** [rʌ́g 러그] 깔개

Insects 곤충
[ínsekts 인섹츠]

① silkworm 누에
[sílkwə̀ːrm 실크웜-]

② dragonfly
잠자리
[drǽgənflài
드래건플라이]

③ moth 나방
[mɔ́ːθ 모-스]

④ butterfly
나비
[bʌ́tərflài
버터플라이]

⑤ cicada 매미
[sikéidə 시케이더]

⑥ caterpillar 털벌레
[kǽtərpìlər 캐터필러]

⑦ water bug 물방개
[wɔ́ːtər bʌg 워-터 버그]

⑧ stag beetle
사슴벌레
[stǽg bìːtl
스태그 비-틀]

⑨ beetle 딱정벌레
[bíːtl 비-틀]

⑩ grasshopper 메뚜기
[grǽshɑ̀pər 그래스하퍼]

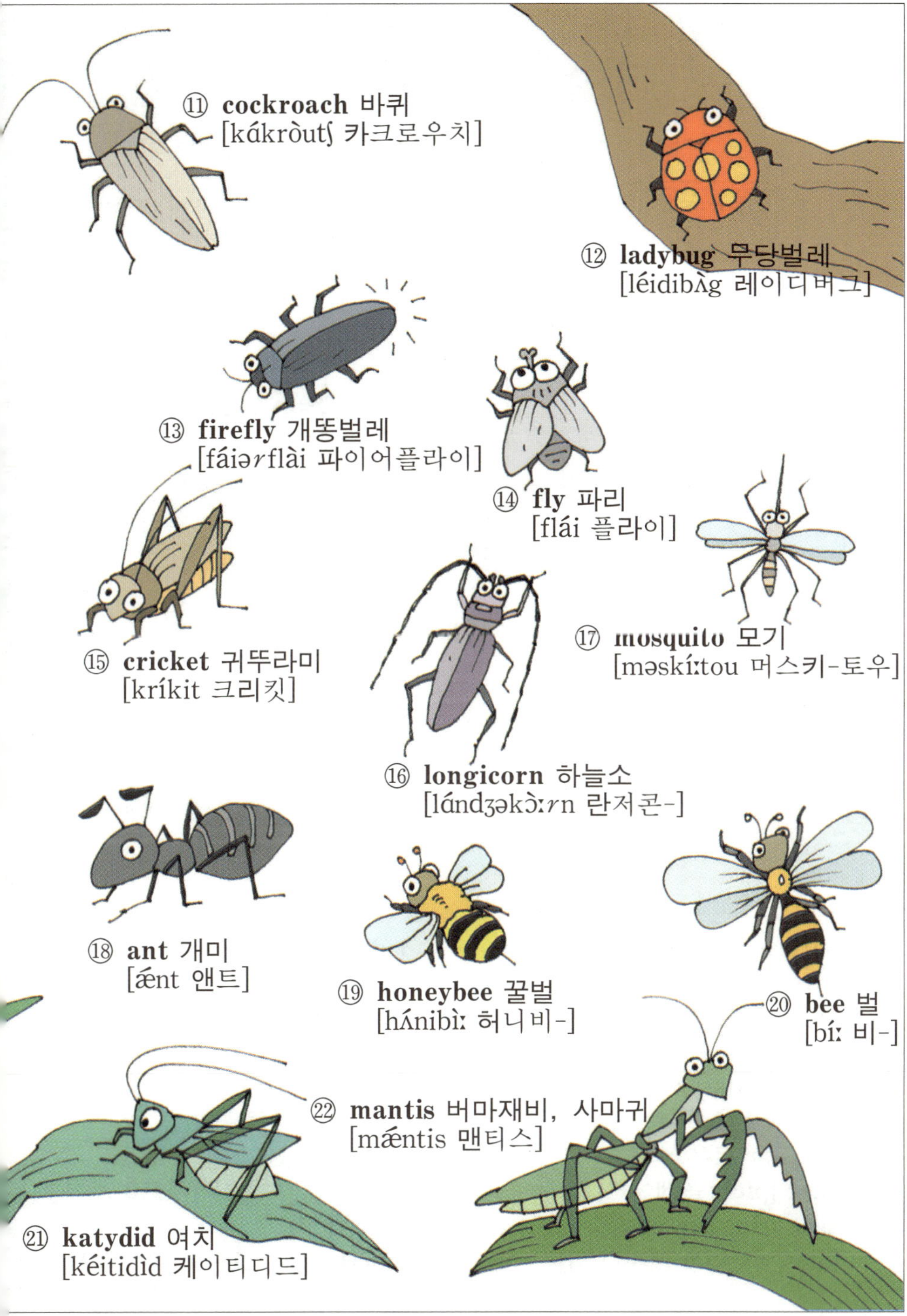
⑪ cockroach 바퀴
[kɑ́kròutʃ 카크로우치]
⑫ ladybug 무당벌레
[léidibʌ̀g 레이디버그]
⑬ firefly 개똥벌레
[fáiərflài 파이어플라이]
⑭ fly 파리
[flái 플라이]
⑮ cricket 귀뚜라미
[kríkit 크리킷]
⑯ longicorn 하늘소
[lɑ́ndʒəkɔ̀:rn 란저콘-]
⑰ mosquito 모기
[məskí:tou 머스키-토우]
⑱ ant 개미
[ǽnt 앤트]
⑲ honeybee 꿀벌
[hʌ́nibì: 허니비-]
⑳ bee 벌
[bí: 비-]
㉑ katydid 여치
[kéitidìd 케이티디드]
㉒ mantis 버마재비, 사마귀
[mǽntis 맨티스]

① **refrigerator** 냉장고
 [rifrídʒərèitər 리프리저레이터]
② **juicer** 주서《과즙 짜는 기계》
 [dʒúːsər 주-서]
③ **mixer** [míksər 믹서] 믹서
④ **toaster** 토스터《빵 굽는 기구》
 [tóustər 토우스터]
⑤ **plate** [pléit 플레이트] 접시
⑥ **measuring cup** 계량컵
 [méʒəriŋ kʌp 메저링 컵]

⑦ **ladle** [léidl 레이들] 국자
⑧ **eggbeater** 달걀 교반기
 [égbìːtər 에그비-터]
⑨ **cupboard** 찬장
 [kʌ́bərd 커버드]
⑩ **saucepan** 스튜 냄비
 [sɔ́ːspæ̀n 소-스팬]
⑪ **jug** [dʒʌ́g 저그] (주둥이가 넓
 은) 주전자
⑫ **faucet** [fɔ́ːsit 포-싯] 수도꼭지

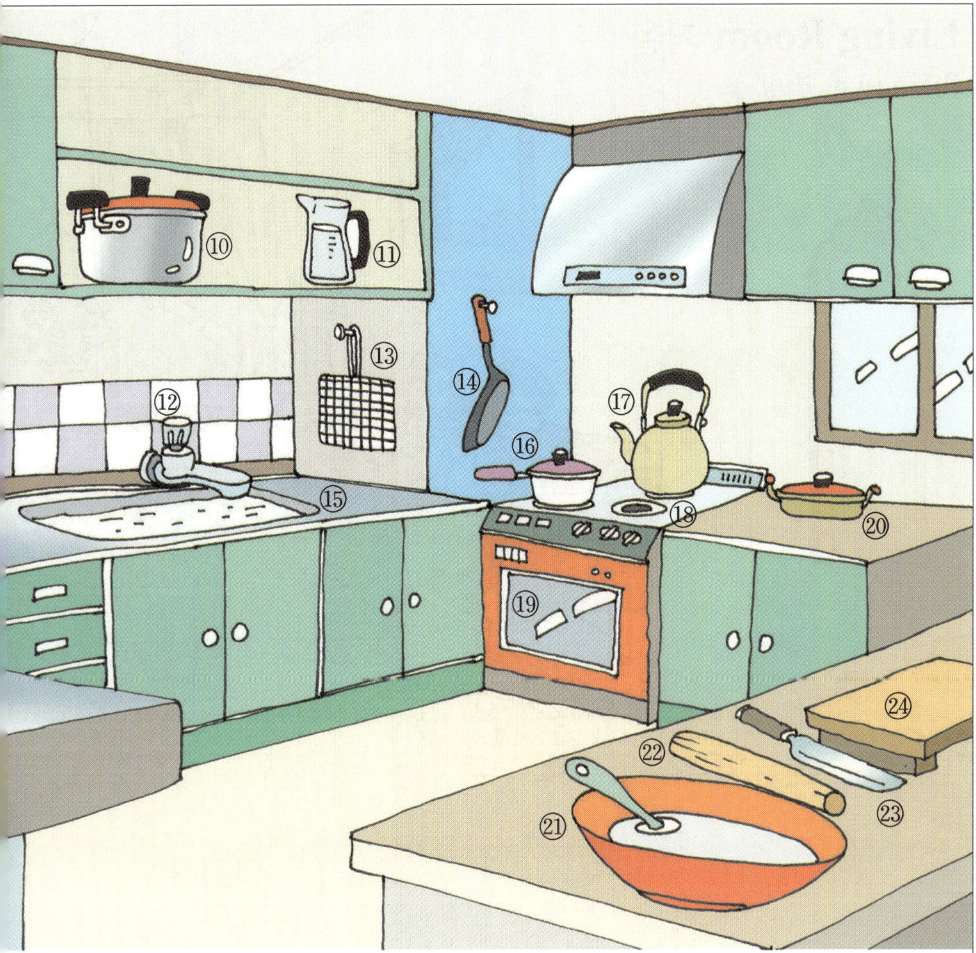

⑬ **grill** [grίl 그릴] 석쇠

⑭ **frying pan** 프라이 팬 [fráiiŋ pæ̀n 프라이잉 팬]

⑮ **sink** [síŋk 싱크] 개수대

⑯ **cooker** 요리[조리] 기구 [kúkər 쿠커]

⑰ **kettle** [kétl 케틀] 주전자

⑱ **gas range** 가스 레인지 [gǽs rèindʒ 개스 레인지]

⑲ **oven** [ʌ́vən 어번] 오븐

⑳ **pan** 납작한 냄비 [pǽn 팬]

㉑ **mixing bowl** 혼합용 사발 [míksiŋ bòul 믹싱 보울]

㉒ **rolling pin** 밀방망이 [róuliŋ pìn 로울링 핀]

㉓ **kitchen knife** 부엌칼 [kítʃin nàif 키친 나이프]

㉔ **cutting board** 도마 [kʌ́tiŋ bɔ̀ːrd 커팅 보-드]

Living Room 거실
[líviŋ rùːm 리빙 룸-]

① **mirror** 거울
[mírər 미러]

② **picture frame** 액자
[píktʃər frèim 픽처 프레임]

③ **picture** 그림
[píktʃər 픽처]

④ **floor lamp** 플로어 스탠드
[flɔ́ːr læmp 플로- 램프]

⑤ **electric lamp** 전등
[iléktrik læmp 일렉트릭 램프]

⑥ **vase** 꽃병
[véis 베이스]

⑦ **sofa** 소파
[sóufə 소우퍼]

⑧ **stairs** 계단
[stéərz 스테어즈]

⑨ **cushion** 쿠션, 방석
[kúʃən 쿠션]

⑩ **table** 테이블
[téibl 테이블]

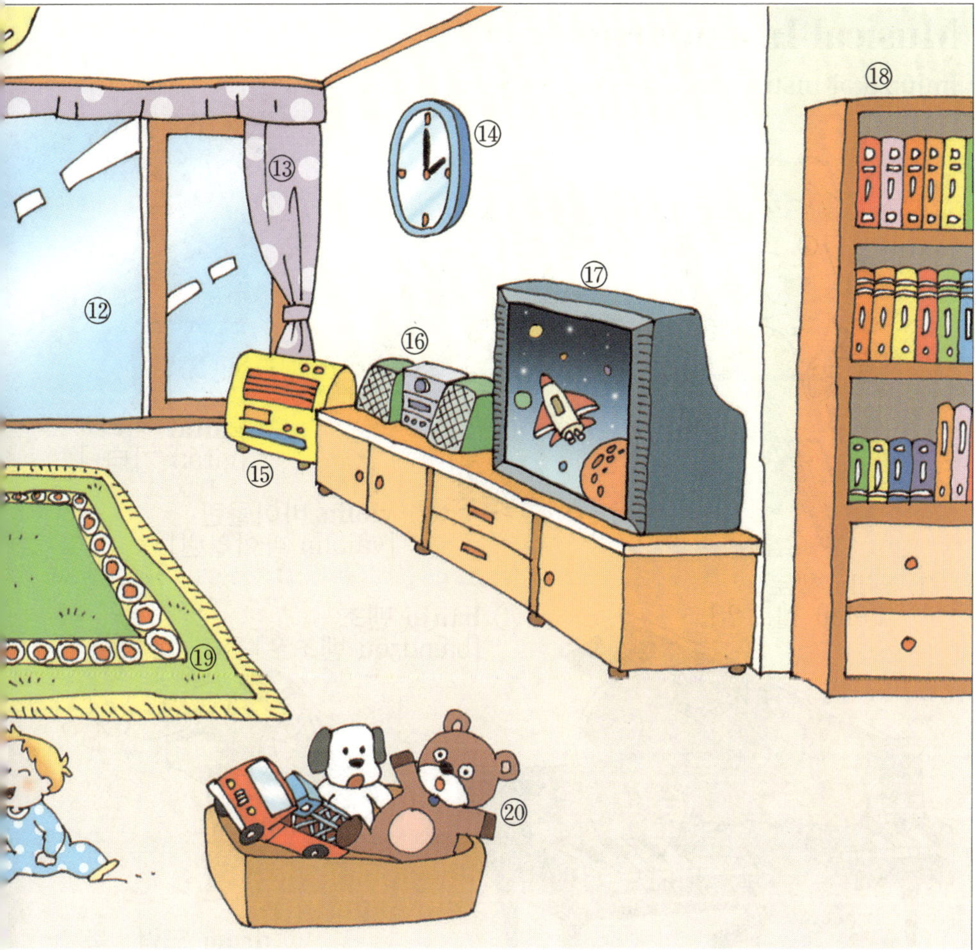

⑪ **telephone** 전화
[téləfòun 텔러포운]

⑫ **window** 창문
[wíndou 윈도우]

⑬ **curtain** 커튼
[kə́ːrtn 커-튼]

⑭ **wall clock** 벽시계
[wɔ́ːl klɑ̀k 월- 클락]

⑮ **stove** 스토브, 난로
[stóuv 스토우브]

⑯ **stereo** 스테레오, 전축
[stériòu 스테리오우]

⑰ **television** 텔레비전
[téləvìʒən 텔러비전]

⑱ **bookshelf** 책꽂이, 책장
[búkʃèlf 북셸프]

⑲ **carpet** 양탄자
[kɑ́ːrpit 카-핏]

⑳ **toy** 장난감
[tɔ́i 토이]

Musical Instruments 악기
[mjúːzikəl ínstrəmənts 뮤-지컬 인스트러먼츠]

⑧ **French horn** 프렌치 호른
[fréntʃ hɔ́ːrn 프렌치 혼-]

⑨ **harp** 하프
[háːrp 하-프]

⑩ **triangle** 트라이앵글
[tráiæŋgl 트라이앵글]

⑪ **saxophone** 색소폰
[sǽksəfòun 색서포운]

⑫ **tambourine** 탬버린
[tæ̀mbəríːn 탬버린-]

⑬ **flute** 플루트
[flúːt
플루-트]

⑭ **trumpet** 트럼펫
[trʌ́mpit 트럼핏]

① **lamp** 등불, 전기 스탠드
[lǽmp 램프]

② **bookshelf** 책꽂이
[búkʃèlf 북셸프]

③ **book** 책
[búk 북]

④ **photograph** 사진
[fóutəgrӕf 포우터그래프]

⑤ **bookcase** 책장
[búkkèis 북케이스]

⑥ **pencil sharpener** 연필깎이
[pénsl ʃàːrpənər 펜슬 샤-퍼너]

⑦ **pencil case** 필통
[pénsl kèis 펜슬 케이스]

⑧ **desk** 책상
[désk 데스크]

⑨ **wastebasket** 휴지통
[wéistbӕskit 웨이스트배스킷]

⑩ **chair** 의자
[tʃέər 체어]

⑪ **bag** (손)가방
[bǽg 배그]

⑫ **picture** 그림
[píktʃər 픽처]

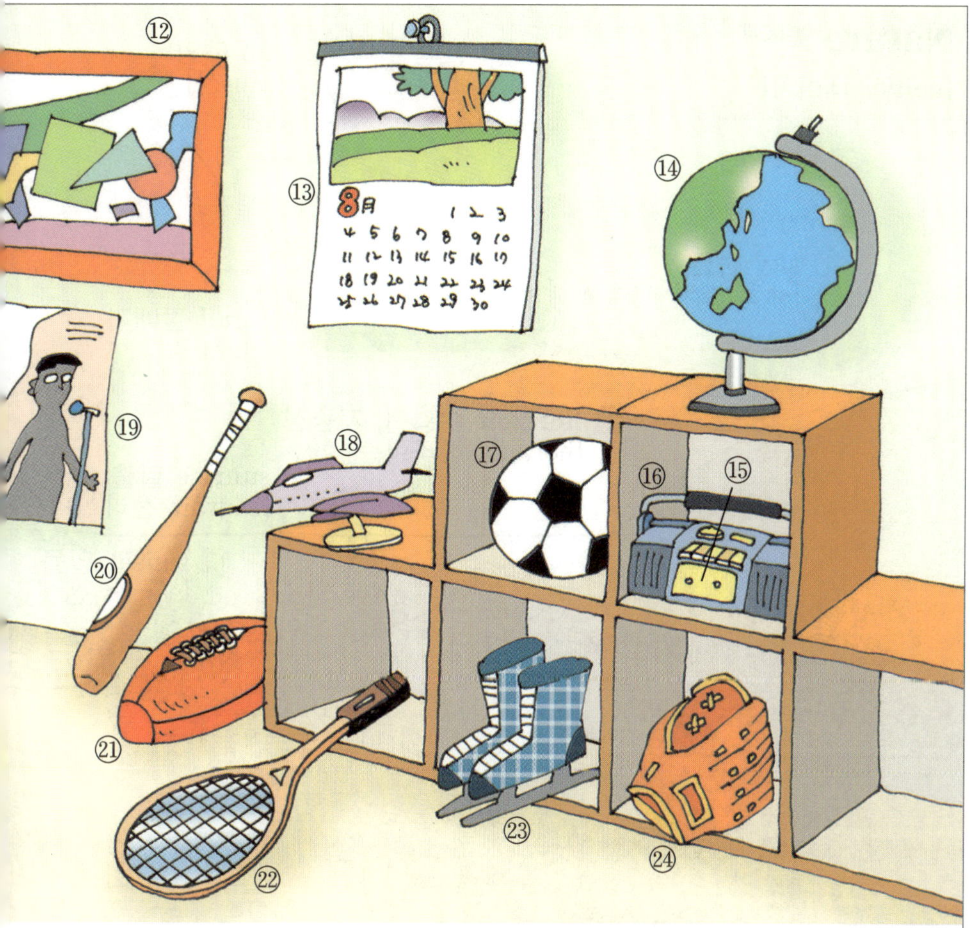

⑬ **calendar** 달력
[kǽləndər 캘런더]

⑭ **globe** 지구의
[glóub 글로우브]

⑮ **cassette** 카세트(테이프)
[kəsét 커셋]

⑯ **cassette player** 카세트 플레이어
[kəsét plèiər 커셋 플레이어]

⑰ **soccer ball** 축구공
[sɑ́kər bɔ̀ːl 사커 볼-]

⑱ **plastic model** 플라스틱 모형
[plǽstik mɑ́dl 플래스틱 마들]

⑲ **poster** 포스터
[póustər 포우스터]

⑳ **bat** 배트
[bǽt 뱃]

㉑ **football** 미식 축구공
[fútbɔ̀ːl 풋볼-]

㉒ **racket** 라켓
[rǽkit 래킷]

㉓ **skates** 스케이트화
[skéits 스케이츠]

㉔ **glove** (야구용) 글러브
[glʌ́v 글러브]

Nature 자연
[néitʃər 네이처]
① sky 하늘
[skái 스카이]
② sun 태양
[sʌ́n 선]
③ gull 갈매기
[gʌ́l 걸]
④ horizon 수평선, 지평선
[həráizn 허라이즌]
⑤ sunrise 일출
[sʌ́nràiz 선라이즈]
⑥ sunset 일몰
[sʌ́nsèt 선셋]
⑦ wave 파도
[wéiv 웨이브]
⑧ slope 비탈
[slóup 슬로우프]
⑨ forest 숲
[fɔ́:rist 포리스트]
⑩ pasture 목장
[pǽstʃər 패스처]
⑪ north 북쪽
[nɔ́:rθ 노-스]
⑫ west 서쪽
[wést 웨스트]
⑬ east 동쪽
[í:st 이-스트]
⑭ south 남쪽
[sáuθ 사우스]

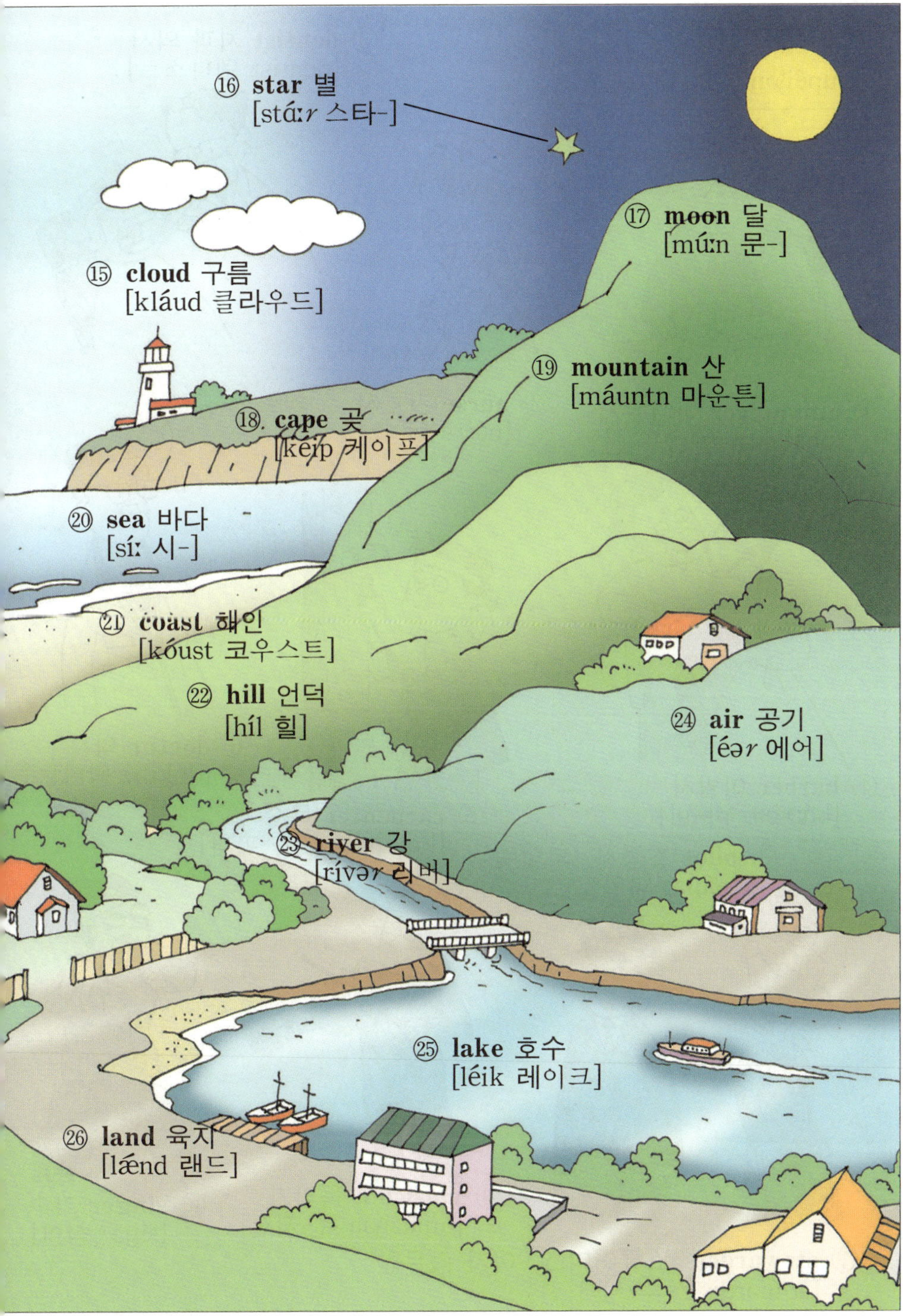
⑯ star 별
[stáːr 스타-]
⑰ moon 달
[múːn 문-]
⑮ cloud 구름
[kláud 클라우드]
⑲ mountain 산
[máuntn 마운튼]
⑱ cape 곶
[kéip 케이프]
⑳ sea 바다
[síː 시-]
㉑ coast 해안
[kóust 코우스트]
㉒ hill 언덕
[híl 힐]
㉔ air 공기
[éər 에어]
㉓ river 강
[rívər 리버]
㉕ lake 호수
[léik 레이크]
㉖ land 육지
[lǽnd 랜드]

Occupations 직업
[àkjupéiʃənz 아큐페이션즈]

① **announcer** 아나운서
[ənáunsər 어나운서]

② **nurse** 간호사
[nə́ːrs 너-스]

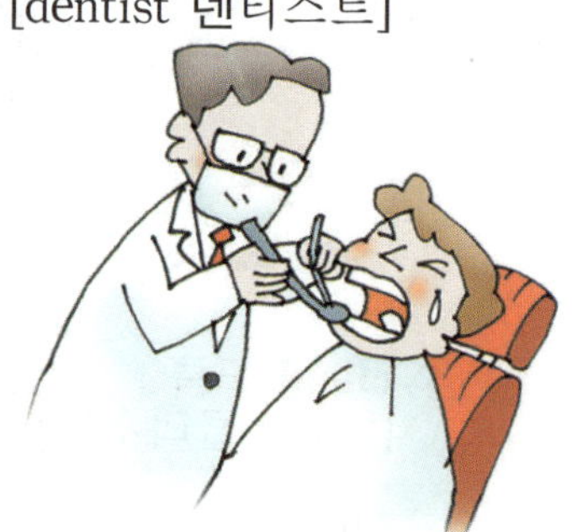

③ **dentist** 치과 의사
[déntist 덴티스트]

④ **barber** 이발사
[báːrbər 바-버]

⑤ **carpenter** 목수
[káːrpəntər 카-펀터]

⑥ **doctor** 의사
[dáktər 닥터]

⑧ **pilot** 조종사, 파일럿
[páilət 파일럿]

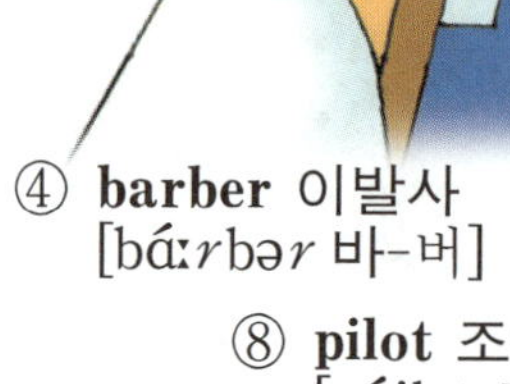

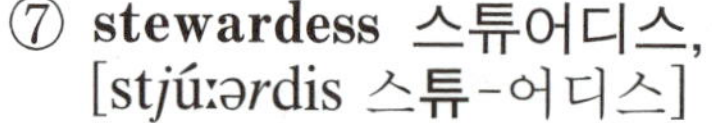

⑦ **stewardess** 스튜어디스, 여자 승무원
[stjúːərdis 스튜-어디스]

⑨ **musician** 음악가
[mjuːzíʃən 뮤-지션]

⑩ **singer** 가수
[síŋər 싱어]

⑪ **laundryman** 세탁업자 [lɔ́ːndrimən 론-드리먼]

⑫ **tailor** 재단사 [téilər 테일러]

⑬ **butcher** 정육점 주인, 푸주한 [bútʃər 부처]

⑭ **policeman** 경찰관 [pəlíːsmən 펄리-스먼]

⑮ **cook** 요리사 [kúk 쿡]

⑯ **teacher** 선생님 [tíːtʃər 티-처]

⑰ **mailman** 우편 집배원 [méilmæ̀n 메일맨]

⑲ **deliveryman** 배달부 [dilívərimən 딜리버리먼]

⑱ **farmer** 농부 [fáːrmər 파-머]

⑳ **librarian** 사서 [laibréəriən 라이브레어리언]

① **kiosk** 매점
[kíːɑsk 키-아스크]

② **tree** 나무
[trí: 트리-]

③ **flowerbed** 화단
[fláuərbèd 플라우어베드]

④ **statue** 조상
[stǽtʃuː 스태추-]

⑤ **fountain** 분수
[fáuntn 파운튼]

⑥ **pond** 못
[pάnd 판드]

⑦ **jungle gym** 정글짐
[dʒʌ́ŋgl dʒìm 정글 짐]

⑧ **sidewalk** 보도
[sáidwɔ̀ːk 사이드워-크]

⑨ **buggy** 유모차
[bʌ́gi 버기]

⑩ **tricycle** 세발 자전거
[tráisikl 트라이시클]

⑪ **slide** 미끄럼틀
[sláid 슬라이드]

⑫ **hedge** 산울타리
[hédʒ 헤지]

⑬ **bench** 벤치
[béntʃ 벤치]

⑭ **scooter** (어린이용) 외발 스케이트
[skúːtər 스쿠-터]

⑮ **seesaw** 시소
[síːsɔ̀ː 시-소-]

People Around 주위 사람들
[píːpl əráund 피-플 어라운드]

① old man 노인
[òuld mǽn 오울드 맨]

② woman 여자
[wúmən 우먼]

③ man 남자
[mǽn 맨]

④ lady 숙녀
[léidi 레이디]

⑤ gentleman 신사
[dʒéntlmən 젠틀먼]

⑥ student 학생
[stjúːdnt 스튜-든트]

⑦ children 어린아이들
[tʃíldrən 칠드런]

⑧ friend 친구
[frénd 프렌드]

⑨ baby 갓난아기
[béibi 베이비]

⑩ neighbor 이웃 사람
[néibər 네이버]

⑪ adult 어른
[ədʌ́lt 어덜트]

Shopping Center 쇼핑센터, 상점가
[ʃápiŋ sèntər 샤핑 센터]

① **beauty shop** 미장원, 미용실
[bjúːti ʃàp 뷰-티 샵]

② **drugstore** 약방, 약국
[drʌ́gstɔ̀ːr 드러그스토-]

③ **coffee shop** 커피점
[kɔ́ːfi ʃàp 코-피 샵]

④ **restaurant** 레스토랑, 음식점
[réstərənt 레스터런트]

⑤ **barbershop** 이발소
[báːrbərʃàp 바-버샵]

⑥ **record shop** 레코드 가게
[rékərd ʃàp 레커드 샵]

⑦ **shoeshop** 신발 가게, 양화점
[ʃúːʃàp 슈-샵]

⑧ **key shop** 열쇠 가게
[kíː ʃàp 키- 샵]

⑨ **meat market** 정육점
[míːt màːrkit 미-트 마-킷]

⑩ **bakery** 빵집
[béikəri 베이커리]

⑪ **pet shop** 애완 동물 가게
[pét ʃàp 펫 샵]

Playground 놀이터
[pléigràund 플레이그라운드]

② **bubble blowing**
비눗방울 불기
[bʌ́bl blóuiŋ 버블 블로우잉]

① **roller skating** 롤러 스케이트
[róulər skèitiŋ 로울러 스케이팅]

③ **sandpit** [sǽndpìt 샌드핏]/
sandbox [sǽndbàks 샌드박스]
모래밭

④ **tag** 술래잡기
[tǽg 태그]

⑤ **somersault**
재주넘기
[sʌ́mərsɔ̀:lt
서머솔-트]

⑥ **hide-and-seek** 숨바꼭질
[háidnsí:k 하이든시-크]

⑦ swing 그네
[swíŋ 스윙]
⑧ rings 링
[ríŋz 링즈]
⑨ jumping rope 줄넘기
[dʒʌ́mpiŋ ròup 점핑 로우프]
⑩ jump rope 줄넘기 줄
[dʒʌ́mp ròup 점프 로우프]
⑪ sliding pole
미끄럼봉
[sláidiŋ póul
슬라이딩 포울]
⑫ slide 미끄럼틀
[sláid 슬라이드]
⑬ seesaw 시소
[síːsɔ̀ː 시-소-]

Railway Station 철도역

[réilwei stèiʃən 레일웨이 스테이션]

① **diesel locomotive** 디젤 기관차
[dízl loukəmòutiv 디-즐 로우커모우티브]

② **boxcar** 지붕이 있는 화차
[bákskàːr 박스카-]

③ **tank car** 탱크차
[tǽŋk kàːr 탱크 카-]

④ **rail** [réil 레일] 레일/
track [trǽk 트랙] 선로

⑤ **wheel** 차륜, 바퀴
[hwíːl 휠-, 월-]

⑥ **electric locomotive** 전기 기관차
[iléktrik loukəmòutiv 일렉트릭 로우커모우티브]

⑦ **pantograph** 팬터그래프, 집전기
[pǽntəgrǽf 팬터그래프]

⑧ **steam locomotive** 증기 기관차
[stíːm loukəmòutiv 스팀- 로

우커모우티브]

⑨ **guard** 건널목지기 [gɑ́ːrd 가-드]

⑩ **grade crossing** 건널목 [gréid krɔ́ːsiŋ 그레이드 크로-싱]

⑪ **signal** 신호 [sígnəl 시그널]

⑫ **platform** 플랫폼 [plǽtfɔːrm 플랫폼-]

⑬ **window** 창문 [wíndou 윈도우]

⑭ **passenger** 승객 [pǽsəndʒər 패선저]

⑮ **coach** 객차 [kóutʃ 코우치]

⑯ **wicket** 개찰구 [wíkit 위킷]

⑰ **stationmaster** 역장 [stéiʃənmæ̀stər 스테이션매스터]

⑱ **station** 역, 정거장 [stéiʃən 스테이션]

⑲ **waiting room** 대합실 [wéitiŋ rùːm 웨이팅 룸-]

① **gymnasium** 체육관
[dʒimnéiziəm 짐네이지엄]

② **swimming pool** 수영장
[swímiŋ pùːl 스위밍 풀–]

③ **swing** 그네
[swíŋ 스윙]

④ **slide** 미끄럼틀
[sláid 슬라이드]

⑤ **jungle gym** 정글짐
[dʒʌ́ŋgl dʒìm 정글 짐]

⑥ **field** 경기장
[fíːld 필–드]

⑦ **gate** 문, 교문
[géit 게이트]

⑧ **wall** 담
[wɔ́ːl 월–]

⑨ **sandbox** 모래밭
[sǽndbàks 샌드박스]

⑩ **horizontal bar** 철봉
[hɔ́:rizántl bàːr 호-리잔틀 바-]

⑪ **flag** 기
[flǽg 플래그]

⑫ **schoolhouse** 교사
[skúːlhàus 스쿨-하우스]

⑬ **playground** 운동장
[pléigràund 플레이그라운드]

⑭ **track** 트랙, 경주로
[trǽk 트랙]

⑮ **backstop** 백스톱
[bǽkstàp 백스탑]

⑯ **flowerbed** 화단
[fláuərbèd 플라우어베드]

Sports 운동
[spɔ́:rts 스포-츠]

① **swimming** 수영
[swímiŋ 스위밍]

② **athletics** 육상 경기
[æθlétiks 애슬레틱스]

③ **soccer** 축구
[sákər 사커]

④ **horse racing** 경마
[hɔ́:rs rèisiŋ 호-스 레이싱]

⑤ tennis 정구, 테니스
[ténis 테니스]
⑥ fencing 펜싱
[fénsiŋ 펜싱]
⑦ baseball 야구
[béisbɔ̀ːl 베이스볼-]
⑧ volleyball 배구
[válibɔ̀ːl 발리볼-]
⑨ basketball 농구
[bǽskitbɔ̀ːl 배스킷볼-]

Sports Goods 스포츠 용품
[spɔ́ːrts gùdz 스포―츠 구즈]

① **volleyball** 배구공
[válibɔ̀ːl 발리볼-]

② **basketball** 농구공
[bǽskitbɔ̀ːl 배스킷볼-]

③ **football** 미식축구공
[fútbɔ̀ːl 풋볼-]

④ **baseball** 야구공
[béisbɔ̀ːl 베이스볼-]

⑤ **bat** (야구) 배트
[bǽt 뱃]

⑥ **soccer ball** 축구공
[sɑ́kər bɔ̀ːl 사커 볼-]

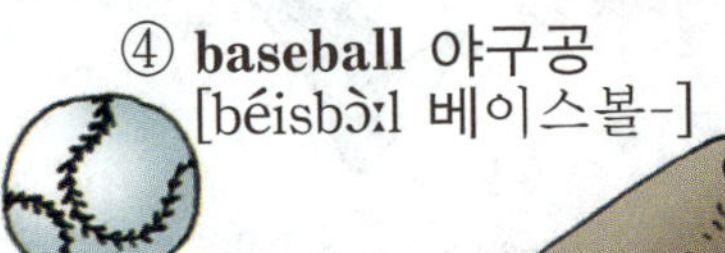

⑧ **mitt** (야구용) 미트
[mít 밋]

⑦ **glove** (야구용) 글러브
[glʌ́v 글러브]

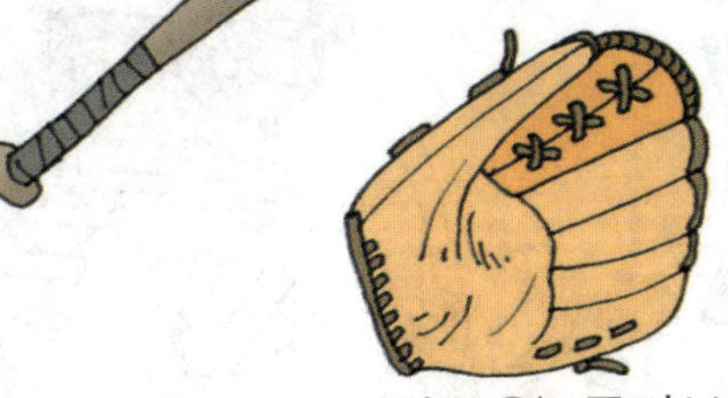

⑨ **skates** 스케이트 구두
[skéits 스케이츠]

⑩ **roller skates** 롤러 스케이트 구두
[róulər skèits 로울러 스케이츠]

⑪ **sleigh** 썰매
[sléi 슬레이]

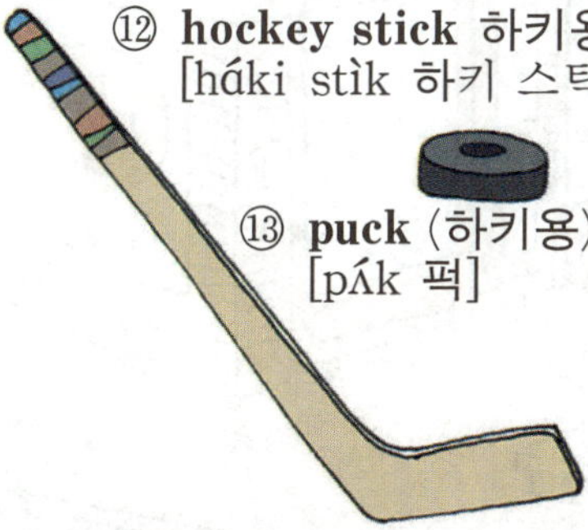

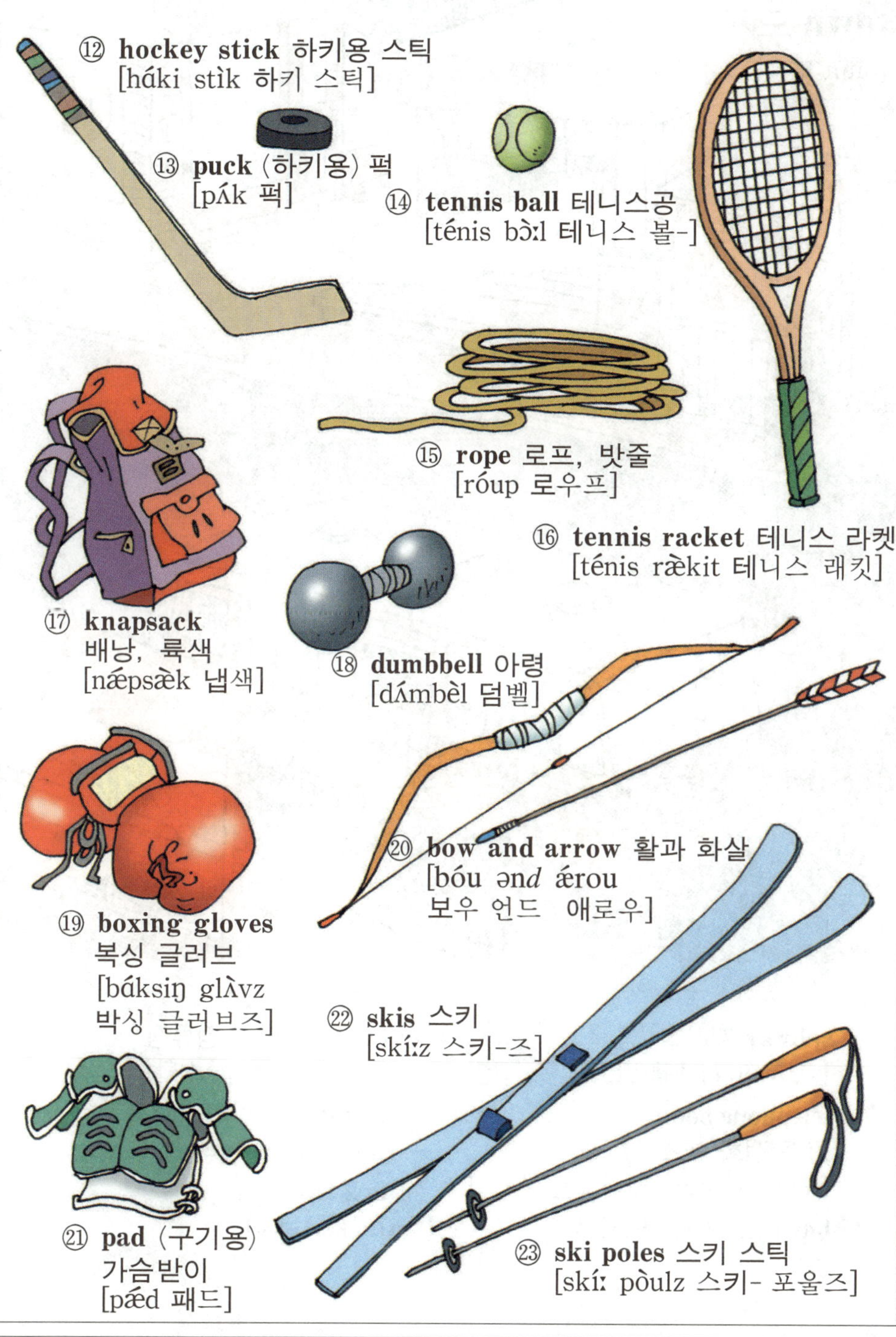

⑫ **hockey stick** 하키용 스틱
[hɑ́ki stìk 하키 스틱]

⑬ **puck** 〈하키용〉 퍽
[pʌ́k 퍽]

⑭ **tennis ball** 테니스공
[ténis bɔ̀ːl 테니스 볼-]

⑮ **rope** 로프, 밧줄
[róup 로우프]

⑯ **tennis racket** 테니스 라켓
[ténis rǽkit 테니스 래킷]

⑰ **knapsack**
배낭, 륙색
[nǽpsæ̀k 냅색]

⑱ **dumbbell** 아령
[dʌ́mbèl 덤벨]

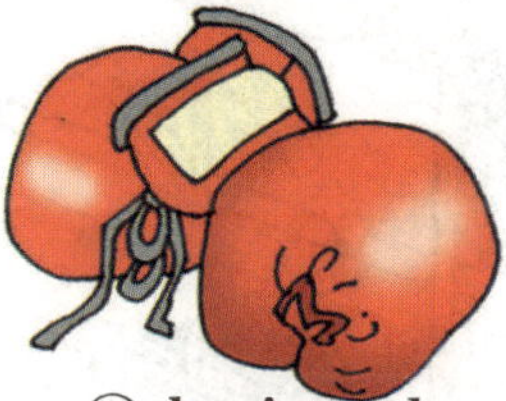

⑲ **boxing gloves**
복싱 글러브
[bɑ́ksiŋ glʌ̀vz
박싱 글러브즈]

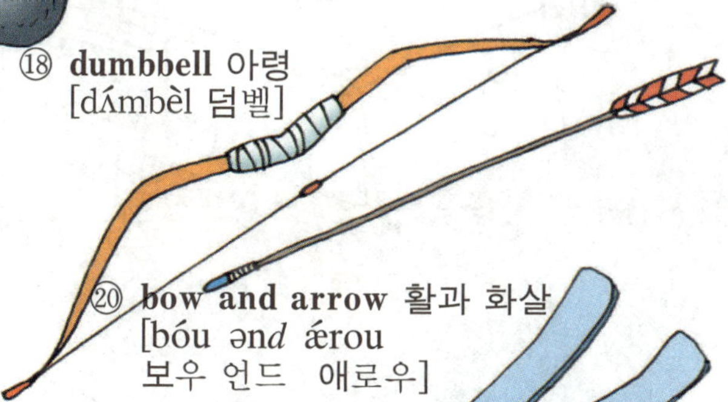

⑳ **bow and arrow** 활과 화살
[bóu ən*d* ǽrou
보우 언드 애로우]

㉑ **pad** 〈구기용〉
가슴받이
[pǽd 패드]

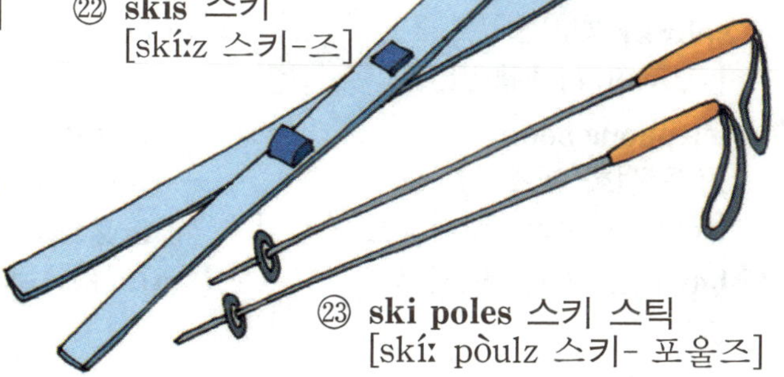

㉒ **skis** 스키
[skíːz 스키-즈]

㉓ **ski poles** 스키 스틱
[skíː pòulz 스키- 포울즈]

① **subway** 지하철
[sʌ́bwèi 서브웨이]

② **telephone booth**
공중 전화 부스
[téləfoun bùːθ 텔러포운 부ー스]

③ **bus** 버스 [bʌ́s 버스]

④ **bus stop** 버스 정류장
[bʌ́s stàp 버스 스탑]

⑤ **taxi stand** 택시 승차장
[tǽksi stӕnd 택시 스탠드]

⑥ **taxi** 택시
[tǽksi 택시]

⑦ **truck** 트럭
[trʌ́k 트럭]

⑧ **streetlight** 가로등
[strí:tlàit 스트리-트라이트]

⑨ **motorcycle** 모터사이클
[móutərsàikl 모우터사이클]

⑩ **bicycle** 자전거
[báisikl 바이시클]

⑪ **car** 자동차
[ká:r 카-]

⑫ **patrol car** 순찰차
[pətróul kà:r 퍼트로울 카-]

Vegetables 야채
[védʒtəblz 베지터블즈]

① **cabbage** 양배추
[kǽbidʒ 캐비지]

② **spinach** 시금치
[spínitʃ 스피니치]

③ **cucumber** 오이
[kjúːkʌmbər 큐-컴버]

④ **onion** 양파
[ʌ́njən 어년]

⑤ **peas** 완두콩
[píːz 피-즈]

⑥ **carrot** 당근
[kǽrət 캐럿]

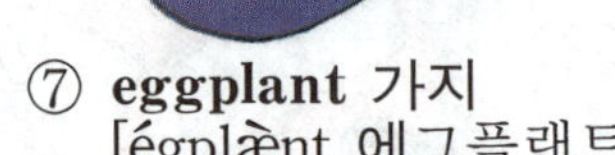

⑦ **eggplant** 가지
[égplænt 에그플랜트]

⑧ **celery** 셀러리
[séləri 셀러리]

⑨ **tomato** 토마토
[təméitou 터메이토우]

⑩ **turnip** 순무
[tə́ːrnip 터-닙]

⑪ **potato** 감자
[pətéitou 퍼테이토우]

⑫ **lettuce** 상추, 양상추
[létəs 레터스]

⑬ **asparagus** 아스파라거스
[əspǽrəgəs 어스패러거스]

⑭ **cauliflower** 꽃양배추
[kɔ́ːliflàuər 콜-리플라우어]

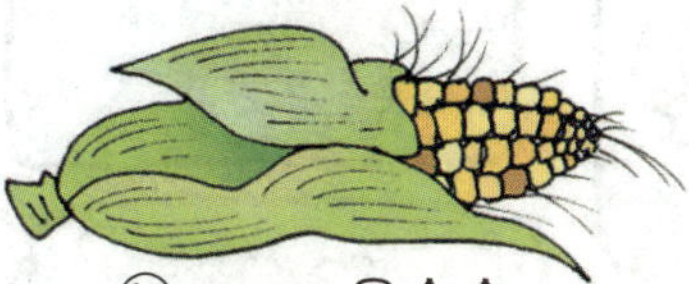

⑮ **corn** 옥수수
[kɔ́ːrn 콘-]

⑯ **string beans** 꼬투리째 먹는 콩
[stríŋ bìːnz 스트링 빈-즈]

⑰ **Welsh onion** 파
[wélʃ ʌ́njən 웰시 어년]

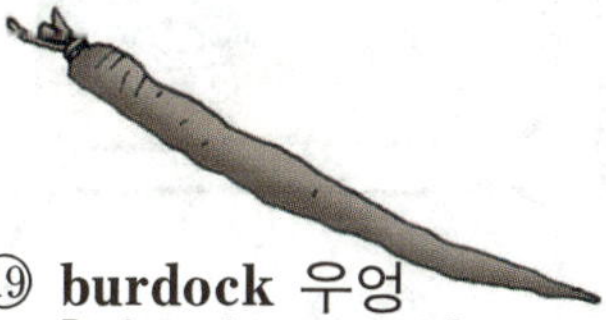

⑲ **burdock** 우엉
[bə́ːrdàk 버-닥]

⑳ **red pepper** 고추
[réd pépər 레드 페퍼]

⑱ **mushroom** 버섯
[mʌ́ʃrùːm 머시룸-]

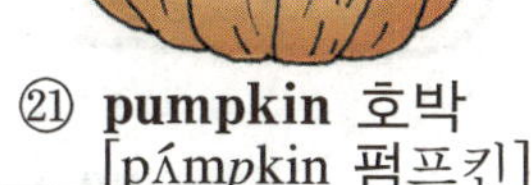

㉑ **pumpkin** 호박
[pʌ́mpkin 펌프킨]

㉔ **broccoli** 브로콜리
[brάkəli 브라컬리]

㉒ **beet** 사탕무
[bíːt 비-트]

㉓ **sweet potato** 고구마
[swìːt pətéitou 스위-트 퍼테이토우]

Weather 날씨
[wéðər 웨더]

① **sky** 하늘 [skái 스카이]
② **cirrus cloud** 새털구름
   [sírəs klàud 시러스 클라우드]
③ **cumulus** 뭉게구름
   [kjú:mjuləs 큐-뮬러스]
④ **rainbow** 무지개
   [réinbòu 레인보우]
⑤ **mackerel cloud** 조개구름
   [mǽkərəl klàud 매커럴 클라우드]
⑥ **cumulonimbus cloud** 쌘비구름
   [kjù:mjulouнímbəs klàud 큐-뮬로우님버스 클라우드]
⑦ **weather map** 일기도
   [wéðər mǽp 웨더 맵]
⑧ **weather vane** 바람개비
   [wéðər vèin 웨더 베인]
⑨ **thermometer** 온도계

[θərmámətər 서마머터]
⑩ **rain** 비 [réin 레인]
⑪ **cloud** 구름
　[kláud 클라우드]
⑫ **weather balloon**
　기상 관측용 기구
　[wéðər bəlùːn 웨더 벌룬-]
⑬ **snow** 눈
　[snóu 스노우]

⑭ **flood** 홍수 [flʌ́d 플러드]
⑮ **lightning** 번개
　[láitniŋ 라이트닝]
⑯ **sleet** 진눈깨비
　[slíːt 슬리-트]
⑰ **rain cloud** 비구름
　[réin klàud 레인 클라우드]
⑱ **tornado** 회오리바람
　[tɔːrnéidou 토-네이도우]

Body 몸
[bádi 바디]

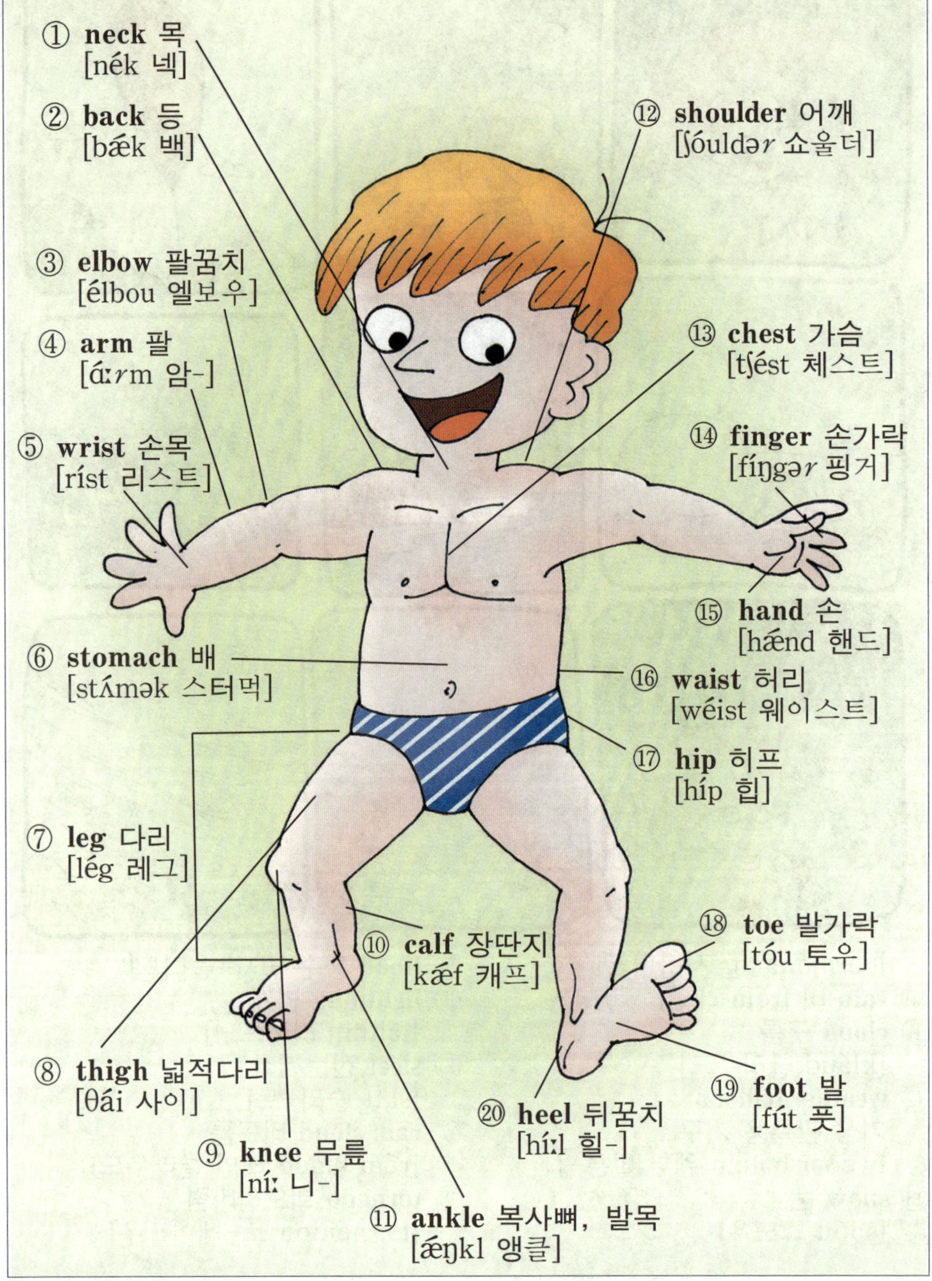
① neck 목
[nék 넥]
② back 등
[bǽk 백]
③ elbow 팔꿈치
[élbou 엘보우]
④ arm 팔
[ɑ́ːrm 암-]
⑤ wrist 손목
[ríst 리스트]
⑥ stomach 배
[stʌ́mək 스터먹]
⑦ leg 다리
[lég 레그]
⑧ thigh 넓적다리
[θái 사이]
⑨ knee 무릎
[níː 니-]
⑩ calf 장딴지
[kǽf 캐프]
⑪ ankle 복사뼈, 발목
[ǽŋkl 앵클]
⑫ shoulder 어깨
[ʃóuldər 쇼울더]
⑬ chest 가슴
[tʃést 체스트]
⑭ finger 손가락
[fíŋgər 핑거]
⑮ hand 손
[hǽnd 핸드]
⑯ waist 허리
[wéist 웨이스트]
⑰ hip 히프
[híp 힙]
⑱ toe 발가락
[tóu 토우]
⑲ foot 발
[fút 풋]
⑳ heel 뒤꿈치
[híːl 힐-]

세계 각국의 국명 및 수도명

국 명	수 도 명
가나 Ghana ガーナ 加纳 Jiānà	아크라 Accra アクラ 阿克拉 Ākèlā
가봉 Gabon ガボン 加蓬 Jiāpéng	리브레빌 Libreville リーブルビル 利伯维尔 Lìbówéi'ěr
과테말라 Guatemala グアテマラ 危地马拉 Wēidìmǎlā	과테말라시티 Guatemala City グアテマラシティ 危地马拉城 Wēidìmǎlā Chéng
그레나다 Grenada グレナダ 格林纳达 Gélínnàdá	세인트조지스 St. George's セントジョージズ 圣乔治 Shèngqiáozhì
그루지야 Georgia グルジア 格鲁吉亚 Gélǔjíyà	트빌리시 Tbilisi トビリシ 第比利斯 Dìbǐlìsī
그리스 Greece ギリシア 希腊 Xīlà	아테네 Athens アテネ 雅典 Yǎdiǎn
기니 Guinea ギニア 几内亚 Jǐnèiyà	코나크리 Conakry コナクリ 科纳克里 Kēnàkèlǐ
기니비사우 Guinea-Bissau ギニアビサウ 几内亚比绍 Jǐnèiyà Bǐshào	비사우 Bissau ビサウ 比绍 Bǐshào
나미비아 Namibia ナミビア 纳米比亚 Nàmǐbǐyà	빈트후크 Windhoek ウィントフーク 温得和克 Wēndéhékè
남아프리카공화국 South Africa 南アフリカ なんアフリカ 南非 Nánfēi	프리토리아 Pretoria プレトリア 比勒陀利亚 Bǐlètuólìyà

국 명	수 도 명
네덜란드 Netherlands オランダ 荷兰 Hélán	암스테르담 Amsterdam アムステルダム 阿姆斯特丹 Āmǔsītèdān
네팔 Nepal ネパール 尼泊尔 Níbó'ěr	카트만두 Kathmandu カトマンズ 加德满都 Jiādémǎndū
노르웨이 Norway ノルウェー 挪威 Nuówēi	오슬로 Oslo オスロ 奥斯陆 Àosīlù
뉴질랜드 New Zealand ニュージーランド 新西兰 Xīnxīlán	웰링턴 Wellington ウエリントン 惠灵顿 Huìlíngdùn
니제르 Niger ニジエール 尼日尔 Nírì'ěr	니아메 Niamey ニアメー 尼亚美 Níyàměi
니카라과 Nicaragua ニカラグア 尼加拉瓜 Níjiālāguā	마나과 Managua マナグア 马那瓜 Mǎnàguā
덴마크 Denmark デンマーク 丹麦 Dānmài	코펜하겐 Copenhagen コペンハーゲン 哥本哈根 Gēběnhāgēn
도미니카공화국 Dominican Republic ドミニカ共和国 ドミニカきょうわこく 多米尼加 Duōmǐníjiā	산토도밍고 Santo Domingo サントドミンゴ 圣多明各 Shèngduōmínggè
도미니카연방 Dominica ドミニカ連邦 ドミニカれよぽう 多米尼克 Duōmǐníkè	로조 Roseau ロゾー 罗索 Luósuǒ
독일 Germany ドイツ 德国 Déguó	베를린 Berlin ベルリン 柏林 Bólín
라오스 Laos ラオス 老挝 Lǎowō	비엔티안 Vientiane ビエンテャン 万象 Wànxiàng

국 명	수 도 명
라이베리아 Liberia リベリア 利比里亚 Lìbǐlǐyà	몬로비아 Monrovia モンロビア 蒙罗维亚 Méngluówéiyà
라트비아 Latvia ラトビア 拉脱维亚 Lātuōwéiyà	리가 Riga リガ 里加 Lǐjiā
러시아 Russia ロシア 俄罗斯 Éluósī	모스크바 Moscow モスクワ 莫斯科 Mòsīkē
레바논 Lebanon レバノン 黎巴嫩 Líbānèn	베이루트 Beirut ベイルート 贝鲁特 Bèilǔtè
루마니아 Rumania ルーマニア 罗马尼亚 Luómǎníyà	부쿠레슈티 Bucharest ブカレスト 布加勒斯特 Bùjiālèsītè
룩셈부르크 Luxembourg ルクセンブルク 卢森堡 Lúsēnbǎo	룩셈부르크 Luxembourg ルクセンブルク 卢森堡 Lúsēnbǎo
르완다 Rwanda ルワンダ 卢旺达 Lúwàngdá	키갈리 Kigali キガリ 基加利 Jījiālì
리비아 Libya リビア 利比亚 Lìbǐyà	트리폴리 Tripoli トリポリ 的黎波里 Dìlíbōlǐ
리투아니아 Lithuania リトアニア 立陶宛 Lìtáowǎn	빌뉴스 Vilnius ビリニュス 维尔纽斯 Wéi'ěrniǔsī
리히텐슈타인 Liechtenstein リヒテンシュタイン 列支敦士登 Lièzhīdūnshìdēng	파두츠 Vaduz ファドーツ 瓦杜兹 Wǎdùzī
마케도니아 Macedonia マケドニア 马其顿 Mǎqídùn	스코페 Skopje スコピエ 斯科普里 Sīkēpǔlǐ

국 명	수 도 명
말라위 Malawi マラウィ 马拉维 Mǎlāwéi	릴롱궤 Lilongwe リロングウェ 利隆圭 Lìlóngguī
말레이시아 Malaysia マレーシア 马来西亚 Mǎláixīyà	쿠알라룸푸르 Kuala Lumpur クアラルンプール 吉隆坡 Jílóngpō
말리 Mali マリ 马里 Mǎlǐ	바마코 Bamako バマコ 巴马科 Bāmǎkē
멕시코 Mexico メキシコ 墨西哥 Mòxīgē	멕시코시티 Mexico City メキシコ市 メキシコし 墨西哥城 Mòxīgē Chéng
모나코 Monaco モナコ 摩纳哥 Mónàgē	모나코 Monaco モナコ 摩纳哥 Mónàgē
모로코 Morocco モロッコ 摩洛哥 Mòluògē	라바트 Rabat ラバト 拉巴特 Lābātè
모리셔스 Mauritius モーリシャス 毛里求斯 Máolǐqiúsī	포트루이스 Port Louis ポートルイス 路易港 Lùyìgǎng
모리타니 Mauritania モーリタニア 毛里塔尼亚 Máolǐtǎníyà	누악쇼트 Nouakchott ヌアクショット 努瓦克肖特 Nǔwǎkèxiāotè
모잠비크 Mozambique モザンビーク 莫桑比克 Mòsāngbǐkè	마푸토 Maputo マプト 马普托 Mǎpǔtuō
몰도바 Moldova モルドバ 摩尔多瓦 Mó'ěrduōwǎ	키시네프 Kishinev キシニヨフ 基希讷乌 Jīxīnèwū
몰디브 Maldives モルジブ 马尔代夫 Mǎ'ěrdàifū	말레 Malé マレ 马累 Mǎlèi

국 명	수 도 명
몰타 Malta モルタ 马耳他 Mǎ'ěrtā	발레타 Valletta バレッタ 瓦莱塔 Wǎláitǎ
몽골 Mongolia モンゴル 蒙古 Měnggǔ	울란바토르 Ulan Bator ウランバートル 乌兰巴托 Wūlánbātuō
미국 America アメリカ 美国 Měiguó	워싱턴 디시 Washington, D.C. ワシントン 华盛顿 Huáshèngdùn
바레인 Bahrain バーレーン 巴林 Bālín	마나마 Manama マナマ 麦纳麦 Màinàmài
바티칸 Vatican バチカン 梵蒂冈 Fàndìgāng	바티칸 시티 Vatican City バチカン市・バチカンし 梵蒂冈 Fàndìgāng
바하마 The Bahamas バハマ 巴哈马 Bāhāmǎ	나소 Nassau ナッソー 拿骚 Násāo
방글라데시 Bangladesh バングラデシュ 孟加拉国 Mèngjiālāguó	다카 Dhaka ダッカ 达卡 Dákǎ
베냉 Benin ベニン 贝宁 Bèiníng	포르토노보 Porto Novo ポルトノボ 波多诺伏 Bōduōnuòfú
베네수엘라 Venezuela ベネズエラ 委内瑞拉 Wěinèiruìlā	카라카스 Caracas カラカス 加拉加斯 Jiālājiāsī
베트남 Vietnam ベトナム 越南 Yuènán	하노이 Hanoi ハノイ 河内 Hénèi
벨기에 Belgium ベルギー 比利时 Bǐlìshí	브뤼셀 Brussels ブリュッセル 布鲁塞尔 Bùlǔsài'ěr

국 명	수 도 명
벨로루시 Belarus ベラルーシ 白俄罗斯 Bái'éluósī	민스크 Minsk ミンスク 明斯克 Míngsīkè
보스니아-헤르체고비나 Bosnia and Herzegovina ボスニア・ヘルツェゴビナ 波斯尼亚和黑塞哥维那 Bōsīníyà hé Hēisàigēwéinà	사라예보 Sarajevo サラエボ 萨拉热窝 Sàlārèwō
보츠와나 Botswana ボツワナ 博茨瓦纳 Bócíwǎnà	가보로네 Gaborone ガボローネ 哈博罗内 Hābóluónèi
볼리비아 Bolivia ボリビア 玻利维亚 Bōlìwéiyà	라파스 La Paz ラパス 拉巴斯 Lābāsī
부르키나파소 Burkina Faso ブルギナファソ 布基纳法索 Bùjīnàfǎsuǒ	와가두구 Ouagadougou ワガドゥグー 瓦加杜古 Wǎijiādùgǔ
부룬디 Burundi ブルンジ 布隆迪 Bùlóngdí	부줌부라 Bujumbura ブジュンブラ 布琼布拉 Bùqióngbùlā
부탄 Bhutan ブータン 不丹 Bùdān	팀부 Thimbu ティンブー 廷布 Tíngbù
불가리아 Bulgaria ブルガリア 保加利亚 Bǎojiālìyà	소피아 Sofia ソフィア 索非亚 Suǒfēiyà
브라질 Brazil ブラジル 巴西 Bāxī	브라질리아 Brasilia ブラジリア 巴西利亚 Bāxīlìyà
사우디아라비아 Saudi Arabia サウジアラビヤ 沙特阿拉伯 Shātè Ālābó	리야드 Riyadh リヤド 利雅得 Lìyǎdé

국 명	수 도 명
세네갈 Senegal セネガル 塞内加尔 Sàinèijiā'ěr	다카 Dakar タカール 达喀尔 Dákā'ěr
소말리아 Somalia ソマリア 索马里 Suǒmǎlǐ	모가디슈 Mogadishu モガディシオ 摩加迪沙 Mójiādíshā
수단 Sudan スーダン 苏丹 Sūdān	하르툼 Khartoum ハルツーム 喀土穆 Kātǔmù
스웨덴 Sweden スウェーデン 瑞典 Ruìdiǎn	스톡홀름 Stockholm ストックホルム 斯德哥尔摩 Sīdégē'ěrmó
스위스 Switzerland スイス 瑞士 Ruìshì	베른 Bern ベルン 伯尔尼 Bó'ērní
스페인 Spain スペイン 西班牙 Xībānyá	마드리드 Madrid マドリード 马德里 Mǎdélǐ
슬로바키아 Slovakia スロバキア 斯罗伐克 Sīluófákè	브라티슬라바 Bratislava ブラチスラバ 布拉迪斯拉发 Bùlādísīlāfā
슬로베니아 Slovenia スロベニア 斯洛文尼亚 Sīluòwénníyà	류블랴나 Ljubljana リュブリャナ 卢布尔雅那 Lúbù'ěryǎnà
시리아 Syria シリア 叙利亚 Xùlìyà	다마스커스 Damascus ダマスカス 大马士革 Dàmǎshìgé
싱가포르 Singapore シンガポール 新加坡 Xīnjiāpō	싱가포르 Singapore シンガポール 新加坡 Xīnjiāpō

국 명	수 도 명
아랍에미레이트 United Arab Emirates アラブ首長国連邦 アラブしゅちょう こくれんぼう 阿拉伯联合酋长国 Ālābó Liánhé Qiúzhǎngguó	아부다비 Abu Dhabi アブダビ 阿布扎比 Ābùzhābǐ
아르메니아 Armenia アルメニア 亚美尼亚 Yàměiníyà	예레반 Yerevan エレバン 埃里温 Āilǐwēn
아르헨티나 Argentina アルゼンチン 阿根廷 Āgēntíng	부에노스아이레스 Buenos Aires ブエノスアイレス 布宜诺斯艾利斯 Bùyínuòsī'àilìsī
아이슬란드 Iceland アイスランド 冰岛 Bīngdǎo	레이캬비크 Reykjavik レイキャビク 雷克雅未克 Léikèyǎwèikè
아일랜드 Ireland アイルランド 爱尔兰 Ài'ěrlán	더블린 Dublin ダブリン 都柏林 Dūbólín
아제르바이젠 Azerbaijan アゼルバイジャン 阿塞拜疆 Āsàibàijiāng	바쿠 Baku バクー 巴库 Bākù
아프가니스탄 Afghanistan アフガニスタン 阿富汗 Āfùhàn	카불 Kabul カブール 喀布尔 Kābù'ěr
알바니아 Albania アルバニア 阿尔巴尼亚 Ā'ěrbāníyà	티라나 Tirana ティラナ 地拉那 Dìlānà
알제리 Algeria アルジェリア 阿尔及利亚 Ā'ěrjílìyà	알제 Algiers アルジェ 阿尔及尔 Ā'ěrjí'ěr
앙골라 Angola アンゴラ 安哥拉 Āngēlā	루안다 Luanda ルアンダ 罗安达 Luó'āndá

국 명	수 도 명
에스토니아 Estonia エストニア 爱沙尼亚 Àishāníyà	탈린 Tallinn タリン 塔林 Tǎlín
에콰도르 Ecuador エクアドル 厄瓜多尔 Èguāduō'ěr	키토 Quito キト 基多 Jīduō
에티오피아 Ethiopia エチオピア 埃塞俄比亚 Āisài'ébǐyà	아디스아바바 Addis Ababa アディスアババ 亚的斯亚贝巴 Yàdìsīyàbèibā
엘살바도르 El Salvador エルサルバドル 萨尔瓦多 Sà'ěrwǎduō	산살바도르 San Salvador サンサルバドル 圣萨尔瓦多 Shèngsà'ěrwǎduō
영국 United Kingdom イギリス 英国 Yīngguó	런던 London ロンドン 伦敦 Lúndūn
예멘 Yemen イエメン 也门 Yěmén	사나 Sanaa サヌア 萨那 Sànà
오만 Oman オマーン 阿曼 Āmàn	무스카트 Muscat マスカット 马斯喀特 Mǎsīkātè
오스트레일리아 Australia オーストラリア 澳大利亚 Àodàlìyà	캔버라 Canberra キャンベラ 堪培拉 Kānpéilā
오스트리아 Austria オストリア 奥地利 Āodìlì	빈 Vienna ウィーン 维也纳 Wéiyěnà
요르단 Jordan ヨルダン 约旦 Yuēdàn	암만 Amman アンマン 安曼 Ānmàn
우간다 Uganda ウガンダ 乌干达 Wūgāndá	캄팔라 Kampala カンパラ 坎帕拉 Kǎnpàlā

국 명	수 도 명
우루과이 Uruguay ウルグアイ 乌拉圭 Wūlāguī	몬테비데오 Montevideo モンデビデオ 蒙得维的亚 Méngdéwéidìyà
우즈베키스탄 Uzbekistan ウズベキスタン 乌孜别克斯坦 Wūzībiékèsītǎn	타슈켄트 Tashkent タシケント 塔什干 Tǎshígān
우크라이나 Ukraina ウクライナ 乌克兰 Wūkèlán	키예프 Kiev キエフ 基辅 Jīfǔ
이라크 Iraq イラク 伊拉克 Yīlākè	바그다드 Baghdad バグダッド 巴格达 Bāgédá
이란 Iran イラン 伊朗 Yīlǎng	테헤란 Teheran テヘラン 德黑兰 Déhēilán
이스라엘 Israel イスラエル 以色列 Yǐsèliè	예루살렘 Jerusalem エルサレム 耶路撒冷 Yēlùsālěng
이집트 Egypt エジプト 埃及 Āijí	카이로 Cairo カイロ 开罗 Kāiluó
이탈리아 Italy イタリア 意大利 Yìdàlì	로마 Rome ローマ 罗马 Luómǎ
인도 India インド 印度 Yìndù	뉴델리 New Delhi ニユーデリ 新德里 Xīndélǐ
인도네시아 Indonesia インドネシア 印度尼西亚 Yìndùníxīyà	자카르타 Jakarta ジャカルタ 雅加达 Yǎjiādá
일본 Japan 日本 ニホン 日本 Rìběn	도쿄 Tokyo トウギョウ 东京 Dōngjīng

국 명	수 도 명
자메이카 Jamaica ジャマイカ 牙买加 Yámǎijiā	킹스턴 Kingston キングストン 金斯敦 Jīnsīdūn
잠비아 Zambia ザンビア 赞比亚 Zànbǐyà	루사카 Lusaka ルサカ 卢萨卡 Lúsàkǎ
적도기니 Equatorial Guinea 赤道ギニア せきどうギニア 赤道几内亚 Chìdào Jǐnèiyà	말라보 Malabo マラボ 马拉博 Mǎlābó
중국 China 中国 チュウゴク 中国 Zhōngguó	베이징 Beijing ペキン 北京 Běijīng
중앙아프리카 Central African Republic 中央アフリカ ちゅうおうアフリカ 中非 Zhōngfēi	방기 Bangui バンギ 班吉 Bānjí
짐바브웨 Zimbabwe ジンバブエ 津巴布韦 Jīnbābùwéi	하라레 Harare ハラレ 哈拉雷 Hālāléi
체코 Czech Republic チェコ 捷克 Jiékè	프라하 Prague プラハ 布拉格 Bùlāgé
칠레 Chile チリ 智利 Zhìlì	산티아고 Santiago サンチィアゴ 圣地亚哥 Shèngdìyàgē
카메룬 Cameroon カメルーン 喀麦隆 Kāmàilóng	야운데 Yaoundé ヤウンデ 雅温得 Yǎwēndé
카자흐스탄 Kazakhstan カザフスタン 哈萨克斯坦 Hāsàkèsītǎn	아스타나 Astana アスタナ 阿斯塔纳 Āsītǎnà

국 명	수 도 명
카타르 Qatar カタール 卡塔尔 Kǎtǎ'ěr	도하 Doha ドーハ 多哈 Duōhā
캄보디아 Cambodia カンボジア 柬埔寨 Jiǎnpǔzhài	프놈펜 Phnom Penh プノンペン 金边 Jīnbiān
캐나다 Canada カナダ 加拿大 Jiānádà	오타와 Ottawa オタワ 渥太华 Wòtàihuá
케냐 Kenya ケニア 肯尼亚 Kěnníyà	나이로비 Nairobi ナイロビ 内罗毕 Nèiluóbì
코스타리카 Costa Rica コスタリカ 哥斯达黎加 Gēsīdálíjiā	산호세 San José サンホセ 圣何塞 Shènghésài
코트디부아르 Côte d'Ivoire コートジボアル 科特迪瓦 Kētèdíwǎ	야무스크로 Yamoussoukro ヤムスクロ 阿比让 Ābǐràng
콜롬비아 Colombia コロンビア 哥伦比亚 Gēlúnbǐyà	보고타 Bogotá ボゴタ 圣菲波哥大 Shèngfēibōgēdà
콩고 Republic of the Congo コンゴ 刚果 Gāngguǒ	브라자빌 Brazzaville ブラザビル 布拉柴维尔 Bùlācháiwéi'ěr
쿠바 Cuba キュバ 古巴 Gǔbā	아바나 Havana ハバナ 哈瓦那 Hāwǎnà
쿠웨이트 Kuwait クウェート 科威特 Kēwēitè	쿠웨이트 Kuwait クウェート 科威特 Kēwēitè
크로아티아 Croatia クロアチア 克罗地亚 Kèluódìyà	자그레브 Zagreb ザグレブ 萨格勒布 Sàgélèbù

국 명	수 도 명
키르기스스탄 Kyrgyzstan キルギススタン 吉尔吉斯斯坦 Jí'ěrjísīsītǎn	비슈케크 Bishkek ビシケク 比什凯克 Bǐshíkǎikè
키프로스 Cyprus キプロス 塞浦路斯 Sàipǔlùsī	니코시아 Nicosia ニコシア 尼科西亚 Níkēxīyà
타지키스탄 Tadzhikistan タジキスタン 塔吉克斯坦 Tǎjíkèsītǎn	두샨베 Dushanbe ドゥシャンベ 杜尚别 Dùshàngbié
탄자니아 Tanzania タンザニア 坦桑尼亚 Tǎnsāngníyà	다르에스살람 Dar es Salaam ダルエスサラーム 达累斯萨拉姆 Dálèisīsàlāmǔ
태국 Thailand タイ 泰国 Tàiguó	방콕 Bangkok バンコク 曼谷 Màngǔ
터키 Turkey トルコ 土耳其 Tǔ'ěrqí	앙카라 Ankara アンカラ 安卡拉 Ānkǎlā
토고 Togo トーゴ 多哥 Duōgē	로메 Lomé ロメ 洛美 Luòměi
통가 Tonga トンガ 汤加 Tāngjiā	누쿠알로파 Nukualofa ヌクアロファ 努库阿洛法 Nǔkù'āluòfǎ
튀니지 Tunisia チュニジア 突尼斯 Tūnísī	튀니스 Tunis チュニス 突尼斯 Tūnísī
파나마 Panama パナマ 巴拿马 Bānámǎ	파나마 시티 Panama City パナマ市 パナマし 巴拿马城 Bānámǎ Chéng
파라과이 Paraguay パラグアイ 巴拉圭 Bālāguī	아순시온 Asunción アスンシオン 亚松森 Yàsōngsēn

국 명	수 도 명
파키스탄 Pakistan パキスタン 巴基斯坦 Bājīsītǎn	이슬라마바드 Islamabad イスラマバード 伊斯兰堡 Yīsīlánbǎo
페루 Peru ペルー 秘鲁 Bìlǔ	리마 Rima リマ 利马 Lìmǎ
포르투갈 Portugal ポルトガル 葡萄牙 Pútáoyá	리스본 Lisbon リスボン 里斯本 Lǐsīběn
폴란드 Poland ポーランド 波兰 Bōlán	바르샤바 Warsaw ワルシャワ 华沙 Huáshā
프랑스 France フランス 法国 Fǎguó	파리 Paris パリ 巴黎 Bālí
핀란드 Finland フィンランド 芬兰 Fēnlán	헬싱키 Helsinki ヘルシンキ 赫尔辛基 Hè'ěrxīnjī
필리핀 Philippines フィリピン 菲律宾 Fēilǜbīn	마닐라 Manila マニラ 马尼拉 Mǎnílā
헝가리 Hungary ハンガリー 匈牙利 Xiōngyálì	부다페스트 Budapest ブダペスト 布达佩斯 Bùdápèisī

불규칙 동사 · 조동사 변화표

현 재	과 거	과거 분사	현 재	과 거	과거 분사
am	was	been	**fight**	fought	fought
are	were	been	**find**	found	found
awake	awoke	awoke	**fly**	flew	flown
	awaked	awaked	**forget**	forgot	forgotten
bear	bore	born(e)			forgot
beat	beat	beaten	**get**	got	gotten
		beat	**give**	gave	given
become	became	become	**go**	went	gone
begin	began	begun	**grow**	grew	grown
bite	bit	bitten	**hang**	hung	hung
blow	blew	blown		hanged	hanged
break	broke	broken	**have**	had	had
bring	brought	brought	**hear**	heard	heard
build	built	built	**hide**	hid	hidden
burn	burned	burned			hid
buy	bought	bought	**hit**	hit	hit
can	could	–	**hold**	held	held
catch	caught	caught	**hurt**	hurt	hurt
choose	chose	chosen	**is**	was	been
come	came	come	**keep**	kept	kept
cut	cut	cut	**knit**	knitted	knitted
deal	dealt	dealt	**know**	knew	known
dig	dug	dug	**lay**	laid	laid
do	did	done	**lead**	led	led
draw	drew	drawn	**learn**	learned	learned
dream	dreamt	dreamt	**leave**	left	left
	dreamed	dreamed	**let**	let	let
drink	drank	drunk	**lie**	lied	lied
drive	drove	driven	**light**	lit	lit
fall	fell	fallen		lighted	lighted
feed	fed	fed	**lose**	lost	lost
feel	felt	felt	**make**	made	made

현 재	과 거	과거 분사	현 재	과 거	과거 분사
may	might	–	**sleep**	slept	slept
mean	meant	meant	**smell**	smelt	smelt
meet	met	met		smelled	smelled
mistake	mistook	mistaken	**speak**	spoke	spoken
must	must	–	**spell**	spelled	spelled
pass	passed	passed		spelt	spelt
		past	**spend**	spent	spent
pay	paid	paid	**spread**	spread	spread
put	put	put	**spring**	sprang	sprung
ride	rode	ridden		sprung	
ring	rang	rung	**stand**	stood	stood
rise	rose	risen	**steal**	stole	stolen
run	ran	run	**stick**	stuck	stuck
say	said	said	**sting**	stung	stung
see	saw	seen	**strike**	struck	struck
sell	sold	sold			stricken
send	sent	sent	**sweep**	swept	swept
set	set	set	**take**	took	taken
sew	sewed	sewed	**teach**	taught	taught
		sewn	**tear**	tore	torn
shake	shook	shaken	**tell**	told	told
shall	should	–	**think**	thought	thought
shine	shone	shone	**throw**	threw	thrown
	shined	shined	**understand**	under-stood	under-stood
shoot	shot	shot			
show	showed	shown	**wake**	waked	waked
		showed		woke	woken
shut	shut	shut	**wear**	wore	worn
sing	sang	sung	**weep**	wept	wept
	sung		**will**	would	–
sink	sank	sunk	**win**	won	won
	sunk	sunken	**wind**	wound	wound
sit	sat	sat	**write**	wrote	written